90일 성경일독

통큰통독 연대기 해설 성경
학습자료

하나님 나라 관점에서 읽는
90일 성경일독

통큰통독
연대기 해설 성경

학습자료

해설 편집 **주 해 홍** 목사

도서출판 **에스라**

학습 자료집 활용법

본 자료집은 통큰통독 연대기 해설 성경의 자매편으로 통독의 내용을 좀 더 심도 있게 이해할 수 있도록 자료를 편집하였다.

성경 공부의 끝은 없지만, 그렇다고 무한정 공부만 할 수도 없다. 그 한계를 정해야 한다. 그리고 그렇게 배우고 깨달은 것을 자신의 가치관, 세계관으로 정립하고 그대로 살아야 하는 것이다. 배웠으면 그것을 지켜 내는 것이 무엇보다 중요하다.

예수님은 제자에게 예수님의 계명을 지키는 것이 곧 그를 사랑하는 것이라고 단호히 말씀하신다, 요한복음 14:15, 21을 깊이 묵상하라.

15 너희가 나를 사랑하면 나의 계명을 지키리라
21 나의 계명을 지키는 자라야 나를 사랑하는 자니 나를 사랑하는 자는 내 아버지께 사랑을 받을 것이요 나도 그를 사랑하여 그에게 나를 나타내리라

통큰통독 본 교재인 『하나님 나라 관점에서 읽는 90일 성경 일독 통큰통독』과 『통큰통독 연대기 해설 성경』만으로도 예수님이 지키도록 명령하신 계명이 무엇인지를 충분히 배우고 깨달아 성경적 세계관을 세우며 변화되기에 충분하지만, 좀 더 심도 있게 공부하기를 원하는 분들에게는 이 학습자료로 공부하는 한계까지 가면 유익할 것이다. 그 이상의 공부는 목회자와 신학자들의 몫이다. 우리는 말씀을 읽고 배우며 깨우친 것을 삶으로 실천하는 것이 중요하고 시급하다. 그렇지도 않으면서 "예수님 사랑해요"라고 찬송하고 고백한다면 그것은 거짓이고 자신을 속이는 일이요, 하나님은 만홀히 여기는 꼴이 된다^{갈 6:7-10}는 사실을 명심해야 한다.

이 책은 핸드북 형식으로 편집되었지만 『통큰통독 연대기 해설 성경』과 연계되어 있으므로 독립 자료로 활용하면 별 도움이 되지 않을 것이다. 그래서 반드시 『연대기 해설 성경』관 연결해서 활용하기를 권한다.

또한 학습자료의 각 항목의 내용이 세계관 정립과 관계되는 내용일 경우에는 본 도서출판 에스라에서 발간된 『기독교 세계관 핸드북』의 항목과 연결했으니 꼭 참고하여 정확하고 건강한 성경적 세계관을 형성하는 데 유익한 도움을 받기를 바란다.

p18~27까지 "서론 6강 노트"는 동영상 서론 여섯 강의를 시청할 때 활용할 강의 노트이다.

본 통큰통독 교재 p22~74의 서론 부분의 이해를 돕기 위해 강의를 영상으로 제작하여 본 사역원 홈페이지(www.90daysbible.com)와 Youtube의 에스라 통독 사역원 사이트에 올려져 있다. 이 서론 공부는 통큰통독을 정확하게 숲을 보는 통전적 이해를 위해 반드시 공부해 두어야 할 부분이다. 꼭 본 통큰통독 교재의 서론 부분을 이 영상 강의를 통해서 공부하기를 강력히 당부한다,

2024년 8월
주의 작은 종이 된지 20년이 되는 해.

주해홍 목사

30

CONTENTS

CONTENTS

CONTENTS

CONTENTS

CONTENTS

CONTENTS

서론 1강

"우리의 처음 모습" - 인간의 기원

▶ (Running Time : 47'52") / 『통큰 통독』(개정 증보판) : p23~31

Segment 1

◈ 창 1:26-28은 천상 회의의 회의록 같은 것입니다. 무엇에 관한 것입니까?
그 회의는 언제 행한 것입니까? 그 근거는?

_____

_____

◈ 언제 인간을 창조했다고 했습니까? 왜 창조했다고 했습니까?

_____

_____

Segment 2

◈ 인간을 하나님의 사랑의 대상으로 만드셨기에 어떤 모습으로 만드셨다고 했습니까? 창 1:26-28, 시 8:5

_____

_____

◈ 인간 창조의 특별함은? 창 2:16

생기를 잃어버렸다는 것은 하나님과 함께하지 못한다는 것이고 그것은 영적 죽음을 의미합니다. 인간의 혼을 관장하는 영이 죽었다는 것은 곧 인간이 윤리 도덕적으로 타락해지고, 그래서 그 삶은 흙과 같이 짐승 같은 존재가 되어 버립니다.

Segment 3

◈ 사랑의 대상으로 인간을 만드셨기에 복을 주십니다. 창 1:27
그 복은 어떤 복인가요? 창 2:16

시 23:1과 같은 상태를 상상해 보시라. 성경의 복은 시 73:28처럼 "하나님이 함께 해주시는 상태"를 말합니다.

Segment 4

◈ 창 2:17 선악과 언약을 주신 이유

하나님과 사랑의 관계로 이루어진 창조를 사탄의 공격으로부터 지키기 위한 보호 장치(신적 보호, Divine Protection)

Segment 5

◆ "반드시 죽으리라"의 의미?

_____

◆ "타락"의 의미는?

_____

◆ 근원적인 죄는 무엇이라고 했습니까?

성경이 말하는 죄는 불순종의 죄를 말합니다. 그것 때문에 하나님과의 관계가 단절될 수 있습니다.

_____

◆ 타락의 결과를 정리해 보세요.

1) _____

2) _____

3) _____

타락의 결과는 관계의 끊어짐이며, 낙원에서 추방된다. 왜 추방하였을까요? 창 3:22-25

_____

◆ '하나님은 신실하시다.'라는 의미는 무엇이며, 신실하시므로 우리 삶에 나타나시는 모습은 어떤가요?

_____
_____

나의 세계관 점검하기

☑ 나의 인간 기원에 관한 생각은 무엇인가를 검토해 보세요.

서론 2강

"왜 성경을 읽어야 하는가?"

▶ (Running Time : 47'52") / 『통큰 통독』(개정 증보판) : p23~31

Segment 1

성경 읽기가 "복(福)"의 문제와 직결되어 있습니다. 대부분 교인은 성경 통독하는 횟수와 복을 받는 양은 정비례한다고 생각하고 횟수 쌓기식 성경 읽기를 하는 분들이 많습니다. 이것은 기복적 신앙의 자세입니다. 나도 그중 한 사람이라면 성경이 말하는 복이 무엇인지를 알기 위해 성경을 읽어야 하고 그렇다면 어떻게 읽어야 하는가를 잘 배워야 합니다.

Segment 2

◈ 성경이란 무엇인가에 대한 답을 반드시 찾아야 합니다.

B _____

I _____

B _____

L _____

E _____

◈ 이런 정의에서 Basic Information(기본 정보)은 무엇을 말합니까?

_____

◈ 창 1:26-28은 창조 언약이기도 합니다. 그 내용이 무엇입니까?

_____

　◆ 그렇다면 성경이 말하는 "복"은 무엇일까요? ^{시 73:28 참고}

_____

그렇게 창세 전에 복을 주시기로 약속하고 우리를 만드셨는데 지금 우리는 왜 그 복을 제대로 누리지 못하는 삶을 살고 있을까요?(깊이 묵상하고, 통독 내내 그 답을 찾는 마음으로 성경을 읽어야 합니다.)
우리가 그 복을 다시 누리는 삶을 살기 위해서 하나님이 어떤 일을 하시는지도 함께 생각해야 합니다.

Segment 3

◈ 진정한 변화는 무엇입니까?

_____

◆ 그런 변화를 받는 길(정보)이 어디에 있다고 했습니까?

◆ 변화의 핵심은 무엇이라고 했습니까?

◆ 그 방법은?

Segment 4

◆ 우리는 통큰통독을 읽고 묵상하고 깨달으면서 "인위 뚝! 신위 고!"를 구호로 삼고 자신을 향해 외칩니다. 그 구호의 의미가 무엇입니까? 그렇게 살 수 있겠습니까?

◆ 성경은 그런 변화를 일으킬 수 있는 능력이 있다며 다음과 같은 구절을 제시합니다. 이 구절을 깊이 묵상하고 깨달음을 얻고 실천하세요.
◆ 딤후 3:14-17   ◆ 히 4:12

변화의 핵심은 자기중심성 버려놓기라고 강조합니다. 자기중심적 가치관·세계관의 변화, 즉 세속적 가치관, 세계관으로부터 성경적 세계관으로 바뀌는 것을 말합니다. 그 길은 오직 성경 속에만 있으므로 성경을 반드시 읽어야 합니다.

Segment 5

◆ "역시귀본(逆時歸本)"의 의미를 잘 이해하고, 하나님과의 관계 회복을 이루는 나의 자세에 비추어 자신을 성찰해 보세요.

◆ 수표 찾았나요? 아니면 찾을 각오가 단단히 되었나요?

나의 세계관 점검하기

☑ **나의 성경에 관한 생각은 무엇인가요? 그것이 성경적인지 확신합니까?**

서론 3강

"그렇다면 어떻게 읽어야 하는가?"

▶ (Running Time : 28') / 『통큰 통독』(개정 증보판) : p31~40

Segment 1

성경을 읽어야 하는 이유는 선악과 사건에서 불순종의 죄로 하나님과의 관계가 끊어져 막혀 버린 복의 통로를 다시 회복하기 위함이라고 배웠습니다. 그것은 곧 "우리의 처음 모습"(창 1:26-28)의 회복을 뜻합니다. 그런 회복의 변화를 일으키기 위해 성경을 다음 두 가지 기본적인 방법과 그 자세 위에서 성경을 보는 3가지 관점과 3가지 개념을 토대로 성경을 읽는 것입니다. 이 3가지 관점과 3가지 개념은 곧 성경을 보는 안경과 같은 것입니다.

◈ 성경 읽기의 기본자세 2가지

① _____ 읽기
② _____ 읽기

(1) 먼저 성경은 덮어놓고 횟수를 늘리기 위해 읽는 것이 아니고 변화를 추구하며 읽어야 하므로 (_____)으로 읽어야 합니다.

① (_____)적으로 읽기 – (_____)이 누구이신가를 바로 알기
 • 왜 지성적으로 읽어야 한다고 했습니까?
 • 딤후 4:3-4, 출 32장을 참고하여 이해하세요.

② (_____)적으로 읽기 – 그 (_____)과 관계 맺기
 • 왜 감성적으로 읽어야 한다고 했습니까?

③ (_____)적으로 읽기 – (_____)맺은 대로 살아가기
 • 왜 의지적으로 읽는 것이 중요하다고 했습니까?(수표 찾기가 이루어질 수 있음)

이 전인격적 읽기 내용을 요 14:6의 "길, 진리, 생명"의 경우를 들어 설명하는 내용을 잘 숙지하고 나도 그렇게 성경을 읽고 실천하는가를 반성해 보세요.

Segment 2

(2) 성경 읽기의 2번째 기본자세 – (_____)적으로 읽기
 • 통전적 이해란?

_____

_____

Kenneth E. Baily는 이 통전적 읽기를 어떻게 표현하나요?

따라서 성경은 66권으로 구성된 전집류 같은 책이 아니고, 하나의 주제를 66부작으로 엮은 1권의 책임을 명심해야 합니다. 그 중심은 "하나님 나라"입니다.

◆ 하나님 나라(Kingdom of God) 이란?

_____

◆ 성경이 한 권의 책이라는 관점에서 우리는 성경을
① (   )따라 읽고, ② (   )따라 읽어야 합니다.
"즐거리는 공부하고(지성적 읽기), 메시지는 묵상하라(감성적 읽기)" - 추혜흥 목사

◆ '신구약 시간 흐름 도표'는 본교재 개역 증보판 p42-43 사이에 있음.
◆ 성경적 역사관에 관한 보충 설명은 본 교재 p43-49를 읽어 보세요.

나의 세계관 점검하기

☑ 하나님 나라에 대한 나의 이해는 무엇인지를 점검하고 성경적으로 바로 잡는 것이 세계관 변화에 매우 중요합니다.

서론 4강

"3가지 관점과 3가지 개념" – 통큰통독의 성경 신학

▶ (Running Time : 62'25") / 『통큰 통독』(개정 증보판) : p41~75

성경 신학적 관점은 성경을 읽을 수 있는 안경과도 같은 것입니다.

Segment 1

◆ 통큰통독의 3가지 성경 신학적 관점은 무엇입니까?

1. _____
2. _____
3. _____

◆ 성경의 핵심 주제는 (_____) Kingdom of God입니다. 하나님 나라는
(_____)의 통치와 주권이 미치는 (_____)입니다.

◆ 나라의 사회 과학적 3가지 요소는
① _____
② _____
③ _____
하나님 나라도 이 3가지 요소가 필요하지만, 세상 나라와 다른 점은 주권이 (_____)
에게만 있다는 점입니다.

◆ "하나님 나라가 이루어진다."라는 말의 의미는?

_____

◆ 하나님 나라의 "원형"이라는 단어의 의미는?

_____

Segment 2. 3가지 관점의 각론

◆ 이 3가지 관점의 핵심은 "하나님 나라"입니다.

관점 1. 종말론적 구속의 역사

◆ 구속의 의미는

_____

◆ 왜 구속하시는가?
① _____
② _____

③ _____

④ _____

◆ 관계가 끊어진 상태, 성경이 말하는 죄는?

_____

◆ "종말론적 구속의 역사"는 무엇을 말하는지 설명을 적어 보세요.

_____

_____

.

◆ 사탄의 기원에 관한 유추적 탐구

하나님과 인간의 관계를 끊어지게 한 선악과 사건에서 사탄은 주범이며 공범이었습니다. 그래서 사탄의 기원을 탐구하여 그의 정체를 알아야 하는데 불행하게도 성경은 이 기원을 문자적으로 정확하게 가르쳐 주지 않습니다. 이럴 때 우리는 성경의 내적 정황 증거로 유추를 하게 됩니다. 그렇게 해서 사탄의 존재를 알아야 영적 전쟁에서 승리할 수 있습니다.

▶ 영상 강의를 잘 경청하세요.

◆ 사탄의 본업은 "하나님의 대적자"라는 이름 그대로 하나님을 대적하고 방해하는 것입니다. 그러므로 하나님의 일을 꼬이게 하는 배후에는 언제나 사탄의 계략이 있다는 것을 알고 말씀으로 굳세게 대처해야 할 것입니다.

◆ New Age Movement에 대한 간략한 이해하는 법을 배우세요.

코로나-19 같은 전염병이 하나님의 재앙적 진노라고 생각할 수 있겠나요?(그런데도 하나님의 백성을 보호하시는 하나님을 깊이 묵상하세요 시편 91편)

Segment 3
관점 2. 하나님 나라의 회복 – 성경의 핵심 메시지
◆ 구속에 대한 하나님의 핵심 의도는 하나님께서 우리의 삶에 대한 하나님의 통치와 주권을 회복하셔서 우리의 하나님이신 창조의 원리를 온전히 회복하시는 것입니다.
강의에서 구속하시는 하나님의 의도를 잘 이해하세요.

관점 3. 구별되는 삶 – 순종
◆ 하나님 나라의 회복은 인간의 순종 위에 이루어진다는 사실을 마음속에 새기라.

◆ 구별되는 삶 = 변화 받는 삶 = 순종하는 삶의 연관성을 잘 이해하고 그런 삶의 기준이 무엇인지를 잘 이해하고 여러분의 삶의 기준으로 삼으세요.

Segment 4. 3가지 개념

◆ 성경의 기본적 메시지를 이해하기 위한 3가지 개념의 의미를 잘 파악해 두세요.

① _____

② _____

③ _____

1. 신위 – (_____)의 행하심

◆ 렘 33:2–3을 묵상하면서 신위의 개념을 이해하세요.

성경은 "구별되는 삶"을 하나님이 주신 방법대로 사는 것이라 분명히 말합니다. 그 방법이 무엇인지 알기 위해서 성경을 반드시 읽어야 합니다. (예 : 가죽옷, 방주의 설계, 성막의 설계, 십계명 등의 율법.......)

2. 인위 – 인간이 행함

◆ 노자의 무위(無爲) 사상을 간략하게 이해하세요.

◆ 인간의 문제의 해결책은 무엇이라고 하는가요?

인위의 발동, 또는 자기중심성의 오작동이 바로 하나님이 되고자 하는 사탄의 유혹에 놀아나는 기회를 제공하게 된다는 사실을 깨닫기를 바랍니다.

"인위 뚝! – 자기중심성 내려놓기
신위 고! – 구별되는 삶 살아가기**"**

나의 세계관 점검하기

☑ 나의 성경 신탁이 무엇인지를 점검해 보세요.

서론 5강

"왜 90일인가?" – 통큰통독 완독의 비결

▶ 20분 06초

◆ 통독을 성공적으로 완독할 수 있는 비결
◆ 통독과 정독을 구별하고 통독에 집중하세요.
◆ 성경을 한 권의 책으로 그 스토리라인과 메시지 라인을 통전적으로 이해하며 완독하기 위해 통독에 주어진 기간 안에 끝나도록 긴장감을 가지고 읽어야 함을 명심하고 실현하라. 따라서 시간의 십일조를 주님께 바치기로 결단하십시오.

서론 6강

"구약의 개요" – 구약 한눈에 보기

▶ 29분 00초

◆ 신구약 시간 흐름 한눈에 보기 도표를 통해 성경의 시간 흐름이 몇 개의 시대로 나누어지는지를 파악하고 그 각 시대의 특징을 이해하세요.

◆ 지리적 이동 도표를 통해서 역사서의 각 줄거리 라인을 파악하세요.

1일 핵심 학습 자료

학습 자료 1-1 창세기 기사와 문화적 배경

성경의 기록들은 역사적 사실이기 때문에, 당시의 문화적 상황들과 상호 연관이 있을 수밖에 없다. 실제로 창 1~38장은 주로 고대 메소포타미아의 문화와 흡사하며, 39~50장은 고대 애굽문화와 흡사하다.

✞ 창 1~38장과 고대 메소포타미아 문화

고대 메소포타미아의 생활과 문화를 담고 있는 고대 자료들과 성경 기사는 여러 면에서 흡사하다. 예컨대 창조, 족보들, 대홍수, 건축 기술, 사람들의 이주, 토지 매매, 장례 관습, 목축 등은 메소포타미아와 필수적으로 관련된 사항이다. 또한 창세기의 에덴이 메소포타미아 내부, 혹은 그 근처에 있었다고 하며, 바벨탑도 메소포타미아에 지어졌다고 한다. 아브람이 태어난 곳이 이곳이며, 이삭은 이곳 출신 여인을 아내로 삼았고, 야곱도 이곳에서 20년간 살았다. 물론 이스라엘 족장들이 주로 팔레스타인에서 활동하였지만, 그 고향은 메소포타미아이다. 구체적으로 에누마 엘리시(Enuma Elish)는 철저히 신화적이고 다신론적이긴 하지만 내용에 있어서는 창 1장의 기사와 유사하다. 수메르의 고대 왕의 목록은 창 5장의 족보와 거의 일치한다. 길가메시 서사시(Gilgmaesh epic)의 열한 번째 토판은 창 6~8장의 노아의 대홍수와 흡사하다. 북부 시리아에서 발굴된 에블라 토판(Ebla Tablets)도 성경 기사와 흡사하다. 창세기 족장 시대와 같은 시대에 기록된 마리 토판(Mari Tablets)은 성경의 족장들, 곧 아브라함, 야곱, 욥 등의 이름을 당시 전형적인 족장 이름으로 기록하고 있다.

　또한 족장 시대가 지난 뒤에 기록된 누지 토판(Nuzi Tablets)도 족장 시대의 관습을 기록하고 있다. 양자의 상속창 15:1-4, 자식이 없는 아내가 첩을 들여 아들을 얻었던 관습창 16:2-4. 여종과 여종의 아들을 추방해서는 안 된다는 내용창 21:10,11, 구두로 체결된 계약 창 27:1-4, 22, 23 등이 그것이다.

✞ 창 39~50장과 고대 애굽문화

고대 애굽의 생활과 문화를 보여 주는 두 형제 이야기(Tale of two brothers)는 요셉과 보디발의 아내 사건창 39장과 많은 유사점을 보여 주며, 시누헤 이야기(Sinuhe's Story), 베나문 여행기(Wenamun's Journey)들도 성경 기사와 흡사하다. 곧 애굽의 포도 경작창 40:9-11, 나일강 변의 모습창 41장, 애굽에서 식량을 공급받는 가나안 사람들창 42장,

애굽에 소모품들을 공급한 가나안^{창 43장}, 애굽의 사회 종교적 관습^{창 43장 후반부, 46장}, 애굽의 행정 절차^{창 47장}, 애굽의 장례법^{창 50장} 등이다. 그 외 애굽의 이름들과 단어들이 유사하게 나타난다.

학습 자료 1-2 홍수 이전의 지구 상태에 대한 과학적 추정 ^{창 6:7}

폭풍이나 대지진 등의 이상 현상은 어느 날 갑자기 생기는 것이 아니다. 그 불안정한 기층 및 지각의 변동이 몇 가지 요소의 결합으로 폭발적으로 일어나는 것이다. 따라서 대기권에는 범세계적으로 습기가 골고루 퍼져 있고 지구의 내부 상태도 극히 안정된 홍수 이전에는 이런 자연재해가 발생할 가능성이 없었다. 또한 땅도 전 지역이 아름다웠을 것이다. 그러나 인간 심판을 위한 대홍수를 일으키는 과정에서 기층 및 지층이 모두 다 불안정한 상태가 되었기 때문에 그 후부터는 계속되는 변동 과정에서 급격한 대재해가 있게 되었고 땅도 일부 지역이 크게 훼손되기에 이르렀다고 보는 것이 매우 과학적이다. 한편 기독교 과학자들은 빙하에 대하여 지구는 주기적으로 빙하기와 간빙기가 계속되는데 지구상에는 수차의 빙하기가 있었고 현재는 간빙기에 해당한다는 가정을 부인한다. 즉 기독교 과학자들은, 대홍수 당시 방출된 엄청난 양의 물이 처리되는 과정에서 일단 증발한 물이 남. 북극 등 양극 주변에서 급격히 냉각되어 눈으로 내려 결빙되어 양극 지방이 소위 광범위한 빙하 현상을 보이게 되었다고 추정한다. 그리고 이는 만약 전 지구적 대홍수가 사실이라면 필연적으로 수반되어야 할 현상이라는 점에 과학자들은 동의 한다. 따라서 역으로 남·북극의 빙하 현상은 대홍수의 과학성을 다시 한번 입증한다 하겠다.

1	대기권에 수증기가 고르게 퍼져 있어 기후의 변동이 적었음
2	거의 전 지역이 온화하고 청명하였음
3	큰 폭풍이나 대홍수, 지진 등이 없었음
4	땅의 면적이 현재보다 넓었음
5	지형이 완만하여 현재와 같은 산악이나 황무지가 없었음
6	사막과 빙산이 없었음
7	범세계적으로 아름다운 식물이 무성했음

6일간의 창조 과정

성격	설계	내용	관련사항
사역	영역(배경)창조	1. 빛, 지구	· 일단 창조된 우주에 잠재된 에너지를 이용하여 빛의 발생이 시작되었다. · 지구의 자전 시작
		2. 궁창(궁창 위의 물과 아래 물의 분리)	· 궁창 위의 물이라는 표현이 나올 정도로 원시 대기에는 수증기 함유량이 훨씬 높았다. 이것은 노아 홍수 이전의 인간 장수와 대홍수 사건 자체의 과학적 설명의 근거이기도 하다.
		3. 식물	· 진화론자들의 주장과 달리 생명은 바다가 아니라 땅에서 시작되었다.
	주역의 창조	4. 해, 달, 별	· 태양은 지구의 빛과 에너지의 공급원으로 지구보다 나중에 창조되었다. 태양이 지구를 위한 것이지 지구가 태양에 종속된 것이 아니다.
		5. 물고기, 새	· 작은 새에서 거대한 고기까지 동시에 창조되었다. 현재 200만 종이 넘는 지상의 생물은 우연한 진화의 연속이 아니라 우주 최고의 설계자요 예술가인 하나님에 의하여 의도적으로 창조되었다.
		6. 땅의 동물과 인간	· 동물과 인간의 물리적 구조는 소인자이다. 하지만 인간 육체의 외적 구조와 영혼의 내적 구조는 하나님의 형상대로 창조되었다. 그리고 인간을 위한 모든 준비 후에 인간이 있게 되었다.
안식	기념일	7. 안식일 제정과 휴식	· 6:1의 비율로 구성된 한 주간의 리듬이 인간의 영혼과 신체 리듬에 가장 적정하다는 것은 20세기 인간 공식의 새삼스러운 발견이다. 성경은 그 원인과 배경이 하나님의 창조 사역에 근거하고 있음을 밝히 제시해 놓았다.

창조론이 부정하는 세속 사상들

	세속 사상	성경적 개념
1	무신론(atheism)	절대 자존자가 있다.
2	다신론(polytheism)	신은 오직 하나님 한 분이시다.
3	범신론(pantheism)	하나님은 모든 피조물 안이 아니라 홀로 구별되어 계신다.
4	유물론(materialism)	물질은 그 스스로 있는 것이 아니라 시작과 끝이 있다.
5	진화론(evolutionism)	생명체는 자연 발생 및 진화한 것이 아니라 초월자의 의지와 계획대로 처음부터 종류대로 창조되었다.
6	허무주의(nihilism)	우주는 허무한 것이 아니라 하나님 안에서 절대적 목적을 가질 수 있다.
7	숙명론(fatalism)	우주에는 내재하는 자연법칙이, 인간에게는 자유의지가 있다.
8	무속신앙(sharmanism)	하나님은 사랑과 정의 그 자체이다.

창 2:4, 성경의 창조론의 특징

1	완전한 무의 상태에서 완벽한 유의 상태로의 창조이다.(성격)
2	자연 발생이 아니라 인격자의 의지에 따라 의도적으로 창조되었다.(기원)
3	우주의 요소는 일순간에 창조되고 각 사물의 완전한 모습은 6일간의 시간을 두고 점진적으로 조성되었다.(과정)
4	인간을 제외하고 오직 말씀을 통하여 명령하심으로 창조되었다.(방법)

5	만유의 주로서 만유 안에서 계시면서 당신의 능력을 전 피조 세계에 선포하시며 찬양과 영광을 받으시기 위하여 창조하셨다.(궁극적 목적)
6	모든 생명이 생명의 기쁨과 번영을 누리도록 창조하셨다.(종속적 목적)
7	우주의 각 사물은 하나님의 장엄한 계획에 의하여 서로 아름다운 조화와 질서를 유지하면서 간접적으로 창조자의 뜻과 섭리를 나타내도록 창조되었다.(원리)
8	지구·인간 중심의 창조이다.(주제)
9	창조된 세계는 그 창조자에 대하여 그리고 서로가 서로에게 상대성을 갖지만 창조자 하나님은 피조된 세계를 초월하신 절대자, 자존자이시다.(관계)
10	모든 피조물은 그 창조자를 경배하고 순종할 의무가 있다.(결과)
11	창조 기사는 창조 과정 전체를 자세히 묘사하지는 않으나 하나님의 천지창조에 대해 확신을 주기에는 충분하다.(기록 범위)
12	인간의 상상에 의한 설화나 전설이 아니라 각 세부 사항이 역사적, 과학적으로 정확한 사실 기록이다.(기록의 과학성)

학습 자료 I-3 바벨탑과 니므롯

✝ 그는 인류 역사상 첫 영웅이었다.

창 11:8, 9 "함의 아들……구스가 니므롯을 낳았으니 그는 세상의 첫 용사라. 그가 여호와 앞에서 특이한 사냥꾼이 되었으므로..". '용사'란 히브리 원어(끼쁘르)는 힘이 강한 자란 뜻, - 용감한 사냥꾼이란 과거에 없었던 특별한 사냥꾼이란 말이다. 수렵 경제에서 사냥꾼 니므롯은 자연히 유명해졌을 것이고 많은 사람의 마음도 얻었을 것이다. 물론 영웅도 되었다. 사람이 한번 용사로 이름을 날리게 되면 그것으로 끝나지 않고 사람들을 조직하고 나라를 세워 저들을 다스리는 권력자가 되고 왕이 되는 것은 자연적인 순서일지 모른다. 니므롯은 왕이 되었다.

✝ 그는 인류 역사상 첫 왕이었다.

창10:10-12 "그의 나라는 시날 땅의 바벨……에서 시작되었으며….앗수르로 나아가 니느웨와……레센(이는 큰 성이라)를 건축하였으며…."라고 했다. 여기에 "그의 나라"라고 했으니 벌써 그는 나라를 조직한 임금이 아닐 수 없다. 그는 큰 성을 건축했다. 특별히 니느웨 성을 건축했는데, "니느웨"란 말은 니너스(Ninus)의 성이란 뜻이다. 고대 앗수르의 신화에 의하면 [니너스]는 니므롯의 아들이라고 한다. 앗수르의 신화에 의하면, 자기는 하늘의 월신의 화신이요, 자기의 아들들은 별신들의 화신이라고 했다

니므롯은 자기와 자기 아들들은 백성을 보호하는 선한 신이라면서 자기를 섬기도록 했다. 그렇게 함으로써 그는 인류 역사상 맨 처음 우상 숭배를 강요한 자가 되었다. 또 그때 이후 바벨론과 앗수르에는 달과 별을 숭배하는 우상 종교가 시작된 것이라고 한다. 그런데 니므롯의 이러한 반역 행위는 드디어 바벨탑을 쌓는 것으로 더욱 구체화 되었다.

첫째, 바벨탑과 인간의 반역(자기중심성의 극치) : 니므롯은 용사가 되었고 나라를 세운 왕이 되었을 때, 그의 마음은 더욱 망령되어졌음이 분명하다. 그는 사람들에게 존경받는 것으로 만족하지 않았고 모든 사람으로 자기를 섬기게 했다.

둘째, 바벨탑과 인간의 교만 : 창 11:4 "…자, 성읍과 탑을 건설하여 그 탑 꼭대기를 하늘에 닿게 하여 우리 이름을 내고 …"라고 했는데 여기에서 우리는 니므롯의 교만한 얼굴을 넉넉히 상상할 수 있다. 우리 인간들은 흔히 어떤 업적을 통하여 자기의 이름을 높이려 했다. 사람들로 자기를 찬양케 했고 우상으로 숭배케 했다. 그러나 하나님께서는 그렇게 공든 탑을 무너뜨림으로써 그의 교만을 심판했다.

셋째, 바벨탑과 인간의 정책 : 창 11:4 "…자, 성읍과 탑을 건설하여 그 탑 꼭대기를 하늘에 닿게 하여 우리 이름을 내고 온 지면에 흩어짐을 면하자 …" 했다. 여기에서 보는 대로 니므롯과 그 일당은 바벨탑을 쌓음으로써 사람들을 흩어지지 못하게 하는 정책을 썼다. 생각건대 그것은 멀리 탑이 바라보일 수 있는 한계에서만 사람들이 살도록 제한했을 것이다. 그렇게 함으로 사람들로 흩어지지 못하게 했을 것이 분명하다. 그처럼 그들의 발을 묶어 놓음으로써 백성들의 분산을 막으려 했다. 따라서 사람들을 영원히 자기들의 통치 밑에 두려는 정책을 썼다. 이러한 니므롯과 그 일당의 야심은 또한 하나님의 뜻을 크게 어기는 반역이 아닐 수 없다.

생각해야 할 성경적 세계관의 이슈들

☑ 읽을 책 : "기독교 세계관 핸드북" 도서 출판 에스라 2023

❖ **개요** "기독교 세계관이란?"(p24), "기독교 정신의 위기"(p556), "성경의 권위"(p58), "성경 해석"(p62)
❖ **창조론** "성경과 과학의 관계를 위한 모델"(p469)
❖ **창조론 관련** "기독교 세계관과 창세기 초기장"(p460)
❖ **창 3장 타락** "타락과 구속"(p118)
❖ **창 1:26-28** "진, 선, 미, 그리고 선한 삶"(p35), "인간이란 무엇인가?"(p107), "젠더는 선택할 수 있는가?"(p334), "성경과 피조세계 돌봄"(p292)
❖ **창 1장** "동물의 권리"(p302)
❖ **창 11장** "언어와 의미"(p68)

2일 핵심 학습 자료

학습 자료 2-1 족장

✝ 용어
'족장'의 좁은 의미로는 이스라엘 백성의 직계 조상인 아브라함, 이삭, 야곱을 가리키나, 더 넓게는 야곱의 12 아들 및 홍수 이전에 살았던 인류의 초기 조상까지 포괄한다. 즉 창세기 4장에 나오는 가인 혈통이나 창세기 5장에 나오는 셋 혈통 모두 이에 포함된다. 그뿐만 아니라 후대 왕국 시대에도 각 지파의 유력한 지도자를 족장이라 호칭하기도 했다.왕상 8:1

✝ 생활
혹자는 인류 초기 족장은 물론 이스라엘 3대 족장의 존재까지 의심하며 이를 단지 후대인의 지어낸 이야기로 간주한다. 그러나 우가리트(Ugarit), 마리(Mari), 누지(Nuzi) 등지에서 발견된 고고학적 자료들은 족장의 존재 뿐 아니라 성경의 묘사가 당시의 법적, 사회적 관습과 일치됨을 보여 준다. 즉 이 발굴물들에는 족장의 이름과 유사한 명칭들이 발견되며 당시 유목 생활의 규례를 보여 줌으로써 성경 기록의 신빙성을 확증하는 것이다.

✝ 종교
족장 시대의 근동에서는 다신교적 저급 종교가 일반적인데 어떻게 유일신 종교가 정착할 수 있었는가에 대해서도 의문을 표한다. 그러나 성경은 다신교적 상황에서 아브라함을 비롯한 족장들을 선택해 구속사의 주역으로 삼는 과정을 보여 줌으로써 당시 상황과 성경이 모순되지 않음을 드러낸다. 즉 유일신인 자신을 드러내시며 언약을 맺음으로 이들을 택한 백성의 조상으로 삼으신 것이다.

✝ 의의
구속사를 발전시키며 그리스도의 혈통 보존을 위해 세우신 구약의 족장은 하나님의 은혜로 죄악 가운데서 부르심을 받은 성도의 예표로서 오늘날 성도가 어떻게 살아야 하는가에 대해서도 암시하는 바가 많다.

학습 자료 2-2 시험(Temptation, Test) ^{창 15장}

삶 자체가 시험장이며, 순간의 결단이 시험 과정이며, 현실이 과거 시험의 결과이며, 현재가 미래를 위한 시험이란 말이 있다. 이는 에덴동산에서부터 선악과란 시험을 비롯하여 인류 역사에는 온갖 시험이 많았음을 보여 주는 말이기도 하다.

✝ 시험의 종류

성경 가운데는 하나님이 인간에게 주신 시험, 사탄의 시험, 하나님에 대한 인간의 시험 등 여러 양상의 시험이 기술되어 있다.

① **하나님의 시험** : 하나님께서는 친히 아무도 시험하지 않으신다는 구절이 있으나^{약 1:13} 성경 가운데는 하나님의 시험을 받은 여러 실례가 나온다^{창 22:1, 출 15:25-26, 16:4, 신 33:8, 삿 7:4, 대하 32:31}. 이는 하나님께서 하시는 시험(Test)은 선한 목적이 있는 것이며, 다만 악에 빠뜨리는 시험(Temptation, 유혹)을 하시지 않음을 보여 주는 것이다.

② **사탄의 시험** : 사탄은 최초의 인간 아담을 시험 들게 했으며^{창 3:3-6} 예수를 시험했을 뿐 아니라^{눅 4:1-13} 이 세상 마지막 날까지 온 천하를 시험의 대상으로 할 것이다^{계 12:9-17}. 이 시험은 인간을 파멸케 하려는 목적에서 행해진다.

③ **인간의 시험** : 하나님을 시험할 수 없다는 구절이 있으나^{마 4:7} 또 다른 곳에서는 하나님에 대한 인간의 시험을 허용하고 있다^{말 3:10}. 여기서 금지란 인간이 대부분 악한 목적을 가지고 하나님을 시험하기 때문이며^{출 17:2, 7, 행 5:9}, 허용은 하나님의 뜻을 인간에게 확인시키기 위한 목적으로 부분적으로 가능함을 보여준다^{삿 6:39}.

✝ 시험의 원인

시험의 종류에 따라 시험의 의도도 각기 다르다.

① **하나님의 시험** : 시험의 일차 목적은 하나님께 대한 순종의 여부를 알기 위함이며^{창 22:1-14}, 이차 목적은 연단을 위함이다^{시 26:2}. 즉 하나님께서는 인간의 자고(自高)한 마음을 낮추고^{고후 12:7} 하나님을 경외하며, 죄를 범하지 않음으로^{출 20:20} 복을 받기에 적합한 사람으로 만들기 위해^{신 8:16} 시험을 주신다.

② **사탄의 시험** : 사탄은 인간이 세상을 사랑하며^{요일 2:15-17} 육체의 정욕을 따르게 함으로써^{갈 5:17} 결국 사망에 이르게 하려고 시험한다^{롬 7:5}.

③ **인간의 시험** : 하나님에 대한 인간 시험의 대부분은 불신앙^{출 17:7}과 타락에서^{시 78:41, 56} 기인한다. 즉 마음이 강팍하여^{시 95:8-9} 자신의 욕심을 앞세울 때 하나님을 시험할 마음을 갖게 된다^{시 106:14}.

✝ 시험의 결과

시험에 승리한 자는 그 이전의 상태보다 신앙적으로 도약하는 반면 실패자는 하나님과 멀어지는 결과에 이른다.

1. **승리한 자** : 성경은 승리자에게 물질적 축복^{사 33:15-16}과 칭찬과 영광과 존귀를 얻는 무형적 축복^{벧전 1:6-7} 및 결국에는 하나님 자녀로서 생명의 면류관을 얻는 최종적 축복이 약속되어 있다.

2. **실패한 자** : 시험에 굴복한 자는 이미 주어졌던 축복을 상실할 뿐 아니라^{창 3:1-19} 조롱을 받거나 생명을 잃는 비극에 처하게 된다^{창 19:17, 26}. 또한 이 상태에서 벗어나지 못하면 이 세상 마지막 날에 유혹자 사탄과 함께 불과 유황 못에 던져지고 영원토록 고통받게 된다^{계 20:7-15}.

✚ 시험에서 이기는 길

하나님께서 하는 시험이나 사탄의 시험 모두 인간의 힘만으로는 이길 수 없다. 따라서 시험의 고통을 인내할 뿐만 아니라^{약 1:2-4} 하나님의 전신 갑주를 입고^{엡 6:10-18} 믿음^{벧전 5:9}과 기도로써^{마 26:41} 이를 극복해야 한다.

학습 자료 2-3 하나님의 절대 의(義) ^{창 17장}

✚ 하나님의 의

'의(Righteousness)'는 근본적으로 율법을 지키는 것과 관련되어 있다. 즉, 율법을 준수하는 자는 의롭지만, 그 요구에 충족될 수 없는 자는 불의한 자로 규정된 것이다. 그러나 율법 이상의 존재인 하나님에게는 지켜야 할 율법이 없다. 따라서 '하나님의 의(義)'라는 개념은 성립하지 않는다는 주장이 있다. 그러나 이러한 생각은 잘못된 것이다. 왜냐하면 하나님의 속성 자체에는 모든 율법의 근거가 되는 규범이 있으며 이것이 하나님의 의에서 기인하기 때문이다. 따라서 하나님은 율법의 규정에 구속되지 않으시나 율법의 요구에 미치지 못함은 전혀 없으시다. 그러므로 성경은 하나님의 의를 여러 차례 기술하는 것이다^{출 17:2, 스 9:15, 시 48:10}.

✚ 하나님의 거룩과 의

하나님의 의는 거룩과 불가분의 관계에 있다. 따라서 의를 성(聖: 거룩함)의 한 다른 존재 양식으로 보아 '타동적 성'(他動的 聖)이라 칭하기도 한다. 왜냐하면 거룩은 하나님의 내면적인 혹은 이러한 속성이 투사되는 외면적 나타남인 반면, 의는 이 기준에 순종함과 불순종함의 표준이며 동시에 순종하는 자와 불순종하는 자에 대한 처우의 결과에 의해 드러나는 것이기 때문이다. 즉, 하나님의 거룩의 기준에 대한 순종과 불순종에 대한 상(賞)과 형벌이 의이며, 이것은 하나님의 피조물과의 관계를 보여 주기 때문에 '상대적 의'(相對的 義)라 한다.

✝ 하나님의 절대적 의

상대적 의가 도덕적 피조물에게 행사하시는 하나님의 무한한 의로움이라 하다면 '절대적 의'는 이것의 근본 원인이 되는 하나님 자체 안에 있는 무한한 도덕적 의라 할 수 있다. 이를 다른 말로 하면 상대적 의는 절대적 의가 침해당하지 않도록 인간이나 역사에 반영되는 의라 할 수 있다. 즉, 상대적 의가 외면적 의라고 한다면 절대적 의는 상대적 의에 의해 보호되는 내면적 의라 할 수 있다. 그러므로 의로우신 하나님 안에서 성도가 된 우리도 의로워야 한다.

학습 자료 2-4 성경의 언약

'언약'이란 문자 그대로는 두 주체가 쌍방 간에 맺는 약속이다. 그러나 성경적으로는 하나님께서 인간에게 일방적으로, 무조건으로, 즉 은혜로써 주신 훗날의 구원에 대한 약속이라는 측면이 강하다. 성경의 언약을 모두 함께 모아 표면상으로 보면, 시대마다 각각 그 성격과 내용이 다른 다양한 언약이 따로따로 주어진 것처럼 보인다. 그러나 사실은, 모든 언약은 다 그리스도 예수의 십자가 희생, 수난을 통한 택한 성도의 구원이라는 단일한 사건의 여러 측면을 각 시대에 따라 부분적으로 반영한 것으로 통일성이 있다. 즉, 모든 언약은 한 목적을 지향하고 있는 통일체이다. 이것은 천지 창조 이후부터의 모든 역사가 연속성이나 통일성 없이 그저 무의미하게 흘러가는 것 같으나 사실은 그 뒤에서 택한 자의 무리를 전 시대에 걸쳐 하나님 나라(Kingdom of God)로 인도하여 들이시려는 하나님의 일관된 의지로 진행되는 구속사이다.

예수님이 오시기 이전까지의 성경 기록을 구약, 그 이후의 기록을 신약이라고 부르는 것도 결국 성경의 주요 내용이 인간 구원과 처음 모습으로 관계를 회복하는 구속에 대한 하나님의 약속이라는 사상을 반영한 것이다. 한편 구약 언약은 그리스도의 성육신 및 초림을 주 내용으로 하여 신약 언약을 예표하며 예언적으로 주어졌지만, 신약 언약은 구약 언약의 성취인 동시에 그리스도의 재림 및 세상 끝날 성취될 천국 구원을 주 내용으로 주어진 것이다. 이처럼 하나님께서 언약을 주시고 이를 반드시 성취하신 것은, 먼저는 각 시점마다 이루어진 구속사적 구원 사건이 우연한 일이거나 무의미한 일이 아니라 하나님에 의하여 계획되고 주도되는 인간 구원의 사건임을 당신의 택한 자들에게 거듭 확인시키기 위함이었다. 그리고 결정적으로는 이미 심판과 천국에서의 영생의 언약도 꼭 이루어질 것을 오고 올 신약 성도에게 확신시켜 주시기 위함이었다. 따라서 모든 언약은 내적으로 예수 그리스도를 통한 택한 자의 구원과 공통으로 연결되었다는 점, 그리고 그 모든 과거 언약의 성취는 신약에서 우리에게 주어진 새 언약 성취의 보증이란 점에서, 결국 아담 때부터 주어진 언약은 바로 나 자신을 위한 언약임을 우리는 깨닫는다.

언약은 하나님이 일방적으로 인간과 맺는 약속이라는 성격을 갖는다. 이 말은 언약 지킴의 의무가 하나님께 주어져 있다는 것이고 하나님은 신실하시기에 이 약속을 스스로 하시고 스스로 지키신다. 이것을 우리는 은혜 언약이라고 한다. 그러나 단 2개의 언약은 인간에게도 지켜야 할 조건이 따라오는데, 인간이 그 조건을 지켜야 그 언약은 유효하게 된다. 이것을 행위언약이라고 하고, 선악과 언약과 시내 산 언약이 있다.

2 일차 범위 **생각해야 할 성경적 세계관의 이슈들**
☑ 읽을 책 : "기독교 세계관 핸드북" 도서 출판 에스라 2023

❖ 창 16장 "이슬람교"(p199)
❖ 창 31:19, 35:54 "다른 종교는 어디서 왔는가?"(p188),
　　　　　　　　　　"기독교 세계관과 악을 이기는 것"(p313)

3일 핵심 학습 자료

학습 자료 3-1 초월성과 내재성(Transcendence and Immanence) 창 31:5

✝ 용어

인식론에서는 인식 주체의 의식을 기준으로 하여 그 인식 안에 포함된 것을 내재로, 그 밖의 것을 초월로 규정한다. 또한 형이상학에서는 경험을 기준으로 하여 경험의 대상이 되는 것을 내재로, 경험할 수 없는 본질의 세계에 속한 것을 초월로 규정한다. 또한 인간론에서는 인간은 생물학적, 역사적, 사회적 한계 내에서 존재하는 내재적 존재지만 이 한계를 벗어나려고 노력하는 초월적 욕구가 있는 것으로 본다. 이처럼 일반 학문에서는 초월은 어떤 한계선 바깥에 존재하는 것을, 그리고 내재는 그 안쪽에 존재하는 것으로 정의한다.

✝ 신학적 의미

초월과 내재란 기독교에서는 하나님의 속성과 존재 방식을 설명하는 데 사용한다. 즉 하나님께서는 세계와 세계를 지배하는 모든 원리로부터 자유로우시므로 "초월자" 이시며 또한 여러 모양으로 이 세상과 역사 가운데 임재하시므로 "내재자" 이기도 하시다.

✝ 비판

이러한 초월과 내재는 반대 개념이므로 하나의 속성을 설명하는데 이 용어를 둘 다 쓰는 것은 혼란을 초래한다. 따라서 많은 사람은 양자 간 어느 한쪽만을 일방적으로 강조하다가 오류에 빠진 경우가 많다. 초대 교회 때부터 성행했던 영지주의는 하나님의 내재와 한 형태인 그리스도의 성육신을 부인함으로써 초월만을 강조했다. 이와 유사한 근래의 사상으로는 위기 신학이 있는데 이 역시 하나님의 영원성과 인간사를 변증법적으로 엄격히 구분함으로써 내재를 약화한다. 반면 독일 신학자 슈라이에르마허(Schleiermacher)는 하나님의 직접적 체험을 강조하고 18, 19세기의 자연 신학 역시 하나님을 자연법과 동일시함으로 오류를 범한다.

✝ 교훈

우리의 창조주 하나님은 피조물과 같지 않다는 점에서 초월자이시다. 그러나 초월자로서만 계시는 것이 아니라 오늘도 우리와 교통하신다는 점에서 내재적이다. 이는 인간이 설정한 논리 체계로서는 설명할 수 없으며 오직 성경의 계시를 진리로 수용하여야만 받아들일 수가 있다. 그럴 때만이 진실로 하나님을 창조주로 경외할 뿐 아니라 이 세상의 주관자를 수용할 수 있다. 따라서 우리는 초월자가 되신 하나님을 영접하여 찬양하고 경배드려야 하며 그분의 내재하심을 감사해야 한다.

4일 핵심 학습 자료

학습 자료 4-1 요셉 당시의 간추린 애굽 역사

✝ 성경과 애굽

성경의 주요 무대인 팔레스타인은 고대 문명의 발상지인 메소포타미아와 애굽 사이에 있다. 따라서 팔레스타인은 메소포타미아와 관련해서 또한 애굽과 관련해서 자주 언급된다. 성경에서 애굽은 함의 자손의 땅으로^{창 10:6, 13, 14}, 그리고 가나안 땅과는 달리 물이 많고 비옥한 땅으로 비쳤다.^{창 13:10} 한편 애굽과 히브리 사람과의 직접적인 교류는 아브라함 시대에 시작되었고^{창 12:14-17}, 본격적인 교류는 요셉 시대에 있었다. 당시 요셉은 종이란 천한 신분에서 출발했으나 애굽의 총리가 되는 영화를 누렸다. 혹자는 애굽과 같은 절대 군주 국가에서 종이었던 자가 높은 관직에 오르는 것은 이해할 수 없다고 말하기도 한다. 그러나 이 문제는 애굽의 역사를 이해할 때 해결될 수 있다.

✝ 애굽의 역사

문명의 발상지 애굽은 BC 3000년경부터 첫 왕조가 시작되어 BC 332년 알렉산더 대왕의 애굽 정복에 이르기까지 30왕조로 나누어진다. 한편 이를 다시 크게 구분하면 고왕국 시대(BC 3000-2200년경), 중왕국 시대(-BC 1570년), 신왕국 시대(BC 715년), 후기왕국 시대(BC 332년)로 나누어진다. 이 시대의 대부분은 이집트인에 의해 다스려졌으며 사막으로 둘러싸인 지형적 특징 때문에 큰 외부적 위협은 받지 않았다.

그러나 중왕국 시대에는 힉소스(Hyksos)가, 22, 23왕조(BC 950-730년)에는 리비아인이, 25왕조(BC 715-656년)에는 뉴비아인이, 26왕조(BC 663-525년)에는 사이스인이, 27왕조(BC 525-404년) 이후에는 페르시아인이 다스렸으며, 이 세력은 후에 마케도니아의 알렉산더에 의해 무너졌다.(BC 332년) 한편 신구약 중간기에 해당하는 시대에는 계속 그리스 계통의 톨레미 왕조가 다스렸고(BC 332-31년) 이어 로마의 통치가 시작되었다.(BC 31년)

이처럼 후기에 이를수록 주위의 열강들에 의해 유린당한 적이 많았는데, 그때마다 새로운 왕조의 새 통치자들이 자기와 입장을 같이 하는 사람들을 등용하여 권력을 유지했다. 위에서 언급한 왕조 가운데 특히 성경의 역사와 밀접한 관계를 맺는 왕조는 아브라함 시대의 제12왕조, 요셉 시대의 힉소스 왕조, 모세 시대의 제18왕조, 요압이 에돔을 파괴한 때의^{왕상 11:14-22} 제21왕조, 솔로몬의 장인 때인 제21왕조, 시삭이 이룩한^{왕상 14:25, 26} 제22왕조, 호세아가 앗수르의 침입에 도움을 청하였던 애굽 왕 "소"가^{왕하 17:4} 속한 제22왕조, 이사야 시대의^{사 30:2, 36:6, 37:9} 제25왕조, 요시야 시대의^{왕하 23:29} 제26왕조 등이다.

✝ 힉소스 왕조

히브리인과 가장 밀접한 관계를 유지했던 애굽 왕조는 힉소스(Hyksos)왕조이다. 그러나 애굽 자체의 역사 가운데는 힉소스에 대한 언급이 거의 나타나지 않는다. 다만 애굽 타니스에서 발견된 "400주년 기념비"(Stele of the Year Four Hundred)에서 세트(Seth) 신이 400년 동안 애굽을 지배한 것으로 나온다. 이 비석에 새겨진 세트 신은 아시아인의 복장을 한 비애굽 주거인 신이었다. 따라서 혹자는 이 신을 고대 근동에서 주로 섬겨졌던 바알(Baal)과 동일한 신으로 추측하기도 한다. 애굽인이 이민족의 통치를 역사로 기록하지 않고 이방 신의 군림으로 묘사한 것은 침략자에 대한 증오심 때문이었을 것이다. 실제로 힉소스는 애굽 왕조가 쇠약해졌을 때 무력으로 애굽의 변방을 침입하여 북애굽을 점령하고 요새화함으로써 셈족 계통의 왕조를 창설하였다.

그러나 이방 혈통인 셈족 계통의 왕조인 힉소스 왕조에 대하여 극도의 혐오를 가졌던 애굽이들의 고의적 역사 누락으로 인하여 그 정확한 통치 연대와 통치 지역의 범위는 극히 불분명하다. 따라서 요셉 당시의 왕조가 힉소스 왕조였고 모세 탄생 당시의 왕조는 18왕조였던 것은 분명하나, 그 사이 즉, 단순 연대기상 제12-17왕조 시기에 해당하는 이 시기 중 정확히 어느 왕조가 힉소스 왕조인지에 관해서는 결정을 낼 수 없다는 결론을 취한다. 그들은 남 애굽도 부분적으로 점령했으나 주요 근거지는 북 애굽에 두었다. 야곱의 가족이 북 애굽에 속한 고센에 정착한 것은 이러한 사실과도 관련된 듯하다.

✝ 요셉의 통치

요셉이 중앙 정치 무대에 등장할 수 있었던 것도 이와 같은 배경이 있었기 때문일 것이다. 그들을 무력으로 통치하였는데 요셉의 식량 정치 역시 자연스럽게 애굽의 토착 세력을 약화하는 좋은 동기로 작용했을 것이다. 한편 요셉이 그곳 제사장의 딸과 결혼하고 제사장들에게 호의를 보인 것은 당시 힉소스 왕조가 종교 동화 정책을 쓰고 있었기 때문으로 추측된다. 최근 고고학적 발굴에서 애굽 관리 명단에 "야곱하르"(Jacob-har) "시므온"(Simeon)등의 이름이 발견되는 것은 당시 힉소스 왕조가 야곱의 후손들을 중용했다는 증거가 된다.

학습 자료 4-2 전능 ^{창 43:14}

하나님은 이 세상의 창조자이시며^{창 1:1} 동시에 보존자이시다^{시 135:6}. 따라서 만물은 하나님의 궁극적인 목적으로 하여 움직인다. 이는 만물 가운데 내재한 피조물로서의 특성 때문만이 아니라 창조주 하나님의 만물에 대한 주권적 속성 때문이기도 하다. 이러한 하나님의 주권은 신적 의지와 신적 능력으로 나누어진다.

신적 의지는 만물에 일어날 사건들을 계획하며 지도하시는데 나타나는 하나님의 주권이고 신적 능력은 이러한 신적 의지를 집행하는데 어떠한 착오도 없음을 가리킨다. 이처럼 신적 능력이 완성되는 것을 "전능"(omnipotence)라 한다.

✝ 신적 의지와의 차이

인간은 의지와 능력의 차이가 분명하다. 즉, 의지하는 바를 실행에 옮기지 못하는 경우도 있고 능력을 완전히 발휘하지 않는 경우도 많기 때문이다. 그러나 하나님께 있어서 의지하는 바는 반드시 이루어지며 능력을 행함에 있어 보류하는 바가 없으시다. 이와 같이 유한한 인간에게 있어서는 의지와 능력 사이에 부조화가 존재하는 반면 무한하신 하나님에게 있어서는 완벽한 조화가 이루어짐으로 피조물 인간과는 구별된다. 이처럼 효과에 있어서 하나님의 의지와 능력은 동일하나 논리적인 순서에 있어서는 하나님 의지가 우선한다.

✝ 전능의 양태

이에는 제2 원인의 간섭 없이 하나님 자의에 의해 일을 수행하는 절대적 능력과 실제에 있어 제2 원인의 질서 정연한 움직임으로 인해 일을 수행하시는 질서적 능력이 포함된다. 그러나 혹자는 절대적 능력은 하나님께서 자신의 속성과 조화되는 것이라면 무엇이나 다 행하실 수 있는 능력을, 질서적 능력은 실제로 하나님께서 작정하신 것만 행하심을 가리키는 것으로 정의하기도 한다(Bavinck).

✝ 전능의 제한

전능에는 제한됨이 없다는 의미가 있으나 실제로 하나님의 전능하심에는 우리가 생각하는 바와 다른 일면이 존재한다. 즉 하나님께서는 영원한 작정 가운데 포함된 것만을 현실적으로 행사하신다. 이는 하나님의 능력이 현실적으로 실현되는 것보다 더 크나^{창 18:4} 필요한 만큼 지혜롭게 행사하시는 것을 보여 준다^{욥 26:14}. 또 다른 사실로는 하나님께서는 자연 능력(nature power)과 더불어 의지 능력(will power)을 가짐으로 자제적이다. 즉 그리스도께서는 능력으로는 돌들로도 아브람의 자손을 만들 수 있었으나 만들지 않았으며, 십자가의 고난을 받지 않을 수 있었으나 받으셨다. 그뿐만 아니라 하나님께서는 자기의 속성과 모순되는 것을 행하지 않으신다. 예를 들면 하나님께서는 거짓말이나 범죄의 능력을 행사하지 않으시는 것이다^{민 23:19}.

✝ 의의

다신론에서는 신들이 각기 고유의 영역을 가지므로 한 신이 특별히 전능할 수 없다. 그러나 성경은 하나님은 유일성과 더불어 전능성을 강조한다^{욥 9:12}. 따라서 우리는 이 전능성으로 인해 하나님만을 신뢰할 수 있으며, 나아가 하나님의 신적 의지에 우리의 의지를 일치시켜야 한다.

학습 자료 4-3 하나님의 섭리(보존 Preservation)와 이신론

보존(Preservation)

✝ 하나님의 섭 리

하나님은 창조자로서 이 세상을 계속 보전하시며 통치하신다. 이를 "하나님의 섭리"(providence)라 부른다. 이 개념 가운데는 모든 피조물이 절대적 주권자이신 하나님께 의존하여 존재한다는 "보존"과 "만물의 움직임은 하나님(제1 원인)과 자연 및 인간(제2 원인)과의 협력으로 움직인다"는 "협력"과 창조주 하나님께서는 피조물을 당신의 기쁘신 뜻에 따라 다스린다는 "통치"의 개념이 내포되어 있다.

✝ 보존의 정의

보존의 개념은 하나님의 절대 주권 즉, 창조주 하나님만이 절대적인 독립자이시며 주권자시라고 전제한다. 따라서 모든 피조물은 하나님께 대해 의존적이며 신적 권능의 계속적 행사가 있어야만 존재와 활동이 가능한 것이다. 이처럼 보존은 만물을 후원하시는 하나님의 계속적 사역을 가리키는 용어이다.

✝ 보존 교리에 대한 이견

이신론은 하나님께서 이 세상을 창조하면서 피조물에게 특수한 법칙을 부여했으므로 하나님의 특별한 간섭 없이도 이는 유지된다고 가르친다. 그러나 자존재(自存在)나 자유지(自有持)의 능력은 원래부터 존재하신 하나님께만 있고 다른 피조물은 존재를 부여하신 하나님에 의하여만 존재와 유지를 할 수 있다. 또한 범신론은 보존을 계속적인 창조로 본다. 즉 범신론에서는 자연을 창조주 하나님의 자기 계시로 보며 이 자연의 변화를 새로운 창조로 보는 것이다. 그러나 이 주장은 인간을 비롯한 피조물이 어떤 일의 원인으로 작용할 수 있다는 가능성을 전적으로 배제하므로 받을 수 없다. 즉 모든 일의 제1원인자는 하나님이시나 도덕적이며 스스로 결정할 수 있는 능력이 있는 인간 역시 제2인자가 될 수 있는 것이다.

✝ 의의

바른 신앙인은 보존의 섭리를 인정한다. 요셉도 이러한 신앙을 가졌으므로 창 45:7 자신을 곤경에 빠뜨렸던 형들을 용서할 수 있었다. 또한 보존의 개념은 하나님의 절대성과 더불어 이에 대응하는 인간의 적극적인 행동을 유도하므로 이를 믿는 자를 긍정적인 상식인으로 만든다.

이신론(理神論, deism) 또는 자연신론(自然神論)은 18세기 계몽주의 시대에 등장한 철학(신학) 이론이다. 세계를 창조한 하나의 신을 인정하되, 그 신은 세계와 별도로 존재하며 세상을 창조한 뒤에는 세상, 물리법칙을 바꾸거나 인간에게 접촉하는 인격적 주재자로 보지 않는다. 그에 따라 계시, 기적 등이 없다고 보는 철학, 종교관이다. 계몽주의에서 이신론은 신은 인간을 초월한 존재이며 또 우주의 창조주라고 생각하는 점에서는 일종의 유신론(有神論)이지만, 한편에서는 인간은 이성(理性)을 가지고 있어서 이 신의 존재나 우주의 법칙을 이성으로 알 수가 있다고 간주하였다.

> 하나님은 우주를 만드신 창조주 하나님이실 뿐만 아니라,
> 죄에서 구원하시고 관계를 회복해 주시는 구속주 하나님이시며,
> 삶의 모든 것에 관여하시고 인도하시며 보호해 주시는 섭리주 하나님이시다

학습 자료 4-4 성경의 무오성(無誤性) ^{창 47:31}

창세기 47:31은 야곱이 "침상 머리"에서 경배했다고 기록하나 히브리서 11:21은 "지팡이 머리"에 의지하여 경배하였다고 기록함으로써 상이점을 보인다. 혹자는 이를 두고 성경이 갖는 오류의 좋은 실례라고 지적한다.

✝ 무오의 필요성

기독교의 계시가 완전한 형태로 보존된 것이 성경이다. 따라서 성경이 오류라는 주장은 기독교가 잘못된 근거 위에 세워진 허위의 종교란 결론에 도달하므로 절대 용인할 수 없다. 성경은 비록 한계를 지닌 인간의 손을 빌어 쓰였으나 그 배후에는 하나님 영감의 역사하심이 있었기 때문에 절대 무오한 것이다. 한편 혹자는 이 무오를 교리서나 신약 그리고 극단적으로는 산상수훈에만 한정시키기도 하나 이 역시 잘못이다. 왜냐하면 성경은 상호 유기적으로 연결되어 있으므로 어느 한 부분의 잘못은 결과적으로 전체의 잘못으로 귀결되기 때문이다.

✝ 무오의 내용

기독교 경전인 성경은 교리뿐만 아니라 과학적, 역사적, 도덕적 측면에서도 오류가 없다. 혹자는 성경 고대 역사서와 비교하여 그릇된 점이 있다고 주장하나 이는 성경 기록자가 일차적 독자인 유대인들을 염두에 두었기 때문에 생긴 부차적 문제일 뿐이다. 또한 일부다처제와 같은 도덕적 난점은 이를 옹호한 것이 아니라 사실적 기록일 뿐이다.

✝ 성경 읽는 자의 자세

성경의 일부 난제들은 오류가 아닌 이해 상의 난관으로 생각해야 한다. 이는 이해되지 못한 문제들이 역사, 고고학의 발달로 규명된 점이 많다는 점에서도 설득력이 있다. 또한 성경 상호 간의 이질적인 문제는 성경 저자의 다른 관점 때문에 발생한 것이므로 결코 상호 모순되지 않는다. 그뿐만 아니라 이는 오히려 성경을 더 폭넓게 이해케 하는 자극을 준다.

학습 자료 4-5 예지(叡智) ^{창 49:1}

✝ 용어

인간이 유한하며 발전적이지만 하나님은 무한히 완전하신 분이시다^{시 147:5}. 이러한 하나님의 속성에서 지성적 요소가 시간과 관계되어 나타날 때는 과거, 현재, 미래의 모든 일을 완전히 아시는 "전지"로 표현된다. 여기서 특히 미래의 일에 대한 앎을 표현하는 용어가 "예지"(foreknowledge)이다.

한편 인간도 미래를 예측할 수 있는 바 이를 "선견"이라 한다. 그러나 인간적 선견이 단순한 가능성에 대한 추론적 지식에 머무는 반면 신적 예지는 영원한 미래에 대하여 포괄적이며 필연적 지식이라는 점에서 양적인 차이뿐 아니라 질적인 차이를 지닌다.

✝ 예지와 자유 의지

예지는 하나님께서 미래에 대하여 아주 세세한 부분까지 모든 문제를 알고 계심을 보여 준다. 그러면 이는 인간의 "자유 의지"와 필연적으로 부딪칠 수밖에 없다. 왜냐하면 인간은 자유의지를 가진 존재로 창조되었으며 어떤 행동의 원인은 각 사람의 의지에 기인하기 때문이다. 이처럼 인간 행동이 자유로운 결정에 의하여야 한다면 이는 미래의 일을 완성된 일과 같이 미리 보시는 하나님의 예지와 모순되는 것이다. 이에 대한 설명으로 몇 가지 주장들이 있어 왔다.

① **간접적 예지** : 이에 따르면 하나님은 단지 인간의 자유행동의 원인만을 아신다고 한다. 즉 인간의 의지는 깊이 잠재된 본능과 성격과 지적 수준과 환경에 따라 이루어지며 하나님께서 이것을 완벽히 아신다면 인간의 결심 및 그 결과도 명백히 아실 수 있다는 주장이다.

② **직접적 예지** : 간접적 예지는 하나님께서 인간적 조건을 추론하여 예지하신다는 결론적 모순에 빠지게 된다. 반면에 직접적 예지는 하나님께서는 미래를 추론적으로 아심이 아니라 직관적으로 아신다는 것이다. 이처럼 하나님께서는 미래의 될 일을 사람과 독립하여 알 수 있다는 사실은 하나님의 영원한 현재성에 근거를 두고 있다. 즉, 하나님께서는 인간의 자유행동조차 예지하시며, 그 행동의 배후에는 하나님의 영원한 목적이 내재해 있다는 것이다.

③ **중간 지식** : 인간의 의지나 자유행동에 강조점을 둔다. 즉 하나님은 필연적으로 될 일에 대해서는 직접적으로 예지하시나, 우발적으로 될 일에 대해서는 동작할 양식에 대하여만 통찰하신다는 것이다.

✝ 의의

하나님의 예지는 분명한 사실이다. 성경은 필연적 사실 뿐만 아니라 인간 자유의지의 결과인 우발적 사건들에 대하여도 신적 예지가 있음을 보여 준다^{삼상 22:10-13, 막}

14:30. 따라서 "중간 지식"적 예지는 성경과 조화되지 않으며 하나님의 완전성을 부인하는 것이 된다. 그러나 성경이 언급하고 있는 신적 예지와 인간의 자유의지와의 관계를 인간의 이성으로써 완벽히 규명할 수 없음도 사실이다. 그러나 성도는 신적 예지를 믿을 때만 성경에 기록된 미래의 일들을 신뢰할 수 있으며 이에 따라 용기를 가지고 현실의 난관을 이겨낼 수 있다.

학습 자료 4-6 전능자 ^(창 49:25)

야곱은 요셉을 축복함에 있어 "전능자"의 복이 임하기를 기원했다. "전능자"(שַׁדַּי 쇠다이)는 이미 창세기에서 5번 사용되었으며^{창 17:1, 28:3, 35:11, 43:14, 48:3} 모두 "전능하신 하나님"(엘 쇠다이)이란 복합어 형태를 취하고 있다. 본 절은 이 형태에서 벗어나 단독으로 쓰였으나 같은 절 초두에서 "하나님"(엘)이란 말을 이미 사용했기 때문에 실제는 동일하다고 볼 수 있다. 한편 "쇠다이"는 일반적으로 전능자"(Almighty)로 해석하나 그 정확한 의미에 대해서는 다소 이견이 있다.

✝ 전능자

"쇠다이"는 "굵고 튼튼하게 하다"는 원뜻이 있으며 "멸하다"^{겔 32:12}, "황폐케 하다"^{렘 51:56}, "압제하다"^{시 17:9} 등으로 번역되는 "쇠다드"에서 유래되었다고 본다. 이때 하나님은 죄악을 멸하시고 원수를 압제하시는 전능자란 의미를 지니게 된다.

✝ 자족자

"쇠다이"를 "…하는 자"란 의미의 관계대명사 "쇠"와 "넉넉하다"^{출36:7}, "족하다"^{잠 25:16}는 뜻이 있는 "다이"의 합성어로 보아 "스스로 충족한 자"(self-sufficient)로 이해한다. 70인역 등 헬라 역본들이 이와 같은 입장을 취했다.

✝ 산(mountain)

"높다" 혹은 "산"을 의미하는 "사두"(sadu)에서 유래한 것으로 보아 "지극히 높으신" 하나님을 보여 준다는 견해가 있다. 이 밖에도 여러 견해가 있으나 확실치는 않다. 그러나 이 말이 문맥으로 볼 때 언약을 세우시는 하나님을 묘사하며, 또한 그 언약을 반드시 이룰 수 있는 능력 있음이 전제되고, 하나님의 존엄성이 강조된다는 점에서 위의 주장은 모두 설득력이 있다. 진실로 하나님은 택한 자를 보호하기 위해 악한 자를 멸하시는 전능하신 분이시며, 어떠한 부족함도 없으시며, 지극히 높으신 분이시다.

구약

창조시대 ₂₀₁₆ 창세기 1~11장

창1:26~28 인간창조의 특별함(요일4:8, 엡1:4, 시8:5, 창2:7)

4개의 사건

- 창조 ─ 에덴 창2:16 축복의 근원 "임의로 먹되"
  └▶ 하나님의 임재와 동행(창조의 의도와 목적) ⇨ 성막의 특징

- 선악과 사건 창2:17
  ⇨ 행위언약 "…먹지말라. 먹는 날에는 반드시 죽으리라…"

- 타락 ⇨ 관계의 단절
  창3:9 "아담아 네가 어디있느냐" 하나님 관계 단절 ┐
  창4:9 "가인아 네 아우가 어디있느냐" 이웃과의 단절 ┘ ⇨ 십계명의 근거

  ▶ **창3:15** ⇨ 영적전쟁 선포
  (원시복음)   *사탄이 관계 단절의 주범이기 때문에
  ⇨ 관계회복의 약속

- 홍수 ──▶ 무지개 언약 ⇨ 하나님 백성의 보호약속
- 바벨탑 사건 ──▶ 백성의 번영과
  청지기 사명의 수행을 위해
  (창1:28)

족장시대 _{2166   1876} 창세기 12~50장

4명의 족장

- 아브라함 _{2166   1991} ──▶ 아브라함 언약 ⇨ 시내 산 언약을 위한 준비

- 이삭 _{2066   1886} 약속의 아들
  희생제물   자손·땅·주권
                            (복의 회복) ⇨ 시내 산 언약을 통한 관계 회복으로

- 야곱 _{2006   1859} 12지파의 시조
  ──◀ 자손 형성의 과정

- 요셉 _{1915   1805} 애굽 총리 대신 ──▶ 자손 형성의 기반제공

BC 1876
야곱일가(70명)
애굽으로 이주
출애굽(1446)까지 430년 경과
BC 1500년경 ──────────▶ 자손 형성의 완성

5일 핵심 학습 자료

학습 자료 5-1

출애굽·광야 시대(出埃及 廣野 時代, B.C. 1446~1406) 즉 이스라엘의 애굽 탈출에서부터 요단강 도하 직전까지의 40년간의 광야 시대를 각 주요 사건을 기준으로 다음처럼 몇 시기로 나눌 수 있다.

1. 출애굽에서부터 시내 산 도착까지 **2개월**
2. 시내 산기슭에서의 체류 기간 **11개월** – 시내 산 언약, 십계명과 레위기, 성막
3. 시내 산을 출발하여 가데스 바네아 반역 사건이 일어나기까지 **50일** – 민수기
4. 불신앙으로 구시대를 심판하기 위한 광야의 방황하는 시기 **37년 6개월** – 민수기
5. 가데스 바네아에서 재집결하여 모세의 죽음까지의 요단강 도하 준비기간 **11개월**
   – 신명기

학습 자료 5-2 요셉을 알지 못하는 새 왕 _{출 1:8}

요셉이 애굽의 총리가 된 시점이 B.C. 1885년경이며 그의 죽음은 B.C. 1805년경일 것으로 추정된다. 또한 모세의 출생은 B.C. 1527년경으로 볼 수 있다. 따라서 요셉의 사망으로부터 모세의 출생까지는 약 280여 년이 지났다. 그러므로 모세 출생 당시 애굽의 새 왕이 요셉을 알지 못했다는 것은 상식적으로 이해하기 어렵다. 왜냐하면 요셉은 애굽을 멸망의 위기에서 건져낸 역사적 인물이었기 때문이다.

✝ 문자적 해석

따라서 요셉을 알지 못하는 새 왕은 요셉을 완전히 몰랐다는 의미가 아님을 알 수 있다.

이는 '알다'(야다)란 말이 단순히 지식적으로 아는 것뿐 아니라 순복할 의지를 갖추고 깊이 탐구하는 것을 의미한다는 것으로 보아서도 알 수 있다. '알지 못한다'는 것은 의지적 배타심을 가지고 추종하지 않는 것을 의미한다고 볼 수 있기 때문이다. 또한 '새 왕'(멜렉하다쉬)도 70인 역에서는 '다른 왕'(βασιλέως ἥτηρος, 바실류스 헤테로스)으로 번역함으로써 그 이전의 왕들과는 다른 정책을 시행했던 왕임을 암시하고 있다. 이러한 사실은 Living Bible이 이 부분을 '요셉의 자손들에 대해 은택을

느끼지 않는 이집트 왕좌에 오른 새 왕'(a new king came to the throne of Egypt who felt no obligation to the descendants of Joseph)이라 의역한 데서도 잘 드러난다.

✝ 역사적 해석

요셉을 등용하고 야곱 가족을 후대했던 왕조는 셈족 계통의 힉소스(Hyksos) 왕조이다. 힉소스 왕조가 애굽을 통치한 시기는 애굽인 처지에서 보면 분명 중간 과도기였을 것이다. 또한 그 통치 지역과 시기도 애굽 잔존 왕조와 겹쳤을 것이다. 더욱이 후대 애굽인들은 힉소스 왕조의 통치에 대한 기록을 심히 왜곡시켰기 때문에 그 정확한 연대는 알 수 없다. 다만 대략 애굽 13~17왕조 사이와 겹치는 것으로만 추정할 뿐이다. 그러나 어쨌든 이들이 함족 계통의 왕조를 무너뜨리고 새 왕조를 세웠으며 같은 셈족 계통이었던 요셉을 등용하였던 것만은 분명하다. 그러나 세월이 흘러 함족 계통의 18왕조가 다시 힘을 모아 힉소스 왕조를 몰아내었다. 그뿐만 아니라 그들은 힉소스 왕조의 업적을 의도적으로 말살하였다.

그러므로 '요셉을 알지 못했던 새 왕'은 '요셉의 업적을 의도적으로 과소평가했던 왕'으로 이해할 수 있다. 특히 여기서는 지나치게 국수주의(國粹主義) 성향을 보였던 18왕조의 세 번째 왕 투트모스 1세(Thutmose Ⅰ, B.C. 1539-1514)로 볼 수 있는데(혹자는 18왕조의 초대 왕 아모스[Ahmose, B.C. 1584-1560]로 보기도 함), 그는 애굽 본토인의 융성을 위해서 히브리인들을 압박했다. 히브리 산파를 시켜 유아를 죽이게 했던 것도 바로 이 투트모스 1세였을 것으로 추정된다[출 1:15, 16]. 또한 히브리 남아(男兒)를 물에 던지라고 명령했던 것[출 1:22]도 투트모스 1세였을 것으로 추정된다. 이처럼 그는 인륜(人倫)에 배치되는 극악한 방법을 동원하면서까지 계속 요셉의 민족을 억압했다.

✝ 의의

만약 애굽 사람들이 계속 히브리인들을 후대했다면 그들은 애굽 사람들과 혼혈을 거듭함으로[창 41:45, 51, 52] 민족성을 잃어버리고 여호와 신앙을 상실했을 수도 있다. 그러나 역사의 주관자가 되신 하나님께서는 애굽에 새 왕조를 일으키심으로 애굽인과 이스라엘 민족의 분리를 가속해 출애굽을 가능하게 했으며 언약을 부여받은 선민(選民)이 되게 하셨다. 이렇게 볼 때 일시적인 세속적 고통이 결과적으로는 영원한 신앙적 이득을 가져올 수도 있음을 알 수 있다.

학습 자료 5-3 "아브라함의 하나님..." - 하나님의 불변성(不變性)[출 4:5]

✝ 용어

하나님의 속성 가운데 인간이 가질 수 없고 오직 하나님께서만 지닌 속성을 비공유적(非共有的) 속성이라 한다. 여기에 하나님의 불변성이 포함되는데 이는 인간을 비롯해 모든 만물이 변하는 것과는 달리 하나님께서는 불변하심을 나타낸다. 즉 이는 하나님께서는 타자(他者)를 그의 원인(原因)으로 하지 않고 자존(自存)하시며, 밖으로부터의 그 어떤 영향에도 변할 수 없을 뿐 아니라 안으로부터 일어나는 변화에도 영향을 받지 않으시는, 무한하게 완전한 분이심을 보여 주는 신학적 용어이다.

✝ 종류
하나님은 존재의 본체뿐 아니라 사상, 의지, 작정, 행위에서도 변하지 않으신다.

- ① **본질의 불변성** : 유한한 존재가 생성(生成), 변화, 발달하는 반면 무한히 완전하신 하나님은 절대적이므로 발달이나 변화가 있을 수 없다.
- ② **작정의 불변성** : 하나님의 작정은 무한히 지혜로우신 하나님에 의해 세워진 것이므로^{왕상 8:56} 반드시 성취된다^{사 46:10}.
- ③ **신실의 불변성** : 하나님은 신실하시며 참되시다^{욥 23:13, 14}. 따라서 유한한 피조물의 방해와 무관하게 당신의 일을 이루신다^{사 46:10}.
- ④ **구원의 불변성** : 하나님은 죄인을 구원의 자리로 부르시되 후회함이 없으며^{롬 11:29} 이는 구원으로 결실된다.

✝ 이견
불변하는 것은 생명이 없음을 의미하고 하나님은 생명을 지닌 분이시므로 불변성은 성립할 수 없다는 주장과 하나님은 변하는 세상과 인간을 향해 역사하시는 분이므로 변화가 전제되어야 한다는 주장이 있다. 그러나 성경이 말하는 불변성은 생명이 없는 부동성(不動性)이 아닌 인격의 불변성이며, 하나님의 본질 속성 및 목적이 유한한 인간과 구별되는 변하지 않는 참됨을 지니고 있음을 보여 주는 것이므로 위의 주장은 설득력이 없다.

✝ 성도의 자세
하나님의 불변성은 철학적 사유로도 추론할 수 있으나 역시 성경의 가르침에 의해 보다 잘 알 수 있다. 그러나 이는 유한한 인간으로서는 완전히 헤아릴 수 없고, 완전히 이해할 수 없는 것이다. 그런데도 하나님은 그의 약속에 대해 변함없이 진실하시므로 종교적 신뢰의 안전한 대상이며 권능과 구원의 반석인 것만은 분명하다^{신 32:15, 시18:2}.

학습 자료 5-4 10가지 재앙
하나님께서 이스라엘의 출애굽을 방해하던 바로(Pharaoh)와 온 애굽인들에게 내렸던 10가지 대재앙^{출 7:14-12:30}은 애굽의 우상 종교에 대한 심판이자 세상 만방에 자신의 신성(神性)과 위엄, 권능을 떨친 초자연적 사건이었다. 이는 또한 종말론적 의미를 지니고 있기도 하다. 그것은 하나님을 믿는 자들에게는 영생이, 그렇지 않은 자들에게는 영원한 죽음과 형벌이 임하리라는 예고이다계 20:12~21:8.

순번	재앙	관련된 애굽 신	의미	관련성구
1	피	나일강의 신 '크놈'과 '하피'	죽음에 대한 경고	출 7:14-25
2	개구리	부활과 다산(多産)의 신 '헥트'	우상 종교의 허구성과 무익성 폭로	출 8:1-15
3	이	땅의 신 '셉'	악인들이 겪게 될 고통 시사	출 8:16-19
4	파리	곤충의 신 '하트콕'	하나님을 대적하는 자들이 겪을 재난과 괴로움 예시	출 8:20-32
5	악질	황소의 신 '아피스' 와 '므네비스', 암소의 신 '하도르'	애굽의 우상신들에 대한 하나님의 직접적인 심판 시작	출 9:1-7
6	독종	의술(醫術)의 신 '임호텝'과 '타이폰'	재앙이 하늘의 하나님으로부터 유래하였음을 시사	출 9:8-12
7	우박	하늘의 신 '누트'와 대기의 신 '수'	하나님의 엄중한 심판과 경고	출 9:13-35
8	메뚜기	곤충의 재앙을 막는 신 '세라피아'	하나님의 심판시에는 남아나는 것이 없음을 시사	출 10:1-20
9	흑암	태양의 신 '라'와 여신 '세케트'	하나님만이 세상의 빛과 주관자가 되심을 시사	출 10:21-29
10	장자 죽음	다산(多産)의 신 '오시리스'와 생명의 신 '이시스'	삶과 죽음의 길이 오직 하나님께 달려 있음을 보여줌	출 12:29, 30

학습 자료 5-5 하나님의 일반 심판(General Judgment) 출 8:2

'심판'(히. 샤파트)이란 용어는 넓게는 인간에 대한 인간의 심판을 가리킬 때에 쓰인다. 즉 백성들의 장로가 사람들 사이의 분쟁을 해결하며출 18:13 선지자와삼상 7:16 왕이삼상 8:20 재판하며 공의를 선포하는 것이 그것이다. 그러나 심판자는 하나님의 공의에 따라 이를 행하여야만 했으므로 이는 인간의 심판인 동시에 하나님의 심판이기도 했다. 그러나 역사상 이 심판이 왜곡되어 하나님의 공의가 바로 드러나지 못할때 하나님은 직접 인간에 대한 심판을 베푸신다. 홍수로써 전 인류와 동물을 심판한다든지창 7:21-24, 회개하지 않는 민족을 멸망시킨다든지왕하 17:7-18, 죄를 범하고 회개하지 않는 개인에게 벌을 내리신다든지 하는 것이창 4:11-15 그것이다. 이는 그리스도 재림 이후에 있을 우주적이며(universal), 공개적이며(openly), 절대적인(absolute) 최후의 심판(Last Judgment)과는 구별되므로 '일반심판'(一般審判)이라 부른다.

✚ 심판의 원인

온 인류는 이미 심판받은 상태이다. 즉 인류의 조상이 받은 저주와창 3:19 노아의 홍수 사건이 그것이다창 6:1-8:22. 이러한 심판은 일차적으로 하나님 명령에 대한 불순종에서 온다대하 7:19-22. 즉 공의로우신 하나님의 성품에 어긋나는 행위를 지속하며, 하나님의 심판 경고를 멸시할 때 이는 현실화한다.대하 36:16-17.

✝ 심판의 목적

하나님은 의로써 이 세상을 통치하신다(정치적 의)사 32:1. 또한 이 의로운 통치에 순종하는 자에게는 상을 주시며신 5:29, 불순종하는 자에게는 벌을롬 2:9 주신다(분배적 의). 이처럼 하나님께서는 통치에 있어 보상과 형벌의 기준을 밝히기 위해 심판하신다고후 5:10. 그뿐만 아니라 피조물이 겸손하게 하며고후 12:7, 현재의 죄를 회개케 하여 최후의 심판에서 칭찬받는 자가 되도록 일반 심판을 베푸신다고전 11:32.

✝ 심판의 방법

하나님께서는 말씀을 기준으로 하여요 12:48 하나님의 공의에 따라창 18:25 인간의 행위대로눅 12:47, 48 공개적으로 심판하신다롬 2:16. 그러나 때로는 이를 지연시키기도 하신다시 10:5, 6.

✝ 심판의 교훈

일반 심판은 이 지상에 있어서 하나님의 공의를 실현하는 방법이기도 하며 또한 최후 심판에 대한 예고이기도 하다. 따라서 성도는 일반 심판에서 앞으로 있을 최후 심판을 준비하는 마음을 가져야 하며 동시에 예수의 말씀을 받고 믿음으로요 3:18, 기도함으로시 143:1, 2, 또는 적극적으로 사랑을 실천하므로요일 4:16 심판을 면하는 지혜를 가져야 한다.

학습 자료 5-6 유일신론(Monotheism) 출 9장

이 세상에는 신 혹은 초월적 존재를 부인하는 무신론(無神論)과 신적 존재가 있다고 주장하는 유신론(有神論)이 있다. 또한 유신론도 신의 존재 방식에 따라 여러 가지 체계로 나누어진다. 성경은 하나님이 없다 하는 자를 어리석은 자로 규정함으로써시 14:1 유신론의 견해를 밝힌다.

✝ 유신론의 여러 형태

성경 가운데는 하나님 외에도 여러 신들의 이름이 나오며 단지 여호와는 이들보다 크신 신으로 묘사된 곳이 많다출 18:11, 신 10:17, 대하 2:5. 따라서 성경은 여러 유신론적 상황을 반영하고 있다고 보기도 한다. 그 대표적인 것은 다음과 같다.

① **다신론(多神論)** : 하나 이상의 신의 존재를 믿거나 숭배하는 현상이다. 성경에서 다른 신을 섬기지 말 것을 명령한 것은출 20:2-5 당시는 다신론적 사회였기 때문이다. 히브리인의 조상 아브라함이 갈대아 우르에서 나온 것도 이 다신교적 사회에서 벗어나기 위함으로 볼 수 있다.

② **범신론(汎神論)** : 신과 자연의 질적 차이(質的 差異)를 인정치 않는 절대적 일원론이다. 즉 우주의 모든 현상을 단일 실체인 신의 변화된 모습으로 보는 것이다. 혹

자는 하나님의 무소부재성(無所不在性)을 들어 기독교가 범신론을 용납할 수 있다고 보기도 하나 이는 하나님이 우주의 일부가 아니라 창조자이며 통치자란 사실로 부인된다.

③ **이신론(理神論)** : 하나님이 우주를 창조하셨으나 이를 간섭하지 않는다는 자연신론(自然神論) 혹은 초연신론(超然神論)을 가리킨다. 혹자는 이를 기독교의 로고스(Logos) 사상과 조화시키려 한다^{요 1:1-3}고 주장한다. 그러나 로고스는 우주를 창조만 하고 자신은 움직이지 않는 어떤 원리나 실체를 의미하는 것이 아니라 하나님 존재의 한 양상이란 점에서 이는 받아들일 수 없다.

④ **단일신론(單一神論)** : 많은 신들 가운데서 한 신만을 택하여 숭배하는 배일신론(拜一神論)을 가리킨다. 이는 라헬이 신의 형상으로 보이는 드라빔을 훔쳤으며^{창 31:30-35}, 출애굽시 이스라엘이 송아지를 숭배했고^{출 32장}, 그 밖에도 가나안의 여러 신 특히 바알을 숭배하고^{왕하 17:16} 그 후 다시 여호와를 섬긴 것을 그 실례로 본다. 그러나 하나님은 이를 금했으며 명백히 당신 외에는 다른 신이 없음을 강조하셨다^{신 4:35, 39}.

✝ 유일신론(唯一神論)

유일신론은 한 분밖에 없으신 하나님이 천지를 창조, 통치하시는 전능하신 인격적 존재임을 믿는 사상적 체계로서 성경의 내용과 조화된다.

① **합리적 유신논증(有神論證)** : 하나님의 존재는 물론 그분이 만유의 근원이며 만유를 초월하시며 스스로 존재하시는 인격적 존재임을 합리적 방법으로 입증하려는 시도가 있어 왔다. 먼저 인간이 누구나 갖고 있는 신관(神觀念)으로 신 존재를 증명하는 '존재론적 증명'(Anselm, Descartes), 우주 존재의 원인자로서 신 존재를 증명하는 '우주론적 증명'(John Locke, Aquinas), 자연 속에 존재하는 질서로서 이성적 신의 존재를 증명하는 '목적론적 증명'(Clement in Rome), 인간의 양심으로써 도덕적 신의 존재를 증명하는 '도덕론적 증명'(Kant)과 그 밖에도 종교적 증명, 심미학적 증명, 역사적 증명 등이 있다.

② **성경적 유신논증** : 합리적 유신논증이 하나님 존재와 그 속성을 완전하게 보여 주지는 못하나 종합적으로 확신을 주는 것만은 사실이다. 즉 이는 일반 계시의 해석으로 하나님에 대해 알려는 것이므로 특별 계시로만 알려질 수 있는 하나님에 대한 지식에까지는 이를 수 없다. 한편 성경은 하나님의 존재를 증명하기보다는 하나님이 모든 존재보다 앞서 계시며 이것들의 창조자로 전제되어 있다^{창 1:1}.

✝ 유일신론의 가치

성경적 유일신론을 받아들일 때만이 다른 신의 존재를 가정함으로 인해 생겨나는 혼란에서 벗어날 수 있다. 즉 하나님 이외의 다른 신은 인간의 사유(思惟)에 의해 생겨난 비실재적인 것이거나 사탄이 인간을 하나님으로부터 멀어지게 하려고 만들어진 것이다. 따라서 성경은 이를 모두 우상으로 규정하며 멀리할 것을 요구한다.

6일 핵심 학습 자료

학습 자료 6-1 족장 시대와 출애굽시 애굽왕조의 연대

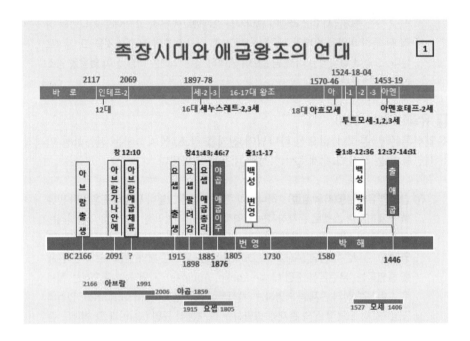

학습 자료 6-2 시내 산 언약의 구속사적 의미

도표(다음 페이지, p39)에서 보듯, 시내 산 언약은 구속사의 관점에서 구약 성경의 줄거리와 메시지 라인의 정점을 이룬다. 창 3:15에서부터 아브라함의 언약은 모두가 시내 산 언약에서 일단 성취된다, 즉, 선악과 사건을 통해서 파괴된 하나님과의 관계, 이웃 관계를 회복하시는 언약을 맺는다. 이것이 시내 산 언약이다. 하나님은 우리와 함께 하시려고 우리를 창조했다고 창조 언약에서 배웠다. 창조의 아름다운 관계가 파괴되자 회복을 위한 구속의 역사를 시작하시고 시내 산 언약을 맺어 하나님 나라의 백성으로 삼아 관계를 회복하신다.

이제 남은 것은 그 회복된 관계대로 살아가야 하는 것이다. 그래서 그런 삶의 기

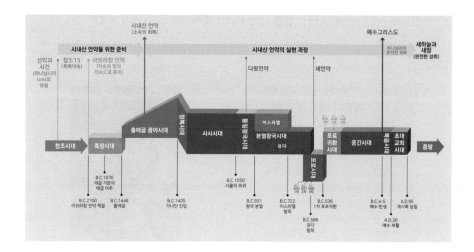

준이 되는 법, 즉, 십계명을 주셨다. 그러나 불행히도 인간은 그 관계를 온전히 유지한 "지켜 행하기"를 끊임없이 실패하는 모습을 구약의 나머지 부분에서 읽을 수 있다

시내 산 언약은 아브라함 언약의 발전으로 이해해야 한다. 시내 산 언약은 이제 이스라엘 백성이 하나님의 소유가 되어 그분의 제사장 나라가 되며 하나님의 거룩한 백성, 즉 하나님 나라의 거룩한 백성으로 삼으신다는 선언적 약속이다. 하나님의 형상으로 인간을 창조하고 에덴에서 하나님의 나라를 세우려는 하나님의 의도가 인간의 불순종으로 파기된 후에 하나님께서 다시 아브라함을 부르시고 아브라함의 후손을 통하여 하나님 나라를 회복시키려 하였고, 그 준비 작업을 거쳐서 이제 시내 산에서 하나님은 이스라엘 백성과 군신(君臣)의 관계를 맺는다. 그러므로 시내 산 언약은 성경에서 가장 중요한 부분이고, 하나님 나라를 회복하기 위한 언약과 밀접한 관계가 있다. 또한 시내 산 언약은 행위언약에 속하는 것이며 우리가 그 말씀을 지킬 때 그 언약은 유효하게 된다. 성경의 모든 언약은 바로 관계 형성과 회복에 관한 약속의 말씀임을 분명하게 알아야 한다.

시내 산 언약은 '통큰통독'의 3가지 관점과 맥을 같이 한다. 그러므로 시내 산 언약은 구약과 신약을 관통하는 통전적 읽기를 위한 중요한 사항이다.

학습 자료 6-3 그리스도인의 삶 속에서 율법(십계명)의 역할은?

- 하나님의 율법은 구원받지 못한 사람들에게 하늘로 올라갈 수 있는 사다리가 아니라, 구원받은 자의 생활양식이다.
- 하나님의 백성이기 때문에 주는 것이다. 계명을 받는다는 것은 하나님의 백성이 되었다는 증거이다.

• 계명을 지킨다는 것은 **인간 경험 가운데 가장 주목해야 할 10가지 싸움**에 대해 말한다.

1계명 - 자신이 하나님이 되고 싶어 하는 것과의 싸움.
2계명 - 예배의 대상에 대한 싸움
3계명 - 주인(lordship)에 대한 갈등.
4계명 - 창조의 원리로 돌아가는 삶의 재충전.
5계명 - 존경심 함양의 싸움
6계명 - 남을 미워하는 것과의 싸움
7계명 - 성적 순결과 싸움
8계명 - 부당 이득과의 싸움
9계명 - 진리 지킴에 대한 싸움
10계명 - 탐심, 물질만능주의와의 싸움

학습 자료 6-4 법을 주시는 하나님 – 구별된 삶을 위해 법을 주시는 분

아담이 죄를 범함으로 하나님 나라가 깨어지면서 인간은 하나님과의 관계가 단절되고 스스로의 삶을 개척해야 하는 형벌을 받는다^{창 3:16-17}. 그 의미는 우리의 삶이 매 순간 선택을 해야 하는 갈림길에 서는 삶을 살아가게 된다는 것이다. 아담과 하와가 죄를 범하기 전에는 그들은 선택해야 할 일이 없었다. 왜냐하면 아담과 하와가 할 일이라는 것은 하나님께 순종하는 것밖에 없고 나머지는 하나님께서 다 책임져 주시는 그런 삶을 사는 것이 바로 에덴의 삶이었기 때문이다. 인간의 불행은 바로 선택해야 하는 것에서부터 시작된다.

미국의 시인 프로스트(Frost, Robert Lee)(1874~1963)는 그의 시 "가지 않은 길"의 마지막 연에서

" ......
훗날에 훗날에 나는 어디에선가
한숨을 쉬며 이야기할 것입니다.
숲 속에 두 갈래 길이 있었다고
나는 사람이 적게 간 길을 택하였다고
그리고 그것 때문에 모든 것이 달라졌다고"

라고 고백한다.

이 구절은 선택해야 하는 삶을 우리가 살아가고 그 선택의 결과에 대해 우리는

반드시 책임을 져야 하는 것을 강하게 보여 준다. 시편 기자도 시편 1편에서 이 선택에 관해 노래한다.

이 법은 애굽을 떠나서 노예의 신분에서 자유인이 되는 신분의 변화 이후에 주어졌다. 노예에게는 법이 필요가 없다. 노예는 자율적으로 의사 결정권이 없기 때문이다. 자유인이 되었다는 것은 선택의 자유를 가지게 되었다는 것이고 그리고 그 결과에 대해서 책임져야 하는 처지가 되었다는 것이다. 선택의 잘 잘못에 따라 그는 하나님과의 관계가 진전되느냐 아니면 파괴되느냐가 결정된다. 하나님은 그들이 선택해야 할 갈림길에 섰을 때 하나님과의 관계가 파괴되지 않는 쪽을 선택할 수 있도록 그 선택의 기준이 될 수 있도록 십계명을 주시는 것이다. 그래서 그들이 하나님께 죄를 범하는 길을 택해 관계가 파괴되는 선택을 하지 말고 하나님을 기쁘시게 하는 선택을 함으로써 하나님의 백성으로서 구별된 삶을 살아갈 수 있도록 하시는 것이다. 하나님이 원하시는 구별된 삶을 살지 못하면 하나님 나라는 이루어지지 않는다. 하나님 나라가 이루어지지 못하면 우리는 하나님이 예비하신 에덴적 축복을 누리지 못한다.

그러므로 출애굽의 사건은 에덴적 축복을 누리기 위한 **구별하는 삶**의 시작을 의미한다.

하나님은 애굽적 삶을 청산하고, 앞으로 들어갈 가나안의 삶을 본받지 않고, 하나님의 소유된 백성답고 제사장나라 역할을 수행할 거룩한 백성에게 그 계명을 주시는 것임을 명심하라. 역시 하나님 나라 관점에서 이해해야 한다.

레위기 20:26 "너희는 나에게 거룩할지어다 이는 나 여호와가 거룩하고 내가 또 너희를 나의 소유로 삼으려고 너희를 만민 중에서 구별하였음이니라" 출애굽하여 이제 미지의 가나안 땅에 들어갈 이스라엘 백성의 구별된 삶은 이방인의 풍속을 좇지 않는 삶이어야 한다. 그 구별된 삶은 율법을 따르는 삶이다.

레위기 18:1-5 "[1] 여호와께서 모세에게 말씀하여 이르시되 [2] 너는 이스라엘 자손에게 말하여 이르라 나는 여호와 너희의 하나님이니라 [3] 너희는 너희가 거주하던 애굽 땅의 풍속을 따르지 말며 내가 너희를 인도할 가나안 땅의 풍속과 규례도 행하지 말고 [4] 너희는 내 법도를 따르며 내 규례를 지켜 그대로 행하라 나는 너희의 하나님 여호와이니라 [5] 너희는 내 규례와 법도를 지키라 사람이 이를 행하면 그로 말미암아 살리라 나는 여호와이니라"

오늘 날 우리의 구별된 삶은 로마서 12:1-2에의 한 삶이다.

로마서 12:1-2 "[1] 그러므로 형제들아 내가 하나님의 모든 자비하심으로 너희를 권하노니 너희 몸을 하나님이 기뻐하시는 거룩한 산 제물로 드리라 이는 너희가 드릴 영적 예배니라 [2] 너희는 이 세대를 본받지 말고 오직 마음을 새롭게 함으로 변화를 받아 하나님의 선하시고 기뻐하시고 온전하신 뜻이 무엇인지 분별하도록 하라"

학습 자료 6-5 십계명은 율법인가? 언약(covenant, testament)인가?

율법은 언약과 매우 밀접한 관계가 있다. 언약이 없이는 율법이 주어지지 않는다. 그러므로 언제나 언약이 먼저 주어지고 그에 따라 인간의 의무 조항인 법(율법)이 따르는 것이다. 따라서 법은 언약에 대해 종속 개념 또는 하위 개념이다.

언약(계약)은 비록 하나님이 일방적으로 만든 것이라고 해도 언약은 하나님이 인간에게 스스로 맹세한 약속이 들어 있다. 이 약속이 언약(계약)을 일반적 윤리와 구분하는 점이다. 이 십계명의 계약성은 인간의 의무는 하나님의 백성이 되는 것이고, 하나님의 약속은 인간의 하나님이 되어주신다는 것이다. 이것이 하나님 나라 관점이다. 이 십계명은 윤리 도덕의 차원도 넘고, 계약의 차원도 넘어선 "삶" 그 자체이다.

따라서 구약의 영성을 크게 두 가지로 나눌 때 레위기를 중심으로 한 법 지킴을 강조하는 제사장적 영성(예배의 회복)과 그 법을 지키지 못함으로 인해 깨어진 언약을 회복하기를 강조하는 선지자적 영성(하나님의 사랑과 공의의 회복)으로 나눌 수 있다. 이 두 가지의 영성은 곧 십계명의 지킴과 직결되어 있다. 이 두 영성은 평행하는 두 영성이 아니고, 합치고 균형을 이루어 하나가 되는 영성이고 그것이 바로 예수님의 영성이며 신약의 영성이다.

시 119편은 율법의 중요성을 강조하는 시편이다.

시편 19:7-8 "7 여호와의 율법은 완전하여 영혼을 소성시키며 여호와의 증거는 확실하여 우둔한 자를 지혜롭게 하며 8 여호와의 교훈은 정직하여 마음을 기쁘게 하고 여호와의 계명은 순결하여 눈을 밝게 하시도다"

시편 1편

1 복되어라. 악을 꾸미는 자리에 가지 아니하고 죄인들의 길을 거닐지 아니하며 조소하는 자들과 어울리지 아니하고,

2 야훼께서 주신 법을 낙으로 삼아 밤낮으로 그 법을 되새기는 사람.

3 그에게 안 될 일이 무엇이랴! 냇가에 심어진 나무 같아서 그 잎사귀가 시들지 아니하고 제 철 따라 열매 맺으리.

4 사악한 자는 그렇지 아니하니 바람에 까불리는 겨와도 같아.

5 야훼께서 심판하실 때에 머리조차 들지 못하고, 죄인이라 의인들 모임에 끼지도 못하리라.

6 악한 자의 길은 멸망에 이르나, 의인의 길은 야훼께서 보살피신다. (공동 번역)

학습 자료 6-6 하나님 거룩 출 18장

'성'(聖, holiness), 즉 '거룩'에 해당하는 히브리어 '카도쉬'는 '분리'(分離)를 뜻한다. 즉, 이 말은 본래로는 속(俗)된 세상이나 인간과 분리된 하나님의 한 속성을 가리

킨다. 이처럼 하나님께서는 절대자로서의 존엄과 창조자로서의 위엄과 피조물과 구별되는 영광을 지니셨다. 그런 의미에서 거룩의 근본 개념은 오직 하나님께만 연유하는 것이다. 이러한 하나님의 거룩은 '위엄적 성'과 '윤리적 성'으로 나누어진다.

✝ 위엄적 성(威嚴的 聖)

이는 위에서 말한 바와 같이 죄로 오염된 피조물과는 절대적으로 구별되는 무한한 순결(purity)에서 유래한 위엄(majesty)과 관련된다. 따라서 이는 하나님의 의(義)나 선(善)과 동일한 도덕적 속성으로 분류되나, 또한 그 모든 것의 근거가 될 만하다. 즉, 이는 하나님의 완전한 의나 선을 가능케 하며 인간이 지닐 수 있는 불완전한 그것과 구별이 있게 된다. 따라서 이에 따라 인간은 하나님에 대해 절대적 위압감과 피조물 의식을 느끼게 되는 것이다.

✝ 윤리적 성(倫理的 聖)

하나님이 죄로부터 '분리되어' 있으며, 더 적극적으로는 도덕적 선을 완전히 충족시켰다는 의미도 내포한다. 이와 같은 하나님의 도덕적 완전성은 당신의 형상대로 지음을 받은 인간이 죄를 지음을 미워하고, 도덕적 순결에 이르도록 촉구하는 근거가 된다. 즉, 하나님의 거룩은 인간에게 죄의식을 느끼게 하며 성화(聖化)의 동기로 작용한다.

✝ 의의

위엄적 성에 있어 하나님은 인간과 완전히 구별되며, 윤리적 성에 있어 하나님은 인간 윤리의 궁극적 지향점이 된다[벧전 1:16]. 즉, 피조물인 인간이 하나님을 예배하는 근거가 위엄적 성에 있으며, 하나님이 원하시는 죄에서 벗어난 거룩한 인간이 되기 위한 적극적 노력의 근거는[마 5:48] 하나님의 윤리적 성에 있다. 따라서 이러한 하나님의 거룩하심을 따라 우리는 하나님의 자녀로서의 성화된 삶을 살아야겠다.

학습 자료 6-7 하나님의 유일성 출 18장

✝ 용어

이 용어는, 하나님이 한 분뿐이라는 사실 즉 단일성(單一性)과 그 성격에 있어서 비교될 다른 존재가 없다는 사실 즉 유일성(唯一性)을 가리키는 말이다. 그러나 이는 외부의 다른 존재와의 관계에서 하나님의 유일성을 설명하는 용어이지만 다른 측면 즉 하나님의 내면적 여러 속성이 상호 분할되거나 하나님 그 자체가 나누어 생각할 수 없음을 나타내는 단순성(單純性)도 이에 포함된다.

✝ 신학적 의미

하나님의 유일성 이론이 정립되어야만 모든 존재가 그에게서 나왔으며(of) 그를 통하여서(through) 그에게로(unto) 돌아갈 수 있음이 입증된다. 즉 이는 하나님이 자존(自存), 불변(不變), 무한(無限)하신 절대자란 사실과 그 피조물인 우주의 모든 것이 통일성을 가질 수 있다는 근거가 된다.

✝ 비판

이 이론은 소시니안파(Socinians)나 알미니안파(Arminians)에 의해 부정되었으며 극단적으로는 하나님이 삼위로 존재하신다는 삼위일체(三位一體) 교리와도 상충되는 것으로 보는 자들이 있다. 그러나 삼위일체 교리는 스스로 영원히 계신 하나님께서 같은 의미와 같은 정도로 모든 위(位)들에 공통된다는 사상이므로 하나님의 유일성 특히 단순성과 배치되지 않는다.

✝ 교훈

우리는 하나님이 한 분이시며 또 하나님과 사람 사이의 중보도 그리스도 한 분 뿐이심을^{딤전 2:5} 믿을 때에만 구원에 이를 수 있다. 즉 하나님의 유일성은 그리스도를 통한 구원의 유일성을 보여 주는 것이기도 하다.

학습 자료 6-8 결의법 ^{출 21장}

구약 성경 가운데는 도덕법·의식법·시민법 등이 있다. 여기서 시민법(Civil Law)은 율법이 주어질 당시에 살았던 하나님 백성들의 사회생활을 위해 주신 법이다. 본 장에만 하더라도 남종에 관한 율법^{출 21:1-6}, 여종에 관한 율법^{출 21:7-11}, 살인자에 관한 율법^{출 21:13}, 불효자식 처형법^{출 21:15, 17}, 인신매매에 대한 율법^{출 21:16}, 그 이외에도 많은 세부 규례가 있다. 반면 신약 성경에는 이와 같은 세부 규례가 상대적으로 적용되며 때에 따라서는 이와 상반되는 듯한 내용까지 발견된다. 즉 구약에는 눈은 눈으로, 이는 이로 갚으라는 규례가 있으나^{출 21:24} 예수께서는 악한 자를 대적하지 말며 심지어 오른편 뺨을 치거든 왼편도 돌려댈 것을 요구하고 있다^{마 5:38-42}. 이는 시민법을 대부분 그 정신에 따라 해석해야 하며 기계적인 적용이 불가능함을 보여준다. 그러나 혹자는 구약의 시민법을 비롯한 성경에 나오는 세부적 규례를 일반화시켜 생활에 적용하려는 시도가 있는데 이를 '결의법'(決疑法)이라 한다.

✝ 결의법의 역사

A.D. 2세기경 기독교가 영적 생동력을 상실했을 때 의식으로 교회를 유지하는 방편으로 '결의법'이 교회에 도입되었다. 종교개혁은 이러한 결의법이 계속 자체 발전하여 생겨난 바리새적인 외식을 몰아내 교회를 교회되게 하기 위해 일어났다. 칼빈은 연중 악한 일에 열중하는 것보다 연말에 고해(告解)하지 않는 것을, 매

일 창기와 즐기는 것보다 금요일에 육식하는 것을, 인간을 심하게 모독하는 것보다 성상(聖像) 앞에서 잠깐 존경을 표하지 않는 것을 더 큰 죄로 여긴 가톨릭교회의 형식주의를 통렬히 비판했다. 즉 당시 가톨릭 교회는 결의법으로써 의식 없는 교인들을 압제하였다. 그러나 종교개혁 이후에도 이 결의법은 일부 청교도(Perkins), 칼빈주의자(Voetius), 루터교인(Balduinus)들에게서 계속되었으며 오늘날에도 그리스도를 통해 의롭다고 하심을 받음보다 자신의 성결(聖潔)에 더 큰 비중을 두며 세부적인 교회법을 규정하는 자에게서 계속되고 있다.

✝ 결의법 비판

성경의 시민법은 모든 시대에 자구적으로 지켜질 수 없다. 이는 오히려 타락한 유대 사회의 질서 유지를 위해 명시한 한시법(限時法)이다. 따라서 이를 확대 해석하여 일반화시키는 것은 인간 사회의 다양한 측면에서나 법의 세부 조항의 엄수보다는 사랑을 강조하는 그리스도 정신에 위배 된다. 즉 이에 얽매이는 것은 구원의 기쁨을 누리며 적극적으로 선을 행하지 못하고 오히려 "약하고 천박한 초등학문으로 돌아가서 다시 그들에게 종노릇하며 날과 달과 절기와 해를 지키기 위해 헛된 수고를하는 것"과 같다 갈 4:8-11.

✝ 인간의 행동 원리

결의법이 인간 행동의 원리가 될 수 없으나 양심의 자유만을 주장하는 것도 온당하지 못하다. 즉 믿음 없이 양심의 자유만을 논하는 것은 하나님의 통치와 복음의 능력을 벗어난 인간의 자율에 빠지는 오류를 범하는 것이다. 따라서 성도는 구약 가운데는 영원불변의 진리인 도덕법(Moral Law)이 있으며 이미 그리스도를 통해 성취되었으나 그 정신은 남아 있는 의식법(Ceremonial Law)과 그 근본정신에 따라 해석해야 할 시민법(Civil Law)이 있음을 알아야 한다. 또 나아가 신약의 예수님의 가르침과 사도들의 해석에 주의를 기울여 형식적인 의식에 얽매이지 않고 진리의 자유 요 8: 32를 누려야 한다. 그리하여 일상 행동이 하나님의 뜻에 어긋나지 않는 성숙한 성도의 삶을 살아야 한다.

6일차 범위 생각해야 할 성경적 세계관의 이슈들

☑ 읽을 책 : "기독교 세계관 핸드북" 도서 출판 에스라 2023

❖ 출 20:12, 엡 6:2 "노인 돌봄"(p364)
❖ 창 20장 "죄와 형벌에 대한 성경적 견해"(p389), "영화와 기독교 세계관"(p500)
❖ 성막 건축과 관련 "예술에 대한 성경적 견해"(p512)

7일 핵심 학습 자료

학습 자료 7-1 성막을 주시는 이유 ^{출 25:8}

왜 하나님이 성막을 직접 설계해 주실까? 성막 이외에 하나님이 직접 설계해 주신 것이 무엇이며, 왜 그렇게 했을까? 성막을 주시는 이유 – 출 25:8 "내가 그들 중에 거할 성소를 그들이 나를 위하여 짓되"

에덴이 하나님 나라의 원형이라면 성막은 하늘의 모형이다^{출 25:8, 히8:5}. 하나님 나라의 원형이었던 에덴에서는 아담과 하와가(인간이) 언제나, 아무 데서나 하나님을 만날 수 있었고, 또 하나님의 얼굴을 보아도 죽지 않았다. 왜냐하면 그곳은 죄가 없었던 곳이기 때문이다. 이 모습에서 우리는 죄가 들어오기 전의 에덴은 하늘과 땅의 구별이 없었던 곳이라는 것을 쉽게 상상해 볼 수가 있다. 아담과 하와가 죄를 범함으로 에덴에서 추방당했다는 것은 하나님과의 관계의 단절을 의미한다. 이로써 하늘과 땅은 구별되어 단절하게 되는 것이다. 그것은 곧 하나님 나라의 파괴이다. 인간은 그 일로 인해 하나님을 만날 길이 없어졌다. 그러나 그것이 이제 성막에서 다시 열리게 되었다.

하나님은 이스라엘 백성을 애굽에서 구해내시고, 시내 산에서 언약을 주시고 다시 하나님과 관계를 맺고 언약 백성을 삼으셨다. 하나님은 그들에게 하나님의 백성으로서 구별된 삶을 살도록 율법을 주셨다. 그러나 하나님은 그들이 율법을 어기고 하나님과의 관계를 깰 수 있는 죄의 속성이 그들에게 있음을 아시고 그들에게 다시 길을 열어 주시는 것이 성막이다. 하나님은 그들을 거기서 만나시기를 원하신다^{출 29:42}. 그래서 하나님은 다시 하늘과 땅이 만나는 길을 여셨다. 그래서 성막은 하늘 즉 에덴의 모형이라고 할 수 있다. 하나님이 거기에 거하시지만 죄에 오염된 인간을 에덴에서처럼 하나님을 함부로 만날 수는 없었다. 그래서 하나님은 인간에게 그를 만나는 길을 가르쳐 주시는 것이 제사 제도이다. 구약의 제사는 하나님을 만나러 가는 길이다. 그러나 하나님을 만나는 길은 하나님이 열어주시기 때문에 성막도 하나님의 방법대로 지어져야 한다. 출 39~ 40장 사이에 모세가 "여호와께서 명한 대로" 성막을 완성했다는 말이 11번이나 나오는 데서 하나님의 방법이 얼마나 중요한지를 볼 수 있다. 그래서 하나님은 성막의 설계를 직접 주신다. 이것이 바로 신위(神爲)의 개념이다. 이것은 인간의 방법으로 하나님을 만나러 가는 길을 열 수가 없다는 말이다. 그래서 하나님은 제사하는 방법도 직접 가르쳐 주신다^{레위기 1장~10장}.

구약의 제사가 하나님 방법대로 이루어져야 하나님을 만날 수 있듯이, 오늘날의 예배도 하나님의 방법으로 드려져야 하나님을 만나는 예배를 드릴 수가 있다. 그러나 불행하게도 오늘날 많은 예배가 인간 감정을 만족시키는 인위적인 예배에 멈추어 있는 것을 너무나도 많이 보게 되는 것은 참으로 안타깝다 못해 개탄스럽기도 하다. 하나님 방법, 즉 신위(神爲)에 순종하는 첫 번째 길은 성경으로 돌아가는 것이다. 성경을 읽지도 않고 사람의 머리로만 생각하는 그곳에는 인위(人爲)만 있을 뿐이다.

하나님은 성막의 건축 구조물의 설계뿐만 아니라 성막 안에 필요한 모든 기구까지도 직접 설계하시고 만드는 법을 가르쳐 주셨다. 다음 도표에서 성막 기구의 종류와 그 용도를 살펴보라.

성막의 기구와 용도

그리고 그 성막 기구의 배치 순서를 통해서 하나님을 만나는 경로를 살펴보라. 구약에서 사람이 하나님을 만나는 순서는 먼저 번제단에서 죄의 문제를 해결하고, 물두멍에서 성결함을 얻고, 떡상이라는 말씀과 등대의 빛 가운데로 행한 삶을 거치며 분향단의 기도를 거쳐 하나님이 임재해 계시는 법궤에 이르게 된다는 것이다. 역순으로 하나님은 기도 가운데서 만나 주시고, 빛 가운데서의 행함에서 만나 주시고 말씀 가운데서 만나 주시고, 죄의 문제와 성결함을 위한 물두멍과 번제단에서 만나 주신다는 것이다.

성막가구 배치 순서로 본 하나님과 인간의 만남의 경로

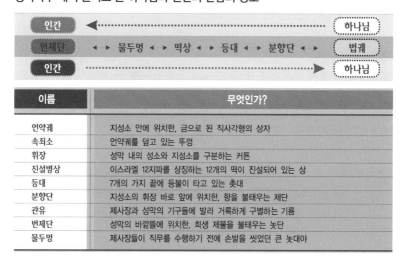

이름	무엇인가?
언약궤	지성소 안에 위치한, 금으로 된 직사각형의 상자
속죄소	언약궤를 덮고 있는 뚜껑
휘장	성막 내의 성소와 지성소를 구분하는 커튼
진설병상	이스라엘 12지파를 상징하는 12개의 떡이 진설되어 있는 상
등대	7개의 가지 끝에 등불이 타고 있는 촛대
분향단	지성소의 휘장 바로 앞에 위치한, 향을 불태우는 제단
관유	제사장과 성막의 기구들에 발라 거룩하게 구별하는 기름
번제단	성막의 바깥뜰에 위치한, 희생 제물을 불태우는 놋단
물두멍	제사장들이 직무를 수행하기 전에 손발을 씻었던 큰 놋대야

성막 기구의 영적 의미와 그 배치 순서가 요한복음 내용의 순서와 일치함은 우연이 아니고 앞의 하나님과의 만남의 경로를 다시 한번 의미 있게 설명해 주고 있다. (다음 도표를 참조)

성소		요한복음
1) 놋제단	1장	"하나님의 어린 양"
2) 물두멍	3장	"물과 성령으로 거듭나지 않고서는 하나님나라에 들어가지 못함"
3) 떡상	4-6장	"나는 생명의 떡, 생수"
4) 등대	8-9장	"나는 세상의 빛이라"
5) 분향단	14-16장	"예수 이름으로 드리는 기도"
6) 지성소	17장	"대제사장의 중보기도"
7) 법궤 시은좌	20장	"성령을 받으라, 하나님의 임재 쉐키나"

학습 자료 7-2 하나님의 현현(Theophany) 출 33장

하나님의 현현(顯現)에 해당하는 헬라어 '데오파네이아'(Θεοπανεια)는 '신'(Θέος 데오스)과 '보여지다'(παινειν. 파이네인)가 합성된 말로써 하나님이 인간에게 나타나서 보이는 현상을 뜻한다. 원래 하나님은 순수한 영이시므로 육체가 없으시며 인간의 눈으로 볼 수 없다요 4:24. 그뿐만 아니라 지극히 거룩하신 하나님을 죄로 오염된 인간이 본다면 살지 못한다출 33:20. 그런데도 하나님께서 자기를 드러내 보이신 사건은 성경 여러 곳에서 발견된다.

⊕ 현현의 양식

하나님께서 인간에게 자신을 드러내 보이는 방법에는 여러 가지가 있다. 현현의 좁은 의미로는 하나님께서 육신을 입고 직접적으로 나타나신 것을 가리키나창 32:30, 넓게는 하나님 임재의 뚜렷한 표시로써 영광을 드러내 보이시거나출 40:34-35 음성을 들려주시는 것까지 포함한다신 5:22-24.

⊕ 현현의 의의

타락 이전에 하나님께서는 직접 인간을 찾아오심으로 친근한 교제를 나누셨다창 3:8. 그러나 타락 이후에는 이러한 교제를 원칙적으로 끊으셨다. 그런데도 특별히 택한 자에게 자신의 뜻을 나타내시거나 구속사 전개의 주요 시점에서 자신을 드러내 보이셨다. 이는 인간 구원에 대한 하나님의 관심과 사랑을 나타내는 것이다. 이는 후에 기술할 하나님 현현의 결정적 사건인 그리스도의 성육신(成肉身)이 인간 구원을 위한 하나님 사랑의 핵심이라는 사실에서 증명된다.

⊕ 현현의 실례

성경 가운데서 하나님 현현을 경험한 자로는 아담창 3:8-21, 가인창 4:6-15, 아브라함창 17:1, 18:1, 이삭창 26:2, 24, 야곱창 32:30, 35:7, 9, 15, 모세출 3:2, 19:16-24, 24:9, 10, 33:18-23, 신 33:26, 여호수아신 31:14-15, 사무엘삼상 3:10, 21, 솔로몬왕상 3:5, 이사야사 6:1-5, 에스겔

1:26-28, 욥욥 42:5-6, 엘리야왕상 19:11-18, 다니엘단 7:9-10, 아모스암 9:1, 요한계 4:2-3 등 여러 사람이 있다.

✝ 현현과 성육신

구약 시대에 하나님께서는 필요에 따라 '그룹들 사이에서'시 80:1, '물과 연기와 구름 사이에서'창 15:17, '폭풍 가운데서'욥 38:1, '세미한 소리로'왕상 19:12 자신을 보이시거나 '여호와의 사자'의 모양으로 인간에게 나타나셨다창 16:13. 여기서 많은 사람은 여호와 사자의 출현을 제2위 성자(聖子)의 구약적 표현으로 본다. 그러나 성자께서 구체적으로 역사 가운데 나타나신 것은 예수께서 이 땅에 오심으로 성취되었다. 이는 타락함으로 멀어진 하나님과 인간과의 관계를 회복시키기 위해 하나님 스스로 결단을 내려 자신을 인간으로 낮추신 것이다. 따라서 이는 하나님 사랑의 최고봉이며 이 예수를 믿음으로써만 구원에 이를 수 있다.

✝ 현현과 교회

제2위 그리스도의 성육신과 제3위 성령의 오순절 강림으로 형성된 교회는 하나님 현현과 임재의 또 다른 양식이다. 즉 교회가 '성령의 전'으로 불리고고전 6:19 성도의 몸이 교회와 동일시되는 것은고전 3:16 신약 시대에 보이는 하나님 역사의 한 방편이다. 이는 또한 장차 그리스도의 재림 이후에 있을 새 하늘과 새 땅에서 변화된 성도가 하나님의 실체를 보게 될 것을 예표하는 것으로 보아 확대된 의미에서 하나님 현현이라 볼 수 있다. 이에 '성령의 전'이 된 우리들은 마땅히 해야 할 바를 온전히 깨달아, 세상의 많은 유혹 가운데서도 자신을 지키며 거룩한 삶을 살아야 할 것이다.

학습 자료 7-3 하나님의 속성(屬性) 출 33장

✝ 정의

'속성'(Attribute)은 어떤 사물이 그것 없이는 생각될 수 없는 성질을 말한다. 즉 속성은 어떤 사물 속에 항상 존재하는 근본적인 성질을 의미한다. 따라서 하나님 존재에 대한 확신을 가진 사람은 그 속성이 무엇인가에 관심을 둘 수밖에 없다. 그러나 실재에 있어서 하나님 속성은 하나님 존재를 떠나서는 아무런 실존도 갖지 못하며, 하나님 존재는 하나님 속성을 떠나서는 논할 가치가 없다. 즉 존재와 속성은 불가분의 관계에 있는 것이다.

✝ 연구 방법

하나님의 속성은 인간에게 주어진 이성(理性)을 활용하는 합리적 방법, 그리고 인간의 종교적 경험에서 찾는 경험적 방법 등이 있으나 가장 근본적인 것은 성경에 나타난 하나님의 자기 계시(自己啓示)를 연구하는 성경적 방법이다. 즉 하나님에 대한 지식은 유한한 인간의 지식만으로는 찾을 수 없고 오직 하나님께서 자기를 드러내신 것을 추적함으로 알 수 있는 것이다.

✚ 분류

하나님의 속성을 보다 잘 이해하기 위해 이를 여러 가지로 분류한다. 혹자는(Strong) 신적 본체에 속한 절대적 속성(자존, 무량, 영원)과 이것이 창조와 관련되어 나타나는 상대적 속성(편재, 전지)으로, 혹자는(Smith) 끝까지 하나님에게만 남아 있는 내재적(內在的) 속성(무량, 단순, 영원)과 이것이 밖으로 표출되는 유출적(流出的) 속성(전능, 자비, 공의)으로, 혹자는(Dabney) 하나님의 의지에 속한 도덕적 속성과(진실, 선, 긍휼, 공의, 거룩) 이것을 가능하게 만드는 하나님 본래의 자연적 속성(자존재, 단순, 무한)으로 구분하며 이외에도 무수한 분류 방법이 있다.

✚ 본체적 속성, 보편적 속성

위에서 본 여러 분류 방법은 나름대로 타당성을 지니나, 오늘날은 대부분 이를 본체적 속성(비공유적 속성)과 보편적 속성(공유적 속성)으로 구분한다. 이는 인간의 이해를 돕기 위한 인간 본위의 분류로서 인간을 기준으로 하여 인간에게서도 유사한 속성을 찾을 수 있는 것을 공유적(共有的) 속성, 인간에게서는 찾을 수 없고 오직 하나님에게서만 발견되는 것을 비공유적(非共有的) 속성으로 나누는 것이다. 그러나 공유적 속성이라 하더라도 하나님 것은 완전하며 무한하지만, 인간의 것은 불완전하고 유한하다는 차이를 지닌다. 이 기준으로 세부적인 하나님 속성을 분류하면 다음과 같다.

비공유적 속성 (본체적 속성)	독립성(자존성)	사상적 독립성 의지적 독립성 능력의 독립성 계획의 독립성	롬 11:33-34 롬 9:18 시115:3 시 33:11
	불변성	존재의 불변성 사상의 불변성	약 1:17 시 102:27
	무한성	본질적 무한성(절대적 완전성) 시간적 무한성(영원성) 공간적 무한성(무변성) 공간적 무한성(편재성)	시145:3 시 90:2 왕상 8:27 렘 23:24
	유일성	단수성 단순성	신 4:35
공유적 속성 (보편적 속성)	영적 속성	불가견성 생명성 인격성	딤전 6:15-16 요 5:26
	지적 속성	지식의 무한성 지혜의 무한성 진실의 무한성	요 21:17 롬 11:33 출 34:6
	도덕적 속성	거룩의 무한성 의의 무한성(정치적 의, 분배적 의) 선의 무한성	사 5:16 사 32:1 신 7:9 롬 2:9 막 10:18

주권적 속성	주권적 의지 주권적 능력(전능)	계 4:11 창 18:14
유복적 속성	절대적 완전성 자충족성	마 5:48 행 17:25

학습자료 7-4 성막의 구조로 본 구원의 완성 (ⓞ 동영상 강의 7강 마지막 부분 참조할 것)

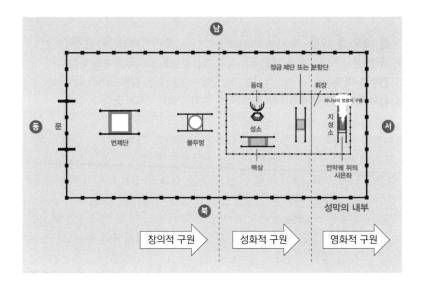

8일 핵심 학습 자료

학습 자료 8-1 레위기가 구속사에서 차지하는 위치와 의의

1. **창 12장~출 18장** : 백성(하나님 나라의 구성 요소)에 대한 아브라함 언약의 실현
2. **출 19장~레위기** : 시내 산 언약을 통해 백성에 대한 통치와 회복을 실현
3. **민수기~여호수아** : 그 백성의 삶을 이룰 영토(영역)에 대한 실현(하나님 나라의 실현)
4. **사사기 이하 구약 모두** : 하나님 나라의 통치권 회복. "지켜 행함"의 삶

✝ 레위기를 이해하기 위해 먼저 레위기는 십계명의 각론이란 사실을 이해하여야
한다. 그러기 위해 십계명과 레위기와의 연관성을 살펴보자. 성경 66권 중 가장 먼
저 쓰였고, 그것도 하나님이 직접 쓰신 부분은 십계명이다. 모세가 마련한 돌 판에
직접 기록하신 것이다. 이토록 십계명은 중요한 것이기 때문이다.

십계명은 시내 산 언약이 맺어지고 이스라엘 백성이 이제 하나님의 백성이 되었
으므로 그 백성다운 삶을 살아야 하므로 그 원리로서 십계명을 주셨고, 그 세부 지
침으로 주신 것이 레위기이다.

성경은 언약이다. 그러하듯이 언약의 핵심은 한마디로 선악과 사건을 통해 잃어
버린 하나님의 창조 의도와 목적을 다시 회복하는 것이고, 그것이 시내 산 언약을
통해 이루어지게 된 것이다. 하나님의 백성으로 창조된 인간의 소속이 선악과 사건
을 통해 사탄의 소속으로 소유가 변한 것을 다시 시내 산 언약을 통해 탈환하셨다출
19:4-6. 선악과 사건을 통해 인간이 죄를 범함으로 하나님과 관계가 끊어짐(영적 죽음)
을 인해 인간과의 관계도 끊어지게 된다.

> **창 3:9-10** 여호와 하나님이 아담을 부르시며 그에게 이르시되 네가 어디 있느냐 이
> 르되 내가 동산에서 하나님의 소리를 듣고 내가 벗었으므로 두려워하여 숨었나이다

이것은 하나님과의 관계가 단절되었다는 표현이다.

> **창 4:9** 여호와께서 가인에게 이르시되 네 아우 아벨이 어디 있느냐 그가 이르되 내
> 가 알지 못하나이다 내가 내 아우를 지키는 자니이까

이것은 이웃과의 관계도 단절되어 버렸다는 것이다. 요약하면 선악과 사건은 단
순히 범죄 행위를 말하고자 하는 것이 아니라 그 죄의 결과로 하나님과의 관계, 이
웃과의 관계가 단절되어 버렸다는 것을 강조하고 있다. 그래서 구속의 역사가 시작
되었고, 그 구속 역사의 핵심은 이 관계 단절을 원상으로 회복하는 것이라는 사실
을 꼭 기억해야 한다. 그래서 하나님은 시내 산에서 하나님의 백성으로 신분을 회

복하게 하시고 하나님과 바른 관계, 이웃과의 바른 관계를 유지하며 살아갈 원칙과 지침을 주시는 것이다.

십계명은 이렇게 이중 구조로 되어 있다.

1~4계명 : 하나님과 바른 관계를 위한 계명

5~10계명 : 이웃과의 바른 관계를 위한 계명

이 구조를 유지하면서 각론으로 자세하게 지침(manuel)
을 주신 것이 레위기요 율법임을 명심하라.

우리와 하나님과의 바른 관계는 이웃과의 바른 관계로
나타나야 한다. 다음 그림을 참고하라

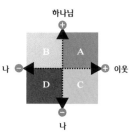

학습 자료 8-2 레위기로 보는 예배의 정신

✝ 성막과 제사 제도의 근본정신

성막과 레위기의 제사 제도는 예배의 근본정신을 제공하는 중요한 부분이다. 레위기의 제사 제도는 다음과 같은 중요한 의미가 있다.

1) 제사 제도의 중요한 의미

① 제물로 바쳐지는 짐승들이 어떻게 죽고 각이 떠지는가를 유의하고, 죄인인 내가 그렇게 죽을 수밖에 없는데 예수님이 대신 죽으심으로 그런 죽음이 면제되었다는 사실은 예배의 근본이 되는 부분이다.

② 우리의 옛 자아가 그 제물들처럼 각이 떠져 매일 죽어야 한다는 사실이 예배의 근본정신이다. 이것들은 삶으로 드리는 예배의 근원이기도 하다. 구별된 삶의 모습이기도 하다.

구약의 제사에서 제물인 짐승을 죽이고 다듬는 일은 제사장이 하는 것이 아니고 바로 제사를 드리는 자의 몫임을 알아야 합니다. 이것이 예배의 출발이다. 제사를 드리는 자가 제물을 제단으로 가져온다. 그리고 그 제물에 안수하여 자기 죄와 허물을 전가하고 제물인 짐승을 도살한다. 가죽을 벗기고, 각을 뜨고, 머리와 기름을 빼어내고, 내장과 정강이를 물로 씻는다. 그러면 제사장은 그 짐승의 피를 대신해서 제단에 뿌린다. 그것들을 제단 위에 올리고 태우는 일을 제사장이 한다.

여기서 각을 뜬다는 것은 내 몸 전체가 부서진다는 뜻이고, 내장은 내 마음과 뜻, 그리고 온 정성을 뜻한다. 머리는 내 사상, 생각, 가치관을 말하고, 기름은 생명을 뜻한다. 이런 것들을 불에 태운다는 것은 전체의 생명을 하나님께 바친다는 뜻이다. 비록 짐승이 대신 죽고 태워지지만 바로 그것은 곧 자기가 죽고 태워진다는 뜻이다. 신약에 와서는 그 일을 예수님이 대신해 주셨다. 예배는 이런 것에서부터 시작되는 것이다.

2) 구약의 예배 정신을 바탕으로 하는 오늘날의 예배 _{참고 창 18장, 사 6장}

구약의 이런 예배 정신을 바탕으로 하는 신약의 예배, 즉 오늘날의 예배는 어떻게 해야 하는가를 말하려고 한다. 우리는 이 사실들을 알고 예배를 바르게 드려야 바른 신앙생활을 할 수 있기 때문이다. 요한복음 4:24에서 예수님은 "하나님은 영이시니 영과 진리로 예배할지니라"라고 일러주고 있다. 한글 성경에 '진정'(眞情)으로 번역된 단어는 영어 성경에 보면 truth, 즉 '진리'(眞理)로 번역되어 있다. '진정'과 '진리'의 의미는 다르다. 우리는 '진정'으로 번역함으로 예배를 너무 감정적인 것으로 생각하는 경향이 있다. 그래서 예배를 마치 무슨 치성을 드리는 것으로 생각하고 있는 사람이 의외로 많다. _{개역개정판에서는 "진정"을 "진리"로 번역.}

그러면 예배란 무엇일까? 넓은 의미로는 그리스도인의 삶이 바로 예배이다. 그러나 여기서는 우리가 주일에 드리는 예배, 즉 좁은 의미로서의 예배를 중심으로 그 개념을 살펴보도록 한다.

예배에 대한 많은 정의가 있지만 두 가지만 소개하겠다.

1942년에서 1944년까지 영국 국교의 캔터베리 대 주교를 지낸 윌리엄 템플(William Temple)주교는 그의 저서 「요한복음 강독」 초판에서 다음과 같이 설명했다.

"당혹스럽고 혼란스런 양심과 무디고 활기를 잃은 마음을 치료하는 방법은 영적 예배뿐이다. 왜냐하면 예배는 우리의 모든 속성을 하나님께 복종하기 때문이다. 그렇게 함으로써 우리의 무딘 마음은 하나님의 거룩하심에 힘입어 활기를 찾게 되고, 그 진리로 우리의 마음은 풍요로워지며, 그의 아름다움으로 우리의 형상은 순결해진다. 우리의 가슴은 그의 사랑을 향하여 활짝 열리게 되며, 우리의 의지는 그의 목적을 위해 순종하게 된다. 이 모든 것은 경배 속으로 연합되며 우리의 원죄와 실생활의 죄의 근원이었던 자기중심성은 치유 받게 된다." 그렇다. 신령과 진리로 드리는 예배야말로 당혹감에 빠진 무력한 심령을 치유하는 길이며, 죄로부터 구원받아 자유로워지는 것이다.

토저(A.W. Tozer)목사는 "누구든지 어떤 욕심을 가지고 하나님을 찾는다면 결코 그를 찾을 수 없을 것이다. 하나님은 이용할 수 없는 분이기 때문이다"라고 했다.

워렌 위어즈비(Warren W. Wiersbe)목사는 그의 저서「주여, 나를 잘못된 예배에서 구하여 주옵소서」(원제: Real Worship, It will transform your life, 주해홍 역, 도서 출판 아삼, 1995)에서 예배를 이렇게 정의하고 있다.

예배는 우리의 모든 것, 즉 지, 정, 의로 하나님의 말씀, 행동, 존재 등의 모든 것에 대한 우리의 경배적 응답(adoring response)이다. 이 응답은 우리의 주관적인 체험 속에서 신비로운 측면을 포함하고, 하나님의 계시된 진리에 복종하는 실천적 측면도 포함한다. 그것은 하나님에 대한 두려움과 경외심으로 균형 잡힌 사람의 응답이다. 또는 그것으로 하나님을 깊이 알고자 하는 반응이다.

예배를 영어로 worship이라고 한다. 이 말은 Worth-ship이라는 말에서 나왔는데 이것은 어떤 가치 있는 것을 숭배하는 것을 말이다. 예배란 한 마디로 하나님을 섬기는 것이다. 한문으로 쓰면 禮拜인데 예를 갖추어 절한다는 말이다. worship을 예배로 번역한 것은 상당히 성경적인 번역이라고 생각한다. 이 절(拜)은 매우 적절한 표현이다.

우리가 어떤 사람에게 존경을 표할 때는 절을 한다. 그 존경의 정도에 따라 절하는 각도가 다를 것이다. 예배에서 절하는 것은 실제로 절하는 행위를 말하는 것은 아니다. 그러나 우리의 마음이 절하는 자세에 있어야 하는 것이다. 그렇다면 어느 정도의 각도로 절해야 하나님에 대한 존경을 나타낼 수가 있을까?

창세기 18장에 보면 하나님이 천사와 함께 아브라함을 찾아서 이야기를 나누는 장면을 보게 된다. 아브라함은 그에게 오는 일행이 하나님의 일행이라는 사실을 알아차리고는 즉시 그 앞에 나아가 땅에 굽혀 절했다. 이것을 '샤하(shachah)'라고 한다. 완전히 자신을 복종하는 절을 의미한다. 이 절은 전 인격적 복종, 총체적 헌신을 의미하는 절이다.

천주교의 신부 후보생들이 사제 서품을 받는 모습을 TV에서 본 적이 있는데 이들은 우리 개신교의 목사 안수 받는 모습과는 아주 다른 모습이었다. 그들은 땅에 큰 대(大)자로 엎드려 받는다. 아마 하나님께 총체적 헌신과 복종을 드린다는 의미가 있을 것이다. 믿는 사람의 모든 행위가 바로 이런 복종과 헌신으로부터 출발하는 것이기 때문에 절한다는 뜻이 있는 拜(절 배)자가 있는 예배란 말은 매우 적절한 표현이라고 생각한다

예배는 보는 것인가? 드리는 것인가? 흔히 우리는 "예배를 본다", "예배를 보러 간다", "예배 보았나?"라고 말한다. 이것은 잘못된 표현이다. 예배는 보는 것이 아니라 드리는 것이라는 사실을 아는 사람이 많지 않다. 그러나 많은 사람이 예배를 보는 입장에 서는 경우가 너무나도 많다.

이것은 우리의 예배 양식이 회중의 예배드림을 인도하는 형식이 아니고 예배 인도자들이 예배를 인도하는 행위를 구경하게 하는 식으로 예배가 구성되어 있기 때문이다. 특히 많은 사람이 설교 듣는 것이 예배의 전부로 알고 설교 듣기에만 신경을 쓰는 경우가 있음을 많이 본다. 그래서 어떤 교회 주보의 예배 순서를 보면 아예 설교 순서를 강조체 활자로 찍어 그것을 특히 강조하는 것을 쉽게 볼 수 있다.

이런 것들이 바로 회중으로 하여금 예배를 보는 자의 입장에 서게 하는 것들임을 한국교회는 잘 깨닫지 못하고 있는 것을 매우 안타깝게 생각한다. 나중에 설명하겠지만 설교도 예배 행위의 일부일 뿐이다. 특히 성경 공부 프로그램이 약한 교회일수록 설교로 성경 공부 역할까지 감당하려고 이것을 강조하고 있는 것인지도 모른다. 이것은 한국교회가 예배에 대해 잘못된 이해를 하고 있다는 증거를 보여 주는 것이다.

19세기의 덴마크의 종교 철학자인 쇠렌 키에르케고르(Soren Kierkegard 1813-1855)

는 예배를 연극에 비유하여 설명한 적이 있다. 연극에는 주인공 또는 연기자가 있고, 관중이 있으며, 연기자를 돕는 프롬프터(prompter)가 있다. 키에르케고르는 예배자는 연기자이고, 예배 인도자는 프롬프터이며, 이 연극을 구경하는 관객은 하나님이시라는 것이다. 이것은 매우 적절한 비유라고 생각한다.

이사야 43:21에 보면 하나님께서 우리의 찬송을 듣기를 원하셔서 우리를 지으셨다고 했다. 이 말은 하나님께서는 우리의 예배를 받으시기를 원하시는 것이다. 우리의 예배 행위를 보시기를 원하시는 것이다. 예배는 하나님의 사랑에 대한 우리의 경배적인 응답이라는 점에서 더욱 그러하다. 예배 인도자, 즉 예배 사회자, 찬양대, 반주자 등은 바로 그들의 역할로 하나님께 예배를 드림과 동시에 회중의 예배를 도와주는 프롬프터의 역할을 하는 것이다.

그런데 우리는 그들의 연주(?)를 감상하고, 기도 인도자의 기도를 듣고, 설교를 단순히 경청함으로 우리가 종종 관객의 위치에 서게 되는 경우가 많다. 이 말은 관객이 되시는 하나님의 위치에 우리가 선다는 말이고 이것은 엄청난 불경을 저지르는 결과이다. 우리는 예배를 드리는 자의 위치로 돌아가야 한다. 예배가 드려지는 것이 되기 위해서 우리는 어떤 자세를 취해야 하는가를 이 요한복음의 구절이 잘 설명해 주고 있다.

예배의 근본정신은 신령과 진리이다. 신령이라고 할 때 이는 우리의 주관적인 것, 우리의 정서적인 면을 포함한 전인격을 바친다는 말이다. 이것을 위해서는 우리의 삶 자체가 예배적인 삶이 되어야 한다. 전인격적인 응답이 예배 시간에만 일어나는 반응이 아니기 때문이다.

우리는 예배에 있어서 진실한 마음을 가져야 한다. 예배 시간에 딴생각하고 앉아 있고서야 예배를 드리는 자세를 가질 수가 없는 것이다. 천로역정의 저자 John Bunyun은 "당신이 기도할 때 마음에도 없는 말로 하는 것보다 말은 없으나 진실된 마음으로 하라"고 했다.

예배는 하나님으로부터 무엇을 얻으려고 드리는 것이 아니다. 그분이 예배받으시기에 합당하기 때문에 예배드리는 것이다. 무엇을 얻으려고 예배를 드리는 것은 예배를 드리는 것이 아니고 마치 무당이 굿을 하며 치성을 드리는 것과 흡사하다. 우리가 믿고 순종하는 하나님은 이런 대상이 아니다. 우리는 많은 사람이 이런 치성 행위를 예배 행위로 생각하는 사람이 있다.

언젠가 제가 서울에 갔을 때, 세계에서 제일 크다는 어느 교회에서 주일 예배를 드린 적이 있다. 그때 그 교회에서 대학 입시 합격 기원 100일 새벽 기도회를 실시하고 있음을 보았다. 새벽 기도회도 예배 행위일진대 이것은 좀 극단적인 말로 표현하면, 교회 안에서 무당 행위를 하고 있는 것이라고 할 수 있다. 예배에서 무엇을 받아 내기 위해 예배를 드린다면 그것은 바로 치성드리는 무당의 행위와 같다.

이런 행위를 예배 행위로 알고 있는 교인들이 주일 대 예배도 그런 식으로 드릴 것은 분명한 것이다. 우리는 복 받기 위해 예배를 드리는 것이 아니고 예배적 삶을 살고 또 그런 마음으로 예배를 드림으로 복을 받게 되는 것이다. 왜냐하면 예수님은 마태복음 6:33에서 "너희는 먼저 그 나라와 그의 의를 구하라. 그리하면 이 모든 것을 더 하시리라"라고 했다. 그 나라와 그 의를 구하는 행위가 바로 예배드리는 마음의 근본이기 때문이다.

예배는 나의 자의로 드리는 것이 아니고, 하나님이 나를 불러 주셔서 예배하게 해주심으로 드리게 되는 것이다.

이사야 43:21에 보면 "이 백성은 내가 나를 위하여 지었나니 나를 찬송하게 하려 함이니라"고 했다. 우리 삶의 가장 큰 목적은 하나님을 영화롭게 하는 것이라고 웨스트민스트 대요리 문답 제1문에서 답하고 있다. 그러므로 우리의 예배는 하나님이 나를 택해 주시고, 구원해 주시고, 자녀 삼아 주심에 감사하고 감격해서 드리는 것이어야 한다.

예배의 성경적인 모형은 우선 창세기 18장에서 찾아볼 수 있다. 예배는 하나님 존전에 나아감으로 이루어진다. 창세기 18장의 아브라함은 그를 찾아오는 일행이 하나님이심을 알고 그 앞에 나아가 땅에 엎드려 절한다. 그리고 그는 하인이나 아내를 시키지 않고 자기가 직접 음식을 장만하여 대접한다. 이것은 우리의 예배의 전반부에서 일어나야 하는 것이다.

예배 순서에 보면 전주 순서가 있어 오르간이 곡을 연주한다. 많은 사람은 이 시간이 예배를 드리기 위한 마음을 준비하는 시간 정도로만 생각한다. 그러나 사실 그것 이상의 의미가 있는 시간이다. 하나님이 우리를 예배에 불러주시고 우리의 예배를 받으시기 위해 임재하시는 시간이다.

우리는 이 시간에 "땅에 엎드려 절"하는 마음가짐을 가지고 우리의 순종을 드려야 한다. 그리고 하나님께 찬양과 감사와 찬송으로 그를 영화롭게 해야 하는 것이다. 이것이 예배 순서의 전반부에 있어야 하는 예배 행위이다. 예배 순서는 이런 것을 실천할 수 있도록 짜여야 한다.

이런 영광 드리는 시간 이후에는 반드시 우리 자신을 돌아보는 시간을 가지게 하는 순서가 있다. 이것은 바로 회개 또는 고백의 기도이다. 이것은 참으로 중요한 시간이다. 이사야 6장도 예배의 모형으로 사용되는 구절이다. 여기서 이사야는 하나님의 임재 앞에서 자기의 죄된 모습을 보고 통회하는 모습을 보인다. 우리는 예배를 통해서 바로 이 이사야처럼 우리의 죄를 보고 하나님 앞에서 통회해야 하는 것이다. 그러면 하나님은 우리의 죄를 사해 주신다. 예배 순서에는 반드시 이 회개의 기도 순서와 사죄를 선포하는 순서가 있어야 한다.

우리는 우리 자신을 하나님께 헌신하는 의미로 헌금을 드린다. 무엇보다 헌금은 그 액수의 많음에 있는 것이 아니고 우리의 헌금하는 자세가 중요한 것이다. 마가복음 12:41-44를 보면 예수님은 과부가 드린 동전 두 닢의 헌금을 높이 평가하셨다. 그 이유는 그의 전부를 드렸기 때문이다. 바로 그 자신을 드린 것이기 때문이다.

어떤 이는 마치 하나님이 우리의 물질이 필요하므로 헌금을 드리는 자도 있고, 교회의 재정을 돕는다는 의미로 헌금을 드리는 사람도 있다. 그럴 필요도 있다. 그러나 헌금은 그런 의미로 드리는 것이 아니고, 우리 자신을 하나님께 바친다는 의미로 드리는 것이다. 그러기에 우리는 이것을 정성스럽게 준비해야 한다.

어떤 사람은 예배 시간에 수표를 쓰는 사람도 있고 주머니를 뒤져 현금 얼마를 꺼내어 헌금 주머니에 넣는 사람이 있다. 이는 내 자신을 헌신하고 바친다는 마음으로 준비한 헌금으로 보기는 어려울 것이다. 헌금은 내 자신을 바친다는 의미가 중요하기에 헌금은 토요일 저녁에 주일 예배를 준비하는 마음으로 준비하고, 드릴 때는 헌신을 결단하는 마음으로 기도하며 드려야 할 것이다.

이와 같은 우리의 예배 행위를 받으신 하나님은 우리에게 메시지를 주시는데 이것은 설교 행위에서 나타난다. 많은 교회의 주보를 보면 설교 순서를 강조체로 인쇄해서 중요성을 나타내는데 이것은 잘못된 것이다. 설교가 중요하지 않다는 말이 아니고, 설교 순서만 중요한 것이 아니라는 것이다. 모든 순서가 동일하게 중요하다. 설교도 그것을 준비하는 자에게 있어서는 하나의 예배 행위인 것이다. 설교만을 강조하다 보면 많은 교인이 설교가 예배의 전부인 양 생각하고 그 시간만을 맞추는 사람들이 있음을 본다.

설교는 예배 행위를 받으신 하나님이 그의 백성들에게 주시는 메시지이다. 창세기 18장에서 아브라함의 대접을 받으신 하나님이 그의 계획을 아브라함에게 알려 주시는 것과 같다. 우리는 설교를 그런 의미와 자세에서 들어야 한다. 설교를 하는 자도 이런 의미와 자세에서 해야 하는 것이다. 그러면 우리는 이사야처럼 하나님의 사랑과 사역에 동참하는 결단을 해야 한다. 그런 결단으로 모든 예배 행위를 마친 그의 백성에게 하나님은 축복을 해 주시는데 이것이 축도이다. 그러므로 축도 하는 이는 이 시간에 자기가 하나님을 대신해서 그 축복을 전하는 자의 위치에 서야 한다. 그러기에 축도는 아무나 하는 것이 아니고 반드시 안수 받은 교역자만 하는 것이다. 그래서 그 축도는 "..... 있을지어다"라고 해야 한다. 그런데 많은 목사들이 "..... 축원하옵나이다" 라고 하는 것을 보는데 이것은 이런 의미에서 잘못된 것이다.

레위기는 많은 규례로 가득 찬 책이다. 특히 8장은 제사장을 정결케 하는 규례로 가득 차 있는데 이것을 우리의 예배와 연관시켜 보면 다음과 같다. 왜냐하면 베드로 전서 2:9에 보면 우리는 왕 같은 제사장이라고 했고 우리도 구약의 제사장처럼 정결함을 받아야 하고, 이 구약의 정신을 지금 어떻게 적용하는가를 알아야 하기 때문이다.

구약의 제사가 신약에서 어떻게 성취되는가를 다음 도표가 잘 보여준다.

레위기 8장	신약적 의미	예배적 의미
1) 하나님 앞으로 달려옴 (1-5절)	하나님의 부름에 응함	예배에의 부름
2) 물로 씻음 (6절)	죄를 고백하고 죄 사함을 받음	회개와 사죄의 선포
3) 예복을 입힘 (7-9절)	그리스도의 구속함을 입고 믿음 소망 사랑의 옷을 입음	사죄의 선포
4) 기름을 부음 (10-12절)	사명을 받음(Self-esteem의 회복)	설교 말씀과 결단
5) 제사를 드림 (13-30절)	자신을 헌신함	헌금
6) 하나님과 교제의 음식을 먹음 (31-32절)	하나님과의 관계를 회복함	친교(Koinonia)
7) 구별된 생활과 봉사 (33-36절)	그리스도인으로서 그리스도를 닮아 향기를 발함 그리스도인의 사회적 책임을 가짐	결단 예배적 삶

구약의 제사	신약의 제사
■ 일시적인 것임 (히브리서 7:21)	■ 영원한 것임 (히브리서 7:21)
■ 처음 대제사장 – 아론 (레위기 16:32)	■ 유일한 대제사장 – 예수 (히브리서 4:14)
■ 레위지파 출신의 대제사장 (히브리서 7:16)	■ 유다지파 출신의 대제사장 (히브리서 7:14)
■ 땅에 속한 사역 (히브리서 8:4)	■ 하늘에 속한 사역 (히브리서 8:5)
■ 짐승의 피를 사용함 (히브리서 10:4)	■ 그리스도의 피가 사용됨 (히브리서 10:5)
■ 많은 희생 제물이 요구됨 (레위기 22:19)	■ 단 하나의 희생 제물만 요구됨 (히브리서 9:28)
■ 흠 없는 짐승이 필요함 (레위기 22:19)	■ 흠 없는 온전한 삶이 필요함 (히브리서 5:9)
■ 정한 때에 제사장만이 아주 신중하게 성소에 나아갈 수 있음 (레위기 16:3-5)	■ 누구든지 때를 따라 담대하게 은혜의 보좌 앞으로 나아갈 수 있음 (히브리서 4:16)
■ 장차 올 새 시대의 새로운 제사 제도를 바라보는 것임 (히브리서 10:1)	■ 옛 구약의 제사 제도를 완성하고 성취시킨 것임 (히브리서 10:9)

학습 자료 8-3   레위기 1~7장 구약의 5대 제사와 그 정신

	명칭	본문	제물	제사방식	시기	헌제자의 행위	제사장의 행위	목적	
향기 있는 제사 - 자원해서 드리는 제사	1	올라 번제 불로 태워서 드림 '올라간다'는 뜻	레 1:3-17; 6:8-13	가축 중에서: 소, 양, 염소의 수컷, 산비둘기, 집비둘기	여호와께서 기뻐 받으시도록 함: 완전히 태움 향기로운 냄새	*매일 아침저녁 (출 29:38-42) *자원할 때 *정한 때에 따라 (민 28:1-8; 레 22:17-23:38)	준비→가져옴 안수→도살→ 물로 씻음(4장 등)	제물수납→ 번제대에 뿌림→ 불, 나무 준비→ 제단에 제물 올림→태움 : 기름	▶하나님께 나아감 인간의 죄사함(원죄) 대속함·온전케 인간의 자기 위탁 (자기부인) : 헌신의 삶	하나님이 우리에게 오시는 순서
	2	민하 소제 또는 곡식제사 가루로 드리는 제사	레 2:1-16; 6:14-23	고운 밀가루, 볶거나 찧은 햇곡식 (올리브기름, 향, 소금과 함께): 누룩과 꿀은 금지	일부를 태움 향기로운 냄새 나머지는 지성물로서 제사장들의 몫	*매일 아침저녁 (출 29:38-41) *자원할 때 *정한 때에 따라 (민 28:1-29:40, 레 23:9-20)	준비→기름, 향, 소금→ 가져옴	제물수납→ 불을 기념물로 태움→ 나머지는 지성물	▶하나님과 동행함 성강·봉사와 희생→ 선행의 삶	
	3	제바흐 슐라밈 화목제 감사와 드리는 제사 '화평의 제사'란 뜻	레 3:1-17; 7:11-21, 28-36; 22:21-30	가축 중에서: 소, 양, 염소의 수컷이나 암컷: 흠 없는 것 (비교 레 22:23)	내장과 기름기를 태움→ 향기로운 냄새 나머지는 헌제자와 제사장의 몫	*감사할 때→ 서원을 지킬 때→ 자원할 때 (레 7:11-21)	준비→가져옴→ 안수→도살→ 내장, 기름 태움→ 제물헌공	제물수납→ 번제단 둘레에 피 뿌림→ 내장, 기름 태움→ 흔드가슴, 우편 뒷다리는 제사장 몫	▶하나님과 이웃을 사랑함 하나님 사랑→ 감사, 서원, 자원의 경험→ 나눔의 삶	우리가 하나님께 나아가는 순서
향기 없는 제사 - 의무적	4	핫타트 속죄제 죄의 속성을 위해 드리는 제사	레 4:1-5:13; 6:24-30	제사장과 이스라엘 회중: ~ 흠 없는 수송아지 백성의 지도자: ~ 흠 없는 숫염소 일반백성: ~ 흠 없는 암양, 암염소, 산비둘기, 집비둘기 가난한 자 ~ 고운 밀가루	회중제의 경우와 같이 기름기를 태움→ 나머지는 지성물로서 제사장들의 몫	*정한 절기에 따라, 혹히 대속죄일 (민 28:15; 29:5; 29:19, 레 16:1-34 등) *실수로 범죄 했을 때	죄의 고백(레 5:5)→ 준비→가져옴→ 안수→도살	제물수납→ 피를 성소휘장에 뿌림→ 분향단뿔에 피 바름→ 나머지 피는 번제단 밑에 쏟음→ 기름기 태움→속죄함→용서 *지성물을 먹음	▶하나님의 임재 계속 부지중에 지은 죄 회개→ 죄의 속성→ 겸손의 삶	
	5	아샴 속건제 타인의 손해나 권리 침해에 대한 배상을 위해 드리는 제사	레 5:14-6:7; 7:1-10	흠 없는 숫양	내장과 기름기와 기름진 꼬리를 태움→ 나머지는 지성물로서 제사장들의 몫	*하나님의 것 (지성물)이나 이웃의 소유권을 침해했을 때	준비→분상(1/5)→ 가져옴→안수→ 도살→내장, 기름, 기름진 꼬리 구별	속건제를 갚 지장→ 제물수납→ 번제단둘레에 피 뿌림→ 내장 등 태움→속죄함→용서 *지성물을 먹음	▶하나님의 임재 계속 부지중에 지은 소유권 침해 회개→ 속죄와 봉사→ 채권자가 아닌 제무자의 삶	

학습 자료 8-4   하나님의 인격성 레 6:19

하나님은 절대자이시다. 절대자란 그 자체 외에는 누구에게도 의뢰하지 않는 무한 (無限)한 존재를 가리킨다. 따라서 절대의 관념은 유한한 것으로부터 어떠한 보완도 받지 않는다는 점에서 무관계(無關係)라는 개념과 일맥상통하는 것으로 규정된다. 반면 인격성이란 '너'를 전제한 '나' 혹은 '나'를 전제한 '너'와 같이 대명사로 표현 될 수 있는 관계적(關係的) 존재에게만 해당하는 말이다.

그러므로 혹자는 절대자란 개념과 인격성은 결코 공존할 수 없는 것으로 본다. 그러나 하나님의 절대성은 인격적인 절대성까지 포함한다. 즉 하나님께서는 유한 한 인간을 위하여 자신을 의뢰하게 하며 이것의 수단으로써 인격적 교제를 나누신 다. 이것은 성경에 명백히 규정된 사실이다. 즉, 여호와가 분노하시고 질투하시는 분으로 묘사된 것도 신 29:20 인간으로 하여금 잘못된 길에서 되돌이키게 하려는 인 격적 결정에 따른 행위이다.

성경에 묘사된 하나님의 인격성의 특징을 살펴보면 다음과 같다.

✝ 지·정·의를 소유함

인간은 한정된 지식을 갖고 있으나 하나님께서는 사물과 당신 자신에 대하여, 그 리고 과거·현재·미래의 모든 것에 대하여 완전히 아신다. 삼상 2:3. 이는 하나님께서는 모든 지식의 근원이 되심을 보여 주는 것으로서 이 사실 가운데는 하나님 자신에 대한 완전한 자아의식(自我意識)을 가지심도 내포하고 있다. 그뿐만 아니라 하나님께서는 스스로 계획하시며 일을 이루어 나가시는 자결정적(自決定的) 재량권도 가지시므로 완전한 인격적 존재이시다.

✝ 인격적 교제를 나눔

하나님은 또 다른 인격적 존재의 인간과 인격적 교제를 나눔으로써 당신이 인격적 존재임을 드러내셨다. 성경 가운데는 하나님께서 에녹창 5:22, 24, 노아창 6:9, 아브라함창 12:1-3 등과 교제를 나누셨음이 묘사되어 있다. 그리고 하나님 되신 그리스도께서 이 땅에 오셔서 인간과 인격적 교류를 하신 것도 하나님의 인격성을 보여 주는 대표적 경우이다. 오늘날 성도들이 하나님께 기도를 드릴 수 있는 것도 하나님의 인격성을 신뢰하기 때문이다.

✝ 의의

하나님을 인격적 존재로 믿는 자만이 하나님과 진정한 인격적 교제를 나눌 수 있다. 성도가 회개하며 신앙하고 순종하는 것도 인격적 하나님을 대상으로 하지 않는다면 전혀 무의미한 행위일 것이다. 즉, 교제와 사랑, 충성과 봉사의 대상은 인격적 존재이어야만 한다. 또한 성도가 신앙의 연륜이 더해 감에 따라 성화(聖化)되어 감은 인간의 인격을 창조하신 하나님의 인격을 본받음에 그 원인이 있다. 이는 성도가 일상생활 가운데서 지향해야 할 삶의 목표가 무엇이어야 함을 암시하는 것이기도 하다.

학습 자료 8-5 성막과 제사 제도를 통해서 깨닫는 예배의 참된 의미 – 삶

오늘날의 교회가 구약의 성막의 특징을 그대로 답습해야 한다고 말할 수는 없지만, 적어도 **예배를 통해서 성막에 임재하시는 하나님의 임재 안으로 나아간다는 것은 구약의 성막과 같은 맥락**입니다. 신약의 예배는 하나님 앞으로 나아가서 그분을 만나는 것이고(encounter), 성막에서도 하나님의 임재 앞으로(지성소) 나아가는 것은 (encounter) 서로 같은 맥락입니다. 그러므로 앞에서 성막을 공부할 때 살펴보았듯이 **하나님께 나아가는 방법은 우리가 정하는 것이 아니고, 하나님이 정한 방법대로 나아가야 한다**는 것입니다. 우리는 그 방법을 따르는 순종만을 행할 뿐입니다. 신약이든, 구약이든 예배(제사)의 정신은 꼭 같은 것입니다. **하나님을 만나는 것은 우리가 자의적(恣意的)으로 만나러 나가는 것이 아닙니다.**

　오늘날 현대 교회가 말하는 소위 열린 예배나는 이 용어를 매우 싫어합니다. 열린 예배가 아닌 다른 예배는 닫힌 예배란 말인지... 는 이런 점에서부터 잘못을 저지르고 있습니다. 더 심각한 문제는 그것이 잘못인 줄을 모르고 있다는 데 있습니다. 마치 이스라엘 백성이 광야에서 금송아지를 만들고 그것이 그들을 애굽에서 구해낸 신이라고 했듯이 잘못된 신을 바른 신으로 섬기는 것은 바른 신을 잘못된 신으로 취급하는 것같이 치명적인 실수입니다.

그 이유는 다음과 같습니다. 예를 든다면 어느 교회의 예배에 시작 찬양의 ^{정통 음악} 신학에서 말하는 입례송(introit)의 개념과는 확실히 다르지만 가사가 잘못된 것임에도 불구하고 그 선율이 좋다는 이유로 그냥 부르고 있는 것은 참으로 안타까운 노릇입니다. 그 가사의 내용은 "... 이곳에 오셔,.... 앉으시고,...우리의 예배를 받으소서...."입니다.^{"임재"} 라는 복음송을 말한다. 예배의 초정의 주도권이 온전히 바뀐 가사입니다. **성경에 보면, 예배뿐만 아니라 모든 것의 주도권은 언제나 하나님께 있습니다.** 성경적 예배의 모형을 제공해 주는 성경은 창세기 18장, 창세기 28장, 레위기 8장, 이사야 6장, 등의 내용을 보면 언제나 하나님이 이미 그곳에 계시다는 것을 금방 알 수 있습니다.

그렇습니다. **예배는 하나님이 우리를 만나 주시려고 우리를 먼저 불러 주심으로 가능한 것이고, 그러므로 우리는 그야말로 예배(禮拜), 즉 예(禮)를 갖추어 절(拜)함으로 나아가는 것입니다.** 예를 갖춘다는 것은 하나님의 방법을 따른다는 것이고, 절을 한다는 것은 자기중심성을 내려놓고 하나님의 뜻에 순종함을 보인다는 것입니다. 이 말에서 우리는 다시 한번 예배에의 부름이라는 주도권이 절대적으로 하나님께 있다는 사실을 확실히 알아야 합니다. 다시 말하면 예배는 하나님의 방법대로 행하여 그 분의 이름과 영광을 드러내야 하는 데 초점이 맞추어져 있어야 한다는 말입니다. 절대로 우리의 감정의 반응에 초점이 맞추어져 있어서는 안 됩니다.

그러나 오늘 날 소위 말하는 열린 예배는 찬송도 하나님의 이름과 영광과는 상관없이, 또는 그런 핑계로 내 감정의 반응에 더 많은 초점이 맞추어 있음은 참으로 개탄스럽기 조차합니다. 설교도 마찬가지입니다. 설교자는 설교를 통해 예배를 드리는 것이 아니고, 듣는 자의 귀를 즐겁게 해주기 위해서 더 많은 준비하는 것을 봅니다. 디모데 후서 4:3-4에서 바울은 이렇게 걱정합니다. "때가 이르리니 사람이 바른 교훈을 받지 아니하며 귀가 가려워서 자기의 사욕을 따를 스승을 많이 두고 또 그 귀를 진리에서 돌이켜 허탄한 이야기를 따르리라." 또한 바울은 갈라디아서 1:10에서 "이제 내가 사람들에게 좋게 하랴 하나님께 좋게 하랴 사람들에게 기쁨을 구하랴. 내가 지금까지 사람들의 기쁨을 구하였다면 그리스도의 종이 아니니라" 고 단호히 말합니다.

오늘날 우리의 예배가 우리의 감정적인 반응에 더 민감하게 진행된다는 것입니다. 특히 한국 사람들은 지성적이기보다는 감성적입니다. 법보다 주먹이 앞서는 민족입니다. 데모하는 모습들을 보세요. 거기에는 감정만이 난무하지요. 따라서 예배도 다분히 감정적으로 흐르기 쉽습니다. 그런 요소도 예배에 있어야 하지만, 예배가 하나님의 이름과 영광보다는 내 감정의 응어리 진 한을 푸는 식으로 열정적으로 행하면 그것은 단지 한풀이 무당 푸닥거리가 될 가능성이 크고, 실제로 그런 식으로 예배를 드리는 교회가 많이 있습니다. 그런 곳에 하나님의 임재가 임하고 있을 리가 없고 따라서 그것은 예배일 수가 없습니다.

레위기의 제사 제도에서 우리는 바른 예배 정신을 배워야 합니다.

제사에 드릴 제물을 다듬는 과정은 바른 예배자의 정신을 보여 주는 대목입니다. 또한 재미없는 레위기를 은혜스럽게 읽는 방법이기도 하지요

1) 제물로 바쳐지는 짐승들이 어떻게 죽고 각이 떠지는가를 유의하고, 죄인인 내가 그렇게 죽을 수밖에 없는데 예수님이 대신 죽으심으로 그런 죽음이 면제되었다는 사실을 생각해야 합니다. 2) 우리의 옛 자아가 그 제물들처럼 각이 떠져 매일 죽어야 한다는 사실을 기억해야 합니다.

레위기에서 제물인 짐승을 죽이고 다듬는 일은 제사장이 하는 것이 아니고 바로 제사를 드리는 자의 몫임을 알아야 합니다. 제사를 드리는 자가 제물을 제단으로 가져옵니다. 그리고 그 제물에 안수하여 자기 죄와 허물을 전가하고 제물인 짐승을 도살합니다. 그리고는 가죽을 벗기고, 각을 뜨고, 머리와 기름을 빼어내고, 내장과 정강이를 물로 씻습니다. 그러면 제사장은 그 짐승의 피를, 제사자를 대신해서 제단에 뿌립니다. 그리고 그것들을 제단 위에 올리고 태우는 일을 제사장이 합니다. 여기서 각을 뜬다는 것은 내 몸 전체가 부서진다는 뜻이고, 내장은 내 마음과 뜻, 그리고 온 정성을 뜻합니다. 머리는 내 사상, 생각, 가치관을 말하고, 기름은 생명을 뜻합니다. 이런 것들을 불에 태운다는 것은 전체의 생명을 하나님께 바친다는 뜻입니다. 비록 짐승이 대신 죽고 태워지지만 바로 그것은 곧 자기가 죽고 태워진다는 뜻입니다. 신약에 와서는 그 일을 예수님이 대신해 주셨습니다.

계속해서 레위기의 5대 제사의 영적 의미를 이해하십시오.

1) **번제** – 제물을 다 태우는 제사입니다. 이것은 "자기 부인"을 말합니다. 예수님께서도 자기를 부인하고 자기의 십자가를 지고 예수님을 따르라고 부탁하십니다. "내려놓음"을 강조하며, 하나님의 주권을 인정하라는 것입니다.

2) **소제** – 밀이나 곡식의 알맹이가 깨어져 가루가 되어서 드리는 제사입니다. 이것은 "자기희생과 봉사의 정신"을 말합니다.

3) **화목제** – 제사를 드린 후에 함께 나누어 먹는 제사입니다. 감사를 드리고 함께 나누는 "나눔의 정신"을 말합니다.

4) **속죄제** – "회개와 자백"의 제사입니다. 오늘 날에는 이 제사를 위해 제물이 필요 없습니다. 예수님께서 영 단번 제물이 되어 주셨기 때문입니다.

5) **속건제** – 이 제사의 정신은 남의 재산을 존중해 주어야 하는 정신이 깃든 제사입니다. 속죄제는 인간의 본성에 입각하여 죄를 보는 것이며 자신이 죄인이라는 사실을 보는 것입니다. 반면에 속건제는 개개의 죄악된 행위들에 강조를 두고 있습니다. 속건제에서는 범법자가 한 행동에 대해 손해배상을 해야 한다는데 있고 5:16, 6:4-5, 따라서 이 제사는 죄에는 값이 지불되며, 진실한 회개가 있는 곳에는 손해배상과 상환이 따른다는 사실을 상기시킵니다.

덴마크의 종교 철학자 키에르케가르(Kierkegaard 1813-1855)가 예배를 연극에 비유하면서 "회중 예배는 연극과도 같다. 주인공은 회중이고, 강단(예배 인도자)는 주인공의 대사를 무대 장치 뒤에서 읽어 주는 프롬프터(Prompter)이고, 관객은 하나님이시다" 라고 한 말을 잘 음미해 보아야 합니다. 흔히 우리는 "예배 봤어?"라고 말합니다. 그렇지요? 우리는 예배를 봅니다. 그러면 하나님의 위치에 우리가 서는 꼴이 됩니다. 그런 예배는 예배가 아닙니다.

레위기에서 예배자의 자세가 어떤가를 다시 한번 묵상해 보십시오. 그리고 로마서 12:1-2을 깊이 묵상하셔야 합니다. 하나님은 지금도 바른 예배자를 찾는다고 했습니다. 하나님은 영이시니 신령과 진리(진정이 아님)로 예배를 드려야 합니다 요 4:24. 이 말은 예배가 하나님의 이름과 영광에 초점이 맞추어져야지 내 감정의 반응에 초점이 맞추어지면 안 된다는 것입니다.

- 주해홍 목사 "성경 그리고 삶" p134-138 도서출판 에스라 2018

9일 핵심 학습 자료

학습 자료 9-1 정결한 동물과 부정한 동물 일람표 레 11장

하나님께서 이스라엘 백성들에게 정결한 동물과 부정(不淨)한 동물에 관한 규례를 주시고 이를 지키라고 명하신 데에는 다음과 같은 목적 및 의의가 있었다. 일단은 부정한 동물로 간주된 류(類)들이 대개 위생학상 정결치 못하며 먹을 경우, 건강에도 그다지 유익하지 못하였기 때문이다. 한편 나아가 그러한 동물들의 생활 양태나 성질 등이 의식상(儀式上) 죄와 부패를 상징할 만한 정도로 어두운 면을 지니고 있었기 때문이다.

그러므로 하나님께서는 백성들이 그러한 류를 가까이하지 못하게 금하심으로써 외적 성결을 유지함은 물론 영적(靈的)으로도 죄와 각종 불의를 멀리해야 한다는 진리를 교훈하고자 이런 규정들을 주신 것이다.

이제 이과 관련, 성경에서 각기 정결한 동물과 부정한 동물로 규정된 것들의 실례를 들어보면 다음과 같다.

구분	정결한 동물	부정한 동물
포유류	소, 양, 염소 및 각종 사슴과 노루 종류(레 11:2-3, 신 14:4-6)	약대, 사반, 토끼 및 돼지 등(레 11:4-8, 신 14:7-8)
어류	붕어, 잉어, 멸치 등(레 11:9)	미꾸라지, 뱀장어, 문어, 낙지, 오징어 등 (레 11:10-12)
조류	닭, 비둘기, 메추라기 등 (출 16:13, 레 1:14, 신 14:11)	독수리, 솔개, 어응, 각종 매 종류, 까마귀 종류, 타조, 다호마스, 갈매기, 올빼미, 노자, 부엉이, 따오기, 당아, 올응, 학, 황새 종류, 대승, 박쥐 등 (레 11:13-19, 신 14:11-19)
곤충류	메뚜기 종류, 베짱이, 귀뚜라미, 팟종이 종류(레 11:21-22)	풍뎅이, 무당 벌레, 나방류, 쐐기류(레 11:20, 23)
파충류 및 기는 것	전무 (全無)	족제비, 쥐, 도마뱀 종류, 합개, 육지 악어, 수궁, 칠면 석척, 뱀 등(레 11:29-38, 41-43)

학습 자료 9-2 할례와 과학 레 12장

레 12:2, 3은 하나님께서 이스라엘 백성에게 모든 남자 아이는 난 지 8일째 되는 날에 할례를 받으라고 명령하시는 부분이다. 이는 물론 종교적인 이유에서 하나님께서 율법으로 주신 명령이지만, 그 명령 뒤에는 당신의 백성들에 대한 섬세한 배려가 있는 것이다. 즉, 할례는 위생상 인체에 좋은 영향을 미치는 것이다. 이 사실은 최근에야 밝혀졌는데, 현재 미국은 1940년 이후부터 모든 남자는 할례를 받도록 규정하고 있다.

또한 출생한 지 8일에 할례를 행하라는 것 또한 현대 의학이 밝혀낸 최신 의학에 해당한다. 아기의 피는 모태 내에서부터 자체적으로 병원균과 싸울 수 있는 면역성을 보유하고 있다. 그래서 태어난 이후에도 얼마간 그 면역성의 보호를 받게 되어 있는데, 그 기간은 7일이다. 즉, 8일째부터는 외부의 병원균의 침입을 받게 되는 것이다. 따라서 할례는 늦어도 8일 이전에 행해져야 좋다. 그러나 아기의 피는 생후 일주일간은 응고력이 약해 상처가 생기게 되면 출혈이 심하다. 그런데 아기의 혈액 응고력은 생후 8일 이후에 완성되는 것이다. 따라서 할례는 생후 8일 이후에 행해져야 좋은 것이다. 그러므로 아기의 피의 응고력과 면역성을 고려해 볼 때 할례의 최적기는 생후 8일째 되는 날이라는 결론이 나오게 된다. 이러한 사실이 현대에 밝혀졌지만, 성경은 지금으로부터 4000년 전에 이 사실을 기록하고 있는 것이다. 성경, 이 얼마나 놀라운 책인가!

학습 자료 9-3 율법에 나타난 이웃에 대한 관심사

분야	내 용	관련성구
생명존중	사람의 목숨은 누구에게나 귀하고 소중한 것이다.	출 20:13, 21:16-21, 26-31, 레 19:14, 신 5:17, 24:7, 27:18
모함금지	모든 사람은 무고(誣告)와 중상모략의 피해를 입지 않아야 한다.	출 20:16, 23:1-3, 레 19:16, 신 5:20; 19:15-21
여성지위 보호	여성은 신체적, 기능적 연약성 및 종속적인 사회 구조적 지위 등의 이유로 어떠한 불이익도 당하여선 안된다.	출 21:7-11, 20, 26-32, 22:16, 17, 신 21:10-14, 22:13-30, 24: 1-5
형벌의 적절성	범죄나 과실에 따른 형벌은 형평(衡平)을 넘어서는 안 되며 인격 모독적인 것이어서도 안된다.	신 25:1-5
인권 보장	하나님께 택함을 받은 이스라엘인은 거룩한 백성으로서의 인권과 명예를 존중받아야 한다.	출 21:2, 5, 6, 레 25장, 신 15: 12-18
주거의 자유	이스라엘인은 하나님께서 주신 기업(基業) 가나안 어느 곳에서든 자유롭게 거주할 수 있다.	레 25장, 민 26:5-7, 36:1-9, 신 25:5-10
사유재산 보장	사유(私有) 재산의 획득과 사용의 권리는 하나님의 창조 원리에 근거한다.	출 20:15, 21:33-36, 22:1-15, 23: 4, 5, 레 19:35, 36, 신 5:19, 22: 1-4, 25:13-34
정당한 임금	누구든 노동에 대한 정당한 임금을 보장받아야 한다.	레 19:13, 신 24:14, 25:4
생존권 보장	아무리 가난한 자라도 사회 전체가 생존은 보장해 주어야 한다.	출 23:10,11, 레 19:9, 10, 23:22, 25:3-55, 신14:28, 29, 24:19-21

통큰통독 연대기 해설 성경 | 구약

휴일 보장	남종이나 여종, 여행객도 안식일에는 일을 해선 안 된다.	출 20:8-11, 23:12, 신 5:12-15
혼인관계의 보장	혼인은 하나님께서 세운 제도로 거룩한 것이며 그 자신 및 어떤 타인에 의해서도 침해되서는 안 된다	출 20:14, 레 18:6-23, 20:10-26, 신 5:18, 22:13-30
약자 보호	가난하고 빈천한 자들을 착취하거나 억압해서는 안 된다.	레 19:14, 15, 33, 34, 25:35, 36, 신 1:17, 10:17, 18, 16:18-20, 17: 8-13, 19:15-21
재판 청구권	누구든 정당한 재판을 받을 권리가 있다.	출 23: 6, 8, 레 19:15, 신 1:17, 10:17, 18, 16:18-20, 17:8-13, 19:15-21
법적 평등	만인(萬人)은 법 앞에서 평등하다.	신 17:13-20
자연보호	하나님의 섭리와 통치, 일반 은총은 모든 피조물에 미치니 자연도 역시 보호되어야 한다.	출 23:5, 11, 레 25:7, 신 22:4, 6, 7, 25:4

　율법이란 결국 인간 대(對) 하나님과의 수직적 관계와 인간 대 인간끼리의 수평적 관계에서 마땅히 지켜야 할 규범을 모은 것이다. 물론 구약 율법은 인간의 사회생활보다 죄인된 인간이 구원받고 영원한 생명을 얻는 것을 우선적으로 강조하는 성경의 기본 목적상 희생 제사법 등 하나님과의 수직적 관계의 회복 및 유지를 위한 사항이 그 대부분을 차지하고 있다. 그러나 동시에 율법은 일단 하나님과의 관계가 회복된 인간은 인간끼리의 수평적 관계에서도 바르고 선한 생활을 유지해야 함을 보여 주는데, 위의 도표에서 보듯이 구체적이고도 강력히 권고하고 있다.

　한편 이와 관련하여 더 근원적으로 생각해 볼 때 하나님은 원래부터 인간을 당신과의 수직적 관계만을 맺는 존재가 아니라 인간끼리 어울려서도 즐거운 관계를 맺고 살아가는 사회적 존재로 창조하셨다. 그런데 인간은 선악과 범죄로 하나님과의 관계를 훼손시켰을 뿐만 아니라 그 이후 살인과 증오로 인간끼리의 관계도 훼손시켰다. 이런 상황에서 하나님은 당신과 인간과의 바른 관계 회복을 위해 율법을 주심과 아울러 인간끼리의 바른 관계 회복을 위한 율법도 주신 것이다.

　이제 이 모든 것을 고려할 때 우리는 율법이란 무조건 하나님께 복종만 강요하여 인간을 얽어매는 것이 아니라 수직 및 수평적 전 단계를 통하여, 곧 전인격적 차원에서 인간을 창조 당시의 원래 모습으로 회복시켜 오히려 완전한 자유를 주시기 위한 하나님의 사랑스러운 가르침을 법령화한 것임을 알 수 있다. 그럼에도 많은 사람은 율법을, 인간을 얽어매는 도구라거나 아니면 인간끼리의 관계를 도외시하는 비인간적, 반사회적 율법이라는 오해를 품고 있다.

　따라서 이제 이상에서 말한 모든 율법 중 하나님과의 수직 관계에 관한 율법은 너무 많으므로 생략하고 인간끼리의 수평 관계, 곧 인간의 사회적 생활에 관련된 율법을 모아 봄으로써 이상의 두 오해에 대한 성경적 해답을 찾고자 했다.

학습 자료 9-4 하나님의 무변성

아브라함의 하나님, 이삭의 하나님, 야곱의 하나님은 시간을 초월하시는 분이시다. 또한 가나안에서 요셉을 지켜주셨던 하나님은 애굽에서도 요셉을 보호하심으로 공간을 초월하시는 그의 속성을 나타내 보이셨다. 이와 같이 인간의 유한성(有限性)과 대조되는 하나님의 무한성이 시간과 관계되어 나타날 때는 '영원성'(永遠性)이며 공간과 관계되어 나타날 때는 '무변성'(immensity)과 '편재성'(遍在性)이다. 여기서 무변성은 어떠한 공간에도 제한되지 않는 그의 초월성(超越性)을, 편재성은 어떠한 공간에도 계시는 그의 내재성(內在性)을 강조하는 용어이다. 그러나 이는 하나님과 공간과의 관계를 나타내는 이해를 돕기 위한 두 용어에 지나지 않으며 한 가지 사실의 다른 두 측면일 뿐이다.

✝ 용어

소극적으로 이 말은 초월하신 하나님이 공간에 제한받지 않으시고 모든 곳에 계신다는 사실을, 적극적으로는 하나님이 공간 이상의 존재임을 나타낸다. 그러나 이 말은 하나님이 공간에 흩어져서 여기저기 존재한다는 의미는 아니며 완전한 존재로서 모든 공간에 임재하심을 나타낸다. 이는 육신을 가진 인간으로서는 상상할 수 없는 일이나 영이신 하나님께 있어서만은 가능하다. 이는 또한 원시 종교의 신령(神靈)과 같이 어떤 부분에 더 많이 임하시고 또 덜 임하시는 것을 의미하지도 않는다.

✝ 교훈

혹자는 내재하신 하나님이 눈에 보이지 않으므로요 6:46 없는 것으로 생각한다. 또한 혹자는 하나님이 일정한 공간에만 계시며 다른 곳에는 임하지 않는 것으로 생각하며 그 얼굴을 피하기도 한다욘 1:3. 오늘날에도 하나님은 교회에만 계신 분으로 보아 교회 내에서는 경건을 유지하나 밖에 나와서는 혼란한 생활을 하기도 한다. 그러나 실제로 하나님은 어느 때 어느 곳에나 계신다. 그러므로 성도는 이를 깨닫고 모든 장소에서 모든 일을 하나님의 영광을 위해서 하여야 한다.

학습 자료 9-5 Thomas Aquinas 율법 분류

레위기에 나오는 법과 십계명을 포함한 유대의 율법을 Thomas Aquinas는 다음과 같이 분류한다. 그리고 그 현재적 의미를 살펴본다.

> 1) **의식법(儀式法 Ceremonial Law. Spiritual Code)** 출 35~40장, 레위기 1~10장에 나오는 제사법으로서 예수님에 의해서 완성된 법이다마 5:17-18, 롬 10:4, 고전 5:7. 오늘날에는 그 방법이 시행되지 않지만, 그 정신은 결코 변함이 없다.

마 5:17-18 "내가 율법이나 선지자를 폐하러 온 줄로 생각하지 말라 폐하러 온 것이 아니요 완전하게 하려 함이라 진실로 너희에게 이르노니 천지가 없어지기 전에는 율법의 일점일획도 결코 없어지지 아니하고 다 이루리라"

행 10:9-15 이튿날 그들이 길을 가다가 그 성에 가까이 갔을 그 때에 베드로가 기도하려고 지붕에 올라가니 그 시각은 제 육 시더라 그가 시장하여 먹고자 하매 사람들이 준비할 때에 황홀한 중에 하늘이 열리며 한 그릇이 내려오는 것을 보니 큰 보자기 같고 네 귀를 매어 땅에 드리웠더라 그 안에는 땅에 있는 각종 네 발 가진 짐승과 기는 것과 공중에 나는 것들이 있더라 또 소리가 있으되 베드로야 일어나 잡아 먹어라 하거늘 베드로가 이르되 주여 그럴 수 없나이다 속되고 깨끗하지 아니한 것을 내가 결코 먹지 아니하였나이다 한대 또 두 번째 소리가 있으되 하나님께서 깨끗하게 하신 것을 네가 속되다 하지 말라 하더라

2) **시민법(市民法 Civil Law, Social Code)** 레위기 11~27장까지에 주로 나타나는 법이다. 이 법은 생활법, 민법, 형법 등을 말한다. 이법은 예수님이 오실 때까지 유효했던 규례이었고^{갈 3:24}, 또 시대가 바뀜에 따라 그 시행하는 방법이 달라졌다. 지금은 그 실효성이 없는 법이다. 그러나 그 정신은 변하지 않는다.

3) **도덕법(道德法 Moral Law, Moral Code)** 십계명을 말하는 것으로 이 법은 예수님이 다시 오실 때까지 일점일획도 변하지 않는 법이다. 왜냐하면 이것이 바로 하나님 나라 삶의 기준이고 하나님 백성이 선택의 기로에 섰을 때 그 선택 기준을 제공하는 것이며, 계시록에서 행해지는 심판의 기준이 되는 것이기 때문이다.

　율법은 언약과 매우 밀접한 관계가 있다. 언약이 없이는 율법이 주어지지 않는다. 그러므로 언제나 언약이 먼저이고 그에 따른 법(율법)은 언약에 대해 종속 개념 또는 하위 개념이다. 따라서 구약의 영성을 크게 두 가지로 나눌 때 레위기를 중심으로 한 법 지킴을 강조하는 **제사장적 영성**(예배의 회복)과 그 법을 지키지 못함으로 인해 깨어진 언약을 회복하기를 강조하는 **선지자적 영성**(하나님의 사랑과 공의의 회복)으로 나눌 수 있다. 레위기는 바로 바른 예배의 회복을 통한 하나님과의 관계 회복과 전진을 강조하는 영성이다,

학습 자료 9-6　레위기의 7대 절기

23장은 이스라엘 백성이 하나님의 행하심을 기억하면서 지켜야 할 절기를 보여 주고 있다. 이 절기는 강제적으로 이끌리어 지키는 것이 아니라 삶을 기뻐하며 그런 삶을 주신 여호와를 기뻐하며 즐기는 축제(festival) 이다. 그 절기를 다음 도표가 잘 정리하고 있다.

레위기(23장)의 절기

차례	명칭	언제 지켰나?	무엇을 기념했나?	신약적 의미
1	유월절	유대 종교력 1월 14일	애굽의 노예생활에서 해방된 것	그리스도는 유월절 어린 양
2	무교절	유대 종교력 1월 15일~21일	애굽에서 급히 탈출한 고생스러운 일	옛 삶을 벗고, 새 삶을 시작
3	초실절	유월절 후 첫 안식일 다음 날	첫 열매 바치는 날	그리스도께서 첫 열매로서 부활하심
4	칠칠절 (오순절)	무교절 기간 중 첫 열매를 바친 날로부터 50일 되는 날	밀 추수의 첫 소산을 봉헌하기 위한 것	장차 성령의 풍성한 임재로 이루어질 신약 시대의 교회를 예표
5	나팔절	유대 종교력 7월 1일	안식의 달을 맞아 봉헌하기 위한 것	나팔을 부는것은 복음과 재림의 예표
6	속죄일	유대 종교력 7월 10일	나라와 백성의 죄를 해마다 용서함 받기 위한 것	그리스도 십자가 희생을 통한 속죄와 구원
7	초막절	유대 종교력 7월 15일~21일	출애굽 이후에 이스라엘 백성들이 광야에서 40년 동안 생활한 것	하나님의 보호와 그리스도의 통치하의 번영과 축복

학습 자료 9-7 십일조

십일조에 대한 단편적 언급은 성경 여러 곳에서 발견되나 삼상 8:15-17, 대하 31:4-19, 느 10:36-39, 겔 44:28-31, 암4:4, 말 3:7-12, 마 23:23, 눅 10:7, 롬 15:27, 고전 9:7-14, 완전한 규례로서의 언급은 레 27:30-33과 신 12:5-12에 나온다. 즉, 이 부분에서 모세는 선민 이스라엘 백성들이 거두는 모든 생산물의 1/10이 하나님께 드려져야 함을 교훈했다. 그러나 성경은 그 세부적 제도를 언급하지 않아 십일조 규례의 정확한 내용과 그 실천 여부는 여러 가지로 해석됐다.

✝ 기원

제사장을 봉양하거나 다른 종교적 목적을 위해 재산이나 생산물의 1/10을 바치는 십일조 관습은 이스라엘뿐 아니라 셈족이나 다른 고대 문화권에서도 널리 시행됐다. 그러나 다른 문화권에서 십일조 제도는 피지배자에 대한 지배자의 권한을 확인하기 위해 시행된 세금의 일종으로서 수탈적(收奪的) 성격이 강했다. 따라서 자신의 모든 소유에 대한 하나님의 절대적 주권을 인정하여 자발적으로 바치는 성경적 십일조와는 엄연히 다른 성격을 지닌다.

한편 성경에 언급된 최초의 십일조에 대한 기록은 메소포타미아 왕들과의 전쟁에서 이긴 아브라함이 그 전리품 중 1/10을 살렘 왕 멜기세덱에게 준 것에서 발견된다 창 14:18-20. 따라서 혹자는 이러한 사실을 들어 이스라엘에서의 십일조도 다른 문화권에서와 마찬가지로 정치적·군사적 기득권자에게 바치는 세금의 일종이라고 규정하기도 한다. 그러나 성경은 멜기세덱을 군주(君主)로 보기보다는 지극히 높으신 하나님의 제사장으로^{창 14:18} 언급하고 있으므로 이때의 십일조 역시 종교적 성격을 지닌 것으로 보아야 한다^{히 7:1-6}.

그렇지만 이러한 개인 차원의 십일조가 아니라 민족 전체를 대상으로 한 명문화된 제도로서의 십일조는 본 장에서야 비로소 규정되었다(레 27:30-33).

✝ 종류

이스라엘에서 시행되던 십일조의 종류는 주로 민 18:21-32, 신 12:5-17, 14:22-29에서 언급된다. 그러나 이 부분의 해석 방법에 따라 십일조의 종류가 달리 이해될 수 있다. 그러나 일반적으로 십일조를 드리는 입장에서는 두 가지, 또한 쓰이는 용도에 따라서는 세 가지로 구분된다고 본다. 여기서는 드리는 입장에서 기술한다.

1 **제1십일조** : 땅을 기업으로 받지 못하고 하나님의 일만 하는 책임이 주어진 레위인의 생활을 위해 나머지 백성들은 자기 소득의 1/10을 바쳐야 했다^{민 18:21}. 그러면 이번에는 레위인들이 자신들이 받은 것 가운데 다시 10분의 1을 제사장에게 바친 것으로 추정된다^{민 18:26-29}.

2 **제2십일조** : 제1십일조를 바친 그 나머지 부분(9/10) 가운데 다시 1/10을 취하여 성소로 가져가 잔치를 베풀었다. 이때 성소 부근에서 잔치 예물을 살 수도 있었다. 잔치에는 '너와 네 친족', 즉 가족과 친지는 물론 종들까지 참여할 수 있었으며 '성읍에 거하는 레위인'도 참여할 수 있었다^{신 14:22-27}. 이를 '축제 십일조'(Festival Tithe)라고도 한다. 한편 안식년을 기준으로 제 3년과 6년에는 제2십일조를 성소로 가져가 잔치를 베푸는 대신 자신이 살던 성읍에서 기업이 없는 레위인과 성중에 우거하는 객과 고아와 과부들을 구제하는 기금으로 사용했다^{신14:28-29, 26:12}. 혹자는 이를 따로 구분하여 제3십일조라 부르며 안식년 기준으로 제3년과 6년에는 각기 제 1, 2, 3 십일조를 모두 드렸다고 본다. 그러나 이미 밝힌 바와 같이 제3십일조는 따로 존재하는 것이 아니라 단순히 제2십일조를 다른 용도로 쓰는 것에 불과하다.

✝ 의의

십일조를 바치는 것은 단순히 레위인과 제사장의 생계유지나 성전 수리 혹은 친교를 위한 목적에 국한되는 것은 아니다. 또한 소득 일부를 바치는 것으로 하나님께 대한 인간의 책임을 다한 것도 아니다. 이는 창조주 하나님이 만물의 주인이며 피조물은 그 은혜로 살아감을 고백하며 이를 감사하는 최소한의 신앙적 표시일 뿐이다^{욥 1:21}. 따라서 성도는 십일조를 비롯한 헌금을 드리되 인색함으로 바쳐서는 안 되며^{고후 9:7} 자신이 모든 재산의 주인이신 하나님의 청지기임을 고백하는 자발적 심정으로 들여야 한다^{마 25:14-30}.

10일 핵심 학습 자료

학습 자료 10-1 전투적 교회 민 2:2

✝ 용어의 의미

교회란 상당히 포괄적인 의미를 지닌다. 따라서 교회는 보는 시각에 따라 여러 가지로 구분될 수 있다. 즉 눈에 보이는 유형 교회(有形敎會)가 있지만, 구원받도록 작정된 무리들을 포괄적으로 호칭하는 눈에 보이지 않는 무형 교회(無形敎會)도 있다. 그리고 교회를 사탄과의 관계에서 파악할 때, 전투적 교회와 승리적 교회로 나눌 수 있다. 여기서 전투적 교회는 죄악이 가득한 지상에서 흑암의 권세와 영적인 전쟁을 수행하는 교회라 정의할 수 있다엡 6:12, 13. 이와 상대적인 의미로 사용되는 승리적 교회는 천상(天上)의 교회로서, 사탄과의 영적 전투에서 이미 이긴 상태의 교회이다. 즉 전투적 교회가 현세적이며 전투의 과정이라고 한다면, 승리적 교회는 미래적이며 전투의 결과라 할 수 있다.

학습 자료 10-2 불기둥 구름 기둥 민 9장

불기둥은 여호와 하나님의 현존을 볼 수 있게 묘사한 하나의 표상으로 볼 수 있다. 이 표상은 일반 문헌이나 성경 속에서 자주 등장한다. 그중 하나는 군대가 행군할 때 맨 앞에 횃불을 들고 가는 예나 봉화같이 군대에서 연기와 불로 신호하는 관례가 있다. 고대 근동의 종교 문헌에서 신의 현현은 흔히 번개와 폭풍 현상으로 표현되었다. 성경에서도 비슷한 표상이 시적인 언어로 표현된 예를 찾아볼 수 있다시 18:8-9. 이와 비슷하게 구름이란 단어가 초기 가나안 문헌에서 신의 수행인, 또는 심부름꾼을 뜻하기도 했다. 우가릿 문헌에는 아세라, 바알, 못 신은 모두 제각기 '구름 사자'를 부렸다고 묘사된다. 또 성경에도 비슷한 예가 나타나고 있다. 이와는 달리 제사적인 배경에도 나타난다. 예루살렘 성전의 지성소에 있던 계약의 궤 앞에 놓인 분향단에서 피어오르는 연기는 예배공동체의 한가운데 머물러 계신 여호와의 현존을 상징하는 것으로 여겨져, 여호와께서 그들의 기도를 들으시고 그들의 예배를 받고 계신다고 믿어졌다레16:2.

학습 자료 10-3 애굽 거주 430년의 근거

✝ 430년 애굽 거주의 문제

이스라엘 백성이 애굽에 거주한 기간이 430년인 것은 출 12:40에서 사건 보도의
형식으로, 또 창 15:13에서 아브라함에 의한 예언의 형식으로, 그리고 행 7:6에서
스데반에 의한 사실 확인의 형식으로 기록되었다는 점에서도 분명한 사실이다. 즉
그들은 아래 도표와 같은 시간적 순서에 의해 430년 동안 애굽에서 거주하였던 것
이다.

애굽 자손의 애굽 이주	B.C. 1876년		창 46:5-7
요셉의 죽음	B.C. 1805년	71년	창 50:26
모세의 출생	B.C. 1527년	278년	출 2:1, 2
모세의 미디안 도피	B.C. 1487년	40년	출 2:11-4:31
애굽 귀환	B.C. 1447년	40년	출 5:1
출애굽	B.C. 1446년	1년	출 12:37-51

✝ 4대만의 출애굽 문제

레위에서 모세에 이르는 가계가 4대였다는 문제는, 출 6:16-20에서는 사실 설명의
형태로, 또 창 16:16에서는 아브라함을 통한 예언의 형태로, 대상 6:1-3에서는 확인
형태로 기록되었다. 그런데 여기 묘사된 4대는 통상적인 의미의 세대가 아니거나,
근동의 일반적 족보 기술 방법에 따른 누락 족보란 주장이 제기되었다(Rawlinson).
즉, 일반적 의미의 세대(generation)가 한 사람의 후손을 갖는 평균 기간 30년을 의미
하는 반면, 창 15:16의 '대'(代)는 당시 인간이 생존하던 기간으로 간주된 100년, 즉
한 사람의 일생(life) 정도의 시간적 길이를 가리키는 것으로 볼 수 있다.

   이러한 입장은 애굽 체제 기간이 400년으로 묘사된 창 15:13과 조화를 이룬다.
또한 출 6:16-20과 대상 6:1-3의 족보에 나오는 모세의 부친 아므람과 고핫 사이
에는 6~7대의 간격이 있었던 것으로 볼 수 있다. 그러면 레위로부터 모세에 이르
는 가계수는 9-10대가 된다. 이러한 가정은 그 사이의 기간과 거의 동일한 기간인
에브라임과 여호수아 사이가 10대이고[대상 7:25], 민 1:10에 언급된 엘리사마도 야곱
의 9대손이며, 성막을 설계한 브사렐도 야곱의 7대손이었다는 사실과[대상 2:1-20], 더
불어 430년 애굽 거주 기간과도 조화를 이룬다.

학습 자료 10-4 다수결의 오류

오늘 우리들은 다수결이라 하면 오류의 가능성이 거의 없는 절대적인 원칙인 것처
럼 생각하는 경향이 있다. 그리하여 비단 정치적인 문제뿐 아니라 일상생활에 이르

는 모든 문제까지 이러한 방법으로 해결하려 한다. 예컨대 오늘 많은 사람은 어떤 물건이나 상품을 고를 경우 선뜻 판단이 서지 않으면 거의 무의식적으로 '요즘 많이 팔리는 것으로 주세요'라고 말한다. 또 기업 역시 이러한 심리를 이용하여 지금까지 가장 많이 팔린 상품이라거나 어떤 유명 인사나 스타들도 그 상품을 사용한다는 등의 말을 문구로 사용한다. 이러한 사실들은 사람들의 무의식 속에 다수결 원칙인 것이 얼마나 깊이 자리 잡고 있는가를 잘 보여 주는 것이라고 할 수 있다. 물론 모든 것이 불확실한 이 땅에서 다수결의 원칙은 많은 도움을 준다. 즉 많은 사람이 선택했다는 것은 그만큼 객관적이고 많은 검증을 거쳤다는 의미도 될 수 있을 것이다.

하지만 흔히 생각하듯 다수결은 결코 만능이 아니다. 아니 그것은 오히려 다수의 정확한 의사를 드러내는 데 치명적인 결함을 가지고 있다. 그리하여 애로우(K. Arrow)라는 경제학자는 이를 소위 '불가능성 정리(不可能性 定理)'라는 것을 통해 증명해 보이기도 했다. 즉 다수결이 완전해지려면 집단적 합리성과 모든 사람이 타인의 불만을 사는 일없이는 자기만족을 더 이상 증가시킬 수 없는 파레토 최적(Pareto optimum) 상태가 충족되어야 하며 비독재성 선택 대 인간의 독립성 등의 조건 역시 충족되어야 하는데, 이 네 가지는 항상 동시에 성립할 수 없으므로 완전한 다수결이란 사실 불가능하다는 것이다. 그러니 하나님에 관한 진리는 더 말할 것도 없다. 왜냐하면 하나님의 길과 지혜는 인간의 그것과 너무나 달라 ^{사 55:8, 9} 어느 누구도 이러한 하나님을 헤아리거나 측량할 수 없기 때문이다. 더구나 예수께서 십자가에 달리실 때의 상황에서 보듯 죄로 부패해진 인간은 하나님의 진리를 옳게 판단하기보다는 오히려 잘못 판단할 때가 더 많다. 그렇기 때문에 하나님께서는 천국에 관한 진리만큼은 인간의 손에 맡기지 아니하시고 선지자나 그리스도를 통해 직접 계시해 주신 것이다.

출 23:2 다수를 따라 악을 행하지 말며 송사에 다수를 따라 부당한 증언을 하지 말며
갈 1:11-12 형제들아 내가 너희에게 알게 하노니 내가 전한 복음은 사람의 뜻을 따라 된 것이 아니니라 이는 내가 사람에게서 받은 것도 아니요 배운 것도 아니요 오직 예수 그리스도의 계시로 말미암은 것이라

10 일차 범위 생각해야 할 성경적 세계관의 이슈들
☑ 읽을 책 : "기독교 세계관 핸드북" 도서 출판 에스라 2023

❖ "매체의 형식과 시대정신에 대한 저항"(p517)

11일 핵심 학습 자료

학습 자료 11-1 저주

원어적으로 볼 때, '저주'에 해당하는 히브리어 '아라르'(אֲרַר)^{민 22:6}는 타인에게 불행이 닥치기를 바라는 '말'이나 '악담'(惡談)을 가리킨다. 이 같은 저주는 본 장의 발람 선지자 사건 이외에도 성경에 자주 등장하며, 고대 근동 사회에서는 흔히 있는 일이었다. 그런데 '사랑'을 가장 큰 교훈으로 하는 성경에서, 도덕적으로나 인정적으로 부당해 보이는 저주를 긍정적으로 기록하였다는 것은 매우 의아하게 여길 일이다. 이에 성경에 나타난 저주에 대해 자세히 살펴보려 한다.

✝ 일반적인 저주

'저주'는 당시 근동의 문화적 산물 중의 하나이다. 즉 저주는 개인 간이나 국가 간의 협정(協定)이나 조약(條約)시, 장차 그 계약을 위반할 경우를 대비하기 위한 하나의 보호 장치였다. 따라서 성경에서도 당시의 문화적 흐름에 영향을 받아 저주에 관한 언급이 자주 등장한다. 예를 들자면 여호와의 주권을 부정하고 불순종하는 경우^{신 27:15-26, 28:15-68}, 각 지파 간의 협약^{삿 21:18} 등의 경우와 관련이 있다. 한편 그 형태는 가까운 미래의 시기에 신(神)으로부터의 징벌을 기원하는 것, 또는 본 장^{민 22:2-6}과 같이 현재에 당장 그 대적을 상대하거나 어찌할 수 없는 경우 신의 도움을 요청하는 것, 또는 보복을 기원하는 것 등이 있다.

✝ 하나님의 저주

혹자는 성경에서 절대적으로 선하시고 의로우신 하나님께서 저주하시는 장면을 발견할 때 의아하게 생각한다. 그러나 하나님의 저주는 당신의 구속 계획을 드러내시려는 방편^{창 3:14-19}, 또는 언약을 범하지 못하도록 하시기 위한 경고^{신 27, 28장}, 당신의 백성들에게 그들을 핍박하는 원수들을 징벌하신다는 약속을 통하여 자신을 신뢰토록 하는 것^{창 12:3, 27:29} 등의 목적으로 실행되는 것이다. 따라서 하나님의 저주에 대해서는 인간의 도덕적 의식으로 판단해서는 안 되며, 하나님의 공의의 섭리에 따라 이해해야 할 것이다.

✝ 구약에 나타난 사람의 저주

사람의 저주에는 일반적으로 상대에 대한 악감(惡感)이 있게 마련이다. 그러나 성경에는 의인(義人)의 저주와 악인(惡人)의 저주의 특성을 매우 상반되게 묘사하고 있다.

즉 성경에서는 의인이 저주하는 경우는 거의 언급하고 있지 않는데, 몇 안 되는 그런 때에도 주로 하나님의 공의 실현, 또는 자신이 처한 난관에서 구원 등을 위해 저주할 뿐 상대에 대한 증오의 감정을 표출하는 경우는 없다[삼하 3:39, 시 59:12]. 그러나 악인의 경우에는 상대에 대한 증오심과 자만, 교만에서 비롯된 저주를 퍼붓는 경우가 종종 발견된다[시 10:7, 109:18]. 그러나 이처럼 악인들이 까닭 없이 저주하는 때에 그 저주는 절대 임하지 않는다[잠 26:2]. 그리고 의인은 '저희는 저주하여도 주는 내게 복을 주소서'[시 109:28]라고 기도할 뿐이다.

✝ 신약에 나타난 저주의 교훈

이상에서 본 바와 같이 구약에서의 의인의 저주가 신약의 사랑의 교훈과 전혀 배치되는 것이 아님을 알 수 있다. 왜냐하면 의인의 저주가 상대에 대한 인간적 증오에서 나온 것이 아니라, 하나님께 공의와 보호를 촉구하는 이유에서 나온 것이기 때문이다. 그렇다고 하더라도 신약의 교훈들과 비교해 볼 때 그것은 매우 소극적인 태도임을 알 수 있다. 신약은 우리에게 '너희는 저주하는 자를 위하여 축복하고 저주하지 말라'[눅 6:28, 롬 12:14]고 교훈하고 있다. 그리고 한 입으로 찬송과 저주를 다 말하는 것은 옳지 않다고 교훈한다[약 3:9, 10]. 또한 그리스도께서 우리의 받을 바 저주를 다 받으시고 우리 죄를 속량(贖良)하셨기 때문에 우리에게는 더 이상 저주가 있을 수 없다는 교훈도 있다[갈 3:13]. 이로 볼 때 신약은 더욱 적극적인 방법으로 원수된 자의 마음을 누그러뜨리며, 하나님의 사랑을 실천하도록 교훈하고 있음을 알 수 있다. 따라서 신약시대에 살고 있는 현대의 성도들에게 요구되는 것은 저주가 아니라 축복이며, 증오가 아니라 사랑이다.

학습 자료 11-2 야곱의 별 [민 24장]

본 장에는 메소포타미아 출신의 점술가 발람[민24:5-9]의 예언이 기록되어 있으며, 그 가운데는 '한 별'이 '야곱'에서 나올 것이 언급된다[17절]. 여기서 한 별은 이어지는 문장에서 '한 규'와 동의어이고, '야곱'은 '이스라엘'과 대구(對句)를 이룬다. 또한 한 별 즉 한 규는 '주권자'이며[19절], 그의 역할은 원수들을 소멸시키는 데 있음을 밝힌다. 이로 보아 한 별은 야곱의 후손으로 태어나서 왕이 되어 이스라엘을 굳건히 할 자임을 알 수 있다.

✝ 발람의 별에 대한 예언

발람의 예언은 자의적으로 행한 것이 아니라 전지전능하신 하나님의 감동으로 된 것이다[1, 2절]. 따라서 그 내용은 인간의 제한성을 초월한 진실한 것이나, 그 표현이 발람의 문화적 소양과 완전히 유리된 것은 아니다. 즉 발람은 점성술이 성하던 메소포타미아 출신의 전문 점성술사였으므로 별과 관련된 예언을 했다고 볼 수 있는 것이다. 후대에 메시아의 별을 보고 베들레헴까지 찾아온 동방 박사들이[마2:1-2] 발람과 동일하게 메소포타미아 출신이었을 것으로 추정하는 것도 이런 연유에서이다.

✝ 예언의 일차적 성취

야곱의 후손 가운데 주변 국가를 굴복시키고, 별과 같이 높아진 자로는 다윗을 들 수 있다삼하 8:2, 14. 즉 다윗은 유대인이 생각하는 가장 이상적인 왕으로서 숭상의 대상이 된다. 따라서 오늘날에 이르기까지 여기서 예언된 별이 다윗을 가리키는 것으로 이해하는 자들이 많다. 현재 이스라엘 국기(國旗)에는 다윗의 별이라 불리는 별을 그려, 이스라엘이 다윗 시대와 같이 강성하기를 바라는 심정을 표현하고 있다. 이처럼 '한 별'을 일차적으로 다윗과 관련시키는 것이 보편적 해석이다.

✝ 예언의 이중적 성취

'야곱의 별'은 대내외적인 성공적 통치를 이루었다는 점에서 다윗을 가리키는 것은 분명하나, 영적으로 해석될 때는 다윗의 후손으로 이 세상에 오셔서 마귀의 세력을 굴복시킨 그리스도를 상징한다고 볼 수 있다. 즉 그리스도는 영적 암흑이 세상을 지배했을 때 이 세상을 비춘 별과 같이 영광과 존귀를 지닌 존재였다. 이러한 사실은 유대인의 왕으로 나신 이의 신적 승인(神的 承認)을 보여 주는, 동방 박사를 안내한 별에서도 확인된다마 2:1-2. 즉 하나님께서는 예수가 야곱의 별의 주인공이심을 공표하기 위해 하늘의 별로 동방 박사의 앞길을 인도하셨다.

✝ 예언의 종말론적 의의

'야곱의 별'은 이미 오신 그리스도뿐 아니라 장차 재림 주로 오실 그리스도 역시 상징한다. 이는 재림 예수가 '광명한 새벽별'로 묘사된 것에서도 확인된다계 22:16. 이와 같은 재림의 때야말로 초림에서 비가시적으로 성취한 그리스도의 승리가, 모든 자들이 목격할 수 있게 가시적으로 이루어짐으로 야곱의 별에 대한 예언이 완전히 성취된다. 즉 하나님을 대적하던 사탄과 악인들이 최후의 심판을 통해 불과 유황 못에 던져지는 형벌을 받음으로계 20:7-15 그리스도의 승리가 확증되는 것이다. 그뿐만 아니라 이때에는 그리스도를 따르던 성도들도 별과 같이 빛나게 될 것이며단 12:3 열두 별의 면류관을 상급으로 받는 영예를 누리게 될 것이다계 12:1. 이처럼 이방의 점술가 발람을 통해 주어진 야곱의 별 예언은 이미 다윗을 통해 역사로 실증되었고, 그리스도의 초림을 통해 영적으로 이루어졌으며, 그리스도의 재림으로써 완전히 성취될 것이다. 성도 역시 그 영광에 참여하게 된다.

학습 자료 11-3 이스라엘의 토지 제도 민 27장

✝ 이스라엘의 토지 개념

이스라엘이 정복하여 안주한 가나안 땅은 일찍이 하나님께서 아브라함, 이삭, 야곱에게 약속하셨던 땅이었다창 12:14-17; 26:2, 3, 28:13. 그리고 이스라엘이 그 땅을 차지하게 된 것도 하나님께서 친히 정복 전쟁에 앞장서서 가나안 족속들을 물리쳐 주셨기 때문에 가능했다출 23:23. 그런즉 가나안 땅은 바로 하나님의 선물이자 이스라엘 전 민족이 함께 하나님으로부터 불하(拂下)받은 것이라 하겠다. 이스라엘인들의 기본 토지 개념은 바로 여기에서 출발한다. 즉 그 땅의 원소유자는 어디까지나 하나님이셨으니레 25:23, 이스라엘인은 토지를 임의로 주관할 수 없었고 오직 하나님의 뜻에 따라 관리할 뿐이었으며 형제와 함께 나누어 거하면서 감사히 살아갈 선민의 역사 터전이었다.

✝ 토지 분배 제도

이스라엘의 가나안 정복이 완료되자 하나님께서는 그 땅을 제비뽑기 방식을 통하여 인구수 비례로 백성들에게 공평하게 나누어 주셨다민 26:54-56, 수 14:2. 아무튼 이러한 토지 분배는 하나님의 언약출 6:2-9, 신 8:1에 근거한 것으로 당신이 택한 백성들에게 선민 역사를 이어 나갈 터전을 제공하는 동시에 그것을 삶의 터전으로 삼아 하나님과는 물론 형제들과도 아름다운 관계를 유지하며 살아가게 하기 위한 것이었다.

또한 그 땅은 어쩌다 우연히 주어진 것이 아니라 근본적으로 선민 언약과 함께하여 선민 역사의 터전으로서 약속된 땅이었다. 그런즉 구약 이스라엘 백성에게 있어서 토지는 이처럼 원칙적으로 그들의 선민 지위 및 공동체 의식과 연결된 것으로서 누구는 그 땅을 잃어버린다는 것은 전혀 생각할 수 없는 일이었다. 이스라엘 사회에서 타인의 토지를 불법적으로 빼앗거나, 남의 토지 경계표를 함부로 옮기는 행위가 큰 범죄 중 하나로 취급된 까닭이 바로 여기에 있다신 19:14, 왕상 21:1-26.

✝ 토지 세습제도

비록 토지의 원소유주는 하나님이시지만 이스라엘인은 각기 기본적인 기업으로 분배받은 땅을 개인 소유로 관리할 수 있었다. 이는 그 땅을 선용하여 얻은 소득으로써 경제생활이 보장되게 하기 위함이었다. 그러기에 그들은 토지를 영구히 다른 사람에게 팔 수 없었고 다만 후손에게 세습할 수 있을 뿐이었다. 그러나 경제적 어려움으로 토지를 잠시 매매하거나 아니면 후사(後嗣)가 끊기어 토지를 전수할 수 없는 경우가 있었다. 바로 이러한 문제점을 해결하려는 조처가 곧 희년(jubilee year) 제도 및 계대 결혼법(levirate marriage) 그리고 여자 상속법 등이다.

즉 이스라엘 사회에선 비록 가난하여 타인에게 토지를 판 경우라 할지라도 희년이 되면 그 토지는 무조건하고 원래의 주인에게 되돌려졌다레 25:28. 그리고 희년이 되지 않았더라도 언제든지 친족이 토지를 사서 원래 주인에게 되돌려 줄 수 있었다레 25:25. 그 밖에 아들이 없이 죽은 자의 경우, 그 형제가 죽은 이의 아내를 취해 아들을 낳은 후 그 아들이 죽은 형제의 기업을 상속하게 하였는데, 이것이 곧 계대 결혼법이다신 25:5, 6. 그러나 계대 결혼도 여의찮으면 딸들이 기업을 상속하였는데, 이 경우 그 여인들은 다른 지파의 남자들과 결혼할 수 없었다. 그 이유는 다른 지파의 남자와 결혼함으로 말미암아 한 지파의 기업이 다른 지파에게로 넘어가는 것을 방지하기 위함이었다민 36:5-9.

✝ 의의

1) 경제적 측면

이스라엘 백성들은 가나안 정복 후 하나님께서 지시하신 대로 제비뽑기를 통해 그 땅을 공평하게 나누었다. 그리고 그 땅을 영구한 사유(私有)재산으로 관리하였다^수 ^{14:1-5}. 이에는 중요한 의의가 담겨 있는데 곧 다음과 같다. 하나님께서 땅을 영구한 사유재산으로 보장하신 것은 무릇 누구든지 그 땅에 사는 동안 경제적으로 자립할 수 있게 하기 위함이었다.

즉 하나님께서 주신 토지를 기반으로 하여 열심히 일할 때 그들은 그 소산(所産)으로 기본적 의식주 문제를 해결할 수 있어서 근본적 의·식·주 때문에 타인에게 경제적 종속을 당할 염려가 없었다. 그렇게 함으로써 이스라엘 민족에게는 사유 재산 제도가 보장됨으로 얼마든지 창의와 노력을 기울이며 사유재산을 늘일 수 있는 권리가 부여된 동시에 근원인 땅만은 서로 공평히 분배함으로써 만인이 기본적 생활 보장 대책을 공유할 수 있었다. 먼저 하나님께서 제비뽑기 방식을 통해 그 땅을 나누어 주신 것은 행여나 특정 땅이 특정 지파에 편중됨으로 말미암아 경제적 불균형 현상이 발생하는 것을 막기 위함이었다. 그러므로 오늘날 대기업주와 일부 계층이 전 국토의 대부분을 소유, 엄청난 경제적 불균형과 그로 인한 각종 사회 문제를 야기하고 있음은 근본적으로 하나님의 뜻과 상치(相馳)됨을 알 수 있다.

또한 비록 타인에게 매각된 토지라도 희년 제도 등을 통해 결국에는 처음의 주인에게 그 소유권이 귀속되게 한 것은 이상의 좋은 제도가 영구히 효력을 갖도록 하기 위한 관련 조처였다. 즉 생활 기본 터전인 토지를 영원히 잃어버릴 경우, 후손들이 경제력을 회복하기란 매우 힘들뿐더러 심지어는 완전히 몰락할 가능성이 더 크다. 이 때문에 하나님께서는 가난으로 인해 토지를 파는 경우가 있더라도 희년에 가서는 다시금 소유권을 되찾게 하신 것이다. 그러므로 이러한 조처는 소위 오늘날의 개념으로 보자면 개인의 창의를 극대화 하는 사유 재산 제도와 만인에게 기본 생활을 보장해 주기 위한 사회 보장 제도를 보다 더 합리적이고 완벽하게 조화시킨 하나님의 보장 제도라 일컬을 수 있다.

2) 종교적 측면

먼저 모든 민족 구성원이 함께 약속의 땅을 차지하여 나누고 있다는 것은 이스라엘 백성들에게 자신은 형제들과 함께 약속의 백성으로서 선민의 역사에 동참하고 있으며 동시에 자신들은 약속의 민족 안에서 자신의 분깃을 갖고 있다는 것을 깨닫게 해주었다. 이스라엘 백성들은 하나님께서 자기 조상들에게 나누어 주셨던 토지를 계속 물려받음으로 인해 하나님의 은혜를 항시 잊지 않을 수 있었다. 더욱이 그 기업(基業)은 여호와의 명령을 지켜 행하면 그 땅에서 복을 주실 것이라^{신 28:8, 9} 하신 하나님 약속의 산 증거였다. 또한 신약 교회의 전신인 구약 교회인 이스라엘 백성들이 약속의 땅에서 모두 함께 땅을 가졌다는 사실은 구속적으로 우리도 훗날 하나님이 약속해 주신 천국에서 모두 함께 땅을 나누어 얻을 것을 예표하며 확신하게 해준다.

12일 핵심 학습 자료

학습 자료 12-1 제 7월의 절기들 ^{민 29장}

본 장은 구약 시대의 주요 절기 중 종교력(Religious calender)으로 계산할 때는 7월이
고 민간력(Civi1 calender)으로 계산할 때는 새해의 첫 달인 1월에 선민 이스라엘 하
나님의 구원역사를 기념(紀念)하여 지켜야 할 3대 절기 곧 나팔절(신년절), 대속죄일,
초막절 등에 관한 규례만을 따로 모아 재편집한 장이다.

본 장의 내용도 앞장과 마찬가지로 여기서 처음 주어진 것은 아니다. 이 당시 이
스라엘 민족은 이제 곧 가나안 정복 전쟁에 착수할 상황에 있었다. 그리하여 이들
에게 이 전쟁에서의 승리와 정복 이후 약속의 땅에 정착하여 생활할 때도 계속 축
복을 받기 위해서는 군사력이나 정치, 경제보다도 천하 만물을 창조 주관하시는 여
호와에 대한 신앙생활(信仰生活)이 무엇보다 중요하다는 사실을 강조하기 위한 구체
적 실례의 하나로서 이미 주어졌던 율법 중 절기에 대한 율법을, 그것도 7월에 포
함된 절기에 관한 율법만을 따로 모아 편집한 것이다.

따라서 본 장에 포함된 7월의 절기에 관한 법은 본 장의 문맥에 있어서는 그 자
체의 의미보다 그것이 전반적으로 강조하는 여호와 신앙의 절대화(絶對化), 생활화
(生活化)라는 대주제를 강조하는 하나의 사례(example)로서의 의미가 크다.

학습 자료 12-2 성경의 노동관 ^{민 29장}

성경에서는 안식일 ^{출 20:9-11}이나 성회 중 ^{민 29:1, 7}에는 노동을 금하고 있다. 이는 안
식일의 중요성을 교훈하는 것이지 노동을 업신여기는 것이 아니다. 오히려 성경은
노동을 매우 고귀한 것으로 보며, 노동의 수고에 대해서는 응당한 축복이 있을 것
이라고 말한다 ^{시 128:2}.

✝ 노동의 정의

통상적으로 '노동'(Labor)이라고 할 때, 육체적·정신적 수고와 노력을 통칭한다. 그
러나 성경에서는 정신적 수고보다 육체적 수고를 더욱 강조하고 있다. 그래서 노
동이라고 할 때 성경은 주로 생산하는 일 ^{욥 39:11, 16}, 창조 행위 ^{창 2:2}, 농사짓는 일, 수
공업, 노예들의 노역 등을 가리킨다. 때로 하나님의 뜻을 이루려는 의인들의 수고
와 수난 ^{고전 15:58}을 가리켜 노동이라고 표현하기도 하나, 그것도 정신적 측면과 함

께 육체적 측면의 수고를 동시에 포함한다. 헬라인과 로마인들이 정신적 활동을 강조한 것과 달리, 히브리인들이 육체노동을 존중한 것은 이 같은 성경의 가르침에서 비롯되었을 것이다.

✝ 노동과 신적 소명
모든 사람은 지금 자기가 하는 일에 신적 소명을 가져야 한다. 왜냐하면 하나님께서 우리에게 노동을 명령하셨기 때문이다.

✝ 노동자에 대한 대우
성경에서는 노동이 신적 소명에서 비롯된 고귀한 것으로 보기 때문에 당연히 노동자에 대해서도 정당한 대우를 해주도록 명하고 있다. 예를 들면 품꾼의 삯은 반드시 그날에 지급하도록 규정한다[레 19:13]. 그리고 노동자를 위해 노동 여건을 잘 조성해 줄 것을 명하고 있으며[신 25:4, 고전 9:9], 상전은 결코 노동자를 학대해서는 안 된다[신 24:14, 15]고 규정한다. 그리고 노동자가 종이건 자유민이건 간에 그들에게 자비로울 것을 명하고 있다[엡 6:9, 몬 1장]. 만일 고용주가 품꾼의 삯에 대해 억울하게 하거나 학대하면 하나님의 심판이 있을 것이라고 엄히 경고하고 있다[렘 22:13, 눅 10:7, 약 5:4].

✝ 노동에 대한 축복
노동자에게 있어 가장 큰 축복은 자신이 수고한 만큼의 결과를 얻는 것이다[시 128:2]. 그리고 하나님께서는 자신의 육체노동을 통해 다른 사람들의 필요를 채워주는 자에게는 반드시 축복하시겠다고 말씀하셨다[행 20:35, 엡 4:28]. 또한 성경에서는 땀 흘려 노동하여 수고하는 자는 응당 사회적으로 존경의 대상이 되었으며[잠 14:23], 자신의 직무에 근실한 자들을 칭찬하고 있다[잠 22:29]. 특히 현숙한 여인의 조건 중의 하나로 가사(家事)를 잘 돌보는 것[잠 31:13]을 들었다. 이처럼 성경은 성실한 노동자가 하나님의 축복과 사회적인 존경을 받는 것을 당연한 것으로 본다.

✝ 강제 노동의 금지
강제 노동은 강대국이 약소국을 지배하기 위해, 혹은 왕의 전제주의적 왕권 강화를 위해 종종 실시되었다. 이스라엘이 애굽에서 강제 노동을 하였으며[출 1:11-14], 애굽의 통치 방식을 배운 솔로몬도 식민지 백성에 강제 노동을 동원하였다[왕상 9:21]. 그리고 심지어 이스라엘 백성들이 솔로몬이나 아사왕에 의해 강제 노동에 동원되기도 하였는데[왕상 11:28 이하, 15:22], 사무엘은 이 같은 강제 노동력 동원을 왕권 제도의 폐단으로 지적하였다[삼상 8:11-17]. 한편 성경은 안식일과 성회 중에는 노동을 금하고 있는데[레 23:7, 8], 이는 노동의 궁극적 목적이 여호와께 있음을 암시하는 것이다. 그러므로 어떤 특정한 인간을 위한 강제 노동력 징발은 단호히 금해야 하는 것이다.

✝ 게으른 자에 대한 교훈
성경은 게으른 자에 대해 저주한다[전 10:18]. 그리고 '누구든지 일하기 싫어하거든 먹지도 말게 하라'^{살후 3:10}고 교훈한다. 이처럼 노동자에 대해서 그토록 예우하는 만큼 노동하지 않는 자에 대해서는 철저히 경멸한다. 한편 노동은 정신 건강에도 큰 도움을 준다. 그러나 게으름은 인간의 정신까지도 파괴한다는 것이 현대 과학에서 증명된 바이다. 또 이와 유사하게 성경에서도 '노동자는 먹는 것이 많든지 적든지 잠을 달게 자거니와 부자는 배부름으로 자지 못하느니라'^{전 5:12}는 교훈하고 있다. 이처럼 게으름은 하나님 앞에서도 죄이며, 자신에게도 해악이 되는 것이다.

✚ 현대적 의의

노동자가 소외되지 않는 사회를 만드는 것은 하나님께서 진정으로 원하시는 바이다^{슥 8:10-13}. 또한 노동의 고됨을 손수 경험하신 그리스도께서도 '수고하고 무거운 짐진 자들아 다 내게로 오라 내가 너희를 쉬게 하리라'^{마 11:28}고 하셨다. 따라서 그리스도인들은 노동을 존중하며, 노동자가 위로받고 존경받는 사회를 만드는 일에 최선을 다해야 할 것이다. 그리고 하나님 뜻에 합당한 노동을 통해 모두가 하나님의 역사를 하루속히 성취하기 위해 힘써야 할 것이다.

학습 자료 12-3 하나님의 노동 명령 ^{민 29:1, 7, 12}

하나님께서 인간을 창조하시고 맨 처음 행하신 명령은 문화적 소명을 담당하라는 (학습 자료 1-1 : 창 1장 우주 위임과 문화적 소명 참조) 노동 명령이다^{창 1:28}. 하지만 하나님은 인간의 노동을 통하여 당신의 역사(役事)를 성취해 나가신다. 아담이 죄를 범함으로 말미암아 노동은 힘든 고역이 되었고, 또 노동의 결과도 반감(半減)되었다^{창 3:19}. 그러나 인간의 타락에도 불구하고 하나님의 노동 명령이 취소된 것은 아니다^{출 20:9, 23:12, 엡 4:12}. 그 명령은 의식적이든 무의식적이든 간에 인간의 노동을 통해 실행되게 마련이다. 따라서 우리 개개인이 종사하는 업무(業務)는 반드시 신적 소명(神的召命)이 반영되어 있음을 깨달아야 한다.

한편 성경에 나타난 인물들은 대체로 아버지의 가업(家業)을 세습하였는데, 이는 아버지의 가업이 그 가문의 신적 소명이라고 보는 당시의 전통 때문이다. 아마 예수께서 목수 일을 하신 것도 이러한 당시의 전통을 존중하셨기 때문일 것이다^{막 6:3}. 마찬가지로 레위인과 제사장들도 그 직무를 계승하였는데 그것 역시 신적 소명에 따른 것이다. 따라서 모든 사람은 현재의 직무에 대해 하나님이 내게 맡기신 것이라는 신적 소명으로써 일해야 한다.

학습 자료 12-4 이스라엘 여성의 법적 지위 ^{민 30:3-16}

대부분의 동양(東洋)에는 오늘날까지 남아선호(男兒選好) 사상이 이어져 오고 있는데, 성경 시대의 이스라엘 역시 남아를 선호하였다. 이는 당시 이스라엘이 명확한 족장 사회였기 때문에 가장(家長)의 권위가 절대적이었고. 이에 따라 모두들 남아를 선호하게 된 것이다. 결국 이러한 가족생활 속에서 여자들은 보호받아야 하는 존재로서만 생각되어졌다. 그래서 여자들은 집 밖에서 교육받을 수도 없었고. 아버지와 남편의 권위와 보호 아래 다음과 같이 엄격히 폐쇄되고 종속적인 대우를 받아야 했다.

1. 여자들에게는 사유재산이 허락되지 않았고, 단지 아들이 없을 때 딸이 유산을 받을 수 있었다^{민 27:8}.
2. 여성은 남성들과 달리 자기의 순결을 증명해야 했고, 남편은 아내가 부정하면 이혼을 할 수 있었으나 아내는 어떠한 이유로도 이혼이 허용되지 않았다^{신 22:13-21, 24:1-4}.
3. 남자의 서원은 그에 대해 구속력이 있으나, 여자는 아버지 혹은 남편이 허락해야만 약속과 서원을 지킬 수 있었다^{민 30:1-15}.
4. 여자는 족보에 기록되지 않았고^{창 5:1-32, 대상 1-9장}, 산모가 여자 아이를 낳았을 때는 부정 기간이 남아를 낳았을 때보다 배나 되었다^{레 12:1-5}.

한편 본문에 나오는 여자가 서원하는 법^{3-16절} 역시 아버지나 남편의 허락을 받도록 규정함으로써 아버지와 남편의 권위를 옹호하고 있다. 그러나 이러한 규정은 여성을 억압하기 위한 것이 아니라, 무모한 서원을 예방하고 가정의 화평과 질서를 유지하려는 하나님의 뜻에 의한 것이다. 따라서 구약 시대 여성은 하나님께 대한 순종의 차원에서 남성에게 순종해야 했다. 이렇듯 이스라엘 가정에서 아버지와 남편은 그 권위가 하나님으로부터 인정된 것인데, 이러한 권위에는 무거운 책임도 부과되었다^{15절}.

이처럼 가부장에게 주어진 절대 권위에 대해 구약 여성에게 주어졌던 순종의 요구는 오늘날 성도된 모든 자들에게도 요구되는 품성이다. 그러므로 우리는 현대적 사고로써 당시 구약 여성의 종속적이고 불합리한 지위를 판단할 것이 아니라, 먼저 택한 백성에게 주어진 하나님의 질서 체계와 엄격한 가부장적 사회상을 이해하여야 한다.

학습 자료 12-5 레위인 전국 분산의 의의 ^{민 35장}

이스라엘의 다른 지파들이 각기 요단 동편과 가나안에서 기업(基業)을 분배받았음에 반해^{32:1-42, 33:50, 34:29} 레위 지파는 아무런 기업도 얻지 못했다. 대신 그들은 다른 지파의 기업 중에서 48개의 성읍을 할당받아 가나안 전국에 흩어져 살게 되었다^{1-8절}. 이에는 하나님의 분명한 섭리와 목적. 또한 다음과 같은 의의가 있다.

✝ 예언의 성취

과거, 야곱의 두 아들 시므온과 레위는 자신의 누이 디나가 세겜에게 겁탈당한 데 대한 보복으로 세겜 성읍 거민을 대학살하였다^{창 34:1-31}. 그러나 이 일로 인하여 시므온과 레위 지파는 야곱으로부터 저주를 선고받았으니 장차 그들이 이스라엘 중에 흩어지리라는 것이었다^{창 49:7}. 그때로부터 대략 500여 년이 지난 지금 레위인들이 이스라엘 12지파로부터 받은 방방곡곡의 성읍에 흩어져 살게 된 것은 바로 이 야곱의 예언이 성취된 것이다. 한편 전국에 분산된 레위인은 이스라엘을 대표하여 각 성읍에서 하나님과 거민을 위해 봉사하였다. 이로 볼 때 야곱의 예언이 갖는 저주의 성격은 사라지고 없다. 왜냐하면 출애굽 당시의 금송아지 사건 때 레위인이 하나님께 헌신한 결과, 크나큰 축복을 선언 받았기 때문이다^{출 32:1-29}. 즉 그때 레위인의 헌신을 보신 하나님께서는 과거에 내렸던 저주를 축복으로 바꾸어 주신 것이다. 이처럼 저주의 차원에서 레위인이 흩어지게 된 것이 도리어 축복의 차원으로 승화된 것은 하나님의 놀라운 섭리가 아닐 수 없다.

✚ 종교적 의의

레위인은 이스라엘 장자(長子)들을 대신하여 성소에서 하나님을 섬기며. 또한 백성들에게 율법을 가르치는 일을 맡아 하였다^{민3:1-4:49}. 특히 그들 중 아론 자손은 백성의 죄를 속하는 제사장 직분을 감당하였으며^{출 28:1-3}, 나머지 레위인은 그들을 조력(助力)하였다. 이러한 그들의 활동에 힘입어 이스라엘 신앙 공동체는 순수한 여호와 신앙을 보전할 수 있었으니, 저들의 역할이 실로 지대하였다. 한편 광야에서 성막(tabernacle)을 중심하여 생활하던 때와는 달리 가나안에 정착한 이후 이스라엘은 지파별로 전국에 흩어져 살았다^{수 13-19장}, 때문에 부득불 각 성읍별로 하나님께 제단을 쌓을 수밖에 없었는즉 이를 주장(主掌)하고 관리할 레위인이 요구되었다. 그런데 이러한 필요는 레위인이 전국에 분산되므로 말미암아 자연히 해결하였으니 여기에 그 종교적 의의가 있는 것이다.

✚ 사회적 의의

이스라엘이 가나안에 정착하여 안정된 생활을 하게 되면 하나님께서 지정하신 한 곳을 중앙 성소로 구별하여야 했는데. 길갈, 실로, 미스바, 그리고 예루살렘 등이 중앙 성소로 지목되었다. 이스라엘 모든 장정은 의무적으로 1년 3차, 이곳에 모여 절기를 지켰는데 곧 무교절, 맥추절, 초막절 때였다^{출 23:14-17}. 그런데 이러한 제도는 자칫 중앙에 모든 종교적 기능과 시설, 기타 제반 행사들을 집중시킴으로써 중앙과 지방간의 심각한 사회적, 문화적 불균형은 물론 종교적 갈등을 초래할 수 있었다.(신 12장 학습자료 13-6 '단일 중앙 성소의 의의' 참조) 그러나 레위인의 전국 분산은 자연히 이러한 문제를 해결해 주었다. 왜냐하면 예루살렘 성소는 민족적 구심점으로 계속 그 의의를 지니나 일상생활 중에서의 여호와 신앙은 이들 레위인의 지도하에 각기 성읍별로 수호할 수 있게 되었기 때문이다. 더욱이 레위인은 중보자로서 주민들을 위하여 하나님께 제사를 드리며, 하나님의 대리자로서 저들의 모든 생활을 지도하였으니 곧 하나님의 통치가 전국 어디에도 미치고 있음을 증거해 주었다.

✚ 현대적 적용

이스라엘 사회에서 레위인이 전국적으로 분산된 것은 어느 곳에서든 하나님의 말씀이 증거되며. 실천되고 하나님의 통치가 구현되는 결과를 낳았다. 이 점은 오늘날 그리스도 안에서 하나님의 소유된 영적 레위인인 성도들[벧전 2:9]에게 주는 교훈이 크다. 그것은 곧 우리 역시 각자의 위치에서 하나님과 이웃을 위해 봉사하며, 복음을 널리 증거하는 데 최선을 다하여야 한다는 것이다. 이것은 바로 그리스도께서 우리에게 요구하고 계시는 지상 대명(至上大命)이기도 하다[마 28:19-20]. 특히 종말이 가까울수록 사람들이 진리를 멀리하고 각종 죄악에 탐닉하게 되니[딤후 3:1-5] 우리의 각성과 분별력이 더욱더 요구된다.

신명기 학습 자료

학습 자료 12-6 가나안 주위의 땅 [신 1:7]

약속된 땅, 가나안은 하나님께서 그의 백성들을 위해 특별히 예비하신 곳으로, 이 땅은 이스라엘 신앙 속에서 중요한 위치를 차지하고 있다. 특히 가나안은 고대 근동의 거대한 두 문화권 사이에 자리 잡고 있었기 때문에 세계 역사 가운데 다양한 정치·문화·종교의 교류가 쉽게 이루어질 수 있었다. 이렇듯 구약 성경의 거대한 민족이 발흥했던 가나안에 대하여 지리적 조건상 여러 가지 영향을 미친 인근 지역은 다음과 같다.

✝ 남서쪽–애굽

이스라엘이 정착한 비옥한 땅의 남서쪽에는 애굽(Egypt)이 자리 잡고 있었다. 이들은 고대 애굽의 혈류(血流)와 같았던 나일강 유역을 따라 델타(Delta) 부근에 밀집해 살았다. 나일강은 여러 방면에서 애굽 문화의 중심을 이루었는데, 이는 애굽인의 가장 중요한 무역로가 되어 무역의 확대와 국가의 번성을 꾀하였고, 댐과 관개 수로의 건설을 통해 그 지역 주민들의 협동과 정치적인 안정을 도모하였다. 이 외에도 천문학과 달력, 강의 연중 수량 변화에 따른 기록 제도의 발전 등 고대 문명의 발상지로서 중요한 역할을 하였다. 애굽의 나일강과 서쪽의 사막은 외세의 침입을 쉽게 방어할 수 있는 천연 국경이 되었으며, 애굽의 세력이 한창 팽창했을 때 이스라엘의 정착지인 가나안은 애굽의 군용도로로 사용되었으며, 이를 통해 애굽은 북쪽의 다른 먼 곳까지 세력을 확장할 수 있었다.

✝ 동쪽–앗수르와 바벨론

가나안의 동쪽으로는 사막을 건너 티그리스 강과 유프라테스 강 사이의 메소포타미아 문명 발상지가 자리잡고 있다. 이 지역은 일찍부터 수메르(Sumer), 아카디아(Akkadia), 바벨론(Babylon), 앗시리아(Assyria), 페르시아(Persia) 등의 여러 민족이 흥망을 거듭했다. 즉 페르시아만에서부터 시작하여 메소포타미아를 거쳐 서쪽으로 시리아 지역에 이르러 다시 남쪽으로는 애굽쪽으로 뻗어 있는 '기름진 초생달 지대'(Fertile Crescent)에 있었던 이와 같은 여러 민족의 이동이 기름진 초승달 지대 왼쪽 부분에서 살고 있는 이스라엘에 큰 영향을 미쳤을 것은 능히 상상할 수 있는 일이다. 티그리스 강과 유프라테스 강 유역의 두 강변 문화는 마침내 앗시리아에 의한 이스라엘과(B.C. 722), 바벨론에 의한 유다의 멸망을(B.C. 586) 초래케 한다.

✝ 북쪽-페니키아와 아람
가나안의 북쪽은 오늘날 레바논(Lebanon)과 시리아(Syria)로 알려진 지역이며, 좀 더 멀리에는 소아시아가 있다. 그 소아시아에 팽창해 있던 고대의 헷 족속(Hitties)은 남하 정책으로써 이스라엘 세력에 위협을 가하기도 했다.

✝ 지정학적 의의
이와 같이 가나안 지방은 애굽이 북쪽으로 진행하거나, 앗시리아인, 바벨론인 등이 근동을 정복하고자 할 때는 반드시 지나야 했기 때문에 전쟁 때는 결코 이스라엘이 안전하지 못하였다. 그래서 이스라엘의 정치적·군사적 역사는 앞의 세 지역의 역사적 변동에 불가피한 영향을 받았다. 그러나 긍정적으로는 메소포타미아와 애굽의 고대 세력권을 연결하는 길목으로 육교의 구실을 하여 당시 뛰어난 문명국가의 문화 혜택과 건축, 과학, 기술, 문학 등 다양한 방면의 발전을 꾀할 수 있었다. 결국 가나안에 정착한 이스라엘은 애굽과는 달리 이웃 나라로부터 고립시킬 수 없는 고대 근동의 중심이 되었다. 이처럼 성경 시대 가나안 땅의 특성과 주위 다른 지역과의 관계를 먼저 아는 것이 구약 성경 이해를 위해 꼭 필요하다. 더욱이 이러한 관계들은 후에 기독교가 세계 종교로 확장될 수 있는 배경이 된다. 하나님께서는 이처럼 고대 우수한 문화를 꽃피웠던 곳에 택한 백성을 거주케 하심으로 구속의 흐름을 주도했으며 복음의 확산을 도우셨다.

학습 자료 12-7 하나님의 맹세 ^{신 1:8}
본 장에는 하나님께서 이스라엘의 3대 족장들을 대상으로 맹세하신 사실이 기록되어 있다. 이는 인간이 아닌 신(神)께서 인간을 대상으로 맹세하는 것이 가능한가의 문제와 아울러 도무지 맹세하지 말 것을 교훈하신 그리스도의 가르침^{마 5:33-37}과도 어긋나지 않는가 하는 오해가 생길 수 있다.

✝ 하나님의 맹세에 대한 이해
계획하신 뜻을 반드시 이루시는 신실한 하나님께서는 맹세하실 필요가 없다. 즉 가변적인 인간은 자신의 의지를 확고히 하며 이를 타인에게 전달키 위해 맹세하거니와 하나님은 맹세로써 진실을 입증할 위치에 있지 않은 것이다. 그러나 성경 가운데서 하나님은 여러 차례 맹세하심으로 자신의 의지를 나타내셨다^{창 22:16-18, 출 6:8, 민 11:12, 신 4:31, 수 1:6, 삿 2:1, 시 105:9, 겔 20:6, 미 7:20, 히 6:13}. 이것은 하나님 자신의 뜻을 믿게 하기 위한 목적에서 행해진 것이다. 이처럼 전혀 맹세하실 필요가 없으신 하나님께서 인간들처럼 맹세하심으로 당신의 확고한 의지를 보이신 것은 곧 당신 자신의 비하를 통해 인간들을 향한 하나님의 애틋한 사랑을 확증하시기 위해서이다.

✝ 하나님 맹세의 양식

히브리인들은 주로 불변하시며 전능하신 하나님의 사심과^{삼상 19:6} 판단과^{창 31:53} 증인 되므로^{렘 42:5} 맹세했다. 이는 그들에게 있어 최고의 권위는 하나님이기 때문이다. 그러나 하나님께서는 스스로^{창 22:16} 영원한 삶^{신 32:40}과 이름^{렘 44:26}과 거룩함으로^{시 89:35} 맹세할 수밖에 없다. 이것이 인간의 맹세와 본질적으로 다른 면이다.

✝ 하나님 맹세의 내용

하나님 맹세는 선민 이스라엘의 복과 관련된 내용이며^{출 13:5, 11} 그 복은 궁극적으로 타락한 인간의 구원을 위해 영원한 제사장으로^{시 110:4, 5}, 왕으로^{눅 1:32, 33} 이 땅에 임하신 그리스도에게로 귀결된다^{창 22:16-18}. 즉 하나님께서 맹세하신 목적은 인간 구원을 위한 불변하신 뜻을 밝히시며 그 뜻을 그리스도를 통해 이루시기 위함이다. 이러한 맹세대로 그리스도는 탄생하셨으며^{눅 1:68-73} 고난을 받으셨으나 부활 승천하셨고^{히 7:20-28} 다시 오신다^{행 1:11}.

✝ 맹세에 대한 금지 명령의 이해

성경 가운데는 여러 맹세의 실례들이 나온다. 아브라함^{창 14:22, 23}과, 이삭^{창 26:26-29, 31}과, 야곱^{창 47: 28-31} 같은 족장뿐 아니라 모세^{수 14:9}, 룻^{룻 1:17}, 사무엘^{삼상 12:5}, 다윗과 요나단^{삼하 21:7}, 엘리사^{왕하 2:2}, 에스라스^{10:5, 19}, 느헤미야^{느 5:12, 13}, 바울^{행 23: 12-14} 등 신앙의 위인들도 여러 가지 맹세를 하였고 성경도 이를 긍정적으로 기술한다. 따라서 그리스도께서 맹세를 금하신 것은 그 당시 사람들이 맹세에 대한 그릇된 사실을 가졌을 뿐 아니라^{마 23:16-22} 하나님 이름을 망령되이 일컫거나^{신 5:11} 거짓 맹세하는 경우가 많았기 때문으로 보아야 한다^{레 19:12}. 따라서 조약을 굳게 하거나^{창 26:28} 진실을 입증하며^{출 22:11} 새로운 삶을 다짐하기 위한 신중한 맹세는^{렘 4:2} 허용된다고 볼 수 있다.

학습 자료 12-8 전지(全知) ^{신 2:7}

신 2:7에는 하나님께서 이스라엘 백성이 행할 일을 두루 아신다고 기록되어 있다. 이는 하나님의 전지를 나타내 주는데, 이에 대해 살펴보자.

✝ 정의

'전지'(omniscience)란 용어가 성경에서는 직접 쓰이지 않으나 성경에 내포된 절대적 가르침이며 다른 교리와의 조화에 필요한 사상이다. 이는 여러 가지로 정의될 수 있으나 '스트롱'(Strong)의 견해에 따라 '현실적이거나 가능적(可能的)인 것, 그리고 과거, 현재, 미래를 물론하고 지식의 대상이 되는 모든 것들에 대한 하나님의 완전하고 무한한 영원한 지식'을 가리킨다고 볼 수 있다.

✝ 성경적 용례

하나님께서는 영원부터[행 15:18], 그가 창조한 무생물을 헤아리시며[시 147:4], 야생의 창조물도 다 보살피시고[마 10:29], 인간의 뜻[시 33:13-15], 마음과 생각[왕 15:8, 시 139:2], 원하는 것[마 7:8], 하찮은 것[마 10:30], 과거[말 3:4], 미래[사 46: 9-10], 인간이 장차 할 행위[사 44:28], 장차 저지를 악행[행 2:23] 등 모든 것을 알고 계신다[삼상 23:12]. 이처럼 성경은, 하나님께서 과거와 현재와 미래를 다 포용하시는데, 그 지식은 인간으로서는 다 측량할 수 없으므로[시 139:6], 완전한 이해가 불가능하다고 말한다[욥 26:14].

✝ 전지와 전능

하나님은 원하시면 무엇이나 할 수 있는 완전한 능력을 지니셨는데[창 18:14], 이를 전능(全能)이라 한다[창 43장 학습 자료 4-2 '전능' 참조]. 이러한 전능은 완전한 지식이 선행되지 않으면 불가능하다. 즉 하나님께서는 시간과 공간을 초월하신 원형적(原型的) 지식과 점차적으로 아는 것이 아닌 직각적(直覺的) 지식과 다른 것에 의존치 않는 독립적(獨立的) 지식과 동시에 모든 것을 파악하는 총괄적(總括的) 지식을 지니셨다. 전지와 전능은 모두 하나님의 비공유적 속성 중 무한성에 속한 것인데, 전능이 주권적 속성에서 무한성을 보여 준다면, 전지는 지성적 속성에 있어서 무한성을 보여 준다[출 34장 학습 자료 7-3 '하나님의 속성' 참조].

✝ 전지와 편재(偏在)

하나님이 공간을 초월하면서 모든 공간에 계심을 보여 주는 것을 편재성이라고 한다. 이처럼 공간이 하나님에 의해 정복되는 것을 편재라 한다면 시간은 전지에 의해 정복된다고 볼 수 있다. 즉 과거, 현재, 미래를 통하여 만물은 하나님의 지식에 개방되어 있는 것이다. 하나님께서는 영원한 현재에 존재하시며, 만물이 모두 그의 소유가 되기 때문에 하나님의 지식은 시간적인 무엇에 의해서도 손상되지 않는다.

✝ 의의

하나님의 전지하심은 인간의 오성(悟性)으로는 그 범위나 내용을 충분히 알 수 없다. 다만 하나님의 지식은 그 양(量)에 있어서나 질(質)에 있어서 무한하시다는 사실을 성경의 명백한 기록과 추론으로 알 수 있을 뿐이다. 또한 하나님의 전지하심이 인간의 자유의지와 부딪히는 문제에 대하여도 현재로서는 명쾌한 대답을 찾기는 불가능하다. 다만 유한한 지식을 가진 인간이 무한하신 하나님을 의존함으로, 불완전한 이성으로는 파악할 수 없는 구원에 이르는 영적 지식을 얻을 수 있는 것만은 확실하다.

13일 핵심 학습 자료

학습 자료 13-1 신명기 신학의 핵심 6가지

첫째는 '하나님은 유일하신 분이시다'라는 것이다[신 6:4]. 여기서 유일신 신앙이 나온다. 신관을 크게 두 가지로 나누면 유신론과 무신론이 있다. 유신론에는 다시 범신론, 다신론, 단일신론, 유일신론 등이 있다. 단일신론과 유일신론은 다 같이 한 신만을 섬긴다는 점에서 유사한 것으로 보이지만 전혀 다르다. 단일신론은 실제로 다신론이다. 여러 신중에 하나만을 섬긴다는 것이고, 유일신은 한 신만 존재한다는 것이다. 하나님만이 신이라는 것이다. 우리가 창세기 1:1에서 하나님이 천지를 창조하셨다는 것을 믿는다면 당연히 이 세상에는 하나님 이외 다른 신이 있을 수 없다. 이 가르침이 중요한 것은 지금 이스라엘 민족이 가나안 땅에 들어가게 되고 그 가나안 땅에는 이미 잡다한 우상문화가 성행하는 세속 도시이다. 그곳에 하나님의 백성인 이스라엘 백성이 그 땅을 정복하고 거기서 정착해서 살아야 한다는 전제가 내포되어 있다. 잡다한 우상 문화권에 들어가서 살아야 하는 이스라엘 백성들에 있어서 하나님은 유일하신 분이라는 것이 강조될 수밖에 없다.

그런데 하나님은 유일하신 분이라는 것이 틀림이 없는데 성경은 그 하나님이 삼위의 하나님이라고 하는 복수의 개념을 갖고 있다는 사실을 볼 때 하나님은 유일하신 분이라는 이야기를 어떻게 조화시킬 것인가 하는 문제가 발생할 수 있다. 그러나 히브리 말에 수를 나타내는 단어 중에 '하나'를 나타내는 단어가 두 개가 있는데, 하나는 '이하드(ehad אחד)라는 단어가 있고, 다른 하나는 '야히드(yaheed)'라는 단어가 있다. '이하드'라는 단어는 복수개념을 가진 단어이다. 예를 들면 포도송이를 이야기할 때 이 단어를 사용하는데 사실 포도 한 송이는 많은 포도 알갱이를 가지고 있는데 복수의 개념을 갖고 있고, 절대적으로 하나일 때 '야히드'라는 단어를 쓴다고 한다. 히브리어에서 하나님이 한 분이라는 사실을 말하기 위해서 하나의 개념을 쓸 때는 반드시 이하드라는 단어를 쓴다. 그래서 하나님은 유일하시고 한 분이시지만 복수의 개념을 갖는 한 분이시라는 복수개념 속에 삼위 하나님의 의미가 포함되어 있다. 우리가 하나님을 가리키는 단어 중에 엘로힘이라는 단어가 있는데 이것은 복수개념이다. 신명기 6:4에 여호와는 한 분이시라는 것은 기독교에 있어서 가장 기본적인 진리다. 십계명의 제1계명은 바로 이점을 강조하는 대목이다.

두 번째 가르침은 '하나님은 신실하시다'는 진리다. 성경은 하나님과 인간의 약속으로 구성되어 있다. 사실 하나님이 일방적으로 주신 약속이지만, 하나님은 그 약속 지킴에 있어서 신실하셔야 한다는 것은 당연하다. 하나님이 우리와 약속을 맺으셨고 하나님께서 그 약속을 지키지 않으신다면 성경이 있을 수 없고 우리와 하나님과의 관계는 있을 수 없다. 따라서 하나님이 신실하시다는 것은 절대 진리라는 것이다. 신명기 6:23은 하나님이 약속 지킴에 있어서 신실하다는 사실을 이렇게 표현하고 있다. "우리 조상들에게 맹세하신 땅을 우리에게 주어 들어가게 하시려고 우리를 거기서 인도하여 내시고" 조상에게 맹세한 땅을 우리에게 주셨다는 것은 아브라함에게 하신 약속을 약 600여 년이 지난 이때 하나님께서 잊지 않고 지켜나가신다는 것을 강조한다. 이 사실을 통해서 시내 산 언약뿐만 아니라 모든 약속을 하나님께서는 신실하게 지킨다는 것을 강조한다.

세 번째의 가르침은 하나님께서는 한 가지만 요구하신다는 사실을 말해 준다. 그것은 '지켜 행하라' 이다. 이것이 얼마나 중요한 것인지 성경 전체에서 나온다. 무엇을 지켜 행해야 하는가 하면 하나님이 이스라엘 백성들과 관계를 맺었던 시내 산 언약에서 주어진 인간이 지켜야 할 의무 조항을 '지켜 행하라'는 것이다. 이제 나머지 구약의 역사를 보면 인간이 하나님께서 시내산 언약에서 맺었던 이 내용들을 지켜 행하느냐 행하지 않느냐에 대한 이야기이다. 구약은 그것을 지키지 못하므로 구약 역사는 비극적으로 끝나는 것을 보게 되지만 결국 구약에 있어서 이스라엘 백성들에게 주어진 기본적인 요구는 '지켜 행하라' 이다.

예수님은 이것을 산상수훈에서 이렇게 표현하신다. "너희는 먼저 그의 나라와 그의 의를 구하라"마 6:33 그의 나라와 그의 의를 구하는 행위와 구약에서 십계명을 중심으로 한 시내 산 언약에 주어진 의무 조항을 지켜 행하는 것은 같은 맥락이다. 왜냐하면 그 영성이 같기 때문이다. 그 영성은 십계명에서 나오는 영성인데 하나님 사랑, 이웃 사랑이다. 그의 나라와 그의 의를 구하는 것은 하나님 사랑과 이웃 사랑을 구하는 행위일 것이다. 그래서 지켜 행한다는 것은 그런 맥락에서 같다는 말이다. 그래서 우리의 순종 자체가 바로 이런 것들을 지켜 행하는 것이다.

네 번째 기본적인 가르침은 신명기에 나오는 모압 언약이다. 이것은 시내 산 언약과 같은 것이다. 시내 산 언약을 맺었던 1세대들이 세상을 떠나고 2세대들이 가나안 땅으로 들어갈 시기가 되었을 때 모세는 2세대들에게 시내 산 언약 때 맺었던 내용들과 계명들을 다시 교육한 후에 다시 한번 더 약속을 갱신한다. 이것을 우리는 모압 언약이라고 한다. 이것도 결국 같은 행위의 언약이다. 그래서 이스라엘 백성들과만 맺는 것이 아니라 다가올 모든 이스라엘 백성들에게 다 함께 서약하는 것인데 가나안 땅에 들어가는 것을 시작해서 시내 산 언약을 지키겠다는 것을 다시 한번 확인하는 것이다. 결국은 이 내용이 바로 선지자들이 주장하는 핵심 근거가 된다. 선지자들의 내용의 핵심이 시내 산 언약을 지키라는 것이다. 그 시내 산 언약의 핵심이 하나님 사랑, 이웃 사랑이다. 이것이 나중에 선지자 영성, 제사장 영성으로 발전한다는 사실이다. 이것은 나중에 선지서를 공부할 때 다시 살펴보겠다.

다섯 번째 가르침은 기본적인 차이를 말하는데, 구약은 땅, 지역, 공간을 강조하고 신약은 사람을 강조한다는 차이점을 보여 준다. 그래서 구약은 이스라엘 백성이 성전을 중심으로 하는 그 지역적인 공간을 의미하고, 신약은 그 지역성을 초월해서 예수님을 중심으로 그 우주성을 강조하는 차이점이 있다.

여섯 번째 기본적인 가르침은 선택이라는 것이다. 레위기를 주신 하나님의 이유는 이스라엘 백성들, 하나님 백성들의 정체성을 채워주기 위함이었다는 것을 배웠다. 그래서 이스라엘 백성뿐만 아니라 우리 모든 하나님의 백성은 율법을 지킴으로서 하나님의 백성이 되느냐, 아니면 바알을 따를 것이냐, 우리는 항상 선택의 기로에 있다는 것이다. 이것은 여호수아가 그 백성들에게 권면하는 내용일 뿐만 아니라 시편 1편의 내용이기도 하고, 우리들의 문제이기도 하다. 모든 사람은 선택의 갈림길에 있다. 자유의지를 가진 인간이 갖는 숙명적인 문제이다. 우리는 항상 선택해야 한다. 하나님을 선택하느냐, 바알을 선택할 것이냐는 하는 것은 숙명적이다.

이와 같은 여섯 가지가 신명기가 가르쳐주는 기본 가르침인데 이 가르침은 이제 앞으로 성경을 읽어나가면서 보게 되겠지만 구약의 중요한 영성을 형성하게 되고 나아가서 신약의 영성을 형성하는 중요한 가르침이다. 이것이 신명기 신학의 핵심 내용이다.

신명기는 이제 우상 문화로 가득 찬 가나안 땅에 들어가서 하나님의 백성으로서의 정체성을 가지고 하나님 나라 백성으로서 살아가야 할 아브라함의 후손에게 삶의 지침을 주는 책이라는 사실을 명심하고, 그 지침은 오늘 이 시대를 살아가는 신약의 하나님의 백성들에게도 그대로 적용되는 진리라는 사실도 함께 명심하기를 바란다.

학습 자료 13-2 형상 숭배 신 4:16-19

고대에는 무속 주술 신앙(shamanism)·정령 숭배(animism) 및 토템사상(totemism) 등이 만연하였다. 그래서 이 우상 숭배 행위와 관련하여 신격화와 자연물이나 어떤 추상적 실체를 나타내는 특별한 형상을 숭배한 경우가 많았다. 이러한 형상 숭배는 우상 숭배의 대표적 특징인데, 이는 특히 이스라엘이 곧 들어갈 가나안 땅에도 널리 팽배해 있었으므로 모세 율법은 이를 사전에 단호히 금하고 있다.

✝ 기원

하나님을 알지 못하는 가운데 원시적 사고에 따라 여러 가지 미신적(迷信的) 의미로 시작된 고대 근동의 이방 종교들은 하나같이 예배를 위해 여러 가지 형상이나 동물들을 만들어 놓고 이를 섬겼다. 그 종교 행위도 호색스럽고 난잡한 것이었으며, 이 형상들은 동물의 머리에 사람의 몸을 지닌 것이 대부분이었다. 곧 매의 머리를 가진 남신 호루스(Horus)나 사자 머리를 가진 여신 세크멭(Sekhmet), 자칼 머리의 아누비스(Anubis), 암소 머리의 하토르(Hathor) 등이 바로 그러한 것들이다. 특히 가나안 원주민 사이에서도 크게 성행했던 이러한 형상 숭배는 이스라엘 종교 생활에서도 심각한 영향을 미쳤다.

✝ 이스라엘의 형상 숭배

하나님은 본 장에서 어떠한 형상이나 우상이든지 결코 만들어 섬기지 말 것을 이스라엘 백성들에게 선포하셨다. 그래서 이스라엘은 하나님만을 섬기며 이방인의 형상 숭배를 멀리했는데, 점차로 이방인들과 접촉하게 됨에 따라 그들 역시 여러 형상을 만들고 이를 숭배하게 되었다. 이에 따라 이스라엘에는 형상 숭배를 금지하고자 하는 지도자들의 정화 작업이 끊임없이 존재해 왔지만, 이스라엘 사회 내에 이러한 형상 숭배는 다양하게 계속되었다. 고고학적 발굴 결과 그것들은 뼈나 진흙, 상아, 쇠로 부어 만들거나 새겨서 만든 여러 형상이 있었는데, 그 중 대표적인 것들로는 다음과 같은 것이 있다.

① **바알(Baal)** : 베니게인, 블레셋인, 에돔인들이 섬기던 남자의 형상으로, 오른손에는 망치창을, 또 왼손에는 끝이 여러 개로 나뉜 뇌전(雷電)을 받쳐 들었다. 또 머리에는 소뿔이 달린 투구를 쓰고 있는 모습이었는데, 그 곁에는 항상 여신인 아스다롯이 있었다. 특히 바알은 농업신이었기 때문에 이스라엘의 농사 절기 종교 의식에 적지 않은 영향을 주었다. 바알을 예배할 때는 동물을 잡아 놓고 향을 피우고 우상에 입을 맞추었다.

② **아스다롯(Ashtaroth)** : 블레셋인, 시돈인들이 섬기던 여신으로, 손에 숫양의 뿔을 들은 나신(裸身)의 목상(木像)이었다. 이는 이스라엘 사람들에게 생명과 풍요의 여신으로 숭배되었다^{삿 2:13}. 솔로몬 왕도 이것을 예배하는 것을 허락했으며^{왕상 11:5}, 그 예배 의식 역시 바알 예배와 같이 음란한 것이었다.

③ **밀곰(Milcom, Molech)** : 암몬인들이 섬기던 신으로, 머리는 소의 모양이고 구리로 만들었다. 특히 우상을 바치고 있는 단(壇)의 속을 비게 만들어 불을 지핀 가운데 자녀를 희생 제물로 바쳤다^{왕하 23:10}. 이러한 이스라엘 백성들의 행실로 인해 하나님이 크게 진노하사 벌을 내린 적이 있다^{암 5:25-27}.

④ **그모스(Chemosh)** : 모압의 태양신이며 전쟁의 신이었다. 그모스의 형상은 잘 알려져 있지 않으나, 이 역시 인간의 피를 요구하는 신이었기 때문에 아이들을 제물로 드렸다^{왕하 3:27}. 솔로몬 왕도 예루살렘에 그모스의 신당을 지었으나, 이것은 약 3세기 후에 요시야 왕이 헐어버렸다^{왕상 11:7, 왕하 23:13}.

⑤ **다곤(Dagon)** : 블레셋과 베니게인들이 섬기던 신으로, 사람 머리에 생선의 몸통을 갖고 있었다. 구약 성경에는 블레셋이 이스라엘의 법궤를 빼앗아 다곤 신당에 안치하자 다곤이 땅에 떨어진 일이 기록되어 있다^{삼상 5:2-4}.

⑥ **드라빔(Teraphim)** : 사람 모양의 가정 신으로 가족을 지켜준다고 믿었다. 이스라엘은 드라빔^{창31:19, 삿18:17-20}을 지니는 것과 하나님을 섬기는 것 사이에는 아무 문제가 없는 것으로 인식했기 때문에 이스라엘 역사 초기부터 사무엘 이후까지 그것을 숭배한 역사는 매우 오래되었다. 후에 요시야 왕이 드라빔의 미신적 행위를 불법으로 선언했으나 바벨론 포로 이후에 또다시 성행하였다.

✝ 교훈

이처럼 육체의 형상을 가진 인간은 무릇 기괴하고 장엄하거나 아니면 친근해 보이는 형상에 친근감을 갖고, 이를 쉽게 신격화(神格化)하였다. 또한 이런 형상 숭배를 통하여 신과 접할 수 있다고 생각하여 종교적 만족감을 추구했다. 이것은 과학적·합리적 사고가 팽배한 현대보다 고대에 더욱 성행한 풍조였다. 그런데도 성경은 본 장에서 보듯이 여하한 형상 숭배나 아니면 하나님을 형상화하는 것을 적극 금하고 있다. 이것은, 물론 하나님 자신은 절대적 초월자로서 모든 눈에 보이는 형상의 창조자이지 여하한 형상으로 고정될 수 있는 분이 아니었기 때문이었다. 따라서 성경이 그 당시의 보편적 인간 사고를 뛰어넘어 이처럼 형상 숭배를 금하고 있는 것은 성경이, 인간의 종교 사상의 발달을 기록한 것이 아니라, 오직 시대를 초월한 하나님의 계시를 기록한 말씀이라는 것의 한 증거가 될 수 있다.

학습 자료 13-3 성상(聖像) 숭배 신 4:35

✝ 교회사적 접근

일반적으로 이 용어는 교회사에서 사용된다. 즉 6세기경 동방 교회(東方教會)에서 절정에 이른 하나의 종교 현상으로서 사도나 순교자의 상을 만들어 숭배한 것을 가리킨다. 서방교회의 경우, 이 성상 숭배는 초기에 부정되었으나 12세기 이후부터는 보편화되었으며 15세기에 이르러서는 목판화와 동판화 형태로 대량 보급되기에 이르렀다. 오늘날에 이르러서는 개신교(改新教)의 경우 이를 배제하는 반면 가톨릭에서는 성상을 신앙과 경건의 마음을 불러일으키는 보조물로 생각한다.

✝ 비판 I – 유일한 숭배의 대상은 하나님이시다

여호와는 하나님이시며 그 외에는 다른 신이 없다신 4:35. 따라서 인간은 유일하시며 세상과 인간을 창조하신 하나님만을 섬겨야 한다신 4:32. 또한 하나님은 인간의 구원이나 일상생활에서의 요구를 충분히 들어주실 수 있으므로 인간에게는 하나님 외의 또 다른 보조적 존재가 필요치 않다. 즉 인간은 인간의 구원을 위하여 죽으시고 부활하신 그리스도를 믿고, 그의 공로를 힘입어 자비로우신 하나님 앞에 나아감으로 구원을 얻고 또 풍성한 삶을 얻는다. 따라서 마리아나 사도 및 순교자의 상을 새긴 성상은 인간의 구원에 아무런 역할을 못 할 뿐 아니라 오히려 이를 의존함으로 잘못된 길로 빠져 구원에 이르지 못할 수도 있다.

✝ 비판 II – 하나님은 영이시다

이 말은 하나님은 물질이 아니라는 사실과 물질을 의뢰치 않음을 의미한다. 모든 물질적인 것은 시간과 공간의 제약을 받으므로 그 안에서 형상화될 수 있으나 하나님은 영이시므로 시간과 공간의 구속을 당하지 않는다. 또한 십계명에서 제1계명이 유일하신 하나님 외에 다른 신을 두지 말라는 것이며 제2계명은 하나님 외에 다른 것을 섬기거나 영이신 하나님을 형상화하지 말라는 금지 조항이다^{신 5:7-10}. 즉 하나님께서는 모든 종류의 우상과 더불어 특히 남자의 형상이라든지 여자의 형상 만드는 것을 명시적으로 금하심으로^{신 4:16} 성상을 만들 수 있는 여지를 완벽히 없애셨다.

✝ 의의

인간은 영적 존재이면서도 동시에 시간과 공간의 제한을 받는다. 따라서 눈에 보이는 무엇을 의뢰하고 싶어 한다. 기독교 내에서도 일부 사람들은 이러한 인간 심리를 표적으로 하여 교세 확장에 이 성상을 이용한다. 그러나 이는 말초적으로 인간의 종교적 감정을 유발시킬 수는 있으나 궁극적으로 인간을 구원시키지는 못하는 잘못된 길이므로 이에 대한 유혹은 과감히 버려야 한다.

학습 자료 13-4 쉐마(Shema) 본문 이해 ^{신 6장}

✝ 개요

신 6:4-5은 율법의 대강령이 무엇인지를 한마디로 요약해 주고 있다. 그것은 곧 하나님 사랑이다. 이러한 본문을 가리켜 일명 '쉐마 본문'이라고 한다. 이는 해당 부분의 히브리어 원문이 '쉐마'(שמע), 즉 '들으라'(Hear!)는 말로 시작되고 있기 때문이다. 이 같은 쉐마 본문은 인간이 하나님의 말씀에 귀 기울이며 그분께 순종함이 마땅함을 교훈해 준다.

✝ 본문 이해

유대 전승에 따르면 쉐마 본문은 본래 신 6:4만을 가리켰다고 한다. 그러나 점차 신 6:4-9로 확대되었으며 후대에는 제2부^{신 11:13-21}와 3부^{출 13:2-16 또는 민 15:37-41}가 추가되었다고 한다.

　이 중 신 6:4-9은 진정으로 여호와 하나님을 사랑하라는 계명과 그 계명을 자녀들에게 가르치라는 내용을 담고 있다. 그리고 신 11:13-21은 계명에 순종하였을 경우의 축복과 불순종했을 경우의 저주를 언급하면서 이를 명심할 것을 촉구하고 있다. 다음으로 출 13:2-16은 이스라엘의 출애굽 사건과 관련된 무교절 규례이다. 이는 백성들이 여호와를 사랑해야 할 당위성을 제시해 준다. 마지막으로 민 15:37-41은 이스라엘 자손 대대로 옷단 귀에 청색 술(tassel)을 달라는 명령이다. 이는 저들로 하여금 그것을 보고 여호와의 계명을 기억하며 준행케 하려는 데 목적이 있다.

✝ 교훈

유대인들은 신 6:7에 의거, 매일 아침저녁으로 쉐마 본문을 암송하는 예식을 창안해 내었다. 그리고 쉐마 본문을 기록한 양피지를 네모난 작은 상자에 담아 이마와 왼쪽 손목에 단 채 기도하는 의식도 만들어 내었다. 이는 소위 '경갑(phylactery) 제도'로서 신 6:8에 의거한 것이다.

이러한 의식들은 쉐마 본문이 여호와 신앙의 근본이자 유대교 최고의 신앙 고백으로서 항상 명심해야 할 내용이었음을 증거해 준다. 역사상 수많은 유대인이 박해받아 죽어가는 가운데서도 이 쉐마 본문을 외쳤던 까닭이 바로 여기에 있다. 실상 이러한 쉐마 본문은 지금까지도 유대인들의 연대 의식(solidarity)을 확인시켜 주는 증표 중 하나이다. 더욱이 예수를 시험하려는 의도에서 한 율법사가 "율법 중 가장 큰 계명이 무엇이냐"고 질문하였을 때 예수께서 논쟁의 여지조차 없는 쉐마 본문을 제시하셨던 사실은 참으로 의미심장하다^{마 22:34-40}.

한편 유대인들의 경갑 제도 같은 것은 시간이 흐르면서 점차 그 근본정신이 도외시 된 채 형식적인 면에 치우쳤다. 게다가 항간에서는 자신의 종교심을 자랑하는 외식(外飾)의 수단으로까지 전락하였다^{마 23:5}. 예수께서 당시 사람들에게 외식자들의 말하는 바는 행하고 지키되 저희의 행위는 본받지 말라고 엄히 경계하신 까닭도 바로 그 때문이었다^{마 23:3}. 그러한 경계의 말씀은 오늘날 우리에게도 주는 교훈이 엄중하니 실로 동일한 잘못에 빠져들어서는 안 될 것이다.

학습 자료 13-5 하나님의 진노 ^{신 9장}

✝ 원어적 의미
하나님의 진노를 가리키는 구약 용어 '아프'(אף)이다. 그리고 이에 해당하는 신약 용어는 두 개인데, 이중 '뒤모스'(θυμός)는 분노의 내적 심리 혹은 감정을 의미하며, '오르게'(ὀργή)는 분노시에 나타나는 외적인 인상 혹은 표현을 의미한다^{계 16:19}. 그런데 성경에 나타난 하나님의 진노는 내면적인 감정에 대한 언급이라기보다는 외적으로 인간에게 나타나는 진노의 현상들을 가리키는 경우가 대부분이다.

✝ 진노의 원인
하나님께서 진노를 발하시는 근본 원인은 두 가지가 있다. 첫째는 인간이 근접할 수 없는 하나님의 거룩성을 표출하기 위한 방편으로서 진노를 발하신다. 인간은 본래 하나님의 불가사의한 본성에 대해 온전히 이해할 수가 없다. 그러나 하나님이 진노하심으로 그 본성을 표출하실 때 비로소 인간이 그분의 거룩하심과 위엄을 체험하게 된다^{출 4:24, 19:21, 삿 13:22}. 이에 대한 좋은 예로서 웃사가 부지중(不知中)에 하나님의 궤를 붙드는 바람에 죽임을 당한 사건을 들 수 있다^{삼하 6:7}.

둘째는 인간의 죄와 불순종 때문에 진노를 발하신다. 하나님은 당신의 백성들을 무조건적으로 선택하시고 구원하시기를 원하신다. 그러나 그러한 하나님의 사랑을 배반하여 고의적으로 하나님의 구원을 위한 섭리에 순종치 아니하고 범죄할 때 하나님은 분노하심으로 그들을 징계하신다^{신 1:26-36, 시 78:21-22, 사 1:2, 겔 22:23-31}. 그런데도 당신의 백성들을 향한 하나님의 분노 속에는, 아비가 그 자식을 사랑함으로 징계하듯, 뜨거운 사랑이 포함되어 있다^{히 12:7-9}. 한편 하나님은 이방인에게도 진노를 발하시는데, 그 원인에 있어서는 이스라엘 백성들에게 진노하시는 것과 그 성격이 전혀 다르다. 즉 이스라엘에 대해서는, 자식으로서 아비에게 불순종한 죄에 대해 진노하셨으나 이방 백성들에 대해서는, 그들이 창조주 하나님을 거역하고^{창 6:7, 욥 40:11, 시 90:9}, 인류의 역사를 주관하시는 하나님의 섭리를 거역했다는 이유로 진노하신다^{삼상 15:2, 3, 시 2:1-6, 암 1:3-2:3}. 그리고 또 하나님의 뜻에 어긋나는 우상 숭배와 도덕적 타락 등에 대해서 진노하신다^{신 7:5, 단 5:23-28}.

✝ 진노의 수단
하나님께서 진노의 도구로 사용하시는 것들은 다음과 같다. 곧, 자연적 재해(災害)로는 홍수^{창 6:17, 19}, 바람^{시 104:4}, 기근^{신 28:20-24} 등등을 들 수 있고, 또 개인적으로 당하는 고난^{삼하 12:15-18, 왕상 17:18}, 이방 국가^{사 10:5, 6, 13:5} 등도 하나님의 진노의 도구로 사용된다. 이처럼 어느 것이든지 다 하나님의 진노의 도구로 사용된다.

✝ 진노의 목적
하나님은 진노를 마음껏 발하심으로써 자신의 만족을 구하는 폭군이 아니시다. 오히려 하나님은 진노하심을 통하여 당신의 백성들이 회개하고 여호와께로 돌아오기를 원하신다^{사 42:24, 25, 렘 4:8}. 즉, 하나님은 당신 백성들의 죗값대로 다 진노를 발하시지 아니하시고 오래오래 참으시며 회개를 촉구하시는 것이다^{9:17, 시 103:8}. 그리고 궁극적으로는 예수 그리스도로 온 인류를 대신하여 하나님의 진노를 다 받게 하심으로써 우리를 그 진노하심에서 구원해 주셨다^{마 27:46, 막 15:34, 빌 2:8}. 이로 볼 때 하나님의 진노의 궁극적 목적은 곧 속죄에 있음을 알 수 있다^{고후 5:21, 살전 1:10, 벧전 1:18, 19}.

✝ 진노에 관한 그리스도의 교훈
신약에 나타난바, 진노에 대한 그리스도의 언급은, 대부분 종말론적인 교훈들과 함께 하나님께 대한 순종을 촉구하고 그리스도의 복음을 받아들이도록 권면하기 위한 것이었다^{마 18:34, 35, 막 8:42}. 그리고 진노에 관한 그리스도의 교훈들은 대부분 미래에 관한 하나님의 계획을 드러내기 위한 계시로서 언급된 것이다. 이에 관련되는 교훈들로서 모래 위에 지은 집에 관한 비유^{마 7:24-27}, 책망받은 청지기 비유^{눅 12:42-48}, 대환난에 관한 말씀^{막 13:19} 등 이외에도 많다.

✝ 성경에 나타난 진노의 날
구약에서는 자기 백성들을 향한 하나님의 구원 목적이 온전히 성취되는 날을 '진노의 날'로 표현하고 있다^{사 2:12, 암 5:18-20}. 그리고 신약에서는 진노의 날을 가리켜 역사의 종말을 고하는 최후의 심판 날로 언급하고 있다^{유 1:6}. 이처럼 신약에서 진노의 날을 역사의 종말로 언급하는 데는 그만한 이유가 있다. 즉 하나님의 구원 계획은 그리스도를 통하여 다 시행되었다. 그리고 그리스도 안에 있는 구속의 계획을 선택

하든지 혹은 거부하든지 그것은 인간에 있어서 자신의 운명을 결정하는 것이 되고
만다. 이에 대해 하나님은 반드시 공의의 심판을 단행하실 것이다^{롬 2:5, 계 6:15}. 신약
성경의 내용이 '임박한 진노'에 관한 경고로 시작하고 끝맺은 이유도 바로 여기에
있다^{마 3:7, 계 19:15, 22:12, 18}.

학습 자료 13-6 단일 중앙 성소의 의의 ^{신 12:1-14}

✝ 개요
신 12:1-14에는 이스라엘이 가나안 입성 후 지켜야 할 규례와 관련, 단일 중앙 성
소에 대한 언급이 나온다. 그것은 곧 장차 가나안에서는 하나님께서 지정해 주신
장소에서 하나님을 섬겨야 한다는 것이다. 이는 이스라엘이 가나안의 이방 풍습에
물드는 것을 방지하기 위한 일환이다. 당시 이방인들은 높은 산이나 푸른 나무 아
래에 산당을 지어 놓고 각자의 방식대로 신들을 섬기는 인본주의적 풍습에 젖어있
었다^{신 12:2, 왕상 14:23}. 그러나 유일신(唯一神) 여호와를 섬기는 이스라엘은 여호와를
예배함에 있어서도 철저히 그분의 계시에 의존하여야 했다.

✝ 역사
이스라엘의 단일 중앙 성소 개념은 모세의 성막(tabernacle)과 분리하여 생각할 수
없다. 이스라엘은 시내 산에서 각종 제사 제도와 규례를 받았는데 그 규례에는 성
막 제작에 관한 지시도 포함되어 있었다^{출 25~40장}. 그에 의해서 제작된 성막은 하나
님께서 백성들과 함께하는 임재(臨在)의 상징으로서^{출 25:8, 22} 훗날 예루살렘 성전으
로 대치되기까지 민족적 구심점 역할을 하였다.
　그런데 이스라엘의 가나안 정복 사업이 완료되자 백성들은 지금까지의 성막 중
심 생활에서 벗어나 전국 각지에 흩어져 살게 되었다. 그렇지만 그러한 와중에서도
여호수아는 실로(Shiloh)에 성막을 안치하고 성소의 단일화를 꾀하였다^{수 18:1-2}, 이
러한 실로는 엘리 제사장 때까지 그런대로 이스라엘 단일 중앙 성소로서 역할을 감
당하였다. 그러나 아벡 전투시 블레셋에 의해 실로는 폐허화 되었으며 법궤도 빼앗
기었다^{삼상 4장}, 그리하여 실로는 더 이상 종교적 구심 역할을 수행하지 못하였다.
　한편 블레셋에게 빼앗겼던 법궤는 우여곡절 끝에 다시금 이스라엘로 되돌아와
다윗의 관심을 끌게 되기까지 기럇여아림에 방치되었다^{삼상 7:1-2}, 그리고 모세의 성
막은 한동안의 자취를 알 수 없다가 최종적으로 기브온으로 옮겨졌음을 확인할 수
있다^{대상 16:39}. 이 기간에 백성들은 종교적 구심점을 잃은 채 가나안 각 지방에 산재
해 있던 산당에서 하나님을 예배하였다. 이는 필연적으로 여호와 유일 신앙에 가나
안의 다신교 사상 및 우상 숭배 풍습의 유입을 초래하였다. 왜냐하면 당시 가나안
에 산재해 있던 대부분의 신당이 본래 그곳 원주민들이 자신들의 신을 숭배하기 위
하여 건립한 예배처였기 때문이다.

이러한 배경하에 훗날 왕위에 등극한 다윗은 순수한 여호와 신앙을 회복하는 것이 민족적 선결 과제임을 인식하였다. 그리하여 그는 수도(首都) 예루살렘의 단일 중앙 성소화를 목적으로, 기럇여아림에 방치되어 있던 법궤를 예루살렘으로 옮기고^{삼하 6장}, 그곳에 성전을 건축하려 하였다^{삼하 7:1-29}. 그러한 성전 건축 계획은 솔로몬 때에 이르러 마침내 실현되었는데^{대하 3~7장}, 이는 일면 이스라엘 단일 중앙 성소에 대한 예언^{신 12:1-14}의 진정한 성취라는 의미를 지닌다.

✝ 의의

이상에서 보았듯 이스라엘의 단일 중앙 성소는 장구한 역사를 지니고 있다. 그리고 그 참된 의의도 어느 특정 장소를 구별하여 단일 성소로 삼았다는 데 있는 것이 아니라 그 이면의 목적에 있다.

① 종교적 의의

이미 앞에서 잠시 언급하였듯 가나안 족속은 자신들의 편의에 따라 산당을 지은 후 그곳에서 제각기 자신들의 신을 숭배하였다. 더욱이 그들은 지역마다 특정의 신들이 있다고 여겨 여러 신을 동시에 숭배하였다. 그리고 그에 만족하지 않고 우상을 만들어 그것을 신과 동일시하였다. 그것은 그들의 종교 자체가 인간의 머리로 강구(講究)한 인본주의적 소산이었기 때문이다.

그러나 이스라엘의 경우 그들이 섬기는 여호와 하나님은 인간이 그분을 찾기에 앞서 그분께서 친히 스스로를 계시해 주셨다는 특징을 지닌다. 그런즉 그들은 하나님을 섬김에 있어서도 그분이 계시해 주신 규례대로 섬길 수 있었다. 이는 그들이 가나안 원주민들이 범한 것과 같은 동일한 잘못에 빠지지 않기 위해서도 필요한 지침들이었다. 하나님께서 이스라엘에게 단일 중앙 성소 제도를 명하신 것 역시 바로 이러한 목적과 종교적 의의를 지닌다.

② 정치적 의의

이스라엘은 가나안에 입성하기 전까지 광야에서 지내는 동안 성막을 중심하여 생활하였다. 이는 하나님을 구심점으로 결집된 신앙 공동체 형태로서 그 결속력이 대단하였다. 그러나 가나안 입성 후 그들은 각 지파의 기업에 따라 전국 각지에 흩어져 살게 되었다. 사사 시대에는 각 지파 간에 분파 의식이 생기고 지역 간에 거리감이 생기게 되었으니 이를 해결할 방도가 필요하였다. 그런데 이스라엘 단일 중앙 성소는 바로 이 문제의 해결책을 가져올 수 있었다. 왜냐하면 모든 백성은 1년 3차, 의무적으로 이곳에 모여 절기를 지키며 하나님께 회중(會衆) 예배를 드려야 했기 때문이다^{출 23:17}. 이로써 그들은 한 민족, 한 핏줄임을 자각하며 동일한 하나님을 섬기는 신앙 공동체, 운명 공동체임을 절감하게 되었기 때문이다.

더욱이 훗날 다윗이 예루살렘을 민족적 구심점으로 삼은 것은 동일 왕국의 위상 확립에도 크게 기여하였다. 왜냐하면 당시 예루살렘은 지리적으로 이스라엘의 중심부에 위치하였는바 온 백성의 화합을 도모하였기에 적합하였기 때문이다. 특히 뒤이어 솔로몬에 의해 이곳에 성전이 건축되기까지 하였으니^{대하 3~7장}, 예루살렘은 이후 이스라엘의 종교, 문화, 정치, 경제, 사회적 중심지로서의 위치를 확고히 다지게 되었다.

학습 자료 13-7 셰키나(Shekinah)

A.D.100~130년경에 편찬된 모세 오경의 아람어 번역인 온켈로스(Onkelos)의 탈굼(targum)에서는 신 12:5에 나오는 '이름'을 '셰키나'로 바꾸어 번역했다. 여기서 '셰키나'는 '임마누엘'과 유사한 표현으로서 초월적이신 하나님이 지상에 있는 사람과 함께 하시는 양식, 혹은 그렇게 하실 때에 사용하시는 현현의 방편들을 총칭하는 것이다. 실제로 구약 성경에는 '셰키나'란 용어가 전혀 나오지 않으나 탈굼을 비롯한 여러 랍비 문서들은 하나님의 존재를 표현하기 위해 특별히 이 새로운 말을 사용했다. 이는 당시 사람들의 구약에 대한 이해를 보여 줄 뿐 아니라 하나님의 속성과 그리스도를 통해 성취된 성육신(成肉身) 사건과 재림을 설명하는 징검다리가 된다는 점에서도 큰 의미가 있다.

✝ 셰키나의 의미

이 말은 '거주하다', '임재하다'란 뜻을 갖는 히브리어 '쇼칸'(שׁכַן)에서 유래하였다. 따라서 문자적인 뜻은 '거주하는 것'ㆍ혹은 '거주'이다. 이 말은 하나님의 초월성(超越性)에 지나친 강조에 대항하여 사용된 용어로 볼 수 있다. 즉 피조물인 인간과는 완전히 다른 하나님께서 인간과 격리되어 계신다는 사상을 일방적으로 강조하는 것에 반대하여, 하나님을 피조물에게 당신을 나타내 보이시는 분으로 나타내기 위해 사용된다. 그리하여 셰키나는 초월적이고 눈에 보이지 않으시는 하나님께서 당신의 임재를 알리기 위해 사용하는 방편을 가리키는 보편적 표현으로 쓰이게 되었다.

✝ 일반적 의의

히브리어 구약성경에 셰키나란 단어가 직접 언급되지는 않으나 하나님의 임재만은 분명히 묘사되고 있으므로 셰키나 개념은 성경과 조화를 이룬다. 즉 이 개념은 하나님이 초월적인 분이시나 이 지상의 생활에도 친히 개입하심을 보여 준다. 하나님은 일반 섭리를 통해 삼라만상(參羅萬像)을 다스릴 뿐 아니라 특별 섭리를 통해 성도를 보호하고 구원하시는 과정에서 자신의 존재를 드러내어 보이시는 것이다. 이는 인간이 하나님의 존재를 믿게 하는 효력뿐만 아니라 하나님을 찬양하고 예배케 하는 효과를 지닌다.

✝ 셰키나의 기독론적 의의

셰키나는 삼위일체 하나님의 보편적 현현이나 그로 인한 영광을 보여 주는 것이기도 하나, 많은 경우에는 제2위 성자의 임재와 관계된다. 즉 성육신하시기 이전의 성자를 가리키는 여호와 사자의 현현은 구약적 셰키나의 한 모습이라 할 수 있다^창

[16:7]. 이처럼 구약에서의 셰키나는 하나님이심과 동시에 하나님의 중보자이기도 한 성자의 존재와 밀접히 연관된다. 이와 더불어 중간기 시대의 랍비들에 의해 셰키나가 '빛', '말씀', '영광' 등으로 묘사된 사실도 셰키나가 그리스도와 밀접히 연관됨을 보여 주는 증거이다. 이는 신약에서 그리스도가 세상에 나타난 '말씀'[요 1:1], '생명'[요 1:4], '빛'[요 1:5], '영광'[골 1:27] 등으로 묘사됨에서 확인된다. 그리고 그리스도는 하나님으로서 이 세상에 육신을 입고 나타나셨으며 그분의 육신은 인간과 가장 친밀한 형태의 셰키나였다. 하나님이 이처럼 인간의 몸을 입고 셰키나 하신 것은 범죄로 말미암아 하나님과 인간 사이에 단절된 관계를 회복시키기 위해서이며, 이는 그리스도의 십자가 사건으로 온전히 실현되었다.

✝ 셰키나의 종말론적 의미

구약적 의미의 셰키나는 항상 신적 영광을 동반하였다. 따라서 셰키나의 일차적 의미를 신적 영광으로 이해하는 자도 있다. 이러한 의미의 셰키나는 시내 산 율법 수여와 성막 준공의 승인에서 잘 나타난다[출 19:16-19, 40:34-38]. 그러나 이보다 더 큰 영광은 그리스도의 승리의 재림에서 이루어진다[막 14:62, 계 14:14]. 성도가 이 세상에서 그리스도만을 의지하고 승리의 삶을 살 때 이러한 영광에 동참할 수 있을 것이다.

학습 자료 13-8   셰키나의 용례   [신 12:5]

초월적 존재이신 하나님이 어떻게 유한한 존재인 인간에게 당신의 존재를 계시하실 수 있는가? 또 역으로 유한한 존재인 인간이 어떻게 눈에 보이지 않는 하나님을 알 수 있으며, 섬길 수 있는가? 이에 대해서 우리는 셰키나의 용례를 통하여 그 해답을 찾을 수 있을 것이다

1. '이름'과 관련됨 : 하나님께서는 자신의 임재를 '이름을 두시는 것'으로도 표현한다[신 12:5, 11, 21]. 히브리인에게 있어 이름은 실존(實存)과 전인격의 상징이다. 따라서 하나님께서 당신의 이름을 두는 것은 하나님의 임재를 사람들에게 전달하기 위한 방편으로서 이를 셰키나로 전용(轉用)하였던 것이다. 이미 밝힌 온켈로스의 탈굼 뿐만 아니라 예루살렘 탈굼도 레 26:11의 '이름'을 '셰키나'로 바꾸어 번역함으로써 이러한 사실을 암시했다.
2. '천사'와 관련됨 : 온켈로스 탈굼은 창 16장에 나오는 천사를 셰키나로 기록하였다. 즉 위기에 빠진 하갈을 구원의 길로 이끈 여호와의 사자에 대한 언급에서 인간과 밀접한 관계를 갖는 여호와의 임재를 발견한 것이다.
3. '얼굴'과 관련됨 : 얼굴을 의미하는 히브리어 '파님'(פנים)은 때로 '~앞에'로 번역되기도 한다[민 6:25]. 이 말이 특히 하나님과 관련되어 쓰일 때는 하나님께서 임하셔서 피조물과 대면(對面)하심을 의미한다. 물론 이 말이 하나님의 가시적 임재를 나타내지는 않으나 대개 셰키나와 깊은 관련을 갖는 것으로 이해된다[출 34:6, 신 31:8].

4 '성막'과 관련됨 : 성막은 하나님께서 거하시며 이스라엘 백성과 만나는 곳으로^출 ^{25:22} 묘사된다. 따라서 예루살렘 탈굼은 성막과 관계된 레 9:6의 '여호와의 영광' 을 '여호와의 세키나의 영광'으로 표현하여 성막과 하나님 임재와의 관련성을 암시 했다.

5 '랍비 문서'와 관련됨 : 유대인의 구전 율법(口傳律法)을 해석한 탈무드(Talmud) 나 교훈적 이야기를 모은 학가다(Haggadah)에도 세키나와 관련된 여러 표현들이 있다. '사람이 어려움에 빠지게 되면 세키나는 무엇이라 말하는가? '만약 두 사람 이 함께 앉아 율법의 말씀을 서로 나눈다면 세키나가 그들 사이에 머무른다' '칠층 천'(七層天)에 거하시는 하나님은 세키나를 통해 그의 현존을 알린다' '처음에 세 키나는 낮은 지역에 거하였으나, 아담과 아브라함 시대 사이에 죄가 불어남에 따라 하늘로 올라가 칠층천에 거했다. 그러나 의인들이 있었던 아브라함과 모세 시대에 다시 땅으로 내려왔다.' 등이 그것이다. 이는 구약의 추상적 세키나 관념이 랍비들 에 의해 점차로 구체화되며 심지어 인격화됨을 나타낸다. 이러한 세키나 관념의 점 진적 발전은 후에 그리스도가 성육신하셔서 인간과 함께 머무는 신비적 사실을 비 교적 용이하게 수용케 하는데 기여됐다고 볼 수 있다.

6. '신약'과 관련됨 : 신약 성경에서 세키나의 개념은 보다 확대되어 나타난다. 즉 히브리 어와 유사한 헬라어 음역을 통해 하나님의 임재와 영광을 표현하고 있다. 구체적으로 요 1:14에서 그리스도가 성육신하셔서 이 세상에 '거하시는'($\varepsilon\sigma\kappa\acute{\eta}\nu\omega\sigma\varepsilon$, 에스케노 센) 것을 나타내거나, 계 21:3에서 하나님과 그의 백성들이 거하는 '장막'($\sigma\kappa\acute{\eta}\nu\eta$, 스케네)을 묘사할 때 세키나의 유래어를 사용하였다. 이처럼 그리스도의 성육신과 장차 이루어질 새 하늘과 새 땅에서 성도의 처소를 '셰키나'와 관련된 단어로 설명 함으로써 하나님의 실재적 임재가 이미 이루어졌고 또 장차 이루어질 것임을 밝히 고 있다.

학습 자료 13-9 구약 의식법의 4대 의의 ^{신 13:18}

혹자는 제사 제도, 절기 제도는 물론 일상생활의 성생활, 의식주 생활까지 의식(儀 式)적으로 규정하고 있는 구약 의식법의 목적, 또는 의의에 대해 의아해 할 수도 있 다. 그러나 이러한 의식법은 결국 생활 전 영역에 걸쳐서 눈에 보이는 것, 몸으로 하는 행위 등을 통하여 그 이면에 담긴 영적 의미를 깨닫게 하거나, 아니면 하나님 에 대한 지시를 표현하도록 하여, 결국 구약 이스라엘이 건전한 신앙생활을 영위하 도록 하기 위한 방법론적 조치로서 주어진 것이었다. 더욱이 이런 의식법은 그 의 식 절차가 각각 하나님께서 이스라엘을 구원해 주신 구원 사역의 각 측면을 반영하 는 동시에, 인간 구원의 결정적 사건인 신약의 예수 구원 사역을 예언적으로 보여 주는 예표적 의미까지 갖는 심오한 의의가 있다. 이제 이를 요약하면 다음과 같다.

1. 구약 이스라엘의 엄숙한 의전(儀典) 생활 지침^{레 11:44, 벧전 1:15, 16}.

2. 생활 전 영역에 걸친 눈에 보이는 사물 및 행위를 의식적으로 체계화하여 규정함으로써, 그 이면에 담긴 하나님의 존재와 뜻에 대한 영적 교훈을 쉽게 이해시킴^출 31:13, 레23:43, 신 29:6, 요 14:31.

3. 생활 전 영역에 걸쳐 눈에 보이는 사물 및 행위로 성도가 자신의 신앙을 엄숙히 드러내 표현케 하며, 또 역으로 성도는 엄숙한 신앙 생활을 해야 함을 교훈함^{민 3:13;} 사 66: 17.

4. 하나님이 선민으로서 선택 구원해 주 은혜의 원리를 반영하며, 결국 신약 예수 구원 사건을 예표함^{레 22:2, 엡2:14, 히 9:15}.

학습 자료 13-10 권징(勸懲) ^{신 17:2-7}

신 17:2-7에는 우상 숭배자를 권징하기 위한 재판 규례에 대해 기록되어 있다. 이는 오늘날 교회 안에서 행하는 치리(治理) 행위와 유사한 것으로 이스라엘 공동체가 죄에 오염되는 것을 방지하려는 조치였다.

✝ 원어적 의미
'권징'에 해당하는 구약 용어 '파카드'(קַד)에는 '권고하다'^{창 21:1}, '감찰하다'^{출 4:31}, '돌아보다'^{렘 27:22}, '징벌하다'^{호 4:9} 등의 뜻이 있다. 또 이에 해당하는 신약 용어 '엘렝코'(ἐλέγχω)도 동일한 의미이다. 이를 정리해 보면 '권징'에는 두 가지 의미가 있는데, 하나는 죄를 벌한다는 의미, 또 하나는 사랑과 긍휼로 돌아보아 세심히 살펴 준다는 의미이다.

✝ 권징의 목적
권징의 궁극적인 목적은 ① 죄인이 하나님께로 돌아와 회개하는 것, ② 공동체 안의 죄를 제거함으로써 순결을 도모하는 것, ③ 차후 또 다른 범죄를 미연에 방지하기 위한 교육적 효과를 증진하는 것 등이다^{마 18:15-20, 살전 4:1-6}.

✝ 하나님의 권징
하나님은 당신의 백성들이 죄에 물들지 아니하고 항상 순결하게 하도록 권징을 행하신다. 성경에서는 하나님의 권징에 대해, 권고와 징계라는 두 용어로 뚜렷이 구별하여 적고 있다. 즉 하나님은 당신의 백성들을 교육하시고 훈련하실 목적으로 죄에 대해 징계하시되 철저한 공의에 따라 징계하신다^{출 20:15, 히 12:11-13}. 또한 하나님은 당신의 백성들을 죄에서 돌이키게 하실 목적으로 끊임없이 권고하시되^{왕하 13:23,} ^{욥 10:12, 벧전 2:12} 지극한 인내와 사랑으로 행하신다.

✝ 교회의 권징
교회의 권징은 하나님의 권징에서 비롯되었다. 그런데 권징의 방법에 있어서 구약 교회와 신약 교회는 그 차원이 다르다. 구약 교회는 당시 죄를 억제하는 일에 최대한 역점을 두고 있었기 때문에 징계에 초점을 두어 그 방법에 있어 매우 가혹하고 엄중했었다^{신 17:7}. 반면에 신약 교회는 먼저 형제를 얻는 일에 중점을 두고 있었기 때문에^{마 18:15}, 사랑과 긍휼로서 계속된 권면과 설득 이후에야 비로소 결정적인 징계를 단행하였다. 여기서 우리는 율법 시대의 구약 교회와 은혜 시대의 신약 교회와의 두드러진 차이점을 발견하게 된다.

✝ 의미

그 어느 때보다도 현대 교회에 있어서는 권징이 더더욱 절실히 요구된다. 권징은 교회의 순결을 유지하기 위해서뿐만 아니라 성도 간의 사랑과 관심을 증진하기 위해서도 필요하다. 어떤 교회는 성도들이 권징을 받을 때 마음의 상처를 받고 교회를 떠날까 염려되어 권징을 꺼린다. 그러나 그것은 권징의 올바른 의미를 알지 못한 탓이다. 즉, 권징은 징계뿐 아니라 권면의 측면도 있어 근본적으로 사랑을 바탕으로 하는 것이다. 따라서 권징을 안 하는 것은 결코 그 사람을 위한 것이 아니며, 오히려 그 사람들을 죄 속에 버려두는 악한 행위로서 종국에는 영원한 멸망에 떨어지게 하는 것이다.

13일차 범위 **생각해야 할 성경적 세계관의 이슈들**
☑ 읽을 책 : "기독교 세계관 핸드북" 도서 출판 에스라 2023

❖ 신 5장 "민법의 기초"(p394)
❖ 신 6장 "유대교"(p193), "어린이 교육에 대한 기독교적 관점"(p410)
❖ 성막 건축과 관련 "예술에 대한 성경적 견해"(p512)

14일 핵심 학습 자료

학습 자료 14-1 도피성 제도 신 19장

✝ 개요

'도피성'(City of Refuge) 에 해당하는 '아리 미클라트'(עָרֵי מִקְלָט)는 '받아들이는 성읍'
이란 뜻이다. 이는 전혀 고의성이 없이 실수로 살인을 저지른 자가 정당한 재판을
받기까지 피신해 있는 성읍을 가리킨다민 35:12, 신 19:4-5. 이러한 도피성은 이스라엘
의 '고엘 제도'와 관련이 있다. 즉 억울한 죽임을 당한 자의 친족은 반드시 피살자
를 대신하여 보수(報讎)할 의무가 있었다민 35:12, 19, 21. 이 때문에 비록 우발적인 살
인자라도 보수자의 눈에 띌 경우 죽음을 면하기 어려웠다. 바로 이러한 문제점을
인식, 무분별한 보복을 방지하고 우발적인 살인자의 생명을 보존케 하려는 데 도피
성 제도의 목적이 있었다.

✝ 역사적 배경

고대 여러 나라에도 도피성과 유사한 특정 구역이 있었다. 특히 헬라나 로마 사회
에서의 신전은 사법권이 미칠 수 없는 피신자의 절대 안전 지역이었다. 즉 억울한
누명을 쓴 자든 정치적 망명자든 아니면 도망한 노예, 채무자 또는 범법자이든 간
에 일단 신전 안에만 들어오면 누구도 그를 체포해 갈 수 없었다. 그러나 이 점에
있어서 이스라엘의 도피성 제도는 차이가 있다. 왜냐하면 이스라엘의 경우, 비록
도피성으로 피신하였다 할지라도 공정한 재판 결과 고의적인 살인자로 판명되면
반드시 그를 끌어내어 처형하였기 때문이다신 19:11-13.

✝ 위치

이스라엘에는 요단 강 동편 지역에 3개, 서편 지역에 3개, 모두 6개의 도피성이 있
었다. 그것은 곧 동편의 바산 골란, 길르앗 라못, 베셀과 서편의 게데스, 세겜, 헤브
론이었다수 20:7, 8. 이 성읍들은 본래 백성들이 레위인들에게 준 성읍이었다는 특징
을 지닌다민 35:6. 그리고 그것들은 일정한 간격을 유지한 채 이스라엘 전역에 산재
해 있었다는 점도 눈에 띈다. 이는 분명 어느 곳에서라도 재빨리, 안전하게 도피성
으로 피신케 하기 위한 조처였다고 하겠다. 이러한 사실은 유대 전승에 의해서도
뒷받침된다. 즉 랍비들의 구전(口傳)에 따르면 도피성은 서로 정삼각형을 이룰 만큼
동일한 거리에 위치하였다고 한다. 그리고 그리로 향하는 길은 넓고 반듯하게 닦여

있었으며 '도피성'을 가리키는 큰 표
지판이 요소요소에 설치되어 있었다
고 한다. 한편 불행히도 이스라엘 역
사상 이러한 도피성 제도는 통일 왕국
시대(B.C. 1050-930)에만 제 기능을 발
휘하였던 것으로 추정된다. 이는 사사
시대와 그 이후의 분열 왕국 시대가
모두 외세의 침입과 내전(內戰) 등으로
인해 지속적인 안정을 구가할 수 없었
던 때였기 때문일 것이다.

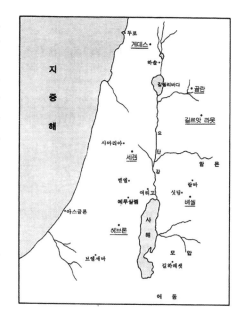

✝ 의미

우발적인 살인자가 도피성으로 피하
여 생명을 보존할 수 있었던 이 제도
는 하나님의 사랑과 긍휼에서 기인한
것이었다. 왜냐하면, "다른 사람의 피
를 흘리면 그 사람의 피도 흘릴 것이니"창 9:6라고 하신 하나님의 엄중한 공의의 법
이 있음에도 불구하고 피 흘림의 외면적 결과보다는 그 원인과 동기를 고려, 우발
적인 살인자의 생명을 살려 주었기 때문이다. 그렇지만 고의적인 살인을 범한 사람
은 단연코 죽음을 면할 수 없었으니, 이 도피성 제도는 그야말로 하나님의 공의와
사랑이 완벽히 조화를 이룬 제도라 하겠다.

또한 이러한 도피성 제도는 그리스도 안에서의 구원을 예표한다는 점에서 중요
한 의미를 지닌다.

특히 비록 이스라엘인이 아니더라도 도피성으로 피신하기만 하면 생명을 보존
할 수 있었던 사실민 35:15은 혹자가 오해하듯이 구약 시대에는 이스라엘 백성만 구
원받았던 것이 아니라 누구든지 하나님을 믿기만 하면 차별이 없이 죄 사함을 얻을
수 있다는 위대한 구원의 진리롬 8:1, 10:11-13를 잘 암시해 준다.

학습 자료 14-2 성경의 효(孝) 사상 신 21장

성경에서 '효'(헬. 유세베오)라는 말은 단 한 번 등장한다딤전 5:4. 이 때문에 혹자는, 성
경은 하나님에 대한 신앙과 사회에 대한 의무는 강조하지만, 상대적으로 효를 비
롯한 가정 '윤리'는 무시한다고 지적한다. 특히 효를 중시하는 유교(儒敎) 문화권에
있어서 이러한 도전은 훨씬 더 심각했으며, 한국도 기독교가 죽은 부모, 그리고 조
상에 대한 제사를 부인한다고 해서 복음 전도에 어려움이 많았다. 그러나 기독교
가 효를 무시한다는 주장은 전혀 이치에 닿지 않으며, 성경에 강조되고 있는 부모
에 대한 자식의 여러 의무를 간과한 억지에 불과하다. 본 장에 있어서도 아비의 말

이나 그 어미의 말을 순종치 아니하고 부모가 질책하여도 듣지 않는 아들은 사형에 해당한다고 규정함으로써[18-21절] 역설적으로 효도를 강조하고 있다. 이와 같이 성경이 일관되게 주장하는 효에 대해 알아보면 다음과 같다.

✝ 성경의 효에 대한 교훈
효는 부모를 잘 섬기는 일로 정의되는데 성경은 이에 대해 다음과 같은 교훈을 준다.

1	부모를 공경할 것(출 20:12)
2	절대 순종할 것(신 21:18, 19)
3	경외할 것(레 19:3)
4	즐겁게 할 것(잠 23:25)
5	효를 행하여 보답할 것(딤전 5:4)
6	의사(意思)를 존중할 것(창 26:34, 35)
7	유지(遺志)를 잘 받들 것(창 50:12-14)
8	신앙을 본받을 것(창48:21)
9	노인들을 공경할 것(레 19:32)
10	불경한 행동이나 언사를 삼가할 것(출 21:15, 17)
11	경홀히 여기지 말 것(신 27:16)
12	거짓말을 하지 말 것(슥 13:3)
13	공경하고 모욕하지 말 것(막 7:10)
14	거역하지 말 것(롬 1:30)

✝ 효와 불효의 결과
효를 강조하는 만큼 그 결과에 대해서도 보상과 벌이 약속되어 있다.

보상	약속의 땅에서 오래 삶(출 20:12)
	복을 누림(잠 1:8, 9)
	장수함(신 5:16)
형벌	저주 받음(창 9:25, 신 27:16)
	공중 앞에서 심판 받음(신 21:18-21)
	사형에 처함(출 21:15)

✝ 효와 하나님에 대한 신앙
성경은 효를 강조해서 이에 따른 큰 축복을 약속하되 이를 신앙적 차원으로 승화시킴으로써 절대적 효 관념을 창출한다. 이는 하나님과 이스라엘을 부자(父子) 관계로 규정하고 절대 순종을 요구한 것에서도 발견된다[호 11:1-12]. 또한 다른 예로서 죽음까지 불사한 이삭의 순종을 들 수 있다[창 22장]. 이는 이삭이 육적 아버지 아브라함의 뜻에 순종하는 것을 하나님에 대한 뜻을 받드는 것으로 생각했기 때문에 가능했다. 즉, 효도와 신앙은 이면적으로 필연적 유대를 갖는다는 것이다. 그러나 이러한 유대가 깨어질 때는 신앙이 효보다 우위에 있는 것은 사실이다. 즉, 성경은 효를 강조하되 부모를 '주 안에서' 순종할 것을 명하여^{엡 6:11} 부모보다 그리스도를 더 사랑할 것을 요구한다^{마 10:37}. 이는 동양적 효 윤리가 근원을 중시해야 한다는 자연법사상이나 사회 질서적 측면을 강조하는 반면 성경적 효 관념은 모든 것의 창조주이신 하나님께 그 근원을 둔 종교적 차원을 띤다는 점에서 독특성을 지닌다. 따라서 자녀는 마땅히 부모에게 효를 다하되 참다운 효는 하나님에게 근거해야 한다는 점을 잊지 않아야 하는 것이다. 실로 효도 주 안에서만이 참가치가 있는 것이다.

학습 자료 14-3 성도의 사회적 책임

✝ 성도의 사회적 의무의 필연성

예수님은 훗날, 하나님이 인간에게 주신 계명(commandments) 곧 율법(law)은 크게 두 가지로 요약된다고 하셨다. 곧 먼저는 하나님을 사랑하는 것, 그리고 이웃을 자기 몸처럼 사랑하는 것이 그것이다^{마 22:35-40}. 이는 필연적으로 하나님과의 수직적 대신 관계(對神關係)와 인간끼리의 수평적 대인 관계(對人關係)가 동시에 온전할 때에만 온전한 인간이 될 수 있음을 보여 준다.

여기서 하나님은 우리의 창조자이시며 현재 우리의 인생을 주관하시는 분이시며 또 훗날 우리를 심판하실 분이시기도 하므로 당연히 그분과의 관계는 중요하나, 같은 인간끼리의 관계는 중요할 것인가 하는 의문이 생길 수도 있을 것이다. 그러나 이것은 매우 잘못된 소견이다. 분명 성경은 하나님과의 바른 관계는 이웃과의 바른 관계로도 표현되어야 한다고 매우 강조한다.

① 하나님은 인간을 처음 창조하실 때부터 자연과 우주의 조화 속에서, 그리고 가정과 사회를 통하여 이웃과 함께 어울려 살아가도록 창조하셨다. 인간의 사회생활 자체가 본래부터 하나님의 창조 원리 속에 포함되어 있었던 것이다.

② 물론 나 자신도 하나님의 피조물이지만 나의 이웃과 우주 만물도 다 하나님이 직접 계획하시고 지으신 것이다. 그러므로 주위의 이웃과 우주 만물에 대하여 진지하고 성실한 자세를 가져야만 이것들을 지으신 하나님에 대한 충분한 예우를 갖추는 것이다. 즉 우리의 이웃과 우주 자연도 다 하나님의 것이므로 하나님을 존중하는 마음으로 우리의 이웃과 자연에도 최선의 자세를 가져야 하는 것이다.

한편 성경은 이런 원리를 구약 이스라엘 백성이 일상생활에서 잘 실천할 수 있도록 구체적 지침을 자상하게 마련해 주었다. 그리하여 구약 율법에는 대신 관계적 측면의 율법이 많지만 대인 관계에서의 책임을 강조하는 율법도 많다^{레 17장 학습 자료 9-3 참조}. 그중 여기서 먼저 사회 관련 율법 중에서도 인간 사회를 향한 하나님의 뜻이 가장 잘 반영된 사회 보장 제도적 율법을 새삼 요약하여 보자.

✝ 율법을 통해서 주신 사회 보장 제도들

① 토지제도 ② 채무 규례 ③ 노예 해방 ④ 약자 보호 규례 등등..

✝ 현대 기독교의 사회적 책임과 사회참여의 기본 원리

이상에서 고찰하였듯이 이미 하나님의 창조 원리상 필연적인 인간의 사회생활에 관한 말씀을 성도의 사회적 의무로 구체적으로 규정하고 있다는 것은 기독교의 사회참여의 당위성을 확립해 준다. 곧 인간은 원래부터 필연적으로 사회적 존재라는 일반적 원리 측면과 아울러 성도는 사회적으로 여호와 신앙에 근거하여 사회적 책임을 다해야 한다는 신앙적 측면에서이다. 실로 개인 성도 그리고 기독교는 본질적으로 천국 시민이나 그것이 훗날 완전히 이루어지기까지는 이 땅 위의 역사 속에서 그리고 구체적 사회 속에서 존재할 수밖에 없다. 또한 작고 큰 차이는 있을지라도 각자가 맡은 구속사적 소명을 감당할 구체적 장(場)도 결국 지금 여기(Here and Now)인 현실 사회인 것이다.

그러나 이제 성도가 더 구체적으로 어떻게 어떤 자세로 무엇을 목표로 사회에 참여할 것인가에 관하여서는 매우 폭넓은 관점에서 성경 전체를 망라하여 그 성경적 방법을 모색해야 한다. 그리고 사전에 다음 사실이 필히 지적되어야 한다. 사회참여 문제에 대하여 성경은 전체적으로 다음에 제시되는 원칙을 주는 것은 분명하나 2000년 교회사를 두고 각 시대 및 지역에 따라 이상의 원칙을 성도 및 각 교회의 현실에 적용하는 문제에 대해서는 경우마다 많은 논란이 있어 왔다. 또한 각 성도는 이상의 원칙과 자신이 처한 시대적 상황과 양심에 따라 하나님의 인도를 구하여 개인적 결단을 내려야 할 경우도 많고, 또 인간이 이에 대해 절대 선과 절대 악으로 양분할 수도 없다. 그러므로 오직 우리는 지나친 긍정 주의적 성급함과 지나친 보수주의적 나태함을 동시에 피하는 열린 눈을 가져야 한다. 그리고 이런 제시되는 원칙과 자신의 시대 현실을 놓고 하나님 앞에 지혜를 구하여 최선의 노력을 다하는 것만이 인간의 도리이다. 또 하나님은 우리에게 그 이상을 요구하시지도 않으신다. 그러면 이제 지면상 이를 일일이 열거할 수는 없으나 개인 성도의 기독교의 사회참여 문제에 대한 성경의 기본적 입장을 정리하면 다음과 같다.

1	기독교의 사회 참여의 궁극적 목적은 성도의 사회화가 아니라 세상의 복음화이다. 개인 성도 및 교회가 사회 참여를 할 때에 그 참여로 인하여 마치 천국이 이 지상에 이루어질 것인양 착각해서는 안된다. 성경은, 이 땅이 본질적으로 부패하여 궁극적으로 종말 심판에 이를 수밖에 없으며 하나님은 성도를 위한 낙원을, 그 영원한 낙원을, 오직 새 하늘과 새 땅에서만 건립해 주실 것이라고 말하고 있기 때문이다. 따라서 근본적으로 성도의 사회 참여는 정치, 혁명적 측면에서가 아니라 한 사람이라도 더 천국에 동참시키며 또 한시라도 천국을 빨리 임하게 하는 선교적 차원에서 수행되어야 한다(마 28:19, 20).
2	사회 참여란 오늘 이 땅의 역사에 대한 하나님의 뜻을 대리 실천하는 것이다(마 6:33).
3	세상의 복음화는 복음 전파만 아니라, 사회, 정치, 경제의 제반 영역에서의 복음화와 병행되어야 한다(마 5:16).
4	사회 참여의 방법과 참여 여부는 각인의 믿음의 분량 대로, 소명에 따라 자발적으로 이루어져야 한다(고후 10:15).

5	개혁적 차원, 곧 적극적으로 사회의 부조리와 구조적 모순을 지적 · 개선해 나가는 일과 보수적 차원, 곧 소극적으로 하나님의 공의와 복음을 전파하여 더 이상의 사회 부패를 막는 일이 동시에 진행되어야 한다(마 5:13, 14).
6	사회 참여는 화목의 차원에서 이루어져야 한다. 곧, 하나님과 인간, 인간과 인간, 인간과 자연의 화목을 이루어야 한다(엡 2:11-22)
7	사회 참여는 개인적 차원과 전 교회적 차원에서 함께 이루어져야 한다. 그러나 그 세부 방법과 원리에서는 개인적 참여의 차원에서보다 전 교회적 차원의 경우 매우 신중하고 사려 깊은 성경적 원리에 입각해야 한다. 즉 사회 참여가 교회의 본직 유지보다 선행되어서는 안된다(엡 1:4-14).

학습 자료 14-4 구제와 자선 신 26장

본 장은 대 안식년을 기준으로 한 3년째에 바쳐지는 십일조의 용도를 약자에 대한 구제용으로 규정함으로써[12절] 성경이 자선(慈善)을 명하며, 성도는 개인적으로나 교회적으로나 이를 행할 의무가 있음을 보여 준다.

✝ 용어

불행이나 재해를 당한 사람을 돕는다는 뜻의 '구제'(救濟)나 '자선'(慈善)에 해당하는 직접적 히브리어는 없다. 그러나 구약은 광범위하게 실제적 구제를 언급하고 있으며, 이는 대개 '헤세드'(자비), '체다카'(정의) 등으로 표현된다[신 6:25, 시 24:5, 사 1:27]. 또한 신약에서는 헬라어 '엘레에모수네'를 12번 사용하여 가난한 자를 돕는 행위를 표현했다[행 9:36]. 이와 같이 성경은 구제란 구체적 용어는 잘 쓰지 않으나 다른 언어를 대용하여 이를 강조하고 있다.

✝ 구약 성경의 구제

구약은 가난한 자를 구제하기 위한 다양한 제도나 방법을 제시한다. 율법은 가난한 형제가 필요로 하는 만큼 관대하게 구제할 것을 말하며[신 15:7-11], 과수의 열매를 다 추수하지 말고 가난한 자, 나그네, 고아 등을 위해 남겨두고[레 19:9, 10; 신 24:19-22], 배고픈 자는 밭이나 포도원에서 무상(無償)으로 배를 채울 수 있도록 규정했다[신 23:24, 25]. 또한 본장에 언급된 바와 같이 매 3년 마다 십일조를 나그네, 고아, 과부를 위해 쓰게 했으며[신 14:28, 29] 매 7년, 즉 안식년에는 밭을 기경하지 않고 추수하지 않음으로 그 소출이 가난한 자에게 돌아가게 했다[출 23:10, 11].

✝ 신약 성경의 구제

신약 역시 구제를 강조한다. 심지어는 하나님 나라에 들어가는 사람은 그들의 재산을 다 팔아 가난한 사람에게 나누어 주어야 한다고 규정한다[마 19:21, 눅 12:33]. 또한 초대 교회 집사들은 구제를 책임지기 위해 선출된 자들이었다[행 6:1-6]. 한편 신약에서는 구제에 따른 외식을 강하게 경고하고 있다[마 6:2]. 이는 구제의 가치가 그 양에 있는 것이 아니라 이웃에 대한 사랑과 자기부정에 있기 때문이다[마 12:42-44].

✝ 바람직한 구제

참된 구제는 하나님께 대한 감사와 이웃에 대한 사랑으로 이루어져야 하나 많은 경우에는 속죄에 있어서의 공로적 행위라든가, 심지어는 죄에서의 구원을 위한 조건으로까지 확대하여 해석되었다(외경, 토비트)[12:9]. 물론 성경이 구제에 대한 보상을 규정하는 것은 사실이나[단 4:27] 이를 행하는 자의 입장에서는 사회 정의의 성실한 실현이며 구제 자체를 하나의 축복으로 간주해야 한다[창 12:3]. 즉 주는 것이 받는 것보다 복이 있다[행10:4]. 따라서 축복으로 거저 받은 것을 나누어 줄 때 조건이 없어야 하며[마 10:8], 밖으로 드러내지 않아야 한다[마 6:3].

학습 자료 14-5 복 [신 26:11]

이에 해당하는 '토브'(שׁוֹב)는 '기뻐하다'(be pleasant), '선하다'(be good)는 의미의 동사 '토브'에서 유래한 명사로서 '선한 것'(a good thing), '은혜'(benefit), '행복'(welfare)이라는 뜻이다. 그런데 이 동사에 해당하는 아람어를 보면, '즐겁게 하다'(delightful), '맛이나 향기가 달콤하거나 향긋하다'(sweet or savoury), '순수하고 깨끗하다'(be pure and clean), '행복하다'(happy) 등의 의미로 쓰이고 있다. 이로 볼 때 이 동사는 정신적인 의미에서나 신체적인 의미에서나 총괄해서 기쁨을 주는 모든 것을 가리켜 사용됨을 알 수 있다. 그리고 명사 '토브'는 '의로운 것'[잠 11:23], '도덕적으로 선한 것'[창 2:9, 17]을 가리키기도 하지만 '하나님이 주시는 영원한 은혜'[시 21:3, 잠 24:25]를 뜻하는 경우가 더 많다. 여기서 우리는 히브리인의 '복의 개념'이 어떠함을 알 수 있는데, 즉 그것은 삶 전체에 기쁨을 주는 것, 도덕적인 면에서 순결하고 선한 것, 그것을 복으로 여겼다는 것이다. 이는 물질적인 풍요가 곧 복인 것으로 생각하는 것과는 완전히 대조적임을 보여준다.

한편, '복'을 의미하는 또 다른 히브리어 '베라카'(ברכה)는 '무릎을 꿇다'(kneel)라는 뜻의 동사 '바라크'(ברך)에서 유래한 명사이다. 그런데 동사 '바라크'의 용례를 보면,

① 하나님을 향하여 무릎을 꿇을 때는 '찬양하다'[창 9:26, 24:27]라는 의미로 쓰이고,
② 이 동사가 강의형(piel)으로 쓰일 때는, '계속해서 무릎꿇다', 즉 '복을 빌다'라는 의미로 쓰인다. 여기에 나타난 '복의 개념'은 하나님을 찬양하는 것[느 9:5], 또는 하나님을 통하여 주어지는 것[창 12:2], 그것이 '복'이라는 것이다. 이는 인간의 행복이나 즐거움이 전적으로 여호와로부터 말미암는다는 히브리인의 신앙을 잘 반영하고 있다고 볼 수 있다.

학습 자료 14-6 성경적 복의 개념 [신 28장]

오늘날 우리는 자신도 모르는 사이에 성경의 진리에서 벗어난 그릇된 가르침에 익

숙해져 있다. 이는 곧 많은 교회 강단에서 강조되고 있는 '신앙 = 물질적 축복'이라는 도식적인 가르침이다. 이로 말미암아 교인들 사이에서는 복에 대한 잘못된 개념이 널리 퍼져 있다. 곧 열심 있는 신앙생활의 결과는 무슨 일을 하든 형통하는 것이며 생활의 어려움이나 뜻하지 아니한 재난 등은 나태한 신앙 및 죄의 결과라는 인식이다. 만일 이것이 사실이라면 우리 주변의 불신자들이 성도들보다 더 형통하는 경우가 많음을 어떻게 설명할 것인가? 그러므로 이에 관해 성경에 나타나 있는 복의 참된 개념을 살펴보고 이것을 교훈으로 삼는 일은 매우 중요하지 않을 수 없다.

✝ 현세적, 물질적 축복

성경에는 하나님을 경외하는 자가 받을 현세적, 물질적 복이 언급되어 있다. 그러나 그것은 어떤 특정 측면의 것이 아니라 삶의 전반에 걸쳐 안녕과 부족함이 없는 생활을 영위하게 되리라는 것이다^{신 28:1-14}. 이러한 복은 본래 하나님께서 모든 인간에게 베푸셨던 일반 은총적 차원의 것이다. 그런데 인간이 타락한 결과 이 세상에는 죽음과 질병, 고통, 각종 재앙 따위가 형벌로서 주어졌다^{롬 5:12}. 때문에 육체적 죽음은 불가피한 것이라 할지라도 이 세상에서만이라도 복 누리기를 바라는 것은 유사 이래 모든 인간의 공통적인 소망이었다. 따라서 성경은 하나님을 경외하는 자에게 이 같은 소망에 부합하는 축복을 부어주시는 것이다.

한편 이러한 축복과 관련, 성경은 항상 그 전제 조건으로 "여호와의 말씀을 삼가 듣고 … 그 모든 명령을 지켜 행하면"^{신 28:1}이라는 단서를 달고 있다. 이는 단순히 하나님께 대한 강제적 순종을 의미하는 것이 아니라 하나님과의 정상적인 관계 회복을 의미한다. 사실 모든 복의 원천이 하나님이시니 그분과 함께하는 자의 삶이 안은(安隱)하지 않을 수 없다. 그런데도 인간은 이러한 하나님을 떠나 불행 중에 머물러 있는 것이다.

그러나 이러한 축복과 관련, 다음 사실도 기억해야 한다. 그것은 하나님을 진정으로 경외하는 자에게도 불의의 재난과 경제적 궁핍 등이 찾아들 수 있다는 것이다. 이는 하나님께서 인간의 신앙을 더욱더 공고히 하시기 위한 연단의 방편으로 그러한 시련을 허용하시기 때문이다^{벧전 1:7}. 사도 베드로가 우리들에게 "너희를 연단하려고 오는 불 시험을 이상한 일 당하는 것 같이 이상히 여기지 말고… 즐거워하라"^{벧전 4:12-13}고 가르치고 있음도 바로 이러한 까닭에서이다. 더욱이 성도와 불신자가 아무런 차별이 없이 해와 비의 혜택을 누리듯이 자연 현상으로 인한 불의(不意)의 재난은 성도들 역시 동일하게 입을 수 있는 것이다.

✝ 내세적, 영적 축복

기독교의 정수(精髓)는 그리스도의 대속 사역으로 말미암아 누구든지 저를 믿는 자마다 멸망에서 영생으로 옮겨지게 되었다는 사실이다^{요 5:24}. 현세적, 물질적 축복이 일시적, 부차적인 복이라 할 것 같으면 이러한 복은 성도가 누릴 영원하며 절대적인 복이라 하겠다. 그런데 이러한 복은 구약 성경에서 보다 신약에서 더 많이 언급되고 있다. 그러나 이는 구약 시대에 그러한 영적 축복을 불필요하게 여겼기 때문은 아니다. 다만 하나님의 구속(救贖) 계시가 확연히 드러난 신약시대에 이르러서 집중적으로 강조되고 있을 뿐이다. 한편 이러한 복 역시 그 전제 조건은 "입으로 예수를 주로 시인하며 … 네 마음에 믿으면"롬 10: 9이다. 결국 이 같은 사실은 물질적 복이든 영적 복이든 간에 그것은 인간이 하나님과 올바른 관계를 정립할 때야 비로소 주어지는 것이지 인간이 기복적(祈福的)으로 간구한다고 해서 얻을 수 있는 것은 아님을 일깨워 준다. 그런즉 우리는 언제 어떤 상황에서도 항상 하나님과 동행하는 삶을 살아야 한다. 그리고 그러한 자의 삶의 자세가 하나님의 말씀에 대한 순종일 수밖에 없음은 더 말할 나위 없다. 그리고 말씀 순종은 만복의 근원이신 하나님을 자신의 주로 섬길 수 있게 된 데 대한 감사의 표현이어야지 축복을 얻는 방편이어서는 안 된다.

✝ 결론

하나님의 축복은 그분의 천지 창조 사역 때부터 비롯되었다. 그분이 세상 만물을 창조하신 후 축복하시기를 "생육하고 번성하여 땅에 충만하라"창 1:28 하신 것이 바로 그것이다. 그러나 인간 타락으로 말미암아 하나님의 저주가 모든 피조물에게 미쳤으니창 3:16-19, 이후 피조물은 말할 수 없는 고통과 탄식 가운데 처하게 되었다롬 8: 22.

그러나 하나님은 긍휼과 사랑으로 이 같은 상황을 끝까지 버려두지 않으시고 결국 우리를 실망과 고통 가운데서 건져 낼 구세주를 세상에 보내 주셨으니 곧 그리스도시다요 3:16. 그런즉 우리는 더 이상 사망의 자리에 머물러 있을 것이 아니라 그리스도와 동행하는 자리에 이르러야 할 것이다. 물론 그 길은 현세적 축복이 보장된 길이 아니라 오히려 형극(荊棘)의 길이다마 7:14. 그러나 "현재의 고난은 장차 우리에게 나타날 영광과 비교할 수" 없으니롬 8:18, 끝까지 인내하여야 한다.

학습 자료 14-7 모세 율법과 고대 근동의 법전 신 28:58

19세기에 들어와 고대 근동의 문헌들이 대량으로 발견되면서 모세 율법과 고대 근동의 법전(法典) 간의 비교 연구가 매우 활발하게 이뤄졌다. 그리고 그 결과 모세의 율법과 고대 법전 간에는 상당히 많은 유사점이 발견되었다. 이에 대하여 학자들은 서로 다른 두 가지 결론을 내렸다. 즉 자유주의 학자들은 모세 율법이 함무라비 법전을 비롯한 고대 근동의 법전들을 상당 부분 차용(借用)해 와서 개조한 것이라고 주장한다. 반면에 보수주의 학자들은 모세 율법이 고대 근동 지역의 관습법에 상당히 많은 영향을 받았음을 인정하면서, 동시에 모세 율법은 독특한 이스라엘의 종교관에 의해 새롭게 개정 수용된 것이거나 혹은 이스라엘의 고유한 전통에서 비롯된 것이 대부분이라고 설명한다. 그러나 이런 다른 주장에도 불구하고 고대 근동의 문헌 연구가 모세 율법을 이해하는 데 상당히 많은 도움을 주고 있다는 사실에는 똑같이 공감한다.

✚ 고대 근동의 법전들과 그 특징

고대 근동 국가의 법전(法典)은 그들의 왕정 체제와 밀접한 연관이 있다. 그리고 그 법전들은 오늘날처럼 판사가 재판할 때 재판의 기준으로 삼는 그런 성격이 아니라 왕의 통치권과 관련하여 이루어졌던 과거의 판례(判例)들을 수집하고 문서로 만든 것에 불과하다. 그리고 그 목적은 재판관들이 재판에 유익하게 사용하도록 하는 데 있지 않고 다만 백성들의 삶의 규범이 되도록 하는 데 있다.

이와 같이 판례(判例)들을 수집 문서화하는 일에 가장 열심이었던 국가는 바벨론이었다. 고대 법전들 가운데 가장 오래된 우르 남무 법전(The Ur Nammu Code. B.C. 2050년경), 에쉬눈나 법전(The Eshnummna Code. B.C. 2000년경), 리핏·이쉬타르 법전(The Lipit Ishtar Code. B.C. 1850년경), 그리고 위의 법전들을 보완한 함무라비 법전(The Hammulabi Code. B.C. 1700년경) 등이 모두 왕의 주도하에 쓰여진 고대 바벨론의 법전들이다.

이와 대조적으로 애굽은 법에 관한 자료들을 거의 남기지 않았다. 그 이유는 애굽 왕 바로의 말이 곧 진리이며 법이었기 때문이다. 애굽에서 바로는 태양신 라(Ra)의 아들이자 곧 신이었다. 따라서 과거의 판례(判例)들은 거의 의미가 없으며 오직 현시점에서 바로가 선언하는 말이 곧 법이다.

한편 고대 앗수르의 법전들은 재판관들이 판결할 때 사용하기 위한 목적으로, 공적인 기관에서 수집하여 편집한 것들로서 대개 B.C. 1100년경의 것이다. 그러나 법전의 법률은 왕의 명령에 종속되는 것이며, 그렇게 큰 권위가 부여된 것도 아니다.

헷 족속의 법률은 그 연구 방법에 있어서 현대적 방법과 유사한 면이 있다. 즉 과거의 판례들을 서로 비교 연구하여 보다 보편적인 규정들을 만들어 냈으며, 그 규정들에 의하여 현재의 일상적인 사건들을 해결할 목적으로 법전(法典)을 편집했다(B.C. 1300년경). 그러나 그 수준에 있어서는 아직 미개한 상태에 있었으며 앗수르의 법률보다 허술한 점이 많았다. 그리고 시리아와 팔레스타인에는 이 같은 법전들이 거의 없었으며, 전제주의적 왕의 결정이 곧 법이었다.

✚ 모세 율법과의 유사점

위에서 소개한 고대 법전(法典)들은 내용과 형식, 또는 문체 면에서 모세 율법과 유사한 점이 많다. 그렇다고 해서 모세 율법이 근동의 이방 법전을 그대로 차용(借用)했다거나 모방했다는 말은 아니다. 모세 율법은 확실히 근동의 법전들과 다른 독특성이 있다. 다만 근동의 관습법의 영향에 의해 그 시대에 유행하던 형식, 문체, 내용 혹은 사례들을 필요에 따라 사용했지만, 그것은 이스라엘의 종교적 특성들을 표현하기 위한 도구였을 뿐이다.

① **문체면에서** : 근동의 법전과 모세 율법은 대개 다음의 두 가지 문체로 표현된다. 첫째는 사례적인 형식의 법률들(Casuisrtic)로서 '만약…한다면'이란 형식으로 표현되는 문체이다. 이는 일상적인 사건들에 대한 판례(判例)를 중심으로 다룬 율법에서 많이 사용되는 문체로서, 이 경우에 모세 율법은 고대 근동의 율법

에서도 제시한 사례들에 대해 많이 언급한다. 그러나 그렇다 할지라도 모세 율법은 전혀 새로운 관점에서 그 사례들에 대한 해결책을 제시한다. 둘째는 필연법(Apodictic), 혹은 정언 명령(Categorical imperatives) 형식의 문체로서 십계명이나 저주 문서^{신 27, 28장} 등이다. 이런 경우에는 이스라엘의 전통적인 종교관을 담은 법률들이 대부분으로서 모세 오경의 독특성이 더 분명하게 나타난다. 그리고 2인칭 미래형을 사용한 문체도 여기에 속하는데, 예를 들면 '네가…해서는 안될 것이다'^{출 22:17, 23:19}의 형태로 된 것들이다.

② **형식면에서** : 모세 율법의 많은 부분이 근동 지역의 종주권 조약(宗主權條約)형식을 취하고 있다. 즉 근동 국가의 왕들이 자기의 봉신과 계약을 맺고 협정 문서를 작성한 것과 같이 모세의 율법도 하나님과 이스라엘 간에 계약을 체결하는 형식으로 기록하고 있다. 이같은 형식이 가장 두드러진 부분이 십계명과 신명기인데, 십계명은 하나님과 이스라엘 사이에 맺은 시내 산 언약의 문서와 같은 것이다.

✝ 모세 율법의 독특성

비록 문체, 내용, 형식면에서 유사점이 많다 할지라도 모세 율법은 근동의 법전들과는 구별되는 독특성을 가진다.

① 모세 율법은 백성과 인간적인 지배자와의 관계에서 비롯된 법이 아니라, 이스라엘과 여호와와의 관계에서 비롯된 법이다.

② 모세 율법은 정치적이 아니라 종교적이다.

③ 모세 율법의 준수 여부에 따른 심판자는 여호와이시다. 그러나 이방의 율법과 이방 신과는 그렇게 밀접한 관계에 있지 않다.

④ 하나님과 맺은 계약은 하나님과 인간 간의 관계만을 규제하는 것이 아니라 인간 상호간의 모든 관계도 규제한다.

⑤ 모세 율법은 형식상의 준수보다 내면적 동기를 중요시한다^{신 22:24}.

⑥ 모세 율법 준수의 근본적 동기는 여호와의 신앙에 있다^{출 20: 5}.

⑦ 모세 율법 준수의 근본적 동기는 출애굽 사건을 통한 구원에 대한 감사에 있다^{출 23:9, 레 19:36, 신 5:15}.

⑧ 모세 율법 준수의 목적은 하나님의 선민(選民)으로서의 성결 유지이다.

⑨ 고대 근동 율법에는 신분상의 차별이 있으나 모세 율법은 모든 백성이 하나님 앞에서 동등하게 심판의 대상이 된다. 심지어 이스라엘 백성과 이방인 사이에도 하나님 앞에서는 차별 대우가 없다^{출 22:21, 23:2-9}.

⑩ 모세 율법의 근본정신은 인간에 대한 자비와 인류 구원 정신이다. 심지어 모세 율법에 기록된 동해 보복법^{출 21:23-25}도 이방 율법과 같은 단순한 보복법이 아니라 죄의 억제를 통해 사회 질서를 유지한다는 평화의 정신에 입각해 있다.

⑪ 모세 율법은 철저한 도덕적 성격을 지닌다.

⑫ 모세 율법은 철저히 종교적이면서도 동시에 가장 인간적인 법으로서 인간 삶 자체에 가장 밀접하게 연관되어 있다.

이처럼 모세 율법은 고대 근동의 관습법의 영향을 크게 받았지만, 다신론적인 이방의 법전(法典)과는 달리 여호와 유일 신앙에 근거하고 있으며, 인도적 정신과 윤리성이 매우 강조되어 있다.

이로 볼 때 모세 율법은 인간의 손으로 만들어진 율법이 아니라 신적 기원을 가진 율법임을 알 수 있다. 그리고 하나님은 이 율법을 이스라엘에게 주실 때 당시의 문화적 요소들을 충분히 이용하셔서 주셨기 때문에 이스라엘은 쉽게 그 율법을 이해할 수 있었다.

✝ 현대 법률과 모세 율법의 비교

현대 법률과 모세 율법은 크게 다음 세 가지의 차이를 갖는다.

① 현대 법률은 보편적 가치 기준을, 모세 율법은 절대 선을 추구한다.
② 현대 법률은 비인격적 권위를 가지고 순종을 요구하나, 모세 율법은 인격적인 하나님께 순종케 한다.
③ 모세 율법은 하나님과의 관계를 증진해 주나 현대 법률은 그렇지 않다.

학습 자료 14-8 성전(聖戰, Holy War) 신 31:3-6

본 장에는 하나님 여호와께서 이스라엘보다 먼저 가나안 땅에 들어가서 그 민족들을 멸하고 이스라엘로 하여금 그 땅을 정복케 하시겠다는 약속이 나온다3절. 그래서 이스라엘은 마음을 강하게 하고 담대히 하며 그들을 두려워하지 않을 수 있었다 6절. 이러한 전쟁 수행자는 '여호와께서 명한 모든 명령대로 그들에게 행하여야' 했다5절. 이와 같이 본 장의 언급은 당시 이스라엘이 수행해야 했던 전쟁이 자신의 임의대로 하는 정복 전쟁이 아니라 하나님의 명령에 따라 행하는 영적 가치를 지닌 '거룩한 전쟁'임을 보여 준다.

✝ 성전의 개념

하나님은 만물의 창조자이실 뿐 아니라 역사의 섭리자이시다. 따라서 이 세상의 모든 일은 하나님의 계획하신 바에 따라 이루어진다. 그러나 하나님께서 일을 수행하실 때 직접 하시는 때도 있으나 대부분 인간을 그 도구로 사용하신다. 인간 생활에 큰 영향을 미치는 전쟁도 마찬가지이다. 이러한 전쟁 가운데서도 하나님께서 택한 자를 들어, 악한 자를 멸하시며 하나님 나라의 확장을 위해 하나님의 직접적 명령에 의해 수행케 하시는 전쟁을 '성전'이라 한다. 성경 가운데는 이러한 거룩한 전쟁이 많이 언급되어 있다. 그러나 이는 가나안 정복 과정과 사사 시대에 특히 두드러지며 후기로 갈수록 성전적 의미보다는 징계적 의미가 강해진다. 그러나 거룩한 전쟁의 의미는 결코 사라질 수 없으며 이는 영적으로 승화되어 세상 끝날 마귀의 세력이 멸해질 때까지 성도들에 의해 계속 수행되어야 한다.

✝ 성전에 대한 준비

삼상 17:47은 전쟁이 여호와께 속한 것임을 밝히고 있다. 따라서 전쟁은 그 수행에 있어서뿐 아니라 준비에서도 절대적으로 여호와께 의존해야 한다. 그 첫째로 언급될 수 있는 것이, 성전은 하나님의 재가(裁可)를 받아야 한다는 것이다. 즉 하나님께서 찬성하시는 전쟁만이 승리가 보장되는 성전이다. 이에 대한 재가는 대부분 꿈, 우림, 에봇, 선지자의 예언에 의해 이루어진다[삿 7:9-14, 삼상 28:6, 30:7, 삼하 5:19. 23, 왕상 22:5, 7, 8]. 이는 영적 전쟁에도 성도는 하나님의 재가를 절대 필요로 함을 보여 준다.

✝ 성전의 수행자

출 15:3은 여호와는 용사이심을 밝히고 있다. 이는 성전 수행의 주체가 여호와이심을 보여 준다. 즉 성전의 선전 포고에서부터[출 17:16, 민 31:3] 여호와가 능동적으로 참여하심이 전제된 것이다. 그러나 이러한 원칙이 실제로 적용됨에 있어서는 많은 주의 군사가 동원되었다. 이들에서는 하나님에 대한 전적 신뢰와 성실한 헌신이 요구되었다. 따라서 겁내는 자, 갓 결혼한 자, 경제적으로 집안 걱정에 사로잡혀 있는 자는 이 전쟁에 참여할 수 없었다[신 20:5-9]. 왜냐하면 이들은 '즐거이 헌신했던' 다른 용사들의 사기나 단결심을 깨뜨릴 우려가 있기 때문이다[삿 5:2]. 또한 성전을 수행하는 군대의 진(陣)은 여호와께서 '행하시는' 곳이므로 다른 성역과 같이 의식적으로 깨끗해야 하였다. 즉 배설물을 진영 밖에 묻으며[신 23:12, 13] 몽설(夢泄)함으로 부정케 된 자들도 진 밖에서 하루 동안 머물며 세정의식(洗淨儀式)을 행하게 했다[신 23:10, 11]. 또한 여인을 가까이했던 사람이 진중에 들어가는 것도 금지되었다. 이러한 여러 규례는 성전의 수행자는 거룩한 하나님 나라의 확장이라는 그 목적에 맞게 자신부터 먼저 거룩해져야 함을 보여 주고 있다.

✝ 성전의 과정

신 20:4은 "너희 하나님 여호와는 너희와 함께 행하시며, 너희 적군과 싸우시고 구원하실 것이라"고 선언한다[신 20:4]. 즉 성전의 주체는 여호와이며 수행자는 이스라엘이고, 상대자는 이스라엘의 대적인 것이다. 여기서 성전은 전적으로 여호와에 의해 수행되는 '여호와의 싸움'[삼상 18:17]임을 알 수 있다. 그리고 이스라엘은 단지 하나님의 뜻에 전적으로 의지하며 순종하는 가운데 군대 앞에서 전투하시는 하나님을 좇아갈 뿐이다. 이 같은 방법으로 성전이 수행될 때 하나님은 반드시 승리를 보장하신다. 따라서 비록 성전을 싸우는 자의 힘은 약하더라도 하나님을 믿는 신앙으로 담대해야 한다. 골리앗을 이긴 다윗과[삼상 17:41-47] 단독으로 블레셋을 공격했던 요나단도 바로 그러한 신앙의 소유자였다[삼상 14장].

✝ 성전의 의의

하나님 뜻을 이루려는 성전의 수행자들이 성전 의식에 충실했을 때 항상 승리를 획득할 수 있었다[삿 5:4, 20, 21]. 그러나 거룩한 목적을 상실하고 인간적 정복욕에 사로잡혔을 때는 실패를 거듭했다[삼상 13:1-15:35]. 또한 성경에 언급된 전쟁의 규례에서,

성전은 목적에서 뿐만 아니라 그 수행 과정에 있어서도 거룩함을 견지해야만 최후의 승리자가 됨을 알 수 있다. 이러한 성전의 개념은 육적 이스라엘뿐 아니라 영적 이스라엘인 성도의 삶에서도 그대로 적용된다. 즉 성도는 세상 끝날 때까지 마귀와 더불어 영적 전쟁을 수행해야 하는 그리스도의 군사이다 ^{딤후 2:3}. 따라서 마귀와의 싸움에서 이기신 후 승리를 선포하신 ^{요 19:30} 그리스도를 뒤따를 때 비록 우리 힘이 약하다 할지라도 승리가 보장된다.

학습 자료 14-9 신인 동형 동성론(Anthropomorphism) ^{신 32장}

하나님은 인간과는 달리 육체를 갖지 않으신 순수한 영이시다. 따라서 인간의 오관(五官)으로는 식별되지 않는다 ^{딤전 6:15, 16}. 또한 하나님은 완전히 도덕적이며 완전한 지성적, 주권적 속성을 갖고 계신다는 점에서 인간과는 구별된다. 그런데도 성경은 하나님을 인간과 유사한 모습으로 묘사하는 때가 많다. 본 장에 있어서도 선하신 하나님께서 '질투하시며' 거룩하신 하나님께서 '진노를 격발하시는' 것으로 묘사되고 있다^{16절}. 이처럼 하나님을 인간의 용어로 표현하거나 혹은 인간의 품성을 지닌 것처럼 묘사하는 것을 '신인 동형 동성론'(神人同形同性論) 이라 한다.

✝ 용어

이에 해당하는 영어(anthropomorphism)는 헬라어 '인간'(ἄυθρωπος, 안드로포스)과 '형태'(μορφή, 모르페)의 합성어이다. 이는 원래 그리스 신화에 등장하는 여러 신들이 인간과 유사한 형태와 성격을 지님을 표현하는 용어였다. 그러나 그리스 다신 종교뿐 아니라 고대 다른 나라 종교에서도 역시 정도의 차이는 있으나 종종 신을 인간적 형태로 묘사한다. 따라서 이는 종교학과 문학에서 보편적으로 사용하는 용어가 되었다.

✝ 성격적 용례

구약에서 하나님은 음성을 발하여 '말씀하시고'^{창 1:3} '보시며'^{창 1:4} 서늘할 때 동산을 '거니시는'^{창 3:8} 분으로 묘사되었다. 또한 하나님의 형상^{민 12:8} 하나님의 발^{출 24:10} 하나님의 손^{사 50:11} 등과 같은 표현으로 마치 인간과 같이 사지(四肢)육체를 가지신 분으로 묘사된다. 이러한 육체적 특성 외에도 '질투하시며'^{출 20:5}, '노하심'^{시 77:9}, '자비롭고'^{욘 4:2}, '능력이 많으시고'^{시 147:5}, '자비와 은혜가 넘치고'^{시 103:8} '후회하시는'^{삼상 15:11} 인간적인 감성을 지니신 분으로도 묘사된다. 또한 '목자'^{시 23:1}, '신랑'^{사 62:5}, '용사'^{출 15:3} 등과 같이 인간의 신분을 나타내는 용어를 하나님께 적용시키기도 하였다. 신약에는 구약보다는 이러한 표현이 비교적 적게 등장하나 역시 '말씀하시고'^{히 1:1}, '보내시고'^{요 17}, '택하시고'^{엡 1:4}, '예정하시고'^{3:11}, '노하시고'^{롬 1:18}, '판단하시고'^{롬 2:2}, '화목케 하시고'^{고후 5:18}, '사랑하시는'^{요 3:16} 분으로 묘사된다. 그럴 뿐만 아니라 손^{요 10:29}과 품^{요 1:18}과 얼굴^{마 18:10}을 가지시며 아버지^{마 6:9}, 왕계 4:2 등의 인간적 용어로 표현된다.

✝ 동형론(同形論)과 동성론(同性論)

신인 동형 동성론을 보다 세분하여 본다면 순수한 영이신 하나님을 육체를 가진 것처럼 묘사한 동형론과 하나님을 인간의 지·정·의(知情意)와 인격에 비추어 묘사한 동성론으로 나누어 설명할 수 있다.

① **동형론** : 비물질적 존재인 하나님을 인간의 육체적 기능을 빌어 설명했다는 점에서 이는 순수한 은유(隱喩)로 받아들여야 한다. 즉 하나님께서 바벨탑을 쌓는 인간의 성(城)과 대(臺)를 보시려고 강림(降臨)하셨다는 표현은 하나님이 높은 곳에 계시다가 위치를 낮추시어 이 땅에 내려오신 동작을 나타내는 것이 아니다[창 11:5]. 이는 순수한 의인적인 표현으로, 인간의 악한 행위에 관심을 기울이시며 자비를 보이신 지금까지의 태도를 변화시켜 공의의 심판을 행하시려는 의도를 나타내는 문학적 표현이다. 이처럼 하나님이 인간의 역사에 개입하심을 나타내기 위해 사용된 이러한 동형론적 표현은 주로 하나님의 의지에 강조점을 두고 해석할 수 있다. 이는 하나님의 팔은 전능하신 의지적 능력을[출 6:6, 시 89:13], 코는 공의로우신 분노를[삼하 22:9, 시 18:8], 입은 절대 변개치 않으시는 말씀을[시 33:6], 눈은 모든 것을 살피시며 아시는 전지하심을[대하 16:9] 나타낸다는 사실로서도 이를 입증할 수 있다.

② **동성론** : 동형론이 하나님께 없는 것을 마치 있는 것처럼 표현하여 하나님의 행위나 속성을 표현한 순수 은유라면 동성론은 무한한 하나님을 유한한 인간에 비유해 설명한 강조적 표현법이라 할 수 있다. 즉 하나님은 지정의를 갖춘 인격적 존재로서 도덕성과 추진성 및 생명성을 갖고 계신다. 하나님 형상을 부여받아 창조된 인간 역시 이러한 속성을 갖고 있으나 무한하신 하나님에 비해 유한하다는 차이점을 지닌다. 따라서 동성론적 표현은 제한적 존재인 인간에게 무한하신 하나님의 품성을 효과적으로 전달하려는 방법이라 볼 수 있다.

예를 들어 홍수 후에 노아와의 언약에 있어서 무지개를 보고 인간과의 언약을 '기억하겠다'는[창 9:16] 표현은 하나님이 인간처럼 건망증(健忘症)이 있어 평소에 잊고 있었던 것을 무지개를 보고 불현듯 떠올린다는 의미가 아니다. 이것은 하나님께서 당신의 언약을 언제나 기억하시고 성실히 수행하신다는 것을 무지개 표징으로 나타내심을 강조하는 표현이다. 이러한 원칙은 하나님의 근심[창 6:6], 노함[출 22:24], 질투함[민 25:11], 맹세함[사 62:8], 이상히 여김[막 6:6] 등의 표현에도 그대로 적용된다.

✝ 성육신과의 관계

신인 동형 동성론은 하나님을 인간적 행동이나 품성을 나타내는 용어로 묘사하여 인간의 이해를 돕기 위한 문학적 방편인 반면, 성육신은 하나님이 직접 인간 가운데 인간의 몸을 입고 임하심을 가리킨다. 즉 신인 동형 동성론은 죄를 범함으로 영안(靈眼)이 흐려진 인간이 잃어버렸던 하나님에 대한 정보를 다시 인간에게 더 효율적으로 전달키 위한 목적을 지니고 있으나, 성육신은 직접 인간 가운데 하나님이 임하심으로 지금까지 감추어졌던 하나님을 계시된 하나님으로 완전히 드러내신 것이다. 이처럼 양자는 모두 하나님의 자기 계시이나 후자는 구원을 위한 완전한 자기 계시라는 차이점을 지닌다.

✝ 해석상의 위험

신인 동형 동성론은 무한하신 하나님을 유한한 인간적 용어로 표현한 것이므로 항상 오해의 위험이 따른다. 좀 더 구체적으로 말하면 인간의 영적, 지적 파악력이 하나님에 대해 아는 데는 미치지 못하며, 인간의 문자도 영적 진리를 전달하는 데 분명한 한계가 있는데, 신인 동형 동성론이라는 '인간적 표현'은 또 다른 전달상의 문제를 지니므로 오해의 폭이 더 넓어질 수 있는 것이다. 따라서 신인 동형 동성론 표현을 해석할 때는 항상 하나님은 무한하지만, 인간은 유한성을 지닌다는 사실을 염두에 두어야 한다. 특히 동성론적 표현일 때는 인간의 지정이나 인격이 순수치 못하며 복합적이라는 사실로 인해 하나님의 순수하신 품성을 오해케 되는 경우가 많음을 유념해야 한다. 예를 들어 사 1:24에 나오는 하나님의 슬픔을 해석할 때 인간의 슬픔이 내포하는 연약함, 상실감, 분노, 좌절 등을 하나님께 적용해서는 안 된다. 왜냐하면 이 부분에서 하나님의 슬픔은 부모가 자식을 징계할 때 갖는 쓰라림과 같이, 죄를 범한 인간들을 향해 심판하실 때에 그 같은 사랑과 안타까움으로 징계하심을 표현하는 것이기 때문이다.

✝ 의의

성경 가운데서 신인 동형 동성론적 표현이 자주 등장하는 것을 들어 혹자는 이방 신화에서 발견되듯이 절대자 하나님에 대한 신관(神觀)의 미성숙 때문이라고 매도한다. 그러나 이는 유한한 인간에게 무한하신 하나님을 보여 주기 위한 방편이란 점을 무시한 잘못된 견해이다. 이 표현은 무한하시고 인간의 이해를 초월해 계신 하나님께서 자신을 연약한 인간에 대비하시기까지 스스로를 낮추심으로, 인간을 구원으로 이끌기 원하시는 하나님의 사랑을 보여 주는 것이다. 우리가 이 사랑을 깨달으며 신인 동형 동성론적 사람의 결정(結晶)인 성육신하신 그리스도를 믿을 때, 하나님 형상대로 창조된 인간 본연의 모습에 가까운 제한적 의미에서 '신인 동형 동성(神人同形同性)'의 경지에 이를 수 있다.

한눈에 보는 성경의 핵심 줄거리와 메시지

구약

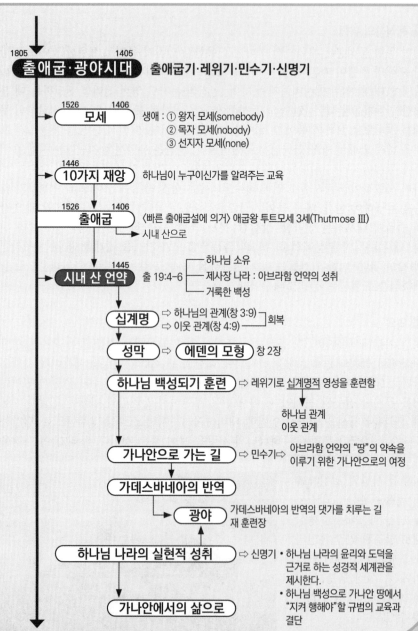

1805 ──── 1405

출애굽 · 광야시대 출애굽기 · 레위기 · 민수기 · 신명기

1526 ──── 1406
모세   생애 : ① 왕자 모세(somebody)
                             ② 목자 모세(nobody)
                             ③ 선지자 모세(none)

1446
10가지 재앙   하나님이 누구이신가를 알려주는 교육

1526 ──── 1406
출애굽   〈빠른 출애굽설에 의거〉 애굽왕 투트모세 3세(Thutmose Ⅲ)
             └→ 시내 산으로

1445
시내 산 언약   출 19:4-6 ┌ 하나님 소유
                               ├ 제사장 나라 : 아브라함 언약의 성취
                               └ 거룩한 백성

십계명   ⇨ 하나님의 관계(창 3:9) ┐ 회복
           ⇨ 이웃 관계(창 4:9) ┘

성막   **에덴의 모형** 창 2장

하나님 백성되기 훈련   ⇨ 레위기로 십계명적 영성을 훈련함

                                하나님 관계
                                이웃 관계

가나안으로 가는 길   ⇨ 민수기   아브라함 언약의 "땅"의 약속을
                                     이루기 위한 가나안으로의 여정

가데스바네아의 반역

        └→ **광야**   가데스바네아의 반역의 댓가를 치루는 길
                      재 훈련장

하나님 나라의 실현적 성취   ⇨ 신명기 • 하나님 나라의 윤리와 도덕을
                                      근거로 하는 성경적 세계관을
                                      제시한다.
                                 • 하나님 백성으로 가나안 땅에서
                                      "지켜 행해야"할 규범의 교육과
                                      결단

가나안에서의 삶으로

15일 핵심 학습 자료

학습 자료 15-1 여호수아서의 Key Words - 성경의 핵심 메시지

여호수아서의 핵심 메시지는 **"정복 - 진멸 - 하나님 나라 문화 세움"**이다.

정복이 점령과 다른 것은 점령은 물질적, 공간적인 확보라면 정복은 문화적 확보까지를 포함한다. 하나님은 신명기에서 모세를 통해서 그 땅에 들어가면 "진멸하기"를 유난히 강조하셨다. 하나님의 나라에서는 "거룩" 즉 구별됨이 매우 중요한 것이다. 섞이고서야 하나님 나라가 설 수가 없는 것이다. 하나님 나라는 가나안의 바알 종교와 그 문화와 타협하여 세울 수 있는 나라가 아니다. 하나님은 유일하신 분이고 거룩하신 분이기 때문에 타협은 없고 오직 정복이 있을 뿐이다. 그것이 "진멸하라"는 정신이다. 가나안 정복은 단순히 땅따먹기 점령 전쟁이 아니다.

1. 진멸하라
2. 정복
3. 점령
4. Counter Culture 대문화(對文化)

✝ "진멸하라"의 가치관

여기서의 진멸하라는 명령은 종족 말살적 진멸이 아니라, 문화, 종교적 단절(세계관적 단절)을 분명히 하라는 것이다.

> **신 20:16-18** 오직 네 하나님 여호와께서 네게 기업으로 주시는 이 민족들의 성읍에서는 호흡 있는 자를 하나도 살리지 말지니 곧 헷 족속과 아모리 족속과 가나안 족속과 브리스 족속과 히위 족속과 여부스 족속을 네가 진멸하되 네 하나님 여호와께서 네게 명령하신 대로 하라 이는 그들이 그 신들에게 행하는 모든 가증한 일을 너희에게 가르쳐 본받게 하여 너희가 너희의 하나님 여호와께 범죄하게 할까 함이니라
> **고린도후서 10:4-5** 우리의 싸우는 무기는 육신에 속한 것이 아니요 오직 어떤 견고한 진도 무너뜨리는 하나님의 능력이라 모든 이론을 무너뜨리며 하나님 아는 것을 대적하여 높아진 것을 다 무너뜨리고 모든 생각을 사로잡아 그리스도에게 복종하게 하니

여호수아서의 핵심 메시지는 **"정복 – 진멸 – 하나님 나라 문화 세움"**이다.

정복이 점령과 다른 것은 점령은 물질적, 공간적인 확보라면 정복은 문화적 통제까지를 포함한다. 하나님은 신명기에서 모세를 통해서 그 땅에 들어가면 "진멸하기"를 유난히 강조하셨다. 하나님의 나라에서는 "거룩" 즉 구별됨이 매우 중요한 것이기 때문이다. 섞이고서야 하나님 나라가 설 수가 없는 것이다. 하나님 나라는 가나안의 바알 종교와 그 문화와 타협하여 세울 수 있는 나라가 아니다. 하나님은 유일하신 분이고 거룩하신 분이기 때문에 타협은 없고 오직 정복이 있을 뿐이다. 그것이 "진멸하라"는 정신이다. 유일신 신앙과 다신론 신앙이 결코 공존할 수 없기 때문이다. 가나안 정복은 단순히 땅따먹기씩 점령 전쟁이 아니다. 이 "진멸하라"는 명령은 제2의 문화명령이다. 그러나 이 전쟁은 여호와께 속한 전쟁이다. 우리는 그에 따라 순종만 남아 있다.

여호와께 속한 전쟁.

수 5:13-15에서, 그러니까 제 6-12장까지의 정복 전쟁의 과정이 시작되기에 앞서 여호수아는 여리고 가까운 곳에서 칼을 빼어들고 마주 서 있는 한 사람을 대면한다. 그는 이스라엘의 편도 가나안 족속의 편도 아닌, 여호와의 군대를 지휘하는 장관이었다. 이는 곧 가나안 정복 전쟁이 단순히 이스라엘과 가나안에 속한 인간의 전쟁이 아니라 여호와께 속한 성전(聖戰. Holy War)이라는 것을 말해 준다. 여호와의 싸움을 싸우고 있다는 확인만이 전쟁의 정당성과 승리를 보장하는 것이다. "네 발에서 신을 벗으라"의 명령에 순종해야 한다. 작전권을 이양해야 한다는 것이다. 이것이 오늘의 영적 전쟁에도 똑같이 적용된다.

승리의 비결인 성결과 순종

전쟁이 여호와께 속한 만큼 이스라엘 백성의 승리 여부는 상대나 자기 힘의 차이가 아니라 여호와께 대한 자세에 달려 있다. 7장에서 아간의 범죄로 인한 아이 성 전투의 패배는 승리의 원리가 무엇인지를 예증하고 있다. 하나님은 결코 영적으로 부정한 자의 편에 서지 않으신다. 하나님의 백성들은 언제나 하나님이 내 편이 되어주시기를 바라기 이전에, 내가 하나님의 편에 서 있는가를 부단히 확인해야 한다. 하나님 앞에서 성결함을 유지하고 순종하는 자만이 여호와의 편에 설 수 있다.

"진멸하라"라는 명령을 발굴된 문헌에 의해 알려진 사실, 즉 고대 사회의 땅의 소유권은 부족 간의 전쟁 즉, 신들의 명령을 수행하는 일환으로 치르는 전쟁을 통해 바뀐다는 사실을 알아야 이 상황을 이해하는 데 도움이 된다. 고대 사회에 있어서는 땅의 소유권이 바뀌면 그 땅의 거주민들도 잔인하게 바꾸는 것이다. 그래서 하나님은 당시의 방법으로 땅의 주인을 바꿀 수밖에 없었다. 하나님이 그 땅의 주인이시기 때문에 하나님의 방법으로 바꾼다는 것이다.

현대에서도 식민지에서 그 지역의 문화를 말살하려는 식민지 정책을 썼음을 우리는 잘 안다. 일본이 한국을 점령하던 시기에 한국 문화를 말살하려고 일본식 성명 강요 등 여러 가지 정책을 폈다. 많은 식민지에서 이런 문화 말살 정책은 매우 흔한 일이다. 오늘날 문화 상대주의의 관점에서 볼 때 이런 문화 말살을 전제로 한 진멸 작전은 도저히 용납할 수 없는 일이지만, 하나님 나라에서는 문화 혼합주의는 용납이 되지 않음을 알아야 한다. 하나님 나라는 섞이면 안 되는 나라이고, 오히려 그 시대의 문화를 예수의 문화로 선도해 가야 하는 사명도 있다는 것을 알아야 한다. "진멸하라"라는 하나님의 명령은 이런 차원에서 이해해야 한다.

하나님 나라 운동은 땅의 가치관을 바꾸는 운동이다. 땅의 핵심 지배 세력과 거주 세력의 가치 체계를 바꾸는 가치관 전복 운동이다.(좌파적 개념으로 이해하지 말라. 주권자 하나님의 통치가 이루어져야 하는 하나님 나라의 개념으로 이해해야 한다) 그들의 문화, 정치, 종교의 가치 체제를 바꾸는 것이 바로 하나님 나라 운동이다. 『통큰통독』 신학의 관점 3(구별된 삶)을 생각하라. 그러나 결과적으로 이스라엘은 이들을 완전히 정복하지 못해서 섞이는 일이 생기면서 결국 멸망의 비극을 가져왔다.

여호수아를 읽을 때 가져야 할 관점 역시 하나님의 나라 건설과 통치의 회복에 있음을 기억해야 한다. 이 말은 하나님이 주도권을 가지신다는 것이고, 인간은 순종하며 그를 의지하기만 하면 된다는 것이다.

학습 자료 15-2 가나안 땅의 모형론(학습 자료 15-1과 연관하여 공부하라)

가나안 입성은 과연 죽어서 안식을 누리는 천국에 들어감에 비유되는가?
모형론에서 가나안 입성을 요단강 건너 천국에 들어가는 것으로 보는 경우가 있는데 이것은 현실 도피적 신앙을 키워 낼 소지가 있는 잘못된 모형론이다.

가나안이 천국에 비유될 수 없는 이유 :
1) 가나안은 투쟁하며 정복해야 할 대상이기 때문이다. 이스라엘이 광야에 있을 때는 거의 전투가 없었다. 그러나 가나안에 이르자마자 제일 먼저 한 것이 전투였다. 가나안은 영적 전쟁이 치러지는 곳이다. 히 3~4장에서 히브리서 기자는 출애굽과 광야 생활의 교훈을 회상하면서 "영적 전쟁을 하면서 살아가고 있는 성도의 삶이 바로 가나안 정복 싸움과 같은 것이리라"라고 이해하면서 '젖과 꿀이 흐르는 땅'은 그런 후에 얻어지는 것이라는 것을 암시한다.

따라서 가나안은 죽어서(요단강을 건너) 들어가는 천국의 의미가 아니라 이 땅에서 영적 전쟁을 통해서 얻어지는 승리를 통해 하늘의 안식을 예비적으로 체험하고 누리며 살아가야 할 이 땅에서의 삶의 모습이다.

따라서 에베소서의 "그리스도 안(en Christos)"에서처럼 여호수아서에서도 우리는 "그리스도 안"에서 이 땅에서 하늘의 맛을 누리는 방법을 배우는 책이다.

교회의 전투적 사명.
이스라엘 백성들은 치열한 전투의 과정을 거친 다음에야[수 6~12장] 비로소 기업의 분배 작업에 들어갈 수 있었다[수 13~21장]. 강한 자를 결박하기 전에는 그 집과 세간을 늑탈할 수 없는 것처럼[마 12:28-29], 하나님 나라가 온전히 임하고 그 백성이 기업의 축복을 누릴 수 있는 것은 이 땅을 점유하고 있는 강한 자 사탄을 몰아낸 후에야 가능하다. 바로 여기에 교회의 전투적 사명이 있다. 하나님 나라가 땅에서도 온전히 이루기까지, 영적 전쟁은 지상에 있는 모든 교회의 피할 수 없는 과제이다. 천상 교회가 싸움을 마친 후 영원한 기업을 누리는 승리의 교회(the Triumphant Church)라면, 지상 교회는 악의 세력과 끊임없이 싸우는 전투적 교회 (the Militant Church) 이다. 이 싸움은 이곳 문화에 대항하는 대문화(對文化 Counter Culture)를 세우는 영적 전쟁이다. 그래서 영적 전쟁은 세계관의 싸움이다. 곧 제2의 문화명령이기도 하다.

세상을 이긴 믿음 – 승리의 생활.

성도가 세상으로부터 구원받는 것과 세상을 이기는 것은 별개의 문제이다. 모세가 압제받는 여호와의 선민을 애굽(세상)으로부터 구원하였다면, 여호수아는 그 백성이 어떻게 세상(가나안)에 대하여 승리하는가를 보여 준다. 하나님의 백성은 어떻게 구원을 얻는가 하는 그리스도의 도의 초보에만 머물러서는 안 된다^{히 6:1}. '세상을 이긴 믿음'^{요일 5:4}을 소유한 자만이 언약 백성으로 해야 할 역할을 다할 수 있다.

학습 자료 15-3 할례 ^{수 5:2-5}

✝ 할례의 기원
할례(割禮, circumcision)는 고대 사회에서 언약을 맺을 때 행하는 의식에서 유래된 것으로 추측된다. 즉 언약을 맺을 때 피를 흘려 보임으로써 그 계약의 규정들을 더욱 확고히 하는 풍습이 근동 사회 속에 널리 퍼져 있었고, 이스라엘의 할례도 그 같은 풍습을 반영한 것이다.

이스라엘에서 할례가 처음 시행된 것은 아브라함 때부터였다. 그런데 하나님께서 아브라함과 언약을 맺을 때 할례로서 그 언약의 표징을 삼으셨다^{창 17:9-14, 23-27}. 이로써 이후부터 이스라엘에서는 성례(聖禮)적인 행위로써 할례가 시행되어 왔다.

✝ 할례의 방법
할례란 본래 남자 생식기의 머리 부분을 덮고 있는 표피를 자르는 것으로, 생후 8일째 되는 날에 집행되었다(레 12장 학습 자료 9-2, '할례와 과학' 참조). 또 금속 기구가 없던 고대에는 할례를 행할 때 주로 가장자리가 칼과 같이 날카로운 부싯돌을 이용했고, 보통 할례의 집행자는 아버지였다^{창 21:4}. 한편 할례를 행하는 장소는 별도로 제한되지 않았으나 성소에서 행해지거나 제사장에 의해 집례된 적은 한 번도 없었다.

✝ 할례의 종교적 의미
이스라엘에 있어서 할례의 일차적 의미는 할례를 통하여 언약 공동체의 일원임을 표징하는 것이다. 따라서 구약 시대에는 할례를 받지 않은 사람은 유월절 행사에도 참석할 수 없었다^{출 12장}. 그리고 할례의 두 번째 의미는 성결에 있다. 즉 할례는 병

균이 자리 잡기 쉬운 생식기의 표피를 잘라 내는 것으로서 위생적으로도 매우 중요하지만, 그러한 표면적인 이유 이외에 하나님의 백성은 성결해야 한다는 종교적 의미를 내포한다. 그뿐만 아니라 할례는, 이스라엘은 이방인과 구별된다는 선민의 표시로도 사용되었다. 따라서 본 장에서 이스라엘 백성들이 가나안에 들어와서 맨 먼저 할례를 행한 것은, 이스라엘은 가나안 족속과 구별된다는 선민의 표징으로서 행해진 것으로 볼 수 있다. 한편 할례의 이러한 종교적 의미는 시간이 지남에 따라 육체적 할례 그 자체에 특권을 부여하는 많은 오해로 인해 변질되었다. 그래서 신약 시대에는 육체적 할례 보다 마음의 할례를 강조하였다. 즉 할례 의식 자체는 구약 시대 율법 아래 있는 백성들에게 속한 것이며, 신약 시대에는 믿음으로 세례를 받은 자가 곧 하나님의 백성이 된다는 것이다. 따라서 구약 시대 할례는 신약 시대 세례로 대체되었다고 할 수 있다골 2:8-15.

학습 자료 15-4   여리고 전쟁

여리고는 요단 계곡 남단에 있는 도시로 넓은 평야 지대인 서쪽 지역을 방어하는 중요한 요새였다. 구약 시대에 나오는 여리고는 텔 에스-술탄에 자리 잡고 있었으며, 신약의 여리고는 헤롯 대왕이 세운 것으로 오늘날의 툴룰 아부 엘-알라이크이다. 여리고는 B.C. 8,000년경부터 사람이 거주하기 시작하였으며, 신석기 시대에는 팔레스타인에서 최초로 성벽을 갖춘 도시가 건립되었다. 이후로 청동기 시대에 다시 사람이 거주하기 시작하였으며, B.C. 14세기의 토기들이 출토된 것으로 봐서 후기 청동기 시대까지 사람이 거주한 것으로 추정된다. 가장 마지막 여리고의 흔적으로 봐서 여리고 성은 가파른 언덕 위에 견고한 이중벽으로 둘러싸여 있었으며, 넓은 도시였다. 그러나 그 도시는 인위적인 적군의 공격에 의한 것이라기보다 지진을 동반한 큰 불로 파괴된 것으로 보인다. 이는 여호수아의 여리고 침공 시기를 B.C. 1,400-1,388년으로 잡을 때 시기적으로 일치하고 있으며 나팔 소리와 백성들의 고함 소리와 함께 여리고 성이 무너졌다는 성경의 기록과 일치하고 있음을 알 수 있다. 따라서 성경에 나오는 여리고 정복 전쟁은 신화가 아니라 역사적 사실이라고 할 수 있다.

여리고 성은 어떤 곳보다 군사적으로 견고한 성읍이었고, 이를 공격하는 이스라엘의 방법은 상식적으로는 이해되지 않는 엉뚱한 것이었다. 그러나 결과는 이스라엘의 승리와 여리고의 멸망이었다. 인간의 방법과 하나님의 방법은 전혀 다르다는 것을 말하고 있다. 즉 인간은 일의 성사를 고려하지만, 하나님의 능력은 일의 성사 보다 그 과정을 통해 하나님의 존재와 능력을 나타내기 원하시기 때문이다. 동시에 여리고의 멸망은 아주 견고한 죄악으로 싸인 현대의 세계가 반드시 멸망한다는 종말론적인 확실성을 증거해 주고 있다

학습 자료 15-5   에발 산과 그리심 산의 축복과 저주

여호수아가 에발 산에 백성들을 모으고 하나님께 제사를 드리고 축복과 저주를 선포한 것은, 가나안에 들어간 후 그리심 산에서 축복을 선포하고 에발 산에서 저주를 선포하라고 한 모세의 명령에 따른 것이었다.신11:29. 이 두 산은 팔레스타인 지역의 입구에 위치하여 서로 마주 보고 있는 산으로 동과 서를 잇는 중요한 대로가 이사이를 통과하는 전략적 요충지이다. 또한 두 산 사이의 계곡에는 세겜이 자리 잡고 있다. 특히 그리심 산은 열 개 이상의 수원이 있어 비교적 산림이 울창하여 일찍부터 사람들이 모여 살았으나 에발산은 그리심 산보다 높아도 수원이 하나밖에 없어 황량한 곳이다. 모세가 에발 산에서 저주를 그리심 산에서 축복을 선포하라고 한 것도 이런 지리적인 환경과 관계있었던 것으로 여겨진다. 한편 그리심 산은 이스라엘 이전에도 이미 이방인들에 의해 종교적인 성소로 여겨진 곳이다. 이런 여러 가지 이유로 나중에 이스라엘에서 분열된 사마리아인들은 예루살렘 성전에 대항하여 그리심 산에 성전을 세우고 자신들의 성소로 삼았다. 요세푸스에 의하면 이 사마리아 성소를 세운 것은 포로 귀환 후 이스라엘의 성전 재건을 방해한 산발랏이라고 한다. 이 성전은 B.C. 129년에 요한네스 히르카누스에 의해 완전히 파괴되었다.

여호수아가 하나님께 단을 쌓은 곳은 모세가 저주를 선포하라고 명한 에발 산이었다. 하나님의 은혜를 구하는 단이 저주의 장소에 세워진 것은 매우 중요한 의미를 주고 있다. 죄로 인해 저주받은 인간의 세상에 임하실 하나님의 구원 은혜를 말해 주고 있다. 저주의 산 갈보리에 세워진 십자가 위에 달리신 예수님을 통해 장차 인간이 구원을 얻을 것임을 의미하는 것이다. 이처럼 하나님의 은혜는 저주받은 인간의 환경을 변화시키고 축복으로 바꾸는 것이다

학습 자료 15-6   여호수아의 제단과 산당은 어떻게 다른가? 수 8:30-31

본문에는 여호수아와 이스라엘 백성이 에발 산에 제단을 쌓고 여호와께 번제와 화목제를 드린 사실이 기록되어 있다. 그런데 여기서 우리는 이스라엘 역사 후기에 우상 숭배의 근원이 된 산당과 에발 산에 쌓은 여호수아의 제단이 무엇이 다르냐는 의문을 제기할 수 있다. 또한 신명기 12장에서 모세는 이스라엘 백성들에게 가나안 땅에 들어갔을 때 맨 먼저 가나안 족속들이 우상 숭배에 사용하던 모든 산당을 제거하고 오직 중앙 성소를 세워 그곳에서만 제사를 드릴 것을 명했다. 이로 볼 때 여호수아가 세운 제단은 산당을 제거하라는 규정에 어긋나는 행동일 뿐만 아니라 중앙 성소에서만 제사를 드리라는 규정에도 어긋나는 것 같다. 그렇다면 성경은 이에 관하여 어떻게 묘사하고 있는지 살펴보도록 하자.

✝ 여호수아의 제단은 모세의 명령에 따른 것이었다.

여호수아가 쌓은 제단은 요단 강을 건넌 후 에발 산에 단을 쌓으라는 모세의 명령

에 전적으로 따른 것이었다^{신 27:4-7}. 만일 여호수아가 제단을 쌓은 것이 잘못이라면 그 잘못의 근본적 원인은 모세에게 있다고 보아야 할 것이다. 그러나 모세는 이스라엘 백성들에게 처음 율법을 준 자이며, 또 그 율법을 하나님으로부터 직접 받은 자이다. 그러한 모세가 율법에 어긋나는 명령을 내릴 리 없다. 따라서 모세의 명령에 따른 여호수아의 제단은 정당한 것이다.

✝ 여호수아는 율법이 정한 규례대로 제단을 쌓았다.

여호수아는 제단을 쌓을 때 자신의 방법에 따라 임의대로 쌓지 않고 율법에서 규정하고 있는 규례대로 정확하게 쌓았다. 즉 율법은 단을 쌓을 때 다듬은 돌로 쌓지 말고, 또 제단에 계단을 만들어 그 위로 오르지 말라고 규정하고 있는데^{출 20:25, 26}, 여호수아는 이 규례를 그대로 준수하였다.

✝ 여호수아의 제단은 여호와의 이름을 기념하기 위해 허락된 것이었다.

본래 하나님께 예배드리는 장소는 어떤 외적인 규정들에 따라 정해지는 것이 아니다. 무릇 여호와께서 자기 이름을 기념하게 하는 곳에서 예배를 드릴 때 하나님이 그곳에 임재하시고 복을 주신다고 하셨다^{출 20:24}. 이런 면에서 볼 때 신 12장의 중앙 성소 규례는 그 성소가 가나안 땅의 중앙에 세워졌기 때문에 성소로서의 참 가치를 가지는 것이 아니라. 하나님이 그곳에 자기 이름을 두시겠다고 말씀하셨기 때문에 참 가치가 있음을 알 수 있다^{신 12:5}. 이는 바꿔 말하면 여호와께서 가나안의 산당을 제거토록 하신 것은 산당 자체가 문제 되어서라기보다 하나님이 그곳에 자기 이름을 두시지 않기 때문이다. 즉 비록 산당이라 할지라도 우상을 위한 산당이 아니라 여호와를 위한 산당의 경우에는 허용될 수 있었다는 것이다. 이러한 사실은 예루살렘 성전이 세워지기 이전에^{수 9장} 산당이 여호와의 예배 장소로 종종 사용되었으며, 솔로몬도 기브온 산당에서 예배를 드린 사실들^{왕상 3:4}에서 확인할 수 있다.

그러나 여기서 우리가 주목할 사실은 이와 같은 예배 장소로서의 산당과 그리스도의 몸을 상징하는 예루살렘 성전과는 엄밀한 차이점이 있다는 것이다. 즉 성전은 단순한 예배 장소가 아니라 하나님께서 성전을 통하여 계시하시는바 구속사적 의미를 매우 많이 지니고 있다는 것이다. 그러나 건물 자체로서는 예루살렘 성전이나 산당이나 동일하게 취급될 수 있다.

✝ 여호수아 외에 이 같은 제단을 쌓은 사람들이 있다.

제단을 쌓는 전통은 일찍이 가인과 아벨에게서부터 시작하여^{창 4장}, 노아, 아브라함, 그리고 모세에 이르기까지^{출 12장} 계속되었다. 그뿐만 아니라 예루살렘 성전이 엄연히 존재하는 때에도 특별한 목적에 따라 제단이 세워진 경우가 있는데, 엘리야의 갈멜산 제단이 그 대표적인 예이다^{왕상 18:30-39}. 그리고 이스라엘 왕조 말기에 이르러서도 산당에서의 여호와 예배가 여전히 시행되고 있었다^{왕하 23:8}.

✝ 의의

결론적으로 여호수아의 제단은 당시의 율법 규정에 어긋나지 않는 정당한 것이었다. 또한 그 목적에 있어서도 이방의 산당과는 완전히 다른 하나님의 이름을 기념하기 위한 것이었으며 여호와께서도 그곳에서 드리는 제사를 받으시고 축복하셨다. 한편 예수 그리스도는 사마리아 여인과의 대화를 통하여 '이 산(그리심 산)에서도 말고 예루살렘에서도 말고 너희가 아버지께 예배할 때가 이르리라 ... 하나님은 영이시니 예배하는 자가 영과 진리로 예배할지니라'고 말씀하셨다요 4:21-24. 그뿐만 아니라 예루살렘 파괴에 대한 그리스도의 예언막 13:2은 A.D. 70년에 성취되었다. 이로 볼 때 신약시대에 이르러 예배 처소는 문제가 되지 않으며, 그리스도의 이름으로 모인 곳이 곧 예배 장소가 되는 것이다마 18:20. 이러한 사실은 오늘날 하나님께 예배드리는 일보다 교회 건물의 외양이나 장식 및 크기에 크게 관심을 두고 있는 현대 교인들에게 시사하는 바가 매우 크다 하겠다.

학습 자료 15-7 태양이 멈춤에 대한 과학성 수 10:12-14

본문에는 여호수아가 '태양아 너는 기브온 위에 머무르라 달아 너도 아얄론 골짜기에 그리할지어다'라고 명함으로써 '태양이 중천에 머물러서 거의 종일 내려가지 아니한' 이적이 기록되어 있다. 그런데 태양을 멈추도록 명한 여호수아의 이러한 말은 극히 비과학적인 것이라고 성경 비평가들은 지적했다. 즉 현대 과학의 입장에서 볼 때 태양이 지구 주위를 도는 것이 아니라, 지구가 태양의 주위를 도는 것이기 때문에 여호수아는 '지구야 멈추어라'라고 말했어야 했다는 것이다. 그러나 우리는 다음과 같은 사실을 통해 여호수아가 과학적 모순의 우를 범한 것이 아님을 살펴볼 수 있다.

✝ 행성 운동의 과학적 이치

현대 과학은 지구가 태양을 돌고 있으며, 이 운동이 태양의 중력에 의한 것이라는 사실을 분명히 밝혀냈다. 그러므로 지구가 그 궤도 진행을 멈추기 위해서는 먼저 태양의 중력, 곧 인력(引力)이 중단되어야 한다. 즉 태양의 인력이 감소해야만 1초에 30㎞씩 달리고 있는 지구의 자전이 감소하여져 결과적으로 날(day) 혹은 시간이 연장되는 것이다. 한편 당시의 여호수아는 지구의 30만㎞ 저편에 태양이 있으며, 지구 스스로 자전을 하므로 낮과 밤이 생긴다는 등의 정확한 과학적 사실을 알 수는 없었을 것이다. 그러나 그는 하나님께서 당신의 백성들에게 승리를 주실 것을 약속하신 말씀만을 믿고8절 태양의 멈춤을 기도하였다. 그런데 놀랍게도 그의 말속에는, 성경 비판자들의 주장과는 달리, 오늘날의 과학이 인정하는 질서 체제가 담겨 있는 것이다.

✝ 과학적인 여호수아의 명령

먼저 여호수아가 명한 바 '태양아 멈추어라'는 말은 원어적으로 볼 때 '태양아 일하기를 멈추어라'는 뜻이다. 이는 곧 태양이 멈춰 설 것을 말한 것이 아니라 지구에 대한 태양의 인력을 중단하라는 명령인 것이다. 바로 그때에 태양 인력이 멈추었고, 그래서 지구의 궤도 속도가 줄게 되어 시간이 지연된 것이다. 또한 태양도 지구처럼 움직이고 있다는 관점에서 볼 때에 '태양아 ... 멈추어라'는 말은 전혀 어폐가 없다. 왜냐하면 태양이 실제로 어느 정도 움직이고 있는지는 알 수 없으나 지구에서 사람의 눈으로 볼 때는 태양이 움직이고 있는 것이 분명하기 때문이다. 그러므로 본문에서 여호수아가 '태양이 중천에 머물러서'라고 기록한 것도 위와 같은 관점에서 지구를 고정시킨 채 태양의 속도를 평가한 것이라고 볼 수 있다. 아무튼 달도 역시 멈추었다는 기록처럼[13절] 실상 그날에는 전체 태양계가 그 궤도를 멈추어 모든 행성의 동작이 멈추게 되었다.

✝ 교훈

이상 살펴본 바와 같이 '여호수아의 긴 날'에 지구와 전체 태양계가 그 궤도에서 23시간 20분 동안(본 장 학습 자료 15-8 '태양의 정지' 참조) 회전을 중단한 사실은 참으로 경이로운 기적이다. 더욱이 긴 낮의 초자연적 현상으로 말미암아 파괴적 우박이 수반되었다[11절]. 이에 대해서 성경 자체도 이 같은 날은 전에도 없었고, 후에도 없었다고 기록하고 있다[14절]. 또한 이는 성경의 증거 외에도 고대 중국의 문헌과 페루의 잉카(Incas), 멕시코의 아즈텍(Aztecs) 및 고대 바벨론(Babylon)과 페르시아(Persia) 등의 문헌에도 분명히 기록되어 있다. 이처럼 이 사건은 과학적으로도 모순이 없고, 역사적으로도 틀림없는 분명한 사실이다. 한편 본문과 같은 기적이 어떻게 일어날 수 있느냐고 하면서 믿지 않으려는 자에게는 아무리 증거를 제시한다 해도 결코 믿으며 하지 않을 것이다. 그러나 하나님을 믿는 우리는 과학적인 증명이 없다고 해도 이 사건이 분명히 일어났음을 충분히 믿을 수 있다. 왜냐하면 천지를 만드시고 회전 운동을 허락하신 창조주께서 원하시면 이를 멈추게도 하실 수 있기 때문이다[창 1:1]. 또한 자연 현상을 과학적으로 주관하시는 분이 하나님이신데 어찌 그의 말씀이 비과학적일 수 있겠는가!

학습 자료 15-8 태양의 정지 [수 10:12-14]

기브온과 전투가 벌어진 날에 여호수아가 태양이 멈추도록 기도함으로써 하루가 연장되었다는 본 장의 사건은 많은 사람의 주목과 논란을 가져왔다. 왜냐하면 만약에 태양이 실제로 정지했다면 물리적 법칙에 따라 지구 전체와 그 위의 모든 생물에 상상할 수 없는 파국을 가져왔을 것이기 때문이다. 그래서 많은 비평가는 '여호수아의 긴 날'을 한낱 전설로 인식하고자 했다. 그러나 놀랍게도 수천 년이 지난 현대의 과학 다음과 같이 성경의 기록과 완전 합치되는 수치를 계산해 냄으로써 성경 기록의 사실성을 확증하고 있다.

✝ 지구 공전 과정에서 없어진 하루

우주 개발 관계 과학자들인 해롤드 힐(Harold Hill)의 연구팀은 인공위성의 궤도를 작성하기 위하여, 전자계산기로 지금부터 10만 년 전까지를 거슬러 올라가면서 그 사이의 태양과 달의 궤도 진행을 살피던 중 놀라운 사실을 발견하게 되었다. 그것은 그 궤도 진행상에 '꼭 하루가 없어졌다'라는 사실이다. 이에 따라 하루, 즉 24시간이 어디로 가버렸는가 하는 문제가 발생했다. 그러나 과학자들이 아무리 계산해 보아도 도저히 알 길이 없었다.

그런데 옛날 여호수아 때에 태양이 정지했다는 성경의 기록을 바탕으로 잃어버린 하루를 찾기 위해 전자계산기를 그 당시로 돌려 여호수아 시대의 궤도를 조사한 결과 정확히 23시간 20분 동안 궤도가 정지했었던 사실을 밝혀냈다. 그러나 이는 없어진 하루와 완전히 일치하는 수치가 아니었다. 아직도 40분의 행방이 묘연한 것이었다. 그러던 중 그들은 곧 성경에서 히스기야의 기도에 대한 응답으로 하나님께서 태양의 그림자를 10도 뒤로 물러가게 하신 사실을 찾아냈다[왕하 20:8-10]. 그런데 놀랍게도 그 10도는 시간으로 계산할 때 정확히 40분에 해당한다. 이로써 그들은 여호수아 때의 23시간 20분과 합하여 정확히 궤도 진행상에서 없어진 하루의 원인을 알게 된 것이다.

✝ 없어진 하루의 교훈

참으로 놀라운 일이 아닐 수 없다. 성경의 기록을 전설로만 여기던 과학자들에게 하나님께서는 과학의 계산을 통해 태양의 궤도 진행상에 24시간이 비어있음을 보이셨고, 또 그 근거가 성경에 기록되어 있음을 친히 증거하신 것이다. 아무튼 과학자들은 성경의 기록 가운데 잃어버린 하루를 발견함으로써, 주권자이신 하나님 앞에 경배를 드리지 않을 수 없게 되었다. 이처럼 '여호수아의 긴 날'이 과학적으로 규명된 바와 같이 하나님의 말씀과 역사는 몇천 년이 지난 후대에 와서도 전혀 오류가 없는 과학적 사실로써 규명되고 있다. 우리 창조주 하나님은 실로 능치 못함이 없는 것이다[사 43:13].

학습 자료 15-9 여호수아 정복 전쟁의 잔인성 [수 10:26-40]

여호수아서를 읽다가 보면, 여호수아가 가나안 정복 과정에서 가나안 족속을 너무 잔인하게 진멸한 것이 아닌가 하는 의문을 가지게 된다. 특히 본 장을 보면 아무리 족속의 다섯 왕을 죽여 나무에 매달아 놓는다든지[수 10:26], 성읍의 모든 사람, 즉 여자나 노인이나 어린 아이나 가릴 것 없이 다 진멸해 버린다든지[37, 39, 40절] 하는 매우 잔인한 장면들이 등장한다. 그래서 '이렇게 잔인하게 사람들을 죽이는 것은 근본적으로 살인 금지 계명과 배치(背馳)되는 것이 아닌가? 또 가나안 군사들과 왕들만 죽이면 됐지, 유약한 성읍 백성들까지 다 죽일 이유가 있었던가? 라는 생각을 해보기도 한다. 그러나 이 같은 생각에 대해서 부족하나마 우리는 다음과 같은 해답을 제시할 수 있다.

✝ 공의 실현을 위한 대리자로서의 행위였다.

여호수아의 가나안 정복 전쟁은 개인의 윤리적 차원에서 볼 것이 아니라 죄악이 관영한 가나안 족속^{창 15:16, 신 9:4}을 심판하시기 위해 하나님께서 세우신 공의 실현의 대리자로서의 행위였다는 차원에서 보아야 할 것이다. 하나님은 우주의 주권자이시며 심판자이시다. 그분은 자기 공의의 속성에 따라 심판하심으로써 이 우주 만물의 질서를 보존해 나가신다. 따라서 그분은 언제든지 자신의 정당한 판단에 따라서 공의의 실현을 위해 심판을 하실 수도 있다. 그런데 이와 같은 정당한 법의 집행을 두고 인간의 감정적 눈으로만 보고 판단하여 잔인하다고 말할 수는 없는 것이다. 예를 들어 이 세상의 법정에서 재판관이 어떤 죄수에게 사형을 선고하고, 또 집행인 사형을 집행한다고 해서 잔인하다고 말할 수 있겠는가? 마찬가지로 우리는 하나님 공의의 실현 과정을 볼 때 인간적인 눈으로 잔인하다고만 판단할 것이 아니라, 우리 자신은 그러한 심판을 당하지 않도록 더욱 경각심을 높여야 할 것이다.

✝ 살인 금지 계명과는 무관하다.

혹자는 하나님이 '살인하지 말라'^{출 20:13}라고 하시면서 전쟁을 통한 이런 살인 행위를 명하시는 것은 잘못된 것이 아니냐는 의문을 제기할 수도 있을 것이다. 그러나 하나님의 전쟁 명령은 살인 금지 계명과는 무관하다. 즉 살인 금지 계명은 인간의 판단과 죄악된 마음에 따라 타인을 죽이지 말 것을 금하는 개인 윤리적 차원에서의 계명이라면, 위에서 이미 언급한 바와 같이 전쟁은 철저한 하나님의 공의 실현을 위한 것이다. 따라서 여호수아의 정복 전쟁에 참여한 모든 사람은 개인의 입장에서가 아닌 하나님의 대리자로서 이 같은 행동에 오히려 큰 자부심을 가졌을 것이다.

✝ 죄의 오염을 막기 위해 불가피한 것이었다.

여호수아 정복 전쟁에서의 이 같은 잔인함은 가나안 땅에서의 더 이상의 죄의 오염을 막기 위해 불가피한 것이었다. 아니 오히려 하나님은 이스라엘 백성들이 가나안 족속들을 더욱 철저히 진멸하지 않고 그들을 남겨둔 것에 대해 진노하셨으며, 그 같은 불순종으로 인해 징벌하셨다^{삿 2:1-5, 20-23}. 왜냐하면 하나님께서 당신의 백성들에게 주신 땅 가나안을, 남은 가나안 족속들이 죄악으로 더럽힐 것이 분명했기 때문이다. 이와 유사한 실례로서 하나님은 당신이 만드신 모든 피조물의 죄의 오염으로 인해 계속 더럽혀지는 것을 막으시기 위해, 노아와 그 가족을 제외한 모든 인류를 홍수로 심판하셨다. 그러나 그 같은 단호한 심판에도 불구하고 노아와 그 가족들에게 남아 있는 죄의 본성은 금새 온 우주 만물에 퍼져버렸고 또다시 하나님의 최후의 심판이 불가피할 지경에 이르고 말았다. 따라서 우리는 죄의 오염성, 더욱이 무서운 죄악의 번식력을 생각한다면 본 전쟁의 잔인성과 같은 것은 참으로 문제도 되지 않을 것이다.

✝ 교훈

여기서 우리가 주의할 것은 이 같은 견해를 모든 시대의 모든 전쟁에 적용하는 것은 지극히 위험하다는 것이다. 왜냐하면 여호수아의 정복 전쟁은 하나님의 계시와 인도에 따른 것이며, 구속사의 과정 중 당신의 섭리에 따라 행한 전쟁이었기 때문이다. 그리고 여기서 주장하고 있는 것은 여호수아의 정복 전쟁의 잔인성이 결코 하나님의 속성이나 성경 전체의 견해와 배치되지 않은 것임을 입증하는 것이기 때문이다. 따라서 국가적 이기주의에 따른 전쟁이나, 명분만 종교적이고 실제로는 이기심이 가득한 모든 전쟁은 결코 이러한 견해로 정당화해서는 안 된다.

학습 자료 15-10 여호와 유일신 신앙과 고대 이방 다신교 신앙의 신(神)개념 비교

✝ 성경 영감의 증거인 여호와 유일신 사상

주님이 오신 지도 거의 2000년이 지난 현대에 사는 성도들은 여호와 유일신(唯一神) 사상을 너무나 당연하게만 생각한다. 물론 이것은 진리요, 사실 그 자체이다. 그러나 이런 유일신 사상은 온 세상 사람들이 대부분 세상이 온갖 잡신들로 가득 차 있다고 생각한 고대에는 너무나 놀랍고 경이로운 사상이었다.

비록 과학이 발달하여 각종 무지한 미신이 많이 제거되어 있다. 하지만 불신자들의 경우는 현대에도 매우 모호하게나마 세상에는 인간의 영역이 아닌 무언가 다른 영역이 있고 거기에는 각종 잡신이 있다고 무의식중에 생각하는 경우가 많다. 이것은 선·후진국을 망라하고 뿌리 깊게 남아 있는 여러 가지 다신교적 미신 현상(多神敎的 迷信 現像)의 존재로도 증명된다.

다신교 사상은 근본적으로 사탄(Satan)의 사주를 받은 여러 악령이 여러 가지 현현으로 각종 신비한 소위 심령 현상(心靈 現像)을 나타내 보이고 이것을 인간이 각각의 종교적 상상력으로 조립, 체계화시킴으로 많은 사람을 미혹해 온 결과 형성된 것이다계 20:10. 사탄은 그 자신이 먼저 하나님의 천사였다가 타락한 자였다. 그러고는 급기야 에덴동산에서 우리 인간까지 타락시켰다. 이에 대하여 하나님은 인간과 사탄은 즉시 심판하시지 않고 인간 중 택한 자에게 회개의 기회를 주시기 위하여 즉 구속사 전개를 위하여 유예기간을 주셨다. 그리고 사탄에게도 이 유예기간 동안 그의 뜻대로 악행을 계속할 것을 유기(遺棄)하셨다. 그리하여 사탄은 현 세상 죄인의 어두운 심령 위에 공중 권세 잡은 자로서 각종 죄악을 조장하는 가운데 하나님이 아닌 각종 거짓 신을 조작하여 인간에게 하나님 대신 숭배하도록 유혹하고 있는 것이다엡 2:2. 그리고 이것은 현재도 마찬가지이다. 인지(人知)의 발달과 아울러 보다 세련된 형태를 띠었을 뿐 사탄이 조종하는 다신교적 현상은 각 나라 각 지역을 막론하고 뿌리 깊게 잔존해 온 것이다.

이는 많은 사람이 과학적, 합리주의적 사고방식을 갖지 못한 고대에는 너무나 보편적인 현상이었고, 또 그 정도가 매우 심각하였다. 따라서 거의 모두가 A.D. 1세기 이전의 기록인 성경이 기록되던 당시도 온 주변이 이런 다신교 사상으로 물들어 있던 때였다. 그럼에도 불구하고 성경 자체는 물론 택한 자의 계보에 드는 인물들은 전혀 주변의 다신교적 사상에 물들지 않고 놀라울 정도로 여호와 유일신 사상을 견지하고 있었음이 성경에 기록되어 있다.

　무릇 인간은 그 시대와 공간에 영향을 받지 않을 수 없는 것이다. 따라서 이런 인간이 남긴 모든 기록도 자연히 그 시대를 반영하게 된다. 이는 성경도 마찬가지이다. 성경에는 각 시대의 풍물, 사건, 지리적 배경, 사고방식 등이 반영되어 있다. 그런데도 성경은 근본적으로 그저 그 시대에 국한된 생각을 하는 인간의 기록이 아니다. 성경은 표면적으로는 각 시대를 반영하지만, 역사 속에서 일하시되 역사를 초월하신 하나님의 영감(靈感)으로 된 것으로서 인간의 지혜와 경험을 초월하는, 따라서 각 시대적 제약을 넘는 진리가 일관되게 반영되어 있다. 그 대표적 증거의 하나가 바로 이 여호와 유일신 사상이다. 앞서 언급한 대로 성경이 기록되던 당시의 시대 지리적 배경을 살펴 보면 다신교 사상이 매우 극성했던 시대였다. 그럼에도 불구하고 성경은 처음부터 끝까지 추호의 여지도 없이 여호와 유일신 사상을 훼손 없이 일관성 있게 보여 주고 있다. 따라서 유일신 사상이 이처럼 훼손없이 보조된 것은 결국 성경이 시대와 공간의 제약을 받는 인간 저자의 기록만은 아니라는 것을 입증해 주는 좋은 증거의 하나일 수 있다는 것이다.

　그러면 이제 물론 현대에도 다신교적 사상이 남아 있기는 하나 관심을 특히 성경이 기록되던 고대와 성경 관련 지역으로 좁혀서 고대 이방신 개념과 여호와 유일신 사상의 여러 차이 중 그 중심이 되는 신개념을 비교해 보면서 이 여호와 유일신 사상이 진리라는 사실 자체와 아울러 특히, 이런 진리가 다신교적 문화 상황(Cultural Circumstance)을 극복하고 주어졌을 때 이를 처음 들은 이스라엘 백성들에게 주었을 감동을 그 당시의 이스라엘 민족의 입장에서 새삼 조명해 보고 또 그 현대적 의의를 함께 생각해 보기로 한다.

✝ 다신교적 이방신 사상과 유일신 사상의 기본 신개념 비교

고대 이방인들의 신(神)개념은 한 마디로 뚜렷이 정리하기가 힘들다. 그것은 그 개념이 객관적 존재론(ontology)적 사실에 기인한 것이 아니라 자연 및 악령 현상을 제각각 의인화한 민중의 종교적 상상력에서 나온 것이기 때문이다. 또 그러한 신개념에서 창출된 각종 우상(偶像)을 이용해 정치·종교적 기득권을 누리려는 자들의 편의대로 수없이 조작되어 왔기 때문이다. 또한 지방마다 그리고 시대마다 아예 섬기는 신이 다르거나 아니면 이름은 같지만, 그 내용은 실제 상반된 경우가 허다하기 때문이었다. 이것은 여호와 유일신 사상과 하나님의 존재와 품성에 대한 개념이 하나님에 의하여 한 번 게시된 후로 아담부터 오늘날 성도에 이르기까지 단 한 번도 변화됨 없이 계승되어 오는 것과 전적으로 차이가 난다. 어쨌든 이제 고대의 다신교 사상들에서 공통으로 발견되는 신개념의 기본 사항들을 성경의 유일신 사상의 하나님 개념과 비교하면 대략 다음과 같다.

1) 존재 : 다수의 상대적 잡신과 절대적 유일신

먼저 세상에는 수많은 신들이 있는데 신(神)마다 각각 영향을 미칠 수 있는 자신만의 영역들을 가지고 있다고 생각되어 한 민족의 생활 가운데서 어떤 특별한 때에 일정한 제의 형식으로 숭배되고 있었다. 그래서 사람들은 파종기와 수확기 동안에는 농사의 풍요를 주관하는 신들을 향하여 예배를 드렸다. 그리고 민족의 기념일에는 그 민족의 시조신(Totem)을 숭배했다. 또 마을과 산과 강과 바다에도 각각 다른 신들이 있다고 생각되었다. 이처럼 비좁은 세계가 수많은 신들로 가득 차 있을 때 하나님의 선택으로 출애굽하여 언약을 맺고 선민이 된 이스라엘 민족들은 자신들이 믿는 하나님에 대하여 독특한 교훈을 배워야만 하게 되었다. 그들은 자신들의 하나님이 다른 주변 민족의 신들과는 비슷한 것인가? 다른가? 하는 것을 스스로 생각하거나 아니면 꾸며 낼 필요가 없었다. 또 그러한 행위는 절대 용납되지 않았다. 이것은 이방 제사장이나 무당이 각각 자기 신을 변덕스럽게 이 모습 저 모습으로 제시했던 것과는 전혀 달랐다. 그러면 이스라엘의 하나님은 어떠한가? 어떤 제한된 범위에서만 영향력을 미칠 수 있어서 오직 일 년 중 어떤 특정한 시기에서만 숭배되는가? 이에 대한 대답은 이스라엘이 받았던 각종 율법을 통해 명료히 주어졌다. 이 대답을 현대 성도는 너무도 당연히 생각할 것이다. 그러나 이것이 처음 주어졌을 때 대다수 이스라엘 백성에게는 인간의 상상력을 뛰어넘는 놀라운 사실로 여겨졌을 것이다.

한편 다신교적 사상에 젖은 고대 사람들은 그들의 신들을 역사를 초월한 절대 유일한 존재라고는 전혀 생각하지 않았다. 어차피 이런 신들은 실제로 존재하는 것이 아니라, 이방인들이 자기의 상상력이 닿는 대로 조작한 신들이었다. 때로 신으로 생각되는 실체가 존재했다 해도 그것의 정체는 사실 타락한 귀신들에 불과했다^유 ^{1:6}. 이런 신들은 결코 여호와 유일신처럼 절대적 창조자가 아니었다. 그들도 우연을 거듭하는 자연의 조화 중에 만들어진 존재로서 그들이 설혹 무엇인가를 만들었다는 신화가 있는 경우에도 이미 있던 것을 재료로 해서 신기하게도 새 물건을 만들어 내는 것 정도로만 간주하였다. 그리고 이런 신들은 서로 싸울 수도 있었고, 잠들기도 했으며, 서로 속이기도 했다. 심지어는 성적인 악행까지 저지를 수도 있었다. 이러한 상황 속에서 이스라엘 민족은 영원 전부터 영원까지 스스로 계시는 유일하신 창조주에 대하여 계시를 받았다. 이스라엘 사람들이 알아야만 했던 신은 바로 세계를 선하게 창조하신 분이었고, 그 신이 한 번 한 약속은 믿을 수 있는 그런 신이었다.

2) 신의 모습 : 다양한 형상과 초월적 영(靈)

고대의 이방인들이 생각해서 만들어 낸 신들은 각각 어떤 구체적인 형상을 하고 있다고 생각되었다. 그래서 적어도 그 신들은 물질적인 것으로 표현되거나 형상화(形象化)될 수 있다고 여겨졌다. 그 자신 시간과 공간에 얽매여서 물질적 요소를 갖고 있는 인간은 눈에 안 보이는 영적 존재나 진리보다 눈에 보이는 것들을 쉽게 이해하고 친근히 여기는 경향이 있다. 따라서 가시적(可視的) 물질로 형상화된 우상들을 갖고 있던 이방의 다신교 사상은 고대인들에 특히 쉽게 받아들여질 수 있었다. 한편 일부 고대인들은 신이란 우주 만물 뒤에 내재하고 있는 영이라고 생각하였는데 즉 물활론(Hylozoism)적 사고를 하는 자들도 있었는데 이런 때에도 어쨌든 신은 물질 속에 물질을 통해서만 존재한다고 생각되었다.

반면에 유대인들은 – 그리고 나중에 초대 기독교인들도 – 때때로 무신론자들처럼 간주하였다. 왜냐하면 이들이 믿고 있었던 신은 도대체 눈으로 볼 수 있는 신이 아니었으며, 그 신에 대한 어떤 구체적이고 물질적인 표상(表象)도 없어서 어떤 사람도 그들의 신을 볼 수 없었기 때문이었다. 따라서 고대에는 하나님의 백성들에게 있어서조차 하나님은 오직 영적인 존재이시며 그래서 이에 따라서 예배받으셔야만 한다는 사실을 깨닫는다고 하기는 매우 어려운 일이었다.

그러나 이것은 엄연한 진리였다. 하나님은 때로 천둥과 우뢰, 장엄한 불 또는 성막(Tabernacle) 등 눈에 보이는 것들로서 하나님 영광의 현현이나 임재를 상징하는 것으로 삼으셨으나 그것은 문자 그대로 상징(symbol)이었지 그것이 곧 하나님의 일부거나, 숭배의 대상인 것은 아니었다. 하나님은 그 어떤 형상이라도 만드시는 것을 금하셨다^{신 5:8}. 왜냐하면 모든 피조물은 그것이 아무리 장엄하여도 하나님이 만드신 것이지 결코 그것이 하나님의 영광을 대신할 수는 없기 때문이었다. 또한 눈에 보이는 모든 존재는 다 하나님이 인간을 위하여 봉사하도록 지으신 것이었다. 왜냐하면 하나님의 창조 사역 중에서 인간은 그 최종 목적이었기 때문이었다. 그런데도 인간이 자신을 위해 지어진 것을 숭배하는 것은 오직 숭배할 유일한 대상이시며 인간을 만물의 통치자로 세워주신 하나님을 모독하는 행위였을 뿐만 아니라 자신을 위한 것을 오히려 자신이 위하는 어리석은 행위이기도 하였다.

3) 신에 대한 기본자세 : 주술과 기복 대(對) 신앙과 윤리

또한 고대의 여러 신들은 사람들에 의해서 그 행동이 조작될 수 있는 그런 신들이었다. 이런 점이 바로 이방의 신들에게 있었던 주술적(Shamanistic)인 성질이었다. 그러나 이스라엘 민족은 주술(呪術)과 신앙(信仰) 간의 차이에 대하여 알아야만 했다. 주술이란 한 마디로 사람들이 신에게 제물을 미끼로 아니면 그 신보다 더욱 센 신의 힘을 빌려서 어떤 반응을 불러일으켜서 그 신을 자신의 목적을 이루기 위해서 조종하려고 하는 시도이다. 그 반면에 신앙이란 과거에도 그랬고, 지금도 그렇듯이 신에 대한 복종이 수반되는 신뢰이다. 그래서 신앙을 가진 사람은 신을 신뢰하면서 그분의 뜻을 깨달으며 또 이를 행하려고 노력하는 사람인 것이다. 물론 신앙을 가진 사람도 기도 중에 자신의 필요와 바램을 자신의 신에게 간구하기도 한다. 그러나 신앙인은 자기 마음대로 신을 움직이려고 하지 않는다. 그래서 우리의 기도에 어떻게 응답하는가? 하는 것은 신께서 결정하실 일이라고 인정한다.

4) 신과 역사 : 부분적 참여와 전적 주권에 의한 단독 통치

한편 고대 세계의 사람들은 그들이 믿었던 신들이 제각각 역사 현장 속에 관여하고 있다고 생각했다. 그래서 어떤 신들은 전쟁에서 승리를 가져다주기도 하고, 어떤 신들은 어린이들이 안전하게 태어나도록 하며, 또 어떤 신들은 수확기에 추수할 수 있도록 한다고 생각했다. 그러나 성경 이외에 어떤 다른 이방 사상도 한 신이 역사하시는 장(場)으로서 세대에서 세대로 이어지는 전체 역사의 지평을 생각하지는 못했다. 즉 한 신이 이 우주의 역사 전체를 홀로 주관한다고는 생각하지 못했다. 그러나 이스라엘 민족에게 있어서 여호와가 지닌 주권과 뜻은 한 번의 전쟁이나 어떤 특정의 정치적 사건에 의하여 드러날 수 있는 것이 아니었다. 오히려 하나님의 주권과 뜻은 그분의 약속이 지향하고 있는 역사의 전 영역에서 밝혀지게 될 것이며, 오랜 역사 과정을 통하여 약속이 성취되는 것에서 점진적으로 그리고 종말론적으로만 세상 끝 날에 온전히 드러나는 것이었다.

고대 이방인들이 생각한 신들은 거의 모두가 매우 변덕스러운 신들이어서 그들의 태도를 사람들은 예측할 수가 없었다. 이런 신들로부터 무엇을 기대할 수 있는가 하는 것은 아무도 분명하게 알 수 없었다. 왜냐하면 그 신들이 변덕스럽게 일시적인 감정에 따라서 행동했으며 심술궂기까지 하였기 때문이다. 또 그 신들은 독선적이었으며 때로는 잔인하기까지 했다. 그래서 그런 신들에게서는 어떤 자비나 친절도 기대할 수 없었으며 이타적인 관심이나 이해를 찾아볼 수도 없었다. 그러므로 이런 이방신들은 사람에게 절대자와 영원한 진리에 대한 참된 헌신(dedication)의 마음을 일으킬 수 없었다. 한 마디로 사람들이 이런 신들과는 어떤 전인격적인 관계도 맺을 수가 없었다. 사람들의 삶과 인격에 있어서 이런 신들은 어떤 중요한 변화도 일으키질 못했다.

고대인들이 생각해 낸 이방 신들은 대부분 그들의 궁핍한 의식주 생활에 절대적 영향을 끼치는 각종 자연이 의인화(擬人化)된 자연신 또는 풍요 및 농경신들이거나 아니면 인간이 태어나고 죽는 불가해한 현상을 지배하는 생식 소멸의 현상이 신격화된 것들이었다. 그러나 이런 현상은 매우 불안정하고 불규칙한 것이었다. 그래서 그들은 이런 신을 달래고 또는 섬겨서 자기들이 원하는 복(福)을 얻어내는 것이 중요할 뿐 그런 신들의 인격과 윤리성 문제는 아예 생각조차 안 하였다. 다만 그런 신들을 더 잘 그리고 더 오래 살려는 인간의 이기적 욕망에 따라 타인이나 다른 부족 등 경쟁 대상보다 자기가 더 잘 섬기기만 하면 더 많은 복을 준다고 생각되었다.

즉, 신들과는 거래와 흥정이 무엇보다 중요하지, 그 신들과의 진정한 신앙 관계 체결은 의미가 없는 기복적 주술 신앙이 생겨난 것이다. 이런 신을 섬기는 방법도 인간의 욕망을 반영한 야비하고 잔인한 것이 많았다. 심지어는 각 신의 영역으로 구별된 성역(聖域)에서 인신 제사를 드리거나 아니면 변태 성행위까지 자행하는 제사 의식이 포함된 경우도 많았다. 이처럼 이스라엘 주변의 민족들이 생각해 낸 신에게서는 어떤 인격적인 도덕성에 대한 근거도 찾을 수가 없었다. 또 역으로 말하면 비도덕적이고 윤리(倫理)가 결여한 신들을 믿고 있었기 때문에 이방 사람들은 비도덕적인 제사를 드리게 되었고 그들의 사회적 행동들과 개인적인 일들을 처리하는 데에도 윤리적이지 못했다. 인간의 생명은 매우 하찮은 것으로 여겨지게 되었으며 자기의 욕망을 최대한 채우려는 폭력과 싸움만이 살아가는 삶의 방식이었다. 이런 비윤리적인 신들에 대한 신앙으로부터는 남을 사랑하는 것과 이기적인 욕심을 버리고 인내할 수 있는 것을 배울 수 있는 어떤 동기(motive) 부여도 있을 수 없었다. 따라서 당연히 여인들과 어린이들, 외국인들, 불구자들, 그리고 가난한 사람들은 자주 경시되는 문화가 생겨났다.

그러나 성경은 신앙의 대상인 여호와께서는 인간이 영원한 진리에 의하여 마땅히 지켜야 할 삶의 자세 곧 윤리를 적극 강조하시는 아니 그 윤리의 기준 자체이기도 하시다는 것을 누누이 강조했다. 또한 하나님은 그분 자체가 결코 변함이 없으시며 또 그분이 주신 말씀이나 약속은 기필코 성취되는 신실한 것이었다. 따라서 인간은 그 하나님을 전적으로 신뢰할 수 있었다. 또한 그분을 믿고 그분이 요구하시는 삶의 방식으로 자신의 삶을 바꾸는 것이 당연한 의무였다. 따라서 하나님의 창조 원리와 그분의 각종 율법에 나타난 윤리적 의무를 지키지 않는 것은 죄(罪)로 규정되어 엄정한 공의의 심판 대상이 됨을 경고하고 있다. 그리고 그분의 창조 원리에 따라 먼저는 하나님을 경외하며 모든 피조물들, 특히 인간끼리도 서로 사랑하고 존중할 것이 의무로 규정되었다.

✝ 다신교적 신개념과 여호와 유일신 개념의 주요 사항 비교표

	고대 이방 다신교 사상	여호와 유일신 사상
존재	지역 또는 각종 자연 현상에 따라 무수한 신이 있다고 생각한다. 우주와 역사가 아무 기원이 없이 자연 발생하였다고 생각하거나 아니면 아예 그 기원에 대한 아무 관심이 없이 다만 그 많은 신들도 원래부터 있었거나 아니면 스스로 있는 자연의 생성 조화의 과정에서 생겨난 것으로 생각한다. 그러나 이 신들은 그 자체가 본래 존재하는 것이 아니다. 원래 하나님의 형상(Imago Dei)으로서 신에 대한 개념이 있는 인간이 타락한 후에 각종 불안과 욕망을 신의 힘을 빌려 해결하고자 상상하여 만들어 낸 것일 뿐이다.	신은 오직 한 분 여호와뿐이시다. 그분은 시공을 초월하여 스스로 계신 유일한 분으로서 시공(時空)에 얽매인 모든 존재의 기원은 오직 그분에게만 있다. 여호와는 자존하시면서 모든 타 존재의 유일한 근원이시다.
권능	대부분 인간보다 우월한 능력을 갖고 있으며 또 자기들끼리도 상대적 구별이 있으나 공통적인 것은 그 어떤 신도 절대적 권능을 갖고 있지는 못하다고 생각하는 점이다. 이런 이방 각 신들은 거의가 생로병사에 노출된 연약한 인생이 갖고 있는 강하고 자유롭게 불멸하고자 하는 공통적인 소망을 반영하여 조작된 것이다. 그리하여 일부 지역 또는 우주의 일부 현상만, 그것도 조건적으로 관여할 수 있다고 생각한다.	초월자요, 창조자로서 전 우주에 대하여 절대적 권한을 갖는다.
성품	인간이 가진 지.정.의의 각각 측면 중 하나의 측면이나 기능이 극대화되어 있다. 이는 결국 인간 지·정·의의 한 측면이 신격화된 대상에게 투영된 것임을 알 수 있다.	절대 거룩한 지·정·의를 갖고 계시다.

피조물과의 관계	각 우상 자체가 자연이 빚어낸 하나의 피조물이거나 아니면 이미 있는 자연을 이용해서 세상의 극히 일부를 만들어낸 불완전한 창조자로 인식된다.	시간과 공간의 차원에 예속된 여타 사물 및 인간과는 달리 하나님은 홀로 자존(自存)하시는 절대자이시다. 이런 절대자께서 우주의 모든 것을 무에서 유로 창조하셨다. 따라서 모든 피조물은 하나님께 예속되나 하나님은 피조물의 차원 밖에 계시다. 이런 하나님은 현재도 피조물과 무관하신 것이 아니라 관심을 가지시고 역사 속에서 계속 피조물을 향한 사역을 행하신다.
역사와의 관계	역사(History) 자체는 그저 무의미한 시간의 무한한 흐름이고 인간은 그 안에서 생성과 소멸을 그리고 발전과 쇠퇴를 되풀이할 뿐이라고 생각한다. 마찬가지로 신들도 역사의 흐름 속에서 나름의 운명에 예속되어 있다고 생각된다.	역사도 자존하거나 무한한 것이 아니라 하나님이 창조하신 것으로서 태초에서 종말까지 직선적으로 진행되는 제한된 시간의 흐름이다. 하나님은 그 전 역사 그리고 그 역사를 초월한 모든 영원의 유일한 주권자이시다. 하나님은 초월자로서 역사의 전개에 영향을 받지 않으나 역사의 모든 것을 섭리하신다. 그리고 당신의 주권대로 세상 종말을 가져오시고 종말시에 그 역사의 모든 것을 특히 인간을 선·악간에 심판하실 것이다.
윤리성	대부분 이기적이며 탐욕이 가득하다. 일정한 윤리와 도덕을 가진 신도 있으나 그 윤리적 기준이 적용되는 범위는 특정하게 국한되며 그 기준을 넘은 대상에 대해서는 무자비하고 무원칙하다.	모든 대상에 대하여 절대 공정하시다. 그리고 당신이 세우신 법에 대해서 당신 스스로 엄격히 준수하신다. 당신이 사랑하여 선택하신 자들을 구원하실 때도 이미 세우진 행위언약의 법에 따라 요구되는 죽음을 자신이 대신 치르시고야 구원해 주실 정도로 하나님은 절대 공의로우시다. 단적으로 하나님의 성품 그 자체가 절대 거룩하며 또 하나님은 영원히 불변 신실하시므로 결국 하나님은 절대 공의로우시다. 또한 이런 하나님의 품성과 명령은 곧 우리 윤리의 기준이 되며 이는 지켜도 그만 안 지켜도 그만인 명목상의 기준이 아니라 훗날 우리의 영생과 영벌을 실질적으로 좌우하는 심판 기준이 되기도 할 것이다.
숭배 시기와 방법	이방신들은 제한자로서 그 자신의 욕망과 운명에 얽매여 있다. 따라서 숭배자는 특정한 때에만 숭배하면 된다고 생각된다. 또 그 숭배 방법도 그 신이 좋아하는 제물로 비위를 맞추는 것이면 된다. 왜냐하면 그 목적이 이 세상이나 저세상에서의 기복(祈福)에만 있기 때문이다.	여호와는 절대자로서 그분에게 무엇이 부족해서가 아니라. 그분이 우리의 창조자이시기 때문에 마땅히 영광을 돌려야 하며 또 그분이 주시는 구원의 사랑에 감사하기 위하여 섬기는 것이다. 따라서 언제 어디서나 삶의 전 영역에서 그분을 숭배해야 한다. 또 그 방법은 그분의 계시대로 죄의 고백, 감사 찬양과 아울러 그분의 뜻을 실천하는 것까지 포함되어야 한다. 왜냐하면 우리는 그분으로부터 어떤 복을 받으려고 섬기는 것이 아니라 그분이 우리에게 근원적인 복을 이미 그리고 영원히 주셨기 때문에 섬기는 것이기 때문이다.

✝ 다신교적 이방신 숭배의 현대적 의의

물론 현대에 이르러 고대 이방의 각종 다신교 사상과 거기서 나온 여러 우상 숭배는 한갓 미신으로 치부될 뿐이다. 그러나 이런 이방 다신교적 우상 숭배의 본질은 그저 기괴한 형상의 미신을 숭배하는 무지한 종교 행태에 있는 것이 아니다. 그것은 근본적으로 사탄의 사주에 의한 것으로서 눈에는 안 보이시나 눈에 보이는 이 세상을 창조하신 여호와의 절대적 주권을 인정치 않는 것이다. 대신에 인간 자신이나 눈에 보이는 자연 현상의 일부를 신격화하여 하나님보다 우위에 둠으로써 그분의 존재를 모독하고, 오히려 그분이 만드신 것을 그분보다 낮게 여기는 것이다. 즉 하나님이 계셔야 할 자리에 다른 그 무엇을 두는 것, 그것이 곧 우상 숭배의 본질인 것이다.

이런 점에서 볼 때 과학 문명 또는 인간의 힘을 절대시하거나 아니면 이 세상이 제공하는 각종 쾌락과 명예 그리고 물질 소유에만 급급히는 배금주의, 인본주의적 사고가 곧 현대판 다신교적 우상숭배이다. 오히려 영적으로 볼 때 이런 것은 투박하고 무지한 고대의 다신교 사상이 만들어 낸 우상보다 더욱 교묘하고 치밀하게 고안된 현대판 인본주의적 다신교가 만들어 낸 우상들이다. 이런 것들 뒤에는 합리주의, 인본주의라는 미명 아래 이를 맹목적으로 절대시하는 현대인들이 자신의 실상을 파악 못 하게 하여 결국 인간과 그 창조자를 떼어 놓으려는 사탄의 음모가 숨어 있는 것이다.

따라서 성도들은 그 옛날 이스라엘 백성들이 여호와 유일신 사상의 계시를 받으면서 실로 놀라고 감격하며 그들의 자세를 가다듬었듯이 이 시간 인본주의적, 과학주의적 요소가 특히 강한 현대판 다신교 사상과 이런 사상이 만들어 낸 각종 현대판 우상의 영적 본질을 깨달아서 나의 생활 중에 은연중 배어있는 이방 다신교 사상을 그리고 거기서 파생된 우상 숭배의 요소를 발견할 때마다 제거해야 하겠다.

15일차 범위 생각해야 할 성경적 세계관의 이슈들

☑ 읽을 책 : "기독교 세계관 핸드북" 도서 출판 에스라 2023

❖ 수 10장 "교회와 지동설"(p47)

16일 핵심 학습 자료

학습 자료 16-1 노인과 사회 활동 ^{수 13:1}

성경에는 많은 신앙의 위인들이 일반적으로 '늙었다'는 말을 듣는 노령의 나이에도 불구하고 하나님의 소명을 충심껏 감당한 사실이 많이 기록되어 있다. 본문의 여호수아 역시 모세의 후계자가 될 때가 94세였고, 이후로 가나안 정복을 위해 맹활약하였다. 그러던 그가 이제 기력이 쇠하여 더 이상 싸움을 지휘할 수 없는 시점에 이르러서는 마지막으로 가나안 땅을 이스라엘 민족에게 모두 분배하는 대사역을 완성하게 된다. 이러한 사실은 현대의 중요한 사회 문제의 하나로 대두되는바 노인의 사회활동에 대한 올바른 성경적 가르침을 시사하고 있다. 이에, 다음과 같이 그 교훈을 깨닫고자 한다.

✝ 유대인들의 노년기 관념

본문에 기록된바 '나이가 많아 늙으매'라는 표현에는 유대인들의 노인 관념이 잘 반영되어 있다. 즉 고대 유대인들은 통상 노년기(老年期)를 3단계로 구분하여 '늙었다'는 표현을 사용했다. 그 첫째 단계는 노년기의 시작이라고 할 수 있는 60~70세까지가 해당한다. 그러나 이는 장년의 연장이라 할 만큼 사회적 활동이 뛰어났던 시기로, 감히 늙었다고 표현할 수 없었다. 둘째 단계는 이제 신체의 노화 현상이 가속화되고 백발이 성하게 되는 70~80세까지이다.

그리고 마지막 단계는 80세부터 임종 때까지이다. 그런데 이 마지막 단계에 이르러야 비로소 그들은 늙었음을 인정하는 것이다. 이는 아브라함이 100세일 때에 그를 '나이가 많아 늙으매'라고 표현한 것에서도 확인된다^{창 18:11}.

✝ 노년에 활동한 성경의 인물들

믿음의 조상 아브라함은 그의 나이 75세에 하나님의 부름을 받고 고향을 떠나 가나안 땅으로 이주하였다^{창 12:1-4}. 그리고 84세 때에는 포로가 된 조카 롯을 구출해 내는 용감성을 보였다^{창 14:13-16}. 더욱이 그의 노년은 하나님으로부터 믿음으로 의롭다 함을 최초로 언급 받을 만큼 신앙적이었고^{창 15:6}, 100세에 얻은 아들까지도 하나님의 말씀에 따라 제물로 드리려 할 만큼 철저한 순종을 보였다^{창 22:1-19}. 또 야곱은 77세에 하란으로 도피한 후 20년간 외삼촌 라반의 양 떼를 성실 근면하게 돌보았으며^{창 29:1, 20}, 147세에 그의 12 아들들을 축복하여 이스라엘 12지파를 형성하였다^{창 49:1-28}. 모세는 그의 나이 80세에 이스라엘 민족을 애굽으로부터 해방시키는 출애굽의 대 사역을 소명 받았다^{출 3:10}. 그후 그는 120세를 일기로 사망하기까지 40년 동안 민족을 애굽으로부터 인도해 내어 하나님의 언약 백성이 되게 하며^{출 19:7, 24:8}, 선민 국가의 기틀을 수립, 유지, 발전시켰다. 모세를 도와 출애굽을 이끌었고^{출 7:1}, 최초의 대제사장이 되어^{출 40:12-16}, 이스라엘로 하여금 하나님의 명령을 지키도록 하였던 아론 역시 80세부터 123세까지 소명을 감당했다. 가나안을 정복한 여호수아도 94세에 모세의 후계자로 임명되어^{민 27:15-23}, 110세를 일기로 사망하기까지 담대한 믿음으로 자신의 사명을 다하였으며, 가나안 정탐꾼의 일원이었던 갈렙도 그의 나이 85세에 자기의 기업, 곧 헤브론을 탈환하기 위해 싸움에 앞장서는 용기를 보였다^{수 14:10-15}. 또한 제사장 여호야다는 뛰어난 덕망을 갖춘 자로서, 노령에도 불구하고 유다의 왕으로 요아스를 즉위시키려는 대혁명을 강행했다^{왕하 11:4-21}. 신약에서도 예수를 만난 여선지자 안나는 과부가 되어 84세가 되기까지 성전에서 주야로 기도하여 하나님을 섬겼다^{눅 2:37}.

✝ 노인에 대한 성경의 권면

이상 살펴본 바와 같이 성경에 나오는 신앙 위인들은 그 노년에도 백성을 지도하고, 지혜를 가르치며, 영적인 일에 봉사하는 등의 열매를 맺었으며, 기도와 견고한 믿음의 본을 보였다. 이러한 사실들은 당시의 노인들이 기력이 왕성하였고, 사회적으로도 노인을 공경하며 노인들에게 지도자적 위치를 맡겼던 데에 그 원인을 들 수 있겠으나, 무엇보다도 백발이 되기까지 하나님이 함께하사 영화의 면류관을 얻게 하신 것임을 보여 준다^{잠 16:31, 사 46:4}.

그러므로 현대를 사는 신앙인들도 힘이 쇠약해지고 육체적으로 장애가 온다고 할지라도 이를 핑계치 말고, 지혜와 명철이 풍부한 노년의 영광^{잠 3:13, 16}을 충분히 발휘하여 후손들을 지혜로 가르치는 일에 열심을 다해야 하겠다. 즉 노년에 당하는 어려움이 있다 하여도 하나님의 돌보심을 믿으며 영적인 일에 봉사하고, 끝까지 온전한 자가 될 것을 성경은 권면하고 있다^{딛 2:2, 3}.

학습 자료 16-2 장자 상속제도 ^{수 15:1}

본문에는 유다 지파가 요단 동편 두 지파 반을 제외한 이스라엘 9 지파 반 중에서 제일 먼저 기업을 분배받은 사실이 소개되고 있다. 이처럼 장자도 아닌 4남인 유다 지파가 기업을 제일 먼저 분배받은 것은 야곱의 예언^{창 49:8-12}에 따른 것이며, 사실상의 장자인 르우벤^{창 49:3}과 2, 3남인 시므온과 레위가 모두 그들의 범죄로 말미암아 장자 상속권을 상실하고 말았기 때문이다^{창 34:25-29}. 그러면 이제, 이스라엘의 장자 상속 제도를 살펴보자.

✝ 히브리인의 장자 개념

장자란 본래 '어머니 태를 가장 먼저 열고 나온 자'란 의미이다. 그런데 고대 셈족들은 이처럼 가장 먼저 태어난 맏아들이라는 의미 이외에 신에게 속한 자라는 강한 종교적 개념을 가지고 있었다. 그러므로 이스라엘의 출애굽 직전에 있었던 장자 재앙이나 유월절 행사는 바로 이러한 종교적 관점에서 이해해 볼 수 있는 것이다. 특히 유월절 어린양은 이스라엘의 모든 장자를 대신하여 하나님께 드려진 제물로서, 인류의 죄를 대속하기 위해 오신 그리스도를 예표한다요 1:29.

✝ 장자의 권리

히브리 사회에서 장자는 특별한 권리를 부여받았다. 즉 장자는 그 가문과 기업을 이어갈 뿐만 아니라 나아가 그 사회의 족장 역할까지 부여받게 되었다. 따라서 성경에 나오는 족보의 명칭이 대부분 장자의 이름으로 되어있는 것도 이 때문이다. 그리고 장자는 아버지 유산의 두 몫을 상속받았으며신 21:17, 부친으로부터의 특별한 축복창 27:1-4, 35-37과 모든 형제 가운데 지도자적인 위치창 37:21, 27에 있었다. 또한 만일 장자가 죽었을 경우 그 형제들은 계혼(levirate)을 통해서 아들을 낳아 장자의 가문을 이어야 했다신 25:5-10. 한편 장자는 가계 계승 이상의 권리도 소유한다. 그것은 바로 영적 지위인데, 아버지는 하나님으로부터 받은 영적 축복과 지위를 장자에게 물려주어야 할 의무를 지닌다. 이삭이 차자 야곱보다 에서를 사랑하며, 기어코 그 게 장자권을 상속하기를 원했던 것도 바로 그러한 이유에서이다. 그러나 영적 지위 계승에 있어서는 육적인 장자권보다 하나님의 선택과 지명권이 우선이며, 아버지라 할지라도 하나님의 선택을 거부하고 장자권을 마음대로 줄 수는 없었다. 왜냐하면 장자는 아버지 기력의 시작이기창 49:3 이전에 하나님의 소유이기 때문이다.

✝ 장자권 상속

장자권 상속은 단지 육적인 의미에서뿐만 아니라 영적인 지위 계승이기도 하기 때문에 매우 신중하게 실시되었다. 즉 장자권을 상속할 자에게 영적인 결함이 있을 때 그 상속권은 다른 사람에게 넘어가게 되는 것이다. 이에 대한 실례로서, 르우벤은 근친상간으로 인해 장자의 권리를 빼앗기게 되었고창 49:3, 4, 에서의 경우에는 하나님의 무조건적 선택에 의해 상속권을 박탈당했으며, 대신 야곱이 그 권리를 양도받게 되었다. 그러나 위와 같은 특별한 경우 이외에 아비가 임의로 장자 이외의 아들에게 장자권을 상속할 수도 있었으나 율법은 될 수 있는 대로 그렇게 장자권을 상속하는 일이 없도록 규정하고 있다신 21:15-17. 이처럼 장자권 상속에 있어서 육적인 조건보다는 영적인 조건을 더 앞세운 것은 장자권 상속이 절대 하나님의 선택에 달려 있다는 사실을 암시하는 것이다.

✝ 신약적 의의

그리스도께서는 만물보다 먼저 나신 자로서 하나님의 장자가 되셨을 뿐만 아니라롬 8:29, 골 1:15, 또한 부활의 첫 열매롬 1:4, 고전 15:13, 벧전 1:3가 되심으로써 죽은 자의 장자가 되셨다. 그리고 장자로서의 그리스도는 모든 이름 위에 뛰어난 이름과 영광을 얻게 되었다빌 2:9, 11. 한편 이스라엘 백성 전체가 여호와의 장자출 4:22로 불리움을 받은 것처럼 모든 성도는 하나님의 장자로서 천국 기업을 상속받게 되었다. 더욱이 그리스도께서 얻은 영광을 우리도 동일하게 누리게 될 것이다.

학습 자료 16-3 슬로브핫 딸들의 기업 분배의 의의 ^{수 17:3-6}

본문에는 므낫세 반 지파가 요단 서편 땅을 분배받는 과정 중 슬로브핫 딸들의 기업 분배 요구에 따라 여자들에게도 기업이 분배된 사실이 간략하게 언급되어 있다 ^{수 17:3-6}. 이처럼 남자의 상속권만을 인정하는 고대 사회에서 여자들로서 기업을 분배받게 된 것이 우리에게 어떤 의미를 주는지 살펴보도록 하자.

✝ 역사적 개요

이스라엘이 광야 생활을 하는 도중 슬로브핫은 아들 하나 없이 다섯 딸들만을 남겨 놓은 채 죽었다. 그래서 슬로브핫 가문은 대가 끊어질 위기에 처하게 되었다. 이 때 슬로브핫의 딸들은 가문을 구하기 위하여 약속의 땅에 들어갔을 때 그들이 비록 여자이지만 기업을 분배받을 수 있게 해 달라고 요구하였다. 그들이 그렇게 요구한 이유는 단지 기업이 탐나서가 아니라, 자신들이 기업을 소유하고 있음으로써 고엘 제도와 같은 양식으로 기업 무를 자와 결혼하여 자신의 가문을 이어갈 수 있다고 생각했기 때문이다. 이 같은 슬로브핫 딸들의 지혜로 말미암아 이것이 이스라엘 자손에게 있어 하나의 관례가 되었고^{민 27:1-11}, 비록 자기 지파 내에 속한 남자들과만 결혼해야 한다는 조건이 있으나, 여자도 남자와 동일하게 기업을 상속받을 수 있는 권리를 소유하게 되었다.

✝ 역사적 의의

슬로브핫의 딸들이 여자의 신분으로서 기업을 분배받게 된 것은 당시로서는 참으로 특이한 일이 아닐 수 없다. 왜냐하면 이스라엘은 당시 고대 근동의 주변 국가들과 마찬가지로 남자 중심의 상속법을 가지고 있었기 때문이었다(^{수 15장} 학습자료 16-2, '장자 상속 제도' 참조). 즉 여자에게는 기업을 주장할 수 있는 권리가 전혀 없었을 뿐만 아니라 남자의 복속물로서 매우 천대를 받았다^{출 20:17, 신 5:21}. 특히 딸들의 경우에는 그 아비가 종으로 팔 수도 있었다^{출 21:7, 8}. 다만 갈렙의 딸 악사^{수 15:18, 19}처럼 결혼 지참금으로서 그 아비에게 재산을 조금 양도받을 수는 있었다. 이처럼 여성이 천대받던 당시의 사회에서 슬로브핫 딸들의 기업 요구와 분배는 가문을 이어가는 데 있어 여성의 역할을 한층 더 크게 하는 구실을 하였다. 그뿐만 아니라, 기업을 소유함으로써 다른 사람에게 팔려 가지 않게 되어 여성의 사회적 권리와 존엄성을 스스로 보호할 수 있는 계기가 되었다.

✝ 교훈

슬로브핫 딸들의 기업 분배를 단순히 여성의 권리와 지위 신장의 측면에서만 이해해서는 안 된다. 왜냐하면 그들의 기업 요구가 단순한 사리사욕에서 나온 것이 아니라 가문을 이어가겠다는 갸륵한 마음에서 비롯된 것이기 때문이다. 한편 우리 모든 성도는 장차 남·여 구별 없이 동등한 입장에서 천국 기업을 분배받을 것이다. 따라서 우리는 슬로브핫 딸들이 자신들의 기업을 간절히 사모하였던 바, 그 마음을 본받아 천국 기업을 간절히 사모하며 한 사람도 그 기업을 잃지 않도록 해야 할 것이다.

학습 자료 16-4 도피성의 제정 ^{수 20장}

✝ 역사적 배경

고대인들은 어떤 특정한 사당이나 신전과 같이 신성한 지역이 도망자들에게 절대적인 안전을 보장해 주는 것으로 생각하였다. 과실범이나 고의범, 도주한 노예나 채무자 또는 정치적인 문제로 도피한 자들은 신성한 땅에 피신하여 신의 보호를 요청함으로 보복이나 형 집행에서 구제받았다. 이런 관습은 오늘날에도 남아있다. 오스트레일리아의 아룬타족에게 있는 에르트나툴룽가라는 신성지역이나 북 아메리카의 아리카라족 마을 중앙에 있는 주술 오두막집이라는 장소는 이곳에 들어오는 자는 심지어 적까지도 해하지 못하는 관습을 가지고 있다. 이스라엘에서도 여호와의 제단에 도피하여 제단의 뿔을 잡는 자는 생명을 보호하였고^{왕상2:28-34}, 이보다 좀 더 적극적이고 장기적인 제도가 바로 도피성 제도였다. 그러나 어느 경우든지 율법은 우발적인 살인 행위에 한해서 보호하도록 규정하고 있다. 우발적인 살인자와 피의 복수자 사이를 중재해서 복수의 악순환을 막자는 것이지 결코 악한 범죄자를 보호하기 위한 것이 아니기 때문이었다. 이스라엘의 도피성은 총 여섯 개로 요단 동편의 골란과 라못, 베셀 성읍과 요단 서편의 게데스, 세겜, 헤브론 세 성읍이 지정되었다.

✝ 구속사적 의미

도피성이야말로 연약한 사람의 본성 때문에 죄를 지은 자들을 구원하고 피의 복수로 공동체가 파괴되는 것을 막은 유일한 은혜의 장소였다. 이는 구속사를 통해 나타나는 하나님 은혜의 본질을 가장 정확하게 보여 주는 표본이다. 하나님이야말로 타락하여 죄 속에서 살아갈 수밖에 없는 인간을 구원하실 유일하신 분이며 은혜의 분이시다. 그러므로 그분의 은혜에 기대는 자는 구원을 얻으며 하나님으로 말미암아 세상은 죄의 결과에서 벗어나 영원한 평화를 누리게 될 것이다

학습 자료 16-5 안식 ^{수 21:44}

본문에서 하나님은 이스라엘 사방에 안식을 주셨다고 말한다. 성경은 이와 유사한

용례들로서 안식(rest)에 대해 자주 언급하고 있으며, 특별히 이스라엘 역사에 있어 중요한 전환기마다, 또는 구속사에 있어 큰 전환점을 이룰 때마다 반드시 안식에 대해 언급한다. 따라서 안식에 대해 체계적으로 살펴볼 때 성경의 구속사를 이해하는데 큰 도움이 되리라 생각한다.

✝ 원어적 의미

안식에 해당하는 히브리어는 육체적, 영적, 일시적, 영원한 것 등을 의미한다.

✝ 안식의 근원

모든 인간에게 주어지는 안식은 육체적이든, 영적이든, 일시적이든, 영원한 것이든을 막론하고 모두 그 근원은 하나님께 있다렘 31:1, 2. 왜냐하면 하나님은 모든 만물의 창조주이실 뿐만 아니라 섭리 가운데 온 우주 역사를 주관하시는 분이시기 때문에 그분만이 인간에게 안식을 주실 수도, 혹은 빼앗으실 수도 있기 때문이다. 따라서 인간에게 안식이 있으려면 두 가지 조건이 갖추어져야 하는데, 그것은 첫째 하나님과의 온전한 관계이다시 23:2, 사 30:15. 이 조건만 갖추어진다면 외적으로 아무리 심한 고난 속에 있다 할지라도 깊은 영적인 안식을 누릴 수 있다합 3:17-19. 둘째 하나님의 공의가 실현되어야 한다.

본문에서 보는 바와 같이 하나님이 가나안 족속의 범죄에 대해 공의로운 심판을 하셨기에 이스라엘에 안식이 주어진 것이다. 그리고 역으로 이스라엘과 맺은 언약에 따라 신실하게 약속을 이행하셨을 뿐만 아니라 믿는 자를 공평하게 판단하사 축복하셨기에 이스라엘은 안식을 누릴 수 있었다. 결국 하나님의 공의 실현은 육체적, 사회적, 정치적 안식의 필수 요건이라고 볼 수 있으며, 최후의 안식도 하나님의 공의 실현으로 이루어질 것이다살후 1:7.

✝ 안식의 종류

이미 앞에서 언급한 바와 같이 안식에는 안식의 상태에 따라 육체적 안식, 사회·정치적 안식, 영적 안식으로 구분될 수 있고, 안식의 기간에 따라 일시적 안식, 영구적 안식으로 구분될 수 있다.

① **육체적 안식** : 하나님은 인간에게 노동을 명하신 바와 마찬가지로 안식도 명하셨다. 하나님께서 안식일을 주신 것은 결국 인간이 육체적 노동으로부터 쉼을 얻게 하기 위한 것이었다. 그리고 하루 24시간 중 밤을 허락하신 것도 결국 육체적 안식을 위해서였다시 104:20, 23.

그리고 태초에 하나님은 인간을 창조하실 때 그 신체 구조를 안식으로 힘을 회복할 수 있도록 만드셨다. 그러므로 인간은 누구나 수면 등을 통하여 안식함으로써 다시 육체의 활기를 찾게 된다. 그 좋은 실례로서 심지어 그리스도께서도 공생애 중에 자주 안식하셨음을 들 수 있다막 4:38, 요 4:6.

② **사회·정치적 안식** : 성경에서는 이스라엘이 가나안에 들어갔을 때수 21:44, 대적들

을 격파했을 때^{삿 3:11, 30}, 다윗이 이스라엘을 통일하고 대내외적으로 정치적 안정을 찾았을 때^{삼하 7:11}, 솔로몬이 내란을 평정하고 경제적으로 큰 번영을 이루었을 때^{왕상 5:4}, 이스라엘 백성들이 바벨론으로 사로잡혀 간 후 70년 동안 가나안 땅이 경작을 쉬게 되었을 때^{대하 36:21} 이와 같은 안식이 있었다고 말한다. 이로 볼 때 이스라엘 역사 속에서 안식이 있었던 때는 구속사적으로 볼 때도 한 시대가 마감되고 다른 시대가 시작되는 큰 전환기였음을 알 수 있다.

③ **영적 안식** : 이는 마음의 안식, 혹은 하나님과의 관계에서 발생하는 심령의 안식, 궁극적으로 천국에서 누릴 영원한 안식 등으로 표현될 수 있다. 육체적으로도 안식을 누리고 있고, 사회·정치적으로도 안식을 누리고 있다고 해도 영적인 안식이 없다면 그것은 진정한 안식을 누리고 있다고 말할 수 없다. 이는 그리스도께서 '수고하고 무거운 짐 진 자들아 다 내게로 오라 내가 너희를 쉬게 하리라'^{마 11:28}고 하신 말씀 속에 잘 나타나 있다. 그러나 이러한 안식에 대한 갈망은 육체적으로, 또는 사회·정치적으로 안식을 누리고 있지 못 할 때 더욱 강렬해지기 마련이다. 특별히 자신의 죄로 말미암아 육체적인 고난을 겪을 때^{시 51편}, 사방의 대적에 핍박받을 때^{시 22:2}, 질병과 외로움, 친구의 배신 등으로 고통을 받을 때^{욥 3:26}, 이같은 영적 안식을 갈망하여 하나님께 부르짖게 된다.

④ **일시적 안식과 영구적 안식** : 본래 죄악된 이 세상 속에서는 영구적인 안식을 기대할 수가 없다. 오직 하나님께서 예비한 천국에 들어갈 때 영원한 참 안식을 얻게 될 것이다^{계 14:13}.

✝ 의의

신앙생활을 함에 있어 모든 성도는 이 땅에서의 안식과 영원한 천국의 안식을 둘 다 갈망한다. 그러나 그러기 위해서는 안식을 방해하는 것들, 즉 죄, 율법에 대한 얽매임, 자신의 옛 생활 습관 등을 모두 벗어버리고 날마다 하나님 안에서 안식을 얻도록 힘써야 할 것이다^{히 4:11}. 그리고 사회·정치적 안식을 위해 날마다 하나님의 공의가 실현될 수 있도록 간구하여야 할 것이다. 영적인 안식 추구 없이 사회·정치적 안식을 갈구하는 자는 사회 혁명가요, 사회 정치적 안식 없이 영적 안식만을 갈구하는 자는 현실 도피주의자이다. 그러므로 하나님이 전인적이시듯 성도들도 전 영역에 있어, 영적으로나 사회적으로나 다 안식이 임하도록 힘써야 할 것이다.

학습 자료 16-6 가나안 정착의 3단계

이스라엘의 가나안 정복 및 정착은 하나님이 아브라함에게 이를 언약^{창 15:13 -17} 하신 지 **약 660여년**이 지나 이루어진 사건이었다. 이로 말미암아 이스라엘은 지금까지 자기 영토도 없이 노예 생활과 방랑 생활을 하던 고달픈 과거를 청산하고 그야말로 젖과 꿀이 흐르는 가나안 땅에서 안식과 행복을 누리게 되었다. 또 이스라엘의 가나안 땅 소유는 이와 같은 표면적인 의미 이외에 구속사적으로도 참으로 큰 의미가 있다. 즉 그것은 하나님이 육적 선민(選民)인 이스라엘을 통하여 당신의 구약 구속사를 전개해 나가시기로 예정하시고 아담에게서 가인을 대신해서 셋을 허락하시고 아브라함, 야곱을 거쳐 지금까지 인도해 오신바, 이제 하나님의 백성을 약속의 땅에 세우시고 그들을 통하여 더 분명하고 확실한 구속 섭리를 펼쳐 보이실 계기를 만드시게 된 것이다. 또한 이스라엘 백성들이 약속의 땅을 정복하고 거기서 각자 자기 땅을 얻었다는 것은 구속사적으로 인간의 창조적 처음 모습^{창 1:26-28}을 회복하려 하셨다.

이와 같은 이스라엘의 가나안 정복 정착 전쟁은 다음 3단계로 진행되었다. 사실 민족이 항구적으로 정착할 땅을 차지한다는 것은, 더욱이 비어있는 땅이 아니라 이미 그 땅의 주민들이 수천 년간 뿌리박고 살고 있는 땅을 정복하여 정착한다는 것은 짧은 시일에 걸쳐 단숨에 이루어질 수 있는 것이 아니었다. 그리하여 모두 아브라함의 후손이 직접적으로는 야곱의 12 아들의 후예로서 12지파가 모여 한 민족을 이룬 이스라엘은 자신들에게 약속된 가나안 땅을 B.C. 1405-1390년 사이의 대략 15년에 걸쳐 단계별로 정복하였다. 그것은 대략 다음 3단계로 나눌 수 있다.

제1단계는 이스라엘 전 지파가 함께 가나안 땅의 주요 거점을 장악하여 그 땅에 이미 살고 있던 각 족속을 고립시키고 군사적 우위권을 확보하여 정복 정착의 교두보를 마련하는 단계였다.

제2 단계는 이제 완전한 군사적 우위를 확보한 뒤에 12지파가 한민족이지만 동시에 각각 독립된 지파로서 앞으로 자신들이 영구히 거할 각각의 영토 분할하는 단계였다. 정치적 이해가 첨예하게 엇갈린 이 영토 분할이 모세가 명한 대로 하나님 안에서 하나님의 방법대로만 진행된 것은 물론이다^{수 14:1-5}.

제 3단계는 이제 영토 분할을 마친 각 지파가 자기에게 할당된 영토로 흩어져서 정착을 확고히 하기 위해 그 영토 내에 남아 있는 이방 족속을 서서히 완전히 정복해 나가는 단계였다.

이렇게 볼 때 가나안 정복 정착 전쟁의 3단계는 매우 자연스러운 동시에 합리적인 것이며 동시에 매우 중요한 단계이다. 이것이 하나님 나라의 문화를 꽃 피울 수 있는 정복의 단계이며, Counter Culture를 세우며 하나님의 말씀의 원리가 그들이 삶의 원리가 되는 하나님 중심의 세계관(성경적 세계관)이 형성되어야 하는 단계인 것이다. 그러기 위해 다음 구절에서 지시한 명령을 순종해야 한다.

⇨ 출 23:20-33 ⇨ 신 7:1-11,16 ⇨ 수 23:5-13

이스라엘이 가나안 정복에 성공한 것은 그들의 전술 전략이 좋아서가 아니었다. 한번 생각해 보라. 400년간의 노예 생활, 40년간의 광야 생활로 지친 유랑 민족이 어떻게 군사적 우위만으로 토착 세력을 정복할 수 있었겠는가! 이스라엘이 가나안을 차지한 것은 이미 그 땅이 남의 땅일 때부터 이 땅을 약속하시고^{창 15:10-21} 또 이

440여년 후에 이루어 주신 하나님의 은혜 때문이었다. 한편 이스라엘이 그토록 연약하였을 때도 가나안 땅을 차지하였지만, 뒤에서 언급되듯이 가나안에 이미 정착하여 상당한 정치·군사적 우위를 차지한 뒤에는 오히려 그 안에 남아 있는 패잔 세력을 완전히 정복하지 못했다. 이 사실도 이스라엘이 일단 가나안 땅을 차지했던 것은 그 땅에 이스라엘을 심어서 하나님의 구속사를 전개하시려는 하나님의 구속 은총 때문이었음을 반증해 준다고 하겠다.

각 지파별 영토 완전 정복을 위한 가나안 정복 정착 전쟁의 제3단계는 여호수아 사망 직후^{삿 1:1}부터 각 지파별로 시행되었다. 제3단계 전쟁에 있어 가장 큰 관건은 여호수아와 이스라엘 연합군에 의해 이미 확보해 둔 군사적, 지리적 주요 거점을 잘 이용하여 어떻게 지파별 정복 정착 전쟁을 효과적으로 수행하느냐 하는 것이었다. 이 전쟁에서 가장 선두로 나선 지파는 역시 기업 분배에서도 우선 분배받았던 유다(Judah) 지파였다. 그리고 이어서 요셉 자손, 즉 에브라임과 므낫세 지파가 나아갔으며 나머지 일곱 지파는 그 후에 나갔다.

그러나 각 지파별 정복 정착 전쟁에 있어 비록 상대적 차이는 있으나 전 지파가 완전 정복에 실패하고 말았으며 이전에 여호수아 때에 확보해 두었던 군사적 우위를 지키는 것으로 머물고 말았다. 이렇게 각 지파별 정복 전쟁이 실패한 이유는 지금까지 도시 국가 형태로 독립적으로 통치되던 가나안 족속들이 이스라엘에 의해 치명적인 타격을 입게 되자, 각 족속별로 서로 연합 세력을 구축하고 애굽 등지에서 군비 지원을 받는 등, 이스라엘에 대해 완강한 저항을 해왔기 때문이다.

그러나 사사기에서 보는 것처럼 실패의 근본적인 이유는 이스라엘의 신앙의 결핍과 불순종이었다.^{삿 2, 3장} 이와 같은 지파별 정복 정착 전쟁의 실패로 인하여 이스라엘은 가나안 족속들과 함께 그 땅에 거주하게 되었고, 그 후 그들과의 교제, 통혼(通婚)으로 인하여 사사 시대 전반에 걸쳐 보여준 것 처럼 죄악과 혼돈의 늪 속에 빠져버리게 되었다. 그리고 이스라엘이 가나안 족속을 그 땅에서 완전히 섬멸하게 된 것은 그 후 약 400년 후(B.C. 1390-1010년)인 다윗 시대에 이르러서야 비로소 가능했다.

17일 핵심 학습 자료

학습 자료 17-1 사사기의 메시지를 통한 성경적 세계관 점검

✝ 불순종의 결과

사사기의 불행은 지파별로 이루어지는 정복 정착 단계에서의 이스라엘의 불순종에 서부터 시작된다. 이스라엘은 가나안 땅의 족속들을 다 멸절하라는 여호와의 명령을 이행하지 않고 그들을 남겨둠으로써 타협하였다. 바로 여기서부터 사사기의 어두운 350년간의 역사는 시작되는 것이다. 타협의 결과, 곧 불순종의 결과는 평화와 안식이 아니라 압제와 혼란이었다. 성도는 하나님 명령의 내용을 바꾸는 자가 아니라 그것을 따르는 자이다. 48개 성읍으로 흩어져 각 지파의 말씀 순종 교육을 맡은 레위 지파의 사명 망각은 이런 암흑시대를 가져오게 하였을 것이다.

✝ 변혁(transformation)인가, 동화(assimilation)인가? - 진멸의 목표는?

약속의 땅은 현대의 그리스도인들에게 있어서는 다름이 아닌 생활의 터전이다. 이스라엘 백성들이 약속의 땅 가나안에서 하나님 나라를 세워야 했던 것처럼, 현대의 그리스도인들은 생활 속에서 하나님 나라를 세워야 한다. 즉, 그리스도인들은 세상의 빛과 소금으로서 자신들이 속한 환경을 '변혁(變革)' 시켜 나가야 할 사명이 있다. 그리스도인들이 인본주의적이고 죄악된 문화를 변혁시키는 것이 아니라 오히려 동화(同化)된 삶을 사는 것은, 사사 시대의 이스라엘의 역사적 전철을 그대로 되밟는 것이 된다.

✝ 배교의 대표적 사례-종교 다원주의(Religious Pluralism). - 섞여 버리게 하는 혼합주의

이스라엘이 여호와 앞에 반복하여 행한 범죄는 바로 가나안의 신들을 섬긴 것이다 3:7, 8:33, 10:6. 가나안 종교는 혼합 주의적 특성이 있어서 결코 이스라엘의 여호와 신앙을 버리라고 요구하지 않는다. 다만 여호와를 섬기며 동시에 그 땅의 신들도 동시에 섬기라고 유혹할 뿐이다. 이스라엘 역시 양자택일적인 차원에서 하나님 대신 가나안 신들을 택한 적이 없다. 그러나 하나님께서는 여호와를 섬기면서도 가나안 신들을 섬긴 이스라엘의 행위를 자기를 버린 것으로 간주하신다10:6. 성경이 말하는 배교(背敎)란 여호와 하나님 한 분만을 경배의 대상으로 섬기지 않는 모든 행위를 다 포함하여 가리킨다. 이런 의미에서 모든 종교가 한 길로 통한다는 현대의 종교 다원주의는 배교의 대표적인 경우인 것이다.

✝ 왕이신 하나님의 통치의 필요성.

사사기에는 "그 때에는 이스라엘에 왕이 없었으므로"라고 하는 반복구가 메아리처럼 울려 퍼지고 있다. 이는 일차적으로 이스라엘의 통치 체제로서 왕정의 필요성을 언급하는 말이기도 하지만, 궁극적으로 하나님의 왕적 통치의 필요성을 역설하고 있는 말이다. 사사기는 하나님이 왕으로서 다스리지 않는 개인과, 가정과, 사회와, 국가는 혼란과 부패에 빠질 수밖에 없다는 진리를 예시하고 있다. 하나님의 왕권(Kingship of God)을 삶의 전반에서 인정하라! 왕이신 하나님의 통치를 받을 때에 참된 안식과 평강을 누리게 될 것이다.

인위의 삶, 즉 절대적인 신앙과 삶의 규범이 없는 인간 자율의 삶은 필연적으로 혼란과 부패로 이어진다. 오늘날은 포스트모더니즘(post-modernism)의 시대이다. 절대적인 진리를 부정하고 개인의 체험이나 선호도의 기준에 맞추어 모든 것을 판단하는 시대, 즉 개인의 주관성(subjectivity)이 진리의 척도가 되어 버린 시대이다. 사사기는 이스라엘 역사의 실례를 제시함으로써 현대의 극단적 주관성의 시대에 대해 강력한 경종을 울리고 있다.

학습 자료 17-2 이스라엘 백성이 숭배했던 우상들

✝ 가나안 입성 후 이스라엘 백성의 문제

가나안 입성 후 이스라엘 백성의 문제는 "진멸 작전"의 실패로 인한 바알 종교와의 섞임이었다. 그들은 그 후로 끊임없는 우상 숭배에 빠져 하나님의 진노로부터 빠져 나오지를 못했다. 아래 도표는 이스라엘이 특히 분열 왕국 시대에 얼마나 많은 우

신	통치 영역/묘사	참고 성구
아드람멜렉	전쟁, 사랑	열왕기하 17:31
아남멜렉	자녀를 희생 제물로 요구함	열왕기하 17:31
아세라	바알의 아내	열왕기하 13:6
아시마	헷 족속의 신	열왕기하 17:30
아스다롯(어쉬타르)	성(性), 풍요, 하늘의 여왕	열왕기하 23:13
바알	비, 바람, 구름, 땅의 풍요	열왕기하 3:2
바알세붑	에그론의 신	열왕기하 1:2
그모스	땅을 주는 자	열왕기하 23:13
몰록(밀곰)	모압 족속의 신, 사람을 희생 제물로 드림	열왕기하 23:10
느보	지혜, 문학, 예술	역대상 5:8
네르갈	지하 세계, 사망	열왕기하 17:30
납하스	아와 사람들(앗수르에서 사마리아로 이주한 사람들)이 숭배함	열왕기하 17:31
니스록	니느웨 사람들이 숭배한 신	열왕기하 19:37
림몬	천둥, 번개, 비	열왕기하 5:18
숙곳-브놋	마르둑의 연인, 전쟁의 여신	열왕기하 17:30
다르닥	풍요(아와 사람들이 숭배함)	열왕기하 17:31

상에 빠져있었는가를 보여 준다. 그들이 섬긴 우상의 명단이다. 하나님은 이미 시내 산에서 이들의 문제를 간파하시고 법을 주실 때 제일 먼저 우상 숭배를 금하는 밥을 주셨는데 그들은 이것을 무시했다.

오늘날 우리는 이런 우상을 섬기지 않는다고 우리가 우상 섬김으로부터 자유스럽다고 생각하는가? 성경이 말하는 우상은 여기서 말하는 이런 우상만을 말하는 것으로 생각하면 안 된다. 십계명의 제1계명은 "너는 나 외에는 다른 신들을 네게 두지 말라"라고 했다. 영어 성경은 '나 외에'라는 표현을 'before me'이라고 했다. "하나님 앞에"라는 말이다. 오늘의 우상은 무엇이든지 "하나님 앞"에 있는 것을 말한다. 그것이 무엇이든지 우선순위가 하나님 보다 앞서면 그것이 바로 우상이라는 사실을 알아야 한다.

학습 자료 17-3 가나안 족속들의 철 병거 _{삿 1:19}

본문에서 기자는 유다 지파가 가나안 족속을 축출하지 못한 것은 골짜기의 거민이 철병거를 소유하고 있었기 때문이라고 기록하고 있다. 또한 수 17:16, 18에서도 벧 스안에서 므깃도에 이르는 지역의 가나안 원주민들이 철 병거를 갖고 있었다고 기록하고 있다. 또 민 31:22와 수 22:8에는 '철'에 대해 언급하고 있다. 그런데 많은 성경 비평학자는 그 당시에 무슨 '철'이 있었겠느냐고 하면서 성경의 기록과는 달리 철의 사용을 부인하고, 철기 시대는 매우 후대에 이르려서야 비로소 시작된 것으로 주장하기도 한다. 그러나 고고학적 증거들은 본문의 내용이 틀림없는 사실이었음을 입증하고 있다. 이에 골짜기의 거민들을 비롯해 가나안 속속들이 철제 병거를 갖고 있었던 사실과 그 교훈을 살펴보고자 한다.

✝ 고대 근동의 철기 문명 이해

인류 최초의 철사용은 B.C. 18세기의 헷(Hittites) 족속에서부터 시작되었다. 그들 중 일부는 족장 시대부터 가나안 정복까지 가나안에 거주하였고^{창 15:18, 23:3, 신 7:1}, 철을 사용해 무기를 개발했기 때문에 당시 청동기 문화에 머문 다른 어느 부족보다도 뛰어난 철제 무기를 소유했던 것으로 보인다. 팔레스타인에 있어서는 블레셋인들이 일찍부터 철기 문화를 접한 부족이었다. 즉 이들은 소아시아의 헷 족속에게서 철기 제작을 배워서 좋은 강철을 만드는 비법을 터득하고 있었다. 그래서 이들이 가나안의 남서쪽 해안으로 이동했을 때는 다른 부족보다 월등한 수준의 철 연장과 철 병거 등 무기를 그들의 위용을 떨칠 수 있었다. 더욱이 이스라엘이 가나안에 정착한 후에 이들은 이스라엘의 군사적 목적으로의 철제 사용을 견제하기 위해서 가나안의 철기 산업을 독점화하였다. 그래서 이스라엘인들은 블레셋인들에게 철제 농기구를 구입하였고^{삼상 13:19-22}, 가나안에 정착한 지 200년쯤 되었을 때, 즉 다윗 시대에 이르러서야 비로소 철기 제작법을 터득할 수 있었다^{삼하 12:31, 대상 29:7}.

그리고 블레셋 이외 다른 가나안 족속들도 철 병거를 소유하고 있었는데 그것들은 자신들의 기술로 개발하여 만든 것이 아니라 애굽에서 들여온 것이며, 하솔 왕 야빈의 경우에는 당시 철 병거를 900대까지 소유하기도 했다^{삿 4:3}. 한편 고대 근동에서 일찍부터 철의 사용이 발달하고, 더욱이 무기 제조로 철이 이용된 것은 다음과 같은 사실로써 이해할 수 있다. 먼저 자원적(資源的)으로 근동에는 철의 매장이 풍부했다. 특히 팔레스타인의 경우는 철이 많았을 뿐만 아니라 다른 나라의 철보다 질적으로 더 강했다^{렘 15:12}. 또 역사적으로 볼 때 고대에는 헷 족속, 아모리 족속, 가나안 족속 등 계속되는 팔레스타인의 정복 전쟁이 있었기 때문에 수많은 전쟁을 치렀던 그들이 철을 이용하여 강력한 무기를 개발했을 것은 당연하다 볼 수 있다.

✝ 철 병거와 유품의 출토

병거는 당나귀나 소를 매어 왕과 고관(高官)들의 행차에 사용되기도 했지만, 대부분 전쟁을 신속하게 수행하기 위한 교통수단이나 무기가 되었다. 병거의 바퀴살과 차체(車體)의 모양 등은 시대에 따라서 변해 왔는데. 블레셋인들이 사용했던 병거는 헷 족속이 사용했던 것과 동일한 것이었다. 곧 바퀴에는 8개의 살이 있고, 또 병거를 모는 사람이 서 있을 수 있도록 차체가 든든한 장대줄과 연결되어 있으며, 여기에 창·전투용 도끼 등을 넣는 상자가 붙어 있었다. 더욱이 이러한 병거는 철갑으로 보강이 되었으며, 철 장식을 붙여서 권위를 세웠다. 아무튼 이와 같은 철 병거가 이스라엘의 가나안 점령 당시 가나안 평지뿐만 아니라 골짜기에 있는 족속들에게까지도 있었다. 한편 이처럼 가나안 족속들에게 철 병거가 있었던 사실은 후대의 고고학에 의해 입증된 바이다. 즉 텔 엘 아율(Tell el-Ajjul) 묘지에서는 병거를 끌었던 것으로 보이는 수많은 말의 해골과 말굴레가 발견되었고, 더욱이 텔 젬메(Tell Jemmeh)에서는 블레셋인들이 철 무기를 벼릴 때 사용했던 노(爐)가 발견되었다. 이러한 것들은 당시에 철기 무기와 철 병거가 있었음을 입증한다.

✝ 교훈

이상과 같이 당시 가나안에는 철기 무기를 가진 강력한 부족들이 있었다. 그래서 본문에 나타난바 유다 지파는 골짜기 거민의 철 병거를 두려워하여 그들을 쫓아내지 못한 것이다. 물론 유다 지파가 그동안 보지 못했던 강력한 철 병거 앞에 두려움을 갖는 것은 당연한 일일 것이다. 그러나 이제껏 그들을 지키시고 승리를 주신 하나님의 역사를 체험했음에도 불구하고 눈앞의 철 병거를 두려워한 사실은 단적으로 그들의 불신앙을 보여 준다. 한편 이와 같은 불신앙은 오늘날 우리 가운데서도 너무나 많이 자행되고 있다. 즉 하나님의 보호를 의뢰하고, 하나님을 믿는다고 하면서도 나의 판단을 내세워 생각함으로써 종종 좌절에 빠지게 되는 것이다. 그러므로 우리는 아무리 큰 어려움들이 사방에서 몰려온다고 하여도 이를 두려워 말아야 한다^{신 31:6}. 또한 끝까지 하나님을 믿으며 결단 있는 신앙의 행동을 취해야 할 것이다^{시 3:6, 118:6}.

학습 자료 17-4 사사(the Judge)의 이해

가나안 정복 시대가 끝난 직후부터 왕정 시대가 오기 직전까지 이스라엘 역사는 약 350년 동안은 사사들이 통치하는 이른바 사사 시대였다(B.C. 1390-1050년). 이 시기는 정치적으로 중앙 행정 체제도 이에 대치할 뚜렷한 각 지파별 지방 자치 체제도 없는 불안정한 시기였을 뿐만 아니라, 종교적으로도 극도로 혼란했던 시기이다. 이러한 시기에 하나님은 이방 족속의 압제를 받는 이스라엘을 구원하시기 위해 그때 그때 지파별로 사사들을 보내셨다. 따라서 우리가 사사 시대를 더 분명하게 이해하기 위해, '사사'(히. 쇼페트)가 무엇인지, 또 사사는 어떤 사람들이며, 그들의 역할은 무엇이었는지에 대해 살펴보는 일이 중요하다.

✝ 용어의 정의

'사사'를 칭할 때 가장 일반적으로 사용되는 히브리어 용어는 '쇼페트'(ʊʊʊ)이다. 이는 일차적으로 '중재하는 자', '법률 상담자', '재판을 담당하는 자'란 뜻을 지닌다. 그러므로 사사는 매우 광범위하게 사용되는 용어였다. 즉 하나님도 이 세상을 심판하시며, 공의를 시행하시는 사사이시다창 18:25. 그리고 족장 시대의 족장들이나창 21, 22, 27장, 모세 시대에 모세에 의해 세움을 받은 유사들출 18:13-27, 왕정 시대의 재판관들대하 19:6, 또 왕들삼하 15:2-3도 사사라고 칭해졌다. 그러나 좁은 의미로 사사라고 할 때는 이처럼 B.C. 1390-1050년 사이 여호수아도 죽고 아직 왕정 체제도 세워지지 않아서 중앙 집권적 단일 지도자가 없던 시대에 각 지역 지파별로 자기 출신 지파의 지도자가 되어 비공식, 비세습적으로 통수권자 역할을 담당했던 사사들을 따로 지칭하는 것이 통례이다.

이런 사사 시대의 사사들은 사실 각 지파의 개별적인 위기 상황에서 하나님이 이스라엘을 구원할 자삿 3:9, 15로 세우신 자들로서 주로 군사적 지도자로서 역할을 담당하기 위하여 세워졌다가 그 후 자기 당대에만 자기 지파 및 일부 관련 지파 내에서 분쟁조정자, 재판관, 비공식 지도자의 소명을 수행하였다. 그리고 그 역할도 지속적으로 담당한 것 같지는 않으며 특정 상황에서 일시적인 권위를 행사한 듯하다. 이런 면에서 볼 때 사사 시대의 사사들은 정규 정치 체제가 없던 시대에 하나님께서 당신의 백성을 구원하시기 위해 백성들의 임시 지도자로 세운 자들이었다고 정의할 수 있겠다.

✝ 사사의 역할

성경에 언급된 사사는 모두 13명이다. 혹자는 아비멜렉을 사사로 취급하기도 하지만 통치권을 행사하기 이전이나 이후거나 하나님의 인정이 없었다는 점, 그리고 그는 오히려 왕정 체제(王政體制) 건설을 시도한 자라는 점에서 사사라고 볼 수 없다. 그리고 초대 사사는 옷니엘이며, 마지막 사사는 사무엘이다. 또 이 가운데 사무엘도 사사로서의 활동도 했지만, 선지자로서, 또 제사장으로서 역할이 더욱 컸기 때문에 많은 점에 있어서 다른 사사들과 구별된다. 그래서 엄밀히 성경의 사사를 12

명으로 국한하는 사람도 있다.

위에서 이미 살펴본 바와 같이 사사들의 주된 역할은 이스라엘이 지파별로 분열된 상태에서 외적의 침략이나 압제로부터 자기 지파를 구원하는 임시 군사 지도자로서 역할이었다. 이외의 역할에 대해서는 잘 알려진 바가 없으나, 사무엘을 통해서 볼 때 매년 자신의 통치권이 미치는 지역에 속한 성읍들을 순회하면서 백성들을 다스리며 백성 사이의 중요한 분쟁에 관해서는 재판하기도 했을 것이다^{삼상 7:15, 16}. 그러나 백성의 대부분 송사는 그 성읍의 족장이나 제사장들의 재판을 받았을 것이다^{출 18:13-26, 신 1:13-17}.

사사 시대는 원래 중앙 정치 체제가 없었으며 대략 각 지파가 뚜렷한 지방 자치제도도 없이 원칙적으로만 독립 자치권을 행사하면서 전 민족적으로는 여호와 신앙을 중심으로 즉 종교를 중심으로 뭉친 일종의 부족 연합 국가 형태의 정치 체제로 운영되던 시대였다. 따라서 어쨌든 각 지파가 독립적인 특성을 보이고 있었기 때문에 자연히 사사의 권위도 그 지파 내에 국한되었다. 그러나 드보라, 기드온, 입다와 같은 사사들은 여러 지파를 동시에 지배하기도 했으나, 그럴 때마다 그들의 권위를 견제하는 다른 지파들이 있었고, 그로 인해 입다의 경우에는 에브라임 지파와 전쟁하기도 했다^{삿 12:1-6}. 그리고 사사의 권위가 대체로 자기 지파 내(內)로 제한되어 있었기 때문에 이스라엘 전체적으로 보면 동시대에 둘 이상의 사사들이 활동하기도 했다.

✠ 사사들의 특징

사사 시대의 사사들은 이스라엘을 외적의 압제에서 구원하고 다스렸다는 점에서 여느 시대의 이스라엘 지도자들과 동일하다. 그러나 사사들은 이미 앞서 밝힌 대로 전국적 지도자도 정규 통치권자도 아니었다는 특징들 외에도 다른 시대의 이스라엘 지도자들과 다른 다음과 같은 특징들도 가진다.

① 사사는 백성들의 선출이나 세습에 의해서가 아니라 하나님의 직접적인 소명에 의해 세움을 받았다. 앞서 모세나 여호수아의 경우 그들도 하나님의 특별한 소명에 의해 이스라엘을 애굽에서 이끌어내어 가나안으로 인도하는 특별한 사명을 수행했다. 그러나 사사 시대 이후 왕정 시대의 왕들은 백성들의 선출에 의해^{삼상 10장}, 또는 선왕(先王)의 지명에 의해, 또는 궁중의 대신들에 의해^{왕상 1:22-31} 선출되었다. 이에 반해 사사들은 급박한 상황에서 하나님에 의해 직접 세움을 받은 자들이다^{삿 6:34, 13:25}. 물론 예외적인 경우도 있다. 즉 입다의 경우에는 이스라엘 백성들의 요구로 사사가 되었다^{삿 11:4-11}. 그러나 하나님이 입다를 통하여 역사하시고 그를 통하여 암몬의 손에서 이스라엘을 구원한 사실은 백성들의 요구 전후에 하나님의 인정과 섭리가 있었다고 보아야 할 것이다.

② 사사는 대개 인간적인 결점이 많은 사람이었다. 예를 들면 기드온은 겁쟁이였으며^{삿 6:11, 15}, 입다는 기생의 자식이며 불량배였다^{삿 11:1, 3}. 특히 삼손을 볼 때 그는 도덕적으로 매우 타락한 인물이었으며, 그러한 범죄 때문에 블레셋인들에게 머리

카락이 잘리고 두 눈이 뽑혀 조롱당하는 형벌을 받기까지 했다^{삿 16장} 이 같은 사사들의 인간적인 결점은 사사 시대의 한 특징인 하나님의 온전하심과 무한한 은총에 상반되는 인간의 불완전함과 패역함을 더욱 선명하게 드러내고 있다.

③ 하나님께서 이스라엘의 사사들과 언약을 세우신 적이 한 번도 없었다. 이것은 사사들의 특징 가운데 매우 특이한 것이다. 하나님은 이스라엘 위에 당신의 권위를 대행할 지도자를 세우실 때마다 대부분 그들과 언약을 맺으셨다. 이스라엘의 모든 족장과도 그렇게 하셨고 모세와 여호수아와도 그리하셨다^{출 3:1-4, 수 1:1-9}. 그리고 왕정 시대에는 모든 왕과는 아니지만 중요한 왕들과 당신의 언약을 세우셨다^{삼하 7장}. 그러나 사사들과는 그 어떤 언약도 세우신 적이 없는데, 그 이유는 사사 시대가 하나님의 계명에 불순종한 이스라엘을 징계하고 시험하는 연단의 기간이었으며, 그 시대의 모든 인간이 극도의 타락 상태에 있었으므로 무슨 적극적인 언약을 새로 주시기보다는 소극적으로 이스라엘 백성을 유지해 주시는 것이 더욱 시급했기 때문일 것이다.

✝ 의의

사사 시대는 이스라엘 역사에 있어 가장 암울한 시기였으며, 도덕적으로나 영적으로 매우 패역한 시기였다. 또한 정치적으로도 중앙 집권 체제는 물론 지역별로도 뚜렷한 정치 체제가 갖추어져 있지 않은 매우 불안정한 시기였다. 이러한 때에 하나님은 이스라엘이 전 민족적으로나 지파별로 위기 상황이 닥칠 때마다 사사들을 보내셔서 이스라엘을 그 위기 상황에서 구원토록 하셨다. 이것은 그 어느 때이든지 택하신 백성을 끝끝내 버리시지 않고 보호해 주시는 하나님의 사랑을 증거해 준다.

또한 하나님은 그 어느 때이든지 당신의 택한 종들을 세우셔서 구원의 역사를 전개해 나가실 수 있음을 보여준다. 그러나 이 사사들은 인간적으로 결점이 많은 자들이었다. 이처럼 불완전하고 패역한 인간들을 사사로 세우시고 이스라엘을 구원케 하신 것은 이스라엘의 참 구원자와 통치자는 인간이 아닌 곧 여호와 자신임을 보여주기 위해서였다. 이것은 결국 사사들이 이스라엘을 구원한 것이 아니라 사사들을 통해 하나님이 이스라엘을 구원한 것임을 깨닫게 해준다. 또한 구약 시대 사사를 통한 구원은 매우 제한적이고 일시적이었다.

이것은 결국 인간과 역사 전체의 영원하고 완전한 구원을 위해서는 다른 구원자, 완전한 사사가 요청됨을 보여 준다. 하나님은 이런 완전한 구원자를 예비하셨는데 그분이 바로 우리의 유일한 사사 예수 그리스도(Jesus Christ) 이시다.

학습 자료 17-5 신들의 전쟁 ^{삿 3:1-2}

본문을 보면 사사 시대에 하나님께서 이스라엘 백성들에게 전쟁을 주신 목적은 전쟁을 알지 못한 이스라엘을 시험하며, 그들로 전쟁을 가르쳐 알게 하기 위한 것이라고^{삿 3:1, 2} 밝히고 있다. 여기서 "전쟁을 가르쳐 알게 한다"는 것은 곧 전쟁을 통하여 여호와가 가나안의 모든 신들보다 위대하다는 사실을 깨닫도록 한다는 의미이다. 또한 이 말 속에는 이스라엘의 전쟁은 단순한 국가 간의 싸움이 아니라 그 본질상 신들의 전쟁이라는 개념이 밑바탕에 깔려 있다. 그런데 이 같은 개념은 사사 시대 전쟁뿐만 아니라 출애굽 시대로부터 이스라엘 왕국 시대에 이르기까지 모든 전쟁 속에 내포된 개념이며, 이는 궁극적으로 신약시대에 하나님과 사탄의 전쟁이라는 개념으로까지 발전한다. 그러면 여기서 '신들의 전쟁'에 대해 구체적으로 살펴보도록 하자.

✝ 정의

고대인들은 모든 전쟁을 '신들의 전쟁'으로 이해하였다. 왜냐하면 고대인들은 어느 민족을 불문하고 자신들이 믿는 신에 의해서만 전쟁이 수행되며, 또 그들이 전쟁에서 이길 때는 자기들의 신이 대적의 신을 이긴 것으로 이해하였기 때문이다. 그래서 그들은 자신들이 행하는 전쟁을 신들의 전쟁에 동참하는 것이라 하여 각각 성전(聖戰)으로 간주하고 있었다('성전'에 관해서는 신 31장 학습 자료 14-8을 참조하라). 이 같은 생각은 유일신 여호와를 믿고 있는 이스라엘의 경우 더욱 강하였다. 따라서 성경에 기록된 전쟁의 대부분을 우리는 신들의 전쟁으로 이해해도 무방할 것이다.

✝ 출애굽 시대

신들의 전쟁에 대한 가장 분명한 이해는 10가지 재앙을 통해 얻을 수 있다. 이 재앙들은 이스라엘의 하나님이 애굽의 신, 즉 나일 강의 개구리 신(frog-god), 또는 태양신(sun-god)보다 위대함을 입증하는 결정적인 사건들이었다. 특히 장자(長子)는 신(神)의 소유라는 관념이 팽배했던 당시에 여호와의 재앙에 의해 애굽의 장자들이 모두 몰사해 버리게 된 사실은 결정적으로 애굽인들로 하여금 자기들 신이 이스라엘 신에게 패배했다고 생각하도록 만들었다. 따라서 그들은 이스라엘의 출애굽을 허락하지 않을 수 없었다출 12:29-36. 그리고 여호와께서도 이 재앙들을 통하여, "온 천하에 나와 같은 자가 없음을 알게 하리라"출 9:14고 하셨고, 또 모세에게 "내가 너를 세웠음은 나의 능력을 네게 보이고 내 이름이 온 천하에 전파되게 하려 하였음이니라"출 9:16고 말씀하셨다.

✝ 가나안 정복 시대

삿 1장에는 이스라엘 각 지파가 여호수아에게서 분할받은 땅을 정복하여 그 땅을 차지하고 정착하는 일에 실패한 사실이 소개된다. 그런데 이 같은 실패는 사사 시대 동안의 이스라엘의 우상 숭배와 매우 밀접한 연관이 있다. 왜냐하면 고대인들은 전쟁에서 패배할 경우에 대적의 신을 섬겨야 한다고 생각했기 때문이다. 그뿐만 아니라 이처럼 자기들 영역이 아닌 다른 민족의 영역에 들어왔을 때는 그곳의 신을 섬겨야 한다는 관념이 있었다왕하 17:27. 이 같은 연유로 인해 가나안 정복 정착 전쟁에 실패한 이스라엘은 쉽게 우상 숭배에 빠져들게 되었다. 더욱이 그동안 방랑 생활을 하던 그들이 가나안에 정착하여 농사를 짓게 되었기 때문에 그들은 더 이상 유목민의 신인 여호와를 섬길 필요가 없으며 가나안의 농경신인 바알을 섬겨야 한다고 생각했다. 그러나 사사 시대의 여러 전쟁들을 통하여 하나님만이 참 신(神)이시고, 단지 농사일뿐만이 아닌 전 역사를 주관하시는 절대자 되심을 알게 하셨다.

✝ 왕국 시대

이스라엘은 사울과 다윗, 솔로몬 시대를 맞이하며 여호와 신이 열방의 어떠한 신들보다 강하다는 신앙을 굳게 지니게 되었다. 그러나 이스라엘이 점차 타락함에 따라 사사 시대와 동일하게 가나안의 농경신인 바알을 추종하였으며 자신들이 곡물의 풍요를 얻을 수 있었음이 마치 바알의 덕택인 것처럼 생각하였다. 결국 왕국 시대에도 이러한 이스라엘의 범죄에 대한 징계의 방편으로 이방신과의 전쟁이 주어졌다. 그러나 이러한 전재와 징계를 통해 하나님만이 구원자 되심을 알게 하셨다.

✝ 개념의 전승과 교훈

'신들의 전쟁'이란 개념은 계속 전승되어 중간 시대 이후부터 신약 시대에 이르기까지의 선민 이스라엘의 전쟁이 '빛의 아들들'와 '어둠의 아들들' 간의 전쟁으로 이해되었다. 또한 초대 교회 시대 이후 오늘에 이르기까지 이 개념은, 구약 선민은 결국 택한 성도를 예표하며, 그의 대적은 사탄의 무리를 예표하는바, 악의 괴수인 사탄에 대한 하나님의 전쟁을 묘사하는 개념으로 사용되었다.

학습 자료 17-6 므깃도 삿 5:19

삿 4:12-16에는 시스라가 이끄는 시리아(Syria) 군과 바락과 드보라가 지휘하는 이스라엘 백성 사이에 일어난 전투 광경이 기록되어 있다. 그런데 시리아는 훌륭한 전차를 갖춘 군대였음에도 불구하고 이스라엘의 탁월한 전략 앞에 무릎을 꿇고 만다. 즉 그들은 기손 강에 휩쓸려 떠내려가는 참패를 당한 것이다. 그리하여 드보라는 본 장에서 승전가(勝戰歌)를 지어 이스라엘의 승리를 기념하게 되었다. 한편 드보라 군대와 시리아 군의 전투 장소는 '므깃도 물가 다아낙'이었다. 그런데 이 므깃도는 전략상 중요한 위치였기 때문에 고대로부터 전쟁이 빈번히 일어났던 곳이었다. 또한 성경 역사에도 자주 등장하고 고고학적으로도 많은 유적이 출토된 바 있는 유서 깊은 곳이다. 이에 성경 시대의 중요한 무대가 되는 므깃도의 지형적 특성과 역사적 배경을 살펴 성경의 이해를 돕고자 한다.

✝ 지정학적 의의

므깃도(Megiddo)는 팔레스타인의 대평원인 에스드렐론(Esdrelon) 평야 서남쪽에 있는 성읍으로서 고대에는 가나안 족속의 성읍이었으나 후에는 이스라엘의 중요한 도시가 되었다. 그 위치는 갈멜 산 북동쪽의 경사면에 있는 나사렛에서 남서쪽으로 약 16km가량 떨어진 지점으로서, 오늘날 '텔 엘 무테셀린'(Tell el—Mutesellin, 지휘관의 언덕)과 동일한 것으로 밝혀졌다. 이 도시는 무엇보다도 고대의 중요한 두 무역로의 교차 지점에 있었기 때문에 교통상의 요지인 동시에 주변의 지역을 모두 내려 볼 수 있는 언덕에 있어 전략상 매우 중요한 요새가 되었다. 그래서 므깃도는 예로부터 수많은 전투 무대가 되어왔고, 승리자는 므깃도 성읍과 므깃도를 지나는 두 도로에 대한 지배권을 획득하였다. 한편 므깃도를 교차하여 지나는 고대의 주요 무역로 2개는 다음과 같다.

① **동북쪽-해변 길** : 팔레스타인의 해안을 따라 만들어진 이 도로는 므깃도 동쪽을 지나는 와디 아라(Wadi Arah)를 경유해 갈멜 산맥을 통과한 다음 에스드렐론 평야를 횡단하여 메소포타미아로 빠지게 되어 있다.
② **서북쪽-산지 길** : 팔레스타인의 남쪽 능선의 중앙부를 따라 연결된 이 도로는 갈멜 산맥의 북쪽을 따라 다아낙과 므깃도를 경유해 아크레(Acre) 평야에 이르고, 북쪽으로는 페니키아 해안까지 연결되었다.

✝ 역사적 의의

이곳의 역사는 성경의 기록과 고대 여러 나라의 역사 기록, 또한 후대의 광범위한 고고학적 발굴을 통해 다음과 같이 증명되었다.

므깃도에 최초로 사람들이 정착한 것은 B.C. 33세기 이전이었고, B.C. 30세기 초에 요새화되었다. 그 후 B.C. 18세기부터 17세기 동안에 가나안의 중요 성읍으로서 번성기를 누려 왔으나 애굽에 정복당함으로 인해 평화기가 많지 않았다. 므깃도는 B.C. 13세기의 후기 청동기 시대에 이르러 이스라엘인들이 팔레스타인을 정복하게 됨에 따라 이스라엘의 므낫세 지파에게 분배되었다. 그러나 이스라엘인들은 가나안 원주민들이 철 병거를 갖고 있음을 두려워하여 므깃도에서 완전히 쫓아내지는 못했다[수 17:11, 12].

이후로 한때 므깃도에는 사람이 살지 않은 시대도 있었다. 바로 이 때에 본문의 기록과 같이 시스라와의 싸움이 므깃도 물가 다아낙에서 일어난 것이다. 그 후 이 도시는 솔로몬 시대에 이르러 이스라엘의 지배 아래 놓이게 되었고, 왕의 병거성(兵車城)으로 재건되었다[왕상 4:12, 9:15, 19]. 솔로몬이 죽은 후 므깃도는 여로보암 1세의 치하 때 새로 형성된 북부 이스라엘 국가의 일부분이 되기도 했다.

그러나 B.C. 926년에 애굽 왕 시삭(Sheshng I)이 유다와 이스라엘을 정복하면서 이 도시를 점령하고 지방 수도로 삼았다[왕상 14:25, 26]. 이 사실은 유다 왕 아하시야가 이스라엘 왕 예후를 피해 이곳 므깃도를 피난처로 삼았다는 사실에서 확인할 수 있다[왕하 9:27]. 이로부터 수십 년이 지난 후인 B.C. 609년에 애굽의 바로느고 왕이 므깃도 전투에서 유다 왕 요시야를 무찔러 죽이고 이 도시를 파괴해 버렸다[왕하 23: 29, 30]. 이로 인해 중요한 요새로서의 므깃도의 역사는 끝이 났다.

✝ 일반적 의의

이상 살펴본 바와 같이 므깃도는 처음에 가나안의 주요 성읍이었다가 이스라엘의 성읍이 되어, 이후 역사상 전략적 요지로 중요한 역할을 하였다. 더욱이 므깃도는 고고학적으로도 팔레스타인의 다른 어떤 지역보다 광범위한 발굴이 진행된 중요한 곳이다. 즉 6만㎢ 상당에 해당하는 고분 가운데 현재 20개 층(stratum)이 확인된 바 있다. 여기에서 솔로몬 시대의 건축물과 거대한 곡물 저장 구덩이, 또 수직갱으로 이루어진 급수 시설 등 크고 작은 중요한 유적들이 발굴된 것이다. 이상과 같이 므깃도는 성경의 진정성(眞正性)을 증거하는 역사 현장이 되고 있다. 즉 성경의 기록과 동일하게 므깃도가 고대로부터 중요한 성읍으로 존속했음이 오늘날 그대로 입증되고 있다.

학습 자료 17-7 여호와 살롬 삿 6:24

원문도 개역 개정판 성경과 동일하게 '여호와 쌀롬'(יהוה שלום)이며 이를 직역하면 '여호와는 평강이시다'이다. 본절은 즉 '쌀롬'이 여호와의 성품임을 보여 주며 여호와만이 완전한 '쌀롬'임을 암시하는 것이다. 그런데 '쌀롬'(שלום)이란 단어는 구약에서 237회에 걸쳐 사용되었으며 그 의미도 역시 매우 다양하다.

① **평안(peace)** : 일반적으로 몸이 편하고 창 15:15, 마음에 부담이 없는 상태 창 41:16, 43:24를 의미한다. 또한 타인으로부터 피해를 입지 않은 안전한 상태 창 26:29도 가리킨다. 그래서 시 41:9의 '나의 가까운 친구'를 의미하는 '이쉬 쉴로미'를 직역하면 '나의 평안의 사람'으로서 위해(危害)를 가하지 않는 친밀한 친구란 뜻이다.

② **완전(perfect)** : 원상 그대로 보존하고 손상하지 않는 상태를 말한다. 창 26:29, 44:17, 삼하 17:3, 왕하 4:23에서 '평안'이란 조금의 결격함도 발견할 수 없는 '완전'함을 의미한다.

③ **친절(kindness)** : 단순히 위해를 가하지 않는 소극적 의미뿐만 아니라 상대를 상냥하고 호의적으로 받아 들이고 대하는 적극적 자세도 가리킨다. 이러한 용례로 쓰인 곳은 시 28:3, 렘 16:5이며, 상호 간의 연대성이 혈연으로 맺어진 가족과 같다는 의미이다.

④ **구원(salvation)** : 용례 1의 부분적인 '평안'보다는 범위가 넓은 의미로 육체와 정신이 모두 강건하고 안정 가운데 있음을 의미한다 왕상 2:33, 사 54:10. 본문도 이 용례에 해당하므로 '여호와 살롬'은 '구원의 하나님'이란 의미로의 확대 해석도 가능하다.

이처럼 '쌀롬'은 영과 육이 '완전' 상태일 뿐만 아니라 이를 이루기 위한 '친절'·'구원'의 뜻도 포함해서 그 결과인 '평화'란 의미도 지니고 있다. 기드온은 여호와를 만난 후 여호와께서 바로 이러한 '쌀롬'이 되신다고 고백하였다. 그뿐만 아니라, 이사야는 '평강의 왕'사 9:6을, 에스겔은 '화평의 언약'겔 37:26을 예언하였다. 이러한 예언은 그리스도에 의해 성취되었다. 즉 주님은 하나님과 사람, 사람과 사람 사이의 '평화'를 위해 오셨고, 십자가에서 '평화'를 이루셨다히 9:26. 성도는 바로 이 평화를 전하며 모든 사람과 더불어서 유지하는 사명을 부여받은 자이다.

학습 자료 17-8 기독교의 배타성(排他性) ^{삿 6:28}

본문에서 기드온이 우상을 파괴한 것은, 당시 이스라엘에 있어 가장 시급한 것이 미디안의 압제라는 당면한 고난의 일시적 제거보다는 그 고난의 궁극적 원인이었던 종교적 타락을 바로 잡는 것이었기 때문이다. 즉 이스라엘은 하나님만 섬기는 백성으로 부름을 받았으므로 절대 우상을 섬길 수 없었다^{출 20:3-5}. 그러나 그들은 선민 됨을 망각한 채 이방의 우상을 숭배하며 온갖 타락상을 일삼았고, 이에 하나님은 미디안의 압제로써 그들을 징계하셨다. 그래서 기드온은 우상 파괴를 통해 고난의 근본 원인을 없애고자 한 것이다. 이는 오늘날의 성도 역시 하나님 이외의 다른 신이나 인간을 내세우는 다른 모든 종교에 대해 이처럼 단호한 배타적 자세를 가져야 함을 시사한다.

✝ 기독교 배타성의 근거들

이런 기독교의 배타성은 기독교가 다른 종교들과 달리 갖는 매우 독특한 특징의 하나이다. 타 종교들은 모든 종교란 본래 인간의 윤리와 복지를 위한 것들이기 때문에 모두 다 좋은 것으로 생각하고 서로 어울린다. 물론 단순히 문화적인 관점에서만 보자면 사이비 종교를 제외한 세계의 유수 종교들은 나름대로 인류 복지에 기여해 왔다. 그러나 단적으로 우리는 절대 유일의 하나님과 전 우주의 역사에 대한 존재론적 진실, 또 궁극적으로 우리에게 영원한 구원을 제시해 주는 것은 성경에 근거한 기독교밖에 없으므로 존재론, 구원론, 계시론적인 입장에서 타종교를 배타할 수밖에 없다. 이점에 대해서 일부 사람들은 독선적이라는 등의 비판을 가한다. 그러나 이것은 이하에서 제시되듯이 객관적 진실에 근거한 것이므로 독선이 아닌 유일한 진리의 사수이다.

① 존재론적 배타성

존재론이란 우주와 역사가 있게 된 배경, 그리고 존재하는 모든 것들 사이의 체계를 다루는 철학의 한 분야이다. 그런데 우주와 역사의 기원, 그 진행 과정, 그리고 궁극적 최후에 대하여 다른 종교는 침묵하거나 아니면 비과학적인 개념만을 갖고 있다. 반면 기독교의 존재론은 절대 초월자이신 여호와 유일신의 존재, 또 그분에 의한 우주 만물의 창조와 그 이후 역사의 진행이라는 유일신론과 창조론으로 축약된다. 이는 진실 그 자체이며 계속하여 진실임이 입증되어 가고 있다.

그래서 기독교는 오직 하나님만 섬긴다. 물론 현재의 타락한 영육을 가진 인간의 측면에서 본다면 하나님 이외에도 신적인 존재가 있다. 즉 각종 사이비 종교의 영험한 현상 위에 있는 신적 존재들이 그것이다. 그러나 이는 모두 다 타락한 사탄과 그를 따르는 귀신 무리의 술책이다. 또한 비록 형상을 갖지 않은 신적 존재라 할지라도 이는 그릇된 존재론에서 출발하여 인간의 마음속에서 상상된 것이며 피조물에 근거를 둔 것이므로 창조주 하나님과 결코 대비될 수 없다. 하나님은 이러한 것을 미혹하는 것으로 규정하고 섬기면 망할 것으로 경고하셨다^{신 4:19, 26}.

통큰통독 연대기 해설 성경 | 구약

그리하여 엄밀한 의미에서 비교적 단순한 미신과 우상 숭배 행위뿐만 아니라, 하나님 이외의 것을 신앙의 대상으로 내세우는 불교, 배화교, 각종 다신교 체계도 모두가 다 인간의 왜곡된 종교성을 근거로 사탄이 참 하나님과 인간을 떼어 놓기 위하여 만들어 놓은 것이다. 따라서 유일신 하나님을 믿는 종교만이 존재론적으로 참 종교요, 다른 종교는 거짓에 근거한 것이기에 배척될 수밖에 없다.

② 구원론적 배타성

타 종교는 궁극적으로 죄가 해결되고 인간이 창조자 하나님 안에서 온전한 교제와. 영생의 기쁨과, 모든 축복을 누리게 되는 구원에 대한 정확한 개념을 제시해 주지 않는다. 아니면 그런 구원을 얻을 수 있는 정확한 근거와 방법을 제시하고 있지 않다. 예를 들어 유교는 정확한 구원에 대한 개념이 없다면 불교는 그 구원을 얻는 길에 대한 올바른 개념이 없다 하겠다. 그러나 기독교는 이와 같은 구원이 필요하게 된 원인(에덴에서의 타락), 그와 같은 구원을 얻을 수 있는 유일한 길(예수 그리스도의 구속), 그와 같은 구원이 이루어질 최후의 상태(천국)에 대하여 유일 무오한 진리를 전해준다. 특히 그와 같은 구원을 얻을 수 있는 참 길로서 그리스도 예수의 구속만이 제시되는 것은 현재 모든 인간이 타락으로 전적 무능력의 상태에 처해 있기 때문이다.

또한 기독교는 이와 같은 구원의 필요성과 예수 구속의 필연성은 우리의 창조자이신 하나님의 사랑으로 이루어짐을 증거한다. 즉 그분에 대한 이런 사랑을 믿고 순종하는 자에게는 그분의 절대적 능력으로 구원이 필히 이루어지는 구원의 확실성이 있다. 따라서 이러한 명확한 구원론이 없는 기독교 이외의 종교에 대해서 배타성을 갖는다.

③ 계시론적 배타성

앞서 말한 여호와 하나님과 전 우주에 대한 존재론과 구원론 등은 근본적으로 인간의 차원을 넘는 것으로 하나님이 계시해 주기 전에는 알 수 없다. 그런데 하나님이 인간에게 유일 무오한 계시로서 주신 것은 오직 성경밖에 없다. 이에 대해 혹자는 어차피 인간의 차원을 넘는 문제에 관한 내용을 다루는 성경이 옳은 것인지, 또 성경만이 왜 옳은지에 대해서는 알 수 있겠느냐고 반문할 것이다.

나아가 성경 진리에 따라 오직 하나님만이 절대 유일자이시며 또 성경에 근거한 기독교가 구원의 길을 제시하고 있다는 주장도 확실히 입증할 수는 없지 않냐고 논박할 것이다. 그러나 우리는 어느 문제에 대하여 어차피 모든 것을 다 알지 못할 때는 우리가 아는 부분 한도 내에서 그것이 오류가 있는지 없는지를 검증하여 그 이외의 부분을 추정하게 된다.

이런 인식 과정을 거쳤을 때 성경은 아직 단 한 번도 거기 담긴 내용이 오류임이 입증된 적이 없으며, 반대로 기타 종교의 경전은 숱한 오류는 물론 많은 자체 모순을 갖고 있음이 거듭 발견되고 있다. 또한 이런 세속적 인식 과정 이외에도 우리 성도들은 그 옛날 성경을 무오하게 영감 시키신 바로 그 성령님의 조명에 의하여 오직 성경만이 유일 무오한 계시임을 깨닫는다. 이 같은 성령이 명백히 오직 성경만이 유일 무오한 계시이며 진리를 보여준다고 내·외적으로 확증하고 있으므로 우리는 성경만을 믿는 기독교 이외의 성경에 입각하지 않는 모든 종교에 대하여 배타적이다. 또한 일부 내용이 기독교와 유사하더라도 성경의 전부를 다 받아들이지 않고 교묘히 곡해한 이단에 대해서도 계속하여 성경을 기준으로 배타성을 견지한다.

✝ 기독교의 선교적 사명

기독교는 타 종교 자체에 대해서는 단호히 거부한다. 그러나 다른 종교를 믿고 있는 자들을 위한 선교의 노력을 부인하는 것은 아니다. 즉 모든 사람으로 제자 삼아야 하는 복음 전파의 적극적 사명은 그들까지도 포함된 것이다^{행 1:8}. 그런데 이러한 과정에서 하나님과 그리스도의 유일성을 훼손시키는 혼합주의의 잘못을 범치 않게 하는 방편으로서 기독교의 배타성이 지켜져야 한다. 또 기독교는 복음의 본질적 측면을 훼손시키지 않으려고 하는 소극적 측면에서는 배타성을 지니나, 모든 문화를 수용하고 포용하며 변화시켜야 하는 적극적인 문화적 사명 역시 주어져 있음을 간과해서는 안 된다.

학습 자료 17-9   입다는 과연 딸을 번제로 드렸는가? ^{삿 11:34-40}

본문에 기록된바 입다는 과연 딸을 번제로 드렸는가? 이 문제에 대해 학자들 간에는 '그렇다'라고 대답하는 부류와 '아니다'라고 대답하는 부류가 있다. '아니다'라고 답하는 사람들의 견해는, 하나님이 가증하다고 하신^{레 18:21, 신 12:31} 인신 제사를 과연 입다로부터 받으셨겠는가? 하는 것과 이스라엘의 사사인 입다가 어떻게 그런 가증스러운 제사를 드릴 수 있었겠는가? 하는 것이다. 그러나 이 같은 의문에 대해 성경 본문은 다음과 같이 확실하게 답하고 있다.

✝ 입다는 분명 딸을 번제로 드렸다.

삿 11:30-31, 39절을 보면 입다가 자기 딸을 번제로 드렸다는 사실이 너무나 명확히 드러난다. 즉 이에 대해 구제적으로 살펴보면,

① 입다는 하나님 앞에 서원으로 맹세하기를 암몬과의 전쟁에서 승리하고 돌아오게 해주신다면 '나를 영접하는... 그를 번제로 드리겠나이다'라고 했다. 이처럼 하나님 앞에 서원한 것은 반드시 지켜야 하는바^{민 30:1-8}, 비록 자신의 딸이라 할지라도 서원을 이행해야 했다. 그리고 이 사실을 너무나 잘 알고 있었던 입다의 딸도 그 아버지에게 서원을 지킬 것을 종용하였다^{삿 11:36}.

② 입다는 서원할 때 자기를 영접하러 나올 자가 분명 사람인 것을 알았으며, 그를 번제로 드리겠다고 서원했다. 여기서 '번제'에 해당하는 히브리어 '올라'는 제물을 태워서 드리는 제사를 가리킨다. 혹자는 이것이 헌신의 마음을 나타낸다는 의미로도 쓰였다고 주장하나(Keil), 이것은 '번제'(히, 올라)의 부차적인 의미일 뿐 문자적 의미는 분명 희생 제물을 태워 드리는 제사를 가리킨다.

③ 입다가 개선장군이 되어 돌아올 때 무남독녀인 그 딸이 자신을 영접하러 나온 것을 보고 극단적인 비통의 모습을 보인 것은 딸을 번제로 드려야 했기 때문이다. 또한 입다의 딸이 두 달 동안 산에서 애곡한 것은 자신이 처녀로 죽어야 하는 것 때문이었음³⁸·³⁹⁼. 이상에서 볼 때 입다는 자기 딸을 번제로 드렸음이 분명하다.

✝ 입다의 딸은 회막 봉사자로 가지 않았다.

입다가 그 딸을 번제로 드린 사실을 부정하는 학자들은 입다가 그 딸을 처녀로 성별하여 회막 봉사자로 바쳤을 것이라고 주장한다. 그리고 그 증거로서 출 38:8과 삼상 2:22에서 '회막에서 시중 든 여인'에 대해 언급하고 있음을 말한다. 즉 입다의 딸이 바로 그런 여인으로서 회막에서 봉사했을 것이라는 것이다. 그러나 성경 어느 곳에서도 회막 봉사를 위하여 특별히 처녀를 성별하였다는 기록이 없으며, 또 여자가 성전에 가까이하는 것을 엄히 금하고 있는 이스라엘에서 여자를 나실인처럼 성별하여 세울 하등의 이유가 없다. 오히려 그같이 여자가 성전에서 봉사케 하는 일은 이방에서나 있던 일로서, 이방에서는 여자를 성창(聖娼)으로 자주 등용했다. 또한 만약 입다의 딸이 회막 봉사자로 가게 되었다면 그것은 오히려 자랑스러운 일이지 입다가 그렇게 비통해 할 이유가 없는 일이다. 그렇다면 그 딸이 두 달 동안 애곡할 이유가 어디 있겠는가! 따라서 입다의 딸은 회막 봉사자로 가지 않았음이 분명하다.

✝ 교훈

입다는 이방의 돕 땅에 거하는 동안³⁼ 이방신들의 인신 제사 풍습에 물들어 있었던 것이 분명하다. 그래서 그는 그러한 인신 제사가 가장 위급한 상황에서 자신의 중심을 가장 분명하게 보일 수 있는 것이라 생각했다. 때문에 앞뒤 가릴 것 없이 그러한 어리석은 서원을 했고, 그 결과 자신의 무남독녀를 바쳐야 하는 슬픔을 겪게 된 것이다. 그러면 하나님께서는 그러한 어리석은 서원과 인신 제사를 받으셨는가? 아니다. 하나님은 결코 그 같은 번제 제사를 받지 않으셨다. 또 본문에도 제사를 받으신 기록이 전혀 나타나지 않는다. 그러나 하나님은 입다의 진정 어린 충성심을 보셨다. 그래서 부족하지만, 그를 이스라엘을 구원할 자로 세우시고 도와주셨다. 다시 말해 하나님이 입다를 도우신 것은 결코 그의 잘못까지도 다 용납하셨기 때문이 아니다. 다만 그의 열정적인 헌신을 보셨기 때문이다. 결론적으로 여기서 우리는 하나님이 어떻게 어리석은 입다를 사사로 세우실 수 있는가 보다는 그러한 자를 통해서 이스라엘을 구원하시는 하나님의 은총에 관심을 가져야 할 것이다.

18일 핵심 학습 자료

학습 자료 18-1 축복 ^{삿 13:24}

✝ 원어적 의미

'축복'에 해당하는 히브리어 '베라카'(ברכה)는 두 개의 상반된 의미가 있다. 그중 하나는 '하나님이 위에서 사람에게 내려주시는 것'이란 뜻이고, 다른 하나는 '사람이 아래에서 하나님을 향해 드리는 것'이란 뜻이다(신 26장. 학습 자료 14-5. '복'을 참조하라). 여기서 우리는 전자를 가리켜 '축복'이라고 표현하고, 후자를 가리켜 '경배', 또는 '찬양'이라고 한다. 그러나 엄밀히 말하면 인간의 경배와 찬양은 하나님의 축복에 대한 응답과 감사의 표현이기 때문에 축복의 일차적인 의미는 하나님으로부터 인간에게 임하는 것이라고 볼 수 있다.

✝ 하나님의 축복

하나님은 인간에게 축복하시기를 원하신다. 그것은 피조물인 인간에 대한 창조주이신 하나님의 가장 기본적인 사랑의 표현이다. 그래서 축복받은 인간이 하나님께 감사하고 경배와 찬양을 드리는 것은 단순히 하나님으로부터 받은 어떤 것 자체에 대해서만 감사를 드리는 것이 아니라 축복 속에 나타난 하나님의 사랑과 인자, 그리고 은혜에 대해 찬양을 드리는 것이다. 이런 이유로 해서 축복받은 사람을 하나님의 은총을 받은 사람이라고 말하는 것이다. 한편 하나님은 직접 말씀 선포를 통하여 축복을 내리시기도 하지만, 공식적인 대표자들을 통하여 축복하시기도 한다. 예를 들면 가장(家長)을 통해^{창 27:48, 49장}, 제사장을 통해^{민 6:22-27}, 왕을 통해^{삼하 6:18}, 사도를 통해^{엡 1:1-2} 축복하시는 것이다.

✝ 언약적 축복

하나님과 인간 사이에 언약 관계가 성립되면서, 축복은 인간의 순종을 전제 조건으로 하게 되었다. 따라서 인간이 불순종할 때 축복이 아닌 저주가 임하게 되는 것이다. 그러나 인간이 항상 불순종하였음에도 불구하고 하나님이 궁극적으로 독생자 예수 그리스도를 보내 주셔서 우리를 구원해 주신 것은 인간의 불순종보다 더 크신 하나님의 축복과 은혜 때문이다. 결국 하나님은 당신 백성들의 불순종에도 불구하고 언약을 끝까지 실행하심으로써 인간에게 그들의 불순종보다 더 큰 축복을 내리신 셈이다.

✝ 그리스도의 축복

예수 그리스도께서는 당신께로 모여드는 어린아이들에게^{막 10:16}, 또한 최후의 만찬시 아직 떡을 떼기 전 제자들에게^{막 26:26} 축복해 주셨다. 이외에도 오병이어의 역사 때^{요 6:11}와 승천하시기 전 제자들에게^{눅 24:50} 등등 많은 축복을 베푸셨다. 이 때 축복의 형식에 있어서는 당시 유대의 가장이나 제사장이 축복하는 형식을 따랐으나 그것은 인간들이 하나님의 이름을 빌려서 하는 간접적인 축복이 아니라 직접적인 축복이었다. 왜냐하면 그리스도께서는 곧 하나님이시기 때문이다. 이 사실은 그분이 예루살렘 입성 때에 군중들로부터 찬양을 받으셨다는 사실^{막 11:9}에서 확인할 수 있다. 그리고 사도들은 성도들에게 예수 그리스도 안에 있을 때 하나님의 신령한 복을 받게 된다고 증거하고 있다^{행 3:26}.

✝ 교훈

시편 1편은 '복있는 사람은...'이라는 형식으로 시작되고 있다. 마찬가지로 예수 그리스도의 산상수훈을 보면 '...복이 있나니'라고 표현되어 있다. 이것은 하나님께 복을 받은 사람들에게서 볼 수 있는 특징들을 가리키는 것이다. 이는 바꾸어 말하면, 우리는 이미 하나님으로부터 복을 받은 자이기 때문에 우리에게는 그분의 말씀에 순종하며, 범죄하지 않는 정결한 삶을 살아야 할 의무가 있다는 것이다. 즉 우리가 순종했기 때문에 하나님으로부터 복을 받는다기보다는 이미 우리는 복을 받았기 때문에 그 보답으로 하나님께 순종하며 경배를 드려야 한다는 것이다.

학습 자료 18-2   불량배들(벨리알) ^{삿 19:22}

✝ 원어적 의미

본문에서는 레위인의 첩에게 망령된 일을 행한 자들을 가리켜 '불량배들'이라고 했는데, 이에 해당하는 히브리어는 '벨리알'(בְלִיַּעַל)이다. 이 용어는 '아니다'(בְּ)라는 뜻의 부정사(不定詞) '발'(בְּלִי)과 '가치있는'(worth), '유용한'(use), '유익한'(profit)이란 뜻의 형용사 '야알'(יַעַל)이 합성된 단어로서 '무가치한 것'(worthlessness), '사악한 것'(wicked thing)이란 뜻이다. 그리고 개역 개정 성경에서는 이것을 '불량배'^{신 13:13}, '불량배들'^{삿 19:22}, '행실이 나빠'^{삼상 2:12} 등으로 번역하고 있다.

✝ 윤리적 의미

위의 원어적 의미에서 이미 암시한 바와 같이 '불량자들' 즉 '벨리알'이란, 우선 윤리적 불량자를 가리키는 용어이다. 그래서 윤리적으로 타락한 사람들을 가리켜 '벨리알의 딸들'(^{삼상 1:16}, 개역 개정에는 '악한 여자'), '벨리알의 사람들'(^{삼하 20:1}, 개역 개정에는 '난류')이라고 부른다. 그리고 '벨리알'이라고 칭할 때는 윤리적 타락의 정도가 매우 극심한 사람들, 또는 자기 잘못에 대한 깨달음 없이 반복해서 죄를 저지르는 사람들을 가리키는 것이며 조그만 실수를 범한 사람들을 가리키지는 않는다. 그리고 '벨리알'이란 용어는 매우 파괴적인 의미를 내포하고 있는데, 예를 들면, '불의의 창수'시 18:4, '악한 병'시 41:8, '사악한'나 1:11, '악인'나 1:15 등의 표현들이 있다. 이는 윤리적 타락을 뜻하는 벨리알이 사회나 가정, 혹은 개인의 인격까지도 파괴하는 무서운 성격을 지녔음을 보여주는 것이다.

✝ 종교적 의미

'불량자' 혹은 '벨리알'은 윤리적 타락 이외에 종교적인 불법, 또는 율법을 지키지 않는 자들을 가리킨다. 이것은 70인역에서 '벨리알'(בְלִיַּעַל)을 '무법한', '어리석은'이란 뜻으로 번역하고 있는가 하면, 탈무드에서 이 용어를 '멍에 없는', '규율이 없는'이란 뜻으로 번역하고 있는 것으로 보아 알 수 있다.

✝ 신약적 의미

'벨리알'이란 말은 묵시 문학이나 신약에서는 조금 다르게 해석되었다. 즉 위경에서 '벨리알'은 대개 '사탄', '방해자', '악의 왕자'로 이해되었다. 이 악의 왕자는 언제나 교묘한 수단으로 사람들의 본능을 조종하여 자신에게 얽어매 놓는다. 그러나 이 악의 왕자는 결국 하나님의 군대와 메시아에 의해 패망 당할 운명에 처하게 되는 것으로 묘사한다. 그리고 '벌게이트'(Vulgate) 라틴어 성경에서는 왕상 21:13의 '벨리알'을 '디아볼루스'(diabolus) 즉 '마귀'로 번역하였다. 그리고 나 1:15에 나오는 '벨리알'에 대해 혹자는 주석하기를 '악마적인 악한 권세'라고 했다. 한편 신약에서는 '벨리알'이 그리스도의 대적고후 6:15, 또는 멸망의 아들살후 2:3로 이해되고 있어 신약과 묵시 문학 사이에 어떤 공통적인 견해가 있음을 알 수 있다.

✝ 의의

우리는 위에서 언급한 벨리알의 여러 의미들을 통해 하나님을 거역하는 자들에게는 종교적 부패뿐만 아니라 심각한 윤리적 패역까지도 함께 나타남을 알 수 있다. 그리고 이 같은 부패 속에 빠진 인간은 곧 이 세상의 풍속을 좇고 공중의 권세 잡은 자, 곧 불순종의 아들들, 벨리알, 사탄의 손에 잡혀서 결국 멸망에 이르게 됨도 알 수 있다엡 2:1-3. 이처럼 우리 성도들도 그리스도 밖에 있었을 때는 벨리알, 곧 사탄의 아들들이었으며 육체의 소욕에 따라 살며 멸망 받을 자의 아들들이었다. 그러나 이러한 우리를 그리스도로 인해 멸망 가운데서 건지시므로 구원받은 자로 살게 하셨으니, 이와 같은 하나님의 긍휼과 은총이 얼마나 감사한가!

학습 자료 18-3 간음 삿 20:5

본장의 핵심 주제는 하나님을 떠난 이스라엘의 성적(性的) 타락이다. 여기서 이 문제는 레위인의 첩의 음행과 기브아 비류들의 음란한 행위를 통해 적나라하게 드러나고 있다. 그러면 성경은 이 같은 간음 행위에 대해 어떻게 가르치고 있는지 살펴보도록 하자.

✝ 성경적 묘사

'간음'(adultery)이란 부부간이 아닌 남녀의 육체적 성관계를 가리키는 용어이다. 성경에서는 이 같은 간음 행위를 부부간에 맺은 결혼 서약의 파괴이며, 두 사람 간에 맺어진 인격적 관계의 파괴, 그리고 사회의 가장 근본인 가정의 파괴라는 측면에서 엄격히 금하고 있다. 그리고 심지어 십계명 속에도 '간음하지 말라'(제 7계명)는 계명을 삽입하고 있다^{출 20:14, 신 5:18}. 그리고 타인의 아내와 간통했거나^{레 18:20}, 결혼하지 않은 남자가 유부녀를, 혹은 처녀가 유부남을, 혹은 약혼한 처녀가 다른 남자와 간통하였을 때 돌로 쳐 죽이라고 명하셨다.

한편 이 같은 인간의 관계 속에서 일어나는 간음 행위 이외에 성경에서는 이스라엘과 하나님과의 관계를 결혼 계약 관계로 보는 것에서부터 비롯된 것인데^{렘 31:32}, 이 같은 내용을 주제로 기록한 성경이 바로 호세아서^{호 2:15, 16}이다. 여기서 우상 숭배와 간음 행위의 공통점은 똑같이 둘 사이에 맺은 언약 관계의 파괴를 가져 온다는 사실이다. 따라서 성경에서 간음 행위를 금하고 있는 근본적인 원인은 그 행위 자체에 대한 정죄보다는 그러한 행위가 낳게 되는 심각한 인격적 관계의 파괴 때문임을 알 수 있다.

✝ 간음에 관한 그리스도의 교훈

그리스도께서는 간음에 대하여 매우 상반되는 듯한 두 가지 태도를 보이셨다. 즉 한편으로는 "음욕을 품고 여자를 보는 자마다 마음에 이미 간음하였느니라"^{마 5:27-32}고 말씀하셨다. 이는 구약에서 규정하고 있는 간음에 관한 율법보다 훨씬 더 엄격한 것처럼 보인다. 그러나 다른 한편으로는 현장에서 간음하다가 잡힌 여인을 용서하시면서 "나도 너를 정죄하지 아니하노니 가서 다시는 죄를 범하지 말라"^{요 8:11}고 교훈하셨다.

이 같은 그리스도의 상반된 태도에서 우리는 다음과 같은 결론을 내릴 수 있다. 즉 간음은 외적인 행동만의 문제가 아니라 마음 중심의 문제이며, 인간성의 회복만이 간음을 막을 수 있다는 것이다. 그러기에 예수께선 간음한 여인을 용서하시면서 대신 그 같은 죄에서 완전히 단절된 삶을 살도록 요구하신 것이다. 아무튼 여타 죄와 달리 음행은 무릇 자기 몸에 죄를 범하는 것이니^{고전 6:18} 자신을 위해서라도 이를 배격해야 한다.

✝ 의의

오늘날 성관계는 인간관계의 표현이라기보다는 하나의 육체적 쾌락의 도구로 전락하고 말았다. 동시에 간음 행위에 대해서도 단순한 윤리적 죄의식 이상의 어떠한 심각성을 발견하지 못하고 있다. 이러한 세대에 살고 있는 우리 그리스도인들은 간음 행위가 인간관계의 파괴, 또는 사회 구성원들 간의 신뢰성 파괴, 또는 하나님과의 관계 단절이라는 측면에서 문제의 심각성을 누구보다도 절실히 깨달아야만 한다. 흔히 인격이 무시되고 인간성이 하락하는 말세적인 타락 사회 속에서 성범죄가 많이 자행된다는 사실을 생각해 볼 때 이러한 간음 행위의 심각성을 더욱 깊이 깨달을 수 있을 것이다.

학습 자료 18-4 이스라엘 왕정 제도의 두 측면 삿 21:25

사사기는 이스라엘에 왕정(王政)이 세워지기 바로 전 시대에 대한 기록으로서 이스라엘의 왕정 제도에 대해 간접적으로나마 부정적 측면과 긍정적인 측면을 보여 주고 있다. 긍정적인 측면을 보여 주고 있는 곳은 본서의 후반부로서 '그 때에 이스라엘에 왕이 없었고'삿 17:6, 18:1, 19:1, 21:25라는 반복적인 표현 속에 나타나 있다. 그리고 부정적인 측면을 보여 주고 있는 곳은 기드온의 서자 아비멜렉 사건을 기록한 9장인데, 여기서는 인본주의적 왕정의 극단적인 폐해를 적나라하게 드러내어 보였다고 해도 과언이 아니다. 이처럼 본서가 왕정 제도의 긍정적 측면과 부정적 측면을 다 보여 주고 있는 것은 저자가 본서를 기록할 당시 사사 시대에 이어 갓 수립된 왕정 제도의 두 측면을 동시에 제시하기 위함이다. 아울러 이로써 정치 체제보다는 그 체제가 어떻게 여호와에 대한 신앙을 실천하게 하는지가 중요한 것임을 새삼 일깨우며, 나아가 왕정 체제의 좋은 점만을 고취하기 위해서였다.

✝ 왕정 제도의 긍정적 측면

왕정 제도의 필요성은 일찍이 모세에 의해 예견된 바 있다신 17:14. 즉 모세는 이스라엘이 가나안 땅에 정착하게 될 때 이스라엘의 인구가 급격히 증가함과 동시에 국가 조직이 방대해짐으로 말미암아 효율적으로 하나님의 통치를 대행할 왕이 있어야 할 것을 미리 내다보고 있었던 것이다. 그리고 본서 기자는 모세보다 훨씬 더 현실적인 이유에서 왕정 제도의 필요성을 반복 제시한다. 즉 이스라엘 백성들의 종교적·윤리적 타락을 제재하고17장, 이스라엘 12지 파의 결속을 다지며18, 20, 21장, 백성들의 신앙생활을 지도할 성직자들을 보호·감독하기19장 위해서는 왕정 제도가 절실히 요구된다고 보았던 것이다.

여기서 모세나 본서 기자가 제시하고 있는 왕정 제도는 이방 국가의 왕정 제도와는 전혀 다른 것이었다. 이방 국가에서는 인간인 왕이 거의 신격화되어 있어서 왕에 대한 백성들의 절대적 순종을 요구하는 반면, 모세나 본서 기자가 제시하고 있는 왕정 제도는 어디까지나 하나님의 통치를 대행하는 기관으로서 모든 백성들로 하여금 여호와 앞에서 바로 살게 하는 기능만을 감당하는 것이었다. 그리고 후에 이스라엘 백성들이 사무엘을 통하여 왕정을 요구했을 때 그들의 잘못된 동기를 책망하셨음에도 불구하고 왕정을 허락하신 것은 바로 이와 같은 왕정 제도의 필요성 때문이었다삼상 3:4-9.

✝ 왕정 제도의 부정적 측면

모세는 왕정 제도의 필요성뿐만 아니라 왕정 제도의 폐단에 대해서도 분명히 인식하고 있었다^{신 17:15-19}. 그래서 모세는 왕은 자신의 권력을 절대화하기 위해 말을 많이 두지 말 것이며, 방탕하여 왕의 직무를 그르치는 일이 없게 하려면 아내를 많이 두거나 자기를 위하여 은금을 많이 쌓지 않도록 금했던 것이다. 그런데 이 같은 왕정 제도의 폐단, 곧 신앙 없는 각 왕의 권력 절대화 및 탐욕 추구에 의한 혼란 야기의 위험성은 아비멜렉을 통해 그대로 사실화되었다^{삿 9장}. 물론 아비멜렉을 공식적인 왕이라고는 할 수 없지만 그는 스스로 왕이 된 자로서 절대 권력을 가지고 백성들을 탄압하였던 것이다. 그리고 사무엘도 이스라엘이 왕정을 요구할 때 이와 동일한 폐단이 있을 것을 경고하였다^{삼상 8:10-18}.

✝ 의의

이스라엘의 왕정은 철저히 하나님의 통치를 대행하는 제도로서만 그 의미가 있다. 즉 이 말은 이스라엘의 궁극적 통치자는 하나님 자신이라는 것이다. 이 사실을 올바로 인식한다면, 비록 신정 국가인 이스라엘이라 할지라도 왕정 제도를 도입한다고 해서 전혀 문제될 것은 없었다. 이는 오늘날 성도들에게 다음과 같은 교훈을 준다. 즉 중요한 것은 시대에 따라 변할 수 있는 어떤 형식적 체제가 아니라, 그 이면에 있는 내용, 곧 하나님에 대한 변치 않는 자세이다. 따라서 우리는 우리의 삶의 중심에서 하나님의 통치가 온전히 실현될 수 있도록 우리 자신을 그분께 드리는 삶을 살아야 할 것이다.

학습 자료 18-5 고엘 제도의 이해

고엘 제도는 고대 히브리 사회에서 발견할 수 있는 독특한 제도 중 하나이다. 이 제도는 원래 친족들을 중심으로 한 혈연 공동체(血緣 共同體)를 중심으로 사회생활이 영위되던 때에 공동체 사회를 유지 운영하려는 방법으로 근동에 널리 알려졌던 제도이다. 성경에서는 이 제도에 대해 구체적으로 직접 언급하고 있지는 않지만, 도피성 제도^{민 35장}, 계대결혼법^{신 25:5-10} 등이 바로 이 제도에 대해 간접적으로 증명해 주고 있다. 나아가 성경은 땅과 관련된 율법의 독특한 조항인 기업 무르는 법까지도 이 고엘과 연관시킴으로써 고엘 제도의 의미를 한층 더 심화시킨 것으로 보인다. 그뿐만 아니라 히브리어 용어 '고엘'은 특별히 신학적인 의미에서도 자주 언급되고 있다. 따라서 이 제도에 대해 구체적으로 살펴볼 때 당시 히브리 사회에 대한 이해뿐만 아니라 고엘과 관련하여 성경 전반에 나타나는 신학적인 의미에 대해서도 깊게 깨달을 수 있을 것이다.

✝ 고엘 제도의 개념

히브리어 고엘은 한마디로 친족(kinsman)이 란 뜻이다. 보다 더 깊게 말하자면 '고엘'은 '구속하다', '친족으로서 행동하다', '가장 가까운 친척의 역할을 맡다'라는 의미의 동사 '가알'(גאל)의 현재 능동태 분사형으로서 '구속자', '친척으로서 행동하는 자'라는 뜻이다. 이에 대한 보다 상세한 설명은 신 13장 자료 노트의 원어 연구를 참조하라.

따라서 고엘 제도라고 할 때는 친족들 사이에서 지켜야 할 권리와 의무에 관한 제도를 가리킨다. 그 구체적인 내용들을 살펴보면, 가난한 형제가 빚 때문에 종으로 팔려 가게 되었을 때 가까운 친척이 그 빚을 갚음으로써 그를 종의 굴레에서 해방해 주어야 했다레 25:47-55. 또한 형제가 자신의 토지를 팔았을 때 가까운 친척이 일정 기간 후에 그 값을 치름으로써 다시 그 토지를 돌려받게 할 수 있었다레 25:23-28. 그리고 자기 형제가 죄를 지었을 때 친족은 그 형제의 죗값을 무를 의무를 지게 된다민 5:8. 또 만일 자기 친족 중에 한 사람이 누군가에 의해 살해되었을 때는 가까운 친척이 그를 위해 피의 보복을 할 수도 있었다민 35:19.

또 고엘 제도의 가장 중요한 사항의 하나로 형제가 자식이 없이 죽었을 때는 가까운 형제 순으로 남겨진 미망인과 계대 결혼하여 그 가문이 존속되게 하여야 했다. 이처럼 고엘 제도는 한 혈연 공동체 내에 속한 구성원들이 서로의 생명과 재산 및 가문을 보호해 주기 위한 일종의 상보(相保) 제도였다. 한편 이같이 여러 각도에서 서로 상보자(相保者)의 관계에 있던 고엘은 히브리어로는 모두 고엘이라는, 즉 단순히 친족이라는 용어가 사용되었으나 성경 각 문맥에서는 그 문맥에서 강조되는 측면에 따라 친족(계대 결혼을 하여준 사람), 기업 무를 자, 보수자 등으로 각각 다르게 번역되었음도 이 기회에 기억해 둘 필요가 있겠다.

✝ 고엘 제도의 신학적 의의

먼저 성경에서는 하나님을 이스라엘의 고엘, 즉 친족 구속자로 소개하고 있다. 즉 하나님은 이스라엘을 모든 환난에서창 48:16, 대적의 손에서사 41:14 건져 주시는 구속자이시다. 그리고 또 하나님은 스스로 이스라엘의 왕이 되시기 위해사 44:6, 주(主)와 남편이 되시기 위해사 49:26, 54:5 고엘로서의 의무와 사랑사 54:5을 다 행하여 보이셨다. 그리고 또 하나님은 가난한 자와 고아의 구속자이시기도 하다잠 23:11. 그리고 그분은 잃어버린 생명을 다시 얻게 하시되 영생을 얻게 하시는 분으로도 소개된다욥 19:25.

이처럼 이스라엘을 선택하시고 계속 지켜주신 하나님은 이스라엘과 가장 가까운 친족으로서 고엘의 의무를 다하신 분으로 비유되어 소개된 것이다. 또한 훗날 그리스도는 더욱 특별한 의미에서 모든 믿는 자들의 고엘이 되셨다. 즉 그분은 직접적으로 자기 생명을 많은 사람의 속량 제물로 내어 주심으로써, 즉 우리의 영원한 죗값은 우리의 고엘로서 대신 치러 주시고 우리를 죄악에서 구원하여 주셨다딛 2:14. 베드로는 그리스도께서 우리를 속량해 주신 것은 금과 은에 의해서가 아니라 보혈의 피로 속량해 주셨다고 고백했다벧전 1:18, 19. 이것은 그리스도께서 자신의 십자가 죽음으로써 우리의 죗값을 대신 치르시고 우리를 구원해 주셨음을 보여 주는 것이다롬 7:24, 갈 1:4, 골 1:13.

이처럼 고엘 제도는 한마디로 혈연 공동체가 사회, 정치의 기본 단위이던 시대에 혈연 공동체에 속한 사람들이 서로 생명과 재산 그리고 가문을 지켜주기 위한 상보 제도로서 자연 발생한 제도이다. 고엘 제도는 이스라엘이 각 지파를 중심으로 한 부족 국가의 형태를 벗어나 중앙 집권 체제인 왕정 국가로 발전하면서 그 기능이 약화되었다. 그리고 고엘 제도에 의해 이루어졌던 사회의 공의 실현이나 혼란 방지 등은 국가에 의해 이루어졌다. 그리고 각 사람의 결혼도 자유롭게 이루어지면서 기업 무르는 자나 계대 결혼도 거의 그 의미를 상실하게 되었다.

물론 고엘 제도의 영향이 완전히 사라졌던 것은 아니며 다윗 통치 때에도 고엘 제도에 의해 기브온 사람들이 사울에 의해 죽임당한 동족들의 죽음을 복수하였다^{삼하 21:1-9}. 그러나 왕정 시대 후기에는 이 같은 제도 시행의 흔적을 전혀 발견할 수 없다. 대신 고엘의 의미는 선지자들에 의해 신학적인 의미로 발전되었으며, 택한 백성 이스라엘과 신약 교회의 하나님과 그리스도를 이해하는 데 있어 중요한 개념으로 사용되었다.

학습 자료 18-6

나를 흐르게 하소서

– 정용철의 마음이 쉬는 의자에서

시작은 작고 약하지만
흐를수록 강하고 넓어져 언젠가 바다에 이를 때
그 깊이와 넓이에 놀라지 않게 하소서

나를 흐르게 하소서 어느 때는 천천히
어느 때는 빠르게
어느 때는 바위에 부딪히고
어느 때는 천 길 낭떠러지에 떨어진다 해도
변화와 새로움에 늘 설레게 하소서

나를 흐르게 하소서
그러므로 강가의 땅을 비옥하게 하여
그 곳의 식물들이 철을 따라 아름답게 꽃 피우고
좋은 과일을 풍성히 맺게 하소서

나를 흐르게 하소서
그러므로 늘 내 가슴이 출렁이게 하시고
그 기운이 하늘로 올라가 비와 이슬로 내릴 때
사람들의 마음이 촉촉해지도록 하소서

나를 흐르게 하소서
그러므로 내 등에 나룻배를 띄워
사람들의 삶과 사랑이 끊임없이 서로를 오가게 하소서

나를 흐르게 하소서
그러므로 모든 것을 받아들여도 내 안이 썩지 않게 하시고
나아가 늘 새로운 사람의 이야기를 만들게 하소서

나를 흐르게 하소서!
그러므로 지나온 길에 대한 미련을 버리고
새날은 새 길의 기쁨으로 걷게 하소서

한눈에 보는 성경의 핵심 줄거리와 메시지

구약

광야에서

1406 **1375**
가나안 정복시대 여호수아

가나안 정복 ⇨ 하나님 나라 건설을 위한 땅의 확보(삶의 영역·하나님 통치의 실현)

····· **요단강을 건넘**
하나님의 군대장관 "네 발의 신을 벗어라"
전쟁은 하나님께 속함으로, 작전권을 하나님께 넘겨라(신위)

여리고성과 아이성의 전쟁 인위와 신위에 의거한 싸움의 결과를 보여준다.

····· **요단강을 건넘**
1) 삶의 정착 ─── ① 진멸
                  ─── ② 정복
                  ─── ③ 점령
                  ─── ④ 대문화(対文化, Counter Culture)
2) 삶의 규범– "지켜 행하라" 명령의 실행
   *레위인의 48성읍에 배치 – 하나님나라를 삶으로 실천하여
                              이루게 하기 위해서

1375
····· **여호수아의 유언**
① 여호와를 택하라(수 24:15)
• 우상 숭배가 흥한 가나안 땅에서 여호와 신앙지키기
• 선택하는 삶
• 섞이지 않는 삶

1375 **1050**
사사시대 사사기, 롯기

• 사사시대의 하나님의 의도 ⇨ 말씀의 원리가 통치의 원리가 되는 하나님 날라의 건설(창조 원리)
• 사사시대의 실패의 내용 ⇨ "쫓아내지 못하였다"(삿 1장 출 23:20-26, 신 7:1-11, 수 23:5-13)
• 실패의 원인 – 레위인들의 직무유기(삿 18-21장)
• 그 결과 "땅이 없음으로 각기 소견대로 행하니라" ⇨ 인위의 극치
• 12사사들의 패턴

압제 ↙ 범죄 ↘ 구원
     ↘ 회개 ↗

····· **롯기**
• 각기 소견대로 행하던 사사시대
• 말씀의 원리를 따라 살려고 했던 나오미 가정의 이야기

19일 핵심 학습 자료

학습 자료 19-1 족장 시대와 출애굽시 애굽왕조의 연대

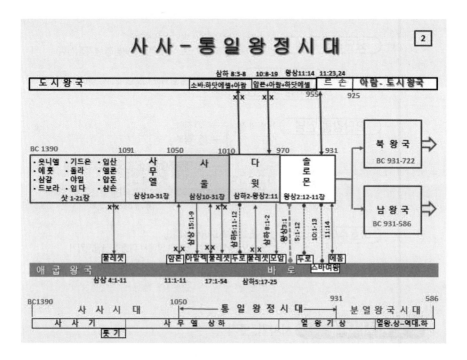

학습 자료 19-2 블레셋 탐구

블레셋은 노아의 세 아들 중 함의 둘째 아들 미스라임의 후손이다. 그들은 다곤신
삼상5:1-12, 바알세붑왕하1:1-6 등 우상을 섬겼다.

　유대 역사가 요세푸스에 의하면 블레셋은 애굽 종족인 '미스라임'중 하나의 부족
인 가슬루힘에게서 나왔지만, 또한 성경은 갑도림을 블레셋 사람들의 땅이었다고
한 것으로 보아 갑도림도 블레셋의 일부라고 볼 수 있다렘 47:4, 암 9:7, 신 2:23. 갑도림
은 "갑돌"의 복수형이다. 이들이 언제 어떤 경로로 가나안 땅에 들어오게 되었는지
는 확실하지 않다.

블레셋이라는 이름은 일찍 아브라함 시대부터 성경에 등장^{창 10:14, 21:32, 34, 26:1-}하는 것으로 보아 이때 이들은 이미 가나안 땅에 정착하고 있었던 것으로 보인다. 아브라함 때는 그랄 지방에서 우물 문제로 인해 분쟁했던 아비멜락이 블레셋 땅으로 돌아갔다고 했으며^{창21:32}. 그 후 아브라함의 아들 이삭도 흉년이 들었을 때 그랄에 있는 블레셋 왕 아비멜렉을 찾아 갔다^{창26:1}.

이스라엘 민족의 혼란기인 사사 시대 때 삼갈^{삿3:3}과 삼손은 블레셋인들과 싸웠고^{삿14-16}, 사사시대 말기에 엘리 제사장의 두 아들 홉니와 비느하스가 블레셋 사람들에게 언약궤를 빼앗기기도 했다^{삼상4:11}. 다윗과 싸운 골리앗이 블레셋 사람이며, 사울은 블레셋과의 전투에서 세 아들을 잃고 자신도 화살에 맞아 중상을 입고 스스로 자결하였다. 그 후 다윗왕도 블레셋과 많은 전쟁을 했으나^{삼상 14:52, 23:1-5} 블레셋을 완전히 평정하지는 못했고 솔로몬 왕 때에야 비로소 블레셋은 이스라엘에 속국이 되어 조공을 바치게 함으로 평정되었다^{왕상 4:21}. 그 후 블레셋은 그 세력이 점차 약화되어^{이사야 14:28-32, 예레미야 47장, 스바냐 2:4-7, 에스겔 25:15-17, 슥 9:5-8}의 예언대로 바벨론과 헬라 제국에 의해 함락되면서 역사 속으로 사라졌다

신약시대에 이르러 이스라엘은 AD70년 로마에 의해 예루살렘 성전이 파괴되면서 나라를 완전히 잃고 세계 속의 유랑 민족이 되어버렸다. 로마의 하드리안(Hadrian) 황제는 이스라엘에 수치를 주기 위하여 이스라엘이라는 이름을 아예 지워버리고 끈질기게 이스라엘을 괴롭혀 온 불레셋 사람들의 땅 이라고 명명하였다.

그리고 1948년 다시 이스라엘이 독립할 때까지 약 2000년 동안 그 땅에는 많은 이방 민족이 거하며 7세기에 태동한 이슬람의 영향으로 제국(사라센 제국:7세기~15세기)을 형성하였다. 이스라엘이 독립하면서 돌아온 유대인들은 그 땅에서 기존에 살던 주민들을 내쫓게 되는데, 이들이 이스라엘을 대항해서 PLO(Palestine Liberation Organization 팔레스틴 해방기구)를 결성하였다.

학습 자료 19-3

모세가 언급한 왕의 자격 규정은 신약 교회의 리더십(leadership)에도 적용되어야 한다.

① 왕(지도자)은 하나님이 임명하신다^{신 17:14-15}.-**"성령이 충만한 자를 택하라"**^{행 6:3}

② 왕(지도자)은 반드시 하나님 백성에 속한 자이여야 한다^{신 17:15}.-**"신자 중에서 뽑아라"**^{행6:3}

③ 왕(지도자)은 반드시 믿음으로 행해야 한다^{신 17:16}.-**"믿음이 .. 충만한 사람"**^{행 6:5}

④ 왕(지도자)은 충실한 사람이어야 한다^{신 17:17}.-**"한 아내의 남편"**^{딤전 3:2}

⑤ 왕(지도자)은 반드시 희생을 각오해야 한다^{신 17:17}.-**"더러운 이(利)를 위하여 하지 말고 오직 즐거운 뜻으로 하여 맡기운 자들에게 주장하는 자세로 하지 마라"**^{벧전 5:2, 3}

⑥ 왕(지도자)은 성경을 잘 알아야 한다^신 17:18, 19 –**"깨끗한 양심에 믿음의 비밀을 가진 자"**^{딤전 3:9}

⑦ 왕(지도자)은 순종의 모범이 되어야 한다^{신 17:20}–**"양 무리의 본이 되라"**^{벧전 5:3}

학습 자료 19-4 왕정 요구에 대한 하나님의 책망 이유 _{삼상 8:4-22}

혹자들은 본문에서 백성들의 왕정 요구에 대해 하나님이 처음에는 책망하셨으나 ^{7-9절}, 결국은 왕정 요구를 허락하신 사실에 대해 다음과 같은 오해를 제기한다. 즉

① 이스라엘이 이전까지는 신정(神政) 체제였고 하나님은 이 같은 신정 체제만을 좋아하셨다는 것이다. 따라서 왕정 요구에 대한 허락은 하나님의 본래의 뜻이 아니나 백성들의 완악함 때문에 허락한 것이다.

② 자유주의 학자들은 어차피 하나님이라는 절대적 존재는 계시지도 않았고, 단지 종교 특권 계급이 정치를 독점하다가 그 체제가 백성들에게 거부당함으로써 할 수 없이 왕정 체제로 바꾸게 되었다고 본다. 그리고 그 와중에 일어난 갈등을 이런 식으로 표현했다는 것이다.

그러면 하나님이 왜 왕정 요구를 책망하셨는지를 살펴보도록 하자.

✝ 왕정 요구 자체가 아닌 요구 자세에 대해 책망하심

하나님은 결단코 형식에 얽매이시는 분이 아니시므로 위의 두 견해는 말 그대로 오해일 따름이다. 즉 하나님은 신정 체제이든 왕정 체제이든 그 체제보다는 하나님을 제일로 생각하는 사고방식을 원하셨다. 그래서 처음에는 하나님의 통치를 거부하고 왕정을 요구하는 백성들의 악한 마음을 책망하셨다^{7절}. 그리고 왕정의 폐단을 충분히 일깨워 준 후에^{11-18절}, 그러한 체제에서도 그 체제에 얽매이지 아니하고 여호와께 순종하는 것이 더욱 중요함을 일깨워 주시기 위하여 백성들의 왕정 요구를 허락하신 것이다. 그런데 이 당시 백성들은 이러한 하나님의 뜻을 깨닫지 못하다가 후에서야 왕정을 요구할 때 그들 마음속에 있었던 죄악을 깨닫게 된다^{삼상 12:6-25}.

또 실제로 이스라엘 백성들이 왕정을 요구하기 훨씬 이전에 하나님은 왕정 체제에 대한 백성들의 요구가 있을 때를 대비하여 왕정에 관한 율법을 주셨다^{신 17:14-20}. 이것은 결국 하나님께서는 왕정이라는 새로운 형태를 통해서도 하나님의 신정(神政)을 충분히 수행하실 수 있었음을 보여 주는 것이다. 이런 점에서 왕정도 결국 하나님을 대신한 대리 통치이기 때문에 신정과 다를 바 없는 것이다. 그런데 이스라엘 백성은 왕정을 요구할 때 이런 사실을 간과하고 열방과 같은 인본주의적 왕정을 요구하였기 때문에 하나님의 책망을 듣게 된 것이다.

✝ 교훈

이상에서 우리는 왕정이냐 신정이냐 하는 정치 체제가 중요치 않으며 무엇보다 여호와께 대한 신앙이 중요함을 깨닫게 된다. 이처럼 성경은 각종 정치, 철학, 경제의 이데올로기나 체제의 어느 한 면만을 주장하는 것을 배격하며 어떠한 체제이든지 간에 우선적으로 하나님의 창조 및 통치 원리를 잘 반영하고 있는가 하는 사실을 중요시하는 것이다. 이것은 오늘날에도 지나치게 어느 한 체제만을 고집하는 사람들에게 좋은 교훈이 될 것이다.

학습 자료 19-5 미스바 _{삼상 10:17-24}

본 장에는 미스바 총회를 통하여 사울이 이스라엘의 첫 왕으로 제비 뽑힌 사실이 기록되어 있다. 이러한 사실은 일면으로 미스바에서 온 백성들이 모여 왕을 선출할 만큼 미스바가 당시 이스라엘의 중요한 장소였음을 시사한다. 더욱이 성경 상에는 여러 형태로서 미스바가 여러 차례 언급되고 있다. 그러므로 성경의 중요한 장소가 되는 미스바에 대해 살펴보는 것은 매우 유익한 일일 것이다.

✝ 미스바의 지명 이해

미스바는 '전망대', '망대'라는 뜻이다. 그런데 성경에 언급되고 있는 미스바는 한 곳을 지칭하는 것이 아니다. 즉 성경에서 이곳은 때로 갈릴리 북부의 미스바 골짜기 전체를 말하기도 하고, 길르앗, 유다, 모압, 베냐민 지파의 영토 안에 있는 특정 지역의 미스바를 말하기도 한다. 예를 들어 사사 입다의 고향은 길르앗 미스바이며, 본문의 배경이 되는 곳은 베냐민 미스바인 것이다. 이에 여기서는 본문의 배경이 되며, 또 가장 중요한 곳이었던 베냐민 미스바에 대해서만 이하 살펴보려 한다.

✝ 미스바의 위치

이곳은 유다와 이스라엘 국경 지대에 있던 베냐민 지파 영토 내의 한 성읍이었다. 그런데 그 정확한 위치에 대해서는 두 가지 견해가 있다. 하나는 예루살렘 북쪽 약 12km 지점의 '텔 엔 나스베'(Tell-en-Nasbeh)로 보는 견해로서, 아사 왕 시대에 미스바가 견고하게 요새화된 거주였다는 발굴 결과가 그 증거물로 제시되고 있다. 반면에 일부 학자들은 그 어원이 미스바와 일치한다고 하여 예루살렘 북서쪽 약 8km 지점의 '네비 삼윌'(Nebi-Samwil)로 추측한다.

✝ 역사적 의의

미스바는 당시 여호와의 집이 있던 실로와 가까운 곳이었다. 그래서 이스라엘의 전 회중이 총회 장소로 모이기에 적합했던 것 같다. 이는 기브아 사건으로 인해 베냐민 지파를 응징하고자 다른 이스라엘 전 지파가 미스바에서 총회를 개최한 것에도 잘 나타난다^{삿 20:1, 21:15}. 또한 사무엘 시대에는 영적 대각성 집회지로서, 그리고 왕을 뽑는 국가적 총회 장소로서도 그 중요성을 가진다^{삼상 7:5-16}. 후에 유다 왕 아사 때에는 미스바가 군사적 요새로도 활용되었으며^{왕상 15:22}, 더욱이 바벨론의 총독 그달랴가 통치하는 동안에는 유다의 수도이기도 했다^{왕하 25:23-25}. 이상과 같은 사실들을 통해 실로 미스바는 이스라엘의 종교적 중심지였을뿐만 아니라 군사·정치적으로도 중요한 곳이었음을 알 수 있다.

학습 자료 19-6   순종이 제사보다 낫고 ^{삼상 15:22}

성경을 살펴보면 제사에 대해 강조하고 있는 부분이 대단히 많다^{출 29:18, 36, 레 1-7장}. 그러나 그와 상반되게 마치 제사라는 의식은 필요가 없고, 하나님을 향한 진실된 신앙만 있으면 되는 것처럼 말하고 있는 부분도 많다. 본문이 바로 그 대표적인 말씀이다. 그렇다면 이렇게 서로 상충되는 듯한 말씀을 어떻게 조화시켜 이해할 수 있겠는가?

✞ 하나님이 요구하시는 제사

본문의 말씀은 하나님이 제사 자체를 거부하시는 것이 아니라 참 제사를 요구하심을 보여 준다. 하나님은 결코 제사라는 외적인 형식에 만족하신 분이 아니다. 오히려 '너희의 무수한 제물이 내게 무엇이 유익하뇨'^{사 1:11}라고 말씀하신다. 이를 통해 하나님이 요구하시는 것은 제사라는 형식이 아니라 제사를 드리는 자의 마음임을 알 수 있다. 즉 감사하는 마음^{시 50:14}, 순종하는 마음^{삼상 15:22}, 깨끗한 마음^{사 1:16}을 원하신다. 따라서 그러한 마음이 없을 때 하나님은 결코 제사를 받지 아니하신다^{렘 6:20}.

또한 하나님이 이스라엘 백성들을 애굽에서 이끌어내신 것도 결코 그들로부터 제사를 받으시기 위해서가 아니었다. 하나님은 이스라엘 백성들이 오직 하나님의 말씀을 청종하며 순종하는 것을 원하셨다^{렘 7:21-26}. 따라서 형식적으로 드리는 제사는 하나님께 아무런 소용이 없다. 하나님은 오직 예배자의 마음이 담긴 진정한 제사를 요구하신다. '하나님은 영이시니 예배하는 자가 영과 진리로 예배할지니라'^{요 4:24}.

✞ 제사 형식의 중요성

'순종이 제사보다 낫다'라는 말은 제사가 전혀 필요 없다는 뜻이 아니다. 이는 제사에 있어서 제사의 외적인 형식보다는 그 내용, 즉 예배자의 순종하는 마음이 더 중요하다는 비교급 적 표현이다. 즉 다시 말하면 제사의 내용도 중요하지만, 형식도 또한 중요하다는 것이다. 성경 어느 곳에서도 제사라는 형식 자체를 배격하고 있지는 않다. 그렇다면 제사라는 형식은 어떤 의미에서 중요한가?

① 하나님의 백성들이 그분과 만나는 교제의 통로로서 중요하다. 모든 인간은 다 죄

인이다^{롬 3:23}. 따라서 죄인들은 결코 하나님 앞에 나아갈 수가 없다. 그런데 하나님께서 제사 제도를 허락하셔서 그것을 통하여 죄 씻음을 받고 여호와께 나아올 수 있게 하신 것이다.

② 예표론적 의미에서 중요하다. 구약 시대의 제사 형식은 곧 우리가 어떻게 해서 그리스도를 통하여 죄 용서를 얻을 수 있으며 하나님께 나아갈 수 있게 되었는가를 분명히 이해하게 해준다. 즉 구약의 제사는 그리스도의 희생 제사의 예표가 되는 것이다^{히 10:1-18}.

✝ 교훈

신약 시대에 사는 오늘 우리에게는 더 이상 동물 희생 제사는 필요치 않다. 대신에 우리는 우리의 대제사장 되시는 그리스도께서 단번에 드린 희생 제사에 의지하여 하나님께 예배를 드린다. 그러나 예배를 드리는 기본자세에 있어서는 구약의 제사와 결코 다를 바가 없다. 그러므로 만일에 순종하는 마음이 없이 형식적으로 하나님께 예배를 드린다면, 비록 그리스도의 희생에 의한다고 할지라도 하나님께 온전한 예배를 드릴 수는 없을 것이다. 오직 순종과 참된 헌신이 있는 예배만이 하나님께서 기뻐하시는 진정한 참 예배가 될 수 있을 것이다^{요 4:24}.

학습 자료 19-7   사울의 회개가 진정한 회개가 아니었다면 진정한 회개란? – 회개의 철두철미성. ^{삼상 15:24-30}

회개란 헬라어로 μετανοέω(metanoeo)라고 한다. 이 말은 'μετα(meta) 달리'라는 뜻의 단어와 'νοέω(noeo) 생각하다'라는 단어의 합성어이다. 히브리어로는 'שׁוּב(shub) 가는 길을 돌아간다'라는 뜻이다. 즉 회개란 생각을 달리한다는 것이다. 이전의 생각을 바꾼다는 것이다. 감정이나 기분이나 느낌을 바꾼다는 것이 아니다.
  믿음이란 지정의(知情意)의 복합체 즉, 믿음은 어떤 사실로서의 지식(Knowledge), 그 사실의 옳고 그름을 판단하는 신념(Belief), 그리고 그 신념을 실천으로 옮기는 것(Trust)의 복합체라면 회개는 우선 지식 체계가 바뀌고 그 지식을 판단하는 신념의 체제가 바뀌고, 그래서 그 신념 체제에 의한 행동 체제가 바뀌는 데까지 나아가야 하는 것이다. 회개란 단순한 감상적 회심이 아니라 생각의 근본을 바꾸어 생각 자체를 이전과 다르게 하는 데까지 나아가는 것이다. 사람의 가치관 전체가 바뀌는 것을 말한다. 이를테면 우리는 "하나님은 나의 왕"이라는 찬송을 부를 때 하나님을 왕으로 여기면서 부른다. 그런데 입술로는 그렇게 부르는데 내 생각과 가치관과 행동은 그분의 백성다운 모습으로 되어 있지 않다는 데 우리의 갈등이 있지 않을까? "왕이신 하나님"을 찬송할 때 동시에 나는 "하나님의 백성이 된 나의 모습"을 돌아보면서 찬양을 불러야 한다는 것이다.
  우리는 회개가 단지 감정의 변화 정도로 생각하는 사람들이 많다. 회개는 가치 체계가 바뀌는 것이다.

학습 자료 19-8 사무엘의 거짓말 ^{삼상 16:1-5}

혹자들은 본문을 보고 하나님의 종인 사무엘이 어떻게 거짓말을 할 수 있는가 하고 생각한다. 더욱이 사무엘이 그런 거짓말을 한 것이 결국 하나님의 지시에 의한 것이라는 사실을 보고는 매우 의아해한다. 그러나 여기서 우리는 사무엘이 사울에게 말한 것이 거짓말이라는 표면적인 사실에만 집착하여 그를 거짓말쟁이로 매도해서는 안 된다. 오히려 그가 그렇게 말할 수밖에 없었던 근본적인 동기를 살펴야 한다. 그렇다면 사무엘은 누구에게 거짓말을 했는가? 곧 사울 왕에게 거짓말을 했다. 그런데 사울은 이미 하나님을 떠난 사람이며, 엄밀히 말하면 하나님의 섭리를 거역하려는 하나님의 대적이다.

만일 그러한 사람에게 사무엘이 이스라엘 왕으로 삼고자 다윗에게 기름을 부으러 간다는 사실을 말한다면 어떤 사태가 발생하겠는가? 아마 사울은 다윗과 그 일가족을 모두 죽이고 말았을 것이다. 그래서 하나님께서는 사무엘로 하여금 완악한 사울에게 이런 사실을 감추게 하심으로써 다윗을 통한 하나님의 구속사를 전개해 나가신 것이다. 따라서 사무엘이 사울에게 베들레헴 방문 목적에 대해 사실대로 말하지 않은 것은 거짓말이라고 할 수 없다. 왜냐하면 하나님은 종종 당신의 대적자들에게 진리의 비밀을 감추심으로써 당신의 사역에 방해가 되지 못하게 하시기 때문이다. 이런 이유로 예수께서도 복음의 비밀을 악인들에게서 감추시기 위하여 종종 비유로 말씀하셨다^{마 13:10-17}. 결론적으로 우리는 본문을 통하여, 하나님께서는 사울처럼 하나님을 거역하는 자에게는 진리를 감추신 것을 보게 된다. 그러나 우리에게는 비밀을 감추지 아니하시고 복음의 비밀을 온전히 나타내 보이셨다. 이를 생각하면 참으로 감사하지 않을 수 없다. "너희 눈은 봄으로, 너희 귀는 들음으로 복이 있도다"^{마 13:16}.

학습 자료 19-9 '성령의 떠남'의 의미 ^{삼상 16:14}

본문에는 '여호와의 영' 곧 성령이 사울에게서 떠났다는 기록이 나온다. 그뿐만 아니라 삿 16:20에서도 여호와가 삼손에게서 떠나셨다는 기록이 나오는데, 거기서 여호와는 곧 성령을 가리킨다고 볼 수 있다. 그런데 이와 같이 성령이 어떤 사람에게 임하였다가 떠났다는 표현은 구약에서만 볼 수 있는 독특한 표현으로서 구약 시대 성령 사역의 특징과 밀접한 연관이 있다. 그러면 여기서 성령이 떠났다는 말은 정확히 무슨 뜻인가? 이에 대하여 살펴보자.

✝ 의미에 대한 이해

① '성령의 떠남'은 개인에게 하나님의 능력공급이 중단됨을 가리킨다. 구약 시대 성령 사역의 가장 눈에 띄는 점은 하나님의 사역을 감당하는 자들에게 특별한 능력을 공급하는 것이다. 예를 들면, 여호수아에게 '지혜의 영'을 공급한 것^{신 34:9}, 이스라엘 백성들을 구원할 사사에게 특별한 힘을 공급한 것^{삿 3:10, 6:34, 11:29},

13:25, 선지자들을 감동케 하사 하나님의 말씀을 전할 수 있게 한 것^{겔 2:2, 느 9:20} 등의 일들을 들 수 있다. 그리고 본문에서 사울의 경우에도 지금까지 성령께서 그가 이스라엘의 왕으로서 백성들을 통치할 수 있도록 능력을 계속 공급하셨던 것이다^{삼상 11:6}. 그런데 이와 같은 성령의 능력공급은 영구히 지속되지 않았다. 사울의 경우에서 볼 수 있는 것처럼 어떤 개인이 하나님께 순종치 아니하고 죄를 지었을 때는 하나님이 그 능력을 거두어 가신다. 이 같은 사실을 우리는 삼손에게서도 발견할 수 있다^{삿 16:20}. 즉 성령이 삼손에게 임재해 계실 때는 그가 무서운 괴력을 발휘할 수 있었으나 그가 죄를 범함으로 인하여 성령이 떠난 후에는 블레셋인들에게 힘없이 붙잡히고 말았다. 또 어떤 사람에게 맡겨진 사명이 완수되었을 때도 성령은 더 이상 능력을 공급하시는 일을 중단하신다. 예를 들면 이스라엘의 사사들이 특별한 시기에만 왕성하게 활동하고 그 이후에는 어떤 특별한 활동 사항이 성경 상에 소개되지 않고 있는 것도 다 그런 이유 때문일 것이다.

② 구약 시대의 '성령의 떠남'은 신약시대의 성령 사역과 구별되는 가장 큰 특징을 보여 준다. 구약 시대에 있어서 성령의 사역은 구약 선민인 이스라엘을 구원하시기 위한 하나님의 구속 사역에 조력하는 것이었으며 개개인의 구원 서정(序程)과 관련된 활동은 하시지 않았다. 이 때문에 하나님의 섭리에 따라 어떤 개인에게 성령이 임했다가도 그 계획이 성취되면 언제든지 떠나셨다. 그러나 신약시대에 이르러 성령은 각 성도 안에 내주(內住)하셔서 그들의 보혜사로서^{요 14:16, 26, 15:26, 롬 8:26} 그들 속에서 역사하시며 능력을 공급하사 하나님의 일을 감당케 하셨다. 그리고 한 번 한 개인 안에 성령이 내주하게 되면 결코 그를 떠나지 아니하시며 끝까지 성화(Sanctification)의 길로 인도하사 하나님 앞에 이르게 하신다. 즉 각 개인의 입장에서 볼 때 구약 시대에는 성령이 잠시 임했다가 떠나시지만 신약시대에는 영구적으로 내주(內住)하신다는 결정적인 차이가 있다.

✝ 의의

결론적으로 '성령의 떠남'은 적어도 구약 시대에는 개인의 구원 문제와 관련된 표현이 아니라 하나님이 한 개인을 당신의 사역자로 삼느냐 마느냐 하는 문제와 관련된 표현임을 명심할 필요가 있다. 그리고 신약 시대에 있어서는 한 번 우리 속에 내주하신 성령께서는 결코 떠나지 아니하시며 우리를 도우신다는 사실을 명심하고 더욱 더 하나님의 사역에 주력해야 하겠다.

학습 자료 19-10 시편 23편에서 자기 이름을 위해 의의 길로
인도하시는 하나님의 이름을 각 구절에서 찾아보라.

여호와는 나의 목자시니 – 여호와 로이, 나의 보호자
내게 부족함이 없으리로다 – 여호와 이레. 나의 공급자

그가 나를 푸른 풀밭에 누이시며 – 여호와 아도나이, 나의 주

쉴 만한 물 가로 인도하시는도다 – 여호와 샬롬. 나의 평화

내 영혼을 소생시키시고 – 여호와 로피, 나의 치료자

자기 이름을 위하여 의의 길로 인도하시는도다 – 여호와 치드케누, 나의 의

내가 사망의 음침한 골짜기로 다닐지라도 – 여호와 샴마. 임재하시는 나의 하나님

해를 두려워하지 않을 것은 주께서 나와 함께 하심이라 – 여호와 체바오트, 나의 용사

주의 지팡이와 막대기가 나를 안위하시나이다 – 여호와 엘 엘리온, 나의 변호자

주께서 내 원수의 목전에서 내게 상을 차려주시고 – 여호와 닛시, 나의 깃발

기름을 내 머리에 부으셨으니 – 여호와 메카데시, 나의 의

내 잔이 넘치나이다 – 여호와 엘 샤다이, 나의 양육자

내 평생에 선하심과 인자하심이 반드시 나를 따르리니 – 여호와 엘 엘로힘, 나의 보호자

내가 여호와의 집에 영원히 살리로다 – 여호와 엘 올람, 나의 영원

– 엘머 L 타운즈 "시편 23편의 기도"에서(쿨람 출판사, 2006)

보너스 강의 시편 23편

▶ 에스라 성경통독 사역원 홈페이지에 강의 파일에 시편 강의 오다오가 있음.

◆ **여호와는 나의 목자시니** – 여호와 로이, 나의 보호자
◆ 이 우주 만물을 창조하신 전능의 하나님이 나의 주인이신 주님이 되신다는 것.
  마 7: 21-23 21 나더러 주여 주여 하는 자마다 다 천국에 들어갈 것이 아니요 다만 하늘에 계신 내 아버지의 뜻대로 행하는 자라야 들어가리라 22 그 날에 많은 사람이 나더러 이르되 주여 주여 우리가 주의 이름으로 선지자 노릇 하며 주의 이름으로 귀신을 쫓아내며 주의 이름으로 많은 권능을 행하지 아니하였나이까 하리니 23 그 때에 내가 그들에게 밝히 말하되 내가 너희를 도무지 알지 못하니 불법을 행하는 자들아 내게서 떠나가라
  마 16:24 이에 예수께서 제자들에게 이르시되 누구든지 나를 따라오려거든 자기를 부인하고 자기 십자가를 지고 나를 따를 것이니라.

◆ **내게 부족함이 없으리로다** – 여호와 이레. 나의 공급자
  빌 4:11-13 11 내가 궁핍하므로 말하는 것이 아니니라. 어떠한 형편에든지 나는 자족하기를 배웠노니 12 나는 비천에 처할 줄도 알고 풍부에 처할 줄도 알아 모든 일 곧 배부름과 배고픔과 풍부와 궁핍에도 처할 줄 아는 일체의 비결을 배웠노라 13 내게 능력 주시는 자 안에서 내가 모든 것을 할 수 있느니라.

◆ 그가 나를 푸른 풀밭에 누이시며 – 여호와 아도나이, 나의 주
◆ 양은 다음의 조건이 충족되지 않으면 잘 눕지 않는다.
   1) Fear   2) Tension   3) Aggravation   4) Hunger

◆ **쉴 만한 물 가로 인도하시는도다** – 여호와 샬롬. 나의 평화
   시편 121편 [1] 내가 산을 향하여 눈을 들리라 나의 도움이 어디서 올까 [2] 나의 도움은 천지를 지으신 여호와에게서로다 [3] 여호와께서 너를 실족하지 아니하게 하시며 너를 지키시는 이가 졸지 아니하시리로다 [4] 이스라엘을 지키시는 이는 졸지도 아니하시고 주무시지도 아니하시리로다 [5] 여호와는 너를 지키시는 이라 여호와께서 네 오른쪽에서 네 그늘이 되시나니 [6] 낮의 해가 너를 상하게 하지 아니하며 밤의 달도 너를 해치지 아니하리로다 [7] 여호와께서 너를 지켜 모든 환난을 면하게 하시며 또 네 영혼을 지키시리로다 [8] 여호와께서 너의 출입을 지금부터 영원까지 지키시리로다

◆ **내 영혼을 소생시키시고** – 여호와 로피, 나의 치료자
◆ 양은 다음 3가지로 인해 실족(Cast Down)한다. 실족해서 넘어지면 자력으로 일어나지 못한다.
   1)
   2)
   3)

◆ **자기 이름을 위하여 의의 길로 인도하시는도다** – 여호와 치드케누, 나의 의
   이사야 53:4-6 [4] 그는 실로 우리의 질고를 지고 우리의 슬픔을 당하였거늘 우리는 생각하기를 그는 징벌을 받아 하나님께 맞으며 고난을 당한다 하였노라 [5] 그가 찔림은 우리의 허물 때문이요 그가 상함은 우리의 죄악 때문이라 그가 징계를 받으므로 우리는 평화를 누리고 그가 채찍에 맞으므로 우리는 나음을 받았도다 [6] 우리는 다 양 같아서 그릇 행하여 각기 제 길로 갔거늘 여호와께서는 우리 모두의 죄악을 그에게 담당시키셨도다.
   잠언 14:12 "어떤 길은 사람이 보기에 바르나 필경은 사망의 길이니라"
◆ 여호와의 이름이란 의미는?

- ◆ **내가 사망의 음침한 골짜기로 다닐지라도** – 여호와 삼마. 임재하시는 나의 하나님
  해를 두려워하지 않을 것은 주께서 나와 함께 하심이라 – 여호와 체바오트, 나의 용사
  주의 지팡이와 막대기가 나를 안위하시나이다 – 여호와 엘 엘리온, 나의 변호자
- ◆ 예수를 믿는데도 왜 '사망의 음침한 골짜기로 다녀야 하는가?'(神正論적 접근)
- ◆ 지팡이 ① 말씀, 성경을 의미
  ② 양을 훈련하는데 사용, 넘어진 양을 일으키는데 사용
  ③ 양을 검사하고 헤아리는데 사용. 겔 20:37, 시 139:23, 24
- ◆ 막대기 : 호신 공격용 무기 보호(사실 다윗은 이 무기이외에 새총을 휴대, 골리앗
  도 이것으로 잡음)
- ◆ 예수를 믿는데도 왜 '사망의 음침한 골짜기로 다녀야 하는가?'(神正論적 접근)
  불 뱀을 그대로 두고 놋 뱀을 달게 하시는 하나님.
- ◆ 예화 – Footprint 이야기, 복음송 "나의 등 뒤에서"

- ◆ **주께서 내 원수의 목전에서 내게 상을 차려주시고** – 여호와 닛시, 나의 깃발
- ◆ 상(床) = mesa.　　원수 = 사탄

- ◆ **기름을 내 머리에 부으셨으니** – 여호와 메카데시, 나의 의
- ◆ 기름은 Linseed, Sulphur, Tar를 섞어 만듦.
  이 기름을 사용해야 할 상황 – Nose-fly.

- ◆ **내 잔이 넘치나이다** – 여호와 엘 샤다이, 나의 양육자

- ◆ **내 평생에 선하심과 인자하심이 반드시 나를 따르리니** – 여호와 엘 엘로힘, 나의
  보호자

- ◆ **내가 여호와의 집에 영원히 살리로다** – 여호와 엘 올람, 나의 영원

참고 문헌 : Phillip W. Keller " A Shepherd looks at Psalm 23" Zondervan 1970

 **19 일차 범위** **생각해야 할 성경적 세계관의 이슈들**
☑ 읽을 책 : "기독교 세계관 핸드북" 도서 출판 에스라 2023

❖ **삼상 8장** "기독교가 정부에 미친 영향의 역사"(p378)

대상 9:35~10장·
삼상 17~19:17·
삼상 19:18~21장·
시 59, 56, 34·
삼상 22·시 52·
삼상 23·시 63·
삼상 24·
시 57, 142, 54·
삼상 25

20일 핵심 학습 자료

학습 자료 20-1 만군의 여호와 ^{삼상 17:45}

'만군의 여호와'라는 신명(神名)은 모세 오경과 여호수아, 사사기에서는 한 번도 언급되지 않았던 것이며 삼상 1:11에서 처음으로 언급되었다. 또 이 신명(神名)은 역사서와 시가서에서는 전체 18회 정도밖에 쓰이지 않다가 선지서에서는 전체 약 240회 정도로 대단히 많이 사용되었다. 이처럼 이 신명(神名)이 대부분 선지자에 의해 사용되었다는 사실은 이 신명(神名)이 갖는 독특한 의미 때문일 것이다. 더욱이 모세 이후 이스라엘 최초의 대선지자인 사무엘과 관련하여 그의 어머니 한나가 이 신명(神名)을 처음으로 사용한 것도, 또한 본문의 청년 다윗이 골리앗을 향하여 '나는 만군의 여호와 이름으로 네게 나아가노라'하고 외친 것도 이러한 이유에서일 것이다. 그러면 이 신명(神名)의 의미가 무엇인지에 대해 살펴보도록 하겠다.

✝ 원어적 의미

'만군의 여호와'(히, 예호와 체바오트)에서 '만군'(萬軍)에 해당하는 히브리어 '체바오트'(צבאות)는 '전쟁을 수행하다', '...을 섬기러 회막으로 나아가다'라는 뜻의 동사 '차바'(צבא)에서 유래한 복수 명사이다. 이 명사는 성경 전체에서 다음과 같은 세 가지 용례로 주로 사용된다.

① 우주 만물^{창 2:1}, 특별히 해, 달, 별 등의 천체^{시 33:6, 사 34:4}.
② 군대, 특별히 이스라엘의 군대^{삼상 17:45, 사 24:21, 단 4:35}.
③ 천사, 또는 하나님의 군대^{왕상 22:19, 사 6:5; 37:16}. 이상의 '만군'의 세 가지 용례를 통해서 볼 때 '만군의 여호와'란 우주 만물을 창조하시고 그것을 통치하시는 하나님, 하늘의 천군 천사를 통하여 악한 자들을 징계하시고 당신의 백성들을 대신하여 대적들과 전쟁하시는 하나님을 가리킨다고 볼 수 있다.

✝ 성경적 묘사

성경에서 '만군의 여호와'라고 할 때에 거기에는 다음과 같은 강조점들이 있다. 즉 천지 만물을 창조하신 여호와 하나님은 곧 천하만국의 유일(唯一)하신 하나님이시며^{사 37:16}, 그의 권세와 능력이 무한하시다^{사 40:26}. 그리고 그 하나님은 하늘 보좌에 앉으시고 천사들의 시종을 받으시며^{왕상 22:19}, 그곳에서 천상의 회의를 주재하시는 왕이시다^{대하 18:18}. 이스라엘과 연관하여 만군의 여호와는 곧 야곱의 하나님이시며 시 46:7-11, 언약궤 위 그룹 사이에 좌정하셔서 이스라엘을 통치하시며삼하 6:2, 그의 백성들과 늘 함께 하시는 분이시다삼하 5:10.

따라서 만군의 하나님은 이스라엘과 언약을 맺으셨으며, 그 맺으신 언약에 따라 이스라엘을 구속하시는삼상 17:45, 사 44:6 영광의 왕이시다시 24:10. 그러나 또 다르게는 죄를 범한 이스라엘에 대해 심판하시되 능력과 권세로써 보응하시는 하나님이시다.암 3:13-15 한편 신약 성경에는 '만군의 주'(헬. 퀴리오스 사바오트)라는 명칭으로 단 2회만 언급되었는데, 그중 롬 9:29에서는 이스라엘을 심판하시는 중에 선민의 씨를 남겨두어 오늘날에 이르게 하신 은총의 하나님으로서 만군의 주를 소개한다. 그리고 약 5:4에서는 부자들의 악행에 대해 심판하시는 엄한 하나님으로서 만군의 주를 소개하고 있다.

✝ 의의

'만군의 여호와'라는 신명(神名)은 하나님이 이스라엘이라는 한 국가와 민족에게만 국한된 하나의 지역 신이 아니라, 온 우주의 통치자이시며, 만국(萬國)의 주재자(主宰者) 이심을 강조하는 신명(神名)이다. 그리고 이 신명의 사용은 이스라엘이 그동안 사사에 의해 통치되던 부족 국가 형태에서, 이제 왕에 의해 통치되는 왕정 국가 형태로 탈바꿈하면서 이스라엘의 국제적인 지위가 점차 격상된 것과 깊은 연관이 있다고 볼 수 있다. 또한 왕정 후기의 이스라엘 선지자들도 하나님이 징계하시기 위해 앗수르와 바벨론을 그 도구로 사용하셨음을 언급하는 과정에서 '만군의 하나님'을 자주 언급하였다. 이것도 이스라엘의 하나님은 열방을 통치하시며 섭리하실 수 있는 하나님임을 강조할 필요성이 있었기 때문이다.

이런 점에서 삼상 1:11에서 만군의 하나님을 향한 한나의 기도는 단지 자식이 없어 고통하는 한 여인의 부르짖음이 아니라 바로 이스라엘의 왕정 국가 형성에 주춧돌과 같은 역할을 한 사무엘의 사역과 당시의 시대적 상황을 암시하는 기도였다. 또 골리앗을 향한 다윗의 외침도 이스라엘의 군대를 지휘하시는 하나님은 곧 온 세상의 주권자이심을 이방 국가인 블레셋에게 선포하는 것이었다. 결국 '만군의 하나님'이란 신명은 하나님이 이제 자신을 이스라엘의 하나님이실 뿐만 아니라 온 우주의 하나님이시라는 사실을 보다 더 명시적으로 계시하신 것임을 알 수 있다.

학습 자료 20-2 하나님이 부리신 악신 삼상 18:10

본문에는 '하나님께서 부리시는 악령'이 사울에게 힘 있게 내렸다고 말한다. 여기서 '악령'(惡靈)은 곧 인간을 도덕적으로, 영적으로 악하게 만드는 사탄의 사악한 영(evil spirit)을 가리킨다. 그런데 이를 통해 어떻게 이런 사악한 영을 하나님이 부리실 수 있는가? 또 만일 하나님이 이런 사악한 영을 부리신다고 하면 하나님도 곧 사악하신 분이라고 보아야 하지 않겠는가? 그리고 그것과 타락한 인간 범죄의 책임도 전적으로 그분께 있는 것이 아닌가? 이것은 일반적으로 성경에서 말하는 절대 선하시고 자비하신 하나님과는 너무나 대조적인 것이 아닌가? 하는 연속된 의문을 제기할 수도 있다. 그렇다면 이렇게 모순된 두 가지 사실을 어떻게 조화시켜 이해할 수 있겠는가? 이에 대하여 살펴보도록 하겠다.

✝ 하나님의 주권 하에 있는 사탄

본문은 하나님이 직접 악한 목적을 위하여 악신을 이용하신다는 말이 아니라 단지 악신조차도 하나님의 주권 아래에 있을 수밖에 없다는 사실을 보여 준다. 사탄은 타락한 천사로서 하나님으로부터 천상에서 내어 쫓김을 당하였다계 12:9. 그리고 할 수만 있으면 하나님의 구원 사역을 방해하며 인간을 유혹하여 죄에 빠뜨리고자 한다. 그러나 그렇다 할지라도 사탄은 하나님의 피조물이며 하나님의 절대 주권에서 벗어날 수가 없다. 때문에 사탄이 어떤 활동을 하고자 할지라도 결코 하나님의 허락이 없이는 그 목적을 성취할 수 없다.

✝ 사탄의 활동과 하나님의 묵인

이렇게 볼 때 본문에서 악신이 사울에게 힘 있게 내린 것도 하나님의 주권 하에 이루어진 것임이 분명하다. 이렇듯 사탄이 인간을 괴롭히는 것은 당신의 주권적 섭리 하에 그를 유기하신 결과로써 우리는 이것을 하나님의 묵허(黙許)라고 한다. 그렇다면 하나님은 어떤 경우에 사탄의 활동을 묵인하여 주시는가? 이에 대해 성경은 크게 두 가지 경우를 보여 주고 있다.

① 타락한 인간이 그 마음에 하나님 두기를 싫어할 때 하나님은 그 상실한 마음대로 내버려 두신다롬 1:28. 이럴 때 인간은 자신의 죄악된 본성에 따라 모든 불의(不義)를 추구하게 된다.

② 그리고 이때 사탄의 사악한 영이 그에게 강하게 역사하여 그가 속히 멸망 구렁텅이 속으로 떨어지도록 한다. 사울도 바로 이런 사례에 해당한다고 볼 수 있다. 하나님과의 교제가 끊어진 사울이 다윗에 대한 극도의 시기심에 불타 있을 때 악신이 그에게 강하게 역사하여 다윗을 살해하도록 강한 살인 의지를 심어준 것이다.

학습 자료 20-3 사무엘의 삼중직 삼상 25:1

본문에 기록된바 사무엘의 죽음과 그를 위하여 백성들이 왜곡한 사실을 통하여 우리는 사무엘이 이스라엘 백성들에게 있어 얼마나 중요한 인물이었는지를 알 수 있다. 이에 그의 세 직분, 즉 선지자, 제사장, 사사의 직분의 수행을 통하여 이스라엘 역사에 끼친 그의 영향에 대해 살펴보고자 한다.

✝ 삼중직의 수행

사무엘의 삼중직 수행은 그가 하나님으로부터 부름을 받은바 소명의 목적, 즉 신정

(神政) 왕국 건설을 준비하는 임무 수행과 밀접한 연관이 있다. 즉 그는 이전까지 각각 분리되어 있던 세 가지 직분인 선지자^{민 12:6}, 제사장^{출 29장}, 사사^{삿 2:16, 11:9}의 직분을 동시에 수행함으로써 이스라엘의 종교, 정치, 사회 전 분야에 걸쳐 큰 변화를 가져왔다. 그리고 그것이 신정 왕국을 세우는 데 중요한 기틀이 되었다.

① **선지자직 수행** : 엘리의 보호 아래 실로 회막에서 봉사하던 소년 사무엘이 처음으로 선지자직을 수행한 것은 엘리 가문의 몰락에 관한 하나님의 계시를 받으면서였다^{3:3-21}. 그 이후 점차 장성해 가면서 단에서 브엘세바에 이르는 모든 이스라엘 백성으로부터 하나님이 세우신 선지자로 인정받았다^{3:19, 20절}. 선지자로서 그의 가장 큰 공헌은 역시 사울과 다윗에게 각각 기름을 부은 것이다^{9:1-10, 16장}. 이두 번의 도유(塗油) 사건을 직접 겪으면서 그는 하나님께서 이스라엘을 신정(神政) 왕국으로 만들어 가시는 모습을 확인하게 되었다. 이외에 미스바 대 회개 사건^{7:3-6}도 선지자로서의 그의 중요한 공적 중 하나이다. 이로써 그는 후에 모세 다음가는 위대한 하나님의 선지자로 추앙되었다^{렘 15:1}.

② **제사장직 수행** : 사무엘의 제사장직 수행은 엘리와 그의 두 아들이 죽은 이후부터^{4장} 시작되었을 것으로 추정된다. 물론 엘리 가문의 후손들도 여전히 있었고 후에 엘리의 후손 아히둡이 공식적인 대제사장으로 직분을 수행하였으나^{14:3}, 사무엘은 일반 제사장으로서 특별한 활동을 하였던 것으로 추정된다^{2:35}. 제사장으로서 그의 가장 큰 공헌은 미스바 대 회개 운동 때에 하나님과 백성들 간에 언약을 세우는 중보자 역할과 백성들을 위한 중보기도^{7:5-6, 9}를 들 수 있다.

③ **사사직 수행** : 사무엘은 이스라엘의 마지막 사사였으나 이전의 사사들과는 엄격히 구분된다. 왜냐하면 이전의 사사들은 대부분 특정한 한 지역에 국한하여 활동했으나, 그는 이스라엘 전국에 미치는 권위를 행사하였으며, 해마다 벧엘과 길갈과 미스바로 순회하며 이스라엘을 다스렸다^{7:16}. 그리고 블레셋과의 전투에서 승리를 가져옴으로써 그의 사사직 수행은 절정을 이루었다. 이 같은 전국에 미치는 그의 사사직 수행은 곧 차기 신정 왕국의 중요한 밑거음이 되었을 것이다. 사무엘의 사사직은 사울이 왕위에 오름과 동시에 자연스럽게 그에게 이양되었다.

✝ 의의

한 인간이 삼중직을 동시 수행했다는 것은 결국 그가 전인격적으로 하나님과 인간 앞에서 요구되는 모든 사역을 다 수행했음을 의미한다. 한편 이러한 사무엘의 삼중직 수행은 곧 그리스도의 삼중직에 대한 예표가 된다. 즉 그리스도는 모세 이상의 선지자이며^{신 18:15, 요 6:14}, 멜기세덱의 반차를 좇은 대제사장이며^{히 5:10}, 만왕의 왕^{사 9:6, 빌 2:10}이시다. 그리고 이 같은 그리스도의 삼중직 수행으로 모든 성도들은 영원한 하나님의 나라로 들어가게 된다.

학습 자료 20-4 히브리인의 인사법 _{삼상 25:6}

본문에는 전통적으로 히브리인들이 즐겨 사용했던 인사말이 소개되고 있다. '인사'(Greeting)란 기본적으로 상대의 안부를 물으며 사용하는 말이나 행동, 혹은 후한 대접까지를 포함한다. 그리고 이 같은 인사는 동·서양을 막론하고 어느 나라에서나 볼 수 있는 것이지만, 인사법에서나, 인사말에 담겨 있는 정신, 의미에 있어서는 다 조금씩 다르다. 그것은 아마 문화적인 차이나 종교적인 차이에서 비롯된 것이다. 이런 점에서 성경에 나타난 히브리인의 독특한 인사법에 대해 살펴보는 것은 의미 있는 일일 것이다.

✝ 대표적 인사말 '샬롬'

전통적으로 히브리인들이 가장 즐겨 사용하는 인사말은 '샬롬'(שלום)이다. 이는 '평안', '번영'이란 뜻으로서 단순히 사회적 관습에 따라 타인의 건강이나 안녕을 묻는 인사말 이상의 종교적 의미도 내포하고 있다. 즉 이 말은 상대가 하나님과의 관계에서 평안을 누리도록 기원하는 축복의 의미도 내포하고 있는 것이다_{창 43:29, 삿 6:12}. 그리고 신약시대에 와서는 그리스도의 복음과 함께 '샬롬'(헬, 에이레네)이란 말이 더욱 깊은 의미를 내포하게 되었다. 즉 그리스도에 의해 회복된 하나님과의 평화를 믿음 안에서 누리도록 기원하는 축복의 의미를 내포하게 된 것이다_{마 10:12, 13, 롬 1:7, 갈 1:3}. 이에 더 나아가 "은혜와 평강"_{롬 1:7, 벧전 1:2, 계 1:5}이라는 인사말도 신약에서 종종 사용되었는데 이는 예수 그리스도의 구원을 은혜의 선물로 받았으며 그로 말미암아 하나님과 영원한 평화를 누리게 된 사실을 강조하는 인사말이다_{롬 5:1}.

21일 핵심 학습 자료

학습 자료 21-1 접신녀와 초혼술 _{삼상 28:12-19}

사울이 정말 사무엘의 영을 만났는가? 그렇다면 신접한 여인을 통해 사울 앞에 나타난 것은 정말 사무엘의 혼령인가? 아니면 사탄인가? 등의 의문을 갖게 된다. 그러므로 이를 이해하기 위해서는 먼저 접신녀와 초혼술의 정체에 대해 살펴볼 필요가 있다.

✝ 접신녀의 정의

'접신녀'를 뜻하는 히브리어는 두 단어가 있다. 그중 하나는 '바알라트 오브'인데, 이는 '귀신을 다스리는 자'란 뜻이다. 그리고 또 하나 '쇼엘 오브'는 '귀신에게 묻는 자'란 뜻이다. 따라서 '접신녀'란 귀신을 불러 미래의 일을 듣는 자, 또는 기도나 주문으로 자신에게 신이 내리게 한 뒤, 즉 강신(降神)케 한 뒤 그 신과 인간이 의사소통을 할 수 있도록 중간 매개체 역할을 하는 영매자(靈媒者)라고 할 수 있다.

✝ 초혼술의 정의

여기서 '초혼술'(招魂術)이란 접신녀가 죽은 사람의 영혼을 불러일으키는 것을 가리킨다. 그래서 접신녀를 가리켜 '초혼자'(Necromancer)라고도 한다 _{18:11}. 그런데 사실 죽은 사람의 영혼을 불러일으킨다는 것은 성경적 근거에서 볼 때 전혀 옳지 않다. 왜냐하면 성경은 사람이 죽으면 그 영혼은 지상 세계를 완전히 떠나 천국이나 지옥으로 가게 되고, 지상 세계와는 교통을 할 수 없는 것으로 말하고 있기 때문이다 _{눅 16:19-31, 23:43, 고후 5:1}.

따라서 초혼이라는 것은 있을 수 없는 것이다. 그런데 고대 사람들이 그렇게 말했던 이유는 접신녀에 의해 나타난 귀신의 모습이 특별히 죽은 자의 형상을 하고 있었기 때문이거나 혹은 접신녀가 귀신을 부를 때 특정한 한 망자(亡者)의 이름을 사용하기 때문일 것이다 _{11절}. 그러나 사실상 접신녀에 의해 불려 올려진 혼령은 어떤 망자(亡者)의 영혼이 아니라 그 영혼으로 가장한 사탄이나 귀신이다.

✝ 결론

성경에서는 이와 같은 접신녀나 초혼술을 일종의 이교적 사술(邪術)로서 하나님께 지극히 가증한 것이며, 하나님의 백성들은 이를 결코 용납해서는 안 된다고 엄히 경고하고 있다 _{신 18:10-13, 레 19:31, 20:27}. 이로 볼 때 본문에서 접신녀를 통해 불려 올려진 것은 사무엘의 영이 아니라 그의 모습을 가장한 사탄이나 또는 귀신임을 알 수 있다. 그러면 혹자는 어떻게 귀신이 사울에게 하나님의 심판을 전할 수 있느냐[16-19절]고 반문할 수도 있을 것이다. 그러나 하나님께서는 강권적인 역사로써 거짓 선지자 발람을 통해서도 하나님의 메시지를 전달케 하셨다[민 23:11, 12]. 따라서 여기서도 하나님은 사탄으로 하여금 당신의 메시지를 전달하도록 역사하셨을 것이다(Calvin). 실로 하나님은 만유의 주권자로서 귀신들까지도 복종케 하시는 분이다.

학습 자료 21-2 상황 윤리에 대한 기독교적 비판 삼상 30:1-4

본문에는 다윗의 성읍 시글락이 아말렉 족속에 의해 약탈된 사건이 기록되어 있다. 그런데 이 같은 약탈 사건의 궁극적 원인은 다윗이 동족 이스라엘과 싸우는 길보아 전투에 블레셋 편이 되어 참전하려 했기 때문으로, 곧 그것에 대해 하나님이 징벌하신 결과라고 볼 수 있다. 그러나 상황 윤리 주의자들이 보기에는 이와 다르게 설명될 수 있다. 즉 그 당시 다윗은 블레셋 왕 아기스의 도움을 받고 있었기 때문에 만약 아기스의 참전 요구를 거절했다면 아말렉 족속에 의해 약탈당하는 것보다 아기스 왕에 의해 더 악한 상황에 처할 수도 있었다는 것이다. 그래서 그러한 상황 속에서 다윗의 행동은 전적으로 옳은 것이며 그것을 죄라고 말할 수 없었다는 것이다. 그러면 어떻게 동일한 상황에서 성경은 분명 다윗의 잘못을 지적하고 있는데, 상황 윤리 주의자들은 그것을 다르게 설명할 수 있는가? 그것은 그들의 독특한 윤리관 때문이다. 그러면 이에 대해 살펴보도록 하자.

✝ 상황 윤리의 정의

일반적으로 '윤리'(倫理)라고 할 때 그것은 '사람이 마땅히 지켜야 할 도리, 곧 우주와 역사의 원리에 근거한 도덕 규범'을 가리킨다. 이렇게 볼 때 상황 윤리란 그 실제의 도덕 규범의 원리를 인간 개개인이 처하는 개별적인 상황(狀況)에다가 두는 것을 가리킨다. 즉 상황 윤리 주의자들이 볼 때에 '윤리적 행위'라는 것은 어떤 고정된 도덕 규범에 따라 행동하는 것이 아니라 개개인이 어떤 상황에 적절히 대처하여 지혜롭게 행동하는 것을 말한다.

✝ 상황 윤리의 특징과 그 비판

상황 윤리에서는 행동 규범의 근거를 개별적이고 가변적인 상황에다가 둔다. 그래서 그 특징을 정확히 무엇이라고 말하기는 어렵지만 일반적으로 상황 윤리 주의자들의 주장들을 통하여 발견할 수 있는 공통적 특징은 다음과 같다.

① 인간 스스로의 결단과 책임을 강조한다. 즉 인간은 어떤 상황을 스스로 판단하고 행동해야 하며, 또 그 결과에 대해서도 책임을 져야 한다는 것이다. 따라서 상황

윤리 주의자에게 있어서 인간은 '책임적 자아'를 가진 존재로서, 외적인 규범이나 전통적 윤리에 의해 통제받지 아니하는 절대적 존재가 된다. 그리고 윤리의 기준도 각 개인에 따라 상황에 따라 달라서 선·악에 대한 분명한 구별이 있을 수 없다. 이는 모든 인간은 하나님 앞에서 죄인이며^{롬 3:23}, 그 죄는 자신의 책임에 의해서는 결단코 해결될 수 없고 오직 예수 그리스도의 구속 은총에 의해서만 해결될 수 있다는 성경적 가르침과 완전히 동떨어진 것이다.

② 이웃 사랑을 최고의 윤리로 강조한다. 그런데 상황 윤리 주의자들이 말하는 '이웃'의 개념은 성경에서 말하는 이웃의 개념과 전혀 다른 것이다. 즉 그들에게 있어서 '이웃'은 어떤 상황 속에서 누구를 내 이웃으로 생각할 것이냐 하는 자기 판단에 따라 이웃의 한계가 달라지는 것이다. 그러나 성경은 나 아닌 모든 사람이 내 이웃이 될 수 있다고 말한다. 심지어 원수까지도 자신의 이웃처럼 사랑하라고 가르친다^{마 22:39}. 이렇게 볼 때 상황 윤리 주의자에게 있어 '이웃'은 자신의 이기심 (selfness)을 조금 확대한 것에 지나지 않는 것이라고 말할 수 있다.

③ 수단보다 목적을 강조한다. 즉 선한 목적을 위한 것이라면 수단이 좀 나쁘다 하더라도 정당화될 수 있다는 것이다. 물론 이런 경우에 어떤 상황에서나 다 그런 것이 아니라 피치 못할 불가피한 상황, 즉 인간의 실존적 한계 상황이라는 전제 조건을 이야기한다.

✝ 성경적 윤리관과 상황 윤리의 비교

상황 윤리 주의자들은 많은 부분에서 성경에서 말하고 있는 윤리적 가르침을 거부한다. 그렇게 하는 이유 중의 가장 큰 이유는 성경이 자기 행동에 대한 인간의 책임감을 약화시키고 죄책감만 불러일으켜 스스로 연약해지도록 만든다는 것이다. 그러나 그것은 성경 가르침의 진정한 의도를 파악지 못한 데서 비롯된 것이다. 성경에서는 인간에게 죄책감을 불러일으켜서 인간을 약하게 할 목적으로 하나님의 절대 윤리를 배제하고 또 인간의 죄를 지적한 것이 아니다. 오히려 인간으로 하여금 죄가 무엇인지를 분명히 깨닫게 하고 그러한 죄를 예수 그리스도를 통하여 해결해야 할 것이라는 구원의 방도를 보여 준다.

이렇게 볼 때 오히려 상황 윤리 주의자들이 애써 인간의 실존적 한계 상황을 변명의 이유로 하여 어떤 행동에 대해 죄책감을 느낄 필요가 없다고 말하는 것은, 곧 죄로부터 달아나고 싶어 하는 인간의 죄된 속성의 반영이라고 볼 수 있을 것이다. 결론적으로 상황 윤리 주의자들이 말하는 것처럼 윤리의 근거를 개개인의 상황에서 찾는 상대적 윤리는 그리스도인이 절대 배격해야 한다. 그리스도인들은 하나님의 말씀을 절대적인 생활 규범으로 삼고 좌로나 우로나 치우침이 없는 의로운 삶을 살아야 하는 것이다^{수 1:7}.

학습 자료 21-3 사무엘하 메시지

✝ 하나님의 약속의 성취.

다윗은 사울이 길보아산 전투에서 사망한 후에 헤브론으로 가서 유다 사람들에 의해 기름 부음을 받아 유다의 왕으로 즉위하였다²ː⁴. 이는 그가 사무엘에 의해 사울을 대신할 이스라엘의 왕으로 기름 부음을 받은 지^{삼상 16:13} 무려 15년이 지난 뒤의 일이다. 그리고 다윗은 그로부터 다시 약 7년이 지난 뒤에 온 이스라엘의 왕이 되었다⁵ː³, 그러므로 다윗이 온 이스라엘의 왕이 되기까지는 무려 20년의 세월이 넘게 흘렀다. 다윗은 그사이 무수히 많은 고난을 겪었다. 정적이었던 사울에 의해 죽을 고비를 수없이 겪어야만 했다. 광야에서 유랑 생활을 하는가 하면 심지어는 블레셋으로 망명해야만 하였다. 이런 상황에서 다윗은 무슨 생각을 하였을까? 아마도 자신에 대한 하나님의 약속이 과연 성취할 수 있을까 하고 생각하였을지도 모른다. 그러나 다윗은 그러한 와중에서도 하나님과 그의 약속에 대한 믿음을 버리지 않았다. 그리고 결국은 하나님의 약속이 그대로 성취되는 것을 체험하였다. 이처럼 하나님의 약속은 비록 그 성취가 지체되는 것처럼 보인다고 할지라도 반드시 성취된다. 그리하여 우리는 하나님이 오늘 우리에게 주신 관계 회복의 천국 구원과 그리스도와 더불어 왕 노릇을 하게 될 것이라는 약속이 반드시 성취될 것을 확신할 수 있다.

✝ 하나님 제일주의.

다윗의 삶의 원리를 한마디로 말한다면 하나님 제일주의이다. 그는 무엇이든지 하나님의 입장에서 생각하고 행동하였다. 특히 그의 하나님 제일주의 삶의 원리가 가장 잘 드러나는 사건이 바로 언약궤의 다윗성 안치이다^{6장}. 즉 다윗이 통일 이스라엘의 왕으로서 예루살렘을 정복하여 수도를 옮기고 나자, 무엇보다 우선한 것은 하나님의 임재의 상징으로서 70여 년 동안이나 기럇여아림의 아비나답의 집에 방치되어 있던 언약궤를 다윗성으로 옮겨온 것이다. 이는 그가 신본주의를 자신의 왕국 통치 이념으로 삼겠다는 표시였다. 다윗이 하나님의 마음에 합한 자로 인정받을 수 있었던 이유가 바로 여기에 있다. 즉 다윗 역시도 허물과 흠이 많은 인물이었지만 그는 사울과 같이 인위(人爲)로 살지 않고 하나님 제일주의 곧 신위(神爲)로 살려고 하였기에 하나님의 마음에 합한 자로 인정을 받아 이스라엘 역사상 가장 위대한 왕으로 이름을 남기게 된 것이다. 여기서 우리는 하나님으로부터 받는 축복을 누리는 비결이 무엇인지 분명히 알 수 있다.

✝ 예루살렘 성 수축과 언약궤의 안치

통일 왕국의 왕이 된 다윗은 아직도 완전치 않은 왕권을 강화하는 조치를 취하기 시작하였다. 그 첫 번째가 새로운 도성을 건설하는 것이었다. 다윗은 수백년 동안 이스라엘의 침공에도 끄떡없던 여부스 족속의 성을 정복하고 다윗성이라고 명하였다. 이곳이 바로 오늘날까지 이스라엘 민족의 영원한 도성인 예루살렘 성이다. 예루살렘 성은 가나안의 중간에 위치하여 남북을 잇는 중요한 교통로의 역할을 한다. 따라서 남 유다 세력을 기반으로 왕이 되었고 사울 가문의 잔여 세력을 물리치고 북이스라엘까지 포섭한 다윗에게는 어느 쪽에도 치우치지 않는 것이 무엇보다 중요하였다. 이럴 때 위치상으로 중간에 있으며 그동안 여부스 족속이 차지하고 있어 어느 세력권에도 포함되지 않은 예루살렘을 통일 이스라엘의 새로운 도성으로 삼는 것이 가장 합당한 방법이었다. 이로서 다윗은 이스라엘 지파를 통일시키고 강력한 왕권을 확립하는 정치적 안정을 이룩하였다. 그러나 여호와 신앙이 삶의 중심인 이스라엘 민족의 특성상 정치적인 안정만으로 모든 것이 완성되지 않았다. 더욱 중요한 것은 종교적인 안정을 이루는 것이었다. 이를 위해 다윗이 행한 두 번째 계획은 바로 하나님의 언약궤를 새로운 도성인 예루살렘으로 옮기는 것이었다. 이때까지 언약궤는 엘리 대제사장 때 블레셋과의 전투에서 빼앗겼다가 하나님의 은혜로 다시 찾게 된 후로 기럇여아림에 있는 아비나답의 집에 보관되어 있었다^{삼상7:1-}². 그 후로 국내 사정으로 제대로 보존되지 못하였다. 그러나 아직도 언약궤는 이스라엘 백성에게는 하나님의 임재의 상징이요 여호와 신앙의 표상이었다. 그래서 다윗은 아비나답의 집에 있는 언약궤를 예루살렘 성으로 모셔 와 장막에 안치한 것이다. 이로서 예루살렘은 정치적인 면 외에 종교적으로도 명실상부한 이스라엘의 중심지가 된 것이다. 그리고 다윗은 정치, 종교의 중심을 장악함으로 확고한 왕권을 수립하게 된 것이다. 그러나 다윗의 이런 행위는 단지 자신의 권력을 위한 것이 아니었다. 그 이면에는 자신의 권력은 하나님으로부터 나오고 하나님의 임재를 통해서만 유지될 수 있다는 다윗의 신앙적 결단이 담겨 있기도 하였다.

학습 자료 21-4 다윗의 가계도

본 도표(다음 페이지)는 이스라엘 역사상 가장 위대한 왕이었던 다윗 왕의 가계도이다. 다윗은 헤브론에서 7년 6개월, 예루살렘에서 33년, 도합 약 40년 6개월가량 왕위에 있었던 왕으로서 이스라엘을 대내외적으로 크게 부강시켰다. 그리고 다윗 왕정이 건립된 후 왕국 분열의 비극을 겪기도 했지만 그래도 다윗 가문의 왕위는 끊이지 아니하고 B.C. 586년 바벨론에 의해 예루살렘이 함락되기까지 약 400년간 지속되었다. 이처럼 다윗 가문이 끊이지 않고 계속해서 존속될 수 있었던 것은 하나님께서 다윗과 약속하신바 언약 성취의 결과였다. 즉 하나님은 다윗과 언약하실 때 그 가문의 왕위를 영원히 보존하시겠다고 하셨다^{삼하 7:8-16}. 이 언약에 따라 하나님은 이스라엘이 분열되는 위기 속에서도 다윗 가문의 왕통이 끊이지 않고 지속되게 하신 것이다^{왕상 11:36}. 한편 여기 다윗의 가계도에서도 나타나 있는 바와 같이 다윗 가문이 이스라엘의 왕권을 차지하게 된 것은 일찍이 야곱의 예언 속에서 언급된 바 유다 혈통을 통하여 이스라엘의 치리자가 나오리라는 예언^{창 49:10}의 성취이다. 이는 유다 지파인 보아스로부터 그의 가계가 시작된 사실을 입증해 주고 있다. 또 야곱의 예언 속에서 유다 자손의 치리자의 통치가 실로가 오시기까지 계속되리라는 예언의 말씀^{창 49:10}은 일차적으로는 다윗에 의해 성취되었고, 궁극적으로는 다

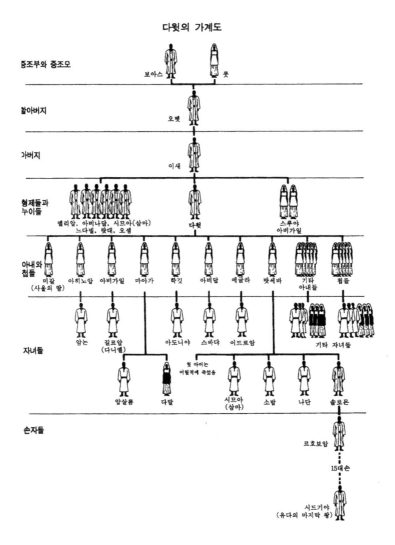

다윗의 가계도

증조부와 증조모	보아스 / 룻
할아버지	오벳
아버지	이새
형제들과 누이들	엘리압, 아비나답, 시므아(삼마) 느다넬, 랏대, 오셈 / 다윗 / 스루야 아비가일
아내와 첩들	미갈(사울의 딸), 아히노암, 아비가일, 마아가, 학깃, 아비달, 에글라, 밧세바, 기타 아내들, 첩들
자녀들	암논, 길르압(다니엘), 아도니야, 스바댜, 이드르암, 기타 자녀들
	압살롬, 다말(첫 아이는 어릴적에 죽었음), 시므아(삼마), 소밥, 나단, 솔로몬
손자들	르호보암 — 15대손 — 시드기야(유다의 마지막 왕)

윗의 후손으로 오신 만왕의 왕이신 그리스도에 의해 완전히 성취되었다. 따라서 다윗의 가계도는 먼저 다윗 시대의 번영을 암시함과 동시에 다윗 언약에 따라 하나님이 그 왕권을 신실히 보존하셨음을 암시한다. 그리고 궁극적으로 하나님께서 다윗을 통하여 계획하신바 하나님의 구속사가 지금까지 어떻게 전개됐으며 또한 앞으로 어떻게 전개될 것인가를 한눈에 보게 하는 것이라 할 수 있다.

학습 자료 21-5 이스라엘의 장로 삼하 3:17

본문을 보면 아브넬이 다윗을 이스라엘의 왕으로 삼는 문제를 두고 이스라엘의 장로들과 상의하는 장면이 나온다. 이로 볼 때 이스라엘에 있어서 장로는 사회적으로 특별한 위치에 속하는 사람이었음을 알 수 있다. 그러면 이스라엘의 장로에 대해 구체적으로 살펴보자.

✝ 용어의 의미

'장로'에 해당하는 히브리어는 두 개가 있다. 그중 하나는 '자켄'으로서 '수명'이란 뜻이다. 그리고 다른 하나인 '시브'는 '백발'이란 뜻이다. 따라서 이 두 용어로 볼 때 '장로'란 일단 '나이가 많은 사람'을 가리킴을 알 수 있다. 그러나 나이가 많은 사람이라고 해서 모두 장로는 아니었으며, 사회적으로 덕망이 있고 그 사회의 지도자와 같은 역할을 담당하는 사람들을 가리켜서만 장로라고 불렀다. 이런 면에서 '장로'란 '연장자'(年長者), '원로'(元老), '현자'(賢者) 등을 가리키는 사회적 신분임을 알 수 있다.

✝ 장로의 기원

이스라엘에 있어서 장로라는 신분이 처음으로 등장한 것은 이스라엘이 애굽에 400여 년 동안 거주할 그 당시였을 것으로 추정된다. 그 이전에는 족장이 있어서 그 친족 공동체를 다스렸다. 그러나 애굽에 거주하는 동안 인구가 급격히 늘어남으로 인해 족장 한 사람이 감당하던 일들을 한 가문이나 성읍의 연장자들이 나누어 맡게 되었고 그러면서 자연스럽게 '장로'라는 사회적 신분을 형성하였을 것이다. 그리고 모세 시대에 와서 '장로'는 제도적으로 각 지파 중에서 선출되었는데출 18:24-26 그것은 모세가 자신의 과중한 재판업무를 덜기 위한 것으로, 하나님의 지시에 따라 70명의 장로를 선출하였다민 11:16, 24. 가나안 정착 이후 이스라엘 사회가 발전하게 되자 장로의 중요성도 증가하였으며, 왕정(王政)이 생긴 후에도 장로의 직분은 여전히 중요하게 인식되었다.

✝ 장로의 역할

이스라엘에 있어 장로의 역할은 매우 다양하다. 모세가 등장하기 이전까지, 즉 애굽에 거주할 시기에 장로는 마치 족장 시대의 족장들같이 한 가문이나 지파의 지도자로서 그 역할을 감당하였다. 그리고 모세 시대에는 모세의 역할을 분담하여 백성들을 재판하는 일과 군사적 지도자로서의 일들을 감당하였다민 11:16, 신 29:10, 수 8:33. 이러한 역할의 차이에 따라 장로 중에서 '재판관'신 16:18, '수령'신 1:13, '두령'신 1:15, '방백'삿 5:15, 8:6-16, '유지'욥 29:9 등의 칭호가 생겨났다. 또한 '법령을 발표하는 자'삿 5:9, '귀인'민 21:18, 삼상 2:8, '용사'삿 11:1, '우두머리'삿 11:8, 삼상 15:17 등의 호칭도 장로들의 역할의 차이에서 생겨난 것이다. 그러다 왕정 시대에 와서는 그 역할이 더욱 다양화되었다.

　그래서 왕을 추대하고 결의하는 일삼상 15:30, 삼하 5:3, 혹은 왕의 관원으로서 자문하는 일왕상 20:7, 8, 율법을 낭독하고대하 34:29, 제사 의식에 직접 참여하기도 하였다대상 15:25. 그리고 바벨론 포로 이후에도 장로들은 여전히 포로된 백성들 가운데서 지도자 역할을 수행하였다애 4:16, 5:12, 겔 20:3 그리고 바벨론 포로 귀환 이후에 예루살렘 성 재건 및 이스라엘 공동체 회복에 있어 주도적인 역할을 한 사람들로 바로 장로들이었다스 10:8, 14. 이처럼 이스라엘에 있어서 장로는 그 사회의 대표자요 중심적

인물이었다.

✝ 초대 교회에서의 장로

초대교회 안에서도 전통적인 이스라엘의 관습에 따라 장로의 권위가 자연스럽게 인정되었다^{딤전 5:1, 히 11:2}. 그래서 교회의 중요한 일이나 성도들을 권면하고 교훈하는 일들을 장로가 담당하게 되었다^{행 11:30, 21:18, 약 5:14}. 그리고 교회 안에 점차 체계적인 조직이 요구되자 장로는 집사나 감독과 나란히 자연스럽게 교회의 직분으로 정착하게 되었다^{행 14:23, 20:17}. 그리고 장로는 교회 안에서 성도들을 가르치며 안수하는 권위도 가지고 있었다^{딤전 4:14}. 한편 계시록을 보면 이스라엘 24 장로들이 하나님의 보좌에 둘러서서 찬양하는 장면이 소개되고 있다^{계 4:4, 10}.

학습 자료 21-6 예루살렘 천도(遷都)의 의의 ^{삼하 5:1-10}

본문에는 다윗이 명실상부한 통일 이스라엘의 왕이 된 이후 첫 번째로 행한 예루살렘 천도 사업에 대해 기록하고 있다. 이러한 천도 사업은 사울 왕정에서 다윗 왕정으로 바뀌는 역사적 전환기를 맞고 있는 이스라엘에 있어서 필요한 조치였다. 더욱이 약 8년 동안(B.C. 1010-1003년) 사울 왕국으로 분열되어 있었던 이스라엘 백성들의 민심(民心) 규합하고 새로운 사회·정치적 체제를 정비하기 위해서라도 꼭 필요한 것이었다. 그런데 이와 같은 역사적 과업을 해결하기 위해 다윗이 특별히 예루살렘을 통일 이스라엘의 새 수도로 정한 이유는 무엇인가? 여기서 다윗의 예루살렘 천도의 의의에 대해 살펴보도록 하겠다.

✝ 사회·정치적 의의

다윗의 천도 사업의 일차적 목적은 지금까지 다윗 왕국과 사울 왕국을 중심으로 나뉘어졌던 민심을 하나로 묶는 데 있었다^{5:8-11}. 따라서 유다 왕국의 수도였던 헤브론이나 사울 왕국의 수도였던 마하나임은 통일 이스라엘의 새 수도로 삼기에는 통치권이 한쪽으로 편중되어 있다고 느끼게 해서 적합하지 않았다. 그뿐만 아니라 지리적으로도 헤브론은 너무 남쪽으로 치우쳐 있어서 전 이스라엘을 통치하는데 적절치 않았으며, 마하나임도 요단 동편에 있었기 때문에 마찬가지로 적절치 않았다.

이런 점에서 불 때 이스라엘 전 영토의 가장 중앙부에 있는 예루살렘은 유다 지파와 사울의 지파인 베냐민 지파 간의 반목을 불식시키고 또 전 이스라엘을 융합한다는 측면에서 가장 적절한 곳이었다. 더욱이 예루살렘은 주위가 깊은 골짜기로 둘러싸여 있고 그 성읍 자체가 높은 고지(高地)에 있어서 외적의 침입을 막기에도 적절한 천연 요새였다.

그뿐만 아니라 예루살렘 동쪽 기드론 골짜기에는 물이 풍부한 기혼샘이 있어서 큰 도시를 이루기 위한 여건이 적절히 갖추어진 셈이다. 이런 점에서 예루살렘은 통일 이스라엘의 수도로서 정치·군사·행정의 중심지가 되기에 충분했다.

✝ 종교적 의의

다윗의 천도 사업의 또 다른 목적은 신정(神政) 왕국인 이스라엘을 종교적으로도 하나로 묶는데 있었다. 그리고 이를 위해서 하나님은 일찍이 모세를 통하여 이스라엘이 가나안 땅을 정복한 후 그곳에 먼저 중앙 성소를 세울 것을 명하셨다^{신 12:1-14}. 그리고 이 같은 명령에 따라 여호수아가 가나안의 주요 거점을 정복한 이후 일차적으로 실로에 중앙 성소를 세웠었다^{수 18:1}.

그러나 실로는 엘리 가문의 몰락과 함께 중앙 성소의 기능을 상실하게 되었다^{삼상 4장}. 따라서 예루살렘은 통일 이스라엘의 새 수도가 됨과 동시에 종교적 중심지로서 그 소임을 수행케 되었으며 후에, 이곳에 성전이 세워지게 된 것이다. 한편 이처럼 이스라엘의 정치적 중심지와 종교적 중심지가 한 곳으로 일치하게 된 것은 이스라엘이 신정 왕국이라는 사실을 더욱 분명하게 드러낸다. 즉 이스라엘의 진정한 통치자는 여호와이시기 때문에 이스라엘의 정치적 중심지가 곧 종교적 중심지가 되는 것은 너무도 당연한 것이다. 이에 대한 자세한 설명은 왕상 3장 '신정 왕국의 이해'^(학습 자료 30-5)를 참조하라.

학습 자료 21-7 다윗 언약 ^{삼하 7:1-16}

본 장은 그 유명한 '다윗 언약'(David's Covenant)을 기록한 장(章)이다. 이 언약은 장차 인류의 구속자로 오실 예수의 메시아의 왕권과 성전(Temple), 그리고 메시아 왕국과 직접적으로 연관된 언약이라는 점에서 구속사적으로 볼 때 매우 큰 의의를 갖는다. 이에 다윗 언약에 대해 살펴보기로 하겠다.

✝ 다윗 언약의 내용

본 장에 기록된 다윗 언약의 핵심 내용을 간추려 보면 다음과 같다.

① 다윗을 이스라엘의 주권자로 삼는다^{8-11절}. 또 주권자로서 그의 이름을 존귀케 만들어 주며, 사방의 모든 대적에서 벗어나 평안케 할 것이다.
② 다윗의 후손을 통하여 그 나라를 영원히 견고케 할 것이다^{11, 12절}.
③ 다윗의 후손으로 여호와 이름을 위해 집(성전)을 건축하게 할 것이다^{13절}.
④ 다윗의 후손은 여호와의 아들이 되고 여호와는 그의 아비가 된다^{14절}.
⑤ 범죄시 징계는 하나 그 위(位)는 결단코 빼앗지 않는다^{14-16절}.

✝ 다윗 언약의 세 요소

위 언약의 내용에서 우리는 다음과 같은 세 요소에 관심을 기울일 필요가 있다.

① **집(베트)** : 다윗 언약 속에서 가장 많이 언급되고 있는 어 용어는 세 가지 의미를 지닌다. 그것은 첫째 다윗의 육적 가문^{11절}, 둘째 다윗의 왕국^{12, 13절}, 셋째 성전 (Temple)을 가리킨다. 그리고 성전은 좁게는 예수 그리스도의 몸을 넓게는 그리스도께 속한 모든 성도, 즉 교회를 가리킨다.

② **후손(자라)** : 이 용어도 두 가지 의미를 지닌다. 즉 집합적인 의미에서의 '후손'과 한 집단을 대표하는 자로서의 '후손', 또는 '씨'를 뜻한다. 여기서 '씨'는 직접적으로 솔로몬을 가리킨다고 볼 수 있으나 '그 나라 위를 영원히 견고케 하리라'[13절]는 말씀에 비추어 볼 때 궁극적으로는 장차 다윗의 후손으로 오실 그리스도를 가리킨다고 볼 수 있다.

③ **나라(말쿠트)** : 영토, 국민, 주권의 3요소를 갖춘 국가를 의미하기도 하나, 단순히 왕의 통치권을 지칭하기도 한다. 또한 이 나라는 직접적으로는 다윗 왕국을 궁극적으로는 전세계 만민 중에 택한 성도들로 구성된 하나님의 나라와 그의 통치를 가리킨다.

✝ 의의

이 다윗 언약은 한마디로 다윗의 후손으로 와서 전 인류의 구속주가 되심으로써 택한 백성의 영원한 왕이 되실 메시아 예수의 혈통과 왕권 그리고 천국 건설을 포괄적으로 담고 있는 예언적 언약이다. 이는 그 자신이 성전의 실체[마 12:6]이셨던 그리스도와 그 백성들이 어떻게 교회를 통하여 한 몸을 이루게 되며, 교회와 하나님의 나라를 만들어 가는지를 이해할 수 있게 해준다.

또 역사적으로 볼 때 다윗 언약은, 먼저는 유다 지파 출신이 이스라엘의 왕이 될 것이라는 예언[창 49:10]의 성취이며 나중은 우리 주 예수에 대한 예언이다. 따라서 예수에 대한 예언이 성취된 세대에 사는 우리의 입장에서 다윗 언약은 하나님이 약속하신 구속사의 말씀대로 확실히 진행됨을 보여 주는 한 증거일 수 있다.

학습 자료 21-8 다윗 언약과 언약의 점진적 발전 [삼하 7:13, 23:5]

법궤가 예루살렘으로 돌아오게 됨으로써 다윗은 하나님을 모실 영원한 성전을 짓기를 원하지만, 하나님은 그 과업을 솔로몬에게로 넘기고 그 대신 다윗과 영원한 성전이신 메시아 예수님이 그의 가문에서 온다는 것을 약속 한다. 성경에는 여러 개의 언약이 나온다(다음 도표는 대표적인 것을 요약했다). 그 언약의 핵심은 동일하다. 그것은 바로 하나님 나라의 회복을 위한 하나님의 약속이다.

언약의 명칭	무슨 내용인가?
에덴 언약	여인의 후손이 뱀의 후손을 이길 것임 (창 3:15-16)
노아 언약	인류를 다시는 홍수로 멸하지 않을 것임 (창 9:8-11)
아브라함 언약	아브라함의 후손이 장차 큰 민족을 이룰 것임 (창 15:12-21)
시내산 언약	이스라엘은 세계를 위한 제사장 나라가 될 것임 (출 19:5-6)
제사장 언약	아론의 후손들이 영원히 제사장직을 수행할 것임 (민 25:10-13)
다윗 언약	다윗의 집과 보좌가 영원토록 굳게 설 것임 (삼하 7:13, 23:5)
새 언약	구원은 오직 그리스도를 통해서만 가능함 (히 8:6-12)

이 언약들이 점진적으로 발전하면서 구체화 되어 가고 있음을 볼 수 있다. 다윗 언약은 바로 그 하나님 나라를 회복하시면서 그 나라로 임하시는 메시아의 오심을 직접 약속해 주시는 것이다. 다음 도표는 그것을 잘 설명해 주고 있다.

아브라함의 언약에서는 여인의 후손이 뱀을 이긴다는 하나님의 약속을 아브라함의 후손으로 압축시키며 발전시킨다. 야곱의 12지파로 좁아 든 이스라엘 백성을 시내 산 언약에서 제사장 나라로 택하면서 다시 구체화 된다. 이제 그것은 다윗의 가문으로 좁혀들었고 이제 곧 약속의 최종적 실천인 메시아를 대망하게 되는 것이다.

이 다윗 언약은 1000년 후에 마태복음 1;1에서 이루어지며 모든 구약 언약이 완성 된다.

마 1:1 "아브라함과 다윗의 자손 예수 그리스도의 계보라" 이 말씀은 바로 예수 그리스도는 하나님이 주신 아브라함 언약과 다윗 언약의 성취라는 선언이고, 구약의 모든 족보의 완성이라는 선언이다. 구약에는 많은 족보가 나온다. 그 족보는 그 족보 끝에 나오는 인물의 중요성을 보여 주기 위함인데 그 구약의 모든 족보는 예수 그리스도에서 완성된다.

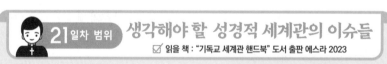

메시아에 대한 언약의 점진적 발전		
언약의 내용		구속사적 전개
아담(Adam) (창 3:15)	"여인의 씨(후손)…"	Race
아브라함(Abraham) (창 22:18)	"네 후손(씨 · Seed)…"	Nation
야곱(Jacob) (창 49:10)	"유다…"	Tribe
다윗(David) (삼하 7장, 역상 17장)	"네 집에…"	Family

메시아의 오심이 구체적으로 압축되고 있다

21일차 범위 **생각해야 할 성경적 세계관의 이슈들**
☑ 읽을 책 : "기독교 세계관 핸드북" 도서 출판 에스라 2023

❖ 삼상 28장 "강신술"(p235)

22일 핵심 학습 자료

학습 자료 22-1 열왕기와 역대기의 비교 도표

구분	열왕기	구분		역대기
왕하 1~11장	솔로몬 이야기(40년)	역대상	1~9장	아담~다윗이전까지 족보
왕상 12장~왕하 15:12	·왕국분열~오므리/예후왕조 (180년), ·엘리야, 엘리사 사역		10~29장	다윗 이야기
왕하 15:13~17장	살룸~북IS멸망까지(30년)	역대하	1~9장	솔로몬 이야기
왕하 18~25장	잔존유다왕국과 멸망(136년)		10~36장	분열 왕국
사관(史觀)	·선지자적 관점/신명기 사관에 의한 역사해석 ·북이스라엘 중심/정치, 왕권	사관(史觀)		·제사장적 관점/에스라의 포로귀환, 백성위한 예배 공동체 회복교재 ·남유다만 기록/성전, 예배

학습 자료 22-2 역대 상 메시지

✝ 인본주의자와 신본주의자의 대조적인 운명.

본서의 저자는 다윗 왕가의 선대 왕가인 사울 왕가와 사울 개인의 행적을 요약 제시하면서 사울 최후의 몰락 장면만을 소개하고 있다. 이것은 다분히 의도적인 것이다. 즉 저자는 이스라엘 최초의 왕인 사울의 행적 중 그의 최후만을 언급하여 인본주의적인 삶을 살면서 자기 영광만을 추구한 자와 신본주의적 삶을 산 자의 대조적인 운명을 보여줌으로써 독자들에게 신본주의(신위)적 삶을 살 것을 촉구하고 있다. 인본주의(인위)적 삶은 당장은 화려한 것 같으나 그 결국은 파멸이다. 이에 반하여 신본주의적 삶은 당장에는 고통이 따를 수 있고 또 화려해 보이지 않는다 해도 그 결국은 영광과 축복이다. 그렇다면 여러분은 어느 길을 택할 것인가? 사울의 길인가, 다윗의 길인가?

✝ 말씀 중심의 삶.

본서의 저자는 통일 이스라엘의 왕으로서의 다윗의 공식 통치 기사로서 언약궤의 다윗성 안치에 대하여 비중 있게 다루고 있다. 이것은 다윗이 구약 언약궤가 상징하는 하나님의 말씀을 자신의 통치 이념으로 삼았음을 시사해 주는 것으로서 다윗 왕조와 이스라엘 강성의 힘이 어디에 있었는지를 잘 조명하여 주는 것이다. 아울러 이것은 성도들의 번영과 축복도 하나님의 말씀을 중심에 모시는 자세에서 비롯될 수 있음을 보여 주는 것으로서 성도들에게 하나님의 말씀 중심의 삶을 강력히 촉구하는 것이기도 하다.

학습 자료 22-3 평화(Peace) 대상 12:17-18

본문은 다윗이 블레셋 땅 시글락에 거주하고 있을 때 다윗에게로 몰려온 충성스러운 용사들에 관한 기록 중, 30인 용사의 두목인 아마새와 그 동지들이 다윗에게로 나아올 당시의 상황을 기록하고 있다. 이때 성령에 감동한 아마새가 다윗에게 '평안하소서'라고 기원하였다. 그런데 이는 단순한 인사말이 아니라 블레셋 땅에 망명 중에 있던 다윗이 속히 이스라엘의 왕이 되기를 바라는 소원으로서, 다윗에게는 무척 위로와 힘이 되는 말이었다. 여기서 '평안'이란 히브리어로 '샬롬'이다. 샬롬은 개역 성경에서 '평강', 또는 '평화', '평안'이란 말로 번역되는 매우 다양한 용례와 의미가 있다. 이에 그 의미와 용례를 살펴보았다.

✝ 용어의 정의

히브리어 '샬롬'(שלום)이란 '완전하다'(be complete), '안전하다'(be secure)라는 뜻의 동사 '샬렘'(שלם)에서 유래한 명사로서, '완전성'(completeness), '안전'(safety), '건강'(health), '번영'(prosperity)이란 다양한 뜻을 가진다. 즉 이를 정리해 보면, 성경에서 '평화'(히. 샬롬)란 개인뿐만 아니라 공동체 전체가 육체적·정신적으로 무사하고 안전한 상태 및 정치, 경제, 군사적 번영과 승리 상태를 의미한다.

✝ 종교적 평화(宗敎的 平和)

위에서 언급한 모든 세속적인 평화의 근원은 결국 하나님이다[사 45:7]. 따라서 그 같은 세속적 평화는 근본적으로 하나님과의 평화적 관계, 즉 종교적 평화에 의해서만 얻어질 수 있다. 그러나 역으로 종교적 평화가 반드시 그러한 세속적 평화를 가져다주는 것만은 아니다. 종교적 평화가 유지될 때도 성도에게 세속적 평화가 없는 상태, 즉 환란과 핍박이 있는 상태가 될 수 있다. 한편 이러한 종교적 평화와 함께 반드시 연관시켜 생각해 보아야 할 몇 가지 요소들이 있다. 이를 주제로 살펴보면 다음과 같다.

	특징
의(義)	종교적 평화는 의(시 72:7), 정직(말 2:6), 진리의 수호(슥 8:19), 하나님께 대한 순종(삼하 20:19)의 결과로 주어진다(사 32:17).
언약(言約)	종교적 평화는 하나님과의 언약적 관계가 유지되는 동안에만 주어진다(사 54:10, 겔 37:26). 따라서 언약의 파기는 곧 종교적 평화의 상실을 의미한다(렘 16:5).

축복(祝福)	축복은 인간과 하나님 사이의 평화적 관계로 인해 주어지는 선물이다(시 29:11, 겔 7:25). 따라서 죄의 용서, 기쁨, 기도 응답 등이 가장 원초적인 축복이며, 그것이 외적으로 드러날 때 세속적 축복이 된다(창 41:16, 삼상 1:17, 사 66:12)
구원(救援)	종교적 평화는 곧 하나님의 구원하심에 따른 결과이다(시 119:165, 사 52:7). 이 구원의 결과 영혼의 질병인 죄가 치유되고 참 마음의 평안을 얻게 된다(사 53:5). 그리고 하나님의 종말론적인 구원에 의해 진실로 영원한 평화를 얻게 되며(시 35:9, 사 26: 12), 이는 예수 그리스도에 의해 궁극적으로 성취된다(롬 5:10, 엡 2:16)

✝ 의의

위에서 우리는 주로 구약적인 개념에서의 '평화'(히, 솰롬)에 대해 살펴보았다. 그러나 신약적인 개념도 이와 별반 다르지 않다. 다만 신약에서는 구약에서보다, 세속적 개념보다 종교적인 개념이 더 강하다는 점에서만 다를 뿐이다. 즉 신약에서의 '평화'는 예수 그리스도에 의해 하나님과 죄인 사이에 원수가 된 관계를 끊고 하나님과 인간이 화목케 됨롬 5:10, 엡 2:16, 골 1:22, 또 그러한 하나님과의 관계 회복을 통한 인간과 인간과의 관계 회복롬 14:19, 엡 4:3, 히 12:14과 믿음 안에서의 그리스도의 평강 혹은 마음의 평화빌 4:7, 골 3:15 등의 의미로 나타난다. 결국 이러한 종교적 개념에서의 평화는 현실 속에서도 반영되어 우리의 육적, 영적 삶에 행복을 가져다준다. 하지만 무엇보다 궁극적인 평화는 예수 그리스도의 재림을 통해 완전히 이룩된다. 곧 주의 재림과 함께 시작될 천국의 삶을 통하여 평화가 성취되는 것이다요 14:27, 16:33, 계 21:1-8.

학습 자료 22-4 성경의 신정(Theocracy) 원리 이해 대상16:1-36

본문은 다윗이 언약궤를 다윗 성의 회막에 안치시킨 후 송축시를 지어 부른 사실을 기록하고 있다. 이 송축시에서 다윗은, 하나님께서 가나안 땅에 관한 아브라함의 언약을 성실히 이행하사 이스라엘을 그 땅에 거하게 하신 사실을 회상하면서15-22절, 하나님의 존귀와 위엄을 찬양하며, 여호와께서 온 세계를 통치하신다고 고백하고 있다. 이러한 다윗의 고백시 속에는 다윗의 신정 사상(神政思想), 즉 하나님이 이스라엘뿐만 아니라, 온 세계를 통치하신다는 사상이 질게 베어져 있다. 그리고 이러한 다윗의 신정 사상은 그의 행적 전반에 걸쳐 계속해서 나타난다. 그러면 여기서 과연 '신정'(神政)이 무엇인지, 그리고 성경에서 말하는 신정의 원리가 어떤 것인지에 대하여 살펴보도록 하겠다.

✝ 신정(神政)의 개념

'신정'에 해당하는 영어 'Theocracy'는 헬라어 '데오스'(θεός, 신)와 '크라테인'(κρατειν, 통치하다)이 합성된 용어에서 유래한 것으로서 문자적으로 '신의 통치'라는 뜻이다. 그런데 원래 이 용어는 성경에서 나온 말은 아니다. 단지 제정 일치적 통치 체제 양식을 이해하기 위해 사용한 정치학적 술어이다. 즉 다시 말하면 '사제(司祭)가 특정 신(神)의 대리인으로 그 국가의 통치권을 행사하는 정치 형태'를 가리켜 '신정 체제'라 하고, 또 그러한 국가를 '신정 국가'(神政 國家)라고 한다. 이러한 정치학적 용어를 최초로 이스라엘의 정치 체제에 적용시켜 사용한 사람은 유대 역사가 요세푸스(Josephus)이다.

그러나 그는 겉으로 드러난 구약 모세 시대 등의 통치 형태를 가리켜서만 이 용어를 사용하였을 뿐 실상 성경 전반에 걸쳐 나타나는 하나님의 우주적 주권과 섭리가 이스라엘 전 역사에 대하여 갖는 신정적 원리에 대해서는 이해 하지 못했다. 성경 신학(Biblical Theology)적 관점에서는 '신정'(神政)은 겉으로 나타난 이스라엘의 한 시대의 통치 체제를 가리키는 용어가 아니라, 이스라엘뿐만 아닌 전 세계의 전역사(全歷史)에 걸쳐 시행되는 하나님의 우주적 통치를 가리키는 말로 사용된 것이다.

✝ 선민 이스라엘의 전 역사 속에 나타난 신정(神政)

성경은 계속해서 하나님이 온 우주와 역사의 주권자이심과 동시에 공의(公義)로 세상을 다스리시는 통치자임을 소개하고 있다. 즉 성경에서 '신정'이란 온 우주의 통치자 되시는 하나님이 이 세상을 다스리심을 가리키며, 그 통치 원리는 '공법'(公法)이라는 것이다. 그런데 이러한 하나님의 통치가 온 세상 전체에 대해 시행되지만, 그러한 통치가 분명하게 구체적으로 가시화된 것은 선민 이스라엘의 역사를 통하여서이다신 33:4, 5. 즉 하나님께서 주권적으로 택하신 선민 이스라엘 위에 당신의 대리인을 세우시고, 율법(律法)과 때로 직접적인 계시의 말씀을 주사 그것을 근거로 당신의 백성들을 다스리게 하신 것이다. 이런 점에서 겉으로 드러난 이스라엘의 통치 체제 양식은 신정 체제라고 할 수 있으며, 이러한 체제 양식은 이스라엘 역사 중 모세 시대로부터 사사 시대까지에서 가장 분명하게 나타났다고 할 수 있다.

그러나 하나님의 통치는 겉으로 나타난 국가의 정치 체제에 국한된다거나 또는 그것의 변화에 따라 변하는 것이 아니다. 즉 사사시대 이후 이스라엘의 통치 체제는 사사의 통치 체제에서 왕정 체제로 변하였지만 선민 이스라엘에 대한 하나님의 통치와 그 원리는 전혀 변하지 않았으며, 오늘날 신약 시대에도 영적 선민에 대한 하나님의 통치는 조금도 변함이 없다. 다만 하나님의 통치 원리를 반영하는 국가의 정치 체제가 변화되었을 뿐이다. 따라서 선민 이스라엘에 대해서뿐만 아니라, 온 우주 역사에 대한 하나님의 통치는 역사의 시작부터 종말까지 변함이 없는 것이다출 19:4-9.

한편 이상에 설명한바 성경적 신정(Theocracy), 즉 하나님의 역사 통치와 관련하여 다음 몇 가지 사실들을 살펴볼 필요가 있다.

① **하나님의 주권** : 이는 온 우주 만물이 창조주이신 하나님의 주권 하에 있으며, 오직 그분의 기쁘신 뜻과 섭리에 따라 지도되고 운행된다는 사실이다. 따라서 하나님의 통치를 받는 온 인류는 반드시 그분의 주권을 인정하고 복종하여야 하되 하나님의 택한 백성인 신구약의 모든 선민이 더욱 그리하여야 한다시 115:3, 롬9:18.

② **하나님의 공의** : 이는 하나님이 온 우주 만물, 특히 인간을 통치하시는 원리이다. 여기서 하나님의 공의란, 하나님께서 당신의 절대 거룩을 반영한 당신의 통치에

순종하는 자에게는 축복을, 불순종하는 자에게는 징계를 내리심을 가리킨다. 이 원리는 율법, 즉 성경의 말씀들 속에 가장 분명하게 나타나 있으며, 인류 역사 속에 나타난 하나님의 섭리를 통해서도 잘 나타난다.

③ **하나님의 구속 사역** : 택하신 백성들을 위한 하나님의 통치는 그들의 계속된 타락과 범죄에도 불구하고 그들과 주권적으로 맺으신 당신의 언약에 따라, 그리고 근본 사랑이신 당신의 속성에 따라 그들을 구속하셨다. 또 영원한 구원을 위하여 지금도 그러한 구속 계획을 계속해서 실천해 나가신다. 따라서 선민 이스라엘 및 전 시대의 택한 성도들에 대해서 하나님의 통치 원리인 공의가 철저히 적용되지만, 그것보다 하나님의 구속적 사랑이 더 크다. 이 때문에 하나님은 당신 백성의 죄를 대신하여 제2위 하나님이신 성자를 통하여 직접 성육신하사 그 죄에 대한 공의의 심판을 받으셨다. 이에 그의 백성들이 하나님 앞에 담대히 나아가 그리스도 안에서 하나님의 통치를 받게 되는 것이다^{시 24:7-10, 계 19:13-16}.

학습 자료 22-5 아멘(Amen) ^{대상 16: 36}

본문에는 다윗이 여호와께 송축시를 드렸을 때 모든 백성이 '아멘'하고 여호와를 찬양하였다는 기록이 있다. 이처럼 다윗이 찬양하고 모든 이스라엘 백성이 화답하는 광경이 얼마나 아름다운가? 그러면 여기서 '아멘'의 의미와 용례 등에 대해 살펴보자.

✝ 원어적 의미

히브리어 '아멘'(אָמֵן)은 '확실하게 하다'(confirm), '지지하다'(support), '신뢰하다'(trust, believe)라는 뜻의 동사 '아만'에서 유래한 부사어로서 '진실로'(truly), '틀림없이'(verily)라는 뜻이 있다. 즉 이 말은 다른 사람의 말에 동의할 때 또는 그 사람의 인격에 대한 신뢰를 표현할 때 사용한다.

✝ 아멘의 용례

이 말은 대개 기도나 찬양, 또는 법령의 선포 말미에 붙이는 종결어로서 '참으로 그렇습니다', '진실로 그렇게 되기를 바라옵니다' 는 의미로 사용되었다^{대상 16:36, 느 8:6, 시 41:13, 72:19}. 따라서 청중들이 '아멘'이란 말로 지도자의 말에 화답할 때 그것은 다음과 같은 의미를 내포하는 것이다. 지도자가 선포한 어떤 법령이나 기도 및 찬양 등을 지지하거나 확인, 또는 시인함을 의미한다^{신 27:15-26}. 그것에 마음으로 복종하며, 자신의 삶 속에 그대로 적용하겠다는 결의의 의미를 내포한다^{왕상 1:36, 렘 11:5}.

한편 '아멘'의 신약적 용례도 위에서 언급한 구약적 용례와 동일하다^{고전 14:16, 고후 1:20}. 즉 이 말은 송영^{롬 11:36}, 축사^{롬 15:33}, 서신서의 맺는말^{히 13:21, 벧후 3:18, 유 1:25}로 사용되었다.

✝ 아멘의 하나님

사 65 : 16에는 '진리의 하나님'이란 말이 나온다. 여기서 '진리'에 해당하는 히브리어가 '아멘'이다. 그러므로 '아멘의 하나님'은 오직 진실만을 말씀하시고 그 말씀하신 바에 대해서는 반드시 실행하시는 분임을 가리키는 것이다. 그리고 계 3:14에는 하나님을 직접적으로 '아멘'이라고 표현하기도 했다. 한편 예수 그리스도께서도 '아멘'이란 말을 자주 사용하셨다. 즉 개역 성경에서 '진실로 진실로'로 번역된 헬라어는 '아멘 아멘'이다. 이는 예수 그리스도 자신이 곧 진리임과 동시에^{요 14:6}, 그분이 하시는 그 말씀도 진리임을 뜻하는 것이다.

22일차 범위 생각해야 할 성경적 세계관의 이슈들
☑ 읽을 책 : "기독교 세계관 핸드북" 도서 출판 에스라 2023

❖ **시 8편** "트랜스휴머니즘에 대한 반응"(p341)
❖ **시 19편** "일반 계시"(p48)

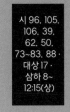

시 96, 105, 106, 39, 62, 50, 73~83, 88 · 대상 17 · 삼하 8~ 12:15(상)

23일 핵심 학습 자료

학습 자료 23-1 지구의 자전 _{시 74:17}

지구에 계절이 생기는 원인은 지구가 자전축(自轉軸)에 대해 23.5도 기울어져 있고 지구가 공전 궤도면을 따라 공전(公轉)하기 때문이다. 즉 다시 말해 지축(地軸)이 기울어져 있어서 지구의 공전 위치에 따라 태양에너지가 불균일하게 지표면에 투사하게 되어 밤낮의 길이가 변하며 기온의 변화가 발생하게 되어 계절이 나눠지게 되는 것이다.

대략 일 년의 절반 즉 추분(秋分)에서 춘분(春分)까지는 남반구에 더 많은 태양에너지가 도달되고, 나머지 절반 춘분부터 추분까지는 북반구에 더 많은 태양에너지가 도달하여 기온 상승이 이루어진다. 그리고 춘분점과 추분점 에서는 남 · 북반구가 똑같은 양의 태양열을 받는다. 이렇게 해서 지구의 4계절이 생겨나는 것이다.

공전 궤도면을 따라 정확하게 끊임없이 공전하기 때문에 계절이 반복된다는 과학적 사실을 알게 된 것은 비교적 근대에 이르러서이다. 그러나 이런 사실을 알기 십여 세기 전에 기록된 성경 본문에서는 이미 계절의 형성이 땅의 경계(境界)와 밀접한 연관이 있음을 기록하고 있다.

그리고 이러한 계절의 변화가 땅이 있는 동안 계속되도록 하나님께서 미리 섭리해 놓으셨다고 밝히고 있다^{창 8:22}. 이처럼 현대 과학은 계속해서 성경의 기록이 과학적 사실과 일치함을 보여줌으로써 성경이 정확 무오한 하나님의 말씀임을 계속해서 증거해 주고 있다.

학습 자료 23-2 심판과 구원의 종말성 _{시 78:9-64}

본시 가운데는 하나님의 진노가 범죄한 이스라엘 민족에게 여러 양상으로 임하였음이 잘 표현되어 있다. 이러한 사실은 하나님은 범죄한 자를 결코 그대로 버려두시지 않고 반드시 징계하시는 절대 공의이심을 보여 준다. 그러나 실상 현실 가운데서 악한 자가 모두 항상 하나님의 징계를 받아 비참한 가운데 처하는 것은 아니다. 혹자는 이러한 사실로 인하여 하나님이 없다거나, 계시더라도 공의롭거나 전능하지 않다고 생각하기도 한다. 그러나 성경은 분명히 하나님이 계심은 물론 전능하시고 공의로우신 손길로 인간의 생사화복(生死禍福)과 인류의 역사를 주관하심을 증거하고 있다. 그렇다면 이러한 현실과 성경의 증거를 어떻게 상호 이해할 수 있는가? 이에 대해 성경은 하나님의 심판과 구원의 종말성으로 답해 주고 있다. 이에 대해 상술해 보면 다음과 같다.

✝ 정의

'심판과 구원의 종말성'이란 말은 한마디로 하면 절대 공의의 심판자이신 하나님은 전 인류에 대해 선·악 간에 반드시 심판하셔서 의인(義人)에게는 영생을, 악인(惡人)에게는 영벌을 주시되 이 일을 현 세상에서는 잠정적으로, 또는 예표적으로만 시행하시고 그 완전한 실현은 세상 끝 날에 행하신다는 것을 나타내는 말이다.

✝ 심판과 구원이 종말적인 이유

태초에 하나님께서는 자유 의지를 가진 전 피조물의 대표인 최초의 인간 아담과 더불어 선악과 언약을 맺으셨다^{창 2:16, 17}. 이는 선악과를 따먹지 말라는 하나님의 말씀에 대한 순종과 불순종에 따라 인간에게 영생(永生)과 죽음을 주시겠다는 행위 언약(行爲言約)이었다. 불행히도 아담은 이를 어겼고, 그 결과 아담을 대표로 한 전 피조물은 즉각적인 하나님의 공의의 심판을 받아야 했다.

그러나 절대 공의이시자 또한 절대 사랑이신 하나님은 언약의 법(法)에 따라 인간에게 죄의 책임은 지게 하시되 그 죄를 범한 인간 자체만은 회개를 전제로 하여 다시금 영생을 얻을 새 기회를 주시기 위해 구속의 법을 세우시고 성자 예수 그리스도가 이 법을 성취하게 하셨다. 그리고 만대의 택한 영혼들이 예수 구속 복음에 근거하여 회개하고 구원 얻을 충분한 시간 확보를 위하여 역사를 태초부터 종말까지 연장하셨다.

그리고 형평의 원칙에 따라 예수 구속 복음을 믿는 성도의 구원과 이를 끝내 거부하는 악인에 대한 최종 심판은 모두 세상 끝 날로 유보(留保)하셨다. 그리고 현 세상에서는 다만 일반 은총적 수준에서 그 기본 질서만 유지되는 차원에서 심판과 구원을 잠정적으로, 또는 예표적으로만 시행하고 계시는 것일 뿐이다.

한편 심판과 구원이 종말에 가서 온전히 실현된다고 하여 이미 예수 구속의 복음을 믿는 성도의 구원 자체가 아직 확실한 것이 아님을 말하는 것은 절대 아니다. 성도는 예수 복음을 믿는 순간 영적 생명을 가진 새로운 피조물로 거듭났으며^{고후 5:17,} ^{엡 2:5} 이는 다시 취소되거나 절대 실패하지 않는 것이다^{요 5:24}. 그런데도 성도의 구원의 궁극적인 완전한 실현, 곧 영육(靈肉)이 함께 영생을 얻게 되는 것은 세상 끝날 천국의 도래와 함께 있을 것이다.

✝ 의의

하나님의 심판과 구원이 세상 끝 날로 유보됨으로 인하여 현 세상에는 양극단의 모순이 노출되게 되었다. 그중 한 극단은 하나님의 심판을 부인할 뿐만 아니라 심지어 절대 공의의 심판자이신 하나님의 존재 자체까지도 부인하며 또 교만하여 온갖 악행을 자행하고서도 전혀 양심의 가책조차도 갖지 않는 악인들이 횡행하게 되었다는 것이다.

또 다른 하나의 극단은 악행을 자행하고도 형통을 누리며 현 세상을 활보하며 사는 악인들의 현실적인 모습과, 더욱이 그들의 압제로 인한 고통으로 믿음이 연약한 성도들이 심히 좌절하고 절망에 빠져 그 믿음을 실족하게 되는 경우이다. 그러나 위에서 언급한 바와 같이 그것이 비록 세상 끝 날에 완전히 실현되는 것이라 할지라도 하나님의 구원과 심판이 세상 끝 날에 있을 것임은 분명한 사실이다.

이런 엄연한 사실에 대해 우리 성도 개개인이 먼저 철저히 자각하지 않으면 안 된다. 그리하여 스스로 교만하거나 또는 좌절하여 절망에 빠져서는 안 될 것이다. 그리고 나아가 교만하여 방자히 행하는 악인들에 대해서는 하나님의 최후 심판을 경고하며, 악인의 압제로 고통받으며 좌절한 연약한 성도들을 향해서는 하나님의 종말론적 구원의 확실성을 일깨워 줌으로써 위로를 베풀어야 할 것이다.

학습 자료 23-3 성경의 언약과 고대 근동 국가 조약의 비교 대상 17:1-15

본 장은 삼하 7장과 함께 그 유명한 '다윗 언약'을 기록한 장이다. 이에 성경에 나타난 여러 언약에 대한 이해를 위하여 성경의 언약과 고대 근동 국가의 조약을 비교해 보고자 한다.

✝ 언약과 조약의 정의

언약(covenant)과 조약(treaty)은 쌍방 간의 어떤 의무 수행을 위해 맹세를 통하여 상대에 대해 구속력(拘束力)을 갖게 하는 약속을 가리킨다. 그러나 언약은 좀 더 포괄적인 개념으로써 사용되고, 조약은 국가 간, 또는 어떤 두 집단 간에 이뤄지는 공식 계약을 가리키는 정치학적 술어로서 국한하여 사용된다.

✝ 유사점

성경 기자들은 하나님과 그의 백성 사이의 관계를 근동 국가의 조약의 형식과 매우 유사하게 묘사하고 있다.

① **언어** : 조약의 목적은 종주국(宗主國)이 속국에게 전적인 순종을 확고히 하기 위한 것이다. 이런 이유로 조약에는 순종을 촉구하는 내용, 또는 순종자에게 마땅히 요청되는 자세, 순종을 요구하는 자의 엄위함 등을 묘사한 수사학적 용어들이 많이 쓰이게 되었다. 예를 들면, '뒤를 따르고', '두려워하고', '사랑하며', '그의 음성을 들으라' 등이 있다. 성경의 신명기가 이 같은 특징을 잘 반영하고 있다.

② **형식** : 성경의 언약과 근동 국가의 조약 사이에 가장 현저한 유사점이 바로 형식이다. 이에 관한 상세한 설명은 ㄴ 9장 학습 자료 63-9 '언약의 형식과 종류'를 꼭 참조하라.

③ **사상** : 성경의 언약과 근동 국가의 조약은 다 같이 쌍방 간의 지난 과거의 역사를 강조하면서 언약 반포자의 은혜와 자비를 드러낸다. 그리고 그러한 은총에 근거하

여서 상대방에게 자발적으로 순종토록 유도하는 것이다. 예를 들어 성경의 언약 가운데 근동 국가의 조약형식과 가장 일치하는 십계명의 서문을 보면 "나는 너를 애굽 땅 종 되었던 집에서 인도하여 낸 너의 하나님 여호와로라"^출 20:2로 나타난다. 또 사상의 유사점으로서 순종에 따르는 축복과 불순종에 따르는 저주가 강조된다는 점이다. 그리고 이때 축복보다 저주가 더 강조되는데, 이는 악한 인간의 심성에 의해 순종보다 불순종할 가능성이 더 크기 때문일 것이다^{신 28장}.

✝ 차이점

성경의 언약과 근동 국가의 조약 사이에 나타나는 근본적인 차이점은 그 대상이 다르다는 사실이며, 이외에도 다음과 같은 차이가 있다.

① **동기** : 조약은 한 국가가 다른 국가를 정복하고 그 속국을 구속하기 위해서 맺는 것이다. 반면 성경의 언약은 하나님께서 주권적으로 택하신 백성에게 먼저 찾아오셔서 그들이 죄 가운데 영원히 멸망치 않고 구원을 얻게 하려고 하나님이 직접 세우신 것이다.

② **효력** : 조약은 속국을 정복한 종(宗主)이 죽으면 곧 파기되지만, 성경의 언약은 하나님이 영원히 살아계시므로 그 효력이 영원히 지속된다. 심지어 언약을 어긴 백성들에게는 공의의 심판이 가해진다. 하지만 그런데도 하나님은 이후에도 그 언약 관계를 계속 유지해 나가신다. 그뿐만 아니라 하나님은 계속해서 당신의 언약을 새롭게 갱신해 나가시되 그러한 언약 갱신을 통하여 백성들의 구원을 위한 구속 개시를 더욱 명료하게 하시면서 또 하나님과 당신의 백성 간의 관계를 발전시켜 나가신다. 그리하여 결국 예수 그리스도에 의한 새 언약을 주셔서 구약에서 예언하신바 모든 언약을 성취하시고, 또 장차 천국에서의 영원한 삶을 확실히 보장해 주셨다. 이처럼 성경의 모든 언약은 고대 근동 국가의 조약과는 달리 연속적이며, 궁극적으로 천국의 삶으로까지 이어가는 영원한 효력을 가진다.

✝ 의의

이상에서 우리는 성경의 많은 언약을 이해하는 데 근동 국가의 조약이 많은 도움을 주었다는 사실과 그것의 차이점에 대해 살펴보았다. 그러나 여기서 우리가 주의할 것은 '언약'(covenant)은 하나님과 그의 백성 간의 관계를 보다 적절하게 묘사하기 위해 근동의 조약(treaty) 개념을 빌려 온 것이며, 그것이 하나님의 구속 사역 전체를 완전하게 다 표현하고 있는 것은 아니라는 것이다. 한편 하나님과 그 백성의 관계는 단순한 언약 관계라는 차원을 훨씬 넘어 본래 창조주와 피조물의 관계이다. 더욱이 피조물인 인간이 죄를 범함으로 말미암아 하나님과 언약을 맺을 자격이 전혀 없었음에도 하나님은 이러한 죄인들과 언약을 맺으사 그것을 통하여 자기 백성에 대한 절대적인 자비와 사랑을 나타내셨다.

❖ **시 96편** "열방에 대한 성경적 견해"(p619)

24일 핵심 학습 자료

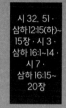

시 32. 51 ·
삼하12:15(하)~
15장 · 시 3 ·
삼하 16:1~14 ·
시 7 ·
삼하 16:15~
20장

학습 자료 24-1 회개의 중요성.

다윗은 이스라엘 역사상 가장 위대한 정복 사업과 국가 통일을 이룩하였던 사람이다. 이는 그가 하나님께 신실하여 축복받았기 때문이다. 그러나 이런 다윗도 아담의 원죄를 물려받은 죄성을 가진 불완전한 인간의 한 사람이었기에 평생 완전한 삶을 살지는 못하였다. 그 역시도 본서에 기록된 인구 조사 범죄 외에도 그 유명한 밧세바 간음 사건 등은 물론 사소한 여러 잘못을 저질렀다.

　그러나 중요한 사실은 다윗은 어떠한 방법으로든 자신의 죄를 깨달을 때마다 철저히 회개하였고 또 하나님은 이런 다윗을 완전히 용서하여 주셨다는 것이다. 이는 결국 불완전한 우리 인간에게 있어서 중요한 것은 절대 완전한 생활이 아니라 늘 하나님께 순종하려고 하는 순결한 소망과 약하여 죄지었을 경우에도 이를 은폐하거나 부인하지 않고 즉각 전폭적으로 회개하는 것임을 보여 준다. 하나님은 인간이 완전할 때가 아니라 비록 불완전하나마 참 마음으로 당신을 믿고 순종하려고 애쓸 때 축복해 주시는 것이다.

　눅 3:8-14 그러므로 회개에 합당한 열매를 맺고 속으로 아브라함이 우리 조상이라 말하지 말라 내가 너희에게 이르노니 하나님이 능히 이 돌들로도 아브라함의 자손이 되게 하시리라 이미 도끼가 나무뿌리에 놓였으니 좋은 열매 맺지 아니하는 나무마다 찍혀 불에 던져지리라 무리가 물어 이르되 그러면 우리가 무엇을 하리이까 대답하여 이르되 옷 두 벌 있는 자는 옷 없는 자에게 나눠 줄 것이요 먹을 것이 있는 자도 그렇게 할 것이니라 하고 세리들도 세례를 받고자 하여 와서 이르되 선생이여 우리는 무엇을 하리이까 하매 이르되 부과된 것 외에는 거두지 말라 하고 군인들도 물어 이르되 우리는 무엇을 하리이까 하매 이르되 사람에게서 강탈하지 말며 거짓으로 고발하지 말고 받는 급료를 족한 줄로 알라 하니라

진정한 회개는 다윗이 시 51:10에서 "하나님이여 내 속에 정한 마음을 창조하시고 내 안에 정직한 영을 새롭게 하소서"라고 고백한 것처럼 위의 가치관, 세계관이 새롭게 변화되는 것을 말한다. 구원론적으로 말하면 칭의적 구원으로부터 시작해서 정(靜)한 마음, 새로워진 마음이 이루어지는 성화적 구원의 단계를 망라하는 것이다.

학습 자료 24-2 회개 후에도 징계를 받는 이유 ^{삼하12:7-23}

본문에서 우리는 다윗이 자신의 죄를 회개하고 또 하나님께서도 그의 회개를 받아들여 용서하셨음을 볼 수 있다. 그런데 하나님께서는 나단을 통해 다윗에 대한 징계를 선포하셨다. 여기서 우리는 왜 하나님께서 죄 용서 이후에도 다윗에게 그토록 고통스러운 징계, 즉 간음을 통해 태어난 아이의 죽음, 다윗 집안에 끊이지 않을 칼등의 징계를 내리셨는가 하는 의문을 품게 된다. 또한 다윗 이외에도 죄를 회개하였음에도 하나님의 징계를 받는 경우가 성경 상에 종종 나타난다. 그러면 이제 이러한 이유가 무엇인지를 살펴보도록 하자.

✝ 죄에 대한 징계

회개한 자에 대해 하나님이 징계하시는 이유는 하나님이 공의로우신 분이기 때문이다. 즉 하나님은 죄인은 사랑하시지만, 그 죄에 대해서는 결코 용서하실 수 없는 공의의 하나님이신 것이다. 이런 이유로 하나님은 많은 사람의 대속물(代贖物)로 독생자 그리스도를 십자가에 내어 주시지 않으셨는가?^{막 10:45, 롬 8:32}

✝ 징계를 통한 연단

하나님께서 회개한 자에 대해 징계하시는 것은 불교에서 말하는 인과응보(因果應報)의 원리, 즉 사람이 죄를 지은 만큼 벌을 받는다는 형식의 징계가 아니다. 만일 인간이 지은 죄대로 하나님의 징계를 받는다면 아마 지상에서 생존할 수 있는 자는 아무도 없을 것이다. 왜냐하면 이 세상에 의인은 하나도 없으며 모두가 죄인이기 때문이다^{롬 3:10}. 더욱이 죄의 삯은 사망^{롬 6:23}이다. 그러므로 하나님께서 회개한 자에 대해 징계하시는 것은 죄의 결과가 얼마나 혹독한 것인가를 체험케 하여 다시는 하나님께서 미워하시는 바 죄에 접근하지 못하도록 연단하시기 위해서이다. 그리고 성도의 범죄는 결국 연약함에서 비롯된 경우가 대부분이므로 이러한 하나님의 징계를 통하여 정금같이 단련되는 것이다^{히 12:5-11}.

✝ 의의

회개한 자에 대해 내리는 하나님의 징계는 본질상 불신자들에게 내리시는 징계, 곧 진노와는 다르다. 다시 말해 불신자에게 내리시는 하나님의 진노는 이미 멸하시기로 작정하신 자들에 대한 진노이기에 그 결과는 멸망뿐이다. 그러나 회개한 자, 즉 성도의 죄에 대한 하나님의 징계는 궁극적으로 당신의 백성들을 연단하사 성화(聖化)에 이르게 하기 위한 훈련의 과정이며 또한 근본적인 하나님의 사랑에서 비롯된 것이다. 이런 점에서 볼 때 다윗의 범죄에 대한 하나님의 징계는 그를 신정 왕국의 통치자로서 하나님의 마음에 합한 자가 되도록 하시기 위한 하나님의 연단 방법임을 알 수 있다.

24일차 범위 **생각해야 할 성경적 세계관의 이슈들**

☑ 읽을 책 : "기독교 세계관 핸드북" 도서 출판 에스라 2023

❖ **시 51편** "성서 시대의 다신교"(p230)

삼하 21~23 ·
대상 18~20 ·
시 60 ·
삼하 24 ·
대상 21 ·
시 4, 5, 6,
9, 10, 11,
12, 13

25일 핵심 학습 자료

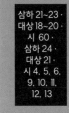

학습 자료 25-1 다윗은 이 인구조사를 통해 하나님께 죄를 범한다. 대상 21장

역대상 21장에는 다윗의 생애에 있어서 범한 큰 죄에 대하여 다루고 있다. 여기에 하나님의 목적을 성취하기 위해서 사탄이 일할 수 있도록 허용됐던 또 다른 실례가 있다녹 22:31-34. 백성의 인구 조사 배후에는 다윗의 교만이 있었을 것이다. 그는 많은 위대한 승리를 경험했으며대상 18~20장 성공에 대한 영광을 받고 싶었던 것 같다. 그래서 그는 하나님을 일일이 의지하기보다는 그의 군대를 의지하고 싶어서 그 수를 계수하는 것이다. 인구조사 자체에는 물론 아무 잘못이 없다. 왜냐하면 그들의 민족 역사에 있어서 가끔 있었던 일이기 때문이다. 그러나 우리는 인간을 높이고 인위(人爲)를 시도하려는 인구 조사가 결코 하나님께 영광을 돌리지 못할 것임을 명심해야 한다. 출애굽기 30:11-16에는 이 인구 조사와 함께 고려해 보아야 할 또 다른 요소가 있다. 인구 조사는 각 사람이 지급해야 하는"속전"(구속의 돈)과 연관이 있으며 이 은 한 세겔은 그들이 여호와께서 값 주고 사신 소유인 것을 생각나게 하는 것이었다. 출애굽기 30:12은 만일 백성이 그들의 속전을 소홀히 하면 나라에 재앙을 내릴 것이며 수적으로 감소하게 될 것이라고 경고한다. 그런데 바로 이런 일이 발생하였다. 하나님은 다윗에게 거의 10개월을 주셔서 마음을 바꾸어 징계를 피하도록 하셨다삼하 24:8. 또한 하나님은 그를 단념시키려고 요압의 지혜로운 권고를 사용하기조차 하셨으나 다윗은 인구 조사를 강행한다. 하나님의 자녀들이 때때로 마음에 고집하여 자기의 길을 주장하는 것은 참으로 안 된 일이다. 다윗의 죄는 경솔해서 범한 것이 아니었다. 그는 냉철하게 이 일을 수행하였으며 정확하게 계산하였다. 그는 하나님께 대항하여 반항하고 있었다.

이 죄와 밧세바와의 죄 사이에는 흥미로운 대조적으로 있다.

① 하나는 영적인 죄(교만)였고 다른 하나는 육신적인 죄였다.
② 여기서는 고의적인 고집으로 하였고 밧세바와의 죄는 육신의 넘치는 욕망의 결과로 온 것이다
③ 이 죄는 민족이 연관되었으며 70,000명이 죽었고, 다른 하나는 가족의 문제였으며 몇 명이 개입되었을 뿐이다.
④ 이 두 가지 죄에서 하나님은 다윗에게 회개할 시간을 주셨으나 그는 너무 오랫동안 기다렸다. 우리는 그 교만과 하나님의 말씀에 대한 반역이 무서운 죄라고 생각

하지 않을지도 모른다. 그러나 다윗의 생애에 있어서는 그가 간음을 범하였을 때보다도 더 큰 슬픔과 비극을 초래하였다,

학습 자료 25-2 다윗의 인구 조사와 하나님의 징계 삼하 24:1-17

본문에는 악한 마음으로 인구 조사를 한 다윗으로 인하여 온 이스라엘 백성이 하나님의 징계를 받은 사실이 기록되어 있다. 그런데 어떻게 다윗이 이처럼 악한 마음으로 인구 조사를 하게 되었는가? 그리고 다윗이 범한 죄에 대해 온 이스라엘이 함께 징계받은 이유는 무엇인가? 그러면 이제 이에 대해 살펴보도록 하자.

✝ 다윗이 인구조사를 하게 된 이유

본문 1절을 보면 마치 하나님이 고의적으로 다윗으로 하여금 인구 조사를 하게 하신 것으로 보인다. 그러나 대상 21:1을 보면 다윗을 직접적으로 충동질하여 인구 조사를 실시케 한 것은 사탄임을 알 수 있다. 따라서 본문 1절과 대상 21:1을 종합해 보면 다윗의 범죄는 우주 만물을 통치하시는 하나님의 주권적 섭리 하에 하나님이 다윗에 대한 사탄의 시험을 허용하신 것이라고 볼 수 있다. 만일 하나님이 허용하시지 않았다면 피조물에 불과한 사탄이 하나님의 주권을 거역하고 다윗을 시험할 수는 없는 것이다. 또한 이것은 하나님은 어떠한 사람도 악에 빠지도록 직접적으로 시험하시지 않는다약 1:13는 말씀과도 일치한다. 이에 관한 자세한 설명은 삼상 18장 학습 자료 20-2 '하나님의 부리신 악신'을 참조하라.

그러면 왜 하나님은 사탄에게 다윗을 시험하도록 묵인하셨는가? 그 이유는 다윗이 이스라엘의 번영이 마치 자신의 공로인 양 교만하였을 뿐만 아니라 하나님을 신뢰하기보다 자신의 힘과 국가의 위세만 의지하였기 때문이다. 이런 이유로 야고보서 기자는 '오직 각 사람이 시험을 받는 것은 자기 욕심에 끌려 미혹됨이니'약 1:14라고 말했던 것이다.

✝ 온 이스라엘이 함께 징계 받은 이유

이에 관해 본문 1절을 보면, 하나님께서 다윗을 감동케 하사 인구 조사를 실시케 하신 근본적인 목적은 '이스라엘을 향하여 진노하사 저희를 치시려는' 것이었다. 이것은 두 가지로 설명할 수 있다. 첫째는 이스라엘의 번영으로 인한 교만은 다윗혼자에게만이 아니라 이스라엘 백성 전체에게 있었기 때문에 하나님이 그들을 징계하셨다는 것이다. 둘째는 다윗은 이스라엘의 왕이며 대표자이기 때문에 하나님이 다윗의 범죄로 인해 이스라엘 백성 전체를 징계하셨다는 것이다. 여기서 우리는 두 번째의 이유가 더 타당하다고 볼 수 있다. 왜냐하면 본문 17절에서 다윗이 자기 한 사람의 범죄로 말미암아 온 백성이 징계당하는 것을 보고, 한 나라의 통치자로서 짓는 죄가 얼마나 심각한가를 절실히 깨닫고 하나님께 백성들을 향한 징계의 손길을 거두어 달라고 크게 뉘우치며 간구하고 있기 때문이다.

✝ 교훈

다윗의 인구 조사 범죄를 통해서 우리는 우리 자신의 믿음이 떨어지지 않도록 기도해야 함을 깨닫게 된다. 또한 사탄이 우리를 시험하지 못하게 하도록 날마다 기도하며 경건의 도를 쌓는 일이 얼마나 중요한가도 재삼 깨닫게 된다_{눅 22:31, 32}. 더욱이 다윗과 같은 지도자의 위치에 있는 사람들에게 있어서는 자신의 행위가 다른 사람들에게 미치는 영향의 심각성을 생각하여 더욱 믿음에 견고히 서기 위해 노력해야 할 것이다. 이런 지도자가 갖는 책임은 약 3:1에도 나타나 있다.

학습 자료 25-3 다윗 왕국

이스라엘이 역사상 정치적으로, 문화적으로 가장 번영했던 시기는 솔로몬 시대이다. 그러나 솔로몬 시대 번영의 기반은 이미 다윗 시대에 완전히 이루어져 있었다. 즉 다윗이 수많은 정복 전쟁으로 이스라엘 역사상 가장 넓은 영토를 확보해 두었을 뿐만 아니라 이스라엘 주변에 있는 나라들을 대부분 정복함으로써 명실상부하게 고대 근동 지역의 최강대국으로 만들어 놓았다. 이에 다윗 왕국의 영토에 대해 살펴보고 다윗 왕국의 역사적, 구속사적 의의에 대해 살펴보고자 한다.

✝ 역사적 의의

다윗이 확보한 이스라엘 영토의 경계는 남으로는 애굽 시내와 에시온 게벨에까지 이르고, 북으로는 유브라데 강에까지 이른다. 그리고 다윗이 정복한 속국들에는 암몬, 아람, 에돔, 모압 등이 있고, 또 하맛과 두로와도 조약을 맺음으로써 다윗 왕국은 실로 근동 지역에서 최강국이 되었다. 다윗 왕국이 이렇게 근동 지역의 최강대국으로 부상할 수 있었던 것은 당시의 국제 정세가 그러했던 탓도 있다. 즉 B.C. 10세기경에 비옥한 초승달 지역 안에는 다윗 왕국과 맞서 대적할 만한 강대국이 없었다. 애굽은 제21왕조(B.C. 1085-945년)가 통치하던 때로서 대외적으로 거의 아무런 영향을 미치지 못할 만큼 약해져 있었다.

그리고 앗수르도 유브라데 북부 지역에서 아람과 대치하고 있을 정도로 큰 세력을 발휘하지 못하였고 소아시아 지역에도 강대국이 없기는 마찬가지였다. 어쨌든 하나님은 이 같은 세계 모든 역사를 주관하시고 섭리하사 다윗을 통하여 이스라엘 백성들에게 이스라엘 역사상 유래가 없었던 가장 넓은 지역의 영토를 주셨다. 즉 여호와께서 아브라함에게 주기로 하신 약속의 땅_{창 15:7-16}이 다윗을 통하여 비로소 주어지게 된 것이다. 그리고 다윗과 솔로몬 시대 이후 이스라엘이 이 영토를 온전히 유지하고 있었던 적은 한 번도 없었다.

✝ 구속사적 의의

구약 시대 인물들 가운데 가장 분명하게 그리스도를 예표하는 인물인 다윗을 통하여, 그리고 다윗과 그의 아들 솔로몬 시대에 살았던 백성들에게만 하나님께서 아브라함이 약속의 땅을 소유하게 하신 것은 구속사적으로 볼 때 실로 의미심장하다. 즉 다윗 왕국은 하나님의 선민인 신·구약의 모든 백성이 장차 그리스도를 통하여서만 얻게 될 천국의 예표가 되는 것이다. 그리고 아브라함의 언약이 다윗에 의해 분명히 성취된 것처럼 그리스도에 의해 약속된바 천국요 14:2의 약속도 확실히 성취되리라는 사실을 다윗 왕국을 통하여 분명히 확신할 수 있다.

학습 자료 25-4 역대기 저자의 9대 기록 관점 대하 21:1-30

역대기 저자는 왕정 시대의 이스라엘 역사를 기술하면서 객관적인 접근보다는 주관적으로 역사를 재해석하는 차원에서 본서를 기술하였다. 즉 역대기 저자는 바벨론 포로 귀환 후 그동안 잃었던 이스라엘의 신정(神政) 국가로서의 면모를 새롭게 회복하고자 시도하는 자기 시대의 백성들을 과거 왕정 시대 이스라엘 역사를 통해 선민의식을 고취하고자 했기 때문에 주관적인 차원에서 역사의 재해석이 불가피했다. 이런 이유로 인하여 학자들은 역대기에서 사무엘서·열왕기와는 구별되는 역대기 나름의 독특한 주제들을 다음과 같이 설명하고 있다.

✝ 역대기의 9대 주제

① **응보(應報) 사상** : 이는 개별적이든, 아니면 공동체적이든 하나님은 그 행위의 결과에 따라 축복 또는 저주를 내리신다는 것이다. 물론 이러한 사상은 성경 다른 곳에서도 자주 나타나지만, 역대기 저자는 당시의 독자들에게 신앙의 순수성 회복과 실천을 강조하기 위해 이러한 사상을 두드러지게 강조하고 있다대상 10:13-14; 21:7-8.

② **다윗의 통치 이념** : 신정(神政) 대리인으로서의 다윗의 하나님 중심 사상, 성전과 제의에 관한 그의 열정, 하나님께 대한 그의 철저한 순종, 하나님의 전쟁, 곧 성전(Holy War)의 수행자 등의 특징이 강하게 나타나 있다.

③ **예루살렘 중심 사상** : 하나님이 당신의 구속 계획을 계시하기 위해 특별히 열방 가운데서 이스라엘 백성들을 택하시고, 또 유다 왕국과 예루살렘을 택하사 그곳에 다윗의 보좌와 성전을 세우셔서 당신의 백성에 대해 통치하셨다는 것이다. 따라서 예루살렘, 또는 다윗성은 하나님의 통치 자리로 부각되었다.

④ **범 이스라엘(Pan-Israel) 개념** : 역대기 저자는 다윗 왕가와 유다 왕조를 중심으로 이스라엘 12지파 전체가 결속되어 있음을 강조하고 있다. 심지어 분열 왕국 시대의 역사를 기술함에 있어서도 예루살렘을 사모하는 북왕국의 '온 이스라엘의 제사장과 레위 사람'대하 11:13이 남하(南下)하였음을 기록한다. 그리고 남 왕국 마지막 개혁자인 요시야의 개혁이 북 왕국에까지 두루 미쳤다는 사실도 언급한다대하 34:5-6. 그리고 대상 1-9장의 족보에서도 다윗 왕가를 중심으로 이스라엘 12지파 전체의 족보를 언급한다.

⑤ **반(反)사마리아 논쟁** : 이는 역대기 저자가 예루살렘 귀환 당시 이스라엘이 신정

국가로서의 면모를 다시 회복하려 할 때 가장 큰 장애가 되었던 사마리아 사람들에 대한 논박을 위해 본서와 에스라서, 느헤미야서를 기록했다는 견해이다. 역대기 저자가 북 왕국의 역사를 거의 언급지 않는 이유도 여기에 있다고 본다. 이는 유다 민족주의와도 연관된다.

⑥ **역사 가운데 하나님의 섭리** : 이스라엘 역사뿐만 아니라 주변 근동 국가들의 국제 정세 변화 및 세계 역사의 변화가 모두 하나님의 주권적인 섭리하에 있다. 이스라엘의 멸망과 바벨론 포로 귀환도 이러한 하나님의 섭리 결과였음을 강조한다.

⑦ **다윗 언약 중심 사상** : 이는 다윗 언약에 대한 하나님의 신실성에 의해 과거 이스라엘이 존재하게 되었으며, 앞으로도 다윗 후손으로 오실 메시아에 의해 하나님의 백성들이 보존되고 구원되리라는 것이다.(^{삼하 7장} 학습 자료 21-6 '다윗 언약' 참조) 이는 메시아 왕권 사상과 직접적으로 연관된다.

⑧ **신정적(神政的) 사상** : 선민 이스라엘 백성에 대한 하나님의 통치, 그리고 하나님의 통치에 대한 이스라엘 백성의 순종이 강조되고 있다는 것이다. 이는 지금까지 바벨론 포로 생활을 했던 당시의 포로 귀환자들에게 가장 절실히 요구되는 것이었다. 왜냐하면 당시에는 다윗과 같은 강력한 정치 지도자가 없었고, 또 여전히 열강들의 세력권 아래에 있었기 때문이다(^{대상 16장} 학습 자료 22-4 '성경의 신정 원리 이해' 참조).

⑨ **거룩한 전쟁(Holy War) 사상** : 이는 본서 저자가 다윗이 성전(Holy War)을 수행함으로써 열방 가운데 하나님의 영광을 크게 드러내었듯이, 장차 다윗이 예표하는 대상, 곧 메시아의 성전 수행으로 하나님의 영광이 높이 드러나고 선민 이스라엘의 존귀함이 회복될 것이라는 소망을 불어넣어 준다는 것이다.

✠ 의의

이상에서 살펴본 바와 같이 역대기에는 매우 다양한 주제들이 나타난다. 그리고 이 주제들은 따로따로 독립된 것이 아니라 서로 밀접한 관련이 있다. 한편 우리가 본서를 대할 때 역대기 저자에게 이러한 의도들이 있었다는 사실들을 고려한다면 본서를 보다 깊이 이해할 수 있을 것이다. 그리고 사무엘서, 열왕기와의 병행 본문에서도 그 차이가 나는 부분은 모순된 것이라기보다는 본서의 강조점과 역대기 저자의 의도를 더욱 분명하게 하고자 한 데 있으므로 이해할 수 있게 될 것이다.

학습 자료 25-5 시편 개요

✠ 시편은 '기도하는 책'이다. 오경과 선지서가 하나님께서 위에서 아래로 주신 계시라면, 시편은 인간이 하나님께 올려 드린 기도인데 그것이 영감 되어 계시가 된 것이다. 시편에서 하나님과 교제하는 법과 바른 기도와 풍성한 기도를 배울 수 있다. 칼빈은 '시편은 인간 영혼의 모든 부분을 해부한 책'이라고 표현했다. 하나님을 향해

자신의 고통을 토로한다든지, 절박한 간구를 한다든지, 신뢰의 고백을 드린다든지, 억울한 것을 호소한다든지. 찬양한다든지 인간 내부의 모든 것을 표출하고 있다. 시편 안에는 구약 신학의 모든 신학이 녹아 있고 구약 메시지의 전체가 들어 있다.

✝ 시편은 많은 강이 바다로 흘러와 합쳐지듯 많은 저저들의 시들이 모아져서 이루어 진 바다와 같다. 그 저자는 다윗이 절반 이상을 섰고, 모세, 솔로몬, 에스라, 아삽 등이다. 시편이 쓰인 시간을 모세부터 포로기까지 약 천 년 동안이지만 주로 다윗과 솔로몬 시대에 많이 쓰였다. 그러나 시편은 시간과 공간을 뛰어넘는 책이다. 그 진리성은 시(詩) 공(空)을 뛰어넘고, 그것은 유대 전통에 의해 쓰였지만, 모든 사상과 문화와 인종적 한계를 뛰어넘는 시들이요, 기도문이다.

✝ 유대인들은 모세 5경에 준하여 이전부터 전해져 오던 여러 단편의 시들을 한데 묶어 5권으로 분류했다. 각 권의 마지막 부분은 모두 "주(여호와)를 찬송할지어다. 아멘"하는 송영으로 끝난다. 특별히 마지막 장인 150편은 그 자체가 마지막 5권의 송영인 동시에 시편 전체의 송영이기도 하다.

제 1 권 : 1~41 편은 가장 오래된 부분이며 1편과 33편을 제외하고는 모두 다윗이 지은 것이다.

제 2 권 : 42~72편은 교회적인 소망을 갖고 있으며, 하나님의 언약 이름인 '야훼'(여호와)가 보다 일반적인 이름인 '하나님'보다 훨씬 덜 자주 쓰이고 있으므로, 이 책은 그 이름이 입으로 말하기에는 너무나 신성한 것으로 여겨지기 시작하던 때에 편집된 것으로 본다.

제 3 권 : 73~89편에는 아삽의 시편[73~83편]과 고라의 아들들이 쓴 네 개의 시편[84, 85, 87, 88편]이 포함되어 있다.

제 4 권 : 90~106편은 모세의 시편으로 시작된다. 101편과 103편은 다윗의 이름으로 되어 있으며, 95-100편은 아마도 장막절에 사용되었던 것으로 추정한다.

제 5 권 : 107~150편은 대부분 저자 미상이지만 유명한 두 개의 부분이 포함되어 있다. 위대한 찬양시인 할렐[113~118편]은 유월절과 장막절에 사용되었고, 아마도 그것은 최후의 만찬 후에 그리스도와 그의 제자들이 불렀던 '찬미'였을 것이다.[마 26:30]. '성전에 올라가는 노래들'[120~134편]은 순례자들이 절기 때 예루살렘으로 가는 길에 사용했던 찬송이었을 것이다.

시편을 5부로 분류하는 것은 모세 오경에 맞추려는 의도도 있다.

✝ 시편은 전 5권 150편의 시로 이루어져 있는데, 이 시들은 B.C. 15세기 출애굽 시대인 모세로부터 B.C. 5세기경 포로 귀환 시대의 고라 자손에 이르기까지 약 1천 년의 세월에 걸쳐 시대와 지역을 달리하는 수십 명의 저자들에 의해 창작되었다. 그런데 시편에 수록된 시들은 그 창작 순서에 따라 순차적으로 수록된 것이 아

니다. 또 시편의 시들은 1천 년여의 세월을 두고 다양한 지역에서 다양한 저자에 의해 창작되었으므로 처음부터 현재와 같은 전 5권 150편 체제로 구성되었던 것도 아니다. 시편의 시들은 본래 무수히 많았던 종교적 노래들 가운데 하나였다. 그런데 그러한 종교적 노래들이 공식 제사나 개인의 찬양 생활에 사용되기 위하여 시대마다 일단 권별로 수집과 편집, 수차에 걸친 재편집의 과정을 거쳤다. 그리고 마침내 B.C. 5세기 말이나 4세기 초에 이르러서는 현재와 같은 전 5권 150편의 체제로 정착되었다. 말하자면 시편은 창작, 권별 수집과 편집 및 수차의 재편집, 그리고 전 5권 150편 체제로의 최종 편집이라는 3단계의 과정을 거쳐 완성된 책이다.

✝ 시편 150편 전체를 주제별로 나누면 여러 장르로 구분될 수 있다. 가장 대표적 경우는 감사 예배시, 찬양시, 비탄시, 민족 애가, 신정시, 시온시, 참회시, 저주시, 메시야 예언시, 지혜시 등 10개 장르로 구분하는 것이다. 물론 이러한 구분은 관점에 따라 다르게도 구분된다. 혹자는 여기에 회상시, 신뢰시 등을 추가하기도 한다.

시편을 주제별로 분류하면서 흥미로운 점은 처음에는 비탄시가 지배적으로 나타나다가 감사시나 찬양시 쪽으로 옮겨가는 현상이 뚜렷이 나타난다는 사실이다· 시편의 히브리어 명칭은 '쎄페르 테힐림' 즉 '찬양의 책'이다. 따라서 시편에서 비탄시가 압도적인 우위를 차지한다는 점이 자연스럽지 않은 듯이 보인다. 이 점을 인식한 듯 전체적 배열 면에서 마지막 부분에 찬양시가 지배적으로 나타난다는 점은 주목할 만하다. 특히 여기서 감사 예배시로 분류된 마지막 다섯 편인 제146-150편의 할렐루야 시편들(Hallelujah Psalms), 곧 '대 찬양 송영(The Great Doxology)'은 의도적으로 시편 전체의 마지막 부분에 배열되어 시편 전체를 밝은 분위기로 마감하는 역할을 하고 있다.

시편 150편의 시들은 앞에서 언급한 대로 수십 명의 영감 받은 저자들에 의해 창작되었다. 그러한 시들 가운데 저자 또는 저자군(著者群)이 밝혀진 시는 모두 101편이다. 이 가운데 73편이 다윗의 시로 나타나고 있으며, 아삽의 시가 12편, 고라 자손의 시가 11편, 솔로몬의 시가 2편, 모세, 에스라인 헤만과 에단이 각각 1편씩으로 나타나고 있다. 여기서 보듯이 시편의 약 절반가량이 다윗의 시이다. 그래서 탈무드는 시편 전체를 다윗의 저작으로 돌리고 있기도 하다.

✝ 한편 시편은 다음과 같은 중요한 특정을 지니고 있음에 주목해야 한다.

첫째, 시편의 시들은 전부 각 저자가 각기 자신이 처한 삶의 현장에서 여호와 하나님과의 관계를 통해 체험한 다양한 신앙의 교감을 노래한 시라는 점에서 저자, 저작 동기와 배경 등의 다양성에도 불구하고 통일성을 이루고 있다는 사실이다. 즉 시편의 시들은 필연적으로 여호와 신앙을 전제한 선민의 삶의 체험에서 우러나온 노래라는 점에서 그 어떤 세속 문학의 시들과 구별되는 공통된 특징을 갖고 있다.

둘째, 시편은 구약 성경이 기록되던 시기를 망라하는 역사적 배경을 갖고 있을 뿐만 아니라 그 주제에 있어서도 가히 구약 신학의 백과사전 격이라고 할 만큼 다양하다는 사실이다. 우선 역사적 배경으로는 이스라엘 민족의 B.C. 1,446년경의 출애굽^{제114편}에서 대략 B.C. 538년 무렵의 바벨론 포로 귀환^{제126편}에 이르기까지 근 1,000년에 이른다. 이 시기는 이스라엘이 하나님의 선민으로 첫 부름을 받았던 때로부터 하나님의 징계를 받아 이방의 포로가 되었다가 다시금 회복되기까지의 시기이다. 특별히 출애굽 지도자 모세가 쓴 제90편의 기도시와 이방 땅 바벨론에서 억류 생활을 하던 포로들이 지은 제126편은 시대와 상황은 다르지만, 한 분 하나님을 향한 이스라엘 민족의 염원을 잘 대비시켜 보여 주고 있다.

다음으로 그 주제에 있어서는 절대 초월자요 창조자이신 하나님의 위대함에 대한 선포, 이스라엘 민족을 향하신 구원 역사의 회고 등의 거시적 주제는 물론 한 개인으로서의 회개, 호소, 믿음의 기쁨 등 가히 하나님과 선민 이스라엘, 하나님과 하나님을 믿는 성도 사이의 모든 면모가 망라되어 있다. 그리하여 시편은 이스라엘 선민 역사 1,000년이 녹아 있는 구속사의 대하(大河)이며, 하나님과 구약 시대 이스라엘 사람들과의 교제의 모든 측면이 망라되어 있는 신앙 고백서이기도 하다. 이런 점에서 흔히들 "시편은 구약 성경에 포함되어 있고 구약 성경은 시편에 요약되어 있다"라고 말한다. 또한 A.D. 4세기경의 한 교부는 시편을 '성경 전체의 축도'라고 불렀다.

셋째, 시편은 시 즉 노래의 양식으로 쓰였다는 사실이다. 이것은 너무나 당연한 말 같지만, 시편을 이해하는 매우 중요한 단서가 된다. 구약의 모세 오경(The Pentateuch)이나 신약 서신서들은 하나님 구원의 원리 또는 하나님이 정하신 마땅한 행위 규범을 그 자체로서 제시하거나 논리적으로 설명한다. 구약의 예언서나 신약의 계시록은 각 시대를 향한 하나님의 정해진 경륜을 선포한다. 그리고 구약의 역사서나 신약의 복음서 및 사도행전 등은 시대별로 진행된 하나님의 구원역사의 과정을 객관적으로 기록하고 있다. 이것들에 비한다면 시편은 이상의 모든 말씀을 통하여 하나님의 말씀을 전해 들은 인간이 그 말씀대로 이 땅을 살아가면서, 또 그러한 말씀에 근거하여 하나님과 교제하면서 우러나온 온갖 심경의 토로이다. 이러한 시편에는 하나님을 향한 터질 듯한 기쁨과 강한 신뢰는 물론 원망과 불안, 호소와 간구 등이 그야말로 생생하고 진솔하게 거침없이 쏟아져 나와 있다. 즉 종교 개혁자 요한 칼빈의 말처럼 '시편은 영혼의 거울'인 것이다.

넷째, 시편은 논리적으로 설명하거나, 객관적으로 기록하거나, 일방적으로 명령하고 있는 위에서 아래로 내려온 계시가 아니라 땅 아래의 인생이 하늘의 하나님을 향하여 올려보낸 고백과 간구의 모음집이라는 사실이다. 그리하여 시편은 근본적으로 설명하거나 지시하는 것보다는 마음을 움직이고 적시며 새로운 결단과 희망을 갖도록 도와주는 그야말로 스스로 우러나오는 감동을 추구한다. 바로 이러한 점들이 시편이 '시'라는 양식으로 기록되었음을 강조하는 이유이다. 얼마나 많은 거친 영혼들이 시편의 그 따스한 구절들에 무너졌으며, 또 얼마나 많은 메마른 심령들이 시편의 말씀에 눈물을 흘렸는가! 시편은 그 옛날 하나님과 통행하며 교제를 나눈 믿음의 선진들의 노래이다. 그리하여 우리는 시편들을 통하여 우리가 하나님과 나눌 수 있는 깊은 교제의 지평을 발견하고 동참하게 된다. 그 과정에서 누구나 체험하는 감동과 은혜는 시편이 하나님을 향한 사랑의 고백이면서도 영감으로 기록되고 하나님의 섭리로 보존된 계시임을 실증해 준다. 루터의 다음과 같은 묘사는 시편을 읽는 성도들의 느낌을 잘 요약하고 있다. "시편을 통해 우리는 모든 성도의 마음을 들여다본다. 또 하나님이 베푸시는 온갖 은혜에 대한 행복한 생각들로 이루어진 꽃들로 만발한 하늘의 정원을 들여다본다."

시편 읽기의 핵심

① 그 시가 제시하는 표제를 통해 역사적 맥락을 이해한다.

② 이스라엘 예배 의식의 특정한 면을 고려해야 한다.

여호와의 백성이 찬양과 기도로 그분을 노래하는 시편에서 우리는 예배의 중심에 대해 깨닫게 된다. 시편이 강조하는 예배는 하나님의 선하신 본성과 사랑 그리고 우리를 위한 그분의 놀라운 행위를 회상함으로써 살아 계신 하나님께 초점을 맞추는 예배이다.

③ 시편들이 갖는 특정한 구조와 주제를 고려해야 한다.

시편의 시는 히브리 문학을 근거로 한 탁월한 문학 작품이다. 히브리 시의 특징은 병행법과 이합체이다. 병행법은 한 줄이나 한 행이 다른 줄이나 행과 대구를 이루는 것이고 이합체는 시의 각 행을 히브리 알파벳 순서를 따라 짓거나 앞의 글자를 모으면 하나의 말이 되도록 만든 것이다.

④ 메시아사상을 고려해야 한다.

시편 중에 여러 편의 시가 왕으로 오실 메시아[2, 24, 110편], 종으로 오실 메시아[22-23, 40, 60편] 그리고 하나님의 아들[118편]로 오실 메시아를 묘사한 예언적인 노래이다.

개인적인 탄식이나 찬양의 노래들이지만 이 시편조차 우리가 하나님의 백성이라는 차원이 내재 되어 있다. 우리 개인은 언약적 관계 속에서 하나님께 하나로 속한 민족의 일부이다. 그리고 간간이 등장하는 메시아 시편은 신약의 메시아 사상의 열쇠가 안에서 성취되는 것이다.

25일차 범위 생각해야 할 성경적 세계관의 이슈들

☑ 읽을 책 : "기독교 세계관 핸드북" 도서 출판 에스라 2023

❖ **시 12편** "불가지론과 세속주의"(p218)

시 14, 16,
17, 22,
25, 26,
27, 28,
31, 35,
36, 38,
40, 41,
53, 55편

26일 핵심 학습 자료

학습 자료 26-1 시편의 활용 시편 136편 찬양

역대하 20:21을 보면 여호사밧이 모압, 암몬, 마온 등 연합군이 침공 시 찬양대에 예복을 입혀 군대 앞에 앞세워 행진하며 찬송하게 할 때 "브라가 골짜기"의 놀라운 사건을 경험하게 된다. 그들의 찬양이 시편 136:1 "여호와께 감사하라 그는 선하시며 그 인자하심이 영원함이로다"이다.

과거에 하나님이 이스라엘을 구속하신 그 사건이 계속해서 이스라엘에게 같은 효력으로 나타나는 것이 이스라엘 역사의 의미이다. 그렇게 되는 이유는 '헷세드' 때문이다. 하나님 사랑의 신실성이라는 것이 계속해서 이스라엘에게 현재적인 경험으로 효력을 가지는 것이다. 하나님의 은혜를 연주하듯 음미한 것이다. 하나님의 구원 은혜를 연주하듯 음미한 것은 하나님의 은혜를 담는 그릇이다. 과거에 하나님께서 행하신 구원의 은혜를 오늘 현재 담아낸다. 찬송은 하나님의 은혜를 담는 신비한 그릇이다. 예수님께서 2000년 전에 십자가에서 죽으신 그 사건의 효력이 지금도 일어나는 것이 우리 기독교 신앙이다.

> 찬양은 인간 영혼이 가질 수 있는 가장 순수하고 아름다운 영혼의 작용이다. 피조된 인간으로서 가장 고귀한 가치를 지니신 하나님께 찬양과 경배, 감사, 랑을 드릴 수 있는 것은 인간이 누릴 수 있는 가장 큰 축복이다.
>
> – C.S. 루이스 「시편사색」 中

26일차 범위 생각해야 할 성경적 세계관의 이슈들

☑ 읽을 책 : "기독교 세계관 핸드북" 도서 출판 에스라 2023

❖ 시 25, 26편 "심리학과 정신의학에 대한 성경적 견해"(p435)
❖ 시 27편 "하나님이 존재한다는 증거로서 아름다움"(p494)
❖ 시 53편 "새로운 무신론"(p224)

시 58, 61,
64, 70,
71, 86,
102, 109,
139, 140,
141, 143편

27일 핵심 학습 자료

학습 자료 27-1 시편 공부

✝ 시편의 기록연대 및 배경

◆ **시편은 BC1400년경부터 BC400년경까지 약 1000년의 기간에 걸쳐 기록됨**
가장 오래된 시편은 BC 1400년경 모세에 의해 기록된 시편 90편이고
가장 최근의 시편은 BC 400년경 포로 귀환 시대에 쓰인 것으로 볼 수 있다.
◆ **시편은 총 5권으로 되어 있는데, 일정한 과정을 통해 모아진 것으로 보인다.**
처음에는 1권만 쓰다가 점점 5권으로 모아졌을 것으로 본다. 모세로부터 포로 귀환
시대의 약 1000년의 기간 동안 모은 것이다. 1권은 다윗 시대, 2, 3권은 요시야 또
는 히스기야 시대, 4, 5권은 포로 후기 (에스라-느헤미야)로 학자들은 추정한다.

✝ 시편의 표제

◆ **표제의 4가지 정보, 4가지 중 일부만 있는 경우도 있고 없는 경우도 있다.**
　1. **저자에 대한 정보**
　2. **장르** : 시, 노래, 마스길(교훈시), 믹담(구속, 속량의 시), 기도(테필라), 찬양(테
　힐라) 등
　3. **음악** : 연주방식 예) 인도자를 따라 현악에 맞춘 노래
　4. **역사적 배경** : 예) 다윗이 가드에서 블레셋 인에게 잡혔을 때 등
◆ **표제를 연구해보면 시편 해석에 대한 유익한 정보를 얻을 수 있다.**
　예) 시편 57편 (다윗의 믹담시, 인도자를 따라 알다스헷에 맞춘 노래, 다윗이 사
　울을 피하여 굴에 있던 때에)
◆ **표제에 역사적 배경이 나타나는 13편은 다윗 생애의 중요 사건과 연결되어 있다.**
　역사적 배경이 나타난 것은 절박할 때 지은 시이다.
◆ **표제에 역사적 배경이 붙으면 당시 상황이 만만치 않다는 것으로 해석하면 된다.**
　시편 3, 7, 18, 34, 51, 52, 54, 56, 57, 59, 60, 63, 142편

✝ 시편의 장르(분류)

1) 탄식시(lament) 45.3%
   - 탄식하는 시, 하나님 앞에 울고불고 생떼를 부리는 시
   - 문제를 해결해 달라고 간구하는 시(간구시)
2) 감사시(Thanksgiving Psalms) 8.7%
   - 어려운 곤경에서 건져주신 하나님을 찬양
   - 하나님께서 하신 구체적인 일들 언급
3) 찬양시(Hymn) 20%
   - 하나님이 하신 totality(일반적, 총체적)를 높임(창조주 하나님/구속주 하나님)
   - 감사시는 하나님께서 행하신 구체적인 것을 고백하는 것,
     찬양시는 하나님의 일반적이고, 전체적인 하나님을 노래한 것
4) 신뢰시(song of trust)
   - 하나님의 선하심과 권능을 신뢰한다고 고백. 탄식시에서 신뢰의 고백이 확대된 것
   - 울고 구하는 것이 나타나지 않으며 하나님을 향한 고백만 나타남.
5) 회상시(storytelling(rememberance) psalms)
   - 주로(출애굽) 사건[시 77:16]과 다윗 왕조의 수립된 사건[시 89, 132편]을 기억한다.
   - 하나님이 과거에 이루신 '구속 행위'에 초점을 맞춘 시[시 78, 105, 106, 135, 136편]
6) 지혜시(wisdom psalms)
   - 잠언, 욥기, 전도서의 성격을 가진 시
   - 보응의 원리를 가지고, 기도에 반영하는 시[1, 37, 73편]
   - 율법을 찬양하는 시[1, 19, 119편]
7) 제왕시(royal(kingship) psalms)
   - 이스라엘 인간 왕에 초점을 맞춘 시/하나님을 왕으로 초점을 맞춘 시
   - 대체로 그리스도의 왕권을 상징

27일차 범위 생각해야 할 성경적 세계관의 이슈들
☑ 읽을 책 : "기독교 세계관 핸드북" 도서 출판 에스라 2023

❖ 시 139편 "낙태에 대한 성경적 평가"(p307)

시 37 ·
대상 22 ·
시 30 ·
대상 23~26 ·
시 15, 24,
42~49, 84,
85, 87

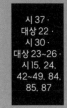

28일 핵심 학습 자료

학습 자료 28-1 시 37편과 관련해서 살펴보는 구속사의 개략

태초에 하나님은 자유의지를 가진 전체 피조물의 대표인 인간을 하나님의 형상과 모양으로 만드시고 영화와 존귀의 관을 씌우시고 하나님의 생기를 코에 불어 넣어 인간을 만드시고, 그 인간과 에덴동산에서 선악과 언약을 맺으면서 이를 어길 때 반드시 죽을 것이고 이의 준수를 전제로 해서만 영원한 생명과 축복을 주시기로 약속하셨다창 2:17. 그런데 인간은 이를 무참히 어겼다. 따라서 인간의 죽음은 필연적이었다. 하나님은 절대 거룩한 분이시므로 그분이 세운 언약의 법(法)도 절대적으로 준수되어야 했다. 그러나 하나님은 절대 공의의 하나님인 동시에 절대 사랑의 주이기도 하셨다. 이에 하나님은 그 법 자체는 일단 지켜서 인간으로 하여금 죄의 책임은 지게 하면서도 그 죄를 범한 인간 자체만은 죄를 회개하는 것을 조건으로 하여 다시금 영생을 얻을 새 기회를 주시기 원하셨다.

따라서 하나님은 즉각적 심판을 유보하시고 다른 존재가 인간을 대신하여 죽음으로써 언약의 법에 따라 요구되던 죄의 대가를 치르는 대신 인간은 회개하면 다시 구원을 얻을 수 있는 구속의 원리를 인간의 범죄 이후 새로 세우셨다. 그리고 이제 궁극적으로는 이 구속의 원리를 성육신(Incarnation) 하신 성자 하나님이신 예수께서 실현하시도록 섭리하시고 먼저는 예수의 초림과 일단 구속사역(救贖事役)이 초림하신 예수의 십자가 수난을 통하여 성취되는 것을 주 내용으로 하시는 구약(Old Testament)을 주신 후 오랜 역사가 흐른 후에 실제 주께서 오셔서 구약을 성취하셨다. 그 후 예수는 세상 끝날 다시 오셔서 당신이 일단 성취하신 구속 사역을 최후 대심판과 새 하늘과 새 땅의 도래로 최종 실현하실 것을 새로운 언약 곧 신약(New Testament)으로 주시고 부활 승천하셨다.

그리하여 이처럼 구약에서 신약으로 이어져 온 구속의 약속을 중심으로 한번 자행된 범죄의 결과 창조 당시의 완전성을 상실한 자연과 사회 안에서나마 즉각적 심판이 유보되고 일반 은총의 수준에서 장구한 구속사(救贖史)가 전개됐고, 지금 이 순간도 전개되고 있는 것이다. 물론 이는 오로지 어차피 이미 원죄(原罪)와 자범죄(自犯罪)에 휩싸여 심판받아야 할 인간에게 새로운 구속 구원의 기회를 주시기 위함 일뿐이었다. 실로 전체 역사는 구원의 기회인 동시에 멸망의 기회이기도 한 긴장과 갈등의 과도기이다.

따라서 우리는 눈에 보이는 현실 이전에 전역사의 실체 그 자체로서 도도히 흐르는 구속사의 존재를 첨예하게 인지하여야 한다. 그리고 이러한 인식 위에서 구속사의 주체이신 여호와를 거부 내지 무시하여 끝내 종말론적 저주를 당하는 자리에 처하지 말아야 할 것이다.

학습 자료 28-2 시 37편과 관련 신정론

신정론(神正論)은 하나님의 사랑하심과 선하심과 올바름에도 불구하고 현세에서 그의 피조물인 우리가 악과 고통을 겪고 있다는 사실과 조화시키려 한다. 고트프리트 빌헬름 라이프니츠는 그의 저서 〈신정론〉(1710년)에서 악이 존재하지만 신은 올바르다고 변호했다. 라이프니츠에 의하면 신은 논리적으로 가능한 일을 할 수 있다는 의미에서만 전능하다는 것이다. 어떤 요소들은 따로 따로는 가능한 것이지만 상호 양립할 수는 없는 경우가 있는데 신은 이런 제한된 상황에서 세계를 창조했기 때문에 이 창조된 세계는 '최선의 가능한 세계'라는 것이다. 신정론은 대부분 악이라는 신학 문제를 해결하는 것에 목표를 두고 있다.

전통적 유신론을 비판하고 나온 저항적 무신론자들을 향해 그리스도교 신학은 십자가를 가리키며, "오히려 하나님의 존재는 고난 가운데에 있고, 고난은 하나님의 존재 자체 속에 있다"고 주장하며, 하나님은 "사랑이시며 그의 사랑 가운데에서 그리스도의 죽음으로 고통당하시는 분"으로 등장했다.

우리와 항상 함께 하시기를 약속해 주셨던 주님께서 인간의 가장 극심한 고통의 시간과 장소에까지 동행하셨다는 사실은 하나님의 전능하심이 결코 무정한 절대적 능력이 아님을 보여 주는 것이다. 하나님의 전능하심은 인간을 위하여 인간과 함께 하시기까지 낮아지실 수 있다는 점에서 더욱 빛을 드러내게 된 것이다. 인과율(因果律)로 볼 때 그리스도인의 고난은 하나님의 전능하신 속성에 비추어 보면 설명이 되지 않는다. 그러나 종말론적으로 설명해야 이해가 된다고 마틴 루터는 주장한다.

학습 자료 28-3 다윗이 준비한 성전 건축 비용 대상 22:14

본문을 보면 다윗이 성전 건축을 위하여 준비한 비용이 금 십만 달란트, 은 일백만 달란트라고 말한다. 여기서 1달란트는 3,000세겔이고, 무게로는 34. 27kg에 해당한다. 그렇다면 다윗의 성전 건축을 위한 헌금은 금 3,427t, 은 34,270t에 해당한다. 그런데 혹자는 로마 가이사(Caesar)도 평생 이만한 양의 금을 소유할 수 없었다고 한다. 왕상 10:14에 의하면 솔로몬의 1년 세입금이 금 666 달란트라고 했다. 그러므로 금 십만 달란트가 되려면 약 150년간을 하나도 쓰지 않고 비축해야만 된다는 계산이 나온다. 그러면 과연 다윗은 어떻게 이렇게 많은 양의 근과 은을 비축할 수 있었는가? 그리고 본문에 기록된 이 수치들은 과연 정확한 것인가?

이에 대한 여러 학자의 견해 살펴보면 다음과 같다.

1) **필사자의 실수로 보는 견해** : 이는 본래는 금 만 달란트, 은 십만 달란트"인데, '10'을 뜻하는 문자 '요드'가 하나 더 추가되었거나, 아니면 원문에는 본래 '므나' 인데 '달란트'를 뜻하는 히브리어 "카카르"로 잘못 필사되었다는 것이다. 1달란트 는 3,000 세겔이지만 1므나는 50세겔 밖에 되지 않으며, 무게로는 571.2g에 지 나지 않는다. 따라서 금 십만 므나는 57.12t에 해당된다.

2) **역대기에 사용된 무게 단위가 열왕기의 단위와 다르다는 견해** : 즉 일반적으로 통 용되는 세겔은 궁정 세겔의 1/2 밖에 안 되었듯이 그 무게 단위가 다르다는 견해이 다. 예를 들면 왕상 10:17 에는 솔로몬의 작은 금 방패 하나에 금 3마네(150세겔) 쓰였다고 했고, 대하 9:16에는 금이 300 세겔, 즉 6마네가 쓰였다고 했다. 따라서 역대기에 사용된 세겔은 궁중 세겔을 말한 것이고 열왕기의 세겔은 그 1/2에 해당 되는 일반 세겔 단위로 말한 것이다. 그러므로 본 절의 금 십만 달란트는 열왕기 시 대의 단위, 곧 일반 세겔로 보면 오만 달란트에 해당될 것이다.

3) **본문 기록을 사실로 보는 견해** : 즉 다윗은 에돔, 블레셋, 모압, 암몬, 아람 족속 등 을 정복하고 그들로부터 조공을 받았다. 그분만 아니라 다윗 당시 이 지역에서 큰 번영을 누렸던 두로와 시돈과 외교 관계에 있었기 때문에 상업적으로도 많은 수익 이 있었을 것이라 견해이다. 더욱이 다윗은 솔로몬처럼 건축 공사를 한 적이 없었 기 때문에 그만한 액수의 금과 은을 비축할 수도 있었을 것이다. 이와 유사한 실례 로 알렉산더 대제가 바사 왕궁 곳간에서 탈취한 금의 양이 오만 달란트였다. 그 러므로 다윗도 대부분의 근동 국가를 정복 한 왕이었기 때문에 그만한 비용은 마 련할 수 있었다는 것이다.

✝ 결론

이상의 견해 중에서 어느 한 견해만 반드시 옳다고 말할 수는 없다. 세 견해가 모 두 타당성이 있다. 그리고 무엇보다 여기서 중요한 사실은 이러한 숫자상의 불일치 때문에 이를 쉽게 성경 원문상의 오류로 단정 짓는 어리석음을 범해서는 안 된다는 것이다. 한편 대상 29:4에는 다윗이 성전 건축 비용으로 바친 금이 삼천 달란트라 고 한다. 그러나 그 기록은 성전 건축 비용으로 이전에 예비한 것 이외에 추가로 바 친 것[29:3]임을 전후 문맥에서 분명히 파악할 수 있다.

학습 자료 28-4 다윗의 성전 건축 준비의 줄거리와 의의 대상 23장

본서는 전체 29장 중 약 2/3에 해당하는 19장에 걸쳐 다윗의 생애에 관해 기록하 고 있다[11~29장]. 그리고 그중에서도 대부분을 다윗의 성전 건축 준비 과정에 대해 기록하고 있다. 그런데 이처럼 본서가 다윗의 생애 전체를, 더욱이 대부분 다윗의 성전 건축 준비 기사로만 묘사하고 있는 이유는 본서 기자의 독특한 제사장적 관점 과 그의 성전 제의에 대한 지대한 관심의 표출이라고 볼 수 있다. 이에 다윗의 성전 건축 준비 전 과정과 그 의의에 대해 살펴보도록 하겠다.

1. 성전 건축 시도와 하나님의 거부

오랜 세월 동안 기럇여아림에 방치되어 있었던 하나님의 언약궤를 다윗 성 장막에 안치시킨 후[13-16장] 얼마 지나지 않아 다윗은 성전을 건축할 계획을 세웠다[17:1]. 다윗이 성전을 건축하고자 했던 것은 이스라엘을 명실상부한 신정 국가로 그 면모를 세우기 위함이었다. 또 민족적 종교 생활을 활성화하여 여호와 신앙으로 국가적 기반을 더욱 공고히 하기 위해서였다.

그러나 그러한 그의 성전 건축 계획은 하나님에 의해 거부되었다[17:4]. 그 이유는 다윗이 군인으로서 많은 피를 흘렸기 때문이다[28:3], 이 말은 다윗의 피 흘림이, 하나님과 그 백성의 평화로운 교제의 장소가 되며, 영원한 평화가 있는 하나님 나라의 예표인 성전의 이미지에 부합되지 않는다는 뜻이다. 또 다윗이 군인으로서 아직은 더욱 외치(外治)에 힘써서 대외적 국가의 위상을 드높여야 하는 그의 시대적 임무에 대한 역설적 표현이라고 볼 수도 있다.

2. 성전 터의 준비

하나님에 의해 다윗 자신이 성전을 건축하는 것은 거부되었다. 그러나 일을 그 아들의 손에 맡기신다는 하나님의 말씀을 듣게 된[17:12] 다윗은 그의 아들이 성전 건축을 쉽게 할 수 있도록 성전 건축 준비 작업에 착수하게 된다. 그리하여 성전 건축의 일차적인 준비 과정으로서 성전의 터로 여부스 사람 오르난의 타작마당을 구입하였다.

그런데 이 성전 터의 준비는 다윗의 계획에 따라 이루어진 것이 아니라 다윗의 인구조사 범죄와 하나님의 징계 사건 이후 하나님의 지시로 이루어졌다[21장], 이 사실은 실로 매우 중요한 영적 의의가 있다. 즉 그것은 성전을 통한 하나님과 인간의 만남, 더 나아가 성전의 실체[마 12:6] 되신 그리스도의 구속 사역을 통한 하나님과 그의 백성 간의 관계 회복은 인간의 방법에 의해서가 아니라 오직 하나님의 방법에 의해서만 가능하다는 것이다.(성막의 건축도 하나님이 친히 설계하셨다는 사실을 함께 기억하라. ➡ 신위(神爲)

3. 성전 건축 재료 및 비용 준비

다윗이 성전 건축을 위하여 준비한 건축 재료와 비용을 보면[22:2-16, 29:1-9 참조] 엄청나다. 그것은 마치 다윗 왕국의 국고(國庫) 전부를 모두 성전 건축 비용으로 비축해 둔 듯한 느낌을 준다. 이는 성전 건축을 향한 다윗의 열망이 얼마나 강렬했던가를 반영하는 것임과 동시에 그의 투철한 여호와 신앙을 보여 주는 것이라 하겠다.

4. 성전 건물과 기구들의 설계도 준비

다윗은 성전 건물과 성전 제사에 필요한 모든 기구의 설계도를 준비하였다. 이 설계도는 성령의 계시에 따라 준비한 것[28:12]으로서, 그 기본 구조에 있어서는 모세 성막과 그 기구들의 구조와 일치하나 많은 점에서 차이가 있었다[대하 3, 4장], 이처럼 거룩한 성전의 설계도가 인간의 생각이 아니라 하나님의 계시 때문에 주어졌다는 사실은 성전이 전적인 하나님의 주권에 의해 실행될 것을 보여 주는 것이다.

5. 유언을 통한 당부

성전 건축을 위한 실제적인 준비를 다 마친 후 다윗은 이스라엘 모든 방백과 차기 왕권을 계승할 솔로몬에게 성전 건축에 관한 유언을 남겼다[28:1-10]. 이는 마지막 최후의 순간까지 성전 건축을 위한 다윗의 소망이 얼마나 강렬했던가를 잘 보여 준다.

29일 핵심 학습 자료

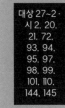

대상 27~2·
시 2, 20,
21, 72,
93, 94,
95, 97,
98, 99,
101, 110,
144, 145

학습 자료 29-1 다윗 왕의 통치 체제 ^{대상 27장}

본 장은 다윗 왕의 통치 체제, 즉 이스라엘의 국방을 담당하는 군대 조직[1-15절], 지방 행정 조직[16-24절], 다윗 왕가의 재산을 관리하는 하급 관리 조직[25-31절], 그리고 중앙 정부의 각료 조직[32-34절] 등을 소개하고 있다. 이에 본 장에 근거하여서 다윗 왕의 통치 체제에 관하여 종합적으로 살펴보고자 한다.

✝ 군대 조직

다윗 왕의 군대 조직은 크게 세 부분으로 구성되어 있다. 왕궁을 호위하며 다윗을 보좌하는 시위대, 소수 정예 상비군, 준정규 민병대가 바로 그것이다. 여기서 소수 정예 상비군은 준정규 민병대를 지휘하는 장교들로 구성되어 있으며, 그들은 다윗의 망명 시절부터 함께한 용사들이었다[대상 12:1]. 그리고 준 정규 민병대는 총 28만 8천 명의 정예 군사들로서 1 반차에 2만 4천 명씩, 모두 12 반차로 구성되었다. 그리고 각 부대는 1년에 한 달씩 돌아가면서 국방 임무를 수행하고 다른 11달은 생업에 종사할 수 있게 하였다. 이 외에도 비상시에는 20-50세의 모든 장정이 민병대로 동원될 수 있었는데 그들은 오늘날 예비군에 해당한다,

✝ 사법 조직

다윗은 사법 조직을 크게 중앙과 지방으로 구분하였다.

① **중앙 사법 조직** : 중앙에 유사와 재판관을 두어 국지적인 법적 문제 해결을 담당토록 하였다[대상 26:29-32]. 그리고 중앙에서 일어나는 제반 민생 문제를 처리토록 했으며 지방에서 일어나는 법적 문제는 전적으로 각 지방에서 처리토록 렸다. 이러한 사법제도는 후에 남 유다 왕 여호사밧에 의해 새롭게 확립된다[대하 19:4-11].

② **지방 사법 조직** : 다윗은 지방 사법 조직에 있어서 각 지파와 성읍의 장로들 중심으로 법적 문제들을 처리토록 하였으며, 이런 점에서 모세 시대, 사사 시대와 별반 다를 바 없었다. 대신 요단 동편과 서편에 각각 하나씩 사법관을 설치하고 율법을 전문적으로 연구하는 레위인을 그곳에 배치하여, 각 지파와 성읍의 장로들이 사법적 업무에 자문 역할을 담당토록 하였다는 점에서 이전 시대와 다른 특징을 지닌다.

✝ 행정 조직

다윗 시대의 행정 조직도 크게 중앙과 지방으로 구분된다.

> ① **중앙 행정 조직** : 다윗은 자신의 측근에 유능한 관료들을 세워 그들로 하여금 학
> 문, 군사, 종교, 외교 등 각 부분에 대한 자문 역할을 담당토록 했다.
> ② **지방 행정 조직** : 다윗은 모세 시대로부터 계속 유지되어 온 이스라엘의 12지파
> 체제를 그대로 수용하여 지방 행정 조직을 운영하였다. 즉 각 지파의 자율성을 그
> 대로 인정하면서 각 지파를 대표하는 관장을 세워 중앙 정부와 지방간의 원활한
> 교류가 가능해지도록 했다. 그러나 각 지파의 특성과 자율성을 그대로 수용했다고
> 해서 각 지파가 사사 시대와 같이 완전한 독립성을 유지한 것은 아니며, 관장 제
> 도를 통하여 지방 분권 체계가 아닌 중앙 집권 체제로 서서히 바꾸어 나갈 수 있었
> 다. 그리하여 솔로몬 시대에 이르러서는 이스라엘의 12지파 체제와는 무관한 지
> 방 행정 구역을 따로 설정하여 왕실을 중심으로 완전한 중앙 집권 체제를 수립할
> 수 있었다.

✝ 하급 관리들

다윗은 궁중에 많은 하급 관리들을 두어 왕실의 재산 관리 및 왕궁의 기타 잡무들
을 처리토록 하였다. 본래 왕정 국가에서 왕실의 재정은 국민의 세금으로 운용하는
것이었으나, 이스라엘에서는 이때까지만 해도 아직 세금 체계가 수립되어 있지 않
은 때라 다윗 왕의 사유재산으로 왕실 재정을 운용하였다. 또 다윗은 많은 정복 활
동에 의한 전리품으로 충분히 왕실 재정을 충당할 수 있었다.

✝ 의의

이상에서 우리는 다윗의 통치 체제에 대해 간단하게 살펴보았다. 다윗은 많은 정복
활동을 통하여 이스라엘 역사상 이스라엘을 근동 지역에서 가장 강력한 국가로 만
든 왕이었다.(삼하 24장 학습 자료 25-3 '다윗의 왕국' 참조) 따라서 그는 거의 일생 정복 사
업에 전념했었기 때문에 실상 그렇게 체계적인 통치 체제를 수립하지는 못하였다.
그래서 다윗 시대에 이스라엘 각 지파의 자율성이 많이 허용되었고, 또 압살롬의
반란과 같은 정치적 혼란도 겪게 된 것이다. 그러나 다윗은 기본적인 통치 체제를
서서히 세워감으로써 솔로몬 때에 가서 확고한 중앙 집권 체제를 확립할 수 있도록
기반을 세운 역할을 했다.

학습 자료 29-2 하나님의 초월성(Transcendence) 대상 29:11

본문은 솔로몬에 의한 성전 건축 계획이 제대로 진행될 수 있도록 다윗이 하나님께
기원하는 부분이다[10-19절]. 여기서 다윗은 먼저 과거 자신의 파란만장한 삶의 경험
을 통하여 인식하게 된바, 하나님의 광대하심과 권능과 영광을 찬양하고 있다. 하

나님의 광대하심, 이는 하나님께서는 공간적 제한을 전혀 받지 않으시면서 모든 공간을 초월해 계시는 크신 분임을 표현한 말이다. 이를 가리켜 우리는 하나님의 공간적 초월성이라고 말한다. 이외에도 하나님의 시간적, 본성적 초월성이 있는데 이에 대해 살펴보면 다음과 같다.

✝ 시·공간적(時·空間的) 초월성

이와 관련해서 성경은 하나님이 지상에 거하시지 아니하고 하늘에 거하시는 분으로 소개한다전 5:2. 그리고 '하늘과 모든 하늘의 하늘과 땅과 그 위의 만물은 본래 … 여호와께 속한 것'신 10:14이며, 그러므로 하늘과 하늘들의 하늘이라도 주를 담을 수 없다고 성경은 말한다왕상 8:27. 이는 하나님이 모든 공간에 초월하여 계심, 즉 어떠한 공간에도 제한받지 않으시는 분임을 보여 준다. 또한 성경은 하나님은 영원 자존하신 분시 102:12이시며, 알파와 오메가요, 시작과 나중이라사 41:4, 계 1:8, 17고 했다. 이 말은 하나님의 공간적 초월성과 마찬가지로 하나님은 시간에도 결코 구애받지 아니하시는 시간적 초월성을 갖는 분임을 가리킨다. 사실 공간과 시간에 얽매여 사는 인간은 그 이상을 넘은 차원에 대하여 제대로 알 수 없다.

그러나 공간이나 시간도 결국은 하나님께서 천지를 창조하셨을 때 생겨난 것이므로 하나님의 피조물이다. 따라서 창조주이신 하나님이 피조물인 공간과 시간에 구애받지 않는다는 것은 너무도 당연하다. 한편 이처럼 시공간을 초월하신 하나님이 시공간으로 구성된 인간의 역사에 간섭하실 때 나타나는 대로 양상의 편재(omnipresence)이다. 곧 하나님은 무소부재(無所不在)하여 모든 곳에 계신다는 것이다. 그런데 이때의 편재도 범신론 등에서 말하듯이 신적 존재가 모든 곳에 널리 골고루 편재 분포되어 있다는 의미의 확장적 편재가 아니다. 기독교에서 말하는 편재는 앞서 말한 대로 초월자, 창조자이신 하나님이 시공간을 초월하시면서 모든 시공간 영역에 동시에 관여하실 수 있다는 의미의 소위 초월적 편재이다.

✝ 본성적(本性的) 초월성

이상에서 살펴본 대로 하나님의 공간적, 시간적 초월성은 모두 이 본성적 초월성에 기인하는 것이다. 즉 하나님은 창조주이시다. 따라서 하나님은 당신이 만드신 모든 피조물과는 확연히 구분되는 본성을 소유하신 분이다롬 1:25. 만물은 하나님에 의하여, 하나님을 통하여. 그리고 하나님을 위하여 창조된 것이다롬 11:36. 그러므로 모든 피조물은 마땅히 그분의 지고(至高)하심과 지존 무상하심과 절대 거룩하심에 대해 마땅히 찬양을 드려야 하는 것이다사 57:15. 왜냐하면 하나님은 그러한 찬양을 마땅히 받으실 수 있는 본성적 초월성을 가지신 분이기 때문이다.

✝ 의의

결론적으로 하나님의 초월성, 또는 지고성(至高性)을 인정할 때 우리는 진정 그분을 만왕의 왕으로, 만주의 주로 경외하게 된다딤전 1:17, 6:15, 16. 그리고 그분이 창조주로서 우리 모든 인간에 대해 절대적 주권을 가지신 분으로롬 9:19 이하 알고, 우리의 삶을 내어 맡길 수 있게 된다. 그러나 초월자이신 그분이 우리의 구주이시며, 우리 가운데 내재(內在)하사 우리와 인격적 관계를 맺으신다는 사실도 동시에 명심해야 한다. 만일 그분을 초월자로만 알게 될 때 그분과 우리 인간 사이는 너무 소원해지게 되고 진정한 인격적 관계를 맺을 수 없게 된다. 실로 하나님의 초월성과 내재성을 동시에 인식할 때 우리는 그분께 대한 경외심과 자발적인 순종, 그리고 기쁨의 인격적 교제를 조화롭게 갖게 되는 것이다.

30일 핵심 학습 자료

학습 자료 30-1 열왕기서의 사료(史料)

열왕기서(the Book of Kings)에는 저자가 인용하였다고 분명히 밝히고 있는 자료들이 언급되어 있다. 그것은 곧 '솔로몬의 실록'과 '유다 왕 역대 지략', '이스라엘 왕 역대 지략'이다. 그리고 비록 열왕기에 그 이름이 언급되어 있지 않으나 열왕기 기자가 참고한 것이 확실시되는 자료들도 있다. 그것들은 '다윗의 궁전 비망록', '선지자 엘리야의 행적기', '선지자 엘리사의 행적기' 및 '선지자 이사야의 행적기'이다.

✝ 제목이 명시된 자료들

솔로몬의 실록 (Acts of Solomon)	열왕기서 기자는 왕상 11:41에서 자신이 솔로몬의 생애와 행적에 관해 기록하면서 '솔로몬의 실록'을 참고하였음을 밝히고 있다. 이것은 B.C. 9세기경의 문헌으로 추정된다. 열왕기서 기자는 이 자료에서 다음과 같은 많은 내용들을 인용하였을 것이다. 즉 솔로몬이 애굽의 공주와 결혼한 이야기(왕상 3:1), 기브온에서 하나님께 지혜를 간구한 일(왕상 3:4-15), 솔로몬의 명재판(왕상 3:16-28), 솔로몬의 각료와 지방 장관의 명단(왕상 4:1-19, 27, 28), 성전건축과 봉헌기사(왕상 6:1-7, 8:1-66), 스바 여왕의 방문(왕상 10:1-10) 및 여로보암이 솔로몬을 피해 도망친 일(왕상 11:40) 등이다. 그러므로 이상에 비추어 볼 때 '솔로몬의 실록'은 솔로몬의 뛰어난 지혜와 영광을 후대에까지 증거하기 위하여 기록한 일종의 전기(傳記)였던 것 같다.
유다 왕 역대 지략 (the Chronicles of the Kings of Judah)	열왕기서 기자는 유다 왕들의 행적에 관해 언급한 후 그 말미를 대개 "... 의 남은 사적과 무릇 그가 행한 모든 일은 유다 왕 역대 지략에 기록되지 아니하였느냐"라는 말로써 맺고 있다. 이러한 말은 왕상 14:29부터 왕하 24:5까지에서 무려 15번이나 언급되고 있다. 그러나 아하시야, 아달랴, 여호아하스, 여호야긴, 시드기야 왕의 경우에는 이러한 언급이 없다. 아마도 이는 이들 모두가 죄악 중에 최후를 맞이한 탓에 왕들의 행적을 언급할 때 공식처럼 사용되는 이 말이 적용되지 못했던 듯하다. 아사의 건축 활동(왕상 15:23), 여호사밧의 전쟁(왕상 22:45), 히스기야의 병과 수로 건축(왕하 20:20) 등의 기사는 바로 이 유다 왕 역대 지략'에서 인용되었을 것이다. 한편 혹자는 '유다 왕 역대 지략'과 '이스라엘 왕 역대 지략'을 한 권의 같은 책으로 보기도 한다. 그러나 사실은 그렇지 않다. 이중 '이스라엘 왕 역대 지략'은 B.C. 730년경 이후에 기록된 것으로 보이며 '유다 왕 역대 지략'은 B.C. 590년경 이후에 기록된 것으로 보인다. 아무튼 이것들은 이스라엘 분열 왕국의 역사를 취급하고 있는 중요한 자료로서 비교적 정확한 연대기적 성격을 띠고 있다.

이스라엘 왕 역대 지략 (the Chronicles of the Kings of Israel)	열왕기서 기자는 유다 왕들에 대하여 그렇게 하였듯이 이스라엘 왕들에 대하여서도 통치 행적을 마무리하면서 "...의 남은 사적과 무릇 행한 일이 이스라엘 왕 역대 지략에 기록되지 아니하였느냐"라는 말로써 맺고 있다. 이러한 말은 왕상 14:19부터 왕하 15:31까지에서 무려 17번이나 언급되고 있다. 그리고 이러한 적용이 생략된 왕은 이스라엘의 열아홉 왕 중 단지 여호람과 호세아 둘 뿐이다. 이는 대체적으로 이스라엘의 모든 왕이 악하였기 때문일 것이다. 추측컨대 열왕기서 기자는 이 '이스라엘 왕 역대 지략'에서 시므리의 모반 사건(왕상 16:20), 아합이 건축한 상아궁과 그밖의 성들(왕상 22:39), 요아스가 유다 왕 아마샤와 싸운 일(왕하 13:12) 등의 기사를 인용하였을 것이다.

✝ 제목이 명시되지 않은 자료들

다윗의 궁전 비망록	왕상 1, 2장은 삼하 9-20장의 연속 기사로서 다윗의 최후 행적에 관하여 기술하고 있다. 이 가운데서 아도니야의 왕위 찬탈 음모(왕상 1:5-9)와 솔로몬이 기름부음 받은 사건(왕상 1:10-40) 그리고 솔로몬에 대한 다윗의 유언(왕상 2:1-9) 등 기사는 바로 이 '다윗의 궁전 비방록'에서 인용된 것으로 추정된다.
선지자 엘리야의 행적기	이는 B.C. 800년경의 문헌으로 추정된다(pfeiffer). 북왕국 이스라엘의 역사와 관련된 것으로서 선지자 엘리야의 능력과 위대성을 회고하기 위해 쓰여진 책으로 여겨진다. 이 '선지자 엘리야의 행적기'에서 인용된 것으로 추정되는 가장 긴 기사는 엘리야가 바알 선지자들과 대결한 내용이다(왕상 18장). 이 밖에도 왕상 17, 19, 21장과 왕하 1장 등이 이 자료의 도움을 입어 기록되었을 것이다.
선지자 엘리사의 행적기	이는 B.C. 750년경에 기록된 문헌으로 추정된다(pfeiffer). '선지자 엘리사의 행적기'는 이적에 관한 이야기에서부터 역사적인 보고에 이르기까지 다양한 내용들을 포함하고 있다. 왕하 4:1-8:15에 나오는 엘리사 선지자의 이적 기사는 대부분 이 자료에서 인용된 것으로 추정된다.
선지자 이사야의 행적기	이는 B.C.7세기 말에 기록된 것으로 여겨진다. 유다 왕 히스기야와 관련된 선지자 이사야의 활동 기사(왕하 20장)가 바로 이 자료에 의존해 기록된 내용일 것이다

✝ 저자 문제

이상에서 살펴보았듯 열왕기 기자는 열왕기를 기록하면서 이미 기존하고 있던 여러 역사적 자료를 참고하였다. 그런데 문제는 이 기존의 자료들을 저술한 저자가 누구인가 하는 점이다. 이에 관해 일부 학자들은 그 책들을 궁중의 사관(史官)이나 서기관들이 기록하였을 것으로 보기도 한다(Berthold, Ewald). 그러나 보편적인 견해는 선지자 나단, 아히야, 잇도, 스마야 등과 같은 사람들이 기록하였다는 것이다 (Keil, Young. Rawlinson). 왜냐하면 열왕기와 역대기의 병행 기사를 비교해 볼 때 열왕기에서는 그 출처가 '솔로몬의 실록'왕상 11:41이나 '유다 왕 역대 지략'왕상 14:29으로 밝혀져 있는 것들이 역대기에서는 '선지자 나단의 글과 실로 사람 아히야의 예언과 선견자 잇도의 묵시책'대하 9:29이나 '선지자 스마야와 선견자 잇도의 족보책'대하 12:15으로 밝혀져 있기 때문이다. 즉 이러한 사실은 '솔로몬의 실록'이란 책이 선지자 나단과 아히야, 잇도의 글로 구성되어 있었으며 '유다 왕 역대 지략'이란 책은 선지자 스마야와 잇도의 글로 구성되어 있었음을 증거해 준다. 그러므로 '이스라엘 왕 역대 지략' 또한 이와 크게 다르지 않았을 것이다.

한편 선지자들은 왕이나 궁중 관리들에게 고용된 자들이 아니었으니 보다 객관적인 입장에서 역사적 사실들을 기록하고 역대 왕들에 대하여서도 공정한 평가를 할 수 있었을 것이다. 열왕기에서 왕들에 대하여 서슴지 않고 '여호와 보시기에 악을 행하였다'는 평가가 내려져 있는 것을 자주 볼 수 있음도 바로 이러한 맥락에서 이해된다. 그렇지 아니하고 이상의 기존 자료들을 궁중의 사관이나 서기관들이 기록하였다고 본다면 어떻게 그들이 궁중의 영향력에서 벗어나 자신들이 섬기던 왕에 대하여 그처럼 신랄한 평가를 할 수 있었을까 하는 의문을 품지 않을 수 없다.

더욱이 이상의 자료들이 궁중에서 기록되고 보관된 문헌들이었다면 잦은 내란과 외침(外侵)의 와중에서도 어떻게 그 문헌들이 전혀 소실되지 않고 열왕기 기자의 시대에까지 보전될 수 있었는가 하는 의문도 제기된다. 하지만 이것들을 기록하고 보관한 자들이 선지자들이었기에 그들은 그 같은 전화(戰禍) 중에서도 개인적으로 비교적 신속히, 자유롭게 행동하면서 자신의 기록물을 보다 안전한 곳에 숨겨 둘 수 있었을 것이다.

결국 이상의 사실들을 종합해 볼 때 열왕기 기자가 참고한 기존의 자료들은 선지자들에 의해 기록되어 후대에까지 전해진 것으로 결론지을 수 있다. 아마도 나단, 아히야, 잇도, 스마야 같은 선지자들은 자신들이 살며 목격한 시대의 역사를 하나님 앞에서, 하나님 말씀의 잣대로서 정확히 평가하며 책에 기록하였을 것이다. 그리하여 후손들이 역사의 산 거울로 삼을 수 있게 해주었을 것이다.

학습 자료 30-2

사무엘서, 열왕기는 시간 흐름이 서로 연결되어 있다. 사무엘서와 열왕기는 통일 왕국 시대와 유다가 망하여 포로로 잡혀가는 시기까지 기록한다. 역대기는 앞의 같은 기간을 포함하지만, 그 역사를 보는 관점을 달리하여 남 왕국을 중심으로 하는 제사장 관점에서 쓴 역사서이다.

다음 도표는 그 비교를 잘 요약해서 보여 준다.

비교	사무엘 · 열왕기	역대기
1) 일반적 성격	연대기적, 전기적 (Biograpical)	통계적 (Statistical)
2) 관점	예언자적 (Prophetic)	제사장적 (Priest)
3) 기록범위	양 왕조 (Both Kingdom)	유다 (Judah Only)
4) 강조점	왕권 (Throne)	성전 (Temple)
5) 전체적 의도	기소 · 공소적 성격-죄를 부각시킴 (Indictment)	고무 · 격려적 성격-새로운 충성심을 고무함 (incitement)
6) 기록방법	단순하고 진솔하고 객관적 기록	의도적으로 선택된 내용만 기록

✝ 열왕기의 3가지 주요 사건

열왕기를 이해하려면 이스라엘 역사에서 세 가지 중대하고 획기적 사건들의 중요성을 인식할 필요가 있다.

첫째는 솔로몬이 죽은 후에 일어난 왕국의 분열(B.C. 약 930년)로, 당시 북쪽의 열 지파가 남쪽 지파들에 대항하여 반란을 일으켰다. 그때로부터 우리는 처음에는 세겜에 그다음에는 사마리아에 수도를 두었던 북 왕국 이스라엘, 그리고 다윗의 자손들이 예루살렘에서 계속 다스렸던 남 왕국 유다(베냐민을 포함)라는 사실을 잘 알고 있어야 한다.

둘째는 B.C. 722년에 있었던 북 왕국(사마리아)의 멸망이다. 그때 열 지파의 대부분은 앗수르 제국의 여러 성읍으로 포로로 끌려간다^{왕하17장}. 그러고는 이방인들이 북이스라엘의 영토인 사마리아 지방으로 이주해 오게 된다. 그들은 거기 남아있는 이스라엘 사람들과 결혼했으며, 복음서에 나오는 멸시받는 '사마리아인'이 되었다.

셋째는 B.C. 586년에 바벨론에게 예루살렘이 멸망한 것이다. 이는 유대인 중 가장 엄선된 사람들이 바벨론에 잡혀간 지 10년 후에 일어 난 일이었다^{왕하24-25장}.

✝ 열왕기 상의 메시지 라인

신명기 사관의 핵심 – 축복과 저주의 기준.

열왕기를 한마디로 말한다면 신명기 사관적 관점(申命記 史觀的 觀點)에서의 이스라엘 왕정 시대의 역사 기록이다. 여기서 신명기 사관적 관점이란 역사의 주관자 되시는 하나님께 순종할 때 영화와 축복을 누리게 되고 반대로 하나님께 불순종할 때 저주를 받게 된다는 사상이다. 즉 본서의 저자는 솔로몬 시대의 번영이나 르호보암 시대 왕국의 분열, 남북 분열 왕국 시대의 번영과 재앙, 앗수르에 의한 북이스라엘의 멸망. 바벨론에 의한 남 유다의 멸망과 포로 등은 모두 하나님께 대한 순종 여부와 밀접한 연관이 있음을 강조함으로써 본서의 일차 독자들, 곧 나라가 멸망한 상태에서 이방 땅에 끌려가 포로 생활을 하는 이스라엘 백성들에게 그들이 당하고 있는 불행의 원인이 하나님께 불순종한 데 있음을 상기시켜 그들로 회개하고 하나님께 돌이키게 함으로써 다시금 하나님의 축복을 누리게 하려고 본서를 기록한 것이다.

또한 열왕기서는 하나님의 예언 성취를 강조한다. 솔로몬의 왕위 계승, 성전의 건축, 왕국의 분열, 여로보암의 북이스라엘 왕 즉위와 파멸, 요시야에 의한 벧엘 제단 파괴, 아합과 그 가문의 파멸, 아람에 대한 북이스라엘의 승리, 북이스라엘의 멸망, 남 유다의 멸망 등 이 모든 사건은 하나님의 예언이 먼저 있고 난 후에 한 치의 오차도 없이 그대로 성취되었다. 그것은 하나님께서는 살아계시며, 그분이 역사와 만물의 주관자가 되신다는 것이다. 그리고 오늘 우리에게 주어진 모든 예언 곧 주의 재림과 천국 구원의 예언 등도 장차 하나님이 정하신 때에 한 치의 오차도 없이 그대로 성취되리라는 것일 것이다.

하나님 중심[신위]의 신앙

솔로몬은 다윗을 이어 왕이 된 후 본격적인 통치 행위를 하기에 앞서 하나님께 일천 번제를 드렸다. 그리고 그때 하나님께서 무엇을 원하는지를 묻자 자기를 위하여 부귀영화 등을 구하지 아니하고 하나님의 백성을 잘 다스릴 수 있는 지혜를 달라고 간구하였다. 이것은 하나님을 우선하는 그의 신앙 자세를 보여 준다. 이러한 솔로몬의 자세는 하나님의 마음에 합한 것이었다. 그래서 하나님은 그에게 그가 구한 지혜는 물론 그가 구하지 않은 부와 영광도 허락하여 주셨다. 이러한 사실은 성도가 하나님께 축복받는 신앙 자세가 무엇인지 교훈하여 준다. 그것은 하나님의 영광을 먼저 구하는 삶을 사는 것이다.^{마 6:33} 하나님은 우리가 무엇을 하든 하나님의 영광을 먼저 구할 때^{고전 10:31} 우리에게 한량없는 은혜를 베풀어 주시는 것이다.

솔로몬 성전은 하나님이 아브라함에게 약속하신 가나안 땅의 중심에 위치하여 이스라엘의 정치적 · 종교적 구심점으로서의 위치를 차지하게 되었다. 그러나 솔로몬 성전은 역사적으로 단일 중앙 성소의 역할을 거의 감당하지 못하였을 뿐만 아니라 성전의 건축에도 불구하고 이스라엘은 단 한 순간도 온전한 평화를 누리지 못하였다. 이는 사람의 손으로 지은 성전의 한계성을 보여 주는 것으로써, 성전은 그것의 실체가 되신 그리스도를 중심으로 만들어져 갈 신약 교회와 궁극적으로 하나님과 그의 백성들이 영원히 함께 거하게 될 천국의 모형에 지나지 않는다는 것을 보여 준다.

솔로몬의 몰락 – 그의 연약함과 인간의 한계

솔로몬은 통치 초기만 해도 하나님께 남다른 열정을 지니고 있었다. 그는 하나님께 일천 번제를 드렸을 뿐만 아니라 이스라엘 왕정 역사상 가장 중요한 일이라고 할 수 있는 성전을 건축하기도 하였다. 거기에다 그는 하나님의 은혜로 남들이 갖지 못한 탁월한 지혜를 소유하였다. 성경에 기록된 잠언만 봐도 통치 초기의 솔로몬의 신앙은 탁월했지만, 오히려 그것이 교만이 되어 그로 말미암아 그의 사후에는 나라가 분열되는 상황에까지 이르렀다. 이는 인간의 한계와 연약성을 잘 보여 준다. 이는 이스라엘 최고의 왕으로 추앙받고 있는 다윗에게서도 확인할 수 있는 사실이다. 즉 그토록 위대하였던 다윗도 한순간 방심하여 간음과 살인이라는 엄청난 죄를 지었다. 이렇게 모든 인간은 죄로 오염되어 완전하지 못하고 결국 모두가 그리스도의 보혈에 의지하여 구원받아야 하는 존재이다.^{롬 3:10}

학습 자료 30-3   이스라엘의 왕위 계승 ^{왕상 1:1-53}

본문에는 다윗 가의 왕위 계승 문제를 두고 솔로몬과 아도니야가 서로 대립하다가 결국 나단 선지자와 밧세바의 활약으로 솔로몬이 다윗 왕위를 계승하게 된 사실이 기록되어 있다. 여기서 우리는 이스라엘에 있어서 왕위 계승이 어떠한 형태로 이루어졌는가 하는 점을 생각해 보고자 한다.

✝ 이스라엘 왕위의 세습적 계승

동서고금을 막론하고 왕정(王政) 국가는 일반적으로 세습적인 형태로 왕위 계승이 이루어졌다. 마찬가지로 이스라엘에 있어서도 왕위 계승은 일반적으로 세습적인 형태로 이루어졌다. 이는 하나님께서 이스라엘에 왕을 세우실 때 단지 한 사람만을 선택하사 왕을 삼으신 것이 아니라 그 가문 전체를 택하여 왕의 가문으로 삼았고, 또 그 가문의 후손들을 통하여 왕위 계승이 이루어지도록 하셨다는 사실에서 분명히 알 수 있다. 그 대표적인 예가 바로 다윗 가문의 선택과 다윗 후손을 통한 이스라엘 왕위 계승을 주 내용으로 삼고 있는 다윗 언약이다^{삼하 7장}.

그런데 이러한 세습적 왕위 계승의 구체적 방법은 장자의 왕위 계승의 원리를 따르기보다는 주로 왕이 자기 자식들 가운데서 지명하는 방식으로 이루어진 듯하다. 이는 역사적으로 볼 때 이스라엘에서 선왕의 왕위가 대부분 장자에게로 계승되지 아니한 사실들 속에서 분명히 나타난다. 이렇게 세습적 왕위 계승에 있어서 장자의 왕위 계승의 원리를 따르지 않은 이유는 신정 왕국 이스라엘 왕권의 신적(神的) 기원 때문이다. 본문에서 보는 바와 같이 아도니야는 이 같은 사실을 무시하고 자신의 장자권만을 믿고 다윗 왕의 지명도 받지 않은 채 스스로 다윗 왕위를 계승하려다가 실패하고 말았다.

✝ 세습에 우선하는 신적 선택

일반적으로 이스라엘 왕위는 세습적 계승에 따랐다. 그렇지만 그런 왕위 계승의 원리가 신적 선택을 우선하는 것은 아니었다. 즉 다시 말하면, 왕위 계승의 일차적인 근거는 신적 선택이다. 이는 마치 여호와께서 이스라엘에 사사를 세우실 때 특별한 때에 당신의 섭리에 따라 한 인물을 선택하여 세우신 것과 같은 원리이다. 이러한 원리에 의해 사울이 이스라엘의 초대 왕으로 세움을 받았고, 또 사울 가문의 이스라엘 왕위 계승권 박탈과 함께 다윗이 2대 왕으로 세움을 받았다.

이러한 이유로 이스라엘의 왕 된 자는 무엇보다 여호와께 대한 순종이 요구되었으며, 이 같은 순종이 수반되지 않을 때는 그 가문 전체의 왕위 계승권이 박탈되었다. 그 대표적인 예로 사울의 불순종으로 인한 그 가문의 왕위 계승권 박탈을 들 수 있다^{삼상 13:8-15}. 그리고 솔로몬도 그의 우상 숭배로 말미암아 그 가문의 왕권이 박탈되어야 마땅한데도 이스라엘 북쪽 10지파에 대한 통치권은 박탈하시되 유다와 베냐민 지파에 대한 그 가문의 통치권을 그대로 보존하신 것은 왕권에 대한 신적(神的) 기원을 강하게 보여 주는 것이다.

✝ 왕위 계승에 대한 세습권자와 신적 선택에 의한 계층 간의 충돌

이상에서 살펴본 바와 같이 이스라엘의 왕위 계승은 세습적인 형태로 이루어지긴 했으나 세습보다는 신적 선택이 더 우선한 것이었다. 그런데 이는 이스라엘의 왕위 계승에 관한 원리일 뿐 실제로 이스라엘에서는 역사적으로 이스라엘 왕위의 세습적 계승과 신적 선택에 의한 계승 간의 충돌이 자주 발생하였다. 그 대표작인 예로 사울과 다윗 간의 충돌을 들 수 있다. 사울은 자신의 왕위를 그 아들 요나단에게 물려주기 위해서 그 왕위의 세습 계승에 장애가 되는 다윗을 제거하려고 했었다^{삼상 20:30-34}. 그리고 사울 사후(死後)에도 유다 지파 사람들은 신적 선택에 의한 다윗의 왕위 계승을 인정하여 다윗을 왕으로 모셨으나 북쪽 10지파는 사울 가문의 세습적 계승을 인정하여 사울의 아들 이스보셋을 왕으로 받들었다^{삼하 3장}.

한편 솔로몬 사후 분열 왕국 시대에 들어서면서 남 왕국 유다에서는 대체적으로 세습에 의한 왕위 계승이 이루어졌다. 물론 그것은 이방의 왕정 국가에서 보는 바와 같이 절대 권력의 구축으로 인한 세습적 왕위 계승이 아니라 다윗을 위하여 한 등불을 남기신 하나님의 은총, 즉 신적 선택이 뒷받침되는 세습적 왕위 계승이었다^{왕상 15:4}.

그러나 북 왕국 이스라엘에서는 이러한 세습적 계승이 제대로 이루어지지 않았다. 그 이유는 북 왕국의 역대 왕들의 타락과 불순종으로 말미암은 하나님의 징계 결과로써 하나님께서 그 왕위를 박탈하사 다른 사람에게 넘겨주셨기 때문이다. 그리고 이러한 구속사적 관점에 의한 설명 외에 실제로도 인본주의적 절대 권력에 야심을 품은 자들이 계속해서 모반을 일으켰기 때문이다. 또한 그러한 모반자들도 결국 세습적 왕위 계승보다 신적 선택에 의한 왕위 계승권을 빙자하여 모반을 일으켰다.

✝ 의의

이상에서 우리는 이스라엘의 왕위 계승에 있어서 하나님의 주권이 절대적으로 좌우하였음을 발견하게 된다. 본문에서 소개한바 아도니야의 다윗 왕위 계승 실패와 솔로몬의 다윗 왕위 계승에도 하나님의 절대적인 주권과 그분의 오묘한 섭리를 느끼게 하는 것이다. 심지어 분열 왕국 시대 이후 북 왕국 이스라엘에서 일어난 많은 모반 사건 속에서도 하나님의 주권과 섭리가 분명히 개입되었음을 우리는 성경을 통해서 확인할 수 있다.

따라서 우리가 왕정 시대에 관한 이스라엘 역사를 읽을 때 단순히 겉으로 나타난 왕위 계승 기록만을 볼 것이 아니라 그러한 왕위 계승 배후에서 역사하시는 하나님의 섭리를 숙고하고 살펴야 한다. 그로 말미암아 우리는 이스라엘 역사 전반에 걸친 하나님의 구속사적 섭리를 더욱 깊이 깨닫게 될 것이다.

학습 자료 30-4 신정(神政) 대리인으로서 왕의 의무와 임무 ^{왕상 3:4-15}

본문에는 솔로몬이 기브온 산당에서 여호와께 지혜를 구한 사실이 기록되어 있다. 여기서 솔로몬이 "듣는 마음을 종에게 주사 주의 백성을 재판하여 선악을 분별하게 하옵소서"^{9절}라고 기도했는데, 이를 하나님은 솔로몬이 신정 대리인으로서 왕의 의무와 임무에 필요한 "송사를 듣고 분별하는 지혜를 구하였다"하셨다. 그러면 여기서 신정 대리인으로서 하나님께 대한 왕의 의무와 백성을 위한 임무가 무엇인지 간단히 살펴보도록 하자.

✝ 하나님께 대한 왕의 의무

신정(神政) 대리인이라고 할 때 그 말의 뜻은 하나님을 대신하여 그분의 백성을 다스리는 사람이라는 뜻이다. 신 17:14-20에 기록된 대로 소위 '왕의 규례'에 따르면 하나님은 이러한 신정 대리인을 이스라엘 백성 중에서 선출하게 하셨다. 그리고 그는 자신을 위하여 군비(軍備)를 확충하거나 재물을 축적함으로써 이방의 인본주의적 왕들처럼 절대 권력을 추구해서는 안 되며, 다른 백성들과 같이 하나님의 말씀에 절대 순종해야 했다.

따라서 이스라엘의 왕은 종교적인 측면에서의 율법 준수뿐만 아니라 율법에서 규정하고 있는바, 모든 도덕법과 시민법도 다른 백성들과 같이 준수해야 할 의무가 있다. 이런 면에서 북 왕국 아합 왕이 나봇으로부터 포도원을 갈취한 것^{왕상 21장}은 신정 대리인으로서 왕의 의무를 버리고 백성들 위에 군림하려는 인본주의적 집권 야욕에 의해 비롯된 것이라는 사실이 분명하게 드러난다. 한편 이는 반대로 아합이 나봇의 포도원을 탈취할 때 이세벨을 통하여 합법성을 가장한 것(왕상 21:8-14)으로 보아 신정 왕국 이스라엘에 있어서 왕된 자에게도 분명 시민법 준수의 의무가 있음을 알려 주고 있다. 이에 성경에서는 새로운 왕이 세워질 때마다 누차 하나님의 율법 준수의 의무를 왕에게 권면한 사실이 기록되어 있다^{왕상 3:14, 6:12}.

✝ 백성들에 대한 왕의 임무

신정 왕국 이스라엘의 왕은 백성들에 대하여 크게 군사상의 임무와 사법상의 임무, 또한 종교상의 임무를 지녔다.

① **군사상의 임무** : 이스라엘의 왕은 먼저 국가의 최고 군사 지도자로서 그 임무를 수행하게 된다. 이는 사사 시대의 사사들이 이스라엘을 이방의 압제에서 구출하기 위해 군사 지도자로 세움을 받은 것과 같다. 사울이 이스라엘의 초대 왕으로 세움을 받은 뒤에 수행한 그의 업적은 대개 주변의 이방 국가들의 침략으로부터 백성들을 보호하기 위한 전쟁^{삼상 15:4, 5} 등이었다. 이 같은 군사상의 임무를 가장 훌륭히 수행한 왕으로서는 다윗을 손꼽을 수 있으며, 분열 왕국 시대에 북 왕국의 아합 왕도 군사 지도자로서 그 명성을 떨쳤다^{왕상 20, 22장}.

② **사법상의 임무** : 이스라엘 왕의 두 번째 임무는 율법에서 규정하고 있는 규례들이 백성들 가운데서 잘 지켜지도록 감독하고, 공의(公義)가 실현되도록 하는 것이다. 물론 이 같은 임무는 대체로 각 성읍의 장로들이 수행해야 할 임무에 속하지만^{신 19:12, 21:20}, 왕도 장로들과 같이 사법상의 불의를 척결해야 할 의무와 권한을 가진다. 그렇게 함으로써 고아와 과부들과 같은 연약한 자들이 보호를 받고 불의한 자들이 하나님을 두려워하도록 해야 하는 것이다. 솔로몬이 왕권 강화를 위해 다윗의 유언에 따라 불의한 자들을 숙청한 사실이나^{왕상 2장}, 본 장에서 솔로몬이 하나님께 오직 송사를 듣고 분별하는 지혜를 구한 사실^{11절}은 이 같은 이스라엘 왕의 사법상의 임무에 대해 보여 주는 것이다.

③ **종교상의 임무** : 이스라엘 왕에게 있어서 중요한 또 한 가지 임무는 백성들의 종교 생활이 원만히 이루어질 수 있도록 하는 것이다. 이는 하나님과의 관계에서 율법 준수의 의무와도 밀접한 관계에 있으나 백성들을 위한 임무의 측면에서 볼 수 있다. 솔로몬의 성전 건축을 이 같은 측면에서도 볼 수 있으며 분열 왕국 시대 이후

남왕국에서 이루어진 여러 차례 종교개혁과 성전 숙정 작업 등도 모두 이러한 측면에서 설명될 수 있는 것이다. 그리고 제사장들이 종교 업무에 충실하도록 감독하는 일도 이러한 왕의 임무에 속한다.

✝ 영적 교훈
여기서 우리는 우리의 왕 되신 그리스도께서만 위와 같은 왕된 의무와 임무를 완전히 수행하셨음을 발견케 된다. 실로 그는 율법의 일점일획까지도 완성하시고마 5:17, 우리 성도들을 사탄의 굴레에서 구출하사 영생의 축복에 이르게 하셨다롬 8:1, 2

학습 자료 30-5 이스라엘 신정 왕국(神政王國)

이스라엘 역사에 있어서 통일 및 남북 왕국 분열 시대를 불문하고 왕국 시대는 그 외면적 정치 체제(體制)는 왕정 체제였으나 그 내면의 통치 원리(原理)는 신정 사상에 근거한 것이었다. 그리고 신정 사상은 이스라엘 역사의 공식적 건립자인 모세 시대 때부터 확립된 선민과 하나님과의 언약 관계 정립에서는 물론 천지 창조로 하나님이 전 우주에 대하여 필연적으로 갖고 계신 절대 주권에 근거한 것이었다. 그리하여 우리는 이스라엘 왕국을 왕국은 왕국이되 특별한 왕국이라는 의미에서 신정 왕국이라고 명명한다. 그리고 왕국 시대를 그 이전의 족장 시대와 출애굽 정복 및 사사 시대는 물론 그 이후의 중간사 및 신약시대 역사와 전혀 단절됨이 없이 연결되는 선민 역사의 한 시기로 파악하는 것이다. 그러면 이제 이런 이스라엘 신정 왕국 개념의 이해에 필수적인 사항을 정리하면 다음과 같다.

✝ 신정 체제의 이해
신정 체제(Theocracy)란 개념이 원래부터 성경 신학에서 기인한 것은 아니다. 이는 본래는 정치학적 용어로서 사제(司祭) 또는 종교 엘리트들이 자기들 정치 집단이 숭상하는 신의 신탁(oracle)을 빙자하여 권력을 행사 유지하는 정치 체제를 가리키는 용어였다. 이에는 순수한 의미의 신정 체제와 고대 문화에서 흔히 발견되듯이 정교(政敎)가 아직 분화되지 않았던 시기에 나타났던 정교 혼합의 과도기적 정치 양태 등이 포함된다. 이렇게 이해할 때 이스라엘 역사에서 진정 순수한 의미의 신정 체제는 모세와 여호수아 시대뿐이며 사사 시대는 정교가 분리되지 않던 시대의 과도기적 신정 체제에 속한다고 하겠다.

한편 이스라엘 왕국 시대에는 정교가 상당한 정도로 분화되어 있으면서도 단순히 앞서 말한 정치학적 의미에서의 정교 미분리 시대의 과도기적 신청 체제의 특징이 아닌, 다음 항에서 고찰되는 것과 같은 더 강력하고 원천적인 신정 체제의 특징이 발견된다. 그러므로 우리는 특별히 이스라엘 왕국 시대의 신정 왕국적 성격에 주목하게 되는 것이다.

✝ 이스라엘 왕정의 신정 왕국적 특징

① **신정 왕국 건립의 기원 및 필연성** : 앞서 말한 대로 가장 근원적으로는 하나님은 전 우주 역사의 창조자요 주권자로서 인간이 이를 이해하건 또는 인정하건 아니건 간에 전 역사가 거시적 관점에서는 하나님의 통치를 받고 있다. 따라서 이스라엘 왕국의 신정적 기원 및 필연성도 일차적으로는 이에 연유한다. 그러나 보다 직접적인 이스라엘 왕정의 신정 왕국 건립의 기원 및 필연성은 이스라엘이 하나님이 구속사 전개의 주역으로 선택한 선민으로서 하나님과 특별한 언약을 그들이 하나의 민족으로 처음 공식 태동할 때부터, 즉 시내 산에서 모세 언약으로 맺은 민족이었다는 데에 있다. 그리하여 이스라엘 민족의 역사는 시기마다 그 외적 체제는 계속 변했더라도 그 내적 통치 원리는 한 번도 변함없이 신정 사상에 근거하고 있었다.

② **신정 왕국 건립의 역사적 근거** : 이스라엘 왕국 시대는 앞서 밝힌 기원 및 필연성에 근거한 것임은 물론 역사적으로도 하나님의 인정과 허락하에서만 개시되었다. 즉 하나님이 세우신 종 사무엘이 이스라엘의 첫 왕조(Dynasty)를 기름 부어 세움으로써만 앞 시대와 단절 없는 선민 역사의 정통성을 가진 신정 왕국으로 건립되었다. 또한 하나님의 선지자 사무엘이 사울 왕가를 기름 부어 세웠다가 다시 그를 폐하고 다윗 왕가를 세움으로써 그 뒤의 왕국 시대의 역사가 비로소 개시된 것도 그 왕국의 역사적 건립자가 근원적으로는 하나님이심을 선포한 것이었다. 한편 하나님은 두 번째 세운 다윗 왕가와는 결국 우리 주 예수 그리스도의 구속 희생을 통한 영원한 왕권 쟁취까지 연결된 소위 다윗 언약^{삼하 7:16}을 세우셨다. 그러고는 비록 분열 왕국 시대에 북 왕국의 경우 여러 왕조가 난립하다가 다 멸망했어도 남 유다의 경우에는 다윗 왕가가 계속 살아남아 결국 그 이후 시대와 연결되어 예수까지 이어지게 하셨다. 이는 이스라엘 왕국 시대의 역사도 하나님의 구속사 전개의 일부로서 그 주권자는 하나님이심을 보이신 것으로서 역으로는 왕국 시대도 하나님의 통치를 받았음을 웅변한 것이었다. 앞의 신정 왕국 건립의 기원 및 필연성이 신정 왕국의 신학적 근거였다면 본 항은 이스라엘 왕국 시대가 신정 왕국일 수밖에 없었던 역사적 근거는 다르다 하겠다.

③ **신정 통치의 기준** : 이스라엘 왕국 시대가 신정 왕국이었다면, 그러면 그 신정적 통치의 기준은 무엇이었는가? 그것은 한마디로 하나님이 이미 모세를 통해서 주셨던 언약법인 율법(law)과 하나님이 그때그때 당신이 세우신 선지자들을 통해 주신 예언(prophecy)이었다. 하나님은 이처럼 자유 의지를 가진 왕정의 왕과 백성들이 이를 순종하건 아니건 간에 당신이 원하시는 신정적 통치 의지를 율법과 예언을 통해 계속 선포하심으로써 선민을 향한 신정 통치를 계속하셨다. 그리고 당신의 율법과 예언을 준수할 때 이를 거부하면 심판을 분명히 주심으로써 당신의 신정 사역의 주권과 공의도 분명히 보여 주셨다.

✝ 이스라엘 신정 왕국의 역사적 교훈

이스라엘의 왕국 시대가 그 외적 체제는 왕정 체제였지만 그 내적 통치가 신정 사상에 의해 이루어졌다는 사실은 결국은 시대와 체제를 불문한 모든 역사를 하나님이 통치하고 있다는 성경 진리의 한 연장이다. 또한 이스라엘 왕국 시대도 하나님의 주권과 계획하에 있던 구속사의 한 연장선이었음을 보여 준다. 한편 이제 눈을 돌려 이스라엘 왕국 시대 역사 전체를 개관할 때 이스라엘은 이 같은 하나님의 신정 사역에 끊임없이 패역하여 하나님의 심판으로 먼저는 남·북 왕국이 분열되고 급기야는 둘 다 이방인의 발아래 몰락할 수밖에 없었음을 발견하게 된다. 나아가 더 거시적으로 고찰할 때 그토록 오래 참음으로 회개를 촉구하시던 하나님은 이처럼 끝내 패역하던 이스라엘 왕국(Kingdom)은 마침내 멸망시켰으나 그 민족(Nation) 자체는 영원히 멸절시키거나 선민의 자격을 박탈하시지는 않으셔서 훗날 소위 회개하고 돌아온 남은 자(remnant)를 중심으로 선민 역사를 재건해 주시는 놀라운 은총을 베푸셨음도 발견하게 된다. 이스라엘 왕국 시대의 구약 선민에 대한 하나님의 이런 배려는 결국 모든 역사가 다 하나님의 주권적 신정 사역에 따라 진행되는 것이되 이는 택한 백성을 무조건적 사랑으로 구원하기 위한 목적으로 진행되는 구속사임을 증거해 준다.

학습 자료 30-6 성막과 성전의 의미

죄가 들어오기 전, 에덴에서 하나님과 함께 복락을 누릴 수 있었던 인간은 아담과 하와의 불순종으로 하나님과의 관계가 단절되었으며 하나님의 나라가 파괴되었다. 파괴된 하나님 나라 회복을 위하여 창 3:15에서 여인의 후손을 통하여 뱀의 머리를 상하게 할 것이라는 언약을 하셨고, 창 12:1~3에서 아브라함의 후손에게 땅과 백성을 약속하심으로 아브라함의 후손을 통하여 하나님의 나라를 회복하시겠다고 하는 구체적인 계획에 착수하셨고, 때가 되매 출 19장에서 이스라엘과 시내 산 언약을 맺으시고 법을 주시고 하나님 나라를 이루시는 일을 착수하셨다.

그리고 하나님은 구체적으로 이스라엘과 함께하시고 그들의 인도자가 되기 위하여 성막을 짓게 하셨다. 성막은 바로 하나님과 인간의 관계를 갱신하고 언약을 수행하는 데 필요한 것이었다. 하나님은 성막 안 지성소의 법궤 위 시온좌에 거하시며 구름 기둥과 불기둥으로 이스라엘 백성들과 함께하셨다. 성막에서 구름 기둥과 불기둥으로 이스라엘과 함께하시는 하나님의 모습은 하나님의 '내재성'을 나타내는 가장 전형적인 모습이다. 이와 같은 성막은 하나님의 임재를 나타내는 것으로 임마누엘의 하나님을 보여 준다. 그런데 이 성막은 성육신하여 인간 가운데 함께하시는 예수 그리스도를 상징하는 것이다. 구약에서는 성막을 통하여 인간이 하나님을 만날 수 있었다고 하면, 신약에서 예수님의 십자가 죽음과 부활을 통하여 인간이 하나님과 만날 수 있는 길이 생기게 된 것이다.

안타깝게도 솔로몬은 말년에 시내 산 언약을 지키라는 아버지 다윗의 유언을 지키지도 않았고 아내가 된 이방 여인들의 우상 숭배를 공개적으로 허용함으로써 하나님이 가장 싫어하시는 우상 숭배를 허용하는 왕이 되고 말았다. 이로 말미암아 결국 솔로몬이 죽고 난 후에 북이스라엘과 남 유다로 분열된다.

성막(전)과 하나님의 임재(임마누엘)
① 에덴^{창 3:8}
② 성막^{출 25:8}
③ 성전^{왕상 8장}
④ 임마누엘^{사 7:14}
⑤ 하나님의 영광이 성전을 떠남^{겔 10:18}
⑥ 육신이 되어 우리 가운데 거함^{요 1:14}
⑦ 우리가 성령이 거하는 전이다^{고전 3:16}
⑧ 하나님이 그 백성과 영원히 거함^{계 21:3}

학습 자료 30-7   고대 이스라엘의 일부다처제 ^{왕상 11:1-8}

솔로몬은 많은 아내를 거느렸다. 본문은 솔로몬 왕의 후궁이 700인이요, 첩이 300인이라고까지 자세히 말해 주고 있다. 그런데 솔로몬이 어마어마한 숫자의 아내들을 거느렸다는 것은 일부일처제의 결혼에 익숙해져 있는 현재의 성도들에게는 잘 이해가 되지 않는 부분이다. 이스라엘의 일부다처(一夫多妻) 풍습에 대해 알아봄으로써 본문에 대한 이해를 돕고자 한다.

✝ 일부다처제의 여러 원인들

고대 이스라엘에서는 한 명 이상의 아내를 소유하는 관습이 널리 성행되었다. 이는 이스라엘에서도 일반화된 풍습이었는데, 그렇다고 모든 남자가 다 그러한 풍습을 따른 것은 아니다. 즉 사회적인 위치가 낮거나 경제적으로 넉넉하지 못한 평범한 사람들은 한 명 이상의 아내를 부양할 수 없었다. 또한 분명 성경적인 결혼관은 일부일처이다^{창 2:21-24}. 그런데도 이스라엘의 일부다처 풍습은 족장 시대로부터 사사 시대 군주 시대를 거쳐 신약 시대에 이르기까지 광범위하게 성행됐다.
여기에는 다음의 몇 가지 원인이 있었던 것으로 보인다.

① **자녀욕** : 히브리 사람들은 자식에 대한 욕구가 강한 편이었다. 따라서 그들에게 있어서 아내는 아들을 얻기 위한 수단으로까지 생각되었다. 따라서 만약 아내가 아들을 낳지 못하면 남편은 첩을 얻거나 이혼을 요구할 수도 있었다. 또한 임신하지 못하는 아내가 직접 자기의 남편에게 첩을 들여 주어야 할 의무도 있었던 것 같다. 성경에서 아브라함의 아내 사라가 아들을 낳지 못하자 그녀의 여종이었던 애굽 여자 하갈을 남편 아브라함에게 첩으로 준^{창 16:3} 것도 바로 이런 풍습에 기인한 것이다. 또한 야곱의 아내 라헬도 아기를 낳지 못하자 자신의 몸종을 야곱에게 준^{창 30:1-5} 성경 기사에서도 이러한 풍습을 찾아볼 수 있다.

② **자랑과 욕정** : 일부다처제는 노아의 홍수 이전부터 타락한 인류가 욕정을 마음대로 채우기 위해 생겨진 풍습이기도 하다. 성경 기사 중에서도 사랑 때문이거나 혹은 자신의 욕정을 충족하기 위해 여러 부인을 취한 경우가 종종 나타난다^{창 29:18, 삼하 11:2-5}.

③ **외교정책** : 정치적 동맹국이 되기 위해서 그리고 정치적 이익을 얻기 위한 외교정책의 하나로 일부다처제가 행해지기도 했다. 그러나 이는 이스라엘만의 독특한 풍습이라기보다는 주위 이방인들의 풍습을 이스라엘이 좇은 것으로 보인다. 즉 이방 국가들 사이에서는 자기 나라의 공주나 아내를 서로 교환함으로써 양국 간의 평화를 유지했던 풍습에 따른 것이다. 본문에서 보듯이 솔로몬이 많은 이방 여인과 결혼한 것도 바로 이와 같은 당시의 풍습에서 기인된 것이다. 즉 솔로몬의 명성이 점점 높아질수록 약소국의 왕이 '화목 제물'의 형태로 솔로몬에게 자기 나라의 아름다운 여인을 바쳤으며, 이에 따라 솔로몬의 이방 아내들이 증가하였다.

④ **노동력 확보** : 반유목과 농경을 주 생계 수단으로 하였던 고대 이스라엘의 경우 자질구레한 농사일과 또 가축 떼들을 돌보는 데 필요한 노동력의 확보가 생계유지에 중요한 역할을 차지하였다. 따라서 많은 아내를 두어 이러한 노동력을 확보하고자 한 것도 일부다처제를 지속시킨 한 요인이었다.

✝ 일부다처제에 따른 문제점

이상과 같은 여러 원인에 의해 이스라엘 사회에서는 일부다처제의 풍습이 계속되어졌다. 그러나 여러 아내들과 자녀들로 인해 집안에 갈등과 불화가 존재했으리라는 것을 우리는 쉽게 짐작할 수 있다. 또한 사실적으로도, 남편이 어느 한 아내나 자녀만을 편애하여 집안에 불화를 일으키는 예가 이스라엘 사회에서 흔히 있어 왔다. 이는 성경 여러 곳에서도 나타나는데, 곧 아브라함의 가정^{창 16:1-16, 21:8-21}, 야곱^{창 29:16~30:24}, 기드온^{삿 8:30~9:57}, 엘가나^{삼상 1:1-8}, 다윗의 가정^{삼하 3:2-5:5} 등에서 살펴볼 수 있다. 한편 하나님은 일찍이 이러한 일부다처제로 인한 문제점을 해결하시기 위해 신 21:15-17의 법을, 곧 장자의 권리 보장을 규정해 주신 바 있다. 그러나 이를 성경에서 일부다처제를 허용하고 있는 것으로 잘못 이해해서는 안 된다. 곧 이는 일부다처제가 행해지던 시대 상황 속에서 백성들에게 주어진 실천 윤리이기 때문이다.

✝ 의의

이상에서 우리는 고대 근동의 일부다처제 풍습에 대해 알아보았다. 여기서 우리는 자칫하면 히브리 사회에서 통용된 일부다처제가 결혼에 대한 하나님의 허용인 것으로 착각할 수도 있다. 그러나 많은 이방 아내들로 인해 우상 숭배와 타락의 길로 빠진 솔로몬의 경우를 차치하고서라도 여러 성경 구절을 통해 결혼에 대한 하나님의 본래 의도는 한 남자와 한 여자가 한 몸을 이루는^{창 2:24} 일부일처제(一夫一妻制)임을 알게 된다. 다시 말하면 일부다처제의 풍습이 성경에 기록되어 있다 하여도 그것이 하나님의 뜻에 따라 생겨난 것이 아니라 단지 인간들의 다양한 욕심으로 인해 생긴 악풍(惡風)이다. 그러므로 우리는 성경을 대할 때 그것이 당시의 시대적 상황 속에서만 적용된 풍습을 배경으로 하고 있지는 않은가를 살필 필요가 있다.

31일 핵심 학습 자료

학습 자료 31-1 잠언 핵심 개요 익히기

잠언은 노자(老子)나 루소(Rousseau)가 가르쳐준 인위(人爲)에 대한 대안(代案)으로서 참해답을 보여 준다. 잠언은 인위(人爲)의 문제를 해결하는 대안이 바로 신위(神爲)라는 사실을 강하게 가르쳐 주고 있다. 잠언 전체의 내용이 그 사실을 말하고 있지만 다음 몇 구절을 살펴본다.

> 잠 3:6 너는 범사에 그를 인정하라 그리하면 네 길을 지도하시리라
>
> 잠 16:3 너의 행사를 여호와께 맡기라 그리하면 네가 경영하는 것이 이루어지리라
>
> 잠 16:9 사람이 마음으로 자기의 길을 계획할지라도 그의 걸음을 인도하시는 이는 여호와시니라

현대인은 자신이 교육을 많이 받고 경험이 풍부하고 세련되었다고 스스로 느끼기 때문에 잠언 같은 것은 오히려 둔하고 어리석은 것처럼 여긴다. 그런 자들의 마음에는 인위로 가득 차 있다. 그러나 하나님의 마음을 알고 그 나라에 합당한 길을 제공하는 책이 바로 잠언이다. 인생의 정글 속에서 길을 잃었는가? 그 속에서 빠져나올 수 있는 길을 보여 주는 책은 오직 한 권밖에 없다. 그것은 성경이요, 잠언이다.

지혜란 진실 된 삶에 이르게 하는 지도와 같은 것이다. 잠언은 시편 1편의 각론(各論)과 같은 책이다. 시편 1편은 인생의 두 갈래 길을 보여 준다. 인간의 길과 하나님의 길이 그것이다. 인위의 길과 신위의 길, 멸망의 길과 영생의 길이다. 이런 길의 상세한 설명을 잠언이 말해 준다.

인생의 두 길

신위의 길	인위의 길
·현자의 길	·우매자의 길
·영생의 길	·멸망의 길
·좁고 험한 길	·넓고 안락한 길
·현자의 길	·상대 가치 추구

시내 산 언약으로 인해 주어진 십계명과 레위기는 삶의 원리를 가르쳐 주는 것이라면 잠언은 그 원리를 어떻게 삶에 적용하는가의 지혜를 가르쳐 준다. 잠언은 율

법의 실행 편이다.

그렇다고 잠언은 성공의 비결을 가르쳐 주는 책은 아니다. 오히려 옳고 그름의 길을 제시하여 성경적 세계관, 즉 하나님 중심의 세계관 형성에 중요한 자료들을 제공한다.

잠언은 명령문 형식을 취한다고 해서 구약의 율법과 같은 구속력을 갖는 것은 아니다. 잠언은 죄악의 문제를 다루는 것이 아니라 삶의 유익을 다루는 점이 특이하다. 잠언은 어디까지나 사람의 권면이지 여호와가 내린 명령은 아니다. 따라서 잠언의 권면에 따라 아들에게 체벌을 내리면서 하나님의 권위를 빙자하는 것은 잘못이다.

현대는 가치관의 혼란 시대이다. 혼합주의와 문화 상대주의를 높이 평가하는 포스트모더니즘(Postmodernism)의 시대이다. 절대 가치, 절대 진리를 인정하지 않는 시대에서 모두가 혼란스러워한다. 인위의 문제를 인위로 풀어 보려는 어리석은 시대를 살아가고 있다. 우리는 절대 가치로 돌아가야 한다. 그 길은 성경이며 특히 잠언이 그 길을 보여 주고 있다.

> **잠 9:10** "여호와를 경외하는 것이 지혜의 근본이요 거룩하신 자를 아는 것이 명철이라"

이 잠언의 대부분은 솔로몬 왕이 쓴 것들이다. 왕상 3:12에 그를 세상의 가장 지혜로운 자로 묘사하고 있음을 읽었다. 그는 무려 3천개의 잠언을 썼지만[왕상 4:32], 800개만 여기에 수록되어 있다. 그것은 가장 훌륭한 잠언들이다. 성경 곳곳에 또 다른 훌륭한 잠언들이 있다.

잠언은 긴 인생의 경험으로부터 나온 것들을 짧은 문장으로 표현한 것들이다. 잠언은 하나님이 이 세상을 보고 우리들을 보시는 것처럼 우리도 그렇게 볼 수 있는 능력을 제공해 준다.

사무엘이 선지자 학교를 세운 것처럼, 솔로몬은 지혜학교의 교장일 것이다.

잠언에는 지식과 지혜라는 단어가 많이 나옴을 볼 수 있다. 지식(Knowledge)은 어떤 사실(facts)을 습득하는 능력을 말하고, 지혜(wisdom)는 그렇게 습득된 지식을 바르게 적용하게 하는 어떤 능력(ability)을 말한다.

잠언에는 지혜로운 자를 현자(賢者)라고 하고, 그 반대되는 자를 바보(어리석은 자)라고 한다. 그래서 4가지 종류의 바보(어리석은 자)를 묘사하고 있다.

  1) 교만한 어리석은 자[1:4, 22, 7:7, 21:11]
  2) 고집 쎈 어리석은 자[1:7, 10:23, 12:23, 17:10, 20:3, 27:22]
  3) 교만한 어리석은 자[3:34, 21:24, 22:10, 29:8]
  4) 미련스레 어리석은 자[17:21, 26:3, 30:22]

잠언은 일곱 개의 지혜 교훈집으로 되어 있다. 첫 번째는 현자가 그의 제자에게 주는 지혜에 대한 열 세 개의 교훈으로 되어 있는데, 그 절정은 8장에 나오는 지혜의 의인화이다. 두 번째와 세 번째 교훈집으로 솔로몬의 잠언집이 두 개 있으며 10:1~22:6과 25:1~29:27, 이것들은 우리가 성경의 다른 부분에서 보게 되는 솔로몬의 모습을 뒷받침해 준다왕상3장과.4:29~34:10. 거기에서는 자주 자연에서 끌어낸 예를 사용하고 있다참고 왕상 4:33. 이 두 모음집 사이에 '지혜로운 자의 말씀'으로 구성된 두 개의 다른 네 번째와 다섯 번째의 모음집이 있다22:17~24, 22와 24:23-24. '지혜로운 자'는 고대 근동 전체에 걸쳐 교육과 정책 수립에 주요한 역할을 했다참고 사 19:11-12, 단 3:24, 27절. 이스라엘에서도 마찬가지였다참고 대상27:32-33. 여섯 번째와 일곱 번째 모음집은 '아굴의 잠언'30:1- 33과 '르무엘의 말씀' – 정확하게 말한다면 르무엘의 어머니의 말씀 – 이다31:1-9. 이들이 누구인지 모른다. 잠언은 '완전한 아내'에 대한 저자 미상의 부록으로 끝을 맺고 있다.

　잠언은 신약의 야고보서라고 할 수 있을 것이다. 잠언은 단순히 읽고 묵상하는데서 끝나면 안 된다. 잠언의 중요성은 그것대로 살아간다는 데 있다.

> **마 7:24~27** "그러므로 누구든지 나의 이 말을 듣고 행하는 자는 그 집을 반석 위에 지은 지혜로운 사람 같으리니 비가 내리고 창수가 나고 바람이 불어 그 집에 부딪치되 무너지지 아니하나니 이는 주추를 반석 위에 놓은 까닭이요 나의 이 말을 듣고 행하지 아니하는 자는 그 집을 모래 위에 지은 어리석은 사람 같으리니 비가 내리고 창수가 나고 바람이 불어 그 집에 부딪치매 무너져 그 무너짐이 심하니라."

　우리가 잠언을 읽으면서 잊지 말아야 할 중요한 사실이 있다. 그것은 잠언이 인생의 여러 사안에 대한 개별적 지침보다 지혜의 본질과 지혜의 가치에 대한 재발견, 지혜의 근원인 여호와의 율법과 부모된 스승의 훈계의 말씀을 청종하고 명심하고 실천해야만 할 당위성에 대한 독자들 스스로 깨달음과 결단의 유도, 매사에 신중하고 성실하여 성공적 삶을 살고자 하는 평소의 기본자세(基本姿勢) 등의 문제에 집중하고 있다는 사실이다. 사실 복잡다단한 실제 현실에서 지혜는 매우 복합적이고도 직관적으로 발휘되는 것이다. 따라서 진정 중요한 것은 여호와 경외에 근거한 현명하고도 선한 근본 삶의 자세와 각종 현안과 과제를 여하히 이루어 낸 총체적 능력이지 인생의 제반 분야에 대한 백과사전적 요령과 지식 습득, 처세술 등의 기교가 아니다. 그래서 잠언에서는 혹자들이 세속 처세서 등에서 발견하고자 하는 각 분야의 능수능란한 요령과 기교에 대한 훈수를 발견할 수 없다. 그러나 잠언은 우리가 읽을 때마다 신본주의적[신위] 역사관과 인생관에 근거한 인생의 참 지혜가 얼마나 중요하고 바른 것인지, 그리고 지혜로운 삶을 위한 기초 덕목들은 무엇인지에 대하여 새로운 통찰과 결단으로 이끈다. 즉 잠언은 특정 사안에 대한 부분적 지혜가 아니라 우리의 전인격이 총체적으로 하나님이 주시는 지혜에 동참하도록 인도해 주는 것이다. 실로 잠언에는 읽을 때마다 우리의 삶을 새로이 돌아보지 않을 수 없게 하는 감화력뿐만 아니라 우리의 가슴을 뜨겁게 하고 우리의 인격과 지혜를 고양시켜 주는 영감된 계시만이 가질 수 있는 말씀의 열정(熱情)과 능력(能力)의 신비가 담겨 있다.

31일차 범위 생각해야 할 성경적 세계관의 이슈들

☑ 읽을 책 : "기독교 세계관 핸드북" 도서 출판 에스라 2023

❖ 잠 6:6-11 "레크리에이션에 대한 성경적 견해"(p529)
❖ 잠 14장 "기독교와 도덕적 상대주의"(p176)

32일 핵심 학습 자료

학습 자료 32-1 아가서 핵심 개요 익히기

아가서는 이스라엘 역사상 최고 전성기를 구가하였던 솔로몬 왕과 한 청순한 향촌 출신의 술람미 여인 사이에 있었던 실제의 러브스토리를 바탕으로 하여 쓰인 가극시(歌劇詩)이다. 즉 두 주인공 솔로몬과 술람미 여인과 주변 인물들이 등장하여 교대로 노래함으로써 스토리를 전개해 가는 일종의 오페라 대본과도 같은 가극시이다.

이러한 아가서는 일차적으로는 앞서 언급한 대로 건강하고 아름다운 두 청춘 남녀 곧 솔로몬과 술람미 여인 간의 정열적이고도 지순한 사랑을 그 시작으로부터 완성의 단계에 이르기까지 그 과정을 노래한 것이다. 무릇 젊은 남녀 간의 뜨거운 사랑은 동서고금을 막론하고 끊임없이 인류 보편의 문학 소재가 되어오고 있다. 더욱이 솔로몬은 삼천 잠언과 일천다섯 편의 노래를 지을 정도로 지혜와 문학적 소양이 뛰어났던 인물이었다왕상 4:32.

그러므로 솔로몬이 자신이 직접 체험한 벅찬 사랑의 이야기를 노래로 지은 것은 매우 자연스러운 일이었다. 즉 아가서가 기록된 동기는 자신의 벅찬 사랑의 체험을 기리어 노래로 남기고자 하였던 솔로몬의 문학적 충동의 결과였다. 그러기에 솔로몬은 본서에서 왕으로서의 위엄이나 이의 기록이 가져올 정치적 이해득실에 대한 계산 없이 자신의 사랑 체험을 벅찬 감격에 젖어 적나라하게 노래하고 있다. 이러한 저작 동기와 관련하여 아가서의 내용은 특히 성경적 성 윤리(sex moral)에 대한 기준을 제시한다는 점에서 큰 의의를 갖는다.

사실 아가서는 어찌 보면 에덴동산에서의 타락 이전의 아담과 하와의 사랑의 회복을 보여주는 책이라고 할 수 있다. 이처럼 두 연인의 지고지순한 사랑을 다루는 아가서는 그 주제만큼이나 그 표현의 서정성에 있어서도 탁월하다. 즉 본서를 읽는 독자들은 본서에서 무수히 많은 서정적이고도 목가적인 표현들을 접하게 된다. 먼저 본서를 읽어 내려가다 보면 풍성하고 평화로운 포도원1:6과 양을 치는 목장1:7, 8이 눈앞에 펼쳐진다. 뿐만 아니라 광활한 평원과 깊은 골짜기2:1, 높은 산기슭4:1이 그 배경으로 제시되고 있다. 마치 한 폭의 그림과도 같은 이러한 무대를 배경으로 아름다운 신랑과 신부가 등장한다. 그들의 아름다움은 온갖 들짐승과 날짐승 등의 동물들1:9, 15, 2:9, 14, 17, 4:2, 5, 5:11, 12, 6:9, 7:3, 8:14,

그리고 화초를 비롯하여 나무, 과실 등의 식물들1:4, 2:1, 3, 4:3, 13, 14, 5:13, 15, 6:7, 7:2, 7, 8에 빗대어 묘사되고 있다. 신랑과 신부의 사랑 행로를 따라 쫓아가다 보면 마치 수려하고 아름다운 정원을 거닐고 있는 듯한 느낌이 들기까지 한다. 이처럼 수려한 목가적 · 서정적 표현 양식은 다른 어떤 정경과 비교할 바 없는 아가서만이 지닌 탁월함이라 할 수 있다. 이에 따라 아가서는 66권의 정경 가운데 가장 서정적이고 목가적인 책으로 평가된다.

그러나 아가서는 솔로몬과 술람미 여인이라는 두 남녀 간의 사랑 이야기를 서정적이고도 목가적으로 노래하는 데 그친 책은 아니다. 솔로몬과 술람미 여인 두 사람의 사랑 노래인 아가서는 표면상으로는 분명 남녀 간의 아름답고 열정적이며 적나라한 연애시로만 보이기도 한다. 그리고 본서에는 하나님에 대한 직접적인 언급이 단 한 차례도 나오지 않았다. 그런데도 아가서는 원대한 구속사의 장(場) 안에서 구원의 주체(主體)와 객체(客體) 사이 곧 여호와 하나님과 선민, 그리스도와 교회가 나누는 뜨거운 사랑의 관계와 그 사랑 안에서 서로 누리는 기쁨과 행복의 교감을 노래한 것이기도 하다. 사실 아가서가 노래하고 있는 절대 지순한 사랑은 인간 사이의 사랑을 넘어서 하나님과 성도 사이의 절대 사랑에서만 구현될 수 있는 것이다.

✝ 아가서의 해석법

1. 풍유적 해석법 : Allegorical Theory
유대 탈무드는 신랑이 하나님, 신부가 이스라엘로 보고 그 사랑의 관계를 풍유한다. 기독교는 신랑을 그리스도로, 신부를 그의 교회로 풍유한다. 이 해석법은 역사성을 무시한 하나의 꾸민 이야기로 본다는 약점이 있다.

2. 예표적 해석법 : Typological Interpretation
이 해석법은 이야기의 역사성을 인정하며 솔로몬과 술람미 여인의 사랑 이야기가 곧 하나님이 그의 백성을 사랑하는 것을 예표한다고 보는 견해이다. 따라서 역사성과 영적 의미를 동시에 강조한다. 그 근거는 시편 45편이다.

3. 자연 이론 : Naturalistic Theory
이 이론은 아가서가 단순히 육감적 사랑의 정서를 표현하는 시로 보는 견해이다. 역사성과 영적 의미를 무시하는 견해이다.

✝ 사랑을 보는 2개의 관점
헬라 사람은 사랑을 분석적으로 본다. 헬라 철학이 분석적이기 때문이다. 그래서 그들의 사랑을 4가지 종류로 분석한다.

1. Eros   2. Storge   3. Philia   4. Agape

그러나 사랑은 이렇게 Spectrum처럼 분석되어 각각의 성격대로 나눌 수 없다. 오히려 사랑은 히브리적으로 보는 것이다. 히브리 사고는 통합적이다. 수학적으로 말하면 헬라식 사고는 미분학적이고 히브리서 사고는 적분학적이다. 따라서 사랑의 히브리식 개념은 헤세드(Hesed)에 가깝다. 바울은 고전 13장에서 사랑의 개념을 설명하는데 헬라식 분석에서 히브리식 통합을 아우르는 표현이라 생각한다.

아가서가 기록된 당시 이스라엘은 매우 엄격한 가부장적 사회였다. 우리의 유교식 가부장제와도 상통하는 분위기이다. 그런 사회에서 아가서는 남녀의 인격적 평등을 보여주는 매우 점진적인 모습을 보여준다.

절기에 따른 시가서 읽기
- 유월절 － － － － － － 아가서
- 오순절 － － － － － － － 룻기
- 초막절 － － － － － － 전도서
- 부림절 － － － － － － 에스더서
- 예루살렘 멸망일 － － － 애가

32일차 범위 생각해야 할 성경적 세계관의 이슈들
☑ 읽을 책 : "기독교 세계관 핸드북" 도서 출판 에스라 2023

❖ **잠언 21장** "개인 재정"(p549)

33일 핵심 학습 자료

학습 자료 33-1 전도서의 세계관

전도서는 인생 허무를 말하는 책이 아니고, 오히려 인간이 어떻게 참된 행복(참된 선)을 추구할 수 있는가를 가르쳐 주는 책이다. 인간 존재 가치에는 어떤 의미가 있는가? 전도자('코헬렛'이라고 하는 교사)는 인생의 행복(참된 선)을 찾기 위해 여러 가지를 추구하지만(주교재 - 통큰통독 개정증보판 259쪽 전도서 한눈에 보기 도표 참조), 그 추구는 실패로 끝나며, 결국에는 그 추구를 포기해 버린다. 모든 것이 헛되다는 것이다[1~2장]. 그렇다고 허무주의 또는 염세주의(Pessimism)를 말하고자 하는 것은 아니다.

그는 무자비할 정도로 현실적이며, 악과 죽음을 모두 직면해야 한다고 주장한다. 실존의 수수께끼에 대한 해답이 어딘가에는 분명히 있을 것이라는 인간의 동경 어린 직관을 그는 불의와 부당함, 그리고 악이 존재한다는 사실을 갖고 반박한다. 그러하더라도 대답은 숙명론(Fatalism)을 말하는 것은 아니다[3~6장].

섬세하지만 애처로운 아름다움을 지닌 한 편의 시에서 그는 비관론적 철학을 제시한다. 그는 반(反) 초자연주의자가 죽음을 무시하거나, 잊거나, 아니면 웃어넘기려는 시도에 대해 준엄하게 반대한다.

'해 아래서' 살기로 한 사람들에게는 당연히 '누구에게나 죽음이 임한다'는 것이 합당한 결론일 것이다.[7:1~9:18].

유신론자는 회의주의자나 유물론자, 세속주의자보다 좀 더 나은 상태에 있다고 할 수 있을까? '그렇다'라고 전도자는 말한다. 여호와를 경외하고 그의 계명들을 지키는 사람들만이 이생에서 즐거움과, 우정과 만족을 누릴 수 있다고 인생 실존에 대한 해답을 제시하는 것이다. 그는 하나님을 경외하는 삶을 살기 위해 알아 두어야 할 일들을 제시하고 있다[10~12장].

전도서에서는 하나님 없는 삶의 무익함을 보여 준다. 눅 5:5에 제자들이 예수님을 만나기 전에 그들이 밤이 맞도록 고기를 잡으려 했으나 헛수고를 했다는 고백처럼 예수님이 없는 삶이란 헛수고의 삶일 수밖에 없다.

> "5 시몬이 대답하여 이르되 선생님 우리들이 밤이 새도록 수고하였으되 잡은 것이 없지마는 말씀에 의지하여 내가 그물을 내리리이다 하고"

전도서는 성경 안에서 제일 철학적인 책이다. 철학이라고 할 때 절대자의 계시에 의존하지 않고 인간의 이성(理性)에만 의한 지혜를 지칭한다. 이 전도서에서는 하나님이 침묵하신다. 그 나머지 모든 성경에서는 하나님이 말씀하신다. 전도서는 나머지 성경 65권에서 대답되는 질문들을 제시하고 있다. 즉 전도서의 주된 질문의 내용은 삶과 죽음의 의미라고 보는데 성경 나머지에서는 여기에 대한 답변을 제시하고 있다. 하나님이 없는 삶은 무의미하다는 것을 말하고자 하는 데 이는 전도서를 『통큰통독』 관점 2로 읽어야 한다는 것을 말한다.

학습 자료 33-2 전도서가 밝혀주는 염세주의, 허무주의의 3가지 원인과 처방

1) 사회적 이익보다 개인적 이익을 중시하여 주기보다는 받거나 얻기 위해 사는 삶은 염세주의, 허무주의를 불러일으킨다는 것이다. 왜냐하면 그렇게 받기만 하는 삶에서는 결코 만족을 얻지 못하기 때문이다. 세상은 주면 더 많은 것을 얻는다는 역설을 인정하지 못하기 때문이다.

2) 하나님에 의해 통제받는 삶이 아니고, 하나님과 분리된 삶은 허무주의, 염세주의로 흘러간다고 전도자는 말한다[4:1-3]. 산업화하고 도시화하는 삶은 하나님을 점점 더 삶으로부터 밀어내고 있다. 그래서 그들이 즐겨 사용하는 용어는 '진화론' '적자생존' '자연법의 법칙' '기적의 불가능' 등을 즐겨 사용한다. 이들은 초월성이라는 단어를 몹시 싫어한다. 그들에게 중요한 단어는 인본주의(人本主義) 또는 인위(人爲)이다. 신위(神爲)로 돌아가야 이 문제는 해결된다.

3) 전도자는 인간의 삶이 죽음으로 끝난다는 생각에서 벗어나지 못하고, 죽음 저 너머를 생각하지 못하는 삶은 염세주의, 허무주의로 흘러간다는 것이다[3:19-20].

학습 자료 33-3 전도서로 본 2개의 삶의 대조

삼단논법(syllogism)으로 다음과 같이 결론을 내렸다고 가정해 보자.

① 인생사 모두는 해 아래(under the sun)에 있다.
② 해 아래 모든 것은 결국 허무(vanity)하다.
③ 그러므로 인생 자체가 허무하다.
이 결론은 잘못된 결론이다. 왜냐하면 명제가 잘못되어 있기 때문이다. ①과 ②의 명제는 세속의 관점에서는 참일 수 있다. 그러나 성경적 관점에서는 이 명제는 잘못된 명제이다. 왜냐하면 세속[人爲]의 인생은 해 아래에 있지만, 신위(神爲)의 인생은 해 아래 있지 않고 하나님(혹은 예수님) 아래에 있으므로 1)과 2)의 명제는 잘못되었고, 따라서 결론은 잘못된 것이다. 다음 도표로 두 개의 삶을 대조해 보라.

	해 아래서의 삶 (Life Under the Sun)	아들 아래서의 삶 (Life Under the Son)
1:3	사람이 해 아래에서 수고하는 모든 수고가	너희 안에서 착한 일을 시작하신 이가 그리스도 예수의 날까지 이르실 줄을 우리는 확신하노라 (빌 1:6)
1:9	해 아래에는 새 것이 없나니	그런즉 누구든지 그리스도 안에 있으면 새로운 피조물이라 이전 것은 지나갔으니 보라 (모든 것이) 새것이 되었도다 (고후 5:17)
1:14	해 아래에서 행하는 모든 일을 보았노라 보라 모두 다 헛되어	너희 수고가 주 안에서 헛되지 않은 줄을 앎이라 (고전 15:58)
2:18	해 아래에서 한 모든 수고를 한함 (수고의 열매를 증오함)	모든 선한 일에 열매를 맺게 하시며 하나님을 아는 것에 자라게 하시고 (골 1:10)
6:12	해 아래에서 사람은 죽을 수 밖에 없는 존재다	이는 그를 믿는 자마다 멸망하지 않고 영생을 얻게 하려 하심이니라 (요 3:16)
8:15	해 아래에서 쾌락은 일시적이다	너희 안에서 행하시는 이는 하나님이시니 자기의 기쁘신 뜻을 위하여 너희에게 소원을 두고 행하게 하시나니 (빌 2:13)
8:17	해 아래에서 사람은 주께서 하시는 일을 깨달을 수 없다	이제는 내가 부분적으로 아나 그 때에는 주께서 나를 아신 것 같이 내가 온전히 알리라 (고전 13:12)
9:3	해 아래에서 모든 사람은 죽는다	하나님이 우리에게 영생을 주신 것과 이 생명이 그의 아들 안에 있는 그것이니라 (요일 5:11)
9:11	해 아래에서 힘센 것과 빠른 것	하나님께서…세상의 약한 것들을 택하사 강한 것들을 부끄럽게 하려 하시며 (고전 1:27)
12:2	해 아래에서의 삶은 멈추게 된다	너희에게 영생이 있음을 알게 하려 함이라 (요일 5:13)

학습자료 33-4 잠언, 욥기, 전도서의 특징 비교

잠언 청년기 지혜	욥기 장년기 지혜	전도서 노년기 지혜
의인은 복 받고 악인은 심판 받는다. "내 아들아 완전한 지혜와 근신을 지키고 이것들이 네 눈 앞에서 떠나지 말게 하라"(잠 3:21)	왜 의인에게 고난이 있는가? "그가 나를 죽이시리니 내가 희망이 없노라 그러나 그의 앞에서 내 행위를 아뢰리라" (욥 13:15)	인생의 모든 것이 허무다. "…헛되고 헛되며 헛되고 헛되니 모든 것이 헛되도다" (전 1:2)
"여호와를 경외하는 것이 지식의 근본이거늘 미련한 자는 지혜와 훈계를 멸시하느니라" (잠 1:7)	"너는 대장부처럼 허리를 묶고 내가 네게 묻겠으니 내게 대답 할지니라" (욥 40:7)	"일의 결국을 다 들었으니 하나님을 경외하고 그의 명령들을 지킬지어다 이것이 모든 사람의 본분이니라" (전 12:13)
권선징악, 곧 하나님을 좇아 의롭게 행할 때 복을 얻는다. 하나님의 복을 인간의 욕심을 위해 용도 변경하는 것을 막는 것이 청년기의 지혜다.	장년기의 현실은 악인이 잘 되고 오히려 의인이 핍박받는 것이다. 인생은 절대 단순하지 않다. 그러나 하나님 앞에 서서 자기의 모든 의를 포기하는 것이 장년기가 넘어야 할 지혜의 순간이다.	속도보다 중요한 것이 방향이다. 모든 것을 다 이루고 얻은 것에 만족할 만한 시점에 자기 우상화가 시작된다. 그렇게 찾아오는 허무주의에 대항해 여전히 하나님을 경외함이 노년기에 필요한 지혜다.
"여호와를 경외하라" (히, 이르얏 야웨)		

핵심 학습 자료 | 33일

학습 자료 33-5 대기의 순환 전 1:6

✝ 대기 순환의 원인

대기(大氣)의 순환은 주로 지구의 자전과 지표의 다양성으로 인해 생기는 태양 복사열의 밍밍으로 일어난다. 즉 지구가 사전하시 않는나면 바람은 양극에서부터 석노로 순환을 되풀이할 수밖에 없다. 왜냐하면 양극의 차가운 공기가 적도로 가서 다시 따뜻하게 되었다가 다시 똑같은 풍로(風路)를 거쳐 양극으로 돌아갈 것이기 때문이다. 그런데 지구가 자전함에 따라 바람은 북반구에서는 오른쪽으로 휘어지고 남반구에서는 왼쪽으로 휘어지며 어떤 지역에 모여 풍대(風帶)를 형성하게 된다. 이렇게 바람을 회전시키는 힘을 '코리올리의 힘'(Coriolis force)이라고 한다. 그런데 본문은

① 바람의 양극에서 적도로의 일반 순환 – '바람은 남으로 불다가 북으로 돌이키며',
② 코리올리의 힘에 의한 회전 – '이리 돌며 저리 돌아',
③ 구체적인 바람의 경로 – '불던 곳으로 돌아가고'

에 대해 설명하고 있다.

✝ 의의

대기가 양극에서 적도로 순환한다는 주장은 17세기의 과학자 하들리(George Hadley)가 처음으로 제시했으며, 19세기 코리올리(G.G. Coriolis)와 페렐(William Ferrel)에 의해 대기 순환에 대한 더 분명한 사실이 밝혀졌다. 그런데 B.C.1000년경에 솔로몬에 의해 이미 이런 사실이 성경에 언급된 것은 실로 놀라운 일이 아닐 수 없다. 더욱이 팔레스타인 지역은 주로 서북풍과 동남풍이 번갈아 가며 부는 치역인데 바람의 양극에로의 순환이 언급된 것은 성경이 실로 이 모든 것을 알고 계시는 하나님의 영감으로 기록된 것임을 증거하는 것이다.

학습 자료 33-6 해 아래 허무의 역설적 교훈 전 2:12-26

"헛되고 헛되며 헛되고 헛되니 모든 것이 헛되도다"[1:2]는 탄식으로 시작되는 본서는 해 아래 사는 인간 삶의 허무에 대한 전도자의 깊은 통찰과 이에 대한 신앙적인 극복에 관해 소개하고 있다. 이렇듯 전도자가 해 아래 인생을 허무하게 본 이유는 무엇에 근거한 것인가? 또 해 아래 삶의 허무를 극복하기 위한 전도자의 신앙적인 해결이 우리에게 시사하는 바는 무엇인가? 이에 대해 숙고해 보는 일은 본서 전체에 대한 이해뿐 아니라 우리 인생의 허무에 대한 극복을 위해서도 반드시 요구된다고 하겠다.

✝ 해 아래 허무의 의미

전도서에는 '헛되다'라는 말이 무려 37회나 나온다. 그런데 이 '헛되다'라는 말과 자주 어울려서 나오는 문구가 바로 '해 아래서'이다. 이것은 인생의 허무가 해 아래, 곧 절대 초월자요 창조주로서 여호와 하나님과의 바른 관계 정립으로 그분의 무한한 축복이 미치는 영역과 달리 인간이 여호와 하나님과의 관계가 단절된 채 죄성에 오염되어 그저 짧은 순간만을 무의미와 고통 속에서 살다가 떠나야 할 인생의 영역으로서의 현 세상만을 전부로 아는 인본주의적 인생관(人生觀)에서 비롯된 것임을 나타내는 것이다. 즉 전도서 기자가 헛되다고 했을 때 그것은 무조건 이 세상 삶의 모든 것을 비관하는 것이 아니라 신본주의적, 내세적 인생관이 결여된 죄와 질고로 오염된 인생의 영역으로서의 이 지상의 삶에 모든 가치 기준을 두는 인본주의적 삶의 허무를 탄식한 것이다.

✝ 해 아래 허무의 필연성

① 인생의 궁극적인 목적의 부재 : 해 아래 있는 인생과 우주 안에서 일어나는 일들을 모두 끊임없이 무의미하게 반복되는 것으로만 생각하는 사람은 삶이 궁극적인 목적이 없는 것으로 보일 수밖에 없다. 인생들이 수고에 수고를 거듭하나 물질주의와 쾌락주의에 빠지고 근심과 슬픔에 빠지게 되는 것은 다 이 같은 인생의 궁극적인 목적의식의 부재로 인한 결과이다2:23.

② 가치관의 혼돈 : 지혜자와 우매자의 죽음이 일반이고2:14, 오직 약육강식의 원리만이 존재하며4:1-6 모순과 부조리로 점철된 해 아래 현 세상에서 일어나는 모든 일은 모든 가치 기준을 현 세상에 두는 사람들이 볼 때 자신의 육체적 죽음으로 모든 것이 종결되는 허무한 것일 수밖에 없다.6:6, 12

③ 영원을 사모하는 마음의 불충족 : 창조주 하나님은 인간을 지으실 때 그 속에 영원을 사모하는 마음을 주셨다3:11. 그러나 유한한 현 세상의 물질, 명예, 권세로는 결코 그 영원을 사모하는 마음을 충족시킬 수 없기에 인본주의자들에 있어서 현 세상의 모든 것은 허무하게 보일 수밖에 없다.

✝ 해 위의 것을 통한 해 아래 허무의 극복

해 아래서 행하는 모든 일이 헛되다1:3는 전도자의 탄식은 역설적으로 해 위에 있는 것, 곧 절대 초월자요 창조주이신 여호와 하나님과의 바른 관계 정립에 의해서만 해 아래서의 허무를 극복할 수 있다는 교훈을 보여준다. 실로 여호와 신앙은 인생의 기원과 존재의 의미, 나아가 인생의 궁극적인 종착지를 보여 준다. 천하의 범사가 하나님이 정하신 기한과 목적에 따라 진행되기 때문에3:1, 우연히 또는 기계적인 인과 법칙에 따라 무의미하게 반복되는 일이란 없다. 즉 현 세상에서 횡행하는 모든 모순과 부조리가 일소되는 최후 심판 날이 필연적으로 도래할 것이다3:16, 17, 12:14. 따라서 하나님을 경외하는 자들은 선을 행하되 그 열매가 당장 없을지라도 실망하지 않고 여호와께서 반드시 갚아주실 것을 믿으며 기쁨으로 행할 수 있다. 그리고 자신의 수고에 따라 얻은 열매가 하나님의 선물임을 깨달음으로써³:¹³ 얄팍한 물질주의나 쾌락주의에 빠지지 않게 된다. 또한 일시적인 이 세상에서의 삶에만 집착하지 않고 하나님께서 허락하신 분복에 따라 기뻐하는 생활을 하게 된다. 전도자가 하나님을 경외하는 자만이 해 아래서의 허무한 일들에서 벗어날 수 있다고 역설한 이유도 여기에 있다⁷:¹⁸. 실로 해 아래 있는 것들에 대한 미련 때문에 참 가치가 있고 보배로운 해 위의 것을 바라보지 못하는 인생의 어리석음은 마땅히 경계되어야 할 것이다.

학습 자료 33-7 초상집에서 배울 7대 지혜 전 7:1-4

전도자는 초상집에 가는 것이 잔칫집에 가는 것보다 낫다고 말하고 있다. 여기서 '잔칫집'이란 겉보기에 화려하면서도 인간에게 육신적 쾌락을 주는 곳으로써 인생을 가볍게 하고 어리석게 하는 곳을 상징하며, '초상집'은 죽음이라는 인생의 극한 상황 속에서 한 망자(亡者)의 일생을 깊이 상고해 봄으로써 인생의 본질을 보다 깊이 깨닫고 값진 인생을 영위하겠다는 각오를 다져보게 하는 곳을 상징한다. 이에 전도자는 '지혜자의 마음은 초상집에 있으되 우매한 자의 마음은 혼인 집에 있느니라' 라고 본문에서 말하고 있다. 그러면 우리가 초상집에서 어떤 인생의 지혜를 얻을 수 있는지를 더 구체적으로 살펴보도록 하겠다.

1	인생은 결국 죽음에 이른다는 사실을 재삼 깨닫게 됨(전 7:1)
2	인간은 나약하고 유한한 존재임을 깨닫게 됨(시 90:10)
3	죽음 앞에서 무용한 헛된 욕심을 버리게 됨(시 49:17)
4	영원을 사모하는 마음을 더욱 강렬히 하게 됨(전 3:11, 12)
5	살아 있는 동안에 여호와를 기쁘게 해야 한다는 사실을 깨닫게 됨(전 9:4, 5)
6	죽음 이후에 누릴 상급에 대한 소망을 더 크게 하게 됨(딤후 4:6, 8)
7	죽음이라는 사건을 통해 종말론적인 경건의 삶을 더욱 지향하게 됨(살전 5:23)

학습 자료 33-8 성경적 중용관 전 7:15-18

본문은 헬라 철학이나 유교와 유사한 중용(中庸)의 도(道)를 가르치는 것처럼 보인다. 그러나 엄밀한 의미에서 볼 때 성경적 중용관과 여타 이방 종교와 철학의 중용관 사이에는 현격한 차이가 있다.

✝ 중용의 일반적 의미

일반적으로 헬라 철학이나 유교에서 말하는 중용이란 어떤 일에 대해 과도하거나 부족하게 행하는 양극단에 치우치지 않고 적당한 중도를 취하는 것을 가리킨다. 그래서 이러한 일반적 의미의 중용의 도를 강조한 대표적인 헬라 철학자 아리스토텔레스(Aristoteles)는 비겁과 망동의 중용이 참 용기이며, 인색과 낭비의 중용이 참 관후이며, 타인에 대한 무시와 소심한 굴종의 중용이 참 정의라고 했다. 따라서 일반적 의미의 중용관은 인간의 생각을 적당히 중간치에 둔 다분히 인본주의적인 것이라고 할 수 있다.

✝ 중용의 성경적 의미

성경적 윤리 가치의 기준은 사람이 아니라 절대자 하나님 자신이시다. 그리고 성경적 중용이란 바로 그 하나님께서 인간에게 정하여 주신 길, 곧 하나님의 말씀에 좌로나 우로나 치우치지 않는 것을 말한다수 23:6. 본문 역시도 선과 악의 중간에서 적당히 행할 것을 요구하는 말이 절대 아니다. 본문은 오히려 그 어떤 경우에든지 하나님께서 원하시는 방법과 방향을 떠나 자기 의만을 주장하거나 인간적인 판단에 따라 악을 행하는 것을 금지하고 오직 모든 행동의 기준을 하나님의 계시 말씀에 둘 것을 촉구하는 말이다. 결국 성경적 중용이란 모든 행위 기준을 하나님의 말씀에 두는 신본주의적 사고를 말한다고 하겠다.

✝ 의의

우리는 잠언이나 전도서의 가르침들을 대할 때 세속적인 윤리와의 본질적인 차이를 구분하지 못하고 혼동하는 경우가 많다. 세속적인 윤리는 절대적인 가치 판단 기준이 없으며 시대와 상황에 따라 항상 가변적이고 인간 중심적이다. 반면에 성경적 윤리는 가치 판단의 절대 기준을 창조주이시며 역사의 주관자이신 여호와께 두고 있으며 그를 경외하는 마음이 없는 윤리적인 행위는 하나님 앞에서 결코 선일 수 없다고 가르친다. 이런 사실을 명심할 때 우리는 올바른 성경적 윤리관을 소유할 수 있을 것이다.

33일차 범위 생각해야 할 성경적 세계관의 이슈들

☑ 읽을 책 : "기독교 세계관 핸드북" 도서 출판 에스라 2023

- ❖ 전 1~2장 "포스트모더니즘"(p240)
- ❖ 전 3장 "비비네스를 위한 성경적 모델"(p538)
- ❖ 전 6장 "자본주의와 기독교 세계관"(p543)

34일 핵심 학습 자료

학습 자료 34-1 열왕기와 역대기의 대조

구분	열왕기		구분	역대기
왕하 1~11장	솔로몬 이야기(40년)	역대상	1~9장	아담-다윗이전까지 족보
왕상 12장~왕하 15:12	·왕국분열/오므리/예후왕조 (180년) ·엘리야, 엘리사 사역		10~29장	다윗 이야기
왕하 15:13~17장	살롬~북IS멸망까지(30년)	역대하	1~9장	솔로몬 이야기
왕하 18~25장	잔존유다왕국과 멸망(136년)		10~36장	분열 왕국
사관(史觀)	·선지자적 관점/신명기 사관에 의한 역사해석 ·북이스라엘 중심/정치, 왕권	사관(史觀)		·제사장적 관점/에스라의 포로귀환, 백성위한 예배 공동체 회복교재 ·남유다만 기록/성전, 예배

학습 자료 34-2 예루살렘 성전

✝ **인본주의자와 신본주의자의 대조적인 운명.**

예루살렘 성전 또는 거룩한 성전(히 : בית המקדש, 벳 하미크다쉬, 거룩한 집)은 예루살렘의 성전 산(하르 하바이트)에 있었다. 유대교에 의하면, 하나님의 "발등상"을 상징한다. (히 "쉐키나").

제1성전은 솔로몬 왕이 기원전 10세기인 기원전 966년에 7년 동안 지었다. 고대 유대교의 중심이 되는 곳이었다. 이 성전은 모세의 장막과 실로, 노브, 기브온 장막을 대체한 것이었으며 유대교의 믿음의 중심이 되는 곳이다. 제1성전은 바빌로니아인들에 의해 기원전 586년에 부서졌다. 새로운 성전(스룹바벨 성전)의 건축은 기원전 536년에 시작되었다. 잠시 중단되었다가 516년 완성되어 515년 봉헌되었다. 에스라서에 기록되었듯이 고레스 대왕에 의해 승인되었으며, 다리우스 대왕이 보수하였다. 5세기 후 제2성전은 헤롯 대왕에 의해 기원전 20년경 재건축이 이루어졌다. 이를 제2성전이라고 한다. 70년 유대 독립 전쟁이 진압될 때에 로마 제국에 의하여 무너졌으며, 흔히 통곡의 벽이라고 부르는 서쪽 벽만이 남았다. 성전 바깥의 벽들은 아직도 남아있다. 이슬람 사원인 바위의 돔은 성전 터 위에 7세기 후반부터 서 있었으며 알 악사 모스크도 비슷한 시기부터 성전 뜰 자리에 서 있었다.

유대교 종말론은 제3성전에 대한 예언이 있다. 이는 메시아가 오기 전에 예루살렘에 세워질 것이며, 유대교 원리주의자와 보수 유대교에서는 제3성전을 기다리고 있다.

2007년 8월 30일에, 주택단지에 파이프를 설비하다가 제2성전의 유적이 발견 되었다고 한다. 2007년 10월에 고고학자들이 제1성전 유적을 확인하였다.

학습 자료 34-3 각 시대별 하나님 임재의 주요 양상 _{대하 6:18-21}

'하나님의 임재'란 초월자이신 하나님이 지상에 있는 인간들에게 내려오사 함께 하시는 것을 가리킨다. 이를 가리켜 성경에서는 '임마누엘'이란 용어로 표현하기도 하고, 또 신학 용어로 '쉐키나'(Shekinah)로 표현하기도 한다. 그런데 이는 '하나님의 현현'(Theophany)이란 개념과는 그 뜻이 조금 다르다. 하나님의 현현(출 33장 학습 자료 7-2 참조)이란 일시적인 것으로서, 불, 바람, 음성 등의 방편을 통해 잠깐 가시적으로 자신을 드러내시는 것이나, '하나님의 임재'란 하나님이 지상의 인간과 지속해서 함께 하시는 것을 가리킨다.

그리고 하나님의 현현은 거룩한 하나님의 속성을 표현하는 것이지만 여기 '하나님의 임재'란 인간들을 향한 하나님의 관심과 사랑, 또는 하나님이 인간에게 당신의 의지를 진행하시는 계속된 사역이다. 한편 하나님의 임재는 계시의 점진성에 따라 각 시대에 따라 다르게 나타난바 하나님의 임재 양상의 발전 또는 전개는 구속사 전개의 한 주요 양상일 수 있다. 따라서 발전을 통해서 하나님의 구속사적 계시는 더욱 분명해졌다. 이에 성경의 시대별로 나타난바 하나님 임재의 주요 양상들을 살펴보고자 한다. 단 다음 시대별 임재 양상의 발달 및 전개는 전반적 경향을 말할 뿐이며, 각 시대에 꼭 하나의 양상만 있었다고 보는 것은 무리이다.

✝ 에덴동산에서의 원천적 임재

에덴동산에서 하나님은 인류의 조상인 아담과 함께 그 동산 가운데 거하셨다^{창 3:8}. 물론 하나님은 영이시기 때문에 어떠한 양상으로 아담과 함께하셨는지는 알 수 없다. 그러나 성경을 통해서 우리가 짐작할 수 있는 바는 적어도 아담이 선악과를 따 먹은 범죄를 저지르기 전에는 하나님 앞에서 그 낯을 피하여 숨지 않아도 되었으며, 하나님의 음성을 듣고 두려워 떨지 않아도 되었다^{창 3:8, 10}. 이처럼 하나님과 마주 얼굴을 대하며 서로 자유롭게 대화할 수 있는 상태가 바로 '하나님의 원형적(原形的) 임재'라고 할 수 있을 것이다.

그러나 인류의 조상인 아담은 선악과 범죄로 말미암아 에덴동산에서 추방되었고, 이로 말미암아 아담을 비롯하여 그의 후손인 인류는 하나님의 원형적 임재를 통한 그와의 교제의 기쁨을 상실하게 되었다. 그러나 하나님은 아담의 에덴동산에서의 추방 후에도 당신의 피조물인 인간을 완전히 떠나지는 않으셨다. 대신 다시금 하나님과 인간 사이의 교제를 회복하시기 위한 구속 계획을 세우시고^{창 3:15}, 원형적 임재와는 다른 새로운 양상으로 인류 가운데 임재하시기 시작하셨다.

✝ 족장 시대의 개인적 임재

인류의 조상인 아담의 에덴동산 추방 이후 하나님은 인류의 구원을 위한 당신의 구속 계획과 섭리 가운데 특정한 몇몇 개개인들에게 임재하셨다. 그들 가운데는 가인과 같은 악인도 있지만 대부분 하나님께 순종하는 경건한 신앙인들, 또 족장들이었다. 예를 들면, 300년간 하나님과 동행하였던 에녹[창 5:24], 대홍수 심판 당시의 유일한 의인이었던 노아[창 6:9], 이스라엘의 조상일 뿐만 아니라 전 시대 모든 성도의 믿음의 조상인 아브라함[창 12:1-3, 18:1], 얍복 강가에서 하나님과 씨름하여 이긴 야곱[창 32:30] 등을 들 수 있다. 이처럼 개개인을 위한 하나님의 임재는 먼저 하나님이 모든 인간과 개인적인 인격적 교제를 얼마나 원하시는가 하는 사실과 모든 인간이 하나님과 교제를 나누며 그분과 함께 동거하기 위해서는 철저히 개인적인 순종과 믿음이 요구됨을 교훈하는 것이다.

✝ 성막과 성전을 통한 임재

하나님이, 당신께서 택하신 백성들과 함께하신다는 사실이 가장 분명하게 나타난 것은 성막과 성전을 통하여서이다. 먼저 성막(Tabernacle)은 출애굽 사건 이후 시내산 언약 체결을 통하여 명실상부한 국가로서의 이스라엘을 만들고, 그들을 인도하사 광야를 통하여 가나안 땅에 입성할 때까지,

그리고 가나안 정착 이후 단일 중앙 성소인 실로의 회막이 존재하던 시기까지 하나님의 임재 처소로 쓰였다. 더욱이 이 당시 법궤는 성막보다 더 직접적으로, 이스라엘을 인도하며 보호하시는 하나님 임재 양상을 대변하는 것이었다. 이는 블레셋인에게 법궤를 탈취당했을 때 '영광(하나님의 임재)이 이스라엘에서 떠났다'[삼상 4:22]라는 성경 기록에서 분명히 나타난다. 그리고 성전(Temple)은 여호와께서 '내 이름을 거기 두리라 하신 곳'[20절]으로서, 누구든지 이 성전을 향하여 기도하는 것은 곧 하나님을 향하여 기도하는 것과 동일한 의미로 이해되었다[21절].

그리고 이 성전이 이스라엘 땅 가운데 존재하는 한 하나님이 그의 백성과 함께하시는 것으로, 반면 성전의 파괴는 하나님이 그의 백성들을 버리신 것으로 이해되었다[왕상 9:7]. 이처럼 성막과 성전을 통한 하나님의 임재는 하나님께서 당신의 백성들과 어떠한 방식으로 함께 하시는지를 보여 준다. (학습 자료 34-4 "성막과 성막 본질 이해" 참조) 동시에 성전과 성전 제사를 통하여 모든 인간이 하나님께 나아가며 속죄함을 얻고, 그분과 교제하게 됨을 교훈한다.

✝ 성자 하나님의 성육신

하나님의 임재는 삼위(三位)이신 성부, 성자, 성령 모두에게 해당하는 것이다. 그러나 특별히 제2위 성자 하나님이신 예수 그리스도의 성육신(incarnation)은 가장 완전한 하나님의 임재 양상이다[골 1:19]. 그래서 성경에서는 제2위 성자의 성육신을 가리켜 '임마누엘'[마 1:21]이라 했다. 즉 지금까지는 상징으로, 또는 어떤 현현의 방편들을 통하여 하나님이 간접적으로 자기 백성과 함께하셨으나, 제2위 성자의 성육신을 통하여 하나님이 직접적으로 자기 백성과 함께하시게 되었다는 것이다[요 1:14]. 따라

서 예수 그리스도를 본 자는 곧 하나님을 본 자이며^{요 14:9}, 믿음으로 예수 안에 있는 자는 곧 하나님 안에서 그분과 교제하는 것과 동일한 것이다.

✝ 오순절 성령 강림 이후의 성령 내주

성자 하나님이신 예수 그리스도의 죽음과 부활, 승천 이후 제3위 하나님이신 성령 하나님이 오순절 날 강림하사 예수 그리스도를 믿는 성도들 속에 영구적으로 내주 (內住)하시게 되었다^{행 2:17-21}. 성령의 내주는 우리가 제2위 성자 예수 그리스도를 믿는 믿음으로 말미암아 하나님 안에 있게 되었다는 사실을 확신케 한다. 또 그것은 장차 종말의 심판 이후에 가장 원형적(原型的)으로 하나님이 임재해 계시는 천국에서 그분과 영원히 동거하게 되리라는 믿음의 확실한 증거가 된다^{롬 8:12-17}.

✝ 천국에서의 원형적 임재의 회복

즉 온 세상의 심판주로 오시는 예수 그리스도의 재림은 믿는 성도들에게는 승리의 기쁨으로 하나님의 영광에 동참케 하는 계기를 만든다. 그리고 천국의 새 예루살렘 입성 후 성도들은 직접 얼굴과 얼굴을 마주 대하여 보는 것처럼 삼위일체인 하나님을 볼 것이다^{고전 13:12}. 이것은 바로 첫 아담의 선악과 범죄로 말미암아 상실하였던, 하나님의 원형적 임재를 통한 하나님과의 교제가 둘째 아담인 성자 예수 그리스도에 의해 원래대로 회복됨을 가리킨다.

✝ 의의

이상 성경의 각 시대별로 나타난 하나님의 임재 양상과 그것이 주는 구속사적 진리를 살펴보았다. 이 같은 하나님 임재 양상의 발전에 대한 이해를 통하여 우리는 하나님이 어떠한 방식으로 당신의 백성들과 함께하셨으며, 또 그들을 구원하시기 위해 어떠한 관심과 사랑으로 당신의 구속 계획을 전개해 오셨는지를 깨닫게 된다. 실로 하나님은 범죄한 인간이라 할지라도 끊임없이 오늘날까지 당신의 사랑을 나타내 보이셨다.

학습 자료 34-4   성막 및 성전의 본질 이해 ^{대하 7:19-22}

본문에서 하나님은 이스라엘 백성들이 율법을 지키지 않고 우상을 섬기면 당신의 거처로 삼으셨던 성전마저도 버리시겠다고 하셨다. 그리고 이 말씀은 B.C. 586년 바벨론 왕 느부갓네살에 의한 성전 파괴로 말미암아 성취되었다^{왕하 25:9, 대하 36:19}. 한편 '성전 파괴의 의의'에 관해서는 왕하 25장 학습 자료 51-1을 참조하라. 이러한 사실에서 우리는 모세 성막을 비롯한 성전의 본질에 대한 분명한 이해의 필요성을 절감하는바 이에 대해 살펴보도록 하겠다.

✝ 여호와 임재의 처소

'성전'(Temple)의 가장 기본적인 개념은 여호와의 집, 또는 여호와 임재의 처소로서 다른 지역과 특별히 구별된 장소 및 건물을 가리킨다. 하나님은 무소 부재(無所不在)하신 분이다. 또 하늘과 하늘들의 하늘이라도 용납할 수 없이 모든 것을 초월해 계신 분이시며, 모든 공간 속에 편재해 계신다렘 23:24. 그럼에도 불구하고 하나님이 특별히 한 곳을 정하여 그곳에 임재하시는 이유는 자기 백성이 당신께 나아올 수 있는 통로를 주시기 위해서이다. 즉 죄로 말미암아 결코 절대 거룩하신 하나님 앞에 나아갈 수 없을 뿐만 아니라 숙어 마땅한 죄인들도 하여금 하나님 앞에 나아와 속죄함을 얻고 생명을 얻게 하려고 특별히 한 곳을 구별하사 성전을 세우게 하신 것이다.

따라서 성전은 여호와 임재의 처소로서 그분과 교제를 나눌 수 있는 곳이었다. 동시에 죄인들이 구원받을 수 있는 유일한 길은 하나님 앞에 나아와 회개하는 것임을 보여 주는 곳이기도 하였다. 그리고 이미 구속함을 받은 성도들이 여호와 앞에 나아가 그분께 예배드릴 수 있는 장소이다.

✝ 단일 중앙 성소
이처럼 여호와 임재의 처소이며 죄인들이 여호와 앞에 나아가 구원받을 수 있는 유일한 통로인 성전은 단 하나뿐이며 이스라엘 백성 한 가운데 세워졌다. 즉 광야 생활 중 모세 성막도 이스라엘 백성들의 진영 한 가운데 위치하였으며, 또 예루살렘 성전도 약속의 땅 가나안의 한가운데 세워졌다. 이는 성전이 선민 이스라엘 민족의 삶과 존재의 근거이며, 구심점임을 보여 준다. 즉 바꾸어 말하면 전 이스라엘 백성들은 성전을 중심으로 하나로 단합할 때만 하나님의 선민으로서의 그 면모를 제대로 가질 수 있는 단일 운명 공동체라는 것이다.

또한 이러한 사실은 교회의 본질에 대한 사도 바울의 설교 속에도 잘 나타나 있다. 즉 사도 바울은 교회를 결국, 예수 그리스도를 머릿돌로 하고 모든 성도가 성령 안에서 함께 짓는 하나님의 거하실 처소로 규정하고 있다엡 2:20-22. 따라서 이스라엘 백성에게 주어진 성전이 단일 중앙 성소라는 사실은 그들의 삶의 태도와 방법을 결정하게 하는 매우 중요한 의미가 있음을 보여 준다.

✝ 예수 그리스도의 구속사적 예표
여호와 임재의 처소인 성전은 결국 예수 그리스도의 구속 사역으로 구원받은 백성들이 예수 그리스도를 통하여 하나님께 나아가며요 14:6. 또 그 안에서 하나님과 화목하고 교제하게 된 것엡 2:16의 예표이다. 그래서 예수께서는, 자신을 가리켜 '성전보다 더 큰 이'마 12:6라고 소개했다. 여기서 '성전보다 더 큰 이'란 지상의 건물인 성전은 하나님과 그의 백성 간의 화목과 만남을 제대로 성사시킬 수 없었으되 예수 그리스도는 죄인들의 완전한 구원과 하나님과의 화목을 온전히 이루실 수 있었음을 못하는 것이다. 또한 지상의 건물인 성전은 예수 그리스도에 의해 구원받은 성도들이 하나님과 함께 영원히 거하게 될 천상의 새 예루살렘계 21:3에 대한 예표이다.

구약

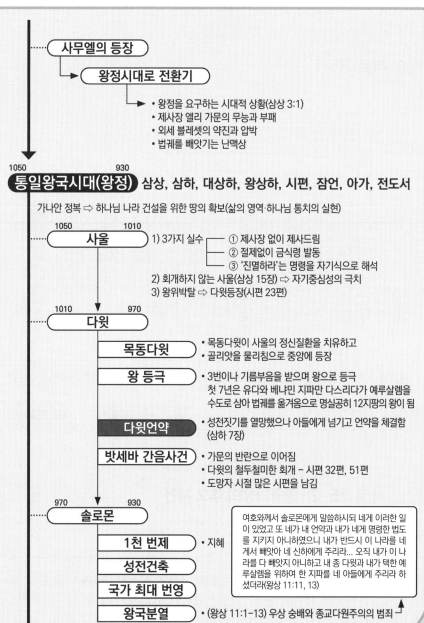

⋯⋯ 사무엘의 등장

→ 왕정시대로 전환기

• 왕정을 요구하는 시대적 상황(삼상 3:1)
• 제사장 엘리 가문의 무능과 부패
• 외세 블레셋의 약진과 압박
• 법궤를 빼앗기는 난맥상

1050　　　　930
통일왕국시대(왕정) 삼상, 삼하, 대상하, 왕상하, 시편, 잠언, 아가, 전도서

가나안 정복 ⇨ 하나님 나라 건설을 위한 땅의 확보(삶의 영역·하나님 통치의 실현)

1050　　　　1010
사울　　　　1) 3가지 실수 ─ ① 제사장 없이 제사드림
　　　　　　　　　　　　　├ ② 절제없이 금식령 발동
　　　　　　　　　　　　　└ ③ '진멸하라'는 명령을 자기식으로 해석
　　　　　　　2) 회개하지 않는 사울(삼상 15장) ⇨ 자기중심성의 극치
　　　　　　　3) 왕위박탈 ⇨ 다윗등장(시편 23편)

1010　　　　970
다윗

목동다윗　　　• 목동다윗이 사울의 정신질환을 치유하고
　　　　　　　• 골리앗을 물리침으로 중앙에 등장

왕 등극　　　• 3번이나 기름부음을 받으며 왕으로 등극
　　　　　　　　첫 7년은 유다와 베냐민 지파만 다스리다가 예루살렘을
　　　　　　　　수도로 삼아 법궤를 옮겨옴으로 명실공히 12지파의 왕이 됨

다윗언약　　　• 성전짓기를 열망했으나 아들에게 넘기고 언약을 체결함
　　　　　　　　(삼하 7장)

밧세바 간음사건　• 가문의 반란으로 이어짐
　　　　　　　• 다윗의 철두철미한 회개 – 시편 32편, 51편
　　　　　　　• 도망자 시절 많은 시편을 남김

970　　　　930
솔로몬

1천 번제　　　• 지혜

성전건축

국가 최대 번영

왕국분열　　　• (왕상 11:1-13) 우상 숭배와 종교다원주의의 범죄

> 여호와께서 솔로몬에게 말씀하시되 네게 이러한 일이 있었고 또 네가 내 언약과 내가 네게 명령한 법도를 지키지 아니하였으니 내가 반드시 이 나라를 네게서 빼앗아 네 신하에게 주리라... 오직 내가 이 나라를 다 빼앗지 아니하고 내 종 다윗과 내가 택한 예루살렘을 위하여 한 지파를 네 아들에게 주리라 하셨더라(왕상 11:11, 13)

35일 핵심 학습 자료

학습 자료 35-1

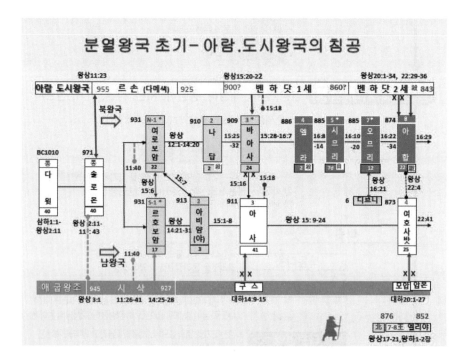

분열왕국 초기 - 아람.도시왕국의 침공

학습 자료 35-2 열왕기상의 주요 사건

🕇 이스라엘의 분열

다윗과 솔로몬의 통치 동안 최전성기를 구가하던 이스라엘에 최대의 위기가 닥쳐왔다. 솔로몬의 사후 그의 아들 르호보암이 왕위를 이어받자마자 바로 통일 왕국이 분열되는 사건을 맞이하였다. 그러나 이러한 조짐은 이미 솔로몬 통치하에서 예고되었다. 당시 실로 출신의 선지자 아히야가 여로보암이 열 지파의 추대를 받고 왕이 되어 이스라엘이 분열될 것임을 예고하였다. 이때 솔로몬이 여로보암을 제거하려 하자 여로보암이 애굽의 시삭에게 망명하여 일단락되었다. 그런데 솔로몬이 죽고 르호보암이 왕위에 오르자 다시 문제가 발생하였다. 북이스라엘의 지파 대표들이 르호보암에게 와서 솔로몬이 부과한 과중한 세금과 부역을 가볍게 해 달라고 요청하였다. 그러나 르호보암은 이들의 요구를 거절하였다. 이에 북이스라엘 지파들은 여로보암을 왕으로 내세우고 반란을 일으켜 북이스라엘 왕국을 건설하였다.

왕국이 분열되는 이런 비극은 솔로몬과 르호보암이 스스로 초래한 것이었다. 그들은 자신들의 사치 생활을 위해 백성들에게 과도한 짐을 지웠고 더욱이 다윗 왕가의 주 세력인 남부의 유다에게는 특권을 준 반면에 북이스라엘 지파에게는 부역시키며 압제하였다. 이로써 이스라엘은 이미 통일 왕국으로서의 기본인 공동체 의식이 사라졌다. 이런 점에서 반란의 주동자인 여로보암이 북이스라엘의 중심 세력인 에브라임 지파 출신임은 우연이 아니다. 그뿐만 아니라 통치 말기에 하나님을 떠나 가나안의 우상을 섬긴 솔로몬의 죄악은 더 이상 이스라엘이 하나님의 보호하심을 받지 못하는 원인을 제공하였다. 이처럼 이스라엘의 분열은 하나님의 뜻이 아니라 이스라엘 스스로 초래한 죄의 결과였다.

✝ 갈멜산상의 대결

엘리야 선지자가 능력의 대표자가 된 것은 갈멜 산상에서 있었던 바알과 아세라 선지자 850명과의 대결 때문이다. 이스라엘에 3년 반 동안 가뭄이 들 것을 예고하고 사렙다로 피하였던 엘리야는 다시 아합 왕에게 나타나 하나님과 바알 중에 누가 참된 신인가를 가려내기 위해 대결을 요청하였다. 이에 갈멜 산에서 엘리야와 바알과 아세라 선지자들의 대결이 벌어졌다. 결과는 엘리야의 승리였다. 엘리야가 세운 제단에 여호와께서 내리신 불이 임하여 제물을 불사름으로 여호와께서 참된 신임을 증명한 것이다. 또한 대결에서 승리한 엘리야는 바알과 아세라 선지자들을 기손 시냇가에서 모두 죽이고 기도하여 아합에게 다시 비가 내릴 것임을 예고하였다. 이와 같은 엘리야의 대결은 곧 여호와와 바알의 대결이기도 하였다.

당시 바알은 폭풍과 구름의 신으로 농사의 풍산을 관장하는 신이었다. 그런데 막상 이스라엘에 비를 멈추고 다시 내리게 하신 것은 바알이 아니라 여호와였다. 이런 점에서 엘리야의 대결은 바알이 비와 구름이 같이 농사의 풍산에 직접적인 영향을 미치는 날씨에 아무런 영향력이 없는 거짓 신임을 증명한 것이다. 그리고 여호와야말로 불과 구름과 비를 마음대로 부리는 자연을 주관하는 참 신이심을 분명히 하였다.

✝ 요시야의 성전 보수와 종교 개혁

요시야는 그의 재위 동안 앗수르의 영향력으로부터 자주권을 확보하기 위해 큰 노력을 기울였다. 그의 종교개혁도 이런 선상에서 이해해야 한다. 요시야가 벌인 성전 보수 작업도 단순한 보수가 아니라 성전 안에 놓여 있던 각종 우상들을 제거하고 이스라엘 고유의 여호와 신앙을 회복시킴으로 민족의 자주성을 고취하기 위함이었다. 그런데 성전 보수 작업 도중에 율법책을 발견하게 되었다. 이는 요시야 가 추진하던 종교개혁 정책에 가속도를 붙이는 계기가 되었다. 당시는 율법에 관한 백성들의 지식이 거의 전혀 없었고 하나님의 말씀이 거의 잊혀져 있었다. 따라서 무엇이 율법에 올바른 것이고 하나님의 뜻에 합당한 것인지 모호한 상태였다.

이런 상황에서 율법이 발견됨으로써 요시야의 개혁은 더욱 뚜렷한 명분을 얻게 되었고 추진해야 할 개혁의 방향들이 뚜렷하게 보이기 시작한 것이다. 한편 율법책을 발견한 이후 백성들과 함께 언약 갱신 의식을 치른 요시야의 태도는 아주 적합한 것이었다. 이로써 백성들은 여호와의 백성이며 언약의 자손으로서 자신들의 정체성을 깨닫게 되었고 개혁의 당위성에 공감하게 된 것이다. 뒤이어 거행된 가나안의 바알 숭배와 아시리아의 성신 숭배 등 우상들의 제거 작업이 성공할 수 있었던 것은 이와 같은 백성들의 공감이 있었기에 가능하였다. 특히 요시야의 개혁 중에서 지방의 성소를 없애고 예루살렘 성소로 종교의식을 통일한 것은 여호와 신앙이 가나안의 우상 문화에 물들지 않고 순수성을 지키는 중요한 계기가 되었다.

✝ 북이스라엘과 남 유다의 멸망

B.C. 727년 앗수르 왕 디글랏 빌레셀이 죽자 이스라엘은 반란을 일으켰다. 북이스라엘 왕 호세아는 새로 즉위한 앗수르 왕이 아직 광대한 영토를 완전히 장악하지 못했을 것이라고 판단하여 공물을 바치기를 거부하고 이집트 편으로 돌아서 버린 것이다. 그러나 호세아의 판단과 달리 새로 즉위한 살만에셀 5세는 즉시 사마리아를 침공하였다. 이 전투에서 살만에셀 5세가 죽고 그의 후계자 사르곤 2세가 종지부를 찍었다. B.C. 722년 초에 사마리아는 3년간에 걸친 앗수르의 포위 공격에 함락되고 말았다. 사르곤 2세는 27,290명의 이스라엘 사람을 페르시아 지방으로 유배시켰고 바빌로니아, 엘람, 시리아 사람들을 이스라엘 땅으로 이주시켰다. 처음부터 여호와 신앙에서 떠나 우상 숭배와 온갖 악을 행하던 북이스라엘은 자신들이 지은 죄의 대가로 하나님의 심판을 받아 멸망하고 만 것이다.

한편 비교적 여호와 신앙의 전통을 유지해 온 남유다 왕국은 북이스라엘의 멸망 후에도 오랜 세월 동안 존속되었다. 그러나 마지막 종교개혁의 기수인 요시야 왕이 죽은 후에 급격한 쇠퇴의 길을 걷게 되었다. 애굽 왕 느고가 요시야의 후계자인 여호아하스를 폐위시키고 여호야김을 세웠다. 그러나 여호야김은 애굽을 배신하고 신흥강국인 바벨론으로 돌아섰다. 그러다가 바벨론에까지 반란을 일으켰고 이에 바벨론의 느부갓네살이 침공하였다. 성이 함락되기 전에 여호야김은 죽고 그의 아들 여호야긴이 즉위하였으나 바벨론으로 포로가 되어 끌려갔다. 그후 마지막 왕 시드기야가 예레미야의 충고를 무시하고 또다시 바벨론에 반기를 들었다가 B.C. 586년 느부갓네살에 의해 마침내 완전히 멸망하고 말았다. 북이스라엘의 멸망을 보고도 회개하지 않고 여호와 신앙에서 멀리 떠난 남유다 왕국도 결국 하나님의 심판을 당한 것이다.

그러나 그것은 결코 완전한 멸망과 끝이 아니었다. 하나님께서는 멸망의 와중에서 회복의 소망을 주셨고 믿음의 그루터기를 통해 영광된 다윗 왕국의 재건을 약속하셨다. 이런 점에서 인간적인 다윗 왕국의 멸망은 영원한 하나님 나라로서의 다윗 왕국의 성취에 대한 전주곡이었다.

학습 자료 35-3 종교의 정치적 이데올로기화 _{왕상 12:25-33}

이스라엘 왕국 분열 후 북 왕국의 초대 왕으로 즉위한 여로보암은 자신의 왕권을 견고히 하기 위해 대내외적인 여러 정책을 세웠는데, 그중의 하나가 바로 종교 정책이었다. 그런데 그의 종교 정책은 여호와의 신앙을 앙양시키기 위한 것이 아니라 순전히 북 왕국 백성들이 성전에서 제사드리고자 예루살렘 성전을 찾아 남하(南下)하는 것을 막고 북 왕국의 통치권 아래에 민심을 규합하기 위한 것이었다. 곧 종교를 하나의 정치 도구화한 것, 소위 종교가 정치적 이데올로기화된 것이다. 그러면 여기서 종교의 정치적 이데올로기화에 대해 좀 더 자세히 살펴보도록 하겠다.

✝ 이데올로기의 정의

'이데올로기'(ideology)의 사전적 의미는 '특정한 사회적 목적을 달성하기 위해 사용되는 가치, 신념, 또는 규범의 체계'이다. 이 말은 1789년 프랑스 대혁명 직전 뜨라시(Tracy)에 의해 처음 사용되었으며 당시 혁명 이론가들이 자기들의 혁명적 사상 체계를 묘사하는데 자주 인용하였다. 이처럼 이데올로기는 어떤 한 가지 이상적인 사회적, 정치적 목적에 이바지하는 사상, 또는 신념의 체계이기 때문에 이데올로기 자체가 사람의 사고와 행동을 지배하는 강한 종교적 성향을 지니게 된다. 예를 들면 르네상스 이후 과학의 절대화를 추구하는 과학주의(scientism), 물질적 풍요를 최대 목적으로 하는 경제지상주의(economism), 국가절대주의 혹은 민족주의(nationalism) 등등 크고 작은 이데올로기가 존재해 왔다.

✝ 이데올로기로서의 종교

이데올로기가 어떤 이념 체계를 가리킨다는 점에서 종교도 하나의 이데올로기라고 말할 수 있다. 그런데 이데올로기로서의 종교는 다른 일반적인 사회, 정치적 이데올로기와는 그 목적하는 바에 있어서나, 또는 그 신념 체계의 크기에 있어서 완전히 다르다. 즉 다른 일반 사회·정치적 이데올로기는 특정한 한 가지 목적만을 추구하며 그 목적에 적합한 것을 선(善), 적합지 않은 것을 악(惡)으로 규정한다. 그러나 모든 인간의 생각을 초월하여 하나님의 생각과 뜻을 보여 주는 참 종교, 곧 기독교는 진정 인간에게 참된 구원의 길이 무엇이며 하나님의 영광을 위하는 길_{고전 10:31}이 무엇인가를 추구한다.

따라서 기독교는 인간의 생존 문제와 직접 연관된 것이며, 창조주이신 하나님과의 관계를 보여 줌으로써 거기에 따라 삶의 태도를 결정하도록 교훈한다. 이에 기독교는 이 세상의 어떤 이데올로기를 능가하는 이데올로기로서, 인간이 자신의 이기심과 악함을 모두 버리고 자발적으로 순종해야 할 이데올로기이다.

✞ 종교의 정치적 이데올로기화

이상에서 살펴본바, 정치적 이데올로기는 필연코 이데올로기로서의 종교에 종속되어 종교적 목적에 봉사하는 것이 마땅하다. 이는 여호와께서 이스라엘에 왕정을 허락하셨으되 왕을 하나의 절대 권력자로 세우시지 아니하시고 신정(神政) 대리인으로 세우시며 그가 여호와의 율법에 절대 순종도록 힘쓰시 길 니리닌니 17:18-20, 밍싱 9:4, 11:38 등. 그런데 본문의 여로보암은 정치적 목적을 달성하기 위하여 역으로 종교를 하나의 정치 이데올로기로 삼았다. 즉 예루살렘 성전 대신 벧엘과 단에 금송아지 제단을 세우고 그 금송아지가 곧 '이스라엘을 애굽 땅에서 인도하여 낸 여호와 하나님' 출 32:4, 8, 왕상 12:28이라고 선전했다. 그렇게 함으로써 여호와를 향한 백성들의 신앙을 자기의 왕권 강화를 위해 이용하였다. 이처럼 여호와 종교를 자기의 정치적 이데올로기로 삼은 악한 왕들에 의해 북 왕국 백성들은 여호와를 향한 신앙을 정치적 계략에 농락당하는 꼴이 되고 말았다. 여기 우리는 종교를 하나의 정치적 이데올로기로 전락시켜 버릴 때, 그것으로 인해 파생되는 악영향이 얼마나 심각한 것인가를 깨닫게 된다.

✞ 의의

위에서 우리는 종교를 정치적 이데올로기로 삼는 것에 관해서만 살펴보았다. 그러나 실상 현대 사회에서 만연되고 있는 여러 가지 사회, 정치적 이데올로기도 종교를 정치적으로 이데올로기화하는 것만큼이나 많은 위험성을 내포하고 있다. 즉 이데올로기는 종교적 성향이 강하기 때문에 자칫 어떤 이데올로기에 한 번 사로잡히게 되면 인간들은 그 이데올로기 너머에 있는 것들을 생각지 못하게 된다. 즉 다시 말하며 그 이데올로기 자체가 하나의 신앙이 되어 정작 참 진리인 살아계신 하나님을 발견하지 못하게 되는 것이다. 그러므로 그러한 이데올로기 자체가 심각한 우상 숭배가 아닐 수 없는 것이다. 따라서 우리는 여호와의 신앙을 막는 그 어떠한 사회·정치적 이데올로기도 반드시 배격해야 할 것이며, 오직 하나님을 향한 믿음의 눈으로 세계를 바라보는 성숙한 신앙인이 되어야 할 것이다. 그리고 일반 사회, 정치 이데올로기는 우리의 신앙에 종속되어야 하며, 오히려 그것으로 여호와의 신앙에 이바지하는 대로 한 걸음 더 나아가야 한다.

36일 핵심 학습 자료

학습 자료 36-1 바알 신(Baal Deity) 왕상 18:20-40

이스라엘 역사상 여호와 종교에 가장 치명적인 악영향을 끼친 이방 종교는 바로 바알 종교이다. 특히 분열 왕국 시대 이후 북 왕국의 제7대 왕 아합 통치 시기에는 시돈 사람의 왕 엣바알의 딸 이세벨에 의한 바알 종교 장려 정책으로 여호와 종교가 거의 말살 위기에 처하기도 하였다. 그러나 본문에서 보는 바와 같이 엘리야 선지자의 놀라운 활약으로 인해 여호와 종교가 북 왕국에서 다시 회복하게 되었다. 그러나 엘리야 시대 이후 바알 종교의 기승이 많이 꺾이긴 하였으나 그 영향은 북 왕국뿐만 아니라 남 왕국에까지 미쳤고 급기야 이스라엘 두 왕국의 멸망 때까지 이르렀다. 그러면 여호와 종교에 이 같은 치명적 영향을 끼친 바알은 어떤 신(神)인지 살펴보도록 하겠다.

✝ 바알의 뜻

'바알'(히, בעל)이란 '소유주', '주인', '남편'이란 뜻을 내포하는 일반 명사이다. 따라서 이 단어가 신(神)에게 붙여질 때는 어떤 지역의 '주신'(主神)이란 의미를 지니게 되며, 지명(地名)에 붙여질 때는 '~소유의 땅'이란 의미를 지니게 된다. 따라서 '바알 신'이란 본래 어느 한 지역의 지방신(地方神)이었으며, 이 신을 섬기는 어떤 민족이 강대하게 되면서 이 신의 영향이 크게 확대된 것이리라 추측된다. 시돈이 한창 전성기를 이룰 때에 바알 종교가 북 왕국에 전파되어 기승을 부린 것도 이런 연유일 것이다.

✝ 바알 신의 정체

풍요와 다산의 신인 바알은 B.C. 2000년경 아모리인들이 가나안 땅으로 이주해 올 때 들여온 신인 '하닷'(Hadad)일 것으로 추측한다. 이 당시까지만 해도 가나안인의 주신(主神)은 엘(El) 신이었으나 B.C. 14세기경부터 엘(El)신은 단지 사회적 영역이나 도덕적 영역에서만 최고의 신으로 여겨지게 되었고 대신 하닷 신이 가나안 지역의 주신(主神)으로 '바알'(Baal)이라 불리게 된 것으로 추측된다. 한편 이에 관해 증거해 주는 고고학 자료로서는 라스 샴라 토판(Ras Shamra Tablets, B.C.15세기)이 있다.

✝ 바알 종교의 두 가지 신화

바알 종교의 특성을 잘 보여 주는 두 가지 바알 신화가 있는데, 그것은 바알과 물의 신화와 바알과 모트(Mot, 죽음의 신)의 신화이다.

① **바알과 물의 신화** : 이 신화의 내용을 간단히 살펴보면 다음과 같다. 즉 바다의 물이 매우 난폭하여 육지를 뒤덮고 삼라만상을 파괴하려 할 때 바알 신이 가나안의 모든 신들을 대표하여 물과 격렬한 싸움을 벌여 승리를 거두게 된다. 이 결과 물은 바알의 종이 되고, 바알은 가나안 신들의 왕으로서 추앙받게 되었다는 것이 이 신화의 내용이다. 이 신화는 분명 바알 신이 농업을 주관하여 구름과 비를 다스린다는 가나안인들의 신앙을 반영하고 있다. 이는 바알 신상(神像)이 번개창과 철퇴를 들고 전투하는 모습인 것을 보아서도 알 수 있다^{삿 2장}.

② **바알과 모트(Mot)의 신화** : 이 신화를 보면, 바알은 죽음과 가뭄의 신인 모트와의 싸움에서 죽임을 당하게 된다. 그런데 바알의 누이 안낫(Anat) 여신이 모트 신에게 보복하여, 그 신을 칼로 자르고 채로 까부른 뒤에 불에 볶는다. 그리고 또다시 맷돌에 찧어 가루를 만든 뒤에 그 가루를 들판에 뿌리자, 바알 신이 다시 회생하게 되었다. 그가 회생할 때 하늘에서 단비가 내려 가뭄이 끝나게 되고 식물의 새싹이 돋아나게 되고 이어서 7년 연속 큰 풍년을 가져왔다는 것이다. 여기서 바알은 부활의 신이며 가뭄에 시들어 버린 식물들을 회생시키는 축복의 신으로 묘사된다.

✝ 의의

이스라엘 백성들도 위와 같은 가나안의 바알 신화에 많은 영향을 받았다. 그것은 이스라엘이 가나안인들의 농경 문화권에 들어가게 된 이상 피치 못할 불가피한 것이었을 것이다. 그리고 시편 기자들의 시적 표현들 가운데서도 이와 같은 신화적 영향을 받은 표현들이 자주 등장한다^{시 9, 29, 46, 88, 93, 96-98편 등}. 더욱이 사사 시대에 이스라엘 백성들이 가나안인과 통혼함으로써 여호와 종교와 바알 종교가 상당히 혼합되게 되었다^{삿 2:1-5. 3:5-7. 7:1}. 그리고 북 왕국 왕 아합의 시대에도 바알 우상 숭배가 온 이스라엘에 창궐하게 되었다.

그러나 바알 종교에 대한 선지자 엘리야의 투쟁이나 기타 많은 선지자의 메시지에서 보듯이 그러한 바알 종교의 영향에도 불구하고 여호와 종교의 탁월성과 하나님의 우주적 주재권은 계속해서 선포되었고, 궁극적으로 여호와가 참 이스라엘의 하나님임이 하나님의 직접적인 역사로 입증되었다. 그리고 심지어 바알에 의해 주장된다고 믿어졌던 농경문화와 관련된 모든 축복도 여호와가 아니면 결코 주어질 수 없음이 성경을 통해 밝혀졌다. 이에 호세아 선지자는 '내가 바알들의 이름을 그의 입에서 제거하여 다시는 그의 이름을 기억하여 부르는 일이 없게 하리라'^{호 2:17}는 예언의 말씀을 선포한바, 이는 바알 종교에 대한 여호와 종교의 궁극적인 승리를 보여 주는 말씀이라 하겠다.

학습 자료 36-2 엘리야의 절망 ^{왕상 19:3-8}

혹자는 본문을 읽을 때 엘리야와 같은 위대한 신앙인이 어떻게 이토록 낙담하여 절망할 수 있는가 하고 의아해한다. 더욱이 본문의 상황은 엘리야가 갈멜 산상에서 바알 선지자들과의 대결을 통해서 하나님의 능력을 체험한 지 얼마 지나지 않은 때였다. 그런데도 엘리야가 이토록 하나님께 죽기를 구할 정도로 극한 절망에 떨어졌다면 신앙인이 비신앙인과 다를 바가 무엇인가 하는 의문을 품지 않을 수 없다는 것이다. 그러나 과연 그런가? 엘리야의 절망이 비신앙인의 절망과 동일한 것인가? 이에 대해 한 번 살펴보기로 하겠다.

✝ 인간의 연약함으로 인한 절망

인간이면 누구나 극한 고통을 당하게 되면 절망하게 되고 탄식하게 된다. 그것이 인지상정(人之常情)이며, 연약한 인간의 본성이다. 엘리야도 이와 같은 연약한 인간이다. 하나님을 위해 최선을 다하였으며 여호와를 위한 열심히 바알 숭배자들과 싸웠지만 이세벨과 같은 악랄한 탄압자를 직면한 상황에서는 그도 어쩔 수 없이 절망할 수밖에 없었다. 그러나 그의 절망은 비신앙인의 절망과는 다른 것이었다.

✝ 신앙인의 절망과 비신앙인의 절망

비신앙인의 절망은 극도의 자기 집착(自己執着)과 이기주의에서 비롯된 자학과 비탄과 다를 바 아니다. 그들은 지금까지 자기 자신을 주인으로 섬겼고 모든 일을 자기 판단에 따라 행했다. 그러다가 스스로 어쩔 수 없는 상황에 닥쳤을 때 그들은 자기 자신을 송두리째 절망의 구렁텅이 속으로 던져버리고 만다. 그러나 신앙인은 어쩔 수 없는 극한 상황 속에서 자기 집착을 버리며 오히려 자기부정(自己否定)에 이르게 된다. 그리고 하나님께 나아가 탄식하며 간구하게 된다.

그런데 성경에 기록된 대로 신앙인의 탄식을 자세히 살펴보면, 자기 자신이 하나님으로부터 버림받은 듯한 느낌에서 극도의 공포감과 절망감을 표현하고 있는 것을 자주 발견하게 된다. 그리스도께서도 '나의 하나님 나의 하나님 어찌하여 나를 버리셨나이까'^{마 27:46}라는 탄식을 운명하시기 직전에 남기셨다. 그러나 이러한 종류의 탄식은 실제로 하나님께 대한 자신의 갈망을 절실히 표현한 것이요, 자기 자신을 버리되 하나님의 역사가 온전히 나타나기를 바라는 간구의 극한 표현이다. 엘리야의 탄식도 결국은 혼자 힘으로는 바알 숭배자를 대항할 수 없으니, 하나님께서 그 일을 해결해 달라는 간구의 다른 형태가 탄식과 원망으로 표현된 것이다. 따라서 신앙인의 탄식은 자학과 비탄, 그리고 종말에 이르는 비신앙인의 절망과 다른 것임을 알 수 있다. 즉 신앙인의 절망은 곧 자기부정을 통해 새로운 신앙의 도약에 이르기 위한 준비 단계이며, 그 결과는 성숙이며 승리이다.

✝ 교훈

엘리사의 절망적인 탄식을 통하여 우리가 본받아야 할 것은 신앙인들이 환난을 당했을 때 절망해야 한다는 것이 아니다. 도리어 혹 절망에 이르렀을 때 비신앙인들과 같이 모든 것을 부정하고 신앙까지 버리며 자기의 죽음으로 모든 것을 끝내버리려는 비신앙인들의 오류에 빠지지 말아야 한다는 것이다. 그리고 나아가서 그러한 고통 중에 하나님을 더욱 의뢰하며 신앙 성숙의 기회로 삼아야 한다는 것이다.

학습 자료 36-3 열왕기의 연대기 문제 왕상 22:40-41

구약 전반에 있어 연대기 문제는 매우 복잡하여서 지금까지도 신학자들 간에 뚜렷한 해결책을 제시하지 못하는 문제들이 많이 산재해 있다. 그중에서 가장 복잡한 것이 바로 열왕기의 연대기 문제이다. 즉 성경에서 제시하고 있는 왕들의 통치 기산과 실제 역사의 기간 사이에 불일치가 생기는 경우가 대단히 많은 것이다. 물론 이 같은 연대기상의 문제는 고고학적 자료나 과학적 연구의 불충분으로 그 해결책을 충분히 제시하지 못하고 있는 것이 사실이다. 그러나 이 같은 문제들을 단순히 미해결된 문제로서 유보할 수 있기만 해도 그리 큰 골칫거리가 되지 않을 텐데, 이런 문제들이 해결되지 않아 성경의 진정성(trust-worthiness)에 의심하게 한다면 그것은 큰 문제이다. 이에 학자들이 각고의 노력 결과 매우 정확한 몇 가지 해결 방안을 모색해 내게 되었는데 이를 소개해 보면 다음과 같다.

✝ 주요 연대기 문제들

먼저 열왕기에서 발견되는 연대기 문제들 가운데 주요 문제들을 몇 가지 소개해 보면 다음과 같다.

첫째, 남 왕국 유다의 초대 왕 르호보암으로부터 아하시야까지 성경에 기록된바, 그 왕들의 통치 기간을 모두 합치면 총 95년이 된다. 그리고 그 기간은 B.C. 931년에서 B.C. 841년까지이다. 그런데 B.C.931-841년까지의 기간은 90년밖에 되지 않는다. 이와 마찬가지로 같은 기간에 통치한 북 왕국의 초대 왕 여로보암으로부터 요람까지 성경에 기록된바 그 왕들의 통치 기간을 모두 합치면 총 98년이나 된다. 이는 북 왕국 왕들의 통치 기간이 남 왕국 왕들의 통치 기간과도 다르며 실제 연도에서 살펴본 기간과도 많은 차이가 있다.

둘째, 예후가 반란을 일으킨 B.C. 841년부터 북 왕국이 멸망한 B.C. 722년까지, 성경에 기록된바 남왕국 왕들의 통치 기간은 총 165년이고 북 왕국 왕들의 통치 기간은 총 144년으로서 무려 20년간의 차이가 난다.

셋째, 이스라엘의 왕국 분열 이후부터 예루살렘 성전 파괴까지는 B.C. 931-586년까지로 그 기간은 총 345이다. 그런데 성경에 기록된 바 남 유다 왕들의 통치 기간을 모두 합치면 총 394년으로서 그 차이가 엄청나다.

✝ 문제 해결 방법

위에서 제시한 세 가지 연대기 문제는 연대기 계산에 있어서 다음과 같은 사실들을 고려해 넣는다면 충분히 그 해결이 가능하다.

① **고대 근동의 왕의 통치 기간 계산법 두 가지** : 고대 근동 지역에서는 왕의 통치 기간을 계산할 때 '비계승년법'(The law of non-accession-year)과 '계승년법'(The law of accession-year)의 두 가지 방법을 사용했다. 여기서 '비계승년법'이란 한 왕이 사망한 해를 두 번 계수하는 방법이다. 즉 그 해를 사망한 선왕(先

王)의 통치 기간에도 포함시켜 계수하고, 또 그 후왕(後王)의 통치 기간에도 포함시켜 계산하는 것이다. 따라서 실제로는 1개월밖에 안 되는 데도 통치 기간에는 1년으로 계산될 수도 있는 것이다.

그리고 '계승년법'은 선왕의 잔여 통치 기간을 후왕의 통치 기간에는 포함하지 않는 방법이다. 따라서 후왕은 실제로 몇 개월을 더 통치하고도 전체 통치 기간에는 포함되지 않을 수도 있는 것이다.

그런데 왕국 분열 이후 북이스라엘에서는 '비계승년법'을, 남 유다에서는 '계승년법'을 따라 계산하였다. 따라서 북왕국 왕들의 통치 기간보다 길게 나타난 것은 북왕국에서는 왕권의 교체가 자주 일어났으며 그때마다 '비계승년법'에 따라 왕들의 통치 기간이 1년씩 더 많게 계수되었기 때문이다. 그분만 아니라 남 유다에서는 1년의 첫달을 디스리 월(9-10월)로 보지만 북이스라엘에서는 니산 월(3-4월)로 보기 때문에 그 통치 기간의 계수법이 틀려지게 되는 것이다.

② **섭정으로 인한 통치 기간의 중복** : 남 유다에서는 북이스라엘과 달리 자주 섭정이 일어났다. 최초의 섭정은 다윗과 솔로몬 사이에 행해졌으며 그것은 아마 아도니야가 어린 솔로몬의 통치권에 해를 가하지 못하도록 하기 위한 조치였을 것이다^{왕상 1장}. 그리고 웃시야 왕이 문둥병이 걸렸을 때 그 아들 요담이 그 통치권을 대행했는데^{대하 26:21} 이것도 분명한 섭정의 한 형태이다. 그리고 이외에도 대다수 학자는, 아사와 여호사밧, 여호사밧과 여호람, 아마샤와 웃시야, 요담과 아하스, 아하스와 히스기야, 그리고 히스가야와 므낫세 사이에도 섭정이 행해졌다고 말한다. 따라서 이와 같은 섭정 기간을 고려할 때 우리는 남 유다 왕들의 통치 기간이 실제 통치한 햇수보다 성경에 더 많이 기록된 경우에 대해 분명히 이해할 수 있다. 예를 들면 성경에서는 므낫세가 55년간 통치했다고 기록하고 있는데^{왕하 21:1}, 그의 실제적인 통치 기간은 B.C. 687-642년까지로 45년밖에 되지 않는다. 그러나 이것은 실제로 므낫세가 B.C. 679-688년까지 그 선왕(先王) 히스기야와 함께 섭정을 행하였음을 보여 주는 것이다.

③ **서로 다른 곳에서 통치로 인한 통치 기간의 중복** : 여로보암 2세 사망 이후부터 북이스라엘의 마지막 왕까지 성경에 기록된 대로 여섯 왕들의 통치 기간은 총 41년 7개월이 된다. 그런데 실제적인 통치 기간은 B.C. 753-722년까지로 31년밖에 되지 않는다. 이것은 북 왕국이 극도의 혼란 속에서 각기 다른 지역에서 왕들을 따로 세워 통치하는, 또 한 번의 분열 상태가 있었기 때문에 생긴 결과이다.

✝ 성경 이외의 자료들

이상의 세 가지 요소를 고려한다면 분열 왕국 시대의 남 왕국과 북 왕국 왕들의 통치 기간에 대해 보다 분명히 이해할 수 있다. 그러나 성경 자체만을 가지고 그 연대를 추정하는 것보다 주변의 다른 나라들의 역사와 비교할 때 더 정확한 연대를 확인할 수 있다. 이에 고고학자들은 성경 이외에 연대를 알려 주는 자료들을 많이 발굴함으로써 연대기 추정에 큰 공헌을 하였는데 그 주요 자료들을 살펴보면 다음과 같다.

① **앗수르의 림무(Limmu)** : 이는 앗수르의 고위 공직자의 명단으로서 B.C. 892-648년까지의 공직자들의 명단과 그 주요 행적들을 기록하고 있다. 이에 대한 예를 하나 들어보면, 거기에 불사갈레(Bur-Sagale)가 림무로 재직하던 해 시마누월(Simmanu)에 일식 현상이 있었다는 기록이 나타나는데 천문학자들은 그 일시가 B.C. 700년 6월 15일에 있었음을 밝혀냈다.

② **코르사밧(Khorsabad) 왕의 목록** : 이는 B.C. 745년까지 앗수르 왕들의 명단과 그 통치 기간을 기록하고 있다.

③ **프톨레미 법전(The Canon of Ptolemy)** : 이는 B.C. 747년 느부갓네살 왕의 즉위로부터 시작하여 B.C. 538년 바벨론이 바사에 의해 정복될 때까지 바벨론 왕들의 명단과 통치 기간을 전부 수록하고 있다.

④ **바벨론 역대기** : 이는 B.C.725-586년까지의 바벨론 역사를 기록하고 있다. 이는 B.C. 605년 유다의 1차 바벨론 포로에 관한 역사가 자세히 언급되고 있어 학자들의 비장한 관심을 끌고 있다.

⑤ **기타 왕들의 비문들** : 이방 왕들의 수많은 비문은 어떤 특정한 역사적 사건들과 관계가 있는 것들로서 매우 중요한 연대기 자료들이 된다.

✝ 의의

이상에서 제시한 대로 연대 추정에 있어 고려해야 할 요소들, 그리고 성경 이외의 고고학적 자료들을 고려한다면 외관상으로 상당히 문제가 되는 것처럼 보이는 것도 쉽게 해결될 수 있다. 그러나 정확한 자료의 부족으로 조금씩 차이가 나는 문제도 여전히 있지만 그것도 반드시 해결 방법이 있을 것이다. 이처럼 우리는 연대 문제 때문에 성경의 진정성을 의심하는 우를 범치 말고 항상 믿음을 가지고 그 해결 방법을 찾는 노력이 꾸준히 계속되어야 할 것이다.

37일 핵심 학습 자료

학습 자료 37-1

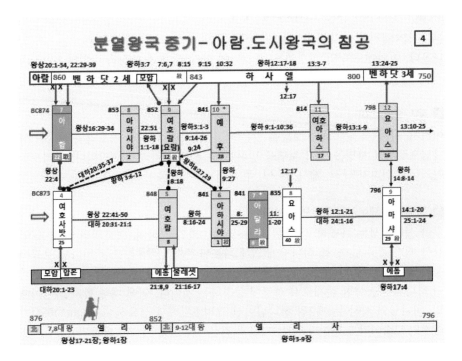

학습 자료 37-2 엘리야와 엘리사의 기적 비교

엘리야의 기적	엘리사의 기적
·사르밧 과부의 음식이 아무리 먹어도 바닥나 지 아니함	·요단 강의 물이 이리저리 갈라짐
	·여리고 성의 샘물을 맑게 고침
·죽었던 과부의 아들이 다시 살아남	·과부의 기름이 많아지게 함
	·수넴 여인의 죽은 아들이 다시 살아 남

·하늘의 불이 제단과 희생 제물을 불사름	·국의 독소를 제거함
	·적은 음식으로 많은 무리를 먹임
·아하시야의 군사들이 불에 타 죽음	·아람의 군대 장관 나아만의 문둥병을 고침
	·사환 게하시에게 문둥병이 발함
·요단 강의 물이 이리저리 갈라짐	·도끼의 머리가 물에 떠오름
	·아람 군사들의 눈이 모두 어둡게 됨

학습 자료 37-3 여호와의 사자 ^{왕하 1:3}

본문에는 엘리야 선지자가 여호와의 사자를 만나 특별한 명령을 부여받는 장면이
나온다. 이외에도 구약 성경에는 '여호와의 사자'가 종종 등장하곤 한다. 이에 여
기서 '여호와의 사자'는 구체적으로 어떤 존재인지 살펴보도록 하겠다.

✝ 문자적인 의미

여기서 '사자'(히. 말라크)란 '보냄을 받은 자'란 뜻이다. 따라서 여호와의 사자란 하
나님으로부터 사명을 받아 보냄을 받은 모든 존재를 가리키는 말이다. 그러므로
여기에는 선지자^{학 1:12}, 제사장^{말 2:7}, 주의 사자^{마 1:19} 등이 모두 포함될 수 있다.

✝ 특별한 존재로서의 여호와의 사자

구약 성경에서는 특별히 신적 현현(Theophany)과 연관하여 '여호와의 사자'를 언
급할 때가 종종 있다. 즉 하나님에 의해 피조된 존재^{시 148:2-5}, 또는 하나님 보좌에
둘러서서 찬양하며 시중드는 영들^{히 1:14}과는 다른 특별한 존재로서, 곧 천사가 아
닌 하나님과 동등한 존재로서 성경에 등장하는 것이다. 이에 대해 학자들은 이때
의 '하나님의 사자'는 제2위 하나님이신 그리스도께서 성육신(Incarnation)하시기
이전의 모습이라고 말한다. 이는 다음과 같은 사실들에 의해서 확증된다.

① 여호와의 사자가 스스로 하나님과 동등 됨을 말했다^{출 3:2-12, 삿 6:11-24}.
② 여호와의 사자를 만난 사람들이 그를 하나님이라고 말하며 두려워 떨었다<sup>창 16:13,
삿 6:20-24</sup>.
③ 스스로 하나님만이 받으실 수 있는 제사를 받았다^{창 22:11-13, 삿 6:16-20}.
④ 하나님과 동등한 위치에서 이스라엘을 책망하기도 했다^{삿 2:1-4}. 그리고 결정적인
이유로
⑤ 여호와 사자의 호칭이 그리스도의 호칭과 같이 '기묘'였다는 것^{삿 13:18, 사 9:6}과
⑥ 그리스도의 성육신 이후에는 여호와의 사자가 나타난 적이 없다는 것이다. 또
⑦ 일반적인 천사들보다 자신의 지위가 더 우월함을 나타내었고^{삼하 24:16},
⑧ 하나님과 동등하게 어떤 제한이 없는 권위를 가지고 말씀을 선포하였다^{창 22:11, 15}.

이에 우리는 여호와의 사자가 때로는 하늘의 천사들을 가리키기도 하지만 보통은 이와 구별되는 존재로서 제2위 하나님이신 그리스도의 성육신 이전의 모습이라고 말할 수 있는 것이다.

✝ 의의

구약 성경을 통해서 우리는 성육신 이전의 그리스도인 여호와 사자의 활동이 얼마나 왕성했던가를 발견할 수 있다. 그리스도께서 신약시대와 마찬가지로 구약 시대에도 이렇게 왕성한 활동을 하셨다는 사실은 하나님의 구속 사역이 그리스도를 중심으로 하나의 통일성을 이루고 있으며, 그리스도가 하나님의 구속 계시의 핵심임을 보여 주는 것이다. 더욱이 신학적으로 이는 구약 성경에 있어서 삼위일체 교리를 확증해 주며^{사 63:7-14, 48:12-16}, 신약 성경에 나타난 그리스도의 성육신 교리를 예시해 준다^{요 1:14}.

학습 자료 37-4 선지 학교 ^{왕하 2:1-11}

구약 시대에 이스라엘에도 오늘날의 신학교와 같은 교육 기관이 있었을까? 여기 본문을 보면 이러한 의문을 제기할 법도 한데 '선지자의 생도'에 관한 언급이 나온다. 이들은 엘리야 선지자를 선생으로 섬기고 있었으며, 각각 벧엘^{3절}과 여리고^{5절}에 모여 일련의 교육을 받고 있었다. 또한 이보다 앞서 B.C. 10세기경 사무엘 시대에도 사무엘 수하에 다수의 선지자의 무리^{삼상 10:10}가 있었던 것으로 성경은 기록하고 있다. 그래서 많은 학자들은 구약 시대의 이스라엘에도 비록 원시적인 형태로나마 '선지 학교'가 있었다고 주장한다. 그러나 이러한 '선지 학교'와 같은 형태는 사무엘 시대와 엘리야. 엘리사 시대 이외에는 존재한 적이 없었다. 그리고 당시의 선지자는 교육 훈련을 통하여 배출된 것이 아니라 하나님의 특별한 소명에 따라 개별적으로 활동하던 사람들이었다. 그래서 이런 사실 때문에 고대 이스라엘에 이 같은 선지 학교가 존재했었다는 사실에 대해서는 아직도 학자들 간에 많은 의문이 제기되고 있다. 그런데도 성경에서는 분명히 선지자의 생도들에 대해 언급하고 있는 바, 그것이 구약 시대에 지속적으로 있어 왔던 교육 기관은 아니었을지라도 당시의 특별한 시대적 상황에 의해 선지 학교와 같은 교육 기관이 분명히 있었던 것만은 사실이다. 이에 이 같은 선지 학교가 유독 사무엘 시대와 엘리야, 엘리사 시대에만 존재했었던 이유는 무엇이며, 또 그것의 의의는 무엇인지 살펴보도록 하겠다.

✝ 설립 목적

선지자의 생도, 혹은 선지자의 무리가 존재했었던 사무엘 시대와 엘리야, 엘리사 시대, 이 시대의 상황들을 통해서 우리는 선지 학교가 왜 그 시대에만 존재했었는가, 즉 당시 선지 학교의 설립 목적을 살펴볼 수 있다. 사무엘 시대는 이스라엘이 영적, 도덕적으로 가장 타락하였던 사사 시대 말기에서 이제 왕정 시대로 막 넘어가던 과도기였다. 이때 이스라엘은 가나안의 우상들에 물들어 영적으로 매우 혼탁하였을 뿐만 아니라 블레셋과 같은 외적의 잦은 침입으로 국가적으로 큰 위험을 겪고 있었다. 이러한 때에 선지자의 무리들은 민족의 신앙을 일깨우고자 하는 소명 의식에 불타 사무엘을 중심으로 모여 신앙을 연마하였다. 이로써 당시까지만 해도 선지자가 사회적으로 어떤 계급을 형성하지 못하였으나 이 같은 선지자 무리의 신앙 회복 운동으로 말미암아 선지자가 사회적인 계급으로 널리 인식되기 시작했다.

엘리야와 엘리사 시대에도 사무엘 시대 못지않은 시대적 위기가 형성되어 있었다. 즉 이스라엘이 분열된 이후 북 왕국은 느밧의 아들 여로보암(B.C. 930-909)의 사악한 종교 정책으로 인하여 단과 벧엘에 금송아지 우상이 세워지는가 하면(왕상 12:28, 29), 북 왕국의 제7대왕 아합(B.C. 874-853)에 의해 여호와 종교가 극도로 탄압되고 바알 종교가 크게 번성하는 종교적인 대위기에 직면하였다. 이때 바알 종교를 파괴하고 여호와 종교를 회복코자 하는 신앙 운동이 북 왕국에서 잔잔히 일어나기 시작했는데, 그 운동은 바로 선지자 엘리야를 중심으로 한 일단(一團)의 생도(生徒)들에 의해 활발하게 주도되었을 것으로 추측된다.

이상에서 살펴본바 선지자의 생도들이 활동하였던 두 시대의 시대적 상황을 통해서 볼 때 '선지 학교'는 선지자의 생도들이 당대 백성들의 신앙을 회복하고, 그들이 여호와 신앙의 길로 나아가게 하는 선도적(先導的) 역할을 감당토록 하는 데 설립 목적이 있었음을 알 수 있다.

✝ 의의

우리는 이와 같은 선지 학교의 존재 여부에 관해서 성경은 왜 유독 사무엘과 엘리야, 엘리사 시대에만 존재했었던 것으로 언급하고, 다른 때에는 전혀 언급하고 있지 않는지 그 이유에 대해서는 분명히 알 수 없다. 그리고 이러한 구약 시대의 선지 학교를 오늘날 신학교와 같은 교육 기관과 비교하는 것도 옳지 않다.

다만 하나님의 계시가 아직 완전히 드러나지 않은 때에 선지자의 생도들은 그들의 선생으로부터 하나님의 말씀을 배우기를 간절히 원하며 모였고, 또 그렇게 함으로써 그 배운 말씀을 가지고 당대 백성들의 신앙 회복을 위한 운동에 열정을 쏟았다는 점에서 그들의 역할을 높이 평가할 수 있다. 한편 이런 선지자 생도들의 열정은 오늘날 성경을 통하여 하나님의 온전한 계시를 소유하고 있는 신약 시대의 성도들에게도 본받아야 할 바 귀감이 되는 것이다. 참으로 우리는 하나님 신앙의 길을 선포하는 열정을 간직해야 하겠다.

학습 자료 37-5 구약 성경 기록의 사실성과 고대 근동의 문헌들 왕하 10:32-34

혹자들은 성경은 죄인들의 구원을 위해 기록한 신앙 지침서이기 때문에 성경 기록의 역사적 사실성은 많이 결여되어 있다고 말한다. 그러나 성경은 그 자체가 하나의 고대 문서이며, 역사적인 기록으로서, 하나님이 선민 이스라엘의 실제적인 역사 속에서 어떻게 이 세상을 당신의 섭리대로 운행하셨는가를 증거하는 책이다. 따라서 성경에 기록된 사건들은 역사적으로 실제 있었던 사건들임이 분명하다. 다만 과거 역사에 대한 고고학 자료의 불충분이나 혹 잘못된 자료들, 그리고 인간의 이해 부족과 역사를 바라보는 관점의 차이로 인하여 충분히 설명할 수 없는 사건들이 성경에서 간혹 발견될 뿐이다.

한편 여기서 우리는 지금까지 과학적 연구로 규명된 대로 구약 성경 기록의 사실성을 확실히 입증하는 고대 근동의 문헌들에 대해 살펴보고자 한다.

✝ 직접적인 증거 자료들

앞에서 이미 암시적으로 언급한 바와 같이 성경 기록의 사실성을 증거하는 고고학적 증거 자료들은 매우 불충분하다. 그런데도 성경 기록에 대한 직접적인 증거 자료들이 몇몇 있는데, 소개해 보면 다음과 같다.

① **솔로몬의 성읍 건축** : 솔로몬은 예루살렘 성전과 왕궁 이외에 하솔, 므깃도, 게셀 성읍을 건축하였다^{왕상 9:15}. 고고학적 발굴 결과 B.C. 10세기경 같은 건축 양식으로 지어진 성읍들의 건축물의 유적들이 발견되어 솔로몬 당시의 영화를 입증하고 있다.

② **애굽 왕 시삭의 유다 침입** : 로호보암 제 5년인 B.C. 926년에 유다를 침공한 시삭(B.C. 945-924)은 애굽의 22왕조의 초대 왕인 세숑크(Sheshonk)로서, 그의 비문이 테베(Thebes)에서 발견되었다. 이 비문에는 그가 정복한 남유다 성읍들과 북이스라엘 성읍 150여 개의 명칭이 기록되어 있어 당시 역사의 사실성을 입증하고 있다^{왕상 14:25 이하}.

③ **살만에셀 3세의 흑색 방첨탑** : 본문의 예후 왕과 밀접한 관계가 있는 앗수르 왕 살만에셀 3세의 흑색 방첨탑(The Black Obelisk)에는 예후가 앗수르 왕 앞에 무릎을 꿇어 항복하고 선물을 바치고 있는 것이 그려져 있었다. 이러한 사실은 예후 왕 당시의 앗수르와 이스라엘의 관계를 잘 보여 준다.

④ **앗수르 왕 '불'의 사마리아 침공** : 성경은 앗수르 왕 디글랏 빌레셀 3세(B.C. 745-727)를 '불'이라고 칭하고 있다. 그런데 이 '불'이라는 호칭은 앗수르의 비문이나 연대기에는 전혀 나타나지 않기 때문에 과거에는 성경 기록이 잘못되었다고 생각했다. 그러나 B.C. 6세기경의 바벨론의 역대기에서 '불'이라는 이름을 기록하고 있어 이것이 바벨론식 이름임을 알게 되었다^{왕하 15:19}.

⑤ **산헤립의 각주(角柱)** 육각의 흙기둥으로 된 것으로서 히스기야 당시 앗수르 왕 산헤립이 예루살렘을 침공한 기록과 남왕국 히스기야 왕이 자신에게 조공을 바친 사실을 상세히 기록하고 있다^{왕하 18:14}.

그 외에도 앗수르와 바벨론의 많은 비문들이 성경 기록의 사실성을 직접적으로 뒷받침하고 있다.

✝ 간접적인 증거 자료들

성경 기록의 사실성을 입증하는 간접적인 고고학 자료들에는 주로 풍습이나 당시의 생활, 사고(思考)를 반영하는 문학이나 문화재 자료들이 있다. 예컨대 아브라함이 자기 아내 사라의 불임으로 인해 여종 하갈을 첩으로 맞이한 일과 그 첩에게서 난 아들 이스마엘을 후계자로 삼으려 했던 일들은 함무라비 법전의 기록들과 일치한다창 16장, 17:18. 또한 B.C. 2000년경 고대 문서들에는 이스라엘 족장들의 이름들과 유사한 이름들이 언급되고 있어서 이스라엘 족장들이 역사적 인물임을 증거한다. 그리고 당시 고대 근동 사람들에게는 화살촉에 자기 이름들을 새기는 관습이 있었다. 이 때문에 후대에 발굴된 여러 화살촉 등으로 인해 성경에 기록된 인물들이 사실상 그 당시의 인물들임을 충분히 추측해 볼 수 있다.

그리고 고대 애굽과 앗수르, 바벨론 등의 종교의식이나 신전 건축, 또는 기타 건축 양식들에 관한 기록을 통해서 이스라엘의 그것들과 비교 연구해 보는 것도 성경 기록의 사실성을 확인하는 데 상당한 도움이 된다. 왜냐하면 이스라엘도 인접 국가들의 문화적 영향을 분명히 받았을 것이기 때문이다. 예를 들면 솔로몬의 성전 건축에 두로 왕 히람이 상당한 도움을 주었으므로왕상 5:11-18 솔로몬의 예루살렘 성전 건축 대 이방 문화의 영향도 있었을 것임은 자명한 일이다.

✝ 의의

모든 고대 근동의 자료들이 성경의 기록들과 일치하지는 않는다. 오히려 성경 기록과 상충되는 자료들이 성경 기록과 일치하는 자료만큼이나 많다. 그것은 각 나라의 고유한 문화적 양식에 따른 것이라고 볼 수 있는데, 특히 이방 국가들의 다신(多神) 숭배와는 달리 이스라엘은 유일신 여호와를 섬기는 독특한 종교로 인해 문화적 양식에 있어서 이방 국가와 현격한 차이를 가지게 되었다. 그리고 이스라엘에서 이방 종교의 유물들이 발견되기도 하는데, 이것들은 이스라엘과 이방 국가와의 문화적 유사성을 입증한다기보다 오히려 이스라엘의 타락상을 반영하는 증거 자료로 채택될 수도 있다. 어쨌든 이상의 사실들을 통해서 명심해야 할 것은 성경 기록들이 분명히 역사성을 가진다는 것이다. 그리고 겉으로 어긋나게 보이는 것들도 자료 부족이나 우리의 이해 부족으로 인한 결과이지 성경 기록이 잘못되었기 때문이라는 단정적인 판단을 내려서는 결코 안 된다는 것이다.

학습 자료 37-6   성전(聖殿) 숙정 운동 왕하 12:4-16

✝ 도입

신정 왕국(Theocratic Kingdom)인 이스라엘에 있어서 단일 중앙 성소인 성전(Temple)은 종교적으로, 정치적으로, 또 사회적으로 매우 중요한 역할을 했다. 왜냐하면 성전은 신정 왕국 이스라엘의 실제적인 통치자 되시는 여호와의 임재 장소이기 때문이며, 이곳이 선민 이스라엘의 종교적, 정치적, 사회적 삶의 출발점이되기 때문이다. 즉 신정 왕국에 있어서 성전은 단순한 건물로서의 의미가 아니라하나님의 임재의 상징으로서, 또 신정 왕국 이스라엘의 통치 중심지로서 그 의의가 있는 것이다(신 12장 학습 자료 13-6 '단일 중앙 성소의 의의' 참조).

따라서 이스라엘의 남북 왕국 분열 이후 남 왕국 유다 역사를 통하여 계속해서언급되는 성전 수리 사업, 혹은 성전 숙정(肅正) 운동은 성전의 의미와 관련지어 볼때 그 의의가 매우 크다.

✝ 성전 숙정 운동의 역사

분열 왕국 시대 이래로 있었던 성전 숙정 운동의 역사에 대해 도표로 살펴보면 다음과 같다. 단 여기 도표는 단순한 성전 수리 사업뿐만 아니라 예루살렘 성전 파괴 이후 성전 재건 운동까지도 포함한다.

개혁자	연대	특기사항
아사	(B.C.) 910년경	남북 왕국 분단 이후 최초로 성전을 정화함(왕상 15:15)
요아스	814년경	성전 수리 사업을 위해 백성들로부터 모금함(왕하 12:4-16)
히스기야	725년경	레위인들로 하여금 성전을 성결케 함(대하 29:5)
요시야	640년경	성전 수리 사업 중 율법책 발견(왕하 22:1 이하)
스룹바벨	536-516	바벨론 포로 생활 이후 최초로 성전을 재건함(스 4:1-6:18)
예수	(A.D.) 27년경	헤롯 성전을 두어 차례 정화 작업함(요 2:13-25)

✝ 의의

① **종교적 의의** : 앞의 도입부에서 잠깐 언급하였듯이 성전 숙정 운동은 곧 여호와 신앙 회복 운동과 밀접한 연관이 있다. 이런 사실은 종교개혁을 일으킨 유다 왕들이모두 성전 수리 사업으로 개혁을 시작하고 있는 점으로 충분히 알 수 있다.

또한 성전 숙정 운동은 다윗 언약과 깊은 관련을 갖는바 다윗 언약을 통한 하나님과의 언약적 관계 회복의 의미도 있다. 왕하 11:17에 언급된바 제사장 여호야다의 주도하에 언약을 체결한 후 비로소 요하스 왕이 우상을 타파하고 성전을 수리한 사실을 통해 확인할 수 있다. 또 이는 다른 왕들의 개혁 속에서도 공통적으로나타나는 현상이다(왕하 23:3).

② **정치·사회적 의의** : 성전 수리 사업은 이전 왕들의 인본주의적 정치 태도에서 돌이켜 이제 신본주의적 신정 정치를 회복한다는 차원에서도 그 의의가 크다. 그리고 사회적으로도 성전을 중심으로 한 선민 이스라엘 백성들의 단결심 회복과 혼란했던 사회 질서의 회복이라는 의의도 함께 지닌다.

③ **신약적 의의** : 성전 수리 사업은 다시 말하면 지상의 성전이 가지는 한계성을 여

실히 보여 주는 것이다. 따라서 지상 성전의 반복적인 숙정 운동은 궁극적으로, 곧 성전의 궁극적 실체 되시는 그리스도 도래의 소망과 그리스도를 머릿돌로 하여 지어갈 신약 교회에 대한 소망을 가지게 하는 것이다.

학습 자료 37-7 열왕기서의 시작과 끝

	열왕기상의 시작	열왕기하의 끝
1	솔로몬의 승승장구	느부갓네살의 침략
2	솔로몬의 영광	시드기야의 수치
3	순종으로 시작	불순종으로 마감
4	성전 건축	성전 파괴
5	하나님을 저버리는 왕들	그 왕들을 징계하시는 하나님
6	퇴보의 시작	패배의 설정
7	하나님의 참으심이 뚜렷함	포로에서 화복은 뚜렷이 암시

38일 핵심 학습 자료

대하 21~
22:9·
왕하 13~14·
대하 22:10~
25장·
요 1~4·
암 1~9

학습 자료 38-1

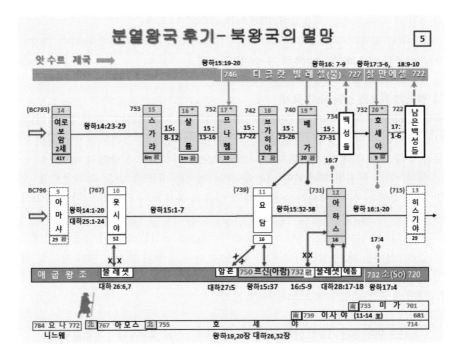

분열왕국 후기 - 북왕국의 멸망

학습 자료 38-2 산당 제사의 이해 왕하 14:3-4

열왕기를 자세히 살펴보면 본서 기자가 남 왕국 유다 왕들의 통치에 대해 평가할 때 산당을 제하였느냐, 제하지 않았느냐를 매우 중요시하고 있음을 알 수 있다왕하 12:3, 15:4, 35, 대하 35:12, 왕하 18:22. 이에 여기서 우리는, 남 왕국 유다 왕들에게 있어서 산당 제사가 어떤 의미가 있기에 그러한 평가 기준이 되었는가에 대해 살펴보고자 한다.

✝ 산당 제사의 이해

산당 제사는 근본적으로 성경에서 금하고 있다^{민 33:52}. 그 이유는 본래 산당이 이방인들의 우상 숭배지로서 하나님이 가증히 여기시는바 종교적 음행, 인신 제사, 복술 등이 만연된 곳이기 때문이다. 그래서 하나님께서는 만일 이스라엘이 산당에서 제사를 드려 여호와께 범죄할 경우에 산당 훼파는 물론 그들을 멸하사 이방의 포로가 되게 하시겠다고 저주하셨다^{레 26:30-33}.

그러나 이스라엘이 가나안 땅에 정착한 이후에 그 백성들은 종종 산당 제사를 행하였다. 그것은 물론 이스라엘 백성들이 가나안 종교의 영향을 받은 결과이지만 산당에서 전적으로 우상 숭배만 행해진 것은 아니었다. 예를 들면 사무엘은 산당에서 여호와께 예배를 드렸으며^{삼상 9:11-19}, 다윗 때부터 솔로몬 때까지 기브온 산당은 당시 중요한 예배 처소로 사용되었다^{대상 16:39, 21:29, 대하 1:3, 13}.

이상에서 볼 때 '산당 제사'는 부정적인 요소가 많지만, 이스라엘 역사상 긍정적으로 받아들여진 때도 많았음을 알 수 있다.

✝ 열왕기 기자의 산당 제사 평가

산당 제사에 대한 열왕기 기자의 신학적 평가는 매우 독특하다. 왕상 3:2에서 솔로몬 시대의 산당 제사에 대해 열왕기 기자는 평가하기를 '그때까지 여호와의 이름을 위하여 전을 아직 건축하지 아니하였으므로 백성들이 산당에서 제사하며'라고 했다. 이는 성전이 건축되기 이전에 산당 제사는 어쩔 수 없는 것이었으나, 성전 건축 후에는 산당 제사가 이스라엘의 민족적·종교적 구심점의 역할을 감당케 될 단일 중앙 성소의 기능에 전면 배치되는바 반드시 폐지되어야 할 것임을 보여 준다. 따라서 이는 열왕기에서 산당에 관해 언급된 구절들의 핵심 내용을 반영하고 있는 것이며, 또한 열왕기 기자가 남 왕국 유다 왕들의 통치에 대해 평가할 때 왜 산당을 반드시 언급하는지에 대한 이유를 보여 주고 있다. 그러면 이제 다음 두 가지 측면에서 설명해 보도록 하자.

① **순종 여부 평가 기준인 산당 제사** : 열왕기 기자가 산당 제사에 대해 언급할 때, 그것은 일차적으로 여호와께 대한 순종 여부를 평가하는 것으로써 사용되었다. 즉 모세 율법에 기록한 대로 하나님의 산당 훼파 명령^{민 33:52}을 준행하였는지, 또는 가나안인들의 산당 제사에 영향을 받아 산당에서 우상을 숭배함으로써 모세 율법을 범하였는지의 여부를 평가할 때 산당에 대해 언급하고 있다. 예컨대 산당에서 우상을 숭배한 자들은 위의 두 가지 사항을 다 범한 것이다^{왕상 11:7, 왕하 16:4, 17:29}. 그리고 비록 산당에서 우상을 숭배하지 않은 자들이라 할지라도 결과적으로는 산당 훼파 명령을 어긴 것이다^{왕상 15:14, 22:43, 왕하 12:3}.

② **성전 제사와 대치되는 산당 제사** : 모세 율법에 따르면 이스라엘이 가나안 땅에 정착하여 살 때 반드시 단일 중앙 성소를 건립하고 그곳에서만 제사를 드려야 한다고 규정하고 있다^{신 12:5}. 이는 소극적으로는 이방 종교의 풍습으로부터 여호와 신앙의 보전하려는 조처지만, 적극적으로는 성전(Temple)을 통하여 하나님의 구속

사적 계획을 백성들에게 계시하시기 위한 목적에서였다고 볼 수 있다. 이러한 사실은 다윗 언약을 통하여^{삼하 7장} 분명히 명시되었고, 또 솔로몬의 성전 건축 후에 하나님이 구체적으로 이에 대해 계시하신 바가 있다^{왕상 9:1-9}.

따라서 산당 제사는 성전과 관련 깊은 다윗 언약에 정면으로 어긋나는 것이다. 그러므로 하나님이 유다 왕국 멸망 시에 성전이 완전히 훼파되게 하신 것도 성전을 떠나 산당 제사에 빠져버린 이스라엘 백성들의 죄악과 깊은 연관이 있는 것이다.

학습 자료 38-3 선지서 읽기 정지 작업 (▶ 이 부분의 설명은 동영상 강의 38-1강의 들을 것)

선지자 시대

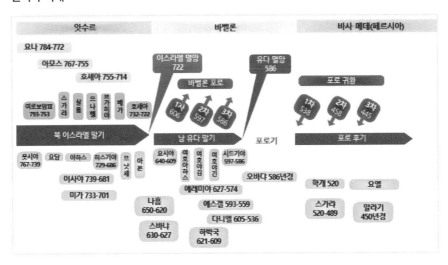

✝ 선지자(Prophet)란?

- Pro = in place of – 대신하여
  (히) NAVI = 입
  豫 ➡ 預

✝ 두 종류

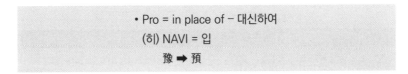

- Prophets of Deed
- Prophets of Words

✝ 선지자의 주요 영성

- 제사장 영성 (1-4 계명)
- 선지자 영성 (5-10 계명)

선지자의 외침은 '하나님과의 바른 관계'와 '이웃과의 바른 관계', 즉 제사장적 영성과 선지자적 영성과 관련된다. 그리고 선지자들의 외침은 바로 시내 산 언약의 회복과 관련된다.

Fuller 신학교의 선교학 교수인 챨스 벤 엔겐(Charles Van Engen)교수는 교회의 기능을 모이는 교회(coming structure)와 흩어지는 교회(Going Structure)로 설명한다.

1) 구약의 제사장적 영성은 바른 예배의 회복을 통한 하나님과의 관계를 강조하는 것이라면 모이는 교회로서의 영성은 여기에 해당한다고 본다. 이것은 회개라는 고백을 통하여 하나님과 바른 관계를 회복하고 바른 예배의 회복을 강조한 것이다, 이것은 십계명의 하나님 사랑에 해당하는 것이다(1계명-4계명).

2) 선지자적 영성은 이 사회를 향하여 그리스도의 복음을 전파하고 그곳에 하나님의 공의와 사랑에 의한 그리스도의 문화를 세우는 기능을 감당하기 위해 교회가 세상으로 흩어지기를 강조하는 영성, 즉, 흩어지는 교회로서의 영성에 해당한다고 본다, 이것은 십계명의 이웃 사랑 정신(5계명-10계명)이고, 복음 전파를 통한 그리스도의 문화를 세움으로 사회개혁을 강조하는 영성이다.

신앙생활은 교회 중심이 되어야 하는 것은 사실이다. 그러나 이 중심이라는 단어는 두 가지 개념으로 사용되어야 한다. 그 하나는 구심적 중심이고 다른 하나는 원심적 중심이다. 구심적 중심은 가운데로 모이는 중심이고, 원심적 중심은 밖으로 흩어지는 중심이다. 교회 중심이란 이 두 가지의 중심 개념이 적용되어야 한다. 그것은 예배를 위해 모이고, 그리스도의 사랑을 전하기 위해 흩어져야 한다는 말이다. 다음 도표로 정리해 보자,

제사장적 영성	선지자적 영성
바른 예배 통한 관계 회복 강조하는 영성 (레위기)	하나님의 공의와 사랑 회복 강조하는 영성
율법 강조	은혜 강조
십계명의 하나님 사랑(1~4계명)	십계명의 이웃 사랑 정신(5~10계명)
모이는 교회로서의 영성	흩어지는 교회로서의 영성
하나님과 바른 관계 회복 위해 모이는 예배 공동체	복음전파, 그리스도의 문화 세움으로 사회 개혁을 강조하는 영성

✝ 선지자가 활약하게 되는 상황

> • 시내 산 언약의 파기 상황

✝ 선지서의 4가지 내용 구조

1) 기소 (Indictment)　　2) 심판 (Judgment)

3) 교훈 (Instruction)　　4) 회복 (Restoration)

> • 선지자가 지적하는 죄악상 (기소 내용)

하나님 사랑(1~4계명)	우상 숭배
	종교형식주의
이웃 사랑(5~10계명)	사회 불의

> • 왕하 13~14장 이스라엘의 우상 문제

이스라엘 백성이 숭배한 이방 신들

신	통치 영역/묘사	참고 성구
아드람멜렉	전쟁, 사랑	열왕기하 17:31
아남멜렉	자녀를 희생 제물로 요구함	열왕기하 17:31
아세라	바알의 아내	열왕기하 13:6
아시마	헷 족속의 신	열왕기하 17:30
아스다롯(이쉬타르)	성(性), 풍요, 하늘의 여왕	열왕기하 23:13
바알	비, 바람, 구름, 땅의 풍요	열왕기하 3:2
바알세붑	에그론의 신	열왕기하 1:2
그모스	땅을 주는 자	열왕기하 23:13
몰록(밀곰)	모압 족속의 신, 사람을 희생 제물로 드림	열왕기하 23:10
느보	지혜, 문학, 예술	역대상 5:8
네르갈	지하 세계, 사망	열왕기하 17:30
납하스	아와 사람들(앗수르에서 사마리아로 이주한 사람들)이 숭배함	열왕기하 17:31
니스록	니느웨 사람들이 숭배한 신	열왕기하 19:37
림몬	천둥, 번개, 비	열왕기하 5:18
숙곳-브놋	마르둑의 연인, 전쟁의 여신	열왕기하 17:30
다르닥	풍요(아와 사람들이 숭배함)	열왕기하 17:31

분열왕국 시대의 왕과 선지자 1

© 2017. 주혜홍

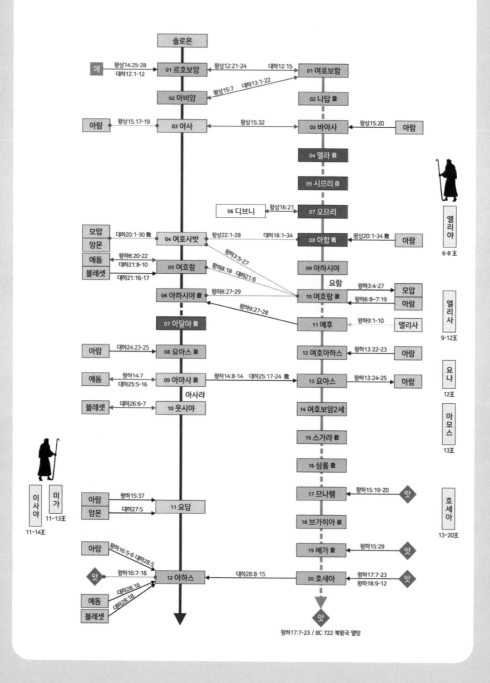

솔로몬

| 애 | 왕상14:25-28
대하12:1-12 | 01 르호보암 | 왕상12:21-24   대하12:15 | 01 여로보암 |

02 아비얌 | 왕상15:7   대하13:1-22 | 02 나답 弑

아람 | 왕상15:17-19 | 03 아사 | 왕상15:32 | 03 바아사 | 왕상15:20 | 아람

04 엘라 弑

05 시므리 自

06 디브니 | 왕상16:21 | 07 오므리

모압
암몬 | 대하20:1-30 敗 | 04 여호사밧 | 왕상22:1-28   대하18:1-34 | 08 아합 戰 | 왕상20:1-34 敗 | 아람

에돔
블레셋 | 왕하8:20-22
대하21:8-10
대하21:16-17 | 05 여호람 | 왕하8:18 대하21:6 | 09 아하시야

요람

06 아하시야 弑 | 왕하8:27-29 | 10 여호람 弑 | 왕하3:4-27 | 모압
왕하6:8~7:19 | 아람

07 아달랴 弑 | 왕하9:27-28 | 11 예후 | 왕하9:1-10 | 엘리사

아람 | 대하24:23-25 | 08 요아스 弑 | 12 여호아하스 | 왕하13:22-23 | 아람

에돔 | 왕하14:7
대하25:5-16 | 09 아마샤 弑 | 왕하14:8-14   대하25:17-24 敗 | 13 요아스 | 왕하13:24-25 | 아람

아사랴

블레셋 | 대하26:6-7 | 10 웃시야 | 14 여호보암2세

15 스가랴 弑

16 살룸 弑

아람
암몬 | 왕하15:37
대하27:5 | 11 요담 | 17 므나헴 | 왕하15:19-20 | 앗

18 브가히야 弑

아람 | 왕하16:5-6 대하28:5 | | 19 베가 弑 | 왕하15:29 | 앗

앗 | 왕하16:7-16 | 12 아하스 | 대하28:8-15 | 20 호세아 | 왕하17:7-23
왕하18:9-12 | 앗

에돔
블레셋 | 대하28:16
대하28:18 |

앗

왕하17:7-23 / BC 722 북왕국 멸망

엘리야 6-8王

엘리사 9-12王

요나 12王

아모스 13王

호세아 13~20王

이사야 11~14王

미가 11~13王

통큰통독 연대기 해설 성경 | 구약

분열왕국 시대의 왕과 선지자 2

© 2017. 주혜홍

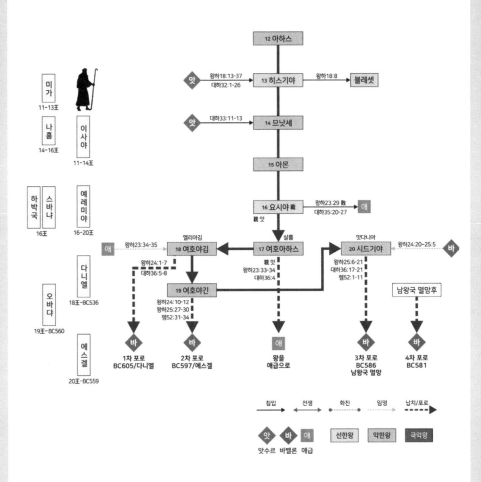

미가
11~13王

나훔
14~16王

이사야
11~14王

하박국
16王

스바냐

예레미야
16~20王

다니엘
18王~BC536

오바댜
19王~BC560

에스겔
20王~BC559

12 아하스

앗 │ 왕하18:13-37 │ 13 히스기야 │ 왕하18:8 │ 블레셋
대하32:1-26

앗 │ 대하33:11-13 │ 14 므낫세

15 아몬

16 요시야 戰 │ 왕하23:29 敗 │ 애
대하35:20-27
親 앗

엘리아김 │ 살룸 │ 맛다니야
애 │ 왕하23:34-35 │ 18 여호야김 │ 17 여호아하스 │ 20 시드기야 │ 왕하24:20-25:5 │ 바
왕하24:1-7 │ │ 親 앗
대하36:5-8 │ │ 왕하23:33-34
대하36:4

19 여호야긴
왕하24:10-12
왕하25:27-30
렘52:31-34

왕하25:6-21
대하36:17-21
렘52:1-11

남왕국 멸망후

바 │ 바 │ 애 │ 바 │ 바
1차 포로 │ 2차 포로 │ 왕을 │ 3차 포로 │ 4차 포로
BC605/다니엘 │ BC597/에스겔 │ 애급으로 │ BC586 │ BC581
│ │ │ 남왕국 멸망

침입 ▶ │ 전쟁 ◀▶ │ 화친 •••• │ 임명 •••• │ 납치/포로 ▶

앗 │ 바 │ 애 │ 선한왕 │ 악한왕 │ 극악왕
앗수르 바벨론 애급

3가지 관점

종말론적 구속의 역사

하나님 나라의 회복

구별된 삶

3가지 개념

신위
(神爲)

인위
(人爲)

자기중심성
(自己中心性)

구약 문서 선지자 연대표

B.C.		요나	아모스	호세아	이사야	미가	나훔	스바냐
853	북왕국 멸망 이전							
841								
835								
796								
793								
760		**41**	**44**					
755								
753				**33**				
750		왕하 13,14장						
739			왕하 14:23-15:7		**60**			
723						**46**		
722	남왕국 멸망 이전 포로 시대			왕하 15,18장				
690						왕하15:8-20 사 7,8장 렘 26:17-19 대하 27-32장		
680								
663					왕하 15-20장 대하 26-32장			
640								**11**
630							**52**	
627								왕하 22:1-23:24 대하 34:1-36:4
612							사 10장 습 2:13-15	
608								
605								
593								
586								
583								
570								
539								
537	귀환 시대							
520								
519								
470								
432								
430								

예레미야	하박국	다니엘	에스겔	오바댜	학개	스가랴	요엘	말라기
41	**8**							
왕하 22-25장 대하 34-36장	왕하 23,24장 대하 36:1-10	**70**	**23**	**11**				
		왕하 23-25장 대하 36:5-23	왕하 24:17-25장 대하 36:11-21	왕하 25장 대하 36:11-21	**2** 스 5,6장	**51** 스 5,6장	**40**	**3** 느 13장

학습 자료 38-4   요나서의 3가지 해석법

1) **신화적 접근(Mythological approach)** : 자유주의 신학자들의 견해로서 요나서는 단지 신화일 뿐이라고 하는 견해.
2) **풍자적 해석 (Allegorical approach)** : 다음과 같은 우화로 푼다.
    요나 – 이스라엘
    바다 – 일반적인 열방을 가리킨다.
    물고기는 바벨론 포로를 의미한다.
    물고기에서 나오는 것은(regurgitation) 에스라 시대에 포로들이 귀환하는 것이라고 본다.
3) **실제적-역사적 접근(Literal-historical approach)** : 이것이 요나서의 바른 해석이다.

학습 자료 38-5   아모스 묵상

▶ 이 부분은 동영상 강의 제38-2강의 강의 내용과 함께 성찰하고 반성하는 마음으로 묵상하고 기도하자!.

(*아래 자료에 사용한 통계 수치는 선명회(Word Vision) 총재인 Richard Sternes의 저서 "The Hole in the Gospel"에서 사용한 미국 정부의 통계자료와 U.N.의 2008~2010년도 자료를 발췌한 것이다)

✝ 이 시대의 궁핍의 문제에 대한 대안

- ◆ 지구 인구 상위 20% 부유층이 지구 자원의 80%를 소모하며 오염 물질 80%를 배출한다. 따라서 하위 80%가 나머지 20%에 의존하고 있다.
- ◆ 지구 인구의 절반 이상이 하루 2불 이하로 연명하고 있다.(참고:미국 하루 평균 수입 105불)
- ◆ 전 세계의 인구의 50%가 하루 2불로 연명하며, 그 중 10억의 인구는 절대 빈곤(extreme poverty)에 있음. 절대 빈곤이란 인간으로서 최소의 영양과 글을 깨칠 만큼의 교육을 받지 못하여 짐승처럼 살아가는 상태
- ◆ 미국 크리스천 인구는 전 세계 크리스천 인구의 5%지만, 세계 크리스천의 재산의 절반을 소유 총재산은 5조 2천억 불(5.2 trillion).
    10억의 절대 빈곤의 인구에게 최소한이 영양과 교육을 받게 하기 위해서는 년간 650억불이 필요.
    2009년 통계로 미국 크리스천의 십일조는 수입의 2.58%에 해당하는 액수를 헌금. 이들이 모두 십일조(10%)를 하면 추가로 확보되는 자원은 1,680억불이 되고 년간 필요 경비인 650억불은 쉽게 확보된다.(자료 출처:Richard Stearns "The Hole in the Gospel")

◈ 이 시대의 궁핍의 문제
    7050억불 : 년간 휴가와 오락비

1790억불 : 청소년이 쓴 용돈

580억불 : 복권 구입비

310억불 : 애완동물에 들어간 돈

130억불 : 성형 수술에 쓴 돈

◆ 미국 교회 사역의 우선순위(source : The Banna Research 1999)

　1. 예배 79%

　2. 전도 57%

　3. 어린이 교육 55%

　4. 제자 훈련 47%

　5. 구제 (아웃 사랑)18%

📖 신 14장에서는 계속해서 십일조에 대한 규례가 나온다. 14장의 십일조의 규례가 성경적이다. 한국교회는 말 3:7-12에 나오는 구절로 십일조를 내야 하는 의무만 강조해 왔지, 신명기 14:22-29에 나오는 십일조 사용 규례는 무시해 왔다.

◈ **십일조 사용 규례.**

　1. 제사장의 생활비용^{민 18-21}

　2. 제사(예배)공동체의 비용^{신 14:22-27}

　3 구제^{신 14:28-29, 26:12-13}

◆ 한국 교회는 구제에 나약한 모습을 보이게 되어 사치와 규탄의 대상이 되어왔다. 이 구절을 잘 읽고 묵상하고 회개하기를 기대해 본다. 성경은 이렇듯 이웃과의 아름다운 관계를 강조한다.

◆ 십일조의 현대적 정신 – "드림"과 "나눔"의 중요성이다. 하나님께 드림은 시간, 물질 그리고 나아가서 삶 자체이다. "네 보물이 있는 곳에 네 마음도 있느니라" ^{마6:21}

◆ 신명기 영성의 현대적 의미는 물질만능주의 문화에서 하나님을 향한 영적 건강을 유지하는 안내서이다.

◈ **2021년 미국 기독교 연구 단체인 The Pew Research Center에서 세계 17개국의 국민을 대상으로 "삶을 의미 있게 만드는 요인들 "이 무엇인가를 조사한 적이 있다.**

◆ 17개국 중 14국에서 "가족"을 첫 번째로 뽑았고 평균 38%의 비율이 나왔다. 2순위가 직업과 경력이고(28%), 3순위가 물질적 풍요(19%)를 꼽았다. 이 조사에서 한국의 경우는 1순위가 물질적 풍요로 꼽았다(19%).

◆ "믿음(신앙)"은 어떤 순위인가를 조사해 보니 호주 4%, 뉴질랜드 5%. 미국 15%, 한국은 1%가 채 안 된다고 한다. 인구의 20%가 개신교 인구인데 "믿음 "이 삶을 의미 있게 만든다고 생각하는 사람은 1%도 안 된다면 이들이 왜 교회에 다니는가? (2015년 한국 통계청 자료: 개신교 20%, 900만 명)

◈ 독일의 무신론 철학자 에린스토 부로우는 "성경을 읽고 혁명을 생각해 보지 않았다면 성경을 제대로 읽지 못했다"라고 했다. 혁명이란 세상을 뒤집어엎는 것도 혁명이지만 가치관, 패러다임을 바꾸는 것도 혁명이다.

그리스도인의 사회적 책임은 마태 25장 '양과 염소의 비유'와 연관해서 생각해야 한다. 예수님의 천국 복음의 구성 내용은 "하나님 사랑"과 "이웃 사랑"이다. 이것은 두 개의 다른 사랑이 아니고 하나의 사랑이다.

요한 1서 4:20-21 누구든지 하나님을 사랑하노라 하고 그 형제를 미워하면 이는 거짓말하는 자니 보는 바 그 형제를 사랑하지 아니하는 자는 보지 못하는 바 하나님을 사랑할 수 없느니라 우리가 이 계명을 주께 받았나니 하나님을 사랑하는 자는 또한 그 형제를 사랑할지니라.

◆ "번영신학(Prosperity Gospel)"에 물든 교회는 건강한 교회일 수가 없다.
◆ 2009년의 통계로 연간 25,000불을 벌면 전 세계 인구의 10%에 들어가는 부자.
만약 50,000불을 벌면 전 세계 인구의 1%에 해당하는 부자.
전 세계 인구의 93%는 개인차를 소유하지 못하고 있다.
여러분의 소득은? 상위 1%? 10%?

아직도 사촌이 논을 사면 배가 아픈가?
아직도 내가 못먹는 밥에 재를 뿌리고 싶은가?
비교에 능하지 말고 감사합시다!!!!!!!!!!

✚ 성경이 말하는 가난과 사회 정의

성경 전체에 "가난과 정의"(Poverty and Justice)라는 단어가 2000구절이나 된다. 이 구절들은 우리가 지킬 필요가 없는 구절이라고 성경에서 떼어 내 버리면 성경은 온통 너덜거리는 옷 같은 꼴이 되고 말 것이다.

◆ "사람이 선을 행할 줄 알고도 행하지 아니하면 죄니라" - 약 4:17
◆ 공자(Confucius)마저도 "옳음(선)을 알고도 행하지 않음은 가장 저질의 비겁함이다"라고 했다.

오늘도 "야베스의 기도"를 드리며 내 번영의 지경만 넓혀지기를 원하는가?
순종의 지경이 넓어지는 것은 생각해 보지 않았는가?
마태복음 19장의 "부자 청년"이 되고 싶은가?

✚ 아모스서를 통해서 보는 사회 공동체

이 사회의 가치관
• 됨 • 가짐 • 나눔 • 섬김
오늘 우리 사회와 교회는 어떤 가치관으로 이루어져 있는가?

✝ 아모스를 통한 결단

도덕성(선지자 영성)이 결여된 종교는 사회적 암적인 존재이다. 1989년 스위스 로잔에서 열린 제2차 복음주의자 대회에서 이런 성명을 채택했다.

"우리는 사회 정의에 무관심했던 것을 회개한다. 그러나 교회는 여전히 아모스를 찾고 있다." 과연 찾고만 있어서 되겠는가?!!!

◆ 요한1서 4:20을 다시 묵상하고 실천하자.
"누구든지 하나님을 사랑하노라 하고 그 형제를 미워하면 이는 거짓말하는 자니 보는 바 그 형제를 사랑하지 아니하는 자는 보지 못하는 바 하나님을 사랑할 수 없느니라."

◆ 찬송가 515(통 256) "눈을 들어 하늘을 보라"를 가사를 음미하면서 꼭 불러 보라!
"아, 믿는 자여 어이할고?!"~♬

학습 자료 38-6 여호와의 날(The day of the Lord)의 이해 암 8장

'여호와의 날'이란 구약 선지서에 나타나는, 구약적 종말 사상을 반영하는 중요한 신학 용어이다. 암 5:18-20을 보면 분열 왕국 시대 후기 곧 B.C. 8세기 중반경 아모스 선지자가 활동할 당시에 이미 이 '여호와의 날'의 개념이 이스라엘 백성 가운데 널리 알려져 있었음을 알 수 있다.

구약 종말론을 반영하는 '여호와의 날' 사상은 동서고금의 모든 종말론이 그러하듯이 정치·종교적 격변기를 그 배경으로 하고 있다. 더 상술하자면 분열 왕국 시대 말기에서 B.C. 722년의 북이스라엘의 멸망과 B.C.586년의 남 유다 멸망, 그리고 B.C. 586-539년 사이의 바벨론 포로 그리고 포로 귀환 시대 등 대략 B.C.8-5세기 사이를 배경으로 선지서가 기록될 당시 이스라엘 민족은 보편적으로 다음과 같은 중대한 위기에 봉착해 있었다.

먼저 종교적 관점에서 볼 때 B.C. 930년경 분열 왕국 시대가 개시된 이래 다소 정도의 차이는 있었으나 북이스라엘과 남 유다는 여호와 절대 유일 신앙을 버리고 각종 우상을 섬기는 패역의 역사를 끊임없이 일삼았다. 그리고 이러한 이스라엘 두 왕국의 백성들을 향하여 여호와 하나님은 여러 선지자를 통하여 심판의 경고를 끊임없이 보내셨다. 또한 정치적 관점에서 볼 때도 이스라엘 두 왕국의 백성들이 종교적인 타락을 거듭하던 시기와 때를 같이하여 근동 지역은 신흥 강대국 앗수르의 부상을 시발로 하여 앗수르, 바벨론, 바사, 헬라, 로마 제국 등 대제국들(Great Empires)이 상호 연이어 발흥함으로써 B.C. 8세기에서 멀리 A.D. 수 세기까지 소위 대제국 시대가 도래되어 연일 거센 전쟁의 소용돌이 속에 휩쓸리게 되었다. 특히 그중에서도 유럽 및 근동 지역과 애굽 지역을 잇는 길목에 있었던 이스라엘은 그 소용돌이의 중심부에 들게 되었다.

이같은 종교적·정치적 이유들로 인하여 이스라엘에는 종말론적 위기감이 크게 고조되었고 이와 관련하여 등장하게 된 구약적 종말 개념이 바로 '여호와의 날'이었던 것이다.

✝ '여호와의 날'의 정의

'여호와의 날'이란 한마디로 '여호와께서 역사의 어느 한순간에 결정적으로 이 땅의 역사에 개입하셔서 악인을 멸하시고 의인 또는 당신께 나아오는 자들을 구원하시는 역동적인 심판과 구원의 날'을 가리키는 신학 용어이다.

이러한 구약적 종말론 용어인 이 '여호와의 날'의 개념을 이해할 때 우리는 반드시 다음 두 가지 사실을 전제하여야 한다. 첫째는 구약 시대에는 신약시대와 달리 아직 현 세상의 우주와 역사 전체가 궁극적으로 그리고 최종적으로 심판 종결되고 각각 영원한 형벌에 처할 자와 천국의 축복에 동참할 자로 구분된 모든 인생이 전혀 새로이 갱신된 우주 안에서 온전한 새 역사를 시작한다는, 범우주적이요, 최종적이요 그리고 단회적인 역사 대종말에 대한 계시가 확립되지 않았었다는 사실이다. 그리하여 '여호와의 날'은 단회적 대 종말 사건이 아니라, 하나님이 이스라엘 및 그 주변 국가의 역사에 역동적으로 개입하시는 여러 날을 통칭하여 가리키는 용어였다는 사실이다. 그리고 둘째는 구약 예언의 복합성에 따라 '여호와의 날'에 대한 예언들은 문맥에 따라서 각각 남·북 이스라엘 왕국이 여호와의 심판으로 멸망 받던 날, 또는 반대로 이스라엘 백성들을 억압하던 이방인들이 하나님의 심판을 받고 이스라엘은 포로에서 회복되던 날, 그리고 메시아가 와서 자신들 선민에게 승리와 평화를 가져다 준 날, 곧 신약적 관점에서 보자면 우리 주 메시아 예수의 초림 중 어느 한 날을 가리킬 수도 있었고 이 세 가지 모두는 물론 심지어 세상 끝 날의 대종말 자체까지를 동시에 의미할 수도 있었다는 사실이다 욜 2:31, 습 1:14-18, 슥 14:1-11.

한편 이 같은 구약 '여호와의 날'의 개념은 신약시대에 이르러 역사 대종말 곧 범우주적이고도 최종적인 세상의 대종말에 대한 계시인 '주의 날'로 발전된다. 이 같은 구약의 '여호와의 날'의 신약의 '주의 날'로의 발전은 성경 계시의 점진성의 한 실례로서 전자가 후자의 전신 또는 예표(豫表)의 관계에 있다 하겠다. 참고로 양자를 다시 한번 더 비교하자면 여호와의 날이 현 역사 안에서 주로 이스라엘 민족을 중심으로 하여 반복적으로 일어난 하나님의 역동적 구원 행동을 가리켰다면 신약의 주의 날은 현 역사를 최종적으로 종결하고 새로이 갱신될 새 시대를 의미한다는 점에서 초역사적인 구원 행동을 그리고 세계 만민 전체를 포괄한 단회적이고도 최종적인 하나님의 구원 행동을 가리키는 용어였다 하겠다.

✝ 여호와의 날의 양면성

앞에서 언급한 바와 같이 '여호와의 날'은 이 땅의 왜곡된 역사 현실을 그 역사의 현장에 여호와께서 종말론적으로 임재하사 일시에 극복하는 역동적인 날이었다. 따라서 이날은 악인에게는 멸망의 심판이 행해지는 저주의 날이며 동시에, 의인 또는 회개하는 자에게는 구원과 회복이 주어지는 축복의 날이라는 양면성을 갖는다.

	저주의 날	축복의 날
1	형벌과 보응이 임함(호 9:7)	축복이 회복됨(암 9:11)
2	땅이 황폐하게 됨(욜 1:10-12)	기쁨과 즐거움이 회복됨(욜 2:23)
3	물질이 결핍됨(욜 1:16)	성령 부음을 받음(욜 2:28)
4	기쁨과 즐거움이 끊어짐(욜 1:16)	꿈과 이상을 봄(욜 2:28)
5	어둡고 캄캄함(욜 2:2, 암 5:18)	구원을 얻음(욜 2:32, 미 7:18)
6	불로 사름(욜 2:3)	다시 긍휼을 베푸심(암 5:15)
7	희생이 있음(습 1:8)	만국으로 기업을 얻음(암 9:12)
8	슬픔과 애통이 있음(습 1:14)	보호를 받음(습 3:11,12)
9	고통이 극심함(습 1:15)	평화와 번영을 누림(슥 8:12)
10	극렬한 풀무불 같음(말 4:1)	이방인들도 돌아와 구원 받음(미 4:1, 2)

✝ 의의

여호와 하나님께서 이 땅의 왜곡된 역사 현실에 결정적으로 임재하사 선악 간에 심판하시고 의인 또는 당신의 백성을 위한 평화와 번영을 위한 새 질서를 구축해 주실 것을 대망하던 사상으로써 그것이 여호와 하나님에 의하여 거듭 예언됐고 또 이미 거듭하여 성취됐으며 그 궁극적 실체는 '주의 날'의 예언으로 승화되어 세상 끝날의 대종말에서의 성취를 대망하고 있는 '여호와의 날' 사상은 무엇보다 먼저 우리 눈앞에 펼쳐진 이 왜곡된 역사 현실과 그 안에서의 우리의 삶이 영원한 것이 아니라 마침내 대종말을 반드시 그리고 분명히 맞을 것이라는 놀라운 사실 자체를 우리에게 새삼 각성시켜 준다. 즉 종말론적 구원과 심판의 날이 존재한다는 사실 자체를 강력하게 제시해 준다.

그리하여 우리는 이처럼 매 순간 다가오는 '여호와의 날'에 근거하여 종말론적 위로와 경고를 동시에 받게 된다. 먼저 우리는 이 '여호와의 날'을 통하여 이 질고로 가득한 왜곡된 현실이 영원한 것이 아니라 우리 여호와 하나님에 의하여 궁극적으로 초극되고 의인과 회개하는 자를 위한 새 세상이 반드시 올 것을 기대하며 위로와 소망을 갖는다. 동시에 여호와의 날은 악인들의 멸망을 필연적으로 동반할 것이며 단순히 하나님을 아는 자가 아니라 다만 그분께 참으로 순복하고 회개한 자에게만 구원이 주어질 것이며 오히려 하나님을 머리로만 알고 입으로만 섬기던 자들에게는 더욱더 큰 심판이 주어질 사실도 확인하면서 나 자신을 살피게 되는 것이다. 그리하여 우리는 하나님의 공의와 사랑의 오묘한 조화가 결정적으로 동시 집행되어 천국 구원과 지옥 심판이 일시에 실현될 이 크고도 두려운 날을 기억하면서 실로 매 순간을 하나님의 심판 보좌 앞에 서는 각오로 살아야 하겠다는 소위 실존론적 종말 신앙(實存論的 終末信仰)을 결단하게 되는 것이다.

'평강의 하나님이 친히 너희를 온전히 거룩하게 하시고 또 너희의 온 영과 혼과 몸이 우리 주 예수 그리스도께서 강림하실 때에 흠 없게 보전되기를 원하노라'^{살전} 5:23.

39일 핵심 학습 자료

학습 자료 39-1 앗수르 디글랏 빌레셀 왕의 연대기 발견 왕하 15:17-20

북이스라엘의 제16대 왕 므나헴이 사마리아에서 10년을 통치하는 중에 앗수르 왕 불(디글랏 빌레셀)에게 조공을 바쳤다는 기사가 본문에 언급되어 있다. 이러한 본문의 기사는 고고학자들이 앗수르의 디글랏 빌레셀 왕의 궁전에서 발굴한 그의 연대기에 의해서 그 사실임이 뒷받침되기도 한다. 이 연대기는 본문에 대한 기록과 함께 당시의 남·북 왕조와 앗수르 사이의 사건들에 대한 정보를 제공해 줌으로써 중요한 고고학적 자료가 되고 있다. 따라서 이를 살펴볼 때 이해도 더욱 명확해질 것이다.

🕇 연대기에 나타난 므나헴의 조공

먼저 본문에 나타난 므나헴의 앗수르 왕에 대한 조공 관계를 이해해 보자. 북이스라엘 므나헴 왕의 통치기간 중 두드러진 사건은 앗수르 세력의 서부 지배가 정점에 도달했다는 것이다. 그러다가 급기야 앗수르의 디글랏 빌레셀(불) 왕이 군대를 이끌고 북이스라엘을 치려고 하였는데 므나헴은 이를 저지코자 앗수르 왕에게 화폐 조공을 시작하게 되었다. 이러한 사실에 대해 후대에 출토된바 디글랏 빌레셀의 연대기에서도 디글랏 빌레셀 왕이 다메섹의 르신, 두로의 히람, 비블로스의 시비티빌리, 또한 사마리아의 므나헴으로부터 공물을 받았음을 증거하고 있다. 또한 이 연대기의 단편적인 본문들을 살펴보면 므나헴에 대해 다음과 같이 기록하고 있다. "므나헴에 대해서 말하건대, 짐이 그를 눈보라처럼 위협하니 그가 한 마리 새처럼 꽁무니를 빼더니 내 발 앞에 무릎을 꿇었도다. 짐이 그를 다시 그의 자리로 되돌려 보내고 짐에게 조공을 바치도록 하였노라." 또한 여기에는 디글랏 빌레셀이 '온 이스라엘 사람들의 소유물을 앗수르로 가져갔다'고 기록되어 있다.

한편 성경 본문을 보면 화폐 공물의 총액수는 은 일천 달란트이고 한 사람으로부터 거두어들인 것은 은 50세겔씩이라고 되어 있다. 당시에 노예 한 명을 사는 데 필요한 돈이 은 50 세겔이었음을 생각할 때, 므나헴은 이스라엘의 모든 부자에게 강제로 인두세를 거두어들여 각 사람의 몸값을 앗수르 왕에게 준 것으로 볼 수 있다. 또 이것을 계산해 보면 세금을 낼 수 있는 사람이 약 6,000명이나 되었다는 설명이 되어 당시의 경제적 상황을 알 수 있게도 한다.

🕇 의의

이상 살펴본 바와 같이 디글랏 빌레셀의 연대기를 발견해 냄으로써 므나헴 치정 당시의 국제 관계에 대한 이해가 더 쉬워졌다. 또한, 이 연대기에는 성경의 기록만으로는 충분히 설명할 수 없는 열왕들의 연대기 문제에도 큰 도움을 주고 있다. 곧 디글랏 빌레셀은 B.C. 732년 팔레스타인에서의 전쟁 동안 이스라엘의 왕위를 베가에게서 호세아에게로 바꿨음을 말하고 있다. 따라서 디글랏 빌레셀의 연대기 발견은 고고학적으로 매우 뛰어난 가치를 지닌다. 아울러 이는 성경의 진정성을 확증하는 데도 중요한 역할을 하고 있다.

학습 자료 39-2 북 왕국 베가 왕의 통치 햇수 왕하 15:27

본문을 보면 북 왕국의 18대 왕 베가가 사마리아에서 20년을 치리했다고 한다. 그런데 사실은 B.C. 752-740년까지 북 왕국 왕은 15대 살룸(752년), 16대 므나헴(752-742년), 17대 브가히야(742-740년) 왕이 각각 통치하였고, 북 왕국의 19대 왕이자 마지막 왕인 호세아는 B.C. 732년에 등극하였다. 그렇다면 베가는 B.C. 740-732년까지 약 8년간만 통치한 셈이 된다. 그러면 이게 어찌된 것인가? 베가가 20년간 사마리아에서 통치했다는 본문의 기록이 틀리는 것인가? 이에 대해 알아보도록 하자.

✝ 베가 왕의 치리 기간 이해

먼저 20년간의 베가 통치 햇수에 대해 이해하기 위해서는 북 왕국의 14대 왕이자 여로보암 2세의 아들인 스가랴 시대까지 거슬러 올라가야 한다. 즉 이 당시 여로보암 2세의 아들 스가랴가 6개월 정도 통치했을 즈음에 그는 그의 군대 장관 살룸의 쿠데타에 의해 살해되고 만다(B.C. 753년). 그리고 스가랴를 살해하고 왕이 된 살룸도 1개월 남짓 통치하다가 므나헴의 쿠데타에 의해 살해된다(B.C. 752년). 그런데 살룸을 살해하고 왕이 된 므나헴은 강경한 반앗수르 정책을 펴다가 디글랏 빌레셀 3세(B.C. 745-727년)의 공격을 받아 요단 동편, 곧 길르앗 땅을 상실하게 되었고, 이때 친 앗수르파인 베가가 앗수르에 힘입어 길르앗 땅을 다스리는 통치자가 되었다. 이때가 B.C. 752년경이다.

그래서 베가는 므나헴이 B.C. 752-742년까지 사마리아에서 통치하는 동안 길르앗 땅에서 통치했으며, 자연히 므나헴과는 적대 관계에 있었다. 그러다가 므나헴의 아들 브가히야가 왕이 된 후에 베가는 약 2년 동안 브가히야와 평화 협정을 맺게 되었다.

그리고 2년 후, 즉 B.C. 740년에 베가는 브가히야와의 평화 협정을 깨고 사마리아 성을 공격, 점령하고 말았다왕하 15:25. 이때부터 베가가 사마리아에서 북이스라엘 전역을 통치하는 왕이 된 것이다.

결과적으로 베가가 사마리아에서 북이스라엘을 단독으로 통치한 것은 B.C. 74-732년까지 8년뿐이다. 그러나 길르앗 땅에서 통치한 B.C. 752-740년까지 약 12년간의 통치 기간까지 합하면 그의 전체 통치 햇수는 20년이 된다. 따라서 본 절에서 베가가 '사마리아에서 20년간을 치리했다'라고 한 것은 결국 베가가 '사마리아에서 치리했고, 또한 이십 년을 다스렸다'로 이해해야 한다.

✝ 의의

이상 살펴본 바를 통해서 우리는 다시 한번 열왕기 기자가 당시의 역사적 사실들을 빠짐없이 기록하기보다는 자신의 신학적 의도에 따라 필요한 사실들만을 부분적으로 발췌하여 기록하였음을 발견하게 된다. 그리고 이는 성경이 단순히 한 나라의 역사를 서술한 역사책이 아니라 하나님의 구속 계획의 전개 과정을 기록한 구속사에 관한 책임을 증거하는 것이다.

학습 자료 39-3 몰렉 종교의 인신 제사 왕하 16:3

본문에서 우리는 여호와께서 이스라엘 자손 앞에서 쫓아내신 이방 사람의 가증한 일을 본받아 자기 아들을 불 가운데로 지나가게 한 아하스 왕의 모습을 볼 수 있다. 이는 아하스가 암몬 사람들의 국가 신으로 '밀곰' 또는 '말감'으로 알려진 몰렉(Molech) 종교의 인신 제사를 따르고 있음을 의미한다. 그러면 여기서 몰렉 종교의 가장 큰 특징인 '인신 제사'에 대해 살펴보도록 하겠다.

✝ 몰렉 숭배의 특징인 인신 제사

위에서 잠시 언급했듯이, 몰렉이라는 신은 주로 암몬 사람들에 의해서 숭배되었다. 그런데 베니게인들의 신화에 자주 등장하는 이 신은 파괴적인 속성을 가지고 있어서 불과 번개, 그리고 전쟁과 역병 같은 것으로 주로 표현된다. 그래서 이방 사람들은 이 신의 노여움으로 인해 전쟁이나 재난이 생긴다고 생각했다. 그리고 그 파괴의 고통에서 벗어나기 위해서 자기의 자녀들을 몰렉 신에게 인신 제물로 바치는 행위까지 서슴지 않았던 것이다. 모압 왕도 이스라엘과의 전쟁으로 인한 공포에서 구원받기 위해 자기의 맏아들을 성 위에서 번제로 바쳤다 왕하 3:27. 그런데 이러한 행위는 아합이나 아하스, 므낫세 같은 이스라엘 남북 왕국의 왕들에 의해서도 자행되었다. 아하스와 므낫세 시대에는 희생 제물을 태우기 위해서 만든 거대한 화장용(火葬用) 제단인 도벳이 세워진 힌놈의 골짜기에서 공공연히 몰렉 숭배가 행해지기까지 하였다. 그런데 이때 어떤 방법으로 자기의 자녀들을 제물로 바쳤는가 하는 문제가 우리의 관심을 끈다.

이에는 먼저 자녀를 죽인 후에 피를 뿌리며 번제로 바쳤다는 견해와 산채로 불에 태워 바쳤다는 견해, 두 가지가 있다. 예레미야나 에스겔 같은 선지자들은 당시의, 번제로 자녀를 불살라 바치기 위해 건축한 산당에 대해 말하고 있다. 이는 신에게 바쳐진 인신 제물은 산채로 드려 태운 것이 아니라 제물로 죽이고 나서 번제로 바쳐졌음을 뜻한다 렘 19:5, 겔 16:20, 21. 본문에서 아이를 불로 정화(淨化)하기 위해 행해진 것으로 보인다. 그리고 그 후에 살육이 행해졌을 것이다.

✝ 의의

이상 살펴본 몰렉 종교의 인신 제사는 한 마디로 인간의 공포와 두려움만을 제거하기 위해 무죄한 자의 피를 흘리는 비인간적인 것이었다. 따라서 하나님은 의와 선과 도덕을 추구하지 않는 이러한 우상 숭배의 행위를 경멸하시고 저주하시며 또한 이렇게 패역한 행위를 일삼는 자들을 징계하사 하나님의 절대 거룩하심을 나타내셨다. 또한 오늘날의 모든 가증한 행위도 분명 심판하신다.

40일 핵심 학습 자료

학습 자료 40-1 구속사 한눈에 보기

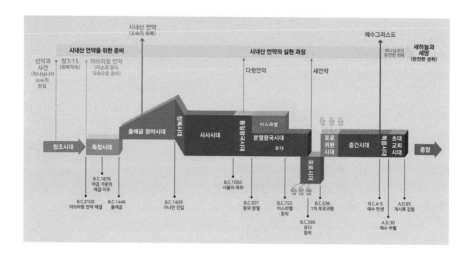

학습 자료 40-2 이사야서의 메시지 따라가기

✝ 선민의 범죄에 대한 공의의 심판.

이사야서에는 타락한 선민을 향한 직접적인 회개 촉구는 거의 나오지 않고 대신 선민의 타락에 대한 선지자의 피 끓는 비탄과 질타가 많이 나오는 특징을 보이는 것이다. 특히 선민의 타락에 대한 비탄과 질타는 본서 전체의 도입부라 할 수 있는 제1-5장 내용의 핵심이기도 하다.

  하나님은 열방 중에서 택하여 선민으로 삼으신 이스라엘이 타락하여 죄를 범하였을 때 그들을 향하여 책망하시고 경고하시며 또 그 경고대로 심판하신다. 그리하여 먼저 북이스라엘이 B.C. 722년에 하나님의 심판 도구로 세움을 받은 앗수르 제국에 의해 멸망하고, 남은 남 유다도 앗수르를 비롯한 열방 나라들의 침공으로 큰 고통을 당하다가 북이스라엘이 멸망한 후 150여 년이 흐른 뒤인 B.C. 586년에 역시 하나님의 심판 도구로 사용된 바벨론 제국에 의해 멸망하고 말았다. 이처럼 열방 중에서 구약 선민으로 택함을 받고 하나님의 계시를 받아 하나님에 대하여 알고 있었을 뿐만 아니라 그 어느 민족보다도 더 큰 하나님의 은혜를 맛본 이스라엘조차 타락하여 하나님으로부터 심판을 받아 멸망하였다.

이러한 사실은 태초 아담의 범죄 이래 단 한 사람의 예외도 없이 전 인류가 하나님 앞에서 그 어떤 의를 행할 수 없는 전적 타락과 전적 무능의 상태에 놓여 있어서 하나님을 바로 예배하지 못하고 죄악된 본성대로 죄악된 삶을 살다가 결국 영원한 멸망에 이를 수밖에 없는 인생의 비참한 현실을 직시하게 한다. 또한 이는 절대 자존자요 우주 만물의 창조자이신 하나님께서 세우신 선과 악의 기준을 범한 자는 그 누구를 막론하고 하나님의 공의의 심판을 피할 수 없으며, 그러한 공의의 심판은 결국 전인격적인 차원에서 생명과 축복의 단절 및 저주를 야기한다는 사실을 일깨워준다.

✝ 여호와의 은혜에 의한 선민의 회복.

하나님은 당신의 택한 백성이라 할지라도 그들이 범죄 할 때는 엄정하게 징계하셨다. 하지만 하나님은 범죄한 선민을 징계하시기만 한 것이 아니다. 하나님은 선민을 징계하는 와중에서도 그들의 회복을 약속하셨고, 그 약속을 이행하셨다. 앗수르 왕 산헤립의 침공으로부터의 예루살렘의 구원(B.C. 701년), 이스라엘의 바벨론 포로에서 해방과 귀환(B.C. 538)은 모두 하나님께서 타락한 선민을 징계하시는 와중에서도 주신 회복의 약속을 이행하신 결과이다. 특히 이러한 선민의 회복은 하나님의 무조건적 은혜로 말미암은 것이다. 하나님은 아무런 조건 없이 선민의 회복을 약속하셨고, 또한 아무런 조건도 없이 무조건적인 은혜로 선민을 회복하셨다. 참으로 선민의 회복에 인간의 노력은 전혀 개입되지 않았다. 하나님은 죄를 범하여 징계 받고 구원의 소망을 전혀 가질 수 없는 상태에 있는 선민을 무조건적인 은혜로 회복하셨다. 그렇다면 하나님은 왜 무조건적인 은혜로 선민을 다시 회복시키신 것인가? 그것은 죄인은 그 누구도 행위로 자신을 구원할 수 없으며 하나님의 주권적 은혜를 통해서만 구속받을 수 있음을 분명히 하기 위함이다. 인간은 전적으로 타락하였을 뿐만 아니라, 구원에 관하여서는 전적으로 무능하여 구원을 위하여 할 수 있는 것이 아무것도 없다. 그러므로 사랑의 주 하나님은 무조건적인 은혜로 선민을 다시 회복시키시는 것이다. 그렇다. 구원은 인간의 행위에서 나는 것이 아니다. 구원은 오직 하나님의 선물이다^{엡 2:8}. 한편 하나님께서 죄를 범한 선민을 심판하시는 와중에서도 그들에게 회복의 약속을 주실 뿐만 아니라 실제로 그들에게 은혜를 베풀어 구원하시고 회복하신 사실은 하나님께서 당신의 백성을 심판하시는 것은 그들을 멸하는데 목적이 있는 것이 아니라 그들을 거룩한 백성으로 만드는 데 있다는 사실과 하나님은 비록 죄를 범한 당신의 백성을 징계하실지라도 한 번 택하신 그들에 대해서는 결코 버리지 아니하시고 반드시 구원하신다는 구원의 절대성을 확신하게 한다.

✝ 한 위대한 왕의 출현 예고.

신명기 17:14-20에는 이상적인 왕의 자격 기준이 언급되어 있다. 이러한 기준에 의하면 이스라엘 최고의 성군으로 불리는 다윗이나 지혜의 왕으로 불리며 이스라엘을 최고의 전성기로 이끈 솔로몬, 그리고 분열 왕국 이후 최고의 선한 왕으로 평가받는 히스기야까지도 여타의 왕들과 마찬가지로 실패한 왕으로 분류될 수밖에 없다. 그리하여 다른 왕들의 통치기는 물론이거니와 이들 왕이 통치하는 동안에도 이스라엘에서는 완전한 공평과 의가 시행되지 못하였으며, 참된 평화와 안식도 누리지 못하였다. 그런데 이사야는 본서에서 이상적인 왕의 자격을 만족시키기에 충분한 존재로서의 의와 평강의 왕을 거듭 소개하고 있으며, 그의 의로운 통치로 말미암아 현세상의 나라들과는 완전히 대조되는 전 우주적인 평화의 나라가 도래하게 될 것을 예언하고 있다[9:1-7, 11:1-9]. 특별히 이사야는 이 위대한 왕의 혈통, 능력, 본래 신분 등에 대하여 아주 구체적으로 언급하고 있다. 물론 여기서 이사야가 예언하는 한 위대한 왕이란 다윗의 자손으로 오실 메시아 예수 그리스도를 가리키며, 그가 도래시킬 전 우주적 나라란 일차적으로는 교회를, 그리고 궁극적으로는 그의 재림과 함께 도래할 영원한 천국을 가리킨다. 이러한 사실로 인하여 이사야서는 구약 성경 가운데서 예수 그리스도와 관련하여 신약 성경에 가장 많이 인용되고 있다.

학습 자료 40-3 성경 예언의 복합성 사 2:2-4

본문은 하나님의 심판으로 비참한 상황에 부닥치게 된 남 유다가 영광스럽게 회복될 것을 예언함과 동시에 궁극적으로 완전한 평화만 있는 메시아 왕국이 도래할 것을 예언하고 있다. 여기서 우리는 본문뿐만 아니라 성경의 곳곳에 있는 많은 예언 속에서 발견할 수 있는 성경 예언의 복합성에 대해 살펴볼 수 있을 것이다.

✝ 정의

성경의 예언은 오묘하게도 어느 한 시대만 국한된 것이 아니고 동시에 두 시대, 나아가 세상 끝 날의 상황까지도 암시하는 복합성을 갖는 경우가 많다. 예를 들면 구약의 예언은 구약 시대의 어느 한 사건뿐만 아니라 그리스도의 초림이나 재림과 같은 보다 먼 미래의 사건에도 동시에 적용된다. 이를 가리켜 성경 예언의 복합성이라고 한다.

✝ 주요 실례

성경에 나오는 모든 예언이 다 복합성을 갖는 것은 아니다. 특별히 전시대에 걸친 하나님의 구속사적 경륜과 밀접한 연관이 있는 예언들이 주로 복합성을 갖는다. 이러한 예언의 주요 실례들을 모아 보면 다음과 같다.

	예언의 주요 내용	관련성구
1	아브라함의 자손이 하늘의 별과 같이 많을 것임	창 26:4, 15:5, 22:17
2	큰 자 에서가 어린 자 야곱을 섬길 것임	창 25:23

3	규가 유다를 떠나지 아니할 것임	창 49:10
4	이스라엘로 가나안 땅에 평안히 거하게 하실 것임	신 12:10
5	모세와 같은 선지자 하나를 세우실 것임	신 18:15
6	다윗의 자손이 나라를 영원히 견고케 할 것임	삼하 7:13
7	선민 이스라엘이 모든 나라 위에 세워질 것임	사 2:2-4
8	야곱의 남은 자를 돌아오게 할 것임	사 10:20-23
9	여호와의 신이 만민에게 부어질 것임	욜 2:28
10	예루살렘이 멸망할 것임	마 23:37-24:2

✝ 의의

하나님께서 주신 예언 가운데 많은 것이 복합성을 지닌다는 사실은 일차적으로 당대의 성도들에게 하나님의 능력과 보호가 영원할 것이라는 증거를 보여 줌으로써 보다 확신 가운데 신앙생활을 하게 한다. 그리고 나아가 장차 미래에 행할 하나님의 구속 계획을 미리 계시하심으로써 성도가 당장 현세적인 삶보다 하나님의 구속 계획이 완전히 성취된 이후의 천국에서의 영원한 삶을 소망토록 한다. 또한 성경의 많은 예언이 오랜 시간을 두고 계속해서 주어짐으로써 예언 간의 상호 유기성을 나타내 주고 있어 성경 예언의 신빙성을 확증해 주고 있는 것도 이런 복합성이 주는 또 하나의 의의이다. 한편 이러한 성경 예언이 갖는 또 다른 특징과 특수성에 대해서는 본권 예언서 개론을 참조하도록 하라.

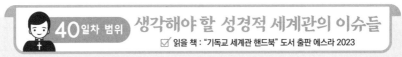

40일차 범위 생각해야 할 성경적 세계관의 이슈들
☑ 읽을 책 : "기독교 세계관 핸드북" 도서 출판 에스라 2023

❖ 사 6장 "예배와 섬김"(p594)

왕하
16:10~20 ·
미 1~7 ·
대하 27~28 ·
왕하 17:1~4 ·
사 28~29 ·
왕하 17:5 ·
사 10:5~12

41일 핵심 학습 자료

학습 자료 25-1 지도자의 타락이 일으키는 공동체의 심각한 위험
(미가서 메시지)

B.C. 722년에 북이스라엘이 하나님의 심판을 받아 멸망하고 이어 남 유다에 대한 하나님의 심판 예언이 주어진 것은 공히 선민 전반이 타락한 결과이다. 그런데 본서에는 선민 전반의 죄악에 대한 질타와 그에 따른 심판 예언도 나오지만, 무엇보다도 선민 지도자들의 죄악에 대한 질타와 그들에 대한 심판 예언이 자주, 그리고 강조적으로 나타나고 있다. 이는 선민이 하나님의 심판을 받아 파멸에 이르게 된 것은 선민 전반이 타락하였기 때문이기도 하지만 그 이전에 선민을 하나님의 말씀에 따라 바른길로 인도하고 공의를 실현해야 할 책임이 있는 지도자들이 도리어 더 타락하여 악을 행할 뿐만 아니라 백성들 사이에서 악을 조장한 까닭이다.

　사실 한 공동체를 이끄는 지도자의 타락과 공동체를 구성하는 개인의 타락은 차원이 다른 결과를 초래한다. 공동체를 구성하는 구성원의 개인적 타락은 그 개인에게만 하나님의 심판이 초래케 하며 그가 다른 구성원에게 미치는 악한 영향력도 미미한 편이다. 그에 반해 공동체를 이끄는 지도자의 타락이 전 공동체에 미치는 악한 영향력은 실로 지대하다. 즉 지도자의 타락은 전 공동체를 타락으로 이끌 뿐만 아니라 그로 말미암아 하나님의 심판도 전 공동체에 미치게 되는 것이다. 그러므로 교회와 사회와 국가의 지도자로 세움을 받은 자에게는 그 교회와 사회와 국가를 구성하는 구성원들과는 비교도 할 수 없는 도덕적 · 영적 자질과 의로움, 그리고 책임감이 요구된다.

　물론 하나님께서도 지도자들에게는 일반 사람들보다 월등히 중한 책임을 물으신다. 이와 관련하여 야고보는 "내 형제들아 너희는 선생된 우리가 더 큰 심판을 받을 줄 알고 선생이 많이 되지 말라"약 3:1고 하였다. 이는 선생 곧 지도자가 되지 말라는 말이 아니라 그만큼 선생된 자는 막중한 책임 의식을 가져야 한다는 말이다. 정녕 지도자 된 자의 타락은 사회적 · 국가적으로 혹은 교회적으로 심각한 위기를 초래하게 됨을 깨달아서 늘 영적 · 도덕적으로 각성하고 하나님 앞에 바로 서기 위해 힘써야 할 것이다.

학습 자료 41-2 사마리아의 역사 왕하 17:1-6

본문에는 약 210년간 존속했던 북이스라엘 왕국이 이제 앗수르의 왕 살만에셀 5세와 사르곤 2세에 의해 멸망당한 역사가 기록되어 있다. 이로 말미암아 오므리 왕 때에 수도로서 수립된 이후 북왕국 전체를 지칭하는 말로서 쓰일 정도로^{왕상 21:1} 중요한 역할을 감당했던 수도 사마리아도 이제 그 기능을 상실하고 말았다. 그러나 사마리아는 분열 왕국 때만이 아니라 이스라엘 이후의 역사 가운데 매우 중요한 역할을 끼쳐왔던 주요 성읍 중의 하나이다. 그러므로 사마리아 성의 위치와 역사적 변천 과정을 살펴보는 것은 매우 유익한 일이 될 것이다.

위치
사마리아는 예루살렘 북쪽 약 67km, 지중해 동쪽 약 40km 지점, 즉 팔레스타인의 중앙 지대의 한 언덕에 자리 잡고 있다. 삼면이 비옥한 골짜기와 비탈로 둘러싸여 있으며, 그 지형적 조건이 외부의 침입을 쉽게 막을 수 있는 점으로 인해 북이스라엘의 수도로서 세워질 수 있었다.

역사적 변천 과정
사마리아의 역사는 다음과 같이 대략 여섯 시대로 구분하여 살펴볼 수 있다.

① **이스라엘 시대** : B.C. 880년경 북이스라엘 제6대 왕 오므리가 세멜에게서 은 두 달란트를 주고 사마리아 산을 사서 이곳에 성을 건축하고 이 성을 '사마리아'라고 부른 때부터(왕상 16:24) 호세아 왕 때에 북 왕국이 멸망하는 순간까지 북 왕국의 수도로서 지속되었다. 지금까지도 약간 남아 있는 성벽의 잔재와 주춧돌을 놓은 깊은 도랑들은 사마리아가 아름답게 설계되고 장엄하게 건설된 도시였음을 말해 준다. 또 남아 있는 성벽 중의 일부는 팔레스타인에서 어느 시대에 건축된 것보다도 가장 훌륭한 것들에 속한다. 그리고 이렇듯 안전하고 강력히 건축된 요새 덕분에, 이 성은 앗수르의 오랜 포위 공격 전까지는 그것을 차지하려는 이방인의 침략들을 성공적으로 막아낼 수 있었다. 한편 국내적으로 사마리아는 많은 피와 오점으로 얼룩진 역사의 현장이기도 했다. 북 왕국 대부분의 왕들이 반역을 통해 왕위에 올랐으므로 왕국의 수도인 사마리아가 그 역사를 입증하는 것은 너무도 당연한 일인 것이다. 그 한 예가 오므리 왕조를 무너뜨린 예후의 반역이다. 사마리아의 장로들은 예후와의 싸움을 택하는 것 대신에 아합의 아들 70명을 죽여 버렸다. 예후는 또한 남아 있는 아합의 자손들을 죽였으며 바알 숭배자들을 살육하고 바알 신전도 훼파해 버린 것이다^{왕하 10:12-28}. 그러나 예후가 벌인 이러한 개혁 작업의 결과로 북 왕국과 페니키아의 관계가 긴장 또는 파괴되었다는 사실을 고려해 볼 때, 그리고 예후가 앗수르의 살만에셀 3세에게 조공을 바쳤다는 사실을 볼 때 이 시기의 사마리아는 번영이 상당히 쇠퇴하고 있었음을 알 수 있다. 이후에 여호아하스와 요아스가 통치할 동안의 사마리아는 굵직굵직한 역사적 사건은 없었다. 다만

요아스가 남 유다의 아마샤를 벧세메스에서 격파한 다음 예루살렘을 약탈해 예루살렘 성전과 왕국에 있던 금은보화를 사마리아로 가져온 사건만이 있었을 뿐이다 왕하 14:8-14. 그러다가 여로보암 2세가 통치할 때 사마리아는 최고의 번영기를 누렸다. 그러나 여로보암 왕이 죽자, 사마리아의 번영과 안정은 곧 막을 내렸다. 그 다음 사마리아의 멸망에까지 이르는 24년 동안 6명의 왕이 등장하였는데, 그중 4명은 암살당했고 더더욱 2명의 왕은 사마리아에서 암살되었다 왕하 15:8-31. 그러는 동안 앗수르는 그 세력을 확장시켜 나가 므나헴 왕 때에는 앗수르에 많은 조공을 바쳤으며 마지막 왕 호세아 때에는 의무적으로 조공을 바치게까지 되었다. 그런데 호세아 왕이 살만에셀에게 반기를 들자, 살만에셀은 그를 감옥에 처넣고 사마리아를 포위해 버렸다. 이에 사마리아 성은 3년 동안 대항해 보았지만 결국 앗수르의 살만에셀의 뒤를 이은 사르곤 2세에게 정복되고 만 것이다.

② **앗수르 시대** : 이때 사마리아는 이 성을 정복한 사르곤에 의해 약 27,290명의 북이스라엘인이 국외로 추방당했을 뿐 아니라 수도로서의 면모를 잃기 시작했다. 또 사르곤 왕은 사마리아에 다른 정복지의 국민을 정착시켰고, 이에 따라 이때부터 북이스라엘 백성들과 이방인들의 혼혈이 시작되어 사마리아인들이 동족 유대인으로부터 경멸을 받기 시작한 것이다. 한편 사마리아는 다시 건설되어 앗수르 제국의 행정구역상의 중추가 되었다.

③ **바벨론 시대** : B.C. 612년 앗수르의 수도 니느웨가 메대와 바벨론에 의해 함락되고 뒤이어 정복자들에 의한 앗수르 제국의 분할이 이루어졌다. 이에 사마리아는 바벨론의 영토가 되었고, 지방 행정의 중심지 역할을 하게 되었다.

④ **페르시아 시대** : B.C. 539년 페르시아가 바벨론을 정복한 이후에 사마리아는 예루살렘과 북부 유다를 포함한 페르시아의 한 지방의 행정 중심지가 되었다. 한편 B.C. 6세기 후반과 5세기에는 국외로 추방되었던 많은 유대인이 유다로 돌아왔다. 그런데 이때 예루살렘을 재건하기 위한 귀환자들과 사마리아인들과의 갈등이 발생하기도 하였다 스 4:8-24.

⑤ **그리스 시대** : 이때의 사마리아는 혼란과 전쟁의 장소가 되었다. 왜냐하면 알렉산더 대왕의 팔레스타인 정복 때부터 폼페이우스(Pompeius)의 로마 정복 때까지의 250여 년 동안 사마리아는 여러 제국에 편입되었기 때문이다. 따라서 이때 사마리아에는 많은 요새가 건축되었지만, 후에 요한 힐카누스(J. Hyrcanus)에 의해 파괴되어 버렸다. 사마리아는 B.C. 63년까지 유다 왕국 일부분으로 존속했다.

⑥ **로마 시대** : 예루살렘 멸망 이후 대부분의 팔레스타인은 사마리아를 포함하여 시리아의 영토로 병합되었다. 그러다가 B.C. 57년 로마의 통치하에 재건되었으며, 헤롯의 통치 때에 사마리아는 초기의 명성을 되찾게 되었다. 곧 B.C. 30년 헤롯 왕국의 일부로 편입되면서, 이방인들의 성읍으로 남게 되었다. 그러다가 A.D. 66~70년 사이의 전쟁으로 다시 파괴되었으며, A.D. 300년경 로마의 식민 도시로 재건되었고, A.D. 634년경 아랍의 점령지가 되었다.

이상에서 북이스라엘 왕국의 수도로서 그 중요성이 있었던 사마리아 성읍의 역사를 살펴보았다. 일찍이 이 성읍은 견고한 요새로서 아름답게 설계됐다. 그러나 선민임에도 불구하고 선민으로서 사는 삶을 살지 않고, 오히려 우상을 숭배하며 세속화 되어졌던 북이스라엘인들로 인해 이 성읍은 우상 숭배의 대명사가 되었고, 결국 하나님께 버림받는 결과를 초래케 되었다. 참으로 북이스라엘의 멸망 이후 파괴와 재건이 수없이 반복되며, 더욱이 이방인과의 혼혈이 이루어져 동족인 유대인에게 조차도 멸시받게 되는 비운의 역사가 전개되고 있지 않는가? 이제 사마리아 성의 역사적 사건들을 보며 우리의 신앙 자세는 어떠해야 할지 깨달아야 하겠다.

학습 자료 41-3 사마리아 인의 유래에 대한 자료 왕하 17:24-41

북이스라엘을 멸망시킨 사르곤 2세는 북이스라엘 백성들을 자국의 영토 곳곳으로 강제 이주시켰던 반면에 그의 뒤를 이어 왕위에 오른 에살핫돈(B.C. 681-669년)은 사마리아 지역에 자신이 점령한 여러 이방 나라의 족속들을 강제 이주시켜 민족 혼합을 통해 각 민족의 정체성을 말살하는 정책을 펼쳤다. 따라서 본문에 기록된 앗수르 왕은 사르곤 2세의 뒤를 이어 왕이 된 에살핫돈을 가리킨다. 한편 에살핫돈은 민족 혼합을 위한 피정복민 이주 정책에 따라 바벨론과 구다, 아와와 하맛 그리고 스발와임 사람들을 강제로 사마리아에 이주시켰다. 여기서 '신들의 문'이란 이름 뜻을 지니는 '바벨론'은 메소포타미아 문명의 발상지에 있는 인류 역사상 가장 오래된 고대 도시의 하나로 동은 티그리스강, 서는 아라비아 사막, 남은 페르시아 바다, 북은 앗수르 강으로 둘러싸인 비옥한 평원 지대이다. 이러한 뛰어난 입지 조건으로 인하여 이곳에는 고대로부터 많은 사람이 밀집하여 살았다. 오늘날의 이라크의 수도 바그다드의 서남쪽에 있는 성읍이다. 그리고 '격렬한' 이란 이름 뜻을 지니는 '구다' 는 바벨론 북동쪽 32km 점에 있는 성읍으로 오늘날의 '텔이브라임' 지역이다. 이 성읍은 앗수르 비문에 자주 등장하는 도시이며, 당시 북이스라엘 이주민 중 가장 큰 세력을 형성했던 것으로 추정된다. 30절에서는 '굿'으로 기술되어 있다. 또한 '아와'는 유브라데 강변의 하불 부근에 위치하여 역청의 산지로 유명한 현재의 '히트(Hit)' 지역으로 추정된다. 이곳에서는 닙하스와 다르닥이란 우상이 숭배된 것으로 여겨진다. 그리고 '하맛' 은 하맛 왕국의 수도로 이 왕국은 북이스라엘이 멸망한 2년 후인 B.C. 720년에 사르곤 2세에 의해 정복되었다. 이곳은 다메섹 북부 약 200km 지점의 오르테스 강을 끼고 있는 수리아 중부의 도시로 현재의 '하마(Hama)' 와 동일한 성읍이다. 마지막으로 '스발와임' 은 과거에는 바벨론에 위치한 '십파르(Sippar)' 라는 성읍과 동일한 곳으로 여겨졌으나 오늘날에는 하맛과 다메섹 사이에 있던 북수리아의 성읍으로 보는 견해가 지배적이다. 이곳은 B.C. 725년경 살만에셀 5세에 의해 점령되었으며, 겔 47:16에는 '시브라임' 으로 표기되어 있다.

과거 B.C. 15세기 말에는 여호수아의 지도로 하나님의 백성 이스라엘이 가나안 거민들을 몰아내고 그 땅을 차지하였다. 그 땅에 사는 족속들의 죄악이 관영하였으므로$^{창 15:16}$ 하나님은 그들을 몰아내고 당신의 백성을 그곳에 거하게 하셨다. 그러나 이제 B.C. 8-7세기에 이르러서는 정반대의 일이 발생하고 있다. 즉 이스라엘 백성들이 이방 족속들의 풍속을 쫓아 악을 행함으로 인하여 하나님께서는 약속의 땅에서 온갖 죄를 저지르던 북이스라엘 백성을 앗수르의 포로로 끌려가게 하여 그 땅에서 몰아내고 이제 그 땅에 다른 이방 백성들을 거하게 하신 것이다. 이러한 역전된 상황이 '이스라엘 자손을 대신하여…거하니라'$^{왕하 17:24}$란 표현에서 잘 드러나고 있다. 이는 하나님의 약속의 땅에 거할 수 있는 자격이 선민 이스라엘이라는 혈통에 있는 것이 아니라, 여호와를 전심으로 섬기는 신앙적 자세에 있음을 보여준다. 즉 이스라엘 백성들은 비록 하나님의 백성으로 부름을 받았으나 하나님의 백성으로서의 바른 신앙 자세를 견지하지 못했기 때문에 약속의 땅에 거할 자격을 상실하였다. 이러한 사실을 통하여 본문은 이스라엘 백성이 아닌 이방인들일지라도 여호와를 두려워함으로 섬긴다면 그 땅의 소유권이 계속 유지될 수 있다는 비약적인 의미까지 전달하고 있다.

한편 자국의 백성이나 이방인들을 새로 정복한 지역으로 보내 점령지를 관리하도록 한 이주 정책은 고대 뿐 아니라 근대 사회에 이르기까지 민족의 정체성을 없애고 힘을 결집할 수 있는 구심점을 분산시키기 위하여 자주 시행된 대표적인 식민 정책 중 하나이다. 앗수르 제국의 왕들 가운데서 이러한 분산 정책을 처음 시작한 왕은 디글랏 빌레셀 3세였다. 그러나 '에살핫돈'에 와서야 규모로 이 정책이 시행되었으며 본문의 사마리아 이주도 에살핫돈 치하에서 일어난 일이었다. 당시 앗수르의 입장에서 볼 때 북이스라엘은 매우 독특한 여호와 신앙과 폐쇄적인 민족 개념으로 인해 더욱 주의를 요하는 정복지였을 것이다. 그리하여 그 지역 사람들을 자신들의 영토 곳곳으로 분산 이주시켰을 뿐 아니라 다양한 지역의 이방 사람들을 사마리아로 이주시켰다. 그 결과 사마리아는 민족·문화·종교의 혼합을 대표하는 장소가 되었고, 후에 이러한 이유로 정통 유대인들에 의하여 경멸받는 지역이 되었다. 성경이 '차지하다'로 번역한 '와이르슈'의 원형 '야라쉬(히)'는 '소유하다' 내지는 '유산으로 상속받다'라는 뜻으로서, 이방인들이 사마리아 땅에 일시적으로 거주한 것이 아니라 영원한 삶의 터전으로 삼았음을 나타낸다.

당시 사마리아에 이주해 온 이방인들은 각기 자신들이 원래 섬기던 이방신을 사마리아에서도 그대로 섬겼다. 그로 인해 사마리아는 마치 우상 전시장과 같이 되었을 것이다. 이에 하나님께서는 사자를 보내 저들을 벌하셨는데 이는 일차적으로 우상을 숭배하는 이방인들에게 여호와 하나님만이 온 우주를 지배하는 참된 신임을 알리기 위함이었고 또한 더 나아가서는 그 땅에 남아있는 이스라엘 자손에게 여호와의 살아계심과 전능하심을 기억하게 하여 여호와 신앙을 유지하게끔 하기 위함이었다.

왕하 17:4은 디글랏 빌레셀의 뒤를 이어 앗수르의 왕이 된 살만에셀이 북이스라엘을 때 침공하였음을 보도한다. 본문에 등장하는 살만에셀은 디글랏 빌레셀의 아들인 살만에셀 5세(B.C. 727-722년)이다. 앗수르에 관한 최근의 연구에 의하면 살만에셀 5세는 호 10:14에 나오는 살만과 동일 인물이며, 사 20:1에 나오는 사르곤, 즉 사르곤 2세는 그의 동생이다. 비문 가운데 '사르기나'로 읽히는 그에 대한 정보들이 있다. 즉 그는 많은 피정복 국가들을 다스리는 통치자로 기술되어 있고 그 가운데 북이스라엘을 가리키는 '사마리아'란 지명도 등장하고 있다. 그런데 그는 어떤 이유에서인지는 몰라도 호세아를 응징하기 위하여 사마리아 성을 포위하던 중 갑작스레 죽고 말았다. 그리하여 그의 왕위는 형제인 사르곤 2세(B.C. 722-705년)가 계승하였다. 그리고 B.C. 722년 북이스라엘의 멸망은 살만에셀 5세로부터 시작하여 사르곤 2세에 의해 완성되었다.

한편 본문에는 살만에셀이 북이스라엘을 침공한 이유가 정확히 나타나지 않는다. 많은 학자는 그 이유를 앗수르의 강력한 군주 디글랏 빌레셀이 죽은 이후 호세아가 반앗수르 정책을 유지하였기 때문으로 해석한다. 이러한 해석은 호세아가 처음에 친앗수르 정책을 펴다가 나중에 반앗수르 친애굽 정책을 폈음이 암시되어 있는 4절의 기록과 일치한다고 볼 수 있다. 그러나 이와 달리 호세아가 취한 반앗수르 정책은 보다 후기의 정책이고 본문의 앗수르 왕의 북이스라엘 침공은 살만에셀 왕이 된 후 그의 아버지 디글랏 빌레셀의 뒤를 이어 정복 전쟁을 계속해서 이어나간 도중에 발생한 사건이란 견해도 있다. 저자는 본서에서 정치적 문제를 상세하게 기록하지 않으나 당시 북이스라엘의 변절에 앗수르가 상당한 자극을 받았을 것이란 점에서 전자가 설득력이 있다.

학습 자료 41-4 남은 자를 통한 구속사의 연속 (이사야 메시지)

이사야서에는 구약 다른 어떤 예언서보다도 '남은 자(remnant)' 사상이 강하게 나타난다. 남은 자란 한마디로 말해서 우리 주 예수 그리스도의 구속 사역을 통한 하나님의 구원 약속이 전 역사를 통하여 성취되어 가는 중에 하나님의 구원 대상인 인간의 끝없는 패역으로 불가피하게 야기된 각종 심판으로 급기야 단절될 위기에 처할 때마다 여호와 하나님께서 구원이 완성되는 그날까지 단절 없이 구속사(救贖史)를 이끌어 가시기 위하여 시대마다 그 시대의 죄의 오염이나 심판으로부터 분리하여 남겨두신 소수의 무리를 가리킨다. 그리하여 남은 자는 때로는 자신을 죄로부터 거룩하게 지킨 의인을 가리키기도 하며, 때로는 비록 죄에 오염되기는 하였으나 하나님의 주권적인 은혜로 심판으로부터 보존된 자를 가리키기도 한다.

그러나 모든 인간은 죄성을 가지고 있어서 근본적으로는 자신을 죄로부터 지킬 수 없는 존재라는 점에서 자신을 죄로부터 거룩하게 지킨 의인도 사실은 하나님의 강권적인 은혜의 개입으로 남겨진 자라고 할 수 있다. 본서에서 남은 자는 자신을 죄로부터 거룩하게 지킨 의인으로서의 남은 자도 나타나지만[4:3], 그보다는 하나님의 주권적인 은혜로 그 시대의 죄인들에 대한 심판으로부터 보존된 자의 측면에서의 남은 자가 주로 나타난다[10:19-21, 11:11, 16]. 실로 하나님은 타락한 선민을 징계하시는 와중에서도 그들을 모두 멸하시지 않고 그들 가운데 소수의 남은 자를 두어 그들을 통하여 당신의 구속사(救贖史)를 단절 없이 이끌어 가셨으며, 결국 그 구속사가 우리 주 예수 그리스도에게까지 이어지게 하심으로써 마침내 인원을 위한 구속을 성취하셨다. 그리하여 우리는 이러한 사실에서 하나님의 구속사는 일순간의 단절됨도 없는 연속성(連續性)과 일관성(一實性), 나아가 구속사의 주체이신 여호와 하나님의 뜻에 따라 한 치의 오차도 없이 전개되는 절대성(絶對性)을 가진다는 진리를 발견하게 된다.

학습자료 41-5 '남은 자'의 이해 _{이사야 10장}

한마디로 '남은 자(remnant)'란 우리 주 예수 그리스도의 구속 사역을 통한 구원의 약속이 전역사를 통하여 성취되어 가는 중에, 그 한쪽 당사자인 인간의 끝없는 패역으로 불가피하게 야기된 각종 심판으로, 급기야 단절될 위기에 처할 때마다 여호와 하나님께서 시대마다 그 시대의 오염과 심판으로부터 분리하여 남겨두신 소수의 의인(義人)들을 가리킨다. 그리고 '남은 자 사상'이란 바로 이런 남은 자들을 통하여 구속사가 마침내 대종말에 이르러 항구적으로 실현되는 그 순간까지 추호의 단절이나 변경 없이 태초부터 종말까지 일직선적으로 계속 이어진다는 오묘한 진리를 보여주는 사상이다. 실로 이 '남은 자 사상'은 여호와 하나님의 절대 주권과 무조건적 은혜에 의한 구속사의 불변성 및 확실성을 가장 응축적으로 보여 주는 성경의 역동적 사상의 하나이다.

✚ 관련 용어들

구약 성경에서는 '남은 자'와 직·간접으로 관련된 네 계열의 용어들이 약 540여 회 등장한다. 이들 네 용어들은 '남은 자 사상'의 여러 측면을 제시하고 있는바 결국 이들을 종합하면 '남은 자 사상'의 실체를 보다 입체적으로 파악하게 될 것이다.

① **솨알(שאר)** : 총 276회 사용되었으며 주로 쉐알(שאר)^{사 10:19-21, 11:11, 16}, 쉐에리트(שארית)^{창 45:7} 형태로 발견된다. 그 기본 의미는 '남겨 있다'며 간접적으로는 '무가치하다'^{신 3:11}, '작다'^{신 4:27, 렘 8:3}란 의미도 지닌다. 이로 볼 때 이 용어는 남은 자들이 그 본질은 비록 무가치하고 보잘것없으나 하나님의 은혜로 그 이외의 존재들이 완전히 멸절되어 사라진 것과 대조적으로 남겨져 보존된 상태를 강조하고 있다 하겠다.

② **팔랏(פלט)** : 총 80회 사용되었으며 그 기본 의미는 '도피하다', '구출하다'이다. 따라서 이 용어는 남은 자가 극도의 심판의 혼란에서 꺼내져 구출된 측면을 강조하고 있다^{사 4:3, 욜 2:32}.

③ **말랏(מלט)** : 총 89회 사용되었으며 기본 의미는 '팔랏'과 유사하게 '도피하다', '구출하다', '안전을 구하다'이다. 한 집단 전체가 멸망되는^{삿 3:29, 렘 32:3, 4}, 실로 인간의 힘으로는 살아날 수 없는 위기에서 안전하게 도피하여 생명을 건지게 된

남은 자의 면모를 암시하고 있다렘 51:45.

④ 야탈(יתר) : 총 110여 회 사용되었다. 그 기본 의미는 '남기다', '잔류하다', '처지
다'이다. 이는 '남은 자 사상'에는 멸망의 위기 가운데서도 생존한 자란 기본 의미
외에 이면적으로는 이미 주어진 축복의 약속 가운데 계속 머물러 있던 자란 의미
도 내포되어 있음을 보여 주는 용어라고 볼 수 있다창 44:20, 삿 9:5, 왕상 10:10, 14.

이밖에 구약에서 28회 사용된 '사리드'(שריד)는 주로 전쟁의 재난에서 생존한 자
를 가리키고신 3:3, 수 10:20, 개역 개정 성경에서 '종말'민 24:20로 번역된 '아할리트' 역
시 저항할 수 없는 막다른 위기로부터의 생존을 의미하는암 4:2, 9:1, 겔 23:25 단어로
사용되었다.

한편 신약 성경에서는 대부분 헬라어 '로이포스'(λοιπός)와 '레임마'(λείμμα) 및
그 합성어가 주로 사용되었는데 이는 구약적 의미를 그대로 반영하여 번역한 용어
들이므로 자세한 설명은 생략하기로 한다.

✞ 남은 자 사상의 전개

남은 자 사상은 그 기본 개념은 절대 변하지 않았으나 역사의 전개에 따라, 각 상황
에 따라 그 강조점이 조금씩 달라지면서 그 전체 사상이 보다 심화했다.

1) 천지 창조 – 출애굽 시대

전 인류의 조상 아담(Adam)은 자신의 선악과 범죄로 즉각 심판당해야 하였으나 새
로운 언약의 체결로 심판 유예의 은혜를 입고 구속사에 처음으로 참예한 자가 되었
다는 점에서 남은 자의 효시로 볼 수 있다창 3:8-24. 그리고 가인에게 죽임을 당한 아
벨을 대신하여 태어난 셋(Seth) 등도 하나님에 의하여 구속사를 이어갈 자로 예비되
었다는 점에서 남은 자의 범주에 포함되는 것으로 볼 수 있다창 4:25.

그러나 남은 자 사상이 가장 결정적으로 드러난 사건은 역시 온 죄악이 관영하
여 더이상 돌이킬 수 없게 되었던 세상을 물로써 멸망시켰던 대홍수(The Deluge)의
심판에서 노아의 가족을 남기신 사건이었다창 7:23. 이어 믿음의 조상인 아브라함을
택하시어 갈대아 우르와 하란을 떠나 약속의 땅 가나안에 정착케 하여 그로 하여금
한 특별한 민족 곧 구약 선민 이스라엘의 조상이 되게 하시고 그 이스라엘을 온 세
상 가운데 분리하여 택하사 구약 구속사의 핵심 전개 통로로 삼으신 사건도 크게
보면 남은 자 사건이라 할 수 있다창 11:31, 12:4. 이어 소돔과 고모라 멸망 사건에서도
유황불의 심판 가운데서 롯의 가족을 남기심으로써 하나님은 당신의 긍휼을 나타
내셨다창 18:17-33, 19:16-24.

그리고 애굽인의 이스라엘 남아 학살 정책의 와중에서도 하나님께서 이스라엘을
더욱 번성케 하신 일출 1:22, 그리고 출애굽 이후 광야에서 죄에 오염된 성인 남자들
을 모두 죽이시면서도민 14:29, 30 한번 선민(選民)으로 삼으신 이스라엘 민족 자체만
큼은 폐하지 않으시고 신세대를 새 시대의 역사가 진행될 가나안 땅에서의 선민 역
사의 새로운 주인공으로 삼으신 일 등은 구속사가 곧 남은 자를 통해 계속 단절되

지 않고 이어진 사실을 원형적으로 보여 준다고 하겠다.

2) 가나안 정복-포로 귀환 시대

구약 역사 가운데서 남은 자 사상 자체가 본격적으로 계시된 것은 선지자들의 활동에 의해서이다. 물론 가나안 정복 초기부터 여리고 성 전체가 멸망하는 와중에서 기생 라합이 구원받은 사건수 6:22-27이나 하나님의 백성의 한 지파로서의 베냐민 지파의 생존을 책임질 자로서 남은 자에 대한 언급 등이 있었던 것이 사실이다삿 21:16, 17.

그러나 전역사의 지평에서 각 시대의 심판에서 남은 자가 구속사를 계속 이어가게 될 것이라는 사실이 밝게 드러난 것은 B.C. 8-5세기에 걸쳐, 즉 남북 왕국 시대와 포로기 전·후 시대에 본격 등장한 여러 선지자를 통해서였다. 이는 특히 이사야와 예레미야의 경우에 두드러졌었는데 이 사실을 이사야의 경우를 중심으로 살펴보면 다음과 같다. 이사야는 그의 아들 중 하나에게 '스알야숩'이라 이름지었는데 그 뜻은 '남은 자 돌아오리라'였다사 7:3. 이는 하나님의 심판으로 야기된 선민 이스라엘의 바벨론 포수부터의 귀환을 예언한 것인데 이외에도 이사야는 바벨론 포수로부터의 선민 이스라엘의 귀환을 거듭 예언했다. 즉 바벨론의 침공으로 이제 북왕국 이스라엘에 이어 남유다도 멸망될 것이나 남겨진 선민 이스라엘의 후예들이 민족으로서의 정체성을 잃지 않고 유지되다가 마침내 귀환하고 돌아와 계속하여 구약 구속사를 이어갈 것을 예언했다사 10:20-23.

나아가 이사야는 이제 훗날 신약 시대에서는 이방인에게까지 구원의 영역이 확장되어 이방인들도 그들 시대의 남은 자의 역할을 다할 것을 예언하고 있다사 11:10. 즉 이사야는 남은 자들을 바벨론 포수에서 귀환할 이스라엘 백성들로 국한하지 않고 더불어 메시아 시대에 구원에 동참할 모든 사람으로 그 범위를 확대한 것이다. 한편 이러한 남은 자에 대한 명시적인 언급은 이사야서를 효시로 하여 예레미야나 미가, 스가랴 등 다른 선지자들에게서도 거듭 발견된다렘 6:9, 23:3, 31:7, 40:11, 42:2, 44:12, 28, 미 4:7, 5:7, 8, 7:18, 슥 8:6, 11, 12.

3) 신구약 중간 시대

B.C. 4-1세기에 이르는 당시 이스라엘은 상호 거듭하여 발흥한 이방 대제국들의 각축과 압제 밑에서 갖은 고초를 겪어야만 하였다. 이러한 오랜 세월 동안의 민족적 수난은 남은 자 사상에도 영향을 미쳤다. 그리하여 이 시기에 형성되기 시작한 여러 유대교 분파는 구약 성경 전체가 아니라 그 일부 내용만을 근거로, 또한 이를 극히 인본주의적이고도 민족주의적 관점에서 왜곡하여 한 메시아가 와서 여타 민족들을 멸망시키고 자신들 민족을 중심으로 한 지상적 구원을 베풀어 줄 것이라고 주장하는 유대교(the Judaism) 사상의 골격을 형성하였다. 극단적 예를 들자면 당시 일반 유대인들과도 분리되어 경건 생활을 했던 엣세네파(Essenes)들은 자신들만이 전세계 및 이스라엘의 멸망 시 유일하게 보호받게 되리라 생각했다. 즉 그들만이 하나님의 계명을 충실하게 준수했기 때문에 그들 자손만이 장래 세상에서 빛을 발하게 될 것으로 확신했다. 반대로 자신들의 공동체에 속하지 않는 자는 어두움의

자녀로서 비참한 운명에 빠질 것으로 생각하였다. 이처럼 과거 하나님의 영감을 받아 예언했던 선지자들이 남은 자를 궁극적으로 세계 모든 이방인에게까지 확장했던 것과 대조적으로 일부 이스라엘 사람들에게만 국한한 폐쇄적 유대교 사상들은 이 시기에 집필된 구약 외경들에서 잘 발견된다.

4) 신약시대

신약 성경은 신·구약 중간기를 거치면서 구약 성경 본래의 범우주적 남은 자 사상을 유대 민족주의적 입장에서 왜곡시킨 소위 유대주의적 오류를 타파하고 순수한 구약 성경의 남은 자 사상을 계승 심화시키고 있다.

신약시대는 그 자신 제2위 성자 하나님으로서 구속 언약의 주체이시며 십자가 대속 수난을 통하여 구속 사역을 집행하실 당사자이신 그리스도 예수께서 이제 모든 구약(舊約)이 그 핵심 주제로서 제시하였던바 대로 성육신 초림하심으로써 개시된 시대이다. 그리하여 이제 초림하신 예수께서 일단 구속 사역을 성취하시고 이제 새롭게 그 구속 사역의 최종 실현을 중심으로 하는 새 언약 곧 신약(新約)을 예수 자신이 직접 주심으로써 이제는 오직 대 종말에 이르러 주의 재림으로 그 새 언약이 최종 실현되기를 대망하는 시대이다. 그러므로 이처럼 우리 주 예수 그리스도의 성육신 강림으로 구속사가 비약적 발전을 이룬 신약 시대에 이르러서는 구속사의 전개와 직결된 남은 자 사상에도 가히 혁명적 발전이 이루어졌다. 그러면 이제 이를 주로 남은 자 사상과 관련하여 직접적 언급한 각 인물을 중심으로 살펴보면 다음과 같다.

첫째, 세례 요한은 메시아의 도래를 미리 선포하여 그 길을 예비한 자로서 메시아를 믿고 하나님의 엄정한 심판을 면하기 위해서는 회개가 필수적임을 선포했다마 3:1-12. 즉 과거의 죄악된 생활을 청산하고 회개에 합당한 열매를 맺는 사람만이 메시아의 구원을 얻을 남은 자의 대열에 들 수 있다는 남은 자의 기본 자격을 강조했다마 3:8.

둘째, 예수는 메시아(Messiah) 곧 남은 자의 구원을 책임지신 당사자로서 '남은 자'를 회개하고 자신의 복음을 믿어 구원에 이를 모든 자로 규명하였다막 1:15. 그리고 특히 남은 자의 구원의 최종 실현의 때와 장(場)으로서 자신의 재림으로 절정에 이를 전역사의 대종말과 새 하늘과 새 땅의 천국을 결정적으로 제시함으로써 남은 자 사상의 종말론적 지평을 분명히 계시하셨다마 13:24-40.

셋째, 사도 바울은 예수의 선포를 보다 논리적으로 설명함으로써 남은 자 문제를 명백히 규명했다. 바울은 롬 9-11장에서 구약의 구절들을 인용하면서 구약 이스라엘 중에서도 여호와 신앙의 순결을 실제로 지킨 자들만이 구원된 사실과 이제 신약 시대에 이르러 여호와의 아들이신 그리스도 예수께 대한 믿음을 가진 이방인들도 새로이 본격적으로 남은 자의 대열로 들어섬을 밝히면서 남은 자의 정체를 시대를 불문하고 하나님의 은혜로롬 11:5 택하심을 입은롬 11:7 영적 이스라엘로 규명했다롬 9:8.

넷째, 사도 요한은 계시록을 통하여 남은 자 면모를 종말론적 입장에서 보다 투쟁적으로 묘사했다. 즉 요한은 사탄의 세력과 남은 자들 곧 '하나님의 계명을 지키며 예수의 증거를 가진 자들' 사이의 갈등이 마지막 날이 가까울수록 증폭될 것인 계시 12:17 이 싸움에서 남은 자들은 끝까지 견디어 승리는 결국 최후까지 충실히 남은 자들에게 돌아갈 것임을 강조했다계 14:12, 17:14.

✝ 남은 자 사상의 현대적 의의

좁게는 그 언제나 즉각적으로 그리고 전면적으로 멸절당해 마땅한 인간의 역사와, 태초부터 종말까지의 전 역사를 통해 성취될 구속사가 급기야 단절될 각 시대의 위기마다 구속사를 이어갈 자로 남겨진 자들을, 그리고 넓게는 사망의 심판 자리에서 구별 받아 구원을 얻은 모든 세대의 성도를 가리키는 남은 자 사상의 교훈은 참으로 간명하면서도 원대하다.

첫째, 우리는 이미 태초 선악과 범죄 당시부터 멸절당해 마땅했던 인간을 위하여 그리스도 예수의 대속 수난을 통한 새로운 구속 구원의 언약을 세워주신 하나님께서 이제 거듭하여 그 언약의 한쪽 당사자인 인간이 끝없이 패역함에도 여호와 하나님 당신은 영원히 신실하사 시대마다 남은 자들을 세워서 구속사를 추호의 단절 없이 연속시켜 주시는 사실 자체에 주목하게 된다. 그리하여 우리는 창조주로서 우리 인생을 향하신 여호와 하나님의 무조건적 은혜의 무궁하심과 불변하심을 거듭 확인하면서 실로 숙연한 감사에 젖게 된다. 그리고 궁극적으로는 바로 이런 초월자요 창조주로서 가지신 여호와 하나님의 불변하는 은혜에 의하여 우리의 구속 구원의 언약이 새 하늘과 새 땅의 천국에서 필히 실현될 것이라는 강한 구속사적 확신과 소망까지 갖게 되는 것이다.

둘째, 우리는 이제 우리가 바로 우리 시대의 남은 자가 되어야 한다는 시대적 소명(召命)도 거듭 새롭게 하게 된다. 즉 하나님은 구원의 섭리를 반드시 당신이 세운 인간 종들을 통하여 이 땅에서 구현해 나가시는바 구속사도 각 시대의 남은 자들을 통하여 태초부터 바로 지금, 이 순간 나에게까지 이어져 왔던 것이다. 그러므로 이제 우리는 우리 후대를 향하여 하나님 앞에서 이 시대의 '남은 자'가 되어야만 하는 것이다.

그리하여 그 옛날 과거 믿음의 선배들이 우리에게 구원의 메시지 곧 복음을 전하여 우리가 구원을 얻었듯이 이제 복음을 각자 삶의 현장에서 실천함은 물론 후대를 향하여 하나님 구속사의 실재와 그 종말론적 실현을 증언해야 할 빛이 우리에게 남아 있는 것이다롬 1:14. 더욱이 어둠의 공중 권세를 잡은 사탄(Satan)이 실로 우는 사자같이 하나님의 사람들을 노리며 말세에 이를수록 큰 핍박과 환난을 가하는 영적 현실을 기억할 매 우리는 남은 자의 소명의 중대함을 더욱더 기억하면서 남은 자로서의 구속사적 각오를 새롭게 해야 할 것이다.

42일 핵심 학습 자료

학습 자료 42-1

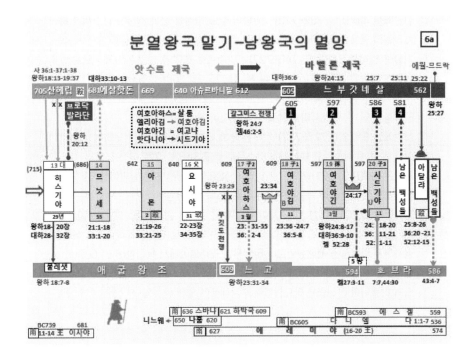

학습 자료 42-2 이스라엘에 영향을 준 앗수르 왕들 왕하 19:8-13

✝ 앗수르 제국 역사 개요

앗수르가 하나의 큰 제국으로서 팔레스타인과 메소포타미아 지역에 영향력을 행사하기 시작한 것은 B.C.740여 년경 디글랏 빌레셀 3세 때부터였다. 그 이전에는 조그만 농업 국가로서 팔레스타인 지역에는 간헐적으로만 영향을 미쳤으나 제국이 된 이후 팔레스타인 전 지역을 거의 압제하게 되었다. 그러나 앗수르 제국은 내부 분열로 인하여 약 129년간의 짧은 역사를 마치고 B.C. 612년 바벨론에 의한 수도 니느웨 성 멸망과 함께 역사에서 사라지고 말았다.

✝ 이스라엘에 영향을 끼친 왕들

앗수르 왕들 가운데 이스라엘에 직접적인 영향을 준 왕들에 대해 살펴보면 다음과 같다.

① **살만에셀 3세(B.C. 858-824)** : 앗수르가 유브라데 계곡과 아람 지역으로 세력을 확장할 때의 왕. B.C.853년 북 왕국 아합 왕과 아람 왕 벤하닷 2세의 동맹군을 맞아 카르카르(Qarqar)에서 전투. B.C. 841년 아람 왕 하사엘을 격파하고 북이스라엘 왕 예후에게 조공을 받음^{10:32-34}.

② **살만에셀 4세(B.C. 782-773)** : 아람의 수도 다메섹 정복. 여로보암 2세가 북이스라엘의 영토를 하닷에까지 확장시킬 수 있었던 것도 이 때문이다^{왕하 14:25-28}.

③ **디글랏 빌레셀 3세(B.C. 745-727)** : 앗수르로 하여금 신앗수르 제국으로 발돋움하게 하는데 결정적인 공헌을 한 자. 북 왕국 므나헴에게 조공을 받음^{왕하 15:19}. B.C.734년 남유다 왕 아하스의 원군 요청으로 아람 왕 르신과 북왕국 베가 왕을 공격함^{왕하 16:5-9}. 호세아를 세워 북왕국 왕이 되게 함^{왕하 15:30}.

④ **살만에셀 5세(B.C.727-722)** : 북 왕국 호세아 왕의 배반에 분노하여 사마리아 성을 공격, 함락시키고 백성들을 앗수르로 끌고 감(B.C. 722, ^{왕하 17:3-6}).

⑤ **사르곤 2세(B.C. 721-705)** : 사마리아 성을 함락시킨 왕은 살만에셀 5세이지만 실제적으로 사마리아 백성들을 앗수르로 이주시킨 왕임.

⑥ **산헤립(B.C.705-681)** : 히스기야 시대에 남 유다를 공격한 왕. 예루살렘에 대한 장기간 포위 공격 (B.C.701년. ^{왕하 18:13, 19:37})으로 인해 국력이 크게 쇠퇴함. 당시까지 바벨론을 지배했으나 바벨론이 앗수르에게서 독립함(B.C. 689년).

⑦ **에살핫돈(B.C. 680-539)** : 그의 모친은 북 왕국 마지막 왕 호세아의 딸임. 산헤립의 아들이며 산헤립은 아드람멜렉과 사레셀에 의해 암살됨^{왕하 19:37, 사 37:38}.

학습 자료 42-3 애굽 제25, 26왕조 ^{사 19:1-25}

팔레스타인과 인접해 있으며 역사적으로 선민 이스라엘과 밀접한 관계에 있었던 애굽의 역사는 31왕조로 구분된다. 그중 이사야서에 언급되는 애굽에 대한 예언의 배경이 되는 왕조는 제25, 26왕조이다.

✝ 제25왕조의 역사 개요

제25왕조는 나일강 제4폭포 지역의 나파타(Napata)에 거점을 둔 구스(Cush) 곧 에디오피아 출신 카쉬타(Kashta)가 B.C. 750년경 테베(Thebes)를 수도로 하고 있던 상 애굽을 정복하여 왕조를 창건함으로써 시작된다. 때문에 제25왕조는 '구스 왕조' 또는 '에디오피아 왕조'라 불린다. 애굽 25왕조는 카쉬타의 후계자 피안키

(Piankhi) 때에 멤피스(Memphis)를 정복함으로써 애굽 전역을 그 세력권 안에 넣게 되는데 피안키의 후계자 샤바카(Shabaka)는 제 24왕조의 세력을 완전히 진멸함으로써 명실상부하게 구스와 애굽의 왕이 된다. 사 20장에서 애굽과 구스가 함께 연합되는 것은 이를 반영한 것이다.

한편 25왕조는 샤바카 이후 샤바타카(Shabataka, B.C. 701-690년)와 티르하카(Tirhakah, B.C. 690-664년)가 왕위를 잇게 되는데 티르하카 당시 애굽은 앗수르의 에살핫돈과 앗수르바니팔의 연속되는 침입을 받아 앗수르에 종속되고 만다. 이후 타누타몬(Tanutamon, B.C. 664-663년)이 25왕조의 재기를 노리지만 수도 테베가 앗수르바니팔에 의해 정복됨으로써 25왕조는 막을 내린다.

✝ 제26왕조의 역사 개요

제26왕조는 삼메티쿠스(Psamaneticus, B.C. 663-609년)에 의해 창건되었다. 즉 삼메티쿠스는 앗수르가 제25왕조를 무너뜨린 후 다른 속주에서 발생한 반란을 진압하는 데 몰두하는 사이 애굽 전역을 통합하고 앗수르의 지배에서 벗어난 것이다.

이러한 제26왕조는 삼메티쿠스의 후계자 느고 2세(Neco II)가 B.C.605년 갈그미스 전투(대하 35장 자료노트 참조)에서 바벨론의 느부갓네살에 의해 참패한 뒤로 그 세력이 크게 약화되었으며 삼메티쿠스 3세 통치 당시인 B.C. 525년 페르시아의 캄비세스 2세에 의해 멸망하고 만다.

✝ 제25, 26왕조와 남 유다의 관계

제25왕조가 유다와 관계를 맺게 된 것은 샤바타카 때이다. 이때 앗수르는 남진 정책을 통해 수리아와 북이스라엘까지 복속시켰다. 앗수르의 남진에 위기의식을 느낀 샤바타카는 남 유다와 동맹을 맺고 히스기야가 앗수르에 대항하여 싸우도록 함은 물론 그의 수하 장수이자 후계자였던 티르하카를 보내어 히스기야를 돕게 하였다. 사 18:2, 37:9은 이러한 역사적 사실을 말한다.

한편 제26왕조는 유다의 멸망과 밀접한 연관이 있다. 제26왕조의 느고 2세는 바벨론에 의해 수도 니느웨를 함락당하고 하란 지역까지 밀려난 앗수르를 도와 바벨론을 무찌름으로 근동 지역의 패권을 장악할 목적으로 북진하던 도중 앗수르의 재기를 막으려는 남 유다 요시야 왕과 므깃도에서 전투를 벌여 승리하게 된다. 이때 요시야는 전사하게 되는데 느고는 요시야를 이어 왕위에 오른 여호아하스를 폐하고 대신 친 애굽 성향의 여호야김을 왕위에 앉혔다왕하 23:29-34. 그후 느고는 갈그미스 전투에서 패함으로써 팔레스타인에서 그 영향력을 상실하였는바 바벨론의 느부갓네살은 어렵지 않게 남 유다를 침공하여(B.C 605년) 유다를 복속시켰다. 그 후 589년에는 애굽 왕 호프라(Hophra)가 남 유다 왕 시드기야를 선동하여 바벨론에 항거하게 하였는데렘 37:5 이 일로 인하여 남 유다는 느부갓네살의 침공을 받아 B.C. 586년 멸망하였다.

학습 자료 42-4 가나안 지역의 지정학적 의의

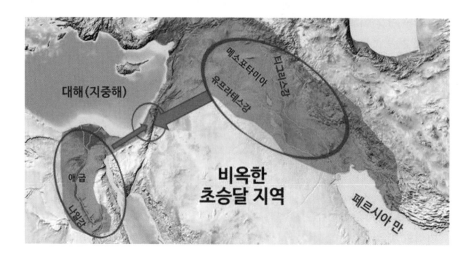

▶ 이 부분 동영상 강의(42일차)를 통해 잘 이해하는 것이 좋다. "척박함"이란 상황이 주는 의미가 무엇인지를 이해하면 하나님의 구속사적 경륜을 이해하는 데 도움이 된다.

통큰통독 연대기 해설 성경 | 구약

사 36~37 ·
왕하
20:20, 21 ·
사 22:1~14 ·
사 23~27 ·
대하 29~32 ·
왕하 21 ·
습 1~3

43일 핵심 학습 자료

학습 자료 43-1 산헤립의 명각 사 36:1-22

본문에는 B.C. 701년 히스기야 왕 제14년에 앗수르 왕 산헤립이 46여 개의 유다의 견고한 성들을 쳐서 취한 다음 예루살렘을 포위한 사실이 기록되어 있다. 그리고 제37장에는 교만에 빠진 앗수르가 이같은 예루살렘 공략에 실패한 사실이 나타나고 있다. 이러한 역사적 사실이 비록 그 관점은 다르나 산헤립이 자신의 무용과 승리를 남기고자 기록한 그의 명각에도 나타난다.

✝ 산헤립의 명각

이는 각 면마다 설형문자가 기록된 높이 37.5m의 육각기둥으로서 산헤립 왕이 자신의 공적을 기록한 많은 비문 중의 하나이다. 당시 앗수를 왕들은 자신들이 얼마나 위대했는지를 후대에 남기기 위해 자신의 무용담과 승리, 전리품 등을 기록하여 자신이 세운 궁전이나 도시 성문 등의 기초에 묻었다.

산헤립의 명각은 1830년에 발견되었는데, 여기서는 산헤립의 예루살렘 공략에 대하여 이렇게 말하고 있다. "유다인 히스기야는 나에게 복종하지 않았도다. 나는 잘 다진 비탈길과 공성포, 보병의 공격, 함정과 사다리 공격 등으로 그의 46개 성읍과 주변의 무수한 작은 마음들을 휩쓸었도다 ... 나는 그를 그 도읍 예루살렘에 마치 새장의 새처럼 가두어 놓았도다 ... 그는 금 30달란트와 은 300달란트, ... 남녀 악사들을 나의 도읍 니느웨로 보내왔도다. 그는 사신을 보내어 나에게 조공을 바치고 신하의 예를 갖추었노라."

✝ 성경 기사와의 상이점

산헤립 명각의 기록에 따르면 히스기야가 그에게 항복하고 막대한 조공을 나중에 니느웨로 보낸 것으로만 되어 있다. 그러나 이와 달리 성경에서는 산헤립이 예루살렘을 포위하여 성문을 열도록 종용하며 히스기야를 사로잡으려 했으나 실패했고 오히려 하나님의 기적적인 손길로 말미암아 앗수르 군대가 갑자기 약해져서 산헤립의 군대는 곧 철수하지 않으면 안 되었다고 전한다.

이에 대해서 우리는 산헤립이 그렇게 빨리 철수하게 된 이야기를 자기 체면상 후대에 알리기를 원치 않았기 때문으로 이해할 수 있다. 또 산헤립이 예루살렘을 함락하는 데 실패한 사실은 그가 예루살렘을 점령했다고 주장하지 않고 히스기야의 항복을 니느웨에서 사신들을 통해 받았다고 말한 데서도 확인할 수 있다.

그리고 만일 그가 예루살렘 함락에 성공했다면 그 사실을 틀림없이 왕국벽에 전투 장면을 새겼을 것인데, 니느웨에 있는 그의 궁전에는 라기스 성읍을 점령하는 장면만 있을 뿐이다. 다시 말해 그는 예루살렘을 점령하지 못했기 때문에 라기스 점령에만 크게 비중을 두어 자랑하였던 것이다. 그리고 히스기야로부터 조공을 받았다는 기록은 이 전투 초기에 히스기야가 불신앙 가운데 바쳤던 조공의 내용^{왕하} ^{18:14}과 일치하는 것으로 산헤립이 자신의 과실을 숨기고 공적만을 드러내었음을 알 수 있다.

✝ 의의

이상의 사실로 비록 그 관점은 다르나 산헤립의 명각 내용은 본문의 역사적 배경을 뒷받침 해주는 중요한 고고학적 자료임을 알 수 있다.

한편 여기서 우리는 산헤립의 군대가 예루살렘을 포위하여 아무도 그 도시에 드나들 수 없게 만든 극도의 위기 상태에서도 끝까지 하나님의 보호를 확신하고 항복 권유를 무시한 히스기야의 담대한 믿음을 깨우치게 된다.

학습 자료 43-2 앗수르 제국의 이해 ^{사 37:1-38}

✝ 앗수르 제국의 역사 개요

앗수르(Assyria)는 메소포타미아의 티그리스강 상류 지역에 거점을 둔 지역 혹은 나라를 가리키는 명칭이다. 창 2:14에 처음 이 지명이 언급될 정도로 앗수르는 유구한 역사가 있었다. 그러나 앗수르가 하나의 큰 제국으로 발돋움하기 시작한 것은 B.C. 10세기 종반 앗수르단 2세(Assurdan II, B.C. 934-912년) 때부터였다. 그리고 B.C. 740년경 디글랏빌레셀 3세(Tiglathpileser III, B.C. 745-727년) 때에야 비로소 메소포타미아와 팔레스타인 전역에 영향력을 행사하게 되었다.

이러한 앗수르 제국은 이후 약 100년간 흥왕하였으나 B.C.650년 이후 잦은 내부 분열로 인해 국력이 급격히 쇠퇴하여 B.C. 612년 바벨론에 의해 수도 니느웨가 함락당하고 B.C. 605년에는 나라 전체가 멸망하였다.

✝ 종교

앗수르의 종교는 당시 메소포타미아의 여러 부족이 그러하였듯이 다신교(多神教)였다. 그들은 수메르인들이 섬기던 '엔릴'(Enlil)의 상속자인 '앗슈르'(Assur)를 국가 수호신으로 숭배했다. 이외에 그들이 숭배하던 대표적인 신들을 살펴보면, 월신(月神) '신(Sin)', 전쟁과 사랑의 여신 '이쉬타르(Ishtar)', 전쟁과 사냥의 신 '니누르

타(Ninurta)', 지혜와 문필의 신 '나부(Nabu)', 폭풍의 신 '아다드(Adad)' 등이 있다.

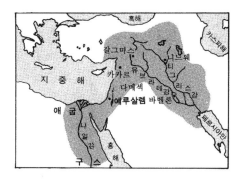

한편 앗수르인들은 이상의 여러 신들을 숭배하는 것 외에도 병이나 재앙을 가져다주는 악령이나 귀신들이 존재한다고 보고 그것을 막기 위하여 항상 몸에 부적을 착용하기도 하였다. 또한 미래의 일을 알기 위한 점성술이 발달했고 죽은 자를 위한 제사를 드리기도 하였다.

그러나 앗수르의 종교는 사후 세계의 삶에 소망을 두기보다는 대체적으로 현실 생활을 위한다는 특징을 갖는다.

✝ 이스라엘에 끼친 영향

앗수르가 이스라엘에 영향력을 끼치기 시작한 것은 분열 왕국 중기부터이다. 이를 앗수르 왕들을 중심으로 살펴보면 다음과 같다.

먼저 살만에셀 3세(B.C. 858-824년)는 B.C.853년 북왕국 아합(B.C. 874-853년)과 아람의 벤하닷 2세의 동맹군과 카르카르(Qarqar)에서 전투를 벌였고, B.C. 841년에는 아람의 하사엘을 격파하고 북왕국 예후(B.C. 841-814년)에게 조공을 받았다.

살만에셀 4세(B.C. 782-773년)는 아람의 수도 다메섹을 점령하여 북왕국 여로보암 2세(B.C. 793-753년)가 북이스라엘의 영토를 하맛까지 넓히는데 기여하게 된다[왕하 14:25-28].

디글랏 빌레셀 3세(B.C. 745-727년)는 B.C. 748년 북왕국을 침공하여 므나헴(B.C. 752-742년)으로부터 은 일천 달란트의 조공을 받았으며[왕하 15:19] B.C.734년에는 남 유다 아하스의 요청으로 아람과 북이스라엘을 공격하여 아람을 멸망시키고 남북 이스라엘을 조공국으로 전락시켰다.

디글랏 빌레셀을 이어 앗수르의 왕위에 오른 살만에셀 5세(B.C. 727-722년)와 그의 후계자 사르곤 2세(B.C. 722-705년)는 B.C.722년 북왕국 호세아의 배반에 분노하여 사마리아를 공격 함락하고 북이스라엘 백성들을 포로로 잡아 갔다[왕하 17:1-6].

사르곤의 계승자 산헤립(B.C. 705-681년)은 남 유다 왕 히스기야의 반앗수르 정책에 분개하여 B.C.701년 두 차례에 걸쳐 거듭 남 유다를 침공했다가 참패를 당하고 퇴각하게 된다[왕하 18:13-19:37]. 그리고 앗수르바니팔(B.C. 668-626년)이 므낫세(B.C. 669-642년) 통치 당시 유다를 다시 한번 침공했으나 그 이후로 앗수르는 국력이 쇠퇴하여 멸망의 길로 들어선다.

✝ 의의

이사야 1-35장에서는 당시 근동의 패자(覇者)였던 앗수르 제국의 흥망성쇠와 이스라엘에 대한 침략 등이 모두 하나님 섭리의 결과임을 분명히 하고 있다. 이러한 사실은 하나님께서 단지 이스라엘만이 아니라 온 우주와 역사의 절대 주관자이심을 보여줌과 아울러 역사는 우연히 발생하는 사건의 연속이 아니라 택한 백성 이스라엘을 중심으로 진행되는 하나님의 구속 역사임을 분명히 증거해 준다.

학습 자료 43-3 유월절과 무교절 _{대하 30:13-27}

본문에서는 히스기야 당시 남 유다 백성뿐만 아니라 일부 북이스라엘 백성들까지 함께 모여 유월절 행사를 거국적으로 치른 사실을 기록하고 있다. 이에 유월절과 무교절의 전반적인 사실과 그 의의를 살펴보도록 하겠다.

✝ 용어의 정의
'유월절'에 해당하는 히브리어 '페사흐'는 '넘어가다', '면제하다'로서, 이는 이스라엘 출애굽 사건^{출 12:13}과 관련해서 나온 의미이다. 혹자는 이 단어가 '뛰놀다', '절뚝거리다'라는 의미가 있다고 주장하기도 하는데, 이는 유월절 축제 때에 추던 춤에서 비롯된 것이다^{왕상 18:26, 28}. 한편 '무교절'에 해당하는 히브리어 '마초트'는 '누룩을 넣지 않고 구운 빵'을 뜻한다.

✝ 기원
혹자는 유월절이 보리 추수와 밀접한 연관이 있고, 더욱이 이 절기에 누룩을 넣지 않고 고운 보릿가루로 구운 무교병을 먹는 것으로 인해 유월절을 가나안 사람들의 농경 축제와 밀접한 연관이 있다고 보았다. 또 다른 사람은 이 유월절 의식을 목자들이 가축 떼를 위해 계절마다 목초지를 바꿀 때 신들에게 보호를 비는 제사 의식의 일종이라고 본다^{출 5:1, 10:9}. 이런 주장은 히브리인들도 고대 근동 풍습의 영향을 받았을 것이 분명한 사실이기 때문에 어느 정도 타당성은 있을 것이다. 그러나 설사 히브리인들이 그러한 목자들의 제사 의식이나 농경 축제에 영향을 받았다 하더라도 그 축제는 이스라엘의 출애굽 사건과 함께 새로운 의미를 가지게 되었고, 또 명실상부한 이스라엘의 독립일로 길이길이 준수되었다. 따라서 유월절과 무교절은 성경에서 언급하고 있는 바와 같이 출애굽 사건과 함께 기원하였다고 볼 수 있는 것이다^{출 12장}.

✝ 절기 준수 기간
유월절은 보리 추수가 시작되는 시기, 즉 태양력으로는 3, 4월, 유대력으로는 아빕월(니산월) 14일 저녁에 지켜졌다. 그리고 무교절은 유월절에 이어 곧바로 15~21일까지 7일간 지켜졌다^{레 23:5, 6, 민 28:16, 17}. 이렇게 유월절과 무교절이 연이어 지켜졌기 때문에 이 두 절기 기간을 통틀어서 유월절이라 하기도 하고, 무교절이라 하기도 하지만^{대하 30:13, 35:1, 17} 두 절기는 엄연히 구별된 절기이다.

유월절은 실상 아빕월 10일에 흠 없고 일 년 된 수컷 어린 양의 준비에서부터 시작된다^{출 12:3-5}. 그리고 그 양을 14일 저녁에 잡아 자기 집 문설주와 인방에 피를 발랐다^{출 12:6, 7, 22}. 그리고 이날 밤에 백성들은 가족별로 양의 뼈를 꺾지 않고 구워서 무교병과 쓴 나물과 함께 급히 먹었다^{출 12:44-48}. 한편 14일이 지나고 나면 15~21일까지 7일 동안 무교병을 먹으며 무교절 절기를 보냈다. 첫날(15일)과 제 칠일(21일)은 성회로 지켰으며, 이 두 날에는 아무 일도 하지 않았다^{출 12:14, 16, 24, 42}.

🕇 의의

유월절은 일차적으로 구약 선민인 이스라엘 백성들이 혹독한 애굽의 종살이에서 구원받은 것을 기념하는 날이다. 그러나 이 유월절은 단순한 이스라엘 독립 기념일 정도의 의미가 아닌 매우 중요한 영적 의미가 있다. 실로 유월절은 여러 가지 측면에서 예수 그리스도와 그의 구속 사역을 예표한다. 즉 유월절 희생양은 성도들의 죄를 위해 죽으신 흠 없으신 그리스도를 예표한다^{요 1:29, 고전 5:7}. 그리고 구약 이스라엘 백성들이 유월절 어린양의 피로 하나님의 심판을 면할 수 있었던 것은 곧 성도들이 그리스도의 보혈로 죄 씻음과 구원받음을 예표한다^{요 3:16, 히 9:12-14}.

그리고 유월절 행사는 곧 예수 그리스도의 몸과 피를 기념하는 성만찬의 예표가 된다^{마 26:17-29}. 또 누룩 없는 무교병은 신약 교회를, 쓴 나물은 죄악과 세상, 사망의 고통 속에서 빠져나왔음을 암시한다^{요 5:19}. 한편 구약 이스라엘 백성들은 유월절을 지키면서 과거 출애굽 사건을 회고함과 동시에 미래에 메시아를 통한 온전한 구원을 소망하였다. 이처럼 신약시대의 영적 선민인 성도들도 마찬가지로 성만찬을 지키면서 예수 그리스도의 죽음을 통하여 우리가 죄와 사망에서 구원받은 것을 기념하며, 아울러 천국의 영원한 구원을 소망하는 것이다.

학습 자료 43-4 구속사와 세속사의 상관관계 ^{왕하 21:10-15}

일반적으로 우리는 성경은 구속사적 관점에서 기록되었다고 말한다. 이 말은 성경 저자들이 성경 역사를 기록할 때 지상에서 발생한 사건들을 낱낱이 다 기록하지 아니하고, 그중 하나님의 구속 활동과 직접적으로 관련이 있는 사건들만을 부분 취사하여 선택하여 기록하였다는 뜻이다. 예를 들면 본문 같은 경우 출애굽 이후로부터 므낫세 시대까지의 이스라엘 역사를 한마디로 하나님께 대한 배반의 역사로 규정하고 있다(15절). 이처럼 약 750여년 간의 간 역사를 한 마디로 축약 기록할 수 있는 것은 성경의 역사가 구속사적 관점에서 기록되었음을 보여 주는 명백한 증거이다.

그러면 과연 구속사란 무엇인가? 또 구속사와 세속사는 어떤 상관관계에 있는가? 이제 이에 대해 간단히 살펴보도록 하겠다.

✝ 구속사의 정의

구속사(救贖史)란 인류의 역사 전체를 오직 하나님에 의해(by), 택한 성도를 위한(for), 태초부터 종말까지의(through) 구원의 역사라고 보는 기독교의 역사관을 가리키는 말이다. 즉 성경에 나타나는 대로 삼위일체 하나님이 인간과 모든 피조계의 구원을 위해 행하신 모든 신적 행동을 총체적으로 표현한 말이다. 특히 이는 하나님이 창조 이전부터 택하신 신·구약 선민을 위한 하나님 자신의 계획을 이 세상의 역사를 통하여 실현해 가시는 과정에 대한 총체적 개념이다. 이러한 구속사는 예수 그리스도의 성육신(incarnation), 수난, 십자가에서의 죽으심, 부활 그리고 승천으로 최절정을 이루었으며, 그리스도의 재림과 최후 심판으로 구속사는 완전히 종결되고, 그 이후에는 천국의 영원한 삶이 계속된다.

이렇게 볼 때 성경에 기록된 구약의 역사는 예수 그리스도를 통한 구속사의 절정을 이룰 신약 시대를 향하여 진행되어 가는 예비 과정으로서, 이를 위한 하나님의 경륜이 구약 역사를 통하여 계시된 계시의 기록물들이라고 볼 수 있다.

✝ 구속사와 세속사와의 관계

하나님은 온 우주 역사를 주장하시는 주권자이시다. 따라서 이 세상의 모든 역사는 하나님의 주권 하에 있다고 말할 수 있다. 즉 이 세상의 역사 배후에는 하나님의 구속사적 계획이 면면히 진행되고 있다. 그런데 성경에 기록된 역사적 사건들은 세속사적 사건들 가운데 특별히 하나님의 구속 활동을 잘 드러내고, 또 하나님의 구속 경륜을 분명하게 보여 주는 계시적 사건들만을 기록한 것이다. 이는 하나님과 선민 이스라엘 간의 언약과 그 언약의 성취 과정을 보여 주는 사건들, 또는 예언과 예언의 성취를 보여 주는 사건들 속에서 잘 나타난다.

그리고 성경 기자들도 성경을 기록할 때 세속사 전체가 하나님의 주권 하에 있음에도 불구하고 그 역사를 다 기록하지 아니하고 선민 이스라엘 역사와 직접적으로 관계된 역사만 중점적으로 기록하고 있다. 이러한 의도 역시 그것을 통해 하나님의 구속 활동을 보여 주기 위함인 것이다.

따라서 세속사 전체도 하나님의 구속 경륜에 따라 운영된다고 말할 수 있다. 그리고 성경에 기록된 역사들은 세속사 가운데 하나님의 구속 경륜을 가장 뚜렷이 나타내 보여주는 계시적 사건들이라고 말할 수 있다.

✝ 의의

이상에서 살펴본바 구속사와 세속사와의 관계를 통하여 우리는 다음과 같은 사실들을 명심할 필요가 있다. 첫째, 성경에 기록된 사건들을 세속 사가(史家)들의 관점에서 봄으로써 성경책을 하나의 조잡한 역사책으로 보아서는 안 된다. 둘째, 성경의 역사가 이스라엘 역사를 중심으로 기록되어 있다고 해서 세상의 모든 역사를 이스라엘 중심으로 보는 편협함을 가져서도 안 된다. 셋째, 성경 기록의 역사가 하나님의 구속 경륜을 드러내는 계시적 사건들인 만큼 사건들을 살필 때 신앙적 관점에서 살펴야 한다. 넷째, 하나님의 구속 경륜을 드러내는 성경의 사건들을 통해서 온 우주에 대한 하나님의 주권에 대한 신앙 고백을 항상 잊어서는 안 된다.

학습 자료 43-5 스바냐의 경고를 받은 부류들 ^{습 1장}

1) 우상 숭배자

- **바알** – 페니키아와 가나안 사람들이 섬겼던 태양을 상징하는 남자 신. 여신인 아스다롯은 달을 상징한다. 여호수아 이래 이스라엘 백성들이 섬겨 오더니 아합 왕 때에는 왕후 이세벨이 바알을 끌어들여 백성들을 유혹하고 바알 선지자들을 많이 양성하였는데 엘리야가 갈멜산에서 진멸하였다^{왕상 18:40}. 유다 왕 므낫세 때에는 바알의 단을 성전 안에까지 쌓고 숭배했다^{왕하 21:4}.

- **말감** – 암몬 사람들의 신으로 몰렉·몰록·밀곰으로도 불리는 신이다. 이스라엘 사람들은 가나안 정착 이후 암몬 사람에게서 말감 숭배의 영향을 받아 곧 여호와와 동일시하고 여호와의 한 표현같이 보는 혼합종교로 기울어졌다. 말감의 예배 의식에는 부모가 장자를 불에 태워 바치는 잔인한 의식이 있다. 우두인신(牛頭人身)에 두 손을 펴고 서 있는 것도 있고 단상에 걸터앉은 것도 있는데, 그 몸을 뜨겁게 하고 어린아이를 두 손 위에 놓고 아이의 곡성이 들리지 않게 하려고 북을 올리는 동안 제물로 바쳐진 아이가 타서 죽게 되는 것이다. 솔로몬이 노년에 모압 사람들로부터 이것을 받아들여 예루살렘 힌놈 골짜기에 세우고 자녀를 제사하게 하였는데^{왕상 11:7}, 스바냐의 지적을 받아 요시아 왕은 대제사장 힐기야를 명하여 백성들에게 금지시켰다^{왕하23:10}.

- **그마림** – '검은 옷을 입은'이란 뜻을 지닌 말로서 왕의 임명을 받아서 바알 신을 섬겼던 제사장들을 가리키는데, 가나안족속의 제사장에 대한 명예로운 칭호로 쓰였다^{왕하 23:5}. 스바냐 당시까지도 이러한 이방 제사장 그룹들이 잔존해 있었다는 이야기가 된다.

- **점성술사(占星術師)** – 하늘의 일월성신(日月星神)에게 경배하는 유형의 천체 숭배는 인류의 역사와 함께 시작된 아주 뿌리 깊은 우상 숭배 가운데 하나이다^{신 4:19}. 이스라엘의 천체숭배자들은 제사를 지낼 때 지붕 위에다 제단을 만들어 분향하고 제물을 바치곤 했는데^{왕하 23:12}, 이러한 풍습은 아마도 앗수르에서 비롯된 것으로, 히스기야의 종교개혁으로 정화되었다가 므낫세 시대에 복원되었고, 스바냐 시절에도 왕성했었다.

2) 기회주의자 : "여호와께 맹세하면서 말감을 가리켜 맹세하는 자"^{1:5}
3) 배교자들 : "여호와를 배반하고 좇지 아니한 자"^{1:6}
4) 불신자 : "여호와를 찾지도 아니하며 구하지도 아니한 자"^{1:6}

 **핵심 학습 자료**

왕 22~
23:25 ·
대하 33~
35:19 ·
시 33. 66,
67. 100,
왕하 23:26,
27 · 나 1~3 ·
렘 1~6

학습 자료 44-1 우상 척결의 의의 ^{왕하 23:4-25}

본문에는 남 왕국 제16대 왕이었던 요시야에 의해 시행된 종교개혁의 모습이 생생히 언급되고 있다. 요시야가 가장 중점적으로 펼친 개혁 사업은 온 유다에 퍼져있던 우상을 척결하는 것이었는데, 그것은 종교적으로 또한 사회적으로 다음과 같은 의의를 지닌 것이었다.

✝ 종교적 의의

본문에 나타난바 요시야의 우상 척결 행위들을 살펴보면 그는 아세라 상을 불사르고 그것을 빻아 가루로 만들어 평민의 묘지에 뿌리기도 하고 우상이 있던 곳을 사람의 해골로 채워 더럽히기도 했다. 그뿐만 아니라 요시야는 우상을 위해 만든 모든 기명(器皿)이나 우상 숭배와 관련된 것은 사소한 것이라도 모두 파쇄해 버렸다. 요시야가 이처럼 우상들에 대해 철저히 모독적인 행동을 취한 것은 지금까지 어리석은 백성들이 섬기던 우상들이 얼마나 헛된 것들인가를 보임과 동시에 오직 여호와 하나님이 참 유일신임을 나타내고자 하는 것이다. 이러한 사실은 이스라엘 사람들이 우상을 칭할 때 사용한 히브리 용어들이 대부분 심한 경멸과 모독의 뜻을 내포하는 용어들이었다는 사실들에서도 알 수 있다^{렘 50:38, 겔 20:31 등}.

또한 요시야의 우상 척결은 지금까지 우상들을 섬김으로 복을 얻고자 하던 이스라엘 백성들의 잘못된 신앙을 바로 고치고 복의 근원은 오직 여호와 하나님이심을 깨우치고자 함이었다. 그러나 우상 척결의 가장 중요한 종교적 의의는 지금까지 우상을 통해 하나님과 그의 백성 간의 간격을 내게 했던 사탄의 궤계를 원천 봉쇄함으로써 사탄이 더 이상 이스라엘 백성들의 여호와 신앙을 방해하지 못하도록 하는 데 있었다.

✝ 사회적 의의

요시야의 우상 척결에는 두 가지의 사회적 의의 또한 내포되어 있다. 그중 하나는 우상들을 중심으로 형성되어 있던 사회 체계의 붕괴이다. 당시 우상들은 물질적으로 풍요하거나 권력을 쥐고 있는 자들에 의해 주로 섬겨지고 있었다. 따라서 요시야의 우상을 척결하는 행위는 그것으로 인해 기득권을 누리고 있던 자들을 진멸함과 동시에 의롭고 가난한 자들의 부상(浮上)으로 인한 새로운 사회 체계의 형성이라는 의미를 지니고 있었던 것이다.

그리고 또 다른 하나는 각각의 우상들을 중심으로 분리되어 있던 사회를 하나의
선민 공동체로 회복하고자 하는 데 그 의의가 있다. 당시에는 하나의 우상마다 그
것에 대한 숭배를 주재하는 제사장과 그를 중심으로 모이는 백성들이 각기 독립적
인 세력을 행사했기 때문에 왕권에 장애가 되었고 그로 인해 사회의 혼란도 종종
야기되었다. 따라서 요시야는 각 지방에 흩어져 있던 모든 제사장을 불러 모아 그
중에서 백성들에게 우상을 섬기게 한 제사장들을 죽임으로써 왕권을 강화함과 동
시에 여호와 종교를 중심으로 선민 이스라엘 공동체의 순수성을 회복하고자 했다.

이상의 두 가지 사회적 의의는 궁극적으로는 하나님을 중심으로 정의가 통용되
는 올바른 하나님 나라 건설에 연결된다. 이는 곧 단지 하찮고 썩어질 물건들을 신
으로 섬기며 그에 편승해 악한 권력을 휘두르는 자들이 폐하여지고 의로운 모든
사람이 하나님 앞에서 평화롭고 평등하게 사는 하나님 나라 건설에 일조하는 행위
였다.

학습 자료 44-2 요시야의 종교 개혁 개시 시기 _{대하 34:3-34}

왕하 22장에는 요시야의 개혁이 그의 즉위 제18년에 시작된 것처럼 기록되어 있
다^{왕하 22:3}. 그런데 본장을 보면 그의 즉위 제8년에 이미 여호와 신앙을 회복하고,
제12년에 개혁을 시작한 것으로 기록한다^{3절}. 그리고 제 18년에 율법책 발견 이후
에도 개혁 운동은 계속 추진되었던 것으로 기록한다. 그러면 정확한 요시야의 종교
개혁 개시 시기는 언제인가? 그리고 열왕기와 역대기의 기록은 서로 모순이 되는
가 아니면 조화시킬 수 있는가? 이는 다음과 같이 이해 볼 수 있다.

✝ 종교개혁 개시 시기

요시야가 처음 우상을 타파하며 개혁 운동을 전개해 나가기 시작한 것은 본문의 기
록대로 그의 즉위 제12년째 되는 해, 즉 B.C. 628년경이었다. 이 사실은 요시야
의 개혁 당시 국제 정세를 살펴볼 때 충분히 수긍이 간다. 즉 요시야의 즉위 당시
(B.C. 640년) 남왕국 유다는 앗수르의 종속국이었다. 이런 속국 상태는 요시야의 선
왕인 므낫세부터 시작되어 요시야 즉위 제12년까지 계속되었다. 그래서 요시야
는 그의 즉위 제8년째에 이미 개혁의 의지가 있었으나 앗수르 때문에 마음대로 개
혁할 수가 없었다. 그런데 B.C. 628년 당시 앗수르의 통치자였던 앗수르바니팔
(Assurbanipal, B.C. 668-626년)이 주변 속국들의 반란과 엘람인들의 침공으로 인해 크
게 고심하게 되었다. 그러다가 자기 아들 '신살-이스쿤'(Sinsar-iskun)에게 실제적인
통치권을 넘겨주고 자신은 다만 섭정 왕의 위치에 머무르게 되었다. 이에 유다에
대한 앗수르의 내정 간섭이 사라지게 되었고, 이러한 호기(好期)를 틈타 요시야가 대
대적인 개혁 운동을 펼쳐나갔던 것이다.

✝ 종교개혁의 절정기

요시야의 종교개혁은 그의 즉위 제12년에 시작되었으나[3절], 그의 개혁 운동이 절정을 이룬 것은 그의 즉위 제18년[8절]이었다. 요시야는 지금까지 유다 지역만을 중심으로 개혁 운동을 펼쳐나가다가 이때부터 북이스라엘 땅까지 개혁하게 되었다 [5-7절]. 그리고 이때 유월절 준수 등 종교개혁 운동의 최절정을 이루게 된 것은 성전 수리와 율법책 발견도 큰 동기가 되었지만 그 외에 역사적인 동기도 있다. 즉 앗수르바니팔 이후 계속 쇠퇴하고 있던 앗수르가 신바벨론의 초대 왕인 나보폴라살 (Nabopolassar, B.C. 626-605년)의 집중 공격을 받던 시기가 바로 요시야 즉위 제18년째 되는 해(B.C. 622년)였다. 이때에 요시야는 앗수르로부터 완전한 정치적 독립을 선언하고 북이스라엘 지역을 포함하여 유다 왕국 전체를 개혁하였는데 이는 종교적인 특성과 함께 정치적 특성도 매우 강한 개혁이었다. 따라서 왕하 22장은 이때를 요시야의 종교개혁 개시 시기로 기록하고 있다.

✝ 의의

결론적으로 열왕기의 기록과 역대기의 기록은 서로 모순되지 않는다. 다만 열왕기는 신명기적 관점에서 여호와의 말씀에 대한 이스라엘 백성들의 순종과 불순종의 측면을 강조하기 위하여 요시야 즉위 제18년 율법책 발견 사건을 중심으로 역사적 사건들을 편집·기록하였다. 또 역대기는 다윗 가문의 왕들의 선행과 경건을 강조하기 위하여 연대기 순으로 역사를 기록하였다. 따라서 열왕기의 기록과 역대기의 기록은 마치 모순되는 것처럼 보일 뿐이다. 한편 이상에서 살펴본바 요시야의 개혁 전개 과정을 통해서 우리는 하나님이 인류 역사를 섭리 가운데 운행해 나가시되, 참으로 당신의 택하신 백성들을 구원하시기 위한 구속사를 근간으로 하여 인류 역사를 운행해 나가신다는 사실을 새삼 깨닫게 된다.

학습 자료 44-3 니느웨 나 3:1-19

✝ 위치

고대 앗수르 제국의 수도였던 니느웨는 현재 이라크의 영토로, 티그리스강 동편 곧 티그리스강과 유셀강의 합류점에 있는 현재의 '모술'강 건너편, 바벨론 북쪽 약 450km 지점에 위치해 있다.

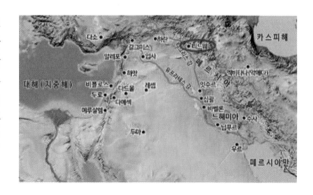

✝ 규모와 구조

니느웨 성 주위는 약 13㎞에 이르는 정방형의 성벽으로 둘러싸여 있으며, 성의 면적은 약 730헥타르(ha)쯤 된다. 이는 욘 3:3에서 걸어서 한 바퀴 도는데 삼 일 길이라고 한 것과 거의 일치하는 크기이다.

이 성읍은 현재 고슬 강을 중심으로 '쿠윤지그'와 '네비유누스' 라는 이름의 두 구획으로 나누어져 있다.

✝ 관련기사 및 역사

이 도시는 메소포타미아 지역의 다른 고대 도시들과 함께 니므롯에 의해 창건되었다창 10:10-12. 그리고 B.C. 8세기경 산헤립(B.C. 705-681년)에 의해 앗수르 제국의 수도로 지정되고 거대한 규모의 건축 사업이 실시됨으로써 최고의 전성기를 구가하였다.

에살핫돈과 앗수르바니팔의 통치 시기(B.C. 681-627년)에 앗수르가 고대 근동의 패권을 장악함으로써 근동의 중심지가 되었던 이 도시는 B.C. 612년 티그리스강의 범람과 메대와 바벨론의 연합군에 의해 완전히 함락되었고, 이후 폐허가 되어 방치되었었다.

한편 선지자 요나의 전도로 성읍 모든 사람이 회개하고 돌이킴으로써 하나님의 심판을 모면했던 니느웨 성읍이 그로부터 약 70여 년이 지난 나훔 선지자 시대에 다시 그 죄악으로 말미암아 하나님의 심판이 선포됨으로써, 결국 B.C. 612년에 멸망하고 말았다.

✝ 유적 및 고고학

니느웨는 1842년 프랑스인 보타(P.E. Botta)에 의해 처음 발굴되었는데, 그는 '코르사밧'(Khorsabad) 지역에서 사르곤(Sargon, B.C. 722-705년) 궁전의 일부를 발굴했다. 또 영국인 레이어드(Layard)는 모술 남쪽 19km 지점에서 살만에셀 3세(Sarmaneser Ⅲ, B.C. 858-824년)의 궁전터를 발굴했는데, 이로써 니느웨의 위치는 모술 지역이 아니라 모술강의 건너편이라는 것이 확인되었다. 또 1853년에는 랏삼(H. Rassam)에 의하여 앗수르바니팔(B.C. 669-626년)의 궁전과 도서관이 발굴되었다. 이외에도 여기서 수많은 점토판 문서들이 출토되었는데 이것들은 고대 앗수르의 문화와 학문적 발전상에 관한 중요한 단서를 제공해 준다.

✝ 영적 교훈 및 상징적 의미

요나의 전도로 니느웨 백성들이 회개했음에도 불구하고, 후에 다시 선지자 스바냐, 나훔 등으로부터 심판의 선고를 받은 사실은 일시적 회개의 한계를 보여 준다. 참된 회개는 순간적인 죄의 고백 차원을 넘어 삶의 방향 자체를 하나님께로 향하는 태도의 근본적인 전환을 이루는 것이며 이로써만 참 구원이 있는 것이다. 한편 그렇게 웅장하던 니느웨 성이 일시에 몰락하여 폐허가 된 것은 끝내 돌이켜 회개치 않는 불신자들에게 임할 최후를 경고해 주고 있다.

학습 자료 44-4 하나님의 징계의 의의 렘 3:1-3, 21-23

하나님은 절대 공의로우시므로 죄를 범한 자를 반드시 심판하신다. 그러나 세상 끝 날에 있을 최후 심판을 제외한 현 세상에서의 심판들은 모두 부분적이고 일시적이 며 최후 심판의 예표와 같은 성격이 있다. 한편 현 세상에서의 심판은 그 대상이 하 나님의 택한 백성이냐, 그렇지 않은 악인이냐에 따라 그 의도와 성격이 분명히 구 분된다. 즉 전자는 잘못을 지적하고 고쳐서 선한 길로 인도하려는 징계의 성격이 강하고, 후자는 죄에 대한 형벌, 혹은 징벌의 성격이 강하다. 이렇게 볼 때 남유다 왕국이 멸망한 것은 분명 하나님의 심판이었으나 택한 백성을 영원히 버리시는 것 이 아닌 회개케 하여 회복시키고자 한 징계의 심판이었다. 성도를 향한 하나님의 심판 역시 이와 마찬가지이다. 하나님은 한 번 택하신 성도를 절대 버리지 않으신 다. 다만 그가 끝내 잘못을 돌이키지 않을 때 부모가 자식을 교육하듯이 징계의 채 찍을 드시는 것이다. 우리는 이러한 징계의 의의를 살펴봄으로 성도를 향한 하나님 의 사랑을 다시 한번 깊이 느낄 수 있다.

1	회개의 열매를 맺게 함(신 4:30)
2	하나님만 의지하게 함(렘 3:1)
3	영혼을 살림(잠 23:13)
4	의를 배우게 함(사 26:9)
5	정죄를 받지 않게 함(고전 11:32)
6	진리를 깨닫게 함(딤후 2:25)
7	의의 평강한 열매를 맺게 함(히 12:11)
8	하나님의 사랑을 깨닫게 함(히 12:6-10)

45일 핵심 학습 자료

학습 자료 45-1

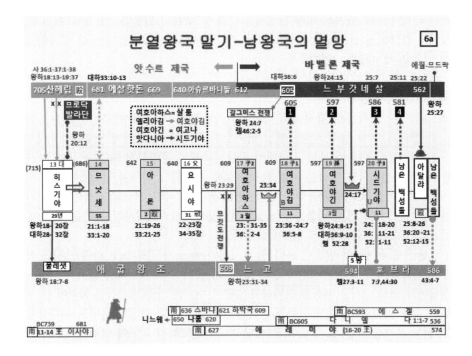

학습 자료 45-2 갈그미스(Calrchemish) 전투 대하 35:20-25

갈그미스 전투란 B.C. 605년경 앗수르의 동맹국인 애굽 왕 바로 느고(Necho)와 바벨론 왕 느부갓네살 2세가 갈그미스라는 지역에서 격돌한 전쟁을 가리킨다. 이 전쟁은 직접적으로 남 유다 제16대왕 요시야와 바로 느고와의 므깃도 전쟁과 연관되며, 간접적으로 요시야 사후 남 유다의 마지막 네 왕의 잦은 왕위 교체 사건과도 연관된다.

핵심 학습 자료 | 45일

353

✝ 갈그미스의 지리적, 역사적 배경

고대 헷 족속과 수리아 족속의 성읍이었던 갈그미스는 지중해 부근 알렙포 (Aleppo)에서 북동쪽으로 약 100㎞ 정도 떨어진, 오늘날의 '제라불루스'(Jerablus) 이다. 이 성읍은 시리아 지역에서 유프라테스 지역으로 올라가는 관문으로서, 전략적 요충지이며 교역(交易)의 중심지이다. 이런 이유로 이 성읍은 자주 열강 의 각축지가 되었는데, B.C. 15세기경에는 애굽의 왕 투트모스 3세(tuthmosis Ⅲ)의 치하에 들어갔다가, B.C. 14세기 경에는 힛타이트의 수필룰리우마스 1세 (Suppiluliumas I)의 치하에 들어갔다. 그러다가 B.C. 1200년경 힛타이트 제국의 멸망과 함께 잠시 독립적인 도시 국가로 존재하다가 B.C. 8-9세기경 다시 앗수 르의 속국이 되어 조공을 바쳤다. 그리고 B.C. 717년 사르곤 2세에 의해 갈그 미스는 앗수르에 완전히 병합되어 앗수르의 한 성읍이 되었다. 그 후 다시 B.C. 605년 갈그미스 전투에서 바벨론 왕 느부갓네살 2세가 앗수르 군대를 격파하고 이 성읍을 차지하게 되었다렘 46:2-12.

✝ 당시의 국제 정세

갈그미스 전쟁 발발로 당시, B.C. 612년 바벨론에 의한 앗수르의 수도 니느웨 성의 함락과 함께 앗수르는 사실상 국가로서 거의 몰락 상태에 있었다. 그리고 대신 바벨론이 근동의 북방 지역에서 최강대국으로 군림하게 되었다. 그리고 근 동의 남방 강대국인 애굽은 북방의 앗수르를 견제하기 위하여 팔레스타인과 시 리아 지역으로 세력을 확장해 나갔다. 또한 동시에, 수도 니느웨 성을 잃고 거의 몰락 상태에 처한 앗수르를 통치하고 있던 앗수르발리트 2세와 동맹을 맺고 바 벨론의 남하(南下)를 공동 저지코자 하였다.

한편 B.C. 609년에 발발한 유다 왕 요시야와 애굽 왕 바로 느고 간의 므깃도 전 투도 갈그미스 전쟁과 밀접한 연관이 있다. 즉 당시 수도 니느웨를 잃고 갈그미스 성을 중심으로 다시금 세력을 정비하고 있던 앗수르는 바벨론의 집중 공격에 큰 고 전을 겪고 있었다. 이에 앗수르가 완전히 붕괴될 경우에 애굽의 운명도 위태하게 될 것을 우려한 애굽 왕 바로 느고는 앗수르를 원조하기 위하여 팔레스타인을 지 나 북쪽 갈그미스 성으로 진군코자 하였다. 이때 앗수르에 대해 강한 반감을 품고 있던 유다 왕 요시야가 애굽 군대의 진로를 차단코자 므깃도로 나아가 전쟁을 벌 였다. 이 전쟁에서 유다는 애굽에 크게 패하였고, 또 요시야도 전사 했다. 그리하여 유다는 애굽으로부터 잦은 내정 간섭을 받게 되었는데, 제17대 유다 왕 여호아하 스가 폐위되고 제18대 여호야김이 등극하게 된 것도 바로 애굽의 내정 간섭에 의 해서였다.

✝ 전쟁의 경위

므깃도에서 유다 왕 요시야 군대를 격파한 애굽 왕 바로느고는 갈그미스로 진 군해 올라가 앗수르 군대를 원조하여 바벨론의 공격을 일시적으로 저지시켰다. 그리고 립나 성에 군대를 주둔시키고 계속해서 바벨론의 공격에 대비하였다왕하

^{23:31-34}. 그러다가 B.C. 605년 바벨론의 느부갓네살 2세가 갈그미스 지역에 대한 대대적인 공격을 감행하여 앗수르와 애굽 군대를 완전히 전멸시켜 버렸다. 이 당시 애굽 군대의 참패 상황이 렘 46:2-12에서 매우 장엄한 시적 문체로 잘 묘사되어 있다. 이때 1차 포로가 일어난다.

✝ 전쟁의 결과 및 의의

이 전쟁에 의해 애굽은 더 이상 팔레스타인과 시리아 지역에 대한 주도권을 완전히 상실하게 되었다^{왕하 24:7}. 그리고 대신에 바벨론이 이 지역에서 최강대국으로 군림하게 되었으며, 이로써 제18대, 제19대 유다 왕 여호야김과 여호야긴이 바벨론에 의해 폐위되고 유다의 마지막 왕 시드기야가 왕위에 앉혀졌다. 그리고 B.C. 586년 시드기야도 결국 바벨론의 포로로 끌려가게 됨으로써 사실상 남 유다는 B.C. 586년에 이미 B.C. 722년 멸망한 북이스라엘에 이어 완전히 멸망하게 되었다. 이상에서 살펴본바 갈그미스 전쟁을 통하여 우리는 당시의 국제 정세를 이해하는 데 있어 많은 도움을 얻게 되었다. 그리고 범죄한 백성들에 대한 하나님의 징계가 이 같은 역사적 배경하에서 시행되었다는 사실에서 우리는 세계 역사에 대한 하나님의 주재권을 새삼 발견하게 된다.

학습 자료 45-3 힌놈의 아들 골짜기 ^{렘 7:31-32}

본문을 보면 유다 백성들의 우상 숭배 장소와 관련하여 '힌놈의 아들 골짜기'가 나타난다. 이러한 힌놈의 아들 골짜기는 성경에서 '힌놈의 골짜기'^{수 15:8}, '힌놈의 아이들의 골짜기'^{왕하 23:10}, '골짜기'^{대하 26:9, 느 2:13, 15}로도 나타난다. 그러면 힌놈의 아들 골짜기는 어디에 위치하는가? 그리고 이스라엘 백성들의 우상 숭배와는 어떤 관련이 있는가?

✝ 위치

성경에서 힌놈의 아들 골짜기는 유다 지파와 베냐민 지파의 경계를 이루는 예루살렘 남쪽의 깊은 계곡으로 나타난다^{수 15:8, 18:16}. 그리고 렘 19:2에 의하면 이 골짜기는 '하시드 문(Harsith Gate)' 어귀에 있는 것으로 나타난다. 유대 초기 전승들의 기록을 보면 이곳을 예루살렘 동쪽의 감람 산기슭에 있는 기드론(Kidron) 골짜기와 동일시하고 있다. 그런가 하면 일단의 학자들은 이 골짜기가 왕국 시대 이전에는 다윗성 동편에 위치한 두로베온(Tyropoeon) 골짜기를 가리켰다고 주장하기도 한다. 그러나 오늘날 대부분의 학자들은 힌놈의 아들 골짜기가 예루살렘 서쪽에 있

는 현재의 '야파 문(Jappa Gate)' 근처에서 시작하여 예루살렘 남쪽으로 굽어 에느로겔에서 기드론 골짜기와 만나는 '와디에르 라바비(Wadi er-Rababi)'와 동일시한다. 힌놈의 아들 골짜기를 지도상으로 나타내보면 다음과 같다.

✝ 우상 숭배 장소로서의 힌놈의 아들 골짜기

이스라엘 역사에서 힌놈의 아들 골짜기는 가증스런 우상 숭배와 깊은 연관이 있다. 즉 이스라엘 백성들은 이곳 힌놈의 아들 골짜기에 있는 도벳(Tophet) 사당에서 바알(Baal)과 몰렉(Molech) 등 이방 신을 위하여 자신의 자녀를 불에 태워 바치는 인신제사(人身祭祀)를 행하였다. 특히 이곳에서의 이러한 가증스러운 우상 숭배 의식은 유다 왕 아하스(B.C. 736-716년)와 므낫세(B.C. 697-642년) 당시에 매우 극심했으며^{대하 28:3, 33:6}, 요시야의 종교개혁으로 중단되었다가^{왕하 23:10} 여호야김(B.C. 609-598년) 시대에 다시 행해져^{렘 19:1-6} 유다가 멸망할 때까지 계속되었다^{렘 32:25}.

이러한 이유로 이 힌놈의 골짜기는 매우 악명이 높아지게 되었는데, 예레미야 선지자는 장차 '여호와의 날(The Day of the Lord)'이 이르면 이곳이 하나님의 심판을 받아 황폐해짐은 물론 우상 숭배자의 주검이 골짜기에 가득하게 됨을 인하여 '살륙의 골짜기'로 불리게 될 것이라고 예언하기도 하였다^{렘 7:31, 32, 19:5, 6}. 이 예언은 B.C. 586년 예루살렘의 멸망으로 성취된 것으로 본다.

한편 힌놈의 골짜기(히, 게 힌놈)는 사람을 불에 태워 바치는 우상 숭배 의식과 그에 대한 하나님의 심판 등으로 인하여 후대 사람들에 의해 죄와 형벌과 고통의 상징으로 여겨졌는데, 신약 성경에서 '지옥'을 의미하는 헬라어 단어 '게헨나'는 바로 히브리어 '게 힌놈'의 음역이다.

✝ 의의

이상의 사실을 대할 때 우리는 다음의 두 가지 사실에 주목하게 된다.

첫째, 하나님의 택한 선민으로서 신약 계시의 전(前)단계인 구약 계시를 수여 받아 그 어느 민족보다도 하나님을 잘 알고 있었음에도 이스라엘 백성들이 극악한 우상 숭배를 행한 사실에서 태초 아담의 타락이래 단 한사람의 예외도 없이 전 인류가 전적 타락(全的墮落)과 전적 부패(全的腐敗)의 상태에 놓여 있으며, 그로 인해 인간의 노력으로는 결코 구원에 이를 수 없음을 직시하게 된다. 구원은 오직 하나님의 무조건적인 은혜와 우리 주 예수 그리스도의 복음에 대한 믿음으로만 가능한 것이다^{엡 2:5, 8, 롬 10:9}.

둘째, 우상 숭배가 주는 심각한 결과에 주목할 필요가 있다. 즉 우상 숭배는 여호와가 유일 절대의 구원자라는 사실과 하나님께서 역사와 우주의 절대 주권자라는 사실을 거부하는 모든 죄의 근원적인 죄로서 하나님의 심판을 결단코 피하지 못하는 것이다. 그러므로 우리는 이 시간 우리가 하나님보다 더 신뢰하고 의지하는 대상이 없는가 돌아보며 이를 철저히 경계하지 않으면 안 될 것이다^{요일 5:21}.

렘 47,
46:1~12,
13:1~14, 1:17,
45, 36,
25:1~14,
14~17,
8:4~10:16

46일 핵심 학습 자료

학습 자료 46-1 여호야김 왕과 그 시대

여호야김은 B.C. 609-598년까지 약 11년 동안 유다를 통치했다. 이때는 정치 · 종교적으로 볼 때 한마디로 암흑기였다고 할 수 있다. 먼저 정치적으로 볼 때 이때 유다는 그 멸망이 가시화되던 때이다. 즉 유다는 분열왕국 이후 최고의 선왕(善王)으로 여겨지는 요시야(B.C. 640-609년)가 애굽 왕 느고와의 므깃도(Megiddo) 전투에서 전사하고 이 전투에서 승리한 애굽 왕 느고는 요시야를 이어 왕위에 오른 여호아하스를 폐위하고, 친 애굽적 인물이었던 여호야김을 유다 왕으로 임명하게 되는데^{왕하 23:34}, 이후 유다는 당시 근동 지역 패권의 향방을 좌우하는 매우 중요한 역사적 사건이었던 갈그미스 전투(Carchemish's War, B.C. 605년)에서 바벨론이 애굽을 물리치고 승리함으로써 다시 격랑에 휘말리게 된다. 즉 갈그미스 전투에서 승리한 바벨론은 그해 유다를 공격하여 복속시킨 것이다. 이로써 여호야김은 애굽이 아닌 바벨론의 속국 왕이 되고 만다. 이후 여호야김은 B.C. 602년경 바벨론에 대하여 반기를 들게 되는데 도리어 체포되어 바벨론에 포로로 끌려가 충성을 맹세한 뒤 비로소 귀환하게 된다^{대하 36:6}.

그리고 여호야김은 B. C.598년경 반란을 일으켰다가 바벨론의 침공을 받아 전투 중에 전사하게 되는데, 이 일로 인하여 그를 이어 왕위에 오른 여호야긴은 여호야김의 아들로서 즉위 3개월 만에 폐위되어 바벨론에 포로로 잡혀가고 대신 시드기야가 유다

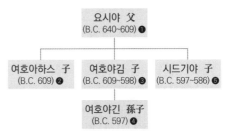

요시야 父
(B.C. 640~609) ❶

여호아하스 子   여호야김 子   시드기야 子
(B.C. 609) ❷   (B.C. 609~598) ❸   (B.C. 597~586) ❺

여호야긴 孫子
(B.C. 597) ❹

마지막 왕으로 즉위하게 된다^{왕하 24:8-20}. 한편 여호야김은 종교적으로는 그의 부친이었던 요시야의 개혁 정책을 다시 원점으로 돌려놓았다. 즉 그는 요시야가 금지한 모든 우상 숭배를 부활시키고 성전에서조차 우상을 숭배하는가 하면 의로운 자를 박해하고 죽였다^{왕하 24:3, 4}. 그리고 심지어는 하나님의 심판 경고가 기록된 두루마리 책을 불태우는 만행도 서슴지 않았다. 이에 따라 그는 물론 유다까지도 하나님의 준엄한 심판 경고를 들었는^{렘 36:27-32} 여호야김의 통치기는 유다 멸망을 확정한 때라 할 수 있다. 아래 도표로 위의 내용을 정리해 보라.

요시아	여호아하스	여호야김	여호야긴	시드기야
8세 즉위, 31년 통치	3달 통치	11년 통치	3달 10일 통치	11년 통치
· 선한 왕 · 종교 개혁 · 므깃도 전투 전사 (왕하 23:29)	· 살룸(렘22:11) · 느고에 의해 애굽에 포로로 잡혀가서 죽음 (왕하 23:31-34)	· 엘리야김 · 느고가 세움 · 애굽속국, 조공바침 예레미아에게 적대적 · 바벨론에 포로	· 여고냐, 고니야 · 바벨론 왕이 세움 · 멸망 예언 들음 (렘 22:24-25) · 바벨론에 잡혀감 (왕하 25:27-30)	· 맛다디야 (요시야 막내) · 여호야긴 삼촌 예레미아의 예언 무시 (친애굽 정책) · 눈뽑힌 채로 많은 백성들과 포로로 잡혀감 (렘 39:4-7)
		(1차 포로, 다니엘)	(2차 포로, 에스겔)	(3차 포로)

학습 자료 46-2 여호야김의 부패상

부정으로 여호야김의 집, 그의 다락방은 지어졌다. 더 구체적으로 말하면 자기 백성들을 동원하여 건축 사업을 시도하였지만, 그는 그 백성들에게 아무런 삯도 주지 않았다.

여호야김 통치 시대는 유다 말기에 해당하며 이때 유다는 정치적으로 국가적으로 큰 혼란과 위기 상황에 놓여 있었다. 바벨론의 침공으로 이미 많은 사람이 포로로 잡혀갔으며 전쟁 배상금조로 감당조차 하기 어려운 조공을 바벨론에 바쳐야 했다. 그리하여 나라의 명맥을 근근히 유지해 가고 있었다. 그러면서 동시에 그들은 애굽과 동맹을 모색하며 바벨론으로부터 해방을 시도하고 있었다. 이 와중에도 상당한 재원이 소모되었을 것이다. 분명 여호야김 시대에 민생 경제는 크나큰 위기에 처해 있었을 것이다. 그럼에도 여호야김은 백성들을 동원하여 대 규모 건축 사업을 시행한 것이다. 그는 이 일을 시행하면서 어느 정도의 임금은 약속했을지 모른다. 그러나 그는 도탄에 빠진 백성들, 경제적으로 극한의 위기에 처한 백성들의 손에 아무것도 쥐여주지 않은 채 오로지 자기 탐욕을 채우는 데에만 급급하였다. 그리하여 하나님께서는 이러한 여호야김의 악독한 행태를 비난하시면서 그가 백성들에게 임금을 주지 않은 것에 대하여 단호하게 지적하신다. 아울러 그것으로 인하여 결국에는 그에게 입할 심판을 선언하고 계신 것이다렘 22:18-19, 36:30.

학습 자료 46-3 고대 중근동의 필사 재료들 렘 36:20-26

본문에서 예레미야의 예언이 기록된 책은 양가죽으로 만든 두루마리였다. 때문에 여호야김 왕은 작은 칼로 그것을 잘게 베어 불에 태울 수 있었다. 이 양가죽 두루마리는 고대의 대표적 필사 재료 중 하나였으며, 고대인들은 이외에도 갖가지 다양한 재료들을 사용하여 각종 기록을 후세에 남겨주었다. 이렇게 고대인들이 사용하였던 필사 재료들을 살펴보면 다음과 같다.

1. **돌** : 편편한 돌이나 바위 표면에 글을 적는 것은 매우 오랜 관습이었다^{욥 19:24}. 메소포타미아나 애굽 등지의 고대 유적지 가운데 가끔씩 보이는 기념비나 오벨리스크(obelisk) 등은 돌을 이용한 기록의 대표적 사례이다. 성경 역사와 관련된 돌판 기념비들도 다수 발굴되었으며 이 가운데 앗수르 왕 살만에셀 3세의 '흑색 오벨리스크'는 북이스라엘 예후 왕의 사적과 관련되어서 특히 주목을 끌었다.
한편 모세가 받은 십계명을 기록한 돌판도 돌을 재료로 한 기록 가운데 하나이다.

2. **서판** : 이사야^{사 30:8}, 하박국^{합 2:2} 등 선지자들에 의해 예언을 전달하는 도구로 사용된 바 있는 필사 재료로 나무, 혹은 상아 등의 재료로 만들어졌다.

3. **토판(Tablets)** : 납작한 타일과 같은 형태의 흙으로 만든 판 위에 문자나 그림을 기록한 것으로 메소포타미아 지역에서 주로 발굴되었다. 에스겔이 예루살렘의 멸망을 예언할 때 사용하였던 박석^{겔 4:1}도 이러한 토판의 일종이며 성경 고고학상 중요한 가치를 지니는 대표적 토판들로는 '마리 토판', '우가릿 토판', '텔 엘 아마르나 서신' 등이 있다.

4. **파피루스(Papyrus)** : 고대 애굽의 저지대에서 많이 생산되었던 필사 재료이다. 애굽인들은 파피루스의 가는 가지들을 여러 개 모아 접착, 압력을 가하여 형태를 갖춘 후, 단단한 조가비 등으로 문질러 윤을 냈다. B.C.586년 예루살렘 멸망 후 애굽으로 이주한 이스라엘 백성들이 기록한 '엘레판틴 파피루스(Elephantine Papyrus)'는 특히 유명하다.

5. **동물 가죽과 양피지** : 동물의 가죽을 말리고 다듬어 그 위에 문자를 기록한 후 둘둘 말아서 보관하는 것은 메소포타미아에서 애굽에 이르기까지 널리 이용되었던 필사 방법이었다. 페르시아 시대에 들어서서는 문자를 기록하기에 편리하도록 가죽을 잘 다듬어 만든 양피지가 널리 사용되었다. 가장 오래된 구약 사본을 포함하고 있는 '사해 사본 두루마리(Dead Sea Scrolls)'도 양피지를 재료로 하여 기록되었다.

6. **도기 및 패각(貝殼)** : 매우 값이 저렴하고 쉽게 구할 수 있는 재료였다. 소지하기가 간편하므로 편지용으로 많이 사용되었던 이 재료를 이용한 대표적 기록물은 예루살렘 멸망(B.C.586년) 직전 유다 백성의 공포를 기록한 '라기스 서신(Lachish Letters)'을 들 수 있다. (^{렘 34장} 학습자료 49-3 '라기스 서신' 참조.)

왕하 24:1~4.
렘 35, 23:9~
40, 18:18~20장.
왕하 24:5~9.
렘 22:18~30.
13:15~27.
왕하 24:10~17.
대하 36:5~10.
렘 24·단 1~4

47일 핵심 학습 자료

학습 자료 47-1 레갑 족속 _{렘 35:1-19}

본문을 보면 구약 선민(選民)의 후손 남 유다의 불순종과 패역함을 지적하고 그들에 대한 하나님의 심판이 정당함을 보이기 위한 일환으로서, 이방인이었으면서도 그들 조상 요나답의 교훈에 철저히 순종하며 하나님을 진실되게 경외한 '레갑 족속 (Rechabites)'의 모범을 제시하고 있다.

✝ 기원

본문 6절을 보면 '레갑의 아들 우리 선조 요나답'이라고 함으로써 레갑 족속의 기원을 암시해 주고 있다. 그러나 이것만으로는 이 족속의 창시자가 레갑과 요나답 중 누구인지 알 수 없다. 그러나 본문 19절은 레갑 족속의 창시자가 요나답일 가능성을 강하게 시사하고 있다. 그렇다면 이 족속의 이름으로 불리는 레갑은 누구인가? 우리는 그가 누구인지 알 수 없다. 우리는 다만 레갑 족속이 혈통적으로 겐 족속(Kenites)의 후손이라는 것을 알 수 있다. 대상2:55절에서 "이는 다 레갑 가문의 조상 함맛에게서 나온 겐 종족이더라"고 언급하고 있다. 여기서 '함맛'은 인명(人名)이라기보다는 지명(地名)으로 보는 것이 일반적 견해이다. 곧 함맛은 납달리 족속의 영토에 속한 한 성읍으로^{수 19:35}, 겐 족속 헤벨(Heber)이 이스라엘 민족의 가나안 입성 후 이주하여 살았던 곳이다. 그렇다면 레갑 족속은 이러한 헤벨의 후예일 가능성이 크다.

한편 겐 족속은 본래 모세의 장인 호밥(Hobab)이 속했던 미디안 유목민으로^{민 10:29, 삿 1:16} 이스라엘 민족이 광야에서 생활할 당시부터 함께 하며 하나님을 섬겼고 가나안 땅에 들어와서도 하나님을 신실하게 섬긴 족속이다^{삿 4:11-17, 왕하 10:15-28}.

✝ 레갑 족속의 생활의 특징

레갑 족속은 철저한 유목민(遊牧民)으로서 그들 나름대로 독특한 생활 규범을 가지고 있었다. 그것은 레갑 족속의 창시자였던 요나답(Jonadab, ^{왕하 10:15, 23})에 의해 확립되었는데 크게 세 가지로 요약된다. 그 첫째는 포도주를 절대 마시지 말라는 것이며, 둘째는 집을 짓고 정착 생활을 하지 말고 장막을 치고 살면서 유랑 생활을 하라는 것이고, 셋째는 농경 생활을 금하고 유목 생활을 유지하라는 것이다^{6, 7절}. 요나답이 이상의 세 가지 생활 규범을 제정한 이유에 대해서는 여러 가지로 생각해 볼 수 있겠으나 무엇보다도 당시 이스라엘 사회가 부패할 대로 부패하고 불의와 죄악이 관영하였으므로 그러한 타락한 생활로부터 경건한 신앙을 유지하려는 조치였다고 보는 것이 가장 타당하다고 하겠다. 레갑 족속이 이러한 생활 규범을 얼마나 잘 지켰는가 하는 것은 본문에 나타난 그들의 고백과 행동에서 익히 알 수 있다6-11절.

✝ 의의

본문 12-19절을 보면 하나님께서는 영원히 살아계셔서 생명의 근원이 되시는 당신의 계명에 불순종하는 패역하고 불의한 유다에 대해서는 엄히 책망하고 심판을 경고했지만, 이방인으로서 비록 일개 인간에 불과하지만, 조상 요나답의 교훈에 철저히 순종하고 하나님을 진실하게 섬긴 레갑 족속에 대해서는 축복을 약속하신 사실을 알 수 있다. 이러한 사실은 오늘날 우리에게 세상 끝 날에 궁극적인 구원과 축복을 향유하게 될 자는 선천적인 신분이나 혈통 등과 같은 외적 조건에 의해 결정되는 것이 아니라 하나님의 말씀에 대한 철저한 순종과 우리주 예수 그리스도의 구속 복음(福音)에 대한 참된 믿음으로 나아가는 자들이라는 지극히 원초적이면서도 놀라운 사실을 각성시켜 준다히 5:9, 벧전 1:10, 11.

학습 자료 47-2 고대 근동 지역의 천체 숭배 렘 19:13

천체 운행에 대한 정확한 지식을 갖지 못했던 고대인들에게 태양, 달, 별 등은 신비와 경외의 대상이었다. 그들은 이러한 천체들을 영속하는 것, 동식물을 자라게 하는 능력을 갖춘 것으로 이해하여 두려움을 가지고 경외하였으며 점차 인격을 부여하여 신과 같은 존재로 섬겼다. 이러한 천체 숭배 관습은 전 세계 각 지역에서 발견되지만 여기서는 선민 이스라엘의 신앙에 영향을 주었던 고대 근동 지역의 천체 숭배 형태만을 살펴보기로 한다.

✝ 태양 숭배

태양은 고대 중근동과 북부 아프리카의 거의 전 지역에서 숭배되었다. 특히 애굽은 '온(On)'이라는 성읍 전체를 태양신 '라(Ra)'를 섬기는 도시로 만들 정도로 태양 숭배에 열심을 보였으며, 메소포타미아 지역에서도 태양신의 말과 수레를 그 신전의 입구에 두는 등 태양 숭배가 성행하였다. 애굽과 메소포타미아에서의 이러한 습관은 이들과 역사적, 지리적으로 밀접한 연관을 가진 이스라엘에도 그대로 전해 내려왔는데 이스라엘의 성읍 가운데 '태양의 집'이란 의미를 갖는 '벧세메스'수 15:10, 19:22는 이스라엘 백성들이 태양을 숭배한 사실을 반영해 준다.

✝ 달, 별 숭배

달 숭배 관습도 태양 숭배 못지않게 오랜 역사가 있는데, B.C. 2000년경의 것으로 추정되는 '마리 토판(Mari Tablets)'에서 '달 신의 종'이라는 의미를 지닌 '아브두 에라(Abdu-Erah)' 등 달신 관련 인명이 나타난 것은 이를 증명하는 좋은 증거이다. 바벨론의 마지막 왕 벨사살의 아버지인 '나보니두스(Nabonidus)'도 '난나(Nanna)' 혹은 '신(Sin)'으로 불리는 달신 숭배에 무척 심취했던 것으로 알려진다.

한편 별 숭배는 점성술과 함께 발전하였던 것으로 추정된다. B.C.2000년 이전부터 점성술이 발달하기 시작하였던 바벨론은 고대 중근동 지역의 별 숭배의 본거지였다. 이스라엘의 역사에서는 북이스라엘이 B.C. 8세기경 토성에 해당하는 '기윤(Chiun)'을 섬겼던 것으로 알려졌으며^{암 5:26}, 그 후 B.C. 7세기경 남 유다의 므낫세(B.C. 697-642년) 왕에 의해 일월 성신 숭배가 본격화되었던 것으로 보인다^{왕하 17:16}.

✝ 의의

과학이 발달하지 못했던 고대에 태양, 달, 별 등 천체가 숭배 대상이 된 것은 자연스러운 일이라고 할 수 있을지 모른다. 그러나 성경에서 강조되고 있는 것처럼 천체는 하나님이 창조하신 피조물에 불과하며 인간이 숭배해야 할 대상이 될 수는 없다^{시 104:2, 4, 출 20:4}. 여러 선지자의 경고를 듣지 않고 천체 숭배를 계속했던 남 유다의 멸망은 하나님께서 가증히 여기시는 행위를 한 자들이 어떤 결과를 맞게 될지를 명백하게 보여 준다.

학습 자료 47-3 묵시 문학(默示文學)의 이해

다니엘서는 에스겔, 스가랴서와 함께 구약의 3대 묵시 문학서인 동시에 구약 정경 및 위경은 물론 신약 성경의 계시록 등 모든 본격 묵시 문학서의 효시적 위치를 차지하고 있다. 이에 본서에 즈음하여 일단 넓게는 예언 문학의 범주에 속하면서도 그 안에서 뚜렷이 구분되어 보다 좁은 의미로 재구분되는 묵시 문학의 핵심 사항을 정리해 보는 것은 묵시 문학적 영향 아래 기록된 성경의 특정 본문을 더욱 심층적으로 이해하는 데에 큰 도움을 줄 것이다.

✝ 묵시 문학의 정의

'묵시 문학' 또는 '묵시'(apocalypse)란 넓게는 예언 문학 또는 예언(prophecy)에 속하면서도 다음과 같은 특유한 양식으로 예언을 전달하는 문학 또는 그러한 양식으로 된 예언을 가리키는 용어이다. 묵시 문학의 특유한 양식이란 전달하고자 하는 예언의 내용이 강렬한 인상으로 남겨지게 하려고 신선하고도 충격적인 이미지들을 동원하는 동시에, 그 내용을 직설적으로 서술하지 않고 특정한 방식으로만 해석될 수 있거나 아니면 구체적이고도 정확한 해석이 원천적으로 불가능하도록 의도적으로 고안된 특이한 표현 방식들을 구사하는 것이다. 예를 들자면 상징적 숫자나 난해한 또는 수수께끼식의 문자의 조합, 과거의 역사적 사물이나 사건을 동일한 패턴의 미래의 일을 예언하는 문맥에 별다른 설명 없이 복합적으로 사용함, 열 개의 다리나 열 개의 발을 가진 짐승 등의 비현실적이고 상징적인 존재들의 등장 등을 들 수 있다. 그리하여 결국 묵시는 고도의 상징성, 난해성, 복합성 등을 갖게 된다.

또한 묵시 문학이라 할 때 일차적으로는 그 특이한 양식과 관련지어 붙여진 용어이지만, 묵시 문학의 내용은 전반적으로 범우주적 역사 전개의 틀 그리고 궁극적으로는 죄와 질고로 오염된 현 역사의 종결과 하나님이 선민을 중심으로 새로이 전개하실 새 역사의 개시 기점이 되는 대종말에 집중하는, 즉 종말론(終末論)에 편중되는 경향을 보인다. 따라서 우리는 '묵시'를 일단 '넓은 범위의 예언 중에서도 독특한 양식으로 주로 종말론적 내용을 다루는 좁은 범위의 특정 예언을 가리키는 보다 좁은 용어'라 정의할 수 있겠다.

물론 이상의 정의는 극히 성경 신학적 관점에서 내려진 것이고 성경 묵시 문학 이전과 이후에도 거의 전 세계의 모든 문화권 안에서, 비록 그 근본 우주관 및 역사관에 있어서는 서로 완전히 다를지라도, 개연적으로는 그 배경과 양식 및 내용의 기본 패턴 등에 있어서 대강의 문학적 특징을 같이 하는, 즉 주로 역사의 격변기에 기괴한 양식으로 역사의 변화와 전환을 예언하는 식의 전승들이 동서고금에 걸쳐 널리 산재해 있다는 사실을 참고로 기억해야 할 것이다. 따라서 '성경 묵시 문학'에 대응하여 '일반 묵시 문학', 또는 '세속 묵시 문학' 등의 용어도 가능하다 하겠다.

한편 묵시(apocalypse)에 해당하는 원어는 '덮개를 벗긴다', 안에 감춘 것을 '밖으로 드러내다'라는 뜻을 가지며, 이는 동시에 하나님이 인간에게 자신의 뜻을 드러내는 모든 행위를 전반적으로 가리키는 계시(revealation)라는 의미도 갖는 헬라어 단어이다. 따라서 이 용어 자체가 직접적으로 묵시 문학의 특징을 반영하고 있지는 않으며, 다만 후대의 학자들이 이 원어에서 앞서 말한 바와 같은 일련의 문학적 특징을 가진 작품들을 가리키는 용어로서 묵시라는 말을 원용시켜 사용하였을 뿐이라는 사실도 기억해 둘 필요가 있겠다.

✝ 성경 묵시 문학의 배경과 전승

무릇 묵시 문학은 역사적 격동기에 발생하게 마련이다. 이는 성경 묵시 문학과 직접적 관련이 있는 유대 묵시 문학, 나아가 근동의 모든 묵시 문학의 경우에도 마찬가지였다. 그리하여 유대 묵시 및 근동 묵시 문학은 근동지역 곳곳에서 대제국들이 상호 연이어 발흥함으로써 야기된 소위 대제국 시대 곧 앗시리아, 바벨론, 메대-바사, 바사, 헬라, 로마 제국 등 각 제국의 상호 각축에 따라 대제국 체제 전체가 뒤바뀌고, 주변 약소국들은 그 대제국들의 흥망과 각 제국의 식민 정책에 따라 그 운명이 하루아침에 뒤바뀌던 격동의 시대를 그 주 배경으로 하고 있다. 이를 성경 역사에 대입하면 남북 분열 왕국 시대 후기에서 시작하여 포로시대, 귀환 시대 및 신구약 중간사, 나아가 신약 성경 시대가 이에 해당한다. 즉 성경 묵시 문학의 시대 배경은 B.C. 600-A.D.100년 사이라 할 수 있다.

한편 성경 묵시 문학과 가장 관계 깊은 것은 역시 유대 묵시 문학이다. 그러나 양자는 근본적인 신학적 차이를 갖고 있다. 즉 성경 묵시 문학은 비록 유대 묵시 문학과 역사 문화적 배경은 직접적으로 공유하고 있지만 전자는 성경의 영감을 받는 저자가 신적 권위와 진정성을 가지고 여타 신·구약 성경 전체의 말씀과 연속성을 갖는 하나님의 계시를 다만 묵시라는 양식으로 기록한 것이지만, 후자는 구약의 일부 내용만을 그것도 인본주의적이고도 민족주의적 관점에서 곡해한 소위 유대교적 오류에 빠져 여타 세속 묵시 문학과 같이 인간이 스스로 또는 사탄(The Satan)의 사주에 의하여 하나님의 경륜을 호도케 하는 상상력을 동원하여 조작해 낸 인간의 작품이다. 즉 양자는 다만 표현 양식이나 양자가 공유하고 있는 일부 구약적 사상 배경에 있어서만 유사할 뿐 그 진정성이나 근본 신학 사상에 있어서 전혀 다르다. 또한 성경 묵시 문학이 B.C. 600-A.D. 100년 등 700여 년에 걸쳐 광범위하게 기록하지만, 유대 묵시 문학은 주로 B.C. 200년 전후에 단기적으로 집중적으로 극성하였다는 차이점도 들 수 있다. 따라서 우리는 성경 신학을 수행하면서 묵시 문학을 논할 때 특히 유대 묵시 문학까지를 다 포함한 것인지 아니면 성경 묵시 문학만을 따로 이야기하는 것인지를 각 문맥에서 구분해야 한다.

유대 묵시 문학은 주로 B.C.2세기에서 주후 1세기경에 걸쳐 기록된 구약 위경 계열에 속하는 제1 에녹서, 희년서, 모세 승천기, 솔로몬의 시편, 바룩 묵시록, 제4 에스드라서 등에 뚜렷한 경향이 남아있으며 그 이외의 단편적 작품들도 단편적으로 다수 발견된다.

성경 묵시 문학은 이미 포로기 이전 시대의 기록인 요엘서, 이사야서 제27장 등 일부 기록 등에서 그 싹을 보이다가 포로시대(B.C. 586-539) 이후의 다니엘서, 에스겔서, 스가랴서 등에서 그 현저한 경향을 나타내었다. 그리고 신약에 이르러서는 예수님의 교훈 중에서는 마 24장, 막 13장 등, 그리고 사도들의 기록 중에서는 살전 4:16, 17, 살후 2: 1-12, 벧후 3:8-13 등이 묵시 문학적 성향을 보인다. 그러나 역시 성경 묵시 문학의 최절정은 성경 전체의 마지막 책인 계시록이다. 계시록은 그 양상에도 철저히 묵시 문학적일 뿐만 아니라 그 다루는 내용에서도 소위 대종말 사건 전후를 가장 집중적이고도 광범위하게 다루고 있다.

이렇게 볼 때 우리는 성경의 상당히 많은 부분이 묵시 문학적 경향을 갖고 있다는 사실을 알 수 있다. 이는 결국 구원의 계시인 성경이 제시하고자 하는 성도의 구원이 현 역사를 종결시키고 새로이 도래될 천국에서 실현될 것인바 자연히 종말론을 비교적 많이 다루었기 때문이며, 또 이러한 종말론은 시대적 배경으로나 그 내용 자체로나 모두 다 묵시 문학적으로 표현하는 것이 자연스러웠기 때문이었을 것이다.

✝ 예언 문학과 묵시 문학의 특징 비교

① 시기적으로 일반 예언 문학이 주로 왕정 시대에, 곧 통일 왕국 시대 및 분열 왕국 시대인 B.C. 10-16세기에 흥왕한 반면, 묵시 문학은 B.C. 6세기 초의 포로시대 이후부터 본격 개시되어 신구약 중간 시대에 극성하다가 A.D.1세기의 신약 성경 시대 직후 급격히 쇠퇴하였다.

② 예언 문학은 주로 먼저 선포되고 난 후에 기록으로 남겨졌거나 혹은 그 반대의 경우라도 말로 선포되는 것을 전제하였으나, 묵시 문학은 먼저 문자로 기록된 후에 간접적으로 선포되거나 아니면 아예 문자 기록으로만 전달되는 등 문자로 기록되는 것에 더욱더 치중하였다.

③ 예언 문학의 저자는 언제나 자신을 분명히 밝히지만, 묵시 문학의 저자들은 성경에 기록된 묵시서들을 제외하고는 거의 다 익명(匿名)이거나 아니면 유명한 신앙의 조상을 저자로 끌어다 대는 소위 위명(僞名)으로 발표되었다.

④ 예언 문학이 역사와 선민에 대한 하나님 섭리의 원리와 의지를 주로 천명했다면 묵시 문학은 하나님의 의지 실현 과정 및 양상을 밝히는 데 치중했다.

⑤ 예언 문학의 주 관심이 현세적이고 지상적인, 즉 역사적이며 선민 중심적임에 반하여, 묵시 문학의 주관심은 초월적이고 천상적인, 즉 종말론적이며 범우주적이다.

⑥ 예언 문학이 직설적이고 전통적이지만, 묵시 문학은 상징적이고 독창적이다.

⑦ 예언 문학이 강한 신앙 윤리 사상을 고취하며 주로 경고에 치중하는 반면, 묵시 문학은 구원과 승리를 강조하며 위로에 보다 더 치중한다.

✝ 묵시 문학의 의의

성경은 최소한 1,500년 이상의 세월에 걸쳐 40여 명의 저자가 남긴 기록의 총서(叢書)이다. 이런 성경은 각 저자가 그 각 1차 수신자들의 적나라한 삶의 현장에 맞는 하나님의 직·간접의 계시를 다양한 양식으로, 성령의 영감을 따라 기록한 말씀이 하나님의 경륜과 섭리로 보존되어 오다가 결국 그 전체가 한 권의 성경으로 집성됨으로써 모두가 합하여 성자 그리스도의 구속 사역을 통한 성도의 영원한 구원이라는 궁극적 진리를 통시적으로 제시하고 있다.

이러한 성경 안에서 묵시 문학은 1차적으로 역사의 격동기에 처한 신·구약 선민들을 향하여, 먼저는 그들을 위로하고 나아가 그 어떤 신앙의 시련 중에서도 인내하며 신앙의 순결을 지킬 것을 촉구하고자 기록되었다. 그리고 이미 근본적으로 인간의 죄로 오염된 현 세상의 질고는 그 어떤 미봉책만으로는 해결될 수 없는 바 현 우주와 역사의 종말이 필연적으로 도래할 것과 그러한 종말은 단순한 파국이 아니라 오히려 이제 비로소 성도들에게 약속된 구원이 온전히 실현되기 시작하는 새 출발이 될 것이라는 사실, 그리고 바로 그 종말을 향한 역사 전개의 과정을 실로 충격적이고도 신선한 이미지들을 동원한 묵시들을 통하여 웅장하고도 선명히 보여주는 것을 그 본령으로 하고 있다.

이러한 묵시 문학은 우리에게 성경의 그 어떤 부분들보다도 하나님이 주시는 구원이 실현되었을 때의 양상과 그러한 구원의 역사적 성취 과정에 집중케 한다. 즉 하나님이 주시는 구원은 궁극적으로는 오직 현 역사를 초극(超克)한 새 천국에서만 실현될 것임을 각성시킴으로써 성도가 이 세상에서 각자 처한 상황에 지나치게 집착하거나, 아니면 당장의 역사 현실만을 보고 끝없는 절망에 빠지는 것을 방지시켜 준다. 그리고 역사는 그저 우연과 인간들의 의지가 복합되어 전개되어 나가는 무의미한 시간의 연속이 아니라 죄악으로 오염되어 근본적으로 훼손된 현 역사를 종결시키고 새 역사를 도래시키는 한 정점(頂點), 곧 인류의 심판과 성도의 구원이 마침내 최종 실현되는 정점인 대종말을 향하여 하나님이 정하신 기한과 틀 안에서 태초에서 종말로 직선적으로 진행되는 구속사(救贖史)의 과정임을 확신시켜 준다. 그리하여 각자 처한 역사 현실에 대하여 회의하고 또 절규하는 만 세대의 성도들에게 구속사적 관점에서의 궁극적 위로와 경고를 동시에 주고 있다 하겠다.

또한 묵시라는 양식은 본래 어떤 내용을 그 전체적으로는 강렬하고도 충격적으로 전하면서도 그 세부 내용은 모호한 채로 남겨두는, 즉 어떤 내용을 밝히는 동시에 감추는 양식이라 하겠다. 그리하여 대종말을 향한 역사 전개의 구조와 필연적으로 도래할 대종말을 정점으로 현 역사가 심판 종결되고 성도의 궁극적 구원의 실현 장(場)으로서의 새 천국이 도래할 사실 등, 구속사의 바탕을 이루는 대사건들이 이런 묵시의 양식으로 제시된 것은 성도들에게 종말론적 구원의 확신을 분명히 주면서도 인생들이 대종말과 관련된 하나님의 섭리를 다 이해할 수는 없는바, 오직 그 앞에서 겸비하며 하나님의 은혜만을 사모할 것도 촉구하는 이중적 효과를 동시에 얻고 있다 하겠다.

학습 자료 47-4 "느부갓네살 즉위 2년" 단 2:1

✝ 문제의 제기

다니엘이 바벨론으로 포로로 끌려간 해는 B. C. 605년, 제1차 바벨론 포수 사건 때이며, 이는 누구나 인정하는 움직일 수 없는 사실이다. 그리고 1:3에 따르면 느부갓네살은 이때 이미 왕으로 호칭되고 있었으므로 그의 즉위 연대도 B. C. 605년으로 보아야 할 것 같다. 그리고 1:5에서 다니엘과 다른 속국의 포로 소년들이 바벨론 황실에서 받은 교육 기간을 만 3년이라고 기록한다. 그렇다면 본 제2장에 기록된 느부갓네살의 큰 신상 꿈 사건은 다니엘과 그의 세 친구가 이미 교육 과정을 완수하고 일종의 황실 종교 자문 기관의 관리로서 다른 바벨론 술사들과 함께 왕실에서 일하고 있던 때에 있었던 일[1:19; 2:13]이므로 이 사건은 적어도 B.C. 602년 이후에 일어난 것으로 보아야 한다. 그리고 그때는 즉위년 다음 해를 치세 1년으로 계산하는 바벨론식 즉위 연대 계산 방식에 따를 때 앞에서 이미 언급한 바와 같이 느부갓네살 왕이 B.C. 605년에 즉위한 것으로 보이므로 이때는 그의 즉위 제3년이 될 것이다.

그런데 본 절에서는 느부갓네살의 큰 신상 꿈 사건이 그의 즉위 제2년에 있었다고 기록하고 있다. 그렇다면 약 1년간의 차이가 생기는데 이 문제를 어떻게 해결할 수 있겠는가?

✝ 문제의 해결

이제 문제를 해결하기 위해서는 먼저 느부갓네살이 바벨론 제국의 왕위를 계승하게 된 역사적 배경을 면밀히 검토해 보아야 한다. 즉 느부갓네살이 이미 B.C. 612년 수도 니느웨 함락으로 멸망 직전에 있던 앗수르 제국의 잔류병을 돕기 위하여 원정 온 애굽의 바로 느고 군대와 맞서 유브라데 강가의 갈그미스(Carchemish)에서 전투하여 승리한 때가 바로 B.C. 605년이다[렘 46:2, 대하 36:6, 7]. 그리고 느부갓네살은 애굽 군대에 승리한 여세를 몰아 근동 지역의 패권을 장악하기 위해 아프리카 대륙과 근동 지역을 잇는 전략적 요충지인 남유다 왕국을 공격 정복하려 했는데, 그 계획은 전 3차에 걸친 침입 끝에 성취되었다. 다니엘과 그의 세 친구 및 많은 남 유다의 왕족과 귀족이 B.C.605년 제1차 침공 때에 바벨론으로 사로잡혀 갔다^{왕하 24:1, 렘}^{46:2-12, 단 1:1}.

한편 B. C. 605년에 갈그미스에서 애굽 군대를 격파하고 남왕국 유다를 정복할 때에 느부갓네살은 분명 왕이 아니라 그의 아버지 나보폴라살 왕의 군대 사령관이었었다. 그런데 그의 혁혁한 전공으로 인해 그의 부친은 그를 자신의 왕위 계승자로 확정하고 그가 실질적인 왕권을 행사할 수 있도록 하였다. 그때부터, 곧 B.C. 605년부터 느부갓네살은 아직 정식으로 왕위 즉위식을 갖지 못했음에도 불구하고 실질적인 바벨론의 왕으로 불리웠다. 본서 1:3에서 언급한 왕은 바로 B.C.605년 당시의 느부갓네살을 가리킴이 분명하다. 그러나 B.C. 605년은 그의 정식 즉위년은 아니며 그의 통치 연수에도 포함하지 않는다.

그리고 느부갓네살이 정식으로 왕위에 오르는 즉위식을 가진 것은 그가 시리아와 블레셋 지역의 정복을 마쳤을 즈음 그의 부친 나보폴라살(Nabopolassar, B.C. 625-605년)의 갑작스러운 죽음으로 급히 바벨론으로 돌아왔던 B.C. 604년이다.

따라서 다니엘은 정식 왕위 즉위식을 거치지 않고 왕권만을 가졌던 B.C. 605년이 아닌, 명실상부하게 바벨론 제국의 왕으로서 즉위식을 가졌던 해인 B.C. 604년을 기점으로 계산하여 다니엘과 그의 세 친구가 및 다른 속국의 포로 소년들이 황실 교육 기간을 다 마친 해인 B.C. 602년을 느부갓네살 제2년이라고 기록한 것이다.

✝ 의의

이상에서 살펴본 바 본 절의 '제 2년'과 1:5의 '3년간'이라는 서로 상치되게 보이는 두 기록은 다행히 역사적인 기록을 통해 분명히 확인할 수 있었다. 그러나 성경의 어떤 기록 중에는 서로 상치되는 것처럼 보이기는 하는 데 역사적 자료가 불충분하여 사실 여부를 확인할 수 없는 것들도 더러 있다. 예를 들어 본서 제11장에 기록된 안티오쿠스 4세 에피파네스가 말년에 애굽을 침공할 것이라는 예언은 실제로 역사적으로 그 같은 침공 사건이 있었는지에 대해서는 현재까지도 확인되고 있지 않다. 그 이유는 안티오쿠스 4세의 말년의 행적에 관한 역사 기록이 거의 남아 있지 않기 때문이다. 이처럼 여러 가지 원인으로 인하여 성경 기록의 진위 여부를 확인할 수 없는 경우도 종종 있다. 그러나 그런데도 우리들은 본문에서 같이 표면적이 기록들만을 보고 성급하게 성경 기록의 오류를 지적하는 어리석음을 결코 범해서는 안 된다. 오히려 우리 인간의 지식의 한계를 겸손히 인정하고 그 정확한 사실을 확인하기 위해 끊임없이 노력해야 할 것이며, 그리고 끝까지 확인하지 못했을 때도 미확인 된 것으로 겸손히 유보해 두어야 할 것이다. 이것이 성경을 대하는 성도의 바른 태도이다.

실로 모든 성경은 하나님의 감동으로 된^{딤후 3:16} 정확 무오한 하나님 말씀임을 항상 명심해야 할 것이다.

학습 자료 47-5 세상 나라의 유한성과 그리스도의 나라의 영원성 단 2장

그리스도의 나라는 영원하다는 메시지는 본서 전체에 수록된 꿈과 그에 대한 해몽, 다양한 묵시들을 통해 반복적으로 선언되고 있다. 이 중 가장 먼저 제시된 본서 2장에 기록된 느부갓네살의 꿈은 이 모든 묵시들을 충분히 포괄하며 대표하는 것이라 할 수 있다. 이 꿈의 내용은 하나의 거대한 신상과 사람의 손을 대지 아니한 돌을 중심으로 전개된다. 그 신상은 네 가지 금속으로 되었으며 머리부터 발끝까지의 재료가 각각 다르다. 곧 그 신상은 순금으로 된 머리, 은으로 된 가슴, 놋으로 된 배, 쇠로 된 종아리와 쇠와 진흙으로 합쳐진 발로 된 것이다. 그리고 사람의 손을 대지 아니한 돌이 제시되는데 그 돌은 그 신상의 발에 떨어져 그것을 산산이 부서뜨리며 온 세상에 가득하여 태산을 이루게 된다. 이 꿈에 대한 해설을 제시하고 그것을 마치면서 다니엘은 마지막으로 사람의 손으로 다듬지 아니한 돌과 관련해 "이 여러 왕들의 시대에 하늘의 하나님이 한 나라를 세우시리니 이것은 영원히 망하지도 아니할 것이요 그 국권이 다른 백성에게로 돌아가지도 아니할 것이요 도리어 이 모든 나라를 쳐서 멸망시키고 영원히 설 것이라"^{2:44}라고 선언한다.

이러한 다니엘의 선언은 실로 수정처럼 선명하다. 한마디로 세상 나라는 멸망 당하나 그리스도를 상징하는 사람의 손을 대지 아니한 돌, 그로 인해 세워지는 태산 같은 그리스도의 나라는 영원히 선다는 것이다. 이러한 선명한 대조는 이 예언을 접하는 이들에게 무너질 신상으로 대변되는 세상 나라와 영원히 견고히 설 그리스도의 나라 사이에서 양자택일을 촉구한다고 할 수 있다. 이러한 제2장 필두로 본서의 모든 묵시는 유한한 세상 나라와 영원한 그리스도의 나라를 선명하게 대비 해주고 동일한 신앙적 결단을 지속적으로 촉구하는 것이다.

학습 자료 47-6 고대 근동의 풀무 불과 사자 굴 형벌 단 3:8-23

다니엘의 세 친구인 사드락과 메삭과 아벳느고가 느부갓네살의 금신상에 절을 하지 않은 연고로 풀무불 속에 던져지는 광경이 본문에 나오고 있다. 아울러 단 제6장에는 다니엘이 다리오 신하들의 계책대로 여호와 신앙을 고수하고 있다는 이유로 사자 굴에 던져진 사실이 기록되어 있다. 이에 대해 몇몇 자유주의적인 성서 비평가들은 이러한 다니엘서의 기록들은 민간 전승일 뿐이며 역사적 사실이 아니라고 일소에 붙여버렸다. 그러나 수많은 고고학적 증거는 이런 형벌 제도가 고대 근동 지역에 분명히 있었음을 증거하고 있다. 이에 대해 간략히 살펴보면 다음과 같다.

✝ 풀무 불과 사자 굴 형벌에 대한 고고학적 증거들

고대 근동의 형벌 방법 중 사형(死刑)의 경우에는 돌로 치거나 칼로 죽이는 방법이 가장 일반적이었었다. 그런데 앗수르 제국이나 바벨론 제국 시대에는 그 형벌이 더 잔인해져서 신(神)을 모독하거나 신의 아들로서 절대적인 존재로 여겨진 왕의 법령을 어기는 자들에게는 산 채로 풀무 불에 태워 죽이거나 맹수 가운데로 던져 찢겨 죽게 하는 형벌이 일반화되었었다.

이러한 사실은 바벨론의 초기 유적지에서 발견된 벽돌 가마처럼 보이는 특이한 모양의 건물을 통해 분명히 확인할 수 있었다. 이 건물의 용도를 기술한 비문에는 이런 내용이 기록되어 있었다. "사형장, 이곳에서 갈대아의 신들을 모독한 사람들을 화형시켰노라", 또 한편 디컬라포이(Diculafoy)와 같은 고고학자들은 커다란 우물 같은 곳에서 "사형장, 이곳에서 왕의 노여움을 산 자가 맹수에게 찢겨 죽었노라"는 글이 적힌 우물 둘레 테를 발굴하였다. 이 외에도 수산 궁의 유적지에서는 사자 굴에 던져져 죽은 484명의 고관 명부가 발견되었고, 앗수르 왕 앗수르바니팔이 그의 조부 산혜립을 본받아 반역자들을 산채로 황소와 사자 굴 속에 던졌노라는 글을 비문으로 남겼다는 기록도 있다.

✝ 의의

이상과 같은 사실들은 다니엘서에서 실제 사건들로 묘사된 기록 중에서 가장 극적인 사건들로서 다니엘의 세 친구의 풀무 불 처형과 다니엘의 사자 굴 처형과 같은 잔인한 사형 관습이 고대 근동에서 실제 있었던 관습임을 분명히 알 수 있게 해준다. 그러므로 풀무 불에 던져졌으나 머리털 하나 상하지 않고 풀무에서 나온 다니엘의 세 친구나 사자 굴 가운데서 조금도 상하지 않은 다니엘의 기사는 결코 허구적인 조작된 이야기가 아니라 전적인 하나님 권능으로 인해 실제로 있었던 실로 놀라운 구원 사건임을 확신케 된다. 이러한 사실들을 확인할 때마다 우리는 하나님의 권능과 영광을 찬양하지 않을 수 없을 것이다.

학습 자료 47-7 세상 가운데 살지만, 세상과 구별되어야 할 성도의 삶.

본서는 약속의 땅 가나안이 아닌 이방 땅, 그것도 당시 세계의 중심이라 할 수 있는 바벨론과 바벨론 제국의 수도인 바벨론 도성을 배경으로 하여 시작되며 그 공간과 시간적 배경이 메대·바사 과도 제국의 영역으로 이어진다.

이러한 공간적, 시간적 배경하에서 신앙 정체성을 지키며 살아가는 본서에 등장하는 참 신앙인의 삶의 면모는 오고 오는 모든 세대 하나님의 백성의 삶의 자리와 그들이 그 처한 곳에서 어떠한 삶을 살아야 할지를 단적으로 드러내 준다. 다니엘과 그의 세 친구가 그랬던 것처럼 성도는 세상과 동떨어져 지낼 수는 없다. 그러나 성도는 세상에 속해 있지만 그 궁극적인 시민권은 하늘에 있음을 한시도 잊어서는 안 된다빌 3:20. 그렇기에 세상과 구별된 삶을 살아야 하는 성도 역시 세상 가운데 살아가기에 신앙에 어긋나지 않는 한 세상의 법에 대해서도 충실하며, 세상 조직 속에서도 성실하게 그 직무를 감당해야 한다.

그러나 불의한 세상, 하나님을 대적하는 세상은 종종 성도들에게 하나님 아닌 세상에 속한 것을 경배하도록 요구하기도 하며 하나님의 법에서 어긋난 것을 행하도록 강요하기도 한다. 이러한 요구를 받게 될 때 성도는 마땅히 하나님만을 섬기며 하나님의 법에 순종해야 할 자신의 본분을 다해야 한다. 제1장에서 다니엘과 그의 세 친구들이 왕이 정한 진미와 포도주로 자신을 더럽히지 않은 것, 제3장에서 사드락과 메삭과 아벳느고가 풀무불에 던져질 위기 앞에서도 느부갓네살이 세운 금신상 앞에 절하지 않는 것, 제6장에서 다니엘이 사자 굴에 던져질 것을 알면서도 다리오 왕 외에 다 어떤 신에게도 기도하거나 구하지 말라는 금령을 어기고 전에 하던 대로 하루 세 번 예루살렘을 향해 난 창을 열고 여호와께 기도했던 것은 그들이 세상 가운데 살지만, 세상과 구별된 존재요, 세상과 구별된 삶을 살아야 함을 확고하게 인식하고 있었음을 방증한다. 실로 성도는 그 서 있는 자리 있는 자리가 어디든 세상에 속하지 않고 하나님께 속하여 있음을 잊지 말아야 한다. 그리할 때만 하나님을 대적하는 이 세상 가운데서도 구별된 삶, 곧 거룩한 삶을 살아갈 수 있다.

48일 핵심 학습 자료

왕하 24:18~19·대하 36:11~12·렘52:1~2, 27~29, 25:15~38, 48~51

학습 자료 48-1 이스라엘 분열과 바벨론 포로

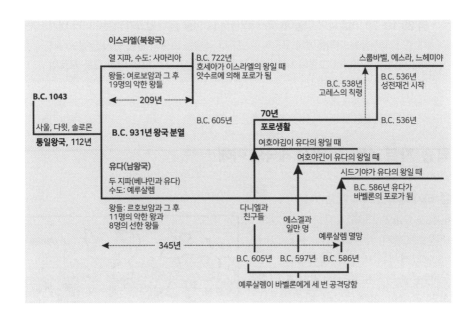

학습 자료 48-2 샬롬 렘 29:7-14

"샬롬"은 "평화"(peace)를 의미하며 "샬렘"(완전하다, 건전하다)이라는 말의 명사형이다.

✝ 샬롬의 신학적 의미

샬롬은 하나님이나 이웃과의 관계에서 모든 계약 조건을 다 이행했을 때 주어지는 완전한 관계에서 오는 평화이다. 우리가 하나님께 죄를 지었을 때 우리는 하나님과의 관계 속에서 샬롬이 없다. 왜냐하면 우리는 하나님께 대한 의무를 다 수행하지 못했기 때문이다. 그러나 하나님은 그리스도를 보내 죄의 채무를 지불하시고 그를 믿는 자마다 그 죄를 용서하셨다. 그러므로 우리가 그리스도를 믿게 되면 하나님과 온전한 관계가 회복되어 하나님과 우리 사이에 샬롬이 있게 되고, 하나님은 우리와 함께 갈 수 있다. 이것이 우리가 하나님과의 관계에서 누릴 수 있는 샬롬이다. 또한 우리는 이웃과의 관계에 대한 의무를 이행하지 못했을 때도 이웃 간에 샬롬을 누릴 수 없다. 우리가 이웃의 빚을 갚지 못했다거나 이웃을 억울하게 하고, 그들에게 해를 입혔다면 그 모든 것을 해결해야 한다. 이웃에 대한 우리의 모든 의무를 다 했을 때 우리는 이웃과 완전한 관계를 누릴 수 있다. 이것은 우리와 이웃 사이에 샬롬이 있다고 말한다. 또한 샬롬은 이 외에도 불의가 없고 공의와 진실이 행해지는 완전한 사회를 샬롬이 있는 사회라고도 하고 몸이 아프거나 병들지 않은 건강한 상태를 샬롬이라고도 한다. <u>그러므로 샬롬은 하나님과 이웃간의 관계가 올바르게 되고, 공의와 진실이 행해지며 건강한 사회를 이루는 것을 말한다.</u>

> **렘 29:19-20** 여호와의 말씀이니라 너희들이 내 말을 듣지 않았기 때문이니라 내가 내 종 선지자들을 너희들에게 꾸준히 보냈으나 너희는 그들의 말을 듣지 않았느니라 여호와의 말씀이니라 그런즉 내가 예루살렘에서 바벨론으로 보낸 너희 모든 포로여 여호와의 말씀을 들을지니라.

학습 자료 48-3 바사 제국의 이해 <small>렘 50:9</small>

✝ 바사 제국의 역사 개요

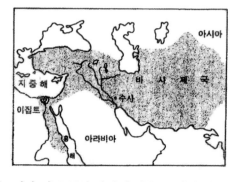

바사(Persia)의 역사 개시는 B.C. 2천년경으로까지 거슬러 올라간다. 그러나 여기에서는 바사가 제국(empire)으로 형성될 당시로부터의 역사에 대해서만 간략히 살펴보고자 한다. 바사는 고레스 2세(Cyrus II, B.C. 539-530년)에 제국으로 형성된다. 고레스는 본래 바사 동부에 위치한 소국(小國) 안산(Anshan) 출신으로, B.C. 559년 부친 캄비세스 1세를 이어 왕위에 오르자 페르시아 민족 통합 작업에 착수 곧 바사 전체의 통치자가 되고 그로부터 9년 후인 B.C.550년경에는 그의 외조부 아스티아게스(Astiages)가 통치하던 메대(Media)를 통합하기에 이른다. 이때를 소위 '메대·바사 과도 제국'이라 부르는데, (이와 관련해서는 ^{단 9장} 학습자료 68-6을 참조하라.) 이후 고레스는 서쪽으로는 리디아(Lydia)를, 동쪽으로는 파르티아(Partia)를 합병하고 B.C.539년에는 드디어 바벨론 제국을 합병함으로써 바사 제국을 건설하게 된다.

한편 고레스 이후 바사 제국은 캄비세스 2세(B.C. 529-522년), 다리오 1세(B.C. 521-486년), 크세르크세스 1세(B.C. 486-465년), 아닥사스다 1세(B.C. 465-404년)^{느1:1 참조}, 아닥사스다 2세(B.C. 404-359년), 아닥사스다 3세(B.C. 359-338년), 다리오 3세(B.C. 336-

330년)를 거치면서 약 210년 동안 유지되다가 B.C.330년 다리오 3세가 마케도니아의 알렉산더(Alexander)와의 전쟁에서 패함으로써 멸망하게 된다.

✝ 종교

바사 제국의 종교는 본래 혼합종교적인 성격을 지닌 조로아스터교(Zoroastrianism)였다. 즉 초기 조로아스터교는 '아후라마즈다(Ahuramazda)'라고 불리는 신을 주신(主神)으로 하고 그 외에 계약과 전쟁의 신인 미트라(Mitra), 하오마라는 술을 인격화시킨 신인 하오마(Haoma), 행운의 신인 크스바러나(Xvarunar), 강과 농경의 신인 티쉬트랴(Tishitrya) 등을 숭배했다.

  그러나 B.C.6세기경 선지자 자라투스트라(Zarathushtra)가 등장하면서 조로아스터교는 점차 아후라마즈다만을 섬기는 일신교(一神敎)로 기울기 시작했다. 즉 자라투스트라는 가타(Gatha, 아베스타 경전)라는 설교집을 통해 아후라마즈다 일신 사상과 더불어 '참과 거짓'이라는 두 가지 요소로 구성된 윤리적 이원론(二元論)을 확립했으며, 이것이 점차 바사 제국의 공식적인 종교 형태로 자리 잡게 된 것이다.

✝ 선민 이스라엘과의 관계

바사 제국과 선민 이스라엘과의 관계를 바사 왕들을 중심으로 하여 간략히 제시해 보면 다음과 같다.

고레스 2세(B.C.539~530년)
바벨론 포로 귀환 및 성전 재건 칙령 반포(스 1장)
다리오 1세(B.C.521~486년)
고레스 2세의 예루살렘 성전 재건 칙령 확인(스 4, 5, 6장)
크세르크세스 1세(B.C.486~465년)
에스더서의 아하수에르와 동일 인물로 추정됨
아닥사스다 1세(B.C. 465~425년)
사마리아인들의 고소로 예루살렘 성벽 재건을 일시 중단시킴. 느헤미야의 간청으로 성벽 재건 허락(느 1장)

✝ 의의

바사 제국의 발흥과 바벨론의 멸망, 그리고 바사 왕 고레스를 통한 선민 이스라엘의 회복과 재건은 인간의 눈으로 볼 때는 단순히 우연히 발생한 사건처럼 보일 수 있다. 그러나 이는 이미 성경에 예언된 사실사 44:24-45:7, 렘 50:1-20의 역사적 성취로, 이 모든 것은 하나님의 경륜(經綸)과 섭리(攝理)의 결과이다. 따라서 우리는 여기서 하나님은 역사와 우주 만물의 절대 주권자로서 오직 그만이 우리 인생의 참된 구원자가 되심을 분명히 깨닫게 된다시 24:10, 잠 21:1, 사37:29.

한눈에 보는 성경의 핵심 줄거리와 메시지

구약

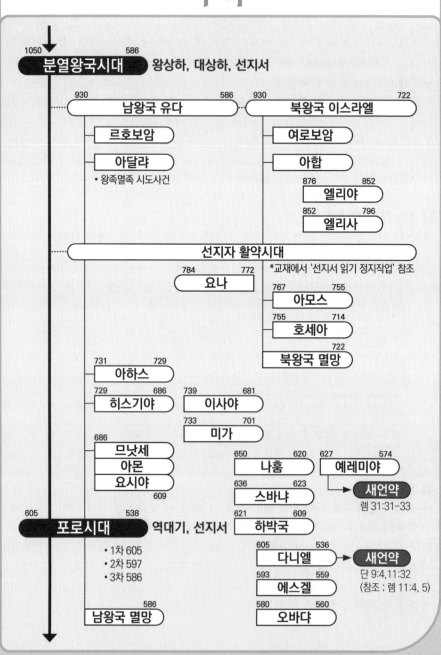

통큰통독 연대기 해설 성경 | 구약

겔1~3:21·
왕하
24:20~25:3·
렘 52:3~6,
10:17~25,
21~22:9, 34,
46:13~28,
37, 30~33,
23:1~8, 38

49일 핵심 학습 자료

학습 자료 49-1 에스겔의 환상과 계시록의 환상

① **체루빔(Cherubim)** : 겔 1장 ⇒ 계 4장
② **곡과 마곡** : 겔 28장 ⇒ 계 20장
③ **책(두루마리)을 먹음** : 겔 3장 ⇒ 계 10장
④ **새 예루살렘** : 겔 40~48장 ⇒ 계 21장
⑤ **생명수 강** : 겔 47장 ⇒ 계 22장

학습 자료 49-2 바벨론 왕 느부갓네살에 의한 유다 멸망 과정 렘 52:1-11

남 유다는 B.C. 605년 바벨론 왕 느부갓네살에 의해 제1차 침공을 당한 지 약 19년 만인 B.C. 586년에 완전히 멸망하게 된다. 이처럼 남 유다가 바벨론에 의해 멸망하는 과정을 주요 사건 중심으로 간략히 정리해 보면 다음과 같다.

B.C. 605년	애굽과의 갈그미스 전투(Carchemish's War)에서 승리한 느부갓네살이 유다를 침공하여 여호야김을 봉신으로 삼고 (왕하 24:1) 다니엘을 비롯하여 유다 왕족 및 귀족들을 포로로 잡아감(단 1:2).
B.C. 602년	여호야김이 바벨론에 대하여 반역하자 느부갓네살은 바벨론에 복속된 유다 주변 나라를 통해 응징함(왕하 24:1, 2). 이때 여호야김은 바벨론에 포로로 끌려갔다가 충성을 서약하고 돌아옴(대하 36:6, 7).
B.C. 598년	여호야김이 다시금 바벨론에 대하여 반역함으로써 느부갓네살의 제2차 침공을 받게 됨. 이때 여호야김은 전사하고 여호야김을 이어 왕위에 오른지 불과 3개월밖에 안 된 여호야긴 및 모후 느후스다와 유다 백성 일만여 명이 포로로 잡혀감(B.C. 597년, 왕하 24:8-17).
B.C. 593년	느부갓네살에 의해 여호야긴을 대신해 유다 왕에 임명된 시드기야가 에돔, 모압, 암몬, 두로, 시돈 등과 반바벨론 동맹을 맺었다가(렘 27:3) 그 사실이 발각되어 바벨론으로 소환하여 충성을 맹세하고 귀환함(렘 51:59).
B.C. 588년	시드기야가 바벨론의 주권에 복종하라는 예레미야의 권고를 무시하고 애굽과 동맹을 맺고 바벨론을 반역했다가 바벨론 느부갓네살에 의해 제3차 침공을 받아 B.C.588년 10월 10일에 예루살렘이 포위됨(렘 52:3, 4).
B.C. 587년	유다의 구원 요청을 받은 애굽 군대의 진격으로 예루살렘 포위망이 일시적으로 풀렸으나 애굽군의 철수로 예루살렘은 다시 포위됨(렘 37:5-10).

B.C. 586년	4월 9일에 예루살렘이 함락되고 시드기야가 바벨론에 포로로 끌려감(왕하 25:7). 5월 7일에 바벨론 왕의 시위대장 느부사라단이 예루살렘의 왕궁과 성전을 파괴하고 불살랐으며 많은 유다 백성을 포로로 끌고 감 (왕하 25:8-12; 렘52:28-30).

학습 자료 49-3 라기스 서간 ^{렘 34:7}

본문에는 시드기야가 통치하는 동안 바벨론 침공으로 말미암아 남 유다의 상황이 매우 악화되고 있던 당시의 긴장감 도는 역사적 정황이 묘사되고 있다. 그런데 이와 같은 당시의 정치적, 군사적 상황을 잘 나타내고 있는 중요한 자료가 라기스에서 고고학자에 의해 발굴되었다. 이것이 곧 '라기스 서간'인 바 이에 대해 간략하나마 살펴 본문의 배경 이해를 돕고자 한다.

✝ 라기스 서간 발굴

1932년부터 6년여에 걸쳐 라기스에서 발굴 작업을 하던 스타르키(J.L.Starkey)와 그의 일행에 의해서 성문 초소 바닥의 퇴적물 속에 있던 21통의 편지(토판)가 발굴되었다. 이것이 오늘날 '라기스 서간'으로 알려져 있는데, 이 편지들은 라기스 변경에 주둔한 한 하급 관리 호사야가 아세가 성을 침략해 오는 바벨론 군대를 보고 라기스 성의 상관인 야오스에게 보냈던 것이다.

✝ 특징과 내용

이 편지는 B.C. 588년에 쓰여진 것인데, 시드기야 통치기에 몰락해가는 왕국의 혼란함을 정확히 나타내 주고 있다. 또한 이것은 구약 성경과 동일한 히브리어로서 초서체(草書體)로 토기 조각에 기록되었기 때문에 많은 관심을 받아왔다. 그중에서도 역사적으로 가장 관심을 끌고 있는 것은 세 번째, 네 번째, 여섯 번째 편지이다. 세 번째 서간에는 수신자와 발신자의 이름이 명확히 밝혀져 있고, 군사 행동에 관한 보고서와 부대장인 고니야가 일단의 군사를 이끌고 애굽으로 도망한 일 등이 기록되어 있다. 네 번째 서간에는 여러 가지 명령문에 대한 보고가 기록되었는데, 특별히 '아세가로부터 연기 신호가 더 이상 보이지 않는다'는 내용의 보고문이 기록되어 있다. 이는 아세가가 당시 이미 바벨론군에 의해 함락되었음을 시사한다. 여섯 번째 서간에는 왕이 보낸 서간이 '우리의 손을 약하게 하는', 즉 사기를 저하시키는 것이라는 말이 언급되었는데, 이는 렘 38:4와 비교하면 더욱 자세해진다.

또한 라기스 서간들은 예레미야가 예언하고 감옥에 갇혀있던 당시의 정치적, 사회적 긴장감도 잘 나타내고 있다.

✝ 의의

라기스 서간은 고고학적인 여타 발굴물보다도 직접적으로 구약 성경에 기록된 역사적 사실을 증거해 주는 주요한 가치를 지닌다. 즉 '예레미야의 보충서'라 할 수 있을 만큼 고전 히브리어를 사용하여 예레미야와 예레미야 애가에 나타난 역사적 상황, 특히 예루살렘이 바벨론의 느부갓네살에게 함락되기 직전의 당시 남유다의 불안한 사회적, 정치적 상황을 잘 보여 주고 있는 문서들이다. 이렇듯 성경의 배경 역사를 보여주는 이러한 문서들을 통해 우리는 다시 한번 성경의 진정성을 확신하게 된다.

학습 자료 49-4 포로기 이전 이스라엘의 구금 제도 _{렘 37:11-21}

본문은 예레미야가 바벨론에 항복하려 하는 자로 오인당하고 옥에 구금되는 장면을 기록하고 있다. 여기서 예레미야가 구금되었던 곳은 '서기관 요나단의 집'[15, 20절], '옥'[15절], '뚜껑 씌운 웅덩이'[16절] 등 여러 가지 이름으로 불리고 있는바, 이는 포로기 이전까지 죄인을 잡아 가두는 제도가 별반 발달하지 못하였던 이스라엘 사회의 한 단면을 보여주고 있다. 한편 이 같은 본문과 관련하여 바벨론 포로기 이전의 이스라엘의 구금 제도에 대하여 살펴보면 다음과 같다.

✝ 감옥의 형태

이스라엘은 왕정 시대 이전까지는 감옥이라 할 만한 시설을 두지 않았던 것으로 여겨진다. 사실 가나안에 입성하기 이전까지 끊임없이 이동해야 하는 상황에 있었던 이스라엘로서는 감옥의 효용 가치를 그리 크게 생각하지 않는 것이 당연하였다. 이스라엘의 감옥은 죄를 범한 자나 왕의 비위를 거스른 자를 투옥하는 일이 잦아진 왕정 시대에 이르러서야 비로소 그 형태를 갖추어 갔다[왕상 22:27, 대하 16:10]. 그러나 이때도 감옥은 일반 가옥을 잠시 사용하거나 혹은 땅속에 대충 파놓은 구덩이를 이용하는 등 참으로 보잘것없는 시설에 불과하였다. 그러므로 이러한 감옥에 갇힌 죄수는 어둡고 습하며 위생 상태가 엉망인 비좁은 공간에서 괴로움을 당할 수밖에 없었다.

✝ 죄수에 대한 처우

죄질이 각기 다른 죄수들에게 동일한 대우를 하였을 것이라고는 생각하기 어렵다. 그러나 우리는 성경을 통해 목에 씌우는 나무 고랑과 쇠 고랑(개역 개정역) 등 죄수에게 가해지는 가혹 행위를 확인할 수 있다[렘 29:26]. 그러므로 죄의 경중에 따라 그 강도는 차이가 있을망정 죄수들에게는 특별한 경우를 제외하면 강제 노역이 부과되기도 하고 혹은 신체에 상처를 입히는 형벌이 가해지기도 했다고 보는 것이 타당하나, 한편 비록 이스라엘의 감옥에서의 경우는 아니지만 삼손이 블레셋의 감옥에서 눈을 뽑히고 맷돌을 돌리는 등의 강제 노역을 한 것과[삿 16:21], 아도니베섹이 앗수르의 관행을 따라 손발의 엄지가락을 잘렸던 사실은[삿 1:6] 고대 근동 지역에서의 죄수에 대한 가혹한 대우의 일면을 엿볼 수 있는 좋은 자료가 되고 있다.

✝ 의의

한편 우리는 이와 같이 지독히도 괴로운 감옥 생활을 감수하면서까지 하나님께서 맡기신 사명을 완수했던 선지자 예레미야의 용기와 하나님께 대한 순종이 얼마나 고귀한 것이었는지를 새삼 깨달을 수 있다. 실로 그리스도의 구속 사역으로 인해 영원한 멸망에서 구원받은 성도는 온갖 악조건에도 굴하지 않고 사명을 완수하였던 선지자들의 삶을 따를 수 있어야 할 것이다.

학습 자료 49-5 언약 지킴의 필연성과 중요성

태초부터 종말까지 이어지는 구속사는 한마디로 구속사의 주체(主體)이신 여호와께서 구속의 대상(對象)인 인간에게 베푸신 은혜와 은총의 역사임을 자각하게 된다. 하나님과 이스라엘 민족 간에 체결된 언약이 누구에 의해 유지 발전됐는가만 생각해 보더라도 우리는 이 사실을 시인하지 않을 수 없다. 특히 '행위 언약(行爲 言約)'에는 반드시 언약 당사자들 간에 책임과 의무가 요구된다. 그런데 여호와는 이스라엘 민족을 구약 구속사 전개의 통로로 택하시고 그들의 조상 아브라함 및 야곱과 언약을 체결하신 이래로 그 언약에 따라 출애굽의 대역사를 비롯하여 각종 구원의 은총을 베푸심으로써 단 한 번도 언약의 주체로서 당신의 책임과 의무를 소홀히 하신 적이 없다. 그러므로 여호와는 언약의 법(法)에 따르더라도 절대 의로우시다. 그러나 언약의 대상으로서 이스라엘 민족은 하나님과 그분의 명령에 절대 순종하고 신본주의적[신위 神爲] 삶의 자세로 그분께 영광을 돌려야 할 책임과 의무를 수시로 망각하고 온갖 불의를 자행하며 각종 우상 숭배로 언약의 주체이신 하나님을 모독했다.

그런데도 선민 이스라엘과 맺은 언약 관계(言約關係)는 언약의 주체이신 여호와 하나님에 의해 한 번도 파기 되지 않았으며 오히려 더욱 발전되어 크게 볼 때 모세 율법을 근간으로 하는 옛 언약 곧 구약(約)이 예수 그리스도의 구속의 피로 말미암은 새 언약(렘 31:31-34) 곧 신약(新約)으로 발전하게 된 것이다. 따라서 구속사는 하나님과 선민 이스라엘 간의 이러한 언약 관계의 전개와 발전의 역사라 할 수 있다. 그리고 그것은 바로 구속의 대상인 죄인들을 향해 끊임없이 자비와 긍휼을 베푸심으로써 그 언약 관계를 유지 발전시켜 오신 구속사의 주체이신 여호와 하나님 은총의 역사(歷史)이다.

이러한 구속사의 진리 앞에서 성도들이 가져야 할 바른 삶의 자세는 어떤 것인가? 그것은 오직 구속의 주체이신 하나님으로부터 무조건적인 구속 은총을 받은 자로서 삶 전체를 통해 하나님의 영광을 드러내기 위해 진력하는 모습이 아니겠는가?

학습 자료 49-6 땅의 기초 렘 31:37

본문에서 하나님은 하늘이 측량되고 땅의 기초가 탐지되기까지는 선민 이스라엘의 회복을 약속한 새 언약을 결코 변개치 않을 것임을 말씀하고 있다. 그런데 그동안

통큰통독 연대기 해설 성경 | 구약

'땅의 기초'를 탐지하고자 하는 많은 연구가 실시되어 왔던바 이에 대해 간략히 살펴보고자 한다.

✝ 내부 구조

지구의 내부 구조는 주로 지진 발생과 그 결과로부터 얻은 간접적인 증거를 기초로 하여 알 수 있게 되었다. 땅의 기초는 구체적으로 지구의 핵과 맨틀을 말하는데, 지표에서 지구 중심까지의 지구 단면을 보면 지각, 모호로비치치의 불연속면, 맨틀, 구텐베르크의 불연속면, 외핵, 내핵의 층으로 되어 있다.

✝ 구성 물질

지구 내부에 어떤 물질이 있는지에 대하여 그동안 많은 논란이 있어 왔다. 지구 전체 부피의 약 80%를 차지하는 맨틀은 광물질의 고체로 된 것은 분명하나 그것이 어떠한 광물질로 이루어졌는가에 대해서는 아직 학자 간에 의견이 구구하다 또 지구 부피의 약 20%를 차지하는 중심핵 곧 외핵, 내핵도 액체와 비슷한 성질일 것으로만 생각될 뿐 밝혀진 것은 없다. 지구 자장으로 미루어 볼 때 지구 내부에 많은 양의 철과 니켈이 존재한다는 것을 알 수 있다. 그러나 그 물질들이 고온 고압 하에서 어떤 상태로 존재하는지는 알 수 없다.

✝ 의의

한때 지각이 맨틀과 분리되는 해저 바닥, 곧 모호로비치치 불연속층이라는 지층에 구멍을 뚫어 그 내부를 관찰하려는 시도가 있었다. 이 구멍을 뚫는 공사를 모홀(Mohole)이라고 하는데, 현재는 중단 상태에 있다. 또한 지구 중심핵의 고온 고압 상태를 실험실에서 만들어 성질을 조사하려는 시도가 많았으나 수백만 기압의 고압을 오랜 시간 계속해서 만들어 내는 데는 실패했다. 그 밖에도 중심핵에서 나오는 지구 자기나 대륙과 해양의 차이. 맨틀을 이루는 물질 등 아직 해결되지 않은 중요한 점들이 수수께끼로 남아 있다. 그런데 성경은 이같은 지구 기초의 비밀과 영원성을 분명히 증거하고 있다^{욥 38:4-7, 시 104:5}. 진정 이 모든 것을 아시는 이는 지구를 창조하신 하나님뿐이시며, 그의 온 우주에 대한 창조 질서가 창조 이래로 오늘날까지 변함없이 계속되어 온 것처럼 그의 언약 또한 변함없이 신실히 지켜질 것임을 본문은 증거하고 있다.

학습 자료 49-7 포위 경사로와 반격 경사로 ^{렘 32:24}

예레미야가 아나돗의 밭을 산 후에 하는 기도 중 본문의 "이 성을 빼앗으려고 만든 참호가 이 성에 이르렀고…"라는 말과 렘 33:4에의 "무리가 이 성읍의 가옥과 유다 왕궁을 헐어서 갈대아인의 참호와 칼을 대항하여"라는 말은 성벽 포위 전쟁과 관련하여 당시의 전쟁이 어떤 식으로 진행되었는지에 대한 일부 정보를 제공해 준다.

✚ 포위 경사로

본문에서 '참호가 이 성에 이르렀다'는 것은 성벽을 헐기 위해 포위 경사로, 즉 성벽이 있는 데까지 공성퇴(攻城槌)를 이동시켜 성벽을 헐기 위한 경사진 제방을 만드는 것을 말하는 것이다.

이 경사로를 만들기 위해서는 먼저 수천 톤의 돌들을 쌓아 올렸고, 경우에 따라 맨 위층을 두꺼운 회반죽으로 잘 이음질하여 공성퇴의 무게를 잘 견디도록 했다. 또 공성퇴의 바퀴가 옆으로 미끄러지거나 바닥에 박히지 않도록 맨위에 나무판자를 깔기도 했다. 이는 예레미야가 바벨론의 예루살렘 공격이 임박했음을 선포하는 장면에도 언급되었다램 6:6.

한편 앗수르 왕 산헤립(Sennacherib)의 유다 성읍 공격에 대한 라기스 부조에 나타난 바로는 경사로의 넓이는 맨 밑부분이 약 70m, 맨 윗부분이 약 25m, 이를 잇는 길이가 약 60m였다. 고고학자들이 발굴한 바로도 포위 경사로가 여러 대의 공성퇴가 일렬로 늘어서서 사용되기에 충분할 만큼 넓었음이 확인되었다.

✚ 반격 경사로

침입군이 만든 포위 경사로의 선두 끝이 가까워져 옴에 따라 방어군들도 성벽을 강화시키기 위해 필사적으로 임했는데, 반격 경사로의 구축이 단적으로 이를 보여 준다.

반격 경사로는 성읍 내부에서 많은 양의 흙과 벽돌 파편들을 파내어 성벽 안쪽 벽에 만드는 것으로, 라기스에서의 발굴 결과에 따르면 이 경사로는 약 120m 거리의 성벽 내부를 쭉 둘렀는데, 중앙 부분의 두께는 약 40m나 되는 것으로 알려졌다.

한편 이 같은 반격 경사로 구축에 대해서는 사 22:10, 렘 33:4, 겔 13:4, 5, 22:30에서도 찾아볼 수 있다.

✚ 의의

바벨론군의 포위 공격이 예루살렘 성벽을 향해 시시각각으로 점점 강화되어 나가는, 곧 포위 경사로가 성벽에까지 미쳐 성 함락을 위한 최종 공격이 개시된 위기일발의 모습이 본문의 중요한 배경이 되고 있다. 참으로 하나님의 심판 선포 아래 바벨론군에 대한 예루살렘의 모든 방어는 결국 무용지물일 수밖에 없는바 결국 B.C. 586년 예루살렘 성벽은 느부갓네살의 공성퇴에 의해서 무너지고 말았다. 죄범한 자를 향한 하나님의 권능의 심판에서 피할 자 그 누구랴?

50일 핵심 학습 자료

대하
36:13~16 ·
겔 8~11,
13~18,
20~21:17,
22:1~22, 23

학습 자료 50-1 4대 선지서 비교표

	이사야	예레미야	에스겔	다니엘
■사역 연대(BC)	739~680년까지 (60년간)	627~586년까지 (41년간)	593~570년까지 (23년간)	605~536년까지 (70년간)
■소명장	사 6장	렘 1장	겔 1~3장	
■출신지와 사역지	예루살렘	아나돗, 예루살렘	바벨론 땅 그발 강변	예루살렘, 바벨론
■예언 대상	유대인	포로된 유대인과 남은 유대인	포로된 유대인	이방 나라 왕들과 포로된 유대인
■사역 당시의 통치자	▶유다: 웃시야, 요담, 아하스, 히스기야 ▶앗수르: 디글랏 빌레셀III, 살만 에셀V, 사르곤II, 산헤립, 에살핫돈 ▶애굽: 샤바코, 디르하가	▶유다: 요시야, 여호아하스, 여호야김, 여호야긴, 시드기야 ▶앗수르: 앗수르 바니팔 ▶바벨론: 나보폴라살, 느부갓네살 ▶애굽: 삼메티쿠스 I, 바르느고 II, 삼메티쿠스, 바로호브라 II	▶유다: 시드기야 ▶바벨론: 느부갓네살	▶유다: 여호야김, 여호야긴, 시드기야 ▶바벨론: 느부갓네살, 에윌 므로닥, 네르갈사레셀, 나보니두스 ▶바사: 고레스
■중심 내용	하나님께서 남은 자에게 영광스런 미래를 약속하심	예루살렘의 죄, 운명, 미래의 영광	예루살렘의 멸망, 회복, 영광스런 미래	4개 왕국과 하나님의 영원한 왕국
■관련 성경	왕하 15~20장 대하 26~30장	왕하 24~25장	단 1~6장	
■정치적 상황	· 시리아와 북왕국 이스라엘의 유다 위협 · 앗수르의 유다 위협 · 애굽과 앗수르의 지정학적 압력에 처한 유다 · 북왕국 이스라엘 멸망	· 애굽, 앗수르, 바벨론의 3국 투쟁 · 앗수르 멸망 · 바벨론 등장 · 백성들 중 일부가 포로됨(1차) · 애굽과 바벨론의 지정학적 위치에 처한 유다	· 백성들 중 일부가 포로됨(2차) · 예루살렘 함락	· 유대인들의 바벨론 포로(3차)
■종교적 상황	· 우상숭배 성행 · 외식적 예배 만연 · 히스기야의 개혁	· 요시야 치하의 부흥 · 요시야 사후 우상 숭배 증가 · 거짓 선지자 전성기	· 전 민족의 불순종, 불신, 반역	· 하나님과의 교제 단절 · 믿음을 가진 소수의 남은 자
■메시아에 대한 비유적 표현	싹, 나의 종	의로운 가지, 여호와 우리의 의	백향목의 연한 가지	돌, 인자, 기름부음 받은 자
■예언의 강조점	구원이란 사람에게서 난 것이 아니라 하나님의 은혜로 말미암는 것임을 가르치기 위함	바벨론 포로의 당위성을 논하고 이를 회개의 기회로 삼아 더 큰 구원 얻을 것을 촉구함	범죄 결과에 대한 단체적, 개인적 책임을 가르치며 아울러 언약 성취에 대한 하나님의 신실성을 계시하기 위함	열국의 우상보다 뛰어난 하나님의 우월성을 보여 주고 하나님의 구원 능력을 장소와 상황에 구애받지 않음을 보여 줌
■선지자의 특징	· 복음의 선지자 · 메시아의 선지자	· 눈물의 선지자 · 심판의 선지자 · 희망의 선지자	· 환상의 선지자 · 포로기의 선지자 · 다른 인자	· 이방 시대의 선지자
■구성	66장	52장	48장	12장
■표현상의 특징	선포와 경고	상징적 행위	비유와 묵시	역사와 묵시
■중심 어휘	구원은 여호와의 것	유다의 국가적 멸망	장차 있을 이스라엘의 회복	이스라엘을 위한 하나님의 영원한 계획

학습 자료 50-2 '그룹(Cherub)'의 이해 ^{겔 10:1-22}

✝ 어원

'그룹'을 가리키는 히브리어 '케루브'의 어원에 대해서는 '위대하다', '강하다' 등의 의미가 있는 아카도어 '카라부(Karabu)'에서 유래했다는 설과 반인 반수(半人半獸)의 괴물들로서 신들의 처소를 수직하는 신화적인 존재들을 가리키는 '카리비(Karibi)'에서 유래하였다는 설이 제기되고 있다. 그러나 두 의견 모두 아직 가설에 그칠 뿐 결정적인 증거를 제시하지는 못하고 있다.

✝ 외형

그룹의 외형에 대한 비교적 상세한 설명은 겔 1장과 계 4장에서 찾아볼 수 있다. 겔 1장에서는 여호와의 영광의 형상을 태운 네 생물 환상을 기록하고 있는데 에스겔은 이 생물들을 '그룹'으로 칭하였다^{겔 10:18-22}. 또한 계 4장에서 사도 요한이 환상 가운데 보았던 네 생물들 역시 외형과 역할 면에서 에스겔이 환상 중에 보았던 네 생물과 대동소이한 면모를 보인다. 한편 이 두 곳에서 나타나는 그룹, 곧 네 생물들의 외형 및 그 의미에 대한 보다 상세한 설명은 힉습 자료 49-1을 참조하라.

✝ 기능

그룹은 스랍^{사 6:2-7}, 정사. 권세, 보좌, 주관자. 능력^{엡 1:21, 3:10, 골1:16}과 같이 하나님의 명령을 수행하는 천사 중 한 계급이다. 이 그룹은 다음과 같은 몇 가지 고유 기능을 가지고 있다.

- 범죄한 인간이 축출된 낙원의 입구를 지킴^{창 3:24}
- 하나님이 좌정하시는 처소가 됨^{삼상 4:4, 시 99:1, 80:1}
- 하나님의 지상 강림을 보필함^{삼하 22:11, 시 18:10}
- 하나님의 심판을 대행함^{겔 10:2}

✝ 의의

성경에 묘사된 그룹의 외형 및 기능은 우리에게 하나님께서 이 세상 모든 피조물을 얼마나 지혜롭게, 그리고 완전하게 창조하셨는가를 새삼 깨닫게 한다. 실로 하나님의 지혜와 능력은 인간의 상상을 초월하는 무한하고도 완전한 것임에 틀림없다. 이러한 사실을 통해 성도들은 하나님께 대한 절대적인 신뢰를 더욱 굳게 하는 계기를 삼으며 하나님의 피조물로서 당신의 거룩하심을 드러내며 영광을 돌리기에 최선을 다해야 할 것이다.

학습 자료 50-3   성경에서 '소돔과 고모라'가 인용된 경우들 ^{겔 16:48-52}

소돔과 고모라는 사해 남부에 위치한 도시들로, 그 죄악의 관영으로 말미암아 하나님의 심판을 받아 하늘로부터 내려온 유황불에 불타 완전히 파멸하였다^{창 19:23-28}. 그래서 신·구약을 통하여 소돔과 고모라는 '죄악의 도시'의 대명사로 죄악에 대한 하나님의 무서운 심판의 본보기로 종종 인용됐다. 이에 소돔과 고모라가 인용된 사례를 살펴보면 다음과 같다.

1	이스라엘이 언약을 어기고 우상 숭배할 때 받을 심판 경고시(신 29:23)
2	모세의 노래 가운데 이스라엘의 죄악에 비유하여(신 32:32)
3	유다의 관원과 백성들의 도덕·종교적 타락에 비유하여(사 1:10)
4	죄를 부끄러워 않고 드러내어 행하는 유다의 죄악됨에 비유하여(사 3:9)
5	바벨론에 대한 멸망 예언시(사 13:19, 렘 50:40)
6	유다 선지자들의 악행 책망시(렘 23:14)
7	에돔에 대한 멸망 예언시(렘 49:18)
8	유다 백성의 죄악에 비유하여(애 4:6)
9	예루살렘의 죄악과 소돔의 죄악 비교시(겔 16:48-52)
10	이스라엘에 있을 큰 지진 예언시(암 4:11)
11	모압과 암몬에 대한 하나님의 심판을 예언시(습 2:9)
12	심판 날에 있을 회개치 않은 자들에 대한 하나님의 심판 경고시(마 10:15)
13	예기치 않은 때에 있을 주의 재림시의 현상을 예고시(눅 17:29)
14	하나님의 주권적인 선택을 논하면서(롬 9:29)
15	불경건한 자들에 대한 하나님의 심판 경고시(벧후 2:6, 유 1:7)

학습 자료 50-4   고대 중근동의 인신 제사 ^{겔 20:18-32}

✝ 고대 중근동의 인신 제사 양상

고대 중근동에서 인신 제사(人身祭祀)가 시행된 것은 최소 B.C.15세기 이전으로 여겨진다. 성경의 기록만을 보더라도 고대 중근동의 인신 제사 역사는 이스라엘 민족의 가나안 정착 이전까지 거슬러 올라간다^{신 12:31}. 이처럼 끔찍한 인신 제사가 일찍부터 성행하였던 이유는 무엇보다도 귀중한 것으로 여겨지는 인간의 생명이 신(神)의 노여움을 풀거나 신들에게 어떤 어려운 청원을 하기 위해 드리는 제물로 가장 훌륭한 가치를 지니고 있다고 인식되었기 때문이다. 따라서 고대 중근동 사람들은 큰 재난이 닥쳤을 때 중지를 모아 특정한 한 사람을 죽여 신에게 제물로 드리기도 하였으며, 좀 더 시일이 흐른 뒤에는 부모가 그 자신에게 가장 귀한 존재인 어린 자식을 드려 소원을 이루려 하는 습관이 급속히 확산하여져 갔다.

　이러한 관습은 고대 중근동 대부분의 민족에게서 찾아볼 수 있으며 그중에서도 몰렉(Molech)을 주신으로 섬겼던 암몬 족속과 그모스(Chemosh)를 주신으로 섬겼던 모압 족속에게서 더욱 두드러지게 나타난다. (몰렉 종교의 인신 제사와 관련해서는 왕하 16장 학습 자료 39-3을 참조하라.) 또한 구약 성경은 이와 함께 이스라엘이 정복하기 이전 팔레스타인에 거주하였던 가나안 백성들을 인신 제사를 시행한 대표적인 족속으로 지적하고 있다.

✝ 이스라엘의 인신 제사

성경에서 이스라엘 백성으로서 인신 제사를 시행한 자로 나타나는 첫 인물은 사사 입다이다. 그는 자신이 서원하였던 대로 전쟁에서 승리한 그를 가장 먼저 맞이한 외동딸을 하나님께 번제로 드렸다삿 11:39. 비록 하나님께 대한 신앙적 열심 때문이기는 했지만, 사사였던 입다가 하나님이 가증히 여기시는 인신 제사를 서원하고 또 시행했다는 사실은 당시 이스라엘 백성들 사이에 인신 제사가 폭넓게 이루어졌을 가능성을 시사해 준다. 이스라엘의 인신 제사 습관은 분열 왕국 시대 후반기에 이르러 더욱 극심해지는 양상을 보였다. 아하스, 므낫세 등 일부 왕들이 인신 제사를 자행하여 악한 모범을 보였으며대하 28:3, 33:6 일반 백성들 역시 이 극악한 관습에 대해 별 저항감을 느끼지 않았다. 그 결과 예루살렘 성벽 남쪽에 인접한 힌놈의 골짜기(Valley of Hinnom)에서는 몰렉, 그모스, 바알 등 우상들에게 어린아이를 번제로 드리는 악행이 끊이지 않고 계속되었으며렘 7:29-34, 19:6, 이는 결국 예루살렘의 멸망과 백성들의 바벨론 포수라는 하나님의 엄중한 심판의 결정적 원인이 되었다.('힌놈의 골짜기'와 관련해서는 렘 7장 학습자료 45-3을 참조하라.)

✝ 인신 제사에 대한 성경의 평가

성경에서는 모세의 율법을 통하여 일찍부터 인신 제사를 강력하게 금지하고 있다레 18:21, 20:2-5, 렘 32:35. 비록 구약이 하나님께서 아브라함에게 이삭을 번제로 드릴 것을 명하셨던 것과 입다가 자신의 딸을 번제로 드렸던 것을 기록하고 있기는 하지만 이 것이 하나님께서 인신 제사를 용납하셨다는 증거가 될 수 없음은 너무나 명백하다. 성경 기자들은 인신 제사를 하나님께 대한 극단적 배교 행위요, 북이스라엘과 남 유다를 멸망케 한 공통적, 결정적 원인으로 규정한다왕하 17:7-18, 23:26. 선지자 예레미야는 남 유다 백성들의 인신 제사 습관을 강력하게 비난하였으며렘 7:31, 19:5, 결론적으로 인신 제사 행위는 하나님의 형상으로 창조된 존재이며 오직 하나님만이 그 생명을 주관하실 수 있는 인간을 무가치하게 죽이고 파괴하는 극악한 행위였다. 따라서 인신 제사 행위는 결코 하나님 앞에 용납될 수 없는 것이었으며 아울러 인신 제사 행위의 저변에 깔린 생명을 경시하는 의식이 바탕이 되어 일어나는 현대의 각종 범죄들 역시 결코 용납될 수 없는 행위임에 틀림없다. 성별된 용어 대신 '불로 지나가게 하는 의식'왕하 16:3, 겔 16:21이라는 완곡한 표현을 사용하여 그에 대한 혐오감을 드러내기도 하였다.

겔 21:18~32, 24,
3:22~7장, 29:1~16,
30:20~31장·
왕하 25:4~21·
렘 52:7~11,
39:1~7·대하
36:17~21·겔 12,
렘 52:12~27,
39:8~10·시 89

51일 핵심 학습 자료

학습 자료 51-1 성전(聖殿) 파괴의 의의 왕하 25:9

본문에는 바벨론 왕 느부갓네살에 의해 예루살렘 성전(Temple)이 파괴된 사실이 기록되어 있다. 이 성전은 솔로몬에 의해 건축된 이후 약 453년 동안(B.C, 946-586년) 이스라엘의 종교, 정치, 사회적 구심점이었을 뿐만 아니라 신앙적으로 선민 이스라엘과 하나님과의 관계를 잇는 매개물이었다. 따라서 예루살렘 성전 파괴는 이스라엘 백성들에게 있어서 참으로 엄청난 충격이 아닐 수 없었다, 그뿐만 아니라 이와 같은 성전 파괴는 오늘날 신약 성도에게 있어서도 큰 의의를 가지는바 이에 대해 살펴보면 다음과 같다.

1. **지상 건물로서의 성전의 한계** : 일찍이 솔로몬은 예루살렘 성전 봉헌식에서 기도하기를 "하늘과 하늘들의 하늘이라도 주를 용납하지 못하겠거든 하물며 내가 건축한 이 성전이오리이까"왕상 8:27라고 말했다. 이는 하나님이 지상의 건물인 성전에 거하시겠다고 하신 것은 전적으로 하나님이 이스라엘 백성들에게 베푸신 은총의 결과임을 보여 준다. 그런데 분열 왕국 말기에 남 왕국 유다 백성들은 예루살렘에 성전이 있는 한 유다는 절대 멸망하지 않는다는 미신적 신앙을 가진 자들이 등장하게 되었다렘 26:6. 즉 그들은 성전 건물 자체가 마치 그들의 구원의 상징인양 생각했다. 그러나 예루살렘 성전 파괴는 지상의 성전 건물이 결코 구원의 보증이 될 수 없다는 지상 성전의 한계를 보여 주는 계기가 되었다. 즉 성전은 하나님을 섬기기 위한 수단임에도 불구하고 그 수단만 가지면 마치 구원을 얻을 수 있다고 생각한 자들의 어리석음을 보여 준 것이다. 이는 결국 구원은 오직 하나님의 무조건적인 은총으로 말미암는다는 사실을 증거한 것이다딤후 1:9.

2. **행위에 의한 인간 구원의 불가능** : 성전은 다윗 언약의 핵심 내용과 밀접한 연관이 있다삼하 7장. 즉 다윗의 자손이 하나님의 전을 건축하고 동시에 하나님이 다윗의 위(位)를 영원히 견고케 하신다는 것이 다윗 언약의 핵심 내용이다. 이에 이 언약에 따라 솔로몬이 예루살렘에 성전을 건축하였다. 그리고 이제 다윗의 후손들이 여호와께 온전히 순종하기만 하면 하나님이 그 성전에 영원히 임재하셔서 다윗의 위를 영원히 견고히 하실 것이었다왕상 9:1-9. 그러나 예루살렘 성전을 건축한 당사자인 솔로몬부터 여호와께 불순종하며 온갖 우상을 섬기고 말았다. 그리고 그 이후 계속된 하나님의 경고와 권면에도 불구하고 이스라엘 백성들은 여호와께로 돌아오지 않았다. 이에 하나님은 그들을 심판하사 이방의 포로가 되게 하시고 성전

까지 파괴하셨는데, 이는 결국 인간은 스스로 하나님과의 언약을 지킬 수 없으며 구원을 얻기에는 전적으로 무능하며 타락하였음을 입증하는 것이다[엡 2:8, 9].

3. 성전보다 크신 그리스도에 대한 대망 : 성전 파괴가 우리에게 주는바 결정적 의의는 지상의 성전이 성전의 본체이시며 성전보다 더 크신[마 12:6] 그리스도에 대한 예표에 불과하다는 사실이다. 실상 지상의 성전을 통해서는 하나님 앞에 온전히 다가갈 수 없었다. 오직 1년에 단 한 번 대속죄일에 대제사장만이 지성소 앞에 나아갈 수 있었다. 그러나 신약시대의 성도들은 이제 누구든지 그리스도로 말미암아 담대히 하나님 앞에 나아갈 수 있게 되었다[히 4:16]. 그리고 지상의 성전은 성도에게 영원한 안식을 줄 수 없었으나 그리스도는 우리의 영원한 천국의 안식에 대한 확실한 보증이 되신다[히 3:11, 4:10].

52일 핵심 학습 자료

애 1~5 ·
왕하
25:22~26 ·
렘
39:11~44장 ·
겔 33:21~33,
19, 22:23~31,
25~28, 32

학습 자료 52-1 예레미야 애가의 개요와 핵심 메시지와 주제

✝ 개요

애가서는 구약 선민 이스라엘의 잔존 왕국이었던 남 왕국 유다 말기와 바벨론 포수를 전후한 실로 경악스럽고도 수치스러운 역사의 격동기를 하나님의 선지자로 살았던 예레미야가 선민 역사 최대의 굴욕이요 참사였던 예루살렘 패망 직후 쓴 노래들의 모음집이다. 즉 이제 더 이상 돌이킬 수 없이 타락했던 구약 선민 이스라엘에 대한 하나님의 징계 심판으로 그 수도(首都)요 여호와의 임재의 상징적 처소였던 성전(聖殿)이 위치했던 예루살렘마저 마침내 처참히 함락되고 살육을 피한 거민들은 이방인들의 포로로 끌려가야만 하였던 B.C. 586년의 예루살렘 대함락 사건을 몸으로 체험하고 나서 그 폐허의 현장에서 쓴 다섯 편의 시들의 모음집이다.

✝ 핵심 메시지

1. 하나님의 심판 예언 및 경고 성취의 확실성.
2. 인간의 범죄에 대한 하나님 심판의 엄정성.
3. 일시적 징벌에도 불구하고 하나님의 변치 않는 자비와 사랑.
4. 파멸과 절망 중에도 소망으로 나아가는 신앙의 위대함.

✝ 주제

애가서 다섯 장의 노래들 모두에 공유된 근본 주제의 **첫째는** 그 옛날 출애굽 사건을 통하여 하나님과 선민 언약(選民言約)을 맺음으로써 세계 만민 중에 유일한 선민이 되었던 이스라엘 민족의 잔존 왕국이었던 유다는 물론 하나님의 임재의 상징적 처소였던 성전이 위치하여 단순 정치 중심지가 아니라 여호와 신앙의 영원한 요람이기도 하였던 거룩한 도성 예루살렘(The Holy City, Jerusalem)마저 처참히 함락되어 살육 약탈당하는 경악스러운 현실 앞에서 실로 걷잡을 수 없이 터져 나오는 절규 또는 비탄이다.

둘째는 예레미야가 하나님의 선지자로서 그 영육을 주체할 수 없는 극심한 두려움과 고통을 분연히 떨치고 백성을 향하여 그들이 당장 목도하고 있는 성도 예루살렘의 패망은 하나님의 징계로서 그 궁극적 원인은 다름 아닌 자신들의 끝없는 패역이었음을 각성시키며 촉구한 회개의 권면이다.

셋째는 예레미야가 이제 모든 선민을 대표하여 하나님을 향하여 실로 후들거리는 영육을 가다듬으며 간절히 드린 조속한 구원과 회복의 간구이다.

끝으로 **넷째는** 인간의 눈으로는 그저 암담한 절망만이 자욱한 시대를 넘어 예레미야가 하나님의 전능하심과 신실하심에 근거하여 과감히 선포한 회복과 구원의 소망이다.

예레미야는 B.C.586년의 예루살렘 함락이라는 단회적 사건에 대한 노래들만을 남긴 것이 아니다. 그는 예루살렘의 결정적 함락 이전 및 그 이후까지 망라하는 B.C. 627-580년 사이의 근 60년에 걸쳐 줄기차게 그 함락은 물론 미구에 있을 회복까지 이미 함께 예언했던 선지자였다. 따라서 그가 성도(聖都) 예루살렘의 함락이라는 대사건에 즈음하여 남긴 노래들에는 처참한 패망과 살육의 현장 한복판에서 어쩔 수 없이 터져 나오는 생생한 절규와 함께 이를 계기로 민족적 대 회개를 유도함으로써 예루살렘 패망이라는 대 비극을 오히려 전역사의 절대 주권자로서 선민은 물론 열방 만민의 흥망과 그 영원한 종말론적 승패까지 홀로 결정하시는 하나님과 새로운 관계를 맺는 전기(轉機)로 승화시키려는 원대한 구속사적 비전이 함께 녹아 있다.

학습 자료 52-2 사탄의 기원은? 겔 28장

사탄은 언제 어떻게 생겨났을까?
창세기에서 말하는 창조의 시작 기점을 '레쉬트(ראשית)' 창 1:1 라고 한다. 이 말은 시간과 공간의 시작점을 말한다. 그런데 요한복음에서의 태초는 '아르케(ἀρχή)' 요 1:1 라는 헬라어 단어를 사용하는데 이는 시간과 공간이 생기기 이전의 상태를 말한다. 영계(靈界)의 의미를 가리키는 것이다.

이사야 14:12 "너 아침의 아들 계명성이여 어찌 그리 하늘에서 떨어졌으며 너 열국을 엎은 자여 어찌 그리 땅에 찍혔는고"의 계명성을 "헬렐"(הילל hêlêl or heylel)로 표현하고 라틴어 번역판(Latin Vulgate)에는 루시퍼(Lucifer)라고 번역하였고 이것은 흠정역(King Jamaes Version)에 그대로 사용함으로 계명성이 사탄의 이름처럼 되었다. 이 계명성을 루시퍼로 번역한 초대 교부는 터툴리언, 올리겐 등이다. 이 사탄의 이름인 루시퍼는 문예부흥기의 문학가인 단테가 그의 책 "신곡"과 밀턴이 그의 책 "실낙원"에서 사용함으로 널리 알려지게 되어 계명성이 사탄의 이름이라고 믿게 된 것이다.

이 계명성의 원래 히브리식 의미는 "헬렐 벤 샤하르 הילל בן שחר (hêlêl ben šāḥar)" 이다. '헬렐'은 빛나다는 뜻이고, "벤"은 자식 또는 아들이라는 말이며, "샤하르"는 아침이라는 말이다. 따라서 계명성으로 번역된 "헬렐"의 원뜻은 '아침에 빛나는 자식"이라는 뜻이다. 계명성은 아침에 빛나는 금성(Venus)을 가리키고 우리말로는 새벽별이라고도 한다.

이런 좋은 뜻의 이름이 사탄을 지칭할 수 없고 더더구나 신약의 요한 계시록에서 예수님이 스스로를 소개할 때 이 새벽별이라고 소개함으로계 22:16 이 명칭이 사탄의 명칭일 수 없다는 논란이 일기 시작한다. 칼뱅과 루터가 여기에 동조하고, KJV를 제외한 모든 성경은 이 헬렐을 루시퍼로 번역하지 않고 '계명성'이라고 번역한다. 그렇다고 이 구절사 14:12-17이 사탄의 기원과 관계없다는 주장에는 상당한 무리가 따르는 주장이다.

물론 성경은 사탄의 기원에 분명한 기사는 없다. 그리고 성경은 우리가 알기를 원하는 모든 정보를 제공하고 있지 않다. 그래서 우리는 거룩한 유추를 해야 할 경우가 많다. 신학에서는 이것을 대전제(Presupposition)이라고 한다.

이 이사야의 기사와 에스겔 28:12-19의 구절들은 사탄의 기원을 유추하게 하는 매우 적절한 구절이라는 것이다. 이 사탄의 기원에 대한 적절한 유추를 통해 대전제를 세우는 것은 성경을 이해하는 데 중요한 일이다.

먼저 사탄의 개념이 포로시대 이후 하나님의 백성이 고난을 받게 되는데 관한 의문들로 출발해서 신정론적(神正論的) 질문에 답을 찾으려는 시도가 이루어지면서 하나님의 대적자인 사탄의 개념이 구체화되기 시작했을 것이다. 이전까지 하나님의 대적자인 사탄은 막연히 뱀이라는 개념으로 생각했다. 그러나 인간이 하나님을 대적하는 죄를 범함으로 그 대가로 고난을 치르게 되고 그 배후에는 하나님의 대적자가 있어 하나님을 대적하게 한다는 사실로부터 하나님의 대적자인 사탄의 개념이 확립되기 시작한다. 욥기는 아브라함 시대를 배경으로 하는 책이지만, 사탄이라는 단어가 등장하는 것을 보아 고난의 시기이었던 포로 시대에 문서로 만들어졌다고 믿게 되는 것이다. 이런 사실은 포로기에서 침묵기인 소위 제2 성전 시대(the 2nd temple period)에 사탄의 개념이 본격적으로 정리가 된다. 유대 전승에 의하면 묵시 문학과 외경, 특히 에녹서에 보면 사탄을 하나님의 진노를 산 타락한 천사(fallen angel)라고 기록하고 있다. 한때 이 주장은 배격되었으나 2세기경 랍비 엘리저(Parqe de-Raabi Elizer)에 의해 다시 받아 들여졌다.

많은 성서학자는 이사야서 14:12-15, 에스겔서 28:12-15은 사탄의 기원을 추정할 수 있는 단서를 제공하는 구절들이라고 믿는다. 사탄에 대해서는 앞에서도 이야기했었지만, 하나님께서 태초에 천지 우주 만물을 창조하시기 전에 이미 영계에서 하나님께서 어느 때에 천사를 창조했고, 그 천사 중의 한 천사가 교만에 빠져서 하나님의 위치에 도전하다가 결국 하나님의 진노를 사서 타락해서 사탄이 되었다고 추정하는데, 그 추정 근거는 이사야 14:12부터의 말씀이다.

이사야 14:12-17 "너 아침의 아들 계명성이여 어찌 그리 하늘에서 떨어졌으며 너 열국을 엎은 자여 어찌 그리 땅에 찍혔는고, 네가 네 마음에 이르기를 내가 하늘에 올라 하나님의 뭇 별 위에 내 자리를 높이리라 내가 북극 집회의 산 위에 앉으리라. 가장 높은 구름에 올라가 지극히 높은 이와 같아지리라 하는도다. 그러나 이제 네가 스올 곧 구덩이 맨 밑에 떨어짐을 당하리로다. 너를 보는 이가 주목하여 너를 자세히 살펴보며 말하기를 이 사람이 땅을 진동시키며 열국을 놀라게 하며, 세계를 황무하게 하며 성읍을 파괴하며 그에게 사로잡힌 자들을 집으로 놓아 보내지 아니하던 자가 아니냐 하리로다.

이 구절은 문자적으로는 바벨론의 느브갓네살왕과 바벨론의 멸망에 관한 구절이다. 그러면서 사탄의 기원과 사탄이 하는 일과 사탄의 운명 전체를 추정해 볼 수 있는 구절이다.

이 구절을 사탄의 기원을 추정하게 하는 근거 되는 구절이라고 볼 때 사탄을 "계명성"에 비유 했다. 신약에서는 이 계명성을 "샛별" 또는 "새벽별"로 번역하여 예수님을 상징하므로, 이 "계명성"이 사탄을 가리킬 수 없다고 하면서 이 구절이 사탄의 기원을 말하는 구절이 아니라는 주장을 할 수 있다. 그러나 사탄이 처음부터 사탄으로 창조되었다고 볼 수 없고, 처음에는 "계명성" 같은 천사로 지음을 받았을 것이라고 추정해 볼 수 있다. (에스겔 28:15 "네가 지음을 받던 날로부터 네 모든 길에서 완전하더니...") 따라서 여기서 "계명성"을 사탄의 명칭으로 보기보다는 사탄으로 타락하기 이전의 천사로 있을 때의 명칭이라고 보아야 할 것이다. 또한 에스겔서 28장 13절("...너를 위하여 비파와 소고가 준비 되었더니...")을 가지고 추측해 보면, 영계(靈界)에 찬양을 맡은 천사가 있었다. 그 천사가 하나님으로부터 모자람 없이 완벽하고 아름답게 지음 받았고 12절, 각양 보석으로 단장하고 소고와 춤으로 비파와 노래로 성산을 왕래하며 하나님을 기쁘시게 하도록 13절 기름 부음을 받았다 14절. 그렇게 아름답게 지음 받은 자신의 아름다움에 스스로 도취하여 교만을 드러내었다. 하나님을 찬양하기보다 자신도 하나님처럼 높임 받으려는 교만을 드러내어 사 14:13, 14 성소의 질서를 더럽혔고 겔 28:18 하나님의 진노를 받아 땅에 던져지며 사탄이 되었다고 추정할 수 있다. 그래서 이 구절은 후대 중간기 시대 고난의 시기에 사탄이 개념이 발전되면서, 사탄의 사역과 사탄의 운명에 관한 이야기를 상징적으로 표현하는 것으로 많은 성서학자는 믿고 있다.

또한 사탄의 기원에 대해서 우리가 찾아볼 수 있는 구절은 에스겔서 28장에 나오는 구절이다. 두로 왕에 대한 이야기이다. 이 두로 왕에 관한 이야기는 에스겔서 28장에서 두로 왕이 사탄에 비유된 것은 당시에 두로 왕이 사탄의 사악함에 견줄 만큼 사악했기 때문에 두로 왕을 사탄에 비유했다고 많은 성서학자는 믿는다.

에스겔 28:12-15 "인자야 두로 왕을 위하여 슬픈 노래를 지어 그에게 이르기를 주 여호와의 말씀에 너는 완전한 도장이었고 지혜가 충족하며 온전히 아름다웠도다. 네가 옛적에 하나님의 동산 에덴에 있어서 각종 보석 곧 홍보석과 황보석과 금강석과 황옥과 홍마노와 창옥과 청보석과 남보석과 홍옥과 황금으로 단장하였음이여 네가 지음을 받던 날에 너를 위하여 소고와 비파가 준비되었도다. 너는 기름 부음을 받고 지키는 그룹임이여 내가 너를 세우매 네가 하나님의 성산에 있어서 불타는 돌들 사이에 왕래하였도다. 네가 지음을 받던 날로부터 네 모든 길에 완전하더니 마침내 네게서 불의가 드러났도다."

이것이 바로 사탄의 기원에 대한 말이라고 추정한다. 사탄은 하나님과 동등하게 높임 받으려는(참조 사 14:14, 창 3:5 "하나님과 같이 되어) 교만에 빠져서 하나님의 진노를 사게 되었다는 것이다. 이 이사야서 14장 12절 이하의 말씀과 에스겔서 28장의 말씀에서 천사가 사탄으로 저주를 받았던 가장 큰 이유는 교만임을 알 수 있다. 그 교만은 자기중심성 이다. 이 사탄이 인간에게 나타나서 꼬드긴 것이 바로 자기중심성을 부추긴다는 것이다. 바로 인간이 하나님이 될 수 있다고 부추긴 것입니다. 사탄의 이러한 사상은 많은 우상 종교와 많은 신비종교에 나타난다. 예를 들어서 뉴에이지(New Age)에서 '우리가 신이 될 수 있다.'는 신인합일(神人合一) 사상이라던가, 또는 힌두교에서 이야기하는 범아일여(梵我一如), 즉 힌두교의 신인 브라만(Brahman)과 인간(Atman)Ātman은 Sanskrit(आत्मन्)어로서 내적 자아(inner-self) 또는 혼(soul)을 말한다. Hindu교의 Vedanta 학파는 Ātman을 제일 원리(the first principle) 즉 외양상의 현상으로 나타나는 정체성을 뛰어넘는 참 자아라는 것이다. 이 힌두의 가르침에 의하면 인간이 참 구원에 이르기 위해서 자신의 초자연적인 브라만(Brahman)과 동일해짐으로(梵我一如) 깨닫게 되는 자신(Ātman)을 아는 지식(self-knowledge (atma jnana)을 터득해야 한다고 가르친다. (Wikipedia 백과사전에서 요약)이 하나가 된다는 이러한 사상들이 사탄의 교만에서 유래되어진 것으로 생각한다.

불행하게도 인간은 하나님이 될 수 있다는 사탄의 꼬드김에 넘어갔고 우리가 가지고 있었던 자유의지의 자기중심성이 하나님께 순종하는 쪽으로 발동되지 못하고 사탄의 유혹에 넘어가는 쪽으로 발동이 되었다는 것이 인간의 불행한 역사에 있다. 그것으로 부터 인간의 불행한 역사는 시작되고, 성경의 역사는 사실상 시작되어진 것이다. 성경이 1,189장으로 되어져 있다. 그런데 창세기 1장과 2장, 그리고 계시록 21장과 22장, 이 4장만이 죄가 없는 상태를 보여주고, 그 외에는 다 인간의 죄성을 가지고 나아가는 역사에 하나님이 구원하시려고 개입하시는 스토리가 성경의 이야기라는 것이다. 이것은 인간의 타락에 기인한다.

창세기 1장과 2장, 그리고 성경의 맥락(예: 요일 4:8등)을 통해서 하나님은 사람과 사랑의 관계를 맺기 위해 창조하셨음을 알 수 있다. 그러나 첫 인간인 아담과 하와는 사탄의 유혹에 빠져 그만 하나님에게 불순종하고 그 분의 주(主)되심을 부인하고, 사탄의 소속으로 넘어가게 되었다. 인간의 역사를 이해하려고 할 때 이런 영적 세계에서 일어났던 영적 전쟁의 측면을 무시하면 참된 역사의 흐름을 읽어 낼 수가 없다. 세상의 세속적 일반 역사는 순수한 인간의 역사[人爲]일 수만은 없다. 그 배후에는 이런 영적 전쟁의 영향이 있다는 사실을 인정해야 한다. 특히 성경과 그 주변 국가의 역사를 이해하기 위해서는 이런 사탄의 악한 영향을 인정해야 한다.

결국 사탄이 하는 일은 하나님께 가는 모든 영광을 가로채는 것이다. 이 모든 것을 염두에 두고 다시 에덴의 동산의 상태로 돌아와 보면, 하나님께서는 인간을 창조하시고 인간에게 가장 완벽한 조건과 여건을 만들고, 또 그 동산을 관리할 수 있는 관리권까지 위임하면서까지 하나님과의 사랑의 관계를 축복의 관계를 맺었었다. 이러한 것을 사탄이라는 자가 보면 반드시 그 관계를 질투하고 깨려고 시도할 수 있다는 것을 상상해 볼 수 있다.

보너스 자료

◆ **사탄 (ישָׂטָן, Σατανᾶς, Satan) 히브리어로 '사탄'은 '대적'을 의미한다.**
다메섹 왕 하닷은 솔로몬의 대적이라고 불린다^{왕상 11:14}. 더 정확히 말하여 이러한 표현은 법정에서의 적수, 즉 고소자(송사자)를 가리킨다^{계 12:10}, 여기서 마귀가 참소자로 불린다). 자연적으로 '사탄'이라는 말은 '고발자' 혹은 '비방자'를 의미하게 된다. 그러므로 '사탄'을 '마귀'라고 번역하는 것은 아주 타당한 번역이다. 희랍어의 diabolos란 말의 정확한 의미도 역시 '고발자' 혹은 '비방자'의 뜻을 지니고 있다^{요 6:70-71}, 여기서 유다를 '마귀'라고 불렀다).

(1) 구약성경에서의 사탄 : 구약의 가장 초기의 부분에서는 사탄이 아직 독립적인 존재도 아니고, 또 사악한 존재도 아니다. 사탄에 대하여 묘사한 가장 오래된 성경 원본인 스가랴 3:1에 의하면, 사탄은 하나님 보좌의 다른 편에 있는 '여호와의 사자'와 함께 그 보좌의 한쪽 편에 자리를 잡고 있다. 또 욥기에서는 사탄이 자기 스스로의 뜻을 나타낸다. 여기서 사탄은 적어도 욥을 걸고 하나님과 내기한다. 그럼에도 불구하고 그는 다만 하나님께서 허락하시는 명시된 범위 안에서만 행동하는 것이지, 하나님께서 그에게 지정하신 그 한계를 벗어날 수는 없는 것으로 되어 있다^{욥 1:12, 2:6}. 하나님이 사탄의 고삐를 붙잡고 계시기 때문이다. 역대상 21:1에서 다윗으로 하여금 백성을 계수하게 한 악한 생각을 암시해 준 것은 곧 사탄이었다. 이에 반하여 사무엘하 24:1의 구역(舊譯)에는 이 같은 어리석음에 빠지게 하신 이는 하나님이시었다. 왜냐하면, 그에게 왕에 대한 그의 분노의 불길이 점화되었기 때문이다. 그러나 어떤 예언자들의 교훈 속에 흐르는 염세적인 경향이, 그리고 유대인들이 겪은 무시무시한 정치적인 사건들, 그뿐만 아니라 바사 종교(Persian religion)가 끼친 영향 따위가 이원적인 세계 개념의 발전을 이룩하게 하는 온상을 이루었다. 사탄은 역사의 무대에서 더욱더 극적이며, 독립적인 연출자로 등장하게 되었다. 그러나 사탄은 마치 조로아스터 교도들(Zoroastrians)과 마니교도들(Manichaeans) 사이에서와 같이, 그는 결코 하나님의 적대자로서의 위치는 확립하지 못하였다. 왜냐하면, 그는 항상 하나님보다 열등한 피조물이라는 자의식을 가지고 있었기 때문이다. 사탄의 이름은 초인간적 존재에 적용되고 있으나, 그것은 보통명사이지 고유명사는 아니다. 욥기나 스가랴서에서 볼 수 있는 사탄의 상(像)은 후에 나오는 사탄처럼 하나님께 대적하는 악령의 두목으로서가 아니고, 하나님의 허락을 받고 행동하는 하나님께 예속된 존재에 불과하다. 사탄의 활동은 주로 인간의 죄를 하나님께 고해바치는 것이었다. 이 단순한 고소자로 사탄이 이원론적 우주적 의미로 하나님께 대적하는 제령(諸靈)의 우두머리로서 생각하게 된 것은 후기 유대교에서이다.

(2) 후기 유대교에서의 사탄 : 유대교에서는 하나님께 대적하는 반신적(反神的)존재가 늘 사탄의 명칭으로서 불리우고 있는 것은 아니고, 오히려 벨리야알(בליעל, beliyyaal, '무익') 또는 마스테마(משטמה, mastemah, '적의')란 명칭이 보다 일반적이었다. 그 밖에 아자젤, 셈야자, 사마엘 등의 이름이 발견된다. 특히 벨리야알은 쿰란 종단(宗團)의 문헌에서 많이 발견된다. 주지하는 바와 같이 쿰란(Qumran)에서는, 세계는 '빛의 임군' '진리의 영'이 지배하는 빛의 영역과 '흑암의 천사' '불의의 영'이 지배하는 암흑의 영역의 둘로 명확히 나누어지는데, 벨리야알은 암흑의 영역을 지배하고 있는 수령, '흑암의 천사'이다. 이 쿰란의 이원론은 이란의 조로아스터교의 그것과 유사하다. 즉, 조로아스터교에서는 선악의 양자가 대립하고 있어 선은 아후라마즈다(Ahuramazda)가, 악은 앙그라마이 뉴가 인도하고 있다. 그러나 이 이원론은 선악이 각기 독립적으로 존재하는 절대적 윤리적 이원론이지만, 쿰란의 그것은 암흑의 천사 벨리야알도 하나님에 의하여 만들어진 것이며, 최후의 심판에서 하나님께 멸망당할 운명에 놓여 있다고 하는 상대적인 윤리적 이원론이다. 또 이 쿰란의 이원론에 영향을 준 묵시 문학의 하나인 요벨서에 의하면, 악령은 창세기 6:1-4에 나오는 타락한 천사의 자손이다. 나쁜 제령의 두목이 마스테마인데, 그는 인간을 죄로 유혹하여 참소하고, 심판의 사자(使者) 역할을 다할 뿐만 아니라, 거기서는 하나님의 지배에 대적하는 반신적 존재로 되고 있다. 사탄은 가장 훌륭한 천사에 속하여 있었던 것과 더구나 모든 천사의 수령이었으나 결정적인 시기에 하나님께 대적하여 하나님과 동등하게 되려고 한 교만 때문에 다른 천사들과 같이 하늘에서 추방되었다. 랍비들에게 있어서 선악의 대립은 계시문학과 쿰란의 그것과 같이 이원론적 우주적인 것이 아니고, 종교 심리적이다. 즉, 그들은 적이 아니고 종교 심리적이다. 즉, 그들에게 있어서 선악의 대립은 '선한 충동'과 '악한 충동'의 대립이다. 그들은 인간이 범하는 모든 죄의 뿌리를 이 '악한 충동' 안에서 발견하였다. 이 '악한 충동'과 사탄, 그리고 죽음의 사자는 동일한 것으로 생각하였다. 그리고 '악한 충동'은 '선한 충동' 또는 율법에 의하여 극복된다고 하였다. 이와 같이 랍비들은 율법에 의거하는 자유로운 결단에 의하여 악을 극복할 수 있다고 생각했기 때문에, 쿰란이나 계시문학에서와 같은 인간의 의지와 노력을 초월한 우주적 존재로서의 사탄의 상은 전개될 여지가 없었다. 여하튼 종말에는 이들 악의 세력이 멸망된다는 점에서는 후기 유대교는 일치하고 있다.

(3) 신약에서의 사탄 : 사탄의 명칭에는 '사탄'($\sigma\alpha\tau\alpha\nu\hat{\alpha}\varsigma$ 마태, 마가, 누가, 요한복음, 사도행전, 바울 서신, 요한계시록), '마귀'($\delta\iota\acute{\alpha}\beta\circ\lambda\circ\varsigma$ 마태, 누가, 요한복음, 사도행전, 바울 서신, 히브리서, 야고보서, 베드로전서, 요한 1서, 유다서, 요한계시록), '시험하는 자'($\kappa\alpha\tau\eta\gamma\circ\rho\acute{\epsilon}\omega$ 마 4:3), '참소하던 자'($\kappa\alpha\tau\eta\gamma\circ\rho\acute{\epsilon}\omega$ 계 12:10), '원수'($\acute{\epsilon}\chi\theta\rho\acute{o}\varsigma$ 마 13:39, 눅 10:19), '대적'($\acute{\alpha}\nu\tau\acute{\iota}\delta\iota\kappa\circ\varsigma$ 벧전 5:8), '귀신의 왕'($\acute{o}$ $\acute{\alpha}\rho\chi\omega\nu\tau\hat{\omega}\nu$ $\delta\alpha\iota\mu\circ\nu\acute{\iota}\omega\nu$ 마 9:34, 12:24, 막 3:22, 눅 11:15), '이 세상 임금'($\acute{o}$ $\acute{\alpha}\rho\chi\omega\nu$ $\tau\circ\hat{\upsilon}$ $\kappa\acute{o}\sigma\mu\circ\upsilon$ $\tau\circ\acute{\upsilon}\tau\circ\upsilon$ 요 12:31, 16:11), '공중의 권세 잡은 자'($\acute{\alpha}\rho\chi\omega\nu$ $\tau\hat{\eta}\varsigma$ $\acute{\epsilon}\xi\circ\upsilon\sigma\acute{\iota}\alpha\varsigma$ $\tau\circ\hat{\upsilon}$ $\acute{\alpha}\acute{\epsilon}\rho\circ\varsigma$ 엡 2:2), '벨리알'($\beta\epsilon\lambda\iota\acute{\alpha}\rho$ 고후 6:15), '바알세불'($B\epsilon\epsilon\zeta\epsilon\beta\circ\acute{\upsilon}\lambda$ 마 10:25, 12:24, 27, 막 3:22, 눅 11:15, 18-19) 등등이 있다. 이상의 예에서, 신약

은 사탄의 상을 구약이나 후기 유대교의 사탄 표상을 사용하여 표현하고 있음을 알 수 있다. 복음서에서 사탄이 맨 처음 나타나는 것은 광야의 유혹 이야기, 즉 사탄의 예수 시험 이야기이다. 거기서 사탄은 전에 에덴동산에서 아담을, 광야에서는 이스라엘을 유혹하여 하나님으로부터 이간시켜 불순종의 길로 타락시키려고 한 것처럼, 지금 예수까지도 하나님의 아들로서의 순종의 길에서 전락시키기 위하여 유혹으로써 시험하는 자로서 등장한다. 이것은 창세기 3장에 등장하는 뱀의 행위와 흡사하다. 이 뱀은 사탄이 지향하는바(유혹하고, 속이고, 인류를 죽음 속에 빠뜨리는 등)와 꼭 같은 모양으로 그것에 꼭 부합하는 행동을 하므로 시편이나[시 58:4] 또 후에 요한 계시록이[12:9, 20:2] 사탄을 인류의 역사가 시작되는 초기의 무대에서 흉악한 연출을 벌였던 '옛 뱀'과 동일시한 원인을 쉽게 이해할 수 있다. 마찬가지로 용도 사실상 뱀과 같은 것으로 엄밀한 의미에서 뱀과 다르다고 할 수 없으며, 그도 역시 천사장 미가엘에게 패망 당할 운명에 놓여 있다. 하여튼 어떤 경우이건 간에, 마귀를 (우연히) 뱀과 동일시한다고 해서 그가 이 땅에서만 권세를 부린다고 생각하여서는 안 된다. 그 권세는 중간계(中間界)인 이 세상에서뿐만 아니라 하늘에서도 나타난다. 마귀에게 어떠한 이름을 갖다 붙일지라도 그의 행동하는 자세는 항상 같다. 하나님 앞에서 인간들의 허물을 비방하고 고발하는 것으로 만족하지 않고, 그들을 죄 속에 빠지게 하는 길을 모색한다. 그것은 마귀 자신이 죄의 존재이기 때문이다[요일 3:8]. 그를 '유혹자'라고 칭하는 것은 그 때문이다[마 4:3, 살전 3:5]. 그는 인간을 유혹할 때 하나님께 순종치 않는 데 대한 보상으로 쾌락이나[고전 7:5] 혹은 세상의 권세[마 4:8-11] 혹은 하나님과 같이 되는 지식[창 3:5] 등을 약속한다. 이것을 성취하기 위하여 그는 많은 거짓과 속임수를 쓴다. 이로써 그에게는 '거짓말쟁이'요, '거짓의 아비'[요 8:44]라는 간판이 붙게 된다. 마귀가 공작하는 데 있어서 뚜렷한 경향성을 나타내는 또 다른 수단은 살해이다. 즉, 그는 '사망의 주인'이다[히 2:14, 요 8:44, 계 9:11, 마 10:28, 요일 3:11, 12]. 그는 사람의 행위의 원동체인 육체를 파괴함으로써 엎으려는 모든 계획에 대하여 권한을 갖고 있는 자이다. 그러므로 '이 시대의 관원들'[고전 2:6-9]이 사실상으로는 사탄으로 말미암지 않았다 할지라도, 그들이 예수를 십자가에 못박고 성도들을 핍박함으로 마귀의 종들이 된 원인이 이러한 마귀의 수단으로 인함이었다. 이처럼 사탄과 그의 추종자들은 끊임없이 폭력과 기만의 수단을 쓰고 있으므로 믿는 자들은 극단의 용기와 경계 태세를 분명히 해 둘 필요가 있다[엡 6:11, 약 4:7, 벧전 5:8, 고후 2:11]. 더욱이 사탄은 '광명한 천사'로 가장하기 때문이다[고후 11:14]. 양의 옷을 입은 이리들이나 개들에 대하여[마 7:15, 행 20:29-30, 빌 3:2, 마 7:6] 건전한 의심과 '뱀' 같은 지혜를 갖는 것은[마 10:16] 신약 성경이 가르쳐 주는 기본적인 덕목이다. 누구든지 사기를 당하였거나 혹은 속은 후에는 자기의 천진스러운 경신(硬信)이나 혹은 너그러운 신뢰감을 구실삼아 자기의 과오를 변명한다는 것은 우스꽝스러운 일이다. 더욱이 사탄이 속임수를 쓰고 기만하여 자기의 종으로 삼으려 하는 대상은 인간 각 개인분만 아니라 집단이라는 것을 말해둔다. 이와 같은 견지에서 정치적인 세력들은 다만 그들이 정의를 지지하는데 모든 힘을 기울이는 때 한해서만 '하나님의 종'이 될 수 있다[롬 13:1-7]. 만일 정부가 정의 대신에 전제정치로 폭력을 사용함으로써 죄 없는 사람을 학대한다면, 마치 요한 계시록이 우리에게 생생한 사진으로 보여 주듯이, 그것은 다만 마귀 자식들에 불과한 흉악하고 더러운 '짐승들'의 종이 되고 만다. 모든 성경 말씀의 전체적인 취지가 최고의 행악자인 사탄의 자태를 나타내 주는 것이다. 그러므로 사탄은 '악한 자'로 낙인 찍혀져 있다(살후→마귀)

학습 자료 52-3 이스라엘에 영향을 준 애굽의 주요 바로들 ^{겔 32장}

- **투트모스 1세(Thutmose I, B.C. 1539-1514년)** : 제18왕조의 세 번째 왕으로 애굽에 체류하였던 이스라엘 자손을 박해함^{출 1:8}.
- **하셉수트(Hatshepsut, B.C. 1486-1468)** : 모세를 양자로 삼았던 투트모스 1세의 딸^{출 2:5-10}. 투트모스 2세(B.C. 1514-1486년)의 부인으로, 투트모스 3세가 성년이 될 때까지 20여 년간 섭정을 함
- **투트모스 3세(Thutmose III, B.C. 1486-1448년)** : 투트모스 2세와 궁녀 사이에서 출생. 그의 가장 큰 견재 세력이라 할수 있었던 모세를 제거하려 함^{출 2:15}.
- **아멘호텝 2세(Amenhotep II, B.C. 1448-1424년)** : 투트모스 3세의 아들로 그의 재위 당시에 출애굽 사건 발생(B.C.1446년)^{출 5:2}.
- **아마네모페(Amanemope, B.C. 1010- 980년?)** : 에돔의 어린 왕자 하닷(Hadad)의 망명을 허용한 애굽 제21왕조의 왕^{왕상 11:14-22}.
- **시아문(Siamun, B.C.980-959년?)** : 게셀을 정복하여 딸의 지참금으로 준 솔로몬의 장인이었던 애굽 제21왕조의 왕^{왕상 9:16}.
- **세숀크 1세(Sheshonq I, B.C. 945-924년)** : 북왕국 이스라엘의 초대 왕 여로보암 1세에게 망명지를 제공했으며^{왕상 11:40} 로호보암이 다스렸던 남왕국 유다를 침공함. 성경에서는 '시삭(Shishak)'으로 명명됨^{왕상 14:25, 26}.
- **사바콘(Shabakon, B.C. 726-714년)** : 북이스라엘의 마지막 왕 호세아가 원군을 청했던 제25왕조의 왕. 성경에서는 '소(So)'로 명명됨^{왕하 17:4}.
- **디르하가(Tirhakah, B.C. 715-663년)** : 구스인 왕조였던 제25왕조의 세 번째 왕. 유다 왕 히스기야를 도와 앗수르에 대항함^{왕하 19:9}.
- **느고 2세(Neco II, B.C. 610-595년)** : 므깃도 전투(B.C.609년)에서 요시야 왕을 죽인 바로^{왕하 23:29}. 갈그미스 전쟁(B.C.605년)에서 바벨론의 느부갓네살에게 크게 패함으로써 팔레스틴에서의 영향력 상실^{렘 46:2}.
- **호브라(Hophra, B.C. 589-570년)** : 시드기야를 부추겨 바벨론에 대항케 함^{렘 37:5}. 예레미야에 의해 죽음이 예언됨^{렘 44:30}. 아마시스와의 내전에서 패하여 비참한 최후를 맞이함(B.C.570년).

53일 핵심 학습 자료

학습 자료 53-1 하나님을 증거하는 유다에 임할 심판과 회복의 모습들 겔 36:1-38

에스겔서에서는 심판과 회복 예언 말미에 "너희가 나를 여호와인 줄 알리라"는 말씀이 거듭 증거되고 있다. 실로 출애굽 이후 분열 왕국 시대 말기까지 끊임없이 범죄하고 하나님을 배반했던 선민 이스라엘은 심판과 회복, 곧 바벨론 포로 사건 및 포로 귀환 사건을 통해 하나님의 공의와 사랑을 다시금 깊이 체험하게 된다. 이에 에스겔은 본서에서 심판 및 회복의 예언 말미에 이 말씀을 반복하여 첨언함으로써 바벨론 포로 및 귀환 사건의 의미를 깨우쳐 주고 있다. 그러므로 우리 역시 에스겔의 예언 가운데 나타난 유다에 임할 심판과 회복의 모습을 통해 하나님의 절대적인 공의와 형언할 수 없이 놀라운 사랑을 체험할 수 있다.

✝ 유다에 임할 심판 모습

- 산당이 황무하고 우상이 깨어지며 백성들이 살륙을 당해 엎드러짐[6:6, 7]
- 백성들이 포로로 잡혀 이방인 중에 있게 됨[6:8-10]
- 살륙당한 자들의 시체가 우상에게 분향하던 곳에 있게 됨[6:13]
- 이스라엘이 거하는 온 땅이 황무해짐[6:14]
- 그 행위대로 벌하여 가증한 일이 그들 중에 나타나게 됨[7:4, 27]
- 칼에 엎드러지고 하나님이 이스라엘 변경에서 그들을 국문하심[11:10, 11]
- 유다인들이 이방인 가운데로 흩어짐[12:15]
- 사람의 거하는 성읍들이 황폐하며 땅이 황무해짐[12:20]
- 거짓 선지자들이 유다 민족에게서 제외되고 이스라엘 땅에도 들어오지 못함[13:9]
- 회칠한 담이 무너지듯 거짓 선지자들이 완전히 망하게 됨[13, 14]
- 우상 숭배자들이 이스라엘 백성 가운데서 끊어짐[14:8]
- 예루살렘 거민이 불에 살라짐[15:7]
- 패역한 자와 범죄한 자가 이스라엘 땅에 들어가지 못하게 함[20:28]
- 영적 태만으로 인해 열국의 목전에서 수치를 당함[22:16]
- 모든 우상을 위하던 그들의 죄를 바벨론 군대가 보응함[23:49]
- 유다인들의 행한 가증한 일로 인해 그 땅으로 황무지와 놀라움이 되게 함[33:29]

✝ **유다의 회복 모습**

- 이스라엘 땅으로 그들을 인도하여 들일 것임[20:42]
- 열방에 흩어졌던 그들을 모으고 열국의 목전에서 주의 거룩함을 나타낼 것임[2:25]
- 그들의 사면에서 멸시하던 자를 하나님이 국문할 때 평안히 살 것임[28:26]
- 밭에 나무가 열매를 맺고 땅이 그 소산을 내며 그들이 그 땅에서 평안할 것임[34:27]
- 그들의 멍엣목을 꺾고 종을 삼은 자의 손에서 그들을 건져낼 것임[34:27]
- 다시는 기근으로 멸하지 않고 열국의 수치를 받지 않게 함[34:29, 30]
- 사람과 짐승으로 많게 하되 생육이 중다하고 번성할 것임[36:11]
- 전 지위대로 사람이 거하게 하여 그들을 처음보다 낫게 대접할 것임[36:11]
- 황폐한 성읍에 사람의 떼로 채울 것임[36:38]
- 완전히 마른 뼈를 소생시키듯 패망한 이스라엘을 회복시킬 것임[37:1-10]
- 무덤을 열고 그들로 거기서 나오게 하실 것임[37:13]
- 하나님의 신을 그들 속에 두어 살게 하고 그들의 고토에 거하게 하실 것임[37:14]
- 주의 영광을 열국 중에 나타내어 심판과 권능을 보이실 것임[39:21, 22]
- 그들을 고토로 돌아오게 하고 한 사람도 이방에 남기지 아니하실 것임[39:28]

학습 자료 53-2 '곡' 연합군에 가담한 족속들 _{겔 38:1-6}

본문에서는 로스와 메섹과 두발의 통치자인 곡 왕이 여러 지역의 군대로 구성된 연합군을 이끌고 선민 이스라엘을 공격하리라는 것이 예언되고 있다. 이러한 곡의 공격은 당시로서는 전 세계 모든 나라라고 해도 손색이 없을 만큼 다양한 민족과 지역의 군대를 동원하여 이루어지고 있는바, 곡이 상징하는 성도에 대한 사탄의 최후 공격이 얼마나 치열하게 전개될 것인지를 가늠하게 해준다. 한편 곡이 이끄는 이스라엘 침략군에 가담한 각 나라의 면모를 살펴보면 다음과 같다.

- **로스, 메섹, 두발** : 당시 극북(極北)으로 인식되었던 흑해 인근과 그 북쪽 지역에 거주하였던 족속들[겔 27:13]
- **바사** : 이스라엘의 동족 지역에 위치하였던 페르시아를 가리킴[스 1:1]
- **구스** : 북아프리카 지역의 이디오피아를 뜻함[대상 1:8-10]
- **붓** : 북아프리카의 푼트(Punt)를 지칭함[겔 30:5]
- **도갈마** : 이스라엘의 북부에 해당하는 현재의 터어키 지역에 거주하였던 족속. 야벳 족속에 속하는 아르메니안으로 추정[겔 27:14]
- **고멜** : 흑해 북쪽에서 이주해 온 앗수르 계열의 기미라이 족속을 가리킴

겔 40~48,
29:17~21,
30:1~19·왕하
25:27~30·
렘 52:31~34·
사 13:14~23,
21.33~35·
단 5

54일 핵심 학습 자료

학습 자료 54-1 에스겔서의 새 성전 모형도

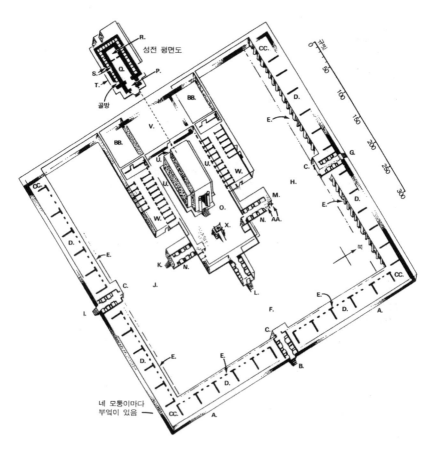

A. 성전 외곽담(40:5, 20)	J. 남쪽 바깥뜰	S. 성전 외벽 및 내벽(41:5-7, 9-11)
B. 바깥뜰 동문(40:6-14, 16)	K. 안뜰 남문(40:28, 29)	T. 지대(41:8)
C. 안 문 현관(40:8)	L. 안뜰 동문(40:32, 33)	U. 성전 골방 둘레 뜰(41:10)
D. 바깥뜰 방들(40:17)	M. 안뜰 북문(40:35, 36)	V. 서편 건물(41:12)
E. 박석 깔린 땅(40:17)	N. 노래하는 자의 방(40:44, 45)	W. 제사장 방(42:1-14)
F. 동쪽 바깥뜰	O. 안뜰(40:47)	X. 제단(43:13-17)
G. 바깥뜰 북문(40:20-22)	P. 성전 현관(40:48, 49)	AA. 희생 제사를 준비하는 방(40:38-43)
H. 북쪽 바깥뜰	Q. 성소(41:1, 2)	BB. 제사장을 위한 부엌(46:19, 20)
I. 바깥뜰 남문(40:24-26)	R. 지성소(41:3, 4)	CC. 일반 백성을 위한 부엌(46:21-24)

에스겔서 제40~43장에 걸쳐 소개되고 있는 성전은 실제 세워진 것이 아니라 하나님이 에스겔에게 환상으로 보여준 성전이다. 이것은 1차적으로는 포로에서 회복될 이스라엘 백성과 하나님이 성전을 중심으로 영적으로 갱신된 관계를 보다 풍성히 맺을 것을 교훈하기 위한 환상이었다. 나아가 궁극적으로는 세상 끝날 성도와 하나님이 맺을 완전한 관계의 모형으로서 하나님의 임재의 상징이며 백성과 하나님과의 만남의 장소인 성전의 환상이 주어진 것이었다. 한편 여기 사용된 길이의 단위인 규빗은 일반 규빗(cubit)보다 매우 큰 것이었는데 이것도 영적으로 훗날 하나님과 백성의 관계가 더욱 풍성하고 완전할 것을 반영한다.

학습 자료 54-2 성경의 꿈과 이상들 ^{겔 40:1-49}

- **아브라함**
주께서 쪼갠 고기 사이로 지나가심^{창 15:12-21} / 언약의 확증
- **아비멜렉**
사라를 범치 말 것을 경고하심^{창 20:3-7} / 선민의 보호
- **야곱**
하늘에 닿은 사닥다리를 하나님의 사자가 오르내림^{창 28:10-22} / 야곱의 확신 /
하란을 떠나 가나안으로 돌아갈 것을 지시하심^{창 31:1-13} / 구속사의 인도 /
하나님께서 애굽으로 가라고 지시하심^{창 46:2-4} / 구속사의 인도
- **라반**
하나님께서 야곱을 해하지 말라고 지시하심^{창 31:24} / 택한 백성의 보호
- **요셉**
곡식단과 별들이 자신에게 절함^{창 37:5-11} / 미래 운명의 계시
- **바로의 술 관원장**
자신이 포도즙을 내어 바로에게 바침^{창 40:9-15} / 미래 운명의 계시
- **바로의 떡 관원장**
자신이 운반 중인 흰 떡을 새들이 먹음^{창 40:16-19} / 미래 운명의 계시
- **바로**
살진 암소가 파리한 소에게 먹히고 알찬 이삭이 약한 이삭에게 삼켜짐^{창 41:1-8, 17-36} /
역사에 대한 하나님의 주권 확증과 계시
- **미디안인**
기드온의 승리를 예언하는 보리떡 한 덩어리^{삿 7:13-15} / 기드온의 승리 확신
- **솔로몬**
주께서 솔로몬에게 지혜를 주심^{왕상 3:5-15} / 제사의 응답
- **이사야**
보좌에 앉으신 주님과 주를 찬양하는 스랍들^{사 6장} / 이사야의 소명

- **예레미야**

살구나무 가지, 끓는 가마^{렘 1:11-19} / 소명의 확증 /

무화과 두 광주리^{렘 24장} / 순종과 불순종의 결과 제시

- **에스겔**

네 생물, 네 바퀴, 여호와의 영광^{겔 1장} / 하나님의 주권 선포 /

성전 내에서의 우상 숭배와 우상 숭배자들에 대한 살육^{겔8, 9장} / 악인의 심판 계시 /

그룹들과 네 바퀴^{겔 10, 11장} / 섭리의 운행 / 마른 뼈의 골짜기^{겔 37장} /

언약 백성의 회복 / 새 성전^{겔 40-48장} / 선민의 회복 계시

- **느부갓네살**

큰 신상^{단 2장} / 세계 역사 계시 / 한 큰 나무^{단 4장} / 느부갓네살의 중병 예고 /

사람의 손가락이 나타나 벽에 글을 씀^{단 5장} / 바벨론 심판 계시

- **다니엘**

네 짐승과 열 뿔^{단 7장} / 세계 역사 계시 / 수양과 수염소^{단 8장} /

세계 역사 계시 / 천사가 훗날 일을 말해 줌^{단 10-12장} / 이스라엘 미래 계시

- **아모스**

메뚜기, 불, 다림줄^{암 7장} / 앗수르의 침략 예고 / 여름 과일^{암 8장} /

앗수르의 침략 예고 / 성전의 파괴^{암 9장} / 북이스라엘의 멸망 예고

- **스가랴**

붉은 말(개역 개정역) 탄 여호와의 사자, 네 뿔과 네 대장장이^{슥 1장} / 원수들의 종말 예고 /

측량줄 잡은 천사^{슥 2장} / 예루살렘 회복 예고 / 여호수아가 정결한 옷을 받음^{슥 3장} /

사죄와 은총의 예고 / 순금 등잔대와 두 감람나무^{슥 4장} / 메시야 오심 예고 /

날아가는 두루마리^{슥 5장} / 죄에 대한 심판 예고 / 에바 속의 여인^{슥 5장} /

죄에 대한 심판 예고 / 4가지 색의 말들이 모는 병거^{슥 6장} / 선민의 최후 승리 예고

- **요셉**

마리아에게서 예수가 탄생할 것을 알림^{마 1:20-24} / 구속사의 계시 /

주의 사자가 애굽으로 피하라고 지시함^{마 2:13} / 그리스도의 고난 예고 /

주의 사자가 이스라엘로 돌아가라고 지시함^{마 2:19, 20} / 그리스도의 승리 예고

- **동방박사들**

헤롯에게 돌아가지 말라는 지시를 받음^{마 2:12} / 그리스도의 왕권 선포

- **예수님**

성령께서 비둘기같이 임함^{마3:16, 눅3:21, 22} / 그리스도의 사역 개시 /

마귀가 천하만국과 그 영광을 보임^{마4:8, 눅4:5} / 사탄의 도전

- **빌라도의 아내**

예수로 인해 괴롭힘을 당함^{마 27:19} / 양심에 의한 심판

- **스데반**

예수께서 하나님 우편에 서신 것을 봄^{행 7:55, 56} / 택한 백성의 변호

- **아나니아**

주께서 부르시는 모습을 봄^{행 9:10} / 택한 백성의 인도

- **바울**

다메섹 도상에서 예수 그리스도를 봄^{행 9:3-9} / 그리스도의 주권 선포 /

예수의 제자 아나니아가 자신에게 안수하여 다시 보게 하는 것을 봄^{행 9:12} / 영안을 뜨게 함 /

마게도냐 사람이 부르는 것을 봄^{행 16:9, 10} / 서방 세계 선교 명령 /

주님께서 위로하시는 모습을 봄^{행 23:11} / 위로와 담대함을 줌 /

하나님의 사자가 곁에 서서 말하는 것을 봄^{행 27:23. 24} / 하나님이 함께 하심 /

셋째 하늘 봄^{고후 12:1-6} / 바울의 사도권 증거

- **고넬료**

하나님의 사자가 베드로를 청하라고 지시함^{행 10:3-7} / 이방인 구원 사역 개시

- **베드로**

각종 짐승이 있는 보자기가 하늘에서 내려오는데 이를 먹으라함^{행 10:9-16} / 이방 선교 명령

- **요한**

장차 이 세계의 되어질 모습을 봄^{계 1:10-22:20} / 세계 종말 예고

학습 자료 54-3 이스라엘의 성전들

1) **솔로몬의 성전** – 제1성전 BC 966~959 동안 건축, 바벨론 군대에 의해 BC 586년 5월 7일에 파괴
2) **스룹바벨 성전** – 솔로몬 성전 파괴일로부터 70년 후에 유다 총독 스룹바벨에 의해 옛터에 재건
3) **헤롯 성전** – 헤롯이 군중의 환심을 얻기 위해 BC 20년경에 시작해서 주후 64년에 완성된 성전, 주후 70년경 로마군에 의해 파괴. 현재 그 자리에 이슬람교의 성전이 들어서 있다.
4) **에스겔 성전** – 실제로 건축되지 않은 성전. 신앙 속에 있는 성전. 하늘에서 완성될 성전.

학습 자료 54-4 예루살렘 함락 후 여호야긴 출옥까지의 주요 사건 ^{렘 52:24-34}

B.C.597년 바벨론으로 사로잡혀 갔던 여호야긴 왕이 에윌므로닥(Evil-Merodach)에 의해 옥에서 놓인 일은^{31절} 포로된 이스라엘 백성이 칠십 년 만에 본토로 귀환하게 되리라는 하나님의 약속^{29:10}이 반드시 성취될 것을 상징하는 중요한 의미가 있다. 그런데 예루살렘 멸망(B.C. 586년, 27절) 사건과 여호야긴 석방(B.C. 561년, 31절) 사건 사이에는 크고 작은 무수한 사건들이 발생했다. 여기서는 그 가운데 특별히 중요한 사건들을 살펴보기로 한다.

	관련성구
B.C. 586년	·예루살렘 함락, 남유다 오아국의 멸망과 3차 포로(왕하 25:8-21) ·예루살렘에 남겨진 유다백성들(왕하 25:22-24) ·예레미야 석방(렘 40:1-6) ·그다랴가 예루살렘 총독에 임명됨(렘 40:7) ·이스마엘의 반역 및 그다랴 살해(왕하 25:25; 렘 40:13-41:18) ·이스마엘의 암몬 도주(렘 41:15) ·요하난, 예레미야 및 유다 남은 백성들의 애굽 이주(렘 43:4-7)
B.C. 585년	·바벨론의 두로 침공 개시(겔 26:7)
B.C. 573년	·바벨론의 두로 정복(겔 27:26-36) ·에스겔이 새 성전과 새 땅 환상을 봄(겔 40:1-48)
B.C. 572년	·바벨론의 제1차 애굽 침입 및 바로 호브라 사망(겔 29:9, 렘 44:30)
B.C. 568년	·바벨론의 제2차 애굽 침입 및 정복(렘 46:2-26)
B.C. 562년	·느부갓네살의 죽음 ·에윌므로닥 왕의 등극(왕하 25:27)
B.C. 561년	·여호야긴 왕의 출옥(왕하 25:27-30, 렘 52:31-34)

학습 자료 54-5 바벨론 제국의 이해 사 13장~14:1-23

✝ 바벨론 제국의 역사 개요

성경에서 바벨론(Babylon)이란 지명은 창 10:10, 11에 처음 나타난다. 이곳은 오늘날 이라크의 수도 바그다드에서 남쪽으로 약 80km쯤 떨어진 유프라테스 강변에 위치한 곳으로 추정된다. 이곳을 중심으로 하여 건설된 나라로는 B.C. 18세기 함무라비(Hammurabi) 통치로 전성기를 이루었던 고대바벨론이 있다. 그러나 성경에서 흔히 '바벨론'으로 언급되는 신바벨론 제국은 B.C. 627년 나보폴라살(B.C. 627-650년)이 앗수르 제국이 내분으로 그 세력이 약화된 틈을 타서 신바벨론을 창건한 데서 기원한다.

이러한 바벨론은 B.C. 612년 나보폴라살이 메대와 동맹을 맺어 앗수르의 수도 니느웨를 정복하고, B.C. 605년에는 느부갓네살(Nebuchadenezzar, B.C. 605-562년) 2세가 하란으로 도피한 앗수르의 남은 세력과 앗수르를 돕기 위해 출정한 애굽 느고 2세의 군대를 갈그미스에서 무찌름으로써 명실공히 근동 지역의 패자(霸者)로 군림하게 되었다.

한편 바벨론 제국은 이후 약 60여 년 동안 번영했으나 앗수르 제국과 마찬가지로 잦은 내분으로 인하여 B.C. 539년 고레스가 이끄는 메대·바사 연합군에 의해 수도 바벨론이 무혈 정복됨으로써 멸망하게 되었다.

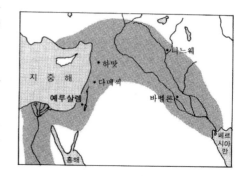

✝ 종교

바벨론의 종교는 앗수르의 국가 수호신이었던 앗슈르(Assur)가 마르둑(Marduk), 혹은 벨(Bel)로 불린 것을 제외하고는 앗수르의 종교와 거의 동일하다. 따라서 바벨론의 종교와 관련해서는 본서 제37장 자료노트, '앗수르 제국의 이해' 가운데 제3항을 참조하라.

✝ 선민 이스라엘과의 관계

B.C. 605년 갈그미스 전투에서 애굽 군대를 물리친 느부갓네살은 그 여세를 몰아 예루살렘을 침공하여 남 유다 왕 여호야김(B.C. 609-598년)을 봉신(封臣)으로 삼고 다니엘을 비롯한 유다 왕족및 귀족들을 포로로 잡아갔다단 1:1-6. 이후 여호야김은 바벨론에 항복한 지 3년 만에 배반하게 되며 이에 분개한 느부갓네살은 B.C. 597년 예루살렘을 재차 침공 여호야김을 이어 왕위에 오른 지 3개월밖에 되지 않은 여호야긴과 군사 일만 명 및 수많은 기술자를 포로로 잡아가고 요시야의 아들 시드기야를 왕으로 임명하였다왕하 24:8-20. 그러나 시드기야 역시 바벨론을 배반하였다. 이에 느부갓네살은 B.C. 586년 세 번째로 예루살렘을 침공하여 성전과 성을 완전히 파괴하고 시드기야를 비롯한 대다수의 유대인은 포로로 잡아갔다. 결국 유다는 멸망하게 되었는데왕하 25:1-24, 바벨론에 의한 유다의 멸망은 단순히 정치적 문제를 뛰어넘어 범죄한 유다를 징계하시기 위한 하나님 섭리의 결과였다애 2:1-10.

한편 유다는 바벨론에 의해 첫 침공을 받은 지 약 70년 후인 B.C. 538년 바벨론을 멸망시킨 바사 왕 고레스에 의해 회복된다. 이는 이사야, 예레미야 선지자 등의 예언의 성취였다사 44:24-28, 대하 36:21-23.

✝ 의의

바벨론은 선민을 압제하고 우상을 숭배하며 범죄한 유다와 열방에 대한 하나님의 심판의 도구였다. 그러나 본분을 망각하고 스스로 하나님과 같이 되려고 한 교만으로 인해 악한 사탄 세력의 상징으로 묘사됨은 물론사 14:2-20, 계 17, 18장 이사야, 예레미야 등에 의해 그 멸망이 수차 예언되고 실제 그대로 성취되었다. 이는 바벨론이 상징하는 사탄(the Satan)의 세력이 하나님의 최후 심판으로 반드시 멸망하게 될 것을 예표한다. 또 바벨론 멸망의 예언과 그 성취는 역사에 대한 하나님의 절대 주권을 명확히 증거한다고 하겠다.

학습 자료 54-6 여호와의 날의 심판과 구원의 결정적 실현 사 13:9

'여호와의 날'은 구약 예언서에 보편적으로 나타나는 구약적 종말 사상을 반영하는 아주 중요한 신학적 개념으로 본서 기본 메시지의 하나이다2:12, 13:9, 34:8. 이 여호와의 날은 한마디로 말해서 여호와께서 역사의 어느 한순간에 결정적으로 이 땅의 역사에 개입하셔서 악인을 멸하시고 의인 또는 당신께 나아오는 자들에게 구원하시는 역동적인 심판과 구원의 날을 의미하는데, 문맥에 따라서 남북 이스라엘이 여호와의 심판으로 말미암아 멸망 받는 날, 또는 반대로 선민을 억압하던 이방 나라가 하나님의 심판을 받아 멸망하고 선민이 구원받는 날을 가리키기도 하며, 나아가서는 세상 끝 날의 최후 대 심판날을 가리키기도 한다.

그러니 이 여호와의 날이 구체적으로 어느 날을 지칭하든지 한 가지 분명한 사실은 하나님은 역사의 한 순간에 결정적으로 개입하셔서 악인에 대한 심판과 의인에 대한 구원을 결정적으로 실현하신다는 것이다. 그리하여 여호와의 날은 악인에게는 멸망의 심판이 주어지는 저주의 날이며 동시에 의인 또는 회개하는 자에게는 구원과 축복이 주어지는 축복의 날이라는 양면성을 갖는다. 이러한 여호와의 날은 성경 가운데 거듭하여 예언되었고 또 한 역사 속에서 거듭하여 성취되었다.

그리고 이제 이러한 여호와의 날은 대종말 때의 최후 심판을 통하여 최종 성취될 것이다. 그리하여 우리는 이 여호와의 날 개념을 통하여 이 질고로 가득한 왜곡된 현실이 영원한 것이 아니라 우리 여호와 하나님에 의하여 궁극적으로 의인과 회개하는 자를 위한 새 세상이 반드시 올 것을 기대하며 위로와 소망을 갖게 된다. 동시에 여호와의 날은 하나님의 말씀에 순복하고 선을 행하는 자에게는 구원의 날인 반면, 하나님의 말씀에 불순종하고 악을 행하는 자에게는 멸망이 날인 바 우리는 장차 최종적으로 도래할 이날을 바라보며 매 순간 악에서 떠나 의의 삶을 살아야 하겠다는 결단을 새롭게 하게 된다.

학습 자료 54-7 벨사살 왕의 역사성 단 5:1, 7

본문은 바벨론 왕 벨사살(Belshazzar)이 큰 잔치를 베푼 사실을 보여준다. 그런데 오랫동안 역사가들은 벨사살이 과연 역사적으로 실재했던 인물인가 하는 사실을 의심해 왔었다. 왜냐하면 바벨론의 여러 문헌에 의하면 바벨론 제국의 마지막 왕은 나보니두스였고, 바벨론의 역대 왕 중에 벨사살이라는 이름을 가진 왕이 있었다는 사실은 본 다니엘서 이외에서는 찾아볼 수 없었기 때문이었다. 그러나 벨사살이 역사적인 실재 인물이었으며 바벨론 제국 멸망 당시 그가 바벨론을 통치한 왕이었다는 사실이 고고학적 증거들을 통해 분명히 입증되었다. 이에 이를 간략히 살펴 성경의 진정성을 확인하려 한다.

✚ 벨사살의 역사성에 대한 고고학적 증거

처음 벨사살이 가공(架空)의 인물이 아닌 역사적으로 존재했던 인물임이 확증된 것은 1854년 한 영국 영사가 바벨론 왕 나보니두스(Nabonidus, B.C. 555-539)가 옛 바벨론의 갈대아 우르 지역의 수호신인 '달의 신'에게 바치기 위해 우르(Ur)에 세운 신전(神殿)의 폐허 속에서 몇 개의 조그만 점토 기둥들을 발굴함으로써였다.

그 기둥들에는 가로·세로 10cm 정도의 정방형 글씨가 새겨져 있었는데 그 글의 내용은 나보니두스와 그의 아들의 건강과 장수를 신께 기원하는 것이었다. 그 내용은 다음과 같다. "바벨론의 왕인 나 곧 나보니두스가 당신께 죄를 짓지 않도록 해주소서. 그리고 나의 장남이며 사랑하는 아들인 '벨사살'의 마음에 당신에 대한 경외심이 있게 하소서".

한편 1854년 이후에 벨사살에 대한 바벨론의 문헌들이 더 발견되었는데, 그때마다 벨사살이 왕자 또는 왕의 아들로만 언급되었고 '왕'으로서 확인되지는 않았다. 그러나 또 다른 비문에서 벨사살이 비록 법적으로 왕위를 계승받지는 않았지만, 그 부친 나보니두스와 바벨론의 공동 섭정을 하였음이 밝혀졌다. 즉 바벨론의 최고신인 '벨'(Bel) 또는 '말둑'(Marduk)이라 불리우는 신(神)보다 다른 두 도시 하란과 우르의 수호신인 달의 신에게 더 많은 관심을 가졌던 괴짜 나보니두스 왕은 B.C. 555년에 등극한 지 3년이 되던 때부터 실제 통치권을 자기 아들에게 맡겨버리고 바벨론을 떠나 아라비아의 테이마(Teima)라는 곳의 오아시스 주변에서 거주했던 것으로 알려져 있다. 그 이유에 대해서는 분명히 알려지지 않으나, 일반적으로 학자들은 그가 바사 왕 고레스 2세와의 전투에서 패한 후 실의에 빠져 은둔 생활을 했을 것으로 본다.

한편 이러한 사실은 다니엘이 어떻게 바벨론 제국의 '셋째 치리자'가 될 수 있었는지도 설명해 준다. 즉 벨사살의 아버지 나보니두스가 정식 왕이었기 때문에 그의 지위가 첫째이고, 벨사살 자신은 섭정왕으로서 둘째가는 자리에 있었다. 따라서 다니엘에게 나라의 셋째가는 자리를 줄 수밖에 없었던 것이다[16, 29절]. 한편 바벨론 제국이 메대 바사 연합군에 의해 멸망하기 직전인 B.C.539년에 나보니두스가 바벨론으로 다시 돌아왔다. 그러나 실제 통치권은 그의 아들 벨사살에게 그대로 맡겨두고 섭정 왕 자리에서 물러가게는 하지 않았다.

✝ 의의

이상의 사실들을 통하여 우리는 본문에 기록된 벨사살 왕이 다니엘 저자의 상상력에서 나온 허구의 인물이 아니라 역사적으로 실존한 인물이었음을 살펴보았다. 비록 바벨론 여러 문헌에서 벨사살이 법적인 왕으로 나타나지는 않았다 할지라도 고고학 사료들은 그가 섭정왕으로서 바벨론 제국 멸망 당시 실질적인 통치자였음을 분명히 증거하고 있다. 그러므로 다니엘서에서 그를 바벨론 왕으로 칭한 것은 하등 이상할 이유가 없는 것이다.

이렇듯 성경은 그 기록 의도가 역사적 사실을 그대로 보여 주고자 함에 있지는 않지만, 역으로 역사적으로 그 사실성을 생각하게 될 때도 결코 이스라엘 민족을 위해 의도적으로 꾸며진 이야기가 아닌, 철저하게 역사적 사실을 바탕으로 기록된 것이다. 그리고 이런 성경 기록의 역사성은 성경이 하나님의 영감을 받은 저자들에 의하여 기록된 정확 무오한 하나님의 말씀[딤후 3:16]임을 다시 한번 확증하는 것이다.

55일 핵심 학습 자료

학습 자료 55-1 여호와의 종을 통한 택한 자의 구속

이사야서 후반부인 제40장 이후에서 두드러지게 강조되는 사항은 '택한 자의 구속(救贖)' 이다. 여기서 구속이란 하나님께서 자기 백성을 어떤 압박 상태에서 건져 내는 것을 말한다. 이 말을 구약 선민 이스라엘 백성들에게 적용하면 그들을 바벨론 포수에서 해방하는 것을 의미한다. 이사야는 이러한 이스라엘의 구속을 위하여 하나님께서 한 종을 세우실 것을 예언하였다. 그는 바로 페르시아의 왕 고레스 (Cyrus, B.C. 539-530년)이다. 하나님은 고레스를 '나의 목자'사 44:28와 '나의 기름 받은 자'45:1로 부르셨는데, 그는 이방인임에도 불구하고 하나님의 종으로 세움을 받아 선민을 바벨론 포로에서 구속하는 데 결정적인 이바지를 하였다. 그런데 이사야는 제40장 이후에서 하나님께서 이러한 고레스와는 본질적으로 구별되는 한 특이하고도 위대한 '여호와의 종'을 세우실 것을 예언하고 있다.

이처럼 한 특별한 여호와의 종과 관련하여 예언하고 있는 부분을 소위 '여호와의 종의 노래(Song of the Lord's servant)' 라고 부르는데 본서에는 총 네 편이 나온다 사 42:1-9, 49:1-7, 50:4-9, 52:13-53:12. 이 네 편의 여호와 종의 노래는 여호와 종의 탄생과 소명. 품성과 권위, 사역 등에 대하여 노래하고 있는데 한결같이 하나님께서 여호와의 종을 통하여 만 세대 모든 사람 중에서 택하신 영적 이스라엘을 죄의 억압으로부터 구속하실 것을 예언하고 있다. 이 한 특이한 여호와의 종이 바로 우리 주 예수 그리스도이시다. 실로 예수 그리스도는 근본 성자(聖子) 하나님이시나 택한 자를 위한 하나님의 구속 구원 경륜을 이 땅에서 직접 수행하여 실현하기 위하여 성부 하나님의 뜻에 따라 성육신하사 이 땅에 오셔서 여호와의 종으로 한 평생을 사셨고. 마지막에는 죄가 없으심에도 불구하고 십자가에서 인류의 대속을 위한 수난을 당하심으로 말미암아 택한 자를 위한 구속을 성취하셨다. 그리하여 하나님께 택함을 받고 그리스도의 십자가를 의지하는 자는 누구든지 구속의 은총을 입어 구원에 이를 수 있게 되었다.

학습 자료 55-2 지각 평형 사 40:12

창조자로서의 하나님의 권능과 유일성이 강조되고 있는 본문에는 오늘날 지구 물리학에서 말하는 '지각 평형'이라는 개념이 암시되고 있다. 참으로 B.C. 700년경에 기록된 본문이 현대 과학의 위대한 진리를 말하고 있는 바 이에 대해 살펴보는 것은 큰 의의가 있다고 하겠다.

✝ 지각 평형

과학자들이 화학적으로 합성된 모든 물질은 잴 수 있거나 달 수 있다는 사실을 안 것은 그리 오래되지 않았다. 모든 물질의 성분은 어떤 정확한 비율로 화합되어 평형 상태를 유지하고 있다. 그리고 지구 중심에서 지표 사이에는 지표의 일정 면적에 대하여 항상 같은 양의 물질이 존재한다는 가설이 있다. 이것을 '지각 평형' 혹은 '지각 균형'(isostasy)상태라고 말한다. 물을 예로 들면, 이것은 화학적으로 산소 하나와 수소 둘이 화합한 H2O이다. 결합할 때 수소의 무게는 2이고, 산소의 무게는 16이므로 물 18파운드를 만들려면 정확히 수소 2파운드와 산소 16파운드의 정확한 양이 재어져 결합하여야 한다.

이처럼 각 물질의 성분은 정확히 측량된 비율로 평형을 이루어 화합되는 것이다. 또 지각의 내부도 평형을 이루기 때문에 어떤 부분이 압력을 받아 가라앉으면 다른 부분이 떠오르게 되어 있다. 그러므로 지하에서 석유나 다른 천연자원을 캐낼수록 더 많은 지진이 일어날 것임을 이 이론은 보여 준다. 그러나 어떤 이유로 지각 내에 평형이 유지되고 모든 물질들이 각 성분이 평형 상태로 화합되어지는 지는 아직 아무도 정확히 모른다. 단지 현재까지 우리가 알지 못하는 지구 내부의 어떤 힘과 물질 때문에 이런 지각 평형이 이루어지고 있다고 볼 수 있다.

✝ 의의

이 같은 지구 평형의 사실이 알려지기 약 2,500여 년 전에 기록된 성경에서 하나님께서 이 모든 것을 관장하고 계심을 암시하고 있다는 사실은 실로 놀랍다. "누가 손바닥으로 바닷물을 헤아렸으며 뼘으로 하늘을 쟀으며 땅의 티끌을 되에 담아 보았으며 접시 저울로 산들을, 막대 저울로 언덕들을 달아 보았으랴"(개역 개정역)와 같은 본문의 표현은 지각 평형과 같은 개념을 전혀 모르는 자는 결코 언급할 수 없는 말이다. 이것은 분명 하나님께서 그가 창조하신 모든 물질의 요소를 달거나 재었다는 것을, 그리하여 정확히 평형을 이루도록 하였다는 것을 의미하는 것이다. 참으로 성경에 나타난 과학적 증거가 놀랍지 않은가?

학습 자료 55-3 재창조(再創造) ^{사 43:14-21}

태초에 이루어진 하나님의 6일간의 천지창조는 창세기 1, 2장에 기록되어 있다. 하나님 보시기에 좋았던 이 창조는 최초의 인간이며 모든 인류의 대표인 아담의 타락으로 인해^{창 3장} 인간은 물론 모든 피조물이 탄식하며 고통하는 상태에 빠졌다^{롬 8:22}. 이러한 상태는 하나님의 창조 목적에 맞지 않았다. 그러므로 인간의 구원과 만물의 회복이 요구되어졌다.

✝ 용어

태초에 이루어진 천지창조를 '원창조'(原創造)라 하지만, 죄로 오염되어 원창조 목적에서 이탈된 우주와 인생 모두를 다시 회복시키는 하나님의 사역을 '재창조'라 한다. 인간의 구원과 만물의 회복을 위한 하나님의 사역은 천지창조와 삼위일체 하나님의 단독 사역이란 공통점을 지닐 뿐 아니라 '원창조'에 대응되는 사역이므로 '재창조'라 칭하는 것이 마땅하다.

✝ 주역

태초의 원창조는 특히 성부의 사역이며고[시 33:6, 사 44:24, 45:12], 성자[요 1:3]와 성령[욥 26:13]이 이 일에 동참한 것으로 묘사된다[창 1:2]. 반면 재창조는 인간의 구원과 만물의 회복을 위한 구속 사역의 직접적인 집행자이신 성자 그리스도를 일차적인 주역으로 한다[창 3:15]. 그리고 태초 아담의 타락 직후 구속의 법을 세우시고 진행해 나가시는 성부 하나님과 그리스도를 통해 이루어진 구속 사역의 효력을 모든 성도와 만물에 미치게 하는 성령께서도 재창조의 주역이시다.

✝ 결과

재창조는 태초 아담의 타락 직후 하나님에 의해 선포되었고[창 3:14-19] 그 후 역사 가운데서 계속 부분적으로 실현됐으나 그리스도가 성육신(成肉身)하셔서 십자가 죽음과 부활을 통해 사탄의 세력에게 승리를 선포하심으로 일단 성취되었다. 그러나 완전한 성취는 종말에 그리스도께서 재림하셔서 사탄의 세력을 영원히 감금하시고[계 20:7-10] 새 하늘과 새 땅을 도래케 하심으로 이루어질 것이다[계 21:1]. 이때 성도는 죄의 오염이 없는 새 하늘과 새 땅에서 영화롭게 살 것이며[계 21:11, 18, 21], 하나님과 다시 교통함을 회복할 것이다[계 21:3].

✝ 성도의 자세

인간은 죄악된 본성으로 인해 하나님과 멀어진 상태를 스스로 힘으로는 어찌할 수 없으며 다만 십자가 구속 사역을 통해 인간의 구원과 만물의 회복을 이루신 그리스도 안에 있을 때 이에 동참할 수 있다. 즉 "누구든지 그리스도 안에 있으면 새로운 피조물이라 이전 것은 지나갔으니 보라 새것이 되었도다"[고후 5:17]란 말씀과 같이 그리스도를 믿음으로써 새로운 피조물이 되는 것이다. 그러나 이처럼 그리스도 안에서 새로운 피조물이 되었다 할지라도 죄악된 요소가 완전히 없어지는 것은 아니며, 종말에 처음 하늘과 땅이 없어지고 새 하늘과 새 땅이 도래함으로 완전한 재창조가 이루어진다. 따라서 현재에 성도에게는 하나님 나라의 시민으로서[빌 3:20] 그리스도를 통해 이루어지는 재창조의 역사를 전파하며 재창조의 장(場)으로 주어진 하나님의 나라를 이 땅에서도 확장해 나가야 할 사명이 주어져 있다[행 1:8].

학습 자료 55-4 '고레스(Cyrus)'의 이해 사 45:1-4

✝ 역사배경

고레스(Cyrus)는 페르시아(Persia) 동부에 위치한 소국 안산(Anshan)의 캄비세스 1세 (Cambyses I)와 메대의 왕 아스티아게스(Astyages)의 딸인 만다네 사이에서 태어났다. 그는 B.C.559년 부친의 뒤를 이어 왕위에 오르자마자 페르시아 민족의 통합 작업 에 착수 곧 페르시아 전체의 통치자가 되었고, 그로부터 약 9년 후인 B.C. 550년경 에는 그의 외조부 아스티아게스가 통치하던 메대를 아스티아게스의 수하 장군이 었던 하르파구스(Harpagus)의 도움으로 합병하기에 이른다. 단 5:28의 '메대와 바사 사람'이라는 표현은 바로 이러한 배경하에서 나온 말이다.

또한 고레스는 얼마 후에는 서쪽으로 리디아(Lydia)를, 동쪽으로는 파르티아 (Partia)를 합병하고 B.C. 539년에는 남왕국 유다를 멸망시켰던 바벨론 제국을 무혈 정복함으로써 선민 이스라엘의 운명을 바꾸어 놓았다. 즉 바벨론을 정복한 고레스 의 칙령으로는 1:1-4 이스라엘 백성들은 B.C. 537년 스룹바벨의 영도하에 바벨론 포 로 생활을 청산하고 고국으로 귀환하여 나라들 재건하게 된 것이다.

한편 고레스는 B.C. 530년경 페르시아 제국 북동부의 변경에 위치한 맛사게타 에(Massagetae)족과의 전투에서 전사하였다.

✝ 하나님의 도구로서의 고레스

앞서 밝힌 바와 같이 고레스는 재위 기간 중 근동 여러 나라, 특히 남 유다를 멸망 시킨 바벨론을 정복함으로써 선민 이스라엘의 운명을 크게 바꾸어 놓았다. 그러나 이는 우연히 일어난 것이 결코 아니었다. 이와 관련하여 이사야 선지자는 이미 예 언하였다. 즉 고레스보다 100년 이상을 앞서 살았던 이사야 선지자는 하나님의 계 시를 통해 사 44:28-45:4에서 장차 고레스를 통하여 바벨론에서 포로 생활하는 선 민 이스라엘이 회복될 것과 새 성전의 기초가 놓일 것임을 예언한 것이다. 여기서 이사야는 고레스를 하나님께 '기름부음 받은 자' 곧 메시아(Messiah)로 묘사하고 있 다. 그러나 이것이 고레스가 이스라엘 백성들이 대망하던 메시아였음을 의미하지 는 않는다. 그는 다만 메시아적 성격을 지닌 하나님의 종일뿐이었다. 즉 이사야 선 지자는 자신의 시선을 오직 선민 이스라엘의 구원에 고정시키고 있으며 그가 볼 때 고레스는 단지 그 일을 성취하기 위한 하나님의 도구에 불과했다4절.

사실 고레스는 유대를 재건함으로써 당시 근동 지역에서 페르시아를 대적할 만 한 유일한 국가였던 애굽과 페르시아 사이의 완충 지대로 삼고자 했을 뿐이었다. 그러나 역사의 절대 주권적 섭리자이신 하나님은 바로 이러한 고레스의 계획을 선 민 이스라엘의 회복과 재건의 방편으로 활용하신 것이다.

따라서 본문이나 스 1:2-3 등을 근거로 고레스가 개종하였다거나 하나님을 유 일한 참 신으로 경외했다고 볼 수 없다. 유대인의 포로 귀환 허가 내용이 기록된 고 레스의 원통형 비문(스 1장 학습자료 59-2 참조)에 의하면 고레스는 바벨론 신 마르둑

(Marduk)의 소명을 받아 바벨론을 정복하고 포로민들을 귀환시켰으며 마르둑에게 는 물론 포로민들의 신들에 대해서도 경의를 표하면서 그 신들이 자신에게 축복하 도록 기원한 것으로 나타난다. 이렇게 볼 때 스 1:2, 3에 나타난 고레스의 말이나 행 위는 이스라엘 백성들에 대한 회유책에 기인한 표현이 분명하다. 그러한 본문과 스 1:1에 근거해 볼 때 고레스의 배후에는 하나님 백성의 구속을 위한 역사의 주권자 하나님의 섭리의 손길이 있었음 또한 분명하다. 그러한 의미에서 고레스는 하나님 을 바로 알지 못했지만 택한 백성을 위한 하나님의 구속 사역에 사용된 도구였다.

✝ 의의

첫째, 고레스를 통한 선민의 구원이 고레스가 나기 100여 년 전에 주어지고 그것 이 역사적으로 그대로 성취된 사실은 시공(時空)을 초월하여 전 역사에 임재하시고 섭리하시는 여호와 하나님의 초월성(超越性)과 절대성(絶對性)을 보여 준다.

둘째, 하나님께서 페르시아 왕 고레스를 통해 바벨론을 멸망시키고 선민을 회 복하신 사실은 하나님이 역사와 우주 만물의 절대 주권자이심을 보여준다. 나아가 이는 인생의 참된 구원자는 오직 하나님 한 분뿐이심을 드러내 줌과 동시에 이 세 상 역사는 택한 백성을 중심으로 태초부터 종말까지 일직선상으로 연속되는 구속 (救贖)의 역사임을 보여 준다.

셋째, 이방인을 들어 선민을 구원하신 사실은 하나님의 구속 사역의 성취를 위한 도구로 하나님을 알지 못하는 자도 사용될 수 있음을 보여 준다.

학습 자료 55-5 의와 불의에 대한 성경의 여러 관점들 사 51:1, 7

성경 가운데는 하나님의 백성들이 추구해야 할 덕목으로서 의(義)와 선(善) 그리고 버려야 할 요소로서 불의와 악이 제시되고 있는데 이는 성경의 각 분류에 따라 다 소 다르게 표현되어 있다.

성경 전체가 한 분 하나님의 말씀으로서 일관성이 있음에도 불구하고 의와 불의 혹은 선과 악의 기준이 각기 다르게 표현되는 것은 성경 각 부분이 강조하는 바에 따라 다소 차이점을 지니기 때문이다.

✝ 구약의 관점

구약 성경 가운데 율법서는 하나님의 율법을 기준으로 이에 따르는 합법과 이를 거 부하는 불법을 의와 불의의 기준으로 삼는다. 그리고 역사서를 통해서는 역사의 주 관자이신 하나님의 뜻에 따라 의와 선을 행하는 자나 집단에 번영을 주며, 그렇지 못한 부류에게는 쇠퇴를 가져다줌으로써 의와 불의의 구체적 결과를 역사 가운데 드러내시는 경우를 자주 보여 준다. 시가서는 의와 선을 실천하는 것을 지혜로 그 렇지 못한 것을 우매함으로 규정한다. 마지막으로 예언서는 하나님의 거룩하신 섭 리에 순종하는 것을 의와 선으로 보며 그렇지 못한 것을 불의와 악으로 규정한다.

그러나 이 모든 것은 인간의 기준이 아니라 절대자 하나님의 기준에 따라 구분된다는 공통점을 지닌다.

	의	불의
율법서	합법(창 17:9, 신 26:16)	불법(레 10:1, 민 20:11)
역사서	번영(수 1:8, 왕상 3:14)	쇠퇴(수 7:11, 12, 삼상 3:14)
시가서	지혜(욥 28:28, 잠 9:10)	우매(시 69:5, 잠 24:9)
예언서	순종(렘 7:23, 슥 3:7)	불순종(욘 1:3, 습 3:2)

✝ 신약의 관점

신약시대에 와서는 의와 불의 그리고 선과 악에 대한 이 모든 기준이 그리스도에 대한 믿음의 여부로 통합된다. 즉 그리스도를 전적 의뢰함으로써 의롭다고 함을 받으며 이로써 구원이 이루어지는 것이다[행 13:39]. 이에 대해서는 롬 1장 학습 자료 82-7 '이신칭의 이해'를 참조하라.

✝ 의의

성도는 인간의 죄를 대속해 주신 그리스도를 믿을 때 완전히 의롭게 된다는 사실을 명심하고 그리스도를 우리의 주로 고백하며 또한 이러한 믿음의 열매로서 하나님의 요구에 따라 생활 가운데서 의(義)를 실천해야 한다. 그럴 때 우리 그리스도의 의를 전가(轉嫁)받아 의인으로 인정받으며 천국 시민으로서 영원한 번영을 누릴 수 있다.

학습 자료 55-6 여호와의 종의 노래 사 53장

예언서의 예언들은 거의 다 운문(韻文)으로 되어 있다. 그러나 주지하다시피 운문이라고 해서 모두 다 시(詩) 또는 노래가 되는 것은 아니다. 시인이 노래하고자 하는바 인생의 진실이나 세상의 아름다움이, 그 자체로서 또는 시인이 세상을 보는 독특한 관점을 드러내 주는 아름답고도 절묘한 이미지들로 형상화되고, 또한 이들이 고도로 세련된 시적 수사법을 통하여 압축된 긴장과 여운미를 갖춘 표현들로 채워진 행과 연으로 구성된 후 이것이 주제의 정감에 가장 어울리는 운율에 맞추어 노래가 될 때 비로소 한편의 문학적 품격을 가진 시 또는 노래가 되는 것이다. 이런 점에서 볼 때 구약 예언서의 몇몇 예언들은 문학적 관점에서도 빼어난 시 또는 노래로 인정된다. 그리고 특히 이사야서의 주요 예언들은 여타 예언서의 그 어떤 부분보다도 고매한 문학적 향취를 갖고 있는 것으로 유명하다. 또는 더 보편적으로 말하자면 이사야 전체가 여타 예언서에 비해서 아름답고도 미려한 문장으로 되어 있는 것으로 유명하다.

한편 이사야서에는 그 핵심 예언으로서 한 특이한 메시아 또는 절대 유일의 구원자로서 이 땅에 오셔서 전 우주적, 전 역사적 지평에서 종말론적 구원을 이루실 우리 주 예수 그리스도의 초림 및 재림에 대한 예언이 전 구약 성경 중에서 가장 많기로도 유명하다. 그리고 이러한 핵심 예언들이 바로 앞서 말한 고도의 문학적 품격을 가전 시 또는 노래들이기도 하다.

그러면 이제 이사야서의 핵심 예언의 일부로서, 이처럼 한 특이한 메시아로서 죄와 질고에 휩싸인 이 세상에 오사 종말론적 구원을 이루실, 절대 유일의 구원자로서 사역하실 우리 주 예수 그리스도를 소개하는 노래들을 보자.

그가 여호와 하나님께서 구원의 섭리를 이 땅에서 직접 수행 성취하도록 예비하시고 또 이 땅에 보내신 '종(Servant)'이라는 측면에서 노래한 예언이요 또한 위대한 시로도 유명한 '여호와의 종의 노래'에 대하여 고찰해 보기로 한다.

🔲 정의 및 각 노래의 내용 요약

이사야서에는 여호와 하나님의 구속 구원의 경륜을 이 땅에서 직접 수행하여 실현하기 위해서 여호와 하나님이 특별히 예비하사 이 땅에 보내실 한 기이하고도 위대한 '여호와의 종'과 관련하여 총 4편의 노래가 나타난다. 이를 가리켜 소위 '여호와 종의 노래(Song of the Lord's servant)'라 부른다. 이 같은 4편의 여호와 종의 노래는 그 노래를 부르는 주체나 노래의 내용이 각각 조금씩 다르다. 그러면 먼저 이러한 전 4편의 여호와의 종의 노래의 내용을 간략히 정리하면 다음과 같다.

제1노래[42:1-9] : 노래의 주체는 여호와이시다. 내용은 여호와께서 당신이 보내실 종의 성품과 여호와의 종으로서의 권위 및 그의 주요 임무를 밝힌 것이다 즉 그의 온유하고 긍휼이 풍성함과 동시에 공의로운 품성 및 그가 여호와로부터 종으로 세움을 받은 자로서 가질 신적 권위와 소경을 보게 하고 갇힌 자를 해방시켜 여호와께 영광 돌리게 하실 그의 사역을 선포하고 있다.

제2노래[49:1-7] : 노래의 주체는 여호와의 종 자신이다. 내용은 여호와의 종으로서의 자신의 탄생과 소명 및 여호와의 구속 사역을 행할 종으로서의 자신의 고난과 영광 등을 예언적으로 노래하고 있다.

제3노래[50:4-9] : 노래의 주체는 제 2노래와 마찬가지로 여호와의 종 자신이다. 내용은 하나님의 종으로 이 땅에 와서 구속 사역의 집행자로서 사역하는 과정에서 자신의 고난과 극복 및 승리 등을 노래하고 있다.

제4노래[52:13-53:12] : 전 4편의 여호와 종의 노래 가운데 가장 유명하며 이를 다시 특별히 따로 구분하여 '고난받는 종의 노래'로 부른다. 노래의 주체는 종의 구속 사역으로 구원함을 받은 성도들이다. 내용은 여호와의 종으로서의 자기 비하 및 고난의 동기, 목적, 그가 당한 고난의 절정인 대속 수난의 구체적 참상, 최종 승리와 그 결과 들을 노래하고 있다. 이 노래는 특히 처절한 대속 수난을 당하시는 종에 대한 성도의 감사하면서도 애처로운 심경과 이 모든 수난을 치르시고 마침내 전 세계만방 앞에서 위대한 구원을 베푸신 종에 대한 벅찬 찬양이 애절하고도 역동적으로 노래가 되어 만세대 성도의 심금을 영원히 울리고 있다.

✝ '여호와의 종'의 정체

물론 전 4편의 '여호와 종의 노래'에 나타나는 여호와 종의 정체는 많은 다수의 여타 여호와의 종들과는 그 기원과 권위, 그리고 사역에 있어서 결정적으로 다른 절대 유일의 한 특별한 종이신 메시아 우리 주 예수 그리스도이다. 그러나 '여호와 종의 노래' 이외의 이사야서 다른 부분에서는 이스라엘 민족과 개인으로서 이사야 선지자 등이 여호와의 종으로서 언급되기도 한다. 따라서 이와 관련하여 유대주의자 및 절대 초월자로서의 그리스도의 신성(神性)과 그가 주실 새 세상에서의 초월적 천국 구원을 근본적으로 부인하는 자유주의 신학 진영에서 여호와 종의 정체에 대한 논란을 제기하는 바 이를 새삼 정리할 필요가 있다.

1) 집단설(集團說)

여호와의 종의 노래에 나타나는 종을 개인이 아닌 집단 곧 세계 모든 민족 중에서 하나님 앞에 남은 유일한 선민으로서의 고난받는 이스라엘 민족 전체를 가리킨다고 보는 견해이다. 이러한 견해는 41:8, 42:19, 43:10, 44:1, 21, 45:4 등에서 하나님이 이스라엘 민족을 가리켜 '여호와의 종'이라 부른 것과 '여호와의 종의 노래' 가운데 49:3에서 종을 이스라엘과 동일시한 데서 근거한다.

그러나 '여호와 종의 노래'에 언급되는 종과 이스라엘 민족 전체를 지칭하는 문맥에서 종은 그 개념이 다르다. 왜냐하면 여호와의 종으로서의 이스라엘 민족은 하나님께 반역하고 죄를 짓고 절망하는 존재로 구속받아야 할 처지이지만 종의 노래에 나타나는 종은 무죄한 존재로 하나님께 순종하며 겸손하고 다른 사람을 대신해 고통을 당하며 마침내 전 이스라엘을 구속할 사명을 띠고 있기 때문이다. 따라서 이스라엘을 구속할 사명을 맡은 종이 이스라엘 민족 자체라는 것은 전후가 맞지 않는 모순되는 일로 종의 노래에 나타나는 종이 이스라엘 민족이 아니라는 가장 분명한 증거가 된다. 또한 역사적으로 볼 때도 이스라엘은 열방의 빛이 된 적이 없고 또한 이스라엘의 고난과 포로 생활로부터의 귀환이 전 열방 만인의 구원을 가져오지도 않았다. 다만 이사야에서 이스라엘 민족이 '여호와의 종'으로 불린 것은 열방에 대하여 하나님의 구원 계시를 보존 전파할 민족 곧 선민이라는 개념에서 나온 표현이었다.

2) 개인설(個人說)

집단설에 반대하여 여호와의 종을 이스라엘 민족과 같은 집단이 아닌 특정 개인으로 보는 견해이다. 이러한 개인설도 크게 두 견해로 나누어진다.

① 이사야, 고레스, 느부갓네살, 예레미야 등 역사상의 특정 인물로 보는 견해이다. 이중 이사야와 예레미야로 보는 견해는 이들이 하나님의 심판 경고를 선포하는 하나님의 종으로서 받았던 고난이 여호와의 종의 노래에 나타나는 여호와 종의 고난과 유사하다는 데서 착안한 견해이다. 그리고 고레스로 보는 견해는 하나님께서 선민 이스라엘을 바벨론 포로 생활에서 해방시켜 줄 도구로 택하신 바사의 왕 고

레스를 '나의 목자'(사 44:28), '나의 기름 받은 자'(사 45:1)라고 부른 데 근거한 견해이다. 또 느부갓네살로 보는 견해는 하나님께서 범죄한 선민의 후손 남 유다를 심판할 도구로 택하신 느부갓네살을 '내 종'렘 25:9, 27:6, 43:10이라고 부른 데서 근거한 견해이다. 그러나 "여호와 종의 노래"에 나타나는 종은 죄가 없는 반면49:7, 53:9, 이들 역시도 모두 구속함을 받아야 할 죄로 오염된 자들이었다. 또한 그들의 사역은 각 시대에 하나님의 경륜을 전하고 이루는 부분적 도구로 쓰인 것이지 여호와 종의 노래가 묘사하고 있듯이 최종적이고도 절정적인 하나님의 종말론적 구원 경륜의 집행자는 결코 아니었다는 점에서 "여호와의 종의 노래"의 종과는 엄연히 구분된다.

② 하나님의 아들 우리 주 예수 그리스도(Jesus Christ)로 보는 견해이다. 전4편의 "여호와의 종의 노래"에 묘사된 종의 모든 측면과 예수 그리스도의 행적을 비교해 볼 때 가장 합당한 견해로 정통 복음주의자들의 견해이다. 전4편의 여호와의 종의 노래에 묘사된 여호와의 종은 완전 무죄하며 신적 권위와 권능을 지닌 존재이다. 이러한 존재는 인간 가운데서는 오직 하나님이면서도 인간의 몸을 입고 땅에 오신 우리 주 예수 그리스도 밖에는 없다. 특별히 '고난받는 종의 노래'로 불리는 제 4 "여호와의 종의 노래"에 묘사된 종의 모습은 인류를 죄에서 구속하시기 위해 십자가 고난을 묵묵히 감수하신 우리 주 예수 그리스도의 모습과 완전히 일치한다마 27장. 그리고 이사야서 또는 여타 구약의 문맥에서 한 특별하고도 절대적인 여호와의 종을 가리키는 구절들이 모두 우리 주 예수 그리스도를 가리킨다는 것은 무엇보다도 복음서 저자들이 한결같이 증거하는 바이기도 하다마 12:17-21, 눅 2:29-32.

실로 여호와의 종되신 우리 주 예수 그리스도께서는 택한 백성들의 구원을 위하여 여호와의 택하심을 입고 성령의 인도를 받으사42:1, 마 12:18 하나님의 능력을 소유하셨다49:2, 5. 그리하여 이 땅에 구원의 빛으로 오사요 1:9 하나님과 사람 사이의 중보자(仲保者)로서 하나님과 사람 모두를 위하여 참으로 수고하는 종으로 사역하셨다. 그는 또한 죄인들을 위하여 연약하고 고운 모양도 없이 세상에 오셔서 사람들의 멸시를 받으며 헌신하심52:14-53:3은 물론 하나님이 택한 자의 영구한 종말론적 구속 구원의 성취를 위하여 죄가 없으심에도 불구하고 참으로 인간으로서는 참을 수 없는 십자가 고난을 감수하사53:10 이를 통해 대속 수난을 성취하셨고 또한 마침내 당신이 초림을 통하여 이미 성취하신 구속 사역이 당신의 재림을 통하여 새 천국에서 최종 실현될 세상 끝 날을 대망하면서 지금도 우리 성도들을 구원과 능력 충만의 길로 초청하고 계시는 것이다.

✚ 여호와의 종의 노래들의 교훈들

무릇 각 칭호는 그것이 지칭하는 대상의 어느 한 면에서 기인한 것으로서 그 한 면을 보다 강조하여 드러내는 것이다. 따라서 이제 우리는 우리 주 예수 그리스도를 죄와 질고에 휩싸인 세상의 구원을 위하여 여호와께서 이 땅에 보내신 한 특별한 종(Servant)으로 노래한 이 "여호와의 종의 노래들" 앞에서 참으로 선하고 위대한 종으로서의 주님의 면모를 새삼 발견하면서 다음 두 가지 교훈을 깨닫게 된다.

첫째는 그토록 위대한 종을 보내주신 여호와 하나님과 종의 지위와 사역을 묵묵히 감당하신 그리스도의 크신 은혜와 사랑이다. 실로 세상은 이미 아담의 때부터 이 여호와 종의 노래들이 선포되던 구약 이스라엘의 때 그리고 바로 지금 신약 시대의 우리들의 때에 이르기까지 거듭하여 하나님께 패역하고 있다. 하나님은 일찍이 이를 경험하셨고 또 경험하고 계셨으며 더욱이 앞으로도 경험해야 함을 아심에도 불구하고 이처럼 세상의 종말론적 구원을 위하여 한 특별한 종을 그것도 바로 당신의 아들을 종으로 택하사 보내주신 것이다. 그리고 우리 주 예수 그리스도께서는 성자 하나님으로서의 지위를 버리시고 세상 죄를 지고 가는 어린 양으로서의 비천하고도 처절한 사역을 감당해야 하실 종의 지위를 묵묵히 취하시고 또 수행하셨다. 그러므로 우리는 이와 같은 참으로 무한한, 그리고 순순한 사랑 앞에서 그것도 내가 그 사랑을 전혀 받을 자격이 없을 때 이미 나에게 무조건적 은혜로 쏟아부어졌다는 사실 앞에서 참으로 무한한 구속사적 감사와 감격에 젖게 된다.

그리고 둘째는 죄와 질고에 휩싸인 우리의 영원한 종말론적 구원을 위한 사역을 절대 초월자요 창조자로서 전 우주에 대한 주권을 가지신 여호와 하나님이 세우신 한 특별한 종이요 그 자신도 제2위 성자로서 절대 권위와 능력을 갖추신 그리스도께서 직접 수행하셨다는 사실이 주는 구속사적 확신과 소망이다. 이런 종의 사역은 그 종이 일단 성육신 강림 십자가 대속 수난을 중심으로 하는 초림으로 일단 성취하고 이제 이를 초림 이후의 신약 세대들이 믿고 회개할 충분한 기회를 주신 후 마침내 재림하사 최종 실현하시는 양식으로 수행될 것이었다. 더욱이 이제 이미 종의 초림 사역이 종결된 시대인 신약 시대에 사는 우리 성도들은 종이 행한 구원 사역은 절대 완전하며 확실한 것임을 절대 확신 할 때 실로 약동하는 환희와 산소망으로 믿음의 용맹을 떨칠 수 있다.

실로 바로 지금, 이 순간에도 "여호와의 종의 노래"는 공허하고 황량한 우리의 영혼을 향하여 여호와 하나님께서 당신의 종 그리스도 예수를 통하여 우리에게 쏟아부어 주신 구속사적 은혜와 소망을 각성시키면서 이제 우리 스스로도 세상을 향하여 여호와의 종이 될 것을 촉구하고 있다.

내 영혼이여! 들리는가? 저 여호와의 종의 노래가!

55일차 범위 **생각해야 할 성경적 세계관의 이슈들**

☑ 읽을 책 : "기독교 세계관 핸드북" 도서 출판 에스라 2023

❖ 사 41장 "신의 존재"(p76)

56일 핵심 학습 자료

학습 자료 56-1 욥기 개요

욥기는 구약에서 전도서와 잠언과 더불어 지혜서로 분류한다. 이 욥기의 시대적 배경은 아마 족장 시대일 것으로 추정한다. 1장에서 욥이 주로 목축업에 종사하고 가정 예배의 형태를 가지고 있음을 보여 주는 것은 제사장직과 체계적인 종교가 마련되기 이전인 족장 시대의 한 시점임을 말해 주는 단서가 된다.

욥기의 큰 주제는 '결백한 사람이 고난을 당하도록 허용하는 이유가 무엇인가?'이다.

당대의 의인이라고 불린 욥에게[1:5-8] 사탄이 참소하자 하나님은 욥의 생명만 제외하고는 그에게 속한 모든 소유물을 쳐도 좋다는 허락한다. 욥은 먼저 그의 재산을, 그다음에는 그의 자식들을 잃게 된다. 그다음에 욥 자신도 피부병의 고통을 당한다. 이렇듯 이해할 수 없는 고난이 욥에게 오고, 그의 아내는 하나님을 저주하고 죽으라고 하자, 욥은 오히려 사람은 좋을 때나 나쁠 때나 하나님을 신뢰할 준비가 되어 있어야 한다고 하면서 경건의 자세를 유지한다.

그의 정신적 육체적 괴로움이 커지자, 그는 삶이 견디기 어려울 만큼 괴롭다고 느끼며, 자신이 태어나지 않았든지 낳을 때 죽었든지 했으면 좋았을 것이라고 탄식한다.

이 책의 주요 부분은 바로 이해할 수 없는 고난의 문제를 놓고 욥과 멀리서 그를 위로하러 온 그의 친구들인 엘리바스와 빌닷과 소발 간의 세 차례에 걸친 토론으로 구성되어 있다. 그들의 의도는 좋았지만, 그들은 그들의 경험과 지식에 바탕을 둔 "자기중심적 신학"으로 욥의 문제에 접근했고 그것은 욥의 삶에 연관시킬 수가 없을 정도이었다. 이들의 접근법은 한마디로 인과응보(因果應報)·권선징악(勸善懲惡)에 근거한 논리이다. 그들은 욥이 죄를 지었기 때문에, 아마도 어떤 은밀한 죄 때문에 고난을 받는 것이라고 주장한

욥이 살았던 우스(1:1)

다. 회개하고 하나님께로 돌아와야 한다는 것이다. 그러나 욥은 자신은 그들이 주장하듯이 재난들을 받을 만한 죄를 지었음이 없다고 주장하며 그 죄를 증명해 보라고 하면서, 하나님께 자기를 홀로 있게 해 달라고 간청한다.

여기서 욥의 의(義)는 어떤 의일까를 생각해 볼 필요가 있을 것이다. 그의 경건이 고통이 더해지고, 그들과의 논쟁에서 자기의 정당성을 강조하면서 결백을 주장하고, 또한 42:5에서 "귀로만 듣던 하나님을 눈으로 본다"고 고백하며 회개하는 모습을 비추어 볼 때 그의 의는 자기 의(自己 義 : Self-righteousness)이었을 것이라고 생각해 볼 수 있다.

욥의 친구들인 엘리바스와 빌닷과 소발, 그리고 나중에 나오는 젊은이 엘리후의 논쟁의 근거를 각자의 견해 비교 도표를 참조하라.

이 세 친구와 엘리후의 논쟁에서 두 개의 중요한 신학 사상을 볼 수 있다. 첫째, 자기 경험을 근거로 한 '경험 신학'과 진정한 성경적 계시 사이에는 차이가 있다는 점이다. 둘째, 경험과 성경적 계시가 서로 상반되며 해결이 불가능해 보일 때는 최선을 아시고 행하시는 전능하신 하나님의 절대 주권에 순종해야 할 것을 배워야 한다는 점이다. 이것은 바로 인위(人爲)와 신위(神爲)의 차이이다.

이 문제를 신정론(神正論, theodicy)이라고 하는데 인간이 다 이해할 수 없을지라도 인간의 삶 속에서 역사하시는 하나님의 섭리와 그분이 베푸시는 의를 뜻한다. 인간의 계획과 하나님의 의도는 이 세상에서는 결코 만날 수 없는 평행선을 이루고 있지만 인생의 모든 신비와 고통과 죽음이 해결되는 하늘에서는 만나게 될 것이다. 따라서 욥의 문제는 이들이 주장하는 권선징악적 논리로는 설명할 수 없다. 그것은 하나님의 주권에 속한 일이기 때문이다.

그래서 하나님이 직접 말씀하신다. 여호와께서 말씀하실 때, 그분의 위대하심에 대한 욥의 생각은 점점 커져서, 그는 자신의 보잘 것 없음을 인정하고 이렇게 말한다. "내가 주께 대하여 귀로 듣기만 하였사오나 이제는 눈으로 주를 뵈옵나이다."^{욥 42:5}라고 욥은 자신의 주권자가 하나님이심을 인정한다.

욥기의 중심 주제는 단순히 욥의(또는 의인이 받는) '고난'일 뿐만 아니라, 그것을 주관하시는 '하나님의 주권'에 관한 것이다. 욥기는 인간에 대한 하나님의 방법을 정당화하기 위해 쓴 책임을 알아야 한다(관점 2). 어떻게 정당화 하느냐 하면 인간의 유한한 지식에 의한 잘못된 개념을 고쳐줌으로 하나님의 방법, 길, 수단 등을 바르게 이해하게 한다.

욥기에서 보듯이 인간의 고통에 대한 영원한 해결은 약속된 그날에 이루어지지만, 고통에 대한 현재적 해결책도 제시한다.

욥기는 인간이 받는 고통, 특히 선함(the godly)이, 또는 믿는 자가 받는 고통은 하나님의 특별한 목적을 이루기 위함이요, 그의 은혜로운 사역을 이루기 위함이다. 이러한 고통은 체벌적인 것이 아니고, 오히려 치유적인 것이고, 훈련적인 것이다. 다음 도표는 욥기의 등장 인물들의 고난에 대한 관점을 보여 준다.

인물	고난의 관점
사단의 관점	사람들은 고난 없이 잘 살고 축복받을 때에만 하나님을 믿는다. – 이것은 전적으로 틀린 생각이다.
욥의 세 친구의 관점	고난은, 하나님께서 죄를 심판하는 것이다. – 때로는 그런 경우도 있지만, 항상 그렇지는 않다.
엘리후의 관점	고난은, 하나님이 우리를 가르치시고 단련시키시는 방법이다. – 이것은 사실이긴 하지만, 완전한 설명은 아니다.
하나님의 관점	고난은, 우리로 하여금 하나님께서 하시는 일의 이해를 통해서 그분을 믿도록 하는 것이 아니라, 비록 이해할 수 없을지라도 하나님 그분 자체를 전적으로 믿도록 해 주는 것이다.

욥은 고난받는 종이란 면에서 예수님을 예표 한다.

학습 자료 56-2 성경이 말하는 고난 – 욥기를 통해서 배우는 지혜

물론 고난이 죄로 인한 형벌일 때가 있다. 모세를 비방하다 문둥병에 걸린 미리암^{민12:9-10}, 하나님께 죄를 범함으로 망했던 아하스^{대하 28:22-23} 등 성경 곳곳에서 죄로 인해 고난당하는 모습 을 볼 수 있기 때문이다. 그러나 예수님은 날 때부터 소경 된 사람이 그 사람의 죄나 부모의 죄 때문에 소경이 된 것이 아니라고 말씀하심으로 써 고난과 죄가 항상 연관된다는 생각을 고쳐 주셨다^{요 9:1-3}. 또한 하나님 나라를 위해 고난 받기를 자청했던 사도들과 믿음의 조상들을 볼 때^{히 11:4-40}, 고난이 죄의 결과일 수만은 없는 것이다.

그러면 고난은 왜 생기는 것일까? 하나님은 욥의 고난에 대해 침묵하셨다^{욥 33:13}. 대신에 하나님이 지으신 세상과 그 가운데 행하신 일들을 나열하시며^{욥 40:1~41:34}, 하나님만이 세상의 이치를 모두 아시는 주권자임을 말씀하셨다. 이 말은 결국 하나님은 바로 토기장이와 같다는 말이다. 이사야와 바울이 한 말을 들어 본다.

사 64:8 그러나 여호와여 이제 주는 우리 아버지시니이다 우리는 진흙이요 주는 토기장이시니 우리는 다 주의 손으로 지으신 것이니이다
사 45:9 질그릇 조각 중 한 조각 같은 자가 자기를 지으신 자로 더불어 다툴진대 화 있을진저 진흙이 토기장이에게 너는 무엇을 만드느냐 또는 네가 만든 것이 그는 손이 없다 말할 수 있겠느냐
롬 9:21 토기장이가 진흙 한 덩이로 하나는 귀히 쓸 그릇, 하나는 천히 쓸 그릇을 만들 권이 없느냐

고난의 이유에 대한 유일한 답은 하나님 자신이시다. 하나님은 무슨 일이든 권리를 가지셨고, 피조물인 우리는 어떤 상황에서도 하나님만 신뢰하고 섬겨야 함을 알려 주신다^{전 3:14}.

이것이 바로 고난의 신비이다.

욥과 그 친구들의 문제는 모두 자기 의와 자기중심적 삶에 충실하여 고난에 대한 하나님의 주권적 측면을 보지 못한 것이다. 신위의 문제를 인위의 관점에서 이해하고 해결책을 찾으려는 시도였다는 것이다. 우리는 하나님의 절대 주권을 인정하고 그것에 순복하는 믿음까지 자라가야 한다. 그래야 하나님 나라가 그곳에 이루어진다는 것이다.

✝ 고난의 유익

- 고난을 통해 자신의 죄악을 깨닫고 돌이키며 주의 율례를 배우게 된다.^{시 119:67, 71}
- 고난 당하는 다른 사람을 이해하고 위로할 수 있게 된다.^{고후 1 :4-6}
- 고난을 통해 예수님의 순종을 배우게 된다.^{히 5:8-9}
- 예수님이 당하신 고난에 동참하는 영광을 누리게 된다.^{벧전 4:12-13}
- 고난을 통해 겸손해지고 하나님을 온전히 신뢰하는 신앙의 인격자가 되어간다.^{고후 1:9, 욥 23:10}

✝ 고난당할 때 가질 태도

- 하나님을 전적으로 신뢰해야 한다.^{벧전 4:19}
- 세상을 이기신 예수님을 바라보며 평안하고 담대해야 한다.^{요 16:33}
- 고난의 유익을 생각하며 오히려 기쁘게 여기고 인내를 온전히 이루어야 한다.^{약 1:2-4}
- 기도를 통해 하나님의 도우심을 구해야 한다.^{약 5:13}

✝ 고난당한 사람에게

하나님이 하시는 일		우리가 해야 할 일	
보호해 주신다	시 121:3, 7	위로한다	고후 1:4
함께하신다	사 43:2	불쌍히 여긴다	욥 6:14
감당함과 피할 길을 주심	고전 10:13	기도한다	행 12:5
슬픔이 기쁨이 되게 하심	시 30:11	보호한다	잠 22:22
고난에 대해 보상하심	롬 8:18	구제한다	욥 31:19, 20
구원해 주신다	시 34:17	공감한다	롬 12:15

학습 자료 56-3 구약의 음부 개념의 이해 욥 10:21-22

히브리인의 음부 개념을 올바로 이해하기 위해 우리가 먼저 유념해 두어야 할 것이 있다. 그것은 첫째 구약에 나타난 음부(히. 스올)와 신약의 음부(헬. 하데스)는 그 개념이 서로 다르다. 즉 구약의 음부는 단순히 사자(死者)의 처소로만 언급하지만, 신약의 음부는 더욱더 구체적으로 악인들이 세상 끝날 최후 심판으로 지옥에 가기 전에 머무는 형벌의 중간기 처소로서 낙원(헬. 파라다이스)과 대조되는 개념이다. 그러나 이는 계시의 점진성에 따라 구약 시대보다 신약시대에 사후 세계에 대한 계시가 더욱 명료히 주어졌기 때문에 생긴 차이이며, 서로 상치되는 것은 아니다. 둘째 구약의 음부 개념은 일차적으로 구약 시대 히브리인들이 이해하기 쉽게 하려고 그들의 음부 개념을 반영하는 표현을 그대로 사용하고 있기는 하나 양자가 완전히 일치하는 것은 아니라는 것이다. 즉 히브리인 자신들은 그 당시 고대 이방 문화권의 영향을 받아 그릇된 음부 개념도 가지고 있었을 것이나 구약 성경은 신약과 상호 모순되지 않는 범위에서 하나님의 특별한 역사에 따라 기록되었기 때문에 결코 그릇된 것이 없다. 따라서 여기서는 구약 성경 가운데 자주 나타나는 음부의 개념에 대해서 다룬다.

✝ 음부의 원어적 의미

구약에서 '음부'로 번역된 히브리어는 '스올'이며 모두 65회 사용되었다. 이 단어의 문자적 의미에 대해서는 다소 견해가 엇갈리나 이에 대한 유력한 견해를 살펴보면 다음과 같다. 먼저 단어는 '묻다'(to ask)라는 의미를 가진 '솨알'에서 유래했다고 보는 견해가 있다. 이는 죽은 자가 음부에서 엄중하게 문책받는다는 사상의 반영으로 보는 것이다. 또한 동일한 히브리어 '솨알'이 '요청하다'라는 의미도 지닌 것에서 착안하여 이 명칭은 음부가 죽은 자를 끊임없이 요청하는 곳이라는 사상을 반영한 것이라고도 본다. 그러나 음부, 즉 스올이란 단어가 '움푹 꺼지다'(to be hollow)란 의미와 관련된 것으로 보아 음부가 땅 밑의 움푹 패어진 장소에 있음을 반영하는 것으로 보기도 한다. 이는 이 단어가 영어 성경에서는 '움푹한 구덩이'를 의미하는 'pit'로 번역되는 근거가 되기도 한다. 또한 음부를 '어두침침하게 하다'(make dim), '황폐케 하다'(crash)란 뜻이 있는 '솨아'에서 유래한 것으로 보아 음부가 흑암의 세력이 지배하는 어둡고 황폐한 곳임을 반영한다는 견해도 있다. 이 가운데 어느 것이 사실에 더욱 근접하는 것인지는 확실치 않으나 모두 나름대로 구약 시대 사람들의 음부에 대한 관념이 어떠했는지를 암시적으로 보여 주는 것이라 할 수 있다.

✝ 음부에 대한 구약의 묘사

구약 성경은 음부를 선한 자나 악한 자나 구분 없이 모든 죽은 자들이 가서 머무는 곳으로 본다. 그리고 그곳은 어둡고 그늘진 곳이며 욥 10:21, 22, 시 143:3 아름다움과 시 49:14 만족함과 잠 27: 20 하나님에 대한 찬양이 없는 사 38:18 침묵의 장소이며 시 31:17, 오히려 고통과 시 116:3 잔혹스러움이 있는 아 8:6 흑암의 장소 욥 10:22로 설명되고 있다. 이처럼 구약 시대 사람들은 인간이 죽음으로 영원히 멸절하는 것이 아니라 음부라는 실존의 장소에서 삶을 영위하는 것으로 생각했으며 이곳 역시 하나님의 능력이 역사하는 영역으로 여겼다^{욥 26:6, 시 16:10-11}. 따라서 구약의 성도들은 이러한 암울한 음부로부터 하나님께서 건져 주실 것을 간구하기도 하였다.^{시 89:48}

✚ 음부의 위치에 대한 구약의 언급

죽은 자가 거하는 처소라는 가장 소박한 음부의 개념에 의거하여 일차적으로 음부를 죽은 사람의 시체가 묻히는 무덤이란 뜻으로 사용되기도 했다^{시 141:7}. 따라서 KJV는 음부에 해당하는 히브리어 '스올'을 31번이나 '무덤'(the grave)으로 번역하기도 했다. 그러나 음부의 보다 보편적인 용례는 사후(死後)에 육체와 분리된 영혼이 가는 이 세상과 별개의 처소를 가리킨다. 히브리인의 우주관에 의하면 세계는 하늘(天)과 땅(地)과 땅 아래 장소(地下)로 나누어지며 죽은 자의 영혼이 머무는 음부는 땅 아래 지하 세계에 있는 것으로 보았^{다민 16:30, 33, 겔 31:17, 암 9:2}. (이에 대해서는 욥 38장 학습 자료 58-7 '히브리인의 우주관'을 참조하라.)

   따라서 이곳에 있는 자는 다시 지상으로 갈 수 없는 것으로 생각되어졌으며^{삼하 12:23, 사 26:14} 음부에 있는 자와 교통을 시도하는 자는 하나님의 질서를 범하는 것으로 여겨 정죄되었다^{신 18:11, 사 8:19}. 또한 이곳은 대양(大洋) 아래 깊은 물 가운데 있으며 문을 가진 집단 거주지의 형태를 취하고 있는 것으로 상징되기도 하였다^{욥 26:5, 38:17, 사 38:10}. 한편 구약 성경에 나오는 이러한 음부에 대한 표현은 당시 히브리인들의 사상을 반영한 것으로 표면상으로는 신약의 음부 개념과 배치되는 것 같다. 그러나 이때에는 사후 세계에 대한 정확한 정보보다는 사후 세계의 존재 자체를 말하는데 비중을 두고 있었기 때문에 다소 은유적, 비유적인 표현들을 이용하여 음부에 대해 당대의 사람들이 쉽게 이해할 수 있도록 하나님이 성경 저자들을 인도하셨다고 볼 수 있다.

✚ 의의

혹자들은 구약 성경에 나오는 음부에 대한 묘사를 고대 근동의 다른 이방 문화권에서도 찾아볼 수 있는 사후 세계에 대한 관념과 유사한 신화적 상상의 소산으로 보기도 했다. 또한 사후의 중간기 처소로서 의로운 자가 거하는 낙원과 대치되는 음부에 대한 신약 성경의 묘사와 구약에 나오는 음부 개념이 상호 모순을 일으킨다고 생각하기도 했다. 그러나 누차 밝혔듯이 구약 성경에 나오는 음부의 묘사는 계시의 점진성에 따라 아직 확실한 계시가 주어지지 않았을 때 구약 시대 사람들이 가진 관념을 사실 그대로 반영하되 구약 성경 특유의 회화적 묘사나 특히 시가서에서 발견할 수 있는 문학적 표현이 가미된 것이라고 보아야 한다. 따라서 그 표현상 다소 혼란을 일으키기는 하나 성경 전체의 계시와 근본적으로 모순되는 것은 아니다. 그러므로 우리는 신약과 근원적 동질성을 갖는 음부에 대한 기록을 대할 때 인간의 삶이 이 세상에서 끝나는 것이 아니라 사후에도 영원히 지속됨을 깨닫고 하나님을 의지하며 그의 뜻에 따라 사는 진지한 삶의 자세를 다시 한번 다짐하게 된다.

❖ 잠 28장 "성경과 정부 모델"(p383)

57일 핵심 학습 자료

학습 자료 57-1 원어로 살펴본 '인간'의 의미 욥 14:1

'인간'의 존재에 대한 정의는 인간을 바라보는 관점에 따라 각기 다를 수 있다. 그러면 성경은 인간을 가리켜 어떻게 말하고 있는가? 이에 대해 성경에서 인간을 뜻하는 말로 사용된 주요 원어들을 살펴보고자 한다.

✝ 인간을 나타내는 구약 용어

아담	구약에서 54회 사용된 이 단어는 '붉다'란 뜻의 '아돔' 그리고 '붉다'란 의미의 연장으로서 붉은 '땅'을 의미하는 '아다마'에서 유래되었다. 이는 하나님께서 인간을 흙으로 창조하신 사실을 반영한다(창 2:7). 이 단어가 처음으로 사용된 창1:26에서는 인간 곧 아담이 하나님의 형상(image)과 모양(likeness)을 반영하는 유일한 피조물로서의 영광을 소유한 존재로 설명된다. 그러나 타락 이후 하나님의 징벌로서 흙으로 된 피조물 아담은 필경 '흙'(아다마)으로 돌아가는 존재로 다시 전락한 바 실로 아이러니하다.(창 3:19).
게베르	60회 사용된 이 단어는 '강하다'란 뜻의 '가바르'에서 유래하였다. 이는 특히 여자나 어린이와 구별되는 강한 남자 장정을 가리키는데 사용되었다(출 10:11).
에노쉬	42회 사용된 이 단어는 '깨지기 쉽다', '약하다'란 뜻이 있는 '아나쉬'에서 유래한 듯하다. 이는 인간이 육체적으로 연약하며 죽을 수밖에 없음을 반영한다.
이쉬	2183회 사용되어 인간을 나타내는 가장 보편적인 구약 용어이다. 이 단어는 '존재하다'란 의미와 관련이 있는 듯하다. 이 말이 남녀노소 모두를 가리켜 사용되지만 특히 혼인(창 2:24)과 관련되거나 불특정 다수를 지칭할 때 쓰이는 것으로(출 21:12) 보아 인간이 더불어 사는 사회적 존재로 창조된 사실을 반영하는 듯하다.

✝ 인간을 나타내는 신약 용어

안드로포스	인간을 가리키는 가장 보편적인 신약 용어로서(요 2:25) 주로 하나님과 구분되어(마 19:6) 연약함과(히 5:2) 죽음과(히 9:27) 죄의(롬 3:4) 지배를 받는 존재임을 나타내는데 사용된다. 그러나 긍정적 측면에서는 짐승과 구분되는 존재로서의 사람을 가리키기도 한다(눅 5:10).
아네르	여성이나(행 8:12) 어린 아이와 구분되는(고전 13:11) 개별적인 남자 어른을 가리키는 용어이다(눅 8:41).

학습 자료 57-2 성경적 인과응보 사상 욥 15:17-35

모든 일에는 원인에 따른 필연적 결과가 있다는 인과론(因果論)을 특히 인간의 선과 악의 행위와 관련하여 선을 행하면 선한 과보(果報)가, 악을 행하면 악한 과보가 주어진다는 것이 인과응보 사상이다. 성경은 원칙적 측면에서, 그리고 종말론적인 측면에서는 이를 인정한다. 그러나 이러한 인과응보가 현세적으로, 그리고 도식적으로 적용된다고 보는 세속적 인과응보 사상에 대해서는 단호히 거부한다.

✝ 세속적 인과응보 사상의 특징과 오류

세속적 인과 응보 사상의 가장 큰 특징은 앞에서도 간단히 언급한 바대로 인간이 선과 악을 행할 때 그 보응이 현세적으로 틀림없이 주어진다는 도식적이고 기계적인 사고에 기초한다는 것이다. 그러나 현실 가운데서는 악한 자가 득세하며 선한 자가 고난을 겪는 모순된 경우가 많다. 성경에 나오는 스데반이나 교회사(敎會史)에 무수히 등장하는 순교자들은 탁월한 신앙심을 가졌음에도 불구하고 이 세상에서는 아무런 보상도 받지 못한 채 비참한 최후를 맞이하였다. 이로 볼 때 세속적 인과응보 사상은 일차적으로 현실과 모순된다는 한계를 지닌다. 그리고 보다 근본적으로는 성경에서 가르치는바 하나님은 만물을 창조하시고 만유 위에서 모든 피조물을 당신의 기쁘신 뜻에 따라 다스리신다는 역사에 대한 하나님의 절대 주권 사상과 상호 배치된다.

✝ 성경적 인과응보 사상

성경적 인과응보 사상을 한마디로 표현하면, 인간의 선·악 간의 행위에 대한 하나님의 심판은 현 세상에서는 다만 일반 은총적 수준에서 현 세상의 기본 질서를 유지하는 차원에서 잠정적으로, 예표적으로만 주어질 뿐 이에 대한 최종 심판은 세상 끝 날에 주어진다는 것이다. 즉 하나님은 만 세대의 택한 영혼들이 예수 구속(救贖)의 법에 근거하여 회개하고 구원 얻을 충분한 시간 확보를 위하여 태초부터 종말까지 구속사를 연장하시고 그 기간에 형평의 원칙에 따라 절대 공의의 심판을 잠시 유보하고 계신다. 그리고 마침내 우리 주 예수 그리스도의 구속 사역을 중심으로 진행되던 구속사가 절정에 이르는 그 날, 곧 세상 끝 날에 최종 심판을 단행하시되 하나님은 예수 구속 복음을 믿는 성도들에게는 영생의 복과 함께 상급의 심판을, 이를 끝내 거부한 자들에게는 그들의 악한 행위에 따라 영벌의 심판을 주실 것이다 마 25:46, 계 20:11-15. 대신 구속사가 진행되는 동안 하나님은 일반 은총적 수준에서 그 기본 질서 유지를 위하여 선·악에 대해 세상 끝날 최종 심판에 대한 예표로서 잠정적으로만 공의의 심판을 단행하시는 결과 현 세상에는 선과 악이 혼재해 있고 악인이 득세하고 형통하며 의인이 고난받는 모순된 상황이 존재하기 마련이다. 이 때문에 기계적이고 도식적인 세속 인과응보 사상은 이러한 현 세상의 구속사적 현실과 전혀 맞지 않는 것이다.

✝ 의의

이상과 같은 성경적 인과응보 사상을 통하여 우리는 실로 다음과 같은 중요한 의의를 발견하게 된다.

> ① 우리 성도는 고난 중에도 절망하지 않으며 형통할 때도 교만하지 않는 성숙한 삶을 살 수 있다. 왜냐하면 이 세상에서의 고난이 하나님으로부터 버림받은 증거가 아니며 또 이 세상에서의 형통이 영원한 구원의 보장이 아님을 알기 때문이다.
> ② 인간의 선악에 대한 보상이 종말의 때로 유보되어 있음을 깨달을 때 항상 스스로를 돌아보아 회개하며 근신하는 태도를 가질 수 있다.
> ③ 한번 택하신 자는 이 세상에서의 어떤 상황에도 불구하고 반드시 천국 구원에 이르게 하시는 하나님의 절대적인 은총에 대해 항상 감사하는 생활을 영위할 수 있다.

학습 자료 57-3 욥기의 신정론

욥기는 성경에서 신정론적 문제가 가장 두드러지게 부각되는 책인 것은 사실이지만 신정론 문제 자체에 대한 직접적인 답변서는 아니다. 욥기는 신정론적인 문제를 통하여 절대자요 초월자이신 하나님의 섭리는 유한자인 인간의 사고를 뛰어넘는 오묘한 것으로서 인간이 함부로 판단할 수 없으며 인간에게는 오직 하나님의 절대 주권을 시인하고 순종하면서 하나님의 절대 공의 내지 선의가 실현될 것임을 믿고 의지하는 자세가 요구된다는 것을 교훈하는 책이다. 그런데도 욥기는 앞의 언급한 대로 신정론적인 문제에 대한 답을 추구하는 과정을 통하여 그 주제에 이르고 있어서 신정론적 문제에 대한 직접적인 답변은 제시해 주지 않는다고 해도 간접적으로는 그 답변을 충분히 제시해 주고 있다. 이에 여기서는 이러한 욥기를 중심으로 하여 신정론의 성경적 이해를 살펴보고자 한다.

✝ 정의

신정론(神正論. Theodicy)에 해당하는 헬라어 '데오스디케'는 '신'을 의미하는 헬라어 '데오스'와 '정의'를 나타내는 '디케'의 합성어이며 문자적으로는 '하나님의 정의'란 의미이다. '신정론'이란 간단히 말해 '역사와 우주의 절대 주권자이신 초월적 존재가 과연 존재하는 것이며 그 하나님은 실로 정의로운가?'라는 의문에 대한 일체의 논의를 가리킨다. 물론 이런 논의는 하나님이 계시는데도 악이 존재하고 악인이 세상에서 득세하는 데 따른 의구심에서 출발한다. 즉 '절대 의롭고 선하신 하나님이 이 세계를 통치하신다면 어떻게 이토록 선과 악이 뒤섞여 있으며 심지어 악인이 득세하고 형통하며 의인이 고통받는 모순된 현실이 존재할 수 있는가?'라는 의문이 제기되는 것이다. 이에 대해 사람들은 ① 하나님이 계시지 않는 것이 아닌가? ② 하나님이 계시더라도 공의로우신 분이 아닌 것은 아닌가? ③ 하나님이 공의로우시더라도 전능하시지 않으므로 선의 절대 승리를 보장하시지 못하는 것은 아닌가? 등의 의문을 제기할 수 있을 것이다. 이에 절대 초월자로서의 하나님의 존재는 물론 역사에 대한 분명한 하나님의 주권과 개입, 하나님의 절대 공의와 전능하심 등에 대해 변호하는 것이 바로 신정론(神正論). 즉 변신론(辯神論)이다.

✝ 신정론 문제에 대한 성경의 답변

성경은 결코 신정론에 대한 이론적 체계적 변론을 제시하고자 시도하지 않는다. 이 문제에 대한 성경의 접근방법은 설명(Explanation)이 아니라 선포(Proclamation)이다. 그 이유는 다음 두 가지로 생각해 볼 수 있다.

첫째, 선과 악의 구분과 이에 대한 보응의 문제를 포함한 인생의 현실과 미래에 대한 하나님의 섭리의 문제는 오직 하나님의 절대 주권에 속한 것으로서 인간이 자신들의 기준으로 제한할 수 없는 것이다. 또한 어차피 무한하신 하나님께서 당신의 모든 섭리의 기준과 과정과 결과를 일일이 설명한다고 해도 인간이 이를 다 수용하거나 이해할 수는 없을 것이기 때문이다.

둘째, 성경의 일차적 관심사는 인간 구원의 진리 자체의 선포이지 그 구원 진리에 관한 토론이나 설득에 있지 않다. 우리가 조금만 생각해 보아도 절대 초월자요 창조자이신 하나님의 존재 문제와 그분의 섭리 기준과 과정 등의 문제는 믿음의 영역이지 결코 이해의 문제가 아님을 알 수 있다.

그러므로 이 신정론적 상황을 가장 첨예하게 다루고 있는 욥기의 본문에서도 하나님은 인간에게 과연 너희들이 대등한 입장에서 나와 토론할 자격이 있으며 또한 하나님 당신께서 모든 것을 설명한다고 하여도 이를 완전히 이해할 능력이 있는가를 반복적으로 물으심으로써 욥과 그의 변론자들이 스스로 한계를 깨닫도록 촉구하시지, 결코 자신의 섭리의 정당성을 변호하거나 그 전말을 설명하지 않으셨다. 이것이 성경의 근본 자세이다.

그러나 동시에 우리는 인간 구원 역사의 전개 과정과 관련된 성경의 계시 전반을 체계적으로 살펴볼 때 간접적이나마 이 신정론 문제에 대한 충분히 납득할 만한 답변을 얻을 수도 있다. 이는 다음처럼 요약된다.

현 세상에서는 아담의 타락 이래 선과 악이 잠정적으로 혼재해 있다. 그것은 곧 세상과 역사에 대해 절대 주권을 가지신 하나님이 세상의 택한 영혼들이 예수 구속의 복음에 근거하여 회개하고 구원을 얻을 충분한 확보를 위하여 구속사(救贖史)를 태초부터 세상 끝날 때까지 연장하시고 그 기간에 절대 공의의 실행을 유보(留保)하심으로써 선과 악의 혼재를 잠깐 허용하셨기 때문이다. 그 결과 현 세상에는 사탄(Satan. 엡 2:2)이 공중 권세를 잡고 있고 또 그 수하에 있는 악인들이 득세하며 형통을 누리기도 하는 것이다. 그러나 분명 하나님께서는 이 세상 끝날 에는 선과 악을, 의와 불의를, 회개한 자와 교만한 자를 절대 구분하시고 영원히 심판하실 것도 거듭하여 명시적으로 선언하셨다. 즉 궁극적으로는 선과 악이 철저히 구분되고 또 각각 보상될 것을 밝히신 것이다. 따라서 현재의 신정론적 문제는 하나님 구속사의 전개에 따라 종말론적 심판 때까지 심판이 유예된 과정의 일시적 현상임을 충분히 이해하게 된다.

🛈 성경적 신정론 메시지의 교훈

현재의 우리도 주변에서 그리고 바로 자신의 삶 속에서 신정론적 문제 상황에 언제나 직면할 수 있다. 이때 욥의 변론자들처럼 잠깐의 악인 번영과 의인의 고난이 무조건 그 당사자의 죄의 유무의 결과라는 도식적 판단을 내려서는 안 된다. 또한 하나님의 존재와 그분의 절대 공의를 의심하여 좌절에 빠지거나 심지어는 악행에 동참하여도 무방한 것이 아닌가 하고 착각하는 모든 어리석음도 피해야 한다. 그리하여 악인의 번영을 보고 혼란에 빠져서도 안 되며 의인의 고난을 보고 낙담하거나 의심해서도 안 된다.

욥기의 신정론
- ◆ 욥이 왜 고통을 받아야 하는가? = 왜 인간이 고통을 받아야 하는가?
  - • 이런 고통은 체벌적, 응징적, 보복적인 것이 아니고, 치유적인 것이다.
- ◆ 자기중심성(自己義) 내려 놓게하기 위함.
  - • 神正論은 因果應報로서만 풀 수 없다.
  - • 하나님의 절대 주권에 대한 인간의 절대 순종.
  - • 인과응보론의 현실적 한계와 궁극적 실현.
- ◆ 성경의 고난은 종말론적으로 풀어야 한다.

학습 자료 57-4 별의 높이 욥 22:12

고대의 많은 사람은 공중 그리고 멀지 않은 곳에 튼튼하고 둥근 돔(dome) 형의 천장이 있고 그 표면에 별이 박혀 있다고 믿었다. 그런데 성경은 고대에 기록되었음에도 하늘의 영역이 무한하며 지구에서 별까지의 거리도 매우 멀다는 것을 자주 언급하고 있다욥 11:7, 8, 22:12, 사 55:9. 이것이 과학적인 진실임이 천문학자들에 의해 증명된 것은 그리 오래되지 않았다는 점에서 볼 때 실로 놀라운 일이 아닐 수 없다.

지구에서 별까지의 거리는 1838년 베셀(Friedrich Wilhelom Bessel)이 처음으로 시차법(時差法, prallax method)을 사용하여 계산하였다. 시차법은 비교적 근거리인 경우에만 사용되는데, 지구가 태양의 둘레를 공전할 때 1년을 주기로 하여 타원형을 이루는 별의 겉보기 위치의 크기로써 거리를 측정하는 것이다.

한편 별의 거리는 '광년'(光年)이라 는 단위로 표현되는데, 1광년은 빛이 진공 속을 1년 동안에 진행한 거리, 즉 9.46×10의 12승 km이다. 대략 우리의 눈으로 밝게 보이는 별의 대부분은 10 수 광년 이상의 거리에 있는 것이다.

이로 볼 때 '별의 높음이 얼마나 높은가?'라는 본문의 말씀은 가까운 하늘 위에

별이 매달려 있다고 믿었던 사람들이 살았던 고대에 기록된 것임에도 불구하고 그러한 고대인들의 그릇된 사고에 전혀 영향을 받지 않고 우주 공간이 무한함을 언급함으로써 현대의 과학적 연구와 일치하고 있다는 것은 실로 놀라운 일이 아닐 수없다. 물론 성경이 과학적인 사실을 증명하려고 쓰인 것은 아니다. 그러나 창조주 하나님의 영감으로 기록된 성경인 만큼 과학에 관계된 성경의 암시가 어느 것 하나도 틀림없이 완벽할 수밖에 없는 것이다. 실로 성경 66권은 정확 무오한 하나님의 말씀이다!

학습 자료 57-5 이신론(Deism) 비판   욥 22:1-30

✝ 문제의 제기
이신론(理神論)이란 자연신(自然神)이라고도 불리는 사상으로 17세기 중엽부터 18세기 중엽까지 주로 영국에서 자연 종교를 주창한 이성주의(理性主義) 사상가들에 의해 체계화된 사상이다(Hebert, Tolamd, Hobbes). 그러나 비록 체계화되지는 않았으나 이는 이미 오래전부터 광범위하게 인간 마음을 지배하던 사상으로써 본문에 등장하는 엘리바스의 변론 가운데서도 찾아볼 수 있다. 이에 오늘날까지 범람하고 있는 이 위험한 사상인 이신론을 살펴봄으로써 이것이 성경의 가르침과 어떻게 배치되는지에 대해 비판하고자 한다.

✝ 이신론의 정의
이신론(Deism)은 무신론(Atheism)과 달리 인간과 우주를 만드신 창조주로서의 하나님의 존재를 믿는다. 그러나 그들이 믿는 하나님은 창조 사역이 끝난 후 피조계 자체에 내재된 법칙에 따라 움직이도록 버려두시고 전혀 간섭지 않으시는 하나님이다. 즉 하나님은 피조된 세계를 다스리시고 섭리하시는 존재가 아니라 우주는 그 운동 법칙에 따라 인간은 도덕률에 따라 살 수 있게 하시고 전혀 간섭하지 않는다는 것이다. 이런 신관(神觀)에 따라 이성을 초월하는 모든 것을 거부하는 것이 바로 이신론이다.

✝ 이신론의 비판

① 이신론자들은 일반 계시 또는 자연 계시를 통해 하나님의 뜻을 올바르게 알 수 없게 된 타락한 인간의 영적 상태를 무시하고 하나님과 구원의 진리에 대한 특별 계시의 필요성과 실재적 존재를 부정했다.

② 성경은 하나님이 절대 초월자이시며 또한 역사 가운데 내재하셔서 인간 역사를 섭리하시는 내재자로 규명하나 이신론자들은 하나님의 초월성만을 강조하고 역사와 인간과 직접적인 관련이 없으신 분으로 오도하였다.

③ 이신론자의 주장을 수용한다면 특별 계시로서의 성경의 신적 권위는 물론 성도의 예정, 그리스도의 성육신(成肉身), 그리스도의 속죄를 통한 구원의 완성, 그리스도의 재림과 심판 등과 같은 인간 구원을 위한 하나님의 초자연적인 역사를 전면 부정하는 오류에 빠진다.

④ 이신론자들은 우주를 내재하는 법칙과 에너지에 의해 움직이는 하나의 거대한 기계로 본다. 그러나 경험적인 측면이나 과학적 규명으로 보더라도 기계론적 합리주의로서는 도저히 설명되지 않는 현상이 우주와 인간사 가운데는 무수히 많이 일어난다. 따라서 이신론은 인간 이성의 한계성을 무시한 소아적이며 유치한 발상에 불과하다고 할 수 있는 것이다.

✚ 의의

오늘날에도 이신론과 같이 인간의 합리성에 바탕을 둔 도식적인 사고방식으로 하나님의 역사 개입을 부정하며 영적 세계와 초이성적 진리에 대해 거부하는 반 진리에 속한 자들이 많은바 성도들은 하나님의 특별 계시인 성경으로 무장하여 이러한 반 진리를 극복하여야 한다.

58일 핵심 학습 자료

학습 자료 58-1 계시의 점진성(漸進性) 욥 14:1

✝ 정의

계시(revelation)란 초월자이시고 무한하신 하나님이 유한한 인간의 눈으로는 베일에 가려진 자신의 존재 및 오직 하나님께만 속하는 구속 경륜을 친히 인간에게 드러내 보이시는 것을 의미한다. 그리고 계시의 점진성이란 이러한 하나님의 비밀스러운 계시가 구속 역사가 전개됨에 따라 점차적으로 구체화하고 명백화하는 것을 가리킨다.

✝ 점진적 계시의 필요성

하나님께서 인간의 구원에 필요한 모든 비밀스러운 일들을 단번이 아니라 점진적으로 계시하시는 이유는, 하나님께서 그 오묘한 구원 계획을 일시에 계시하셨을 때 이를 온전히 이해하고 받아들일 수 있을 만큼 인간이 지혜롭지 못하기 때문이다. 그래서 하나님은 각 시대의 사람들이 충분히 이해할 수 있는 지적, 문화적, 역사적 여건을 고려하여 그 시대에 합당한 계시를 주신다.

✝ 점진적 계시의 양상

구원 진리에 관한 직접 계시인 특별 계시를 문자적으로 보존한 성경을 검토해 보면 계시의 점진성은 더 명백해진다. 이를 일곱 단계로 구분하여 설명하면 다음과 같다.

① **창조 시대**창 1-3장 : 구속사의 궁극적 주체이신 창조주 하나님과 최초 인간 아담 간에 맺은 선악과 언약에 대한 계시를 비롯하여 아담의 타락 후 최초로 주신 여자의 후손에 관한 원시 복음에 대해 계시가 되어 있다.

② **노아 시대**창 4-9장 : 인간의 죄의 심각성, 죄에 대한 하나님 심판의 필연성과 엄정성 및 하나님께서 계시하신 구속의 복음을 믿고 · 순종하는 자에게 대한 구원의 확실성을 보여 준다.

③ **족장 시대**창 12-50장 : 구약 시대 구속사 전개의 통로인 선민 이스라엘의 조상들, 곧 아브라함, 이삭, 야곱 및 요셉을 통하여 택한 성도 개개인에 대한 하나님의 소명, 인도, 보호, 연단, 성숙의 방법과 원리들을 보여 준다.

④ **출애굽·정복 시대**출~룻 : 선민 이스라엘의 신정 왕국 성립의 기원과 정착 과정을

통하여 구속사의 주체이신 여호와 하나님의 절대 권능과 세계 역사에 대한 절대 주권 등을 보여 주며 동시에 모세 율법을 통해 선민이 수직적으로는 여호와 하나님과, 수평적으로는 이웃과 사회에 대하여 가져야 할 삶의 의무와 거룩성 등에 대해 보여 준다.

⑤ **왕국·포로기 시대**^{삼상~말} : 선민 이스라엘의 끊임없는 배반과 불신에도 불구하고 한 번 택한 백성들을 끝내 버리지 아니하시고 구원의 길로 인도하시는 구속의 주체이신 하나님의 신실성을 보여 준다. 특히 다윗 언약의 성립과 실행 과정을 통하여 메시아, 곧 예수 그리스도와 그의 구속 사역에 대한 예언과 예표가 풍성히 주어진다.

⑥ **그리스도의 초림 시대**^{마~요} : 구약 예언의 성취로서 그리스도의 오심은 구속사 최대의 사건이다. 즉 그리스도의 성육신, 죽음, 부활을 통해 태초에 주어진 구속의 법을 완전히 성취하시고, 또 당신의 구속 복음을 믿는 자들이 장차 얻게 될 천국 구원과 영생에 관한 새 언약을 계시로 주셨다.

⑦ **성령 강림 이후 시대**^{행~계} : 보혜사 성령께서 그리스도의 구속 복음을 믿는 전 신약(全新約) 시대의 모든 성도가 세상 끝날 것까지 새 언약 속에서 주님의 지상 대명(至上大命)을 수행하며 신앙생활 할 수 있도록 보호·인도하심을 보여 준다.

✝ 의의

계시의 점진적인 성격 때문에 우리는 구약 시대 모든 계시의 성취요 또 인간의 구원을 위한 가장 명백한 계시인 그리스도에 의해 나타난 계시의 빛에 비추어서만 구약 시대 계시의 말씀을 이해하고 해석할 수가 있는 것이다. 또 구약에서 신약시대에 이르기까지 계속해서 점진적으로, 주어진 계시의 말씀을 통해 택한 백성을 구원하기 위한 하나님의 세밀하고 철두철미한 구속 역사의 전개를 깨닫는다.

학습 자료 58-2 구약에 나타난 사망관 ^{욥 33:19-33}

구약 성경에는 육적 죽음과 영적 죽음에 대한 구별이나 사후(死後) 처소에 대한 명백한 언급이 없다. 그러나 구약에도 신약이 언급하고 있는 바와 같이 확실한 것은 아니나 죽음에 대한 기본적 개념은 모두 포함하고 있다. 여기서는 구약 성경에 나타난 사망관에 대한 중요한 몇 가지를 개략적으로 살펴보면 다음과 같다.

1. 죽음은 죄의 결과이다.
선악과를 따먹음으로 죽음이 들어왔다는 언급은 죽음이 죄의 결과로 생겨난 하나님의 형벌임을 분명히 한다^{창 2:17, 창 3:19}. 이러한 사상은 신약 가운데 더욱 발전된 형태로 언급된다^{롬 6:23, 계 2:11}.

2. 죽음은 영혼과 육체의 분리이다.
인간에게 있어 죽음이란 흙으로 지음을 받은 육체는 땅으로 돌아가며 영혼은 하나님께로 돌아가는 것^{전 12:7}, 즉 영과 육이 분리되는 현상으로 파악했으며 이는 신약 성경에서 보다 더 명확히 나타난다^{약 2:26}.

3. 죽음은 필연적이다.

모든 인간은 죽음을 경험하게 되고^{삼하 14:14} 죽음에서 다시 돌이키지 못한다^{욥 16:22}. 이러한 사실은 죽음을 영원한 집으로 돌아가는 것으로 묘사한 것에서도 발견된다^{전 12:5}.

4. 죽음 후에도 연장되는 삶이 있다.

하나님과 동행하는 삶을 산 에녹이 살아 있는 채로 하나님께 데려감을 당하고^{창 5:24} 또 구약 여러 곳에서는 죽음을 열조(列祖)가 있는 곳으로 돌아가는 것으로 묘사하며 ^{창 25:8} 야곱의 유언 가운데서도 사후의 삶에 대한 암시가 엿보인다^{창 47:30}.

5. 죽음 이후에 부활이 있다.

구약 가운데는 죽음에서 깨어나려는 희망을 실은 어구가 많으며^{욥 19:25, 시 16:11, 17:15} 부활을 약속하는 어구도 있다^{사 26:19, 단 12:2}.

6. 생사의 권세는 하나님께 있다.

인간은 죽음의 때가 언제인지 알지 못한다^{창 27:2, 시 39:4}. 그러나 전능하신 여호와는 죽이기도 하며 살리기도 하고 상하게도 하며 낫게도 하시는^{신 32:39, 삼상 2:6} 인간의 생사화복을 주관하시는 분이시다.

7. 죽음은 장차 극복된다.

이사야는 예언의 형태로 구원받은 성도는 장차 새로운 하나님의 왕국에 들어가며 여기에서 하나님은 사망을 영원히 멸하시며 모든 얼굴에서 눈물을 씻기실 것을 선포하고 있다^{사 25 :8}.

이상에서 살펴본 바와 같이 이미 구약 시대부터 죽음의 기원·성격·죽음 이후의 일 등에 대해 계시가 주어졌으며 구약 시대의 사망관과 신약시대의 사망관이 근본적인 차이가 없음을 알 수 있다. 그러나 신약에는 이에 대한 보다 구체적인 계시로 인해 좀 더 명확한 인식이 있었던 반면 구약 시대에는 죽음 이후의 삶·부활·영생에 대한 개념이 상대적으로 희박했던 것만은 사실이다. 이제 신약의 성도인 우리는 죄의 결과인 죽음의 극복이 죄의 문제를 완전히 해결하신 그리스도에 대한 믿음에 있음을 깨닫고 죽음을 무서워하거나 피할 것이 아니라 죽도록 충성하는 더욱 적극적인 신앙을 가져야 한다.

학습 자료 58-3 두 가지 의(義, righteousness) ^{욥기 35장}

두 가지 의가 있다. 자기 의와 하나님의 의이다. 사람들은 하나님의 의를 모르면 자기 의를 만들고 자기 의를 붙잡게 되어 있다. 자기 의가 하나님의 의인 것처럼 믿고 살아가게 되어 있다. 종교적인 그리스도인, 나름 경건한 많은 그리스도인이 자기 의를 붙잡고 살아가고 있다. 가장 큰 차이점은 무엇일까? 하나님의 의는 믿음으로 포착되고 믿음으로 획득되는 의이며, 자기 의는 행위로 포착되고 행위로 만들어지는 의이다.

사도 바울은 유대인들의 의를 바로 '자기 의'라고 설명하고 있다. 사도 바울이 '자기 의'를 사용한 본문은 다음과 같다.

> **롬 10:2-3** "내가 증언하노니 그들이 하나님께 열심이 있으나 올바른 지식을 따른 것이 아니니라. 하나님의 의를 모르고 자기 의를 세우려고 힘써 하나님의 의에 복종하지 아니하였느니라."

- 자기 의(自己 義)

  욥의 답변에서 자신의 의로운 모습과 정당함을 강하게 주장한다. 이것은 그리스도인의 진정한 덕목과 품성이 되어야 하는 부분이기도 하다. 그러나 이것이 윤리 도덕적이거나, 자기중심적이거나, 자기 과시를 위한 것이라면 그것이 자기 의(自己 義)이다
- 하나님의 의(義)

  義 = 羊+我 (手+戈)

학습 자료 58-4 구름의 평형 욥 37:16

욥의 친구였던 엘리후는 욥을 향하여 하나님의 권능과 위대함을 말하면서 "그대는 겹겹이 쌓인 구름과 완전한 지식의 경이로움을 아느냐"라고 묻고 있다. 구름이 대기중에 평평하게 떠서 평형을 이루고 있다는 사실을 알게 된 것은 근대에 들어와서이다. 그런데 B.C. 20세기의 상황을 담고 있는 본서에서 이 같은 사실이 언급되어 있다는 것은 실로 놀라운 일이 아닐 수 없다. 이에 구름의 평형에 관한 과학적 설명을 살펴봄으로써 본문이 이것과 얼마나 놀랍게 일치하는지에 대해 이해해 보고자 한다.

✝ 과학적 설명

구름은 태양열에 의해 지표가 더워짐으로써 물이 수증기 상태로 증발되고, 또 증발된 수증기가 태양열에 의해 더워진 공기의 상승기류를 타고 공중으로 올라가다가 상승기류 속에서 먼지가 응축핵이 되고 물방울들이 이 응축핵을 중심으로 응결하여 형성된다. 그렇다면 어떻게 구름은 공중에 머무를 수 있는가? 이는 크게 두 가지 힘, 즉 아래로 당기는 지구의 중력(重力)과 위로 떠오르는 따뜻한 공기의 상승 작용이 상호 반작용으로 미치기 때문이다. 물방울 입자는 비록 중력이 작용하여 아래로 당기지만 매우 미세하기 때문에 그 영향을 조금밖에 받지 않고 그대로 떠 있을 수 있다. 또 고도가 높아질수록 기압이 낮아지므로 상승하는 입자와 습기에 작용하는 저항도 줄어들어 결국 구름은 공기 중에서 균형 잡힌 상태로 떠 있을 수 있게 된다.

그러다가 물방울 입자가 방울로 뭉쳐 점점 커져서 그 무게가 상승기류인 대기 난류의 밀어 올리는 힘보다 커지면 중력의 영향도 그만큼 더 크게 미쳐 비나 눈이 되어 지상에 떨어지게 된다.

† 의의

이상을 통해 우리는 습기와 먼지로 가득한 구름이 완전한 균형을 이루어 공기 중에 떠있는 이유를 간략히 살펴보았다. 이러한 '구름의 평형'은 실로 하나님의 주도면밀한 창조의 설계를 보여 주며, 모든 피조물에 미치는 하나님의 전능함을 극명하게 증거해 준다. 실로 하나님의 섭리는 주도면밀하고 섬세하다. 더욱이 이러한 자연 현상에 대한 과학적 지식이 전혀 없던 때에 현대 과학과 전혀 배치됨 없이 정확한 사실을 성경이 기록하고 있다는 사실은 성경이 영감된 정확무오한 하나님의 말씀임을 강력히 증거해 주는 것이다.

학습 자료 58-5 본장에 나타난 과학적 증거 욥 38:4-37

욥기는 B.C. 2000년경의 고대 족장 시대를 배경으로 하는 매우 오래된 책이다. 그럼에도 불구하고 근대에 들어서야 이해할 수 있는 여러 과학적인 개념들이 본서에 많이 언급되어 있음에 많은 학자는 경탄을 금치 못한다. 특히 본서 중에도 하나님께서 친히 말씀하신 메시지를 기록하고 있는 본 장에는 매우 많은 과학적 진리들이 암시되고 표명된 바 이를 간략하나마 살펴봄으로써 위대한 과학서라고 명명할 수 있을 욥기의 진정성, 더 나아가 창조물에 대한 하나님의 오묘하신 섭리와 창조의 지혜를 이해하는 데 큰 도움이 되고자 한다.

1. **땅의 기초4-7절** : 지구(땅) 기초
2. **바다의 경계와 근원8-11, 16절** : 우스 땅에는 해안이 없었다. 따라서 욥은 바다를 본 적이 없었을 것인데 본문에서 바다가 일정한 한계를 유지하고 있다는 사실을 언급하고 있다. 과학적으로 볼 때 바다의 경계는 달의 인력에 의해 정해지게 되는 것이다. 또한 사람들이 해저 샘을 발견하기 수 세기 전에 이미 바다의 근원에는 바다 깊숙이 뚫린 해저 샘이 있음을 기록하고 있다.
3. **지구의 공전12-14절** : 본문은 비록 비유적인 표현이긴 하지만 땅이 변화한다는 사실 곧 지구가 자전축을 중심으로 회전한다는 사실을 언급하고 있다. A.D. 1500년 쯤에 비로소 코페르니쿠스(Copernicus, 1473-1543년)가 태양이 지구 주위를 도는 것이 아니라 지구가 태양 주위를 돈다고 말했으나 이미 욥기에는 태양이 지구의 끝을 비추었고, 하나님이 지구 축의 두 끝을 붙잡고 지구를 회전하는 것으로 묘사하였다.
4. **광명의 길과 흑암의 처소19절** : 빛은 언제나 일정한 장소나 상태에 머물러 있지 않고, 언제나 움직이며, 1초 동안에 30만 km를 이동한다. 그러므로 "어느 것이 광명이 있는 곳으로 가는 길이냐"는 본문의 표현은 빛의 운동성을 내포하고 있는 과학적인 진술이다. 또한 "흑암의 처소"란 말도 의미 있는 표현이다. 빛이 없는 곳 그곳이 곧 어둠이다. 따라서 어둠은 빛과 달리 정적(靜的)인 것이며 한 장소에 머물러 있다.

5. **태양과 바람**[24절] : 태양이 곧 바람의 근원이다. 태양열에 의해 더워진 지표 가까운 데 있는 공기가 위로 상승하고 또 기압의 고저에 따라 공기가 이동할 때 생기는 것이 곧 바람이다. 이러한 태양과 바람의 관계를 암시하고 있는 본문은 실로 과학적이다.

6. **번개에 의한 메시지**[35절] : 번개는 폭풍 구름 내부에서 양전하와 음전하가 축적되어 이때 전류가 흐름으로 생기게 된다. 그런데 본문에는 번개와 같은 에너지를 이용하여 메시지나 영상을 전달할 수 있음이 암시되어 있다. 오늘날 물리적으로 전기에너지를 소리에너지와 빛에너지로 전환하는 장치가 많이 개발되어 일상의 편리를 도모해 주고 있다. 즉 라디오, 전화, 무선전신, 텔레비전 등이 전기에 의해 먼 거리까지 메시지와 영상을 전달하는 원리로서 개발된 발명품이다.

7. **구름에 나타난 지혜**[37절] : 구름의 형성과 평형은 욥 37장 학습자료 58-4를 보라. 본문은 구름 속의 물이 마치 병에 저장되듯이 미세한 물방울 형태로 저장되다가 구름이 포화 상태가 되었을 때 점점 커진 물방울 입자가 비로소 땅에 떨어지는 놀라운 하나님의 지혜를 말해 준다. 그리고 '구름의 계수'란 각각의 구름을 헤아린다는 것이 아니라 구름이 형성되어 하늘을 덮은 범위를 말하는 것이다.

학습 자료 58-6 열두 궁성 욥 38:32

본서는 성경의 다른 책에 비하여 별자리에 대해 자주 언급하고 있다. 본문에도 폭풍 가운데 말씀하시는 하나님의 음성중 "너는 별자리들을 각각 제 때에 이끌어 낼 수 있으며"란 말씀이 나온다. 여기서는 별자리들에 대해서 살펴보고자 한다.

✝ 정의

"별자리"는 히브리어 '마자로스'(mazzaroth)를 번역한 것으로, 황도대(黃道帶)의 별자리를 가리킨다. 황도대(the Zodiac)란 황도(the ecliptic, 지구에서 보았을 때 마치 태양이 지구를 중심으로 운행하는 것처럼 보이는 천구상의 큰 원 궤도)의 남북으로 약 8°씩의 너비를 가진 띠 모양의 구역을 말한다. 이 황도대에는 12성좌가 있으며 성경에서는 이를 "별자리들" 또는 "남방의 밀실"[9:9]이라고 표현하기도 한다.

지구는 일 년 동안 태양 주위를 공전하면서 황도대의 열두 성좌들, 곧 처녀자리, 저울자리, 전갈자리, 궁수자리, 염소자리, 물병자리, 물고기자리, 양자리, 황소자리, 쌍둥이자리, 게자리, 사자자리를 지나간다. 이들 열두 성좌는 그 각각의 계절에만 보이며, 대략 1년 중 한 번에 한 달씩 나타난다. 그래서 전 세계적으로 열두 성좌는 12달의 표시로서 사용한다. 또 개역 한글에서 "궁성의 때(season)를 따라"라고 한 것은 바로 이를 가리키는 것이다.

✝ 의의

실로 하나님은 별을 창조하셨고[창 1:16], 각 별의 위치와 그 이름을 정하셨으며[시 8:3, 147:4, 5], 천체의 무수한 별들과 태양계에 대해 하늘의 법도를 세워 전 우주를 완벽하게 운행하시는 분이시다^{시 8:3}. 그리고 우리는 이처럼 태초 이래 하늘의 모든 별이 창조주의 뜻대로 변함없이 정확히 운행되고 있다는 사실을 통해 창조주 하나님의 절대 완전한 지혜와 권능을 다시 한번 확인하게 된다.

학습 자료 58-7 히브리인의 우주관 ^{욥 38장}

욥을 향한 하나님의 직접적인 메시지가 기록된 본 장 가운데는 우주의 창조자이신 하나님이 만물을 주관하심을 묘사하는 여러 표현이 등장한다. 즉 하나님께서 땅의 기초를 놓으셨고^{4절} 주초(柱礎)와 모퉁이 돌을 세우신^{6절} 것으로 묘사하며 광명의 처소와 흑암의 처소가 있고^{19절} 눈 곳간과 우박 창고^{22절} 그리고 우뢰의 번개 길^{25절}을 만드신 것으로 묘사한다. 이는 하나님께서 자신이 우주를 창조하셨으며 만물을 주관하신다는 히브리인의 우주관을 반영한 표현들이다. 따라서 우리가 성경을 보다 잘 이해하기 위해서는 성경의 진리가 선포되고 그것이 기록될 당시 사람들의 언어와 세계관 및 우주관을 이해할 필요가 있다. 이에 히브리인의 우주관에 대해 살펴보고자 한다.

✝ 우주의 구성에 대한 전체적 이해

고대 히브리인들의 우주관에 의하면 세계는 하늘(天)과 땅(地)과 땅 아래(地下) 세 계층으로 이루어졌다. 여기서 하늘은 궁창(穹蒼)이라고도 불리는데, 이것은 땅 위에 뒤집힌 사발 같은 모양(圓形天井)으로 생긴 것으로 생각되고 있었다. 그리고 궁창 아래의 물은 모여 바다를 이루고 궁창 위의 물은 하늘 창고에 간직되었다가^{창 1:6, 7} 적절한 때에 이 궁창에 달린 창 또는 문이 열려서 그곳에 보관되었던 물들이 비, 눈, 서리가 되어 지상에 뿌려지는 것으로 생각했다^{욥 38:37}. 또한 이 궁창에는 해·달·별들이 있으며^{창 1:16, 렘 31:35} 그 아래에 새들이 날게 되어 있었다. 또한 이 궁창은 하늘 기둥^{욥 26:11}으로 지탱되어 있는데 여기서 높은 산을 가리키는 것으로 여겨진다. 그리고 지상 동물과 사람이 살아가고 식물이 자라는 땅은 기둥^{삼상 2:8}으로 떠받쳐져 있다. 그리고 땅 아래에는 지하수가 있고 그 가운데 음부(陰府)가 있는 것으로 생각되어졌다. 이것을 그림으로 묘사하면 아래와 같으며 각 부분을 상세히 설명하면 다음과 같다.

✝ 하늘에 대한 이해

히브리어로 하늘을 가리키는 일반적 용어인 '솨마임'은 복수형으로만 표현되는데 이는 고대 히브리인들이 여러 계층의 하늘이 있는 것으로 생각하고 있었음을 반영한다. 즉 구약에는 이를 보다 세분하여 구름의 하늘^{왕상 18:45} 새의 하늘^{창 7:23} 해·달·별의 하늘^{시 8:3} 하나님이 계시고 천사가 거주하는 하늘^{신 26:15, 시 11:4} 등으로 묘사하고 있기도 하다. 한편 하늘은 궁창(firmament)이란 용어로도 표현되는데 이에 해당하는 히브리어 '라키아'는 본래 금속판을 두드려 얇게 늘려 편 것을 의미한다. 히브리인들은 하늘에는 많은 물을 보관하여야 하고 해·달·별과 같은 천체가 매달려 있어야 하므로 틀림없이 금속판과 같은 단단한 고체 판이어야 하며 그것이 땅의 지붕 역할을 하며 하늘 기둥 즉 높은 산에 의해 고정된 것으로 본 것이다^{창 7:11, 욥 37:18}. 한편 히브리인들은 일반적으로 이 하늘이 세 부분으로 나누어진 것으로 생각했는데 이에 대해 살펴보면 다음과 같다.

① **첫 번째 하늘(Coelum Aqueum)** : 인간의 눈에 가시적으로 감지되는 대기의 하늘을 의미한다. 즉 호흡할 수 있는 공기가 있고 새들이 날아다니며 구름이 떠다니고 바람이 불며 비와 눈과 우박과 이슬과 서리가 내리는 공간으로서의 하늘을 가리킨다.

② **두 번째 하늘(Coelum Sidereum)** : 대기권 하늘 위에 있는 해·달·별과 같은 천체가 매달려 있는 천체의 하늘을 의미한다. 이는 금속판과 같은 궁창과 그 위의 공간으로서 궁창에는 해·달·별들이 매달려 있고 그 위에는 많은 양의 물들이 보관되어 있다. 즉 금속판과 같은 궁창이 두 번째 하늘의 물들이 지상에 쏟아지는 것을 막고 있는 것이며 해·달·별과 같은 천체를 매달고 있다. 이러한 두 번째 하늘과 관련된 성경의 언급을 살펴보면 다음과 같다. ㉠ 하늘의 창(窓) – 궁창 위에 보관된 하늘의 물들이 창이나 수문(水門)이 열릴 때 쏟아지는 것으로 파악했다^{창 7:11, 8:2, 왕하 7:2, 19, 사 24:18, 말 3:10}. ㉡ 하늘의 병(甁) – 하늘의 물들이 가죽부대나 병 속에 담겨져 있고 하나님이 자신의 뜻에 따라 이 병을 기울이실 때 비가 내리는 것으로 파악했다. ㉢ 하늘의 곳간 – 하늘에는 바람^{시 135:7, 렘 10:13}, 우박, 눈^{욥 38:22} 등을 보관하는 창고가 있는 것으로 보았다. 그러나 하늘의 창, 하늘의 병, 하늘 곳간 등의 표현은 모두 대기권에서 발생하는 자연 현상의 원인과 관련하여 상호 연결되는 개념의 상이한 표현으로 보인다.

③ **세 번째 하늘(Coelum Empyreum)** :
두 번째 하늘 위에는 하나님과 천사들이 거주하는 장소인 세 번째 하늘이 있는 것으로 보았다. 즉 하나님은 어느 곳에나 계시는 편재성(偏在性)과^{렘 23:24} 더불어 하늘의 하늘이라도 하나님을 용납치 못하는^{왕상 8:27} 무한성(無限城)을 가졌다는 믿음을 가지고 있었다. 따라서 하나님은 사람의 눈으로 관찰되는 하늘의 저 너머 곧 셋째 하늘에 계시다고 생각한 것이다^{시 113:5, 사 57:15}.

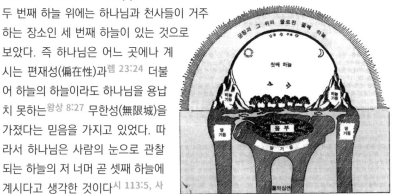

하나님이 거하시는 셋째 하늘

✞ 땅에 대한 이해

고대 히브리인들은 땅을 평평한 단면으로 생각했다. 이러한 사실은 사 42:5, 44:24에 하나님이 땅을 조성하시는 모습을 묘사한 히브리어 동사 '라카'가 '두드려서 넓고 편편하게 펴다'라는 의미를 지닌 데서도 확인된다. 또한 그들은 이러한 땅이 바다 위^{시 24:2, 136:6}나 빈 공간^{욥 26:7} 위에 놓인 것으로 생각했다. 그리고 이 땅에는 주위의 물들이 넘쳐 들어오는 것을 막기 위하여 경계가 그어져 있는 것으로 생각했다^{욥 26:10, 잠 8:29}. 이처럼 땅을 경계가 있는 평면으로 생각했으므로 땅 표면에 네 귀퉁이가 있다는 표현이 등장한다^{사 11:12, 겔 7:2}. 한편 땅과 관련하여 땅의 기둥들^{욥 9:6, 시 75:3}, 기초^{시 104:5, 삼하 22:16, 잠 8:29} 등의 표현이 등장하는데 이는 땅이 땅 아래 물 위에 기둥으로 고정되어 있다고 보는 관념의 반영이다. 그리고 지진은 하나님께서 땅의 기둥을 흔드시기 때문에 일어나는 것으로 묘사되고 있다^{욥 9:6}.

✝ 땅 아래에 대한 이해

히브리인들은 땅 아래에도 둘째 하늘의 경우와 마찬가지로 저장된 물이 있는 것으로 보았다^{신 33:13}. 하나님께서 노아 시대에 홍수로 이 세상을 심판하실 때 하늘의 물을 쏟아부으심과 더불어 땅 아래 있는 큰 깊음의 샘들을 터트려 엄청난 양의 물을 동원하셨다는^{창 7:11} 기록도 이에 대한 히브리인들의 사상의 일면을 보여 준다. 즉 하나님께서는 하늘의 창을 조절하셔서 비의 양을 제어하시는 것과 마찬가지로 땅 아래 물들도 역시 제어하시기 때문에 땅이 물들의 침범을 받지 않는 것이라고 보았다^{욥 26:10}. 한편 이러한 땅 아래 세계와 관련해서는 죽은 자가 머무는 곳으로 생각되었던 음부(陰府)가 있다고 생각했다.

✝ 의의

이상에서 제시한 우주관은 성경 시대 히브리인의 신화적 우주관일 뿐이지 신구약 성경 전체는 물론 구약 성경 자체의 우주관인 것은 절대 아니다. 신·구약 성경은 필요에 따라 당시 히브리인들의 우주관을 반영한 경우를 제외하고 우주의 존재론적 실체 자체를 제시할 때는 배경을 뛰어넘어 한 치의 오차도 없이 완벽한 사실 보도를 하고 있다. 현대 과학조차도 이런 사실을 최근에야 깨닫고 더욱더 성경의 정확 무오성에 경탄하고 있다. 때문에 히브리인의 우주관은 그릇되었으나 성경은 그릇되지 않았다고 말할 수 있다. 즉 갈릴레오가 지동설(地動說)을 주장할 때 중세 시대 가톨릭교회가 천동설(天動說)을 주장한 것은 중세 교회가 성경을 오해함으로 그릇되었던 것이지 성경 자체가 그릇된 것은 아닌 것과 마찬가지로 구약 시대 히브리인들의 우주관이 그릇된 것이지 성경이 그릇된 것은 아니다. 그러나 우리가 성경 속에서 우주에 대한 정확한 과학적 사실에 대한 정보를 구할 목적으로 성경을 대해서는 안 된다. 왜냐하면 성경은 우주의 신비를 알려 주기 위한 과학책이 아니라 오히려 우주의 창조자이신 하나님의 절대 권능과 구원역사를 기록한 책이기 때문이다. 따라서 우리들은 성경을 대할 때 표면상으로 드러난 표현들에 얽매여 성경을 오해해서는 안 되며 오히려 그 이면에 감추어진 하나님과 그분의 구원역사를 깨닫도록 힘써야 할 것이다.

학습 자료 58-8 '리워야단'의 이해 ^{욥 41:1}

한글 개역 성경에는 '리워야단'(Leviathan)이란 단어가 모두 5번 나온다^{욥 3:8, 41:1, 시 74:14, 104:26, 사 27:1}. 그 가운데서 사 27:1에서만 이 단어가 '날랜 뱀 리워야단 곧 꼬불꼬불한 뱀 리워야단'으로 묘사되어 있고 다른 곳에서는 모두 '악어'로 번역되어 있다. 뿐만 아니라 여러 영역본은 이 단어가 가리키는바 정확한 의미를 알지 못하여 '리워야단'이란 말을 그대로 음역하는 경우도 많다(KJV, RSV 등). 따라서 리워야단에 대한 보다 심층적인 이해를 위해서는 여러 측면의 접근이 필요하다.

✝ 용어의 이해
'리워야단'은 원래 아라비아어에서 유래하여 '감는다', '꼬다'(twist)란 의미를 지닌 '라와'와 관련을 갖는 단어로서 문자적 의미는 '감는 자', '꼬는 자'일 것으로 추정된다.

✝ 일반적 용례
'리워야단'이란 용어는 원래 고대 우가리트 문서에 등장하는 바알에게 죽임을 당한 바다 괴물을 가리키는 말이었다. 이는 가나안 신화에서도 질서의 신에 의해 정복당한 혼돈의 힘을 지닌 바다 괴물로 등장한다. 이로 볼 때 이 용어는 본래 실제 동물을 가리키기보다는 인간의 신화에 등장하는 큰 힘을 지닌 가상의 괴물을 가리키는 용어였을 것으로 추측된다. 그리고 성경에서도 이 단어는 종종 상징적으로 악의 세력을 지칭하는 용어로 사용되기도 했다.

✝ 성경적 용례

① 욥 3:8 – 날을 저주할 수 있는 초자연적인 힘을 가진 자만이 움직일 수 있는 큰 동물로 묘사되어 있다.

② 욥 41:1 – 낚시와 관련지어 언급된 것으로 보아 이는 히브리인들에게 알려진 가장 긴 짐승인 길이가 7.7-8.5m 정도에 이르는(Herodotus) 이집트 악어(Crocodilus niloticus)를 가리키는 것으로 보인다.

③ 시 74:14 – 여기서 하나님에 의해 머리가 파괴된 악어는 큰 힘을 가졌던 애굽을 가리키는 상징적 표현이다.

④ 시 104:26 – 하나님에 의해 피조된 바다에 사는 큰 동물을 가리킨다.

⑤ 사 27:1 – 하나님의 종말론적 심판에 의해 멸망할 어둠의 세력을 가리키며 특히 여기서는 북이스라엘을 멸망시킨 앗수르나 남 유다를 멸망시킬 바벨론의 상징으로 쓰였다.

✝ 의의
리워야단이 우가리트 문서나 가나안 신화에 나오는 비실재적인 존재를 가리키는 단어라는 점에 착안하여 이 단어를 사용하는 성경을 그 아류(亞流)이거나 신화적 문서로 보는 견해들이 있다. 그러나 성경은 그 당시 사람들의 정서 속에 '리워야단'이란 용어가 갖는 크고 무서운 이미지(image)를 사용하여 때로 몸집이 큰 동물을 가리키기도 하고 또 상징적으로 하나님과 적대적인 세력을 가리키는 용어로 사용했을 뿐이지 리워야단이 나오는 가나안 신화를 본뜬 것이 결코 아님을 명심해야 한다.

 **58**일차 범위 생각해야 할 성경적 세계관의 이슈들
☑ 읽을 책 : "기독교 세계관 핸드북" 도서 출판 에스라 2023

❖ 욥 38~41장 "과학에 대한 성경적 근거"(p454)

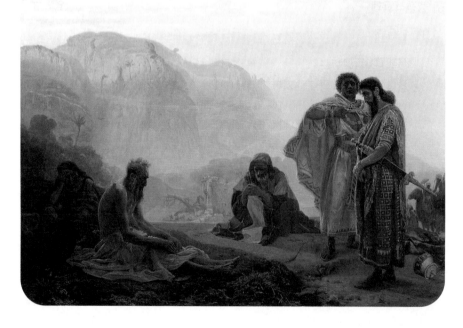

59일 핵심 학습 자료

학습 자료 59-1

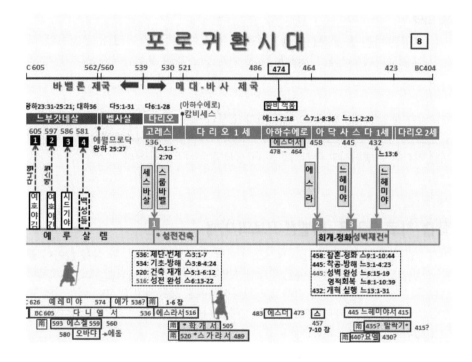

학습 자료 59-2 고레스의 원통형 비문 스 1:1-4

고레스의 유대인 포로 귀환 허가 내용이 기록된 원통형 비문(Cyrus Cylinder)이 바벨론 성 발굴 작업 도중(1879-1882년) 고고학자 호르무즈드 라삼(Hormuzd Rassam)에 의해 발견되었다. 이 비문의 내용을 살펴보면 다음과 같다.

✝ 비문의 내용

이 비문의 내용은 크게 두 부분으로 나눌 수 있다. 이 중 전반부에서 고레스는 자신이 바벨론의 국가 신인 말둑(Marduk) 신의 소명을 받아 바벨론을 정복하게 되었다고 기록하고 있다. 말둑신이 자신을 경배치 않는 바벨론 왕 나보니두스(Nabonidus, B.C. 555-539)를 징벌하기 위하여 고레스 자신을 온 세상의 통치자로 삼아 바벨론을 징계하도록 하였다는 것이다.

그리고 후반부에서 고레스는 말둑신 명령에 따라 바벨론에 있는 모든 포로민을 고국으로 돌려보냈으며, 또 자기들의 신전(神殿)을 건축하도록 허가했음을, 그리고 과거 포로의 신전에서 탈취한 모든 재산도 돌려보냄으로써 말둑신의 명령을 완수했음을 기록하고 있다. 그리고 덧붙여 말둑신에 의 표명과 함께 포로의 신들에 대해서도 경의를 표하면서 그 신들이 자기에게 축복하도록 기원했다.

✝ 의의

이상 살펴본 바를 통해 본문에서 고레스가 마치 여호와 신앙을 소유한 것처럼 '하늘의 신 여호와께서 세상 만국으로 내게 주셨고 ...' 라고 표현한 것도 그가 진짜 여호와 신앙을 소유한 것이 아니라 포로민에 대한 회유책에 기인한 표현이었음을 알 수 있다.

그러나 분명 고레스의 포로 귀환 허가 조서의 배후에는 궁극적으로 여호와 하나님 섭리의 손길이 작용한 것이다(1절). 결국 이러한 사실들을 통해서 하나님만이 세계 역사를 운행하시고 주장하심을 더 생생하게 실감하게 된다.

학습 자료 59-3 바벨론 포로의 이해

이스라엘은 하나님의 선택된 백성으로서 마땅히 그 신분에 합당한 삶을 살아야 했다. 그런데도 이스라엘은 하나님께 대한 패역을 일삼았고 하나님이 여러 선지자를 보내사 수없이 책망하고, 권면하고 경고하셨음에도 불구하고 완고한 이스라엘 백성들은 끝까지 듣지 아니하였으며, 그 결과 하나님의 심판으로 이스라엘은 멸망하고 말았다.

먼저 일차적으로 B.C. 722년에 북 왕국 이스라엘이 앗수르에 의해 멸망했고 남 왕국 유다는 그 후 약 136년 후인 B.C. 586년에 바벨론에 의해 멸망 당하고 말았다.

그러나 이스라엘의 멸망은 단지 역사의 한 시기에 세워졌던 나라가 멸망한 것이지 결코 그 민족 자체가 멸망한 것은 아니다. 오히려 하나님은 이스라엘 국가의 멸망이라는 결정적 심판을 통하여 이스라엘 민족을 각성시키고자 하셨다. 그래서 이스라엘 백성들을 포로 생활 동안 연단 받게 하시고 그 죄를 회개하며 여호와 하나님께로 돌아오게 하시는 것이다.

여기서 중요한 것은 이스라엘 민족은 그 죄에 마땅하게 심판당하였지만, 하나님은 그들에게 일단 심판을 내리신 후에 그 백성들을 연단시키시며, 또 무조건적인 은총을 베푸사 다시 이스라엘 땅으로 귀환케 하셨다는 것이다. 즉 한 번 택한 이상 그 백성들의 죄에 대하여서는 엄히 징계하시나 그 백성은 영원히 버리지 않고 회복시켜 주시는, 하나님의 공의와 사랑의 양 측면이 여기에 잘 나타나는 것이다. 이에 선민 이스라엘 역사의 일대 획을 긋는 사건이면서 아울러 성경 역사서는 물론 거의 모든 선지서와 직·간접으로 연관 있는 바벨론 포수에 대해 살펴보는 것은 큰 의의가 있다.

한편 북이스라엘 백성들은 바벨론에 의해 포로가 되어간 것이 아니라 앗수르에 의해 포로 되어 갔음에도 불구하고, 여기서 '바벨론 포로 이해' 라는 하나의 제목하에 포함한 이유는 그들도 남 유다 백성과 동일한 하나님의 선민이었으나 하나님의 구속 역사의 바탕을 이루는 다윗 언약에서 떠나므로 인하여, 그리고 포로기 동안에도 그 마음을 돌이켜 회개함 없이 끝까지 타락의 길로 치달았기 때문에 그들 중에 고국으로 돌아온 자들이 거의 없게 되었음을 적나라하게 보여 주기 위해서이다.

그리고 애초에 하나님이 야곱을 통하여 유다 지파 자손을 통하여 메시아를 보내신다고 예언하신 것이 [창 49:10] 다윗 언약 속에서 더욱 구체화하였고, 또 포로 귀환으로 인하여 삼하 7장에서 주신 다윗 언약이 실현되게 되었음을 북이스라엘과 남 유다로 비교함으로써 더욱 부각하기 위해서이다. 그리고 포로 귀환 때에 일부 경건한 북이스라엘 백성들도 남 유다 백성들과 함께 귀환하였기 때문에 이 둘을 같이 다루는 것이 의의가 있다.

✝ 바벨론 포로의 역사

여기서 '포로'(captivity)라고 할 때는 단지 다른 나라의 포로로 끌려가는 행위 그 자체만을 의미하지 않고, 포로로 끌려가는 것으로부터 포로 생활, 그리고 포로에서 풀려나기까지의 과정 전체를 가리킨다. 따라서 바벨론 포수의 역사를 다루기 위해서는 포로가 되어 가는 과정의 역사와 포로 생활, 그리고 포로 귀환 과정 전체의 역사를 다 생각해야 한다. 그런데 여기서 포로 생활에 대해서는 성경에서나, 혹은 다른 일반 역사서에도 거의 나타나 있지 않기 때문에 이를 다룰 수는 없다. 다만 이와 관련하여 디아스포라(Diaspora)에 대해 살펴볼 수 있을 뿐인데 이에 관해서는 학습 자료 62-3의 자료를 참조하라.

1) 포로 과정의 역사

이스라엘의 북 왕국과 남 왕국은 하나님께 대한 끊임없는 불순종의 결과 심판을 받아 각각 B.C.722년과 586년에 앗수르와 바벨론에 의해 멸망하였다. 그런데 남•북 두 왕국은 각각 하루 아침에 멸망한 것이 아니라 수차례에 걸친 주변 초강대국들의 침략 결과로 함락된 것이다. 이를 좀 더 구체적으로 살펴보면 다음과 같다.

① **북 왕국의 포로 과정** : 북 왕국은 B.C.9세기 초반부터 북방의 신흥 강대국인 앗수르의 침략을 받기 시작했다. 즉 앗수르 왕 살만에셀 3세(Shalmaneser III, B.C. 858-824년)가 북왕국 제10대 왕 예후로부터 조공을 받았던 것이다. 이에 대해서는 예후가 앗수르 왕 살만에셀 3세에게 절하는 모습이 조각된 흑색 오벨리스크 (Obelisk) 의 조각 삽화를 참조하라.

그리고 북 왕국은 한동안 앗수르의 지배에서 벗어나게 되었으나 디글랏 빌레셀 3세(Tiglath-pileser III , B.C. 745-727년)에 의해 다시 앗수르의 지배하에 들어가게 되었다. 더욱이 디글랏 빌레셀 3세에 의해 많은 북왕국 백성들이 포로로 잡혀가기도 했다(왕하 15:9, 29). 디글랏 빌레셀 3세 사후(死後), 북왕국 마지막 왕 호세아는 앗수르의 지배에서 벗어나고자 시도 하다가 B.C. 724-722년까지 살만에셀 5세(Shalmaneser V, B.C. 727-722년)의 집중적 공격에 의해 드디어 멸망하게 되었고, 이어 사르곤 2세(Sargon II, B.C. 721-705년)에 의해 북 왕국 백성들은 앗수르의 여러 지역으로 포로가 되어 갔다.

② **남 왕국의 포로 과정** : 남 왕국은 바벨론에 의해 멸망하였지만, 그 이전에 앗수르와 애굽의 지배를 번갈아 가며 받았다. 남 왕국이 앗수르의 지배를 받기 시작한 것은 제12대 왕 아하스 때부터이다. 즉 아하스는 아람 왕 르신과 북이스라엘 왕 베가 연합군의 침공을 대처하기 위해 디글랏 빌레셀 3세에게 원조를 청함으로써 스스로 앗수르의 지배하에 들어가게 된 것이다.

그리고 남 왕국에 대한 앗수르의 지배는 제13대 왕 히스기야 때에 이르러 완화되었다가 제14대 왕인 므낫세 때에 이르러 다시 강화되었다(대하 33:10-13).

이어 요시야 때에 이르러 신흥 강대국인 바벨론이 큰 세력으로 등장하면서 앗수르는 쇠퇴하게 되었고, 이 와중에서 애굽도 다시 세력을 정비하여 앗수르의 잔여 세력과 연합하여 바벨론과 맞서게 되었다. 이것이 바로 그 유명한 B.C. 605년에 발생한 갈그미스 전쟁이다. 이 전쟁 발발 직전에 요시야가 애굽의 진로를 므깃도에서 막아서다가 참변을 당하였고(B.C.609년), 그 결과 남 유다는 애굽의 지배를 받게 되었다. 그러나 갈그미스 전쟁에서 바벨론이 승리함으로써 남 유다는 바벨론왕 느부갓네살의 B.C. 605년, 597년, 586년 세 차례에 걸친 집중 공격으로 인해 결국 멸망하게 되었다.

이상에서 살펴본 대로 이스라엘 남·북 두 왕국의 포로 과정의 역사를 도표화해 보면 다음과 같다. 한편 이 도표에서는 성경에 언급된 바 이스라엘 남·북 두 왕국의 백성들이 각각 앗수르와 바벨론에 의해 포로로 잡혀간 사실들만 모아 놓았다.

	순서	연대(B.C.)	이스라엘 왕	정복국의 왕	관련 사실	관련 성경
북 왕 국	1차	733-732년	베가	디글랏 빌레셀 3세	포로의 수나 유배지를 알 수 없음	왕하 15:29, 16:9
	2차	724-722년	호세아	살만에셀 5세 사르곤 2세	남자만 약 27,290명이 포로로 잡혀감.	왕하 17:5, 6
남 왕 국	1차	605년	여호야김	느부갓네살	다니엘을 포함한 왕족과 귀족 계급	왕하 24:1, 단 1:6
	2차	597년	여호야긴	느부갓네살	여호야긴 왕과 방백들 군사1만, 많은 기술자	왕하 24:10-17
	3차	586년	시드기야	느부갓네살	시드기야 왕과 왕자들, 빈천한 백성들을 제외한 모든 백성들이 포로됨	왕하 25:1-25, 렘 25:9-11

2) 포로 귀환 과정의 역사

예레미야 선지자의 예언^{대하 36:21, 렘 33:1-14} 대로 바사 왕 고레스의 귀환 허락에 의해 페르시아 제국 각처에 흩어져 있던 유대인 포로들은 약 70년간의 포로 생활을 청산하고 자기 의사에 따라 일부가 전 3차에 걸쳐 돌아오게 된다.

그런데 북 왕국 백성들 가운데는 극소수만 남 왕국 백성들과 함께 귀환하였고^{대상 9:3}, 대부분은 이방 민족들과 혼합되어 선민의 모습을 완전히 상실해 버리고 말았다.

한편 전 3차에 걸친 남 유대인들의 포로 귀환 과정을 도표화해 보면 다음과 같다.

귀환순서	지도자	바사 왕	조서 내용	귀환자 수	사건 및 업적
1차 B.C. 537년	스룹바벨 예수아	고레스	포로민 자유 귀향 허가, 성전 재건 허용, 성전 기구 반환, 성전 건축을 위해 국고로 지원함	일반백성:42, 360원 노비: 7,337명 노래하는 자:200명 합계: 49,897명	성전 재건 완공(B.C. 516년). 재건 도중 사마리아의 방해로 약 16년간 중단되었다가 재개됨. 초막절 준수. 각종 제사 드림. (스 1:1-6:22)
1차 B.C. 458년	에스라	아닥사스다 1세	포로민 자유 귀향 허가, 국고로 추가 지원, 관리 조직 허용	남자: 1,496명 레위인: 38명 수종자: 200명 합계 : 1,754명	신앙 개혁 운동이 일어남. 이로 인해 유대인들의 이방인과의 통혼 문제를 해결함 (스 7:1-10:44)
1차 B.C. 444년	느헤미야	아닥사스다 1세	예루살렘 성벽 재건 허가, 건축 자료 지원	기록이 없음	산발랏, 도비야 등의 방해 공작에도 불구하고 52일만에 성벽을 재건, 봉헌함 (느 1:1-13:31)

✚ 의의

이상에서 살펴본바 바벨론 포수의 역사를 통하여 발견하는바 신학적, 영적 의의는 실로 크다.

① **다윗 언약의 성취** : 바벨론 포수는 결국 삼하 7:14-16에 언급된바, 이스라엘이 범죄할 경우에는 징계하실 것이나 다윗의 집과 그의 나라는 여호와 앞에서 영원히 보전하리라 하신 다윗 언약의 성취이다. 이는 다윗 언약과 연관된 남 유다 백성들은 포로 귀환을 통해 회복되었으나 다윗 언약에서 스스로 떠난 북 왕국 백성들은 제대로 회복되지 못한 사실에서 분명히 확인된다. 그리고 이는 궁극적으로 다윗의 후손으로 오시는 예수 그리스도를 통한 하나님의 구속 역사의 성취를 위하여 세계 역사를 주관하시고 섭리하시는 하나님의 주권을 생생하게 보여 주는 산 증거라 하겠다.

② **선민 역사의 연속성** : 바벨론 포수는 결국 자기 백성들의 죄에 대해서는 엄히 징계하시나 한 번 택한 그 백성은 결단코 버리지 아니하시는 하나님의 크신 은총에 의해 선민의 역사는 결단코 단절되지 아니하고 연속됨을 보여 준다. 이는 이스라엘

백성들이 포로 생활하고 있을 때도 하나님은 계속해서 선지자들을 통하여 회복에 대한 예언을 주시고, 결국 그 예언을 성취하시는 등 잠시도 그 백성을 그냥 버려두시지 않은 사실에서 확인할 수 있다.

③ **영적 교훈** : 이스라엘의 출애굽 사건이 성도의 구원을 위한 하나님의 소명(召命)과 중생을 예표하는 것이라면 제2의 출애굽 사건이라 할 수 있는 바벨론 포수는 성도의 계속된 실수와 범죄에도 불구하고 하나님의 은총에 의해 징계, 권면, 연단을 통해 마침내 그리스도의 장성한 분량에까지 이르게 하는^{엡 4:13-15} 성화의 과정을 예표하는 것이라 하겠다.

그리고 바벨론 포로 귀환이 이스라엘 백성들의 선행 때문에 된 것이 아니라 하나님의 무조건적인 은총에 의해 된 것이라는 사실은 성도의 구원이 개개인의 선행으로 말미암은 것이 아니라 전적으로 무조건적인 하나님의 은총의 결과임을 교훈한다^{엡 2:8, 9}.

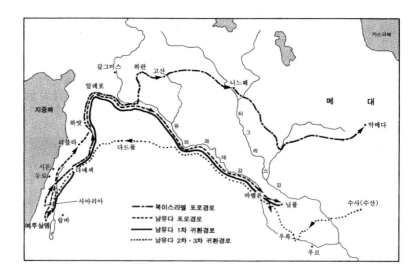

학습 자료 59-4 포로로 심판을 받을 수밖에 없는 이유

1. **시내 산 언약을 충실히 이행하지 못했다.** ^{출 23:1, 레 26장, 암 5:25-27, 행 7:39-43}
2. **따라서 십계명적 삶을 살지 못했다.**
   우상 숭배로 돌아서면서 하나님과의 관계가 나빠졌고, 예배가 형식화되며, 종교화했고, 가난한 자들을 억압하고 착취하여 이웃과의 관계 등 십계명의 두 가지 영성(제사자 영성, 선지자 영성)의 삶을 살아가지 못했다. ^{암 5:4-7, 사5:8-24, 암 2:6-8}
3. **넘치도록 부어주시는 하나님의 은혜에 감사하지 못했다.** ^{왕상 16:29~18:46, 호 2:1-13, 롬 1:21}

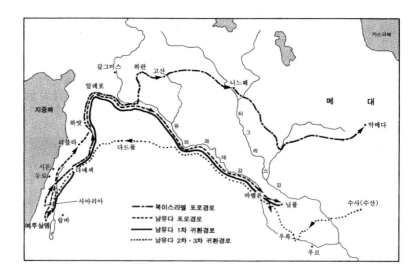

심판의 목적

이스라엘이 하나님의 뜻과 다르게 살며, 하나님을 떠나 스스로 살 수 있다고 하는 것들을 빼앗아 벗겨 내기 위함이다. 광야 학교로 다시 보내는 것이다. 광야에서는 결국 하나님만 의지할 수밖에 없기 때문이다. 신위 앞에 인위를 내려놓게 하기 위함이다 그것이 복 받는 참된 길이기 때문이다.

귀환의 이유

우리를 절대로 잊지 않으시는 하나님 – 처음 약속의 실현

사 49:14-16 오직 시온이 이르기를 여호와께서 나를 버리시며 주께서 나를 잊으셨다 하였거니와 여인이 어찌 그 젖 먹는 자식을 잊겠으며 자기 태에서 난 아들을 긍휼히 여기지 않겠느냐 그들은 혹시 잊을지라도 나는 너를 잊지 아니할 것이라 내가 너를 내 손바닥에 새겼고 너의 성벽이 항상 내 앞에 있나니

학습 자료 59-5 전(殿) 스 1:3

여기서 '전'(殿)에 해당하는 히브리어 원어는 '바이트'인데 이는 원래 광야에서 자유롭게 유숙할 목적으로 사용했던 '텐트'(Tent) 또는 이스라엘 사람들이 가나안에 정착한 후 거주했던 가옥(house)을 포괄하는 단어이다. 이러한 사실은 어원적으로 따져볼 때, 이 단어가 '밤을 보내다'에 해당하는 아람어 '부트'와 유사한 것이라는 사실과도 관련을 갖는다. 왜냐하면 이스라엘 사람들에게 있어 밤을 보내는 곳이 텐트, 혹은 집이기 때문이다. 그런데 이 용어는 사람이 거주하는 집뿐 아니라 본 절에서와 같이 하나님이 거주하는 곳으로 묘사된 성전을 의미할 때도 사용된다.

한편 성전을 가리키는 히브리어 가운데 '헤칼'이 있다스 5:14, 15. 이는 그 의미에 있어 '이기다'창 30:8, '능력이 있다'신 9:28란 뜻을 지닌 '야콜'에서 유래한 것으로, 이것은 규모가 큰 공공 건물만을 의미한다. 따라서 '헤칼'은 성경에서는 성전과 왕궁만을단 4:4 표현할 때 쓰였다. 이에 비해 '바이트'는 보다 보편적이며 넓은 의미를 가지고 있다. 즉 앞서 언급했듯이, 좁게는 텐트로부터 넓게는 가옥과 성전대하 2:1을 가리킬 때 사용된 것이다. 따라서 본 절에서 하나님의 전을 가리켜 '헤칼'로 표현하지 않고 '바이트'로 표현한 것은 하나님의 전에 대한 보다 일반적인 표현으로서 백성들의 친근함을 더 잘 표현한 것이라 볼 수 있다.

학습 자료 59-6 구약 시대의 화폐 사용 스 2:69

본문에 보면 포로 생활에서 유대 땅으로 귀환한 유대인들이 성전을 건축하기 위해 자발적으로 예물을 바쳤는데, 그 양이 금 61,000 다릭이요, 은 5,000 마네라고 나와 있다. 여기서 다릭과 마네는 우리에게 생소한 단어인데, 이것들은 모두 구약 시대에 통용된 화폐의 단위이다. 따라서 본문을 봉해 우리는 구약 시대의 화폐에 대

한 약간의 정보를 얻을 수 있다. 특히나 본문이 성경에서 돈에 대해 언급한 첫 번째 구절인 바 본문을 축으로 하여 그 이전의 화폐 발전의 단계와 그 이후의 본격적인 주조 금속 화폐의 사용에 대해 알아보는 것은 매우 유익한 일일 것이다.

✝ 화폐 발전의 단계

일반적으로 돈에 대한 현대의 개념은 물물교환의 대체 수단이나 가치 평가의 수단으로서 통용되는 화폐를 가리킨다. 그런데 돈에 대한 이러한 개념이 형성되기까지는 다음의 단계를 거쳐야 했다. 물론 이 단계들은 연대순으로 전해 오기는 했지만 명확하게 구분되지 않고 여러 단계가 동시에 통용되기도 했다.

① **물물교환(物物交換)** : 화폐가 사용되기 이전에 사람들은 주로 물물 교환을 통하여 자신이 필요한 일용품들을 구입했다. 이때 주로 교환된 품목들은 양이나 나귀, 염소 등의 육축과 곡식, 기름, 포도주 등이었다. 당시의 종교적 행사에서 신에게 바치는 제물 중 육축을 가장 귀중하게 여겼던 것도 육축이 물물교환의 가장 보편적인 수단이었기 때문이었다. 한편 이러한 물물교환의 예는 성경 이곳저곳에서 발견되는데, 솔로몬 왕이 성전을 세우는 데 도움을 준 대가로 히람에게 밀과 올리브기름을 주었으며^{왕상 5:11}, 또한 모압의 메사 왕의 공물이 세끼 양과 숫양의 털이었다는^{왕하 3:4} 것, 그리고 이스라엘 백성들이 왕의 궁정에 곡식과 포도주·밀·보리·기름·양 등을 바쳤다는^{삼상 8:15, 겔 45:13-61} 것 등이다.

② **금속 조각 사용** : 육축이나 곡식을 교환하는 것이 그 가치의 변동이 심하고 번거로움 때문에 불편하다는 것을 발견하게 되자 사람들은 금속을 이용하여 필요한 물품을 매매하게 되었다. 이때 주로 사용된 것은 동(銅)이었으며, 은이나 금보다 큰 거래를 위해 사용되었다. 아브라함 시대부터 이미 은이 돈으로 사용되었음이 성경의 기사들을 통해 전해져 오는데^{창 13:2, 24:35}, 이 당시는 아직 은으로 돈을 주조한 것이 아니라 작은 은 덩어리를 그 무게를 달아 가치를 결정했다. 실제로 이러한 사실은 아브라함이 막벨라 동굴을 살 때^{창 23:16} 또는 바벨론 포로 시대 이전에 예레미야가 밭을 샀을 때^{렘 32:9, 10}의 기사에서 은 OO세겔을 '달아' 주었다는 표현을 통해서도 입증된다. 그리고 정확한 거래를 위하여 금속의 순도(純度)를 검사하거나 무게를 달아보는 일이 종종 행해졌는데, 이때 저울추를 속이는 일이 많아져 사회 문제로 대두되기도 했던 것 같다^{신 25:13, 15; 암 8:5}.

③ **주조(鑄造)한 금속 화폐의 사용** : 이상의 단계들보다 더 발전된 단계는 금속의 무게와 순도를 도장으로 확인해서 사용하는 단계, 즉 주화의 사용이었다. 이 단계는 본문을 통해 우리가 알아보고자 하는 궁극적 내용이므로 다음 항에서 더 자세히 다루기로 한다.

✝ 금속 주화의 사용

이스라엘 사람들이 최초로 주조 화폐를 사용한 때 아마도 바벨론 포로 귀환 이후인 듯하다. 즉 유대인들은 페르시아에서 통용된 '다릭'이라는 금화의 영향을 받아 비로소 화폐를 사용하게 된 것이다. 그러나 이때도 이스라엘 자체 내에서 화폐를 만들어 쓴 것이 아니라 페르시아나 후에는 그리스의 주화를 같이 통용한 것에 불과하다.

한편 이렇듯 유대인들의 주화 사용에 영향을 준 '다릭'은, 활과 창을 가지고 있는 왕의 초상이 새겨져 있는 것으로 주조 화폐의 초기 국면을 보여 준다. 그러나 에스라의 회계 보고서가 분명히 밝힌 바에 의하면^{스 8:26, 27}, 아직도 은이나 금이 모두 화폐로 주조되어 통용된 것이 아니라 은이나 금 그 자체로서도 통용되었음을 알 수 있다. 어쨌든 페르시아인들에 의해 주로 만들어진 이 다릭 주화 이후 그리스의 은화, 아덴의 테트라드라크마(tetradrachma) 등이 통용되었으며, 특히 테트라 드라크마는 도시들 간의 무역이 활발해짐에 따라 팔레스틴에서도 사용되었다.

한편 알렉산더가 페르시아 제국을 정복한 이후 새로운 제국의 통일된 주조 화폐 제도가 팔레스타인에도 적용되었는데, 당시의 통용 화폐는 금화(stater)와 은화(tetradrachma)이었다. 한편 유대인들이 독립적으로 화폐를 만들어 쓴 것은 B.C. 138년경 마카비 시대였다. 그리고 신약 시대에는 '성전 주화'(Temple Coin)라 불리우는 은화가 유대인들에 의해 사용되었는데, 이 은화는 성전세 바치는 데만 주로 사용되었고 일상의 화폐는 로마의 데나리온(Denanius)이었다.

✝ 의의

본문에 언급된 '다릭'을 통하여 우리는 본서가 기록되던 당시의 시대적 배경의 일면을 엿볼 수 있다. 그리고 이러한 사실을 통하여 우리는 성경 기록의 역사적 진정성을 또 한 번 확인케 된다.

60일 핵심 학습 자료

학습 자료 60-1

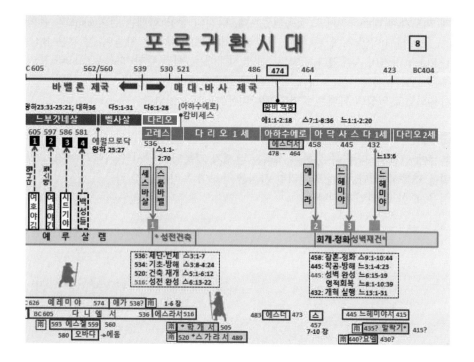

학습 자료 60-2 베히스툰 비문 스 6:1-16

본문에는 바사 왕 다리오(Darius) 대왕의 예루살렘 성전 재건 원조에 의해 무사히 성
전이 완성된 사실을 기록하고 있다. 그런데 이렇듯 예루살렘 성전 재건과 밀접한
연관이 있는 다리오 대왕의 비문이 발견되어 고고학자들의 주목을 모았다. 그것이
곧 베히스툰 비문인데 이는 다리오 대왕의 역사성을 입증하는 중요한 고고학적 발
견인바 이에 대해 살펴보고자 한다.

✝ 발견

베히스툰 비문(Behistun inscription)은 현 이라크의 수도인 바그다드에서 이란의 수도 테헤란에 이르는 대상(隊商)들의 주요 도로 왼편에 우뚝 솟은 절벽 기슭에 서 있다. 이는 1835년 고고학자 롤린슨(Henry C. Rawlinson)에 의해 발견됐는데, 베히스툰 산 골짜기에 서 있는 절벽면 높이 150m의 거대한 바위가 바로 그 비석이다. 수직으로 절벽처럼 세워져 높은 바위 표면을 판판하게 하고 그 위에 글을 새긴 것이다. 이에 롤린슨은 소석고(燒石膏)를 이용해 그것을 복제하였고, 10년에 걸쳐 이를 판독했다.

이 비문은 약 1,200행의 고대 앗수르와 바벨론의 설형문자로 기록되어 있었다. 그리고 그 내용은 다리오 대왕(B.C. 522-486년)이 왕위 계승을 위해 투쟁 벌인 이유와, 또 그가 정복한 몇몇 반란 지역에서 공물을 어떻게 거둬들였는가에 대한 것이었다.

✝ 의의

이상 살펴본바 베히스툰 비문은 앗수르와 바벨론의 고대사(古代史)를 이해하는 데 있어 상당히 중요한 가치를 지닌다. 이는 비문이 고대의 바사, 엘람, 아카드 3국의 언어로 새겨져 있을 뿐만 아니라 그 내용이 당시의 정치적 상황을 짐작하게 하기 때문이다. 더욱이 비문의 기록에 나타나는 다리오 1세의 존재를 충분히 증거하고 있어 성경의 역사성을 잘 증거해 주고 있다. 이렇듯 성경의 기록에 대해 고대 근동의 많은 문헌과 유적은 성경 시대의 국제적 정세와 함께 성경 역사의 진정성을 뒷받침해 주고 있다.

학습 자료 60-3 변개치 않는 메대와 바사의 법 단 6:8, 14-15

본문에는 다니엘을 시기하는 자들이 그를 죽이려는 음모로써 왕에게 황제 숭배법을 제정토록 한 사실이 기록되어 있다. 그들은 금령을 세워 어인을 찍을 것을 강력히 권하고 있는데, 당시의 메대와 바사의 법은 일단 공포되면 절대 변하지 않는 것인바, 이들의 행동은 다니엘을 죽이는 데 결정적이다. 뒤늦게 이 사실을 알고 그들의 음모에 빠진 다니엘의 생명을 구하고 싶어하던 다리오 왕도 어찌지 못하고 다니엘을 사자 굴에 넣어야만 하지 않았는가? 이에 이 같은 배경으로서 당시 메대와 바사의 변개치 않는 법의 관습을 살펴 보자.

고대 근동에서는 왕을 신(神)의 대리 또는 신의 아들인 신들의 화신(化身)으로 존귀히 여겼다. 그러므로 왕은 완전하며, 또 왕의 법령도 완전무결하다고 생각하였다. 때문에 왕의 조서는 어인(御印)으로 인이 쳐지는 순간부터 변개치 못할 법률로서 절대적인 구속력을 갖게 되었다. 이는 메대와 바사에도 마찬가지였는데, 왕의 법령이 일단 공포되면 그 법이 공포되기 전에 주어졌던 음모나 그릇된 어떤 사실들이 법이 공포된 후에 발각된다고 할지라도 그 법을 변개할 수 없으며 심지어 왕 자신이라 할지라도 그 법은 취소되거나 변경할 수 없는 절대적인 것이 되었다. 이 같은 관습은 예루살렘 귀환을 허락한 고레스의 조서가 원수들의 성전 건축 방해로 인하여

B.C. 536년부터 16년간이나 지나 버렸음에도 불구하고 여전히 그 법적 효력이 인정되고 그에 따라 B.C. 520년에 다시 성전 재건 사업이 추진되어 결국 완성을 보게 된 사실에서도 잘 나타난다스 4:1-6:18.

그러나 이같이 강력한 메대와 바사의 법이 선동자를 체벌하기 위해 단 한 차례 변경되었던 실례가 있었다. 즉 바사에 있는 유대인들을 멸절시키려는 하만의 간계로 당시 바사 왕 아하수에로(Xerxes I. B.C.486-464)가 유대인 멸절에 대한 조서를 제국 전역에 반포하였을 때 하만의 궤계가 발각된 후에도 조서를 변경할 수가 없었기 때문에 에스더는 대신 그 조서의 효력을 정지시킬 수 있는 새로운 조서를 반포할 것을 왕의 발 아래 엎드려 간청했다. 이에 아하수에로 왕이 유대인 스스로의 자구책을 허락하는 새로운 조서를 선포하였으며 그 결과 이전의 조서가 사실상 무효가 되어 버렸다에 3:6-13, 8:5-17.

당시의 왕의 법령의 절대성을 생각해 볼 때 우리는 민족을 위한 에스더의 용기와 아하수에로 왕의 결단이 얼마나 큰 것이었는지를 새삼 깨닫게 된다. 아울러 다니엘을 살리고 싶은 마음 간절하나 그를 사자굴 속에 던져야 했던 다리오 왕의 모습을 통해 자신이 내린 명령조차도 철회하지 못하는 인간의 한계와 무력함을, 또한 다리오 왕의 용기 없음을 깨닫게 된다.

61일 핵심 학습 자료

학습 자료 61-1 역대기가 족보로 시작하는 이유

역대기의 저자는 에스라이다. 그가 포로에서 귀환했을 때 이스라엘의 신앙 공동체는 그 정체성(Identity)을 상실한 지 오랜 시간이 흘렀다. 이스라엘의 재건, 즉 하나님 나라의 재건은 그들의 신앙 공동체의 정체성 회복으로 부터 출발해야 함을 잘 알고 있었다. 그래서 에스라는 바벨론 포로에서 귀환한 이스라엘 백성들을 격려하여 여호와 신앙에 굳건히 세우기 위해 그들의 과거 역사를 회고하며 교훈하는 책을 쓰게 된 것이다. 그런 맥락에서 그는 서두의 첫 아홉 장에서 그들의 조상들의 족보를 먼저 언급했다.

에스라는 포로에서 돌아온 이스라엘 백성들에게 그들이 하나님 백성의 혈통에 속한 사람인 것을 보여 주고자 했다. 지금 본국으로 귀환하여 회복된 이스라엘 공동체는 오래전 그들 조상에게 주신 하나님의 언약과 상관없는 무리가 아니라, 그것의 기업을 물려받을 권리가 있는 자들인 것을 상기시켜 주고자 하는 데 있다. 이스라엘은 위대하고 영광스러운 과거가 있었다. 하나님은 그들의 패역함으로 인하여 징계하였음에도 불구하고 이스라엘은 유다와 레위 지파 및 다른 지파의 남은 자들(Remnant)을 통해 과거 영광스러운 시절로 돌아갈 수 있다는 것을 보여주고자 했다. 이런 격려와 목적으로 족보를 매우 비중 있게 기록하고 있다.

그렇다면 오늘을 사는 우리에게 이 족보가 주는 의미는 무엇일까?

대부분의 민족이 그렇지만, 자신의 조상이 누구인지를 아는 일은 유대인들에게 특히 중요한 일이었다. 지나간 인류의 역사에서 우리는 중요한 교훈을 배운다. 마찬가지로 성경의 계보를 통해서도 배울 점이 많이 있다. 이스라엘 백성들은 이런 계보(족보)를 통해 인구를 조사하고 그들의 의무를 조직화하는 데 유효하게 활용했다. 이 백성들이 이런 족보로부터 무엇을 얻었는지 알게 된다면, 아브라함의 영적 후손이 된 우리도 신앙 안에서 같은 것을 얻게 될 것이다.

첫째, 계보는 상속권과 재산권, 왕위 계승권과 제사장 직분 등 이스라엘 백성들의 소중한 유산을 확립했다는 점이다.

둘째, 계보는 성막의 유지. 정탐꾼의 선발, 약속된 땅의 분배 같은 일을 할 때 이스라엘 백성들을 조직화했다는 사실이다.

셋째, 이것은 참으로 중요한 영적 의미를 보여 주는 것으로, 이스라엘 백성들은 그들의 족보를 통해 하나님께서 자신의 조상들에게 베풀어 주신 놀라운 일들을 항상 기억할 수 있었다. 역대기의 저자인 에스라는, 하나님께서 역사상 중요한 역할을 맡은 민족으로 '이스라엘'을 어떻게 선택하셨는지를 보여 주기 위해 많은 이름을 일일이 나열하였다. 사실 어찌 보면, 하나님의 이러한 계획은 아브라함과 다윗 이전에 아담에게서부터 이미 시작된 것이라고 볼 수 있다. 그리고 성경의 계보는 그러한 사실을 분명히 보여 준다.

우리는 이렇게 고대 이스라엘 사람들의 상황을 이해함으로써, 오늘날의 우리에게도 해당하는 중요한 신앙 교훈들을 얻을 수 있다. 하나님은 오늘날에도 여전히 아브라함의 믿음의 후손들이요 자신의 구속 계획을 완성시켜 나갈 하나님의 백성인 우리를 통해 자신의 계획을 중단 없이 이루어 나가실 것이기 때문이다.

역대기에 길게 기록된 아브라함 후손의 족보는 단순한 이름들을 나열한 하나의 족보의 의미만 갖는 것은 아니다. 한 세대에서 다음 세대에 이어지는 족보의 기록 속에는 하나님의 사역이 깃들어 있음을 본다. 그런 이유로 성경의 족보는 오늘날 우리에게 우리의 신앙 유산을 어떻게 볼 것인가를 가르쳐 준다.

첫째, 족보는 자기 뿌리를 보게 함으로 감사함을 찾을 수 있고 그로 인해 하나님을 찬양할 많은 이유들을 발견하게 한다. 하나님은 그들을 하나님의 백성으로 선택하셨고, 애굽의 종살이에서 구출해 내셨으며, 젖과 꿀이 흐르는 땅을 주었고, 또한 왕국으로 세워주셨음을 볼 수 있다. 이 모든 일들은 하나님께서 이스라엘의 열조에 주신 약속을 대대로 신실하게 지키신 결과였다.

둘째, 성경 족보는 이스라엘과 에돔 사이가 아주 가까운 친척 관계임을 보여 준다. 오늘날 이것은 우리에게 자신의 주변 이웃을 돌아보게 한다. 인종들 간에 심각한 갈등과 분열이 있는 이 세상에서 성경 족보는 한 조상, 한 하나님을 바라볼 수 있는 영적 관점을 제공한다.

셋째, 과거를 관찰함으로 믿음을 얻고 그 믿음으로 앞을 바라보게 한다. 과거는 미래의 나침반이다. 이스라엘의 족보 속에 나타난 하나님의 신실하심을 현재와 미래에도 여전히 기대할 수 있다. 하나님은 어제도 오늘도 내일도 동일하신 분이시기 때문이다.

학습 자료 61-2 성경 족보 기록과 지구의 연대기 문제 대상 1:1

✝ 문제 제기

성경에 특히 본 장 등에 인류 최초의 인간 아담에게까지 거슬러 올라가는 족보가 있는 사실에 착안하여 족보에 기록된 각 인물 사이의 기간을 더하여 이를 근거로 창조 시점을 산출해 내려는 시도가 있다. 즉 성경 족보에 기록된 각 인물이 자신의 후계자를 낳았을 때부터 그 후계자가 또 자신의 후계자를 낳았을 때까지의 기간을 아담에 이르기까지 더한 다음 이것을 천지창조의 연대로 삼고 그때부터 지구 역사가 시작되었다고 결론 짓는 것이다. 이 시도에 의하면 인간 창조의 연대는 B.C. 4004년이 되며, 아담에서 노아 홍수까지의 기간은 1656년이 된다. 이와 같은 시도를 한 대표적 인물은 영국의 주교 제임스 어셔(Jamse Ussher)이다. 그러나 그의 순진한 발상은 다음과 같은 엄연한 사실로 부인된다.

✝ 성경 족보를 통한 지구 연대 계산에 대한 반대

성경 족보는 역사적·혈통적 연대기를 제시하는 데 있지 않고 중요한 인물들의 전승을 보여 주는 데 있다. 그 실례로 마 1장이 아브라함에서 예수에 이르기까지의 족보를 연대기적으로 모두 기록하지 않고 각 시대에 중요한 인물들로만 14세대씩이라는 인위적 편집 원칙으로 구성된 사실을 들 수 있다. 또한 창세기의 족보를 거의 그대로 따르고 있는 본 장 족보도 노아 이후 아브라함에 이르기까지의 족보 기술에 있어서 각각 10세대씩으로 축약 기록하였다. 이는 당시 이스라엘인들의 통상적인 관습이었고, 세계(世系)를 구분함에 있어서 의도적으로 대(代)를 중복시키든지 생략하여 같은 숫자를 만들고자 하였던 족보 기록자의 편집 목적에 따라 기록되었음을 보여 주고 있다(^{대상 2장} 학습 자료 61-3 '족보 기록의 목적' 참조). 또한 히브리 어법상 '낳다', '아들', '딸' 등의 용어는 정확히 부자지간에만 사용되지 않고, 혼자, 심지어는 같은 혈족끼리도 모두 통용되는 광범위한 용례를 갖고 있다. 이에 결론적으로 말하면 개혁주의 신학자들은 아담에서 노아, 그리고 노아에서 아브라함에 이르기까지의 선사 시대는 매우 장구한 시간이 포함된 긴 기간이었을 것으로 추정한다.

✝ 진화론자들의 지구 연대 계산에 대한 반대

또한 개혁주의 신학자들과 성경 과학자들은 특히 진화론자들이 지구의 연대를 수억 년대(代)로 규정하는 것에도 반대한다. 이에 대해서는 본서 1권 창세기 서론에 잘 요약되어 있으나, 요약해 보면 다음과 같다. 먼저 진화론자들이 자신들의 가설을 위해 지구 연대는 최소한 45억 년은 넘어야 한다고 말한다. 그러나 그것은 탁상공론식 계산법에 따라 나온 것으로 이에 대해서는 세속 과학자 중에서도 부정하는 사람들이 많다. 그런데도 막연히 지구의 연대를 수십억 년 식으로 추정하는 것은 과학을 맹신하면서도 전혀 비과학적인 현대인의 논리적 모순이라 하겠다.

✝ 결론

어쨌든 지구 연대기에 대한 최선의 결론으로서, 현대 과학의 모든 자료와 성경의 관련 사상을 종합하여 볼 때 성경 과학자들은 지구의 연대, 나아가 인류 역사의 연대를 수만 년 내로 조심스럽게 축소 추정하고 있다. 제임스 허튼(James Hutton)은 퇴적층의 두께로 계산하여 지구의 연대로서 9,500만 년이라는 수치를 산출해 냈고, 캘빈(W.T.Kevin)은 지구의 냉각 속도를 계산하여 2,500만년 내지 1억년이라는 수치를 제시하였다. 또 리빙스틴(Daniel Livingston)은 바다의 소금 농도를 측정하여 5억 년이라는 지구의 나이를 산출해 냈다. 그러나 이 모든 방법은 임의의 전제하에 이루어진 것들인데, 그 전제들 자체가 의구심을 자아내게 한다. 반면에 바다에 있는 인(P)의 양으로 지구의 나이를 계산한 결과 7,000년이란 짧은 지구의 역사가 나타났고, 방사선 동위원소의 α분열 결과 생겨나는 헬륨(He)의 양으로 계산한 결과 최고로 계산해도 12,000년을 넘지 않는 것으로 나왔다. 또한 아폴로 11호가 달에 가보았을 때 달 표면에 먼지가 거의 없었다고 했다. 결국 이 같은 사실들은 지구의 역사가 그리 오래되지 않음을 보여 준다.

학습 자료 61-3 족보 기록의 목적 대상 2:1-17

역대상 1~9장까지에 많은 족보가 기록되어 있다. 그뿐만 아니라 창세기나 성경 다른 곳에서도 족보를 소개하고 있는 부분이 많이 있다. 그런데 하나님의 자기 백성에 대한 구원 활동을 기록하고 있는 성경에서 이렇게 불필요한 듯 보이는 족보들을 계속해서 기록하고 있는 이유는 무엇일까? 이에 여기서 족보 기록의 일반적인 목적은 무엇이며, 성경에서 계속해서 족보를 기록하고 있는 이유는 무엇인지에 대해 살펴보도록 하겠다.

✝ 성경 족보의 일반적 목적

일반적으로 족보를 기록하는 목적은 개인 혹은 가문, 씨족, 지파, 민족 등과 같은 어떤 집단의 혈통, 또는 기원을 밝히는 것이다. 이렇게 족보를 통해 혈통, 혹은 기원을 밝히는 이유에 대해서는 다음 몇 가지로 생각해 볼 수 있다.

① **개개인의 상속권의 합법성을 밝히기 위해**대상 5:1, 2.
② **사회적인 지위, 권리 등을 확보하기 위해** : 특히 역대기 족보에는 포로 귀환자들이 제사장이나 레위인의 자손임을 기록한 족보들이 많으며, 에스라서에도 그런 성격의 족보들이 있다대상 6장, 스 3:8-13, 6:16-20.
③ **혈통의 순수성을 확보하기 위해** : 포로기 이후에 순수한 히브리인의 혈통을 확인하려는 방법으로 족보 편찬 작업이 활발하게 일어났다는 7:61-65.
④ **훌륭한 업적을 가진 인물들을 족보로 밝힘으로써 가문의 명예를 높이기 위해** : 역대기에 기록된 레위와 유다, 혹은 베냐민 지파의 족보들이 특별한 관심을 받으며 기록된 것은 이 지파 중에서 종교 지도자, 사울 왕, 다윗 왕이 나왔기 때문이다대상 2, 8장.
⑤ **조상들의 지위나 역할을 확인함으로써 현재 개개인의 의무를 밝히기 위해** : 특별히 레위인의 계보를 기록할 때 그 조상들의 지위나 역할에 대해 명기하는 이유도 여기에 있다대상 9:10-34.

✝ 성경 족보의 구속사적 목적

위의 족보 기록의 일반적 목적 이외에 하나님의 자기 백성에 대한 구원 활동을 기록한 성경에 이 같은 족보들을 수록하고 있는 구속사(救贖史)적 목적은 크게 다음 두 가지로 살펴볼 수 있다.

① **하나님의 구속사의 연속성을 밝히기 위해** : 성경에서 족보들을 소개하고 있는 가
장 중요한 목적은, 하나님께서 당신의 백성들을 구원으로 인도하시기 위한 하나님
의 구속 활동이 역사적으로 끊임없이 계속 진행되어 왔음을 보이기 위한 것이다.
즉 노아의 족보^{창 10장}는 홍수 심판 후에도 하나님이 노아를 통하여 구속사를 계속
해서 전개하셨음을, 또 역대기나 에스라서, 느헤미야서의 족보들은 범죄한 이스라
엘 백성들을 심판하사 바벨론 포로로 잡혀가게 하셨음에도 불구하고 그 남은 자들
을 통하여 당신의 구속사를 끊임없이 전개하셨음을 보이기 위한 것이었다. 그리고
마 1장과 눅 3장에 기록된 그리스도의 족보는 하나님의 구속사가 그리스도를 통
하여 절정을 이루기까지의 과정을 보여 주고 있다. 이러한 목적 때문에 성경 족보
는 하나님의 구속 활동을 강하게 부각해 주는 인물들을, 즉 혈통이나 가문이 다르
고 심지어 이방 여인이라 할지라도 이들을 기록하고 있다.

② **인류의 시작과 끝이 하나님께 있음을 보이기 위해** : 성경의 족보들에는 인류의 기
원을 보여 주는 족보들, 또는 어떤 가문이나 지파의 시작과 파멸을 보여 주는 족보
들도 있다. 또 이러한 족보들 사이 사이에 간략하게 기록된 어떤 개인의 행적^{대상 4:8, 9}, 또는 어떤 지파의 행적^{대상 5:18-22} 등은 그 개인이나 지파가 누구로 말미암
아 존재하며 또 복을 받았는지, 또는 무엇 때문에 멸망하게 되었는지를 간단하게
나마 명료하게 밝히고 있다. 이것은 모두 인류의 시작과 끝이 오직 하나님께 달려
있다는 사실을 보여 주고 있다. 그리고 이러한 사실들을 통해 우리는 우리의 존재
여부가 하나님께로 말미암는 줄을 알고^{롬 11:36} 더욱 겸허하게 하나님 앞에서 머
리를 조아리게 되는 것이다.

🕆 의의

이상에서 살펴본 바 족보 기록의 목적을 통해서 우리는 그냥 흔히 지나쳐 버리기
쉬운 성경에 기록된 족보들에 대해 보다 신중하게 살펴야 한다는 교훈을 얻게 된
다. 그뿐만 아니라 족보에 등장하는 인물들 하나하나가 하나님의 구속 역사와 밀접
한 관계에 있는 인물들임을 생각할 때 그들의 행적에 관한 세밀한 탐구가 절실함을
깨닫게 된다.

학습 자료 61-4 사무엘의 출신 지파 ^{대상 6:27-28}

본문을 보면 분명 사무엘은 레위인의 계보에서 소개되고 있다. 그런데 삼상 1:1을
보면 사무엘의 아버지 엘가나가 에브라임 사람이었다고 말한다. 그렇다면 어느 것
이 더 정확한 것인가? 그리고 이 서로 다른 두 기록을 어떻게 조화시킬 수 있겠는가?

🕆 레위 지파 출신

먼저 결론부터 말하자면 사무엘은 분명 레위 지파 출신이었다. 이는 본문의 레위
지파의 계보에서도 분명히 나타나며, 또 33, 34절을 보면 레위 지파 중에서도 특별

히 다윗 시대에 찬송하는 자의 직무를 맡았던 헤만의 조상으로 언급되고 있다. 그리고 사무엘이 어머니 한나에 의해 실로 성전에 맡겨지고, 또 엘리 제사장 밑에서 성전 일을 배울 수 있었던 것도 그가 레위인이었기 때문이다삼상 1:24-28. 이에 관한 보다 자세한 설명은 삼상 1장 연구자료 '사무엘의 가계도'를 참조하라. 그리고 사무엘은 사사 시대 말기에서 왕정 시대로 넘어가는 과도기에 신정 왕국 건설의 산파 역할을 했던 위대한 민족의 지도자였으며, 사사요, 제사장의 임무를 수행했다삼상 3:19-21, 7:15-17. 이런 점에서 볼 때 사무엘은 출애굽의 주역(主役)이요, 역시 레위 지파 출신이었던 모세와 유사한 점이 많으며, 또 그의 3 중직, 즉 사사, 선지자, 제사장직 수행은 그리스도의 3중직 수행에 대한 예표가 된다. 이는 삼상 25장 학습 자료 20-3 '사무엘의 3중직'을 참조하라.

✝ 에브라임 땅에 거주

그러면 삼상 1:1에서 사무엘의 아버지 엘가나가 에브라임 사람이었다는 기록은 어떻게 된 것인가? 그것은 간단하다. 곧 엘가나가 에브라임 지파 출신이 아니라 단지 에브라임 땅 라마다임 소빔에서 거주하였음을 뜻하고 있는 것이다. 이는 본래 레위 지파는 전국에 흩어져 살면서 그들의 종교적 직무를 수행하게 되어 있었으므로 아마도 엘가나의 조상들이 에브라임 땅에서 그 직무를 수행하게 되었던 것 같다. 이에 관해서는 민 35장 학습 자료 12-5 '레위인 전국 분산의 의의'를 참조하라.

✝ 의의

이상의 사실들을 통하여 분명 사무엘은 본문에 나타난 바대로 레위 지파 출신임을 알 수 있다. 그리고 그의 아버지 엘가나를 비롯하여 조상 대대로 에브라임 땅에 거주하면서 그곳에서 레위인의 직무를 수행했으며, 사무엘도 젖먹이 시절에 그곳에서 거주하였음을 알 수 있다. 이를 통해 우리는 본문과 삼상 1:1의 기록이 서로 대치되는 것이 아님을 확실히 알게 되었다. 그리고 이러한 사실들을 확인하면서 또한 우리는 당시 레위인들이 전국에 분산하여 종교적 직무를 수행했던 사실을 부가적으로도 확인하게 되었다.

학습 자료 61-5 찬양대(성가대)의 역사 대상 6:31-48

본문에는 레위 자손 중 찬송 직무를 맡은 자들에 대한 계보가 기록되어 있다. 여기서 찬송 직무는 성전 예배에서 하나님을 찬양하며 그에게 영광 돌리는 것을 목적으로 조직된 매우 중요한 직분이었다. 오늘날 역시 하나님께 찬양 돌리기 위한 영적인 봉사를 목적으로 하는 성가대가 예배를 돕는다. 이에 오늘날의 찬양대(성가대)가 있기까지의 그 기원과 변천 과정을 간략하게 살펴보고자 한다.

✝ 기원

성가대(聖歌隊)의 기원은 예루살렘으로 언약궤를 옮겨오고 성전 예배 의식을 본격적으로 체계화한 다윗과 솔로몬 시대이다. 다윗은 헤만[39절], 아삽[39절], 에단[44절]에게 성전이 건립되기까지 성막에서의 찬송 직무를 명하였고, 이들과 함께 레위 지파 30세 이상의 남자들 3만 8천 명 가운데 4천 명을 성가대로 조직하였다. 그리고 4천 명 중에서 아삽, 헤만, 여두둔의 자손 288인은 악기 연주자겸 다른 사람들을 지도하는 역할을 담당하도록 했다[대상 23:1-5, 25:1-7]. 또한 레위인 성가대의 4천 명을 24 반차로 다시 나눔으로써 번갈아 가며 성가대로 봉사하게 하였다. 이에 따라 이 레위인은 회막에서 생활하면서, 오로지 하나님만을 찬양하고 기도하며 거룩한 생활을 하였다.

✝ 변천

다윗 때에 레위 지파들로 구성된 성가대 제도는 이후 예수님 당시까지 계속 이어졌다. 이제 현대에 이르기까지의 특징적인 변천 과정만을 살펴보자.

① **초대교회 시대** : A.D. 70년 헤롯 성전이 파괴될 때까지 레위인들로 구성되어 계속되었던 성가대 제도가 초대교회 시대에는 일시 중단되었다. 당시에는 로마 정복 하의 기독교 박해가 심하여 예배조차도 지하에 숨어 드릴 수밖에 없었기 때문이다. 그러다가 A.D. 313년 밀라노 칙령에 의해 교회가 공인됨으로써 다시 성가대가 조직되었고, 자유롭게 찬양을 드리게 되었다.

② **중세시대** : 중세 때 교회 음악의 발전에 큰 기여를 한 몇몇 음악 학교들이 설립되었고, 이 음악 학교에서 공부한 사람들이 성가대로 활동했다. 초기에는 음악이 단순하였기 때문에 성인 남자들로만 성가대가 구성되었는데, 음악이 복잡하게 발전하면서 소프라노 파트(Soprano part)가 필요해졌다. 이에 소년들을 성가대에 기용하게 되었고, 1498년에 창설된 비엔나 소년 합창단과 같은 성가대를 구성하기에 이르렀다.

③ **종교개혁 이후** : 1517년 루터의 종교개혁이 일어나면서 한때 성가대라는 특수 직분이 폐지되었다. 대신에 루터(Luther. 1483-1546)는 일반 회중에게 찬송을 부르도록 하는 새로운 전통을 만들었다. 그러나 교회 음악의 발전의 필요성 때문에 성가대가 자연스럽게 부활하게 되었다.

④ **근대 이후** : 이때의 특징으로는 음악 학교의 훈련을 받지 않은 남녀의 비전문인으로 성가대가 조직된 것이다. 이러한 혼성 성가대는 18세기 독일에서 처음으로 시작되었다. 곧 로우웰 매슨(Lowell Mason) 박사가 남녀 대원수를 알맞게 나누어 성가대를 조직했는데, 오늘에 이르기까지 교회들이 이러한 혼성 성가대 제도를 받아들이게 된 것이다.

✝ 의의

회중을 대표하여 하나님을 찬송하도록 선택된 레위인 성가대로부터 오늘에 이르기까지의 성가대 역사를 간단히 살펴보았다. 여기서 우리는 성가대의 목적이 개인의 환희나 이익을 추구하기 위한 것이 아닌, 오직 하나님을 위한 영적 봉사에 있음을 기억해야 한다. 그러므로 성가대원은 온 회중을 대표하여 아름다운 운율과 음악으로 예배에 임하도록 사명을 받은 이상, 교인을 대표하는 제사장적 자세로서 임해야 하겠다. 또한 성가대가 예배를 돕는 기관인 만큼 음악적 기교만을 중시하며 회중과 동떨어진 노래를 부르기보다, 온 회중이 쉽게 공감할 수 있는 노래로 찬양함이 바람직하다 하겠다.

학습 자료 61-6 아하수에로 왕 연회의 역사적 배경 에 1:3-8

페르시아의 아하수에로 왕(B.C. 485-484) 3년에 도성 수산에서는 180일 동안의 긴 잔치가 열렸다. 인도에서 구스까지 127개 도(道)나 되는 거대한 제국의 왕이 각 도의 방백과 심복을 위해 베푼 이 잔치의 화려함과 풍요로움은 본문을 보더라도 잘 알 수 있다. 그런데 왕은 어떤 연유로 이러한 장기간의 잔치를 베풀었을까? 단지 본문에서처럼 나라의 부함과 위엄의 혁혁함을 나타내고자 함인가? 그러나 놀랍게도 이러한 본문의 배경에는 세계사에서 유명한 전쟁 중의 하나인 페르시아 전쟁의 역사가 숨겨져 있다. 따라서 이제 페르시아 전쟁의 원인과 과정, 그리고 결과에 대해 간략히 살펴보기로 한다.

✝ 원인 및 과정

먼저 아하수에로 왕의 부왕(父王)이었던 다리우스 왕 통치 때인 B.C. 6세기 말에 페르시아는 그리스의 해안 도시들, 섬들과 함께 소아시아까지 정복하며, 세력을 서쪽으로 확장하고 있었다. 이 과정에서 정복지에서의 반란이 일어났고, 이는 곧 진압되었다. 그러나 이때 아테네와 에레트리아가 반란 성읍들을 원조했다 하여 다리우스 왕은 크게 진노하였다. 이에 그는 곧 그리스 지역 원정에 나서게 되었고, 이로써 4차에 걸친 페르시아 전쟁 즉, 페르시아와 그리스 간의 전쟁이 시작된 것이다. B.C. 492년의 제1차 전쟁을 승리로 이끈 다리우스 왕은 곧이어 B.C. 490년에 6만 명의 모병과 기병을 태운 거대한 함대를 이끌고 제2차로 아테네를 공략하려고 했다. 그러나 페르시아의 월등한 수적 우세에도 불구하고 마라톤이란 조그만 평원에서 밀티아데스라는 아테네 장군에게 패하고 말았다.

이후 다리우스가 아테네 재침략을 위한 전쟁 준비를 하다가 사망하였고, 곧이어 그의 아들 아하수에로(B.C. 485-464년)가 왕위에 올랐다. 아하수에로는 즉위 후 2년 동안 철저하게 아테네 침략 계획을 세워 차츰차츰 준비하고 있었다. 그리고 이제 그는 전쟁을 위한 마지막 점검과 함께 지도자들의 사기를 북돋워 주기 위해 대대적인 잔치를 베풀었는데, 본문은 바로 이 시기의 역사를 배경으로 하고 있다.

한편, 페르시아가 이렇듯 만족할 만한 준비를 하는 동안 아테네도 나름대로 전쟁 대비책을 세워 두고 있었다. 그 결과로 페르시아는 3차(B.C. 480), 4차(B.C. 479) 원정에서 각각 살라미스(Salamis)와 플라타이아이(Plataiai), 미칼레(Mykale) 싸움에서 아테네 군대에게 패배하고 말았다. 그 후에 아하수에로 왕은 살해되었다.

✞ 결과 및 영향

약 17년 동안 지속된 페르시아 전쟁에서의 아테네의 승리는 아테네와 페르시아에 지대한 영향을 끼쳤다. 우선 승리국인 아테네는 이 전쟁을 기점으로 하여 해상 진출의 기틀을 확고히 함과 아울러 그리스의 중심 도시국가로 올랐으며, 문화적으로는 찬란한 고전 문명, 그리고 국가적으로는 민주 정치를 이룩하게 되었다. 한편, 페르시아는 정치적으로는 여전히 그리스를 간섭하였으나 문화적으로는 오히려 그리스의 문명을 수용하는 상황이 되었다.

✞ 의의

본문의 단순하고도 간략한 기사 속에 이렇듯 세계사에서 중요한 위치를 차지하는 페르시아 전쟁에 대해 살펴볼 수 있음에 우리는 놀라움을 금할 수 없다. 그러나 이보다 더 놀라운 사실은 바로 이러한 잔치로 인해 유대인 처녀, 에스더가 왕비로 간택되어 멸절 위기에 놓인 동족 유대인을 구원하신 하나님의 놀라운 섭리이다.

학습 자료 61-7 바사의 겨울 수도 수산 궁 에 2:5-23

바사의 네 수도 중 하나인 수산 궁은 본서 전체의 배경이 되는바 성경 역사 연구에 있어 매우 중요한 위치를 차지한다. 그런데 이 수산 궁은 최근까지만 해도 그 위치가 어디인지 제대로 알려지지 않아 본서의 역사성을 증명하는 데 많은 애로점이 있었다.

그런데 1930년 시카고의 동양 연구소의 고고학자들에 의해 사막의 모래 더미에 묻혀 있던 수산 궁의 유적을 발굴하게 됨으로써 본서의 배경을 이해하는 데 결정적인 도움을 얻게 되었다. 이에 수산 궁의 유적을 통하여 본서의 배경이 되는 당시 수산 궁의 이모저모를 살펴보도록 하자.

✞ 수산의 위치

현재의 이란 남서쪽에 위치하고 있는 수산(또는 수사)은 본래 고대 왕국 엘람의 수도였다. 이 수산이 바사의 영토가 된 것은 다리오 1세(B.C. 521-486년) 때이며, 이곳의 뛰어난 지정학적 조건으로 인하여 다리오 대왕이 이곳에 왕궁을 세우고 수도로 삼았다. 즉 이 수산은 소아시아의 고대 왕국 리디아의 수도인 사르데스(Sardes)로 가는 길과 바사의 또 다른 수도의 하나인 페르세폴리스(Persepolis)로 가는 길의 교차로에 위치해 있었다. 때문에 바사 제국의 정치적 중심지가 되기에 매우 적절했다.

✞ 수산 유적지 발굴 결과

다리오 1세의 비문에는 수산 궁 건축에 관한 많은 정보가 기록되어 있다. 즉 그곳을 보면 수산 궁이 레바논 백향목과 사르데스(Sardes)의 금, 그리고 청목, 홍목, 상아 등 수많은 보석과 엘람에서 가져온 돌로서 건축되었다고 기록되어 있다.

그러나 B.C.331년 알렉산더 대왕이 바사 땅을 원정할 때 파괴된 이래 그 같은 수산 궁의 장엄한 모습을 확인할 길이 없었다.

그런데 이 수산궁 유적지의 발굴 결과, 당시의 수산 궁의 화려함과 웅장함을 능히 짐작할 수 있게 되었다. 이에 대해 살펴보면 다음과 같다. 이 궁전은 무려 50자(약 15m) 높이로서 약 2천 평이나 되는 대지 위에 서 있었다. 이 장대한 궁전의 바닥에는 사람이 서서 다닐 수 있을 정도로 큰 하수도가 길게 펼쳐져 있었고, 궁전의 벽은 장엄하고도 화려한 장식품 돌로 조각되어 있었다. 또한 발굴 결과 그 옛날 에스더 왕후가 거닐었음 직한 궁전 복도 벽의 화려한 조각들이 그대로 상하지 않은 채 아름답게 남아 있었다. 이러한 고고학적인 발굴 결과는 에 1:5-8에 묘사된 궁전에서 잔치 모습을 생생하게 증언해 주는 좋은 자료가 되고 있다. 또한 궁전 제일 깊숙한 곳에는 굉장히 넓고 큰 응접실이 있어서 왕을 찾아오는 사신들을 맞이할 수 있게 되어 있었다. 그리고 그 유적지 터 위에는 당시의 영화를 말해 주는 듯 어마어마하게 크고 둥근 기둥들이 서 있어 역사의 무상함을 말하고 있는 듯하다.

✝ 의의

이상의 수산 성 발굴 결과를 통해서 우리는 당시 대제국 바사의 강대함과 찬란했던 번영을 엿볼 수 있다. 그리고 이 같은 대제국의 한 수도인 수산 궁이 당신의 백성들을 구원하시기 위한 하나님의 구속 사역의 현장이 된 점에서 우리는 역사를 섭리하시고 주장하시는 온 세계의 주권자 되시는 하나님의 모습을 생생하게 발견한다.

61 일차 범위 생각해야 할 성경적 세계관의 이슈들
☑ 읽을 책 : "기독교 세계관 핸드북" 도서 출판 에스라 2023

❖ **역상, 에스라** ""역사에 대한 성경적 견해"(p441)

62일 핵심 학습 자료

학습 자료 62-1 본서를 통해 본 페르시아의 여러 풍습 에 8:8

에스더서는 페르시아의 왕이었던 아하수에로 왕(B.C. 486-464년) 때에 수산 성에서 일어났던 사건들을 기록한 책이다. 그래서 본서 곳곳에는 당시 페르시아의 풍습들이 나타나 있는바, 이제 본서를 중심으로 페르시아의 다양한 풍습들을 살펴봄으로써 본서를 이해하는 데 도움이 되고자 한다.

✝ 페르시아의 여러 풍습

① **페르시아의 궁전 연회 광경**[1:5-12] : 페르시아의 궁전 연회는 매우 사치스럽고 풍족한 것이 특징이었다, 즉 연회장은 각양각색의 휘장들이 둘러쳐져 있고, 연회 참석자들은 온갖 귀한 보석으로 꾸며진 의자에 앉아 음식을 즐겼다. 그 의자는 오늘날과 같이 반듯이 앉는 의자가 아니라 화반석(花斑石)과 같은 자리 위에 놓여져 기댈 수 있게 만들어진 의자이다. 이러한 의자에 비스듬히 기대어 먹는 것이 페르시아인의 식사법이다. 그리고 연회에 쓰이는 모든 술잔은 금으로 되어 있어서 그 궁전 연회의 화려함과 웅장함을 더했다.

② **페르시아 왕 보호 제도**[1:13, 14, 4:11] : 페르시아의 왕은 특별한 제도에 의해 보호되었다. 즉 1:14을 보면 왕의 기색을 살피는 일곱 방백이 나온다. 이들은 모두 페르시아 제국의 고관들로서 왕의 고문 역할과 호위병 역할을 하며 아무나 왕에게 접근하지 못하게 했다. 단지 왕의 호출을 받은 사람들만이 왕을 알현할 수 있도록 했다. 그리고 심지어 왕후일지라도 왕의 호출을 받지 않고 왕에게 접근하는 자는 사형에 처했다.[4:11] 이는 암살자들이 왕에게 접근하는 것을 막기 위한 제도였을 뿐만 아니라 동시에 페르시아 제왕의 위엄을 돋보이게 하기 위한 것이었다.

③ **왕명 통신 제도**[1:20, 3:13, 8:14] : 페르시아의 수도와 지방 행정 중심지 사이에는 잘 조직된 왕실의 통신 제도가 있어서 신속하고도 정확하게 통신할 수 있었다[3:15]. 즉 왕에 의해서 조서가 반포되면 왕궁에 대기하고 있던 파발병들이 그 조서를 가지고 말을 타고 일제히 각 도(道)로 달려가게 된다. 그러면 각 도의 행정관들이 다시 그 조서를 방으로 부쳐 알리게 되는 것이다. 한편 바사 왕은 행정, 사법, 군사 심지어 종교 문제에 있어서까지 결정권을 가지고 있었다. 이 때문에 왕의 조서는 그의 반지로써 인이 쳐지는 순간부터 곧 법률로서 효력을 발생하게 되었다. 또 '바사와 메대의 법률'[1:19]은 일단 제정되어 선포되면 비록 왕 자신이라 할지라

도 취소하거나 변개할 수 없었다. 이는 127개 도(道)나 되는 광대한 지역을 다스리는 대제국 페르시아의 법이 얼마나 강력한 것이었나 하는 것을 보여 주고 있다.

✝ 의의
이상으로 에스더서에 나타난 페르시아의 여러 풍습을 간략하게 살펴보았다. 실로 성경은 기록될 당시의 사회적·역사적·문화적 상황들을 배경으로 하고 있다. 이 때문에 이러한 사실을 염두에 두고, 또한 그렇듯 기록 배경이 되는 것들을 먼저 살펴본 후 성경을 대한다면 성경의 이해가 보다 빠를 것이다.

학습 자료 62-2 부림절(Purim) 에 9:26

부림절은 히브리력으로 마지막 달인 아달월(태양력 2, 3월) 14, 15일에 거행되는 유대 축제이다. 여기서는 유대 사회에서 이 부림절이 어떻게 준수됐는가에 대해서 살펴본다.

✝ 부림절 풍습
히브리인들의 부림절 준수에 대한 기록 가운데 가장 오래된 것은 에스더서를 제외한 마카비 시대(B.C. 166-143년)의 것이다. 이는 부림절 준수가 고정적으로 이루어진 시기가 이때부터일 것이라는 사실을 암시한다.

이 시대의 기록에 따르면 특별히 12월 14일을 '모르드개의 날'이라고 불렀다. 그리고 그 전날인 제13일은 에스더가 왕 앞에 나아가기 전에 행한 기도와 금식을 기념하여 '금식하는 날'로 널리 행해졌고, 제14일 새벽이 되면 회당에 모여 에스더서를 읽는다. 책의 낭독과 함께 낭독자가 해석을 하는데, 이 때 하만과 다른 박해자들의 이름이 나올 때면 저주의 외침과 동시에 발을 구르고 비탄의 온갖 소리를 지른다. 반면에 모르드개와 에스더의 이름이 나올 때는 축복의 말을 한다. 그리고 14일 아침이 되면 회당에서 다시 예배를 드린다. 그런 다음 그 이후의 시간에 사람들은 가난한 사람들과 친구들에게 선물을 준다. 그리고 14일의 나머지 시간과 다음 날 15일에는 음식과 함께 축제로 시간을 보내게 된다. 그리고 이때 아이들은 가장무도회를 비롯한 각종 놀이를 즐기기도 한다.

이러한 축제 기간 다소 지나친 행동이 있어도 민족적 정서 속에서 이해되고 묵인되기도 한다. 한편 이 축제는 지방에 따라 거행되었으며, 명절에 행하는 예루살렘 순례 여행과 아무런 연관이 없어서 신약에서는 이 축제에 대한 언급이 없다.

✝ 의의
이상 살펴본 대로 성경에서 언급된 이 부림절기는 오늘날의 유대 사회에서 아직도 행해지고 있다. 이것은 성경의 역사성의 단적 증거라 할 수 있다.

학습 자료 62-3 디아스포라(Diaspora)의 이해(에스더)

✝ 용어의 이해

헬라어 '디아스포라'(διασπορώ)의 의미는 '흩어짐', '분산'이란 뜻으로서 약속의 땅 가나안을 떠나 이방 지역에 흩어져 살면서 자신들의 종교적 계율과 관습을 지키는 유대인들을 가리키는 말이다. 그리고 그러한 유대인들이 사는 지역을 가리켜서는 '골라'(Golah)라 한다.

한편 디아스포라는 '포로'(captivity)와는 다르다. 물론 포로가 디아스포라를 탄생 시킨 원인은 될 수 있다. 그러나 디아스포라는 포로 귀환 허락이 떨어진 이후에도 스스로 원해서 이국땅에 머물며 공동체를 이루어 생활하는 사람들을 가리키기 때 문에 포로와는 그 개념이 다르다.

✝ 원인(原因)

디아스포라의 원인은 일차적으로 이스라엘 백성들이 하나님의 선민으로서 마땅히 그분께 순종해야 함에도 불구하고 계속해서 죄를 범함으로 하나님의 심판을 받은 결과 B.C. 732-722년경 앗수르에 의한 북쪽 10지파 백성들의 포로와 B.C. 605-586년경 바벨론에 의한 남 유다 백성들의 포로 사건을 들 수 있다. 이에 대한 상세 한 설명은 에스라 서론 학습 자료 59-3 '바벨론 포로의 이해'를 참조하라.

그리고 B.C. 322-285년경 애굽- 팔레스타인 지역의 총독인 프톨레미 1세(Ptolemy I)에 의해 포로 귀환하여 유대 땅에 정착한 유대인들을 알렉산드리아로 강제 이주시 킨 것, 또 B.C. 223-187년경 시리아 셀류크스 왕조의 안티오쿠스 3세(Antiocus III)가 메소포타미아와 바벨론 지역의 유대인들을 부루기아와 루디아에 정착시킨 것, 또 B.C. 63년 예루살렘을 점령한 로마 장군 폼페이(Pompey)가 유대인들을 로마로 강제 이주시킨 것 등의 역사적 사건들이 디아스포라를 만드는 원인이 되었다.

이상의 원인들 이외에도 개인적인 특별한 이유나 상업상의 이유로 인하여 포로 귀환 당시에 귀환하지 않고 페르시아 제국의 각 지역에 그대로 남아 있거나 또는 스스로 이곳저곳으로 옮겨 다니며 정착한 사람들도 대단히 많다.

✝ 분포

애초에 디아스포라의 분포 지역은 고대 앗수르와 바벨론 제국의 몇몇 지역에 국한 되어 있었다^{왕하 17:5, 6, 24:14}. 그러나 위에서 간략히 언급한바 계속된 강대국들의 유 대 지역 침탈과 유대인들의 자발적인 이주(移住)로 인하여 그 분포 지역은 크게 확 대되었다. 즉 시리아, 이집트, 페니키아 등지는 물론이고 소아시아, 로마 이탈리아, 그리스, 유럽 지역까지 확대되었다.

이처럼 디아스포라 유대인들의 수의 증가와 거주 지역의 확산으로 인해 B.C.2세 기 중엽 시빌의 신탁(Sibylline Oracles)에서는 '땅마다 그리고 바다마다 유대인 그대 들로 가득하구나' 라고 기록할 정도였다. 그리고 예수 그리스도의 승천 후 오순절 성령 강림 사건 당시에 예루살렘을 찾아온 순례객들을 각 출신지별로 분류해 보면 디아스포라의 분포 지역이 얼마나 광범위했는가를 능히 짐작할 수 있다^{행 2:9-11}.

✝ 특징

분산된 유대인들의 수가 얼마나 되었는지는 정확히 알 수 없다. 그러나 초대교회 시대에 로마 제국 내에 있던 유대인들의 수가 400~450만 명 정도였다는 학자들의 추산(Harnack)에 따른다면 그 수는 아마 팔레스타인 땅에 거주하고 있던 유대인들 수의 몇 배 더 될 것이다. 그런데 이렇게 많은 디아스포라는 각 지역에 흩어져 살면서도 유대 민족의 통일성을 그대로 유지할 수 있었다. 그 이유는

> ① 다른 이방 종교에 물들지 아니하고 회당을 중심으로 전통적인 종교적 관습들을 그대로 고수했다. ② 개개인이 따로 따로 흩어지지 아니하고 특정한 한 지역에 모여 공동체를 이루었다. ③ 회당을 중심으로 자체의 내부 조직을 견고하게 다지고 있었기 때문에 스스로 행정 사법상의 문제들을 해결했다. ④ 매년 세 차례씩 예루살렘을 순례하며 성전세를 바쳤다. 그러나 이상의 사실들을 그대로 지키지 아니하고 헬라인과 동화되어 민족적 순수성을 상실한 사람들도 많이 있었다^{요 7:35}.

한편 디아스포라 유대인들은 어느 한 지역에 따로 공동체를 이루고 있으면서 그 지역의 통치자들로부터 어느 정도 자율성을 허락받았기 때문에 자유롭게 생업에 종사할 수 있었다. 이른 이유로 유대인들은 각 지역에서 상업, 은행업 등에서 괄목할 만한 두각을 나타내었고 또 지역 사회에 상당한 영향력을 행사하기도 했다. 그러나 가난한 유대인들도 많았다.

✝ 디아스포라의 주요 지역 및 관련 역사

주요지역	관련역사
바벨론	전 3차에 걸친 포로 귀환 이후에도 계속 이 지역에서 남아 유대인의 풍습과 종교를 그대로 유지함으로(에 9장) 후에 동방 유대교의 중심지가 됨. A.D.5-6 세기경 예루살렘 탈무드, 바벨론 탈무드가 이곳에서 작성됨. 신약 시대에 이 지역에 거주한 유대인들의 수는 수만 명에 달했음(Josephus)
이집트	예루살렘 멸망 당시 반(反) 바벨론주의자들이 도피해 이 지역에서 유대 공동체를 만듦. 예레미야 선지자도 이 지역의 유대인들에게 메시지를 전파하다가 순교한 것으로 전승됨(렘 43-44장). 엘레판틴 파피루스의 발견으로 이 지역의 유대인들의 삶과 그들의 성전 건축 사실이 밝혀져 비교적 잘 알려져 있지 않은 소위 중간사 시대의 역사 이해에 많은 도움을 얻음
알렉산드리아	이 도시는 알렉산더 대왕이 B.C. 332년에 이집트를 정복한 기념으로 세운 도시로서 프톨레미 1세에 의해 유대인과 사마리아인들이 이곳에 대거 이주됨. 이곳을 통해서 유대인들에게 헬라 문화가 유입됨. 구약 성경 70인역(LXX) 번역 작업이 이곳에서 실시됨. 유대교를 헬라 철학으로 설명했던 철학자 필로(Philo)의 출생지. 많은 외경(外經), 묵시 문학의 본거지
소아시아	이 지역의 디아스포라 도시들은 사도 바울의 서신서나 기타 신약 서신서에 자주 등장함. 예를 들면, 버가모, 루디아, 갑바도기아, 비두니아, 본도, 서머나, 라오디게아 등이 있음

그리이스	빌립보, 데살로니가, 베뢰아, 아덴, 고린도 등이 대표적 도시들임. 이 도시들은 대부분 기후가 좋고 비옥한 곳일 뿐만 아니라 상업적으로 매우 발달한 곳임
로마	B.C.63년 로마 장군 폼페이(Pompey)에 의해 많은 유대인 포로들이 이곳으로 옮겨짐. 유대들은 로마인들에 대해 상당히 호의적이었기 때문에 그들과 화친함으로 대부분 자유와 공민권을 얻음. 상업과 종교에 의해 로마 사회의 각 구석마다 유대인들이 파고 들어갔기 때문에 로마 사회에 혼란을 일으키기도 했으나 많은 사람들을 유대교로 개종시키기도 함
기타	로마와 남부 이탈리아를 제외한 이탈리아, 스페인, 북아프리카에도 소규모의 유대인 공동체가 있었음. 구레네(Cyrene)가 대표적인 북아프리카의 유대인 도시임

✝ 의의

유대인의 디아스포라(분산)는 한편으로는 하나님의 선민으로서 마땅히 지켜야 할 하나님 말씀에 계속해서 불순종함으로 인한 하나님의 징계의 결과이지만^{렘 8:3;} ^{16:15, 겔 4:13, 호9:3, 슥 10:9} 다른 한편으로는 그들을 이방인 가운데 흩으셔서 궁극적으로 이방인들 가운데도 하나님의 복음을 전파케 하사 구원을 얻도록 하시기 위한 하나님 섭리의 결과로도 볼 수 있다^{시 67편, 미 5:7}. 이러한 사실은 유대인들이 각 지역에 흩어져 살면서 많은 이방인을 개종시킨 사실에서 분명히 알 수 있다^{에 9:27}.

한편 이러한 많은 지역에 분산된 디아스포라는 예수 그리스도께서 당신의 제자들에게 내리신 지상 명령, 곧 땅 끝까지 이르러 내 증인이 되라 하신 복음 전파 사업의 교두보 역할을 하게 되었다. 특히 유대인 공동체가 있는 곳마다 세워진 회당은 사도 바울을 비롯한 초대교회 선교사들의 중요한 복음 전파의 장(場)이요, 전초기지의 역할을 담당하게 됐다^{행 17:1, 18:4}.

한편 이스라엘의 흩어진 백성들을 통한 온 세계 이방 백성들에 대한 복음 전파와 그로 말미암아 그들이 여호와 하나님을 믿고 그분께 순종하게 된 사실은 곧 그분이 온 세상의 주권자이심을 보여 주는 증거이다. 또한 아모스 선지자를 통하여 "이스라엘 족속을 만국 중에서 체질하기를 체로 체질함 같이 하려니와 그 한 알갱이도 땅에 떨어지지 아니하리라"^{암 9:9} 하신 말씀처럼 궁극적으로 유대인뿐만 아니라 이방인들까지 포함하여 택한 백성들을 구원하시기로 한 하나님의 구속사적 계획이 만세 전부터 한 치의 오차도 없이 진행됐음을 증거하는 것이기도 하다.

학습 자료 62-4 르훔과 심새의 성벽 재건 방해 시기 ^{스 4:7-23}

본문에는 사마리아인들의 의뢰로 르훔과 심새가 유대인들의 성벽 공사 중단을 요구하는 조서를 바사 왕 아닥사스다(B.C. 464-424)에게 보낸 사실과 그 조서로 인하여 아닥사스다 왕이 유대인의 성벽 재건 공사를 중단케 한 사실^{23절}이 기록되어 있다. 그런데 느 2:1-10을 보면 느헤미야가 바사 왕 아닥사스다의 허가로 예루살렘으로 귀환하여 성벽 공사를 실시한 것으로 소개되고 있다.

그렇다면 동일하게 바사 왕 아닥사스다 시대에 그 왕이 한번은 성벽 건축 중단을, 또 다른 한 번은 성벽 건축 허가를 한 셈이 되는데 이것이 어떻게 된 일인가? 이에 대해 알아보자.

✝ 르훔과 심새의 성전 재건 방해 시기

느1:1-3을 보면 아닥사스다 왕 제 20년, 즉 B.C. 445년에 느헤미야의 동생 하나니가 예루살렘 성과 성문의 훼파 소식을 느헤미야에게 보고한 사실이 나온다. 그런데 이 보고의 내용이 B.C. 586년 느부갓네살에 의한 예루살렘성 함락 당시의 상황에 관해 설명한 것이라고 말하는 학자도 있으나 대부분 학자는 르훔과 심새 당시의 상황에 관한 보고일 것으로 본다.

그렇다면 이것은 느헤미야가 예루살렘에 귀환하기 이전 시기, 즉 바사 왕 아닥사스다의 제위 20년 이전인 B.C. 464-444년 사이에 이미 예루살렘 성벽 재건 시도가 유대인들에 의해 있었음을 말하는 것이 된다.

그리고 이 추측이 가능한 것이, 느헤미야가 귀환하기 이전에 이미 두 차례에 걸친 포로 귀환으로 예루살렘에 거주하는 유대인들의 수가 상당히 많이 불어났고, 또 이미 예루살렘 성전도 스룹바벨의 지도하에 건축된 터라(B.C. 516년) 예루살렘 성벽 재건도 얼마든지 있을 수 있기 때문이다.

그리고 이때 성전 건축 당시와 마찬가지로 사마리아인들의 대대적인 방해 공작이 있었고, 로홈과 심새는 사마리아인들의 의뢰로 아닥사스다 왕에게 고소장을 보냄으로써 유대인들의 성벽 건축을 방해했다. 따라서 아닥사스다 왕이 느헤미야에게 성벽 재건을 허가하였을 때는 르훔과 심새의 고소장으로 인해 일단 성벽 건축 중단 명령을 내린 이후이다.

✝ 의의

이상의 사실을 통하여 우리는 두 차례에 걸친 바벨른 포로 귀환 이후에 유대인들이 성전 건축과 함께 이스라엘을 국가로서 재건하기 위한 시도를 계속해 왔다는 사실을 발견한다.

또 르훔과 심새의 고소장에 의해 유대인들의 성벽 공사가 좌절되었었지만 결국 하나님은 바사 왕궁의 술관원으로 있던 느헤미야를 통해서 성벽 공사를 곧 재개하고, 또 단 52일 만에 그 공사를 완공되도록 느 6:15 하셨다. 여기서 우리는 하나님의 섭리의 오묘함과 또 자기 백성들을 향한 지극한 사랑을 다시 한번 깨닫게 된다.

학습 자료 62-5 디아스포라 유대인의 예물 헌납 스 7:16

본문은 아닥사스다 왕(B.C. 464-424)이 이스라엘의 제2차 포로 귀환을 허가하고, 아울러 이에 대한 원조를 명령하는 조서의 일부분이다. 그런데 여기에 당시 바벨론에 거주하던 유대인들이 예루살렘으로 예물을 보냈던 관습이 언급되고 있다. 이에 팔레스타인 밖에 거주했던 유대인들의 이 같은 예물 헌납 사실을 살펴보고자 한다.

✝ 디아스포라 유대인들의 예물 헌납

먼저 디아스포라(Diaspora)란 바벨론에 의해 출애굽 이후 살아오던 약속의 땅애서 쫓겨나, 세계 각처에 흩어져 살게 된 유대인들을 뜻한다. 에 9장 학습 자료 62-3 '디아스포라의 이해' 참조. 본문에 나타난 유대인들도 바벨론에 의해 바벨론 땅에 사로잡혀 간 자들인데, 이들은 비록 팔레스타인 밖에 거주할지라도 조상의 나라요 열왕(列王)의 도성인 예루살렘을 결코 잊지 않았다. 그래서 그들은 분산되어 사는 나라에서도 일정한 단위 지역으로 모여 회당(synagogue)을 만들어 거기서 예배를 드렸고, 이때 바쳐진 예물만큼은 예루살렘으로 보냈던 것이다. 또한 성전이 존속하는 한 바쳤던 반 세겔의 성전세도 예루살렘으로 헌납했다. 본문에서 에스라의 제2차 포로 귀환과 함께 바벨론 전 지역에 흩어져 있던 유대인들, 즉 디아스포라의 예물 헌납도 이런 사실을 반영하는 것이다.

이처럼 팔레스타인이 아닌 다른 여러 곳에 흩어져 살면서도 유대인들은 예루살렘을 중심으로 유대 민족의 동일성(同一性)을 유지해 왔다. 한편 이런 풍습은 유대 · 로마 전쟁(A.D. 66~70년) 때까지 계속되었다. 그러나 로마의 승리로 말미암아 이 풍습은 쥬피터 신전에 예물을 바치도록 강요됨에 따라 변질되고 말았다.

한편 디아스포라의 유대인들은 예루살렘으로 예물을 헌납하는 것 외에 매년 세 차례씩 그들의 민족적 축제일에 예루살렘을 순례(巡禮)하기도 했다.

✝ 의의

이상 에스라 귀환 당시 바사 제국 지역에 흩어져 살았던 디아스포라 유대인의 예물 헌납과 관련된 풍습을 간략히 살펴보았다.

이러한 사실에서 우리는 유대인들이 그렇게 오랜 시간 동안 포로로 흩어져 살았으면서도 어떻게 민족적 동질성을 잃지 않았는가 하는 사실을 깨닫게 된다. 또한 본문에서 일찍이 하나님의 징계로 포로 중에 있을지라도 그 마음을 돌이키고 회개하면 흩어진 그 모든 백성 중에서 모으시리라 하신 약속의 말씀[신 30:1-3]이 어떻게 하나님의 섭리 가운데 성취되었는가 하는 사실을 엿보게 된다.

학습 자료 62-6 부끄러움(수치) 스 9:6

일반적으로 '부끄러움'이라 말할 때는 단순한 '수줍음' 정도를 가리킨다. 그런데 성경에서 '부끄러움'이라고 할 때는 인간의 죄의식에서 비롯되는 수치감, 또는 자존심이 심하게 손상당했을 때 일어나는 감정 등을 가리킨다. 본 절에서 에스라가 백성들의 범죄에 대해 하나님께 회개의 중보기도를 드릴 때 바로 이러한 의미에서 자신의 부끄러움을 말한 것이다. 이에 성경에서 말하는 종교적인 의미에서의 '부끄러움'에 대해 구체적으로 살펴보면 다음과 같다.

✝ 용어의 정의

이에 해당하는 히브리어 '보쉐트'는 하나님 앞에서 가지는 죄의식에서 비롯되는 '수치'(shame) 또는 타인에게서 부당하게 당하는 '모욕'(ignominy), '불명예'(disgrace), 그리고 때로 '우상'(idol)을 가리키기도 한다.

✝ 죄의식에 의한 부끄러움

부끄러움의 일차적인 원인은 죄이다. 인류의 조상인 아담과 하와는 선악과 범죄를 저지른 후 죄의식에 사로잡히게 되었고, 그로 인해 하나님 앞에서 부끄러워 자신들을 숨기게 되었다.창 2:25, 3:10. 그 후 아담으로부터 원죄(原罪)를 물려받은 모든 인류는 하나님 앞에서 필연코 부끄러움을 가지게 되었다. 물론 원죄뿐만 아니라 자범죄(自犯罪)로 인하여 그 부끄러움은 더욱 가중되었다.

한편 죄인이면 누구나 하나님 앞에서 자신의 죄에 대해 부끄러움을 느낄 수밖에 없다. 그런데도 악한 자들은 그 부끄러움을 끝까지 감추고, 도리어 교만과 허영심으로 자신을 과장되게 드러내려 한다. 이처럼 하나님 앞에서 자신의 부끄러움을 토로치 않는 자들에 대하여 성경은 단호히 정죄하고 책망한다사 1:29, 렘 6:15. 왜냐하면 자신의 죄에 대해 부끄러운 감정은 죄인들을 하나님께로 돌아오게 하시기 위해 친히 하나님이 우리에게 주셨기 때문이다사 61:7, 롬 6:21.

✝ 하나님의 심판에 의한 부끄러움

죄의식으로 인한 부끄러움은 오히려 죄를 뉘우치고 하나님께로 돌아와 구원 얻도록 하는 것이기에 긍정적으로 볼 수도 있다겔 16:63. 그러나 양심에 화인 맞은 자와 같이 끝까지 회개치 않는 악인들에게는 하나님의 심판으로 인한 수치가 주어진다시 119:78, 겔 32:24. 이러한 수치는 일차적으로 이 땅에서 죄인들에게 주어지는 하나님의 징계로 인해, 그리고 궁극적으로는 영원한 심판으로 인해 주어질 것이다시 35:4, 26, 단 12:2.

✝ 부끄러움의 해결 방법

부끄러움을 해결하는 방법은 일차적으로 하나님 앞에 나아와 자신의 죄를 고백하는 것이다. 그럴 때 하나님은 그를 이 땅에서도, 또 종말에 가서도 결단코 부끄러움을 당치 않게 하실 것이다사 29:22, 45: 17.

여기서 죄를 고백한다는 것은 다른 말로 하나님을 의뢰한다는 것시 22:5, 25:2, 3 그리고 예수 그리스도를 믿는다는 것롬 10:11, 더 이상 죄에 빠지지 않기 위해 하나님 말씀에 순종함으로 자신을 정결케 하는 것시 119:6, 딤후 2:15, 계 16:15을 모두 포함하는 말이다.

이렇게 할 때 하나님은 그 부끄러움을 씻기실 것이며눅 1:25, 마지막 날에 주의 영광 가운데 존귀함을 얻게 하실 것이다시 34:5, 욜 2:27.

학습 자료 62-7　포로 귀환 시대의 이방인과의 통혼 문제 _{스 10:1-4}

에스라 개혁 운동의 주된 관심사는 포로 귀환한 이스라엘 백성들의 이방인과의 통혼 문제를 해결하는 것이었다. 이에 본문에서는 에스라의 소집에 의해 모인 이스라엘 총회에서, 지도자들을 중심으로 온 백성들이 자신들의 이방 아내와 그 소생들을 내보내기로 결의한 사실을 기록하고 있다.

그런데 혹자는 이러한 처사가 너무 가혹한 것이 아니냐고 비판하면서 이것은 지나친 배타주의적 유대 민족주의의 산물이라고 말한다. 또 어떤 사람들은 본문에 기록된 이러한 사실을 모든 시대에 적용할 수 있는 보편적인 진리인 것처럼 보기도 한다. 그렇다면 우리는 이러한 견해들을 어떻게 이해해야 할 것인가? 그리고 성경에서 이방인과의 혼인을 금지하고 있는 규례_{출 34:12-16, 신 7:3-4}와 이방인을 아내로 맞이하는 것을 허용하고 있는 규례_{신 21:10-13}를 어떻게 조화시켜 이해할 것인가? 이에 대해 구체적으로 숙고해 보고자 한다.

✝ 성경의 이방인과의 통혼 금지 및 그 이유

성경은 근본적으로 이방인과의 통혼을 금하고 있다. _{출 3:12-16, 신 7:3, 4} 그런데 성경에서 이렇게 이방인과의 통혼을 금하고 있는 것은 단지 구약 이스라엘 백성들의 순수한 혈통을 보존하기 위해서이거나 배타적인 민족주의적 근성을 고수하도록 하기 위한 것이 아니다. 단지 이방 신들을 섬기는 자들과 통혼함으로써 빚어질, 곧 유혹받아 하나님을 떠나 우상을 섬기는 것을 막기 위해서이다.

이런 이유가 아니면 성경은 이방인과의 결혼에 대해 그렇게 부정적인 것만은 아니다. 예를 들면 모세도 구스 여자를 아내로 맞아들였고_{민 12:1}. 그리고 기생 라합, 모압 여인 룻의 경우에도 이방 여인으로서 히브리인과 결혼한 사람들이다. 그뿐만 아니라 신 21:10-13에는 이방 여인을 아내로 맞이하는 규례까지 소개하고 있다. 즉 이방인이라 할지라도 자신의 상태가 죄인의 상태임을 인정하고, 또 정결 의식을 통해 그 죄된 상태를 해결할 때 그도 선민의 대열에 끼일 수 있었다.

결론적으로 말해 모세 오경에서 이방인과의 통혼을 금지하는 것은 여호와 신앙의 순수성 보존을 위한 것이요, 결코 혈통적·배타주의적 민족주의를 위한 것이 아니라고 볼 수 있다.

✝ 포로 귀환 시대의 특수성

에스라의 개혁 운동 당시 이방 여인과 통혼한 백성들이 이방인 아내와 자식들을 내보낸 것은 당시의 시대적 특수성에 의해 이해되어야 한다. 즉 이 당시 이스라엘 백성들은 오랜 포로 생활로 말미암아 여러 면에서 잃어버렸던 선민의 면모를 회복해야 하는 중차대한 문제에 직면해 있었다. 따라서 선민으로서의 정통성을 회복하기 위해서 순수한 여호와 신앙을 소유한 자들을 찾는 일이 무엇보다 중요했다. 따라서 이방인 아내와의 이혼은 이와 같은 중차대한 종교적·민족적 문제를 해결하기 위해 행해진 것이다.

더욱 이 당시 이방인과 결혼한 자들은 대부분 제1차 포로 귀환자들로서 스룹바벨의 주도하에 예루살렘 성전 재건 사업에 참여했던 자들이었다(B.C. 516년). 그러나 성전 재건 이후 곧 신앙적으로 나태해져서, 앗수르의 식민지 이주 정책에 의해 대부분 이방인으로 구성된 사마리아인들과 약 60년 동안 섞여 살면서 이방 종교에 상당히 물들어 있었다. 따라서 더 이상 사마리아인들처럼 이방인과 통혼함으로써 이스라엘 선민으로서의 면모와 순수한 민족성을 상실하지 않기 위해서는 사마리아인들을 비롯한 이방인과의 관계 단절이 무엇보다 시급한 일이었다.

✚ 의의

"믿지 않는 자와 멍에를 함께 메지 말라"고후 6:14는 교훈은 신·구약 모든 시대에 적용될 수 있는 말씀이다신 7:2-4. 그러나 포로 귀환 시대에 이스라엘 백성들이 이미 결혼한 아내까지도 이방인이라 하여 내어 보낸 사실은 앞에서 살펴본바 당시의 시대적 특수성에 따른 조치로서 오늘날 우리에게 적용될 수 있는 것은 아니다. 오히려 피치 못할 사정으로 불신자와 결혼하게 되었을 경우 믿지 않는 남편을, 또는 아내를 위해 더욱 기도하며 신앙으로 본을 보임으로써 그가 여호와 신앙을 갖도록 유도하는 것이 더욱 바람직할 것이다. 그러나 의도적으로 불신자와 생각과 삶의 목표를 같이하여 멍에를 같이 하게 될 때 그것은 본인 스스로 신앙을 버리고 우상숭배의 죄에 빠질 우려가 크다. 그러므로 여호와 신앙을 잃지 않도록 항상 자신을 경성하여 돌아보아야 할 것이다.

한편 이방인과의 이혼에 관한 본문의 기록을 통하여 우리는 한번 죄에 물들게 될 때 그 죄를 청산하기 위해서는 얼마나 큰 아픔을 치러야 하는가 하는 사실을 보게 된다. 또 죄를 청산하기 위해서라면 어떠한 아픔도 감수하는 인내와 과감하게 죄를 떨쳐버리는 단호함이 모든 성도에게 항상 요청됨을 깨닫게 된다.

학습 자료 62-8 에스라 부흥 운동의 의의

에스라의 신앙 개혁 운동은 단순히 이방 여인과의 통혼을 금지하는 것에서 그친 것이 아니라 율법을 정비함으로 백성들이 지켜야 할 이스라엘의 법제로 삼은 조직적이고 법률적인 개혁이었다. 이러한 개혁은 당시 바사의 정책과 일치하고 있다. 바사는 거대한 왕국 전체에 일률적인 법을 적용하지 않고 각 지방에 따라 조상 전래의 법률 체계를 인정해 주었다. 다리오 왕은 이집트에도 이집트 제사장들을 보내 이런 일을 추진하도록 하였다. 에스라도 제사장으로 동일한 임무를 맡았을 것이다. 어쨌든 이제 유대인들은 조상 전래의 여호와 신앙에 속한 자로서 인정받고, 동시에 대 바사 제국 내의 유대인으로서 법적인 보장을 받으려면 율법을 지켜야만 한다. 물론 공식적이고 독립적인 국가는 아니지만 이제 율법은 유대인들의 종교법임과 동시에 공동체를 규정하는 법이 된 것이다. 이런 점에서 역사학자들은 에스라를 유대교의 창시자로 보고 있다. 물론 에스라가 배타적인 유대주의를 추구한 것이 아니란 점에서 이런 주장이 전적으로 옳은 것은 아니지만 포로 후기에 여호와 신앙과 법제를 하나로 묶어 강력한 공동체를 형성하였다는 점에서는 어느 정도 타당한 것이다. 이때 이루어진 유대 공동체가 오늘날까지 계속되고 있기 때문이다.

에스라가 이방 여인을 추방하고자 한 것은 신앙의 순수성을 보존하기 위해서였다. 하나님의 백성에게 신앙의 순수성은 곧 생존의 근본이기 때문이다. 하나님은 자기 백성이 세상과 함께하는 것을 결코 용납하지 않으신다. 따라서 세상과 연합하는 것은 곧 하나님과의 결별이며 동시에 구원에서의 탈락을 의미한다. 그러므로 그리스도를 구주로 받아들인 자는 지금 즉시 모든 세상의 것과 결별을 선언하고 신앙의 배타적 순수성을 고집해야 한다.

학습 자료 62-9 귀환 시대의 바사(Persia) 왕들

다리오 (521~486)	제국을 강대하게 만들어 갔지만 말년에는 서부 연합군의 반란으로 고생
아하수에로 (485~424)	제위 기간 내내 많은 폭동으로 고생하다가 결국 신하에게 살해당함 이 혼란의 시기를 평정하고 아닥사스다가 왕이 됨
아닥사스다	좀더 적극적으로 속국들을 관리 그 일환으로 에스라에게 중요한 임무 주어 파견 ① 하나님의 지혜를 따른 율법을 아는 법관과 재판관을 세워 예루살렘 백성들을 재판하고 가르치고, 하나님과 왕의 명령을 준행하게 함(스 7:25-26) ② 예루살렘 정황을 살피는 것(스 7:14)

63일 핵심 학습 자료

학습 자료 63-1 포로 귀환 시대 팔레스타인의 정치적 배경(느헤미야)

여기서 '포로 귀환 시대'란 곧 세계사적으로 페르시아 제국 시대(B.C. 539-331년)와 일치하는 기간의 이스라엘 역사를 가리킨다 이 시기의 팔레스타인의 정치적 상황은 곧 이 시기의 이스라엘의 정치적 상황과 밀접한 연관성을 가지는 바 이를 살펴보는 것은 매우 큰 의의를 지닌다. 더욱이 이 시기의 팔레스타인의 정치적 상황이 곧 성경 에스라, 느헤미야, 학개, 스가랴서 등의 배경이 되므로 더욱 큰 의의를 지닌다.

한편 이 시기의 팔레스타인 지역의 정치적 배경을 이해하기 위해서는 일차적으로 페르시아 제국의 식민 정책에 대해 살펴보아야 할 것이다. 그리고 페르시아 제국의 행정 편제상으로 볼 때 팔레스타인이 차지하는 위치 및 예루살렘을 중심으로 하는 팔레스타인 지역 국가들의 상호 관계를 이해해야 할 것이다. 그러면 이에 대해 차례대로 살펴보도록 하자.

✝ 페르시아 제국의 식민 정책

B.C. 722년 북이스라엘을 정복한 앗수르의 식민 정책은 식민지국의 정치력을 완전히 공백화하고 백성들을 강제 이주하여 다른 민족들과 혼합함으로써 그 국가의 존재 자체를 완전히 말살하는 매우 잔인하며 가혹한 것이었다. 그리고 B.C. 586년 남 유다를 정복한 바벨론의 식민 정책도 앗수르의 그것과 별반 다를 바 없었다. 다만 바벨론은 식민지국의 유능한 자들을 양육하여 자국의 이익을 도모했다는 차원에서만 앗수르보다는 좀 더 고차원적인 식민 정책을 썼다고 볼 수 있다^{단 1:4}.

그러나 바벨론을 정복한 페르시아 제국의 식민 정책은 이전의 앗수르나 바벨론의 식민 정책과는 완전히 달랐다. 페르시아 제국은 식민 국가들을 철저히 억압하는 방법으로 굴복시키지 아니하고 관대한 회유 정책으로 자발적으로 페르시아 제국에 충성하도록 하는, 역사상 그 이전까지는 찾아볼 수 없었던 매우 세련된 식민 정책을 폈다.

그러한 정책의 하나로 페르시아 제국은 모든 식민지 백성을 각자 고국으로 귀환토록 허용하고 또 그들의 신전(神殿)도 건립하도록 했다. 그리고 정치적으로도 어느 정도 독자성을 허용하여 될 수 있는 대로 식민지 국가 출신의 왕족(王族)으로 그 지역의 총독이 되게 하였다.

이스라엘이 포로 귀환할 수 있었던 것, 또 유대인인 세스바살, 스룹바벨, 느헤미야와 같은 인물들이 총독이 될 수 있었던 것도 바로 이러한 페르시아 제국의 식민 정책 때문이었다. 대신 식민지 백성들은 페르시아 제국에게 세금을 바쳐야 했으며, 그것은 일종의 조공 성격을 띤 것이었다. 또한 식민 국가들은 신(神)들께 페르시아 제국의 번영과 왕실의 번영을 특별히 기원해야 할 의무를 가졌다.

✝ 페르시아 행정 편제상 팔레스틴의 위치

페르시아 제국은 식민 국가들의 정치적 독자성을 어느 정도 허용하면서도 행정 편제에 있어서는 페르시아 제국 전체를 하나로 하는 행정 편제 속에 그 국가들을 모두 포함했다. 페르시아 제국은 다리오 1세(Darius I, B.C. 521-486년) 때에 행정 조직을 완전히 정비하게 되었다. 즉 인도로부터 구스까지 제국 전체 127도를 크게 20개의 총독 관구로 나누었다에 8:9. 그중에 시리아-팔레스타인 및 애굽을 포함한 유브라데 서부 지역이 제5총독 관구로 분할되었으며, 성경에서 '강 서편 총독'스 5:6이라고 언급된 총독이 이 지역을 관할하였다. 이 20개의 총독 관구는 페르시아 제국 내에 있는 식민지국들로부터 세금을 쉽게 거두어들이기 위해 만든 것이다스 5:8.

그리고 1개 총독 관구는 다시 여러 지방으로 분할되었으며 지방마다 다시 지방 총독인 페르시아 관료들이 세워졌다. 여기서 한 지방은 대개 이전의 일개 국가에 해당하며 지방 총독은 그 식민 국가 출신인 경우가 대부분이었다. 유브라데 서부 지역 안에는 애굽, 시리아, 사마리아, 유대, 암몬, 모압, 아스돗(블레셋) 지방 총독이 있었으며 이들은 모두 강 서편 총독의 관할하에 있었다.

한편 다리오 1세에 의해 행정 개편이 이루어지기 이전에 예루살렘을 비롯한 남유다 성읍들은 거주민이 극소수인 데다가 대부분 시골의 농민들이어서 이 지역에는 따로 총독이 없었다. 아마 사마리아 총독이 이 지역을 상당히 간섭했을 것으로 추측된다.

그러다가 제1차 포로 귀환 때(B.C. 537년)에 세스바살이 이 지역의 초대 총독으로 부임하게 되었고, 이어 B.C. 520년경 다리오 대왕에 의해 페르시아 제국 전체의 행정 개편 당시 스룹바벨이 숙부 세스바살에 이어 제2대 총독이 되었다. 그리고 학자들의 주장에 따르면 페르시아 제국이 멸망할 당시(B.C. 331년)까지 유대 지역에는 약 8명의 총독이 거쳐 갔다고 한다.

✝ 성경에 나타난 유브라데 서부 지역 지방 총독들

성경에 나타난 지방 총독들로는 사마리아 총독 산발랏과 암몬 총독 도비야느 2:19, 4:1-3뿐이다. 그리고 강서편 지역, 곧 유브라데 서부 지역을 총괄하는 총독 닷드내가 나타난다스 5:6. 그리고 느헤미야 귀환 직전에 르훔이라는 사마리아 방백이 있었는데 그가 총독이었는지, 아니면 단순한 관료였는지는 분명히 알 수 없다. 이외에 다른 지역의 총독들에 관해서는 잘 알 수 없으며, 또 그들이 포로 귀환 시대 이스라엘 역사에 직접적인 영향을 미치지 않았기 때문에 여기서 특별히 언급할 필요는 없을 것이다.

산발랏, 도비야는 느헤미야에 의한 제3차 포로 귀환과 예루살렘 성벽이 재건될 당시 그 지역의 총독들이다(B.C. 444년). 그들은 느헤미야가 유다 총독으로 부임하자 이 지역의 주도권을 장악코자 산발랏과 도비야가 연합하여 느헤미야의 성벽 공사를 방해하고자 했다. 더욱이 산발랏과 도비야는 이스라엘인이거나 여호와 종교를 믿는 자들이었을 것으로 추측된다. 왜냐하면 도비야의 이름이 히브리식이고, 또 산발랏의 아들들 이름도 들라야(Delaiah), 셸레먀(Shelemiah)로서 히브리식 이름이기 때문이다.

이들은 이런 이유로 유대인들과 가까워지려 했고, 또 유대 지역까지도 통치하려 했음이 분명하다. 이는 도비야가 느헤미야가 예루살렘을 떠나 있는 동안 대제사장 엘리아십과 친분 관계를 맺고 성전방 하나를 차지하고 있었던 사실이 증거해 준다. 이러한 사실을 통하여 우리는 유브라데 서부 지역의 지방 총독들 간에는 이 지역에 대한 주도권 장악을 위한 알력들이 존재했었다는 사실을 짐작하게 한다. 그리고 또 서로가 서로의 관할 영역에 대해서는 독립된 권한을 가지고 있었기 때문에 함부로 상대 영역에 대해 간섭할 수도 없었던 것이다. 다만 각 지역의 분쟁 문제가 생길 때 강 서편 총독의 중재를 받았는데 스 5:6에서 강서편 총독 닷드내가 유대인들의 성전 건축에 관한 보고서를 바사 왕에게 보낸 것도 유대인들과 사마리아인들 간의 분쟁을 해결하기 위한 그의 행정적 조치였던 것으로 보인다.

✝ 의의

이상에서 살펴본 바 포로 귀환 시대의 팔레스타인의 정치적 배경을 통하여 발견하는바 구속사적 의의는 실로 크다. 즉 유대인의 포로 귀환이 페르시아의 관대한 식민 정책으로 인해 이루어짐으로써 결국 하나님이 여러 선지자를 통해 예언하신바 70년만에 포로 귀환케 하시겠다 하신 약속이 성취되었다스 1:1-4, 사 44:21-28, 렘 29:10-14. 이는 결국 전 세계의 역사를 주장하시고 섭리하시는 하나님의 주권에 대한 분명한 증거가 된다.

또 유대인들이 포로 귀환하여 예루살렘과 유다 여러 성읍에 정착할 당시 주변 국가들의 적대시하는 눈길이 팽배하였고 유대는 상대적으로 매우 미약했음에도 불구하고 성전 재건과 성벽 재건을 통하여 다시금 신정 국가 재건의 기틀을 다질 수 있게 된 것도 하나님의 특별한 은총의 결과라고 아니할 수 없을 것이다.

학습 자료 63-2 고대의 술 관원 느 2:1-3

본문에서, 또한 1:11에서 우리는 느헤미야가 아닥사스다(Artaxerxes) 왕의 술 관원이었고, 그에게 두터운 신임을 받고 있었음을 보게 된다. 이는 당시 술 관원이 궁정 관리로서 중요한 위치를 차지한 직책임을 시사한다. 이제 고대의 술 관원의 임무와 대우 등을 살펴보자.

✝ 임무와 대우

고대 근동의 왕궁에는 왕이 식사할 때 주류(酒類)를 시중드는 술 관원이 있었다. 그런데 궁중 안에는 왕에 대한 음모와 책략(策略)이 항상 도사리고 있기가 일쑤였기 때문에 왕의 술 시중을 드는 술 관원을 세우는 데 매우 신중히 처리했다. 그래서 일단 왕에 의해 간택된 술 관원은 왕이 드는 잔에 독이 있는지 살펴보아야만 했고, 때로는 술을 왕에게 드리기 전에 먼저 조금 마셔 보아야만 했다. 따라서 왕의 생명을 보호하고 위험을 감수하는 술 관원은 그가 관원으로 있는 동안 왕의 신임을 한 몸에 받게 되고, 또 상당한 권력이 부여되었다. 예를 들어 창 40장에 나오는 애굽의 술 맡은 관원장도 애굽의 상당한 고관이었다. 때문에 요셉은 자신의 누명을 벗겨주기를 그에게 당부했던 것이다. 또한 앗수르 왕 산헤립의 부하 랍사게^{왕하 18:17}도 사실상 술 맡은 관원장이었다. 그것은 '랍사게'라는 이름이 앗수르어로 '술 맡은 관원장'을 가리키는 직함인 사실에서 알 수 있다.

고대의 술 관원이란 오늘날의 경호와 비서 업무를 총괄하는 고위직과 유사하다고 볼 수 있다.

✝ 의의

이상에서 우리는 술 관원이었던 느헤미야가 어떻게 바사 왕으로부터 그렇게 두터운 신임을 받았으며, 또 그가 고국으로 돌아가 예루살렘 성벽을 짓고자 했을 때 선뜻 허락받았을 뿐만 아니라 많은 원조까지 받을 수 있었는지에 대해 이해할 수 있게 되었다. 그리고 하나님께서 당신의 백성들을 회복하시기 위하여 바사 왕궁의 술 관원으로 있던 느헤미야를 사용하신 사실에 다시 한번 그분의 오묘한 섭리를 깨닫게 된다.

학습 자료 63-3 포로 귀환 시대의 대제사장의 사회적 역할 ^{느 3:1}

신정 국가인 이스라엘에서는 '대제사장'이 종교 지도자로서뿐만 아니라 사회적, 국가적 지도자로서도 중요한 위치를 차지했다. 그런데 사회적, 국가적 측면에서 볼 때 대제사장의 지위는 왕정 시대와 이전 시대보다 포로 귀환 시대 이후에 훨씬 더 격상되었다. 그 이유는, 왕정 시대에는 왕이 국가의 최고 통수권자였기 때문에 대제사장은 상대적으로 왕의 자문 역할이나 성전과 연관된 국가 행사에서만 그 역학을 수행하기 마련이었다. 물론 왕정 시대에도 국가의 비상시에는 대제사장이 중요한 역할을 수행하기도 했다. 예를 들면 아도니야의 반란과 솔로몬 즉위 초기 제사장들의 세력 형성이나^{왕상 1:7, 2:27-35}, 분열 왕국 시대 남왕국 요아스 즉위 직전, 곧 악녀 아달랴를 몰아내고 요아스로 다윗 왕권을 계승케 한 대제사장 여호야다의 활약 등을 들 수 있다^{왕하 11장}.

반면에 포로 귀환 시대 이후에는 왕이 없었기 때문에 대제사장의 역할은 한층 더 중요하게 여겨졌다. 왜냐하면 포로 귀환 시대 이후 외형적으로는 어느 정도 국가의 형태를 회복하기는 했지만 그래도 여전히 강대국의 속국에 불과했던 이스라엘은 거의 예루살렘 성전을 중심으로 한 종교적 생활에만 전념하였기 때문이다.

이에 포로 귀환 시대 이후부터 예수 그리스도의 시대까지 대제사장의 사회적 역할을 이해하는 데 있어 중요한 이해의 전거(前據)가 될 포로 귀환 시대의 대제사장 역할에 대해 살펴보고자 한다.

✝ 포로 귀환 시대의 대제사장의 사회적 역할

포로 귀환이 시작될 무렵부터 대제사장의 사회적 역할은 두드러지게 나타난다. 즉 제1차 포로 귀환 당시(B.C. 537년) 스룹바벨과 함께 대제사장 예수아가 백성들의 최고 지도자로서 그 역할을 수행 했다^{스 2:1, 2, 느 7:6, 7}. 또한 스룹바벨 성전 재건 당시의 역사를 기록한 학개서를 보면 B.C. 520년경에 대제사장 여호수아(예수아)의 역할이 얼마나 컸던가를 능히 짐작할 수 있다^{학 1:1, 12, 14, 2:2, 4}.

그리고 제2차 포로 귀환 당시(B.C. 458년)의 지도자였던 에스라도 역시 대제사장이었다. 그는 당시 1차 포로 귀환 때에 예루살렘으로 돌아온 백성들의 이방인과의 통혼 문제 등 기타 많은 문제의 개혁과 율법 교육을 통한 백성들의 신앙교육, 즉 하나님의 선민으로서 마땅히 가져야 할 마음 자세 및 생활 교육에 주도적 역할을 수행하였다. 이러한 에스라의 역할로 인하여 여호와 종교의 부흥을 가져올 수 있었다.

그런데 제3차 포로 귀환 당시에는(B.C. 444년) 느헤미야가 유대 총독으로서 강력한 지도력을 발휘하였기 때문에 대제사장의 역할은 다소 적어진 듯하다. 그러나 그것은 예루살렘 성벽 재건이라는 국가적 사업으로 인해 그렇게 된 것이며, 대제사장의 사회적 지위 자체가 격하된 것은 아니었다.

느헤미야 당시의 대제사장은 엘리아십이었다^{느 3:1}. 그는 성벽 재건 당시 백성들의 모범이 되어 선봉에서 그 역할을 잘 수행하였다. 그러나 그는 느헤미야가 약 1년 동안 예루살렘을 떠나 있는 동안에 암몬 지방 총독 도비야와 친분을 맺고 그에게 성전 뜰의 한 방을 내어주는 실책을 범하기도 했다. 하지만 긍정적인 측면에서 그것도 결국은 암몬 지방 총독 도비야와 제휴함으로써 예루살렘 거주민의 안정을 도모코자 했던 국가 최고 지도자로서의 온전한 역할 수행을 위한 것이었다고 볼 수도 있는 것이다^{느 13:4}. 이상의 사실들에서 우리는 포로 귀환 시대에 대제사장이 사회의 최고 지도자로서, 때로는 백성들의 모범자로서 그 역할이 지대하였음을 능히 짐작할 수 있다.

✝ 의의

신정 국가인 이스라엘에 있어서 대제사장의 사회적 역할은 어느 시대에 있어서나 매우 중요했다. 특히 포로 귀환 시대 이후 왕이 없던 이스라엘에 있어서 대제사장은 국가 최고 지도자로서 해야 할 역할까지 수행하게 되었다. 그리고 이러한 대제사장의 사회적 역할은 중간 시대와 신약시대에 이르기까지 그 중요성이 계속해서 많아지게 되었다. 그 이유는 이 시기에 이스라엘이 소위 마카비 시대(B.C. 165-67)를 제외하고는 거의 독립 국가로서의 주권을 가져본 적이 없으며, 바사, 헬라, 로마의 속국으로서 지배받았기 때문이다.

신약 성경에서 대제사장이 매우 강한 정치적 성향을 띠고 등장하는 것도 바로 앞에서 살펴본 바와 같은 이유에서 이해할 수 있다.

학습 자료 63-4 산발랏과 도비야에 관한 두 고고학 자료 느 4:1-3

느헤미야의 성벽 공사 방해꾼들 가운데 산발랏과 암몬 사람 도비야가 있다. 그런데 이들의 이름이 다음 두 고고학 자료에 나타나고 있어 그들이 역사적으로 실재했던 인물들임을 성경이 아닌 다른 고고학 자료를 통해서도 확인케 되었다.

✝ 도비야의 비문

이 비문이 발견된 곳은 여리고 동쪽 약 28km, 암만(Amman) 서쪽 16km 지점에 위치한 와디 실(Wadi Sir)의 서쪽 언덕인 아락 엘 에밀(Arag-el-Emir)이라는 지역이다. 이곳에서 암몬 사람 도비야의 집터와 사당, 그리고 아람어로 '도비야'라 쓰인 무덤의 비문이 발견된 것이다. 고고학자들은 이 비문의 문체를 감정해 본 결과 B.C. 6C 초, 또는 5C 초일 것으로 확인하게 되었다.

그리고 한 팔레스타인 관리가 애굽 지역의 로마 총독인 톨레미(Ptolemy)에게 보낸 공공 문서인 제노 파피리(Zeno Papyri)에 '두비아(Tubias)가 톨레미 왕에게 문안합니다'라는 문구가 나온다. 이에 대해서도 학자들은 두비아가 도비야의 후손일 것으로 추측하고 있다.

✝ 엘레판틴 파피루스

문서는 나일 강에 있는 한 섬인 엘레판틴(Elephantin), 곧 현재 애굽인들에게는 '엡'(Yeb)으로 알려진 곳에서 발견되었다. 이 문서는 B.C. 5C 이전 애굽에 거주했던 유대인 집단과 관계된 문서인데, 아마 바벨론 왕 느부갓네살에 의해 예루살렘이 함락된 후 친 애굽파였던 유대인들이 이곳에 거주했던 것으로 추측된다렘 42:18-22.

이 문서들 중에는 엘레판틴에 있던 유대인들이 사마리아 총독 산발랏에게 보낸 편지가 있었다. 그 편지의 내용은 엘레판틴에서 성전을 건축하게 해 달라고 요청하는 것이었다. 그리고 만일 성전 건축을 허락할 경우 성전만 건축하고 대신 희생 제물은 드리지 않기로 약속하는 내용도 들어 있었다. 이것은 예루살렘 성전 이외의 다른 곳에서는 희생 제물을 드리는 일을 금하고 있는 모세 오경의 규례에 따른 것으로서, 엘레판틴의 유대인들이 율법에 익숙한 자들이었음을 보여 준다. 그리고 이들이 건축한 것은 아마 디아스포라(Diaspora, 에 9장 연구자료 참조) 지역에서 유대인 공동체가 세운 회당에 해당할 것으로 추측된다.

그리고 이 편지에는 5명의 유대인들 사인이 날인되어 있었고. 편지 끝부분에는 산발랏의 두 아들인 '들라야'(Delaiah)와 '셀레미야'(Shelemiah)라는 이름도 나타난다. 이 편지를 통해서 우리는 산발랏이 당시 사마리아 총독으로서, 예루살렘을 포함한 팔레스타인 지역 전체를 관장하고 있었던 인물이었음을 능히 추측할 수 있다.

위의 두 고고학 자료의 발견은 성경 연구에 지대한 공헌을 하게 되었다. 왜냐하면 이스라엘 왕정 시대에 비해 상대적으로 포로 귀환 시대에 관한 고고학 자료가 부족하다. 그런데 이러한 자료들이 발견됨으로써 에스라와 느헤미야 당시의 팔레스타인의 역사적 상황에 대해 많은 정보를 얻을 수 있기 때문이다.

참으로 성경의 기록 어느 하나도 비역사적인 것은 없다. 이러한 고고학 자료들의 발견을 통하여 우리는 성경 역사의 신빙성을 다시 한번 확인하게 될 뿐만 아니라 성경 기록을 대할 때 보다 생동감 있는 역사성을 느끼게 된다.

학습 자료 63-5 단 52일만의 성벽 재건 공사 느 6:15

B.C. 586년 느부갓네살의 침공으로 무너졌던 예루살렘 성벽이 느헤미야의 탁월한 지도력과 이스라엘 백성들의 놀라운 추진력으로 단 52일 만에 재건된 사실이 본문에 소개되고 있다. 그런데 혹자는 그 거대한 성벽 재건 공사가 어떻게 단 52일 만에 완료될 수 있느냐는 반문을 제기한다. 더욱이 이방인들의 방해 공작이 계속되고 있는 상황에서 그렇게 짧은 기간에 공사를 완료했다는 것은 불가능하다고 말한다.

이에 혹자는 52일은 마무리 공사 기간이며, 실제로는 2년 4개월이 소요된 것이라고 말한 요세푸스의 견해를 그대로 따른다. 그러나 우리는 다음 몇 가지 이유에 의해 그 일이 전혀 불가능한 일이 아니었다고 말할 수 있다.

✝ 52일 만의 공사 완료 가능 이유

① 이방인들의 위협은 공사를 지연시키기보다 오히려 위기감을 조성하여 이스라엘 백성이 공사를 쉬지 않고 밤낮으로 계속하게 하는 계기가 되었다[4:22].

② 예루살렘 거민들 뿐 아니라 여리고, 드고아, 기브온, 미스바 등 인접 지역의 많은 사람이 힘을 합해 작업했기 때문에 빨리 공사를 마칠 수 있었다[3:1-32].

③ 작업량 면에서도 전체 성벽을 다 짓는 것이 아니라 동쪽 벽을 제외하고는 파괴된 부분만을 보수하고 금이 간 부분만을 메꾸는 것이었으므로[1:3, 2:13, 6:1] 그리 어려운 일이 아니었다.

④ 건축 자재 면에서도 돌은 폐허 더미에서 꺼내어서 쓰면 되었기 때문에 준비기간이 길게 걸리지 않았고, 다른 재료들도 미리 모아서 준비해 놓았기 때문에 자재를 준비하느라 시간을 허비하는 일이 별로 없었다.

⑤ 당시 건축한 예루살렘 성곽은 현재 성벽과 같은 길이가 아니라 더 짧고 규모가 작았다.

✝ 결론

이상의 증거 자료들을 종합해 볼 때 성벽 재건 공사가 그렇게 단기간인 52일 만에 끝났다는 것은 그리 이상한 일이 아니다. 더욱이 이 공사에는 백성들의 자발적이고 헌신적인 노력이 뒷받침되었고, 아울러 느헤미야의 조직적인 노력도 가미되어 더 쉽게 공사를 진행할 수 있었다. 그러나 우리가 이러한 표면적인 이유들 외에 알아야 할 중요한 점은 이 모든 역사 뒤에서 주관하시고 섭리하시는 하나님의 도우심이 없었다면 이러한 일이 가능하지 못했을 것이라는 사실이다^{6:16}.

한편 이렇듯 성경은 인간의 판단으로 보기에는 의구심이 생기는 부분도 없지 않으나 하나님의 말씀은 일점일획도 그릇됨이 없다는 믿음과^{마 5:18}, 아울러 의문점을 해결하려는 인간적인 노력이 뒷받침된다면 능히 극복할 수 있을 것이다.

학습 자료 63-6 예루살렘 성벽의 역사(느헤미야)

고대 세계에서 성벽은 그 성읍의 존립(存立)을 위해 필수적이었다. 따라서 한 성읍의 성벽과 관련된 역사는 곧 그 성읍의 흥망성쇠(興亡盛衰)의 역사를 반영하기 마련이다.

예루살렘 성은 통일 왕국 시대에는 온 이스라엘의 수도요, 분열 왕국 시대에는 남왕국 유다의 수도요, 그리고 포로 귀환 시대에는 회복된 신정 국가 이스라엘의 수도였다. 따라서 예루살렘이 이스라엘 역사 속에서 차지하는 위치, 사회·정치적 의미 및 하나님의 구속사가 가지는 영적 의의는 실로 크다 하겠다. 이에 따라 예루살렘 성의 역사를 반영하는 그 성벽의 역사도 그만큼 큰 의의를 가진다. 이에 이스라엘 역사에 있어서, 또는 하나님의 구속사에서 중요한 의미가 있는 예루살렘 성의 성벽의 역사를 간단히 살펴보고자 한다.

✝ 성벽 건축의 역사

예루살렘 성벽의 역사는 크게 왕정 시대, 포로 귀환 시대, 그리고 신약 시대로 구분될 수 있다. 그런데 포로 귀환 이전, 즉 다시 말하면 이스라엘 왕정 시대에는 예루살렘 성벽이 누구에 의해, 어느 부분이, 얼마나 건축되었는지 정확히 규명할 수 없다. 다만 성경을 통해서 성벽이 재건되거나, 또는 확장 건축된 사실 등에 대해서만 정확히 알 수 있을 뿐 세세한 부분은 아직까지 연구 중에 있거나 추정에 의해 밝혀진 것들이다.

그러나 이와 달리 포로 귀환 이후 느헤미야에 의한 성벽 건축과 신약 시대 헤롯에 의한 성벽 건축 역사는 비교적 정확히 알려져 있다. 따라서 여기서는 잘 알려져 있는 사실들을 중심으로 예루살렘 성벽 건축의 대략적인 역사를 도표화해서 살펴보고자 한다.

① 왕정 시대

	건축연대	건축내용	성경구절
다윗	B.C. 1003-1006년	예루살렘 성 정복, 다윗 성 및 밀로에서 다윗 성 안으로 기존 성벽 보수	삼하 5:6-10
솔로몬	B.C. 970-946년	예루살렘 성전과 왕궁 및 성벽 확장 건축, 성이 크기가 11에이커에서 32에이커로 확대됨(1acre=4046.8㎡)	왕상 3:1, 11:7
웃시야	B.C. 791-739년	북왕국의 제11대 여호아하스에 의해 파괴된 성 모퉁이 문, 골짜기 문, 성굽이의 망대 건축	왕하 14:8-13, 대하 26:9
요담	B.C. 747-731년	성전 윗문과 오벨 성 건축	왕하 15:35, 대하 27:3
히스기야	B.C. 715-687년	대부분의 고고학자들은 예루살렘의 '둘째 구역'(히, 미쉬네)의 성벽이 히스기야에 의해 건축된 것으로 본다.	대하 34:22, 사 22:10
므낫세	B.C. 650년경	회개 후 다위 성 밖 기혼 서편 골짜기 안에 외성을 쌓되 어문 어귀까지 이르러 오벨을 둘러 심히 높이 쌓음	대하 33:14

② 포로 귀환 시대

B.C. 586년 바벨론 왕 느부갓네살에 의해 예루살렘 성벽이 완파된 이후, 예루살렘 성은 제1차 포로 귀환이 이루어지기 직전까지 황폐한 채로 버려져 있었다.

그러다가 스룹바벨 성전을 재건한 제1차 포로 귀환자들과 에스라의 인도를 받은 제2차 포로 귀환자들이 제3차 포로 귀환(B.C. 444년)이 이루어지기 직전 시기에 즉 바사 왕 아닥사스다 1세(Artaxerxes 1. B.C. 464-424년) 재위 원년에서 20년 사이에는 1:1 예루살렘 성벽 재건을 일차로 시도했었다. 그러나 그것은 사마리아인들의 방해로 멈추었다가 그후 B.C. 444년, 느헤미야가 아닥사스다 왕에게 재차 예루살렘 성벽 건축 허락을 받고 귀환하여, 불과 52일만에 성벽을 완공하였다.

③ 신약 시대

소위 중간사 시대(B.C. 400-4년)에 예루살렘 성벽과 관련된 역사는 매우 복잡하고 또 많다. 그러나 여기서는 예수 그리스도 공생애의 가장 중요한 활동 배경 중의 하나인 신약 시대 예루살렘의 성벽을 건축한 헤롯 대왕의 건축 사업에 대해서만 살펴보도록 하겠다.

마카비의 독립 전쟁 때문에 잠시 로마로부터 정치적으로 독립했던 유대(B.C. 166-63년)는 다시 B.C. 63년 로마 폼페이(Pompey) 장군에 의해 수도 예루살렘과 성전이 짓밟히는 수모를 겪었다. 그리고 B.C. 37년경에 로마 원로원에 의해 헤롯이 유대 왕으로 임명되었는데 그는 특별히 예루살렘 성을 요새화하기 위해 대규모 건축 사업을 벌였다. 이 사업으로 인해 예루살렘 성은 매우 튼튼한 성벽을 갖게 되었고 성의 크기도 느헤미야 당시보다 훨씬 커졌다. 그리고 예루살렘 성안에는 헤롯 성전이 재건되었으며, 극장, 시장, 광장, 저수지, 교각 등도 생겨났고 인구 약 5만 정도의 상당히 큰 성읍으로 발전하였다. 이 당시의 예루살렘 성벽과 성의 지도는 신약 공관 복음의 서론 특별 자료를 참조하라. 한편 신약시대의 예루살렘 성벽은 A.D.70년 로마 장군 디도(Titus)에 의해 완파되었으나 4세기 로마 황제 콘스탄티누스(Constantinus)에 의해 이 성이 어느 정도 다시 회복되어 오늘날에 이르고 있다.

✝ 의의

  이상에서 살펴본바 예루살렘 성벽과 관련된 역사는 곧 하나님의 구속사의 근간이 되는 육신적 선민인 이스라엘의 역사에 대한 반영이며, 또 증거이다. 또한 구속사적으로 볼 때 예루살렘 성의 번성과 쇠퇴는 곧 선민 이스라엘의 순종과 불순종에 따른 하나님의 축복과 징계를 반영하는 것이기도 하다. 또한 영적으로 볼 때 예루살렘 성벽은, 곧 하나님께서 항상 당신의 백성들을 보호하시고 지키신다는 증거이거니와, 이러한 성벽의 존폐는 곧 하나님의 축복과 징계의 반영이다.

  그리고 결국 지상의 예루살렘 성은 모든 성도가 궁극적으로 하나님의 은총으로 말미암아 들어가게 될 천상의 예루살렘에 대한 예표이다. 그러므로 지상의 예루살렘 성은 이 세상의 악한 권세자에 의해 소멸될 수 있거니와, 천상의 예루살렘 성은 지상의 성도들의 사모의 대상이요, 궁극적으로 들어갈 곳으로 영원히 소멸되지 않을 것이다.

학습 자료 63-7   아멘 아멘 느 8:6

여기에 해당하는 히브리어 원어는 '아멘'으로서 추상 명사적인 의미로는 '신실함'(faithfulness)을, 부사로서는 '참으로'(truly)라는 뜻을 지닌다. 이것은 동사 '아만'에서 유래한 것으로 '아만'은 '견고하다'왕상 11:38, 사 33:16, '진실하다'사 8:2, '양육하다'민 11:12, 에 2:7, '믿다'창 15:6, 시 106:12 등의 뜻을 가졌기에 본절에서는 에스라가 여호와를 송축한 데 대한 화답으로서 백성들이 한 말이기 때문에 그 찬양 행위 내지는 감사의 내용이 참으로 '믿을만하다.' 또는 '진실하다'라는 동감의 표시를 나타낸다. 이것은 결국 송축을 받는 하나님이 진실하시고 믿을만한 분이시기 때문에 가능한 것이다. 그리고 '아멘'이 두 번씩이나 반복된 것은 백성들의 진한 동감을 강하게 드러낸 것이라 하겠다.

  한편 백성들이 응답했던바 에스라의 송축 내용을 정확히 알 수는 없지만 본절의 서두에 나와 있는 바와 같이 여호와의 광대하심을 찬양했을 것으로 추측할 수 있다.

학습 자료 63-8   초막절(草幕節) 느 8:13-18

초막절은 1년 동안 수고하여 가을에 모든 곡식을 무사히 거두는 것을 기념하여 큰 기쁨으로 지키던 이스라엘의 농경 역법에 따른 중요한 세 절기 중의 하나이다. 성경에서는 이 절기를 장막절 또는 수장절로 표현하기도 한다. 한편 본문에서 유대인들이 학사 에스라가 읽어 준 율법에 적힌 대로 초막절을 준수하고 있는 모습을 볼 수 있다. 그런데 이렇듯 이들이 율법의 다른 어떤 절기보다 초막절을 먼저, 그리고 제대로 격식을 갖춰 지켰던 것은 당시의 시대적 상황과 연관해서 매우 중요한 의미가 있다. 이에 초막절에 대해 간략히 살펴봄으로써 에스라와 느헤미야 시대의 이 초막절 준수가 어떤 의미가 있는지 알아보고자 한다.

✝ 유래 및 목적

초막절은 40년간의 광야 방랑 생활 중 이스라엘을 인도하시고 보호해 주신 하나님의 은혜를 기억하고 감사하기 위해 지켜진 절기이다. 그런데 이 절기가 가나안의 농경 축제와 밀접한 연관이 있기 때문에 혹자는 초막절이 가나안 원주민의 농경 축제를 본뜬 것이라고 주장한다. 즉 가나안 사람들은 올리브 열매 수확의 달(9월)이 되면, 밤마다 가지와 덩굴로 만든 초막에 서서 올리브 과수원을 감시하곤 했고, 또 올리브나 포도의 수확이 끝난 후에 축제를 벌였는데 이스라엘이 이것을 본떠서 가나안 정착 후에 초막절을 지키게 되었다는 것이다.

그러나 레 23:43에서, 초막절은 분명히 출애굽과 광야 시대의 초막에 거주한 사실에서 유래하였음을 분명히 밝히고 있다. 그리고 신 31:9-13에는 초막절에 특별히 온 회중 앞에서 율법을 낭독할 것을 규정하고 있어 이스라엘의 초막절이 가나안의 농경 축제와는 다른 여호와의 절기임을 보여 주고 있다.

✝ 준수 시기 및 방법

초막절은 유대력에서 1년의 마지막 달인 일곱째 달(티쉬리)의 15일부터 7일간 계속되었으며, 8일째 되는 날은 안식의 날로서 장엄한 성회로 모였다. 초막절에 참석하는 모든 사람은 먼저, 7일 동안 기거할 초막을 준비해야 했다. 초막을 짓기 위해 예루살렘 주위에서 버드나무, 종려나무의 잔가지들을 모으는 장면이 본문에도 언급되어 있다.

한편 이 절기 동안 매일 행해지는 세 가지 의식이 있었다. 그중 첫 번째로 아침에 가장 먼저 드려지는 것은 헌수 의식(獻水儀式)으로서, 제사장들이 실로암 못에 가서 일주일 동안 쓰기에 충분한 물을 길어오는 것이었다. 두 번째는 밤에 4개의 커다란 '일곱 가지의 촛대' 밑에서 춤을 추고 노래를 부르며 축제의 즐거움을 만끽하는 외식이었다. 마지막으로, 새벽에는 제사장들에 의해 장엄한 제사 의식이 거행되었다. 이러한 7일 동안의 의식이 끝나고 8일째 날에는 절기를 마감하는 장엄한 대성회로 모여서 초막절의 의미를 다시 마음에 새기며 축제의 막을 내린다.

✝ 의의

이상 살펴본 초막절의 원천적이고도 중요한 의의는 출애굽 당시 선조들의 광야 초막 생활을 기억하며 기념하기 위한 것이다. 그런데 에스라와 느헤미야가 본문에서처럼 초막절을 지킨 의의도 이와 관련해 찾아볼 수 있다. 즉 제2의 출애굽이라고도 불리는 바벨론 포로 귀환 이후의 유대인들이, 과거 출애굽 때와 마찬가지로, 포로 생활 동안 지켜주신 하나님의 은혜에 감사하며 이 절기를 지켰을 것이다.

학습 자료 63-9 언약의 형식과 종류 _{느 9:1-10:39}

본문은 예루살렘 성벽 공사 완료 후에 학사 에스라의 율법 교육을 받은 이스라엘 백성들이 대대적인 회개 운동을 전개하고 하나님 앞에서 언약을 갱신한 사실을 기록하고 있다. 이러한 언약 갱신은 포로 귀환 후 예루살렘 성벽을 완공하고 이제 하나님 앞에서 새로운 삶을 시작한다는 의미에서 시행된 것이다. 이는 이스라엘 백성과 여호수아가 가나안 정복과 기업 분배 이후에 하나님 앞에서 언약을 체결한 사실 ^{수 22장}과 유사하다. 한편 본문에 기록된바 언약 갱신의 절차와 그 내용을 자세히 살펴보면 고대 근동 국가의 조약(treaty) 형식과 매우 유사한 구조로 되어 있음을 알 수 있다. 이에 언약의 정의 및 성경의 언약과 고대 근동 국가의 조약 간의 유사점과 차이점에 관해서는 대상 17장 학습 자료 23-3을 참고토록 하고, 여기서는 근동 국가의 조약형식을 통해 성경 언약의 형식과 구조에 대해, 그리고 언약의 특성에 따른 그 종류에 대해 살펴보도록 하겠다.

✝ 언약의 형식

성경 신학(Biblical theology)을 연구하는 많은 학자는 성경에 나타난 언약의 형식, 혹은 구조를 설명하는 데 고대 근동 국가, 특히 힛타이트의 종주권 조약(宗主權 條約) 형식을 모델로 사용한다. 왜냐하면 성경 언약의 형식이 그 조약 형식과 매우 유사하기 때문이다. 이에 여기서도 그 같은 방식을 좇아 성경에 나타난 많은 언약의 형식을 살펴보면 다음과 같다.

① **전문(前文)**: 언약의 반포자를 밝히고 있는 부분이다. 예를 들면 십계명 서문에서 '나는 ... 너의 하나님 여호와니라' ^{출 20:2}를 들 수 있다. 그리고 본문에서는 6절이 이에 해당한다.

② **역사적 서언(序言)** : 언약을 맺기 이전에 당사자 간의 과거의 역사적 관계를 밝히고 있는 부분이다. 출 20:2에서 '너를 애굽 땅, 종 되었던 집에서 인도하여 낸'이란 구절이 이에 해당한다. 그리고 본문에서는 7~37절까지 아브라함 시대로부터 바벨론 포로 귀환 이후까지의 역사를 기록한 부분이다. 이러한 역사적 서문은 언약을 맺는 백성들이 하나님의 은혜에 감사하게 하고 자발적으로 언약의 규례를 지킬 것을 맹세하게 하는데 요긴하다.

③ **조항(규례)들** : 언약 당사자 간의 상호 책임을 밝히고 있는 부분이다. 십계명 중에서 제1, 2계명이 이에 해당된다 ^{출 20:3-6}. 그리고 본문의 38절도 이에 해당하는데, 여기서 구체적인 규례는 율법, 즉 모세 오경으로 대신하고 있다. 그런데 이 부분의 특징은 종주(宗主)가 그 언약 대상에게 자신 이외에 다른 어떤 사람도 주인으로 삼아 섬기지 말라고 요구하는 것에서 그 규례를 시작한다는 것이다. 십계명에서 '나 외에는 다른 신들을 네게 있게 말지니라' ^{출 20:3}는 제1계명에서 이런 특징이 잘 나타난다.

④ **문서 보관 및 낭독 규례** : 언약 내용을 기록한 문서 보관과 그 문서를 정기적으로

낭독함으로써 그 언약 내용을 계속해서 숙지하도록 하기 위한 것이다. 신 31:10-11부분이 이에 해당하며, 성경에서 율법, 곧 하나님의 말씀을 숙지하도록 요구하는 많은 부분이 이에 해당한다^{신 6:20-25, 수 4:6, 7}.

⑤ **증인, 또는 증거물 기록** : 성경에는 이런 내용이 잘 나타나지 않으나, 여호와께서 스스로 언약의 증인으로 나타나 있는 부분은 더러 있다^{수 24:22, 삿 1:2, 미 6:1. 2}. 그리고 때로 돌을 그 증거물로 비석처럼 세우기도 했다^{창 31:44-47, 수 4:2-7}.

⑥ **맹세** : 언약의 규례에 대해 지킬 것을 서로 맹세하는 부분이다. 창 15:17에서 아브라함 언약 체결 때에 하나님의 임재의 상징인 횃불이 쪼갠 고기 사이로 지나간 것은 하나님이 당신의 의무를 반드시 수행하실 것을 맹세하는 것이었다. 그리고 본문에서는 이스라엘 백성을 모두가 인(印)을 치는 장면으로 나타난다. 그리고 '소금 언약'^{민 18:19}, '여호와의 모든 말씀을 우리가 준행하리이다'^{출 24:5-8} 등도 이런 맹세 행위를 묘사한 것이다.

⑦ **축복과 저주** : 언약의 준수 여부에 따른 축복과 저주의 내용을 기록한 부분이다. 성경 전반에 걸쳐 이런 내용이 많이 나오나, 신 27, 28장에 가장 뚜렷하게 명시되어 있다.

✝ 언약의 종류

이상에서 우리는 언약의 형식에 관한 세부 사항들을 살펴보았다. 그런데 언약에는 언약을 맺는 양쪽의 관계가 어떠한지에 따라 다음과 같은 종류들로 구분된다.

① **종주권 언약(宗主權言約)** : 이는 주종(主從) 관계에서 맺는 언약으로, 강대국과 약소국 사이에 주로 이런 언약이 체결된다^{겔 17:13}. 그리고 성경에서 하나님과 그의 백성 간의 언약 관계를 묘사함에 있어서도 이 형식을 거의 따르고 있으며, 이는 이미 위에서 설명한 '언약의 형식'에서 자세히 설명했다. 한편 이 언약의 특징은 주로 종신이 종주에 대해 지켜야 할 규례와 충성심이 많이 강조된다는 것이다. 그러나 종주도 어느 정도 이 언약의 규례에 의해 속박된다. 예를 들면 기브온 거민과 종주권 언약을 맺은 이스라엘이 기브온 거민이 위기에 처할 때 그들을 구원해 주어야 했던 사실을 들 수 있다^{수 9, 10장}.

한편 이러한 종주권 언약 중에서도 왕이 충성스러운 신하에게 보상으로 땅이나 또 다른 어떤 은총을 베풀어 양자 간의 관계를 묶는 봉건 언약(封建言約), 또는 보호 언약(保護言約)이 있다. 이 언약의 특징은 왕에 대한 신하의 법적 의무가 전혀 부과되지 않으며, 또 그 신하의 후손들도 왕께 순종과 봉사를 다 하기만 하면 그 혜택이 영구히 지속된다는 것이다. 성경에서 행위언약인 선악과 언약과 시내산 언약을 제외한 모든 언약을 은혜 언약(Covenant of Grace)이라고 하는 것도 이 같은 봉건 언약(Covenant of Royal Grant)의 특징을 그대로 지니고 있기 때문이다. 성경에 나타난 여러 언약의 내용과 그 의의는 학습자료 2-4 '성경의 주요 언약'을 참조하라.

② **동등 언약(同等言約)** : 이는 쌍방이 동등한 입장에서 의무 규례를 제시하거나 의무 부과는 없이 서로에 대해 신의를 지켜 평화를 보존코자 맺는 언약이다. 이 언약의 특징은 양자를 우정 관계 혹은 형제의 관계로 결속하며 상대를 존경하고, 이

해(interest)를 보호해 줌으로써 보다 성숙된 관계로 발전케 한다는 것이다. 그러나 이런 언약은 인간의 악한 본성 때문에, 또는 상황의 변화에 따라 종종 쉽게 파기될 수도 있는 단점을 가지고 있다^{렘 34:8-11}. 예를 들면 야곱과 라반 간의 언약^{창 31:44-50}, 아브라함과 그랄 왕 아비멜렉 간의 언약^{창 21:25-32}, 이삭과 아비멜렉 간의 언약^{창 26:27-31, 왕상 5:12, 암 1:9} 등이 동등 언약이다.

✝ 의의

이상에서 살펴본 대로 언약의 형식과 종류들을 통해서 우리는 성경에 나타난 여러 언약을 이해하는 데 많은 유익을 얻을 수 있을 것이다. 그리고 이러한 언약을 통해서 당신의 언약을 신실하게 수행하신 하나님의 은혜와 그 언약 속에 나타난 우리의 책임과 의무에 대해서도 생각할 수 있을 것이다.

학습 자료 63-10 성경에 나타난 여러 결혼 형태 ^{느 10:30}

본문에는 포로 귀환 이후의 백성들이 이방인과 통혼하지 않기로 맹세한 사실이 기록되어 있다. 이는 당시 포로 귀환 백성들 가운데 이방인과의 통혼으로 인하여 신앙적으로, 또는 신정 국가 재건이라는 당면 과제를 우선 해결하면서 상당한 진통을 겪게 되었음을 반영하는 것이다. 포로 귀환 시대의 이방인과의 통혼 문제에 관해서는 스 10장 학습 자료 62-7을 참조하라.

　한편 이처럼 이방인과 결혼하는 것을 가리켜 족외혼(族外婚)이라고 한다. 성경에는 이런 족외혼 이외에도 여러 종류의 결혼 형태가 나타나는바 이를 살펴보자.

✝ 성경의 여러 결혼

① **가부장적(家父長的) 결혼** : 고대 이스라엘 사회의 가장 근본이 되는 것으로, 가정의 권위가 아버지에게 부여된 결혼을 말한다. 이 결혼의 특징은 남편의 권위가 결혼의 제반 사항에 영향을 미치고, 아내는 남편의 권위 안에서만 권리와 자유를 지녔다^{민 30:10-14}. 또한 자손이 모두 아버지의 권한 아래 있게 되고, 계보에도 남자의 이름만이 기록되었다. 단지 아들들을 구분하기 위해서는 아내들의 이름이 나오기도 한다^{대상 1-9장}.

② **가모장격(家母長的) 결혼** : 이는 어머니에게 가장의 권한이 부여된 것으로서, 사디카(Sadiqa) 결혼이라고도 부른다. 여기에는 남편이 영구적으로 아내의 집에 거하는 것과 남편이 때때로 아내의 집을 방문하는 비나(beena) 혼과 모타(mota) 혼의 두 종류가 있다.

③ **일부다처제(polygamy)** : 족장 시대로부터 왕정 시대에 이르기까지 고대 이스라엘에서는 한 명 이상의 아내를 맞이하는 관습이 널리 성행되었다. 물론 사회적인 지위가 낮거나 경제적 능력이 없는 남자들은 여러 부인을 부양할 수 없었으나, 자

녀 욕심과 노동력 확보, 때로는 외교 정책의 수단으로 일부다처제가 성행되었다. (왕상 11장 학습 자료 30-7 '고대 이스라엘의 일부다처제' 참조)

④ **일부일처제(monogamy)** : 일부일처제는 분명히 성경적 결혼관이다^{창 2:21-24}. 이는 구약 시대에도 나타나기는 하지만 신약 시대에 와서 더욱 명확하게 실행된 결혼 형태이다.

⑤ **족외혼(族外婚)** : 족외혼이란 제한된 친족집단 밖의 사람과 결혼하는 형태이다. 그 예로서 요셉과 모세가 이방 여인과 결혼하였고^{창 41:45, 출 2:21}, 기드온^{삿 8:31}, 삼손^{삿 14:2} 등도 이방 여인을 아내로 취했다. 이렇듯 족외혼이 성립된 이유는 가나안 정복 후 가나안 족속을 온전히 쫓아내지 아니한 것과 이방 민족 사이에 교류가 많았기 때문이다.

⑥ **동족혼(同族婚)** : 히브리인들은 특수한 경우를 제외하고는 다른 민족 사람과 결혼하는 것을 금하고, 자기 민족 내에서만 결혼하도록 규제했는데, 이것이 동족혼이다. 그 예로서 아브라함은 그의 친족 가운데서 며느리를 구하였고^{창 24:4, 10}, 삼손은 부모로부터 이스라엘 여인과 결혼할 것을 강요받았다^{삿 14:3}. 이렇듯 이스라엘인들이 족외혼을 금하고 동족혼을 주장한 것은 어떤 민족적 배타성 때문이라기보다는 그들이 이방인들과 접촉하게 됨으로써 이방 민족의 우상을 숭배하게 될 것을 방지하기 위한 종교적 이유에서였다^{출 34:16}.

⑦ **수혼(嫂婚)** : 수혼은 이스라엘 여인이 이방인과 결혼하는 것을 방지하고 죽은 남편의 이름을 이스라엘에서 사라지지 않도록 하려는 것에서 나타난 결혼의 형태이다. 이에 대해서는 신 25장 연구자료 '계대 결혼법'을 참조하라.

✝ 의의

이상과 같이 고대 이스라엘에서는 사회적, 문화적 발전과 함께 여러 가지 결혼 형태가 있었다. 성경에 나타난 여러 결혼 형태는 모두 이같은 당시의 관습을 배경으로 기록된 것이다. 결국 이런 사실은 성경의 역사성을 증거해 준다.

63일차 범위 생각해야 할 성경적 세계관의 이슈들
☑ 읽을 책 : "기독교 세계관 핸드북" 도서 출판 에스라 2023

❖ **느헤미야** "문학과 기독교 세계관"(p430)

64일 핵심 학습 자료

학습 자료 64-1 에스라와 느헤미야 활동의 연대적 순서 느 11:1-36

성경에 따르면 에스라와 느헤미야는 다 같이 바사 왕 아닥사스다 1세(Artaxerxes 1, B.C. 464-424) 시대에 활동한 인물들이다. 즉 에스라는 아닥사스다 재위 제7년인 B.C.458년에 예루살렘으로 귀환하였고, 느헤미야는 아닥사스다 왕 제20년인 B.C. 445년에 귀환하였다. 그러니까 느헤미야는 에스라 보다 14년 뒤늦게 예루살렘으로 귀환한 셈이 된다. 그러나 일부 학자들은 느헤미야의 귀환 연대에 대해서는 이견을 보이지 않으나, 에스라의 귀환은 아닥사스다 2세(B.C. 404-359) 재위 7년 되는 해인 B.C. 398년이라고 보고 에스라가 느헤미야보다 더 후대에 활동한 인물이라고 한다. 이에 에스라를 느헤미야 후대의 인물로 보는 자유주의 신학자들의 견해에 대해서 살펴보고, 이에 대한 보수주의 신학자들의 견해를 제시하여 보고자 한다.

✝ 자유주의 학자들의 견해

자유주의 학자들은 에스라가 아닥사스다 2세 치하에서 활동한 인물이라고 주장한다. 그 근거로서 제시한 견해는 다음과 같다.

① 스 7:12의 아닥사스다 왕의 조서는 실제로 아닥사스다 1세의 것이 아니라 2세의 것이다. ② 느헤미야 당시에는 예루살렘에 거주한 백성들의 수가 적었다고 기록되었지만, 에스라 시대에는 많은 백성이 그곳에 모였다 스 10:1. ③ 스 9:9에 '유다와 예루살렘에서 우리에게 울타리를 주셨나이다'라는 구절이 이미 에스라 당시에 느헤미야에 의해 예루살렘 성벽이 재건되어 있었음을 암시한다. ④ 스 10:6에 느헤미야 때의 제사장이었던 엘리아십 아들 여호하난이 에스라와 동시대 사람으로 묘사되어 있다.

✝ 보수주의 학자들의 견해

먼저 위에 제시한 자유주의 학자들의 견해에 대해 보수주의 학자들은 다음과 같이 반박한다.

① 스7:12의 조서가 아닥사스다 2세의 것이라는 주장은 에스라를 느헤미야의 후대 인물이라고 전제한 후에 나온 결론으로서, 결국 순환 논법의 오류에 빠지고 말았다.
② 스 10:1에서 에스라 시대에 예루살렘에 많은 백성이 모인 것은 예루살렘 거민 뿐만 아니라 주위 다른 성읍들의 백성들까지 포함한 것이다. 그리고

③ 스 9:9의 '울타리'가 정확히 느헤미야의 성벽을 가리킨다고 단정 지을 수 없으며, 오히려 유다와 예루살렘이 어느 정도 국가적 독립 상태를 얻게 되었음을 추상적으로 표현한 것이고 볼 수 있다.

④ 스 10:6에서 에스라가 제사장 엘리아십의 아들 여호하난을 방문했다고 해서 여호하난이 당시 제사장직을 수행하고 있었다고는 말할 수 없다. 오히려 여호하난은 그때 막 제사장이 될 나이가 가까워져 오고 있었던 것으로 이해함이 좋을 듯하다.

이상의 설명 이외에도 에스라가 느헤미야보다 앞선 시대에 활동한 인물이라는 증거는 또 찾을 수 있다. 즉 B.C. 407년경에 작성된 것으로 보이는 엘레판틴 파피루스 서신을 보면, '사마리아의 총독 산발랏의 아들 들라야(Delaiah)와 셀레마이야(Shelemaiah)에게'라는 문구가 나온다. 산발랏은 느헤미야 당시 사마리아 총독으로 느헤미야의 가장 큰 대적이었다. 그런데 동일한 서신에 엘리아십의 손자 요하난이 당시, 즉 느헤미야 시대에 예루살렘의 대제사장임을 언급하고 있다. 따라서 스 10:6의 엘리아십의 아들 여호하난과 느 12:23에 엘리아십의 아들로 나오는 요하난은 서로 다른 인물이다. 즉 요하난은 엘리아십의 아들이 아니라 손자이다. 따라서 에스라가 느헤미야보다 앞선 시대의 인물이었음을 확실히 알 수 있게 되는 것이다.

✝ 의의

19세기 중반 자유주의 신학자들의 활동이 활발했던 당시에는 그들의 주장이 옳은 것처럼 여겨졌다. 그러나 최근의 많은 신학자의 연구 결과 전통적인 견해가 옳았음이 널리 인정되고 있다. 이러한 사실에서 우리는 하나님의 감동으로 기록된 성경에 대한 신뢰감딤후 3:16을 더욱 공고히 하게 된다. 그리고 성경에 관한 이러한 신뢰도가 전통적으로 계속 유지됐다는 사실에서 당신의 백성들을 진리 가운데로 인도하시는 하나님 섭리의 손길을 진하게 느끼게 된다.

학습 자료 64-2 세스바살과 스룹바벨의 관계 느 12:1

본문에는 제1차 포로 귀환 당시의 지도자로서 제사장 예수아와 나란히 스알디엘의 아들 스룹바벨을 소개하고 있다. 그런데 학자들 간에는 이 스룹바벨이 스 1:8, 11에 언급된 유다 총독 세스바살과 동일 인물인지 아니면 다른 인물인지에 대하여 많은 논란이 제기된다. 이에 세스바살과 스룹바벨의 관계에 대한 학자들 간의 상반된 두 견해에 대해 살펴보고자 한다.

✝ 동일 인물이라는 견해

스 1:8, 11을 보면 제1차 포로 귀환 당시 바사 왕 고레스로부터 성전 기명(器皿)을 받아 예루살렘으로 가지고 온 유다 총독이 세스바살로 나온다. 그런데 본문과 스 2:2을 보면 제1차 포로 귀환자의 지도자 명단 속에는 세스바살은 없고, 스룹바벨만 언급되어 있다. 따라서 바사 왕이 동시에 두 사람을 유다 총독으로 임명하지는 않았을 것이기 때문에 세스바살과 스룹바벨은 동일 인물로 보아야 한다는 것이다.

그뿐만 아니라 스 5: 16을 보면 세스바살이 전지대를 놓았다고 기록하고 있는 데 반해, 전지대 공사에 관한 직접적인 기록인 스 3:8-13에는 세스바살이 아닌 스알디엘의 아들 스룹바벨로 나타난다. 이런 사실에서 세스바살과 스룹바벨을 동일 인물로 보지 않으면 안 된다고 볼 수 있다.

또한 이 둘을 동일 인물로 보는 학자들의 또 다른 주장 하나는 '세스바살'을 스룹바벨의 다른 이름이라고 말한다. 즉 '세스바살'은 '태양의 신이여, 아들을 지키소서!'라는 뜻의 바벨론식 이름으로서, 스룹바벨이 바사 궁정에서 지낼 때 사용한 이름이라는 것이다.

학습 자료 64-3 형제 느 12:7

'형제'에 해당하는 히브리어 원어 '아흐'는 성경에서 629회 나오며 그 어근과 기본 의미에 있어서 아람어와 일치한다. 즉 이 단어의 어근은 '아하'이다. '아하'는 주로 전치사로 쓰이는 용어로서 ' ...에 함께 소속하다'(belong together) 또는 ' ...를 둘러싸다'(surround) 등 가족 관계, 또는 혈족 관계를 암시하는 뜻을 내포한다. 이러한 의미의 어근에서 유래한 남성 명사인 '아흐'는 매우 폭넓은 의미를 지닌 단어로서 남자 형제를 지칭하는 '아우'창 4:2, 수 15:17나 '오라비'창 28:5, 욥 42:15를 뜻할 때도 있고 혈연 친척을 나타내어 '생질'창 29:12, 15이나 '외삼촌'창 29:10을 가리키기도 한다. 그뿐만 아니라 더 넓게는 같은 가문의 부족 내지는 같은 지파 사람들을 지칭하여 '동족'레 25:39, 신 2:4, 렘 34:9을 뜻할 때도 있다.

본 절에서는 '아흐'의 복수형에 제사장들을 가리키는 대명사 접미어가 붙어서 '그들의 형제들', 곧 '제사장들의 동족'을 의미한다. 이처럼 '형제'를 같은 가문의 족속들로 보는 이유는 본 장의 1절부터 7절까지 언급된 인명들이 제사장 가문의 명단이기 때문이다.

한편 이 부분에 대한 NIV의 번역은 '그들의 동료들'(their associates)로 나와 있는데, 여기서 동료들이란 앞서 기술한 성경 문맥에 비추어 볼 때 여기에 언급된 제사장들이 형제 관계에 있는 제사장들이 아니라 예수아 당시 제사장 신분에 속한 자들, 곧 동료들임을 암시하는 것이다.

64일차 범위 **생각해야 할 성경적 세계관의 이슈들**

☑ 읽을 책 : "기독교 세계관 핸드북" 도서 출판 에스라 2023

❖ 시 119편 "성경의 특별계시"(p53), "성경의 권위"(p58)

67일 핵심 학습 자료

*65일·66일 핵심 학습 자료 없음

학습 자료 67-1 포로 귀환 시대의 안식일 문제 느 13:15-22

본 장에 기록된 대로 느헤미야의 개혁 사항들 가운데 특이한 것 하나는 안식일의 각
종 문제들에 대한 개혁이다. 안식일 문제는 에스라서와 느헤미야서 가운데 유일하
게 본문에서만 다루어지고 있는데, 이는 당시의 시대 상황과 포로 귀환자들의 종교
적, 사회적 생활 상황과 밀접하게 연관되어 나타났다. 따라서 당시 포로 귀환자들의
안식일 문제의 구체적인 진상들을 살펴보고 그것에 대한 개혁과 그 의의에 대해 살
펴보고자 한다.

✝ 안식일의 개요

안식일에 관한 규례는 제4계명에 잘 나타나 있다 출 20:8-11, 신 5:12-15. 이날에는 노동이
절대 금지되었으며 여호와 앞에서 성일로 지키도록 규정되어 있다.

✝ 안식일 문제 대두

① **왕정 시대 이전** : 이 시기의 안식일 문제에 관한 기록은 거의 발견할 수 없다. 다만
모세 오경에서 안식일을 범한 자에 대해 처벌을 내린 사실이 두 곳에서 언급되고
있을 뿐이다 출 16:27, 28, 민 15:32-36.

② **왕정 말기와 포로 시대** : 안식일 문제가 본격적으로 대두되기 시작한 때는 왕정 시
대 말기에서 포로 시대이며, 이사야, 예레미야, 에스겔 선지자에 의해 이 문제가
강하게 제기되었다.
여기서 선지자들이 안식일을 메시지의 중심 테마로 언급했던 이유는 안식일 준수 강
조가 여호와 신앙 및 예배에 대한 강조와 밀접한 연관이 있었기 때문이다 렘 17:21, 22.
더욱이 당시 팔레스타인 지역을 중심으로 근동 지역 전체가 열강들의 세력 다툼의
소용돌이에 휘말려 있었기 때문에 안식일 준수 강조는 이스라엘 백성에게 하나님의
언약 백성이요 선민으로서의 주체성을 고취하는 역할을 했다 사 56:4, 6, 58:13, 14.
또한 포로 시대의 에스겔 선지자의 안식일에 관한 메시지도 이스라엘 민족의 자긍
심 고취를 위한 것으로 에스겔 선지자는 안식일의 거룩성 문제를 자주 거론하였다
겔 22:8, 26, 23:38.

③ **포로 귀환 시대** : 느헤미야가 이 시기에 안식일 문제를 제기한 것도 이사야, 예레미
야, 에스겔 선지자의 취지와 동일하지만, 당시 이스라엘 백성들이 오랜 포로 생활 동

안 이방인의 풍습에 젖어 있던 상태여서 그 문제의 심각성은 훨씬 컸다. 즉 이스라엘 백성들은 바벨론 포로 생활 동안 안식일에 노동하는 일이나 장사하는 일에 대해서 아무렇지도 않게 생각하였다. 더욱이 이방인과의 통혼으로 이방 풍습을 그대로 받아들인 자들이 많아 안식일 준수는 커녕 여호와 신앙조차도 상실해 가는 형편이었다.

✝ 느헤미야의 안식일 개혁 운동

포로 귀환 이후 하나님의 선민으로서 이스라엘의 면모를 회복하기 위한 종교 개혁 운동은 B.C. 458년 제2차 포로 귀환 이후 학사 에스라에 의해 시작되었다고 볼 수 있다. 그 후 약 25년 후인 B.C. 433년에 실시된 느헤미야의 안식일 개혁 운동도 에스라의 종교 개혁 운동의 연장선상에서 이해할 수 있다.

느헤미야의 안식일 개혁 운동은 제4계명에서 규정하고 있는 안식일 규례를 철저히 준수하자는 차원에서 이루어졌다. 즉 규례와는 달리, 당시 안식일에 행해졌던 노동의 금지, 매매 활동 금지 조치 및 안식일을 성일(聖日)로서 거룩히 지킬 것 등을 명했다. 물론 안식일 준수는 외식적이어서는 안되며 그 마음의 진실에서 비롯되어야 한다. 그러나 이 당시 느헤미야는 일차적으로 외적인 규제 조치를 매우 강화했다. 그 이유는 먼저 외적으로라도 이스라엘 선민과 이방인과의 구별을 가시화(可視化)함으로써 선민 이스라엘 백성들의 신앙 자세를 한시바삐 회복하고자 하기 위함이었다. 그래서 이 당시는 다른 어떤 시대보다 혈통적 이방인에 대해 배타적이었다. 에스라 시대에 이방인과 결혼한 자들이 강제로 이혼하게 한 것도 이러한 시대적 특수성에 따른 것이다. 스 10장 학습 자료 62-7 '포로 귀환 시대의 이방인과의 통혼 문제'를 참조하라.

✝ 의의

안식일 개혁에 대한 느헤미야의 본래 의도와는 달리 느헤미야 이후 유대인들은 외적인 안식일 규례 준수에 지나치게 집착하였다. 심지어 성경에 기록된 안식일 규례 이외에 다른 부수적인 규례들을 많이 만들어 내어 백성들에게 그것을 지키도록 강요하기에 이르렀다. 이와 같은 율법의 외적인 준수와 함께 배타적인 유대 민족주의 고수자 들에 의해 오늘날의 유대교가 탄생하게 된 것이다. 그런데 이런 유대주의자들은 그 외식적인 행위로 인하여 예수 그리스도로부터 많은 비난과 책망을 들었다 녹 6:6-10.

결론적으로 포로 귀한 시대 느헤미야의 안식일 개혁은 당시의 시대적 특수성 때문에 불가피하게 외적인 규례 준수가 강조되었다. 그러나 안식일 준수의 궁극적인 목적은 하나님과의 관계를 더욱 발전시키고 여호와 신앙을 더욱 고취하는 것인데 외식적이 아닌 진실한 마음에서 이루어져야 할 것이다 롬 14:5, 6.

학습 자료 67-2 종말론적 평강과 복락의 소망(이사야서)

이사야 예언의 대부분은 이사야 당시 세대 또는 바벨론 포수 시대와 관련된다. 그러나 이사야 예언은 단지 거기에만 머무르지 아니하고 나아가서는 예수 그리스도의 초림으로 말미암아 개시될 신약 시대와 관련해서도 예언하고 있으며, 더 나아 가서는 종말론적 예언도 포함하고 있다. 특히 이러한 종말론적 예언 가운데서도 이 세상에 대한 하나님의 종말론적 심판 이후에 하나님께서 새롭게 도래시킬 새 하늘과 새 땅에 대한 예언은 독자들이 종말론적 평강과 복락에 대한 원대한 비전을 가지게 한다.

이사야는 하나님께서 새롭게 도래시킬 새 하늘과 새 땅과 관련하여 그곳에서는 민족간, 지역간, 계층간 다툼이나 분열이 없으며. 하나님의 피조물 간에 더 이상 약육강식(弱肉强食)과 적자생존(適者生存)의 논리가 지배하지 아니하고 평화롭게 공존하게 될 것이라고 노래한다^{사 11:6-9}. 또한 그곳에서는 사람을 고통스럽게 하는 악하고 불완전한 요소들이 사라짐으로 말미암아 사람들이 더 이상 현 세상에서와 같은 인생 질고와 죽음의 고통을 맛보지 않고 영원한 평화와 안식. 기쁨을 누리게 될 것이라고 노래한다^{사 35:1-10, 65:17-25}. 이 얼마나 복된 비전인가! 이스라엘 민족은 역사 속에서 이 땅의 어떤 민족보다도 극심한 수난과 그로 인한 고통을 당하였지만 바로 이러한 원대한 종말론적 비전으로 인하여 완전히 쓰러지거나 낙담하지 아니하고 신앙을 지키며 인내할 수 있었다. 또 나아가 오늘 우리 성도들도 죄로 오염된 세상을 사는 까닭에 세상이 주는 온갖 인생 질고를 피할 수 없지만 이 원대한 종말론적 비전으로 인하여 모든 고통을 인내하며 믿음을 굳게 지킬 수 있다.

학습 자료 67-3 구약에 나타난 주요 종말론 관련 성구들 ^{사 65:17-25}

성경은 종말론을 근본 주제로서 가르치는 바 죄와 질고에 휩싸여 신음하는 인간의 구원은 태초부터 종말에 이르기까지 직선적으로 진행된 현 우주를 전면 갱신함으로써 새로이 조성된 신천 신지에서, 영육 간에 걸쳐, 실존적으로 실현될 것을 선포한다. 이러한 성경 종말론은 창세기에서 계시록까지 전 성경이 문맥마다 다양하게 표현하고 있으면서도 상호 완전한 조화를 이루고 있음으로써 성경 진리의 역사적 정통성이나 진정성을 새삼 입증해 주고 있다. 그러면 이제 신약처럼 종말론을 빈번히 다루지는 않지만, 뚜렷한 종말론적 비전을 제시하는 구약의 주요 구절을 정리하면 다음과 같다.

창 3:15	
· 죄의 원흉인 뱀의 멸망	· 여자의 후손 예수의 궁극적인 승리
민 24:17-19	
· 심판주 그리스도의 강림	· 악인의 멸망과 의인의 궁극적 승리
신 4:27-31	
· 육적 이스라엘의 회복	· 성도들의 궁극적 구원
삼하 7:8-16	
· 다윗 자손의 왕권이 견고함	· 그리스도의 나라가 영원히 보전됨

욥 19:25, 26	
· 구속주 예수 그리스도를 믿는 자의 부활	· 영광스런 하나님과의 직접적인 대면

시 2:1-9	
· 세계 열방에 대한 그리스도의 심판	· 새 예루살렘에서 그리스도의 영원한 통치

시 16:9-11	
· 성도의 육적 부활	· 천국에서의 영생하는 삶

시 72:1-19	
· 의인이 흥왕하여 평강이 풍성함	· 식물이 풍성하고 의인의 이름이 장구함

시 102:25-27	
· 현세상이 완전히 새롭게 변화됨	· 성도들의 영원한 보존

사 2:1-4, 11:6-9	
· 전쟁이 없는 완전한 평화의 나라 도래	· 완전한 의의 통치 실현

사 25:1-26:19	
· 사망의 영원한 멸망	· 완전한 의의 통치 실현

사 35:1-10	
· 하나님과 인간 간의 완전한 관계 회복	· 성도들의 전인격적인 구원과 회복

사 65:17-25, 66:18-24	
· 새 하늘과 새 땅의 도래	· 성도들이 천국에서 영생을 누림

겔 34:17-31	
· 행위에 따른 의인과 악인의 심판	· 성도들이 메시야 왕국에서 참 평화를 누림

겔 38:1-39:29	
· 곡과 마곡의 멸망	· 사탄의 세력에 대한 성도들의 궁극적 승리

단 2:31-49, 9:24-27	
· 영원히 멸망치 않는 나라의 도래	· 역사 전개의 틀을 보이는 70이레의 예언

단 7:13-28, 12:1-3	
· 영원한 나라를 얻을 인자의 등장	· 말세의 환난과 죽은 자의 부활 및 최후 심판

욜 3:16-21	
· 성도들의 최후 승리와 영원한 축복의 향유	· 하나님을 대적하는 사탄의 세력의 멸망

미 4:1-13	
· 범민족적인 메시야 왕국 도래	· 완전한 평화의 실현

말 3:16-18	
· 기념책에 의한 온 인류의 심판	· 의인과 악인의 영원한 구별

학습 자료 67-4 이사야서와 계시록의 병행 예언들 사 66:7-9

- 땅의 권세자들이 바위 틈과 진토 속에 숨을 것임사 2:10, 19, 계 6:15
- 여호와의 거룩에 대해 천사들이 찬양함사 6:3, 계 4:8
- 성전에 하나님의 영광이 가득함사 6:4, 계 15:8

- 주께서 만국을 입술의 기운으로 치실 것임 사 11:4, 계 19:15
- 큰 성 바벨론이 황폐하고 각종 새들이 뛰어놀 것임 사 21:9, 계 14:8
- 하늘의 만상이 사라짐 사 34:4, 계 6:13, 14
- 각 사람의 행위대로 상급을 주심 사 40:10, 계 22:12
- 이전 것은 사라지고 새 것이 도래함 사 43:18, 19, 계:21:1
- 음녀 바벨론이 멸망할 것임 사 47:7, 8, 계 18:7
- 범죄한 성도가 주의 진노의 잔을 마심 사 51:17, 계 14:10
- 그리스도가 대속의 희생양이 되심 사 53: 7, 8, 계 5:6
- 새 예루살렘이 각종 희귀한 보석으로 꾸며져 있음 사 54:11, 12, 계 21:10
- 목마른 자는 값없이 생수를 마시라 사 55:1, 계 21:6
- 악인들이 성도들 앞에 꿇어 절 할 것임 사 60:14, 계 3:9
- 주께서 악한 자들을 포도즙 틀을 밟듯함 사 63:3, 계 14:20
- 시온은 해산하는 여인같이 고통하다 구원얻음 사 66:7-9, 계 12:5

68일 핵심 학습 자료

학습 자료 68-1 신약의 배경으로서의 중간사의 전개

시대구분		연대	주요사건
바사시대		B.C. 404-331	· 대제사장에 의한 유대 식민 통치 · 알렉산더 대제에게 함락당함(B.C. 331)
헬라시대	알렉산더	B.C. 336-323	· 유대인들의 율법 이해 허용 · 알렉산더 사후 4장군이 제국을 분할 점령함 · 히브리어 성경이 헬라어로 번역됨 · 끊이지 않은 헬라 잔존 세력들 간의 정변 끝에 B.C. 201년 셀류크스 왕조의 안티오쿠스 III세가 팔레스틴을 차지함 · 안티오스쿠스 IV세의 성전 모독 및 약탈
	톨레미 왕조	B.C. 301-198	
	셀류크스 왕조	B.C. 198-167	
독립유대시대	마카비 혁명	B.C. 166-143	· 마카비 가문이 주도한 헬라화 반대 혁명 성공의 성전 재복원 · 로마의 유대 독립권 인정 · 다윗 시대의 영토 회복 · 바리새인의 대반란
	하스몬 왕조	B.C. 142-63	
로마시대		B.C. 63- A.D. 331	· 로마 장군 폼페이의 예루살렘 점령 · 이두매 출신 헤롯 가문의 유대 지배 시작 · 로마의 통치는 A.D. 70년의 예루살렘 함락, A.D. 130년 경의 전 유대인 강제 추방 정책이 실시된 후 제국 말기까지 계속됨

학습 자료 68-2 큰 신상과 네 짐승의 이상 비교 단 7:2-14

본 장에서 다니엘이 본 네 짐승의 이상과 제2장의 느부갓네살의 큰 신상의 꿈은 의미상 서로 일맥상통한다. 즉 두 이상은 다 같이 일차적으로 바벨론 제국 시대로부터 시작하여 로마 제국이 등장하기까지, 그리고 나아가 로마 제국 시대 이후로부터 세상 끝 날이 도래하기까지의 역사 전개 과정을 하나님의 계시로 미리 보여 준 것이다. 이 두 이상이 갖는 공통점은 다음과 같다.

1. 공통점
• 세상 역사는 하나님의 절대 주권에 의해 전개됨을 보여줌
• 세상 역사는 하나님의 역사에 따라 종결될 한시성을 가짐

- 세상 나라들은 그 죄악으로 인해 반드시 심판받아 멸망하게 됨
- 세상 나라 멸망 이후 하나님 나라가 도래하게 됨

2. 차이점

① 큰 신상의 이상
- 신상이 하나의 통일된 집합체임은 세상 나라의 기원과 죄악되고 인본주의적인 본질이 하나임을 나타냄
- 역사의 전개 과정을 평면적으로 보여 줌
- 신상의 구성 요소가 머리끝에서 발끝까지 차례대로 금·은·동·철과 진흙으로 된 것은 순서상 뒤에 오는 나라들이 도덕적, 내부적인 결속력 면에서 열등함을 보여줌
- 세상 종말의 심판과 하나님 나라 도래의 주체자인 "손대지 아니한 돌"^{단 2:34, 45} 곧 그리스도의 활동을 강조함

② 네 짐승의 이상
- 네 짐승은 세상 나라들의 개별적인 특징을 강조하는 것임
- 역사의 전개 과정을 입체적으로 보여줌
- 순차적으로 일어나는 각 나라들의 정복력과 잔인성을 집중 묘사함
- 넷째 짐승 곧 로마 제국이 그 어떤 나라보다 강대하고 잔인함을 강조함
- 적그리스도에 대한 그리스도의 승리와 세상에 대한 영원한 통치를 강조함
- 세상 끝날 도래 직전 세상 나라들을 지배할 작은 뿔, 곧 적그리스도의 활동을 강조함
- 세상 심판의 궁극적 주체로서의 성부 하나님을 강조함

학습 자료 68-3 다니엘서의 세계사 전개에 대한 다중적 묵시들

다니엘서는 과거 끝없이 패역하던 자신들 선민을 향한 하나님의 심판 결과 상호 연이어 발흥한 이방 대제국들의 치하에서 굴욕과 압제를 겪고 있는 포로 시대의 선민에게 제아무리 역사가 격동하더라도 결국 전 역사는 하나님이 선민의 종말론 구원을 위하여 전적 주권으로 진행하는 구속의 장(場)임을 각성시킴으로써 일면 여호와 신앙을 촉구하고 또 일면으로는 위로를 주고자 기록된 책이다. 이런 다니엘서에는 그 시대 당시인 포로 시대에서 시작하여 대종말에 이르기까지의 세계사 전개 과정이 주로 구약 선민 이스라엘의 역사에 직접적 영향을 끼친 4대 제국을 중심으로 하여 다양한 측면에서 다중적으로 제시되고 있다. 이에 이를 일람하는 것은 다니엘서는 물론 성경 전반의 역사 종말론(歷史 終末論)을 이해하는 데 큰 도움을 줄 것이다.

여기서 특히 참고로 밝히자면 8:9절과 11:20-45절 사이의 예언은 구약 예언의 복합성에 따라 시리아의 셀류쿠스 왕조 출신으로서 유대인과 그 성전을 극심히 핍박하여 말세의 적그리스도에 대한 가장 대표적 예표가 된 안티오쿠스 에피파네스(B.C. 175-163)에 대한 예언인 동시에 말세에 일어날 적그리스도(The Antichrist) 자체에 대한 예언이기도 하다. 또한 다니엘서에는 이곳에 밝힌 묵시 이외에도 느부갓네살이 꿈으로 받은 한 큰 나무의 묵시^{제4장}가 있으나 이것은 느부갓네살 개인의 운명

에 관한 것이어서 본 연구자료에서는 누락시켰음을 밝혀 둔다.

제2장	제7장	제8장	제9장	제10-12장	역사 속의 성취
순금으로 된 머리 (32, 38절)	사자(4절)	-	-	-	신바벨론 제국 (B.C. 626-539년)
은으로 된 가슴과 팔 (32, 39절)	곰(5절)	숫양(3절)	일곱이레(25절) (B.C. 538-444년)	세 왕과 부요한 왕 (11:2)	페르시아 제국 (B.C. 539-330년)
놋으로 된 배와 넓적다리 (32, 39절)	표범(6절)	숫염소(5절)	예순두 이레 (25절)	한 능력 있는 왕 다른 사람들 (11:3, 4)	그리스 제국 (B.C. 330-63년)
쇠로 된 종아리 (33, 40절)	무섭고 강하며 쇠로 된 이를 가진 짐승 (7a 절)	-		-	로마 제국 (B.C. 63-A.D. 476년)
쇠와 진흙이 섞인 발과 발가락 (33, 41-44절)	열 뿔(7b절)	-	-	-	예수 탄생부터 세상 끝날 (B.C. 4년-?)
-	그중 한 뿔(8절)	또 작은 뿔(9절)	일흔 이레 중 마지막 1이레 (20-27절)	비천한 왕의 핍박 (11:21-45) 미가엘과 대환난 (12:1)	7년 대환난
사람이 손대지 아니한 돌 (34, 45절)	심판 보좌와 인자 (9-14절)	-	-	영생과 수욕 (12:2)	대심판

학습 자료 68-4 다니엘 시대의 바벨론과 메대 바사의 주요 왕들 단 8:1

느부갓네살

· B.C. 605-562년간 통치
· 신바벨론 제국의 창건자
· B.C. 605년 다니엘을 비롯한 이스라엘 왕족과 귀족을 포로로 잡아감
· 큰 신상 꿈 해석의 공을 세운 다니엘을 총리로 세움

벨사살

· 신바벨론 제국의 마지막 왕임
· B.C. 553-539년에 부왕과 함께 섭정함
· 신비한 손가락이 왕국벽에 쓴 글씨를 해독한 다니엘을 총리로 세움

다리오

· 메대왕으로 B.C. 539년에 고레스 2세와 함께 바벨론 제국을 정복함
· 바벨론 120도 전국을 약 2년간 치리함
· 사자굴에서 살아나온 다니엘을 총리로 세움

고레스
· B.C. 559년에 바사의 왕이 됨
· B.C. 539년에 바벨론 제국을 정복함
· B.C. 538년 칙령을 반포하고 유대인들을 본토로 귀환케 함
· B.C. 530년에 전사함

학습 자료 68-5 단 7장과 8장의 '작은 뿔' 비교 단 8:9

본서의 제7장과 8장에는 같이 작은 뿔의 환상이 언급되고 있지만 양자 간에는 차이가 있다. 즉 7:8의 '작은 뿔'은 로마 제국 멸망 이후의 열왕국 사이에서 나온 자, 곧 적그리스도를 지칭하는 것이지만, 8:9-12의 '작은 뿔'은 일차적으로 헬라 제국으로 분열한 4개의 왕국 중 하나인 시리아의 셀류쿠스 왕조의 제8대 왕 안티오쿠스 에피파네스(Antiochus Epiphanes)를 지칭한다. 물론 에피파네스는 궁극적으로 적그리스도에 대한 예표이며, 그의 악정(惡政)도 적그리스도의 활동과 특징을 예표적으로 보여 주고 있다.

이에 본서의 제7장과 제8장의 '작은 뿔'에 대한 묘사도 차이가 있는 바 이를 도표화해 보면 다음과 같다.

단 7장의 작은 뿔	
· 열 뿔과는 구별되는 다른 한 뿔임(8절)	· 열 뿔 사이에서 나옴(8절)
· 먼저 있던 열 뿔 중 세 뿔을 뽑아 버림(8절)	· 사람의 눈과 입과 같은 눈, 입을 가지고 있음(8절)
· 성도들을 이김(21절)	· 성도들을 괴롭게 할 것(25절)
· 하나님을 말로 대적함(25절)	· 때와 법을 고치고자 할 것(25절)
· 하나님의 최후 대심판으로 멸망함(26절)	

단 8장의 작은 뿔	
· 네 뿔 중 한 뿔에서 작은 뿔 하나가 나옴(9절)	· 심히 커짐(9절)
· 그것이 하늘 군대에 미칠만큼 커짐(10절)	· 하나님을 대적하고 성전 제사를 폐함(11절)
· 진리를 땅에 던지며 자의로 행하여 행동함(12절)	· 꾀를 베풀어 속임수를 행하고 스스로 큰 체함(25절)
· 평화한 때에 많은 무리를 멸함(25절)	· 사람의 손에 의하지 않고 멸망함(25절)

학습 자료 68-6 메대-바사 과도 제국 단 9:1

역사적으로 볼 때 B.C. 539년 바벨론 제국이 멸망하고 바사(페르시아) 제국이 등장하던 과도기에 비록 2년밖에 안 되는 짧은 기간이지만 메대와 바사가 연립 정부 형태로 존재했었다. 이 시기를 가리켜 소위 '메대-바사 과도 제국 시대'라 한다. 일반 역사에서는 이 시기가 너무 짧은 과도기였기 때문에 따로 구분하여 언급하지 않는 것이 일반적이지만, 성경에서는 특히 본 다니엘서에서는 이 과도 제국 시대에 바벨론 지역을 통치한 다리오 왕에 대해 분명히 언급하고 있기 때문에 5:31, 6:1, 9:1 이 시대의 역사를 따로 구분하여 살펴보는 것은 큰 의의가 있다.

✠ 과도 제국 형성 이전

메대인과 바사인은 다 같이 B.C.2000년경 카스피해의 동부와 남부에서 유목 생활을 하다가 페르시아만 북부 해안 지방인 이란 산맥 남서부 지역으로 이주·정착한 인도 아리안족에 속한 종족들이었다. 이 두 종족은 정착 초기에는 그 지역 본토인들인 엘람, 앗수르, 바벨론의 위세에 눌려 지내다가 B.C. 7세기 중반경 메대인은 '엑바타나'(Ecbatana)를 중심으로 주변의 여러 종족을 끌어들여 연합 부족 국가체제를 이루고 앗수르와 대항하기 위한 국력을 키워나갔다. 초대 왕은 데이오케스(Deioces)였으며, 제2대 프라오르테스(Phraortes, B.C. 675-653) 때부터 영토 확장을 시작하여, 제3대 키악사레스 1세(Cyaxares I, B.C. 625-585) 하에서 바벨론과 연합해 B.C. 612년에 앗수르의 수도 니느웨를 점령하고, 영토를 리디아까지 확장하기까지 하였다.

한편 바사인들은 아케메네스의 주도하에서 B.C. 700년경 엘람 동부 지역에 정착하였다. 그리고 제2대 왕 테이스페스는 바사국의 영토를 안샨(Anshan) 지역까지, 그리고 그의 아들 고레스 1세는 바사 서부 지역으로 영토를 확장시켜 나갔다. 메대국과 바사국이 서로 연합하게 된 것은 바사 왕 고레스 1세의 아들 캄비세스 1세(Cambyses I, B.C. 600-559)와 제4대 메대 왕 아스티아게스(Astyages, B.C. 585-550)의 딸 만다네와의 결혼으로 동맹을 맺으면서부터이다. 이 두 사람 사이에 난 아들이 고레스 2세(Cyrus II)이다. 그리고 이때 바사국은 메대국과 대등한 동맹국이었다기보다는 거의 속국과 가까운 관계에 있었던 것으로 추측된다. 그러다가 캄비세스 1세의 아들 고레스 2세가 그의 외조부인 메대 왕 아스티아게스에 대해 반란을 일으켜 독립하여 안샨 혹은 엘람 지역을 통치하게 되었고, 그는 그곳을 바사(페르시아)라 칭했다.

✠ 과도 제국의 형성과 결과

메대국과 바사국이 다시 함께 연합하게 된 것은 고레스 2세와 그의 외삼촌이면서 아스티아게스의 아들인 키악사레스 2세를 통해서였다. 즉 위대한 정복자요 후에 대왕(the Great Emperor)이라고 불린 고레스 2세는 키악사레스 2세와 연합하여 그로수스와 앗수르 및 바벨론을 정복하였다. 그런데 이 당시 고레스 2세와 키악사레스 2세의 연합은 이전의 캄비세스 1세와 아스티아게스와의 연합 때와는 상황이 정반대였을 것으로 추정된다. 즉 이 당시 고레스 2세는 메대 왕국을 거의 정복한 상황에서 메대의 군사를 순조롭게 동원할 목적으로 단지 형식상으로만 동맹을 맺었다. 그리고 두 연합국의 군대 지휘권을 획득한 고레스 2세는 자신의 외삼촌이기도 한 키악사레스 2세와 함께 B. C. 539년 바벨론 제국을 정복하고 '메대-바사 과도 제국'을 탄생시켰다. 그리고 고레스 2세는 메대 왕 키악사레스 2세, 곧 다리오를 예우하여서 메대-바사 제국의 왕으로 추대하고 임시 수도를 메대와 바사가 아닌 바벨론으로 정하였다[5:31]. 그리고 고레스 2세 자신은 계속해서 정복 전쟁을 수행하였다. 또 키악사레스 2세는 이 기간에 메대- 바사 제국 전체를 120도로 나누는 등의 행정 정비를 이루었는데[6:1] 이는 후에 아하수에로(Xerxes 1, B.C. 486-464년)에 의해 바사 제국이 20개의 총독 관구와 127도로 편성될 때 그 기초가 되었다[에 1:1].

그러나 이 과도 제국은 약 2년 남짓 만에 고레스 2세의 정복 전쟁이 마무리된 후 키악사레스 2세의 외동딸과 결혼하고 사위 자격으로 메대-바사 제국 전체의 통치권을 정식으로 이양받음으로써 막을 내리고, 인도에서 구스까지 광활한 영토의 바사 제국 시대가 펼쳐지게 되었다. 한편 메대-바사 제국을 바사 제국으로 칭하게 된 것은 고레스 2세가 바사 출신이기 때문이다.

학습 자료 68-7 70 이레의 대 예언

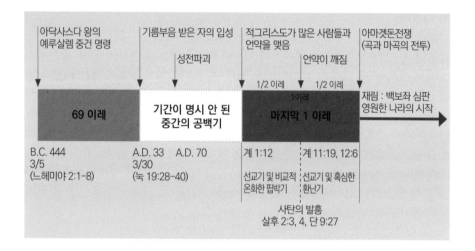

70이레의 예언은 다니엘의 시대 곧 구약 선민 이스라엘의 포로 시대(Captivity Period, B.C. 586-538)에서 대종말에 이르기까지의 세계사 전개의 전 과정을 묵시적 양식으로 예언한 성경 예언의 절정 중 하나이다. 이 70 이레의 예언을 보도하고 있는 9:20-27의 본문을 아래처럼 도표화 하면 그 내용이 훨씬 더 쉽게 파악된다.

도표에 앞서 70 이레(70 weeks)라는 특이한 묵시적 양식의 예언을 전반적으로 설명하자면 다음과 같다. 먼저 '70'은 예루살렘 성전이 멸망한 해인 B.C.586년에서 예루살렘 성전이 재건된 해인 B.C.516년 사이의 기간인 70년에서 따온 것이다. 그리고 '이레'란 한 주간(week)을 말하는 순우리말인데 이는 천지창조가 이루어진 기간으로서 이후 성경에서는 하나님의 경륜과 섭리가 이루어지는 기본 단위 및 완성과 완전을 상징하는 것으로 쓰였으며 여기서도 하나님의 구원 역사가 완전히 이루어지는 기간 전체 또는 그 기본 단위의 뜻으로 쓰였다. 그리하여 70 이레란 결국 70주간 곧 70X7 = 490일의 각 일을 한 해(year)로 환산하여 490년이란 기간을 말한다. 그리고 역사가 다니엘의 때로부터 종말까지 전개되어 마침내 하나님의 구원 역사가 종결되고 천국이 개시될 대종말까지의 기간을 가리키는 상징으로 삼고 이 490년이라는 상징적 기간 안에 전역사, 더욱 정확히는 다니엘의 때로부터 대종말까지의 구속사 전개 과정의 기본 패턴을 대입하여 예언한 것이다.

더 상술하자면 예루살렘 성전의 함락에서 준공까지를 7주, 그리고 성전 재건에서 전 세계 만민의 구속주이신 예수가 오실 때까지를 62주, 그리고 중간에 알 수 없는 중간기 곧 초림하신 예수의 승천 이후 재림 직전의 대환난까지의 기간인 중간기가 지난 다음 마침내 적그리스도가 등장하여 전·후반부로 나뉘어 점점 더 심화되는 양상으로 대환난을 주도하다가 마침내 현 우주와 역사의 대종말이 도래할 때까지를 마지막 1주로 나누어 예언하고 있다. 특히 다시금 전삼일반 후삼일반으로 나누어 점점 더 심화되는 양상으로 대환난이 진행되다가 마침내 대종말이 도래할 것으로 예언된 마지막 1 이레의 예언은 신약 계 11:1-13; 12:6 등의 대종말 직전의 대환난 관련 예언들과 강력한 묵시 문학적 연속성을 갖는다. 묵시 문학에 대해서는 본서 다니엘서 학습 자료 47-3를 참조하라.

끝으로 참고로 밝히자면 이 70 이레의 묵시는 다니엘서의 여러 묵시 중에서도 여타 묵시들이 전반적으로 역사 전개의 각 단계의 세부 양상에 치중했지만, 이는 예수 그리스도의 구속사역의 진행 상태를 기준으로 한 구속사 전개의 기본 패턴 (pattern), 즉 구속사의 각 단계의 시대 구분 자체에 치중하고 있는 독특한 예언이다.

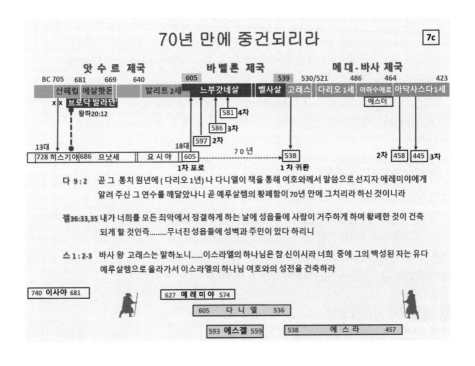

학습 자료 68-8 안티오쿠스 4세 에피파네스의 예루살렘 성전 모독 사건 ^{단 11:31}

본문은 헬라 제국의 4대 분할 왕국 중 하나인 시리아 왕국의 셀류쿠스 왕조 제8대 왕인 안티오쿠스 4세 에피파네스(Antiochus Ⅳ. Ephipanes, B.C. 175-163)가 예루살렘 성전을 모독한 사건에 대한 예언을 기록하고 있다. 이는 역사적으로는 유대를 독립시킨 마카비 혁명(B.C. 166년)의 기폭제가 된 것으로 그 의의가 참으로 큰 사건이었다. 또한 구속사적으로 볼 때 이는 종말에 적그리스도가 자신을 하나님이라 칭하면서 성전에 '멸망의 가증한 것'^{마 24:15}을 세우고 하나님을 대적하며 모독할 것에 대한^{살후 2:4} 예표적 사건으로서도 그 의의가 큰 사건이었다. 따라서 비록 본문은 본 사건이 실제로 발발하기 약 400여 년 전에 본 사건에 대해 주어진 예언이지만 이 사건을 살펴보는 것은 일차적으로 다니엘의 예언이 얼마나 정확하게 성취되었는가를 확인케 하는 것이며, 나아가 말세에 등장할 적그리스도에 대한 분명한 경계가 되게 하는 것으로 그 의의가 큰 바, 이에 대해 살펴보도록 하겠다.

✝ 에피파네스의 등장 배경

에피파네스는 시리아 왕들 가운데 가장 위대한 정복자인 안티오쿠스 3세(Antiochus Ⅲ, B.C. 242-187)의 셋째 아우로서 그의 형 셀류쿠스 4세 필로파토르(Seleucus Ⅳ. Philopator, B.C. 187-175)의 뒤를 이어 셀류쿠스 왕조 제8대 왕으로 즉위했다.

에피파네스는 왕이 되기 전에 14년 동안 로마에 인질로 잡혀 있었다. 그 이유는 그의 부친 안티오쿠스 3세가 B.C.190년 카르타고의 장군인 한니발(Hannibal)과 연합하여 로마와 벌린 서머나(Smyna) 전투에서 크게 패한 후에 그를 볼모로 내주었기 때문이다. 그런데 에피파네스는 로마에서 14년 동안 살면서 헬라 문화에 깊이 심취했던 것으로 보인다. 따라서 그는 왕이 된 후에 정치·경제적으로 매우 불안정한 상황을 바로잡고 정치적 파벌 싸움을 잠재우기 위하여 강력한 헬라화 정책을 추진하였다. 그리고 나아가 그는 올림피아의 제우스(Zeus) 신상의 모습을 따서 자신의 우상을 만들고 백성들로 하여금 숭배하게 했다. '에피파네스'란 이름은 '명백히 나타난 신'이라는 의미의 헬라어 '데오스 에피파네스'에서 따온 것으로 자신을 신격화하기 위한 것이었다. 그러나 사람들은 그에게 '에피마네스'(Epimanes)라는 별명을 붙여주었는데, 그것은 '미친놈', '정신병자'란 뜻이다.

✝ 성전 모독 사건의 발단

에피파네스가 예루살렘 성전을 모독하게 된 근본 원인은 그의 헬라화 정책에 있었다. 에피파네스는 왕위에 즉위하자마자 시리아 왕국은 물론 유대 지역까지도 장악하여 강력한 헬라화 정책을 추진했다. 그는 애굽의 프톨레미 왕조와 가까운 유대의 대제사장 오니아스 3세(Onias Ⅲ)를 몰아내고 자신의 헬라화 정책을 적극 지지하는 야손(Jason)을 대제사장직에 앉혔다. 그러다가 다시 유대인들의 종교적 결속을 와해시키기 위하여 야손을 몰아내고 제사장 아론의 혈통도 아닌 베냐민 지파 사람인 메넬라우스(Menelaus)를 대제사장으로 세웠다.

그러던 중에 B.C. 170년 에피파네스는 이집트를 침공하게 되었다. 그것은 당시 이집트 왕국의 왕인 프톨레미 6세 필로메토르(Ptolemy VI. Philometor)가 과거 안티오쿠스 3세에게 빼앗긴 코엘레 시리아(Cocle-Syria) 땅을 되찾으려고 전쟁을 준비한다는 사실을 에피파네스가 미리 알고 선제공격했다. 이 전쟁에서 에피파네스는 이집트를 완파하여 이집트를 멤피스(Memphis)와 알렉산드리아(Alecsandria)를 중심으로 양분하고 프톨레미 6세의 동생인 프톨레미 7세, 피스콘(Ptolemy VII. Piscon, B.C. 170-117)을 또 다른 왕으로 세워 두 정부가 서로 경쟁하도록 만들어 놓고 본국으로 귀환하였다[25-27절].

그후 1년 뒤인 B.C.169년에 이집트의 두 형제 왕은 에피파네스에게 대항하기 위하여 연립 왕정을 수립하게 되었다. 이에 에피파네스는 재차 이집트 정복에 나서게 되는데[28절], 먼저 프톨레미 6세가 다스리는 멤피스를 정복하고 거기서 다시 진군하여 프톨레미 7세가 다스리는 알렉산드리아를 점령하기 직전에 이집트에서 철수하라는 로마 원로원의 최후 통첩을 받게 되었다. 로마에서 인질로 14년 동안 살았던 그는 로마 제국의 막강한 군사력을 보았었기 때문에 감히 그 최후 통첩에 항거하지 못하고 철수하지 않을 수 없었다[29절].

그리고 철군하는 길에 시리아와 로마 사이의 완충 지역에 있는 유대의 충성을 확보해 두기 위하여 유대 지역에 이전에 비할 수 없을 정도의 강력한 헬라화 정책을 시행하게 되었다[30절].

✝ 성전 모독 사건

유대에 대한 에피파네스의 헬라화 정책의 제 1목표는 유대교를 말살하고 헬라 종교를 그 지역에 심는 것이었다. 이에 에피파네스는 2만 2천의 군대를 파견하고 유대인들이 안식일에는 싸우지 않을 것을 이용해 안식일에 예루살렘을 공격하게 했다. 이에 따라 예루살렘은 대부분 약탈당하고 불태워졌으며 많은 사람이 죽고 여자와 아이들은 노예로 붙잡혀 갔다.

그리고 B.C. 167년에는 드디어 유대인들이 조상 대대로 지켜오던 율법 준수를 금지하기에 이르렀다. 즉 안식일 준수, 절기에 행하는 축제, 번제 제사, 어린아이의 할례 등을 금지했다. 그리고 율법서(Torah)를 모두 불태우며 성전 제단에서 부정한 제물로 우상을 숭배하게 하고 유대인들에게 돼지고기를 먹도록 강요했다. 그리고 이 가운데 어느 하나라도 어기는 자는 누구를 막론하고 가차 없이 사형에 처하게 했다.

이 같은 가증스런 행위가 절정에 이른 것은 B.C. 167년 12월 16일이었다. 성전에 제우스 신상이 세워지고 번제단 위에 돼지고기가 제물로 바쳐졌다. 그리고 이런 '제사를 매월 25일에 지내게 했는데, 이날은 에피파네스의 생일이었다. 결국 유대인들에게 에피파네스 자신을 위해 제우스 신상 앞에서 제사를 드리게 한 셈이다. 그러나 이것은 에피파네스의 크나큰 실책이었다. 그는 유대인들의 종교성을 전혀 이해하지 못했었다. 또 그는 유대인들의 종교적 전통이 마치 이집트와 밀접한 연관이 있는 것으로 생각하여 무조건 독단적으로 이를 폐지하고 헬라화시키도록 했는데, 이는 유대인들의 감정을 극도로 자극한 것이 되었고 결국 마카비 혁명이라는 유대 독립 전쟁의 도화선에 불을 붙인 셈이 되고 말았다.

✝ 의의

다니엘의 예언대로 B.C. 167년 에피파네스에 의해 예루살렘 성전이 더럽혀지는 사건이 역사적으로 발생했다. 이처럼 다니엘에 의해 성전 모독 사건이 예언되고 이것이 역사적으로 분명히 성취된 사실은 비록 표면적으로 볼 때 역사가 마치 권력을 가진 이 세상의 악한 세력에 의해 좌지우지되는 것처럼 보이나 실상은 그 배후에 하나님의 특별한 섭리의 손길이 작용함을 증거하는 것이다. 또한 이러한 에피파네스의 성전 모독 사건은 궁극적으로 세상 끝날 적그리스도가 하나님의 신성(神性)을 모독하고 도전할 것을 예표하는 것인바, 그러한 적그리스도의 모독도 하나님이 힘이 없어서 가만히 보고만 있으시기 때문이 아니라 이 세상에 죄악이 관영하여 최종 심판하실 날까지 잠정적으로 허용하심 때문이며 이에 성도들은 결코 놀라거나 의아해할 필요가 없음을 교훈하는 것이다. 이처럼 모든 역사가 하나님의 절대 주권 아래 있음을 깨달을 때 우리 성도들은 환난 가운데서도 오히려 소망 중에 주님을 찬양하는 역동적인 신앙생활을 할 수 있을 것이다.

학습 자료 68-9 신약과 구약의 연속성과 점진성

구약 또는 신약은 말 그대로 옛 약속 그리고 새 약속이란 뜻이다. 여기서 약속(Covenant or Testament)이란 예수를 통해서 우리에게 구원을 주시겠다는 하나님의 구원 약속을 가리킨다. 그런데 구약(Old Testament)과 신약(New Testament)으로 나누어 부르는 것은 그것들이 본질상 연속선상에 있는 하나의 같은 약속이면서도 그 표면적 내용에 있어서는 예수님의 성육신과 십자가 수난을 중심으로 전 후로 뚜렷이 구분되기 때문이다. 이를 다음과 같이 더 깊이 이해할 필요가 있다.

하나님께서는 태초 갓 창조된 자유의지를 가진 인간과 선악과를 두고 그 순종의 여부에 따라 영원하고 완전한 축복을 주시거나 반대로 죽음의 형벌을 가하실 것을 약속하셨었다. 하지만 인간은 선악과 언약(善惡果言約)을 일방적으로 파기하였다. 그러므로 원래대로라면 인간은 그 즉시 그리고 영원히 죽어야 했다. 하지만 하나님은 인간의 범죄에 대해서는 당신의 공의(公義)에 따라 그리고 원래 언약의 법에 따라 징계하시면서도 그 죄를 범한 인간 자체는 사랑하셔서 다시 한번 구원의 새 기회를 주시기 원하셨다.

그리하여 세워진 것이 바로 예수 구속의 법이다. 즉 예수께서 죄인의 죗값을 대신하여 구속 희생의 죽음을 당하시고 이를 믿고 회개하는 자에게는 예수의 공로가 적용되어 구원이 이루어지는 구속의 법이 새로 제정되었다. 그리고 범죄한 아담과 하와에게는 죽음을 선포하시기는 하셨으나 즉각적 죽음은 유보하시고 그를 통하여 인류 역사가 이어지게 하여 앞서 말한 구속의 법에 따라 많은 그의 후손들이 구원의 새 기회를 얻을 수 있게 하셨다. 그리하여 일단 아담의 후손으로 태어난 모든 인간에게는 아담으로부터 물려받은 원죄(原罪)와 자신이 직접 지은 자범죄(自犯罪)의 결과로 이 세상에서의 육신의 죽음이 모두에게 주어지게 되었으나 그것으로 그의 존재가 사멸되거나 아니면 그 이후에 영원한 형벌이 무조건 가해지는 것은 아니다. 각자 생전의 회개 여부에 따라 일단 죽은 후 세상 말일에 모두 함께 부활하여 다시금 영생과 영벌의 심판을 새로이 받을 수 있게 된 것이다. 그러므로 각자가 태어나 죽기까지의 이 세상 한평생의 과정에서 그 자신의 영생과 영벌을 결정할 새 기준인 회개 여부를 결정하게 되며 또한 육신의 자녀가 그를 통해 새로이 태어나 세상 끝날 때까지 오고 오는 세대의 인간 역사가 이어지게 되었다.

이렇게 태초에 구속의 원리와 구속사(救贖史)의 전개를 섭리하신 하나님께서는 먼저는 그 자신이 완전 순결한 인간으로서 하나님을 향하여 모든 인간의 죗값을 충족히 대신할 수 있으며 또 인간을 향하여서는 그 자신이 하나님 자체로서 하나님의 구원을 절대 보장할 수 있는 유일한 존재인 예수의 성육신 및 구속사역 성취에 대한 약속을 일단 주셨다. 그리고 일단 그 약속의 성취를 중심으로 구속사가 전개되게 하셨다. 그리하여 마침내 이제 예수께서 세상에 오셔서 십자가 수난을 통하여 하나님이 약속해 주신 구속 회생 사역을 성취하셨다.

그러나 이것이 모든 구속사의 완성은 아니었다. 이미 태초부터 하나님은 일단 예수의 초림으로 구약의 내용이 우선 성취되고 예수가 다시금 구속사의 최종 목표인 천국 구원에 대한 보다 밝은 계시와 새 약속을 주도록 섭리하셨었다. 이는 구속사의 장구한 과정 동안 일단 예수를 중심으로 구원의 옛 약속이 중간 성취되고 새이 최종적인 천국 구원의 약속이 다시 주어짐으로써 연약한 우리 인생이 하나님의 약속을 더욱 쉽게 확신할 수 있도록 하시기 위한 하나님의 배려였다. 그리하여 이제 구속사의 중간에 초림하사 자신의 성육신과 구속사역 성취를 약속 예언한 구약을 일단 이루신 예수께서 세상 끝날 다시 재림하사 죄인의 심판과 영원한 천국 구원을 최종 이루실 것을 내용으로 한 새 언약을 새로이 주셨다.

그러므로 우리는 예수 오시기 이전의 언약을 옛 언약 곧 구약(舊約), 그 이후의 언약을 새 언약 곧 신약(新約)이라 하는 것이다. 따라서 구약과 신약은 그 내용은 다르지만 본질적으로 동일한 구원의 약속이다. 또한 두 시대에 하나님은 외면적으로는 다른 양상으로 구원의 섭리를 경륜하셨으나 이는 시대의 특성에 따라 당신의 섭리를 점진적으로 진행하시기 위한 경륜 상의 방법이었지 그 목적과 본질은 동일한 것이었다. 한편 우리는 예수께서 오시기 이전 시대를 구약 시대로, 오신 이후 시대를 신약시대라 부른다. 또한 예수께서 오시기 이전의 기록인 성경 전반부 39권을 구약, 예수께서 오신 이후의 기록인 27권을 신약이라 부르는 것도 결국 성경이 이런 약속의 말씀을 기록한 계시의 책임을 강조하고 있다. 이렇게 볼 때 예수께서 이미 구약의 성취로서 오셨으나 아직 그분이 다시 주신 천국의 새 약속이 세상 끝날 성취되게 될 중간기 상황이 바로 현재 우리의 신약시대인 것이다.

결론적으로 다시 요약하자면 양자가 모두 다 인간 구원을 위해 주어졌다는 점에서는 구약과 신약은 같으나 구약은 예수가 성육신하시기 전에 일단 구속 사역의 성취를 위해 초림하실 예수에 대한 약속이지만, 신약은 초림하여 구약을 일단 성취하실 예수가 직접 새로이 주신 구원의 최종 성취에 대한 약속이란 점에서는 세부적 차이를 보인다. 이런 신구약의 관계는 예수를 중심으로 서로 상호 연결된 점진적 발전 관계에 있다고 말할 수 있다.

이에 먼저 예수를 중심으로 상호 점진적 발전 관계에 있는 신구약 시대의 구원 섭리의 제 측면을 비교 제시하고 나아가 신약과 구약의 상호 연결성을 가장 잘 드러내어 줄 수 있는 신약의 구약 인용 사례를 총정리 요약하여 보기로 한다.

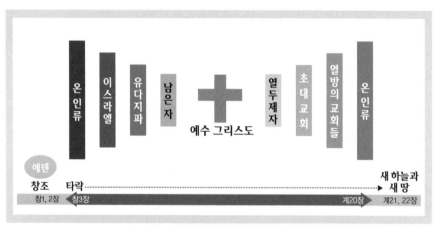

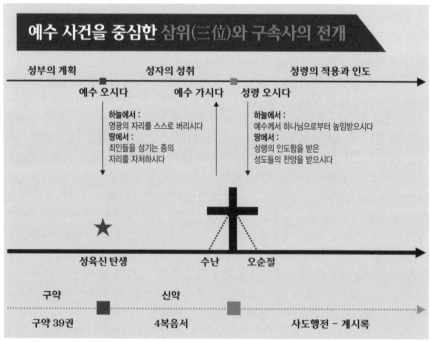

통큰통독 연대기 해설 성경 | 구약

구약 성경과 신약 성경의 대조

구약 성경	신·구약 중간기	신약 성경
소망 (욥 23:3)		성취 (요 1:45)
창조주 (창 1:1)		구속주 (갈 3:13)
전능하신 하나님 (출 19:18)		우리 아버지 (마 6:9)
태초 (창 1:1)		마지막 (벧후 3:10)
영적 어둠 (시 82:5)		세상의 빛 (요 8:12)
사단의 승리 (창 3:6)		사단의 멸망 (계 20:10)
죄의 저주 (창 3:17-19)		죄의 구속 (요 3:16)
사망의 권세 (창 3:19)		영생 (요 5:24)
피의 제사 (출 12:3-7)		어린 양이신 그리스도 (요 1:29)
압제 (잠 5:22)		자유 (롬 8:2)
율법 (출 20:1-17)		복음 (롬 1:16)
모형 (수 22:28; 대상 28:11-19)		본질 (히 10:34)
외적 의식 (사 1:11-15)		내적 체험 (눅 24:32)
십계명 (신 5:7-21)		성령 (갈 5:5)
예언 (사 11:1-2)		성취 (행 3:18-19)
메시아 대망 (말 3:1)		우리의 구주 (눅 2:11)
낙원의 상실 (창 3:23)		낙원의 회복 (계 22:14)

구약

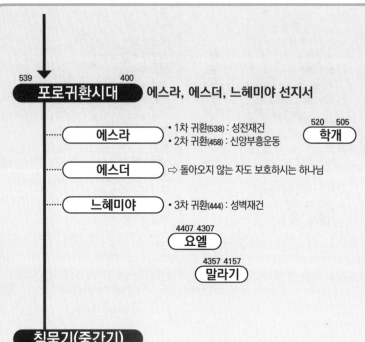

539   400

포로귀환시대   에스라, 에스더, 느헤미야 선지서

······ (**에스라**)   • 1차 귀환(538) : 성전재건   520   505
                  • 2차 귀환(458) : 신앙부흥운동   (**학개**)

······ (**에스더**)   ⇨ 돌아오지 않는 자도 보호하시는 하나님

······ (**느헤미야**)   • 3차 귀환(444) : 성벽재건

             4407   4307
             (**요엘**)

               4357   4157
               (**말라기**)

침묵기(중간기)

신약

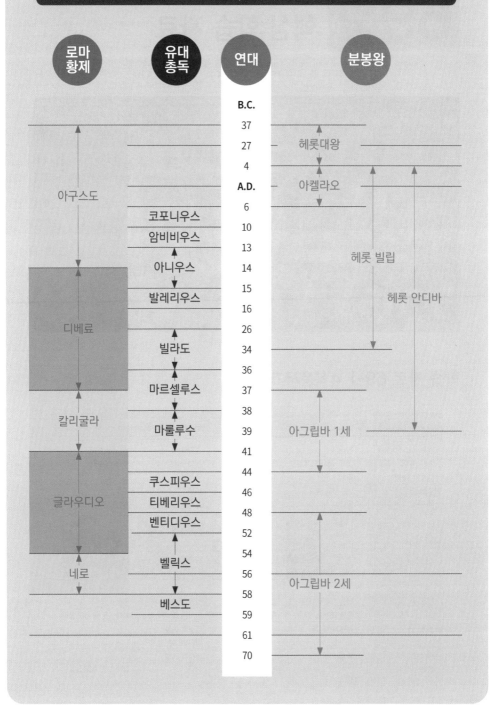

A.D. 1세기 로마 황제, 유대 총독 및 분봉왕들

로마 황제	유대 총독	연대	분봉왕

로마 황제: 아구스도, 디베료, 칼리굴라, 글라우디오, 네로

유대 총독: 코포니우스, 암비비우스, 아니우스, 발레리우스, 빌라도, 마르셀루스, 마룰루수, 쿠스피우스, 티베리우스, 벤티디우스, 벨릭스, 베스도

연대: B.C. 37, 27, 4 / A.D. 6, 10, 13, 14, 15, 16, 26, 34, 36, 37, 38, 39, 41, 44, 46, 48, 52, 54, 56, 58, 59, 61, 70

분봉왕: 헤롯대왕, 아켈라오, 헤롯 빌립, 헤롯 안디바, 아그립바 1세, 아그립바 2세

69일 핵심 학습 자료

눅 1:1~4 · 요 1:1~5, 9~13 · 마 1:1~17 · 눅 3:23~38 · 눅 1:5~2:7 · 마 1:18~25 · 요 1:14 · 눅 2:8~39 · 마 2:1~23 · 눅 2:40~52 ·
요 1:6~8, 15~34 · 마 3 · 막 1:1~11 · 눅 3:1~18, 21~22 · 마 4:1~11 · 막 1:12~13 · 눅 4:1~13 · 요 1:35~51, 2:1~12, 3 · 마 14:3~5 · 막 6:17~20 ·
눅 3:19~20 · 마 4:12 · 막 1:14 · 요 4:1~44 · 마 4:13~17 · 막 1:15 · 눅 4:14~30 · 요 4:45~54 · 마 4:18~22 · 막 1:16~20 · 눅 5:1~11

학습 자료 69-1 4복음서 개요 비교

	마태	마가	누가	요한
예수님의 모습	왕/사자	종/소	인자/사람	하나님/독수리
계4, 겔1의 상들	첫째-사자 모양	둘째-황소	세째-사람	넷째-독수리
저자의 특징	교사	설교가	역사가	신학자
강조점	예수님의 설교	기적	비유	교리
원 독자	유대	로마	그리스	열방
족보	있음 *마태1:1~17	없음	있음 *눅3:23~28	없음
이유	왕은 족보가 있다	종은 족보가 필요 없다	인자는 족보가 있다	하나님은 족보가 없다
뿌리	다윗자손임을 보여줌		다윗의 아들 나단의 계보로 추적	
열매	요셉계열		마리아 계열	
주요 사역지	갈릴리 지방 가버나움			유대 지방 예루살렘
	공관 복음 - 예수의 인성 강조			4번째 복음 - 그리스도의 신성 강조

통큰통독 연대기 해설 성경 | 신약

공관(共觀)복음과 요한복음

예수님의 생애를 같은 견해를 가지고 같은 내용으로 기록한. 다시 말해서 공통적인 관점에서 기록된 복음이라 하여 우리는 마태, 마가, 누가복음을 공관(같은 눈으로 본다는 뜻) 복음이라 부른다.

이 공관 복음은 거의 예수님의 갈릴리 사역을 중심으로 기록되어 있다. 그러나 요한복음은 조금 다른 관점에서 기록되었다. 요한복음은 예수님께서 유대 지방에서 행하신 사역을 많이 기록하고 있다. 요한은 이 복음을 에베소에서 기록하였는데, 구전에 의하면 그때에는 모든 사도들이 죽고 요한만이 남아 있었다. 그러므로 요한마저 죽으면 예수님을 목격한 사도들이 모두 사라지게 되는 것이다. 그래서 그의 제자들이 복음서에 기록되지 않은 다른 이야기들을 기록해 달라고 요한에게 요청했고, 그 요청으로 기록된 것이 바로 요한복음이라 한다. 요한은 예수님께서 죽으신 후 약 60년을 더 살았기 때문에 예수님에 대하여 묵상할 시간이 많이 있었다. 그는 예수님의 사랑을 가장 많이 받았기 때문에 '예수님의 사랑하시는 제자'라고 불렸다. 요한이 예수님을 깊이 묵상하며 기록한 책이 바로 요한복음이었다. 요한복음은 인류 역사상 많은 사랑을 받아온 책 중의 하나이다.

학습 자료 69-2 로고스의 이해 요 1:1-18

본문의 '말씀'에 해당하는 원어 '로고스'(λόγος)는 헬라 사상의 배경에서 나온 용어이다. 그러나 70인 역(LXX) 구약 성경이나 신약 성경의 역·저자들은 이 용어를 헬라어에서의 사전적 용례대로 사용한 것이 아니라 관련 성경 사상을 나타내는 용어로 차용(借用)하였다. 따라서 성경에서의 로고스의 개념은 헬라어에서의 로고스의 개념과 사뭇 다르다. 이는 근본 사상을 달리하는 두 집단이 한 언어를 사용하여 자신의 사상을 표출할 때 발생하는 보편적 현상이다. 특히 사도 요한은 매우 독특한 기독론적 관점에서 이 용어를 사용하였다. 따라서 이를 충분히 이해하기 위해서는 이용어의 헬라적 용례와 아울러 성경적 용례, 그리고 사도 요한이 주를 로고스로 칭했을 때의 참 의미까지 포괄적으로 이해할 필요가 있다.

✝ 헬라어에서의 로고스 개념

헬라인의 로고스(λόγος)관은 근본적으로 우주는 저 혼자 자연히 존재하며 영속하는 것이라는 사상에 입각한 것으로서 이처럼 자연 발생한 우주와 역사 속에 보편적으로 내재한 법(法) 또는 신적 정신, 또는 원리(原理)가 있는데 이것이 바로 로고스라고 생각하였다. 한편 이런 로고스가 인간 영혼의 이성에도 들어 있어서 인간의 영혼과 그를 반영하고 표현하는 인간의 말에도 로고스가 들어 있다고 보았다. 따라서 우주 만물 속에 보편적으로 내재해 있는 법 또는 원리인 로고스에 의하여 세계는 통일과 조화를 이루고 있으며 또 로고스를 통하여 인간은 우주의 신적 원리 또는 정신(精神)과 교감(交感)할 수 있다고 보았다. 이로 볼 때 헬라어에서의 로고스는 자연 발생론적 우주관 및 범신론 사상에서 우러나온 개념임을 알 수 있다.

✝ 성경에서의 로고스 일반적 개념

앞서 밝힌 대로 헬라인은 자연 발생한 우주 만물들에 범신론적으로 깃든 우주의 이법, 원리, 이성 등이 로고스라고 보았다. 그러나 성경은 절대 초월자(絕對 超越者)로서 우주 만물을 지으시고 그것이 조화를 이루게 경륜하시는 하나님의 의지와 주권에서 우러나온 계시의 말씀과 우주의 운행 속에 담긴 조화로운 섭리의 원리를 로고스라 칭한다. 즉 로고스가 저 스스로 우주 전체에 편재한 절대적 존재 자체가 아니라 절대 초월자이신 하나님의, 의지와 주권을 선도하는 계시 또는 하나님의 섭리와 계시의 내용일 뿐이란 것이다.

이처럼 헬라어에서와 성경에서의 로고스의 개념이 전혀 다르지만 일단 그것이 스스로 있는 것이든, 절대 초월자의 의지를 표현하는 도구이든지 간에 그것이 결과적으로 우주 만물과 인간 영혼에게 고루 반영되어 있고 또 전달되고 있다고 생각한 점에서는 동일하기 때문에 이 용어가 성경에서 차용되었다.

① **구약의 개념** : 헬라어 로고스에 해당하는 구약 성경의 히브리어 '다바르', 곧 '말씀'은 대체로 절대 초월자이신 하나님이 주신 말씀과 하나님의 언어 행위를 의미했다창 44:18, 호 1:1. 하나님의 말씀은 천지 창조의 동인(動因)이다. '그가 말씀하시매 이루었으며 명령하시매 견고히 섰도다'시 33:9라고 했다. 또한 '내 입에서 나가는 말도 이와같이 헛되이 내게로 되돌아오지 아니하고 … '사 55:11라고 했다. 이처럼 하나님의 말씀은 하나님의 주권과 의지에서 나온 것이기 때문에 하나님의 계시를 받은 선지자들은 그것을 자신의 생각에 따라 임의로 변경하여 전할 수 없었으며 오직 하나님의 위엄과 권위로 주어진 계시의 말씀을 그대로 전했어야 했다.

② **신약의 개념** : 공관 복음에서 로고스는 주로 예수 그리스도의 가르침, 곧 복음의 말씀을 가리켰다마 7:24, 28, 13:19, 눅 5:1. 한편 사도행전이나 서신서 등에서도 로고스는 그리스도의 죽음과 부활을 근간으로 하는 복음의 메시지 및 하나님의 계시를 가리켰다살후 3:1, 딤전 4:5, 요일 2:5. 그리고 사도들의 메시지를 한마디로 '말씀'이라 표현하기도 했다눅 1:2, 4, 행 2:41, 4:4, 6:2, 4, 7. 이로 볼 때 신약에서의 로고스 개념도 제 2위 성자 하나님으로서 절대 초월자이신 예수님의 언어 행위 및 거기에 담긴 메시지를 가리켰음을 알 수 있다.

✝ 로고스로서의 그리스도

한편 본문에서 사도 요한(John, the Apostle)은 직접적으로 예수를 로고스로 묘사하고 있다. 또 문자 그대로의 표현은 예수가 로고스 곧 말씀이었다가 성육신한 것으로 묘사되고 있다. 그러나 이는 결코 문자 그대로 예수가 성육신 이전에는 말(Word) 또는 우주 원리의 형태로 존재하다가 육신을 입은 존재가 되었다는 마치 이방 신화 같은 신비적 사상을 나타낸 것이 아니다. 이는 다만 제 2위 성자 하나님으로서 성육신하여 우리의 구속주가 되신 예수의 지위와 사역을 나타내기 위한 문학적 표현이었다. 앞서 '성경에서의 로고스 개념' 부분에서 밝힌 대로 성경은 로고스를 절대 초월자로서 우주 만물을 질서와 조화있게 창조하시고 섭리하시며 나아가 인간 구원의 원리까지 세우신 하나님의 의지와 주권을 반영한 계시로서의 하나님의 말씀과 하나님의 계시 및 역사와 우주에 대한 하나님의 섭리 자체에 담긴 원리로 보고 있다. 이에 사도 요한은 예수도 제2위 성자 하나님으로서 그런 로고스의 주체이신 성 삼위일체(Holy Trinity) 중 한 분이셨으며 나아가 성부 하나님이 우리에게 주신 구원 계시의 핵심이 바로 성육신한 성자의 대속(代贖)을 통한 구속의 원리였던바 예수를 로고스로 표현한 것이다. 이를 보다 세분하면 다음과 같다.

① **로고스의 주체로서의 그리스도** : 예수는 인자이신 동시에 제2위 성자 하나님이신바 절대 초월자의 한 분으로서 우주와 역사를 창조하신 분이시며 또 우주와 역사의 원리를 입법하신 분이시다. 또한 그에 대한 주권과 의지를 말씀으로 선포하시는 주체의 한 분이시다.

② **로고스의 전달자로서의 그리스도** : 예수는 성육신 이전에도 여호와의 사자로서 하나님의 주요 계시의 전달자의 사역(^{왕하 1장} 학습 자료 37-3 참조)을 하였거니와 결정적으로는 성육신하셔서 하나님의 구속 섭리를 복음으로 당신의 제자들에게 전달하셨다.

③ **로고스 자체로서의 그리스도** : 성경에 나타난 하나님의 계시 말씀의 궁극적인 메시지는 결국 우리 주 예수 그리스도를 통한 죄인의 구속이다. 이런 의미에서, 즉 복음의 실체라는 의미에서 예수 그리스도는 로고스(Logos) 그 자체이시다.

이상의 세 의미에서 주님은 전 우주와 구원의 원리를 세우신 로고스의 근원이시며 그 로고스의 전달자이시며 로고스 그 자체이다. 실로 주님은 우리의 로고스이다.

헬라 사상으로 이해하는 Logos(λόγος)

◆ B.C. 500년 경 희랍의 철학자 헤라클리투스(Heraclitus)라는 철학자에 의해서 시작된 개념이다. 헤라클리투스는 만물은 끊임없이 유동한다고 보았다. 이를테면 우리가 흐르는 강물에 발을 넣었다가 다시 같은 지점에 발을 들여놓았다고 가정하자. 결코 같은 강물에 발을 넣은 것이 아니라는 것이다. 왜냐하면 처음에 발을 넣을 때의 강물은 이미 흘러 내려갔기 때문이다. 만물이 이처럼 끊임없이 유동하고 변화하고, 모든 인간사도 그렇게 변화한다는 것이다. 그런데 전혀 그 변화가 혼란스럽거나 무질서하게 변화 하지 않고 질서 정연하게 움직인다는 것이다. 이 끊임없는 변화가 질서 정연하게 이루어지는데 그 질서를 유지하게 하는 존재가 있다는 것이고 그 존재는 바로 신(神)의 마음(a mind of god), 즉 로고스(Logos lovgo")이라는 것이다.

이 사상은 나중 Zeno의 Stoa주의 철학에서 발전시키며, "Logos가 만물을 전파한다"라고 주장한다. 예수님 당시 애굽에서 활약한 유대인 철학자 Philo에 의해 더욱 발전되며 희랍인들의 신적 개념으로 자리 잡는다.

학습 자료 69-3 마태와 누가의 예수 족보 대조 및 그 차이점의 조화 ^{눅 3:23-38}

사복음서에서 가장 큰 난제 중의 하나는 동일하게 예수의 족보를 기록하고 있으면 서도 마태와 누가가 서로 다르게 기록하고 있다는 사실이다(마 1:1-16; 눅 3:23-38). 이에 두 족보의 특징들을 대조하여 살펴보고, 또 차이점들을 서로 조화시켜 봄으로써 이 난제를 해결해 보고자 한다.

✝ 마태의 족보 기록 목적

마태가 자신의 책 첫머리에 기록하고 있는 예수 족보는 부친 요셉의 족보로서 다윗 과 아브라함으로부터 시작하여 예수까지 하향식으로 기록되어 있다. 이는 예수가 유대인의 왕족 혈통으로 오신 유대인의 왕이시며, 태초 이래 구속주에 관해 계시한 모든 약속과 예언의 성취자이시고, 아울러 구약 선민인 이스라엘이 대망하던 메시 아이심을 증거하는 마태의 기록 목적을 반영한 것이다. 그리고 유대인들을 대상으 로 복음서를 기록한 마태는 선민으로서의 혈통을 중시하는 그들의 특성에 맞게 예 수가 선민의 최고 조상 아브라함의 혈통임을 강조했다. 또 유대인의 족보 기록 방 식을 철저히 지켜서 7의 2배수인 14대(代)씩 세 그룹으로 나누어 기록하고 있다. 한 편 마태는 족보에 여자 이름은 절대 기록하지 않는 유대인들의 관습과 달리 5명의 여자 이름을 기록함으로써 하나님의 택한 백성은 육적인 혈통을 초월하여 믿음이 더 우선됨을 암시하고 있다.

✝ 누가의 족보 기록 목적

예수의 공생애가 막 시작되는 시점에서 기록하고 있는 누가의 예수 족보는 모친 마 리아의 족보로서 예수로부터 시작하여 다윗과 아브라함을 거쳐 인류의 조상인 아 담과 창조자이신 하나님에게까지 상향식으로 기록되어 있다. 이는 이방인들을 대 상으로 복음서를 기록한 누가가 예수는 인류 가운데 가장 완전한 인자(人子)로서 온 인류의 궁극적 소망을 성취하시는 구세주이시며, 동시에 타락으로 말미암아 상실 한 창조 당시 인간의 완전한 모습을 회복케 하시는 분임을 보여 주고 있다. 이로써 인류는 첫 사람 아담의 타락으로 죄와 저주 아래 있게 되었으나, 둘째 아담인 예수 그리스도로 말미암아 구원과 생명 가운데 있게 된 것이다^{롬 5:12, 19}. 더욱이 누가가 모친 마리아의 족보를 중심으로 예수 족보를 기록하고 있는 것은 예수는 일찍이 구 속주(救贖主)가 여자의 후손으로 오리라고 한 예언^{창 3:15}의 성취자이심을 보여 주고 있다.

✝ 두 족보의 대조

위에서 언급한 바 두 족보는 두 저자의 서로 다른 기록 목적에 따라 각각 독특한 특 징들을 가지고 있다. 그 세부 사항은 해설 성경 마 1장 자료 도표를 참조하라.

✝ 두 족보의 차이점의 조화

두 족보가 서로 다른 목적에 따라 다른 자료에 근거하여 기록된 것이기 때문에 기록 방식에 있어서, 혹은 기록 범위에 있어 서로 다르다고 해서 문제가 될 것은 없으나, 단지 문제는 두 족보에서 다윗과 아브라함 사이의 족보는 거의 일치하는데, 예수에서 다윗 사이에 일치하는 이름이 단 3명뿐이라는 사실이다. 그리고 마태는 예수의 부친인 요셉의 부친을 야곱으로 기록하나 누가는 헬리로 기록한다. 또 마태는 다윗의 아들을 솔로몬으로 기록하고 있으나 누가는 나단으로 기록한다. 그리고 인원수에도 누가가 마태보다 훨씬 많이 기록한다.

이러한 차이점들을 조화시키기 위한 대표적인 몇 가지 견해를 소개하면 다음과 같다.

① 마태는 예수의 왕적 족보를, 누가는 제사장적 족보를 기록했다는 견해. 이는 다윗과 예수 사이의 족보에 대해서는 가능한 설명이나 다윗과 아브라함 사이의 족보에 대해서는 타당성이 없다.

② 마태는 예수의 부친 요셉의 실제적인 족보를, 누가는 법적인 족보를 기록했다는 견해. 이는 마태와 누가가 각각 다르게 소개하는 요셉의 부친 야곱과 헬리가 이복 형제였으며, 헬리가 자식 없이 죽고, 그 아내와 야곱이 계대 결혼법(신 25:5-6)에 따라 다시 결혼하여 낳은 것이 요셉이라는 견해에 근거한 것이다. 이 견해는 상당히 지지를 받고 있으나 뚜렷한 증거가 없다.

③ 마태는 예수의 부친 요셉의 족보를, 누가는 모친 마리아의 족보를 기록했다는 견해. 이렇게 볼 때 헬리는 요셉의 부친이 아니라 마리아의 부친이 된다. 본문 23절에서 '사람들의 아는 대로는 요셉의 아들이니'라는 말씀에서 누가는 요셉의 족보가 아닌 마리아의 족보를 기록하고 있다는 암시를 발견한다. 즉 사람들은 예수를 요셉의 아들로 알고 있으나 실제는 동정녀 마리아에게서 난 마리아의 아들이라는 것이다. 만일 요셉과 마리아가 동일한 유다 지파라는 사실만 입증된다면 이 견해는 가장 타당한 견해라고 볼 수 있다.

이상의 세 견해 중 어느 하나를 옳다고 확정 지어 말할 수 있는 근거는 없다. 그러나 인간 지혜의 한계로 성경을 온전히 이해할 수 없다 하여 성경이 틀렸다고 말하는 것은 오만이다. 성경은 분명 하나님의 말씀이다. 그리고 그 말씀에 대해 우리가 지금은 거울을 보는 것같이 희미하게 깨달으나 장차는 확실히 알게 될 것이다^{고전 13:12}.

학습 자료 69-4 동정녀 탄생(Virgin Birth) ^{눅 1:30-35}

기독교의 최대 이적 사건은 바로 우리 구주 예수 그리스도의 동정녀 탄생이다. 더 나아가 이 사건은 근본 초월자이신 하나님, 곧 제2위 성자께서 성육신(Incarnation)하사 택한 죄인의 구속을 위한 구속주(救贖主)로서 인류의 역사에 개입하시기 위해 오신 사건으로서 인류 역사상 가장 위대한 사건(The Great Event)이라 할 것이다. 그런데 이 사건이 발생한 방법, 혹은 그 성격은 믿음으로 그냥 받아들이지 않는 한 인간의 이성으로는 도저히 이해할 수가 없는 것들이다. 이에 혹자들은 동정녀 탄생 사건에 대해 순진한 대중들을 현혹하기 위해 기독교가 조작해 낸 거짓 이야기라고 주장하기도 한다. 그러나 예수의 동정녀 탄생은 인류의 구속의 종교인 기독교 신앙의 정수(精髓)를 이루는 사건이며 분명 역사적인 사건이다. 진정 이 사건이 없었다면 기독교가 역사상 존재할 수 없었을 것이며, 또한 인류 구속의 소망도 없었을 것이다. 따라서 올바른 기독교 신앙의 정립을 위해서는 우리 구주 예수 그리스도의 동정녀 탄생에 대한 바른 이해가 절대적으로 요청된다.

✝ 정의
마태복음과 누가복음은 다 같이 우리 구주 예수 그리스도가 성령에 의해 사내를 알지 못하는 처녀 마리아의 몸을 통해 탄생하셨다고 증거하고 있다마 1:18-25,눅 1:30-35. 이를 일컬어 우리는 '예수 그리스도의 동정녀 탄생'(Virgin Birth of Jesus Christ)이라 한다. 그런데 왜 이를 '초자연적인 탄생', 혹은 '기적적인 탄생'이라 하지 않고 유독 '동정녀 탄생'이라고만 일컫는가? 그것은 예수 그리스도의 탄생이 아브라함의 아들 이삭이나 세례 요한의 기적적인 탄생과는 질적으로 다른 것이기 때문이다. 즉 이삭과 세례 요한의 탄생도 초자연적인 이적적 탄생이긴 하지만 그것은 어디까지나 남자와 여자의 육체관계를 통한 탄생이었다. 그러한 예수 그리스도는 성령으로 잉태되었고, 한 번도 사내와 육체관계를 갖지 않은 처녀 마리아에게서 탄생하셨다. 즉 예수 그리스도의 탄생은 육적(肉的) 아버지가 없었으며, 심지어 육적 어머니의 능력에 의해서도 아닌 성령에 의해 이루어진 탄생이다. 따라서 '동정녀 탄생'이란 이러한 예수 그리스도 탄생의 독특성을 가장 잘 반영하는 신학 용어이다.

✝ 동정녀 탄생의 필연성
혹자는 '우리 주 예수 그리스도께서 반드시 동정녀의 몸에서 탄생하실 필요가 있었는가? 모든 인간과 동일하게 정상적인 남녀 관계를 통하여 탄생할 수도 있지 않았는가?'라고 말한다. 그러나 예수 그리스도는 반드시 동정녀 탄생을 하셔야만 했다. 그것은 인류를 죄에서 구원하시기 위한 구속주로서의 자격을 온전히 갖추기 위해 절대 필요한 것이었다.

최초 인간 아담이 하나님과의 선악과 언약을 범하였을 때 아담은 그 언약을 어기면 죽임을 당한다는 규정에 따라 반드시 죽어야 했었다. 그러나 절대 사랑과 공의의 하나님께서는 당신이 세우신 언약의 법은 반드시 준수하시면서도 인간 자체만은 살리시는 새로운 구속의 법을 세우사 다시금 인간에게 영생(eternal life)을 얻을 새 기회를 주셨다. 즉 인간에게 죄에 대한 책임을 지게 하면서(공의), 죄를 범한 인간 자체만은 살리시는(사랑), 대속의 법을 세우신 것이다. 다시 말해 마땅히 자기 죄로 인해 죽을 수밖에 없는 인간들을 대신하여 다른 존재로 그 죄값을 담당하게 하시는 대속의 법을 세우신 것이다.

그런데 그 대속자의 조건은 먼저 아담의 원죄를 물려받지 않을 뿐만 아니라 스스로 죄를 범하지도 않은 완전한 인간이어야 했다. 또한 인류에게 자신의 대속으로 하나님의 완전한 용서를 보증할 수 있는 자이기 위해서는 스스로 죄용서의 권세를 가진 하나님 자신이어야 했다. 그런데 피조물인 인간이 창조자 하나님은 될 수가 없는 것이므로 하나님이신 분이 인간이 되시지 않으면 안 되었다. 그리하여 삼위 하나님 중 제2위이신 성자께서 성육신(成肉身)하사 대속 희생을 치르셨다.

그런데 이때 성자께서 성육신하시는 방법으로서 만약 정상적인 남녀의 성관계를 통하여 탄생하실 경우에는 그 과정에서 아담의 원죄를 물려받게 되어 대속자로서 무흠해야 한다는^{벧전 1:19} 조건을 상실하게 된다. 그리하여 하나님 앞에서 완전한 인간이 되어 인류를 위한 구속 사역을 담당해야 했던 우리 구주 예수 그리스도는 필연적으로 인간의 원죄와 무관한 동정녀 탄생하지 않으면 안 되었다.

✝ 의의

예수 그리스도의 동정녀 탄생 사건은 인류의 구원을 위하여 초월자이며 창조자이신 하나님께서 성육신하사 피조 세계로 들어오신 인류 역사상 최대의 사건(The Great Event)이다. 따라서 이 사건이 우리에게 주는 의의는 매우 심오하고 또 무궁무진한바 그 핵심적인 몇 가지 사실들만을 정리해 보면 다음과 같다.

① 인간에 대한 하나님의 사랑과 성실하심을 증거한다. 선악과 언약의 파기로 마땅히 죽을 수밖에 없었던 인류에게 새로운 삶의 기회를 주시기 위하여 새 구속의 법을 세우신 사실, 그리고 그 구속의 법과 원리에 대해 창 3:15의 원시복음(原始福音)을 주신이래 계속해서 약속과 예언의 말씀을 주시고 결국 그것을 성취하신 사실이 이를 증거한다.

② 예수 그리스도의 동정녀 탄생과 함께 하나님의 태초 천지창조 사역에 버금가는 재창조(再創造), ^{(사 43장} 학습 자료 55-3 참조) 사역이 시작되었음을 보여 준다. 즉 그리스도는 인간의 범죄로 말미암아 피조물이 원창조(原創造)의 목적에서 이탈된 것을 회복케 하시기 위하여 성육신하사 이 땅에 오신 것이다^{롬 8:19-23}. 이를 위해 그리스도는 첫 인간 아담과는 다른 방법으로, 즉 성령의 능력에 의한 동정녀 탄생을 하셨고, 이러한 그의 탄생이 새로운 출발 신호가 된 것이다. 그래서 누구든지 그리스도를 믿는 믿음 안에서 새로운 피조물이 되게 하신 것이다^{고후 5:17}.

③ 하나님이 영원히 자기 백성들과 함께하심의 증표를 주셨음을 보여 준다. 일찍이 이사야 선지자는 '보라 처녀가 잉태하여 아들을 낳을 것이요 그의 이름을 임마누엘이라 하리라'^{사 7:14}고 예언했다. 그리고 마태복음 기자도 이 이사야의 예언을 인용하면서 그리스도의 동정녀 탄생이 하나님이 영원히 자기 백성들과 함께하심의 증표가 됨을 암시적으로 증거하였다^{마 1:22, 23}. 그리고 그리스도께서 직접 '내 안에 거하라 나도 너희 안에 거하리라'^{요 15:4}고 자주 말씀하신 사실 등이 이를 증거한다.

이처럼 그리스도의 동정녀 탄생은 온 인류가 그리스도 안에서 구원받고 하나님과 영원히 함께 거함을 보여주는 가장 확실한 증표로서, 사람의 몸을 입으시고 약 33년간의 기간 동안 인류와 함께하신 사건의 시발점이다.

학습 자료 69-5 예수 탄생 연도 눅 2:1-7

예수께서 정확히 몇 년에 탄생하셨는가에 대해서는 지금까지 정확히 알려진 바가 없다. 다만 성경에 나타난 몇 가지 증거에 따라 탄생 연도를 추정하는 것뿐이다. 성경에 제시된, 더 정확히는 누가가 제시한 예수 탄생 연도의 증거에는 두 가지가 있다. 이 두 증거를 중심으로 예수 탄생 연도를 살펴보자.

✝ 탄생 연도에 관한 두 증거

① **인구조사(人口調査)** : 당시 로마 제국은 매 14년마다 한 번씩 제국 전체에 걸쳐 인구 조사를 실시했다. 그런데 정확한 역사적 자료에 의하면 A.D. 7년경에 로마 제국 전체에서 인구 조사가 실시되었다고 한다. 행 5:37에서 누가가 언급한 인구 조사도 이때일 것이다. 그렇다면 매 14년 주기로 계산할 때 B.C. 7년경에 인구 조사가 또 한 번 실시됐었다고 볼 수 있을 것이다. 그래서 학자들은 예수께서 B.C.7년에 탄생했다고 주장한다. 그런데 눅 3:23에 따르면 예수께서 공생애를 시작할 때가 30세쯤 되었다고 한다. 그러면 B.C. 7년에 30년을 더하면 예수께서는 약 A.D. 23년경에 공생애를 시작하신 셈이 된다. 그렇게 되면 예수께서 공생애를 시작하실 때 유대 총독인 본디오 빌라도의 통치 기간(A.D. 26~36년)과 맞지 않는다.

따라서 빌라도의 통치 기간과 맞추기 위해서는 예수가 B.C. 6-4년경에 탄생했다고 해야 한다. 그렇다면 예수 탄생 때 인구 조사가 있었다는 본문의 기록은 어떻게 이해해야 하는가? 그것은 로마 황제 아구스도의 인구 조사 명령은 B.C. 7년에 내려졌으되 그것이 팔레스타인 땅에 실시된 것은 선포된 지 1년이나 2년 후일 가능성이 크다. 왜냐하면 당시 로마 제국 전체에서 동시에 인구 조사가 시행되기는 매우 어려웠을 것이다. 특히 로마의 인구 조사에 대해 많은 불만을 품고 있었던 유대 지역 같은 곳에서는 연기될 가능성이 매우 크다. 이렇게 볼 때 예수 탄생 연도는 B.C. 6-4년 사이쯤일 것이다. 이는 헤롯 대왕(B.C. 37-4)이 그의 통치 말기에 유아 학살 사건을 일으킨 것과도 어느 정도 일치할 뿐만 아니라 유대 역사가 요세푸스(Josephus)가 주장한 B.C. 4년과도 일치한다.

② **수리아 총독 구레뇨의 임기** : 혹자의 주장에 따르면 구레뇨(Quirinius)가 수리아 총독으로 있었던 것은 A.D. 6-9년이라고 한다. 그래서 누가가 본문에서 A.D. 7년에 실시된 인구 조사를 예수 탄생 당시의 인구 조사와 혼동하여 잘못 기록하였다고 주장한다. 그러나 많은 학자들의 주장에 따르면 구레뇨는 수리아 총독을 두 번 지냈으며, 그 중 첫 번째 임기는 B.C. 12-2년경이라고 한다. 이렇게 볼 때 구

레뇨가 총독이었을 때 호적을 실시했다는 누가의 증거는 결코 틀리지 않는다.

✝ 의의

이상에서 우리는 예수 탄생 연도를 대략 B.C. 6-4년경, 좀 더 정확히는 B.C. 5C 말에서 4C 초경일 것으로 추정할 수가 있다. 그리고 이러한 결론은 오늘날 예수의 탄생을 역사적인 사실로 보기보다 세속 신화로 보는 사람에게 일침을 가하는 것이다. 또한 혹 초대 교회 시대의 영지주의자들처럼 하나님의 아들이신 그리스도가 사람의 모습으로 탄생하신 것은 환상에 불과한 것이라고 보는 모든 이단주의 사설이나 자유주의 신학자들의 주장을 단호히 거부케 하는 것이다. 하나님의 아들이신 예수 그리스도가 성육신하여 탄생하신 것은 분명한 역사적 사실이다. 그리고 이러한 분명한 역사적 사실에 근거하기 때문에 기독교의 모든 가르침은 참 진리인 것이다.

학습 자료 69-6 동방 박사 이야기 – 전설 이야기

바클레이(W. Barclay) 목사의 저서 "마태복음 주석서"에 보면 동방 박사에 대한 재미있는 전설 이야기가 나옵니다.

동방 박사가 3명이라는 것은 성경에 없는 사실입니다. 성경은 다만 3개의 선물만 언급하고 있으며 그래서 동방박사가 3명이라고 추정할 뿐입니다. 전설에 의하면 동방 박사가 4명이라는 것입니다. 예수님을 방문한 3명의 동방 박사의 이름은 Caspar, Melchior, Balthasa였고, 네 번째 박사의 이름은 알타반(Arthaban)였습니다. 이 네 번 째 동방박사 알타반은 사파이어, 루비, 진주를 가지고 앞의 3명의 박사와 만나기로 한 장소로 향하여 갔습니다. 가는 도중에 병든 여행자가 노상에서 신음하고 있음을 보고 그를 치료하고 도와주다가 시간이 지체되었습니다. 걸어서는 도저히 시간에 그들과 만날 장소까지 갈 수 없어서 사파이어를 팔아 낙타를 사야 했습니다. 예수님께 드리지 못함을 아쉬워하면서 이 사파이어를 팔아 낙타를 사서 급히 약속 장소로 갔지만, 이미 세 박사는 떠나고 말았습니다. 그래서 혼자 예수님이 태어났다는 베들레헴을 찾아갔지만, 세 박사는 이미 예수님을 방문하고 떠났으며, 헤롯이 2세 이하 유아를 다 죽이라는 명령이 떨어져서 바야흐로 유아 학살이 진행되고 있었습니다. 한 집 앞을 지나가는데 그 집의 아기 어머니가 알타반을 발견하고 자기 아기를 살려 달라고 울부짖으며 애원하는 것입니다. 안으로 들어가 보니 헤롯의 군인이 막 아이를 죽이려고 칼을 높이 들고 있었습니다. 알타반은 급히 그를 막아서서 예수님께 드리려는 선물 2개 남은 것 중 진주를 그 군인에게 주면서 애기를 살려 줄 것을 간청합니다.

군인은 진주를 챙기고 잽싸게 나가 버렸습니다. 알타반은 예수님을 만나지도 못했고, 이제 선물은 하나밖에 남지 않았습니다. 결국 알타반은 예수님을 만나지도 못한 채 세월이 33년이나 흘렀습니다.

어느 봄 날, 알타반은 예수라는 이름을 가진 자가 골고다에서 십자가에 처형된다는 소문을 듣게 되었습니다. 그는 급히 골고다로 달려갑니다. 어린 예수님을 못 만났으나 이제 죽어 가는 예수라도 뵙고 남은 선물을 드리게 되었다고 설레는 마음으로 그 형장으로 달려가고 있었습니다. 도중에 한 소녀가 군인에게 잡혀가면서 알타반을 보자 살려 달라고 애원하는 것입니다. 사연을 들어보니 병든 아버지가 빚을 갚을 갚지 못해 어린 딸이 대신 노예로 팔려 가고 있었습니다.

"저의 아버지를 살려 주세요. 제가 없으면 병든 아버지는 죽습니다."

알타반에게는 이제 루비 하나가 남아있습니다. 33년을 기다리며 그 루비를 예수님께 드리려는 순간에 또 기가 막힐 일이 벌어지고 있습니다. 알타반은 그 루비를 그 소녀의 빚을 탕감하는데 주고 그 소녀와 병든 아버지를 구해 주었습니다. 그 때 날이 어두워지고 큰 지진이 나면서 알타반이 있는 그곳의 집 처마의 기와가 떨어지면서 알타반의 머리를 내려 쳤고, 알타반은 기절하여 그 소녀의 품에 쓰러져 안겼습니다. 소녀는 정성스럽게 알타반을 간호하고 있었습니다. 알타반이 정신을 차리면서 이렇게 중얼거리는 것입니다.

『내가 언제 주님이 병들었을 때 돌보아 드렸고, 굶주릴 때 먹여 드렸고, 내가 언제 주님이 헐벗을 때 입혀 드렸고, 목마를 때 마시게 했습니까? 지난 33년간 나는 오직 주님만을 찾아다녔고, 주님께 드리려는 선물은 다른데 다 쓰고 말았습니다.』

이때 소녀도 들을 수 있는 자그마한 음성이 들려오는 것입니다.

『진실로 진실로 내가 너에게 말한다. 네가 지극히 적은 자에게 해준 것이 바로 나에게 해준 것이란다. 고맙다 알타반아』

알타반은 자기가 준비한 그 모든 선물을 주님이 다 받으셨다는 사실을 깨닫고 미소를 지으면서 숨을 거두었습니다.(^{마태복음 25장}에 나오는 양과 염소의 비유를 같이 읽어 보세요.)

✝ 애굽으로 피신과 귀환

바클레이(W. Barclay) 목사의 저서"마태복음 주석서"에 나오는 전설 이야기입니다.
예수님과 그 부모가 헤롯의 아기 학살을 피해 애굽으로 도망가는 길에 강도를 만나 동굴로 피하게 되었습니다. 바로 그 때 동굴 입구에 있던 왕 거미 한 마리가 그 동굴로 피하는 아기가 예사로운 아기가 아니라는 것을 알아차리고 동굴 입구에 거미줄을 쳐서 막았습니다. 강도가 이들이 동굴로 피한 줄로 알고 동굴을 찾아왔지만, 거미줄이 쳐져 있음을 보고 동굴에 숨을 수가 없음을 알고 지나갑니다.
그래서 크리스마스트리를 장식할 때 번쩍이는 실 같은 것을 다는 것은 바로 이 전설을 기억하는 것이라고 합니다.
결국 예수님의 일행은 애굽으로 가는 도중에 강도를 만납니다. 강도 두목이 아기 예수를 보자 그 모습이 범상치 않아 예수님 가족 일행을 풀어 줍니다. 그런데 바로 이 강도가 예수님과 함께 십자가에 못 박히는 강도라는 것입니다. 그 강도는 예수님께 회개합니다. 예수님은 그에게 천국을 약속해 주십니다. 그 강도의 이름은 Dismas입니다.(성경에 없는 전설 이야기입니다.)

학습 자료 69-7 '메시아(Messiah)'의 이해

예수의 존재와 사역을 이해하면서 우리가 반드시 염두에 두어야 할 것 중의 하나가 메시아의 개념에 대한 이해이다. 메시아는 한 마디로 '하나님으로부터 특별한 소명(召命)을 받아 기름 부음을 통하여 세워진 자'를 가리킨다. 이 말은 넓게는 왕, 선지자, 제사장 등 선민 이스라엘의 역사, 곧 구약 시대 구속사 전개의 통로였던 이스라엘 역사 속에서 하나님의 뜻을 이루기 위하여 특별히 세움을 받았던 자들을 가리켰다. 그러나 좁게는 종말론적으로 선민을 위하여 궁극적인 평화와 구원을 가져올 한 특이한 구원자를 가리키는 용어였다. 이 말은 본래 제2위 성자 하나님으로서 전 우주에 대한 주권을 이미 소유하고 계신 주의 본성과 신분에 부합된 용어였다. 나아가 태초부터 에덴동산에서 아담의 타락 이후 인간의 구원을 위하여 새로 제정된 구속(救贖)의 법과 약속, 즉 죄인의 죗값을 대신 치러 주시고 죄인된 인간 자체는 구원해 주시는 법과 그에 대한 구약의 약속을 일단 성취하신 후, 다시금 세상 끝날 당신의 이 구속사역을 믿고 회개하는 자에게는 천국 구원을, 반대로 믿지 않는 자에게는 심판을 최종적으로 집행하시겠다는 새 언약을 주신 주의 직분과 사역에도 부합된 말이었다. 즉 성도를 제2위 성자(聖子)로서 이 세상과 죄로부터 해방시켜 주시며 영원한 천국을 여시고 사탄(Satan)과 그의 무리를 심판하시는 주의 직분과 사역에도 부합된 용어였다. 구속주(救贖主) 또는 구주(救主)라는 용어가 우리의 죗값을 대신 치르시고 구원을 주시는 주의 사역만을 강조하는 용어라면 메시아는 구주 예수의 신분(身分)과 구속사역의 성취를 위해서 주께서 행하신 사역(事役)의 모든 측면을 다 포괄하는 용어라 하겠다.

  메시아로서의 주의 사역은 주께서 자의적으로 어느 날 갑자기 시행한 것이거나 아니면 예수를 중심으로 우연히 발생한 사건에 후대의 사람들이 신학적 의미를 부여한 것이 아니라, 이미 하나님이 천지창조 때에 세우신 구속의 법과 구속사 전개의 단계별로 거듭하여 주셨던 약속과 예언에 따라 태초부터 우리의 구주요 메시아로 준비된 주께서 성취하신 것이었다. 그리하여 구약은 이미 오래전부터 장차 성육신하여 오실 예수를 약속, 예언하면서 예수를 메시아로 표현했었다창 49:10, 시 2:6, 7, 사 9:7, 단 9:25.

  한편 구약 시대에는 구원의 계시가 온전히 주어졌던 신약시대와 달리 한 메시아가 다윗의 자손으로 와서 공평과 정의의 통치를 해주실 점만 예언되었고 앞서 말한 대로 그 약속된 메시아이신 예수가 가지신 초월적 본성과 신분, 그리고 초림 시에는 일단 택한 죄인 구원의 법적 근거가 되는 구속사역만 일단 성취한 후 훗날 재림하셔서 이 지상 나라가 아니라 천국에서만 그 절대적 왕권(王權)을 발휘하여 영원한 구원을 최종적으로 실현해 주실 것이라는 메시아 예수의 사역과 구원의 구체적 내용에 대해서는 뚜렷한 언급이 없었다. 그러자 구약 시대에 구약 계시를 만민을 대표하여 받았던 유대인들은 메시아에 대한 구약의 계시를 인본주의적이고도 민족주의적으로 곡해하여, 특히 헬라와 로마 제국의 압제를 받기 시작하던 소위 중간사시대(B.C. 400-4년)부터 신약시대에 이르기까지 줄곧 자신들 민족만을 열강의 압제에서 해방시켜 줄 뿐만 아니라 세계 만국의 위에 서서 군림할 유일한 나라로 만들어 줄, 즉 이 지상에서의 정치적 구원만을 줄 정치적 메시아를 소망하고 있었다.

그리하여 이제 일단 구속사역을 성취하러 세상에 오신 예수께서 유대인들 앞에서 자신이 곧 구약에서 예언된 메시아(그리스도)로서 '다윗의 아들', '유대인의 왕', '하나님의 아들'이심을 선언하셨을 때 왜곡된 메시아 관을 가졌던 유대인들의 눈으로 보기에 예수는 그들이 기대한 메시아와는 전혀 딴판이었다. 따라서 유대인들은 예수를 배척, 결국 십자가 죽음에 이르게 하였다. 그리하여 메시아를 기대하던 자들이 참 메시아를 죽인 결과를 초래했다. 그러나 예수께서 유대인들의 배척을 받아 십자가 처형을 당하셨지만, 당신의 메시아 사역에 실패하신 것이 아니었다. 도리어 그들에게 배척받아 십자가 수난을 받으시는 과정을 통하여 당신의 구속 사역을 성취하신 후 다시금 부활 승천하심으로 당신이 온 인류를 죄에서 구원할 참 메시아이심을 입증하셨다.

메시아의 개념에 대한 올바른 이해는 우리의 구주로서의 예수의 구속 사역을 올바로 이해하는 데 있어 절대 필요한 것인 바, 이를 항목별로 상술하면 다음과 같다.

✝ 정의

'메시아'(Messiah)의 문자적인 의미는 '기름 부음 받은 자'(the Anointed)이다. '메시아'는 아람어 표기를 영어식으로 약간 수정하여 표기한 것이며, 이에 해당하는 히브리어는 '므쉬아흐', 헬라어는 '크리스토스'이다. 그리고 '그리스도'(Christ)는 헬라어 크리스토스를 영어식으로 음역한 것이다. 따라서 메시아와 그리스도는 그 기원이 다를 뿐 뜻은 같다.

이 용어는 본래 구약에서 기름 붓는 의식을 거쳐 직분을 받은 왕(王), 선지자(先知者), 제사장(祭司長)을 지칭하는 데 쓰였다. 좀 더 정확히 말하면, '기름 부음 받은 자'라는 명사적 용법으로 쓰인 것은 왕을 지칭할 때 뿐이며, 선지자와 제사장은 '기름 부음 받은'이라는 형용사가 덧붙여진 형태로만 쓰였다. 따라서 '기름 부음 받은 자'라고 할 때 그것은 구약 시대의 왕과 가장 밀접한 연관이 있는 표현이라고 볼 수 있다^{삼상 24:6, 10, 삼하 19:21}. 이는 특별히 구약 시대에 구약 선민인 이스라엘의 왕은 만왕의 왕이신 여호와로부터 권세를 위임받아 그의 백성들을 대리 통치하는 자임을 암시하는 것이다. 이런 의미에서 이방의 바사왕 고레스(the Cyrus)를 가리켜서도 '나의 기름 부음 받은 자', 또는 '나의 종'이란 표현이 사용되었는데 이는 하나님이 이스라엘 백성들을 포로 귀환하게 하려고 그를 특별한 도구로 사용하셨기 때문이다^{사 44:28, 45:1}.

한편 주께 기름 부음 받은 특별 소명자들을 총칭하던 메시아는 바벨론 포로 이후부터 유대인의 일반 문헌에서는 물론 성경 본문에서도 결정적 구원을 가지고 올 종말론적인 한 왕이요 구원자만을 특별히 지칭하는 용어가 되었다. 그러나 성경 전체를 종합해 보면 '메시아'라는 용어는 직접 언급하고 있지 않으나 미래에 도래할 메시아 곧 예수가 그의 사역과 직분상 왕일 뿐만 아니라 선지자와 제사장이기도 하다는 말씀이 분명히 명시되어 있다. 즉 신 18:15에서 모세는 그 메시아가 '나와 같은 선지자'가 될 것이라고 예언했다. 그리고 히 7:11-28은 메시아 예수가 멜기세덱의 반차를 좇아 난 영원한 대제사장이라고 했다.

따라서 '메시아'라는 용어 속에는 주로 왕권과 왕직 만이 강조되어 있으나 성경 전반에 나타난 메시아 계시는 메시아로서 오신 예수는 왕직 뿐만 아니라 선지자직과 제사장직의 3 중직을 동시에 수행하셨음을 강조한다. 이것은 결국 제2위 성자 하나님으로서 우리의 구속을 위하여 당신 자신이 성육신하사 십자가 수난을 통하여 대속 희생을 당하시고 이제 일단 성취된 당신의 구속사역을 근거로 한 천국 구원의 복음을 예언 선포하시며 궁극적으로 전 인류에 대한 심판권을 행하시며, 나아가 우주 전체를 새 하늘과 새 땅으로 갱신하여 택한 백성을 위한 영원한 나라인 천국을 도래시키시고 거기서 유일 절대의 왕권(王權)을 발휘하실 예수의 존재와 사역이 앞서 말한 3중직을 동시에 포괄하고 있는 사실과 잘 부합된다.

✝ 메시아의 3 중직

위의 정의에서 살펴본 바와 같이 메시아라는 용어 자체가 세 가지 직분을 포괄했을 뿐 아니라 일단 죄인된 인간을 위한 구속사역을 성취하신 후 다시금 이 지상에서의 일시적 구원이 아닌 천국에서 영원한 구원이 세상 말일에 온전히 실현될 것에 관한 약속과 예언을 인간에게 주게 하도록 하나님이 예비한 메시아는 왕직 뿐만 아니라 선지자직과 제사장직도 동시에 수행해야 했다. 그리고 이러한 메시아의 3중직이 예수에 의해 온전히 성취되었음을 우리는 성경을 통해 분명히 확인할 수 있다. 이는 예수가 결국 참 메시아임을 확증하는 것이다. 이에 태초부터 수립된 하나님의 구원 섭리를 성취한 메시아의 3 중직과 이것이 우리 주 예수에 의해 성취된 사실에 대해 살펴보도록 하겠다.

1) 왕으로서의 메시아

구약 성경의 메시아 계시는 메시아의 왕적 직분에 대해 가장 많이 그리고 구체적으로 예언했다. 즉 창 49: 10에는 "규가 유다를 떠나지 아니하며 통치자의 지팡이가 그 발 사이에서 떠나지 아니하리라" 했으며, 삼하 7:1-15에는 다윗의 후손으로 메시아가 올 것을 예언했다. 그리고 이사야서에는 이새의 뿌리에서 날 메시아가 '평강의 왕'[사 9:6]이라고 예언하였으며, 단 9:25은 미래에 이스라엘을 통치할 왕으로 예언했다. 신약 성경은 이와 같은 구약의 왕으로서의 메시아 예언이 예수님에 의해 온전히 성취되었음을 기록하였다. 즉 예수께서는 다윗의 자손이시며 또 유대인의 왕이셨다, 빌라도가 예수를 심문하며 '네가 유대인의 왕이냐'하고 물었을 때 예수께서는 '네 말이 옳도다'고 대답하셨다[마 27:11]. 또한 비록 예수께서는 성육신 초림 하셔서 공생애를 수

행하셨을 때는 일단 구속 사역을 먼저 성취하시기 위하여 왕으로서의 위엄과 영광을 유보하셨지만, 장차 구름을 타고 영광중에 재림하실 때는 전 세계 모든 인류를 선악 간에 심판하실 만왕의 왕으로서 왕권을 온전히 발휘하실 것이다^{마 26: 64}. 이러한 사실은 예수의 제자들인 열두 사도들의 설교 속에도 계속해서 나타난다^{행 3:13, 18-21, 26; 4:27, 30, 10:36-43}.

2) 선지자로서의 메시아

구약에서 메시아가 선지자로서의 직분을 행사하실 것이라고 예언하고 있는 곳은 신 18:15 한 곳뿐이다. 그러나 구약 시대에 활동한 모세를 비롯한 모든 하나님의 선지 자들은 바로 메시아의 선지 직분을 예표하는 자들이었다고 할 수 있다.

한편 우리는 공관 복음에서 선지자 직분을 행사하시는 예수의 모습을 많이 발견할 수 있다. 즉 예수께서는 하나님의 뜻과 계시에 따라 유대 종교 지도자들의 외식과 불의에 대해 하나님의 말씀으로 책망하셨다^{마 12:32-37}. 또 십자가 사건을 통해 이루실 자신의 구속 사역에 대해 거듭거듭 예언하시고 그것을 실제 성취하셨다. 또 장차 당신 자신이 재림하심으로 이루실 천국에 대한 예언의 말씀도 주셨다. 이러한 예수의 모습은 바로 예수께서 메시아 신분을 가지고 이 땅에 오셔서 선지자직을 수행하셨음을 잘 보여 준다.

3) 제사장으로서의 메시아

제사장이란 죄와 허물이 있으므로 절대 거룩하신 하나님 앞에 직접 설 수 없는 일반 백성을 대신하여 희생 제물을 여호와께 드림으로써 예배자와 하나님 사이에 중보(仲保) 역할을 하던 직분이다. 예수께서는 당신이 이와 같은 제사장의 직분을 행사하시기 위해 메시아로서 성육신하사 이 땅에 오셨음을 여러 차례 말씀하셨다. 막 10:45 에서 '인자의 온 것은 자기 목숨을 많은 사람의 대속물로 주려함이니라' 하셨을 때 분명 자신의 제사장적 직분에 관해 말씀하신 것이다. 한편 구약 시대의 제사장은 하나님이 특별히 인간과 하나님 사이에 중보자로 세우사 그 직분을 수행케 하신 자들이었으나 그들 역시 다른 사람들과 동일한 죄인이었다. 또 구약의 동물 희생 제사는 구속의 원리를 보여 주긴 하나 그것 자체가 속죄의 효과를 가져다주는 것이 아니며 단지 인간을 대신할 흠없는 유일한 제물이었던 그리스도의 희생을 통한 구속 성취의 예표(豫表)에 불과한 것이었다.

그러나 예수께서는 자신 자체가 전혀 죄가 없으신 대제사장으로서^{히 4:15} 자신의 몸으로 단번에 희생 제사를 드리시사 누구든지 그를 믿는 자는 구원을 얻게 하고 하나님 앞에 나아가 화목을 누리게 하셨다. 그리고 그가 드린 제물은 구속의 실효 없는 동물이 아니라 제2위 하나님이요 동시에 성육신하신, 흠 없는 유일한 인간인 자기 자신이었다. 즉 메시아 예수는, 구속의 실효가 없어 거듭 반복 진행되어야 했던 구약 시대 중보자로서의 제사장직과 희생 제물의 역할을 대신하여 당신 자신을 드려 단번에 그리고 영원히 수행하신 것이다. 제사장이요 희생 제물로서의 주님의 중보 및 희생 사역의 효력은 영원 절대적인 것으로서 구약의 제사 제도를 종결시켰다. 따라서 동물의 희생은 더 이상 반복될 필요가 없다. 그리고 이제 이러한 제사장이요, 희생 제물이셨던 주님은 다만 영원한 제사장으로서 우리의 연약함을 아시고 긍휼히 여기시며 하나님 앞에서 우리를 대신하여 중보 기도를 드리신다^{롬 8:34}.

✝ 메시아에 대한 유대인의 오해

유대인들은 참 메시아로 오신 예수를 배척하여 끝내 십자가에 못 박았다. 이렇게 유대인들이 예수가 참 메시아였음에도 불구하고 그를 배척하였던 것은 그들이 구약에 예언된 메시아 계시를 근본적으로 오해했기 때문이다. 이에 유대인들의 곡해된 메시아 관과 그렇게 잘못된 메시아 관을 갖게 된 원인에 대해 살펴보기로 하겠다.

1) 유대인의 메시아 관점

유대인들은 하나님의 계시인 성경만을 절대 무오한 신앙의 기준으로 삼지 않았기 때문에 그 당시 구약이 제한적이고도 부분적으로만 메시아에 대한 계시(Revelation)를 주고 있는 점을 깨닫고 인정하여 겸손하지 않았다. 이처럼 구약의 메시아 제시가 전부요 완전한 것으로 생각한 것은 물론, 자기들 생각대로 자의적 해석을 가미하였었기 때문에 그들이 처한 정치적 입장이나 종교적 입장에 따라 혹은 신분에 따라 조금씩 다른 메시아 관을 가지게 되었다. 그러나 전반적으로 볼 때 그들의 메시아 관은 다음과 같은 성향을 나타내고 있다.

유대인들은 일단 구약에 근거하여 메시아에 대한 다음과 같은 정보를 갖고 있었다. 즉 그들은 메시아는 다윗 왕가의 후손으로 날 것^{삼하 7:12}이며 초인적인 능력으로 많은 이적을 행사하실 것이며 메시아가 오기 전에는 반드시 메시아의 길을 예비할 선지자 곧 엘리야가 먼저 와야 한다고 믿었다(말 4:5).

그러나 그들은 근본적으로 메시아를 자신들 민족만을, 그리고 이 지상 나라에서만 영원한 지배자 민족으로 만들어 주는 즉 정치적 구원만 줄 자로 오해하였다. 사탄 (Satan)의 유혹에 넘어간 죄인을 위한 구속사역을 통하여 인간 문제의 일부가 아니라 전체이자 근본인 죄의 문제를 해결하고 사탄과 그 세력을 척결한 다음 이 지상의 나라가 아니라 영원한 하늘나라를 세우실 주의 사역에 대한 원대한 비전이 없던 유대인들이 메시아 예수를 여러 면에서 오해한 것은 당연한 일이었다.

그래서 그들은 메시아가 앞서 말한 3중직을 다 가진 것이 아니라 왕의 직분만 가졌다고 생각했다. 메시아는 반드시 다윗의 후손으로 초능력을 소유하였을지라도 그는 인간(人間)일 뿐 신인 양성을 소유한 성육신하신 하나님이라는 사실은 생각조차 할 수도 없었다.

그리하여 메시아는 초인적인 능력으로 일단 로마 제국의 압제에서 자기들 이스라엘 민족을 정치적으로 해방시켜 주고, 궁극적으로는 이스라엘을 만국 위에 군림하는 나라로 만들어 줄 인물로 보았다. 그리고 메시아가 그렇게 할 때 현세적인 필요가 완전히 충족되는 것은 물론이고 지상에서 영원한 평화와 행복을 가져다줄 것이라고 믿었다. 그리고 메시아가 잠시 고난을 받을 수는 있으나 예수처럼 결코 죽임을 당할 수는 없었다고 보았다.

한편 유대인들 가운데서도 메시아가 왕국을 도래케 하는 방법의 측면에 대해서는 완전히 상반된 두 가지 견해로 나누어져 있었다. 즉 마카비 가문의 후예들인 열심당원들(the Zealots)은 로마 세력과 무력으로 대항하여 싸워 이김으로써 메시아 왕국을 도래케 할 것이라고 보았다. 이들이 후에 자객, 칼을 가진 자라는 뜻의 시카리(the

Sicari)라고 불리우게 된 자들이었는데 이들은 A.D. 70년 예루살렘 성전이 멸망하기까지 계속해서 로마 제국에 대해 반란을 일으켰다. 그리고 이들 가운데 자칭 메시아라 하는 인물들도 많이 나왔다^{행 21:38}.

반면에 경건주의자들인 하시딤의 후예들인 바리새인들(the Pharisees)은 율법과 장로들의 유전을 철저히 지켜 경건한 생활을 하며 기다릴 때 메시아 왕국이 도래할 것이라고 보았다. 그리고 로마 제국은 이 악한 세상을 지배하는 사탄의 수하에 있는 과도기적 권세를 가진 나라일 뿐이므로 메시아 왕국이 도래할 때까지 그들과 대항하여 싸우는 것은 매우 어리석다고 보았다. 이런 점에서 바리새인들은 열심당원들보다 현실 도피적이고 내세적(來世的)이라 할 수 있겠다.

그리고 그들은 자신들의 종교적 입장에 따라 메시아도 자신들이 준수하는 것과 같이 율법과 장로들의 유전(tradition)을 지킬 것이라고 믿었다. 이로 볼 때 장로들의 유전을 준수하지도 않고 또 자신들의 종교적 교리에 배치되는 가르침을 주셨던 예수는 그들의 눈으로 보기에 결코 메시아일 수가 없었다^{마 12:2, 10, 막 7:1-5}.

2) 메시아에 대한 유대인의 오해의 원인

유대인들이 이토록 곡해된 메시아 관을 소유하게 된 원인은 무엇인가? 이에 대해 정확한 규명을 하기는 어렵지만 그렇게 곡해된 메시아 관이 등장하기 시작한 소위 중간기 시대(B.C. 400-A.D.4년)의 역사와 신약 시대의 역사를 살펴볼 때 어느 정도 이해할 수가 있다. 바벨론 포로 이후 팔레스타인 땅으로 귀환한 유대인들은 B.C. 400년 이후부터 신약성경 시대에 이르기까지 페르시아 제국과 헬라 제국 그리고 로마 제국의 지배를 차례로 받으면서 정치적인 자유와 현세적인 평화를 강하게 희구하게 되었다. 그리고 이러한 암울한 역사적 배경 속에서 그들은 구약에 나타난 부분적이고 제한된 메시아 계시를 로마의 압제로 인한 고난과 고통에서 해방되고 싶은 현실적 욕구로 자신들의 민족주의적이고 인본주의적인 입장에서 곡해하여 확대 해석함으로 현실적이고 정치적인 메시아 관을 가지게 되었을 것이다.

이런 정치적 해방에 대한 강한 열망 때문에 사두개인들(the Saducees)은 심지어는 메시아에 관한 구약 계시를 완전히 포기하고 다윗의 자손이 아닐지라도 자신들의 현실적, 정치적 욕구를 만족시켜 줄 수만 있다면 그가 곧 메시아라고 생각했다.

이런 처지에 있었던 유대인들이 그들의 처지에서 볼 때는 자칭 메시아라 하면서도 영적인 천국을 가르치고 내세에서의 영생과 평안만을 이야기할 뿐 그들의 현실적이고 정치적인 욕구를 전혀 만족시켜 주지 않는 예수를 배척한 것은 그들의 처지에서 보면 어쩌면 당연한 일이었을지도 모른다.

✝ 의의

이상의 고찰에서 우리는 예수는 태초부터 시작된 하나님의 구속 원리 및 그 성취에 대한 구약(舊約)의 약속과 예언들을 일단 성취하시고 나아가 구속 사역의 최종 실현인 천국 구원을 다시 재림하여 개시하실 것을 골자로 하는 새 언약과 새 예언 곧 신약(新約)을 새로 주시기 위해 성육신하신 구속주요 메시아이시며, 공생애 사역 동안 하나님이 죄인을 구원 해방하시고 영원한 낙원에 이르게 하려고 예비하신 메시아에게 요구되는 왕, 제사장, 선지자로서의 3 중직을 온전히 실행하셨다는 사실을 발견하게 된다.

그리고 이같이 예수께서 메시아로서의 구속 사역을 온전히 성취하심으로 말미암아 예수는 세계 만민 중에 택한 성도 모두가 이 죄로 오염된 세상에서 일시적 안락을 누리는데 그치는 세속적 구원이 아니라 영원한 천국 구원을 얻을 수 있는 길을 열어 놓으셨으며 하나님과 영원히 화평을 누릴 수 있게 하셨다엡 2:11-22. 그리고 영원한 평강과 공평의 나라인 천국을 세상 말일에 개시해 주실 것이다.

이로 볼 때 메시아로서의 예수의 모습은 유대인들이 기대했던바, 유대 민족만을 이방의 악한 세력에서 구출하여 줄 뿐만 아니라 유대 민족을 세계 만국 위에 군림할 나라로 만들어 주며, 또 모든 현실적인 인간의 필요를 만족시켜 줄 인본주의적이고 현세적인 정치적 메시아와는 전혀 달랐음을 알 수 있다. 그리하여 이런 왜곡된 메시아관을 가지고 있던 유대인들이 예수를 배척하고 끝내 십자가 죽음으로 내몰 수밖에 없었던 근본 원인에 대하여 이해할 수 있게 된다.

한편 구약 선민인 유대인이 예수를 배척하고 죽였으나 하나님은 오히려 이것이 메시아로서의 예수에게 요구되는 구속사역을 성취하는 기회가 되게 하시고 나아가 주의 복음이 이제 신약시대에는 유대인뿐 아니라 이방인 모두에게 더욱 널리 전파될 것이라는 구약의 분명한 예언들시 102:15, 사 41:1, 2, 60:1-3, 렘 3:17, 4:2을 성취하는 계기가 되게 하셨던 것을 새삼 발견한다. 여기서 우리는 하나님이 한번 정한 구원의 섭리는 하나님의 절대 주권으로 사탄과 인간의 그 어떤 방해가 있더라도 오히려 이를 계기로 더욱 빨리 성취되게 됨을 깨닫는다. 한편 유대인들은 구약 선민이었으면서도 구약의 계시를 곡해하여 마침내 그 구약의 실체인 예수까지 못박은 구속사적 범죄를 자행했음을 보면서 바로 나 자신도 하나님의 계시인 성경을 있는 그대로 받아들여 하나님의 구속사를 거스르지 말고 천국으로 가는 구속사의 축복된 대열에 동참해야 할 것을 깨닫는다.

학습 자료 69-8 예수의 공생애 초기 6일과 후기의 6일 사역 비교 요 1:19-51

요한은 1:19~2:11에서는 예수의 공생애 초기의 6일의 사역을, 그리고 12:1-20:23에는 공생애 후기의 6일의 사역을 기록하여 구조적으로 서로 대칭시켜 주고 있다. 즉 전자는 세례 요한이 무리 앞에서 그리스도를 증거한 날로부터 연속되는 5일간의 예수 행적을 기록하여 예수가 하나님의 아들 그리스도라는 사람들의 간접적인 증거들을 제시한다. 그리고 후자는 예수께서 성 고난주간(Holy passion week)이 시작되기 하루 전인 토요일과 고난주간 첫날인 일요일, 그리고 고난주간 마지막 2일 및 부활하신 날, 이렇게 5일간의 예수 행적을 기록하여 예수가 하나님의 아들 그리스도라는 예수 자신의 직접적인 증거들을 제시한다. 그리고 양자가 다 1일간의 행적은 기록지 않고 곧바로 사흘 후의 행적을 기록하고 있는데 이것은 예수께서 장사되어 무덤에 계신 날을 염두에 둔 것으로 추측된다.

	초기의 6일	후기의 6일
1일	세례 요한의 그리스도 증거 개시(1:19-28)	마리아의 기름 바름 사건을 통한 예수 자신의 십자가 수난 증거(12:1-11)
2일	세례 요한과 성부, 성령의 그리스도 증거(1:29-34)	예수의 승리의 예루살렘 입성(12:12-50)
3일	예수를 메시아로 고백한 첫 제자들(1:35-42)	성만찬을 통한 예수와 12 제자의 교제(13장)
4일	나다나엘의 고백 -'하나님의 아들, 이스라엘의 임금'(1:43-51)	십자가의 푯말-'유대인의 왕'(18:1-19:37)
5일	기록이 없음	장사되어 사흘 동안 무덤에 계심(19:38-42)
6일	'사흘 되던 날'-가나에서 첫 표적을 보이심(2:1-11)	'사흘되던 날' 부활하사 하나님의 아들 그리스도이심을 증거하심(20장)

학습 자료 69-9   성령 세례와 불세례의 차이 마 3:11-12

세례 요한은 그 이름에서도 밝히 드러나듯이, 사람들에게 회개의 물세례를 주는 사역을 수행하였다. 세례 요한은 이같이 함으로써, 자기 뒤에 오실 그리스도의 사역을 준비하였다. 그런데 세례 요한은 그 그리스도를 '성령과 불로 세례를 주실 분'으로 묘사하고 있다. 많은 사람이 여기에 대하여 오해하고 있다. 즉 '성령 세례'와 '불세례'를 동일하게 보는 것이다. 그러나 '성령 세례'와 '불세례'는 각각 다르다. 이제 이 두 가지 세례에 대하여 살펴보도록 하겠다.

✝ 성령 세례와 불세례의 차이

성경이란 항상 문맥을 중시하면서 살펴야 한다. 그런데 많은 사람이 문맥은 중시하지 않은 채, '성령'과 '불'을 동일한 내용에 대한 반복적 표현으로 본다. 그러나 많은 사람이 분별을 보여 준다고 주장한다.

'불세례'는 연이어 언급되고 있는 12절이 과연 무엇을 말하고 있는지에 대하여 주목하지 않으면 안 된다. 그 12절은 알곡과 쭉정이를 나누어 쭉정이는 꺼지지 않는 불에 태워버리는 곧 세상 끝 날의 심판에 대하여 말하고 있다. 따라서 여기서 '불세례'는 세상 끝 날의 심판을 가리킨다고 볼 수 있다. 한편 성령 세례란, 한 개인이 예수님을 구주(救主)로 고백할 수 있게끔, 하나님께서 성령을 그 개인의 심령에 임하시도록 하는 사역을 말한다고전 12:3. 그런 점에서 이 성령 세례란, 한 개인의 죽었던 영혼이 성령의 역사하심으로 말미암아 다시 태어나는 것을 가리키는 중생과 본질상 동일하다요 3:5. 그런데 여기서 세례 요한이, '성령 세례'를 그리스도께서 주시는 것으로 묘사하는 까닭은 무엇일까? 그것은, '성령'이 그리스도의 승천 후 이 땅에, 그리스도에 의하여 하나님이 택하신 각 개인에게 그리스도가 성취하신 구원을 적용하시는 분이기 때문이다. 이처럼 성령은 그리스도의 구속 사역과 분리될 수 없다는 점에서, 각 개인에 대한 성령의 임재 곧 성령 세례는 그리스도로 말미암는다고 묘사될 수 있는 것이다. 따라서 성령 세례와 불세례는 엄연히 다른 것이라고 말할 수 있다.

✝ 성령 세례와 불 세례의 관계

왜 세례 요한은 성령 세례와 불세례를 동일선상에서 언급하였을까? 우리가 앞에서 살펴보았듯이, 성령 세례는 예수 그리스도께서 승천하신 후에 일어난 오순절 사건 이후로부터, 장차 그리스도께서 재림하시는 날까지 계속해서 주 예수를 믿는 순간 각 개인에게 이뤄지고 있다. 그리고 불세례는 예수님이 다시 오시는 세상 끝 날에 전 우주적으로 있을 일이다. 그런데도 세례 요한은 성령 세례와 불세례가 마치 시차(時差) 없이 일어나는 사건들인 양 말하고 있다. 그것은 성령 세례와 불세례가 내적으로 불가분의 관계를 맺고 있기 때문이다. 즉, 세례 요한은 두 가지의 세례를 동일선상에서 언급함으로써, 성령 세례를 받지 못한 사람들은 불세례를 받을 수밖에 없다는 사실을 암시하고 있는 것입니다. 비록 현재와 세상 끝날 이라고 하는 많은 시차가 있지만 그러한 시차를 별로 중요하게 보지 않다. 왜냐하면 성령 세례를 받지 못한 것은 필연적으로 불 심판으로 이어질 것이기 때문이다. 결국 이러한 사실은 우리에게 성령 세례의 소중함을 말하여 준다고 할 수 있다. 이제 우리가 여기서 자문(自問)해 보아야 할 바는 무엇인가? 그것은, '과연 나는 성령 세례를 받았느냐?' 하는 것이다. 만일 지금 당신이 예수 그리스도를 마음으로 영접하였고 또 그분을 당신의 주로 입술로 고백하고 있다면, 당신은 이미 성령 세례를 받았다.

학습 자료 69-10 마귀 마 4:10

하나님은 대적하는 영적 존재를 지칭하는 이 단어는 헬라어로 '디아볼로스'(διάβολος)이다. 이 단어는 신약에서 37회 쓰였는데, 영어 성경의 '데빌'(Devil)은 이 헬라어에서 유래한 것이다. 여기에서 '디아'(διώ)는 '~ 사이에'라는 뜻의 접두어이고, '볼로스'(βολός)는 '던지다'라는 뜻의 '발로'(βάλλω)에서 유래된 것이다. 그러므로 '디아볼로스'의 일차적인 의미는 '사이로 던지다'이다. 실제로 마귀는 하나님과 우리 사이에서 중상과 비방을 일삼는다^{욥 1:9-11}. 또한 거짓의 벽으로 하나님의 말씀을 가려 우리들이 그 말씀을 의심하게 하고, 불순종하게 한다(창 3:4, 5). 이처럼 마귀는 하나님으로부터 우리를 멀게 하려고 끊임없이 이간질하는 '중상자'요 '비방자'^{딤후 3:3,} ^{딛 3:3}이다.

한편 마귀의 또 다른 이름은 '사탄'(헬. Σατανᾶς)인데, 이것은 '공격하다' 또는 '대적하다'라는 뜻의 히브리어 '사탄'에서 유래한 것으로 신약에서 36회 쓰였다. 이 단어의 의미는 '하나님의 대적자' 혹은 '성도들의 원수'이다. 이로 볼 때 '디아볼로스'는 마귀의 역할, 즉 하나님과 인간 사이에 이간질하는 역할을 강조한 용어인 반면, '사탄'은 마귀의 신분을 강조한 용어임을 알 수 있다.

학습 자료 69-11 예수의 시험과 인간의 욕구

요일 2:16	에덴에서의 시험 (창 3:6)	예수님이 받은 시험 (마 4:1-11)
■ 육신의 정욕	"먹음 직하고"	"돌이 떡덩이가 되게 하라."
■ 안목의 정욕	"보암 직하고"	"내게 절하면 천하를 다 주겠다."
■ 이생의 자랑	"지혜롭게 할 만큼 탐스러움"	"뛰어내리라. 천사가 보호하리라."

학습 자료 69-12   요한복음의 7대 표적과 7대 자기 선언 요2장

사도 요한은 한 마디로 예수는 본래 제2위 성자 하나님으로서 절대 신성을 가진 존재로서 태초 아담의 타락 직후부터 세워진 인간 구속의 법을 성취하시고자 성육신하사 구속 사역을 성취하심으로 필연적으로 그리고 절대적으로 우리의 유일 절대의 그리스도 구주임을 입증하고자 제 4복음서인 본서를 기록하였다. 그리하여 사도 요한은 예수께서 우리 구주가 되시는 진리의 여러 측면 중 주께서 본래 제2위 성자로서 가지신 신성을 강조하고 있다.

사도 요한은 세례 요한, 예수의 제자를, 심지어 예수에 대해 적대적이었던 유대인들의 여러 직접적인 증언들을 통해서도 이를 입증해 보이고 있다. 그러나 특별히 사도 요한은 예수가 하나님의 아들로서 우리의 그리스도이심을 입증하는 가장 확실한 방법으로서 예수께서 행하신 많은 이적 가운데 특별히 일곱을 선정하여 예수의 신성을 입증하는 표적(Sign)으로 제시하고 있고, 또 예수께서 스스로 성자요 우리의 메시아이심을 함축적으로 나타내 보이신 예수의 7대 자기 선언을 제시하고 있다. 이를 사도 요한이 제시한 예수의 7대 표적과 7대 자기 선언이라고 한다.

✝ 정의

'표적'(sign)과 '이적'(miracle)은 같은 말이 아니다. '표적'에 해당하는 헬라어 '세메이온'은 일차적으로는 어떤 개체를 다른 개체로부터 구별해 주고 알게 해주는 기준을, 나아가서는 어떤 말이나 사실의 진실성을 입증해 주는 증거를 가리킨다. 성경에서는 이 단어가 초자연적인 사건, 또는 미래에 일어난 놀라운 사건들을 미리 알려 주는 전조눅 21:11, 25, 행 2:19, 또는 하나님께서 자기가 보낸 사람들의 신뢰성을 보증하기 위해서 보여 주시는 이적 또는 하나님의 종들이 자신들이 하나님으로부터 온 자들임을 보이기 위해 제시하는 기적이나 경이로운 일들을 가리키는 용례로 사용되었다마 12:38, 16:1, 4, 눅 11:16, 29, 행 2:22, 43. 따라서 초자연적인 사건인 이적은 하나의 표적이 될 수는 있으나 이적 자체가 곧 표적은 아니다. 또 굳이 이적만이 표적이 될 수 있는 것도 아니다.

한편 여기서 예수의 자기 선언(Self declaration)이란 특별히 예수께서 자신의 성자로서의 본래의 지위, 그리고 자신과 택한 백성들과의 관계 및 자기 사명, 곧 메시아 직과 관련하여 직접적으로 계시하신 말들, 곧 '나는 ~이다'라고 하신 말들을 가리킨다.

✝ 7대 표적과 7대 선언의 내용

1) 예수의 7대 표적

	내 용	영적 의미	관련 성구
1	물로 포도주를 만드심	그리스도 안에서만 참 생명의 기쁨을 맛볼 수 있음	2:1-11
2	신하의 아들을 치유하심	그리스도 안에서는 죽음의 문제까지도 해결받을 수 있음	4:46-54
3	38년 된 병자를 치유하심	그리스도를 통해서만 죄의 영원한 얽매임에서 해방케 됨	5:1-9
4	오병이어로 5천 명을 먹이심	그리스도를 통해 풍성한 생명의 양식을 무궁히 얻을 수 있음	6:1-13
5	물 위를 걸으심	그리스도 안에서는 일생의 어떤 풍파도 잔잔케 됨	6:16-21
6	날 때부터 소경 된 자를 치유하심	그리스도의 인도하심을 받을 때 빛 가운데 살게 됨	9:1-41
7	죽은 나사로를 살리심	그리스도에 의해서만 부활과 영생을 얻게 됨	11:1-44

2) 예수의 7대 선언

	내 용	영적 의미	관련 성구
1	내가 곧 생명의 떡이라	의에 주리고 목마른 자들의 생명의 양식이 되심	6:35, 48
2	나는 세상의 빛이라	어두움에 갇힌 자들을 생명과 진리로 이끄는 빛이 되심	8:12, 9:5
3	나는 양의 문이라	세상에서 수고한 자들이 평안과 안식의 처소로 들어가는 문이 되심	10:7, 9
4	나는 선한 목자라	세상의 위협과 핍박 가운데 있는 성도들의 보호자가 되심	10:11, 14
5	나는 부활과 생명이라	장차 성도들이 얻을 부활과 생명의 근거와 보증자가 되심	11:25, 26
6	내가 곧 길, 진리, 생명이라	그리스도 자신이 진리와 생명으로 통하는 길이 되심	14:6
7	나는 참 포도 나무라	성도들이 의의 열매를 맺도록 하는 영양분의 공급원이 되심	15:1, 5

✝ 의의

이상에서 살펴본바 예수의 7대 표적과 7대 선언을 통해서 우리는 먼저는 예수가 성자로서 가지신 절대 신성을 확인하게 된다. 그리고 이런 절대 신성을 가지신 분이 성육신하여 우리의 그리스도가 되사 구속 사역을 성취하셨음을 확인하게 된다.

따라서 궁극적으로는 이런 절대 신성을 가진 예수께서 우리의 그리스도 구주이시니 우리의 구원도 절대 확실함을 깨닫게 된다.

동시에 우리는 이런 7대 선언과 7대 표적에서 절대 신성을 가지고 우리의 그리스도로 오신 그분의 구속 사역의 다양한 측면들에 대해서도 보다 분명하게 이해할 수 있다. 즉 예수 그리스도의 구속 사역은 부정적인 측면에서 보자면 세상의 죄와 사망, 그리고 죄의 결과로 말미암은 모든 육체적, 정신적 고통으로부터 죄인들을 구원하는 것이다. 그리고 긍정적인 측면에서 보자면 당신의 택한 백성들이 이 땅에 살 동안에 빛과 진리 가운데서 살며 의의 열매를 맺게 하실 뿐만 아니라 장차 예수께서 재림하사 모든 성도를 부활케 하시며 영생을 누리게 하시는 것 모두를 포함한다. 이와 같은 그리스도의 구속의 다양한 측면들을 분명하게 이해할 때 우리 성도들은 우리 주 예수 그리스도에 대한 확실한 믿음 위에서 더욱 기쁨과 감사가 넘치는 신앙생활을 할 수 있을 것이다.

학습 자료 69-13 인자 외에는 하늘에 올라간 자가 없느니라 요 3:13

예수께서 니고데모에게 하신 이 말씀은 다음과 같은 두 가지 문제점이 있다. 첫째, 구약 성경을 보면 에녹^{창 5:24}과 엘리야^{왕하 2:1-12}가 승천했다는 기록이 분명히 나오는데 본문은 이것과 모순이 된다. 둘째, 예수께서는 아직 지상에서 공생애 중이신데 마치 이미 하늘에 올라간 것처럼 기록한 본문은 잘못된 것이다. 그러면 이런 문제들을 가지고 있는 본문은 잘못된 것인가? 이에 대해 살펴보도록 하겠다.

✝ 문제 해결을 위한 제 견해들

이상의 문제들의 해결을 위한 학자들의 많은 시도가 있었다. 이에 그 중요한 견해들을 살펴보면 다음과 같다.

① **과거 시제인 '올라간'을 미래 시제로 해석해야 한다는 견해** : 즉 본문에서 '올라간'(헬, 아나베베켄)이 단순 과거형으로 쓰였는데 그것은 장차 일어날 일에 대한 확실성을 나타내는 것으로 실상은 미래 시제로 해석되어야 한다는 것이다. 따라서 본문은 하늘에서 내려왔다가 다시 하늘로 갈 자는 인자 이외에 아무도 없다로 해석되어야 한다는 것이다. 일리는 있으나 '올라간'을 미래 시제로 해석해야 한다는 근거가 매우 빈약하다.

② **본문이 본서 저자의 주석적 첨가라는 견해** : 즉 요한이 본서를 기록한 것은 예수 승천 훨씬 이후이다. 따라서 저자가 주석적으로 첨가 기록하였기 때문에 본문이 과거 시제로 쓰였다는 것이다. 그러나 본문은 예수께서 직접 말씀하신 것으로 직접 화법으로 기록되어 있으므로 이 주장의 근거도 희박하다.

③ **예수께서 자신의 초자연적 경험을 말씀하신 것이라는 견해** : 즉 예수께서는 이 땅에서 사역하시는 중에도 수시로 성부 하나님과 영적 교제를 나누시기 위해 하늘로

올라가시기도 했다는 것이다. 그러나 이것은 지나친 신비주의적 해석일 뿐만 아니라 예수께서 십자가 수난을 받으시기 전에는 영광을 받지 못하셨다는 성경의 기록과도 배치된다[7:39].

④ '올라간'을 '하늘에 계셨던'으로 해석해야 한다는 견해 : 즉 본문은 미래에 예수께서 하늘에 올라가실 것을 말씀하시는 것이 아니라 과거에 하늘에 계셨던 자로서 현재 하늘에서 땅으로 내려와 있는 자는 인자 이외에 없다는 뜻으로 해석해야 한다는 것이다. 이는 전후 문맥의 상황으로 볼 때, 특히 12절의 말씀에 비추어 볼 때 가장 적절한 해석인 것으로 보인다. 즉 하늘에 속한 비밀들은 하늘에 계시다가 내려오신 이 곧 인자 이외에 아는 자가 없음을 본문은 말하고 있다.

그런데 이 견해는 '올라간'(헬, 아나베베켄)이 분명 올라가는 행위를 나타내는 용어이지 한 곳에 머물러 있는 것을 뜻하지 않는다는 점에서 난점이 있다. 그러나 많은 사본에서 '아나베베켄' 대신에 '...에 있었던'이라는 뜻의 '온', 영어의 '워즈'(was)에 해당하는 단어를 사용하고 있어 이 해석을 뒷받침해 주고 있다.

✝ 결론

결론적으로 말하면 이상의 견해 가운데 4의 견해가 옳다. 즉 본문은 예수께서는 성육신하여 세상에 내려오시기 이전에 하늘에 계셨던 자임을 보여 준다. 그리고 12절의 말씀과 연관 지어 볼 때 '중생'(重生)과 같은 천국의 비밀은 오직 하늘에 계시다가 성육신하여 세상에 내려오신 인자 이외에는 알 수 없으며, 따라서 인자가 하는 말을 듣고 하늘의 비밀을 믿으라는 권고의 말씀으로 본문을 의역할 수 있다. 이는 또한 주의 말씀의 신적 근거를 증거하는 구절이기도 하다.

학습 자료 69-14   예수님을 만난 수가성 여인의 치유(변화)과정 분석 요 4장

제 1 단계 : 먼저 찾아 주시는 예수님(3-8절).
당시의 모든 장벽을 깨뜨리시고 주님이 먼저 찾아오신다. 그것이 바로 성육신을 통해 나타난 하나님의 마음이다. "통행하여야 하겠는지라"("He had to go through Samaria"-NIV)[4절]

제 2 단계 : 갈망을 일으키시는 예수님(9절-15절).
예수님은 사마리아 여인으로 하여금 예수님이 그를 도울 수 있다는 사실과 그 도움으로 문제를 해결할 수 있다는 사실을 인식시켜 주시고 깨닫게 해주신다는 사실에 유의하라. 오늘 우리는 성경 읽기를 통해 이 과정을 거쳐 갈 수 있다. "그런 물을 내게 주사"[15절]

제 3 단계 : 회개의 과정[16-18절].

그리고 예수님은 우리로 우리의 문제의 핵심을 깨닫고 그것을 주님 앞에 고백적으로 내려놓기를 원하신다는 것이다. "네 남편을 불러오라"[16절] "남편이 없나이다"[17절]

제 4 단계 : 예배의 과정.[19-26절]

문제 해결을 받고 그 감격과 감사를 주님께 올려드리는 것이야말로 예배의 본질이다. 예배는 우리가 주님께 무엇을 얻어내기 위해 드리는 것이 아니고 이렇게 사마리아 여인처럼 문제를 해결해 주신 하나님께 감격과 감사를 올려 드리는 것이다.

"그가 생수를 네게 주었으리라"[10절] "예배할 곳이 어디입니까"[20절]

제 5 단계 "세상"으로 나아가는 과정[27-42절].

문제의 해결을 받고 하나님의 사랑을 덧입은 감격이 있으면 우리는 이것에 도취해서 세상을 잊어버리는 황홀경을 추구하는 신앙이 아니라, 예수님의 명령대로 이 세상을 향하여 나아가 그리스도의 향기를 뿜어내는 신앙을 가져야 한다. 사마리아 여인이 그의 세속적 물동이를 버리고 그 마을로 향해 갔다는 사실은 우리의 신앙을 되돌아보게 하는 대목이다. "물동이를 버려두고 동네에 들어가서 사람들에게 ..."[28절] 오성춘 "멍든 가슴을 치료하시는 하나님" 쿰란 출판사 2001 p94-112 참조했음.

기독교는 안식의 종교이지만, 안주를 추구하는 종교는 아니다. 은혜받고 교회 안에서만 뜨거운 신자가 되기 위해 예수님이 우리를 구원하신 것이 아니고. 바로 이 사마리아 여인처럼 세상을 향해 가는 신도가 되게 하려고 우리를 구원하셨다는 사실을 깨닫고 행동해야 한다. 신앙생활은 교회가 중심이 되어야 하는 것은 사실이다. 그러나 이 중심이라는 단어는 두 가지 개념으로 사용하여야 한다는 사실을 알아야 한다.

그 하나는 구심적 중심이고 다른 하나는 원심적 중심이 있다. 구심적 중심은 가운데로 모이는 중심이고 원심적 중심은 밖으로 흩어지는 중심이다. 교회 중심이란 이 두 가지의 중심 개념이 적용되어야 한다. 그것은 예배를 위해 모이고, 그리스도의 사랑을 전하기 위해 흩어져야 한다는 말이다. 교회는 하나님께 예배드리기 위해 '모이는 교회'(Coming Structure)이어야 하고, 동시에 하나님 나라건설을 위해 세상으로 나아가야 하는 '흩어지는 교회'(Going Structure)가 되어야 한다. 사마리아 여인은 예수님을 만났고 변화 받아 흩어졌다.

학습 자료 69-15 예수의 니고데모와 사마리아 여인과의 대화 비교 요 4:1-42

본문에 기록된 예수의 사마리아 여인과의 대화는 3:1-21에 기록된 니고데모와의 대화와 좋은 대조를 이룬다. 니고데모는 신분 높은 유대인 학자였음에도 불구하고 성경에 대한 논쟁은 좋아하고 그리스도의 복음은 제대로 깨닫지 못한 반면 이방의 사마리아 여인은 오히려 예수를 그리스도로 믿고 곧장 다른 사람들에게 달려가 전도하는 신앙의 열정을 보였다.

	니고데모와의 대화	사마리아 여인과의 대화
때	밤중	육시(정오)
장 소	유대	사마리아의 수가 성
출 신	유대인	사마리아인
신 분	바리새인, 유대인의 관원	부정한 과거를 지닌 평범한 여인
대화의 발단	니고데모가 예수를 찾아옴	사마리아 여인을 만나시고자 예수님이 의도적으로 찾아가심
대화의 주제	중생의 방법	생수이신 그리스도, 참된 예배
대화의 결과	니고데모가 예수의 말씀을 잘 깨닫지 못함	예수가 메시야이심을 깨닫고 이웃에게 알림

주는 우리에게 말씀하신다

– 작가 미상

*이 시는 독일 튀벡 교회의 어느 낡은 돌판에 새겨져 있다.

너는 나를 주라 부르면서도 따르지 않고
너는 나를 빛이라 부르면서도 우러르지 않고
너는 나를 길이라 부르면서도 걷지 않고
너는 나를 삶이라 부르면서도 의지하지 않고
너는 나를 슬기라 부르면서도 배우지 않고
너는 나를 깨끗하다 하면서도 우러르지 않고
너는 나를 부하다 부르면서도 구하지 않고
너는 나를 영원이라 부르면서도 찾지 않고
너는 나를 어질다 하면서도 오지 않고
너는 나를 존귀하다 하면서도 섬기지 않고
너는 나를 강하다 하면서도 존경하지 않고
너는 나를 의롭다 부르면서도 두려워하지 않느니
그런즉 너희들
너희를 꾸짖어도 나를 탓하지 말라.

학습 자료 69-16 예수님의 하나님 나라의 선포 _{막 1:15}

"이르시되 때가 찾고 하나님의 나라가 가까이 왔으니 회개하고 복음을 믿으라."
이 말씀은 예수님이 회당에서 이사야 61:1-2의 말씀을 읽으시고 그것이 오늘 너희 귀에 응했다고 선포하신 누가 4:18-21의 기사와 함께 예수님의 하나님 나라 선포식을 거행한 것이다. 즉, 하나님 나라의 회복을 공식 선언했다는 것이다. 예수님이 그 회당에서 읽은 이사야 61:1-3절까지 인용한다.

> **사 61:1-3 주** 여호와의 영이 내게 내리셨으니 이는 여호와께서 내게 기름을 부으사 가난한 자에게 아름다운 소식을 전하게 하려 하심이라 나를 보내사 마음이 상한 자를 고치며 포로된 자에게 자유를, 갇힌 자에게 놓임을 선포하며 여호와의 은혜의 해와 우리 하나님의 보복의 날을 선포하여 모든 슬픈 자를 위로하되 무릇 시온에서 슬퍼하는 자에게 화관을 주어 그 재를 대신하며 기쁨의 기름으로 그 슬픔을 대신하며 찬송의 옷으로 그 근심을 대신하시고 그들이 의의 나무 곧 여호와께서 심으신 그 영광을 나타낼 자라 일컬음을 받게 하려 하심이라.

이것이 바로 에덴의 회복으로서 하나님 나라의 회복을 말하는 것이다. 예수님은 바로 하나님이 구약에서 꿈꾸시면서, 아브라함을 부르시고 씨(백성)와 땅(가나안)을 약속하시고, 형성된 그의 백성을 모세를 통해 애굽에서 불러내어 시내 산에서 그 백성을 하나님의 제사장 나라가 되고 하나님은 그들의 하나님이 되신다는 언약을 맺음으로 시작된 하나님 나라의 재건 운동(에덴의 회복)은 구약을 통해 꿈꾸어 왔던 하나님의 섭리였다. 예수님의 오심은 바로 그 구약이 예비한 하나님 나라의 성취를 선포하시기 위함이다.

① **때가 차매(καιροσ)** : '때가 찼다'는 말은 바로 하나님 나라의 선포를 위한 하나님의 정지 작업이 완료되었다는 말이다. 이 때(카이로스 καιροσ)는 하나님의 섭리적 때를 말한다.

② **하나님의 나라(βασιλεία ὁ θεός)는** 하나님의 절대 주권으로 통치가 이루어지는 영역이다. 태초에 창조된 에덴은 아담과 이브가 범죄하기 전 그곳에는 오직 하나님의 절대 주권만이 있었다. 하나님 나라의 회복은 곧 에덴의 회복이다.

③ **가까이 왔으니(ἐγγίζω)** : 그 하나님 나라가 가까웠다는 것은 하나님 나라가 예수님이 오심으로 성취되고 이룩되었지만 그 완성은 "새 하늘과 새 땅"에서 이루어진다는 것이다. 이것은 또한 예수님의 재림 신앙을 담고 있는 말씀이다. 다시 말하면 지금 예수님이 선포하신 하나님 나라는 이미 임해서(already) 진행되지만, 예수님이 다시 오시기(재림)까지는 완성이 보류되어 있다는 말이다(not yet). 이것은 종말론과도 연결되어 있다. 다음 도표를 침조하라.

유대교와 기독교의 종말 사상

유대인(유대교)의 종말 사상은 두 가지 시대(age)사상을 말한다. 그 하나는 우리가 살고 있는 지금 즉, 현세 (Present Age)를 말하고 , 다른 하나는 앞으로 다가 올 주의 날 이후의 시기인 내세 (Age to Come)를 가리킨다.(다음 그림을 참고)
유대교에서 기다리는 주의 날은 하나님이 역사에 개입하셔서 심판하시고 이스라엘을 회복하여 하나님의 영광을 드러내는 시기를 말한다. 그들은 소위 메시야의 초림을 기다리고 있는 셈이다.

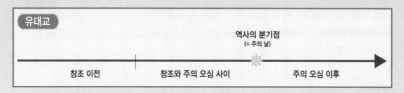

그러나 기독교의 종말 사상은 유대교의 그것과 차이가 있다. 예수님이 오신 초림의 날을 하나님이 역사에 개입하신 주의 날이라고 믿는다. 그러나 하나님이 세상을 온전히 회복하는 날을 예수님의 재림을 날로 보며 그날은 인자의 날이라고 할 수 있다. 군사 작전 용어로 설명하면 예수님이 이 땅에 오신 초림의 날을 D-day라고 하고, 재림을 최후의 승리를 확정하는 V-day라고 할 수 있다. 하나님 나라는 초림으로 선포되어 성취되고 재림으로 완성된다.

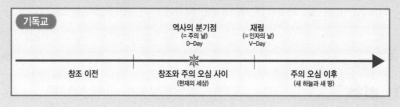

④ **회개**(μετανοέω(metanoeo)**는** 하나님 나라 백성의 자격시험과도 같다. 하나님 나라의 백성이 되는 자격은 '회개'하는 데 있다. 하나님 나라는 회개한 자만이 들어가는 나라이다. **하나님 나라는 유대인이라는 혈통이나 출신 배경으로 들어가는 것이 아니라 옛사람을 어린양 그리스도의 보배로운 피로 씻어 회개한 자만이 들어간다. 그래서 그 나라는 중생한 자만이 들어가는 나라이다.**
"사람이 거듭나지 아니하면 하나님의 나라를 볼 수 없느니라."(요 3:3).
이 회개란 단순히 죄의 고백에서 끝나는 것이 아니고, 하나님 나라 백성에게 합당한 가치 체계를 갖는 것을 말한다.

⑤ **복음**(εὐαγγέλιον) : 복음은 바로 예수님이 이 땅에 오셔서 하나님 나라를 선포하시고 십자가의 대속적 죽음을 통하여 그 나라를 성취하심으로 에덴으로 들어갈 수 있는 길을 열어주시고, 그가 다시 오실 때 그 나라를 완성해 주신다는 그 사실이 바로 복음이다.

마가가 전하는 예수님의 공생애 첫 메시지는 이것이다.

> 이 복음 선포는 이제 이스라엘(택한 백성)을 인간 왕들을 통해 다스리지 않고, 하나님이 그 나라의 왕으로서 직접 통치하시겠다는 의지의 표현이다. 우리가 열왕기를 읽으면서 살펴보았듯이, 이스라엘의 인간 왕들은 다 하나님의 표준에 미치지 못했다. 하나님의 마음에 합한 다윗조차도 죄를 범했다. 여기서 우리가 알 수 있는 것은, 이스라엘의 왕은 다윗보다 더 큰 분, 하나님이 함께하시는(임마누엘), 즉 하나님 자신이 오셔서 다스리셔야 한다는 '하나님 나라' 계시가 구약에 면면히 흐른다는 것이다. 다니엘은, 하나님 나라는 '인자 같은 이가 하늘 구름을 타고 와서' 다스리시는 영원한 신적(神的) 권위의 나라임을 계시해 주었다^{단 7:13-14}.
> 이로써 성경의 시제가 구약의 미래에서 신약의 현재 진행형으로 바뀐다. 구약의 하나님 나라는 미래에 다가올 나라이고 예수님이 오심으로 그 나라는 현재 진행형으로 바뀌었다.

이 말씀이 바로 **성경의 중심 주제**이기 때문이다. 본 통독의 관점은 바로 하나님 나라이다. 하나님 나라는 구약에서 꿈꾼 하나님의 계시가 이루어지는 것이다. **하나님 나라의 개념은 성경의 중심 주제이다. 이것이 바로 예수님이 오신 이유이다.**
  다음 성경 구절을 꼭 찾아 읽어라.

  마 4:23, 9:35-36, 마 24:14, 마 16:18, 눅 4:42-44, 행 행 20:25, 28:23

 **69**일차 범위 **생각해야 할 성경적 세계관의 이슈들**
☑ 읽을 책 : "기독교 세계관 핸드북" 도서 출판 에스라 2023

❖ 요 1:14 "예수 그리스도의 성육신"(p135)
❖ 눅 5장 "개인 전도의 윤리"(p572)

70일 핵심 학습 자료

마 8:14~17 · 막 1:21~34 · 눅 4:31~41, 4:23~25 · 막 1:35~39 · 눅 4:42~44 · 막 8:2~4 · 막 1:40~45 · 눅 5:12~16 ·
마 9:2~17 · 막 2:1~22 · 눅 5:17~39 · 요 5 · 마 12:1~21 · 막 2:23~3:12 · 눅 6:1~11 · 마 10:2~4 · 막 3:13~19 · 눅 6:12~16 · 마 5:1~8:1 ·
눅 6:17~49 · 마 8:5~13 · 눅 7:1~17 · 마 11:2~30 · 눅 7:18~35

학습 자료 70-1 예수의 12 제자

제자	별칭	직업	성격	생애 주요 사건	예수의 평가 및 말씀	최후
베드로 (요한의 아들)	시몬, 게바	어부	직선적이고 다혈질적이나 후에 예수의 열렬한 증인이 됨	· 3인의 주요 제자 중 최고 선임자(막14:33) · 예수를 메시아로 고백(마16:13~16) · 예수를 부인한 후 곧 참회함(막14:66~72) · 사도 중 최초로 예수의 부활 목격(고전15:5) · 오순절 설교로 3천 명이 회개함(행2:14~36) · 예루살렘 교회의 지도자(갈2:9) · 이방인에게 세례를 줌(행10:1~48)	· 그를 베드로(반석)라 칭함(요1:41, 42) · 주님께서 자신의 수난받으심을 가로막으려는 그를 크게 책망하심(마16:21~23) · 그로 사람을 낚는 어부되게 하시겠다고 예언하심(마4:19) · 목양의 명령을 주심(요21:17) · 그가 후에 주님의 사역을 하다가 순교당할 것을 말씀하심(요21:18, 19)	로마에서 순교한 것으로 전해짐
야고보 (세베대의 아들)	보아너게 (우뢰의 아들)	어부	야망이 있고 충동적이며 비판과 정죄를 잘하나 예수를 깊이 신뢰함	· 3인의 주요 제자 중 1인(막14:33) · 요한과 함께 주님께 권세를 구함(막10:21) · 사도들 중 최초의 순교자가 됨(행12:2)	· 우뢰의 아들이라 칭함(막3:17) · 사람 낚는 어부가 되리라 하심(마4:19) · 당신의 잔을 함께 마실 것을 요구하심(마20:23)	헤롯에게 살해됨 (AD 44년으로 추정)
요한 (세베대의 아들)	보아너게, 예수의 사랑하시는 제자	어부	야망이 있고, 타인을 쉽게 정죄함. 후에 사랑이 충만한 사도가 됨	· 3인의 주요 제자 중 1인(막14:33) · 야고보와 함께 주님께 권세를 구함(마20:20~23) · 예수를 배척한 사마리아 동네에 불 내리기를 구함(눅9:51~56) · 예루살렘 교회의 지도자(갈2:9)	· 우뢰의 아들이라 칭함(막3:17) · 당신의 잔을 함께 마실 것을 요구하심(마20:23) · 예수께서 죽은 뒤 예수의 어머니를 돌봄(요19:26, 27)	밧모섬 유배 후 약 100년경에 사망
안드레 (베드로의 형제)	–	어부	이웃에게 예수를 강력히 증거함	· 세례 요한의 제자에서 예수의 제자 됨(요1:35~40) · 예수에 관해 베드로에게 소개함(요1:41, 42) · 빌립과 함께 예수를 뵙고자 하는 헬라인들에 관해 예수께 고함(요12:2~28)	· 사람낚는 어부가 될 것이라고 말씀함(마4:19)	헬라, 소아시아 등지에서 선교하다가 십자가에 달림
빌립	–	어부	의구심 많은 태도를 지님	· 나다나엘에게 예수를 증언함(요1:45, 46) · 오병이어 기적시 예수께서 시험하심 (요12:20~23) · 하나님을 보여 달라고 예수께 구함(요14:7~12)	· 빌립이 참으로 예수를 알고 보았다면 그 아버지도 알고 보았을 것이라 함	히에라볼리에서 순교한 것으로 추정
바돌로매	나다나엘	불명	정직하고 직선적이고 진취적임	· 처음 빌립이 예수님을 소개했을 때 예수가 비천한 나사렛인이라 하여 그를 메시아로 믿지 않았으나 예수를 만나 본 후에 곧 믿음(요1:43~51)	· 정직한 자, 참 이스라엘 사람이라 칭함(요1:47)	아르메니아에서 순교한 것으로 추정
마태	레위	세리	매사에 성세하고 적극적이며 동료애가 투철함	· 자신의 이름에 세리라는 칭호를 붙여 사용(마10:3) · 세리들이 모인 연회장에 예수를 초대함(막9:10)	· 제자로 삼기 위해 부르심	에디오피아에서 순교한 것으로 추정
도마	디두모	불명	용기가 있었으나 때로 의심도 많았음	· 예수를 따르기 위해 죽음까지 각오함(요11:16) · 예수의 부활체를 직접 목격하고 상처를 만지기 전까지 그의 부활을 부인함(요20:24, 25)	· 부활하신 자신의 모습을 그가 직접 목격하고서야 겨우 부활을 믿은 사실에 대해 노하심(요20:29)	페르시아, 인도 등지에서 순교한 것으로 추정
야고보 (알패오의 아들)	작은 야고보	불명	불명	–	–	애굽에서 순교한 것으로 추정
다대오 (알패오의 아들)	유다	불명	불명	· 당신을 따르는 자에게는 자신을 드러내시고 세상 사람들에게는 숨기신 예수의 의도에 대해 질문함(요14:22)	–	페르시아에서 순교한 것으로 추정
시몬	셀롯,가나인	불명	극렬한 민족주의자	–	–	십자가 순교
유다	가룟	불명	음흉하고 재리에 밝으며 이중적임	· 예수를 배반함(마26:14, 15) · 베다니 향유 사건에 불만을 표현함(요12:1~6) · 비참한 자살로 최후 장식(행1:19)	· 그가 예수를 팔 것을 아시고 배신자로 칭함(막14:18)	자살

학습 자료 70-2 죄와 질병과의 관계 눅 5:12-26

'질병은 반드시 자기 죄 때문에 오는 것인가?' '그렇다면 큰 죄를 저지른 적이 없는 사람이 질병에 걸리는 이유는 무엇인가?' 이러한 의문 때문에 고민하는 성도들이 우리 주변에는 아주 많다. 그리고 실제로 이런 고민으로 인해 심각한 신앙의 위기에 처한 사람도 많다.

본문에는 예수께서 문둥병자와 중풍 병자 및 온갖 병든 자들을 치유하신 사실이 기록되어 있다. 이 본문을 토대로 하여 죄와 질병의 관계에 대해 생각해 보도록 하겠다.

✝ 질병의 궁극적인 원인

인간 세상에 질병이 생기게 된 궁극적인 원인은 무엇인가? 그것은 첫 인간 아담의 타락과 함께 죄가 이 세상에 들어왔기 때문이며, 죄의 영향으로 이 세계가 하나님의 창조 당시의 원래 모습을 상실했기 때문이라고 말할 수 있다. 그러므로 궁극적으로 질병은 죄와 직접적인 관계가 있는 것이다.

그러나 인간의 타락 이후에도 하나님은 당신의 피조물들을 일반 은총(Common Grace) 가운데 보호 보존하셨으며 그것은 지금도 여전하다. 이러한 하나님의 일반 은총 때문에 아담의 타락 이후 온 인류가 죄의 영향 아래 있음에도 불구하고 죄의 결과로 말미암는 육체적, 정신적 고통으로부터 보호함을 받고 그 생명을 보존하고 있는 것이다.

✝ 질병의 일반적인 원인들

의인에게나 악인에게나 하나님은 동일한 일반 은총을 베푸사 그들의 생명을 보존하신다. 그렇다면 질병과 같은 육체적 고통은 왜 생기는가? 본문을 보면 중풍 병자의 경우에는 그 병이 자기 죄와 깊은 연관이 있는 것처럼 암시되어 있으나, 그외 문둥병을 비롯한 각종 병자의 경우 그 병이 그들의 죄와 특별한 연관이 없음이 암시되어 있다. 이는 질병의 원인에는 여러 가지가 있음을 보여 주는 것이라 하겠다. 그러면 성경에서 말하는 질병의 일반적인 원인은 무엇인지를 살펴보도록 하자.

① 죄 : 질병의 원인 가운데 자기 죄의 결과, 또는 그 죄에 대한 하나님의 징벌 결과로 오는 경우가 있다. 본문에 나오는 중풍 병자의 경우, 요 5:14의 38년된 병자의 경우가 그 좋은 예이다. 이는 하나님이 지금까지 죄의 온갖 영향 아래 있는 인간에 대한 보호의 손길을 거두사 자기 죄로 말미암아 형벌을 받게 하신 경우이다. 이런 경우에 죄인은 속히 자신을 돌아보고 그 죄를 회개해야 할 것이다.

② **연단을 위한 하나님의 시험** : 질병의 또 하나의 원인은 성도가 참으로 하나님께 순종하는지 그 믿음의 크기를 시험(Test)하기 위해, 혹은 장차 사람의 정욕을 쫓지 않고 오직 하나님의 뜻만 따르도록 하기 위한 연단을 위해 하나님이 질병을 허락하시는 경우가 있다히 12:10, 벧전 4:1-3. 그 대표적인 경우로 우리는 욥을 들 수 있을 것이다. 욥은 육체적 질병뿐만 아니라 가정과 모든 재물과 아내와 친구들까지 잃는 고난을 당했지만, 그 모든 것을 믿음으로 견뎌냈을 때 그 믿음이 더욱 크게 성장하였으며, 또 하나님의 축복을 갑절로 받았다. 따라서 이와 같은 고난을 당할지라도 성도들은 감사히 여기고 믿음으로 잘 견뎌내야 할 것이다.

✝ 하나님의 영광

요 9:1-11에 기록된, 날 때부터 소경된 자의 경우에서 보듯이 하나님의 영광을 위한 특별한 목적 때문에 질병이 오는 경우도 있다. 만천하에 하나님의 능력을 나타내기 위해, 또 그로 인해 그리스도의 복음을 보다 쉽게 받아들이도록 하기 위해 하나님이 질병을 그 도구로 사용하시는 경우가 있다. 이때에 질병이 걸린 자는 처음에는 고통이 심하겠지만 인내함으로 하나님의 역사하심을 기다릴 때 장차 큰 기쁨을 얻게 될 것이다.

✝ 의의

질병에 걸렸을 때 우리는 무조건 낙망하기보다는 그 원인이 무엇인가를 돌이켜 보고 하나님의 뜻을 생각하는 지혜가 필요하다. 만일 질병이 자신의 죄로 말미암았음을 깨닫고 속히 회개함으로 말미암아 이 세상에서는 잠시 고통을 겪었으나 천국에서 영원한 행복을 누리게 된다면 그 자신에게 있어 질병은 오히려 저주가 아닌 축복의 계기가 될 것이다. 또 질병이 믿음의 성숙과 연단을 위해, 혹은 하나님의 영광을 위해 주어진 것이라면 그 질병으로 인해 오히려 하나님께 감사하고 다른 많은 자들과 더불어 기뻐해야 할 것이다.

그러므로 자신뿐만 아니라 주위의 다른 형제들이 질병에 걸렸을 때도 성도들은 어리석게 상대를 정죄하거나 무턱대고 동정하는 자세보다는 질병이 오히려 형제의 유익을 위한 것인 줄 알고 성숙된 자세로 위로나 권면하는 일이 요청된다.

학습 자료 70-3 바리새인들과 예수의 안식일 논쟁 ^{마 12:1-13}

바리새인들과 예수의 여러 논쟁 사건 중 중요한 것 중의 하나가 바로 안식일 논쟁이다. 이 논쟁 사건은 얼핏 현대인의 눈으로 보기에는 율법의 문자적 준수를 고집하던 바리새인들과 예수 사이에 일어난 그 당시만의 문제처럼 여겨져서 대수롭지 않게 간과해 버리기가 쉽다. 그러나 이 논쟁을 정확히 이해하는 것은 예수의 메시지의 핵심을 이해하는 것이라 해도 과언이 아닐 것이다. 그러면 이에 대해 살펴보자.

✝ 논쟁의 발단

안식일 논쟁의 일차적인 원인은 예수께서 제공하셨다고 볼 수 있다. 왜냐하면 포로 귀환 시대 이후부터 예수 시대에 이르기까지 누구도 예수처럼 공개적으로 안식일에 관한 장로들의 유전을 범한 사람은 없었기 때문이다. 더욱이 율법을 문자적으로 온전히 준수해야만 구원을 얻는 것으로 믿고 있던 바리새인들이 보기에 예수는 천국 복음을 전파하면서도 안식일 규례는 임의로 범하는 모순투성이의 인물로 여겨졌을 것이다. 이에 바리새인들은 예수를 자신들의 종교 생활을 혼란스럽게 만드는 위험인물로 생각하게 되었고, 급기야 그를 제거하려고 논의하기에 이르렀다[14절].

✝ 논쟁의 핵심

바리새인들이 예수께 던진 질문은 '어떻게 안식일에 하지 못할 일을 하느냐'[1, 2절]는 것이었다. 이러한 바리새인들의 질문 속에 담긴 뜻은 이런 것이다. 즉 신앙인으로서 가장 중요한 날, 곧 인간 자신을 위해 행하던 모든 일을 중단하고 오직 하나님 앞에서 경건하게 하루를 보냄으로써 신앙을 증진시켜야 하는 안식일의 규례조차 온전히 준수하지 못하면서, 아니 오히려 고의로 범하면서 어떻게 의를 이루며 장차 구원을 얻을 수 있느냐는 것이었다. 이는 결국 율법을 문자적으로 철두철미하게 준수해야만 의(義)를 얻을 수 있으며 구원을 얻는다는 그들의 종교적 신념에서 비롯된 것이었다.

이러한 바리새인들의 질문에 대한 예수의 대답은 두 가지였다. 하나는 '안식일에 선을 행하는 것, 생명을 구하는 것과 멸하는 것 어느 것이 옳으냐[눅 6:9], 즉 안식일은 그 자체의 규례를 준수하기 위하여 존재하는 것이 아니라 사람을 위하여 있는 것이다[막 2:27]. 그리고 또 하나는 '인자는 안식일의 주인이니라'[8절, 눅 6:5]는 것이었다.

예수의 이 두 대답은 다음의 두 가지 의미가 있다. 즉 예수 그리스도가 곧 성부 하나님과 더불어 천지창조와 칠 일째 안식에 동참하신 안식일의 입법자요, 최초 준수자인 성자 하나님이시라는 것이다. 이 성자 하나님이 안식일에 당신의 백성들에게 요구하시는 것은 율법의 문자적 준수가 아닌 하나님과 사람 앞에서 선을 행하며 생명 얻는 일을 행하는 것일 것이다. 그리고 또 한 가지 의미는 하나님이 안식일을 제정하신 근본 목적은 사람이 이날에 참 안식을 누리도록 하는 것이지, 결코 율법의 문자적 준수로 사람들에게 멍에를 씌워 고통스럽게 하고자 하는 것이 아니라는 것이다.

이러한 예수의 대답은 율법의 문자적 준수가 진정 하나님이 원하시는 것이며 그것으로써만 구원을 얻는다고 믿었던 바리새인들의 종교적 신념에 크게 대치되는 것이었다. 그뿐만 아니라 구약 율법의 완성자로 오신 그리스도께서 율법의 문자적 준수를 통해 구원 얻는 것이 아니라 오직 하나님이 원하시는 바 선을 행하는 것. 즉 진심으로 하나님을 사랑하고 또 이웃을 사랑하는 것이 진정 구원을 얻는 길이라는 사실을 보여 주는 것이다. 이는 현대 성도들이 보기에는 너무 당연하지만, 바리새인들의 교훈에 젖어 있던, 그래서 율법의 문자적 준수라는 멍에에 시달리고 있던 당시 사람들에게는 정말이지 복음이요 새로운 계시였다. 여기서 우리는 '수고하고 무거운 짐진 자들아 다 내게로 오라 내가 너희를 쉬게 하리라'[마 11:28]는 주님의 말씀을 깊이 깨닫게 된다. 한편 바리새인들과 예수의 논쟁에 대한 전반적인 것은 연구자료 70-3을 참조하라.

✝ 의의

오늘날에도 우리는 바리새인들이 형식적으로 안식일을 지키는 것과 같은 오류에 빠져 그 진정한 목적은 상실한 채 형식적으로 주일을 준수하기가 쉽다[고전 16장 학습자료 80-9 '안식일과 주일과의 관계' 참조]. 물론 바리새인들처럼 그리한 형식적 준수로 구원을 얻는다고 생각하는 사람은 없을지 모르나 그것이 마치 자신의 신앙적 공로를 쌓는 것인 양 착각하고 의롭게 생각하는 실수를 범하기는 쉽다. 그러므로 성도는 항상 형식적 준수에만 집착하여 예수의 말씀의 본질은 보지 못하는 어리석음을 범하지 않도록 주의하는 자세가 필요한 것이다.

학습 자료 70-4 유대 종교 지도자들과 예수의 논쟁

예수의 공생애 당시 유대교 지도자들은 우리 주 예수의 강림을 기점으로 구약이 신약으로 성취 확장되는 구속사의 실체를 제대로 깨닫지 못하였다. 오히려 구약 전체가 아니라 일부 내용만을 유대 민족으로서 그리고 인본주의적으로 곡해한 유대교의 오류에 집착함은 물론 진리와 정의를 부르짖는 예수의 사역이 자신들의 당장의 정치, 종교적 이익에 어긋나자 무조건 그를 배척하였다. 그리하여 그들은 예수의 공생애 내내 예수의 행적과 말씀에 대하여 계속 논쟁을 제기하였다. 또 때로는 주께서 그들의 무지를 들어내시고자 논쟁의 형식으로 교훈을 주시기도 하셨다. 이에 예수의 공생애 중에 있었던 여러 논쟁은 주의 복음 자체와 이의 구약 및 유대교와의 관계를 이해하는 데 매우 중요한 요소의 하나인 바 이를 정리하면 다음과 같다.

	종교지도자들의 논지	예수의 논지	핵심교훈	관련성구
안식일 논쟁	안식일에 이삭을 잘라 먹는 일, 병 고치는 것이 옳으니이까?	인자는 안식일의 주인이니라 안식일에 선을 행하는 것이 옳으니라	형식적이 율법 준수보다 하나님의 선한 뜻을 좇아 행함이 더 중요함	마 12:1-13 막 2:23-3:6 눅 6:1-11, 13:10-21, 14:1-6
표적 논쟁	하늘로서 오는 표적을 보이라	요나의 표적밖에는 보여 줄 표적이 없느니라	완악한 마음으로 계속해서 표적을 구하기보다 믿고자 하는 마음 자세가 중요함	마 16:1-4 막 8:10-12
예수의 자기 증거 논쟁	네가 너를 위해 하는 증거는 참되지 않다	나와 내 아버지가 함께 나를 증거 하느니라	성부, 성자의 동시 증거가 그리스도와 그의 복음의 진정성을 입증함	요 8:12-20
수전절의 논쟁	그리스도여든 밝히 말하시오	내가 내 아버지의 이름으로 행하는 일들이 나를 증거 하느니라	예수께서 행하신 구속 사역이 그가 그리스도임을 입증함	요 10:22-39
장로들의 전통 논쟁	당신의 제자들이 어찌하여 장로들의 전통을 범하나이까	입에 들어가는 것이 아닌 입에서 나오는 것이 사람을 더럽게 하는 것이니라	형식적인 율법 준수보다 마음으로 하나님을 경외함이 중요함	마 15:1-20 막 7:1-23
바알세불 논쟁	저가 귀신의 왕 바알세불을 힘입어 귀신을 쫓아낸다.	스스로 분쟁하는 나라마다 황폐 하여지느니라	예수께서 귀신을 쫓으신 것은 사탄의 나라가 폐하여지고 하나님 나라가 임한 증거	눅 11:14-26

예수의 권위 논쟁	네가 무슨 권세로 성전 숙정과 가르치는 일을 하느뇨	요한의 세례가 하늘로서냐 사람에게로서냐	편견과 완고함을 버리고 진리를 있는 그대로 받아들여야 함	마 21:23-27 막 11:27-33 눅 20:1-8
세금 논쟁	가이사에게 세를 바치는 것이 옳으니이까 옳지 아니하니이까	가이사의 것은 가이사에게, 하나님의 것은 하나님께 바치라	성도는 이 땅에 사는 동안은 시민으로서의 의무도 결코 소홀히 해서는 안 됨	마 22:15-22 막 12:13-17 눅 20:20-26
부활 논쟁	죽은 자의 부활이 있습니까	너희가 성경도, 하나님의 능력도 알지 못하는도다	하나님을 믿는다면 그분의 약속과 능력을 모두 믿어야 함	마 22:23-33 막 12:18-27 눅 20:27-40
제1계명 논쟁	율법 중에 어느 계명이 크니이까	하나님을 사랑하라, 네 이웃을 네 몸과 같이 사랑하라	하나님 사랑과 이웃 사랑을 실행하는 것은 율법 전체를 준수하는 것임	마 22:34-40 막 12:28-34
그리스도의 신분 논쟁	그리스도는 단지 다윗의 후손일 뿐이다.	다윗이 그리스도를 주라 칭하였은즉' 어찌 그의 자손이 되겠느냐	예수는 육신으로는 다윗의 혈통으로 오셨으나 그의 신분은 다윗의 주가 되는 제2위 성자 하나님이심	마 22:41-46 막 12:35-37 눅 20:41-44
금식 논쟁	요한의 제자들과 바리새인과는 달리 당신의 제자들이 금식하지 않는 이유는?	신랑과 함께 있으므로, 신랑을 빼앗길 날에 금식할 것이니라	신랑된 그리스도 안에서 성도의 생활은 구약 시대 성도들의 생활과 질적으로 다름	마 9:14-17 막 2:18-22 눅 5:33-39

학습 자료 70-5 산상수훈(山上垂訓)의 이해

산상수훈(Sermon on the Mount)은 주께서 이루신 구속의 복음을 듣고 회개하여 이미 천국 시민이 되었으나 그 천국은 세상 끝 날에야 영육 간에 온전히 도래할 것이므로 아직은 하나님의 진리(眞理)와 사탄의 불법(不法)이 혼재된 이 세상에서 살아야 할 성도들이 그 삶 속에서 하나님과 사람 간에 지켜야 할 가장 차원 높은 윤리적, 종교적 기준들을 제시한 것이다.

한편 산상수훈은 구약 율법과 신약 복음의 근본적인 차이가 무엇인가도 보여 준다. 본질상 산상수훈은 그 옛날 모세가 시내 산에서 하나님과 선민 언약을 맺은 이스라엘 민족의 대표로 받았던 구약 율법에출 19:3-6, 24:3-11 대응되는 신약의 성도들이 지켜야 할 법이다. 즉 이제 구속사의 시대가 구약 시대에서 신약 시대로 진전되어 영적 선민으로서의 축복이 세계 만민에게 확장되고 하나님의 나라가 지상 민족 국가로서 세워지는 것이 아니라 천국에 세워질 것이 약속된 즈음에 본래 제2위 하나님이신 예수께서 직접 제정하여 주신 하나님 나라의 백성을 향한 신약(新約)의 법이었다. 따라서 산상수훈을 구약 율법과 비교하여 이해할 때 우리는 상호 연속되었으면서도 신약이 구약을 확장 완성한 신·구약 구속사의 본질도 제대로 파악할 수 있는 것이다.

이에 본 자료는 산상수훈의 세부 내용 자체가 아니라 산상수훈을 이해하는 데 기본적으로 필요한 산상수훈의 전반적인 구조 분석, 그 본질의 이해 등을 살펴봄으로써 독자들이 산상수훈의 세부 내용을 이해하는 데 도움을 주고자 한다.

✝ 정의

'산상수훈'(山上垂訓)이란 마 5~7장에 기록된 예수의 교훈 또는 설교를 가리킨다. 이를 산상수훈이라 하는 이유는 본 설교가 예수께서 제1차 갈릴리 사역 기간(A.D. 27~28년경)에 갈릴리 지역의 한 야산(野山)에서 행해진 일련 설교의 기록이기 때문에 신학자들이 그렇게 명명한 것이다. 또한 이 설교가 너무나 가치 있는 가르침이란 의미에서 '산상보훈'(山上寶訓)으로도 불리고 기독교 도덕의 근본을 말한다는 의미에서 기독교의 대헌장(大憲章)이라고도 불린다. 전통적으로 이 설교가 행해진 산은 디베랴 서쪽과 막달라 남쪽에 위치한 완만한 구릉인 핫틴 산(Horns of Hatin)으로 추정된다. 오늘날 이곳은 팔복산(八福山, Mount of the Beatitudes)으로 불리며 오늘날 그곳에는 산상수훈 교회(Church of the Beatitudes)가 세워져 있다.

그러나 많은 성서학자는 마태가 예수님의 주요 가르침과 교훈이 유대들이 가장 높이는 모세의 교훈과 버금가거나 더 높은 가치가 있다는 것을 강조하기 위해 모세가 하나님의 계명을 산(시내 산)에서 받은 것을 대조하여 산에서 가르침을 했다는 세팅으로 수집 기록한 것일 것이 설이 있다. 이 설이 더 신빙성이 있다고 여겨진다.

한편 눅 6:20-49에도 산상수훈과 유사한 내용의 설교가 기록되어 있다. 그러나 그곳에는 마태복음의 내용보다 훨씬 짧게 기록되어 있으며 또 그곳에서는 예수가 산에서가 아니라 평지에서 설교를 하신 것으로 기록하고 있어^{눅 6:17} 학자들은 마태복음과 구별하여 누가복음의 것을 '평지수훈'(平地垂訓)이라고 한다. 마태복음의 산상수훈과 누가복음의 평지수훈은 그 순서와 용어에 다소 차이가 있으며. 또 마태는 산상수훈의 내용을 한 곳에 모아둔 반면, 누가는 마태의 산상수훈의 많은 내용을 눅 11-16장 사이에 흩어서 기록하고 있다. 그러나 내용상의 차이는 거의 없다.

전반적으로 학자들은 예수께서는 산상수훈 집회 같은 대설교 집회를 몇 차례 가지셨으며 기타 산상수훈에 기록된 여러 교훈을 기회 있을 때마다 각 경우에 맞추어 거듭 강조하였었는데 마태는 이를 산상수훈으로 한곳에 집중 기록한 반면, 누가는 그 핵심 내용들을 그것이 따로따로 주어진 때나 각 문맥에 따라 분산 배치한 것으로 본다.

✝ 산상수훈의 본질

산상수훈의 본질 또는 근본 목적이 무엇인가에 대해서는 역사적으로 많은 논란이 있어 왔다. 그렇게 논란이 일어난 이유는 산상수훈이 요구하는 윤리적 수준이 너무 높다는 것이다. 이 문제는 매우 중요하다. 이것이 결정되어야만 결국 산상수훈의 세부 내용들을 어떻게 해석할 것인가가 결정될 것이기 때문이다. 이에 대해서는 다음과 같은 견해가 제기되었다.

첫째 중세 로마 가톨릭교회에서는 산상수훈이 본래 주의 열두 제자에게만 주어졌던 것으로서 현재에는 종교 지도자들이나 금욕 생활을 하는 수도사들에게나 적합한 것이며 일반 평신도들에게는 적합지 않다고 생각했다.

둘째 루터 주의자들은 산상수훈은 인간이 스스로 힘으로는 결코 이 교훈을 따를 수 없음을 깨닫고 전적으로 하나님을 의뢰하며 그 은총을 간구하게 하려고 주어진 것으로 보았다.

셋째 세대 주의자들은 이 세대에 해당하는 교훈이 아니라 그리스도의 재림 이후 도래할 천년왕국에서 지킬 수 있는 교훈으로 생각했다.

넷째 알버트 슈바이처(Albert Schweitzer. 1875-1965)는 산상수훈을 중간 윤리(interim ethic)로 보고 하나님의 나라 도래가 임박한 상태에 있으므로 이러한 삶으로 하나님 나라의 도래를 더욱 촉진해야 한다고 보았다.

다섯째 개혁주의자들은 산상수훈은 이 시대를 살아가는 모든 그리스도인이 마땅히 지켜 행하여야만 할 삶의 기준, 혹은 원리를 제시하고 있다고 보았다.

위의 다섯 가지 견해 중에서 우리는 루터의 견해와 개혁주의자들의 견해를 종합하면 옳은 결론을 얻을 수 있다고 본다. 왜냐하면 산상수훈은 일차적으로는 그리스도의 성육신과 함께 이미 도래한 하나님 나라에 속하게 된 천국 백성들이 마땅히 가져야 할 삶의 기준, 혹은 천국 시민 생활의 원리를 명시적으로 보여 주는 것이기 때문이다. 동시에 법적으로는 회개, 중생하는 순간 의인이 되었지만, 실제적으로는 아직 아담으로부터 물려받은 원죄와 자범죄에 휩싸여 전적으로 타락한 인간으로서 최대한 이 기준에 도달하고자 노력하다가 끝내 이를 이루지 못할 때 다시금 자신의 죄성(罪性)을 깨닫고 회개하며 이처럼 부족한 자임에도 불구하고 주님의 구속 공로에 의하여 구원을 확실히 받을 것이 보장된 것에 감사하도록 주어진 것이기 때문이다. 이 점에서 신약 시대 산상 수훈은 구약의 율법과 함께 율법으로서의 기본 속성을 갖는다. (갈라디아서 학습 자료 78-7 '구속사적 관점에서 연결되는 율법과 복음' 참조). 이를 좀 더 구체적으로 설명하면 다음과 같다.

① 산상수훈은 하나님 나라를 위해 기꺼이 자기를 부인하고 자기 십자가를 지고 주를 따르고자 하는 성도들에게 제시된 것이다. 즉 심령이 가난한 자로서 자신의 무능을 깨닫고 전적으로 하나님을 의뢰하며 교만하지 않고 의(義)를 이루기 위해 어떠한 핍박도 감수하는 자들에게 그들이 마땅히 가져야 할 삶의 모델로서 제시된 것이다마 5:3-12.

② 산상수훈은 율법을 문자적이고 형식적으로 준수하는 서기관들이나 바리새인들의 삶과는 달리 율법이 진정 요구하는 대로 하나님께 대해 전적으로 순종하는 삶을 살고자 하는 자들에게 제시된 것이다마 5:17-20.

③ 산상수훈은 인간이 스스로 윤리적 실천을 통하여 무슨 공로를 세우도록 하기 위한 것이 아니라 하나님 나라의 주인이신 분이 무엇을 바라고 계시며 어떠한 삶의 태도를 요구하시는지를 깨닫고 이를 자신에게 적용하여 자신의 삶을 정비하는 동시에 결코 그 기준에 도달 못 하는 자신의 죄성을 깨닫고 오직 하나님께 의지하여 그 분이 주시는 무조건적 구원에 더욱 감사하게 하려는 것이다.

④ 그러므로 산상수훈을 문자 그대로 실행에 옮겨야 할 때 구약 율법에 대한 서기관과 바리새인들이 범한 오류, 곧 율법주의(legalism)에 빠져버리게 되며, 또 대다수 사람이 그것을 온전히 실행할 수 없으므로 절망에 빠져버리고 말 것이다. 따라서 산상수훈의 말씀이 요구하는 대로 천국 시민된 성도의 삶에 대한 하나님의 뜻을 항상 마음에 새겨 그 뜻대로 실행하려 노력하되 자기 힘으로 억지로 할 것이 아니라 항상 하나님의 은총에 의지하며 구분이 주시는 능력에 따라 준수해야 할 것이다.

✝ 산상수훈의 구조 분석

산상수훈의 핵심 주제는 천국 백성으로서 마땅히 지켜야 할 윤리적, 종교적 의(義)이다. 그리고 그 세부 구조를 살펴보면 산상수훈은 크게 서론^{마 5:3-12}, 본론^{마 5:13~7:12}. 그리고 결론^{마 7:13-27}으로 나눌 수 있다.

먼저 서론^{마 5:3-12}을 가리켜서 우리는 8가지 복에 대해 말하고 있다 해서 '팔복'(八福, Beatitude)이라 한다. 구약 율법의 핵심이 '십계명'이라면 산상수훈의 핵심은 '8복'이라고 할 수 있을 만큼 이 부분은 중요하며 또 유명하다. 여기서는 천국 백성된 자의 기본 특성을 말해 줌과 동시에 또 천국 백성으로서 마땅히 가져야 할 윤리적, 종교적 자세를 압축적으로 요약해 주고 있다. 그리고 그러한 자세와 특성을 가진 자에게 임할 하나님의 축복도 각각 보여 주고 있다. 한편 ' ~ 복이 있나니'의 형식을 반복하고 있는 팔복은 '복있는 사람은 ~'으로 시작하는 시편 1편의 내용과 일맥상통하는 점을 가진다.

본론^{마 5:13~7:12}은 다시 천국 백성의 삶의 태도를 보여 주는 5:13-16, 구약 율법을 계승하면서도 그것을 완성한 산상수훈의 우월성을 보여 주는 5:17-20, 그리고 이제 하나님의 계시가 온전히 주어진 신약시대에는 그 생활 기준도 구약 시대와 달리 온전한 구원의 진리에 근거하여 절대 의를 지향해야 함을 보이기 위하여 살인·간음·이혼·맹세·무저항·사랑 등 구체적 실례 6가지를 들어 설명하고 있는 5:21-48, 그리고 천국 시민의 종교 생활 및 일상생활의 원리 및 기준을 몇몇 구체적 사례를 통하여 열거 제시함으로써 결국 본문에 명시되지 않았다 하더라도 거기에 담겨 있는 원리가 생활의 전 분야로 적용되어야 함을 교훈하신 말씀을 기록한 6:1-7:12로 구분된다.

끝으로 결론^{마 7:13-29}에서는 좁은 문과 넓은 문의 비유^{13, 14절}, 거짓 선지자에 대한 경계^{15-23절}, 반석 위의 집과 모래 위의 집 비유^{24-27절}를 통해, 이상에서 주어진 그리스도의 천국 복음에 대한 산상수훈을 받아들이는 자에게 임할 축복과 그렇지 않은 자에게 임할 저주에 대해 보여 주고 있다.

학습 자료 70-6 구하기 전에 먼저 아시는 하나님 ^{마 6:8, 32}

본문은 산상수훈^{5~7장} 중 기도에 관해 교훈하고 있는 부분이다. 그런데 본문을 보면 예수께서 성도들이 구하기 전에 이미 하나님은 우리에게 필요한 모든 것을 다 아신다고 말씀하셨다. 이를 보고 혹자들은 하나님이 다 아시는데 새삼 기도하여 구할 필요가 어디 있느냐는 의문을 제기한다. 과연 그런가? 본문을 통해 이에 대한 답을 찾아보도록 하겠다.

✝ 하나님은 우리의 모든 필요를 아심

하나님은 전지(全知)하신 분이시다. 과거의 일과 현재의 일 뿐만 아니라 미래의 일까지도 다 아시며 인간의 생각과 모든 속성까지도 다 아시는 분이시다. 이런 하나님이 당신의 자녀의 필요를 다 알고 계신 것은 너무도 당연한 사실이다.

또한 하나님은 우리들이 당신께 무엇을 원하고 있는지를 아실 뿐만 아니라 우리 자신은 잘 깨닫고 있지 못하지만, 진정으로 우리에게 필요한 것이 무엇인지도 알고 계신다. 본문 8절 이후 9-13절에서 예수께서 제자들에게 가르쳐 주신 주기도문은 우리에게 진정으로 필요한 것, 그리고 우리가 먼저 구하여야 할 것을 보여 주고 있다. 또한 6:33에서도 '너희는 먼저 그의 나라와 그의 의를 구하라'고 말씀하시면서 우리가 구하여야 할 것 가운데 최우선 순위로 구할 것을 보여주셨다. 이처럼 하나님은 우리의 모든 필요를 알고 계실 뿐만 아니라 우리가 진정으로 구하여야 할 것, 또 최우선으로 구하여야 할 것까지 알고 계시는 것이다.

✝ 하나님은 우리가 구하기를 원하심

하나님은 우리에게 필요한 것들을 다 알고 계시지만 우리가 기도로써 그것을 당신께 구하기를 원하신다. 그 이유는

① 우리와 인격적 교제를 갖기 원하시기 때문이다. 하나님은 당신의 백성들에게 무엇을 일방적으로 주고 또 요구하시는 분이 아니다. 오히려 하나님은 깊은 신뢰감 속에서 인간과 관계 맺기를 원하시기 때문에 인간들이 자발적으로 자신의 마음을 하나님께 나타내 보여 주기를 원하시는 것이다.
② 우리와 함께 동역하기를 원하시기 때문이다. 하나님은 당신의 사역을 행하심에 있어서 독자적으로 당신의 주권과 계획에 따라 행하시는 분이다. 하지만 많은 경우에 당신의 백성들의 기도와 그것에 대한 응답의 방법으로 일을 하심으로써 당신의 사역에 성도들을 동참시키신다.

✝ 의의

이상의 사실들을 통하여 우리는 하나님이 우리의 형편을 다 아시기 때문에 기도의 필요성이 없다고 생각할 것이 아니라 우리의 형편을 다 아시면서도 기도를 요구하시는 하나님의 심정을 이해하기 때문에 더욱 기도에 힘써야 한다는 것을 알았다.

한편 본문은 우리가 하나님께 기도할 때 가져야 할 바람직한 태도에 대해 다음 두 가지 사실을 교훈하고 있다.

첫째, 기도할 때 하나님은 우리 자신보다 우리의 형편을 더 잘 아시는 분임을 알고 기도하라는 것이다. 이러한 사전 지식이 있을 때, 이방인들처럼 무엇을 구하여

야 할지 알지 못해 중언부언하지 않게 된다. 또한 하나님을 억지로 설득하여 자기가 원하는 바를 얻어내기 위해 말을 많이 하거나 하는 따위의 어리석은 기도는 하지 않게 되는 것이다.

둘째, 기도할 때 자신을 위해서가 아니라 하나님의 영광을 위해서 무엇을 구하는 것이 최선인가를 생각해야 한다는 것이다. 그렇게 할 때 하나님이 우리의 기도를 통하여 더 많은 일을, 또 속히 먼저 이루어야 할 일을 행하실 수 있게 되는 것이다.

71일 핵심 학습 자료

학습 자료 71-1 예수의 비유(Parable) 이해 ^{마 13장}

'비유'의 원어인 헬라어 '파라볼레'(παραβολή)는 '곁에', '옆에' 라는 뜻의 전치사 '파라'(παρά)와 '던지다', '두다' 라는 뜻의 동사 '발로'(βάλλω)가 합성된 단어로서 문자적으로는 '옆에 나란히 두다'라는 뜻이 된다. 이로 볼 때 '비유'란 두 개의 유사 성을 가진 사물 또는 사건을 병렬시켜 대조함으로써 거기에 담긴 원리 또는 교훈을 은연중에 쉽고도 정확히 설명하는 것을 가리킨다고 볼 수 있다. 즉 화자(話者)가 말하고자 하는 추상적 교훈이나 원리 또는 정보를 일상생활의 낮익은 어떤 상황이나 사물, 혹은 자연 현상들을 들어 이야기함으로써 그 뜻을 좀 더 쉽고도 인상적으로 이해할 수 있게 하는 방법이 비유이다. 요약하면 비유란 한 마디로 자신이 나타내고자 하는 사상과 정보 또는 감정을 직설적으로 표현하지 않고 이와 유사성이 있는 상황이나 사물에 빗대어 표현하는 수사학적 기법이다. 주로 추상적 원리나 교훈을 친근한 구상적 사물이나 이야기에 빗대어 전달하고자 비유가 사용되게 된다. 본래 비유란 매우 넓은 수사학적 개념으로서 은유, 직유, 제유, 풍유(Allegory), 의인법 등 제반 수사학적 기법들을 포괄하는 개념이다. 사실 비유가 없다면 인간은 풍부하고 세련된 언어생활에 결정적 타격을 입을 것이다.

한편 여기서는 성경의 모든 비유법을 논하려는 것이 아니라 예수님의 비유 중에서도 특히 설화체 형식의 예수의 비유에 집중하고자 한다. 예수님은 자주 비유의 형식으로 당신의 메시지를 전파하셨다. 때로는 제자들에게 당신의 교훈을 쉽고도 깊이 이해하도록 또 때로는 살기등등한 눈으로 예수님의 말 한마디 한마디를 곡해하려는 유대 지도자들 앞에서 진리 자체를 분명히 전달하시되 말꼬리를 잡고 곡해할 여지를 주시지 않기 위해서 비유를 자주 사용하셨다. 심지어 이런 예수의 비유 사용은 이미 구약에 예언된 것의 성취이기도 하였다^{사 6:9, 10}. 특히 본 장은 '비유의 장'이라고까지 불리는 장으로서 천국의 전파 과정에 대한 7가지 비유를 집중 수록하고 있다. 이에 본고에서 예수의 비유에 대한 주요 사항을 정리하고자 한다.

✝ 예수님이 사용하신 비유의 3대 유형

① **설화 형식의 비유** – 이는 '선한 사마리아인의 비유'^{눅 10:30-37}에서 보는 바와 같이 줄거리가 뚜렷이 있는 한 토막의 이야기 형식의 비유이다. 이런 형식의 비유는 사복음서에서 약 14개 정도가 발견된다. 예를 들면, 어리석은 부자^{눅 12:1, 16-21}.

'부자와 나사로'^{눅 16:19-31}, '달란트'^{마 25:14-30}, '악한 농부'^{막 12:1-9} 비유 등을 들 수 있다

② **경구 형식의 비유** – 심오한 영적 교훈, 즉 추상적 진리들을 누구나 일상생활에서 보편적으로 경험할 수 있는 친근한 사물에 빗대어 일러줌으로써 듣는 사람이 쉽고도 친근하게 그 의미를 파악하고 또 이를 인상 깊게 기억하도록 돕는 짧은 격언 또는 속담 형식의 비유들이다. 예를 들면 '빛과 소금의 비유'^{마 5:13}, '나무와 열매'^{마 7:17-19}, '생 베 조각과 낡은 옷'^{막 2:21}, '돼지에게 던진 진주'^{마 7:6} 비유 등을 들수 있다. 이 같은 경구 형식의 비유는 구약의 잠언이나 전도서 등의 지혜서에서도 많이 발견된다.

③ **단순 직유 및 은유 형식의 비유** – 이는 상호 유추적 관계에 있는 두 사물을 일대일로 단순 비교하는 형식의 비유들이다. A는 B와 같다는 식으로 A와 B의 비유 관계를 직접 나타낸 것을 직유라 하고 서로 비유 관계에 있는 A와 B를 다만 문맥에 비추어 알도록 암시하는 것으로 그친 것을 은유라 한다. 직유 형식의 예를 들면 '외식하는 자는 회칠한 무덤 같다'^{마 23:27} 등이다. 은유 형식의 예를 들면 '하루살이는 걸러내고 낙타는 삼키는도다'^{마 23:24}, '심은 것마다 내 하늘 아버지께서 심으시지 않은 것은 뽑힐 것이니'^{마 15:13}, '만일 맹인이 맹인을 인도하면 둘이 다 구덩이에 빠지리라'^{마 15:14} 등이다.

✝ 예수 비유의 이중 목적

마 13:10-17에서는 무리에게 비유로 말씀하시는 이유에 대해 천국의 비밀을 아는 것이 허락되지 않은 자들에게는 비유로 말씀하사 '저희가 보아도 보지 못하며 들어도 듣지 못하며 깨닫지 못하게 하려고'라고 하였다.

반면에 마 13:35에서는 예수께서 비유로 말씀하시는 이유를 창세부터 감춰진 것을 드러내기 위한 것이라고 언급한다. 이 두 말은 표면적으로는 상호 모순되는 것처럼 보인다. 그러나 이는 비유 그 자체에 이중적인 속성이 있음을 기억한다면 이처럼 상호 모순되어 보이는 두 목적이 비유에 따라 동시 수행될 수 있다는 사실이 이해가 될 것이다. 즉 비유는 앞서 말한 대로 추상적인 진리나 인생의 원리 또는 특정한 정보나 자신의 감정을 직접적으로 묘사하지 않고 이를 드러내 줄 수 있는 유사성을 가진 사물 또는 이야기에 빗대어 전하는 것이 그 본형이다. 따라서 이제 주님의 도래로 시대가 구약에서 신약으로 전환했으며 또 그 사역과 선포가 증명하는 대로 그가 우리의 메시아시라는 사실을 있는 그대로 받아들일 생각은 처음부터 갖지 않고 구약의 일부 내용만을 유대 민족적 관점에서 곡해한 유대 교회 오류에 빠져서 무조건적이고 악의적으로 해석하는 자들 앞에서 어떤 말씀을 전파하실 때 주님은 진리는 진리대로 말씀하시면서도 직접적인 반발이나 말꼬리를 잡지 못하도록 비유를 사용하셨다. 또 반대로 당신의 사랑하는 제자들과 무지한 군중이 쉽게 진리를 알아듣고 오래도록 기억하게 하기 위해서도 이런 목적에 부합될 수 있는 비유를 사용하셨다. 따라서 심지어 예수를 배척하는 유대주의자와 당신을 따르는 제자들이 함께 섞여 있는 자리에서도 예수님은 비유를 사용하여 대적자들에게는 혼란을,

제자들에게는 더 깊은 깨달음을 주셨다.

✝ 예수의 비유 해석의 주의 사항

비유에 있어서는 표면에 나타난 이야기의 줄거리 또는 전하고자 하는 내용을 드러내기 위하여 동원된 비교 대상이 중요한 것이 아니라 그 이면에 남겨진 화자가 전하고자 하는 내용 자체가 중요한 것이다. 예수 비유의 경우 단순한 직유 및 은유 형식이나 경구 형식의 비유 등의 경우에는 별문제가 없으나 주로 본 장 등의 비유와 같은 설화체 형식의 비유에 있어서 문제가 자주 발생하는바 이제 이를 중심으로 그 해석상의 주의점을 정리하면 다음과 같다.

① **역사적 및 문학적 배경과의 관련 안에서 해석하여야 한다.**
먼저 예수께서 비유로 말씀하시게 된 동기 또는 목적이 이해되어야 한다. 그리고 비유 내용에 나타난 당시의 팔레스타인의 상황을 이해하고 있어야 한다. 그리고 그 비유가 주어진 전후 문맥, 다른 비유들과의 비교, 예수의 직접적 해석 등이 참고 자료로 활용되어야만 각 비유의 참 의도에 접근할 수 있다.

② **각 비유가 말하고자 하는 주제를 정확히 파악하여 비유의 일부 내용을 지나치게 확대 해석하지 말아야 한다.** 예를 들어 우리는 성품이 고결한 사람을 일컬어 '그 사람은 학과 같다'라고 비유할 수 있다. 이때 화자와 청자 사이에는 이런 표현은 문학적 수사로서 그의 인품이 학이 주는 이미지처럼 고결하다는 것만을 말한 것이지 그 사람이 곧 학이어서 음식도 생선을 먹으며 잠도 나무 위에서 자는 것까지 말한 것은 아니라는 언어 관습적 공동 인식이 있다. 그럼에도 이를 무시하고 비유의 표면적 표현에만 집착하면서 비유의 의미를 무제한 확대 적용하는 것은 비유의 오류이다. 예수님의 비유도 마찬가지이다. 성도를 세상의 빛과 소금으로 비유한 것과 외식하는 자를 회칠한 무덤으로 비유하셨을 때 그 의미의 적용 범위는 그 비유의 표현과 그 표현이 지시하는 실체 사이의 관계 안에서 적절히 제한되어야 한다.
한편 예수의 설화체 비유 중 씨 뿌리는 자의 비유 등과 같은 일부 경우는 비유 전체의 표면적 내용 하나하나가 다 무엇인가를 암시하는 경우도 있지만 대부분의 경우는 비유를 구성하기 위한 보조적 역할을 수행할 뿐인 경우가 많다. 그런데도 비유를 구성하는 모든 내용 하나하나에서 그것에 대응하는 신학적 주제를 굳이 찾아내려고 하면 소위 알레고리(Allegory) 풍유적 해석의 오류를 범하는 것이다. 특히 예수의 비유는 무엇인가 더 신비한 내용이 숨어 있으리라 생각하여 비유 내용 하나하나에 무리한 해석을 가하는 시도가 초대 교회 일부 교부(敎父) 및 성경을 기준 없이 신비주의적으로 해석하려는 자들 사이에서 자주 발생했다. 예를 들어 선한 사마리아인의 비유에서 강도 만난 사람을 태운 나귀는 그리스도의 몸을 상징한다고 해석하는 경우이다. 이런 알레고리적 해석을 하는 자들은 비단 비유에서뿐만 아니라 성경의 모든 사건을 다 이런 식으로 해석하려고 하는 오류를 범하고 있다.

학습 자료 71-2 가라지 ^마 13:25

✝ 가라지의 특성

본문의 비유 가운데 나오는 '가라지'는 팔레스타인 어디를 가든지 많이 볼 수 있는 독초(毒草)이다. 이 가라지는 다르넬(darne1), 즉 '독보리'라고도 하는데, 농부들에게 보통 귀찮은 존재가 아니다. 이는 밀처럼 보이기 때문에 한창 성장기에는 농부조차도 밀과 가라지를 구별 못 할 정도이다. 그리고 이 가라지 낟알의 맛은 매우 쓰기 때문에 어쩌다 밀가루와 섞여 먹게 되면 현기증을 일으키고 심하면 구토 증세까지 일으키게 된다. 그러므로 농부들은 가라지가 밀에 섞여 수확되지 않게 해야만 했다.

그러나 앞서 언급했듯이 추수 때가 되기 전에는 구별해 내기 어렵다. 그래서 이때에는 가라지를 뽑는다는 것이 밀을 뽑게 되는 경우도 쉽게 생긴다. 혹 가라지를 옳게 구별했다 해도 그 뿌리가 매우 길어서 곡식의 뿌리와 엉켜있어서 가라지를 뽑을 경우 곡식도 같이 뽑히게 된다. 그러나 추수 때가 되면 밀과 가라지의 구분이 확연해진다. 곧 추수 때가 되면 밀은 이삭이 주렁주렁 달리게 되어 점점 고개를 숙이게 되나, 가라지는 줄기의 상부에만 낟알이 조금 달리기 때문에 매우 곧게 서 있게 된다. 그러므로 농부는 추수 때까지 그냥 가라지가 자라도록 내버려 두었다가 추수 때에 꼿꼿하게 서 있는 가라지의 윗부분을 먼저 잘라서 한 곳에 쌓아둔다. 그리고는 추수가 다 끝난 후 그 가라지 더미를 불태워 버리고, 곡식만을 곳간에 저장하게 된다.

✝ 교훈

이상과 같은 가라지를 비유로 들어 말씀하신 주님의 말씀 속에서, 우리는 신실한 믿음의 자세로 추수 때를 대비해야 함을 깨닫게 된다. 왜냐하면 가라지가 뽑혀 불태워지는 추수 때가 반드시 있듯이, 이 세상에 대한 하나님의 심판 시기도 분명히 있을 것이며, 그때 가라지같이 뽑혀 불태워지는 거짓된 신앙이 아니라 곡식처럼 거두어지는 신실한 신앙을 견지해야 하기 때문이다.

학습 자료 71-3 갈릴리 바다(Sea of Galilee) ^막 4:1-41

본문에는 예수께서 그를 따르며 말씀을 듣기 원하던 무리에게는 하나님 나라에 대한 가르침을, 또한 풍랑으로 인해 두려움에 떨고 있던 제자들에게는 말씀만으로 바다를 잠잠하게 하심으로 평안을 주셨던 기사가 언급되어 있다. 그런데 이러한 예수의 교훈과 이적의 배경이 되는 곳은 다름 아닌 갈릴리 바다이다. 이 갈릴리 바다는 예수의 사역과 매우 밀접한 관계를 맺고 있으며, 예수가 갈릴리 지방에서 행한 24회의 이적 가운데 18회가 이 바다에서 행해질 정도로 매우 중요한 장소이다. 따라서 이 갈릴리 바다에 대해 살펴보는 것은 복음서를 이해하는 데 유익이 될 것이다.

✝ 명칭

많은 사람은 갈릴리 바다가 '바다'라고 불리기 때문에 물이 많고 넓은 곳으로 생각한다. 그러나 실제로 갈릴리 바다는 바다라기보다는 호수에 가깝다. 왜냐하면 갈릴리 바다는 해면보다 낮고 별로 크지도 않은 그저 깨끗한 물이 고여있는 정도이기 때문이다. 한편 갈릴리 바다는 구약 시대에서 '긴네렛 바다', '긴네롯 바다'로 불렸고, 신약시대에서는 '디베랴 바다', '게네사렛 호수'로 불리기도 했다. 오늘날 아라비아인들은 이곳을 '바하르 타바리예'(디베랴 바다)라고 부르고 있다.

✝ 위치 및 지형상의 특칭

갈릴리 바다는 당시 로마 행정 구역 편성상 갈릴리 지방 내에 위치해 있다. 더 자세히 말하면, 예루살렘 북쪽 약 96km 지점의 갈릴리 지방 동편에 있으며, 팔레스타인 최대의 담수호이다. 갈릴리 바다의 길이는 남북으로 약 20.8km에 이르며, 폭은 가장 넓은 곳이 동서로 약 12.8km에 달하는, 마치 큰 심장 모양 같은 호수이다. 또한 이곳의 해면은 해발보다 약 210m가량 낮고, 수심(水深)은 얕은 곳이 25m, 깊은 곳은 228m에까지 이른다. 이 갈릴리 바다는 계절에 따라 그 물의 빛깔이 녹색부터 파랑까지 다양하게 변하는 특색을 가지고 있다. 그러나 대개는 헤르몬산과 레바논 산의 만년설이 녹아내린 깨끗한 물로 가득 차 있으므로 투명한 감청색을 띠고 있다.

한편, 지형적으로 갈릴리 바다는 상당히 높은 산들로 둘러싸여 있는 셈인데, 북서쪽은 낮은 언덕으로 둘러싸여 있고, 동쪽에는 가파른 절벽인 야율란(Jaulan) 고원이 있으며, 서쪽으로는 해변을 따라 몇 개의 중요한 도시가 자리 잡고 있다. 또한 남쪽에서는 뜨거운 유황 온천이 솟아오르기도 한다.

✝ 관련 기사

갈릴리 바다는 예수의 공생애 초기 활동이 주로 이루어진 곳이며, 많은 이적과 교훈이 베풀어진 곳이다. 예수께서는 이 바다에서 고기잡이하던 베드로, 안드레, 야고보, 요한 네 제자를 부르셨다.

한편 이곳에는 대략 22종의 물고기가 서식하고 있었고, 여기서 잡은 물고기는 소금에 절여 가공한 후 '막달라'라고 하는 성읍에서 멀리 로마나 스페인에까지 수출했다고 한다.

또 바다는 사방이 산지로 둘러싸여 있었기 때문에 때로 협곡을 통해 헬몬산으로부터 뿜어오는 차가운 강풍이 낮은 호수의 따뜻한 수면 위에 불어닥치면 때아닌 높은 파도가 일기도 했다. 본문에서 예수의 제자들이 만난 풍랑도 바로 이러한 연유에서 기인된 것이었을 것이다. 그러나 예수께서는 이러한 풍랑도 잔잔케 하셨고 더욱이 이 바다 위를 걸으심으로써^{마 14:26} 만물을 다스리시는 분이심을 스스로 입증해 보이셨다. 또한 예수께서는 이 바다 위에서 하나님 나라에 대한 비유를 가르치셨고, 부활하신 후에 낙심한 제자들에게 다시 찾아오신 곳도 이곳이었다^{요 21:1}. 한편 갈릴리 바다 서안에는 디베랴·벳세다·가버나움·막달라·고라신 등의 여러 성읍이 있었다.

📖 영적 교훈

갈릴리 바다는 예수께서 특히 많은 이적과 교훈을 베푸신 곳으로써, 오늘날 우리 성도들에게 의미심장한 곳이기도 하다. 즉 우리는 오늘날에도 예수 사역의 증인으로서 묵묵히 있는 갈릴리 바다를 통해서, 풍랑을 잠잠케 하시며 제자들과 함께 배 타고 가신 예수의 모습을 눈에 선하게 떠올릴 수 있는 것이다.

또한 이러한 역사 현장의 특성을 통해 성경 속에 기록된 예수의 행적과 교훈이 모두 조금의 어긋남도 없는 사실임을 다시 한번 깨닫게 되는 것이다.

학습 자료 71-4 데가볼리(Decapolis) ^{막 5:1-20}

신약에는 예수님의 기사와 관련하여 데가볼리라는 이름이 세 차례 언급된다. 그중의 하나가 본문에 나오는 바, 귀신 들렸다가 고침을 받은 거라사 광인이 데가볼리 지방에 복음을 전파했다는 기사이다. 이에 본문의 배경이 되는 데가볼리 지방에 대해 간략히 살펴봄으로써 성경의 이해를 돕고자 한다.

📖 명칭

데가볼리(Decapolis)란 '열'이란 뜻의 데카(Δεκώ)와 '도시'란 뜻의 폴리스(πολίς)가 합쳐진 말로서, 갈릴리 바다 동쪽과 남쪽 지역의 10 성읍을 가리킨다. 본래 이 열 성읍은 알렉산더 대왕과 그 수하 장군들에 의해 그리스의 식민지로 세워졌다. 그러다가 로마 장군 폼페이(Pompey)에 의해 점령됨으로써, 이 도시들은 수리아 지역 로마 총독의 관할하에 놓이게 되었다.

📖 위치

열 성읍의 수(數)가 역사에 따라 다소 증감되었고, 동맹한 도시들이 때때로 바뀌었으나 데가볼리라는 이름은 변경되지 않았다. 원래 연합하였던 것으로 보이는 열 성읍은 다음과 같다.

① **스키토폴리스(Scythopolis)** : 열 성읍 가운데 유일하게 요단 강 서쪽에 있는 성읍으로, 성경의 벧스안과 동일한 곳.

② **힙포스(Hippos)** : 갈릴리 바다의 동쪽 해안에 위치.

③ **가다라(Gadara)** : 갈릴리 바다 남동쪽 10km 지점의 약 400m 산상에 위치한 마을로, 일명 거라사(Gerasenes)라 함.

④ **펠라(Pella)** : 얍복강과 갈릴리 바다 사이에 위치.

⑤ **필라델피아(Philadelphia)** : 구약의 랍바로, 열 성읍 중 가장 남쪽에 위치.

⑥ **거라사(Gerasa, Galasa)** : 오늘날의 예라쉬(Jerash)로, 얍복 강 위쪽의 길르앗 산악에 위치.

⑦ **디온(Dion)** : 야르묵 강 근접의 갈릴리 바다 동편에 위치.

⑧ **카나다(Canatha)** : 구약의 그낫으로[민 32:42], 열 성읍 중 가장 동쪽인 수리아 사막 근처에 위치.

⑨ **다마스커스(Damascus)** : 지중해로부터 내륙으로 약 80km 지점에 위치, 동쪽으로 안티 레바논 산맥과 남서쪽으로 헤르몬 산, 남쪽으로 아스왓 산으로 둘러싸임.

⑩ **라파나(Raphana)** : 디온 성읍의 북동쪽에 위치.

이상을 통해 데가볼리 지방의 범위를 살펴 보았다. 이는 북으로 다마스커스(다메섹), 남으로 필라델피아, 서로 스키토폴리스를 정점(頂點)으로 하는 삼각형의 지역으로서, 구약의 길르앗이 그 중심이 된다.

✝ 의의

데가볼리의 열 성읍들은 주요 통상로, 군용 도로에 위치한 전략상 중요한 장소였다. 이들은 각각 독립된 성읍이었으며, 다만 자유로운 동맹관계로서 다른 도시들에 대해 의무를 지고 있었다. 또한 제각기 의회를 가지고 있어서 주변의 영토와 마을들을 통치하며, 화폐 주조권과 보호 수용소도 갖추고 있었다.

한편 이 지방은 일찍부터 그리스 문화의 강한 영향을 받았고 그 주민들도 유대인에 대해 적대적이었다. 이는 이후 로마의 통치권 아래 로마인들이 이 지방을 헬라화함으로써, 또한 열 성읍이 서로 정치적으로 연맹 관계를 체결하여 결속을 강화함으로써 반(反)유대적 감정이 더욱 강해졌다.

한편 이렇게 이방화된 지역에도 예수께서 복음을 전파하셨다는 사실은 장차 복음이 온 세계로 전파되어야 함을 예표적으로 보여 준다. 또 거라사인들이 예수의 이적을 보고도 자신들의 돼지들이 죽은 것으로 인해 예수를 배척한 것은 그들이 재산상의 손실을 본 때문이기도 하지만, 무엇보다 지역적으로 고착화된 반유대적 감정에서 비롯되었다고 볼 수 있을 것이다.

학습 자료 71-5 회당(시나고그 synagogue) 막 5:35-43

회당은 '시나고그'(synagogue)라고 하는 유대인들의 회집 장소이다. 이는 바벨론 포로 시대 동안 성전이 파괴되었거나 성전이 없는 이방 땅 바벨론에 거주하던 유대인들이 하나님께 예배하고 율법을 듣기 위하여 모였던 곳에서부터 시작되었다. 그후 예수님 시대에는 예루살렘에만 480여 개의 회당이 있었고 각 나라에 흩어진 유대인 '디아스포라'에는 반드시 회당을 건립하여 예배와 율법교육을 철저히 하였다. 따라서 회당은 유대인의 통일성을 굳게 하고 이방 신앙이 유입되는 것을 저지하는 역할을 하였다. 그뿐만 아니라 행정이나 법률, 예배에 있어서 중심적인 역할을 하였다. 회당장은 회당의 최고 책임자로 집회를 주관하고 회의 중에 질서를 유지하고 토라를 낭독하며 설교할 일을 할당해 줄 권위를 가졌다. 그의 임기는 일정 기간 혹은 종신제였다. 따라서 회당장은 상당한 권위를 가졌다. 한편 예수님의 옷을 만짐으로 고침을 받은 여인은 혈루증이란 병을 앓고 있었다. 혈루증은 혈액이 응고되지 않아 상처 부위에서 피가 멈추지 않고 계속 흘러내리는 증상과 혈관조직이 약해서 피가 몸 밖으로 새어나오는 증상이었다. 12년 된 여인은 자궁경부의 만성출혈 증상을 가지고 있었던 것으로 보인다. 이와 같은 증상은 율법에 따라^{레 15장} 부정한 것으로 간주하여 사회와 격리되며 다른 사람과 접촉 할 수 없도록 하였다. 이 여자가 예수님께 치유를 직접 부탁하지 못하고 옷을 만진 것도 이런 이유 때문이었다.

학습 자료 71-6 불화(不和)를 주러 오신 예수 ^{마 10:34-39}

기독교는 사랑의 종교이며 또 평화를 추구하는 종교이다. 더욱이 예수는 하나님이 이 세상을 사랑하사 구원하시기 위해 보내신 구세주이시다^{요 3:16}. 그런데 본문에서는 예수께서 스스로 자신을 세상에 화평을 주러 오신 것이 아니라 검을 주러 오셨으며, 가장 깊은 사랑을 나누어야 할 가족들 사이에 불화(不和)를 주러 오신 분으로 소개하고 있다. 그 까닭은 무엇인가?

✝ 불화의 원인

본문은 예수께서 직접 사람들 사이에 불화(不和)를 주시는 분으로 기록하고 있다. 그러나 이는 예수께서 평화로운 세상에서 공연히 불화를 일으키신다는 뜻이 아니다. 이것은 오히려 예수께서 전하는 메시지가 이 악한 세상이 원하는 바와 근본적으로 다르므로 세상과 예수님 사이에 불화는 필연적으로 일어날 수밖에 없다는 사실을 역설적으로 보여 주는 것이다.

이에 대한 단적인 예를 들자면, 예수 당시에 유대인들은 지상에서의 평화와 로마 압제로부터의 정치적 해방이라는 현실적 욕구가 있었다. 그런데 메시아로 자처하는 예수는 이런 현실 문제를 해결해 주기보다는 궁극적인 신앙 문제만 계속 강론하였다. 이렇듯 예수가 자신들의 현질적 욕구를 만족시켜 주지 않자, 유대인들과 예수 사이에는 당연히 불화가 일어나게 되었고 그것의 심화가 곧 예수의 십자가 죽음이었다.

이처럼 예수의 화평의 복음이 이 세상에서 계속해서 전파되고 있는 이상 죄악이 관영한 이 세상과의 사이에서는 계속하여 불화가 일어날 수밖에 없는 것이다. 따라서 불화의 일차적인 원인은 이 세상의 악함이며 예수의 평화의 복음으로 인해 불화가 겉으로 표출된 것이라 볼 수 있다.

✝ 불화에 대한 성도의 태도

본문에서 예수께서 제자들에게 자신을 세상에 불화를 주러 오신 분으로 소개하신 것은 제자들에게 예수를 따르고자 할 때 필연코 가정이나 이 세상과의 관계에서 불화가 야기될 수 있다는 것을 인식하고 그것에 대한 결단의 마음을 촉구하기 위해서이다. 즉 예수 신앙을 위해서라면 가정에서의 불화나 이 세상에서의 다툼까지도 능히 감수하며 전적으로 예수께만 헌신하지 않으면 안 된다는 것이다. 예수보다 가정 식구들을 더 사랑하여 예수 신앙을 포기하거나, 이 세상에서의 조롱과 핍박 때문에 예수 신앙을 포기하는 일은 바람직하지 못하다는 것이다.

한편 불화에 대한 성도의 태도가 어떠하냐에 따라 주어지는 결과는 극과 극을 이룬다. 즉 예수 신앙을 지키기 위한 자기 십자가를 지고 죽음을 각오하며 자기 생명을 아끼지 아니하는 자는 이 세상이 생각하는 것과는 비교도 할 수 없는 풍성한 생명을 누리게 될 것이다요 10:10. 그러나 자기 십자가를 포기하고 자기 생명을 아끼는 자들에게는 그들이 원하는 것과는 정반대의 상황을 당할 수밖에 없게 될 것이다.

✝ 의의
예수를 따르는 제자로서의 삶을 산다는 그것은 참으로 힘겹고 외로운 길이다. 그러나 우리는 생명과 진리이신 예수를 끝까지 따르고자 그 모든 어려움을 이겨내야만 한다. 왜냐하면 가족 간의 불화나 이 세상에서의 다툼은 잠시뿐이지만 그 모든 불화 가운데서도 믿음을 신실히 지키면 오히려 자신으로 인하여 가족 전체가 구원을 얻고 이 세상이 부러워하는 축복을 누리게 되기 때문이다. 그리고 장차 그로 인해 얻을 영광은 이 세상 것과 족히 비교할 수 없는 것이다롬 8:17, 18.

학습 자료 71-7 장로들의 전통(傳統)

복음서에서 '장로들의 전통'(Tradition of the Elders)이란 말은 마 15:2과 막 7:3, 5에만 나온다. 그러나 바리새인들이 예수께 나아와 질문하며 논쟁을 벌일 때 그들은 대부분 '장로들의 전통'을 근거로 하였다. 예를 들면 안식일 논쟁, 이혼 문제 논쟁마 19:3-12, 정결례에 관한 논쟁막 7:1-13 등을 들 수 있다. 한편 이러한 장로들의 유전은 예수 당시까지만 해도 구전(口傳)의 형태로만 있었으나 A.D. 200년경부터 문자로 집대성되기 시작하여. A.D. 800년경에 가서는 탈무드(Talmud)의 형태로 만들어지게 되었다. 그리고 이것이 오늘날 유대교의 근간을 형성하고 있다. 이에 장로들의 유전에 대한 전반적인 사실들을 살펴보는 것은 예수 당시의 종교적 상황을 이해하는 데 크게 도움이 될 것이므로 매우 의의 있는 일이라 할 것이다.

✝ 정의 및 기원
전통(헬, 파라도시스)이란 문자적으로 '대대로 손으로, 혹은 구두로 건네받은 것'이란 뜻을 내포하고 있다. 따라서 '장로들의 전통'이란 유대인들이 조상들로부터 구두로 건네받은 것으로 당시 성문 율법이었던 모세 오경을 해설하거나 새로운 상황에 적용시켜 만든 각종 구전 율법을 가리킨다.

유대인들은 '장로들의 전통'의 기원을 모세 시대로 본다. 즉 모세가 시내 산에서 하나님으로부터 받은 율법을 아론을 비롯하여 백성들에게 전하면서 모세가 기록한 것 이외에 율법을 해설한 내용이 장로들의 구전(口傳)을 통해 계속해서 전승되어 왔다.

그러나 실상 이 전통은 포로 시대 이후에 생겨난 율법 전문가들, 즉 '랍비'(Rabby)라 칭해지는 일련의 서기관 학파에 의해서 본격적으로 생겨났다고 볼 수 있다. 물론 그 이전에도 '미드라쉬' 즉 율법에 대한 주석서^{대하 9:29, 24:27}가 있었으나 에스라, 느헤미야 시대 이후 이스라엘의 선민으로서의 정체성(Identity)을 회복코자 하는 일련의 종교 개혁 운동들과 함께 율법 연구 작업이 활발하게 일어났고 이때 많은 구전 율법이 생겨났다. 그리고 신구약 중간기를 거치면서 더욱 강화되어 예수 시대에까지 이르게 되었고 문자로 집대성되게 되었다.

✝ 유전의 집대성 과정
장로들의 전통이 유대 랍비들에 의해 집대성되기 시작한 것은 B.C. 300년경이다. 그리고 이 집대성 작업이 완성된 것은 바벨론 탈무드가 완성된 A.D.500년 경이다. 그 이전에 예루살렘 탈무드, 즉 팔레스타인 탈무드가 먼저 완성되었으며, 탈무드 이전에는 미쉬나, 미드라쉬가 있었으며, 또 미쉬나의 부족한 내용을 보충한 게마라가 있었다. 탈무드는 주로 미쉬나와 게마라의 내용을 합쳐서 만든 것이며, 미드라쉬는 그것대로 A.D. 10세기 경까지 독자적으로 발전해 나갔다. 그러면 여기서 탈무드(Talmud)의 집대성 과정과 미드라쉬(Midrash)의 발전 과정을 나누어 살펴보도록 하겠다.

1) 미드라쉬의 발전 과정
미드라쉬(Midrash)란 구약 성경들에 대한 주석서를 가리키는 말이다. 즉 '미드라쉬'는 '조사하다', '연구하다'라는 뜻의 히브리어 '다라쉬'에서 유래한 말로서 구약 성경들의 문자적인 의미 분석과 이 이면에 숨겨진 보다 깊은 의미들을 주석해 낸 것을 가리킨다.

미드라쉬에도 그 내용과 문체가 서로 다른 두 종류가 있는데, 하나는 할라카(Halachah) 미드라쉬이며, 다른 하나는 '학가다'(Haggadah) 미드라쉬이다. 전자는 율법의 문자적 의미 해석을 통해 실생활에 적용토록 한 것으로 토라(모세 오경)와 직접적으로 관계된 것이며, 후자는 토라에서 추출해 낸 의미들을 근거로 하여 비유, 설교, 이야기 형태로 풀어 설명하여 윤리적, 종교적 교훈을 주는 것이다. 이러한 미드라쉬의 두 연구 방법인 할라카와 학가다는 탈무드 집성 과정에서도 그대로 반영되었다.

한편 왕정 시대에도 미드라쉬와 유사한 선지자들의 주석서가 있었으나 일반적으로 B.C.444년경 에스라에 의해 처음으로 미드라쉬가 생겨난 것으로 알려지고 있다. 그러나 미드라쉬가 집성되기 시작한 것은 미쉬나 집성과 때를 같이 하는 B.C.3세기 경부터이며, A.D.10세기 경에 여러 종류의 미드라쉬가 완성되었다.

2) 탈무드의 집대성 과정
미드라쉬는 성문 율법인 모세 오경과 기타 구약 성경들에 대한 직접적인 주석서였다. 그러나 유대에는 성문 율법 이외에 모세 때부터 전승되어 온 것으로 여겨지는 구전 율법이 있었다. 이 구전 율법들은 대개 성문 율법만으로는 설명할 수 없는 부분 즉 실생활의 세세한 부분 혹은 새로운 상황이 발생했을 때 그에 합당한 규정들을 정한 것들로서 그 내용은 성문 율법보다 약 10여 배 정도 더 많다고 한다. 이러한 구전 율법들을 집대성한 것이 탈무드이다.

① 탈무드의 전신(前身)

탈무드가 집성되기 이전에 미쉬나(Mishnah)와 게마라(Gemara)가 있었다. 이 둘이 합쳐져서 만들어진 것이 탈무드이다.

가. 미쉬나 : 이 말은 '반복하다', '입으로 전하다'라는 뜻의 동사 '솨나'에서 온 말로서 '구전', '반복하여 가르침'이란 뜻이다. 즉 이는 당시 유대인들이 구전 율법들을 후손들에게 교육 사용했던 반복적인 교육 방법에서 유래한 말이다. 그리고 이렇게 구전 율법을 교육하는 미쉬나 교사를 '탄나'(Tanna)라고 한다. 그런데 유대인들의 교육 방법을 지칭하는 이 용어가 구전 율법들을 집성하여 모은 책의 명칭으로 사용되게 된 것이다. 미쉬나는 유대인의 종교적, 도덕적, 사회적 생활 전반의 율법들을 모은 것으로써 탈무드의 제1부를 형성한다. 그리고 그 내용은 모두 6항목으로 구성되어 있다. 즉 1 농사법, 2 안식일 축제 및 금식에 관한 법, 3 결혼과 이혼에 관한 법, 4 민사법과 형사법, 5 성소와 희생 제사에 관한 법 6 정결법이다.

나. 게마라 : 단적으로 말하면 미쉬나의 부족한 내용을 첨가한 것이다. 즉 미쉬나를 해석하고 모호한 부분들을 보다 명료하게 하며, 미쉬나 작성 이후 새로운 상황이 발생했을 경우 그것을 합한 새로운 구전법을 만들어 모은 것을 가리킨다. 게마라는 아람어로 '완성'이란 뜻이 있다. 즉 게마라는 미쉬나의 완결작이란 의미로서 붙여진 명칭이다. 이는 탈무드의 제2부를 구성하고 있다.

② 탈무드의 구성

위에서 이미 설명한 바와 같이 미쉬나와 게마라를 합쳐서 만든 것이 탈무드이다. 즉 미쉬나는 탈무드의 제1부를, 게마라는 제2부를 구성하고 있다.

한편 미드라쉬(Midrash)를 설명할 때 이미 언급한 바와 같이 탈무드 내에도 문체나 글의 내용에 따라 할라카(Halachah)의 요소와 '학가다'(Haggadah)의 요소가 포함되어 있다. 전자는 구전(口傳) 가운데 법적(法的)인 요소를, 후자는 지혜나 교훈을 담은 이야기, 짧은 잠언 등의 내용을 가리킨다. 즉 할라카 부분이 유대교의 신앙과 사상의 원천이라면 학가다 부분은 유대인의 정서적인 면을 보여 준다고 볼 수 있다.

탈무드는 작성 장소에 따라 예루살렘 탈무드 즉 팔레스틴 탈무드와 바벨론 탈무드, 두 종류가 있으며 전자는 미쉬나 부분이, 후자는 게마라 부분이 주를 이루고 있다.

✝ 의의

이상에서 살펴본바 장로들의 전통은 유대인들에게 있어서 크게 두 가지 의의를 가지고 있었던 듯하다. 그중 하나는 전통을 토라에 기초하여 개별적인 상황마다 그에 적합한 규례를 만든 것으로써 구약 율법을 실생활에 구체적으로 적용토록 해준다는 것이다. 그리고 이렇게 생활 전 영역에서 율법에 적합한 삶을 살므로써 유대인들은 선민으로서의 정체성(Identity)을 보다 잘 유지할 수 있고 또 더욱 경건한 삶을 살 수 있다고 생각했다. 또 하나는 이렇게 성문 율법보다 약 10여 배 정도가 되는 많은 구전 율법을 만듦으로써 보다 근본적으로는 모세 율법을 범하지 않게 되었다는 것이다. 즉 그들은 그들이 신성시하는 모세 율법의 일점일획이라도 범하지 않기 위한 장치로서 많은 규정들을 고안해 내어 그것을 준수하였다. 그래서 이러한 구전 율법을 가리켜 모세 율법의 울타리 율법이라고 한다.

　　그러나 유대인들의 이 같은 사고방식은 하나님의 뜻을 왜곡시키거나 복잡한 형식적 규례들로써 백성들로 하여금 내적인 신앙보다 외적인 종교 형식을 더 준수케 하는 멍에를 씌우는 셈이 되었다. 예를 들면 '고르반의 규례'에서 보듯이 그 규례를 지키느라고 오히려 보다 중요한 부모 공경에 대한 하나님 말씀을 폐하였다^{막 7:11-13}. 이에 예수께서는 그들을 외식 주의자들이라 하며 크게 책망하셨다. 이처럼 유대인들은 하나님 율법의 신실한 준수라는 본래 목적은 상실하고 오히려 인간이 자기 이성으로 만든 법으로 스스로를 얽어매는 어리석음을 범하였을 뿐만 아니라 또한 그러한 그들의 형식적인 종교 생활이 예수 그리스도의 복음을 받아들이는 데 있어서 커다란 걸림돌이 되고 말았다. 이러한 사실은 오늘날 우리들이 하나님의 계명을 준수함에 어떠한 자세를 가져야 하는지를 잘 보여 주고 있다. 즉 하나님의 계명을 지킨다고 하면서 외식으로만 행하고 그 마음은 하나님에게서 떠나 있는 가증한 모습이 우리에게는 결단코 없어야 할 것이다.

학습 자료 71-8 고르반 ^{막 7:11}

✝ 정의 및 관련 풍습

고르반이란 '하나님께 드린 예물', 또는 '하나님께 드림'이란 뜻으로서 히브리어 '코르반'을 음역한 것이다. 구약 성경에서 이 단어는 단순히 하나님께 감사함으로 바치는 제물, 혹은 예물을 가리키는 단어로 쓰였다^{레 2:1, 4, 12}. 그런데 바벨론 포로기 이후 외적인 의식 및 규례를 강조하는 유대인들에 의해 이 단어는 하나의 맹세어로서 스스로 헌신하여 하나님께 바치는 모든 물건에 확대 적용되었다. 즉 유대인들은 하나님께 대한 자기 신앙의 진정성을 나타내 보이기 위해 여러 사람 앞에서 '고르반', 즉 '하나님께 드림이 되었다'라고 맹세하고 예물을 하나님께 바쳤고, 이것이 풍습이 되어 후대에 전해져 왔다. 한편 '고르반'으로 바친 물건은 비록 자신의 집에 소유하고 있더라도 하나님의 것이기 때문에 종교적인 목적 이외에 다른 목적으로 사용할 수 없었으며, 또 다른 사람이 일체 그 물건에 손댈 수 없었다.

✝ 고르반과 관련된 장로들의 전통과 그 폐단

이상에서 본 바 '고르반'은 본래 매우 신앙적인 동기에서 비롯된 종교적 풍습이었다. 그러나 장로들의 전통은 이 풍습을 종교적 규례로 크게 강화하여 그 세부 규정을 많이 정했다. 즉 예를 들면, 장로들의 전통은 자식이 부모에게 드려 봉양해야 할 것을 '하나님께 드림이 되었다고' 말하기만 하면 부모 봉양 의무는 지키지 않아도 된다고 가르쳤다. 물론 이는 부모 봉양보다 하나님께 대한 신앙이 우선한다는 종교적 가르침에 근거한 것이다. 그러나 점점 이 규례는 부모와 사이가 나쁜 자식이나 부모 봉양을 꺼리는 불효자식들에게 부모 공경을 회피할 수 있는 변명거리를 제공하게 되었다. 결국 본질적이지 않고 인위적인 규례를 지키려고 하나님이 직접 명하신 '네 부모를 공경하라'는 십계명의 제5계명을 범하게 하는 중대한 오류를 저지른 것이다.

또한 '고르반'하고 맹세한 사람은 그 물건을 성전에 바치지 않고 그대로 소유할 수도 있었다. 따라서 겉으로는 신앙적인 듯이 하면서 실상은 그 물건들을 자신들을 위해 사용하는 기만적인 행위도 빈번히 있었다. 이에 예수께서도 고르반의 본래의 종교적 목적을 부정하신 것이 아니라 바리새인들의 외식되고 기만적인 행위에 대해 책망하신 것이다.(학습 자료 71-7 '장로들의 전통'을 참조하라.)

학습 자료 71-9 '진실로 진실로' 요 6:32

복음서를 보면 예수께서 사용하시는 독특한 화법(話法) 중의 하나가 '내가 진실로 진실로 너희에게 이르노니'이다. 공관 복음에는 주로 '진실로'(truly)가 한 번 사용된 형태로마 5:18, 26, 6:2, 요한복음에는 두 번씩 이어서 사용된 형태로요 1:51, 3:11, 5:19 등 나타난다. 그리고 이렇게 '진실로'가 두 번 사용된 형태는 오직 요한복음에만 나타나며 약 25회 사용되었다. 예수께서 이렇게 '진실로 진실로'라는 강조적 어투를 사용하셨을 때 그것이 가지는 진정한 의미는 무엇인가? 이에 대해 살펴보도록 하겠다.

✝ 용어의 정의

'진실로'(truly)에 해당하는 원어는 본래 구약 히브리어 '아멘'에서 유래한 것이다. 히브리어 '아멘'은 '버티다', '지지하다', '신뢰가 되다'라는 뜻의 동사 '아만'에서 유래한 것이다. 그래서 이 용어는 구약에서는 일반적으로 맹세, 축복, 저주, 기도, 예배시 송영의 끝부분에 붙여서 사용하였으며 '아멘'한 말에 대한 자신들의 동의, 혹은 그 말에 관해 책임을 지겠다는 일종의 맹세의 뜻을 내포하고 있다.

이러한 히브리어 아멘이 신약에서 헬라어로, '아멘'(ἀμήν), '알레도스'(ἀληθώς)로 번역되었고 한글 성경에서는 '진실로', 또는 '참으로'로 번역되었다.

✝ 예수님의 용법

예수께서 진지하게 '내가 진실로 진실로 너희에게 이르노니'라고 말씀하신 것은 크게 다음과 같은 두 가지 의미를 내포한다.

① **진리에 대한 강한 자기 확신 및 맹세의 표현** : 예수께서 '진실로 진실로'라고 말씀하셨을 때 그것은 당신의 교훈, 혹은 구약 율법에 대한 해석, 하나님의 뜻이나 미

래 천국에 관한 약속 등에 있어서 그것들이 모두 진실되며 반드시 그렇게 될 것이라는 자기 확신과 또 당신이 하신 말씀에 대해 완전히 책임을 지시겠다는 맹세의 뜻을 내포하고 있다눅 9:27, 12:44, 23:43. 그리고 요한복음에서는 이러한 표현이 주로 예수님 자신의 신적(神的) 신분과 사역의 권위 및 진정성을 주장하는 말씀과 함께 나타나고 있다요 1:51, 3:11, 10:1, 7, 13:14, 16. 그것은 아마 예수의 여러 측면 중 그의 신성을 강조하는 요한복음의 기록 목적에 따른 것으로 보인다.

② **자신의 말씀에 대한 권위의 표현** : 또한 '진실로 진실로'는 예수께서 말씀하신 그 말씀이 신적 권위를 갖는 말씀임을 보여 준다. 이런 점에서 예수님의 말씀은 구약 선지자들이 전한 말씀과 좋은 대조를 이룬다. 즉 구약 시대의 선지자들은 하나님 말씀을 전파할 때 '여호와께서 말씀하시되'사 52:5, 63:8, 렘 9:25 등 혹은 '주께서 말씀하시기를'시 68:22, 렘 51:62, '주의 신이 ... 내게 말씀하여 이르시되'겔 3:24 등의 표현을 사용한다. 이는 선지자들이 전하는 말씀은 자기에게서 직접 나온 것이 아니라 하나님에게서 나온 것임을 강조함으로써 그 말씀에 대한 신적 권위를 나타내는 것이다.

그러나 예수께서는 '내가 진실로 진실로 너희에게 이르노니'요 5:19라고 말씀하심으로써 그 말씀이 자신에게서 나온 것임을 강조한다. 즉 구약 선지자들은 하나님의 권위에 의지하여 메시지를 전파하였으나 예수께서는 당신이 가지신 신적 권위로서 직접 메시지를 주신 것이다. 우리는 이러한 예수님의 화법(話法)을 통해서 그분이 신적 권위를 가지신 하나님의 아들 그리스도이심을 발견하게 된다.

✝ 의의

우리가 성경을 통하여 주목할 것은 '진실로 진실로'라는 표현은 예수님 자신 이외에 아무도 사용하지 않았다는 사실이다. 12 사도나 그 이후 초대 교회 교부들도 이런 표현을 쓰지 않았다. 다만 예배 때에 기도의 끝부분, 혹은 찬송의 끝부분에서 '아멘'(진실로)으로 화답할 때 사용했을 뿐이다. 이로 볼 때 12 사도나 초대 교회의 성도들은 '진실로'로 표현된 예수님의 말씀을 매우 신성하게 여겼으며, 또한 그런 표현을 주님 이외에 아무도 사용할 수 없는 것으로 여겼음이 분명하다. 한편 우리들도 복음서에서 이런 표현의 말씀을 대할 때 더욱 경건한 마음으로 주님의 뜻을 헤아려 보기에 힘써야 할 것이다.

72일 핵심 학습 자료

마 15:21~16:4·막 7:24~8:12·마 16:5~20·막 8:13~30·눅 9:18~21·마 16:21~28·막 8:31~9:1·눅 9:22~27·
마 17:1~13·막 9:2~13·눅 9:28~36·마 17:14~18, 8:19~22·막 9:14~50·눅 9:37~62·요 7~10:21

학습 자료 72-1 베드로의 신앙 고백에 대한 예수의 축복 약속
이해 마 16:13-20

마 16:13-20은 그 유명한 베드로의 신앙 고백(Confession)과 그에 따른 예수님의 축복 기사이다. 베드로의 신앙 고백은 신약 교회 역사상 최초로 예수를 그리스도(히, 메시아)로 고백한 그야말로 구속사적 고백이었다.

한편 예수의 사후에 오순절 성령 강림으로 태동한 신약 교회의 초대 건립자들인 예수의 12제자 중 수제자로서 이처럼 중요한 고백을 한 베드로에게 주님은 다음과 같은 축복의 말씀을 주셨다. 즉 예수께서는 신앙 고백을 마친 베드로에게 '너는 베드로라 내가 이 반석 위에 내 교회를 세우리니 ... 내가 천국 열쇠를 네게 주리니'라고 약속하셨다. 그런데 로마 가톨릭교회(Roman Catholic Church)에서는 이 축복 약속 말씀을 근거로 하여 자신들의 교황권 교리의 정당성을 내세우고 있다. 즉 예수께서는 베드로를 신약 시대 전 교회의 머리, 곧 교회의 반석으로 세웠으며[18절], 또 그에게 천국 열쇠를 주셔서 전교회를 치리(治理)하는 권한까지 주셨다는 것이다[19절]. 그리고 이러한 베드로가 바로 로마 교회를 세우고 로마에서 전도하다가 순교했기 때문에 베드로는 최초의 로마 교황(敎皇)이며, 그를 계승한 로마 교황들은 베드로가 예수께 받은 모든 축복과 권한까지도 계승하여 물려받았다는 것이다. 과연 로마 가톨릭교회의 이러한 주장은 타당한 것인가?

✝ 반석은 베드로가 아니라 신앙 고백이다.

가톨릭교회는 본문 18절의 너는 베드로라 '이 반석 위에 내 교회를 세우리니'라는 말씀에서 반석은 베드로(Peter)를 가리킨다고 주장한다. 왜냐하면 베드로라는 이름이 '반석'이라는 뜻이 있기 때문이다. 그러나 여기 반석은 결코 베드로를 가리키지 않으며, 따라서 본문은 결코 베드로라는 개인의 인격 위에 교회를 세우시겠다는 말로 이해해서는 안 된다. 그 이유를 살펴보면 다음과 같다.

본문 18절에서 '반석'에 해당하는 헬라어는 '페트라'(ρέτρα)로서 여성형이다. 그리고 베드로의 이름에 해당하는 헬라어는 '페트로스'(πέτρος)로서 남성형이다. 여성형 '페트라'는 어떤 건물의 기초가 될 수 있는 큰 암반을 가리키고 남성형 '페트로스'는 그냥 작은 바위를 가리킨다. 그러므로 원어상으로도 본문의 '반석'은 결코 베드로를 가리킨다고 볼 수 없다.

또한 만일 18절에서 반석이 베드로를 가리키는 것이었다면 이에 바로 뒤이어지는 21-23절에서 베드로가 예수님의 수난을 만류하다가 듣게 된 '사탄아 내 뒤로 물러 가라'는 예수님의 책망을 해석할 길이 없다. 만일 베드로가 교회의 머리요, 반석이 된 것이었다면 어떻게 예수님의 구속 사역을 전혀 이해하지 못하고 그런 실수를 할 수 있으며, 또 예수께 사탄(Satan)이란 책망까지 들을 수 있는가? 그뿐만 아니라 베드로는 예수께서 대제사장 가야바 집에 잡혀 계실 때 세 번이나 예수를 모른다고 부인하지 않았던가?^{마 26:75} 이에서 우리는 베드로가 신약 전교회의 반석이 될 수 없음을 분명히 확인할 수 있다.

따라서 '이 반석 위에 내 교회를 세우리니'라는 예수님의 말씀은 이렇게 해석되어야 한다.

23절에서 예수께서 베드로를 가리켜 사탄이라 하셨을 때 베드로가 곧 사탄이라는 뜻이 아니라 그의 순간적 생각이 사탄적이었음을 말한 것이었듯이 베드로의 신앙 고백에 이어 주신 이 반석 위에 내 교회를 세운다는 말씀도 결국 베드로 개인의 인격이 곧 반석이고 그 위에 교회를 세우신다는 말이 아니라 본문 17절이 분명히 지적하고 있듯이 베드로가 방금 하나님이 주신 깨달음을 통해 행한 신앙 고백(信仰告白)이 반석이며 역사상 최초로 행해진 이 신앙 고백을 기점으로 해서 그리고 이후에 이와 동일한 고백을 하는 자들을 중심으로 교회를 세우시겠다는 말로 본문을 이해하여야 한다.

따라서 일단 정리하면 주님이 마침 반석이라는 뜻을 가진 베드로의 이름을 거명한 뒤에, 바로 베드로가 행한 신앙 고백을 반석으로 삼아 교회를 세우시겠다고 말씀하신 것은 결국 반석 같은 베드로가 행한 신앙 고백을 반석 삼아 교회를 세우시겠다는 뜻의 말씀으로 이는 같은 단어를 연속시킴으로 깊은 인상을 남기는 일종의 수사학적 표현이었다. 물론 이때 신앙 고백도 베드로가 했기 때문에 중요한 것이 아니라 누가 하였든, 앞으로 수많은 성도가 계속 신앙 고백을 할 것이지만. 그것이 하나님의 깨닫게 하시는 은혜, 곧 계시의 은혜로 인한 올바른 고백이었기 때문에 중요한 것이었다.

또한 우리가 더욱 깊이 묵상할 때에 그리스도께서 신앙 고백을 반석으로 교회를 세우시겠다고 본문에서 말하신 것 또한 문학적 표현 곧 비유적 표현으로 그것이 실제 가리키는 내용의 해석에 대하여 유의해야 할 것이다. 인간은 어차피 유한자이다. 따라서 인간의 신앙 고백이 아무리 훌륭하고 옳아도 언제나 부분적일 수밖에 없다. 또한 그런 신앙 고백을 한 인간 자체가 늘 변할 수 있다. 따라서 성경을 전체적으로 종합한 성경 교리(聖經敎理)의 관점에서 보면 교회 신학의 기초, 역사적 기원 또는 교회 존재의 원동력은 언제나 인간의 신앙 고백이 아니라 신앙 고백의 대상인 예수 그리스도분이다. 결국 앞서 말한 의미로는 예수만이 교회의 유일하고 영원한 참 반석으로 표현될 수 있다. 그럼에도 불구하고 본문에서 베드로가 방금 행한 것과 같은 신앙 고백을 교회의 반석으로 삼으시겠다고 말씀하신 것은 이와 같은 신앙 고백 사건을 기점으로 해서 또 이와 동일한 고백을 할 자들을 대상으로 해서 당신께서 이제 교회를 세우시겠다는 의지를 비유적으로 표현한 것이다. 이는 신약 성경 전체에서 교회의 반석은 오직 예수 그리스도라고 기록하고 있는 것과 일치한다. 즉

'이 닦아 둔 것 외에 능히 다른 터를 닦아 둘 자가 없으니 이 터는 곧 예수 그리스도라'^{고전 3: 11}.

여기서 우리는 다시금 인간 언어의 한계를 깨닫고 어느 한 구절이 성경 각 문맥에서 정확히 어떤 뜻을 갖고 있는지, 그리고 그것이 성경을 체계적으로 종합한 성경 교리와는 어떤 관계에 있는지를 문학적으로 그리고 역사적으로 철저히 규명하여야 할 것을 깨닫는다.

따라서 오류투성이의 인간에 불과했던 베드로와 그를 후계한 교황들이 교회의 기초요, 신약 전교회에 대해 절대적 권위를 갖는다고 말하는 로마 가톨릭교회의 주장은 본문의 문맥 흐름에서 보거나, 또 성경 전체에서 가르치고 있는 교리적 입장에서 결코 받아들일 수 없는 것이다. 이는 베드로의 신앙 고백에 있어서 중요한 것은 고백을 하는 베드로가 아니라 그 고백의 대상인 주님이었다는 것을 무시한 처사이며 동시에 인간에 불과한 교황이 주님 교회의 머리가 되어 절대권을 장악하고 있는 왜곡된 현실을 합리화시키기 위하여 성경 본문에 무리한 해석을 가하여 야기된 결정적 오류이다.

✝ 천국 열쇠 약속은 베드로를 포함한 전 신약 교회에 주어진 것이다.

로마 가톨릭교회는 본문 19절의 '내가 천국 열쇠를 네게 주리니'라는 말씀이 예수께서 베드로 개인에게 천국 열쇠를 주셨으며 당신의 대리자로서 신약 교회를 다스릴 전권(全權)을 부여하신 것을 의미한다고 주장한다. 그리고 그의 뒤를 이어 당시 로마 제국의 수도였던 로마에 세워졌던 로마 교회의 지도자가 된 교황은 자연히 베드로가 가졌던 교회에 대한 전권도 물려받았다고 주장한다. 그러나 위에서 살펴본 바와 같이 베드로가 교회의 반석이 아니라면 예수님의 천국 열쇠 약속도 꼭 베드로에게만 주어진 것이라고 말할 수 없다. 이 천국 열쇠 약속은 베드로를 포함한 신약 교회 전체에서 주어진 것이다.

먼저 천국 열쇠 약속은 베드로가 개인 자격으로 받은 것이 아니라 전 신약 교회의 대표자로 받은 것이다. 베드로가 전 신약 교회의 대표자가 된다는 사실은 부인할 수 없다. 베드로는 열두 제자 중 수제자로 대부분 주님을 향한 세상 제자들의 대표자 역할을 수행했었다^{마 16:15, 16, 19, 28, 26:40, 막 11:21}. 또한 베드로는 주의 형제인 야고보와 함께 초대 교회 시대에 최고 지도자로서의 역할을 수행했다^{행 2:37, 38, 5:29}. 이러한 베드로가 전 신약 교회의 대표자(代表者)로서 역사상 최초로 예수를 그리스도요 살아계신 하나님의 아들로 고백하였으며 또 모든 세대의 성도들을 대표하여 천국 열쇠 약속을 받은 것이다. 따라서 천국 열쇠 약속은 베드로가 전 신약 교회의 대표자로 받은 것이기 때문에 그것은 베드로 한 사람에게만 해당되는 것이 아니라 전 신약 교회에 다 해당하는 것이다.

한편 천국 열쇠가 신약 교회 전체를 다스리는 전권(全權)을 의미하는 것도 아니다. 로마 가톨릭교회는 천국 열쇠를 마치 교회 전체를 다스리는 지배권을 상징하는 것으로 해석하여 모든 교회는 베드로의 후계자로서 천국 열쇠를 소유한 교황의 가르침과 지시에 따르며 복종해야 한다고 말한다. 그러나 여기서 천국 열쇠란 바로 예수 그리스도가 신약 교회에 주신 복음(福音)의 말씀을 가리킨다. 즉 교회가 복음을 전파할 때 사탄의 어두움과 죄의 세력에 얽매여 있는 자들을 풀어놓아 자유롭게 하며, 또 복음 전파를 통하여 그리스도 앞으로 나아온 자들을 다시는 사탄의 세력에 빼앗기지 않도록 서로서로 묶어 준다는 것이다. 즉 교회가 가진 복음, 곧 그리스도의 말씀이 교인들을 사탄의 굴레에서 풀어도 주고 또 교인 간을 서로 묶어도 주는 천국 열쇠가 되는 것이다. 정통 복음주의 신학자들은 천국의 열쇠의 내용을 보다 세분하여 복음을 수호하고 전파하는 데 필수적인 교회의 교리권, 치리권, 봉사권, 이 세 가지의 권세를 가리킨다고 보기도 한다.

✝ 의의

위에서 우리는 베드로의 신앙 고백에 대한 예수의 축복 약속의 본질에 대해 살펴보면서 이를 곡해한 로마 가톨릭교회의 교황권 교리의 허구성을 살펴보았다. 가톨릭교회는 지금도 이 구절에 근거하여 교회에 대한 교황의 절대적 지배를 인정하며 심지어 교황 무오설까지 주장한다. 이는 모든 인간은 하나님 앞에선 단 한 명도 예외 없이 죄인이며 또 절대 영원한 존재는 하나님밖에 없다는 가장 기본적인 성경 교리와도 어긋나는 것이다롬 3:10-18. 또한 2000년 교회사(敎會史)에 나타난 교황들의 숱한 탐욕과 범죄 사건들을 기억할 때도 이는 근거 없는 허구이다. 극언하자면 가톨릭교회의 교황권 주장은 인간이 하나님의 자리를 취하려 하는 사탄적 발상이라 하겠다. 여기서 우리는 성경 일부의 말씀만을 근거로 어떤 특정한 개인이나 단체에 유리하도록 임의로 해석하여 왜곡된 교리를 만드는 것이 얼마나 잘못된 것인가를 발견하게 된다. 동시에 그리스도 자체와 그분께 대한 올바른 신앙 고백이 아닌 다른 어떤 것에 기초한 교회는 그 어떤 경우에도 결코 하나님 보시기에 참된 교회가 될 수 없다는 사실도 새삼 명심하게 된다.

기적을 성경에 기록한 이유

◈ 그 기적은 환상이나 지어낸 이야기가 아니고 실제로 일어난 일이기 때문.
◈ 그 기적 속에 하나님이 전하시고자 하시는 중요한 메시지가 있기 때문.
　① 초자연적인 능력을 가진 하나님이 존재하신다는 것을 보여 준다. 그러므로 하나님은 그런 하나님 앞에서 그들의 한계성을 깨달으며 또한 그런 하나님을 의지하여 그들의 한계를 뛰어 넘어 도전하게 하신다.
　② 기적은 자연의 법칙을 깨고 이루어지는 것이다. 그 법칙을 만드신 이는 하나님이시다. 하나님은 스스로 만드신 법칙을 깨면서 까지 인간을 사랑하신다는 것을 보여 주기 위함이다.

③ 하나님이 일하시는 방법을 보여 주기 위함이다. 하나님은 인간의 상식이나 이성의 한계를 훨씬 뛰어 넘는 방법으로 일 하신다.

④ 그 기적은 오늘날 인간 각자의 삶 속에 일어날 수 있다는 사실을 믿게 하기 위함이다.

학습 자료 72-2 가이사랴 빌립보 ^{마 16:13-20}

분문에는 예수가 그리스도이시며 살아계신 하나님의 아들이시라는 베드로의 유명한 신앙 고백이 나타난다. 여기서 베드로가 이 신앙 고백(信仰告白)을 한 장소가 바로 가이사랴 빌립보라는 지방으로 가는 길의 한 지점이었음을 알 수 있다. 이에 본문 기사를 바탕으로 가이사랴 빌립보의 위치와 신약의 배경이 되는 관련 역사 및 상징적 의미를 살펴보고자 한다.

✝ 위치

가이사랴 빌립보(Caesarea Philippi)는 요단강의 주요 수원지인 헤르몬 산기슭에 있는 아름다운 성읍으로, 헤브론 산에서 남쪽으로 약 40km 지점에 위치하고 있다. 이는 당시 로마 행정구역상 골라닛 지방에 속했다. 이곳은 요단 강의 가장 동쪽에 있는 지류와 헤르몬 산기슭에 있었기 때문에 헤르몬산의 깊은 계곡과 해발 2,400m에 달하는 웅장한 봉우리들, 또 풍부한 물과 각종의 식물들로 일대 장관을 이루었다. 그래서 이곳은 팔레스타인에서 가장 아름다운 지역의 하나로 손꼽혔다.

✝ 명칭 및 관련 역사

가이사랴 빌립보는 그 뛰어난 정경으로 인해 일찍부터 개발되었는데, 구약 시대의 '바알갓'^{수 11:17, 12:7, 13:5}, 또는 '바알 헤르몬'^{삿 3:3, 대상 5:23}이 바로 이곳을 가리키는 것으로 추정된다. 이러한 명칭들은 이곳이 여러 신을 모시는 성소로서 유명했음을 시사한다. 그러다가 후일 그리스 사람들이 이곳을 점령한 후 그들의 신, 판(Pan)을 이곳에 모셨으며, 성읍의 이름도 이에 따라 '파네아스'로 개명했다. 이곳이 로마령(領)이 되었을 때 황제 아우구스티누스는 이곳을 헤롯 대왕에게 주었다(B.C. 20년경). 그러다가 A.D. 1세기 초 헤롯 대왕의 아들인 헤롯 빌립 2세는 이 성읍을 확장 건설한 후 당시 로마 황제였던 디베료 가이사(Tiberius Caesar)의 총애를 받기 위해 그의 이름을 따서 '가이사랴'라고 명명했다. 그리고 로마의 수도이며, 지중해 연안의 유명한 항구도시인 가이사랴^{행 8:40}와 구별하기 위해 자신의 이름을 덧붙여 '가이사랴 빌립보'라고 칭하게 되었다.

한편 주로 이방인들이 거주했던 이 성읍은 그리스·로마 문화의 중심지이자 요충지였다. 또한 비잔틴 시대, 십자군 시대에 이르기까지 요단강 북부 지역의 주요 도시로 찬란한 명맥을 이어왔다. 현재는 이 성읍의 폐허지에 '바니아스'(Banias)라는 마을이 서 있다.

✝ 영적 교훈

가이사랴 빌립보는 팔레스타인 어느 곳도 이곳의 아름다움과 비교할 수 없을 만큼 정경이 뛰어난 곳이었다. 이러한 아름다운 자연 속에서 당시 예수께서도 제자들과 더불어 둘러앉아 휴식하셨고, 이때 '너희는 나를 누구라 하느냐'[15절]고 질문하셨을 것이다. 그 때에 시몬 베드로가 '주는 그리스도시요 살아계신 하나님의 아들이시니 이다'[마 16:16]라는 위대한 신앙 고백을 한 것이다. 헤르몬산 서남 기슭, 갈릴리 호수 북쪽으로 이교의 신전이 곳곳에 서 있던 이 성읍에서 베드로가 외친, 이 같은 신앙 고백은 의미가 깊다. 또한 이 신앙고백을 따라 후일 베드로는 이교의 각종 신과 황제 숭배하기를 거부하고 장렬히 십자가형을 받았다.

오늘날 각종 세속 문명 속에서, 그리고 범람하는 돈·권력·명예 지상주의 풍조 속에서 우리는 과연 이 모든 것을 뿌리치고 가이사랴 빌립보에서의 베드로의 신앙 고백을 담대히 외칠 수 있는가? '주는 그리스도시요 살아 계신 하나님의 아들이시니 이다.' 정말로 이러한 신앙 고백을 예수님께 할 수 있는 성도만이 예수 그리스도의 십자가의 비밀을 들을 자격이 있는 자라 할 것이다[마 16:21].

학습 자료 72-3 예수의 함구령(緘口令) 눅 9:18-21

본문에는 예수의 갈릴리 사역의 최절정기이자 공생애의 일대 전환점을 이루는 베드로의 신앙 고백 사건이 기록되어 있다. 베드로가 '너희는 나를 누구라 하느냐'란 예수님의 질문을 받고 '하나님의 그리스도시니이다'라고 고백했을 때 예수께서는 '이 말을 아무에게도 이르지 말라'는 함구령을 내리셨다. 이와 유사하게 공관 복음서는 예수께서 함구령을 내리신 사실을 여러 번 기록한다.

그렇다면 인류의 구속주로 오신 예수께서 자신이 하나님의 아들 그리스도이심을 널리 알리셔서 많은 사람들로 하여금 자신을 믿도록 하셔야 할 텐데 이처럼 함구령을 내리신 이유는 무엇인가? 이제 예수의 함구령의 목적을 비롯한 전반적인 사실들을 살펴보고자 한다.

✝ 함구령을 내리신 시기

예수께서 함구령을 내리신 시기는 대략 예수의 존재와 그의 이적 및 가르침이 막 알려지기 시작한 공생애 초기인 A.D. 27년 중반부터 구속 사역의 최종 성취를 위한 십자가 수난을 받으시기 위해 최후로 예루살렘으로 올라가시던 때인 A.D. 30년 초반까지이다.

물론 이 시기 이전 공생애 시작 무렵에는 예수께서 스스로 자신이 그리스도이심을 증거하시기도 하시고, 또 다른 사람들이 그 사실을 공개적으로 말하는 것을 허용하신 적도 있다요 1:50, 51, 4:26, 29. 그러나 유대인의 예수 배척이 서서히 일어나기 시작하면서 예수의 함구령이 내려지기 시작하여 공생애의 일대 전환점을 이룬 베드로의 신앙 고백 사건과 십자가 수난을 예언하실 시점에 이르러서는 더욱 엄중한 함구령을 내리셨다. 이에 공관 복음서에 나타난 예수께서 함구령을 내리신 때를 도표로 정리해 보면 다음과 같다.

공생애 시기(A.D.)	함구령 시기와 대상
27년 겨울	안식일에 회당에서 귀신들린 자를 고치신 후 그 귀신에게(막1:21-25)
27년 겨울	가버나움에서 각색 병자를 고치시고 귀신을 쫓으신 후 그 귀신에게(막 1:34)
27년 여름	한 문둥병자를 치유하신 후 그 병자에게(마 8:4)
28년 겨울	안식일에 손마른 자와 각색 병자들을 치유하신 후 병자들에게(마 12:9-16)
28년 여름	가버나움을 떠나던 중 두 소경을 치유하신 후 그 소경들에게(마 9:27-30)
28년 가을	회당장 야이로의 딸을 소생시키신 그 후 그 가족들에게(눅 8:56)
29년 봄	베드로가 신앙 고백을 한 후 제자들에게(눅 9:18-21)
29년 봄	갈릴리 호수 부근에서 귀먹고 어눌한 자를 고치신 후 병자에게(막7:31-36)
29년 여름	변화산 사건 후 베드로와 다른 두 제자에게(마 17:1-9)

✝ 함구령을 내리신 이유

예수께서는 인류의 구속주(救贖主)로서 자신의 신분을 널리 알려 많은 사람에게 자신을 믿어 구원을 얻게 하셨어야 했다. 그런데도 굳이 함구령을 내리신 이유는 무엇인가? 더욱이 예수께서는 많은 이적과 가르침 등으로 자신이 하나님의 아들 그리스도이심을 이미 수없이 증거하셨는 데도 굳이 자신의 이적을 목격한 무리들, 그리고 귀신, 또 심지어 제자들에게조차 자신의 메시아 신분과 하신 일에 대해 말하지 못하게 하신 이유는 무엇인가? 이에 대해 우리는 다음 몇 가지로 답할 수 있을 것이다.

① **유대 지도자들과의 불필요한 마찰을 피하시기 위해** : 예수의 공생애 사역이 서서히 전개됨에 따라 그분을 메시아로 믿고 따르는 무리가 점차 많아지자 이에 가장 민감한 반응을 보인 자들은 유대의 정치, 종교 지도자들이었다. 즉 정치 지도자들은 예수가 민중을 선동하여 반란을 일으키지 않을까 하는 두려움을, 그리고 종교 지도자들은 예수가 유대교를 혼란스럽게 할까 하는 두려움을 갖고 있었다. 그래서 할 수만 있으면 예수를 제거할 빌미를 만들기 위해 혈안이 되어 있었다. 이에 예수께서는 당신이 전하는 복음의 말씀을 마음을 열고 들으려는 태도는 갖지 않고 자신들의 정치적, 종교적 기득권을 유지하기 위해 무조건 당신을 배척하는 그들과의 불필요한 마찰을 피하고자 함구령을 내리신 것이다.

② **메시아에 대한 오해를 막으시기 위해** : 예수 당시 유대인들은 그릇된 메시아 관을 가지고 있었다. 즉 그들은 구약의 일부만 왜곡되게 자신들의 민족주의적 입장에서 이해하여, 메시아를 자기 민족을 이방의 압제에서 구원하여 온 열방 중에 가장 뛰

통큰통독 연대기 해설 성경 | 신약

어난 민족으로 만들어 주고 이 땅에서 지극한 행복을 누리도록 해주는 정치적, 현세적 메시아로서 이해하고 있었다. 따라서 이러한 유대인들이라 자칫 예수 사역과 복음의 본질은 이해하지 못한 채 겉으로 나타난 이적들만을 보고 당신을 추종하기가 매우 쉬웠다. 실상 예수께서 오병이어 기적을 베푸신 후에 유대인들은 예수를 자신들의 정치적 왕으로 삼으려고 했었다^{요 6:15}. 특히 귀신들로 하여금 예수가 하나님의 아들 그리스도이심을 말하지 못하게 막으신 것은 귀신들이 예수에 대해 증거할 때 그렇지 않아도 바알세불의 힘을 빌려 이적을 행한다고 생각하는 바리새인들이 정말로 예수를 바알세불의 힘을 빌려 이적을 행하는 자 정도로만 오해하지 않도록 하기 위해서이다^{마 12:24}.

③ **충분한 공생애 기간의 확보를 위해** : 위에서 설명한 첫 번째 이유는 궁극적으로 본 항목의 이유에 귀속되는 것이다. 즉 예수께서 함구령을 통해 유대 지도자들과의 불필요한 마찰을 피하사 그들의 손에 붙잡히시지 않으신 것도 결국 충분한 공생애 기간의 확보를 위한 것이었다. 예수께서는 당신의 택한 죄인들을 구원하시기 위한 구속 사역의 최종 성취를 위한 십자가 수난을 받으시기 전에, 먼저 당신의 구속 사역의 궁극적 목적이요 또 결과이기도 한 천국 구원에 대한 복음의 본질을 선포하고 가르치셔야 했다. 그리고 특히 당신의 부활 승천 이후부터 다시 재림하실 때까지 이 땅의 성도들의 신앙과 생활의 본거지가 될 교회를 설립할 당신의 열두 제자를 훈련시킬 충분한 시간을 확보하셔야 했다. 이를 위해 예수께서는 함구령을 내리시고 또 유대 지도자들이 당신을 죽이기 위해 체포하려 할 때 피하시기도 하셨다^{요 5:13, 7:30, 눅 4:30}.

✚ 의의

이상에서 본 바, 예수께서 함구령을 내리시고, 혹은 자신을 배척하는 자들로부터 피하신 것은 당신이 메시아가 아니었거나 아니면 십자가 수난을 받으시기 전까지 미처 당신의 메시아 직에 대해 확신이 없으셨던 것이 아니다. 더욱 예수께서 유대 지도자들을 이기실 능력이 없어서도 아니다. 그것은 오직 당신의 택한 죄인들을 구원할 구속 사역을 완성하시는 데 필요한 과정일 뿐이었다.

이처럼 예수께서 함구령을 내리신 사실을 통해서도 우리는 당신의 백성들을 향한 넘치는 하나님의 사랑과 당신의 구속 계획을 빈틈없이 수행하시는 놀라운 하나님의 지혜를 발견하게 된다.

학습 자료 72-4 천국에서 큰 자 ^{마 18:1-10}

마 18:1-10은 천국 시민된 자의 자세에 대한 예수의 강화(講話)이다. 그중 본문에 나오는 어린아이를 통한 교훈과 100마리 양 중에 잃어버린 한 마리 양의 비유는 모두 천국 시민된 자의 자세에 대한 교훈 중 어린아이와 관련된 가르침들이다. 이 가르침들은 제자들이 예수께 나아와 '천국에서 누가 크니이까'라고 질문했을 때 그 대답으로 나온 가르침들이다. 이에 그 교훈을 정리해 봄으로써 예수께서 말씀하시는 '천국에서 큰 자'란 어떠한 자인지 살펴보자.

1. 어린아이와 같이 겸손한 자 ^{4절}

여기서 어린아이처럼 겸손해야 한다는 말은 어린아이 자신이 무슨 대단한 겸양지덕을 갖추고 있어서 그것을 본받으라는 의미가 아니다. 그것은 오히려 어린아이들이 사람들 앞에서 자기의 공로를 내세우거나 인정을 받으려 하지 않는 것처럼 천국 시민도 하나님 앞에서 자기 공로를 내세우지 않고 겸손해야 함을 교훈하는 것이다.

2. 어린아이라도 귀히 영접하는 자 ^{5절}

어린아이가 천국을 위해 무슨 일을 할 수 있겠느냐라고 생각하여 그를 무시하고 외면해서는 안 된다는 것이다. 이렇게 남을 무시하고 외면하는 마음은 곧 자신을 크게 생각하는 교만함과 연결되며, 약한 자를 들어 강한 자를 부끄럽게 하시는 하나님의 사역의 방법에 대한 무지의 소치이다.

3. 어린아이에게 본이 되는 자 ^{6절}

어른들의 교만함과 무절제한 행동, 그리고 어린아이를 업신여기는 태도 등이 곧 어린아이들을 실족케 한다. 어린아이들에게 항상 순진무구하게 좋은 것만을 생각하며 하나님을 바라보도록 어른들이 어린아이 앞에서 모범이 되어야 한다. 여기서 어린아이가 믿음이 연약한 초신자들도 의미한다고 볼 때 이 말씀은 믿음이 연약한 자에 대한 먼저 믿은 자의 자세를 교훈하는 것이기도 하다.

4. 작은 자 하나라도 끝까지 보살피는 자 ^{12-14절}

어린아이는 종종 엇길로 가거나 길을 잃고 헤매기 쉽다. 그리고 한 번 엇길로 가기 시작하면 돌이켜 올바른 길을 찾아갈 능력이 없다. 그러므로 어린아이에게는 항상 그를 세심히 보살피고 인도해 줄 보호자와 인도자가 필요한 것이다. 이런 일을 외면하고 소홀히 하는 것 또한 천국 시민으로서 합당치 않은 것이다.

이상의 사실들을 통하여 천국에서 가장 큰 자는 하나님 앞에서 겸손한 자임과 동시에 하나님의 심정으로 항상 약한 자들을 돌보며 그들에게 본을 보임으로 실족게 하지 않는 자인 것이다. 이에 대한 바울의 교훈을 빌어오면 '오직 겸손한 마음으로 각각 자기보다 남을 낮게 여기고 각각 자기 일을 돌아볼뿐더러 또한 각각 다른 사람들의 일을 돌보아' ^{빌 2:3, 4} 하나님을 기쁘게 하는 자가 천국에서 큰 자인 것이다.

학습 자료 72-5 '하나님 나라(Kingdom of God)'의 이해

하나님 나라 곧 천국이야말로 성경이 제시하는 가장 궁극적이고 역동적인 비전 (vision)이다. 하나님 나라가 있으므로 해서 기독교의 구원은 초월성과 영원성을 갖는다. 이러한 천국이 태초부터 종말까지 이어지는 이 역사의 실체, 나아가 전 우주의 본질을 한 치의 어긋남도 없이 보여 주는 진리의 책 성경에 제시되어 있으므로 해서 실로 성도는 절대 영원의 소망을 가질 수 있는 것이다.

우리의 구속주로서 오신 예수께서 공생애 사역을 개시하시면서 맨 처음 선포하신 메시지가 바로 '회개하라 천국이 가까이 왔느니라'마 4:17, 막 1:14, 15였다. 또한 예수님의 모든 설교의 궁극적인 핵심 주제도 바로 '하나님의 나라' 곧 천국에 관한 것이었다. 그러면 과연 예수께서 선포하신 천국 곧 하나님 나라란 실로 어떤 나라인가?

✝ 관련 용어의 이해

'하나님 나라'와 관련된 용어로는 '하나님의 나라'와 '하늘 나라(천국)' 두 가지가 있다. 문자적인 의미에서 보자면 '하나님의 나라'는 그 나라의 통치권자, 곧 하나님을 강조하는 용어이며, '하늘 나라'는 눈에 보이지 않으나 분명 존재하는 하나님의 통치 영역, 혹은 통치 범위를 강조하는 용어로 볼 수 있다. 또는 그 나라는 본질상 이 땅에 속한 나라와는 다른 나라임을 암시하는 용어이기도 하다. 한글 개역 성경은 '하늘 나라'를 주로 '천국(天國)'으로 번역하고 있다. '하나님 나라'(Kingdom of God)라는 표현은 마태복음에 4회, 마가복음에 14회, 누가복음에 32회, 요한복음에 2회가 나타나며 그 외 다른 신약 성경에 약 15회 나타난다. 그리고 '하늘나라'(Kingdom of Heaven), 또는 '천국'이란 용어는 다른 신약 성경에는 거의 나타나지 않으며 마태복음에만 33회 사용되었다. 그러나 이 두 용어는 분명 동일 대상(one object)을 지칭하는 두 개의 서로 다른 표현(two expressions)의 용어들일 뿐이다. 다만 유대인들은 하나님의 이름을 함부로 일컫는 일을 극히 삼갔으므로 유대인들을 주 독자로 하는 마태복음은 주로 '하늘 나라'라는 용어를 사용하였고, 이방인들을 염두에 두고 기록된 다른 복음서들은 주로 '하나님 나라'라는 용어를 사용하였을 뿐이다.

한편 일반적으로 '천국'이라고 할 때는 주로 내세(來世), 혹은 이 땅이 아닌 어느 특정한 공간의 개념으로서 하늘에 있는 나라만 생각한다. 그러나 성경에서 말하는 천국은 내세의 특정한 공간의 개념 훨씬 이상의 개념을 갖고 있다. 즉 성경에서 '하나님 나라'는 하나님의 통치권, 그리고 하나님 구원의 은혜에 의한 통치가 미치는 영역 및 그의 통치를 받는 선택된 성도, 이 셋을 모두 포함하는 개념이다. 그리고 여기서 하나님 구원의 은혜에 의한 통치가 미치는 영역이란 말도 공간의 의미로서만이 아니라 그의 구원의 은혜에 근거한 통치가 미치는 영육 간의 모든 범위를 가리킨다. 물론 하나님의 통치권 자체는 어느 한 곳에 국한된 것이 아니라, 온 우주와 모든 피조물이 처하는 영육 간의 모든 차원이 다 포함되나 천국이라 할 때는 단순한 하나님의 통치권 그 자체가 아니라 구원과 축복을 주시려는 목적에서 시행되는 하나님의 특별한 은혜의 통치가 미치는 전 영역을 특별히 구분하여 가리키는 것이다. 물론 다음 2항에 설명되어 있듯이 천국이 현재는 다만 영적으로만 도래하여 있으며 오직 세상 끝 날에 그리고 신천신지(新天新地 새 하늘과 새 땅 New Heaven and New Earth)에서 비로소 영육 간에 온전히 실현될 것인바 이를 집중적으로 강조하여 천국을 세상 끝 날에 그리고 이 땅이 아닌 새로운 곳에 세워진다고 표현하기도 하나 엄밀한 의미에서 천국은 위의 세 가지 요소를 모두 포함하는 매우 광범위한 개념이다.

✝ 하나님 나라의 역동성

하나님 나라는 과거 역사의 어느 한 시점에서 완전히 이루어진 것이 아니다. 또 현재의 역사와는 전혀 무관하다가 미래의 어느 한 시점에서 갑자기 이루어질 것도 아니다. 하나님의 나라는 과거 하나님께서 천지창조를 통하여 온 피조물에 대한 통치를 개시하신 시점인 태초부터 있어 왔으며 그리고 아담의 타락 이후 그 나라는 일시 단절될 위기에 처하였으나 예수를 중심으로 한 구속사의 전개를 통하여 다시금 인간을 구원하시려는 하나님의 은혜로운 섭리의 결과로 현재에도 우리 가운데 임재해 있으며, 또 미래, 곧 역사의 끝 날에 온전히 성취될 것이다.

흔히들 하나님 나라는 예수께서 성육신(Incarnation) 초림하심과 동시에 비로소 도래했다고 생각한다. 그러나 예수께서 성육신하시기 이전에도 하나님의 구원 은혜에 근거한 통치가 예수 그리스도의 초림과 그의 구속 사역의 성취를 예표하며 시행되고 있었기 때문에 구약 시대에도 하나님의 나라는 분명히 존재했었다. 그렇다면 예수께서 마치 당신으로부터 하나님 나라가 비로소 시작된 것처럼 말씀하신 것 마 12:28, 눅 17:21은 어떤 의미인가? 그것은 예수로 말미암아 비로소 하나님 나라가 시작되었다는 의미가 아니라 바로 하나님 나라의 통치권을 소유하신 삼위일체 하나님 자신, 곧 제2위 성자 예수께서 우리의 구속주로서 아담의 범죄 이후 창조 당시의 온전한 축복을 상실하고 오염된 이 세상에 사람의 모습으로 오셔서 인간의 죄를 당신의 대속(代贖) 희생으로 사하시고 다시금 인간에게 하나님 나라의 온전한 축복에 참예할 수 있는 자격을 갖게 해주시고자 직접 인간의 역사 속에 등장하심으로써 하나님 나라가 갖는 모든 특징이 비로소 뚜렷이 드러나기 시작했음을 의미하는 것이다. 즉 구약 시대에도 분명 하나님이 구속사의 대 지평 위에서 온 우주를 다스리고 계셨기에 분명 하나님 나라가 존재하였으나 이 세상 안에 뚜렷이 실현되지는 못했다. 그것이 실현되기 위해서는 그 선결 요건으로서 첫 인간 아담의 타락으로 말미암은 죄 문제가 해결되고, 죄로 인하여 단절된 그 나라의 통치자이신 하나님과 그 백성과의 관계가 온전히 회복되어야 했다. 구약 시대의 백성들은 바로 이 같은 죄의 문제가 해결되어 하나님이 직접 인간의 역사 속에 개입하셔서 자신들을 통치하시는 하나님 나라가 실현되기를 대망했었다 암 5:18-20, 미 4:1-4, 습 1:14-18. 그런데 제2위 성자 하나님이 직접 성육신하사 인간의 역사 속에 오심으로써 인간과 하나님의 관계를 단절시킨 근본 원인인 죄의 문제가 해결되었고 또 구약의 모든 성도가 고대하던바 하나님 나라가 이 땅에 실현될 수 있는 기틀이 마련되었다. 이런 점에서 우리는 예수 그리스도로 말미암아 하나님 나라가 도래하였다고 말하는 것이다.

그러나 예수 그리스도가 초림 하셨을 때는 일단 택한 성도들의 사죄의 법적 근거가 되는 구속 사역만 성취하셨다. 그리고 그 구속 사역의 최종적 실현은 당신이 다시 재림하사 이 현재의 우주와 역사를 종결시키시고 모든 인간을 성도와 죄인으로 가르신 후 새 하늘과 새 땅(New Heaven and New Earth)을 새로 여심으로 거기에서 온전히 실현될 것을 약속하셨다. 이는 일단 성취된 당신의 구속 사역을 믿고 오고 오는 세대의 모든 택한 죄인들이 모두 다 회개하여 하나님의 나라에 참예할 자격을 갖출 충분한 시간을 주시기 위한 하나님의 섭리였다. 그리하여 예수의 초림과 함께 시작된 하나님의 나라는 그의 재림 때까지는 영적인 형태로만 존재하게 되며 세상 끝 날 곧 그리스도의 재림과 함께 모든 성도들이 영육을 가진 존재로 부활할 때 그 나라도 가시적, 실재적 형태까지 가지게 되어 온전히 실현될 것이다. 이런 하나님의 나라 곧 천국의 도래 과정 곧 천국은 이미 왔으나 아직 완전히 온 것은 아닌 사실을 강조하여 '이미 그러나 아직(Already, but not yet!)'이라고 표현한다.

이처럼 하나님의 나라는 고정된 한 형태로 머물러 있는 것이 아니라 구속사(救贖史)가 전개됨에 따라 점차 확장되고 발전되는 역동성을 갖는다. 즉 구약 시대 동안에는 그 나라가 희미하게 드러났으나 예수의 성육신 도래와 함께 그 뚜렷한 모습이 드러났으며 그리스도의 복음이 온 세상에 전파되고 믿는 자들이 날로 증가함에 따라 그 나라가 점차적으로 확장되어 가고 있다.

이 때 여기서 하나의 질문이 제기될 수 있다. 하나님은 절대 초월자로서 전 우주를 창조하신 분인데 새삼스럽게 하나님의 나라가 확장 발전된다는 것은 무슨 말인가 하는 질문이다. 물론 전 우주가 하나님의 주권하에 있는 것으로 전 우주는 하나님의 통치권에 종속되어 있다. 그러나 그 옛날 자유의지(自由意志)를 가진 존재였던 천사와 인간 중 먼저 천사의 우두머리였던 사탄(Satan)이 스스로 범죄한 후 마침내 첫 인간으로서 모든 인간의 대표이기도 하였던 아담(Adam)까지 죄를 범하도록 유혹했다. 그 범죄란 다름 아니라 하나님의 절대권을 부인하고 그 스스로가 자신과 우주의 주인이 되고자 하는 것이었으며 나아가 하나님이 세우신 창조의 질서를 파괴하는 것이었다. 이에 하나님은 당신의 공의에 따라 즉각적으로 사탄과 인간을 형벌하실 수도 있었지만 인간에 대한 창조주의 구원받을 새 기회를 주셨다. 곧 인간 대신 다른 존재가 그 죗값을 대신하여 죽고 인간은 그 죄를 뉘우치고 회개하면 그 구속이 그에게 적용되어 구원이 이루어지게 되는 구속의 법이 새로 제정되었다. 그리고 하나님은 궁극적으로는 이 구속의 법을 제2위 성자 하나님이신 예수가 성육신하여 성취하시도록 섭리하였다. 그리하여 하나님은 이런 구원의 새 기회를 주시고자 인간은 물론 사탄에게도 그 죄에 대한 즉각적 형벌은 유보하고 일단 세워진 구속의 법이 구약과 신약으로 나뉘어 세상 종말까지 점진적으로 성취되게 하셨다. 즉 그 과정 중에 태어날 많은 인간 중 당신이 택한 백성이 새로 주어진 구속의 법에 담긴 은총을 깨닫고 회개하여 모두 구원 얻을 충분한 시간을 갖게 하고자 즉각적 심판을 유보하고 태초부터 종말까지 구속 사역의 성취자인 예수의 성육신으로 신·구약이 나눠지는 장구한 구속사가 진행되게 하셨다. 그 결과 죄로 오염된 세상은 일단 종말까지 유지하게 되었고 또한 저 스스로 범죄하고 인간까지 유혹하여 범죄에 동참시킨 사탄에 대한 심판도 함께 유보되어 그는 종말까지는 현 세상에 대하여 공중 권세를 갖게 되었던 것이다^{엡 2:2}. 그리고 이런 상황에서 하나님은 자유의지를 가진 존재들의 죄로 오염된 이 세상에서 다시 당신의 택한 백성들을 위하여 당신의 구속 은총에 의한 새로운 통치의 영역을 만드사 그것이 점점 더 확장되어 가게 하셨으므로 천국은 그것 전체가 하나님의 주권 하에 있는 세상 속에서 새로이 하나님의 더욱더 특별한 통치의 영역으로서 확장되어 가게 되었다.

✝ 하나님 나라의 현재성과 미래성

위에서 우리는 하나님 나라는 그것이 갖는 역동성에 따라 과거에서 현재, 그리고 세상 종말까지 점차 발전·확장된다는 사실에 대해 살펴보았다. 그렇다면 현재 예수 그리스도로 말미암아 하나님 나라가 역사 속에 존재하고 있다는 사실, 그리고 종말에 하나님 나라가 완전히 도래할 것이라는 사실을 어떻게 알 수 있는가? 이에 대해 우리는 예수 그리스도의 사역과 그의 메시지를 통해 알 수 있다.

1) 하나님 나라의 현재성

예수께서는 하나님 나라가 어느 때에 임하느냐는 바리새인들의 질문에 대해 대답하시기를 "하나님의 나라는 너희 안에 있느니라"눅 17:21고 하셨다. 그리고 빌라도가 예수를 심문하면서 그의 나라에 대해 질문했을 때도 예수께서는 "내 나라는 이 세상에 속한 것이 아니니라"요 18:36고 하셨다. 이로 볼 때 예수께서 말씀하신 하나님의 나라는 분명 현재 임하여 있으면서도 이 세상의 나라와는 구별되는 영적인 나라임을 알 수 있다. 그렇다면 이렇게 사람의 눈에 보이지 않는 영적인 하나님의 나라가 현재 우리 가운데 있다는 사실을 어떻게 알 수 있는가?

그것은 첫째, 예수께서 행하신 기적들, 특히 귀신을 쫓아내신 일에서 하나님 구원의 은혜에 따른 통치가 사람들에게 임하였다는 것이 증명된다마 12:28. 둘째, 이러한 예수의 사역이 일차적으로 사도들에 의해 계승되고 그들에 의해 교회(敎會)가 설립되었으며 또 복음이 온 세상으로 전파된 사실을 통하여 알 수 있다. 그러나 궁극적으로 제3위 하나님이신 성령이 우리 가운데 내주하여 계신다는 사실 자체가 그 내주함을 입은 우리 모두에게 하나님의 구원 은혜에 의한 통치의 영역인 천국이 임하였음을 입증해 준다고전 6:18-20, 12:13, 딤후 1:6. 이처럼 하나님의 나라는 비록 영적이어서 사람의 눈으로는 확인할 수 없지만 예수의 씨뿌리는 비유막 4:26-29에서 나타난 바와 같이 사람들이 알지 못하는 가운데 그 나라는 점차 확장되어 가고 종국에는 그 완전한 형태가 드러날 것이다.

2) 하나님 나라의 미래성

하나님의 나라가 지금은 영적으로 존재하나 미래에는 그 나라가 영육 간에 완전히 도래할 것이라는 사실은 다음과 같은 세 가지 점에서 확신할 수 있다.

첫째, 예수께서는 종말에 하나님의 나라가 권능으로 임할 것이라는 사실에 대해 거듭 예언하셨다는 것이다마 16:28, 막 9:1. 둘째, 예수께서는 제자들에게 하나님의 나라가 임하기를 기도하라고 가르치셨다는 것이다마 6:10. 셋째, 현재는 영적으로만 하나님 나라가 임하여 있으나 종말에는 육적으로도 완전히 실현될 것을 직접적으로 예언한 성경의 많은 구절이 그 증거가 된다엡 5:5, 벧후 3:11-13, 계 21:1, 2.

✝ 하나님 나라와 교회

중세 시대에 사람들은 하나님 나라와 교회를 동일한 것으로 생각했다. 물론 하나님의 구원 은혜에 의한 통치에 포함된 중생한 사람들의 모임이라는 의미에서의 교회, 곧 무형 교회(無形教會)와 구성원은 하나님 나라의 구성원과 일치한다. 그러나 그렇다고 하나님 나라와 교회는 결코 동일한 것이 아니다. 하나님의 나라는 하나님의 통치와 그리고 하나님께서 주시는 축복을 누리는 삶의 전체 영역을 포함하는 것으로서 교회보다 훨씬 넓은 개념이다. 그리고 하나님의 나라는 세상 종말 후에 완전한 형태를 이루어 영존(永存)하게 되지만 교회는 하나님 나라의 완전한 도래와 함께 그것에 흡수되어 없어진다. 이런 점에서 사도들이 하나님 나라에 관한 복음을 전파하며 행 8:12, 19:8, 28:23 그 복음을 받는 자들의 모임으로 교회가 형성된 것이지 결코 교회가 하나님 나라의 신화를 만들어 낸 것이 아니다. 더욱이 유형교회(有形教會)는 결코 하나님의 나라와 동일시 될 수 없다. 왜냐하면 유형교회 안에는 단지 형식으로만 주를 믿는 가라지 신자도 많이 섞여 있기 때문이다.

✝ 하나님 나라의 의의

이상에서 우리는 주로 하나님 나라의 본질과 그 도래 과정에 대한 객관적 사실에 대하여 고찰해 보았다. 그러나 우리는 다음의 세 가지 주관적 관점에서도 하나님 나라에 대하여 숙고할 필요가 있다.

첫째는 하나님 나라의 도래에 대한 확신이다. 성경은 태초부터 종말까지 포함되는 전 역사의 지평에서 그리고 하나님의 천지창조, 인간의 타락, 구속의 법의 제정, 예수 그리스도의 구속 사역 성취, 그리고 마침내 세상 끝날 새 하늘과 새 땅에서의 구속 사역의 최종 실현이라는 구속사의 진리를 한치의 모순도 없이 일관되게 보여 주는 그야말로 산 진리의 책이다. 이 성경이 궁극적으로 증거하며 지향하는 것이 바로 천국이다. 그리고 천국은 지금도 이 땅에 임하여 있음은 우리 심령 안에 거하시는 성령이 입증하고 계시다.

둘째는 이처럼 확실히 도래하는 천국의 절대 가치에 대한 발견이다 마 13:44-46. 실로 그 누구도 이 죄와 질고에 휩싸인 유한한 세상과 영원한 천국의 축복이 비교조차 할 수 없음을 이론적으로는 모르는 자가 없을 것이다. 그러나 지금 당장 육신에 얽매인 우리들은 눈에 보이는 것들에 얽매어 천국의 절대 가치를 망각하고 있다. 이것은 매우 어리석은 일이지만 너무나 보편적인 일이기도 하다. 지금 바로 나 자신의 모습은 이떠한가! 천국이 있기에 이 땅에서의 우리의 삶은 이방인의 삶이요 순례자의 삶이다. 그럼에도 당장 눈에 보이는 것들에 얽매어 하늘 본향을 망각하고 길을 벗어나고 있지는 않은가?

셋째는 이처럼 확실히 도래하고 또 절대 가치를 가진 천국에 이미 참예한 자로서 그리고 훗날 완전히 실현될 천국에 들어갈 자로서 나의 자세는 올바른가 하는 문제이다. 이에 대하여 예수는 산상수훈을 비롯한 많은 설교를 통하여 기회 있을 때마다 역설하였다. 또한 사도들의 글에도 직·간접적으로 설명되어 있다. 이런 올바른 자세는 하나님을 향한 수직적 관계에서와 이웃을 향한 수평적 관계에서의 바른 삶의 자세를 모두 포함한다. 이에 대해서는 일일이 열거하기보다는 다음의 주요 관련 성구들을 직접 묵상하도록 제안한다 마 6:33, 막 9:47, 10:15, 12:34, 눅 9:23-27, 18:15-30.

학습 자료 72-6 축사의 이해 ^{막 9:14-29}

사복음서에는 예수께서 귀신 들린 사람들에게서 귀신을 쫓아내심, 곧 축사(逐邪)의 이적을 행하신 사건들이 여러 번 기록되어 있다. 그런데 이런 예수의 축사 이적들에 대하여 혹자들은 마치 이방 종교의 무당들의 축사 행위와 동일한 것으로 오해하기도 한다. 심지어 예수 당시에도 바리새인들은 이런 오해를 하여 예수가 귀신의 왕, 바알세불을 힘입어 귀신을 쫓아낸다고 생각했다^{마 12:27}. 이와 마찬가지로 오늘날 개신교 가운데서도 축사에 대해 오해하는 교파들이 많이 있다.

이에 예수의 축사에 대해 살펴봄으로써 이에 대해 바른 이해를 하고자 한다.

✝ 축사의 정의

'축사'(Exorcism)에 해당하는 헬라어 '엑소르코시스'(ἐξόρκωσις)는 '밖으로'라는 뜻의 전치사 '에크'와 '맹세'라는 뜻의 '호르코스'가 합성된 것으로서, '밖으로 불러내어 맹세함'이란 의미를 내포하는 단어이다. 이는 근동 지역에서는 축사 행위를 맹세나 저주의 행위와 깊이 연관시키고 있음을 보여 준다. 또 축사 행위는 사람의 힘으로는 할 수 없으며 보다 강한 다른 귀신이나 영적 존재의 힘을 덧입어서만 가능함을 암시하는 것이다.

✝ 축사에 관한 성경의 기록

고대 근동 지방에서는 점술이나 접신, 혹은 초혼술 등이 널리 퍼져 있었으나 구약에는 축사에 관한 언급이 거의 없다. 단지 사울이 악신에 들렸을 때 다윗이 수금을 연주하여 악신을 잠시 떠나게 한 사실만이 언급되었을 뿐이다^{삼상 16:14-23}. 축사에 대한 언급이 많이 나타나기 시작한 것은 신·구약 중간기 동안이며 외경이나 쿰란 공동체와 같은 단체들의 글들에서 많이 나타났다.

한편 구약 성경과 대조적으로 신약 성경, 특히 공관 복음에는 많은 축사 사건이 기록되어 있다^{마 8:16, 막1:21-28, 눅 4:31-37}. 그중 대부분은 예수님께서 직접 행하신 것인데, 본 장에는 예수의 제자들이 귀신을 쫓는 일에 실패한 사실이 기록되어 있다. 또한 예수 시대 당시 유대인들 가운데서도 여호와의 이름으로 귀신을 쫓는 자들이 있었던 것 같다^{마 12:27}.

한편 오순절 성령 강림 이후 열두 사도들도 종종 축사의 이적을 행하였다^{행 19:12}. 그리고 성경 기록에 따르면 어떤 유대인 마술사가 예수의 이름으로 귀신을 쫓다가 실패한 사실도 있었다^{행 19:13-16}.

✝ 예수의 축사 이적

우리는 복음서를 통하여 예수께서 행하신 축사(Exorcism) 이적들이 다음과 같은 크게 두 가지의 의미를 내포하고 있는 것을 발견할 수 있다.

① **치유 이적으로서의 축사** : 예수께서 행하신 치유 이적 가운데는 단순히 육체적, 정

신적 질병들을 치유하신 것도 많으나 귀신 들린 자들에게서 귀신을 쫓아내신 일도 포함된다. 그 대표적인 경우가 귀신 들린 거라사 광인을 고치신 이적이다[막 5:1-20]. 귀신의 하는 일은 대개 인간에게 악영향을 주는 것으로 때로는 미치게 하거나 병을 일으키는 일들도 행한다. 예수께서는 이런 때에 축사의 이적으로서 귀신이 일으킨 병을 치유하신 것이다.

② **메시야 사역으로서의 축사** : 예수께서 귀신 들린 자들에게서 귀신을 쫓아내신 이적은 단지 그들에 대한 동정의 표현만은 아니다. 예수께서는 오히려 축사의 이적을 통해 당신은 이 세상에 대해서 뿐만 아니라 영계(靈界)와 그 모든 영적 존재의 주인이시며, 또 그 같은 권세를 행하실 수 있는 분이심을 보여 주신 것이다. 이는 귀신을 향하여 예수께서 큰 권세로 '그 사람에게서 나오라'[막 1:25]고 명령하신 부분에서 확인케 된다. 그분만 아니라 예수의 축사의 이적은 이 땅에 하나님 나라를 실현키 위해 오신 메시아로서 이제 악한 세력들을 축출하시고 당신의 나라를 이 땅 위에 확장하시고 계심을 보여주는 증거인 것이다.

그리고 예수께서 열두 제자들을 이스라엘 각 고을에 파견하실 때 그들에게도 축사의 능력을 주셨는데[마 10:1], 이 역시 제자들로 하여금 하나님의 나라가 이미 도래하였음을 온 백성들 앞에서 증거하게 하기 위한 것이었다.

한편 예수께서는 권세의 근원이시기 때문에 귀신을 직접 명하여 능히 쫓으실 수 있었으나, 열두 제자들은 오직 예수께로부터 받은 권세로 축사를 행하는 것이었다. 따라서 제자들의 축사에 있어서는 일차적으로 권세를 주시는 예수에 대한 믿음이 요청되었던 것이다[막 9:19].

✝ 의의

축사에 관해 우리가 주목해야 할 것은 사도 바울이 성도가 받는 성령의 은사에 대해 언급할 때[고전 12:7-11] 축사의 능력에 대해서는 전혀 언급지 않았다는 사실이다. 물론 사도 바울 자신은 귀신을 쫓아냈다[행 19:12]. 그러나 축사를 성도의 일반적인 은사로 말하지는 않았다. 이는 메시아 사역의 한 징표로서 축사의 이적은 예수 시대로 끝나고 그 이후는 단지 질병을 고치는 수단으로서 반 축사가 행해졌음을 암시하는 것이다. 그래서 사도 바울이 성도의 은사 중에 병 고치는 은사[고전 12:9]도 언급하고 있는데 여기에 축사도 포함된 것이다.

이상의 사실에서 오늘날 교회 안에서 행해지는 축사는 주로 귀신으로 인해 발생한 병을 고치는 수단으로 행해지는 것임을 알 수 있다. 그런데도 그것은 오직 예수께서 주신 권능에 의해서만, 그리고 성도의 믿음이 동반된 때에만 가능한 것이다. 그래서 그 축사의 행위로 다른 사람들에게 하나님 나라의 복음을 증거할 수 있는 경우에만 합당한 것이며 이방 종교의 무당처럼 행하거나 또는 믿음이 없이 거짓으로 행할 때 그것은 참 성경적인 축사(逐邪)라고 할 수 없는 것이므로 경계해야 할 것이다.

학습 자료 72-7 죽은 자들로 ... 장사하게 하라 눅 9:59-60

본문을 보면 한 사람이 나를 좇으라는 예수님의 요구를 받고 '나로 먼저 가서 내 아버지를 장사하게 허락하옵소서'라고 했을 때 예수께서 '죽은 자들로 자기의 죽은 자들을 장사하게 하고 너는 가서 하나님의 나라를 전파하라'하신 말씀이 나온다. 그런데 얼핏 이 말씀은 예수께서 너무 매정하신 것이 아닌가 하는 생각을 하게 한다. 왜냐하면 지금 부친이 죽어 슬픔을 당한 사람에게 부친 장례도 못 치르게 한다는 것은 인륜(人倫)을 저버리는 매정한 처사가 아닐 수 없기 때문이다. 그러나 본문의 상황을 정확하게 이해한다면 예수께서 그런 말씀을 하신 의미를 올바로 깨달을 수 있을 것이다.

✝ 본문의 진정한 의미

여기서 우리는 부친을 장사하게 허락해 달라 한 그 사람의 진의(眞意)를 먼저 이해해야 한다. 그런데 본문에서 우리는 그 사람의 부친이 현재 죽었는지는 정확히 단정지어 말할 수 없다. 그러나 여러 가지 본문의 정황으로 봐서 그 사람의 부친은 죽은 것이 아님을 알 수 있다. 만일 그 사람의 부친이 죽었다면 그가 지금 예수께 나아와서 한가하게 말씀을 듣고 있을 리가 없으며 더욱이 그 부친이 죽었다면 무더운 근동 지방에서는 죽은 사람을 곧장 장사 지내는 것이 상례인데 그때까지 부친을 장사하지 않고 있을 리가 만무하기 때문이다.

따라서 그 사람의 진의는 '내 부친이 돌아가실 때까지 집에 머무르게 하여 주십시오. 부친이 돌아가시면 그때 그를 장사하고 부모 봉양의 의무에서 완전 자유롭게 된 후 당신을 따르겠습니다' 하는 것이다. 이에 할 수만 있으면 주님을 좇지 않기 위해 핑계하는 그자의 마음속을 꿰뚫어 보시고 예수께서는 죽은 자들, 곧 주님을 따르지 않는 영적으로 죽은 자들에게 너의 모든 근심거리를 맡기라는 뜻으로 본문의 말씀을 주신 것이다.

✝ 의의

우리는 본문의 말씀을 문자적으로 이해하여 예수께서 마치 하나님의 일을 하기 위해서는 인간의 도리를 완전히 저버려도 되는 것처럼 말씀하신 것으로 생각해서는 안 된다. 단지 주님은 하나님 나라의 확장을 위해 복음 전파의 사역이 절박한 이때 할 수만 있으면 세상의 육적인 일로 핑곗거리를 삼는 자들에게 세상의 어떤 일보다 하나님 나라를 전파하는 일이 우선되어야 함을 교훈하시기 위해 본문의 말씀을 주신 것이다.

학습 자료 72-8 간음한 여인에 대한 예수의 용서 요 8:3-11

본문은 간음하다 현장에서 잡힌 여인 사건의 기록이다. 여기서 예수님은 간음한 여인에게 '나도 너를 정죄하지 아니하노니 가서 다시는 죄를 범하지 말라'[11절]고 하셨다. 이 말씀은 얼핏 보기에는 마치 간음한 여인의 죄를 예수께서 묵과하신 것처럼 보인다. 또한 이 여인에 대한 예수님의 처사가 간음한 자는 돌로 치라[신 22:22-24]는 모세 율법에도 명백히 위배되는 것처럼 보인다. 이에 대해 우리는 어떻게 답할 수 있겠는가? 이를 살펴보면 다음과 같다.

✝ 묵과가 아닌 용서임

제2위 성자 하나님이신 예수께서 죄를 묵과하신다면 그것은 그분의 공의(公義)에 절대 위배되는 것이다. 그러나 본문을 자세히 살펴보면 예수께서 결코 그 여인의 죄를 묵과하신 것이 아니라 용서하신 것임을 알 수 있다. 예수께서는 그 여인에게 '가서 다시는 죄를 범치 말라'고 하셨다. 이것은 분명 예수께서 그 여인의 죄를 알고 계시면서도 정죄하는 대신 용서하신 것을 보여 준다. 또 바리새인과 서기관들이 간음한 여인에 대한 모세 율법을 근거로 하여 그 여인을 돌로 치려 할 때 예수께서는 그렇게 하라고 하셨다. 그것은 분명 그 여인이 자기 죄 탓에 죽어 마땅함을 예수께서도 인정하신 것이다. 다만 예수께서는 그들에게 죄 없는 자가 먼저 돌로 치라고 하심으로써 자신의 죄는 전혀 깨닫지 못하고 다른 사람의 죄만 정죄하기를 좋아하는 그들에게 양심의 가책을 불러일으키신 것이다.

이처럼 예수께서는 그 여인의 죄를 묵과하신 것이 아니라 죄사함의 권세를 가지신 당신께서 그 죄를 용서해 주신 것이다.

✝ 모세 율법의 정신과 배치되지 않음

예수께서 그 여인을 정죄하지 않으시고 용서하신 것은 결코 모세 율법과도 배치되지 않는다. 모세 율법의 근본 목적은 결코 범죄한 자들에게 형벌을 가하도록 하는 데만 있지 않다. 그것은 오직 더 이상 죄를 지지 않도록 방지하는 데 있다. 특정 죄인을 사형하도록 규정하고 있는 것도 결국 사람을 죽이는 것 그 자체에 목적이 있는 것이 아니라 그를 경고 삼아 다른 사람들이 죄에 빠지지 않도록 하는 데 그 궁극적 목적이 있는 것이다. 따라서 예수께서 그 여인에게 더 이상 죄를 범치 말라 하시고 그 여인을 용서하신 것은 모세 율법의 본래 목적을 충분히 반영한 것이다.

더 나아가 모세 율법은 단지 죄를 지적하여 깨닫게 하고 또 그것에 대해 형벌을 가하게 하는 소극적인 방법으로서 죄를 규제하였으나 예수께서는 더 적극적인 방법으로 용서를 통하여 더 이상 죄를 짓지 아니하고 의를 행하도록 하신 것이다.

이와 유사하게 구약에서는 동태복수법[출 21:23-25]인 것이 있었다. 이는 단지 더 이상의 피 흘림을 방지하기 위한 소극적인 방책으로서 '이는 이로 눈은 눈으로'라는 교훈하고 있으나 신약은 더 적극적인 차원에서 사랑과 관용으로 원수까지도 선대하라고 교훈한다[마 5:38-44, 눅 6:5]. 이는 신약의 복음이 단지 죄를 짓지 않도록 하는 소극적인 데서만 머물지 않고 적극적으로 의(義)로 나아가게 하는 보다 성숙된 교훈을 주고 있음을 알 수 있다. 이에서 우리는 예수 그리스도의 복음이 구약보다 우월함을 발견하게 된다.

✝ 의의

간음한 여인에 대한 예수의 용서는 예수께서 성육신하사 이 세상에 오신 목적이 궁극적으로 이 세상을 심판하기 위해서가 아니라 구원하시기 위함임을 잘 보여 준다요 3:16-18. 또한 예수께서 이 여인에게 보여 주신 관용과 자비는 바리새인과 서기관들이 범한 것과 같은 자신의 눈 속에 든 들보는 보지 못하고 형제의 눈 속에 든 티만 보고 정죄하며 비난하는 어리석음을 버리고마 7:4, 5 항상 형제에 대해 관용과 사랑으로 대할 것을 교훈한다.

학습 자료 72-9 그리스도의 선재성(先在性) 요 8:56-59

본서는 예수 그리스도의 여러 측면 중 그의 신성(神性)을 강조한다. 그리고 그의 신성을 입증하기 위한 여러 증거로서 예수께서 행하신 이적들과 세례 요한을 비롯한 다른 많은 사람의 증거를 기록하고 있는데, 그중 예수의 신성을 입증하는 가장 확실한 증거로서 말씀인 그리스도의 선재하심을 언급하고 있다. 요 1:1에서 이미 '태초에 말씀이 계시니라'는 말씀을 통하여 그의 선재를 증거하였으며 본문에서도 '아브라함이 나기 전부터 내가 있느니라'58절는 말씀으로 그의 선재성을 증거하고 있다.

한편 이러한 그리스도의 선재성(Preexistence)은 많은 이단 종파에 의해, 혹은 자유주의 신학자들에 의해 역사적으로 숱한 공격을 받았다. 그러나 그런데도 그리스도의 선재성의 교리는 무너지지 않았으며 사도 요한의 증거하는 바대로 예수 그리스도의 신성을 증거하는 가장 중요한 교리로 취급되고 있다.

✝ 그리스도의 선재의 증거들

그렇다면 그리스도께서 선재하셨다는 증거는 무엇인가? 이제 그 증거들에 대해 살펴보도록 하겠다.

① **태초에 하나님과 함께 계심** : 요 1:1에는 '태초에 말씀이 계시니라 이 말씀이 하나님과 함께 계셨으니 이 말씀은 곧 하나님이시니라'고 했다. 여기서 '태초에'(헬, 엔 아르케)는 창 1:1의 '태초에'와는 다른 의미이다. 창 1:1의 '태초에'는 하나님께서 창조 사역을 시작하던 시점을 가리키나 여기서 '태초에'는 창세 이전의 영원의 때(아르케)를 가리킨다. 그리고 여기서 '말씀'(헬, 로고스)은 바로 제2위 성자 예수 그리스도를 가리킨다. 따라서 성자 그리스도는 영원 전부터 계셨으며 성부 하나님과 함께 영화를 누리셨으며요 17:5, 창조 사역에도 함께 하셨다요 1:3. 혹자는 그리스도를 '하나님의 아들'막 1:1이라 하므로 성자는 곧 성부에게서 탄생한 것이지 영원 전부터 존재한 것은 아니라고 생각한다. 그러나 '하나님의 아들'이라는 명칭은 그가 하나님에 의해 탄생했거나 또는 성부 하나님보다 열등한 존재임을 가리키지 않는다. 그것은 하나님과 동등한 분이시되 사역은 달리 하시기 때문에 붙여진 칭

호일 뿐이다 요 5:18.

② **창조 사역을 행하심** : 요 1:3, 10은 '만물이 그로 말미암아 지은 바 되었으니 지은 것이 하나도 그가 없이는 된 것이 없느니라', '세상은 그로 말미암아 지은 바 되었다' 고 증거한다. 한편 혹자는 골 1:15에서 '모든 창조물보다 먼저 나신 이시니'라는 말씀을 근거로 그리스도가 이 세계의 창조 이전에 피조된 존재라고 주장한다. 그러나 이 말씀은 그리스도가 세계를 창조하신 분이시기에 모든 피조물이 존재하기 영원 이전부터 존재하신 분임을 뜻하지, 결코 그가 피조된 존재임을 말하는 것은 아니다.

③ **구약 시대에도 활동하심** : 본문 56절은 '너희 조상 아브라함은 나의 때 볼 것을 즐거워하다가 보고 기뻐하였느니라'라고 했다. 구약 시대에 제2위 성자 예수 그리스도는 '여호와의 사자' 창 16:7-13, 18:1-21, 19:7-14, 22:11-18, 출 14:19, 32:34로 나타나사 하나님의 뜻을 자기 백성들에게 계시하시는 사역을 감당하셨다.

✝ 의의

이상의 사실들을 통해서 우리는 그리스도께서 이미 태초부터 선재하신 분이심을 확인하게 되었다. 그리고 이는 하나님이신 그분이 바로 우리 죄를 대속하신 구세주이심을 확신케 하는 것으로서 그분을 통한 구원과 천국의 소망을 더욱 확고히 하게 된다.

학습 자료 72-10 예수의 치유 사역 이해 요 9:1-11

우리 주 예수의 공생애 사역 가운데 치유 사역이 차지하는 비중은 매우 크다. 공관복음서에서도 마찬가지이지만 특별히 요한복음에서는 예수의 많은 치유 이적 가운데 몇 개만을 선택하여 예수가 하나님의 아들 그리스도이심을 증거하는 자료로 기록되고 있어 치유 사역의 중요성을 더욱 크게 인식하게 한다. 그중 하나로 본문에서는 예수께서 날 때부터 소경된 자를 치유하신 사실을 기록하고 있다.

이에 예수께서 행하신 치유 사역의 목적과 치유 방법, 및 예수의 치유 이적과 성도의 신앙과의 관계 등에 대해 살펴보도록 하겠다.

✝ 치유 사역의 목적

예수께서 치유 이적을 베푸사 각색 병자들을 고치신 근본 목적은 다른 초자연적인 이적들과 마찬가지로 천지 만물에 대한 당신의 주권과 신적 능력을 보여서 성도들의 믿음을 확고히 하기 위한 것이다. 이를 좀 더 세부적으로 설명하면 다음과 같다.

① **예수의 신성(神性)에 대한 증거** : 예수께서 행하신 치유 사역들은 모두 이적적인 것으로서 인간의 이성으로는 이해할 수 없는 것들이다. 본문에서 보는 바와 같이, 나면서 소경된 자의 치유나 현대 의학으로도 치유할 수 없거나 난치병에 속하는 나병, 중풍병 등의 치유 마 8:2, 3, 9:2-7 등은 그분이 분명 신적 능력을 소유하신 분

임을 증거하는 것이다.

② **예수의 메시아이심의 증거** : 세례 요한이 '오실 그이가 당신이오니이까'라고 물었을 때 예수께서는 당신이 소경과 앉은뱅이와 나병환자와 청각장애우 등을 고치시며 심지어 죽은 자까지도 살리시는 이적을 행하신 사실로 그 대답을 주셨다^{마 11:3-6}. 그것은 일찍이 이사야 선지자가 메시아의 사역에 대해 예언한 바에 따른 것^{사 29:18, 19, 35:4-6}으로서 예수 자신이 곧 구약에서 예언한 바의 메시아이심을 증거하신 것이다. 또한 요 10:37, 38에서 예수께서는 자신이 행하신 일을 보고 당신이 하나님의 아들 그리스도이심을 믿으라고 증거하셨다.

③ **메시야 사역의 본질에 대한 증거** : 메시아 사역의 궁극적 목적은 택한 죄인들을 죄와 사망에서 구원하사 천국의 영생 복락에 들어가게 하는 것이다. 예수의 치유 사역은 이러한 메시아 사역의 본질에 대한 하나의 증거가 된다. 즉 이 치유 사역은 예수 그리스도께서 인간들이 이 세상에서 당하는 육체적 고통뿐만 아니라 인간에게 가장 치명적인 죽음의 병까지도 해결해 주사 장차 천국의 영생 복락에 이르도록 하실 것에 대한 예표가 되는 것이다.

④ **하나님의 사랑과 긍휼에 대한 증거** : 예수의 치유 사역은 궁극적으로 죄인들을 향한 무조건인 하나님의 사랑과 긍휼의 증거로 주어진 것이기도 하다. 이는 예수께서 병자들의 고통을 그냥 보고 지나치지 아니하시고 일일이 치유의 이적을 베푸신 사실을 통해 알 수 있다^{마 9:20-22, 20:29-34, 눅 7:2-9}.

✝ 치유의 방법

예수께서 사용하신 치유의 방법은 대개 말씀만으로 치유하신 것이다. 그리고 기타 재료를 사용하시거나 혹은 귀신을 쫓으심 등의 치유 방법을 사용하셨다. 이러한 치유 방법들을 통하여 우리는 죄와 사탄의 권세 하에서 고통당하는 죄인들을 향하신 하나님의 사랑과 그분의 신적 능력을 더욱 깨닫게 된다. 이에 예수께서 사용하신 치유의 방법들을 도표로 정리해 보면 다음과 같다.

1	말씀만으로 고치심(마 8:8, 13; 9:2; 눅 13:12; 17:14; 요 4:53)
2	손을 상처 부위에 대심(마 8:2, 3; 9:29; 막 7:33; 눅 22:51)
3	귀신을 쫓으심(마 9:32, 33; 눅 4:35; 8:27-35; 9:38-43)
4	손을 만지심(마 8:15; 9:25)
5	기름을 사용하심(막 6:13)
6	상처 부위에 침을 뱉어 안수하심(막 8:23)
7	침과 진흙을 이겨서 바름(요 9:6, 7)

✝ 치유와 성도의 신앙

우리는 성경을 통해 예수께서 행하신 많은 치유 사역이 성도의 신앙과 밀접한 관계에 있음을 알 수 있다. 이는 예수께서 병자들을 치유하실 때 '네 믿음이 크도다'^{마 8:10, 15:28} 등라고 말씀하신 후 병을 고치신 경우, 혹은 당신을 믿지 않는 자들 앞에서는 능력을 행하시지 않은 경우^{마 13:58} 등을 통해 알 수 있다. 그러나 예수께서 병자 자신에게 반드시 믿음이 있어서가 아니라 단지 육체의 질병으로 고통받는 자에 대해 긍휼하심 때문에 치유를 베푸신 경우도 많다. 이 사실은 하나님께 치유하기를 원하는 성도에게는 일차적으로 그리스도의 구속 복음과 하나님의 능력을 믿는 믿음이 요청되나 그것이 절대적인 것은 아니며 오히려 하나님의 크신 은총과 사랑 때문에 치유 받을 수도 있음을 보여 준다.

이상에서 살펴본바 예수의 치유 사역에 대한 성경의 기록들을 통해 우리는 죄인들을 향하신 하나님의 극진하신 사랑을 새삼 가슴 깊이 새기게 된다.

73일 핵심 학습 자료

눅 10:1~13:21 · 요 10:22~39 · 눅 13:22~18:24 · 요 10:40~11:54 · 마 19:1~20:28 · 막 10:1~45 · 눅 18:15~34

학습 자료 73-1 칠십인 제자에 대한 예수의 문안 금지와 유숙 명령 눅 10:4, 7

본문에서 우리는 예수께서 칠십인 제자를 둘씩 파송하시면서 '길에서 아무에게도 문안하지 말라'고 명령하신 것을 보게 된다. 그런데 이 말은 평소 친절하고 자상하던 예수님의 말씀답지 않으며, 더더욱 어째서 무례하기까지 한 그러한 권고를 예수께서 하셨는지 우리를 의아하게 한다. 보통 우리에게 있어 문안이라면 고개를 끄떡이거나 미소 짓는 정도, 혹은 악수한다든지의 그다지 긴 시간이 걸리지 않는 것이기에 '길에서 아무에게도 문안하지 말라'는 예수님의 명령은 이해가 잘 안되는 부분일 수밖에 없다. 또 '이 집에서 저 집으로 옮기지 말라'는 예수님의 명령도 당시 더 많은 사람을 만나는 것이 복음 전파에 유리한 것이 아닌가 하는 의문을 자아낸다.

그렇다면 예수께서는 왜 칠십 인의 전도대를 파견하면서 그들에게 길에서 아무에게도 문안하지 말 것과 이집 저집 옮겨 다니지 말고 유하게 된 한 집에 머물러 있을 것을 명령하셨겠는가? 이는 다음과 같이 이해할 수 있는 간단한 문제이다.

✝ 문안 금지에 대한 이해

고대 팔레스타인에서는 오랜 시간 동안 서로의 안부를 나누고 입 맞추는 것이 우애 있는 인사법이었다. 만일 시간이 급하여 허둥지둥 달려가면서 고개를 끄덕이는 정도로만 인사를 하였다면 그것은 대단한 무례가 되었다. 또한 오랜만에 만난 사람이 아니라 자주 접하는 사람일지라도 마을이나 동네 어귀에서 만나게 되면 그때마다 목을 안고 입을 맞추는 것이 보통이었다. 그러고는 서로의 손을 잡고 인사를 나누는데, 이때 서로 오른손을 가슴에 올려놓으면 '충심으로 당신을 사랑한다'는 것을, 손을 입술에 갖다 대는 것은 '우정을 함께 나누고 싶다'는 것을, 또한 손을 이마 높이까지 천천히 올리는 것은 '당신에게 존경과 경의를 표한다'는 것을 의미하였다.

이렇게 인사를 나눈 후에도 서로의 안부를 묻고, 또 한 반 시간 정도 서로를 칭찬하기도 하며 이런저런 말로 같은 말을 되풀이하면서 많은 시간을 서서 보내기 일쑤였다. 그런 다음 다시 양팔로 서로를 껴안고 이별을 고한 후 자기 볼 일을 향해 떠나게 된다. 때문에 고대 팔레스타인에서는 문안하는 데 몇 시간이 소요되었다.

그런데 이는 여행 도중에 만난 여행자들 사이에서도 마찬가지였다. 서로 환영을 뜻하는 표현을 되풀이하고 여러 질문과 인사에 대한 지루한 형식 등을 다 갖추느라고 많은 시간을 빼앗기게 되며, 따라서 이러한 잦은 인사는 여행 여정을 대단히 지연시키기도 하였다. 결국 사람들이 많이 다니는 길에서 지체하는 경우가 자주 일어나면 일어날수록 여행은 크게 방해받을 수밖에 없었다.

그러므로 예수께서는 칠십 인의 제자들에게 길에서 많은 시간을 빼앗기지 말고 신속히 맡은 바 사명을 다하도록 길에서 아무에게도 문안하지 말 것을 명령하신 것이다.

✝ 한 집에 있을 것에 대한 이해

성경 시대 이스라엘 사람들은 나그네 대접이나 손님 접대에 굉장히 후대한 편이었다. 그래서 못 보던 사람이 마을에 나타나면 마을 사람들은 그 사람을 서로 초대하여 음식을 대접했다. 또한 그들은 위선에 가까울 정도로 후대하는 경우도 많았는데, 만일 어떤 사람이 나그네를 정성껏 대접하지 않았다면 마을 사람들은 이에 대해 분노했을 뿐만 아니라 심할 경우 다투기까지 했다. 그런데 이러한 극진한 환대를 받는 데는 많은 시간이 허비되었고, 식사를 마친 후에도 잡담과 여러 형식적인 행위로 인해 많은 시간이 소요되었다. 그래서 이 집 저 집에 다니며 대접받는 데 너무도 많은 시간을 빼앗길 수밖에 없었다.

그러므로 예수께서는 전도대를 파송하시면서 먼저 기거하기에 적합한 집을 찾아 그 마을에서의 임무가 다 끝날 때까지는 그 집에서만 머물러 있고, 다른 집으로 대접받고 초대받는 것을 금하라고 명령하신 것이다.

✝ 교훈

예수께서 칠십 인의 제자를 파송하실 때는 복음을 전해야 할 대상은 많고 그에 비해 시간은 한정된 급박한 상황이었다. 그래서 그 제자들은 여행길에 많은 사람과 인사하는 데 시간을 허비할 수도, 여러 집에 다니면서 극진한 대접을 받는 것으로 시간을 빼앗길 수도 없었다. 그들은 주의 복음을 전파하기 위해 파송된 자들이지 대접받고 초대받으라고 파송된 자들이 아니었다. 곧 그들은 메시아의 사절단으로서 중요한 임무를 띠고 각 처에 파견되는 중이었기 때문에 길에서 만난 사람들과 대화를 나눌 여유가 없었고, 오직 신속하게 자신의 임무를 수행해야만 했다.

한편 예수께서는 길에서의 여행자들끼리의 문안을 금지하셨지만, 일상 예절 자체를 금지하신 것은 아니었다. 곧 그들이 다른 집에 들어갈 때 '이 집이 평안할지어다'[5절]라고 말할 것을 말씀하심으로써 일상의 예절은 지키되 지루한 형태의 습관적인 예절로 인해 시간을 빼앗기지 않도록 하신 것이다. 그리고 예수께서 열두 제자를 파송하실 때는 길에서 우연히 만나는 사람들에게 문안하지 말 것에 관한 말씀은 하지 않으셨다[마 10:8-9]. 그러나 본문에서 칠십 명의 제자들을 파송하실 때, 이 같은 말씀을 하신 것을 보아 우리는 칠십인 파송 때가 그만큼 복음 전파의 신속성이 요구되었던 상황이었음을 알 수 있다.

학습 자료 73-2 예수의 성육신과 대속 수난을 통한 인간 구원의 필연성 막 10:45

혹자는 다음과 같은 질문을 제기한다. 정말 예수님이 삼위일체 하나님 중 제2위 하나님이셨다면 왜 굳이 성육신하여 그토록 처절한 십자가 수난을 당하시는 방법으로만 인간을 구원하셨을까 하는 질문이다. 그들은 만약 예수님이 또는 하나님께서 선행이나 어떠한 공적을 기준으로 인간을 구원하시거나 그도 저도 아니면 당신께서 영광중에 나타나셔서 당신의 마음에 드는 자에게 구원을 하사하는 식으로 구원할 수도 있지 않겠느냐고 생각하는 것이다. 이는 결국 기독교 이외의 이방 종교가 제시하는 구원관의 영향을 받은 질문이라 하겠다. 또 이런 질문을 제기하는 사람 중에는 앞서 말한 방식으로 구원이 베풀어진다면 주님께서 자신을 낮추어 성육신하시고 또 십자가에서 죄수처럼 죽으심으로써 야기될 수도 있는, 신인 양성(神人兩性)을 가지신 주님의 신분과 능력 또 구원과 확실성에 대한 의심과 오해가 없이 누구나 쉽게 주님을 믿었을 것이 아닌가 하는 생각에서 질문을 제기한 것이다.

그러나 이는 인간 구원이 그것 자체로 독립된 것이 아니라 이미 태초부터 있었던 창조 원리와 구속 원리에 따라 세워진 구속의 법에 따라서만 이루어져야 했으며 이를 위해서만 주님의 성육신과 대속 수난이 필연적이었음을 모르고 하는 말이다.

✝ 구속 희생(救贖犧牲)의 필연성

하나님은 인간을 일반 피조물들과 달리 자유의지를 가진 영적 존재로 창조하셨다. 그리고 하나님은 태초 인간을 위하여 창조된 에덴동산에서 인간과 선악과 언약을 맺으셨다. 즉 인간이 자신의 자유의지에 따라 하나님께 순종한다는 증표인 선악과를 범하지 않을 경우에는 영생과 축복을 그 반대의 경우에는 죽음과 저주를 약속하셨었다. 하지만 인간은 그 자유의지를 오용하여 선악과 언약을 범하고야 말았다. 그래서 언약의 내용대로 인간은 죽고 저주를 받아야 하였다. 하나님은 절대자이기에 당신이 한 번 세운 법을 이행하는 것은 공의(公義)의 하나님의 본성에 따른 필연적 요청이었다. 하지만 하나님은 공의의 하나님이신 동시에 사랑의 하나님이시기도 하였다. 그리하여 하나님은 인간이 범한 죄에 대해서는 언약의 법에 따른 죽음을 주시면서도 그 죄를 지은 인간에게 다시 한번 구원받을 새 기회를 주시기 원하셨다. 그리하여 일단 인간 대신 다른 존재가 죽음을 당하고 인간은 죄를 회개하면 하나님께서 희생 제물의 피와 인간의 회개를 근거로 하여 인간에게 창조 당시의 축복을 회복시켜 구원해 주는 소위 구속의 법이 새로 세워졌다.

한편 태초 선악과를 범한 아담 이후의 인간은 혈육으로 연결된 인류의 법적 대표인 아담으로부터 물려받은 원죄와 자신이 범한 자범죄의 영향으로 그 영육이 창조의 원형을 상실하고 구원과 관련해서 도무지 아무 능력이 없는 소위 전적 타락과 절대적 무능력의 상태에 있다. 그리하여 더더욱 구속의 법이 아니고서는 자력으로는 구원 얻을 방법이 없었다. 이런 인간을 불쌍히 여기시고 구속의 법을 제정하신 하나님의 사랑은 얼마나 감사한가. 그리하여 이미 태초 에덴동산에서부터 아담의 범죄로 인하여 희생 동물이 처음 죽임을 당했거니와^{창 3:21}, 구약 시대에는 동물 희생 제사의 법이 전 구속사의 희생 제물의 실체인 예수 구속법의 예표로서 실시되어 왔다. 그리하여 신약에 이르러 주님께서 구속 사역을 단번에 최종 성취하셨다.

✝ 구속 중보자(仲保者)의 유일성

구속 희생이 필요했다는 점이 인정된다면 이제 왜 굳이 예수께서 성육신하셔서 구속 수난을 당해야 했는가 하는 것이 문제로 남는다. 먼저 하나님을 향해 인간의 죄를 속하기 위해서는 인간보다 나은 존재로서 그 자신은 아무런 흠도 티도 없어서 다른 인간의 죗값을 갚을 수 있는 자격이 있어야 했다. 즉 하나님을 향하여서는 완전한 제물이 필요했다. 한편 인간을 향하여서는 이제 구속 희생이 치러지면 그것으로 모든 죗값이 도말되고 필히 구원이 주어진다는 절대적 보장이 필요했다. 즉 하나님과 사람 사이에 서서 먼저 구속의 법이 완전히 성취될 것을 그리고 구속 사역으로 인간 구원이 필히 이루어질 것을 양쪽 모두에게 보장해 줄 중보자가 요청되었다. 그리하여 먼저는 인간에게 절대적 보장을 할 수 있는 존재는 하나님 자신밖에 없으므로 본래 제2위 성자이신 주님께서 중보자가 되셔야 했다. 또한 그 누구도 예외 없이 전적 타락한 인간 중에는 대속 희생을 한 자가 없었으므로 하나님을 향하여 인간을 대신하사 흠 없고 완전한 절대적 제물로서 구속 희생을 완수하기 위해서는 주님은 인간의 형상을 취하사 완전한 인자가 되셔야 했다. 결국 이를 종합하면 일단 세워진 구속의 법을 완전히 시행함은 물론 하나님과 인간 사이에서 그 구속의 성취를 보장할 수 있는 절대적 중보자가 필요했기 때문에 근본적으로 그 자격을 갖추신 제2위 하나님께서 다시금 성육신하시어 하나님과 인간 모두에게 유일한 절대적 중보자가 반드시 되셔야 했다.

✝ 교훈과 관련 주제들

이제 본고를 마치면서 우리는 먼저 현재 타락하여 전적 부패와 무능력의 상태에 있는 우리 죄인을 위한 구원의 유일한 방법인 구속의 법의 원리를 새삼 깨닫는다. 그리고 예수의 성육신과 대속 수난을 통한 인간 구원의 필연성을 확인한다. 또 역으로 우리 주님의 성육신과 십자가 수난은 이미 태초부터 세워진 창조와 구속의 원리에 따라 이루어진 구속사적 대사건이었음을 깨닫는다. 그리하여 이처럼 창조와 구속 원리에 따라 이루어진 주님의 구속 사역은 역사적 정통성 및 진정성을 가진 것으로써 결국 우리 구원의 확실성을 보장할 수 있음을 확인한다.

끝으로 당신께 반역하고 죄를 범한 인간을 위하여 새로이 구속의 법을 세워주신 성부 하나님, 이를 말할 수 없는 겸손과 희생으로 성취하신 성자 하나님, 그리고 지금, 이 순간도 주께서 이루신 구속의 공로를 우리에게 확신시키며 적용해 주시는 성령 하나님 은혜의 깊음에 새로이 감사하게 된다.

한편 본 주제와 아울러 다음의 두 주제도 함께 연구할 때 보다 포괄적인 구속사적 이해를 얻을 수 있는 바 이제 그 두 주제를 소개하면 다음과 같다. 먼저 아담의 선악과 언약으로 전 인류가 죄인의 신분을 갖게 되었고 반대로 주님의 구속 사역의 성취를 믿고 회개하는 자가 성령 세례를 통하여 주님의 구속 공로를 힘입어 의인이 되는 과정의 원리인 대표와 연합의 원리(롬 제5장 학습 자료 82-6 "화목" 참조) 이다. 다음으로 앞서 밝힌 대로 필연성을 가진 구속 사역을 왜 주님은 십자가 수난(마 27장 학습 자료 76-2 참조) 으로 성취하셨는가이다.

학습 자료 73-3 요나의 표적 밖에는 보일 표적이 없나니 눅 11:29-32

유대인들이 예수께 나아와 '하늘로부터 오는 표적'마 8:11을 구하였을 때 예수께서는 '요나의 표적 밖에는 보일 표적이 없나니'라고 말씀하셨다. 또한 막 8:12에서는 더욱더 직설적으로 '(하나님이) 이 세대에 표적을 주지 아니하리라'고 기록하고 있다. 그러나 실제로 예수께서는 공생애 동안 수많은 표적을 나타내 보이셨다. 또한 예수께서는 본 사건 이후로도 얼마든지 많은 표적을 행하실 수 있는 신적 권능을 가지신 분이다. 예수의 표적에 관해서는 요 2장 학습 자료 69-12를 참조하라. 그런데 인제 와서 새삼 당신이 보일 표적이 없다고 말씀하신 이유는 무엇인가? 그리고 왜 요나의 표적 밖에 보여 줄 수가 없다고 하셨는가? 이에 대해 생각해 보도록 하겠다.

✝ 유대인들의 불신에 대한 경고
예수께서 유대인들에게 '요나의 표적밖에는 보일 표적이 없다' 하신 것은 당신이 더 이상 표적을 행하시지 않으신다거나 아니면 더 이상 표적을 보일 능력이 없다는 뜻이 아니다. 그것은 유대인들에게 어떠한 표적을 보일지라도 악함과 편견과 불신으로 가득 찬 그들을 설득할 수 없음을 뜻하는 말씀이다. 예수께서는 이미 많은 표적들을 행하셨다. 따라서 니고데모는 밤중에 예수를 찾아와 '하나님이 함께하시지 아니하시면 당신의 행하시는 이 표적을 아무라도 할 수 없음이니이다'요 3:2라고 고백했다. 또한 예수께서 '내가 만일 하나님의 손을 힘입어 귀신을 쫓아낸다면 하나님의 나라가 이미 너희에게 임하였느니라'11:20고 하셨다.

이렇게 예수께서 이미 많은 표적을 행하셨음에도 불구하고 유대인들은 여전히 유대 민족주의적 입장에서 취한 편견과 불신으로 예수를 배척하였다. 유대인의 예수 배척에 관해서는 막 12장 연구자료를 참조하라. 따라서 예수께서는 애당초 예수를 믿고자 하는 마음에서가 아니라 악의적으로 시험하기 위해 표적을 구하는 그들의 완악한 마음을 꿰뚫어 보시고 유대인들의 불신에 대한 경고로서 본문의 말씀을 하셨다. 이처럼 우리 자신도 그리스도를 믿고자 마음을 열지는 않고 믿음의 증거만 거듭 요구하는 완악함을 지니고 있지나 않은지 볼 일이다.

✝ 끝까지 불신하는 자들에 대한 심판의 경고
유대인들의 완악함과 불신이 그토록 깊음에도 불구하고 예수께서는 최후로 요나의 표적을 보여 주시겠다고 말씀하셨다. 여기서 '요나의 표적'이란 요나가 큰 물고기 배 속에 3일간 있다가 다시 살아난 것처럼 예수께서 십자가에 못 박혀 돌아가시고 장사 되었다가 3일 만에 부활하실 것을 가리킨다.

예수께서 이렇게 부활의 표적을 보여 주신다고 하신 것은 그 표적이야말로 예수가 하나님의 아들 그리스도라는 사실과 그의 복음 및 장차 천국과 영생에 관한 약속과 예언의 진정성을 입증하는 가장 확실한 표적이요 믿음의 근거이기 때문이다. 그리고 부활의 표적을 보여 주었음에도 만일 유대인들이 당시와 같은 불신을 끝까지 고집하고 있다면 결국 그들은 심판을 면할 수 없음을 경고하시기 위해서였다. 곧 요나의 표적을 보고도 이방인들인 니느웨 사람들은 회개했었건만 요나보다 더 큰 이가 와서 부활의 표적을 보여 주셨음에도 불구하고 믿지 못하는 유대인들은 정죄 받아 마땅했다³²절, 마 12:41.

✝ 교훈

예수께서 유대인들을 향하여 '요나의 표적밖에는 보일 표적이 없나니'라는 말씀하신 것에서 우리는 하나님을 향한 인간의 불신과 완악함이 얼마나 큰가를 새삼 실감하게 된다. 그리고 오늘날 우리 자신들의 불신과 완악함 때문에 '너희에게 더 이상 보일 표적이 없다'라는 하나님의 경고 말씀을 듣게 되지나 않을까 삼가 주의 깊게 자신을 돌아보아야 함을 깨닫게 된다.

또한 예수께서 '요나의 표적' 곧 십자가의 구속 희생과 부활의 표적을 보여주시기까지 인간들의 완악함과 불신을 끝까지 참으시고 묵묵히 당신의 구속 사역을 수행하신 사실에서 그분 사랑의 깊이와 크기가 어떠함을 깨닫게 된다. 또한 전혀 하나님을 알지 못했던 이방인들 곧 요나의 설교를 듣고 회개한 니느웨 사람들이 당시의 완악한 유대인들, 그리고 오늘날 하나님의 아들 그리스도의 부활 표적을 약 2천년 전에 주시고 이를 성경과 많은 주의 종을 통하여 증거하였음에도 불구하고 믿지 않는 현대인들을 향하여 정죄의 손가락을 내밀지나 않을지 두려운 마음으로 돌아볼 일이다.

학습 자료 73-4 인자(人子)의 이해 눅 12:8-12

사복음서에는 예수의 호칭으로 '인자'라는 용어가 약 90여 회 나오는데, 그중에 본서에 기록된 것만 26회이다. 이는 예수의 여러 측면 가운데 '인자'(Son of man)이심을 강조하는 본서의 기록 목적에 따른 것이다. 따라서 '인자'에 대한 올바른 이해는 곧 본서의 핵심을 이해하는 것이라 볼 수 있다.

✝ 정의(定義)

'인자'에 해당하는 히브리어에는 두 가지가 있다. 하나는 '벤 아담'이고 다른 하나는 '벤에노쉬'이다. 전자는 단지 피조물로서의 인간을, 후자는 연약한 존재로서의 인간을 가리키나 둘 다 서로 구별 없이 '사람의 아들'(Son of man)을 가리키는 용어로 사용되기도 한다. 그리고 헬라어에서는 '호 휘오스 투 안드로푸'(ὁ υἱός τοῦ ἀνθρώπου) 하나로만 사용되며 그 의미는 히브리어와 동일하다.

그런데 '인자'의 바른 뜻을 이해하기 위해서는 문자적인 뜻과 함께 히브리인들이 일반적으로 이 용어를 어떻게 사용하였는가 그 관용적인 의미를 살펴보아야 한다.

① 창조주와 대칭하는 피조물로서의 인류(human) 혹은 개별적인 인간(man)을 가리킨다^{민 23:19, 욥 16:21, 시 8:4, 겔 2:1, 3, 막 3:28, 엡 3:5}. 이때는 보통 연약하고 필멸적(必滅的)인 존재로서의 인간이 강조된다.

② 선민으로서의 이스라엘 공동체 전제를 가리킨다. 혹자들은 단 7:13의 '인자 같은 이'가 이런 의미를 가리킨다고 말하기도 하고, 한 개인으로서의 메시아를 가리킨다고 하기도 한다. 그리고 B.C. 2세기경에 기록된 구약 외경인 '에녹서'에는 이 용어가 '택한 자', '택함 받은 공동체'를 가리키는 뜻으로 많이 사용되었다.

③ 종말에 하늘 권세를 가지고 도래할 메시아를 가리킨다. 단 7:13이 이에 해당한다고도 볼 수 있으며, 구약 외경들 속에는 유대인들의 묵시적인 메시아 대망 사상과 함께 이 용어가 자주 사용되었다. 또 요 12:34에서도 유대인들이 종말에 하늘에서 내려오는 자인 그리스도와 인자(人子)를 동일 인물로 이해하고 있음을 알 수 있다.

✝ 예수의 자기 호칭 '인자'

예수께서 자신을 가리켜 '인자'라고 칭하셨을 때 이 호칭은 위에서 설명한 인자(人子)의 세 가지 의미를 다 포함하면서도 특히 메시아로서의 당신의 사역과 신적(神的) 권위와 밀접한 연관성을 가지고 있다(^{마 24장} 자료노트의 도표 참조). 이에 예수께서 자신을 '인자'라 칭하신 대표적인 경우 세 가지만을 살펴보면 다음과 같다.

① **신적 권위와 관련하여** : 예수께서는 자신이 인자(人子)로서 땅에서 죄를 사하는 권세를 가지고 계시며^{마 9:6, 막 2:10, 눅 5:24}, 전능자 하나님과 동일한 능력을 가지신 하나님이심을 말씀하셨다^{막 14:62, 눅 22:69}.

② **십자가 수난과 관련하여** : 베드로의 신앙 고백 이후에 주어진 전 4차에 걸친 예수의 수난 예고^{마 26:2, 막8:31, 9:31, 10:33, 34} 속에는 어김없이 '인자'라는 호칭이 사용되고 있다. 또한 '인자의 온 것은 ... 자기 목숨을 많은 사람의 대속물로 주려 함이니라'^{막 10:45}고 하셨으며, 구약에서 자기에 대해 기록된 대로 십자가 수난을 당하실 것을 말씀하실 때도 '인자'라는 호칭을 사용하셨다^{마 26:24, 눅 22:22}.

③ **승천 및 재림과 관련하여** : '인자가 자기 영광의 보좌에 앉을 때에'^{마 19:28}, '인자가 ... 하늘 구름을 타고 오는 것을 너희가 보리라'^{마 26:64, 막 14:62}, '인자가 그 왕권을 가지고 오는 것을 볼 자들도 있느니라'^{마 16:28} 등의 말씀들 속에서 이를 발견할 수 있다. 이는 단7:13의 '인자 같은 이가 하늘 구름을 타고'라는 구절과 깊은 연관이 있는 것들로서, 예수 자신이 다니엘서에 예언된 인자임을 암시하고 있다.

이외에 예수께서는 단지 자신이 인성(人性)을 가지신 사람임을 나타내기 위해서^{막 2:28, 눅 6:5}, 또 하나님과 인간 사이에 유일한 중보자이심을 나타내기 위해^{눅 12:8-10} 인자라는 칭호를 사용하셨다.

✝ 의의

우리 주 예수 그리스도께서 자신을 가리켜 '인자'(Son of man)라 하신 사실은 우리에게 다음과 같은 실로 심오한 의의를 준다.

① 예수는 본래 하나님의 아들로서 성육신(Incarnation)하신 분임을 보여 준다. 예수께서는 니고데모에게 '하늘에서 내려온 자 곧 인자 외에는 하늘로 올라간 자가 없느니라'^{요 3:13}고 하셨다. 이말은 곧 예수 자신이 본래 제2위 성자 하나님으로서 성육신하사 이 땅에 오셨으며, 또 장차는 본래 영광의 자리로 되돌아가실 것을 뜻한다. 한편 예수 그리스도의 성육신은 결국 우리 죄인들을 죄와 사망에서 구원하시기 위한 것이었음을 생각할 때 '인자'라는 예수의 칭호가 우리에게 주는 의의는 실로 크다 하겠다. 예수의 성육신과 수난의 필연성에 관해서는 막 10장 학습 자료 73-1를 참조하라.

② 예수는 바울이 언급한바 '둘째 아담'^{롬 5:14-19, 고전 15:21-23}으로서 첫째 아담이 타락함으로 인해 상실해 버린 창조 당시 인간의 본래 모습을 회복시키시는 회복자이심(롬 8:19-23)을 보여 준다. 즉 인자로서 오신 예수는 자신의 모습 그 자체로서 창조 당시의 모습을 지닌 가장 완전한 인간의 모습을 보여 주셨다. 또 그분은 첫째 아담의 죄의 혈통을 이어받은 인류의 죄를 대속하시는 구속 사역을 성취하심으로써 그분에 대한 믿음으로 구원받은 성도들도 장차 예수 그리스도의 재림과 함께 천국에 들어갈 때 완전한 인간의 모습으로 회복되는 것을 보여 주신 것이다.
결국 우리의 육적 대표자인 첫째 아담은 우리에게 죄와 사망, 그리고 불완전한 인간의 모습을 물려 주었지만, 우리의 영적 대표자인 둘째 아담 예수 그리스도는 우리에게 영생과 구원, 그리고 완전한 인간의 모습을 되돌려 주셨다. 이에서 실로 인자이신 예수 그리스도를 생각할 때 천국의 영생 복락과 회복될 우리 자신의 모습에 대한 기대와 소망에 가슴 부풀게 되며, 더욱 하나님께 감사 찬양을 돌리지 않을 수 없다.

학습 자료 73-5 유대인들이 스스로 정한 안식일 시행 세칙 ^{눅 13:10-17}

유대인들의 율법 준수에 관한 가장 대표적인 것이 안식일 규례이다. 규례에 의하면 안식일에 금지된 노동은 모두 39가지이다. 즉 파종하는 일, 쟁기질하는 것, 단을 묶는 일, 반죽하는 일, 굽는 일, 털을 깎는 일, 털을 표백하는 일, 털을 채색하는 일, 털을 잣는 일, 털을 짜는 일, 두 실을 감는 일, 시침질하기 위해서 뜯는 일, 가젤(야생 영양)을 사냥하는 일, 도살하는 일, 가죽을 벗기는 일, 소금에 절이는 일, 가죽을 정리하는 일, 깎아내는 일, 절단하는 일, 두 개의 글자를 쓰는 일, 두 글자를 쓰기 위하여 지우는 일, 건축하는 일, 무너뜨리는 일, 불을 끄는 일, 점화하는 일, 망치질하는 일, 무엇인가를 다른 곳으로 운반하는 일, 불을 피우는 일, 그릇을 옮기는 일, 물을 긷는 일, 800m 정도의 길을 가는 일, 매듭을 매거나 푸는 일 등이다. 그러나 예외적으로 허용되는 것은 생명이 위급한 환자를 운반하거나 고치는 일, 함정에 빠진 짐승을 구해내는 일, 해산하는 여인을 돕거나 이를 위해 멀리 가서 산파를 구해오는 일이 허용되고 사소한 병이라도 환자가 고통을 호소하면 약을 입에 넣어줄 수 있게 되어 있다. 그런데 본문에서 귀신 들린 여인의 경우 당장 생명이 위급하거나 고통을 호소하는 경우가 아니었다. 따라서 안식일에 병을 고칠 수 없는 상황이었다. 그래서 회당장이 예수를 비난한 것이다.

학습 자료 73-6 청지기가 불의해 질 수 있는 배경 _{눅 16:1-13}

율법은 이스라엘 백성이 동족에게 고리대금을 하지 못하도록 규정하고 있다_{출22:25}. 그런데 간악한 부자들은 자신을 대신하여 고리대금을 행할 청지기를 고용하였다. 이들은 주인의 권한을 위임받아 고리대금을 하는 대신 주인으로부터 일정한 대가를 보장받았다. 대신 고리대금이 법적인 문제가 되었을 때 청지기가 모든 책임을 져야 한다. 이런 책임을 면하기 위해 청지기들은 채무계약서를 작성할 때 미리 이자까지 포함하여 채무액을 산정하였다. 예를 들면 계약서에 밀 10섬에 이자 4섬을 명시하면 고리대금이 되지만 밀 14섬을 차용한 것으로만 명시하면 법적인 책임을 면한다. 이런 관습은 바리새인들과 서기관, 재판관들이 청지기들의 자기 보호를 위한 필요악으로 인정하였다. 한편 주인은 청지기의 직무에 대해 수시로 수지결산을 하고 나태하거나 많은 이익을 남기지 못하면 그 자리에서 해고하였다. 따라서 청지기들은 미래에 대한 보장이 전혀 없었다. 이런 이유로 청지기들은 처음부터 아주 높은 이자로 고리대금을 하여 자신들의 미래를 위해 실속을 챙겼다. 당시 민간 이자를 보면 밀의 경우는 가격 파동과 상품의 가치하락에 대비한 보험금 5%를 포함해 25%, 수확의 양과 질에 대한 예상이 어려운 감람 열매의 경우에는 보험료 20%를 포함해 100%의 이자를 받았다. 따라서 청지기가 주인 몰래 채무자의 빚을 탕감해 주는 것은 충분히 가능한 일이었다.

학습 자료 73-7 청지기직 _{눅 16:1-13}

본문의 비유에는 주인의 장부를 변조하여 자신의 이익을 도모하려는 불의한 청지기가 언급되어 있다. 이에 본문의 이해를 위해서 먼저 성경 시대 당시 청지기 직이 과연 어떠한 것이었는가를 이해할 필요성이 있다. 이제 청지기의 역할과 성경에 언급된 청지기의 개념 등을 간략히 살펴보도록 하자.

✝ 청지기의 역할

청지기(steward)란 문자적으로 '집을 지키는 자', '집을 관리하는 자'라는 뜻으로서, 일반적으로 부유한 집의 업무를 맡아보는 사람을 가리킨다. 명예와 부귀를 지닌 가문이면 모두 집안에 청지기를 고용했는데, 이들은 보통 주인의 식탁 시중을 드는 것에서부터 식량, 의복, 금전 관리 하인들을 감독, 주인의 수입과 지출 관장 등을, 그리고 더 나아가 신뢰를 받는 충직한 청지기는 주인 가족의 각 구성원에 대한 상속 분배까지도 맡아 관리했다. 이렇듯 청지기가 주인의 모든 재산을 관장했으므로, 약간은 융통성 있게 주인의 재산을 자기 편의대로 유용할 수 있었다. 그러니 자연 청지기를 고용하는 데 있어 부자 지주는 청지기의 정직과 충성스러운 태도를 제일 우선으로 하였다.

한편 신약 시대 당시의 청지기란 종이라기보다는 오늘날의 노사관계와 같이 일종의 자유인으로서 주인과 고용계약을 맺은 자들이었다.

✝ 청지기에 대한 성경의 언급

성경에서 청지기란 말은 다양한 의미로써 사용되었다. 먼저 구약 이스라엘 족장 시대에 살았던 아브라함의 청지기는 엘리에셀이었는데, 여기서 청지기는 '소유주'(possessor)란 의미로서 '양자', '상속자'를 뜻했다^{창 15:2}. 또 형제에게 팔렸던 요셉은 애굽의 시위 대장 보디발 집의 청지기, 곧 집안 전체의 재산을 관리한 '집사장'(執事長)이 되었다^{창 39:4}. 이후 이스라엘 왕국 시대에도 청지기에 대한 언급이 나타나는데, 청지기의 직무를 분담하여 재산 관리자, 권속을 지키는 고위 공직자, 방백을 다스리는 사람 등으로 그 일을 보게 했다^{왕상 15:18, 대상 27:25, 사 22:15}. 다윗의 청지기는 감독자(ruler)로서 표시되었다^{대상 28:1}.

이러한 청지기 직이 신약시대에 이르러서는 주인의 재정을 담당하여 정규적으로 재산을 점검하는 총책임자로 주로 고용, 계약에 의해 그 직책이 맡겨졌다.

✝ 영적 교훈

예수님의 비유 가운데는 청지기 직에 관한 언급 많다. 여기서 우리는 성도는 하나님의 청지로서의 삶을 살아야 함을 깨닫게 된다. 곧 우리의 가진 바 된 재능과 시간과 물질과 모든 형편이 다 주를 위해 관리돼야 함을 깨닫고, 아울러 세상 끝까지 이르러 당신의 복음 증거자로서의 맡은 바 사명을 다해야 할 책임을 졌음을 알아야 한다. 이제 우리는 하나님의 청지기로서 위탁받은 모든 직무를 지혜롭게 근면하게 수행하여야 하겠다^{고전 4:1}.

학습 자료 73-8 주의 날(Day of the Lord) ^{눅 17:22-30}

본문은 예수의 재림 날에 일어날 양상에 대해 기록하고 있다. 그런데 여기서 그리스도의 재림의 날을 '인자의 날'^{22, 24, 30절}, 곧 '주의 날'로 묘사하고 있는데, 이는 종말의 날을 나타내는 구약 용어인 '여호와의 날'에 대응하는 신약 용어이다. 따라서 주의 날과 여호와의 날을 구약과 신약이라는 관점만 다를 뿐 둘다 세상 종말의 날을 지칭하고 있다.

하나님께서는 죄인들을 구원하시기 위한 당신의 구속 사역에 관련된 비밀을 단번에 다 계시하지 않으시고 각 시대에 따라 점차적으로 계시하셨다. 이를 신학적 용어로 표현하여 '계시의 점진성'(Progressiveness of Revelation)이라고 한다. 이러한 계시의 점진성에 따라 구약 시대에는 그 뜻이 명료하지 못했던 성경의 용어가 신약 시대에 와서 명료하게 드러나는 경우가 많은데 그 대표적인 것 중의 하나가 '여호와의 날'과 '주의 날'이다. '여호와의 날'에 대한 구약의 '여호와의 날' 개념이 어떻게 신약의 '주의 날' 개념으로 그 의미가 확장되었는가를 살펴보자.

한편 여기서 다루는 '주의 날'을 구약의 안식일에 대칭되는 신약의 '주일'(Lord's Day)과 혼동해서는 안 된다.

✝ 용어의 이해

'주의 날'(Day of the Lord)이란 기본적인 개념에 있어서는 구약의 '여호와의 날'과 같다. 그러나 좀 더 그 개념을 구체적으로 살펴보면 '여호와의 날'이란 개념 속에는 그 주체가 삼위일체 하나님 중 누구와 관련이 있는지 분명치 않다. 그러나 '주의 날'은 '주'(헬. 퀴리오스)란 칭호가 성부 하나님을 칭하는 경우도 있으나 일반적으로 제2위 성자 그리스도를 가리킴으로 그 주체가 분명하게 드러남을 알 수 있다. 이는 구약에서는 그날에 일어날 모든 일들이 제2위 성자 그리스도와 직접적으로 관련되었음이 아직 계시되지 않았음을 보여 준다.

신약 성경에서는 '주의 날'벧후 3:10이란 표현 이외에 '그리스도의 날'빌 1:6, 10, '주 예수의 날'고후 1:14, '인자의 날'눅 17:22, 또는 단순히 '그 날'고전 3:13 등의 다양한 표현들이 사용되고 있다.

✝ '주의 날'의 시기

구약에서는 '여호와의 날'이 정확히 어느 시기인지 밝혀지지 않았다. 다만 여호와께서 역사의 어느 한순간에 결정적으로 개입하셔서 선악 간에 심판하시는 날로만 이야기하고 있다사 2:12, 17, 19, 슥 1:14-16. 그리하여 '전쟁의 날'이나 이스라엘이 바벨론에 의해 멸망한 때와 같은 역사적 사건이 일어난 날과 관련하여서도 '여호와의 날'이란 표현이 사용되었다사 2:19, 겔 7:7, 34:12.

그러나 신약에서 '주의 날'은 분명 예수의 재림과 그에 연속된 전 우주적 심판과 종말의 날이라고 밝히고 있다22, 30절. 즉 그날은 역사의 어느 한순간을 가리키는 것이 아니라 모든 인간의 역사가 종결되는 순간이다. 물론 구약에서 언급된 '여호와의 날'도 종말론적인 성격을 강하게 띠고 있기는 하나 신약의 '주의 날'과 같이 세상의 종말을 분명하게 언급한 것은 아니며 다만 예표적인 성격을 가진다.

✝ '주의 날'의 양상

구약에서 '여호와의 날'은 주로 전쟁, 천재지변 등의 재앙이 임하는 날로 묘사된다. 물론 여호와의 날을 크고 두려운 날욜 2:31, 우주적인 심판이 가해지는 날습 1:14-18, 그리고 새 하늘과 새 땅이 창조되는 날사 65:17-19로서 소개되기도 하나 신약에 나타난 바처럼 분명치는 않다.

신약에서는 이날에 예수 그리스도께서 재림하시되 번개가 하늘 아래 이쪽에서 번쩍이어 하늘 아래 저쪽까지 비침같을 것이며눅 17:24 하늘이 불에 타서 풀어지고 물질이 뜨거운 불에 녹을 것이며벧후 3:10-12 그리스도와 성도들이 새로 조성된 온 세상을 통치할 것계 11:15, 19:11-21 등 그날에 일어날 양상에 대해 매우 구체적으로 기록하고 있다. 그리고 재림 주이신 그리스도의 심판도 그 당시 생존한 일부 계층에 대해서만이 아니라 산 자와 죽은 자, 곧 역사상 존재하였던 모든 인간에 대하여 시행될 것을 말하고 있다. 곧 주의 날에는 전 우주 역사의 종말과 새 세상이 개시되는 그야말로 현 역사의 대단원이 종결될 것이다.

✝ 의의

이상의 사실들에서 우리는 '주의 날'은 구약의 '여호와의 날'의 개념보다 훨씬 확장되고 또 구체화된 것임을 알 수 있다. 이처럼 우리는 성경의 어떤 용어들을 이해할 때 계시의 점진성에 비추어 보면 그 뜻을 더 명료하게 이해할 수 있고 또 신·구약에서 각각 다르게 묘사하고 있는 듯 보이는 것도 잘 조화시킬 수가 있다.

학습 자료 73-9 다가오는 종말과 성도의 현실 생활 자세 눅 17장

본문은 예수께서 A.D.70년의 예루살렘 성전 함락과 세상 끝날 당신의 재림으로 도래할 역사의 종말(終末)에 대한 예언을 오묘하게 복합해 주신 말씀을 보도하고 있다. 이외에도 성경은 여러 곳에서 현 우주와 역사의 종말을 명백히 거듭 밝히고 있다사 2:12, 렘 23:5, 6, 고전 15:51, 52, 살전 4:16, 벧후 3:10, 계 20:12, 21:1, 2. 이를 일단 요약하면 다음과 같다.

과거 십자가 수난(Crucifixion)을 통하여 구속 사역을 일단 성취하시고 부활 승천하셔서 현재 성부 하나님과 함께 계신 우리 주 예수께서는 세상 끝날 다시 재림하실 것이다. 그때 당시 생존한 인간은 물론 무덤에서 일시에 모두 다 함께 부활할 아담 이래의 모든 인류 및 사탄과 그를 따르던 귀신들 모두가 예수 그리스도의 심판대 앞에서 성부 하나님에 대한 순종의 여부로 심판을 받아서 각각 지옥(Hell)과 천국(Kingdom of God)에 처해 지게 될 것이다. 그리고 그때 현 우주와 역사는 최종 종결된 것이며 향후 성도와 죄인이 각각 나뉘어 처하게 될 천국과 지옥은 종말을 맞을 현 우주와 이 세상의 역사와는 본질적으로 다른 새 하늘과 새 땅(New Heaven and New Earth)이 될 것이다. 곧 성도와 불신자, 선과 악이 혼재하는 오염된 현 우주의 역사가, 주님의 재림과 그에 연속되는 심판으로 최종 종결되는 시점, 그리고 자유

의지를 가진 존재들에게 하나님에 대한 순종의 여부에 따라 새 하늘과 새 땅에서의 영원한 천국과 지옥이 마침내 개시되는 시점으로서의 종말은 기독교 구원론의 한 핵심 개념이다.

✝ 종말의 필연성

하나님은 태초에 전 우주를 실로 순결하고도 완전하게 창조하셨다. 그러나 자유의 지(自由意志)를 가진 존재로 지음받은 천사의 우두머리였던 사탄(Satan)이 먼저 타락하며 일부 천사를 함께 타락시켜 하나님께 범죄한 것은 물론 마침내 첫 사람 아담(Adam)까지 유혹시켜 하나님에 대한 반역을 그 본질로 하는 범죄에 동참시켰다. 한편 전 피조물의 대표였던 사람의 타락으로 인하여 전 우주까지 심각히 오염되게 되었다롬 8:19-22. 그리하여 하나님과 사람이 이전에 맺은 언약에 따라 아담은 즉각 영원한 죽음과 형벌에 처하게 되었다창 2:16, 17. 그 처벌이 즉시 이루어졌다면 인간의 역사는 그 순간 영원히 단절되었을 것이다. 공의의 하나님인 동시에 사랑의 하나님이신 하나님은 지극한 창조주의 사랑으로 인간에게 구원을 얻을 새 기회를 주시기 원하셨다. 그리하여 인간의 죗값을 다른 존재가 대신 지고 희생하는 대신 인간은 회개하면 그 대속 희생의 공로가 그에게 적용되어 그 인간은 구원을 얻게 되는 소위 구속(救贖)의 법(法)을 새로이 제정해 주셨다. 그리고 그 구속은 궁극적으로는 제2위 성자이신 예수를 통하여 성취되게 하셨다. 그리고 하나님은 향후 전개될 장구한 역사(歷史)를 구약과 신약시대로 가르셨다. 그리고 구약시대에는 예수의 궁극적 대속 희생을 예표하는 동물 희생 제사의 법과 여러 예언으로 보이는 우리 주 예수의 강림에 대한 약속을 중심으로 역사가 진행되게 하셨다. 반면 일단 예수께서 초림하셔서 구속 사역이 이미 성취된 신약 시대에는 주께서 다시금 재림하여 구속 사역이 최종 실현될 천국 구원에 대한 약속을 중심으로 역사가 전개되게 하셨다. 그리고 그 장구한 신·구약 구속사의 중간에 예수 그리스도께서 태어나 구속사역을 성취하심으로 예수 이전과 예수 이후에 태어난 모든 세대의 인간 중 하나님이 택한 백성들이 이를 믿고 회개하여 구원을 얻을 기회를 얻게 하셨다.

이상의 사실을 길게 설명한 것은 결국 죄와 악으로 오염된 현재의 우주와 역사는 그 자체가 영원한 것이 아니라 일단 천사와 인간의 범죄에 대한 징계를 유보하시고 새로운 기회를 주시기 원하시는 창조주 하나님의 배려로 잠정적으로 유지되는 것일 뿐임을 보이기 위해서였다. 또한 절대 초월자로서 전 우주와 우리의 전 인격을 창조하신 하나님이 택한 성도들에게 주시는 구원도 전 인격적이고 절대 완전할 수밖에 없는바 그 구원이 실현되는 장(場)은 이 죄로 오염된 현 우주와 역사는 다른 차원의 시공(時空)이어야만 한다는 필연성을 보이기 위해서였다. 즉 궁극적으로는 현 우주와 역사의 종말의 필연성과 그 필연적 종말의 도래 과정과 관련된 기본적인 하나님 섭리의 내용을 보이기 위해서였다.

✝ 필연적 종말을 전제한 성도의 현실 생활 자세

이처럼 필연적인 종말을 전제할 때 현 신약시대를 사는 성도는 매우 첨예한 갈등이 내재하여 있는 이중적인 상황에 처해 있음을 깨닫게 된다. 물론 구약 시대 성도들에게도 역사 종말 이전에 각 개인의 종말인 죽음 문제가 있었고 또 이 역사의 종말은 그들에게도 적용된 것이었지만 그때에는 성경 계시의 점진성에 따라 아직 역사 자체의 종말에 대한 계시(revelation)가 미비하였기 때문에 이 문제는 현 신약시대 성도들에게 있어서보다는 그 중요성이 작았다고 볼 수 있다.

어쨌든 현재 예수의 구속 사역은 이미 성취되었으나 그 최종 실현인 새 하늘과 새 땅에서의 천국 구원은 아직 온전히 성취되지 않았다. 좀 더 정확히 말하자면 예수의 구속 사역의 성취로 천국이 영적으로는 분명 도래하였으나 그 천국이 영육간에 온전히 도래하는 것은 종말 이후 새 하늘과 새 땅에서일 것이다. 한편 성도는 이미 성취된 주의 구속 사역의 공로를 믿고 회개하여 이미 구원을 확정받아 신분상으로는 이미 천국에 속한 자가 되었으며 비록 영적 차원에 그것도 부분적으로 보이기는 하지만 이미 그 천국을 부분적으로 누리고 있기도 하다. 그러나 동시에 성도는 그 종말이 오기 전까지는 육신을 입고 이 땅에 사는 동안에는 이 세상에 속해 있기도 하다. 그리고 동시에 이 현 우주와 역사는 종말을 맞을 것도 알고 있다.

그리하여 여기서 성도는 과연 다가오는 종말을 전제할 때 이 현실을 어떤 자세로 살아야 할 것인가 하는 문제에 봉착하게 된다. 또한 굳이 역사 전체의 종말이 아닐지라도 각 성도가 죽음을 통하여 개인적 종말을 맞을 것인 바 이런 각도에서도 성도의 현실 생활에 대한 자세 문제가 제기된다.

한편 우리는 너무도 광범위한 주제인 종말을 전제한 성도의 현실 생활 자세 문제 전반에 대한 해결책을 논할 수는 없으므로 많은 성도가 이 문제에 있어서 흔히 범하는바 종말과 현실 어느 한쪽에만 너무 치우쳐서 범하는 두 극단론의 오류에 대해서만 지적함으로써 간접적으로 균형 잡힌 성도의 현실 생활 자세의 원칙만을 제시하고자 한다.

1) 극단적 종말론의 오류 금지

이런 부류의 사람들은 극도로 현실을 부정하거나 도피한다. 그리하여 같은 견해를 가진 극히 폐쇄된 집단 내에서만 교제를 나누고자 하며 여타의 사회적 관계와 책임은 인식하지 못하거나 전혀 불성실하다. 또한 신비주의와 맹목적 광신에 빠지기 쉽다. 또한 주의 재림으로 인한 세상 종말의 날은 심지어는 주 예수 자신도 모르며 오직 성부 하나님의 의지에 달려 있다는 성경의 명백한 말씀에도 불구하고, 주의 재림의 징조 및 그 도래 과정에 대한 성경의 일부 말씀을 확대 해석하며 종말의 날짜를 인위적으로 정해놓고 이를 맹신하며 열광하는 소위 시한부 종말론(時限附終末論)이 역사상 계속 출현해 왔는바 이들도 바로 이 부류에 속한다.

이런 자들은 무엇보다 먼저 하나님이 태초 아담의 타락 이후 즉각 형벌을 주시지도 그리고 주의 십자가 구속 사역 이후 즉각 천국을 도래시키시지도 않은 근본 목적을 이해하여야 한다. 그것은 곧 먼저 주의 성도된 자들이 복음을 널리 전함으로 모든 하나님의 택한 자가 한 사람도 남김없이 구원받을 충분한 기회를 주시기 위해서였다. 그러므로 이런 선교적 관점(宣敎的 觀點)에서 주어진 현실 생활에 최대한 충실해야 할 것이다. 또한 주의 복음 자체를 전하는 동시에 성도로서 실제의 개인 및 사회생활에서도 바른 자세와 비전(Vision)을 제시함으로써 하나님께 영광을 돌려야 할 것이다마 5:16. 실로 하나님은 될수록 모든 자가 구원 얻기를 원하시는 분이시다. 무조건 종말만 기다리며 현실에서 도피하는 것은 편협된 종교 이기주의인바 이는 성경의 진리와 위배된다.

또한 우리가 궁극적으로 지향하는 바는 물론 천국에서의 삶이지만 이 땅에서의 현실 생활도 하나님이 주신 다시 얻을 수 없는 또 하나의 삶의 기회이므로 이를 즐거이 누릴 권리와 의무가 있다. 또한 비록 세상은 훼손 오염되었으나 이 땅에서도 우리의 영혼은 천국의 비밀을 누릴 수 있는 바 현실은 주와의 교제를 통하여 자신의 신앙 인격을 더욱 성숙시키는 곧 성화(聖化)의 기회로 선용해야 할 것이다.

이를 종합하면 현실을 대함에 있어서 먼저 개인적으로는 다시 돌아오지 않는 삶으로서 현실을 누리며 성화(sanctification)의 기회로 선용하고 또 대사회적으로는 선교의 기회로 깨달아 기쁘고 감사히 현실을 누리며 천국에서 더 큰 상급을 얻고자 현실을 선용해야 할 것이다.

2) 극단적 현실론의 오류 금지

이런 부류에 속한 자들은 주의 복음과 인간의 전인격적 구원보다 현실의 정치, 사회적 관심을 더 우위에 놓는다. 기독교의 교리는 자신들의 사회사상을 뒷받침하는 재료일 뿐이다. 이런 자들은 흔히 절대 초월자로서 삼위 하나님(Trinity)의 존재, 우리의 죄 자체를 구속하시려는 예수의 신인양성(神人兩性)을 가진 그리스도의 독특한 존재와 사역, 새 하늘과 새 땅에서의 인간의 전인격적 구원을 종교적 미신이라고 비판한다. 이들은 기독교가 예수의 도덕적 가르침에 근거하여 이 땅에 유토피아를 건설하는 데 다른 종교나 사상과 더불어 나아가야 한다고 생각한다. 극단적 종말론이 광신적 경향을 가진 무지한 집단의 이단주의자들에게 많다면 이 극단적 현실론은 인본주의적 지식을 맹신하는 자유주의적 이단주의자들에게서 흔히 발견된다.

이들은 먼저 일점일획의 오류도 없이 전 우주와 인생의 진리를 보여 주는 계시의 책 성경의 진정성을 새삼 확인하여야 한다. 그리고 그런 성경이 보여 주는 절대 초월자에 의한 우주의 무에서 유로의 창조, 영과 육으로 이루어진 인간의 전인격, 주의 부활과 승천으로 정점에 이른 성경의 모든 예언과 그 역사적 성취, 그리고 그에 의거한 기독교 교회사(敎會史)의 전개에 대하여 존재론적 관점(Ontological Viewpoint)에서 분명한 재정립을 하여야 한다. 그리하여 앞서 설명한 원리에 의하여 인간의 진정한 행복의 획득 즉 전인격적 구원은 인간의 힘으로 이 땅 위에서 가능한 것이 아니라 오직 하나님의 힘으로 새 하늘과 새 땅에서만 가능함을 확인해야 한다. 그리고 인간 사회의 개인적 갈등은 물론 구조적 모순도 오직 그 문제의 궁극적 원인인 인간의 죄 문제가 해결될 때만 가능한바 이는 오직 주의 복음에 의해서만 가능하며, 또 결코 현실에서는 그 최종적인 해결은 불가능하다는 냉엄한 진리의 양면을 명백히 이해해야 할 것이다. 그럴 때 성경의 진리대로 사는 것이 곧 현실에 최선을 다하는 길이며, 인간은 능히 모든 문제를 해결할 수 없음을 깨닫고 오직 하나님께 의뢰하는 신앙의 지혜와 겸손을 깨닫게 될 것이다.

✝ 끝맺는 말

먼저 성도는 필연적으로 다가오는 종말 앞에서 현재 성도가 현실에서 처한 첨예한 갈등을 분명히 인식하여야 한다. 그리고 종말 및 그 이후의 새 세상과 현실 사이에서 성도는 무엇보다 먼저 성도의 궁극적 지향점은 오직 천국이라는 또 천국일 수밖에 없다는 원칙을 잊지 말아야 할 것이다. 그 연후에 이 원칙을 잊지 않는 범위에서 그리고 또 현실과 인간의 한계를 잊지 않는 범위에서 이 현실에서의 하나님과의 수직적 교제는 물론 특히 이웃 간의 수평적 관계에서 맺는 개인적 및 사회적 생활의 기쁨과 책임도 잊지 말아야 할 것이다.

한편 여기서는 전체적 입장에서 종말을 전제한 성도의 기본적인 현실 생활 자세에 대해서만 논하였는바, 종말과 관련하여 가장 큰 관심과 물의를 빚는 '주의 재림과 종말의 때'에 대한 문제 및 그에 즈음한 성도의 자세 문제에 대해서는 베드로후서 3장 학습 자료 87-3을 참조하라.

학습 자료 73-10 죽은 자의 부활에 있어서 성자 그리스도의 역할 요 11:25-26

본문에서는 제2위 성자 하나님이신 예수 스스로가 당신은 부활이며 생명임과 동시에 믿는 성도의 부활의 방편이며 궁극적으로 부활의 주체임을 밝히고 있다. 여기서 우리는 죽은 자의 부활에 있어서 성자 그리스도의 구체적 역할이 무엇인가를 올바로 이해할 때만이 본문의 의미를 더욱 정확하게 이해할 수 있을 것이다. 이에 대해 살펴보도록 하겠다.

✝ 부활의 주체자 그리스도

죽은 자의 부활은 분명 성부요 5:21, 고후 1:9와 성자와11:25, 26, 성령롬 8:11 3위 하나님의 공동 사역의 결과이다. 그러나 본문에서 보는 바와 같이 부활의 주체자는 특별히 제2위 성자 하나님이심을 성경은 말하고 있다. 즉 그리스도께서 무덤 속에 있는 죽은 나사로를 향하여 '나사로야 나오라'43절하신 것처럼 부활 승천하신 그리스도께서 종말에 재림하사 무덤 속에 있는 성도들을 그렇게 불러내시리라는 것이다.

✝ 부활의 원인 제공자 그리스도

부활의 필연성은 인간의 죽음으로 말미암아 주어진 것이다. 하나님께서 최초 인간 아담과 하와에게 선악과 언약을 주시고 그 언약을 어기면 받을 저주로 죽음을 주셨다. 이 언약의 결과로 범죄한 아담과 하와는 일차적으로 영혼이, 그리고 궁극적으로는 육체까지도 죽었다. 그리고 아담의 원죄를 물려받은 모든 인류는 죽음의 권세 하에 있게 되었다히 9:27.

그러나 그리스도께서 모든 죄인이 마땅히 그 죄로 말미암아 당해야 할 죽음의 심판을 대신 받으심으로써 그의 구속의 은혜를 입은 성도들은 더 이상 죽음의 권세하에 있지 않게 되었다. 그뿐만 아니라 그리스도께서 죽음의 권세를 깨뜨리시고 3일 만에 부활하심으로써 성도들이 현재는 여전히 육체로는 죽지만 장차는 영과 육이 함께 영원히 사는 부활의 근거를 마련하셨다. 이에 사도 바울은 죽음에 대한 그리스도의 승리로 말미암아 성도들이 얻게 될 승리에 대하여 가슴 벅찬 감격을 하고 다음과 같이 외쳤다. '이 썩을 것이 썩지 아니함을 입고 이 죽을 것이 죽지 아니함을 입을 때에는 사망을 삼키고 이기리라 ... 사망아 너의 승리가 어디 있느냐 사망아 네가 쏘는 것이 어디 있느냐 ... 우리 주 예수 그리스도로 말미암아 우리에게 승리를 주시는 하나님께 감사하노니'고전 15:54-57.

✝ 부활의 첫 열매가 되신 그리스도

죽은 자의 부활이 확실함을 우리가 믿는 것은 그리스도께서 죽은 자 가운데서 다시 살아 잠자는 자들의 첫 열매가 되셨기 때문이다고전 15:20. 또한 '만일 죽은 자의 부활이 없으면 그리스도도 다시 살아나지 못하셨으리라'고전 15:13라고 한 사도 바울의 주장대로 그리스도의 부활은 장래에 있을 성도의 부활에 대한 확실한 증거이다.

그러면 그리스도 자신의 부활이 어떻게 성도의 부활의 확실한 방편이 되는가? 그것은 직접적으로 '대표의 원리'에 의해 아담이 우리의 육신적 대표가 되므로 우리가 그의 원죄를 물려받아 사망의 권세하에 들어가게 된 것처럼, 그리스도는 우리의 영적 대표가 되므로 그가 죽었다가 다시 살아나신 부활의 효과가 우리 성도들에게도 그대로 미치게 되는 것이다고전 15:22-24.

한편 그리스도의 부활이 성도의 부활의 확실한 보증이 된다는 간접적인 증거도 있다. 곧 본 장에 언급된바 그리스도로 말미암은 나사로의 부활 사건, 또 그리스도께서 십자가에서 죽임을 당하셨을 때 무덤들이 열리며 자던 성도의 몸이 많이 일어나 그들이 예루살렘 성안 사람들에게 부활한 모습들을 나타내 보인 사실마 27:52, 53 및 예수께서 죽은 자들을 살리신 여러 이적들이 바로 그것이다마 9:18-25, 눅 7:11-15.

✝ 의의

이상에서 우리는 그리스도로 말미암은 성도의 부활에 대해서만 살펴보았다. 그러나 부활은 성도들에게만 해당되는 것이 아니며 불신자들에게도 마찬가지로 해당한다. 그러나 성도의 부활은 죄와 사망에 대한 그리스도의 승리에 동참하여 기쁨과 영생 복락을 얻는 승리의 부활이지만, 불신자의 부활은 그리스도를 십자가에 못 박은 사탄의 세력에 동참하여 슬픔과 영벌(永罰)에 처하게 될 심판의 부활이 된다는 점에서 양자의 부활은 판이하게 다르다.

한편 일부 자유주의 신학자들과 일부 과학자들, 또한 많은 불신자들은 죽은 자의 부활을 부인한다. 그러나 본 장에서 그리스도께서 나사로를 살리신 일, 또한 그리스도 자신이 부활하신 일은 그러한 자들의 부인에도 불구하고 죽은 자의 부활이 확실하다는 것을 우리에게 증거한다. 그러므로 성도들은 헛된 사람들의 반박과 거짓된 증거에 흔들리지 말고, 살아계신 하나님의 말씀인 성경의 증거를 통하여 그리스도는 부활이요 생명이며 종말에 그리스도께서 재림하실 때 승리의 부활에 참여할 것이라는 부활의 소망을 더욱 확고히 해야 할 것이다.

학습 자료 73-11 예수의 신인양성(神人兩性)에 대한 증거 요 11:35

본서는 예수의 여러 측면 중 주로 예수의 신성(神性)을 강조한다. 즉 예수께서는 본래 제2위 성자 하나님이셨으며 성육신하사 이 세상에 우리의 구세주로 오셨다는 것이다. 그러나 여기서 우리가 간과해서는 안 될 것은 성육신하신 예수 그리스도는 분명 인간(人間)이 되셨으며, 또 인간으로서 우리 죄인들을 구원하시기 위한 구속 사역을 성취하셨다는 것이다. 이처럼 예수께서는 신성과 인성을 동시에 가지고 계셨다. 그리고 그분이 신성을 가지신 분이시기에 우리는 그분이 성취하신 구속 사역의 효과의 확실성과 그분의 천국 구원의 약속을 확신하게 된다. 또 그분이 인성을 가지신 분이시기에 우리 인간들의 모든 것을 가장 잘 이해하시고 가장 필요 적절한 것들로 위로하심을 믿는다. 이에 예수 그리스도의 신인 양성에 관한 증거들을 살펴보도록 하겠다.

신성	하늘 구름을 타고 오실 이로 묘사된 구약의 예언(단 7:13)
	예수 자신의 증언(마 7:21, 11:27, 요 12:44. 45)
	신약 저자들과 사도들의 증언(마 1:23, 눅 1:31, 행 9:19, 20)
	예수의 명칭이 주는 암시(눅 2:11, 요 1:1)
	예수의 선재성(요 8:58, 17:5, 골 1:15, 17)
	예수가 행하신 이적들(마 9:2-7, 막 4:37-41, 요 11:1-44)
인성	여자의 후손으로 묘사되 구약의 증언(창 3:15, 사 9:6)
	스스로 사람으로 인식하신 예수 자신의 증언(요 8:39, 40)
	육체와 영혼을 가지심(눅 2:46, 요 1:14)
	심신(心身)이 성장하심(눅 2:40, 42, 히 5:8)
	인간적 경험을 하심(눅 22:44, 요 11:35, 19:34)
	인간적 유한성을 지니심(마 24:36, 27:46, 요 19:28)

학습 자료 73-12 눈물을 흘리시더라 요 11:35

이에 해당하는 헬라어 원어는 '다크뤼오'(δαχρύω)이다. 이 단어는 신약 성경에서 단 1번 나오는데 본절에 나타난 것이 그 경우이다. 또한 이 단어는 오직 주님에 대해서만 사용된 것이기도 하다.

이 '다크뤼오'는 '눈물'(tear)을 뜻하는 명사 '다크뤼온'(δάχρυον)에서 유래한 동사로서 그 의미는 소리없이 '눈물만 흘리며 울다'라는 뜻이다.

한편 '다크뤼오'와는 달리 큰 소리로 흐느껴 울 때 사용되는 동사로는 '클라이오'(κλαίω)가 있다. 이 단어는 33절에서 사용되고 있는 것을 볼 수 있는데, 성경에서 일반적으로 '슬퍼하다' 마 2:18, '곡하다' 요 11:31, 16:20, '눈물을 흘리다' 빌 3:18라는 뜻으로 번역이 되며, 대체로 죽은 자를 위해 애곡을 할 때 사용되는 단어이다. 따라서 33절의 '클라이오'가 나사로의 죽음을 애곡하며 방성대곡한 울음이라면 본 절의 '다크뤼오'는 소리 없이 우는 것을 뜻한다.

이처럼 예수께서 조용히 소리 없이 우신 것은 일차적으로 사랑하시던 나사로의 죽음으로 인한 슬픔 때문으로 볼 수도 있지만, 이미 죽음 따위는 그에게 문제가 되지 않는 것임을 우리가 문맥을 통해 알 수 있으므로 43, 44절 그 이유는 다른 데서 찾을 수 있을 것이다. 즉 예수는 죽음의 권세라도 능히 이길 수 있는 자신을 옆에 두고도 무지와 불신 가운데서 그저 흐느끼고 있는 저들의 모습이 안타까우셔서 조용히 우셨던 것으로 이해할 수 있다.

학습 자료 73-13 전 4차에 걸친 예수의 수난 예고 눅 18:31-34

공관 복음에는 각각 전 4차에 걸친 예수의 수난 예고가 다 기록되어 있다. 그리고 그중 본문은 제3차 예수의 수난 예고 기록으로서 예수께서 받으실 십자가 수난의 구체적인 장면들을 묘사하고 있는 부분이다. 이처럼 예수께서 받으실 십자가 수난의 구체적인 장면들을 묘사하고 있는 부분이다. 이처럼 예수께서 십자가 수난을 받으신 사실이 우리에게 주는 구속사적 의의는 실로 크지만, 그에 못지않게 십자가 수난을 예고하신 사실도 우리에게 매우 심오한 구속사적 의의를 준다. 이에 전 4차에 걸친 예수의 수난 예고에 관한 전반적인 사실을 살펴보고자 한다.

✝ 수난 예고의 시기

전 4차에 걸친 예수의 수난 예고는 예수 공생애의 일대 전환점을 이룬 베드로의 신앙 고백 사건 직후부터 주어지기 시작했다. 이때는 A.D. 29년 봄으로서 예수님의 십자가 구속 희생 사역을 약 1년가량 남긴 때였다. 또한 유대인들의 예수 배척이 점차 고조되고 있었으며 그런 와중에서도 예수께서 당신의 구속 사역의 최종 성취를 향해 그 사역을 활발히 전개하던 때였다. 이에 전 4차에 걸친 예수의 수난 예고 시기와 장소 및 핵심 내용을 도표로 정리해 보면 다음과 같다.

	공생애 시기	장소	내용
1차	A.D. 29년 여름	가이사랴 빌립보	십자가 수난의 전반에 관해, 제자들의 동참 촉구 (눅 9:22-27, 마 16:21-28, 막 8:31-9:1)
2차	29년 가을	갈릴리	예수의 체포와 부활에 관해 (눅 9:43-45, 마 17:22, 23, 막 9:30-32)
3차	30년 겨울	요단강 근처	십자가 수난의 구체적 사실과 예수의 부활 예언 (눅 18:31-34, 마 20:17-19, 막10:32-34)
4차	30년 봄	감람산	유다의 배반과 유월절 예수의 체포(마 26:2)

✝ 예수의 십자가 수난의 필연성과 수난 예고의 목적

예수께서 이렇게 네 차례에 걸쳐 십자가 수난을 예고하신 사실은 택한 죄인들을 구원하기 위한 구속주(the Saviour)로 오신 메시아로서 마땅히 받지 않으면 안 될 십자가 수난의 필연성을 몸소 증거하신 것이라 할 수 있다. 그렇다면 예수께서는 왜 십자가 수난을 받지 않으면 안 되셨던가? 예수의 십자가 수난의 필연성에 관해서는 막 10장 학습 자료 73-1을 보다 참조하라. 단 여기서는 네 번 다 제자들에게만 주어진 것인 바 된 예수의 수난 예고의 목적에 관해서만 살펴보도록 하겠다.

① **십자가 구속 희생의 복음에 대한 확고한 믿음을 위해** : 수난 예고의 첫째 목적은 십자가 수난이 예수께서 스스로 전혀 예기하지 못한 가운데 우연히 급작스럽게 이루어진 것이 아님을 보여 주기 위해서이다. 또한 십자가 수난이 예수 사후(死後)에 그의 추종자들이 억지로 의미를 부여한 신화적 허구가 아니라 태초부터 있어 온 하나님의 뜻과 구속의 원리에 따라 그분의 섭리대로 작정 된 것이며, 이에 예수께서 자발적 순종과 헌신으로 우리의 구원을 위한 구속 사역을 성취하신 사건임을 십자가 수난 후 제자들과 미래의 모든 성도가 확실히 믿도록 하기 위한 것이었다.

② **수난 후 낙심하지 않고 복음 전파 사역을 감당하게 하려면** : 수난 예고의 두 번째 목적은 제자들이 전혀 예상치 못한 상태에서 갑자기 예수께서 십자가 수난을 받게 될 때 받을 충격을 완화하고, 그것이 죄인들의 구원을 위해서는 필연적이었음을 깨달아 낙심치 않고 수난 이후 그리스도의 구속의 복음을 확신 가운데 전하도록 하기 위한 것이었다.

③ **제자들도 자신들에게 주어진 십자가 고난을 능히 감당하게 하도록** : 수난 예고의 세 번째 목적은 그리스도의 복음이 전파될 때 공중 권세 잡은 자 사탄엡 2:2이 반드시 핍박을 가해 올 터인데 이때 제자들이 그리스도께서 십자가 고난의 길을 능히 걸어가신 것을 본받아 자신들도 그 길을 인내로써 걸어가도록 하기 위한 것이었다. 그러나 예수께서는 그 고난의 길을 당신의 제자들이 혼자서만 감당하도록 버려두신 것이 아니라 보혜사 성령을 보내심으로 그 일을 능히 감당할 수 있는 능력도 공급해 주셨다요 14:25-28, 행 2:1-4.

✝ 구속사적 교훈

예수님이 이처럼 자신의 수난에 관한 모든 사실을 알고 계셨다는 사실은 일차적으로 그분은 미래의 모든 것까지도 알고 계신 제2위 성자 하나님임을 증명한다. 그리고 이렇게 하나님이심에도 불구하고 십자가 수난의 고통을 묵묵히 감당하신 사실에서 우리는 그분의 겸손의 크기빌 2:6-8와 죄인들을 향한 사랑의 깊이와 무게에 가슴 뭉클해지지 않을 수 없다. 또한 이러한 예수의 십자가 수난이 우연히 갑작스럽게 이루어졌거나 후대의 예수 추종자들이 억지로 만들어낸 신화적 허구가 아니라, 태초 이래 줄곧 예언되어 온 하나님의 구속의 뜻과 구속 원리의 성취였다는 사실에서 우리는 십자가 구속 복음을 믿음으로 우리 죄를 용서함 받고 의인이 되어 장차 영생을 누리게 됨을 확신하게 된다.

❖ 마 19장 "심신 문제"(p348)
❖ 눅 12장 "방법론적 자연주의와 기독교적 세계관"(p482)

74일 핵심 학습 자료

마 20:29~34·막 10:46~52·눅 18:35~19:28·요 11:55~12:1, 9~1·마 21~23·막 11~12·
눅 19:29~20:40, 21:37~38, 20:41~21:4·요 12:12~19, 2:13~25, 12:20~50

학습 자료 74-1 삭개오의 구원을 통한 교훈 ^{눅 19:2-10}

예수 시대 당시 세리들은 동족으로부터 과다한 세금을 징수해 로마에 바치고 또 그
중간에서 횡령을 일삼아 동족에게 손가락질과 비난의 대상이 되었다. 더욱이 삭개
오는 이런 세리들의 우두머리였다. 그런데도 그는 예수님을 향한 열정으로 구원받
고 주님께 인정된 자가 되었다. 이는 영적으로 비록 현재 죄에 몸담고 있을지라도
진리를 갈구하는 심령으로 주를 찾을 때 주께서는 반드시 구원을 베푸심을 보여 준
다. 이제 다음에서 삭개오가 구원받는 과정을 통해 몇 가지 교훈을 얻도록 하자.

구원 이전	세리장이었음(2절)
	부자였음(2절)
	키가 작았음(3절)
	작은 키로 난관에 처함(3절)
	예수를 보러 뽕나무 위로 오름(4절)
인성	사람들에게 죄인 취급당함(7절)
	예수가 그를 보심(5절)
	예수가 그의 집에서 유하심(5, 7절)
	예수를 구주로 영접함(6절)
구원 받은 후	소유의 절반을 가난한 자들에게 내어놓기로 결심함(8절)
	남의 것을 도적질한 것이 있으면 4배로 갚겠다고 결심함(8절)
	영적 선민으로서 구원받은 아브라함의 자손이 됨(9절)
교훈	하나님의 구원은 신분, 혈통의 차별 없이 주어짐(롬 3:22)
	주를 간절히 찾는 자가 만나게 됨(사 55:6)
	주를 만날 때 죄의 길에서 돌이켜 의의 길로 가게 됨(롬 6:12~14)
	주 안에 있을 때 선한 열매를 맺게 됨(요 15:4)
	회개에 합당한 열매를 맺는 자가 구원 받음(마 3:8)

학습 자료 74-2 팔레스타인의 세리 직 ^{눅 19:2-8}

본문에는 세리장 삭개오가 예수를 영접하게 된 사실이 기록되어 있다. 그런데 당시
삭개오는 많은 사람에게 죄인시되며 버림받아 왔다. 여기에는 세리 직에 대한 유대

인들의 멸시 감정이 바탕이 되어졌는데, 이를 이해하기 위해서 먼저 팔레스타인 지역에 대한 식민 통치를 한 로마 제국의 세금 정책을 이해할 필요가 있다. 아울러 세리가 죄인으로 취급받게 되기까지 팔레스타인에서의 세리라는 직업과 유대인들의 세금과 세금 징수에 대한 자세 등을 간략히 살펴볼 필요성이 있다.

✝ 로마의 세금 정책

많은 점령지를 쉽게, 그리고 효과적으로 통치하기 위해 점령지의 상황에 맞게 그곳의 지방 자치 정부를 허용하였던 로마 제국은 예루살렘과 유대 온 지역을 효과적으로 통치하기 위해 총독뿐만 아니라 상업적, 지리적으로 중요한 요충지에 세관을 두고 로마의 행정 관리들을 파견하였다. 그리고 세관원이 로마 정부가 요구하는 세금, 곧 인두세(人頭稅)와 지세(地稅) 같은 세금을 정기적으로 징수해야 할 직접적인 책임을 맡게 하였다.

그런데 이들 로마 관리는 육로나 해상으로 수송하는 재산(노예 포함)에 대한 통행세 징수는 일부 청부업자들에 하청을 주었다. 이 청부업자들은 일정한 지역에서 통행세를 징수하는 조건으로 약정된 금액을 미리 세관에 지불했고, 통행세 징수를 통해 자기의 이익을 남겨 재산을 모았다. 이런 청부업자들은 때로 로마인이기도 했으나 유대인들도 상당수 있었다.

한편 로마 관리들은 이방인에 대해서 강한 적대감을 갖고 있는 유대인들에게 세금을 징수하는 것이 결코 쉽지 않았다. 그래서 로마 관리들과 세금 청부인들은 실제적인 세금 징수를 위해 많은 유대 하수인들을 고용하였다.

✝ 세리와 유대인의 적대감

로마를 위해 세금을 징수하는 직업인 팔레스타인의 세리는 정복자에 의해 강제로 징수되는 온갖 종류의 납세로 인해 고통을 당하던 유대인들에게 큰 저주의 대상이 되었다. 그 이유로는 다음과 같은 요인을 들 수 있다. 먼저 유대인들은 본래 세금 자체를 공공의 과세로서가 아닌, 하나님께 충성하지 않는 일종의 범죄로서 인식하였다. 그러므로 납세에 대한 기피증이 있었다.

그리고 무엇보다도 세금 징수가 그들의 정복자인 로마 정부를 돕는 데 불과하다고 여겼기 때문이다. 로마 통치를 달갑게 생각하지 않았던 유대인들은 이들 세리가 로마인과 자주 교류하며, 또 그들의 꼭두각시가 되어 동족을 착취한다고 하여 로마 세관의 유대인 세리들을 매국노나 변절자로서 간주하였다. 따라서 보수를 위해 이 일에 종사하는 유대인들은 압제자들의 강탈 행위와 백성들의 비난으로 이중으로 천시받고 멸시받았다. 그러다보니 자연 세리들은 자기 백성들에게 벌금을 책정하여, 아무 거리낌 없이 악랄한 수법으로 이를 징수했으며, 또 일정한 세금액을 세관에 바친 후 그 이상 과다하게 징수한 것은 자신이 착복(着服)하는 횡포를 부렸다. 이로 인해 세리에 대한 원성이 더 높아졌고, 그래서 유대 사회에서 세리들은 창기와 마찬가지로 도덕성을 무시한 극악 무도한 범죄자요 천민으로 분류되었다. 또 세리들과 그 가족들은 유대인들의 자치적인 직무를 담당할 권리를 박탈당하고, 심지어는 유대인의 법정에서 증언할 수 있는 자격까지 박탈당했다.

✝ 교훈

복음은 성경 시대 당시 통상 강탈자요 죄인으로 취급받던 세리에게도 예수께서 새로운 소망과 구원을 주셨음을 보여 주고 있다. 예수께서는 서기관과 바리새인들의 경멸에도 불구하고 '세리와 죄인의 친구'로서 나타나기를 꺼리지 않으셨고 마 11:19, 눅 7:34, 15:1. 또 본문에 기록된 대로 세금 긁어내기로 동족들에게 악명 높았던 세리장 삭개오에게도 관심을 보이셨고 구원을 선포하셨다. 이같이 예수께서는 혈통과 신분의 구별 없이 누구에게나 구원의 은혜와 새로운 소망을 주러 오셨다.

학습 자료 74-3   예수의 겸손을 보여주는 주요 사실들 ^{마 21:5-10}

예수님은 본래 지극한 존귀함을 받으셔야 할 제2위 성자 하나님이시다. 그런 분이 택한 죄인들의 구원을 위해 비천한 인간의 몸을 입고 이 땅에 오셨다. 또 예수님은 이 땅에 사시는 동안에도 지극히 겸손하게 죄인들을 섬기는 종의 모습으로 사셨으며 그들을 구원하시기 위해 자신을 십자가의 희생 제물로 내놓으셨다. 이는 죄인들을 향한 그분의 지극한 사랑과 겸손을 잘 보여 주는바, 예수의 겸손을 보여 주는 주요 사실들을 모아 보았다.

1	하나님이면서 인간의 형태를 취하심(빌 2:7)
2	비천한 곳에서 탄생하심(마 1:18-25)
3	겸손히 부모님께 순종하며 섬기심(눅 2:51)
4	조그마한 마을 나사렛에서 사심(마 2:23)
5	사람처럼 사람에게 세례를 받으심(마 3:13-15)
6	제자들 중에 섬기는 자로 계심(눅 22:27)
7	나귀 새끼를 타고 예루살렘에 입성하심(마 21:5-10)
8	친히 제자들의 발을 씻겨 주심(요 13:5-14)
9	사람들에게 고난과 모욕 당하심(마 26:67, 68)
10	성부 하나님께 죽기까지 복종하심(빌 2:8)

학습 자료 74-4   신약시대 예루살렘의 상업 발달의 요인과 성전에서의 상업 행위 ^{마 21:12-13}

본문은 메시아로서 예루살렘에 입성하신 예수께서 성전 안의 장사치들을 내어 쫓으신 기사이다. 여기서 우리는 당시 예루살렘에서 왜 많은 장사치와 환전상이 성행했는지의 배경을 이해할 필요가 있다. 이에 신약시대 예루살렘의 상업 발달의 몇 가지 요인과 성전에서의 상업 행위를 살펴보도록 하겠다.

✝ 상업 발달의 요인

예루살렘은 팔레스타인 땅의 중심지이다. 그런데도 상업의 측면에서 볼 때 그리 좋은 지리적 조건을 구비하고 있지는 않다. 왜냐하면 예루살렘은 산악 지대이며 단하나의 남북 도로만이 이 지역을 통과했기 때문이다. 또한 주변에는 많은 동굴과 은신처가 있어서 강도들의 불법 행위도 극심했다. 그러나 이러한 지리적 악조건에도 불구하고 예루살렘에 상업이 발달하게 된 요인으로서 크게 경제적 요인과 종교적 요인으로 나누어 생각할 수 있다.

① **경제적 요인** : 예루살렘과 그 주변의 토양은 암반성 석회질 토양으로 곡물 재배에 별로 적합하지 않았다. 그래서 예루살렘은 곡물 등의 생활필수품을 거의 수입에 의존했다. 더욱이 예루살렘은 예루살렘 주민들뿐만 아니라 1년에 세 차례 예루살렘을 찾아오는 축제 순례자들의 식량까지도 해결해야 했으므로 대부분의 곡물을 요단 강 동북 지방에서 수입해 왔다. 또한 이러한 생활필수품 이외에도 예루살렘에는 천연자원이 절대 부족하였다. 특히 당시 도구나 무기를 만드는 데 있어 가장 중요한 자원인 철이 전혀 생산되지 않아 외국으로부터 수입해 오지 않으면 안되었다. 한편 이러한 수입을 위해 필요한 자금은 기름이나 포도주, 또는 식초 등을 수출하여 마련하였다. 이처럼 수입과 수출이 빈번히 일어났기 때문에 지리적 여건이 매우 불리하지만, 예루살렘의 상업은 번창할 수가 있었다.

② **종교적 요인** : 예루살렘에는 성전이 있으므로 상업이 번창할 수 있었다. 즉 성전제의를 위해서 질이 좋은 목재와 곡물, 희생 짐승 등이 대량으로 필요했다. 그래서 예루살렘 성전 광장에서는 항상 희생 제물용 짐승 거래가 이뤄졌다. 아울러 축제 순례자들은 해마다 세 차례 예루살렘 성전을 방문하였다. 특히 유월절 축제 때는 세계 각처에서 몰려들었는데, 이들이 모두 희생 제물을 드렸다고 본다면 얼마나 많은 가축 공급이 이루어져야 했는가는 능히 상상해 볼 수 있다. 한편 성전에 바치는 십일조 이외에 소위 '축제용 십일조'(Festival Tithe)라고 하는 제2의 십일조가 있다신 12:5-19. 이것은 첫째 십일조를 바친 백성들이 그 나머지 소출(9/10) 가운데서 다시 1/10을 구별하여 내는 것으로서 모두 예루살렘 중앙 성소에서 축제 비용으로 사용되었다. 이렇게 볼 때 절기 때에 예루살렘에서 얼마나 많은 물자와 자금이 유통되었는지는 능히 짐작해 볼 수 있다.

✝ 성전에서의 상업 행위

성전에서 물건을 파는 행위는 처음 제사장들에 의해 도입되었다. 그래서 일부 상인들은 장사할 자리를 얻기 위해 제사장에게 막대한 돈을 지불했으며, 결국 제사장들의 비호 아래 '이방인의 뜰'에서 폭리를 취하며 장사를 해오게 되었다. 특히 희생제사를 위한 제물의 경우 그 제물이 흠이 없는가에 대한 검열이 까다로웠고, 대부분 집에서 가져온 제물들은 부적격한 것으로 판단되기 일쑤였기 때문에 성전 안에서 검인받은 제물들이 비싼 값으로 매매되었다. 그리고 속죄 제물의 값이나 유월절 직전에 성전에 찾아가 납부했던 성전세 등은 다른 나라의 돈을 사용할 수 없었다. 그래서 여러 나라, 특히 로마의 화폐를 특별히 성전세용으로 만든 유대인의 은돈으로 바꾸어 주는 환전상들이 번창하게 되었으며, 이때 이들은 엄청난 환전료를 요구하였다.

이러다 보니 자연 예루살렘 성전 안은 물건을 팔고 돈을 바꿔주는 장터로 변했고, 제사장들의 묵인 아래 타락의 온상이 되었다.

✞ 교훈

이상을 통해 우리는 예루살렘을 중심으로 상업이 발달한 이유와 더 나아가 당시 성전 제사가 상업주의로 변질됨으로써 예배의 의의가 상실되어 버린 상황을 이해해 보았다. 이상의 사실을 통해 우리는 오늘날의 교회도 진정한 예배의 의의는 상실한 채 세상의 배금주의에 휩싸여 상업화, 세속화되어 가고 있지는 않는가를 심각하게 각성해야 하겠다. 진정 예배의 진정한 내용은 상실한 채 교회 내에서 자신의 이익만을 추구하기 쉬운 오늘날의 우리에게도 예수님께서 '내 집은 기도하는 집이라, 강도의 소굴로 만들지 말라'고 선언하지 않겠는가!

예수님이 마지막 지킨 유월절에 성지 순례를 위해 모인 군중은 몇 명이나 될까?

◆ 역사가 요세푸스의 기록에 의하면 로마의 네로 황제(A.D. 54-68)가 그의 재임기간 어느 한 해에 유대 총독인 케스티우스에게 유월절에 예루살렘에 모이는 사람의 수가 얼마나 되는가를 조사 보고하라는 명령을 내린 적이 있다. 이 총독은 다음과 같은 방법으로 그 통계를 내었다.

우선 그 해 유월절 절기를 위해 제물로 도살된 양의 수를 버린 양의 목의 수로 세었는데 그 수가 256,500마리였다고 한다. 당시 보통 양의 제물은 한사람이 한 마리를 바치는 것이 아니라 10에서 20명이 한 그룹이 되어 양 한 마리를 바친다고 한다, 이 한 그룹 단위의 사람의 수를 평균 10명으로 잡아도 도살된 양의 수를 근거로 계산한 순례자의 수는 250만 명에 달한다. 예수님 당시에도 이 정도로 많은 사람이 몰렸을 것이다. 14세 이상 성인은 성지 순례의 의무를 가진다. - 윌리암 바클레이 "요한복음 강해"

학습 자료 74-5 성전 청결

성전 청결의 기사는 4 복음서 모두가 기록하고 있으나 요한복음은 예수님이 공생애를 시작하면서 처음으로 예루살렘을 방문해서 행한 것으로 기록하고 있고, 공관복음들에서는 마지막 해의 유월절에 행한 것으로 기록한다. 어떤 학자는 성전 청소를 두 번 했다고 주장하지만, 필자는 예수님의 성전 청결은 공생애 마지막에 한 번 행한 것이라는 설을 지지한다. 그 이유는 당시 유대인에게 성전의 의미는 삶이요 생명이고, 또 성전을 관리하는 제사장들은 성전에서의 상행위는 그들의 부의 축적의 자원이 되기 때문에 성전을 굉장히 중요시하고 있는 정서를 고려하면 공생애 첫 해에 성전을 청소했다면 예수님은 그 즉시 체포되어 처형되었을 것이다. 이 고난주간에 예수님이 행한 첫 번째 일이 성전을 청소한 것이고 그 즉시 유대 지도자들은 예수님을 체포하기로 작정한다. 그러므로 예수님의 성전 청결은 마지막 해에 한 번 했다는 설이 더 타당하다고 보는 것이다.

당시 성전을 관리하는 제사장들이 상행위를 통해 얼마나 타락되었는가를 살펴보자.

윌리엄 바클레이(William Barclay)목사는 그의 저서 '요한복음 강해'에서 다음과 같이 당시 부패상을 보여 주고 있다. 유월절(Passover)은 유대의 최대 절기이다. 예루살렘을 중심으로 반경 15마일 이내에 사는 모든 14세 이상 유대인은 유월절을 지키러 성전으로 와야 했다. 팔레스타인 내에 사는 유대인뿐만 아니라 세계 각지에 흩어져 사는 유대인(디아스포라)들도 평생에 적어도 한 번 이상 유월절을 지키러 와야 하는 것이 법이다. 이들의 수는 앞에서 언급한 대로 약 250만 명 이상이 된다. 그들 중 19세 이상은 반드시 성전세를 내어야 한다. 그 세금은 반 세겔인데 그 가치는 당시 노동자의 하루 반의 임금에 해당되는 가치의 돈이다. 하루 일당이 십만 원(혹 미화로 100불)이라면 당시 성전세 반 세겔은 15만원(150불)에 해당되는 액수의 세금을 내어야 한다. 그 총액은 19세 이상을 200만 명으로 잡으면 3000억 원(3억불)이라는 액수가 된다. 그런데 성전세는 반드시 갈릴리 세겔이나 성전이 발행하는 동전으로 내어야 한다. 당시 로마 동전은 로마 황제의 얼굴이 조각되어 있기 때문에 하나님 앞에 바쳐서는 안 되는 돈으로 규정한다. 그래서 그런 동전을 가져오면 반드시 성전 동전이나 갈릴리 세겔로 환전해야 한다. 거의 모든 사람이 로마 화폐를 가지고 있다. 그것이 경제행위에 통용되기 때문이다. 그래서 거의 모든 사람이 성전세를 내기 위해 성전에 와서 환전해야 한다. 그런데 문제는 엄청난 환전 수료를 부과한다는 것이다. 반 세겔짜리 성전 동전으로 환전하는데 수수료가 자그마치 노동자 하루 임금에 해당 되는 액수를 부과한다. 그 액수는 십만 원(100불)에 해당하는 데 그 총액 역시 2000억 원(2억불)이나 된다. 이것만이 아니고 제물은 흠 없는 것을 바쳐야 한다는 율법을 악용하여 돈을 버는 것도 있었다. 백성이 직접 제물을 가져오면 성전 관리가 흠이 있는가를 검사하는데 거의 100%가 흠이 있는 것으로 판정되어 제물로 사용할 수 없게 된다. 검사비를 하루 노동자 임금의 1/4에 해당하는 25000원(25불)을 지불하고도 불합격을 받는 꼴이다. 그래서 성전에서 파는 제물을 사야 하는 데 이 성전에서 파는 제물의 가격은 시중에서 파는 것보다 19배가 비싸다는 것이다. 이를테면 당시 제물용 비둘기 한 쌍이 시중에서 만원(10불)하는 데 성전 안 가게에서는 19만원(190불)한다는 것이다.

예수님이 탄생할 때 천사가 예루살렘 근교에서 양을 치는 목동에게 먼저 알려준 이유가 이 성전 부패와 무관하지 않을 것이다. 이 정도 부패면 예수님이 환전상을 뒤집어엎고, 비둘기파는 자를 몰아내는 이유가 충분하다. 예수님의 성전 청소는 무엇보다 성전은 하나님의 집으로서 만민이 기도하는 집인데 그 '만민'이 포함되어야 할 이방인의 뜰을 시장 바닥으로 바꾼 유대 지도자들에 대한 진노이다.

학습 자료 74-6 가이사의 것은 가이사에게 ^{마 22:15-22}

여기서 가이사(the Ceasar)는 세상의 권력 또는 질서의 상징이다. 따라서 가이사의 것은 가이사에게 그리고 하나님의 것은 하나님에게 돌리라는 주의 말씀은 마치 세상에는 하나님의 영역과 이 세상의 영역이 따로 있으며 사람은 각 영역에 속한 것은 그 영역 안에서만 해결하면 그만이라고 말씀한 것처럼 들린다. 그렇다면 이는 성경 전체가 주장하는 하나님의 전 우주와 역사에 대한 절대 유일의 주권 사상과 어긋난다. 또한 인간은 하나님 앞에서만 그분의 뜻을 따르고 이 세속 생활에서는 세속 영역의 논리로 살아도 무방하다는 즉 이중적 생활을 하여도 무방하다는 결론이 된다. 또한 가이사의 것은 가이사에게 그리고 하나님의 것은 하나님에게 돌리는 원칙을 어떻게 생활에 적용하여야 하는가 하는 문제가 새로 제기될 수도 있다.

✝ 주님 발언의 배경

예수님이 살던 시대는 로마 제국이 팔레스타인을 식민지로 삼아 통치하던 때였다. 따라서 식민 체제의 가장 초점인 세금납부 문제는 이 당시에는 그야말로 최대의 관심사였다. 바로 이런 상황에서 유대 교권자들은 예수께 이 문제를 공개석상에서 제기하였다. 그리하여 주께서 세금 납부가 가하다고 하면 유대 민중으로부터, 부당하다고 하면 로마 식민 정부로부터 핍박을 받게 될 것이었다. 즉 어떤 대답을 택하든지 예수는 정치적 곤경에 빠지게 되어 있었다. 바로 이런 상황에서 주님은 그들의 흑백논리의 함정에 빠지지 않고 또한 더 근원적인 시각에서 이 문제에 대한 답을 제기하여 진리 자체를 전파하시고자 바로 가이사의 것은 가이사에게 하나님의 것은 하나님에게 바치라는 말씀을 주셨던 것이다. 그러면 이 발언의 진의는 무엇인가?

✝ 하나님의 영원한 절대 주권과 한시적 세속 질서의 독립허용

예수님의 발언은 결코 이 세상에는 하나님의 영역과 세속의 영역 두 개가 따로 있는 것을 말한 것이 아니다. 이 우주와 역사는 절대 유일의 창조자이신 천부 하나님이 창조한 것으로 모두 하나님의 주권하에 있다. 따라서 그 어디에도 하나님의 영역과 세속의 영역이 따로 있다는 이원론 오류가 개입할 틈은 없다. 하지만 하나님은 자유의지를 가진 인간이 사탄의 유혹으로 타락한 이후 예수를 통한 구속의 법을 세우시고 이의 진행을 하되, 사탄의 죄성과 이에 호응한 인간의 죄성으로 오염된 이 세상 역사가 오직 당신이 세운 일반 은총적 섭리로만 통제되는 영적 존재들의 자유 의지에 따라서만 진행되도록 잠시 허용하셨다. 즉 인간 타락 이후 세상 끝 날까지 한시적(限時的)으로 세상이 일반 은총과 자유 의지에 의해서만 진행되도록 허용하셨다. 그러나 동시에 태초부터 종말까지 당신의 백한 자들에게는 하나님의 나라가 비록 세상 끝날 주어질 새 천국에서처럼 온전한 것은 아니지만 영적이고 부분적으로 임하게 하셨다. 그리하여 본질적으로는 전 우주의 역사가 일원론적으로 절대 주권을 가지신 하나님의 통치 아래 있으나 한시적으로는 하나님의 나라와 세속의 나라가 이중적으로 존재하는 현상을 보인다. 이에 예수께서는 이 같은 포괄적 진리를 모르는 당시 유대 지도자들이 제기한 흑백논리식 올무를 극복하시고 또 세속나라의 일로 하나님 나라의 일이 방해받지 않기 위해서 이 같은 발언을 하셨다.

✝ 세속 질서와 세속 생활에 대한 성도의 자세

이상에서 우리는 세속나라와 하나님 나라가 한시적으로 분명히 구분되나 그렇다고 해서 하나님의 일원론적 절대 주권이 영원히 유보된 것은 아니라는 것, 그리고 훗날 우리의 행위대로 심판하실 하나님의 법이 엄존하므로 두 영역에서 서로 다른 생활을 해도 무방한 것이 아니라 다만 두 영역의 구분을 이해하고 이를 혼동하지 말며 살아야 할 것임을 일단 확인했다. 그러면 이제 한시적으로나마 두 영역을 동시에 살아야 하는 우리가 만약 두 영역이 상충될 때 어떤 자세를 취하여야 하는가 하는 문제가 새로 제기될 수도 있다. 이 문제는 이것 자체로서 깊이 더욱더 숙고할 필요가 있다.

성경 전체의 교훈에 비추어 볼 때 세속나라와 하나님 나라가 어긋날 때 따라야 할 원칙론적 교훈들만 제시하기로 한다. 일단은 먼저 두 영역의 구분을 냉철히 해야 한다. 그리고 동시에 두 나라의 구분만 강조하여 방관해서도 안 된다. 최대한의 역량을 살려서 하나님 나라의 법을 지키려는 소극적 수호의 차원에서나 하나님 나라를 선포 확장하는 적극적 선교의 차원에서나 하나님 나라의 질서에 맞추어 세속나라를 개혁하고자 노력해야 할 것이다. 한편 이럴 때도 궁극적으로 성경은 이미 세속나라는 끝내 타락하거나 종말을 맞을 것을 예언하고 있는데, 성도의 의무만 최선을 다하여 수행하는 것으로 그쳐야지 마치 이 지상에 완전하고 영원한 낙원을 세울 것으로 착각하거나 실망해서는 안 되겠다.

학습 자료 74-7 저주받은 무화과나무 막 11:12-14

본문은 예수께서 잎사귀만 무성하고 열매는 없는 무화과나무를 저주하사 말라 죽게 한 사건을 기록하고 있다마 21:20. 그런데 본문을 자세히 보면 그 무화과나무가 열매를 맺지 못한 것은 아직 열매를 맺을 때가 아니었기 때문임을 알 수가 있다. 그렇다면 예수께서는 열매 맺을 때가 아직 되지도 않은 무화과나무에서 열매를 구하는 어리석음을 범하였으며, 또 그러한 무화과나무를 저주하사 말라 죽게 하시는 무자비한 행동을 하신 셈이 된다. 그러면 과연 그러한가? 이에 대해 구체적으로 살펴보도록 하겠다.

✝ 무화과 나무가 저주받은 이유

팔레스타인에서 무화과 열매의 수확기는 대개 6, 7월경이다. 따라서 본 사건이 발생한 시기는 4월경으로 추측되므로 무화과 열매의 수확기가 아직 이르지 않은 것은 사실이다.

그러나 팔레스타인 지역의 무화과나무는 보통 1년에 2회 수확하게 된다. 즉 지난해의 가지인 헐벗은 겨울나무 가지에 4월 이전부터 푸른 열매가 맺히기 시작하고^{아 2:13}, 그 후에 잎사귀가 나면서 열매가 차츰 익어 6월에 수확하게 된다. 또한 당해 봄에 난 가지에서 결실한 열매를 8월에 수확하게 된다. 그래서 팔레스타인 사람들은 4월경의 아직 익지 않은 푸른 열매를 '파가'라 하고, 6, 8월경의 잘 익은 열매를 '비쿠라'라고 따로 명명했다^{사 28:4}. 한편 아직 익지 않은 푸른 열매인 '파가'는 맛은 없지만 그 시기에 다른 과일이 없었으므로 사람들이 먹기도 했다.

따라서 본문에 나오는 무화과나무는 으레 푸른 열매가 열린 뒤에 잎사귀가 나야 함에도 열매는 없고 잎사귀만 무성했다. 열매가 없었던 이유는 푸른 열매를 이미 누군가가 다 따먹었거나, 아니면 병에 걸려 열매를 맺지 못했거나 했을 것이다. 아마 당시에는 가난한 자들이 많았기 때문에 그들이 열매를 따 먹음으로 인해 본문에서처럼 열매 없는 무화과나무가 많았을 것이다.

어쨌든 그 나무는 열매도 없으면서 잎사귀만 무성하여 예수님이 열매에 대한 기대를 한껏 부풀리게 했으나 결국 예수를 실망하게 함으로써 저주를 받게 된 것이다. 따라서 무화과나무가 저주받은 이유는 예수께서 어리석게도 때가 아닌 때에 열매를 구하였다가 열매를 얻지 못하자 그것에 대한 분풀이로 무자비하게 저주하신 것이 아니라 그 나무 잎사귀의 무성함 같이 마땅히 열매가 있어야 함에도 열매가 없었기 때문이다.

✝ 교훈

이상 살펴본 대로, 예수께서 잎사귀만 무성하고 열매는 없는 무화과나무를 저주하신 것은 단지 열매를 얻지 못 한 데 대한 불만을 표시한 것이 전혀 아니었다. 그것은 제자들에게 특별한 사실을 교훈하기 위한 것이었다. 즉 그것은 잎사귀만 무성하고 열매는 없는 무화과나무처럼 외식으로 가득한 이스라엘의 종교 지도자들을 책망하시기 위해서였다. 그뿐만 아니라 본문에 이어 나오는 성전 정화 사건과 연관하여 종교적 행사는 요란하게 치르면서도 실상 하나님이 원하시는 선은 도무지 행치 않는 당시의 유대인들을 책망하시기 위한 것이었다.

오늘날 우리의 모습은 어떠한가? 우리도 예수 당시의 유대인들처럼 종교 생활은 하되 참 신앙은 없고, 성경 지식은 가득하되 선한 행위의 열매는 없고, 많은 직분을 맡아 행하기는 하나 그것이 오히려 무화과 나무의 무성한 잎사귀처럼 자기 과신과 허영의 도구는 되고 있지 아니한지...! 날마다 하나님 안에서 자신을 돌아보아 하나님이 원하시는 선한 열매를 맺기에 먼저 힘써야 할 것이다.

학습 자료 74-8 계명 준수에 관한 예수 교훈의 특징 ^{막 12:28-34}

복음서에 나타난 예수의 메시지 가운데 구약 율법의 계명 준수에 관한 교훈도 포함되어 있다. 그런데 그 교훈들은 구약 율법을 문자적으로 준수하도록 가르치는 바리새인들의 교훈과는 차원이 다른 특징들을 지닌다. 본문에서 가장 첫째 되는 계명이 무엇이냐는 서기관의 질문에 대한 예수의 대답 속에 그 특징이 잘 나타나 있는바 이에 대해 살펴보면 다음과 같다.

✝ 신앙의 대전제에 대한 강조

모든 계명 중에 첫째 되는 계명이 무엇이냐는 한 서기관의 질문에 대한 예수의 첫 대답은 계명 자체에 대한 것이 아니라 계명을 준수함에 대전제가 되는 것에 대한 말씀이었다. 그것은 곧 '주 곧 우리 하나님은 유일한 주시라'^{29절}는 것이었다. 이는 유대인들이 늘 기억하고 있던 쉐마^{신 6:4-9}의 첫 번째 내용이다.

유대인들은 이 같은 신앙의 대전제를 기억하고 있기는 하나 종종 그것을 무시한 채 율법의 문자적 준수에만 얽매여 있었다. 예수께서는 바로 그러한 유대인들의 잘못을 염두에 두면서 계명 준수는 우리가 믿는 하나님이 이 세상에서 유일한 하나님이시라는 신앙의 대전제에 대한 고백에서 출발하여야 함을 교훈하신 것이다.

✝ 적극적 측면에서의 계명 준수 강조

장로들의 유전에는 유대인들이 실생활에서 지켜야 할 율법 613개 조항이 기록되어 있다. 그런데 그 613개 조항 가운데 '... 하지 말라'는 식의 소극적 측면에서의 금지 명령이 365개 조항이며, '... 하라' 식의 적극적 측면에서의 명령이 248개 조항이다. 이 사실은 당시 유대인들의 계명 준수가 매우 소극적인 측면에서 이루어졌음을 반영하는 것이다.

이에 반해 예수께서는 하나님과 이웃을 사랑하라고 하는 적극적 차원에서의 계명을 준수토록 교훈하셨다. 이에 대한 실례로서 바리새인들은 '네 원수를 미워하라'라고 교훈하였으나, 예수께서는 '너희 원수를 사랑하며 너희를 박해하는 자를 위하여 기도하라'^{마 5:43, 44}고 교훈하셨다. 이처럼 예수께서는 소극적으로 율법의 계명에 이끌려 다니며 괴로워하지 말고 적극적이고 능동적으로 준수함으로써 율법 준수의 참된 가치를 실현토록 하신 것이다.

✝ 본질적 측면에서의 계명 준수 강조

당시 유대인들에게는 지극히 사소한 계명까지도 철두철미하게 지키려는 열심은 있었으나 정작 율법 준수의 본질은 망각한 자들이 많았다. 또한 이에서 더 나아가 겉으로는 계명을 잘 지키는 듯하면서도 실상은 그 본질적인 측면에서 완전히 떠난 자들도 있었다. 이에 예수께서는 그러한 자들을 향하여 '입술로는 나를 공경하되 마음은 내게서 멀도다'막 7:6라고 책망하신 적이 있다.

그러나 예수께서는 계명 준수의 본질은 오직 하나님 사랑과 이웃 사랑이라고 말씀하셨다. 또 예수께서 주신 새 계명도 '서로 사랑하라'요 13:34였다.

그리고 사도 바울은 '사랑은 율법의 완성이니라'롬 13:10고 했다. 이처럼 사랑은 계명 준수의 본질이다. 이는 사랑만 있으면 모든 계명을 준수할 필요가 없다는 말이 아니라 사랑이 있을 때만 율법 속에서 하나님이 진정으로 원하시는 바를 행하며 지킬 수 있다는 뜻이다.

또한 이는 하나님이 율법을 주신 진정한 목적은 하나님과 당신의 백성들과의 관계를 돈독히 하라고 사람을 위하여 주신 것이지 결코 사람을 얽어매기 위해 주시지 않았다는 사실을 교훈하는 것이다.

학습 자료 74-9 예수 권세의 근원 논쟁 눅 20:1-8

유대 사회의 최고 행정 기관인 산헤드린(Sanhedrin)의 몇몇 대표자들이 예수께 나아와 예수의 권세의 근원에 대해 질문했다. 이때 예수께서는 대답 대신 세례 요한이 주는 세례의 기원에 대해 그들에게 되물으셨다가 그들이 아무 대답도 하지 않자 '나도 무슨 권위로 이번 일을 하는지 너희에게 이르지 아니하리라'8절 라고 말씀하셨다. 이 말씀은 얼른 보기에 예수께서 유대 지도자들의 질문에 맞는 아무런 대답도 주시지 않은 것처럼 보인다. 사실 그러한가? 그렇지 않다면 예수께서 주신 대답은 어떤 것인가? 이에 대해 생각해 보자.

✝ 유대 지도자들의 질문의 배경

유대 지도자들이 예수께 나아와 권세의 근원에 대해 질문한 것은 앞서 예수께서 행하신 성전 정화 사건과 성전 안에서 백성들을 가르치신 것과 직접적인 연관이 있다 19:45-20:1. 즉 구약적인 배경에서 볼 때 성전 정화(聖殿淨化)는 선지자들이 할 수 있는 일이었다. 또한 성전 안에서 백성들을 가르칠 수 있는 권세도 제사장이나 선지자만이 가진다. 일반 랍비(선생)들조차도 성전 안에서는 백성들을 가르치지 못하며 성전 밖에서, 각 마을의 회당에서만 가르칠 수 있었다. 그런데 예수께서 이 모든 일을 행하시자, 그들은 예수가 그렇게 선지자적 권세를 행하는 것에 대해 질문한 것이다.

그러나 유대 지도자들은 순수하게 예수 권세의 근원을 알고 싶어서만 질문한 것이 아니다. 그것은 예수께서 세례 요한이 베푼 세례 권위의 근원에 대해 되물으셨을 때 그들이 아무런 대답도 하지 못한 사실 속에 잘 암시되어 있다. 즉 그들은 정말로 예수 권세의 근원에 대해 알고 싶어서가 아니라 예수가 아무런 권세도 갖지 않고 그같은 일을 서슴없이 행하였다는 사실을 군중들에게 알려 예수 체포의 빌미로 삼고자 했던 것이다.

✝ 예수님의 대답

예수께서는 자기 권세의 출처에 관한 질문에 직접적인 답은 주시지 않았다. 그러나 예수께서는 당시의 백성들로부터 의로운 선지자로 추앙받았던 세례 요한의 세례의 기원에 대해 되물으심으로써 사실상 간접적인 대답을 주셨다. 즉 '요한의 세례가 하늘로부터냐 사람으로부터냐'[4절]라는 질문 속에는 자신의 선구자인 요한의 세례가 하늘로서라면 궁극적으로 요한이 증거하던 자 곧 예수 자신의 권세도 하늘로서 온 것임은 너무도 당연하다는 대답이 포함된 것이다.

유대 지도자들은 이런 의도에서 주어진 예수의 질문에 대해 아무런 대답을 하지 못했다. 그 사실은 곧 애당초 진리이신 예수 그리스도를 받아들일 마음은 없이 예수를 죽일 생각만 갖고 있던 그들의 악한 의도를 스스로 드러낸 셈이 된 것이다.

✝ 의의

여기서 우리는 진리를 그 자체로 받아들이기보다는 자신들의 정치적 입장에 따라 진리를 보려 하는 유대 지도자들을 역습함으로써 그들을 침묵시키시는 예수의 높라운 지혜를 발견게 된다. 이에 우리도 유대인들처럼 진리 그 자체에 관한 관심보다는 우리의 이기적인 입장에 따라 진리가 아닌 것들에 대해서만 신경을 쓰느라고 진리를 잃어버리는 어리석음을 범하고 있지나 않은지 항상 경계하며 자신을 성찰해 보아야 할 것이다.

학습 자료 74-10 예수 그리스도와 적그리스도의 비교 요 12:23-36

	예수 그리스도	적그리스도
1	하나님의 독생자(요 3:18)	멸망의 아들(살후 2:3)
2	인자(요 12:23)	불법의 사람(살후 2:3)
3	만왕의 왕(계 17:14)	열 왕들(계 17:12, 13)
4	참 하나님(요 20:28)	자칭 하나님(살후 2:4)
5	진리(요 14:6)	거짓말쟁이(요 8:44)
6	구원자(행 5:31)	황폐하게 하는 자(단 9:27)
7	위에서 난자(요 8:23)	무저갱에서 올라온 자(계 17:8)
8	아버지의 이름으로 온 자(요 5:43)	자기 이름으로 온 자(요 5:43)
9	경건의 비밀(딤전 3:16)	불법의 비밀(살후 2:7)
10	하나님께 권세 받은 자(마 28:18)	마귀에게 권세받은 자(계 13:7)
11	하나님의 어린양(요 1:29)	짐승(계 13:1-3)
12	선한 목자(요 10:11)	못된 목자(슥 11:17)

13	친구(마 11:19)	원수(시 8:2)
14	참 포도나무(요 15:1)	땅의 포도송이(계 14:18)
15	자기를 낮추는 자(빌 2:8)	자기를 높이는 자(살후 2:4)
16	자기의 뜻을 행치 않는 자(요 6:38)	자기 마음대로 행하는 자(단 11:36)
17	불을 내려보낸 자(행 2:1-3)	불을 내려오게 한 자(계 13:13)
18	영광의 형상(계 10:1)	뻔뻔한 얼굴(단 8:23)
19	섬기는 자에게 표 주심(계 22:4)	매매할 수 있는 표를 받게 함(계 13:16, 17)
20	생명의 끝이 없음(히 7:3)	종말이 있음(단 11:45)

75일 핵심 학습 자료

마 24~25·막 13·눅 21:5~36·마 26:1~46·막 14:1~42·눅 22:1~46·요 12:2, 요 13~18:1

학습 자료 75-1 예수님의 종말에 대한 각 현상의 배경 이해 마태 24~25장

✝ 마 24:1-14 종말의 징조

종말에 관한 예수의 가르침은 유대인들에게 메시아가 자신의 왕국을 세우실 곳으로 알려진 감람산에서 행해졌다(슥 14:4). 그러나 종말에 나타날 징조의 내용은 유대 사상과 달랐다. 처음에 유대인들이 꿈꾸던 종말은 지상적이며 정치적인 이스라엘의 회복이었다. 그러나 안티오쿠스 에피파네스에 의해 심한 박해가 일어나고 로마의 속국이 되자 종말적 이스라엘의 회복으로 생각이 바뀌었다. 이는 종말에 하나님께서 다윗의 후손을 통해 권능으로 임하셔서 이스라엘을 괴롭히던 이방 나라를 멸하시고 영원한 왕국을 세우실 것이라는 기대였다. 따라서 유대인들의 종말에 관한 징조는 메시아의 영광스러운 임재와 이방인의 멸망과 심판, 유대인들의 영광스러운 구원과 통치로 나타난다. 그런데 예수께서는 오히려 종말에 거짓 선지자들이 나타나고 전쟁과 기근과 지진이 일어나고 하나님의 백성들이 고난을 겪게 된다고 선포하였다. 이런 점 때문에 예수는 유대인들에게 메시아로 인정받지 못하였다. 한편 종말에 관한 예수의 예언은 후에 드다(행 5:36)를 비롯해 자신을 메시아로 주장하는 자들이 많이 일어나 사람들을 미혹하였고 70년 로마의 용병대장 디도에 의해 예루살렘이 파괴되고 많은 사람이 죽음으로 사실로 증명되었다. 그러나 또한 언젠가 다가올 역사적 종말의 심판에 관한 예언으로 여전히 유효하다.

✝ 마 24:15-28

예수께서 종말의 징조로 다니엘의 예언에 나타난 장면을 이야기하였다. 그것은 멸망의 가증한 것이 거룩한 곳에 서는 것이다(단 9:27, 11:31, 12:11). 물론 다니엘의 예언은 역사적 종말에 관한 예언을 담고 있지만 유대인들의 역사에 실제로 성취된 사건이기도 하다. 마카비 시대에 유대의 전통적인 여호와 신앙을 훼파하고 헬라니즘을 전파하려던 안티오쿠스 에피파네스는 예루살렘 성전 안에 제우스의 제단을 세우고 그 위에서 율법에 어긋나는 부정한 짐승(주로 돼지 피를 제단에 뿌렸다)들을 제사 지냈다. 이에 유대인들은 더러워진 성전에서 제사 지내기를 포기하였다. 그러다가 유다 마카비우스(Judas Maccabeus)가 혁명을 일으켜 안티오쿠스 에피파네스를 축출하고 유대 독립국가를 세웠다. 그리고 그는 성전을 정결케 하고 재봉헌하였다. 또한 70년에 로마 군대가 예루살렘 성을 파괴하고 황제의 형상이 새겨진 휘장을 성전에 걸

통큰통독 연대기 해설 성경 | 신약

고 성전을 파괴한 것은 예수의 예언이 사실이었음을 증거하고 있다. 그러나 다니엘과 예수, 그리고 요한 계시록으로 이어지는 종말에 관한 예언은 거의 비슷한 내용을 담고 있다는 점에서 역사적 종말에 관한 남겨진 예언이기도 하다. 즉 성경의 예언은 부분적으로 역사에 성취되지만, 그 성취도 최종적인 종말의 과정이다. 따라서 유대인들이 겪었던 종말의 환난은 영적 이스라엘로 부름 받은 성도들을 위하여 남겨진 환난의 예고이다.

✝ 마 24:29-31 인자의 재림

종말에 관한 예수의 가르침 중에서 유대인들과 가장 비슷한 것이 바로 인자의 도래이다. 그리스도의 재림의 징조로 해와 달이 어두워지고 하늘의 권능들이 흔들리리라고 말씀하셨는데 이는 여호와께서 나타나시는 날 이전에 세상에 있던 모든 것이 멸망하고 새로운 왕국이 열리며 하나님의 백성을 불러 모으셔서 슬픔과 죽음이 없는 세상에서 하나님과 영원한 친교를 나누게 하실 것이라는 유대인들의 종말관과 거의 일치하고 있다. 특히 인자가 구름 타고 오실 것이라는 내용은 유대인들의 메시아사상의 성경적 근거인 다니엘 7:13과 일치하고 있다. 다니엘은 하늘에 있는 천사와 같은 대표자를 인자라고 부르고 있으며 구약 외경인 에스드라2서 13장에도 나타난 종말론적인 특별한 구원자의 모습이 예수께서 말씀하신 인자와 거의 동일하다. 한편 인자가 구름을 타고 오실 것이라는 표현은 메시아의 신적 권능을 더욱 확실히 증거하고 있다. 구약에서 여호와의 영광스러운 모습을 본 자는 죽는다. 그래서 여호와께서는 구름으로 자신을 가리고 나타나신다시 18:11, 출 19:16. 그래서 이스라엘 사람들은 구름의 형태를 통해 여호와의 뜻을 알 수 있다고 믿었다. 따라서 인자가 구름을 타고 오시는 것은 종말에 세상을 심판하고 새로운 세상을 창조하실 여호와로 오시는 것을 의미한다.

✝ 마 24:32-51 무화과나무의 비유

본문에서 종말을 설명하기 위해 사용된 무화과나무 비유는 종말이 갑자기 희망적으로 오리라는 것을 암시하고 있다. 무화과나무는 포도나무와 함께 이스라엘의 대표적인 유실수이다. 약용이나 식용으로 사용되고 특히 길가에 무성한 무화과나무 열매는 시장한 나그네의 좋은 식량이 된다. 그런데 봄이 되면 서서히 싹이 움트고 잎이 돋아나기 시작하는 감람나무나 다른 나무들과 달리 무화과나무는 봄에도 앙상한 가지만 자란다. 그러다가 여름이 임박하여 가지에서 눈이 나고 봉우리가 터져 며칠 만에 부드러운 잎이 돋아나서 여름이 왔음을 알린다. 그리고 푸르고 넓은 잎으로 여름의 뜨거운 햇볕을 가려 사람들에게 시원한 그늘을 만들어 준다. 이처럼 종말은 오랜 예고 없이 어느 날 갑자기 임하게 될 것이다. 그러나 그것은 택한 백성들에게 여름을 알리는 기쁨으로 다가올 것임을 말해 준다. 그런데 예수께서는 이 세대가 지나가기 전에 이 일이 다 이루리라고 선언하셨다. 이것을 두고 어떤 학자들은 예수의 예언이 실패로 돌아갔다고 주장한다. 그러나 이는 예수의 예언이 가지는 역사적 통시성, 즉 가까운 미래에 성취됨과 동시에 역사적 종말에 관한 예언으로 여전히 유효한 특징을 간과한 주장이다. 이 예언은 A.D. 70년에 예루살렘이 멸망하고 하나님의 성전은 로마 황제의 형상이 새겨진 깃발로 더럽혀지고 맛사다 전투에 참가한 모든 유대인들이 전멸한 사건을 통해 이미 제한적으로 이루어졌음을 알 수 있다.

✝ 마 25:1-13 열 처녀 비유

천국에 관한 열 처녀 비유는 당시 유대인들의 일반적인 혼인 잔치를 배경으로 하고 있다. 당시 결혼식에서 신부의 친구 열 명이 순결을 상징하는 하얀 옷을 입고 들러리를 섰다. 그리고 유대의 풍습에 따라 신부와 들러리들은 밤중에 신랑의 집으로 인도되었다. 따라서 신부를 데리고 잔칫집으로 가는 들러리들은 밤길을 밝히기 위한 등불을 준비하여야 한다. 신약학자 예레미야스에 따르면 들러리들은 바람이 불어 불이 꺼지는 것을 막기 위해 구리 그릇이 달린 장대 횃불을 사용하였다. 따라서 횃불이 계속 타도록 하기 위해서는 약 15분마다 솜뭉치에 감람유를 공급하여야 한다. 그러므로 들러리들은 충분한 기름을 준비해야 한다. 그런데 비유에서 신랑이 늦게 도착하였다고 한다. 이는 지참금 문제로 종종 발생하는 광경이다. 신부가 신랑의 집에 도착하면 신랑 측은 신부 측과 지참금을 먼저 셈한다. 여기서 서로 의견이 맞지 않아 종종 시간이 오래 걸리기도 한다. 어쨌든 지참금 문제가 해결되지 않으면 결혼식을 시작할 수 없다. 따라서 이 동안 들러리들은 피곤해서 졸았을 것이다. 그러다가 지참금에 대한 합의가 이루어지고 결혼식을 거행하기 위해 신랑이 신부를 맞이하러 나왔다. 그런데 어리석은 다섯 처녀들은 미처 기름을 충분히 준비하지 못해 허둥대며 기름을 구하러 갔다. 그러나 이미 결혼은 시작되고 한번 결혼식이 시작되면 잔칫집의 문을 잠그고 일체 외부인의 출입을 금지하는 관습상 들어갈 수 없었다.

✝ 마 25:14-30 달란트 비유

한 부자가 타국으로 가면서 자신의 모든 재산을 현금으로 바꾸어 세 명의 종에게 각각의 재능에 따라 금 다섯 달란트, 두 달란트, 한 달란트씩 나눠주었다. 달란트는 신약시대에 실제로 발행된 화폐가 아니라 가치의 단위로만 통용되었다. 본문에 나오는 금 한 달란트는 당시 노동자의 하루 품삯인 데나리온으로는 6,000데나리온이나 되는 거금이었다. 이는 오늘날의 화폐가치로 환산하여 약 3억에서 4억원 정도가 된다. 따라서 주인은 종들을 전적으로 신임하고 자신의 사업적 성공을 그들에게 맡긴 것이라고 할 수 있다. 당시 유대 문헌에 따르면 종의 자본과 이익은 주인에게 속하나 종이 유대인일 경우에는 일정 부분은 자신이 이익을 취하도록 하고 있다. 따라서 주어진 자본으로 이익을 남겼을 때 종들에게도 상당한 이익이 돌아올 것을 예상할 수 있다. 그런데 오랜 후에 주인이 돌아와서 회계할 때 두 사람은 배로 이익을 남겼지만, 한 달란트 받은 사람은 돈을 빌려주고 변리를 받을 생각도 하지 않고 땅속에 묻어두었다. 그는 돈을 떼일 것을 염려하여 돈을 땅속에 묻어두는 것이 가장 안전하다는 랍비들의 가르침대로 땅속에 묻어두었다.

이처럼 그는 소심하였고 주인이 보여준 신뢰에 보답하기 위해 위험을 각오할 마음도 없었다.

✝ 마 25:31-46 양과 염소의 비유

예수의 비유는 일반적으로 유대인들의 일상에서 흔히 볼 수 있는 것을 배경으로 하고 있다. 이는 사람들로 하여금 쉽게 깨닫게 하기 위함이다. 종말에 관한 예언도 이와 같은 형식을 띠고 있다. 따라서 양과 염소의 비유도 이런 관점에서 이해해야 한다. 원래 양은 방목을 하고 염소는 울타리 안에서 기르지만, 가뭄이 와서 사료를 조달하기 힘들 때는 양과 염소를 함께 방목하기도 한다. 저녁이 되어 양과 염소를 울타리 안으로 들일 때 양은 목자의 음성을 구별하지만, 염소는 목자의 음성을 구별하지 못한다. 또한 양은 집단생활에 익숙하여 공동체의 다른 양들과 함께 행동하지만, 염소는 집단생활에 순종하지 않고 고집이 세어 자신의 뜻대로 행동하는 때가 많다. 그뿐만 아니라 염소는 풀을 뜯는 습관 때문에 나무와 관목뿐만 아니라 뒷다리에 닿는 나무 잎사귀까지 못 쓰게 만들었다. 그리고 화가 나면 뿔로 사람이나 짐승을 받거나 뒷발길질을 잘하였다. 아마도 이런 이유에서 양은 의인의 상징으로, 염소는 악인의 상징으로 등장한 것 같다. 한편 유대인들에게 오른편은 항상 선한 것을 가리키고 왼편은 불길하거나 어둡고 사악하며 천한 것을 가리킨다. 그래서 식사나 중요한 일을 할 때에는 오른손을 사용하고 용변을 볼 때는 왼손을 사용한다.

학습 자료 75-2 예수의 예루살렘 성전 파괴 예언과 그 성취 _{눅 21:5-6}

본문에는 예루살렘 성전 파괴에 관한 예수의 예언이 기록되어 있다. 이 예언은 예수께서 말씀하신 지 약 40년 만인 A.D.70년경에 그대로 성취되었다. 이에 예수의 예루살렘 성전 파괴 예언이 성취된 당시의 배경을 간단히 살펴보고자 한다.

✝ 역사적 배경

예루살렘 성전 파괴 당시의 시대적 배경을 살펴보기 위해서는 A.D.66년에 발발했던 유대 전쟁 당시의 배경부터 살펴보아야 한다. 당시의 로마 황제는 네로(Nero. A.D. 54-68)였다. 그는 로마 제국 전체에 황제 숭배 정책(Emperor Worship Policy)을 크게 강화하였고 이는 여호와 유일 신앙을 가진 유대인들의 강한 반발을 일으키게 되었다. 이리하여 로마 제국의 황제 숭배 정책에 반대하는 거대한 유대인의 반란이 애국적 비밀당파였던 열심당(Zealots)을 주축으로 하여 일어났는데, 이 반란을 진압하기 위하여 당시 네로 치하의 장군인 베스파시아누스(Vespasianus)가 유대 지역으로 들어오면서 유대 전쟁(Judea War)이 발발하게 되었다.

이 유대 전쟁은 A.D. 66~70년까지 약 4년간 계속되었다. 처음에는 유대인들이 우세한 듯한 때도 있었으나 로마군의 집중 공격으로 A.D. 70년 예루살렘이 함락되고 말았다. 이때 성전도 함께 파괴되었다. 이 전쟁은 베스파시아누스에 의해 시작되었으나 그는 네로의 사망과 함께 일어난 국내의 정치적 혼란으로 인하여 로마로 돌아가 황제가 되고 그의 아들 디도가 대신 전쟁을 지휘하게 되었다. 그리하여 예루살렘 멸망과 성전 파괴는 결국 디도에 의해 이루어졌다. 한편 예루살렘 멸망 이후에도 잔존 세력이 남아 유대 전쟁은 A.D. 74년까지 이어졌다. 그러나 실제로 유대 전쟁은 A.D. 70년에 종결된 것으로 본다.

✝ 예루살렘 성전의 파괴

예수 당시 예루살렘 성전은 B.C. 19년경 헤롯 대왕(the Great Herod)에 의해 건축되기 시작하였으며 약 9년 동안에 기초 골격은 완성되어 그곳에서 제사는 드릴 수 있었으나 성전의 완공은 A.D.63년에 가서야 비로소 이루어 졌다. 그런데 A.D. 70년 8월 10일, 그러니까 완공된 지 불과 7년 만에 예루살렘 성전은 로마 장군 디도(Titus)에 의해 완전히 파괴되고 만 것이다.

그런데 로마 장군 디도가 성전을 파괴한 당시 헤롯이 처음 성전을 건축할 때 성전의 돌 사이에 막대한 양의 금과 은을 숨겼다는 확인되지 않은 소문이 나돌았다. 이에 따라 로마 군인들은 그 금과 은을 찾아내기 위해 성전의 돌 하나하나를 다 파헤쳤으며 이는 결국 '돌 하나도 돌 위에 남지 않고 다 무너뜨리리라'라는 성전 파괴에 관한 예수의 예언이 문자적으로 성취되는 결과를 가져왔다.

✝ 의의

예수님의 예루살렘 성전 파괴 예언은 세상 종말에 관한 예언 중의 하나이다. 따라서 이 예언이 A.D. 70년에 문자적으로 성취되었다는 사실은 종말에 관한 예수님의 모든 예언이 반드시 성취될 것임을 보여 준다. 그러므로 말세지말(末世之末)에 처한 우리 성도들은 말세에 관한 주님의 말씀과 성도의 자세에 관한 교훈을 가슴 깊이 새겨 그날을 깨어 경성함으로 예비하는 신앙의 각오를 날로 새롭게 해야 할 것이다.

학습 자료 75-3 최후의 만찬의 시기 마 26:17

성만찬(the Lord's Supper)의 실시 시기에 대해 공관복음26:17-30, 막 14:12-26, 눅 22:7-38과 요한복음13:1, 18:28, 19:14이 서로 다르게 표현하고 있다. 즉 공관 복음은 만찬이 '무교절 첫날'마 26:17, 막 14:12 곧 유월절 당일인 니산월 14일 저녁에 있었고, 십자가 처형은 15일인 것으로 언급하고 있는 듯하다. 반면에 요한복음은 유월절 당일이 아니라 전날 저녁인 '유월절의 예비일'18:28, 19:14, 31에 성만찬이 있었고, 저녁 6시를 새날의 기점으로 시작하는 유대식 날 계산법으로 볼 때 유월절이 시작된 금요일 저녁 6시 몇 시간 전에 십자가형이 집행된 것으로 기록한다.

이에 혹자들은 양자 간의 차이는 결코 조화시킬 수 없는 것으로 보고 둘 중에 한 견해를 일방적으로 선택한다. 그 한 예로서, 로마 가톨릭교회는 공관 복음의 기록을, 동방 교회에서는 요한복음의 기록을 일방적으로 옳다고 본 것을 들 수 있다. 그러나 둘 중에 어느 한 견해를 선택한다고 해서 문제가 해결되는 것은 아니다. 왜냐하면 그것은 어느 한 편이 틀렸다는 뜻이 되고 그렇게 되면 성경의 무오성(無誤性)은 부인될 수밖에 없기 때문이다. 그러나 우리는 예수 당시의 유월절 풍습에 대한 자료수집과 공관 복음 기자들과 요한복음 기자의 각각의 기록 목적과 의도를 충분히 이해하면 다음처럼 양자가 조화될 수 있음을 발견한다.

🕇 성만찬의 시기

결론부터 말하자면 성만찬은 유월절 당일이 아니라 하루 전인 유월절 예비일에 있었다. 여기서 '유월절 예비일'이란 유대 종교력으로 니산월 13일을 가리킨다. 유대인들은 니산월 14일 저녁 당일을 유월절로 그리고 그로부터 일주일간을 계속하여 21일까지를 유월절 혹은 무교절로 지켰다. 그런데 예수께서는 유월절(Passover) 기간 동안에는 처형을 금하는 풍속에 따라 그 시작 직전에 자신을 죽이려는 음모를 아시고 어차피 당신은 유월절 음식은 못 드실 것이며, 이제 구약의 유월절이 그 실체인 당신의 죽음으로 성만찬으로 새로 제정됨을 보이시기 위하여 유월절이 있기 하루 전에 미리 유월절 만찬을 가졌다.

한편 유대인들은 하루의 시작을 저녁으로 보아 일몰(日沒)에서 다음 날 일몰까지 1일로 본다. 따라서 여기서 성만찬이 있었던 니산월 13일 저녁이란 현대 시간 법으로 계산하면 12일(목요일) 밤이 된다. 그리고 예수께서 십자가에 달리신 것은 성만찬을 가지신 니산월 12일 오후 3시경인데, 이것은 태양력으로 13일(금요일) 오후 3시가 된다. 따라서 예수님은 태양력으로는 성만찬을 가지신 다음 날 십자가에 달리신 셈이지만 유대력으로는 아직 하루가 지나지 않은 니산월 13일 당일에 성만찬과 십자가 사건을 동시에 가지신 셈이 된다. 그러니까 예수께서는 유월절 예비일, 곧 유월절에 쓸 양 잡는 날에 성만찬을 가지시고 또 그 날 오후에 죽임을 당하신 것이다. 그리고 그다음 날 곧 주께서 돌아가신 그날 오후 6시 이후는 유대력으로는 안식일이자 유월절이 시작되는 날요 19:31이었다. 그러면 이를 전제로 공판 복음의 기사 및 공관 복음의 기사 각각의 분석과 양자의 조화를 시도하면 다음과 같다.

🕇 요한복음의 관련 기사

① 13:1을 보면 예수께서 '유월절 전에' 세족식(洗足式)을 행하고 또 성만찬을 가진 것으로 언급되어 있다. 이것을 성만찬이 아닌 다른 식사로 보는 학자도 있으나 가룟 유다의 배반에 대한 예언26절과 유다가 빵 조각을 받고 곧 나갔다는 기록30절을 볼 때 공관 복음에서 기록하고 있는 성만찬과 동일한 식사임이 분명하다. 따라서 요 13:1은 성만찬이 유월절 전에 있었음을 말하고 있다.

② 18 : 28에는 예수께서 제사장 가야바 집에 잡혀 계실 때의 상황을 기록한 것으로

써 '저희는 ... 유월절 잔치를 먹고자 하여 관정에 들어가지 아니하더라'는 말씀이 있다. 이는 예수께서 잡히신 후에도 아직 유월절이 되지 않았음을 보여 준다. 혹자는 여기서 유월절 잔치가 유월절 첫날 만찬을 의미하는 것으로 단정 지을 수 없다고 말하나 그것에 대한 근거는 없다.

③ 19 : 14에는 예수께서 빌라도 앞에서 재판받던 날이 유월절의 예비 일이라고 언급되어 있다. 그리고 31절에서 예수께서 십자기에 달려 돌아가신 날도 안식일 전날이자 유월절의 예비 일이라 말한다. 여기서 혹자는 '예비일'이 당시에는 금요일을 칭하는 일반적인 명칭으로 사용되었으며 유월절의 예비 일을 의미하는 것은 아니라고 주장한다. 물론 예비 일이 일반적으로는 안식일 전날 곧 금요일을 가리키기도 하나^{마 27:62, 막 15:42, 눅 23:54}, 여기서는 유월절 전날을 가리키는 것이 분명하다.

이상에서 우리는 성만찬이 유월절의 예비 일인 니산월 13일에 있었음을 알 수 있다.

✝ 공관 복음의 관련 기사

① 마 26 : 2을 보면 '이틀을 지나면 유월절이라 인자가 십자가에 못 박히기 위하여 팔리리라'고 주께서 수난을 예고한 말씀이 나온다. 이는 유월절 당일에 예수께서 못 박히실 것을 말씀하셨다기보다는 유월절이 되기 전에 당하실 일을 말씀하셨다고 보아야 한다.

② 마 26:17에는 무교절의 첫날에 제자들이 유월절 식사를 준비한 것으로 나타나 있다. 여기서 '무교절 첫날'이란 문자적으로 무교절 혹은 유월절의 첫날 곧 니산월 14일을 말하는 것이 아니다. 당시 유대인들은 구약 율법을 잘 지키기 위해 오히려 유월절이 시작하기 2, 3일 전부터 집에서 누룩을 제거하였다. 따라서 '무교절 첫날'이란 유월절 2, 3일 전, 즉 유대인들이 누룩을 없애기 시작한 날로 보아야 한다.

③ 막 14:12을 보면 성만찬이 있던 날을 유월절 양 잡는 날로 기록한다. 출 12 : 6에 따르면 양 잡는 날은 니산월 14일 해질 때라고 한다. 그러나 마가복음 기자는 여기서 시각에 대한 정확한 표현보다는 예수의 성만찬과 십자가 죽음이 영적으로 유월절의 의미와 연관됨을 강조하기 위해 이렇게 표현했다.

④ 눅 22 : 15을 보면 성만찬 실시 전에 예수께서 제자들에게 '내가 고난을 받기 전에 너희와 함께 이 유월절 먹기를 원하고 원하였노라'고 말씀하셨다. 이것은 예수께서 유월절에 성만찬을 갖지 않으시고 하루 앞당겨서 행하신 이유를 잘 보여 주고 있다. 즉 예수께서는 당신이 이 유월절 어린양으로 돌아가실 것이므로 살아서는 유월절 음식을 같이 드시지 못할 것이었기 때문에 하루 앞당겨 성만찬을 가지사 그다음 날에 있을 유월절의 의미를 새롭게 깨우치고자 하셨다.

✝ 결론과 교훈

우리는 앞에서 요한복음이 성만찬의 시기를 사실적으로 기록했고, 공관 복음은 신약의 성만찬이 구약 유월절이 갖는 구속사적 의의를 성취 확장한 것임을 강조하다 보니 성만찬이 처음 제정된 최후의 만찬이 유월절 만찬과 동일시기에 발생한 것인 양 생각되는 표현을 하게 된 것뿐임을 알아냈다. 그러나 이는 우리에게 혼동을 줄 뿐 유월절 풍습에 익숙했던 그 당시의 독자들에게는 성만찬의 영적 의미를 십분 강조하면서도 시기 문제에 대해서는 오해의 여지가 없는 것이었다. 예를 들어, 유월절 만찬에는 필수적인 어린양의 살과 피^{출 12:21-25}에 대한 언급이 성만찬 기사에 전혀 없다는 방증 자료(傍證資料)들을 통해서도 이 성만찬이 곧 유월절 만찬은 아니었음을 그 당시의 독자와 또한 현대의 우리가 간파할 수 있다. 이상에서 예수의 최후의 만찬이 무교절 첫날이요 유월절 당일이 아닌 그 전날, 곧 유월절 예비 일에 있었다는 여러 증거가 드러났다. 여기서 우리가 주목해 보아야 할 것은 성만찬이 유월절 전날에 있었음에도 어째서 공관 복음 기자나 요한복음 기자가 다 동일하게 성만찬을 유월절과 연관시키고 있는지다. 즉 그것은 출애굽 때는 이스라엘 민족의 구원을 보장했던 구약의 유월절 어린 양이 곧 세계 모든 선민의 천국 구원을 보장하는 신약의 예수 그리스도를 예표 하였었고 예수의 십자가 죽음은 그 성취라는 사실을 보여 주기 위함이다. 즉 구약의 유월절이 구약 선민이 애굽에서 해방된 날을 기념한 것이라면, 유월절 어린 양이신 예수 그리스도가 돌아가신 것은 예수가 유월절의 예표를 성취하시고 모든 인류를 죄 가운데서 해방하신 것임을 보여 주고 있다. 예수도 이를 밝히 보이시고자 구약의 유월절을 새로이 신약의 성만찬으로 제정하셨다.

학습 자료 75-4 성찬(聖餐)의 의미 ^{막 14:22-25}

성찬은 세례와 더불어 그리스도께서 직접 제정하신 두 가지 성례 가운데 하나이다. 이는 본문에서 알 수 있듯이 예수께서 십자가에 달리시기 전 유월절에 제자들과 더불어 마가의 다락방에서 마지막 만찬을 드리시면서 제정하신 것이다^{마 26:26-29}. 그리고 예수께서는 구약의 유월절 어린 양이 예표하고 있는바, 자신이 전 인류의 구원을 위한 희생 구속의 제물이 되실 것을 미리 염두에 두고 자기 살을 떡으로, 그리고 자기 피를 포도주로 상징하여 이 성찬 예식을 제정하신 것이다. 따라서 성찬은 다음과 같은 심오한 의미를 내포하고 있다.

✝ 그리스도와 연합함

성찬은 곧 그리스도의 살과 피를 먹는 것이므로 그것을 먹는 자마다 그와 연합함을 의미하는 것이다^{고전 11:26}. 연합한다는 것은 그의 죽으심과 부활에 참여하는 것을 의미하며, 그리스도 안에서 새 생명을 공급받는 것을 의미한다. '내가 그리스도와 함께 십자가에 못 박혔나니 그런즉 이제는 내가 사는 것이 아니요 오직 내 안에 그리스도께서 사시는 것이라'갈 2:20. 한편 이 새 생명은 현재는 영적으로만 얻게 될 것이나 장차 예수님의 재림 때는 영원한 생명을 얻게 되는 것이다요 10:10. 그리고 성도들은 성찬식에 참여함으로써 그리스도가 다시 오실 때까지 계속 영적 생명에 필요한 양식 곧 그리스도의 사역으로 말미암은 구속의 효과와 신령한 은혜를 공급받게 되는 것이다.

✝ 새 언약에 동참함

성찬은 곧 그리스도께서 신약 시대의 전 성도들을 대표하는 열두 사도들과 함께 세우신 새 언약 체결 의식이었다눅 22:20, 고전 11:25. 구약 선민인 이스라엘 백성들은 옛 언약 하에서 하나님과 교제를 나누었다. 그러나 그 교제는 매우 제한적이었으며 또 하나님에 관한 지식의 부족 상태에서 행하는 불완전한 것이었다. 이에 예레미야 선지자는 하나님의 백성들이 새 언약 하에서 하나님을 온전히 알고, 당신의 백성들의 죄를 기억지 아니하시고 완전히 도말해 주시는 하나님과 교제하게 될 것을 예언하였다렘 31:33, 34. 요엘 선지자도 여호와의 신이 만민에게 부어질 때, 이 같은 온전한 교제가 있을 것을 예언하였다.

이 모든 바램과 소망이 예수 그리스도께서 자기 피와 살로 세우신 새 언약으로 인해 온전히 성취된 것이다. 구약 시대 화목 제물이 예표하는바, 인간과 하나님 사이에 온전한 화목의 근거가 되시는 그리스도를 통하여 하나님과 교제하게 된 것이다. 그리고 이 새 언약하에서 성도들은 현재는 하나님과의 교제 상태가 거울을 보는 것 같이 희미하나 장차 천국에서는 얼굴과 얼굴을 맞대어 보듯고전 13:12 온전하게 하나님과의 교제를 나누게 될 것을 확신한다.

✝ 모든 성도가 그리스도 안에서 연합됨

성찬은 또한 거기에 참여하는 모든 성도가 같이 그리스도와 연합하여 새 언약에 참여하게 함과 동시에 성도 간에도 그리스도 안에서 하나로 연합됨을 의미한다. 성찬에 참여하는 성도들은 이미 다 한 성령으로 세례를 받아 한 몸을 이룬다고전 12:12, 13. 이런 점에서 성령 세례는 성도들이 어떤 방법으로 연합되었는가를 보여 준다. 반면에 성찬은 성령으로 한 몸을 이룬 성도의 연합의 근거가 오직 예수 그리스도의 피와 살임을 깨닫게 한다.

한편 성만찬은 그리스도께서 다시 오실 때까지만 지속된다고전 11:26. 그리고 그때까지 성도들은 그리스도의 구속 효과를 누리는 은혜의 방편으로써, 또 장차 그리스도와 함께 온전한 교제를 이룰 것을 더욱 소망케 하는 것으로써, 또한 모든 성도가 그리스도 안에서 완전히 연합될 것을 더욱 소망케 하는 것으로써 성찬식을 한다. 그리고 성찬식을 통하여 그리스도의 죽으심을 널리 전파하며 속히 하나님이 택하신 백성들로서 아직 그 은혜를 누리지 못하는 자들이 악한 세상을 떠나 그리스도께로 돌아오도록 복음 전파 사역에 힘써야 하는 것이다.

학습 자료 75-5 성찬에 대한 견해

견해		설명
초대 교회	실재설	크리소스톰, 닛사의 그레고리, 이그나티우스 등의 교부들은 떡과 포도주가 어떤 식으로든지 예수의 피와 살로 연계된다는 주장
	상징설	오리겐, 유세비우스, 빠질 등과 같은 교부들의 주장으로서 떡과 포도주는 예수의 피와 살을 상징한다고 본다. 대부분의 초대 교회는 위의 양 견해로 분리하여 생각하지 않고 병행되는 것으로 보았다.
중세 교회	화체설	예수께서 성찬 예식에 실재적으로 임하신다는 견해로서 성도들이 떡과 포도주를 먹을 때 그것이 예수의 피와 살로 변한다는 주장. 이 견해는 9세기 초에 대두된 이래 16세기 가톨릭의 트렌트 회의에서 정설로 인정되었음
종교 개혁과 그 이후	화체설	이 설이 가톨릭의 정설이 된 것은 토마스 아퀴나스의 노력이 큼
	기념설	예수께서 성찬식에서 육체적으로 임하는 것을 인정하지 않고, 대신 그 성례를 한 기념적인 사건으로 본다. – 쯔빙글리
	공재설	화체설과 기념설을 혼합한 것으로 예수의 전 인격이 떡과 포도주의 안에, 밑에 그리고 그것들과 함께하신다는 루터의 견해
	영적 임재설	예수께서 성찬식에 육체로 임하는 것이 아니고, 대신 영적으로 임재하신다는 견해. 칼빈이 주장하고 오늘날 대부분의 개혁 교회가 정설로 받아들이고 있음

학습 자료 75-6 검이 없는 자는 검을 살지어다 ^{눅 22:35-38}

본문의 말씀은 복음서 전반에 나타난 예수의 '무저항주의', 또는 원수까지도 사랑하라는 '비폭력'에 관한 교훈들과 모순이 되는 것처럼 보인다. 이에 혹자들은 본문을 문자적으로 이해하여 마치 예수가 정치적 혁명가였던 것처럼 생각한다. 그러나 우리는 본문을 문자적으로만 이해해서는 안 된다. 그 이유는 무엇인가? 또한 그렇다면 예수께서 '검이 없는 자는 검을 살지어다'라고 말씀하신 의미는 무엇인가?

✝ 문자적으로 이해하면 안 되는 이유

본문의 말씀이 주어진 당시의 상황은 예수께서 유대인들에 의해 체포되시기 직전의 위기 상황이었다. 이 때문에 이런 위기 상황에서 예수께서는 지금까지의 평화주의 노선을 버리고 로마 제국(Roman Empire)의 앞잡이들인 유대인들의 강포에 맞서 무력으로 저항하라고 교훈하신 것으로 본문의 말씀을 오해할 법도 하다. 그러나 본문의 말씀을 그렇게 문자적으로 이해해서는 안 된다. 그 이유는 다음과 같다.

   ① **예수의 다른 교훈들과 상치됨** : 예수께서는 이곳 이외에서 한 번도 무력 저항을 정당화시키는 말씀을 하신 적이 없다. 오히려 원수가 오른뺨을 치면 왼편도 돌려대라^{마 5:39}는 극단적인 무저항의 교훈을 말씀하셨다. 이런 예수께서 상황이 달라졌

다고 해서 다른 교훈을 말씀하셨을 리는 없다.

물론 예수께서 '내가 세상에 화평을 주러 온 줄로 생각하지 말라 화평이 아니요. 검을 주러 왔노라'마 10:34고 말씀하신 적이 있다. 그러나 그것은 폭력을 정당화하는 말씀이 아니라 그리스도의 복음이 세상에 전파될 때 그 복음이 갖는 특성이 악한 세상과 배치되기 때문에 어쩔 수 없이 일어나는 불화, 혹은 분쟁을 가리키는 말씀이다. 그것은 무력을 동반하는 분쟁과는 성격이 전혀 다른 것이다.

② **예수의 평소 행동과 상치됨** : 예수께서는 유대인들이 로마 제국의 앞잡이요 죄인으로 취급하는 세리들과도 평소 가까이 계셨다. 만일 예수께서 로마 제국에 대해, 또한 로마 식민 통치하의 정부인 헤롯 왕가에 대해 적대감을 가지고 계셨다면 그렇듯 세리들과 함께하시지는 않으셨을 것이다. 이는 예수가 결코 로마 제국에 대해 무력으로 저항하는 열심당원이 아니며 그들을 동조하지도 않으셨음을 보여 준다.

③ **본문의 말씀과도 상치됨** : 본문을 보면 제자들이 예수의 말씀을 문자적으로 이해하여 '주여 보소서 여기 검 둘이 있나이다'(38절)라고 말했을 때 예수께서는 '족하다' 하셨다. 이는 예수께서 제자들에게 '잘했다'는 뜻으로 하신 말씀이 아니라 당신의 말씀을 제대로 이해하지 못하는 제자들과 대화를 중단하시는 관용적인 표현으로서 '족하다' 하신 것이다. 이는 이 말씀을 하신 후 얼마 지나지 않아 예수께서 유대인들에게 체포 당하신 사실을 기록하는 눅 22:47-53을 통해서도 알 수 있다. 즉 예수께서 체포당하실 때 베드로가 칼로 대제사장의 종을 쳐서 그 오른편 귀를 잘랐다. 이때 예수께서는 '이것까지 참으라'고 베드로를 만류하시면서 그 종의 귀를 치료하셨다. 이로 볼 때 본문의 말씀은 분명 무력 저항을 옹호하는 말씀이 아니라고 볼 수 있다.

학습 자료 75-7 주(Lord) 요 13:13-14

성경에서는 성부 하나님을 가리키는 호칭으로, 또는 본문에서처럼 성자 예수 그리스도를 가리키는 호칭으로 자주 '주'(主)라는 용어를 사용한다. 이에 '주'와 관련된 신·구약 원어들과 이 용어가 예수 그리스도를 가리켜서는 어떻게 사용되었는지 살펴보도록 하겠다.

✠ '주'와 관련된 원어들

'주'와 관련된 원어들은 모두 힘이나 권세가 있어 다른 사람들의 존경을 받는 자, 혹은 다른 사람 위에 군림하는 자를 가리킨다. 그리고 이 원어들은 하나님과 예수님뿐만 아니라 인간적인 주인들을 가리킬 때도 사용되었다.

① **아돈(אָדוֹן), 아도나 (אֲדֹנָי)** : 이 단어들은 대개 윗사람을 부를 때 사용되는 호칭으로서 예의와 존경심을 내포하는 칭호이다창 23:6; 24:9. 한편 여기서 '아돈'은 인간적인 주인, 혹은 왕을 부를 때 사용되는 호칭이며, 아돈의 복수형인 '아도나이'는 오

직 하나님을 호칭할 때만 사용된다. 여기서 하나님의 칭호로 아돈의 복수형 '아도나이'가 사용된 것은 하나님이 여럿임을 가리키는 것이 아니라 하나님은 '온 땅의 주'[시 97:5]로서 다른 어떤 주인에도 비할 수 없는 유일한 주인임을 가리킨다. 이럴 때 사용되는 복수형을 히브리어 문법에서는 장엄 복수형이라 한다.

한편 히브리인들은 하나님을 가리키는 특별한 호칭인 '야웨'를 함부로 사용할 때 하나님의 이름을 망령되게 한다고 생각하여 그것의 사용을 금했으며 공중 예배에서는 주로 '아도나이'를 사용했다.

② **바알** (בַּעַל) : 주인, 지배자, 주권자, 남편이라는 뜻을 가진다[민 21:2, 사 16:8]. 그러나 이 칭호는 주로 이방인들이 자신들이 섬기는 우상을 가리키는 호칭으로 사용하였기 때문에 하나님의 칭호로는 사용되지 않았다.

③ **퀴리오스**(κύριος) : 70인역 헬라어 성경에서는 구약에서 여호와 하나님을 가리키는 호칭 아도나이를 대부분 '퀴리오스'로 번역하였다. 때로 지도자, 주인이라는 뜻의 헬라어 '데스포테스'(δεσπότης)로 번역되는 경우도 있으나 그것은 매우 드물다[눅 2:29, 행 4:24, 계 6:10].

한편 신약에서는 '퀴리오스'가 성부 하나님을 가리키는 칭호로도 사용되긴 했으나[눅 2:9, 행 7:33, 약 1:7] 대부분 성자 예수 그리스도에 대하여 사용되었다.

✝ 주이신 예수 그리스도

복음서에서 그리스도를 가리켜 '주'라고 칭할 때 처음에는 단지 존경하는 '선생'이라는 의미로만 사용되있다[눅 5:5, 9:49, 요 4:15]. 그러나 예수께서 죽으셨다가 부활하신 후에는 그가 참 하나님이시며 우리의 구속주라는 의미로 이 칭호가 사용되었다. 예를 들어 의심 많던 도마가 부활하신 예수님을 만난 후 '나의 주님이시요 나의 하나님이시니이다'[요 20:28]라고 외쳤던 경우를 들 수 있다.

한편 바울 서신서나 다른 사도들의 서신서에서 '주'라는 칭호가 사용될 때 그것은 지상 사역 당시의 예수님을 가리킨다기보다 부활하신 주님, 그리고 하늘에 오르셨다가 다시 재림하사 세상에 대해 심판하실 주님, 천지창조 사역도 하셨으며 지금도 온 세상을 다스리는 주님[요 1:3, 롬 14:9, 빌 2:9-11, 골 1:16, 17]를 가리킨다. 그리고 특별히 교회와 그리스도의 관계에 있어서, 교회가 신부라면 그리스도는 그의 신랑이시며, 또한 교회의 주인이심을 가리키는 호칭으로도 사용되었다[엡 5:23, 히 13:12].

물론 헬라어 '퀴리오스'는 본래 이방의 여러 신들을 가리키는 칭호였다. 그러나 이 칭호가 예수 그리스도에 대하여 사용됨으로써, 그리스도는 이방의 모든 신들에 비할 수 없는 유일무이한 신이심을 이방 성도들에게 이해시키는 데 용이하였다[벧전 2:17, 3:15].

✝ 의의

이상에서 살펴본바 '주'라는 호칭이 신약시대에 와서는 성부 하나님보다는 주로 성자 예수 그리스도께 대하여 사용되었다는 사실은 우리에게 큰 의의를 보여 준다. 즉 우리 죄인들을 구원하시기 위해 사람의 몸을 입으시고 이 땅에 오셨으며, 십자가의 희생으로 우리의 죄를 대속해 주신 그분이 바로 우리의 생사(生死)를 주관하시며 천지를 다스리시는 주님이라는 사실은 우리에게 무한한 기쁨과 힘과 자부심을 품게 한다. 그분만 아니라 그분이라면 우리가 지상에 사는 동안 우리의 삶을 충분히 성공적으로 이끄실 것이며, 장차 주시겠다 하신 천국의 영생 복락에 대한 확신과 소망을 우리가 가질지라도 결코 부끄러움을 당하지 않을 것이라는 확신을 갖게 되는 것이다.

학습 자료 75-8 보혜사(保惠師) 요 14:16-17

'보혜사'(헬. 파라클레토스 παράκλητος)라는 단어는 성경 전체에서 오직 사도 요한의 저서에만 나오는 독특한 용어이다요 14:16, 26, 15:26, 16:7. 그러나 이 용어는 성경 전반에 나타난바 그리스도 성도의 관계, 또는 성령과 성도의 관계에 대한 가르침들을 함축하는 용어로서 매우 중요하므로 보혜사에 관계되는 전반적인 사실을 살펴보겠다.

✝ 용어의 정의

'보혜사'에 해당하는 헬라어 '파라클레토스'(παράκλητος)는 문자적으로는 '아무개 곁으로 부름 받은 자'라는 뜻이지만 대개 다음과 같은 의미로 해석된다. 즉 이 단어는 능동적인 측면에서 재판관 앞에서 다른 이를 변호하는 자, 혹은 곁에 서서 격려하며 권고하는 자, 다른 사람을 대신하여 아무개에게 탄원을 올리는 중개자요 14:16, 26, 16:7, 요일 2:1라는 의미가 있다. 그리고 수동적인 측면에서 옆에 서서 보조하고 원조하는 자, 친구라는 의미를 갖기도 한다.

✝ 보혜사이신 그리스도

일반적으로 '보혜사'라고 하면 성령만을 생각하기 쉬운데 본문 16절에는 분명 예수 그리스도도 우리의 보혜사이심을 언급하고 있다. 즉 '그가 또 다른 보혜사를 너희에게 주사'16절라고 했는데 여기서 다른 보혜사란 성령을 가리키며 아울러 예수 그리스도 자신이 한 보혜사이심을 암시한다. 또한 요일 2:1은 예수 그리스도가 성도들의 죄 용서를 위해 성부 하나님께 중재하는 대언자라고 말한다. 이는 근본 예수 그리스도께서 죄인들을 대신하여 자기 몸을 대속 제물(代贖祭物)로 바침으로써 죄인들이 그의 구속의 은혜를 힘입어 하나님 앞에 담대히 나아갈 수 있게 하신 그분의 중보자로서의 사역을 염두에 둔 것이다사 53:11, 벧전 3:18. 그리고 이렇듯 하나님과 인간을 화목케 하며, 중재하는 그리스도의 사역은 그의 대제사장직과도 일치하는 것이다히 7:25-28. 실로 보혜사이신 그리스도는 지금도 하나님 보좌 우편에서 우리를 위해 하나님께 간구하시는 그 사역을 수행하고 계신다롬 8:34.

✝ 또 다른 보혜사 성령

제3위 성령 하나님도 제2위 성자 예수 그리스도와 동일한 우리의 보혜사이시다.

그러나 보혜사 성령의 사역은 신자에게 그리스도와 그의 복음을 알려 주는 계시자로서, 또 여러 가지 방식으로 세상에서 그리스도를 증거하는 증거자로서 그 사역을 감당하신다. 그리고 특히 성령은 성도 안에 내주(內住)하심으로써 성도들과 함께 하시며 그리스도의 복음의 진리를 가르치시고 진리 가운데로 인도하시며, 때로는 뜨거운 확신으로, 때로는 위로와 권면하심으로 도우신다롬 15:13, 고전 2:10-16.

✝ 의의
이상의 사실에서 우리 성도들은 모두 두 분의 보혜사와 함께 있음을 깨닫게 된다. 그리고 그 두 분이 결코 우리를 고아와 같이 버려두지 아니하시고18절 항상 우리와 함께하시고 우리들을 도우시고 계신다는 사실에 우리는 새삼 큰 용기와 힘을 얻게 된다. 또 우리가 연약하여 낙망할 때 보혜사 성령께서 우리가 빌바를 알지 못하나 말할 수 없는 탄식으로 우리를 위해 친히 간구하시며롬 8:26, 또한 보혜사 그리스도께서도 언제나 성부 하나님 앞에서 우리의 대언자가 되어주신다는 사실은롬 8:34, 요일 2:1 우리가 우리의 연약한 모습만을 바라보지 않고 오직 하나님을 바라봄으로 더욱 신앙생활에 박차를 가할 것을 교훈한다. 한편 예수께서 약속하신 대로 보혜사 성령은 예수 그리스도의 부활 승천 이후 오순절에 강림하셨다. 이러한 오순절 보혜사 성령 강림은 구속사적 관점에서 볼 때 매우 큰 의의를 갖는바 이에 대해서는 행 2장 학습 자료 77-6을 참조하라.

학습 자료 75-9 성경의 진리(Truth) 개념 요 16:13
본서에는 예수 그리스도 자신에 대해, 혹은 그의 복음에 대해 '진리'(헬, 알레데이아)라고 칭한 부분이 자주 나온다. 따라서 본서 저자가 말하는 '진리'가 무슨 뜻인지를 알아야만 본서의 중심 사상을 올바로 이해할 수 있는바, 이에 대해 살펴보도록 하겠다.

✝ 용어의 정의
'진리'에 해당하는 히브리어는 '에메트'(אמת)로서, 이는 '지지하다'(support), '신뢰하다'(trust), '의지하다'(rely upon)는 뜻의 동사 '아만'에서 유래한 것이다. 이에서 우리는 '진리'가 믿고 의지할 만한 것, 또는 어떤 사람의 행동이나 말을 뒷받침해 주는 어떤 것을 가리킴을 알 수 있다. 또한 '진리'에 해당하는 헬라어 '알레데이아'도 히브리어 '에메트'와 동일한 의미가 있다.

✝ 구약에서의 진리 개념
구약에서는 첫째, 진리를 하나님의 속성 중 하나로 설명한다창 32:10, 시 25:10, 사 65:16. 이는 하나님이 언약에 있어서, 또는 말씀에 있어서 결코 다르게 고치지 않으시고 흔들림이 없으신 분이시기에 누구나 믿고 의지할 수 있는 진리의 하나님이시라는 것이다. 둘째, 하나님의 뜻과 계명 등을 가리켜서도 진리라고 말한다. 그것은 단지 윤리적인 의미에서 선하거나 옳기 때문만이 아니라 하나님의 백성들의 삶 전체에 있어 가장 확실하고 흔들림이 없는 삶의 기준이 되기 때문에 진리라고 하는 것이다 수 24:14, 삼상 12:24, 시 51:6, 사 59:14, 15.

✝ 신약에서의 진리 개념

신약에서의 진리 개념도 근본적으로는 구약의 그것과 그 맥을 같이 한다. 그러나 구약 시대에는 아직 하나님의 계시가 충분히 주어지지 않았기 때문에 진리가 현세적인 삶과 깊은 연관을 가진다. 반면에 신약에서 진리는 인간이 궁극적으로 소망하는바 구원과 영생이라는 내세의 삶과 깊은 연관을 가신다. 즉 죄와 사망의 어둠 속에 갇혀있는 인생에게 참 구원을 주고 영원한 삶으로 인도하는 것, 그리고 누구나 그러한 사실을 확신케 하는 그것이 바로 진리라는 것이다 약 1:18, 벧전 2:2, 벧후 1:12. 그러므로 신약에서의 진리는 우리의 구세주이신 그리스도와 그의 말씀을 가리키는 용어로 자주 사용되고 있는 것이다 롬 9:1, 고후 6:8.

✝ 요한복음에서의 진리 개념

위에서 설명한 신·구약의 진리 개념이 본서에서 가장 명료하게 표현되고 있다. 그리고 특히 요한의 진리 개념은 '나는 ... 이다'라는 예수의 자기 선언 속에서 잘 나타난다. 예수님은 본서에서 자신을 가리켜 이 세상의 '참 빛' 1:9, '참 떡' 6:32, '참 포도나무' 15:1라고 하셨다. 여기서 '참'과 '진리'는 원어상으로 동일한 단어이다. 또 예수께서는 보다 직접적으로 '내가 ... 진리요' 14:6라고 하셨다. 뿐만 아니라 사도 요한은 본서 서두에서 예수 안에 은혜와 진리가 충만했다 1:14라고 기록했다.

이상에서 우리는 요한이 '진리'를 기독론적인 측면에서 예수 그리스도의 속성 중 하나로 사용하고 있음을 알 수 있다. 이는 요 1:1-3에서 제2위 성자 예수를 '말씀'(헬. 로고스)으로 칭하고 있는 것과 그 맥을 같이 한다. 실로 요한은 예수 그리스도가 참 빛이요 생명이시며 누구든지 그를 믿을 때 하나님의 은혜와 영생의 복락을 누리게 되는 확실한 구원의 근거로서의 진리임을 증거하고 있다.

또한 그리스도 자신이 곧 진리일 뿐만 아니라 그의 복음 역시 진리이다. 그 복음은 곧 그리스도의 인격과 사역에 근거를 둔 것으로써 그 복음을 믿는 자에게는 확실한 구원을 준다. 그뿐만 아니라 진리의 성령 요 16:13, 14께서도 그 복음을 가지고 믿지 않는 자들로 믿게 하시며 구원으로 인도하시는 것이다.

✝ 의의

"진리를 알지니 진리가 너희를 자유롭게 하리라"는 요 8:32의 말씀은 위에서 설명한바 요한복음의 진리 개념을 함축하고 있는 말씀이다. 즉 하나님의 아들이신 예수 그리스도가 곧 진리라는 사실, 그리고 그분의 구속 사역의 성취로 말미암아 그리스도를 믿는 자는 다시는 정죄함이 없으며 장차 영생 복락을 누리게 된다는 사실을 알고 그것을 마음을 열고 진심으로 받아들일 때 그 같은 참 복을 누리게 된다는 것이다. 그리고 이 땅에서 사는 동안에도 진리의 성령 곧 보혜사 성령을 힘입어 참 진리인 그리스도를 삶의 기준과 모범으로 삼고 살아감으로 그리스도 안에서 비록 사탄의 권세 하에 있는 세상에 살기 때문에 제한적이긴 하지만 자유를 누리게 될 뿐만 아니라 장차 종말에는 그로 말미암아 죄와 사망의 얽매임에서 자유롭게 된다는 것이다. 그렇다면 우리 자신은 얼마나 이러한 자유를 누리고 있는가? 진정 돌이켜 보아야 할 것이다.

학습 자료 75-10   요한 17장이 말하는 "세상과 세속" 구별하기

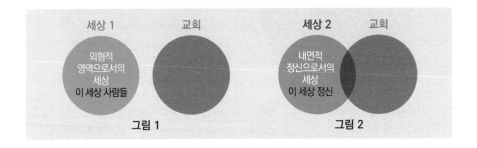

세상 1 = 요 3:16에서 하나님이 이 처럼 사랑하시는 세상
세상 2(세속) = 요일 2:15-17
요일 2:15-17 "15 이 세상이나 세상에 있는 것들을 사랑하지 말라 누구든지 세상을 사랑하면 아버지의 사랑이 그 안에 있지 아니하니 16 이는 세상에 있는 모든 것이 육신의 정욕과 안목의 정욕과 이생의 자랑이니 다 아버지께로부터 온 것이 아니요 세상으로부터 온 것이라 17 이 세상도, 그 정욕도 지나가되 오직 하나님의 뜻을 행하는 자는 영원히 거하느니라."

세상 2(세속)는 다음과 같이 세상 정신을 포함하며 그곳이 바로 바로 영적 싸움터
세상 정신
1) 육신의 정욕 = 자기중심성
2) 안목의 정욕 = 가시적인 것에 의한 욕심
3) 이생의 자랑 = 세속적 자만심
약 4:1-3 "1 너희 중에 싸움이 어디로부터 다툼이 어디로부터 나느냐 너희 지체 중에서 싸우는 정욕으로부터 나는 것이 아니냐 2 너희는 욕심을 내어도 얻지 못하여 살인하며 시기하여도 능히 취하지 못하므로 다투고 싸우는도다 너희가 얻지 못함은 구하지 아니하기 때문이요 3 구하여도 받지 못함은 정욕으로 쓰려고 잘못 구하기 때문이라"
사도 바울의 세상관
"고전 5:9-11" 9 내가 너희에게 쓴 편지에 음행하는 자들을 사귀지 말라 하였거니와 10 이 말은 이 세상의 음행하는 자들이나 탐하는 자들이나 속여 빼앗는 자들이나 우상 숭배

하는 자들을 도무지 사귀지 말라 하는 것이 아니니 만일 그리하려면 너희가 세상 밖으로 나가야 할 것이라 ¹¹ 이제 내가 너희에게 쓴 것은 만일 어떤 형제라 일컫는 자가 음행하거나 탐욕을 부리거나 우상 숭배를 하거나 모욕하거나 술 취하거나 속여 빼앗거든 사귀지도 말고 그런 자와는 함께 먹지도 말라 함이라 ¹² 밖에 있는 사람들을 판단하는 것이야 내게 무슨 상관이 있으리요마는 교회 안에 있는 사람들이야 너희가 판단하지 아니하랴 ¹³ 밖에 있는 사람들은 하나님이 심판하시려니와 이 악한 사람은 너희 중에서 내쫓으라

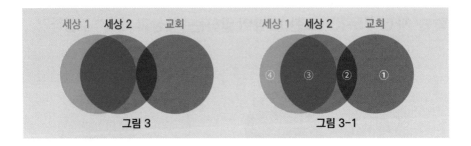

① **순수 교회의 영역에 속한 것** : 예배, 성경 공부, 기타 여러 사역들
② 교회의 영역에 속한 것이지만 세속적인 것으로 드러나는 경우 : **교회의 순수 사역**
도 ③ 의 경우처럼 **"사람에게 보이려고"** 하는 것들. 마태 6:1-2, 5, 16
교회 영역에 해당하는 활동이나 항목의 경우라도 세속적이며, 무속적일 수 있다는 사실을 무시해서는 안된다.
약 4:3 구하여도 받지 못함은 정욕으로 쓰려고 잘못 구하기 때문이라
③ **세상의 영역에 속한 사항이나 활동이지만, 세속적(육신의 정욕, 안목의 정욕, 이 생의 자랑을 반영하는)인 것으로 평가되는 경우** :
약 4:13-17 ¹³ ○들으라 너희 중에 말하기를 오늘이나 내일이나 우리가 어떤 도시에 가서 거기서 일 년을 머물며 장사하여 이익을 보리라 하는 자들아 ¹⁴ 내일 일을 너희가 알지 못하는도다 너희 생명이 무엇이냐 너희는 잠깐 보이다가 없어지는 안개니라 ¹⁵ 너희가 도리어 말하기를 주의 뜻이면 우리가 살기도 하고 이것이나 저것을 하리라 할 것이거늘 ¹⁶ 이제도 너희가 허탄한 자랑을 하니 그러한 자랑은 다 악한 것이라 ¹⁷ 그러므로 사람이 선을 행할 줄 알고도 행하지 아니하면 죄니라
④ **세상의 영역에 속한 사항이나 활동이면서도 비세속적(영적으로 바람직한)인 것으로 인정되는 경우. 세상 영역의 비 속화** : 세상 영역에 해당하는 활동이나 항목의 경우라도 비세속적(하나님의 영광)이 될 수 있다. "주께 하듯 하면" - 신약의 헌금 정신, 흩어지는 교회의 임무.
고전 10:31 "그런즉 너희가 먹든지 마시든지 무엇을 하든지 다 하나님의 영광을 위하여 하라"
딤전 4:1-5 "¹ 그러나 성령이 밝히 말씀하시기를 후일에 어떤 사람들이 믿음에서 떠나 미혹하는 영과 귀신의 가르침을 따르리라 하셨으니 ² 자기 양심이 화인을 맞아서 외식함으로 거짓말하는 자들이라 ³ 혼인을 금하고 어떤 음식물은 먹지 말라고

통큰통독 연대기 해설 성경 | 신약

할 터이나 음식물은 하나님이 지으신 바니 믿는 자들과 진리를 아는 자들이 감사함으로 받을 것이니라 4 하나님께서 지으신 모든 것이 선하매 감사함으로 받으면 버릴 것이 없나니 5 하나님의 말씀과 기도로 거룩하여짐이라

✝ 예수님은 제자들에게 세상을 대한 자세가 훨씬 더 긍정적이며 적극적이어야 한다고 요한복음 17장 11-19에서 다음과 같이 가르치고 있습니다.

요한복음 17장 11-19

- 나는 **세상에**(in the world) 더 있지 아니하오나 그들은 **세상에**(in the world) 있사옵고 나는 아버지께로 가옵나니.11절
- 지금 내가 아버지께로 가오니 내가 **세상에서**(in the world) 이 말을 하옵는 것은 그들로 내 기쁨을 그들 안에 충만히 가지게 하려 함이나이다13절.
- 내가 아버지의 말씀을 그들에게 주었사오매 세상이 그들을 미워하였사오니 이는 **내가 세상에 속하지**(of the world) 아니 함 같이 그들도 **세상에 속하지**(of the world) 아니함을 인함이니이다14절.
- 내가 비옵는 것은 그들을 **세상에서 데려**(out of the world) 가시기를 위함이 아니요 다만 악에 빠지지 않게 보전하시기를 위함이나이다15절.
- 내가 **세상에 속하지**(of the world) 아니함 같이 그들도 **세상에 속하지**(of the world) 아니하였삽나이다16 절.
- 아버지께서 나를 **세상에 보내신**(into the world)것 같이 나도 그들을 **세상에 보내었고**(into the world)18절.

	in	out of	of	into
격리주의	×	○	×	×
적응주의	○	×	○	×
구획주의	○	×	○/×	×
변혁주의	○	×	×	○

- **격리주의 (isolation)** : 세상과 완전히 담을 쌓고 등지고 사는 것.
- **적응주의 (assimilation)** : 세상에 적응하여 세상을 벗하여 사는 것.
- **구획주의(compartmentalization)** : 세상을 등지고 사는 것은 아니지만, 성과 속을 구별하여 사는 삶.
- **변혁주의 (transformation)** : 세상을 그리스도의 문화로 변혁시키며 사는 삶.

✝ 변혁주의적 삶이란? (성화적 삶- 성령 안에서의 삶)

마태 5:13-16 13 너희는 세상의 소금이니 소금이 만일 그 맛을 잃으면 무엇으로 짜게 하리요 후에는 아무 쓸데 없어 다만 밖에 버리워 사람에게 밟힐 뿐이니라 14

너희는 세상의 빛이라 산위에 있는 동네가 숨겨지지 못할 것이요 15 사람이 등불을 켜서 말 아래에 두지 아니하고 등경 위에 두나니 이러므로 집안 모든 사람에게 비치느니라 16 이같이 너희 빛이 사람 앞에 비치게 하여 그들로 너희 착한 행실을 보고 하늘에 계신 너희 아버지께 영광을 돌리게 하라

1) 그리스도인들은 비그리스도인들과는 근본적으로 달라야 한다.
2) 그리스도인들은 반드시 비기독교적인 사회에 침투하여야 한다.
   그리스도인들은 사회적으로 격리되어서는 안 된다(격리 주의). 그 반대로 그들의 빛은 어두움 속으로 비추어져야 하며, 그들의 소금은 부패한 고기 속으로 녹아들어야 한다. 만약 등불이 침대 밑이나 그릇 아래에 놓여 있다면 그것은 쓸모가 없을 것이며, 소금이 소금 저장소에 저장만 되어 있다면 그것은 아주 쓸모없는 것이 되며 아무 유익이 없는 것이 될 것이다. 마찬가지로 그리스도인이 사회와 분리되어 사회에 영향을 미치지 못하는 곳에 있어서는 안 되고 그 대신 그 사회 속으로 스며 들어가야 한다. 그들은 그들의 선한 행실이 보일 수 있도록 그들의 빛을 비추어야 한다.
3) 그리스도인들은 비기독교적 사회에 영향력을 미칠 수 있다.
   냉동 기술이 있기 전에는 소금이 가장 좋은 방부제였다. 소금을 생선이나 고기에 뿌리거나 그 속에 담가 두었다. 이러한 방법으로 부패가 완전히 방지되는 것은 아니나 그 속도가 늦추어졌다. 빛은 한층 더 효과적인 것이다. 불빛이 켜지면 어둠은 즉시 물러간다. 바로 이처럼 그리스도인들은 사회의 부패를 막고, 악의 어두움을 물리칠 수 있다는 것을 예수님께서는 말씀하셨던 것 같다.
4) 그리스도인은 그들의 특수한 지위와 임무를 유지하며 수행해야 한다.
   소금이 짠맛을 잃어버리면 아무 쓸데가 없다. 빛이 밝음을 상실한다면 그것은 무익하다. 그러므로 그리스도를 따른다고 하는 우리가 그를 위해 어떤 유익한 일을 하려 한다면 두 가지 조건을 충족시켜야 한다. 하나는 비기독교적 사회에 침투하여 우리 자신을 세상의 생활 속에 스며들게 해야 한다. 다른 하나는 그렇게 하는 동안에도 세상에 동화되지 않아야 한다(섞이면 안 된다). 우리는 기독교적 확신, 가치관, 규범과 생활양식을 유지하면서 세상에 살아가야 하는 것이다.

(송인규 "평신도 신학" 홍성사 2001 p45-89 발췌)

학습 자료 75-11 그리스도인의 사회참여가 왜 성경적인가?(John Stoot)

구약
- 십계명 : 하나님과 관계 설정에 의한 관계 이웃과의 관계
- 십일조의 사용 정신
- 하나님 관계 —— 예배 —— 제사장 영성
- 이웃과 관계 —— 사회 참여 —— 선지자 영성

- 가나안 정복은 땅의 정복이 아니고 문화의 정복이었음을 깨달아야 한다.

신약
- 성육신 정신요 3:16
- 세상으로의 파송요 17:11-21

  이 파송은 단순한 교세 확장을 노리는 전도성 파송이 아니라 세상 문화를 그리스도 문화로 바꾸는 대문화의 성격을 띤 변혁 주의적 파송이다.

✝ 서신서에서 특히 야고보서와 요한일서에서 강조되는 사회참여 정신

기독교 복음과 선교의 정신은 단순히 " 예수 천당"의 복음을 전파하는 데 있는 것이 아니고 "예수의 정신"을 전파하여 사회를 기독교 문화로 바꾸는 데 있다. 그런데 왜 기독교인들은 이이 사회 참여에 그렇게도 소극적인가? 그 이유를 근대적 상황 속에서 찾아보자.

1. 세기가 바뀌면서 유럽과 미국교회를 휩쓸고 있던 자유주의 신학에 대한 반동으로 자유주의 신학자들이 복음을 왜곡하는 것에 대해 이를 방어하고 선포하는 일에 몰두하게 되었다. 1910~1915 년 사이에 12권으로 된 "근본이 되다는 것들"을 출판하게 되었고 이를 계기로 이들을 근본주의자(Fundamentalist)라고 불렀다. 이들은 복음의 근본을 지키는데 너무 지나치게 몰두하게 됨으로 사회에 관심을 쏟을 시간을 낼 수 없게 된다

2. 복음주의자들은 당시 자유주의의 신학자들이 발전시키고 있던 소위 "사회 복음" (Social Gospel)에 반발하였다.
   "사회복음"은 뉴욕의 로체스터 신학교 교회사 교수였던 월터 라우센부쉬 (Walter Rauschenbusch 1897~1917)가 주장한 것으로 기독교 공산주의를 근간으로 하고 유토피아적 인간중심의 하나님 나라의 개념을 발전시켰다. 기독교 좌파의 이념 등을 근거로 하는 평등주의 월터 라우센부쉬는 "기독교의 근본 목적" 은 "모든 인간관계를 쇄신함으로써 인류사회를 하나님 나라로 변화시키는 것'이라고 했다. 이 사람이 말하는 " 하나님 나라"는 인간이 세우는 인위적인 나라이며 기독교로 포장하는 나라를 의미한다.
   성경의 하나님 나라는 하나님의 통치가 삶 속에 이루어져 인간의 가치관이 "됨과 가짐" 으로 부터 "나눔과 섬김"으로 가치관이 승화되어 이루어지는 삶의 영역을 말한다. 이것은 추상적인 개념이 아니다. 하나님 나라는 기독교화된 사회를 말하는 것이 아니다. 그리스도를 고백하는 사람들의 생활을 다스리는 하나님의 통치를 말한다. 이 나라는 거듭남이 없이는 들어가지도 못하며 그 외의 사람에게는 임하지도 이루어지지도 않는다.

3. 제1차 세계대전이 끝난 후에 인간의 사악함이 드러나면서 널리 퍼지게 된 환멸과 염세주의가 복음주의자들의 사회적 책임을 등한시하게 한다. 한국의 6.25, 4.19 등등 사회적 혼란이 한국 기독교에 기복적 신앙을 가져 오게 한 이유가 된다.

4. Darby, Scorfield 등 세대 주의자들의 잘못된 전천년설 등의 종말론이 신앙을 내세화했다.

5. 중산층 기독교인들이 자기들의 기득권을 주장하면서 나눔과 섬김의 정신을 무시한 데서 오는 것이다. 이들에게 기독교는 단순히 제도화된 종교일 뿐이다. 그들의 신앙은 종교 행위가 되었다.

이것들에 대한 반성

- 1974년 7월 : 스위스 로잔에서 열린 세계 복음화 국제회의(The International Congess on World Evangelization) 150개국이 참여 로잔 선언 채택 "복음 전도와 정치, 사회 참여는 모든 그리스도인의 의무" 라고 선언
- 1982년 6월 : 로잔 위원회 (The Lausanne Committee)와 세계복음주의 협의회(The world Evanzelical Fellowship)가 Grand Rapids, 미시간에서 회의를 열고 "복음 전파와 사회적 책임 : 복음주의적 참여"(Evanzelism And Social Responsibility : An Evanzelical Commitment) 사회활동은 복음 전파의 결과인 동시에 복음 전파에 이르게 하는 다리로써 이 둘은 동반자로 생각되었다. 복음은 뿌리임으로 복음 전파와 사회적 참여(책임)는 모두 그 열매이다.

✝ 교회와 정치

정치(Palitics)

- 넓은 의미 : 사회에서 함께 살아가는 기술
- 좁은 의미 : 다스리는 과학

예수는 정치에 참여했는가 라고 묻는다면 넓은 의미의 정치로써는 참여했고 좁은 의미로써는 아니다. 그의 사역 모두는 넓은 의미의 정치적이다. 왜냐하면 인간이 사회생활에 참여하기 위해서 스스로 이 세상에 왔으며 그의 제자들도 같은 일을 하기 위해 세상으로 보내졌다 요 17장. 더욱이 그가 선포함으로 시작된 하나님의 나라는 철저히 다른 새로운 사회체계를 제시했고 그 가치관과 규범은 과거의 타락한 사회에 속한 사람들에게는 도전적이다.

그랜드 드래피드 보고서 마지막 장에는 사회봉사(Sosial Service)와 사회활동(social Action) 을 다음과 같이 구분한다.

Social Service(사회봉사)	Social Action(사회 활동)
인간의 궁핍 구제	인간의 궁핍의 원인 제거
자선활동	정치적 경제적 활동
각 개인과 가족 단위 도움 추구	사회구조의 변화 추구
구제 행위	정의 추구

진정한 기독교의 사회참여는 사회봉사와 사회활동을 모두 포함한다. 우리가 우리의 이웃을 진정으로 사랑한다면, 또 그들에게 봉사하기를 원한다면 우리는 그들의 이익을 위하여 정치적 활동을 할 수밖에 없을 것이다. 그리스도인은 개인 구원과 사회 구원 그리고 영원한 것 모두를 추구하는 이중국적자이다. 지상의 시민이면

서 천국의 시민임을 잊으면 안 된다.

이것이 바로 사랑이 이중 계명인 이유이고 십계명이 하나님 사랑과 이웃 사랑으로 구성된 이유다.

교회는 '다스리는 과학'으로써 정치참여는 바람직하지 않지만, '더불어 살아가는 기술'로써 정치에는 반드시 참여해야 한다. 예수님이 그러했기 때문이다. 마9:35-36, 마4:23 그것이 제자도 이다.

✝ 사회참여에 대한 성경적 근거

1. 십계명 – 사랑의 이중 계명 – 이중국적자
2. 그리스도인의 세상에 대한 태도는 다음 2가지 중 하나이다. 그 중간은 없다.
   a) 도피 (빌라도의 손 씻음과 같이)
   b) 참여

선교란 하나님의 명령에 대한 우리 인간의 응답이다. 하나님이 그리스도를 이 세상에 보낸 것 같이 그리스도가 우리를 세상에 보냈으며요 17장, 그를 위해 살며 봉사하며 고통을 당하고 그를 위하여 죽기 위하여 세상으로 가야만 한다는 확신을 가지고 행하는 복음 전파와 사회참여가 모두 그리스도인의 생활양식이다.

✝ 사회참여를 위한 5가지 교리를 바르게 이해해야 한다.

1) 신론

① 살아계신 하나님은 종교의 하나님이면서 동시에 자연의 하나님(창조주)이시며 신성한 것과 마찬가지로 세속적인 것의 하나님(Load) 이심을 반드시 알아야 한다. 창조하시며 "보시기에 좋았더라"창1:31 "하나님이 지으신 모든 것이 선하매 감사함으로 받으면 버릴 것이 없다"딤전 4:4
하나님은 교회 안에서만 거하면서 예배 시간 예배의 대상으로서만이 아닌 우주 만물을 주관하고 운행하시는 분(약 1:27 "하나님 아버지 앞에서 정결하고 더러움이 없는 경건은 곧 고아와 과부를 그 환난 중에 돌보고 또 자기를 지켜 세속에 물들지 않게 아니하는 그것이니라")

② 살아계신 하나님은 언약의 하나님이며 또한 창조의 하나님이시다
언약 (나는 너의 하나님이 되고 너는 내 백성이 되라)의 개념은 구약적 유대에 국한하면 하나님은 한갓 유대 부족의 신에 불과하게 된다. 하나님은 우주 만물의 창조주이시며 주관자라는 사실을 알아야 한다.
시 33:13-15 참조
"여호와께서 하늘에서 굽어보사 모든 인생을 살피심이여
곧 그가 거하시는 곳에서 세상의 모든 거민들을 굽어살피시는도다

그는 그들 모두의 일반의 마음을 지으시며 그들이 하는 일을 굽어살피시는도다"
③ 살아 계신 하나님은 칭의(Justification)의 하나님이면서 동시에 공의(Justice)의
하나님이시다.(사 9:7, 단 4:32 참조(구원론에서 "성화" 부분이 강조된 말))

시 146: 7-9

억눌린 사람들을 위해 정의로 심판하시며
주린 자들에게 먹을 것을 주시는 이시로다
여호와께서는 갇힌 자들에게 자유를 주시는도다
여호와께서 맹인들의 눈을 여시며 여호와께서 비굴한 자들을 일으키시며
여호와께서 의인들을 사랑하시며
여호와께서 나그네들을 보호하시며 고아와 과부를 붙드시고
악인들의 길은 굽게 하시는도다

하나님은 공의가 이루어지는 것을 원하신다.

사랑의 하나님 = 공의의 하나님

공의가 없는 사랑은 맹목적 사랑이며(한국적 할아버지식) 사랑이 없는 공의는 공포만
조장할 뿐이다.(아모스 1장, 2장, 나훔서 참조)

2) 바른 인간론 (바른 구원론 이해와 관련)

Aldous Huxley와 같은 진화론적 인간론이 판을 치는 세상이다. 그들은 인간의 잠
재력은 끝없이 진화해서 더 나은 세상을 이루어 진화한다고 믿는다.

성경은 분명히 인간은 진화된 존재가 아님을 밝힌다. 인간은 하나님에 의해 창조
된 피조물이다. 인간은 하나님의 형상으로 창조되고 동물과 구별되는 것은 바로 이
하나님의 형상을 가져 하나님과 닮은 존재이기 때문이다.

인간은 타락했고 그래서 하나님의 형상은 손상되었으나 그것이 완전히 파괴된
것은 아니다[창 9:26, 약 3:9]. 모든 인간 속에는 하나님의 형상이 잔존하고 있다. 인간은
영 혼 육으로 되어 있고, 이 요소에 해당하고 구원의 과정에 있다.(구원론 참조)

어느 여인의 시

나는 굶주리고 있으나
너는 내 배고픔을 의논할 자선단체를 모으는구나
나는 갇혀 있으나
너는 나의 석방을 기도하려 조용히 교회로 들어가는구나.
나는 헐벗었으나
너는 속으로 내 모습의 윤리성을 검토하는구나.

나는 병들었으나
너는 무릎 꿇고 하나님께 네 건강을 감사하는구나.
나는 집이 없으나
너는 나에게 하나님에게 가서 거처를 삼으라 하는구나
나는 외로우나
너는 나를 남겨두고 기도하러 가는구나.
너는 그처럼 거룩하고 하나님과 가까우나
나는 여전히 배고프고 외롭고 춥구나.

3) 완전한 기독론 – 참 예수는 누구이신가?

성육신 하신 분 : 성육신의 의미는 우리 가운데 거하시기 위해 오신 분(성막 – 임마누엘 – 에덴에서 인간과 함께 거니셨던 분)

마9:36 "불쌍히"(스프링크니죠마이) 여기심을 이루기 위해 예수님은 성육신해야 했고, 오늘날의 교회의 성육신은 "흩어짐"에 있다. 요20:21

4) 완전한 구원론

구원은 마치 도덕적, 사회적 열매가 없는 자기 혁신이나 죄 용서, 천국행 개인 패스포트나 사적인 신비체험들과 같이 하찮은 것으로 만들어 버리는 경향이 교회 내에 항상 존재하고 있다.

　구원은 지금 시작하고 (과거에 이루어졌고) 이 지상 생활이 끝날 때까지 계속되며 그리스도가 재림할 때 완전해지는 근본적인 변화이다.

① **하나님 나라로 부터 구원을 분리해서는 안 된다.**
사 52:7 "구원을 공포하며 시온을 향하여 이르기를 네 하나님이 통치하신다."
구원 = 하나님의 통치와 같은 의미로 생각하라. 그 나라에 들어가는 것 즉, 하나님의 통치를 받는 것은 구원받는 것과 동일한 것이다.

② **주 예수로부터 구주 예수를 분리해서는 안 된다.** 예수님이 구주라는 것은 주(主)시라는 말과 같다. 예수님이 나의 주라는 의미를 정확히 알아야 한다. 그것은 종교의 범위를 넘어 삶의 영역까지 확대된다. 사회적 책임까지다.

③ **사랑으로부터 믿음을 분리해서는 안 된다.**
사랑과 믿음은 다른 것이 아니다. 믿음은 사랑의 실천으로 연결되어야 한다.
약2:17-18 / 요일3:17 / 딛2:14 / 엡2:10 / 갈5:6-13을 꼭 읽어라.
믿음 – 사랑 – 봉사 벧전 4:10,11 이것은 놀라운 순서이다.
진정한 믿음은 사랑을 낳고, 진정한 사랑은 봉사를 낳는다.

5) 완전한 교회론

"교회는 비회원들의 유익을 위해 존재하는 유일한 협동 사회이다"(William Temple) 교회는 'Members Only'가 아니다. 교회는 이중성을 가져야 하는데 그것은 "거룩성"과 "세속성"이다. 이것을 합쳐서 "거룩한 세속성"이라 부른다.

> 모이는 교회 – 거룩성
> 흩어지는 교회 – 세속성

합쳐서 "흩어지기 위해 모이고 모이기 위해 흩어진다."라고 표현한다.

소금은 고기 속으로 스며들어야 하고 빛은 어두움에 비쳐야 한다 그렇지 못하면 쓸데없는 암적인 귀찮은 존재가 된다. 왜, 세상 사람들이 교회를 향해 손가락질하나? "너나 잘 하세요"라고...

결론

모든 그리스도인들은 하나님의 증인과 종으로 부르심을 받았다. 이 말은 "섬기는 자로 저들과 함께 있다"는 고백이 담긴 말이다. 이이 섬김(Diakonia 봉사)과 증거(증인)는 나누어질 수 없는 단어이다.

MASS 는 고대 라틴 의식(예배)의 마지막 말로 'it'e missa est'에서 유래된 말이다. 이 말은 dismissal 즉, 세상을 향해 나아가라는 말이다. 예배하기 위해 모이고 섬기기 위해 흩어져야 한다. 그렇다면 문제는 나의 섬김의 대상 즉, 나의 이웃은 누구인가?

선한 사마리아인의 비유 ^{눅10:25-30}

제사장과 레위인에게 강도 맞은 자는 그들의 이웃이 아니었다고 생각했기에 그냥 지나가도 괜찮았다(신앙 양심의 가책이 없었다)

오늘 우리에게 누가 나의 이웃인가의 문제는 매우 중요하고 심각한 문제이다. 특히 유교적 "가(家)" 중심의 집단주의 사회에서의 "우리"는 "우리가 남이가" 속에서 제한적이다. 성경에서 말하는 이웃은 과연 누구라고 하는가를 깊이 생각하고 고민하고 답을 찾아야 한다. 그것이 기독교의 신앙이고 예수님의 가르침을 따르고자 하는 제자들의 삶이고 지상 명령이다. 우리의 삶이 여기까지 성숙하여야 한다. 앞에서 본 "인간론"의 인간을 생각해 보자.(- John Stott "Issues Facing Christians Today" Zondervan 2006)

75일차 범위 생각해야 할 성경적 세계관의 이슈들

☑ 읽을 책 : "기독교 세계관 핸드북" 도서 출판 에스라 2023

❖ 요 17장 "인종의 평등과 인종간의 화해"(p317)
❖ 눅 5장 "개인 전도의 윤리"(p572)

76일 핵심 학습 자료

마 26:47~27·막 14:43~16:1·눅 22:47~23·요 18:2~19·마 28·막 16:2~20·눅 24·요 20~21

학습 자료 76-1

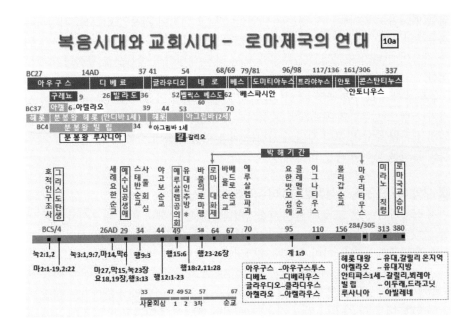

학습 자료 76-2 십자가 수난을 통한 구속 성취의 이해 마 27:1-66

사실 이 문제에 앞서 우리는 이보다 더 폭넓은 주제인 주님의 성육신 수난을 통한 구속의 필연성을 다룰 필요가 있다. 즉 하나님께서 다른 방법이 아니라 제2위 하나님이신 성자 예수를 굳이 성육신하게 하시고 또 주님 자신은 흠도, 죄도 없는 절대 순결한 분으로서 택한 죄인을 위하여 희생하사 수난을 당하여 죽게 하시고 이를 믿고 회개하는 자에게 구원을 베푸시는 방식으로만 인간을 구원하시는 섭리, 곧 구속 섭리의 필연성 내지는 원리에 대해 다룰 필요가 있다. 이는 막 10장에서 다루기로 한다.

이제 자유의지를 가진 존재이면서도 태초 아담으로부터 물려받은 원죄와 범죄로 오염되어 스스로는 정결케 될 능력을 상실한 인간을 위하여서는 구속의 법이 필요하고 또 구속의 법을 성취하는 것은 물론 하나님과 인간 사이에서 중보자의 자격을 가진 분은 당신뿐이시고, 본래 제2위 하나님이셨던 예수께서 성육신하여 인간의 육신을 입으신 필연성이 있었다는 점은 전제하더라도 다음과 같은 새로운 문제가 제기될 수 있다. 그러면 구속 사역을 성취하는 방법으로 주님은 왜 십자가 수난을 택하였는가? 혹시 일부에서 주장하듯이 예수님은 단지 도덕적으로 고결한 혁명가였으나 정치적으로 실패하여 처형당한 것에 불과한데 후대에 신학적으로 미화한 것에 불과한 것이 아닌가 하는 등등의 물음이 그것이다.

이런 류의 물음 곧 예수의 십자가 수난이 진정 죄인의 구속을 성취하기 위한 것이었는가 하는 물음은 매우 중요하다. 왜냐하면 지금도 세상 불신자들은 물론 주님을 메시아로 받아들이지 않는 유대인들 그리고 심지어 기독인(基督人)을 자칭하는 자유주의 신학자들도 예수의 십자가 수난을 메시아로서 구속의 법을 성취하기 위한 죽음이 아니라 도덕적 이상주의자 또는 정치 혁명가의 죽음으로 규정하기 때문이다.

결론부터 말하자면 비록 왜 하나님께서 다른 방법이 있을 수도 있는데도 굳이 십자가 처형으로 주님의 구속사역을 성취했는지는 완전히 알 수는 없지만 적어도 주님의 십자가 수난이 구속 사역의 성취를 위한 희생 대속의 죽음이었음은 다음 사실들의 분석을 통하여 충분히 확인될 수 있다.

✝ 구약 예언의 능동적 성취로서의 예수의 십자가 수난

먼저 십자가 수난은 그저 우연한 사건이거나 아니면 주께서 힘이 없으셔서 또는 이를 몰랐다가 순식간에 당한 사건이 아니라는 사실을 고려해야 한다. 십자가 처형 전후의 세세한 과정은 이미 구약에 예언되어 있었으며 그 예언들은 주의 십자가 수난 과정에서 그대로 성취되었었다. 심지어 예수 자신이 십자가 수난 전에 이를 전 4회마 16:21, 17:22, 23, 20:19, 26:2에 걸쳐서 나아가 그 수난 이후의 부활까지도 직접 예언하셨다. 어느 한 사건이 있기 전에 그에 대한 예언이 주어지고 또 그것이 후에 그대로 성취되면 우리는 그 사건이 단순한 사건이 아니라 신적 기원을 가진 사건임을 깨닫게 된다. 그리고 그 예언을 하는 당사자는 역사를 초월한 예지를 가진 존재임을 깨닫는다. 따라서 이처럼 구약과 주님의 자기 예언의 성취로 십자가 수난이 진행되었다는 것은 결국 그 수난 사건은 하나님에 의하여 태초부터 계획된 신적 사건이며 또한 예수님은 실로 무력하거나 무지해서가 아니라 이를 미리 아시고도 스스로 당하신 것임을 확인하게 된다. 따라서 결국 예수 자신이 밝힌 대로 십자가 수난 사건은 죄인을 위한 구속 희생 사역임을 확인하게 되는 것이다.

✝ 구속 원리 성취의 공의와 결정적 증거로서의 십자가 수난

십자가는 이미 로마 제국 이전부터 사형수에게 가해진 최고의 형벌이었다. 십자가 형에 의하면 죄수는 단숨에 죽는 것이 아니라 장시간 극심한 고통과 모욕을 겪으며 서서히 죽는다. 한편 구약에서도 나무에 매달리는 것은 최고의 저주와 형벌을 가하는 방법이었다(녹 23장 학습 자료 76-4 참조). 따라서 주님께서 구속 수난을 십자가형으로 당하신 것은 영적으로 하나님 앞에서 죄인을 대신하기 위하여 최고의 형을 당하셨음을 보여 준다. 그 옛날 하나님은 인간이 당신과 맺은 선악과의 언약을 어겼을 때 절대자로서 당신이 세운 법도 지키고 인간에게 그 죄에 대해서 그에 합당한 형벌을 내리시면서도 인간 자체에는 새로운 구원의 기회를 주시고자 못난 우리들을 대신하여 죽으시는 예수의 희생으로 우리가 구원되는 구속의 법을 세웠었다. 그런데 이제 주께서 구속을 위한 희생을 가장 처절한 십자가 수난을 통해 성취한 것은 하나님이 세우신 법의 엄정성을 보여 주시는 동시에 주께서 인간의 구원을 위해 얼마나 크신 사랑을 베푸셨는지를 동시에 깨닫게 해준다. 즉 주님은 구속 희생을 위하여 최고의 수난인 십자가형을 당하심으로써 구속의 법에 담긴 하나님의 공의와 사랑을 드러내 보이셨다.

✝ 이방인에게 복음이 확산되는 계기로서의 십자가 수난

주님의 십자가 처형을 집행한 것은 로마 식민 정부였으나 근본적으로 그 동기를 제공한 것은 다름 아니라 구약 선민이었던 유대 종교 지도자들과 일부 무지한 유대 민중들이었다. 당시의 유대인들은 구약 계시의 일부 내용만을 민족주의적이고 인본주의적인 관점에서 곡해한 유대교의 오류에 빠져서 모든 구약의 언약과 예언의 성취로 오셔서 새 언약을 세우신 주님과 주가 주신 신약 복음을 거부하고 주를 종교적 이단자로 몰아 처형 했다. 한편 로마 식민 정부는 예수를 성가신 소 정치 집단의 지도자쯤으로 간주하여 그의 처형에 동조하고 말았다. 따라서 주의 죽음은 표면적으로는 그야말로 실패한 종교 개혁자 또는 정치 혁명가의 죽음처럼 보인다. 그러나 이는 그의 수난 뒤에 이어진 사건들, 곧 주의 역사적 부활과 승천 그리고 그들의 약속대로 성취될 세상 종말의 심판과 천국의 개시 등 일련의 사건을 염두에 두지 않은 속단이다.

주의 죽음은 이미 태초부터 계획된 일련의 하나님의 구속 섭리의 성취 과정이었지 결코 그 종말이 아니었다. 오히려 유대인의 예수 배척으로 인한 주의 죽음은 구약에 이미 예언된 복음의 이방인에로의 확산을 돕는 계기가 되었음을 기억해야 한다. 그리고 부패한 로마 정부도 끝내는 부활한 예수를 믿는 초대 성도들의 신앙의 힘 앞에 굴복할 수밖에 없었다.

즉 후대의 역사를 살펴볼 때 로마 제국과 유대 지도자들은 예수는 처형하였으나 더욱 멀리 확산되는 주님의 복음의 힘 앞에 굴복하고야 말았다. 이렇게 볼 때 주님의 십자가 수난은 하나님의 자리를 넘보던 사탄이 그 옛날 아담을 유혹하여 하나님께 범죄하게 한 것처럼 어리석은 인간들을 사주하여 하나님께 도전한 사건으로서 이미 태초부터 예언된바 주님의 발뒤꿈치를 문 것에 불과했다. 왜냐하면 당장에는 주님이 실패하고 죽는 것처럼 보였으나 부활하여 이를 이기고 오히려 주의 복음이 더욱 확산하지만, 사탄은 마침내 패하여 심판받게 되는 자리까지 몰고 가서 그 역시 태초에 예언된 대로 주께서 사탄의 머리를 치셨기 때문이다창 3:15.

이상을 종합할 때 우리는 주님의 십자가 수난이 혹자의 오해처럼 단순한 일부 지역의 정치, 종교적 사건이 아니라 전 우주적인 구속 사역의 성취로서의 수난이었음을 결론적으로 확인하게 된다.

학습 자료 76-3 예수에 대한 빌라도의 자세와 책임 _{눅 23:1-25}

사 복음서는 다 같이 예수에 대한 빌라도의 재판 사건을 기록한다^{마 27:1-26, 막 15:1-15, 눅 23:1-25, 요 18:28-19:16}. 그러나 빌라도(Pontius Pilate)가 예수를 십자가형에 선고한 것이 분명함에도 각 복음서 마다 빌라도에 대해서 비교적 관대하게 기록하고 있는 듯하다. 더욱이 빌라도는 예수의 무죄함을 알고 그를 풀어주기 위해 무척 노력했으나 유대 군중들의 성화 때문에 어쩔 수 없이 예수를 십자가에 내어 준 것으로 묘사된다.

그러면 과연 빌라도는 예수의 죽음에 대해 아무런 책임이 없는가? 또한 당시 사법권(司法權)을 쥐고 있던 빌라도의 예수에 대한 태도는 과연 정당했는가? 이에 대해 생각해 보도록 하겠다.

✝ 예수에 대한 빌라도의 자세

먼저 예수에 대한 빌라도의 재판 당시의 상황을 설명하기 전에 당시 빌라도의 입장에 대해 설명하면 다음과 같다. 당시 로마의 식민 통치하에 있던 유대는 죄인에 대한 사형 집행권은 직접 갖지 못했다. 그래서 예수가 유대교의 혼란을 가져온, 혹은 신성 모독죄(blasphemy)를 범한 종교적 죄인으로 이미 산헤드린 공회에서 선고되었음에도^{마 26:57-68} 그를 정치범으로 몰아 사형 집행권을 가지고 있는 로마 총독에게 넘겨 예수를 죽이고자 했던 것이다. 그런데 이렇듯 예수에 대한 사형 집행권을 위임받은 빌라도 자신도 예수가 로마 제국에 대한 정치범이 아님을 알고 있었던 듯하다. 그러나 유대 지도자들의 계속된 고소로 인해 빌라도는 할 수 없이 예수 사건을 맡게 되었다.

빌라도가 처한 당시의 입장이 이러했던 만큼 그는 예수를 재판하는 데 예수에 대해 정당한 재판보다는 유대 군중들의 반응만을 살피는 재판관으로서 있을 수 없는 우유부단함을 가졌다. 그리고 유대 군중들의 반란이 두려워 유대인들의 뜻대로 죄 없는 예수를 십자가에 내어 주고 말았다^{25절}. 그리고 더욱 가증한 것은 예수에 대한 책임을 유대인들에게 떠넘기기 위해 그들 앞에서 자신은 죄가 없다는 뜻으로 손을 씻었다는 점이다.^{마 27:24-25}

✝ 빌라도의 책임

빌라도는 예수 사건에 대해 스스로 아무 죄가 없다 하며 책임을 회피했으나 당시 사형 집행권을 가진 그가 예수에 대해 부당한 판결을 한 책임은 결코 회피할 수 없다. 즉 재판관으로서 의당 피고(被告)의 죄의 유무를 정당히 가려내야 하는 책임, 또한 스스로 예수가 무죄하였음을 인정하고도 그를 십자가에 내어줌으로써 재판관으로서의 직무 유기 및 예수 살해에 유대인들과 함께 한 죄에 대한 책임은 마땅히 빌라도 자신이 져야 할 것이다. 이에 '본디오 빌라도에게 고난을 받아 십자가에 못 박혀 죽으시고'라는 사도신경의 신앙 고백을 통해 역사적으로 길이 기독교인들에 의해 정죄됨은 마땅하다 할 것이다.

✝ 의의

이상에서 본고는 단지 예수에 대한 빌라도 한 사람의 개인적인 죄를 캐내는 데만 의의를 두고 있는 것이 아니다. 예수에 대한 빌라도의 책임을 확실히 규명하는 이유는 복음서에서 빌라도는 분명 세상 최고 권력의 상징적 존재로 등장하고 있기 때문이다. 즉 빌라도는 악한 세상의 대표자로서 하나님의 아들 그리스도를 십자가에 못박은 자이다. 이는 결국 하나님의 구속 사역을 끝까지 훼방코자 에덴동산에서부터 계속해 온 사탄의 궤계에 따른 것이다. 이런 사실을 생각할 대 말세지말(末世之末)에 이르러 예수 당시보다 더욱 흉포하게 날뛰는 사탄의 궤계에 성도들은 더욱 경각심을 갖지 않으면 안 될 것이다. 아울러 이러한 사탄의 궤계도 종국에는 하나님의 심판 아래 놓임을 기억해야 하겠다.

학습 자료 76-4 로마 시대의 십자가형(十字架刑) ^{눅 23:26-38}

본문에서 보듯이, 예수님은 십자가에 못 박힌 채 갖은 고초와 모욕을 당하시고 돌아가셨다. 그런데 이렇듯 사람을 십자가에 못 박아 처형하는 십자가형(十字架刑)은 당시 로마에서 각각의 속주를 다스리던 총독들에 의해 널리 행해지던 처형방식이었다. 이에 당시 로마 시대의 십자가형 풍습에 대해 알아보고자 한다.

✝ 기원

십자가형은 로마 시대에만 독특하게 행해지던 것은 아니었다. 이는 예수 시대 수세기 전부터 고대 근동의 여러 국가, 즉 앗시리아 · 메대 제국 · 페르시아 등에서 행해지던 죄수들의 처형방식이었다. 그런데 이러한 풍습이 그리스 시대를 거쳐 로마 시대에도 노예에 대한 처형방식으로 널리 행해지게 되었다. 또한 점차 이 방식이 법질서를 유지하는 데 유용하다고 인식한, 로마의 속국을 다스리던 총독들에 의해 십자가형이 확산되어 갔다.

✝ 대상

십자가형이 앗시리아에서 탈주자 · 적군 포로 · 반역자 등을 처형할 때 쓰인 방식이었듯이, 그리스 · 로마 시대에도 십자가형은 거의 예외 없이 자유인이나 로마 시민의 처형방식으로는 사용되지 않았다. 따라서 노예에 대한 처형방식으로 십자가형이 이용되었다. 이때 처형당한 노예들은 주로 반역자들이었는데 후에는 외국인과 강도범에게까지 이 형벌이 적용되었다^{마 27:44}. 또한 속주의 총독들은 이러한 십자가형이 전시적 효과가 크기 때문에 식민지 백성들의 범죄와 소요를 방지하고 경고할 목적으로 가장 사람의 왕래가 많은 교차로에서 형을 집행하곤 했다.

한편, 로마의 시민에게도 적용되던 것으로 '불모의 나무'에 교수형으로 처형하는 오래된 풍습이 있었는데, 이는 대역죄나 중대한 범죄시에 집행되었다.

✝ 절차 및 방법

십자가형을 당하기 전에 보통 매질을 당하는 것이 정상적인 절차였다[마 27:26] 그 밖에도 다른 벌을 미리 가하기도 했지만 적어도 피가 날 때까지 매질하는 것이 상례였다. 이는 십자가에 매달린 처형자가 빨리 죽게 하여 그만큼 고통을 덜어주는 역할을 하였다. 다음 절차는 처형장까지 자신이 매달릴 십자가의 나무를 메고 가는 것이었다. 예수는 소요죄라는 중죄인으로 고소되었기 때문에 심한 매질을 당해 십자가의 나무를 메고 처형장까지 가실 기력도 없어 다른 사람이 도와야 했을 정도였다[마 27:32]. 또한 이 때문에 빌라도가 놀랄 정도로 그처럼 빨리 운명하실 수밖에 없었다[막 15:44].

한편, 십자가의 수직 말뚝 중간에 엉덩이를 받칠만한 작은 나무를 대어, 체중으로 인해 손이 찢어져 손에 박힌 못이 빠져나오는 것을 방지하였다. 이렇게 사지(四肢)를 꼼짝할 수 없이 묶인 채 매달리게 됨으로써 처형자는 모진 날씨나 곤충들 그리고 구경꾼들의 욕설과 조롱에 그대로 노출되어 육신의 아픔과 함께 처절한 고통을 당하며 죽어갔던 것이다. 더욱이 때에 따라서는 매장을 허락하기도 했지만, 때로는 죽은 후에도 시체를 그대로 매달아 두어 새들이 뜯어 먹게 함으로써 철저히 모욕하기도 했다.

✝ 의의

이상 살펴본 바에 따르면, 십자가형은 로마 시대에서 화형이나 참수형 같은 다른 처형방식보다 더 잔인한 극형이었다. 탈주·비밀 폭로·내란 선동·살인 등의 중죄에만 적용된 이 십자가형을 아무 죄도 없으시고 흠 없으신 예수께서 당하셨다는 사실은 오늘 우리 성도들에게 다시 한번 비장감을 맛보게 한다. 또한 당시 로마 시대의 처형 방식 중의 하나였던 십자가형으로 예수가 돌아가신 것은 오늘날 예수의 대속 죽음과 성경의 진정성을 부인하며 잘못된 교리를 전파하고 있는 자들에게 일침을 가하는 사실이 아닌가 한다.

학습 자료 76-5 유월절 죄수 석방 요 18:39

본문에는 빌라도가 유월절 죄수 석방의 관례에 따라 백성들에게 예수와 강도 바라바 중 누구를 석방할 것인가에 대해 백성들에게 묻는 장면이 나온다. 이에 유월절에 죄수를 석방했던 당시의 관례와 본 빌라도의 여기에 나타난 행동이 과연 어떤 의의가 있는지를 살펴 보고자 한다.

✝ 명절 특사(特赦)의 관례

본래 명절을 맞이하여 몇몇 죄수를 석방 조치하였던 관례는 로마의 관습이었다. 그런데 당시 팔레스타인이 로마의 통치하에 놓여 있었기 때문에 이런 관습이 다음과 같은 로마의 의도로 인해 유대에서도 준행되었던 것으로 보인다.

즉 점령지 백성들을 다스리는 데 있어서 로마 제국은 될 수 있는 대로 그 백성들의 감정을 다치지 않도록 하기 위해 애를 썼다. 그래서 로마 총독은 유대교에 대한 유대인들의 열정을 감안하여 다른 점령지와는 달리 유대인들에게 로마의 종교 양식을 강요하지도 않았고, 오히려 유대인들의 성전 제의를 존중해 주고, 또 그들의 가장 큰 축일인 유월절에는 죄수도 놓아주었다. 이러한 전례가 유대에서 언제부터 시작되었는지는 정확히 알 수 없으나, 아무튼 로마의 총독은 유월절 절기에 정규적으로 백성들의 요구에 따라 그 죄수가 어떠한 죄를 저질렀든지 간에 죄수 한 명을 석방해 주었다. 결국 이는 유대 백성들을 효과적으로 다스리기 위한 로마 제국의 한 회유책에 해당했다.

✝ 의의

로마 정부로부터 유월절에 죄수 하나를 석방하도록 승인을 받은 유대인의 명절 특사 관례는 유월절 축제의 의의를 한층 드높이는 계기가 되었다. 곧 유대인들에게 있어서는 죄수 특사가 유월절 준수의 근본 취지에 맞게, 하나님의 자비로우심을 기념하여 사람이 이를 기억하게 하는 하나의 상징으로서 존중된 것이다.

한편 이러한 사실을 잘 알던 로마 총독 빌라도는 예수의 무죄함을 알고 자신의 권한으로 충분히 그를 그냥 석방할 수 있었음에도 유대인들의 기분을 상하게 할까 봐 죄수 석방에 대한 그들의 의사를 물었다. 그것은 또 다른 일면으로 그가 예수가 당시 지도자들의 시기로 인해 붙잡혀 온 자로 알았기 때문에 백성들이 예수를 갈망하여 예수의 석방을 요구할 것으로 생각했을 것이다. 그리하여 백성들에게 예수의 무죄함을 직접 결정짓도록 하여 석방함으로써 그들의 환심을 살 수 있다고 확신했을 것이다. 그러나 그의 이런 약삭빠른 계획은 유대 지도자들의 획책으로 완전히 수포가 되고 말았다. 따라서 여기서 분명히 짚고 넘어가야 할 빌라도의 오류는 다음과 같다. 즉 그것은 비록 빌라도는 예수에 대해 선한 의도를 가지고 있었기는 하나 무죄한 자를 공의로 정당하게 판단하기보다는 자신의 정치적 기득권 유지를 위해 유대인들의 눈치를 살피는 매우 기회주의적이고 불의한 재판을 하였다는 것이다.

학습 자료 76-6 예수 십자가상의 죄패 요 19:19

본문에 기록된 예수 십자가상의 죄패에 적힌 죄명(罪名)은 사 복음서 간에 조금씩 다른 차이를 보인다. 그래서 이는 성경의 무오성에 관한 문제로 자주 대두되었는데, 그 차이에 대해서는 아래와 같이 이해할 수 있다.

✝ 사 복음서의 죄패 기록

① 마 27:37- "이는 유대인의 왕 예수라", ② 막 15:26- "그 위에 있는 죄패에 유대인의 왕이라 썼고", ③ 눅 23:38- "이는 유대인의 왕이라", ④ 요 19:19- "빌라도가 패를 써서 십자가 위에 붙이니 나사렛 예수 유대인의 왕이라 기록되었더라." 이상 네 기록에서 유일하게 공통된 것이라면 '유대인의 왕'이라는 것이다.

✝ 빌라도의 죄패 기록

십자가의 죄패는 히브리어와 라틴어, 그리고 헬라어로 기록되었다[20절]. 그런데 여기서 히브리어란 헬라어 글자로 음역된 아람어의 형태, 곧 히브리어의 아람 방언을 의미한다. 그러므로 빌라도는 처음에는 간단한 형태의 라틴어로 예수의 죄명을 썼다. 그리고서 팔레스타인에 있는 다른 모든 종족의 사람들이 읽을 수 있도록 헬라어로 예수의 이름과 그 출신지까지 써 넣었을 것이다. 그리고 아람어로는 '나사렛 사람'이라는 출신을 생략하여 기록했을 것으로 보인다.
결국 십자가 위에 붙인 죄패의 기록은 이러했을 것이다.

① **라틴어** : REX IVDAEORVM HIC(렉스 유대오룸 힉, 이는 유대인의 왕이라)
② **헬라어** : (예수스 호 나조라이오스 호 바실류스 톤 유다이온, 나사렛 예수 유대인의 왕이라)
③ **아람어** : (다니, 예수아 멜레카 디위디, 이는 유대인의 왕 예수라)

✝ 사복음서 간의 기록 차이 이해

빌라도의 죄패 기록을 바탕으로 설명하자면, 먼저 유대인을 1차 독자로 하여 기록한 마태복음은 그 복음서 자체가 아람어로 저작되었듯이 죄패의 아람어 표시를 따랐다고 볼 수 있을 것이다. 그리고 로마의 성도들을 독자로 하는 마가는 빌라도가 쓴 원래의 라틴어 기록에 의존한 듯하며, 요한은 그의 사역이 헬라어에 익숙한 사람들을 향한 것이었기 때문에 명패에서도 헬라어 표시를 의존하여 기록한 것으로 보인다. 또한 누가는 민족이나 신분의 구분 없이 모든 이방인을 대상으로 기록했기 때문에 누구나 쉽게 이해할 수 있게 가장 핵심 요소인 '유대인의 왕이라'는 말만을 기록한 것으로 추측된다.

학습 자료 76-7 4 복음서의 부활 기사와 관련된 난제들 ^{눅 24:1-12}

4 복음서에 기록된 예수 부활 기사들은 얼핏 보기에는 서로 모순되는 것처럼 보이는 부분들이 있다. 이 때문에 자유주의 신학자들은 예수 부활이 역사적 사실이 아니라 예수 시대 이후 초기 기독교 신앙 공동체가 만들어 낸 신화적 허구라고 주장한다. 그러나 표면적으로 불일치하게 보이는 4 복음서의 기록을 면밀히 살펴보면 매우 놀라울 정도로 일치하고 있음을 발견하게 된다. 이에 표면상 불일치하게 보이는 문제들을 살펴봄으로써 4 복음서 부활 기사 전체의 조화를 시도해 보면 다음과 같다.

✝ 표면상 불일치하게 보이는 기사들

사실상 다음에서 다루게 될 문제들은 예수 부활을 부인할 근거가 전혀 되지 못한다. 사 복음서가 예수 부활 기사를 기록하는 데 그 세부 내용이 조금 다른 것은 각 복음서 기자가 여러 자료들을 가지고 자신들의 관심과 목적에 맞게 취사선택한 데서 비롯된 것이다. 그러면 표면상 불일치하게 보이는 기사들을 살펴보도록 하겠다.

① **무덤을 방문한 여인들은 누구인가?** : 이에 대해 누가는 막달라 마리아, 요안나, 야고보의 모친 마리아 및 다른 여자들이라고 기록했다^{10절}. 반면에 요한은 막달라 마리아만을^{요 20:1} 마가는 막달라 마리아와 야고보의 모친 마리아와 살로메 세 사람을^{막 16:1}, 마태는 막달라 마리아와 다른 마리아를^{마 28:1} 기록했다. 이런 차이는 누가는 예수 부활의 역사성을 증거하기 위해 될 수 있는 대로 많은 사람들을 기록하지만, 다른 기자들은 그중 핵심 인물들에게만 관심을 가지고 기록하였기 때문이다.

② **언제 무덤의 돌이 굴려졌는가?** : 이에 대해 마가와 누가는 여인들이 무덤에 도착하기 전에, 마태는 무덤에 도착한 후에 무덤의 돌이 옮겨진 것처럼 기록하고 있다. 그러나 마 28:2-4의 기록대로 여인들이 무덤에 가는 중에 무덤 근처에서 지진이 일어나는 소리를 들었으며, 무덤에 도착한 후에는 이미 돌이 굴려져 있었다고 본다면 마가와 누가의 기록과도 결코 모순되지 않는다.

③ **무덤에 있던 천사는 몇 명이었는가?** : 누가와 요한은 천사가 둘이었다고 기록한 반면^{4절, 요 20:12} 마태와 마가는 한 천사에 대해서만 언급한다. 이는 마태와 마가는 두 천사 중 특히 여인들에게 메시지를 준 한 천사에 대해서만 관심을 가졌음을 뜻한다.

④ **부활하신 예수를 누가 맨 처음 보았는가?** : 마가와 요한은 예수님이 부활하신 후 막달라 마리아에게 맨 처음 나타나신 것으로 기록했다^{막 16:9, 요 20:14-18}. 반면에 마태는 '그들을'^{28:9}, 곧 일단의 여인들이 만난 것으로 기록했다. 혹자는 여기서 '그들'이란 막달라 마리아를 제외한 일단의 여인들, 곧 눅 24:10에 기록된 여인들이라 하기도 하고, 마 28장 전체 문맥 흐름에 따라 막달라 마리아와 다른 마리아 두 사람을 가리킨다고 보기도 한다. 그런데 앞에서 이미 살펴본 바대로 무덤을 방문한 여인들이 눅 24:10에 기록된 대로 여럿임을, 비록 기록은 하고 있지 않지만,

마태도 분명 알고 있었다고 본다면 '그들'이란 막달라 마리아를 제외한 일단의 여인들을 가리킨다고 볼 수 있다. 왜냐하면 요 20:11을 보면 막달라 마리아는 베드로와 다른 사람들이 무덤을 떠난 후에 혼자 남아 울고 있었다고 기록되어 있기 때문이다.

이렇게 볼 때 부활하신 예수를 맨 처음 만난 사람은 막달라 마리아이고 여인들은 그 후에 본 것이라고 할 수 있다. 왜냐하면 막달라 마리아는 무덤 곁에서 예수를 만났고^{요 20:11-18}, 여인들은 무덤을 떠나 집으로 돌아가는 도중에 만났기 때문이다^{마 28:9}.

⑤ **막달라 마리아는 무덤을 몇 번 찾아갔는가?** : 먼저 결론부터 말하면 막달라 마리아는 예수께서 부활하신 후 빈 무덤을 두 번 방문했다. 1차로 다른 여인들과 함께 방문하여 무덤에 예수의 시신이 사라진 사실을 목격하고 천사로부터 메시지를 들었다. 그리고 제자들에게 그 사실을 알렸다^{9절}. 그때 제자들은 무덤이 비었다는 사실, 곧 예수 부활 소식을 믿지 않았다^{11절}.

그러나 베드로와 다른 한 사도는 무덤을 확인하러 갔다^{12절, 요 20:2-10}. 이때 막달라 마리아를 비롯한 다른 여인들이 베드로와 함께 다시 한번 무덤을 찾게 된다. 그리고 베드로와 다른 여인들이 무덤을 떠난 후에도 막달라 마리아는 무덤 곁에 남아 울고 있다가 두 천사와 함께 예수를 만난 것이다^{요 20:11-18}. 결론적으로 막달라 마리아는 무덤을 두 번 방문했으며 천사도 두 번 만났다.

✝ **의의**

이상에서 설명한 난제들 이외에도 천사가 전한 메시지를 사 복음서가 조금씩 다르게 기록한 이유, 그리고 예수께서 열두 제자에게 나타나신 곳이 갈릴리냐 예루살렘이냐 하는 문제들이 있다. 그러나 이 문제들로 각 복음서 저자의 기록 의도만 정확히 파악한다면 충분히 이해될 수 있는 문제들이다.

이상의 사실들에서 우리는 예수 부활에 관한 사 복음서의 기사는 서로 매우 놀라울 정도로 조화를 이루고 있음을 발견하게 된다. 그리고 표면적으로 조금 다르게 보이는 사실들 때문에 성경의 진정성을 의심하고 또 예수 부활의 역사성을 의심하는 자들이 얼마나 어리석은가를 발견하게 된다. 성경의 말씀에 대해 우리는 항상 겸손한 마음 자세를 갖는 것이 참으로 중요하다 하겠다.

학습 자료 76-8 예수 부활의 역사성과 부활 후 예수의 행적 요약

기독교는 현 세상의 모든 질고와 죽음의 근본 원인이 우리 인간의 원죄(原罪)와 자범죄(自犯罪)에 있으며, 또한 기독교는 하나님이 태초부터 세우신 구속의 법에 따라 우리 주 예수께서 우리를 위하여 대속 제물로 희생하사 십자가 수난을 당하심으로 우리가 사죄 됨을 믿는 종교이다. 그리고 기독교는 궁극적으로 당신의 십자가 대속 희생으로 우리를 사죄시킨 주님은 나아가 죄의 필연적 결과인 죽음까지 이기고 부활하심으로써 당신의 희생의 피로 사죄를 얻은 우리에게도 부활과 영생까지 주심으로 마침내 구원을 완성하심을 믿는다.

만약 주의 부활이 없었다면 기독교의 복음은 여타 이방 종교들의 종교 철학들처럼 진정한 존재론적 기반을 갖지 못한 공허한 이론체계에 불과했을 것이다. 그러나 죽음을 최초로 극복하시고 그를 통해 우리의 죽음까지 극복해 주실 것을 약속하셨다. 그리고 역사적으로 곧 이 땅 위에서 실제로 일어난 사건으로서의 예수의 부활이 있기에 기독교의 복음은 우리의 전인격적, 그리고 실제적 구원을 보장하는 절대 유일의 신앙이 된 것이다.

따라서 예수 그리스도의 부활(Resurrection) 사건은 기독교의 존립 여부를 결정할 만큼 중대한 사건이다. 이 때문에 역사적으로 기독교를 반대하는 자들은 항상 예수 부활 사건에 대해서 집중적으로 공격해 왔다. 그들의 공격 내용은 예수 부활 사건은 예수의 장례 직후 예수를 추종하는 자들에 의해 조작된 유언비어이거나 기독교의 교리를 정당화하기 위해 후대 사람들에 의해 만들어진 신화라는 것이다. 그러나 예수의 부활은 실재했었던 역사적 사건이며 이에 대해 성경과 초대 교회 당시의 모든 증인이 분명히 증거하고 있다. 또 예수 부활 사건이 있은지 2천여 년 가까이 지난 오늘날에도 세계 곳곳에 있는 수많은 그리스도인이 예수 부활이 확실한 역사적 사건임을 믿고 증거한다. 이에 예수 부활의 역사성과 부활 후 예수의 행적을 살펴보고자 한다.

✝ 예수 부활의 역사성

예수의 부활이 역사적으로 실재했던 사건이라는 사실은 바로 그 사건에 근거한 기독교 신앙이 이를 직접 목격하고 전한 사도들의 증언으로 시작된 교회 때문에 보존되어 그로부터 2000년이 지난 지금에도 살아 있으며, 직접 부활 사건을 성취하셨을 뿐 아니라 지금도 성령을 통하여 이를 우리에게 확신시키시는 주의 사역으로 날마다 새로운 영혼들이 주의 부활에 근거한 복음을 믿고 성도의 대열에 참여하고 있다는 사실에서도 간접적으로 입증된다. 그러나 여기서는 예수 부활의 역사성에 대한 가장 직접적 증거들인 성경과 초대 교회 당시의 증거들만을 살펴보도록 하겠다.

1) 성경적 증거

① **예수 자신의 예언** – 예수께서는 공생애 동안 자신이 죽었다가 3일 만에 살아나실 것에 대하여 여러 차례 예언하셨다마 12:38-40, 16:21;17:9, 23, 막 8:31, 눅 9:22, 요 2:19-21. 우리가 예수의 인격과 그분의 복음의 말씀에 대해 신뢰하고 있다면 부활에 대한 그분의 예언도 분명히 성취되었음을 믿을 수 있다.

② **빈 무덤** – 성경은 예수께서 분명 십자가 위에서 죽임을 당한 사실, 그리고 장례한 사실을 분명히 밝히는 동시에 그 무덤 안에 있던 예수의 시신이 사라진 사실에 대해서도 명백히 증거하고 있다마 27:57-66, 막 15:42-47, 눅 23:50-24:11. 그리고 이렇듯 무덤이 빈 것은 예수께서 부활하신 때문인 것이 여러 상황 묘사를 통해 증거되

고 있다. 그리고 특히 주의 제자들이 주의 시신을 감춰두고 예수가 부활하셨다는 헛소문을 퍼뜨린 것이 아니라, 오히려 사실은 예수를 처형했던 당시 유대 종교 지도자들이 제자들에 의한 예수 사체 유기설을 허위 날조 하게 하여 그와 같은 소문을 퍼뜨리게 하였음도 분명히 기록되어 있다^{마 27:62-66, 28:11-15}.

③ **제자들의 변화와 전도 사역** – 성경은 예수 사망 당시에는 매우 낙담하며 비겁하게 도망했던 제자들이 부활하신 예수를 만난 후에는 완전히 변화되어 예수 그리스도의 부활을 담대히 증거한 것과 그들의 증거를 받은 수많은 사람이 예수를 믿음으로 말미암아 초대 교회가 날로 흥왕하여 갔다고 증거한다^{행 2:36, 6:7}.

④ **신약 성경의 기록** – 사 복음서를 비롯하여 신약성경 전체는 바로 예수 부활이 역사적 사실임을 근본 전제로 하여 기록되었다. 만일 예수 부활이 역사적 사실이 아니었다면 그토록 많은 신약성경 기자가, 각자의 인격과 신앙 양심상 그토록 한결같이 자신들의 책에 예수 부활을 기록하지는 못했을 것이다. 그리고 만일 그들이 양심을 속이고 성경을 기록했다면 그것이 2천여 년이 지난 오늘날에 이르기까지 많은 사람에 의해 '하나님의 말씀'으로 믿어지지도 않았을 것이다. 신약 성경의 기자들은 대부분 예수 부활을 직접 목격했거나 또한 직접 목격한 자들의 증언을 바탕으로 성경을 기록하였다.

2) 초대 교회 당시의 증거

만일 예수 부활 사건이 조작되었거나 아니면 예수 부활의 목격자들이 실제로 부활하신 영육(靈肉)을 가지신 예수를 목격한 것이 아니라 환상을 본 것이거나 심리적 현상에 의해 보지 않고도 본 것과 같은 착각에 빠졌었다면 그러한 목격자들이 이 세상을 떠났을 때는 예수가 부활했다는 이야기는 점차 희미하게 전해지다가 결국은 완전히 잊혀져 버렸을 것이다. 세계 곳곳에서 전해졌던 신적 신화나 설화들이 그러했듯이 말이다. 그러나 예수 부활 사건은 달랐다. 예수 부활은 그것을 직접 목격한 제자들과 여인들 이외에 기타 많은 사람에 의해 전파되었고 그 결과 다음과 같은 두 가지 뚜렷한 현상이 나타났다.

① **초대 교회의 급속한 전파** – 초대 교회는 예수의 죽음과 부활 사건 이후 믿을 수 없을 만큼 짧은 기간에 주지하다시피 여러 차례의 끔찍한 박해에도 불구하고 로마 제국 전역에 전파되었다. 즉 1세기도 채 지나지 않은 기간에 팔레스틴 전역은 물론이고 소아시아, 유럽, 로마에까지 기독교가 전파되었다. 만일 예수 부활이 거짓이었다면 결코 이런 일은 있을 수 없는 일이다.

② **속사도와 교부들의 증언** – 주를 직접 목격한 열두 사도가 하나, 둘씩 이 세상을 다떠날 무렵인 1세기 말부터 그리스도의 부활을 부정하는 영지주의적 이단들이 많이 일어났다. 그럼에도 불구하고 열두 사도를 계승한 1, 2세기의 속사도들과 교부(教父)들은 그리스도 부활의 역사성을 확실히 믿었으며 부활을 부정하는 이단들로부터 기독교 신앙을 변증하여 부활의 교리를 확고히 세웠다. 그러한 교부의 신앙이 오늘날까지도 성도들에게 전수되고 있다는 사실은 그들의 믿음이 확실하며,

이상에서 살펴본바, 성경 자체의 증거들과 초대 교회 당시의 증거들을 통해서 우리는 예수 부활이 틀림없는 역사적 사실임을 확신하게 된다. 그리고 사도 바울이 고백한 바와 같이 그리스도께서 만일 다시 살지 못하셨으면 우리의 전파하는 것도 헛것이요 또 우리의 믿음도 헛것이다^{고전 15:14}. 그러나 그것이 분명한 역사적 사실이기에 그리스도의 부활로 말미암는 우리 성도 자신의 부활과 천국의 소망을 더욱 견고히 하게 되는 것이다.

🗂 부활 후 예수의 행적 요약

	때와 장소	목격자	주요사건	관련성구
1	주일 이른 아침 예수의 빈무덤 앞	막달라 마리아	부활 사실을 제자들에게 증언토록 명하심	막 16:9-11 요 20:11-18
2	주일 이른 아침 동산 무덤 부근	막달라 마리아를 제외한 여인들	제자들에게 갈릴리로 가라 하심	마 28:9, 10
3	주일 정오쯤 엠마오 도상	익명의 두 제자	성경을 통해 부활의 필연성을 증거하심	눅 24:13-32
4	주일 낮 동안 예루살렘의 한 곳	시몬 베드로	–	눅 24:34 고전 15:5
5	주일 저녁 마가 다락방	도마 외의 열 제자	십자가에서의 상처를 보이심으로 부활 증거하심	눅 24:36-43 요 20:19-25
6	일주일 후 마가 다락방	열한 제자	의심 많은 도마에게 부활을 증거하심	요 20:26-31 고전 15:5
7	어느 날 새벽 갈릴리 바닷가	일곱 제자	이적을 베푸시고 베드로에게 '내 양을 먹이라' 하심	요 21:1-33
8	얼마 후 갈릴리의 한 야산	열한 제자	지상 대명(the Great Commission)을 주심	마 28:16-20 막 16:15-18
9	얼마 후	500여 형제들	–	고전 15:6
10	얼마 후	주의 형제 야고보	–	고전 15:7
11	부활 후 40일 감람산 (베다니 부근)	열한 사도	–	눅 24:44-49 행 1:3-8
12	오순절 이후 다메섹 도상	사도 바울	바울을 책망하시고 개심케 하심	행 9:1-5 고전 15:8

사 복음서와 사도행전의 기록을 종합하면 예수께서는 부활하신 후 마침내 승천하시기까지 대략 40일 동안 이 땅에 머무시면서 나타나 당신의 제자들에게 주로 당신이 생전에 예언하시고 가르치신 그대로 부활한 사실을 증언하듯이 당신이 우리 주 그리스도이심을 확신시키시면서 거듭 당신이 다시 재림하실 때까지 이 땅 위에서 살아갈 성도들의 신앙의 요람이 될 교회의 설립에 관한 명령과 약속을 주셨다고 보도한다^{행 1:3}. 반면에 사도 바울 자신도 부활하신 예수를 직접 목격했다고 증거하고 있어^{고전 15:8}, 예수께서는 승천하신 이후에도 가끔 당신의 뜻에 따라 사람들에

게 부활하신 모습을 보이
신 것을 알 수 있다.

그러나 현재 성경의 자
료로는 부활 이후 예수의
행적을 순서대로 완전히
정리할 수는 없다. 이에
성경의 기록에 따라 대
략적인 부활 이후의 주의
행적을 위와 같이 요약하
여 보았다.

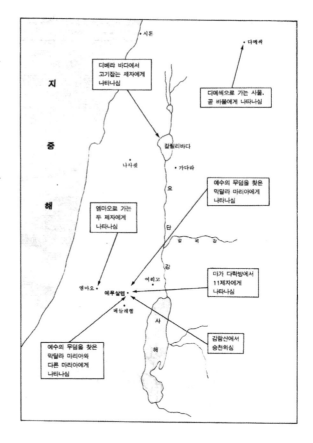

76일차 범위 생각해야 할 성경적 세계관의 이슈들
☑ 읽을 책 : "기독교 세계관 핸드북" 도서 출판 에스라 2023

❖ **마 28장** "그리스도인의 선교 참여에 대한 하나님의 목적"(p602)

한눈에 보는 성경의 핵심 줄거리와 메시지

신약

B.C. 4/6~   A.D. 30

복음시대   4복음서

······ **예수의 탄생** : 예수의 선재성, 예수 탄생의 이유와 목적

······ **예수의 공생애 시작** : 세례, 시험

······ **갈릴리, 유대, 사마리아 사역**(약 30세)
- 가나 혼인 잔치 – 첫 기적
- 사마리아 여인의 치유

······ **갈릴리 대 사역**(A.D. 27~29봄까지)
- 하나님 나라의 선포
- 제자를 세움
- 많은 병자를 고침(예수의 3대 사역 – 마 4:23, 9:35)
- 베데스다 연못의 38년 묵은 병자를 고침
- 산상수훈 – 8복, 주기도, 황금율

······ **갈릴리 밖에서의 제자 훈련 사역**(A.D. 29년 봄~가을)
- 오병이어의 기적
- 바리새인과 전승전통에 관한 논쟁
- 십자가 수난의 예고
- 베드로의 신앙고백(마 16)

······ **후기 유대 사역**(A.D. 29년 10월~12월까지)
- 간음한 여인의 용서
- 선한 사마리아인의 비유

······ **베레아 사역**(A.D. 30년 1월~3월)
- 탕자의 비유
- 부자와 나사로의 비유
- 죽은 나사로를 살림
- 부자청년 이야기
- 섬김에 관한 이야기

······ **예루살렘의 마지막 사역**
- 종려주일
- 성전청결
- 마 25장, 열처녀, 달란트, 양과 염소의 비유 이야기
- 유월절 최후의 만찬
- 감람산 감화(설교)

77일 핵심 학습 자료

학습 자료 77-1 교회의 탄생

사도행전은 사도들이 교회를 세우는 이야기가 아니고, 하나님이 하나님 나라를 회복하고 그것을 확장해 나가는 이야기이다. 예수님이 이 땅에 오신 것 즉, 하나님이 인간의 몸을 입고 이 땅에 직접 오신 이유는 바로 하나님 나라의 회복에 있음을 우리는 구약과 예수님의 생애를 통해서 알았다. 예수님은 이 땅에 교회를 세우기 위해 오신 것이 아니다. 그렇게 이해하면 우리는 잘못된 교회관을 가질 수 있다

교회는 건물을 가지며 하나의 조직체를 가진 유형(有形)의 모임보다는 하나님 나라의 윤리에 순종하여 그 나라를 세우고자 부름 받아 나온 '남은 자'(ekklesia)를 가리키는 것으로 이해해야 한다. 이것이 예수님이 세우신 교회이다. 예수님은 제도화한 조직으로서의 종교를 창설하신 것이 아니며, 사도들이 전파하며 이루어 나가는 것은 예수님이 종교를 창설했다는 것을 전파하는 하는 것이 아니라, 하나님 나라의 백성으로서 제자를 삼고 양육하여 세우는 것이 그분의 교회를 세우는 이유인 것이다. 이것이 '제자 삼는 일'이요, 그 분의 '양을 먹이는 일'이다.

신학자 Karl Barth는 교회의 본질을 예수님의 마지막 당부인 마태 28:18-20의 '대명령, the Great Commission'과 Ekklesia의 개념을 토대로 다음과 같이 정의 한다.

마 28:18-20 예수께서 나아와 말씀하여 이르시되 하늘과 땅의 모든 권세를 내게 주셨으니 그러므로 너희는 가서 모든 민족을 제자로 삼아 아버지와 아들과 성령의 이름으로 세례를 베풀고 내가 너희에게 분부한 모든 것을 가르쳐 지키게 하라 볼지어다 내가 세상 끝 날까지 너희와 항상 함께 있으리라 하시니라

Barth는 교회는 '불러 모으고', '불러 세우며', '불러 보내는' 곳이라고 했다.

'불러 모은다'는 것은 마 28:19의 "...제자로 삼아..."에 해당하는 의미이다. 전도와 선교를 통해 그들을 교회에 불러 모으고 예배와 성례에 참여하게 해야 한다.

• 그런 후에 그들을 말씀으로 양육하여 세워야 한다. 이것이 '불러 세움'이다. 마태 28:20에서 "내가 너희에게 분부한 모든 것을 가르쳐..."라는 것이다. 양육이다.

• 그것으로 끝나면 아무런 의미가 없다. 다 헛것이 되는 셈이다. 그들로 하여금 배운 것을 "...지키게 하라"(마 28:20)는 것이다. 즉 배운 것을 삶 가운데서 적용하라는 것이다. 그래서 그들은 교회 밖으로 나가야 한다. 그것이 '불러 보냄'입니다.

아래와 같이 정리해 볼 수 있다.

① **"불러 모음"("제자 삼고")** : Calling out. gathering – 모이는 교회
② **"불러 세움"("가르치고")** : Calling up. Upbuilding – 양육하는 교회
③ **"불러 보냄"("지키게 하라")** : Calling into. Sending – 흩어지는 교회

그러므로 교회의 본질적 사명은 ① 소명, ② 양육, ③ 파송(삶)으로 이루어져 있고 이것이 전부이어야 한다. 그 외의 것은 인간의 야심을 충족시키는 것일 뿐이다. **교회는 야심(野心)을 버리고, 이 사명을 감당할 신앙의 야성(野性)을 회복해야 한다. 이것이 교회의 본질적 사명이다. 우리 한국교회는 어떤가?**

이 일은 인간의 능력으로 절대로 감당할 수 없는 사명이기에 예수님은 보혜사 성령을 보낸다고 하시며 "성령이 임하면 권능을 받아라"라고 명령하셨다[행 1:8] 이로서 오순절에 성령이 강림하신다.

✝ 오순절 성령 강림

오순절 성령강림 사건은 요엘의 예언[욜 2:28]과 예수님의 보혜사 약속[요 16:5-15]의 성취이다. 성령 강림은 "예루살렘을 떠나지 말고 내게서 들은 바 아버지께서 약속하신 것을 기다리라. 몇 날이 못 되어 성령으로 세례를 받으리라"[행 1:4, 5]는 예수님의 약속을 따라 오순절에 이루어졌다.

출애굽기의 시내 산 언약은 오순절에 시내 산에서 언약을 맺고[출 19:5] 율법을 받음으로 이스라엘이 하나님 나라를 이루어 나갈 제사장 나라가 되었다. 그러나 이스라엘은 그 언약을 지키지 못함으로 구약은 막을 내리게 되었다. 같은 오순절에 바람과 불 가운데 음성으로 나타난 여호와의 강림 모습[출 19장]과 유사하게 성령이 강림하였다는 것은 시내 산 언약과 같은 새 언약인 예수 공동체(하나님 나라)의 언약을 맺는 의미가 있다고 본다. 그것은 이제 이스라엘이 못한 하나님 나라의 제사장 사명을 이어받을 남은 자, 즉 새 이스라엘의 언약을 의미한다. 이제 예수 공동체 또는 성령 공동체가 하나님 나라의 제사장 나라가 되는 새 이스라엘이 된다는 것이 오순절 성령 강림이 갖는 의미이다. 이제 교회가 구약의 이스라엘 백성처럼 신약에서 하나님의 언약 백성이 되었다는 말이다.

또한 오순절 성령 강림은 방언과 같은 언어적인 현상을 지닌 이적(Language

miracle)도 보였다. 이러한 방언은 계시(Revelation)와 복음 전파의 사명과 밀접하게 관련되어 있다. 특히 세계 각국에서 온 유대인들이 각각 자기의 방언으로 말하는 것을 들은 사건 곧 각 방언으로 '하나님의 큰일'을 들은 사건[2:4-11]은 사도행전에서 매우 특별한 선교적인 의미를 지닌다. 이는 창세기 11장의 바벨탑의 사건과 대조를 이루며 바벨에서의 하나님의 심판을 의도적으로 역전시키시는 하나님의 역사를 볼 수 있다. 오순절 성령 강림 사건은 성령 안에서 그리스도를 통해 인종적, 국가적. 언어적 장벽이 극복되는 새로운 공동체의 탄생을 예견하고 있다.

바벨탑 사건	오순절 사건
땅이 하늘까지 올라 감(교만) 언어적 혼잡 흩어짐	하늘이 땅으로 내려 옴(겸손) 언어적 혼잡의 극복 그리스도에게로 모임(계7:9)

✝ 초대 교회의 기능 행 2:42-47

앞에서 언급했듯이 교회의 탄생은 새 이스라엘이 되었다는 측면에서 하나님의 구속사에서 전환점을 이루는 사건이다. 언약 백성으로서 부름을 받아 나온(ekklesia) '남은 자'들은 예배 공동체를 형성하게 된다. 이들은 모든 교회의 모범이 된다.

① 가르치고 배우는 교회. – "그들이 사도의 가르침을 받아"
교회 안에 성령이 계신 증거로서 교회는 사도의 가르침(Apostolic teaching)을 받는 일에 힘썼다. 건강한 교회, 즉 성령의 임재와 능력이 있는 교회는 올바른 가르침과 함께 적절한 배움과 그에 따른 순종이 있는 교회이다.

② 교제가 있는 교회. – "서로 교제하고 떡을 떼며"
참된 '사귐' 즉 교제(koinonia)가 있는 교회였다. 여기서 말하는 '사귐'이란 (삼위)하나님과 사귐과 함께 성도 간의 사귐을 말한다. 특히 성도 간의 사귐은 형제 우애와 물질적 돌봄을 표현이다. 나눔과 섬김은 하나님 나라 가치관이다. (cf 고후8:4, 9:13).

③ 함께 예배하는 교회. – "떡을 떼며 오로지 기도하기를 힘쓰니라"
교회는 예배 하는 공동체이다. 이들의 예배는 또한 날마다 삶으로 드리는 예배이며, 마음을 같이하여 드리는 연합된 예배이며, 기쁨과 순전한 마음을 가진 예배이다.

④ 증거하는 교회. – "주께서 구원받는 사람을 날마다 더하게 하시니라"
참된 교회는 배우고 나누고 예배하는 일에 그치지 않고 보내는 일에 열중한다. '함께 함'과 '보냄'은 예수님의 제자 훈련의 근간이자 초대 교회의 두 가지 구조였다. 찰스 벤 엔겐(Charlse Ven Engen) 교수는 이러한 교회의 두 가지 구조를 '모이는 교회'(Coming structure)와 '흩어지는 교회'(Going structure)라고 불렀다.

이로써 조직체로서의 교회의 기능은 예전적(Liturgical), 교리적(Kerygmatic), 친교적(Koinoniac) 기능을 갖는 것을 알 수 있다.

✝ 이사야 58:10-12에서 배우는 교회의 역할

사 58:10-12 주린 자에게 네 심정이 동하며 괴로워하는 자의 심정을 만족하게 하면 네 빛이 흑암 중에서 떠올라 네 어둠이 낮과 같이 될 것이며 여호와가 너를 항상 인도하여 메마른 곳에서도 네 영혼을 만족하게 하며 네 뼈를 견고하게 하리니 너는 물 댄 동산 같겠고 물이 끊어지지 아니하는 샘 같을 것이라 네게서 날 자들이 오래 황폐된 곳들을 다시 세울 것이며 너는 역대의 파괴된 기초를 쌓으리니 너를 일컬어 무너진 데를 보수하는 자라 할 것이며 길을 수축하여 거할 곳이 되게 하는 자라 하리라

• 교회의 원심성과 구심성, 그리고 거룩성과 세속성을 잘 이해해야 한다.

단계	연대	주요사건	사건내용
I **형성기** 행 1~7장 교회의 구성원을 유대인으로 제한하고 이방인은 제외함 **예루살렘 중심**	AD 30	사도 선출	유다를 대신할 사도로 맛디아를 세움(1:4-12, 15-26)
		오순절 성령강림	제자들이 성령 충만하여 각종 능력을 갖게 됨(2:1-13)
		베드로의 설교	단번에 3천명이 회개함(2:14-41)
		박해 시작	베드로와 요한이 투옥 됨(4:1-21)
		아나니아와 삽비라 사건	교회가 급성장할 즈음에 범죄한 아나니아와 삽비라가 하나님의 심판을 받아 죽음(5:1-11)
		사도들 투옥	사도들이 투옥되나 주의 사자에 의해 기적적으로 구출되어 계속 복음을 전파함(5:17-21)
		일곱 집사 선출	구제와 봉사를 위해 집사를 선출함(6:1-6)
	32	스데반의 순교	첫 순교자가 발생함(6:8-7:60)
II **변형기** 행 8~12장 교회가 이방인들에게 복음을 전해야 함을 점차적으로 인식함 **전 팔레스틴 중심**		흩어진 그리스도인들	예루살렘에 큰 핍박이 있어 그리스도인들이 유대와 사마리아 전역으로 흩어짐(8:1)
		이방전도 시작	빌립, 베드로, 요한이 사마리아에서 복음전도(8:4-17)
	34	사울의 회심	다메섹으로 가던 사울이 회심하여 기독교 선교 역사에 큰 업적을 남기게 됨(9:1-22)
	37	이방인 고넬료의 회심	전도 중이던 베드로가 각종 짐승이 담긴 보자기 환상을 보고 이방인 고넬료에게 복음을 전파, 이방인의 전도가 본격화 됨(9:32-10:17)
	41	안디옥교회 설립	예루살렘에서 안디옥에 파송된 바나바가 교회를 세우고 바울과 함께 동역함(11:19-22)
			이 안디옥은 후에 이방 선교의 중심지가 됨
III **확장기** 행 13~28장 이방 전도사업의 확장 및 성장 교회 지도자의 시각 바뀌어 이방인들도 유대인의 의식과 예식에 상관없이 영적 이스라엘로서의 동등한 권리를 갖는 것이 인정됨 **안디옥교회 중심**	44	헤롯의 박해	헤롯 아그립바의 핍박으로 야고보 순교, 베드로 투옥, 베드로는 천사에 의해 구출됨(12장)
	47-49	바울의 1차 전도여행	안디옥 교회에서 바울과 바나바를 파송(13:1-3)
			구브로 섬→소아시아 버가에서 중도 탈퇴; 13:4-13)→비시디아 안디옥→ 이고니온(13:14-14:7)→루스드라→더베→버가, 앗달리아→안디옥(14:8-28)
			2년간 약 2,400km 여행
	49-52	바울의 2차 전도여행	마가 동행 문제로 바울과 바나바가 다투고 바나바와 마가는 구브로로, 바울은 실라와 수리아, 길리기아로 감(15:36-41)
			더베, 루스드라→드로아(16:1-8)→빌립보(환상으로 인해 마게도냐로 감; 16:9-26) →데살로니가(17:1-4)→아덴(17:10-18:18)→에베소→안디옥(18:19,21)
			3년 반 동안 약 5,600km 여행

53-58	바울의 3차 전도여행	안디옥교회에서 갈라디아, 브루기아를 둘러 에베소로 감(18:23-27)
		아볼로의 전초 위에 바울이 교회를 세우나 소동으로 인해 마게도냐로 감(18:1-41)
		고린도→마게도냐→드로아→밀레도→예루살렘(19:1-41)
58		예루살렘에서 유대인들의 음모로 체포됨(20:1-21:18)
60 63	바울의 로마여행	예루살렘 가이사랴로 가서 가이사 앞에 호소하여 로마로 호송되어 약 2년간 감옥 생활함(23:1-24:27)
		호송되는 기간과 감옥생활의 전기간을 바울은 전도의 기회로 삼았기에 이 로마 여행을 4차 전도 여행이라고도 함
67		바울의 2차 투옥과 순교

학습 자료 77-2   사도행전에서 보는 하나님 나라

행 1:6에서 예수님이 승천하실 무렵, 제자들이 예수님께 "주께서 이스라엘 나라를 회복하심이 이 때니이까?"라고 질문한다. 제자들은 여전히 다윗 왕국의 회복으로서의 하나님 나라 회복을 기대하고 있다. 그들의 잘못된 질문에 대한 명확한 답변이 사도행전을 통해서 세 가지 모습의 하나님 나라를 제시한다.

1) 하나님 나라는 권능으로 임합니다.(영적인 특정)

여기서 권능(δύναμις dunamis)이란 무력이나 어떤 물리적인 힘이 아니라, 성령의 권능으로 이루어지는 하나님의 나라를 말한다. 예수님이 행하신 기사와 이적(σημεῖα καὶ τέρατα, semeia and terata)은 하나님 나라의 권능을 맛보게 하기 위함이다.

> 마 12:28 그러나 내가 하나님의 성령을 힘입어 귀신을 쫓아내는 것이면 하나님의
> 나라가 이미 너희에게 임하였느니라.

(cf. 눅 11:20) 이 말은 예수님의 전능한 능력이 세상 안에 들어왔다는 말이다. 사탄은 그 적수를 드디어 만났다. 그의 머리를 밟을 여자의 후손을 만났다는 말이다. 사탄을 이김은 곧 에덴의 회복이고 하나님 나라의 회복임을 의미하는 것이다.

하나님의 나라는 성령으로 하나님의 백성들이 사탄의 억압된 삶에 구현되는 그분의 의롭고 자비로우신 통치를 말한다. 그러므로 '회개와 믿음을 통한 죄 사함이 있는 구원의 선언'이 하나님 나라의 선포의 핵심이며 그 구원 받은 자들의 순종의 삶을 통하여 하나님 나라가 이루어져 간다.

2) 하나님 나라는 모든 사람에게 임합니다.

하나님 나라는 유대인과 이방인 모두에게 임하는 나라이다. "모든 민족을 제자 삼고"마 28:19, "모든 족속에게"눅 24:47와 "누구든지 주의 이름을 부르는 자"행 2:21와 "너희와 너희 자녀와 모든 먼 데 사람"행 2:39은 구원을 얻을 것이라고 했다. 구약에서 말하는 예루살렘으로 모으는 '구심적 선교'에서 열방으로 흩어지는 '원심적 선교'로 바뀌게 된다.

세계종교의 형성

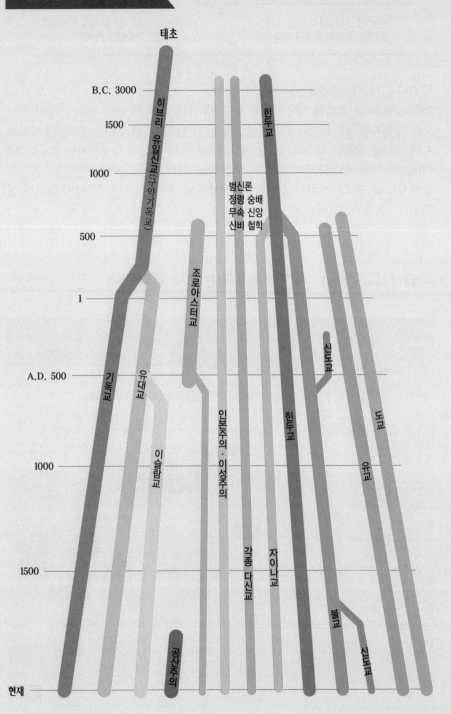

태초

B.C. 3000

1500

1000

500

1

A.D. 500

1000

1500

현재

히브리 유일신교(구약기독교)

힌두교

범신론
정령 숭배
무속 신앙
신비 철학

조로아스터교

기독교

유대교

신도교

인본주의 · 이성주의

힌두교

도교

이슬람교

유교

각종 다신교

자이나교

불교

공산주의

신도교

구심적 선교	원심적 선교
"만방이 그리(예루살렘/시온)로 모여들 것이라." (사 2:2-3)	"예루살렘에서…땅 끝까지 이르러" 혹은 "너희는 가서"

3) 하나님 나라는 점진적으로 확장되어 간다.

"예루살렘과 온 유대와 사마리아와 땅끝까지 이르러"[행 1:8] 라는 말은 그분이 다시 오실 때까지를 말하는 것으로 시간상으로는 성령의 강림에서부터 예수님의 재림까지의 기간을 말하여 공간적으로는 예루살렘에서 이 세상의 땅끝까지를 말한다. 달리 표현하자면 '땅끝까지 이르러'와 '다시 오실 때까지'(세상 끝까지)인 시간과 공간의 끝까지로 볼 수 있다. 하나님 나라는 이 시기 동안 자라간다. 예수님이 다시 오실 때 "새 하늘과 새 땅"에서 완성될 것이다.

학습 자료 77-3   시간 흐름으로 본 초대 교회 시대

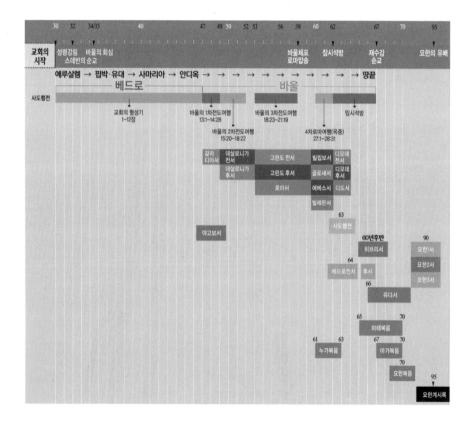

통큰통독 연대기 해설 성경 | 신약

학습 자료 77-4

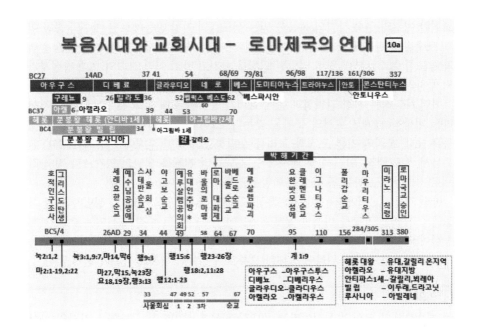

학습 자료 77-5 사도(使徒)의 이해 ^{행 1:15-26}

사도들의 행적과 역할은 비단 사도행전에만 국한된 것이 아니라 그들과 예수와의 관계의 원형을 제시하는 사복음서, 사도로서의 권위를 배경으로 쓰인 서신서 전반에 두루 미친다. 이에 사도직의 기본 사항을 요약해 살펴보고자 한다.

✝ 정의

사도에 해당하는 헬라어 '아포스톨로스'(ἀπόστολος)는 문자적으로 '왕이나 권세자로부터 권한을 위임받아 특정 공무를 수행하기 위해 파송 받은 자'란 의미이다. 따라서 넓은 의미로는 만왕의 '왕이신 하나님께서 당신의 뜻을 사람들에게 알리기 위해 파견하신 구약 시대의 모세^{출 6: 11} 엘리야^{왕상 18:1} 등과 같은 선지자, 그리고 현재도 주의 복음 선교의 명령을 수행하기 위하여 교회로부터 파견된 주의 종들도 사도라고 표현될 수도 있다. 또 실제로 초대 교회 시대에도 예수의 열두 사도 및 바울 사도와 유사한 권위를 가진 예수의 형제 야고보^{고전 15:7, 갈 1:19}와 전도자 바나바^{행 14:4, 14}도 사도라 칭함을 받기도 했다. 그러나 성경 신학적으로 엄밀히는 사도란 예수로부터 직접, 초대 교회의 설립자로 임명받은 예수 생전의 열두 사도와 예수 승천 이후의 바울 사도만을 가리킨다^{눅 6:13, 행 9:15}. 여기에서는 광의의 사도직이 아니라 협의의 사도직만을 다루기로 한다.

✞ 특징

교회란 예수의 구속 사역의 복음을 믿는 성도들의 지상 공동체로서 예수의 승천 이후 오순절 성령 강림을 기점으로 태동된 것이다. 사도란 예수를 직접 목격한 증언 자요 또한 예수로부터 직접 임명된 권위를 가지고 바로 이런 교회의 초대 창설자가 되게 하려고 예수로부터 직접 위임된 자들이다.

이런 사도직은 신적 권위성과 함께 교회가 창설된 초대 교회 시대에 국한된 직이라는 비상직(非常職)으로서의 특징을 갖는다. 그리하여 이런 사도직을 보유한 사도들은 초대 교회의 기본 조직과 교리를 수립하였고 또한 후대에 신앙의 표준이 된 복음서, 사도행전, 서신서 및 계시록 등 신약성경 전체를 성령의 영감으로 직·간접으로 기록하기도 하는 등 중대한 역할을 감당하였다.

한편 가톨릭교회에서는 이처럼 특정 교회가 아니라 교회 전체의 설립자가 된 사도들의 직위를 교황을 비롯한 신부(神父)들이 계승했다고 주장하나 이는 초대 교회 창설이라는 특정하고도 비상한 임무를 위해 예수가 직접 수여한 사도직의 본질을 자신들의 교권 장악을 위하여 곡해한 오류로서 신학적·역사적 근거가 전혀 없다.

✞ 의의

주 예수로부터 교회의 설립이라는 위대한 직무를 부여받은 사도들은 자신의 사상이나 권위를 내세운 것이 아니라 오직 주의 복음만을 가르치며 교회의 종으로 헌신하였고 마침내는 대부분이 순교하였다. 그리하여 바로 이런 사도들의 피어린 증언과 신앙의 전통으로 우리가 그리스도인이요 교회의 일원이 된 것이다. 이에 우리도 먼저는 예수를 직접 목격한 사도들이 직접 예수 복음을 증거했다는 점에서 그 복음의 진실성을 새삼 깨닫고 나아가서는 사도들의 자세를 본받아 나 스스로 내 삶의 현장에서 복음의 사도가 되어야 하겠다.

학습 자료 77-6 오순절 성령 강림 사건 행 2:1-13

태초 아담이 하나님이 주신 선악과 언약을 어기고 타락하여 곧 죽게 되었을 때 하나님은 예수 그리스도를 통한 구속(救贖)의 법(法)을 세우셨다. 그러나 하나님은 이를 즉각 성취하신 것이 아니라 일단은 예수께서 초림하셔서 구속 사역을 성취하신 것을 주 내용으로 하는 옛 약속 즉 구약(舊約)을 주셨다. 그리고 이를 중심으로 하여 예수께서 성육신(Incarnation) 초림하실 때까지의 구약 시대의 역사가 진행되게 하셨다. 그리고 이제 예수께서 성육신 초림하셔서 구속 사역을 일단 성취하신 후에도 즉각 구속을 통한 천국 구원을 주실 것이 아니라 새로이 이러한 예수의 구속 사역을 믿는 자에게 세상 끝날 예수가 다시 재림하셔서 그 구속 사역의 최종 실현으로서 영원한 천국을 주실 것에 대한 새 약속 곧 신약(新約)을 예수께서 새로이 주시게 하셨다. 그리고 예수의 초림 이후 재림 때까지의 신약시대의 역사가 새로이 진행되게 하셨다.

이는 스스로 타락하여 죄에 오염된 결과 그 심령이 완악해진 인간 중 선택된 자들이 일단 과거에 예수의 구속 사역이 구약의 약속대로 성취되었듯이 이제 새로 주신 미래의 천국 구원의 최종 약속도 반드시 성취될 것을 보다 더 잘 확신하게 하기 위해서였다. 그리하여 현재 하나님이 택한 모든 자의 충만한 수가 다 차기까지 재림과 종말이 유보되고 구속사가 계속 진행되고 있어야 한다.

그런데 이런 신약시대에 예수님은 전날 자신이 하나님의 보내심으로 이 땅에 오셨듯이 성령(聖靈)을 이 세상에 보내셨다. 그리하여 각 개인 성도에게 임하여 예수의 복음을 믿어 중생하게 함은 물론 계속 그 심령에 내주하여 성경 진리를 조명해 주심으로 믿음 안에서 성장하게 하시는 보혜사(the Helper)의 사역을 감당하시도록 하셨다. 오순절 성령 강림 사건이란 바로 이를 위하여 무덤에서 부활하신 뒤 40일을 더 계시다가 감람산에서 승천하신 주님의 최후 약속대로 그로부터 열흘 뒤 성령이 최초로 이 땅 역사에 강림하셨던 A.D. 30년의 대 구속사적 사건을 가리킨다. 이에 성령의 속성, 사역 등을 차치하고 이 사건 자체의 여러 측면과 거기에 담긴 구속사적 의의를 요약하면 다음과 같다.

✝ 오순절 성령 강림 배경

선악과 범죄 이전의 인간은 태초 에덴동산에서 하나님과 직접적이고도 전인격적인 교제를 가졌었다. 그러나 죄로 오염된 후에는 절대 거룩하신 하나님과의 교제가 신약시대의 예표로서의 일시적이고 단절적인 교제를 제외하고는 근본적으로 단절되었었다. 그러나 이제 예수의 구속 사역이 성취된 후에는 각 성도가 중생하는 즉시 주의 보혈의 공로로 의인의 신분을 회복하게 되어 하나님과의 교제도 가능하게 되었다. 예수의 십자가 운명 당시 하나님과 인간의 단절을 상징하던 성전 지성소의 휘장이 위에서부터 아래로 찢어졌던 사실은 이를 반영한다[마 27:51], 그리하여 이제 하나님은 예수의 구속 사역의 결과 천국이 그 도래를 시작하게 하셨으나 그 온전한 도래는 오직 세상 끝날 새 천국에서 이루어지게 하셨듯이 이제 의인의 신분을 얻은 회개한 성도들과도 전인격적인 교제의 회복을 뒤로 미루시고 일단 성령을 통한 근본적인 교제는 회복하셨다.

✝ 오순절 사건 이후 성령의 사역

오순절 성령 강림을 통해 일단 이 땅 역사에 전반적으로 임하신 성령께서는 이제 하나님이 택하신 각 성도의 심령에 임하시어 먼저 그를 회개 중생케 하는 성령 세례를 베푸시고 또 그 이후에도 그의 심령에 영속적으로 내주하시면서 각 성도와 교제를 계속하시며 도우신다. 한마디로 오순절 성령 강림 이후 성도는 성령을 통하여 하나님과 직접적 교제를 나누게 되었다. 실로 성도는 절대 주권자이며 창조자이신 삼위 하나님과 교제를 나누는 위대한 존재이다.

✝ 구속사적 의의

먼저 오순절 성령 강림 사건은 전날 주님의 공생애 도중과 그리고 마지막 부활 승천하실 때 주신 약속대로 이루어진 사건이란 점에서 주의 약속의 신실성을 보여 준다요 14:16, 16:7, 행 1:8. 또한 하나님은 성도가 이 땅에 사는 동안에도 성령을 보내사 교제를 나누시며 동행해 주신다는 점에서 성도를 향한 하나님 사랑의 크심은 새삼 확인하게 된다. 그리고 그 심령 안에 성령을 모시고 교제를 나누는 우리 성도 각자의 고귀함과 아울러 그런 성령을 모신 자로서 책임도 느끼게 된다롬 8:9-14, 고전 3:16, 17.

나아가 궁극적으로는 오순절 성령 강림 사건의 전·후를 거시적으로 고찰할 때 예수의 구속 사역을 중심으로 전 삼위일체의 공동 사역으로 진행되는 구속사의 일관성을 새삼 확인하게 된다. 즉 제1위 성부 하나님은 예수를 통한 구속의 법을 제정하시고 이를 약속 예언하시면서 구약 시대에 주도적 역할을 하셨고 제2위 성자 하나님이신 예수는 신약을 개시하시면 이 땅에 초림하사 그 구속 사역을 이루심에 있어서 주도적 역할을 행하셨고 이제 같은 신약시대이기는 하되 주님이 지상에 계시던 때와 달리 주님이 승천하고 재림하시기 전까지의 현재에는 제3위 하나님이신 성령이 주님의 이루신 구속 사역의 공로를 각 성도에게 적용하여 인치시며 주도적 역할을 행하고 계시는 것이다. 실로 구속사는 그 시대별로 어느 한 위께서 보다 더 주도적으로 사역하시는 정도의 차이는 있으나 근본적으로 우리의 구원을 위하여 삼위 모두께서 예수 구속의 원리를 중심으로 한 치의 오차도 없이 일관되게 진행하시는 구원의 역사이다.

학습 자료 77-7   예루살렘 초대 교회 공동체 생활 이해 행 4:32-35

✝ 공동체 형성 배경

예루살렘 공동체는 오순절 사건 이후 폭발적인 복음 전파와 함께 매우 들뜬 분위기 속에서 급작스럽게 형성되었을 것으로 추측된다. 그렇게 공동체를 형성할 수밖에 없었던 이유는 분명히 알 수 없으나 다음과 같은 몇 가지 이유가 있었을 것으로 추측해 볼 수 있다. 첫째, 그리스도를 추종하는 자들은 유대교(Judaism)와는 분리된 독립된 신앙생활 문화를 만들 필요가 있었기 때문이다. 둘째, 임박한 그리스도의 재림을 대비하기 위해서이다. 셋째, 더욱 활성적인 복음 전파 사업을 공동으로 추진하기 위해서이다. 이를 위해 그들은 자신들의 소유를 공동체에 자발적으로 헌납하고 함께 신앙 생활하였다.

한편 이러한 기본 취지는 그 이후 초대 교회에서도 계속 유지되었으나 예루살렘 교회와 같이 개인적인 생활을 전폐하고 사유 재산을 헌납하는 그런 공동체 생활이 계속해서 유지되는 않았다. 그리고 예루살렘 이외의 다른 지역에서도 이와 같은 형태의 공동체가 있었는지에 대해서는 분명치 않으나 그 기본 정신은 계승되었음이 서신서들을 통해 분명히 알 수 있다.

✝ 공동체 생활의 특징

예루살렘 공동체 생활에 대한 자세한 정보는 없지만 성경의 기록^{2:42-47, 4:32-35}을 근거해서 볼 때 크게 다음과 같은 두 가지 특징을 가진다.

① **예수 그리스도 중심의 종교 생활** : 대부분 유대인 개종자이었던 초기 구성원들의 종교 생활의 중심지는 예루살렘 성전(Temple)이었다. 그러나 그들이 성전에 모인 것은 과거 유대교에 속했을 때와 같이 제사를 드리기 위한 것이 아니라 사도들로부터 그리스도의 복음에 대해 가르침을 받고 기도하기 위해서였다. 또한 그들은 회당에서 모이는 대신 한 가정집에 모여서 그리스도의 피와 살을 기념하는 성찬식을 나누며 또 애찬(愛餐)을 통해 성도 간의 교제를 돈독히 하였다. 이처럼 예루살렘 공동체의 종교 생활은 전적으로 그리스도 중심으로 이루어졌으며 이는 신약 시대 모든 교회의 본이 되었다.

② **물질의 공유와 나눔** : 예루살렘 교회 구성원들은 자발적으로 자신들의 재산을 공동체에 헌납하고 각 사람들의 필요에 따라 서로 나누었다. 이는 당시의 특수한 상황에서 이루진 것으로 그리스도의 재림이 임박했다는 의식과 신속한 복음 전파 사업을 위한 필요성 때문에 그렇게 했다. 그러나 복음 전파 사업이 그렇게 단기간에 이루어지지 않자 그런 식의 공동체 생활에는 많은 문제가 있음을 깨닫게 되었고 이후 재산을 전부 헌납하는 일들은 곧 없어진 것 같다. 다만 가난한 성도들을 구제하기 위해 물질을 얼마씩 나누는 일은 계속되었으며 또 연보가 적극 권장되기도 하였다^{고후 8장, 갈 6:6, 히 13:16}.

✝ 의의

이러한 예루살렘 교회 공동체의 생활 풍습은 이후 초대 교회 전체와 신약 교회 전체의 신앙생활에 지대한 영향을 끼친바 그 의의를 살펴보면 다음과 같다.

① 그리스도인이 되었을 땐 유대인이든 이방인이든 막론하고 반드시 과거 죄된 생활이 청산되어야 한다^{롬 12:2, 엡 4:21-24}.

② 그리스도인의 신앙생활은 철저히 그리스도 중심적이어야 한다^{갈 2:20, 골 3:15-17}.

③ 지상의 소유물에 대한 이기적인 집착심을 버리고 항상 나눔과 섬김의 정신을 가져야 한다^{고전 9:11-14}.

④ 그리스도인들 간의 교제는 종교적인 측면에서나 물질적인 측면에서나 막론하고 삶의 전 영역 속에서 이루어져야 한다^{요일 3:13-18}.

⑤ 복음 전파와 하나님 나라 건설을 위한 일이라면 언제든지 자신의 전 소유뿐만 아

니라 자신의 삶 전체를 헌신할 수 있는 자세를 가져야 한다^{마 6:33}.

학습 자료 77-8 신유(信愈) ^{행 5:12-16}

본서를 통해서 볼 때 초대 교회 당시 사도들은 자주 병 고치는 이적을 행했다. 그리고 바울은 이러한 병 고치는 능력을 성령이 주시는 은사(恩賜) 중의 하나로 언급하고 있다^{고전 12:9, 30}. 그러나 현대에는 이러한 병 고침의 이적이 초대 교회 당시에 비해 볼 때 현저하게 줄었을 뿐만 아니라 혹자는 오늘날에 신유의 은사는 없어졌으며 다만 성도의 믿음의 기도에 대한 응답으로 이적이 간혹 있을 뿐이라고 주장하기도 한다. 이에 신유(Faith-Healing)에 대한 전반적인 사실들을 살펴봄으로써 이러한 문제들을 살펴 보고자 한다.

✝ 용어의 정의

'신유'(Faith- Healing)란 신체 기관에 나타난 선천적, 후천적 발병이나 불구(不具) 상태를 의학적인 치료에 의해서가 아닌 하나님이 주신 능력으로 고치는 기적 행위를 가리킨다. 그리고 치유 받는 병자에게는 믿음이 전제 조건으로 요청되나^{마 9:21, 22, 28, 29, 눅 17:19} 반드시 그런 것은 아니며 병자 자신에게 믿음이 없다 하더라도 하나님이 당신의 영광을 위하여 병자를 치유케 하시는 경우도 있다^{막 1:31, 눅 22:51}.

신유 이적은 구약시대 선지자들에 의해서도 나타났으나^{왕하 5:3-14, 20:7-12, 사 38장}, 예수님의 공생애 사역을 통해 가장 많이 나타났다^{눅 7:21, 22}. 그리고 예수의 제자들이 신유 이적을 행한 것은 주로 오순절 사건 이후부터이며 사도 베드로와 바울을 통해 가장 두드러지게 나타났다^{행 3:6, 7, 5:12-16, 14:15-18}.

한편 이런 병 고침의 이적은 반드시 그런 능력을 소유한 사람에 의해서만 나타난 것은 아니며 믿음 강한 자들의 기도에 대한 응답으로, 혹은 교회 전체의 합심 기도에 의해서도 나타났다^{약 5:14-16}. 이에 사도 바울은 이처럼 기도에 대한 하나님의 응답으로 병을 고치는 경우와 달리 특별히 병고치는 능력을 하나님으로부터 받아 계속해서 소유하고 있는 것을 신유의 은^{사고전 12:9, 30}로 칭하였다.

✝ 신유의 목적

하나님으로부터 기원한 신유(信愈)의 이적은 궁극적으로 인간들을 향하신 하나님의 긍휼과 사랑의 표현이다. 즉 하나님은 모든 인간이 육적인 질병으로 인한 고통뿐만 아니라 영적 질병인 죄의 치유를 받아 구원 얻기를 원하시는 분으로서 신유 이적은 그러한 하나님의 뜻을 표현하기 위한 한 방편일 뿐이다.

예수께서 공생애 사역 기간 동안 행하신 수많은 신유 이적들도 단지 인간들의 육적 질병 뿐만 아니라 영저 질병까지 고쳐주시기 위한 메시아(Messiah)로서 당신이 전파하신 구속의 복음의 진정성을 입증하기 위한 방편으로써 행하신 것이다. 이에 대한 상세한 설명은 ^{요 9장} 학습 자료 72-10 '예수의 치유 사역 이해'를 참조하라.

또한 예수께서 성령을 통하여 사도들과 다른 제자들에게 신유의 은사를 주신 것도 그들이 전파하는 복음에 대한 진정성과 그들이 하나님의 능력의 소유자들임을 증거토록 하기 위해서였다.

따라서 신유의 궁극적 목적은 단순히 인간의 육신의 치유를 위한 것만이 아니라 그 영혼의 구원을 위한 것이다. 이는 다시 말하면 모든 병을 다 치유하는 것이 하나님의 뜻은 아니며 때로는 그 영혼을 위하여 육신을 연단하는 방편으로 하나님이 질병을 허락하실 수도 있다는 것이다. 욥의 경우가 그 대표적인 경우이며 바울의 경우도 하나님이 질병 치유를 허락지 않으셨다^{고후 12:7}. 또 바울은 아들처럼 사랑했던 디모데의 질병을 자신이 소유한 신유의 능력을 고쳐주지 않고 민간 치료 방법으로 치료하도록 권면했다^{딤전 5:23, 딤후 4:20}.

✝ 의의

우리가 잘 알다시피 오늘날에는 사도 시대에 비해 신유 이적이 현저히 줄었다. 그리고 오늘날에 신유 이적이 일어나는 곳도 대부분 복음이 처음 전파되는 곳이며 이미 복음의 뿌리가 깊이 내린 곳에는 그런 이적이 거의 나타나지 않고 간헐적으로 신유 은사를 가진 자에 의해서가 아니라 기도의 응답으로 나타날 뿐이다.

이러한 현상에 대해 학자들은 대개 초대 교회 시대에는 아직 성경이 기록되지 않았을 뿐만 아니라 대부분 복음이 처음 전파되는 곳이었기에 그러한 신유 이적이 절대적으로 필요했지만, 오늘날은 인간 구원에 필요한 모든 계시가 성경으로 기록되어 있어 이적을 계속해서 나타낼 필요가 없게 되었기 때문이라고 설명한다. 물론 오순절파를 비롯한 일부의 사람들은 성령의 역사가 왕성히 일어나는 곳에는 언제나 이런 이적들이 일어난다고 말한다.

결론적으로 하나님은 언제든지 우리에게 신유의 이적을 나타내실 수 있다. 그러나 모든 질병을 다 고치는 것이 하나님의 뜻은 아니며 때로 질병을 통하여 겸손과 자기 연단을 배우기를 하나님은 원하신다. 따라서 자기 육신의 안일을 위해서가 아니라 오직 하나님의 영광을 위하여서만 병 치유의 이적을 바라야 할 것이다. 그리고 반드시 병 치유의 이적만이 제일 나은 방법은 아니며 훨씬 더 효과적으로 하나님의 영광을 드러낼 수 있는 길이 얼마든지 있음을 깨달아 그런 방법을 찾는 현명함을 가져야 할 것이다.

학습 자료 77-9 순교(殉教) ^{행 7:54-60}

기독교의 역사는 순교자의 역사라 해도 과언이 아니다. 그만큼 기독교 전 역사(全歷史) 속에는 많은 순교자가 있었으며, 그러한 사람들로 인하여 온갖 핍박과 환난 속에서도 복음 전파는 중단되지 않았고 오히려 더욱 왕성해져서 오늘날 전 세계 구석구석까지 교회가 없는 곳이 없을 정도가 되었다. 본문에서는 그렇게 많은 순교자 가운데 최초의 순교자였던 스데반의 순교 장면이 매우 생생하게 그려져 있다. 이에 순교에 관한 전반적인 사실들에 관해 살펴보도록 하겠다.

✝ 용어의 정의

영어에서 '순교'를 뜻하는 '마터덤'(martyrdom)과 '순교자'를 뜻하는 '마터'(martyr)는 헬라어 '마르튀스'에서 유래하였다. '마르튀스'는 일반적으로 '증거', '증인'이라는 뜻의 법정 용어로 쓰였다[마 18:16, 히 10:28]. 그러던 것이 종교적인 측면에서 자신이 믿고 있는 교리의 진정성을 입증하는 자[계 1:5, 3:14]라는 의미로도 사용되었다.

그런데 이처럼 '증인' 혹은 '증거'라는 뜻을 갖는 이 단어가 '순교자'라는 뜻으로 사용된 것은 증인 중의 최고의 증인이라는 뜻으로 자신의 증거나 믿는바 진리를 위해 목숨을 바쳐 그 진정성을 입증하는 자를 가리키는 것이다[행 22:20, 계 2:13]. 이런 의미에서 예수 그리스도는 당신이 전하신 구속의 진리가 참됨을 입증하시기 위해 십자가에서 순교하신 가장 대표적인 순교자이시다. 따라서 여기서 '순교'(殉教)라고 할 때는 생명을 바쳐서 그리스도를 부인치 아니하고 복음을 증거하는 것을 가리키며 그 행위자를 '순교자'라고 한다.

신약 성경에서는 주로 예수 그리스도의 부활과 그의 복음에 대해 증거한 열두 사도들과 다른 제자들을 가리켜 '증인'(헬, 마르튀스)이라 했다[행 5:41, 9:16]. 그리고 최초의 순교자였던 스데반을 가리켜서도 '주의 증인'[행 22:20]이라 했는데 이는 '순교자'라는 의미로 해석되는 것이 더 정확하다.

✝ 초대 교회의 대표적인 순교자들

로마 황제 네로(Nero, A.D. 54-68년)의 기독교 대 박해가 있기 이전까지도 박해가 없었던 것은 아니지만 신약에 기록된 바 스데반과 주의 형제 야고보[행 12:2] 이외에 그렇게 많은 순교자는 없었던 것 같다. 그러나 네로의 박해 이후부터 A.D. 313년 콘스탄티누스(Constantinus, A.D. 306-337) 황제에 의해 기독교가 공인되기까지 기독교에 대한 로마 제국의 박해는 계속되었으므로 수많은 순교자가 나오게 되었다. 이 순교자들을 여기서 일일이 다 언급할 수는 없고 대표적인 순교자들만을 도표로 살펴보도록 하겠다.

	박해자	비고
스데반	유대 종교 지도자들	최초의 일곱 집사 중 한 사람, 30년경
야고보	헤롯 아그립바	12사도 중의 한 사람, 44년경
바 울	네로	이방인의 사도, 67년경
베드로	네로	12사도 중의 한사람, 68년경
안디바	도미티안	버가모 교회의 성도, 90~96년경
이그나티우스	트라얀	안디옥 교회의 감독, 97~117년경
폴리갑	아우렐리우스	서머나 교회의 감독, 166~167년경
저스틴	아우렐리우스	순회 교사, 161~180년경
이레니우스	세베루스	리용의 주교, 200년경

히폴리투스	막시미안	로마교회의 장로, 235-236년경
예루살렘의 알렉산더	데케우스	예루살렘 교회의 주교, 249-251년경
오리겐	데시우스	알렉산드리아의 교부, 257-260년경
키프리안	발레리안	카르타고의 교부, 257-260년경

학습 자료 77-10 세례의 이해 ^{행 8:38-40}

세례(洗禮)는 기독교에서 행하는 2대 성례(聖禮), 곧 성찬(聖餐)과 세례 중의 하나이다. 기독교의 세례 의식은 그리스도께서 직접 세례 요한으로부터 회개의 세례를 받으시고 십자가의 죽음의 세례로 모든 의를 성취하심으로 말미암아^{마 3:15} 제정된 것으로 초대 교회 때부터 입교 의식(入敎儀式)으로 사용되었다. 그러나 세례는 단순히 입교 의식으로서의 외적인 의미보다는 더 본질적인 의미 때문에 매우 중요한 것에 관한 전반적인 사실들을 살펴보자.

✝ 용어의 이해

'세례'(Baptism)에 해당하는 신약의 헬라어 용어는 '밥티스마'(βάπτισμα)로서 이는 동사 '밥티조'에서 유래하였다. '밥티조'에서 유래한 용어들은 대개 두 가지 용례로 사용이 되었는데 하나는 문자적인 의미로서 '담그다', '물로 씻다', '목욕하다'는 뜻으로 사용되었고, 다른 하나는 비유적인 의미로서 그리스도께 받으시는 십자가 수난^{막 10:38}, 성령의 부어주심^{행 10:45, 11:16} 등의 뜻으로 사용되었다. 따라서 '밥티스마'는 단순히 외적인 의식으로서의 물세례뿐만 아니라 더 본질적인 의미에서의 성령의 부어주심으로 말미암은 '죄 씻음' 혹은 성령의 '인 치심' 등을 뜻하기도 한다고 볼 수 있다^{고후 1:22, 엡 1:13, 4:30}. 이외에 신약에서는 단순히 '물로 씻음'이라는 의미로 세례를 가리키는 용어로서는 '루트론'(λουλρόν)이 있다^{엡 5:26}. 한편 이렇게 물로 씻는다는 것은 기독교에서뿐만 아니라 고대 근동 여러 지역에서는 '죄 씻음', '신생'(新生) 혹은 '신과의 연합'이라는 종교적인 의미로 종종 사용되었다. 그러나 외부적인 형태나 그 의미의 일부가 유사하다 할지라도 그 본질적인 의미에서는 기독교의 세례와 이러한 이교 의식 사이에는 분명한 차이점이 있다.

✝ 세례의 본질

기독교에서 시행되는 세례의 본질(本質)을 한마디로 말하면 '씻음과 연합'이다. 여기서 '씻음'은 새로운 삶을 시작하기 위하여 과거의 삶을 청산하는 것을 가리키며, '연합'은 씻음의 결과로 주어지는 새로운 삶의 공동체에로의 소속을 가리킨다. 사탄이 지배하고 있는 죄인이 성도(聖徒), 곧 하나님의 통치를 받는 거룩한 백성이 되기 위해서는 필연적으론 죄악된 옛 삶을 벗어버리는 일이 요청된다. 그러나 이 일은 죄인된 인간 스스로의 힘으로는 전혀 불가능하며 오직 성자(聖子) 예수 그리스도의 구속의 공로를 힘입는 방법밖에는 없다. 본래 제2위 성자 하나님이셨던 그리스도께서는 죄인들이 자신의 구속의 공로를 힘입고 하나님의 백성이 되도록 하시기 위하여 먼저는 태초부터 계시하셨던 구속의 법을 십자가 수난(crucifixion)을 통하여 성취하시기 위하여 죄인의 모습으로 성육신(Incarnation)하셨다. 이에 대해서는 학습 자료 '예수의 성육신과 대속 수난을 통한 인간 구원의 필연성'(학습 자료 73-1)을 보다 참조하라.

그리고 당신께서는 전혀 죄가 없으신 분이시지만 훗날 구속의 법을 성취하신 후 성도들이 자신과 연합하여 구속의 공로를 힘입음을 보여 주시기 위하여 그 외적인 형식으로서 세례 요한으로부터 회개의 세례를 받으셨다. 후대 교회가 물세례를 행하게 된 것도 이와 같은 그리스도의 모범이 먼저 있었기 때문이다. 그러나 구속의 공로를 힘입기 위한 그리스도와의 연합의 효과는 외형적으로 시행되는 물세례를 통해서가 아니라 그리스도의 십자가 수난을 통한 구속의 법의 성취와 부활 승천 이후 오순절에 성령께서 강림하심으로 말미암아 나타나게 되었으며행 2:1-4, 또 각 사람이 회개하고 그리스도를 나의 주로 믿을 때 받는 성령 세례로 말미암아 그 효과가 각 개인에게 적용되게 되었다. 따라서 성령의 세례를 받은 사람은 그리스도와의 연합을 통하여 그의 구속의 공로를 힘입고 죄 씻음을 받았을 뿐만 아니라 하나님 백성의 새로운 공동체에 속하게 되었다. 사도 바울이 '우리가 그의 죽으심과 합하여 세례를 받음으로 그와 함께 장사 되었나니 이는 아버지의 영광으로 말미암아 그리스도를 죽은 자 가운데서 살리심과 같이 우리로 또한 새 생명 가운데서 행하게 하려 함이라'롬 6:4고 말한 것은 이와 같은 세례의 본질을 요약하여 보여 준 것이다.

✝ 세례의 기원과 예표

① 세례의 기원
종교의식으로서의 세례는 고대 근동에서는 어디에서나 널리 행해지던 것이었다. 특히 동방의 밀의 종교(密儀宗敎)에서는 어떤 사람들을 자기 공동체에 가입시킬 때 물이나 불, 혹은 기타의 방법으로 반드시 통과 의례(通過儀禮)를 거치게 했다. 이러한 영향이 기독교의 세례에 어느 정도 미쳤을 것으로 추측이 되지만 보다 직접적인 영향은 유대교 개종자의 세례, 쿰란 공동체의 세례, 그리고 세례 요한의 세례에서 받았다고 볼 수 있다. 일찍이 유대교에서는 이방인 개종자들을 받아들일 때 세 가지 요구조건을 제시했는데 할례, 세례, 제물을 드리는 일이 바로 그것이다. 쿰란 공동체의 세례도 유대교에서와 같이 입문 의식(入門儀式)으로 행해졌으나 그 의미는 죄 씻음을 통하여 하나님 나라의 도래를 준비한다는 종말론적인 것이며 이는 세례 요한의 세례 의미에도 마찬가지이다. 그리스도의 선구자인 세례 요한은 임박한 하나님 나라의 도래를 준비하게 하려고 회개의 세례를 베풀고 성결된 삶을 요구하였다.

그런데 이처럼 하나님 앞에 나아가기 위하여서는 반드시 죄 씻음과 성결함이 요구된다는 사상은 구약 성경에서 유래한 것이다. 다시 말해 제사장들이 여호와께 제사를 드릴 때 정결 의식을 행한 사실레 15장, 민 19장, 선지자들의 회개 요구사 1:16, 렘 4:14 등에서 이러한 사상을 분명히 발견할 수 있는 것이다. 따라서 세례 의식은 중간기 시대 유대교에서 비롯된 것이지만 세례의 본질적인 의미는 구약 성경에 그 근거를 두고 있다고 말할 수 있다.

그러나 기독교 세례의 진정한 기원은 역시 예수 그리스도이시다. 그리스도께서 자신은 전혀 죄가 없으시면서도 죄인들이 자신과 연합하여 구속의 공로를 입는 통로로서 자신을 내어 주시기 위해 직접 요한의 회개의 세례를 받으신 것이 바로 기독교 세례의 기원이다. 그리고 그리스도께서 십자가 수난으로 구속의 법을 성취하신 후에 부활하사 사도들에게 모든 족속으로 제자 삼고 아버지와 아들과 성령의 이름으로 세례를 주라^{마 28:19- 20}하신 지상 대명(至上大命)을 좇은 사도들에 의해 오순절 성령 강림 이후부터 초대 교회 안에서 세례 의식이 행해지게 되었다. 이렇듯 초대 교회에서는 죄 씻음과 그리스도와의 연합을 이루는 보다 본질적인 의미를 지니는 성령 세례와 함께 물세례가 오순절 성령 강림 이후 거의 같은 시기에 함께 시작되었다, 그러나 물세례는 어디까지나 외적인 입교 의식이고 성령 세례는 진정한 의미에서 성도의 중생(重生)을 이루는 것이기에 성도 개개인에게 있어서 양자는 동시에 주어질 수도 있고 그렇지 않을 수도 있다.

② 구약에 나타난 세례의 예표들

신약 성경에서 세례의 예표로 들고 있는 구약의 사건들로는 두 가지가 있다. 하나는 모세가 이스라엘 백성들을 인도하여 홍해를 건넌 사건이고^{고전 10:1, 2}, 다른 하나는 노아 시대의 대홍수 사건이다^{벧전 3:20, 21}.

이스라엘 백성들이 모세의 인도하에 홍해 바다를 통과한 것은 곧 애굽 생활로 상징되는 죄된 옛사람은 죽고 하나님의 백성으로 새롭게 탄생하는 것을 의미한다. 이는 우리가 세례를 통하여 그리스도와 연합하여 십자가에서 옛사람이 죽임당하고 새 사람으로 중생하는 것과 밀접한 연관이 있다^{갈 2:20}.

그리고 노아 시대 대홍수 사건에서 물은 이중적인 의미가 있다. 첫째는 죄악된 세상을 덮어서 죽이는 심판의 의미이고 둘째는 노아의 방주를 물 위에 뜨게 함으로써 노아의 8식구를 세상의 죄와 분리해서 심판에서 벗어나게 하는 구원의 의미가 있다. 이런 의미에서 세례도 성도를 참 구원의 방주 되시는 그리스도 안에 들어오게 함으로써 죄악된 세상과 분리하여 건져지는 구원의 인침이요 보증이 된다^{엡 4:30}.

✝ 세례의 종류

성경에서 언급하고 있는 세례에는 물세례와 성령 세례가 있다. 위에서 이미 언급한 바와 같이 이 둘은 서로 밀접한 연관성을 가지면서도 엄격히 구분된다. 이에 대해 구체적으로 살펴보면 다음과 같다.

① 물세례

물세례는 기독교 공동체에 공식으로 가입한다는 입교 의식이다. 즉 과거의 죄를 씻고 예수 그리스도를 자신의 주(主)로 믿으며 그의 말씀에 순종하겠다고 고백하는 자에 대해 교회가 그를 인정하고 공동체의 구성원으로 받아들인다는 의미에서 행하는 외적 의식이다. 따라서 물세례는 이 세상에 존재하는 가견적 교회(可見的 敎會)를 세우는 데 있어서 필수적인 요소이다. 그리스도께서 사도들에게 지상 대명을 주실 때에도 '모든 족속으로 제자를 삼아 ... 세례를 주고'마 28:19라는 내용을 포함하고 있다. 이는 지상 교회(地上 敎會)를 설립하면서 세례가 교회 밖에 있는 사람들이 복음을 듣고 그리스도를 영접하게 함으로써 교회의 구성원이 되도록 하는 외적인 통로가 됨을 보여 준다. 사도행전을 살펴보면 사도들은 항상 복음과 믿는 자들에게 세례 베푸는 일을 병행하는 방식으로 교회를 설립, 확장해 나간 사실을 발견하게 된다행 2:41, 8:38, 10:47, 48. 이처럼 복음 전파의 실제적인 결실은 세례와 함께 교회 공동체가 생겨남으로 나타나는 것이다.

② 성령 세례

물세례가 그리스도인 공동체에 입문하는 외적 의식이라면 성령 세례는 진정한 의미에서 그리스도인이 되었음을 인정하는 성령의 인(印) 치심이다. 성령 세례는 그리스도를 구주로 영접하도록 하고 회개 중생케 하시는 성령님의 역사이다. 따라서 성령 세례를 받은 사람은 진정한 의미에서 죄 씻음을 받았을 뿐만 아니라 사탄이 지배하고 있던 옛사람이 죽고 그리스도 안에서 새롭게 탄생하는 중생을 경험한 사람이다. 그리고 성령 세례에 의해서 진정한 의미에서 그리스도와 연합하고, 또 그리스도의 지체(肢體)를 이루는 그리스도인 곧 성도가 된다. 이렇게 그리스도의 지체된 성도들이 서로 연결하여 주 안에서 참된 교회를 이루게 된다. 물세례를 받은 사람들 가운데는 참 그리스도인이 아닌 사람도 있을 수 있다. 지상의 유형(有形) 교회 안에 알곡과 가라지가 서로 섞여 있는 이유가 여기에 있다마 13:24-30. 그러나 성령 세례를 받은 사람은 결코 그런 일이 있을 수 없다. 그것은 성령 세례는 그가 참 하나님의 양자(養子)가 되었으며 구원을 받았다는 성령의 인치심이요 보증이기 때문이다. 한편 이에 대하여행 9장 학습 자료 77-11 '성령 세례와 성령 내주 및 성령 충만'을 보다 참조하라.

✝ 세례의 의의

앞부분에서 살펴본 바와 같이 세례는 구약의 예표와 더불어 예수 그리스도에게서 그 기원을 찾을 수 있는 기독교 진리를 가장 함축적으로 포함하고 있는 기독교 의식이다. 따라서 성도는 세례의 의미가 죄의 지배에서 벗어나며 그리스도와 더불어 연합함으로써 새 삶을 부여받는 것임을 다시 한번 가슴에 새길 필요가 있다. 그리고 단순히 타인의 눈으로 확인되는 물세례에 머무는 것이 아니라 성령의 인치심 때문에 진정한 그리스도인이 되는 성령 세례를 경험하는 자들이 되어야 한다. 그뿐만 아니라 이 세례는 이 지상에 살고 있으나 천국 시민의 자격을 획득한다는 의미가 있으며 이에 대한 감격을 가지고 보다 성결한 삶으로서 그리스도인의 향기를 드러내는 생활을 하여야 한다.

학습 자료 77-11 성령 세례와 성령 내주 및 성령 충만 행 9:17

본문에는 다메섹 도상 사건을 경험한 사울에게 아나니아가 찾아가 자신은 주님이 보내신 자로서 사울의 눈을 뜨게 하고 성령으로 충만하게 하려고 왔음을 말하고 그에게 안수하는 장면이 소개되고 있다. 이외에도 성경은 한 개인의 구원을 위하여 서로 연속된 성령의 사역이면서도 각각 독특한 측면을 가진 성령세례와 성령 내주 및 성령 충만을 여러 곳에서 밝히고 있는 바 우리는 각각의 개념과 아울러 서로의 관계에 대하여 밝히 이해할 필요가 있다.

✝ 성령 세례

'성령 세례'(Holy Baptism)란 성령이 한 죄인의 심령에 처음 임하사 예수 그리스도를 자신의 구주로 믿게 하고 또 회개하여 중생케 하시는 성령의 사역을 가리킨다. 오순절 성령 강림 사건이 성령께서 인간의 역사 속에 개입하사 구속사를 주도하시기 시작하신 사건으로서 역사 전체의 입장에서의 최초의 단회적 사건이었다면 성령 세례는 성령께서 각 개인 안에 영속적으로 내주(內住)하시기 위한 개시로서 한 개인의 입장에서의 최초의 단회적인 사건이다. 즉 성령 세례란 개인별로 그가 처음 구주를 영접하도록 단회적으로 발생하는 사건이다. 이같은 성령 세례는 세례 요한이 예언한바 '내 뒤에 오시는 이는 … 성령과 불로 너희에게 세례를 베푸실 것이요' 마 3:11라고 했던 바와 같이 일단 오순절 성령 강림 사건을 통하여 성령이 이 역사에 임재하신 이후에 각 성도 개개인에도 임하시기 시작함으로 시작되었다. 이런 성령 세례는 하나님의 각 개인 성도에 대한 인정과 구원의 인치심이다고후 1:22, 엡 1:13; 4:30. 실로 타락 이후 완악해진 인간은 그 누구나 성령 세례 없이는 예수 그리스도를 믿을 수 없는 것이다.

따라서 이미 예수를 주로 시인하는 자는 그 누구나 성령세례를 받은 자이다. 그런데 이때 성령 세례는 개인별로 큰 감동과 격함으로 또는 잔잔하지만 확고한 깨우침으로 올 수 있다. 따라서 혹자는 성령 세례를 성령의 강력한 충만상태와 혼동하여 특별한 신(神) 체험이 없어서 성령 세례를 안 받았다고 착각하는 경향이 있는데 참으로 주님을 그리스도로 고백하는 사람은 누구나 이미 자신에게 그런 믿음을 주신 성령 세례를 받은 것이다. 한편 물세례는 그리스도인 공동체에 입문하는 외적인 의식으로서, 과거의 죄를 씻고 예수 그리스도의 죽으심과 부활에 동참한다는 성도 자신의 고백과 이에 대한 교회의 인정으로 이루어진다. 그러므로 물과 성령으로 거듭나야 한다고 말할 때요 3:5 그것은 성도에게는 성령 세례를 통한 내적인 체험과 물세례를 통한 교회의 외적 공인(公認)이 동시에 요청됨을 가리킨다.

학습 자료 77-12 초대 교회 박해사 행 9장 이하

초대 교회의 역사는 박해 속에서 꽃이 피고 열매를 맺은 실로 박해로 점철된 역사라 할 수 있다. A.D. 30년 오순절 성령 강림을 기점으로 예수의 열두 제자들을 중심으로 예루살렘에서 태동하여 설립된 초대 교회는 설립되자마자 유대 종교 지도자들의 즉각적인 박해를 받았으며 마침내 스데반(Stephen)의 최초의 순교를 계기로 유대교(Judaism)의 대대적인 박해가 본격 개시된 후에는 성도들의 대부분이 당시 교회의 본산지였던 예루살렘을 떠나지 않으면 안 되었다행 8:1. 그리고 그리스도의 복음이 팔레스타인 전 지역과 이방 세계에도 전파되어 결실을 보기 시작한 A.D. 60년경부터 기독교는 로마 제국(Roman Empire)의 박해까지 받게 되었고 이러한 로마제국의 박해는 A.D. 6년 네로의 대박해를 기점으로 본격화되어 A.D. 313년 콘스탄티누스 대제의 밀라노 칙령에 따라 기독교가 로마 제국의 국교(國敎)로 공인되기까지 간헐적으로 계속되었다. 따라서 초대 교회 역사를 이해하기 위해서는 초대 교회의 박해사에 대한 이해가 필수적인 바 이를 요약해 보기로 한다.

✝ 박해의 유형과 전개에 대한 기본 이해

모든 역사 현상이 다 그러하듯이 초대 교회의 박해 양상도 단순한 기준으로 구분해 낼 수는 없지만 크게 나누자면 초기 즉 초대 교회가 태동하여 일단 전 로마 제국에 퍼지기까지의 A.D. 30~60년까지의 유대교(Judaism)의 종교적 박해와 그 이후의 A.D. 60-313년까지의 로마 제국(Roman Empire)의 정치적 박해로 구분된다.

먼저 유대교의 종교적(宗敎的) 박해의 근본 원인은 유대 종교 지도자들이 전날 예수를 십자가에 못박은 사실과 그 맥락을 같이하고 있다. 유대교는 비록 선민 이스라엘의 후손인 유대인의 종교였으나 태초 아담의 때부터 계승된 순수한 정통신앙이 아니었다. 즉 그들은 B.C. 5세기 무렵부터 배타적인 민족주의(民族主義)와 인본주의(人本主義)적 편견을 가지고 하나님의 계시인 순수한 구약 전체가 아니라 구약의 일부 내용만을 취하여 이를 왜곡 해석하고 거기에 유대인 자신들의 전승(tradition)까지 가미하여 여러 가지 그릇된 교리를 갖게 되었다. 그리하여 유대교의 분파에 따라 약간의 차이는 있었으나 전반적으로 하나님이 주시려는 구원(救援)은 유대인 자신들만을 중심으로 한 이 지상에서의 정치적 승리와 평화이며 이런 구원을 얻는 길은 율법을 지켜서 스스로 의인이 되는 것으로 생각했다. 그리고 이 모든 것을 한 메시아가 와서 이루어 줄 것으로 고대했다. 이런 잘못된 교리를 갖고 있었기 때문에 그들은 예수께서 참 메시아(Messiah)로서 구약의 성취로 오셔서 구속 사역을 성취하고 새로이 신약을 주셨음에도 주님이 그들의 착각과 달리 세계 만민 중에 택한 모든 자들을 오직 믿음을 통하여서 이 땅이 아니라 하늘의 새 천국에 인도하심으로 구원을 주시겠다고 선포하시자 이를 거부하고 오히려 메시아 예수를 죽였던 것이다. 그리고 이제 예수의 제자들이 다시금 예수의 부활과 그리스도의 구속 복음을 선포하자 유다의 종교 지도자들은 다시금 '그리스도의 도'를 전파하는 무리들을 무조건 유대교(Judaism)를 문란케 하는 이단으로 규정하고 그들의 정치 종교적 기득권을 수호하기 위하여 박해를 가했던 것이다.

이러한 유대교의 종교적 박해는 처음에는 예루살렘과 팔레스타인 지역에서만 있었으나 사도 바울에 의해 그리스도의 복음이 로마 제국 전체로 전파되면서 유대교의 박해도 디아스포라(Diaspora) 곧 해외로 흩어진 유대인들이 있는 로마 제국 여기저기에서 일어나게 되었다. 특히 유대교인들은 기독교(Christianity)에 대한 로마 제국 차원의 정치적 박해가 본격적으로 개시된 기독교인들을 로마 황제 숭배를 거부하는 반국가적인 무리로 고발하여 로마인들의 손에 죽임을 당하게 하는 간접적인, 그러나 더욱 잔인하고 비열한 방법으로 박해를 가했다.

한편 기독교에 대한 로마 제국(Roman Empire)의 정치적(政治的) 박해는 비교적 복잡한 양상으로 그리고 간헐적으로 나타났다. 피식민지에 대한 종교 관용 정책을 폈던 로마 제국은 처음에는 기독교를 유대교의 일파로 보아 박해하지 않았으나 점차 기독교가 유대교와는 다르며, 특정한 어느 한 국가나 민족을 배경으로 하고 있지 아니하면서도 강력한 공동체 의식과 지도력을 갖추고 로마 제국이 통치권 확립 차원에서 시도한 황제 숭배(Emperor-Worship)를 거부하는 반국가적인 단체로 인식하기 시작하면서부터 본격적인 박해를 가하기 시작했다.

국가 지상주의(國家至上主義)를 부르짖는 로마 제국의 처지에서 볼 때 황제 숭배를 거부하고 다른 종교를 부정하는 세계의 잡다한 민족들로 구성된 소규모의 그리스도인 공동체는 민심을 어지럽게 하고 제국의 안정을 깨트리는 불량한 단체로 보일 수밖에 없었다. 이에 로마 제국은 국가의 모든 재난의 원인을 그리스도인의 탓으로 돌려 핍박하였고, 심지어는 역으로 정치적 불순분자들을 기독교도로 몰아서 죽이기도 하였다. 그렇게 함으로써 특정한 민족 또는 계층을 정치적으로 박해할 때 닥칠 수도 있을 정치적 혼란을 피할 수 있었다. 결국 초대 기독교는 로마 제국의 정치적 희생물이 된 것이다.

✝ 박해의 실례들

① 유대교의 박해

초대 교회는 일단 예루살렘에서 A.D. 30년에 태동한 이래 스데반의 순교 때 예루살렘 성도들이 팔레스타인과 인근 각처로 흩어지게 된 것^{행 8:1}을 계기로 하여 대략 A.D. 37-46년 사이에 일단 팔레스타인 전역에 뿌리를 내리고 그 후 바울이 A.D. 47-57년 사이에 전 3회에 걸쳐 이방 선교 여행을 한 것을 계기로 전 로마 제국에 퍼지는 대략 3단계의 발전 과정을 거쳤다. 이런 과정 중에서 초대 교회가 최초로 직면해야 했던 박해는 유대교의 박해였다. 물론 A.D. 60년 이후에도 유대교(Judaism)의 박해가 있기는 하였지만 그때는 어차피 초대 교회에 대한 박해가 전 로마 제국 차원으로 비화한 상태였고 A.D.70년의 로마에 의한 예루살렘 함락으로 유대교는 특별히 초대 교회 박해에 힘을 쓸 여력도 없었다. 따라서 초대 교회 초기의 박해는 거의 유대교의 박해였고 유대교의 박해는 초대 교회 초기에 집중되었었다.

한편 초대 교회에 대한 유대교의 박해는 예루살렘과 팔레스타인 지역은 물론이고 유대 공동체를 이루고 사는 곳이면 로마 제국 어디서나 있었다고 볼 수 있다. 그러나 이에 관한 정보는 초대 교회 교부들의 글들에서 조금 발견될 뿐 자세한 것은 알 수 없으며 우리가 아는 것은 전적으로 사도행전을 통해서이다. 이에 사도행전에 나타난 기독교에 대한 유대교의 박해 사건을 간추려 보면 다음과 같다.

연도(A.D.)	박해의 양상	박해지
30	베드로와 요한이 체포되었다가 공회원들의 경고를 받고 풀려남 (3:1-4:22)	예루살렘
"	사도들이 다함께 산헤드린 공회원들에 의해 체포되었다가 가말리엘의 변호로 풀려남(5:17-42)	"
"	스데반이 산헤드린 공회원들과 유대교도들의 돌에 맞아 순교함 (7:54-60)	"
"	스데반의 순교를 계기로 대대적인 그리스도인 숙청 작업이 개시되어 예루살렘 교회 성도들이 유대와 사마리아 땅으로 흩어짐(8:1, 2)	"
34	사울이 다메섹에 있는 그리스도인들 체포를 위해 유대 산헤드린 공회에 의해 파견됨(9:1,2)	팔레스틴 지역
37	회심한 사울이 다메섹에서 핍박을 받아 고향 다소로 도피함(9:23-25)	"
44	헤롯 아그립바 1세의 예루살렘 초대 교회 박해 시 사도 야고보가 순교함(12:1,2)	예루살렘
"	헤롯 아그립바 1세의 예루살렘 초대 교회 박해 시 베드로가 체포되었다가 천사에 의해 구출됨(12:3-19)	"
47-49	바울이 루스드라에서 비시디아 안디옥과 이고니온에서 온 유대교도들에게 돌로 맞아 죽기 직전에 이름(14:19-20)	헬라 지역
49-52	바울이 아가야에서 유대교도들의 고발로 총독 갈리오 앞에 끌려가 심문을 받음(18:12-17)	고린도
53-57	바울이 헬라 지역의 유대교도들의 살해 음모를 피해 마게도냐로 감 (20:3)	헬라 지역
58-62	유대교도들의 고소로 체포된 바울이 예루살렘에서 로마로 호송됨 (21:27-28:15).	예루살렘

② 로마 제국의 10대 박해

A.D. 60년 이후 초대 교회가 이제 팔레스타인 지역을 벗어나 로마 제국 전역으로 확장되어 그 정치적 비중이 커감에 따라 로마 제국(Roman Empire)이 몇몇 정치 종교적 이유로 초대 교회를 박해하기 시작하였다. 초대 교회에 대한 로마 제국의 박해는 주로 A.D. 64~313년 사이에서 발생하였다. 그러나 이 기간의 모든 로마 황제들이 다 기독교를 박해한 것은 아니며 때로 기독교에 대해 호의적이거나 아니면 황제 자신의 신중한 성품 때문에 박해하지 않은 황제들도 여럿 있었다.

한편 기독교(Christianity)에 대한 로마 제국의 박해는 크게 3기로 구분할 수 있다. 제1기는 로마 황제 일개인의 이해관계 차원에서 박해가 가해진 시기이다(A.D. 63~96년). 그리고 제2기는 각 지역의 상황에 따라 국부적(局部的)으로 박해가 가해지던 시기이다(A.D. 98~236년). 마지막 세 번째는 로마 제국 전역에 걸쳐 대대적인 박해가 가해지던 때이다(A.D. 249~251년).

이에 기독교에 대해 크게 박해한 대표적인 로마 제국의 10대 박해 사건을 정리해 보면 다음과 같다.

로마 황제 (박해 연도)	박해의 양상	박해의 원인
네로 (64년)	· 로마시와 근교 지역에서 시행됨 · 네로의 궁전을 밝히기 위한 소위 '인간 횃불'로서 그리스도인들이 화형당함	로마시 대화재의 혐의를 받음
도미티안 (90-96년)	· 로마와 소아시아 지역에서 산발적으로 시행됨	황제 숭배 거부 및 반국가 단체로 규정됨
트라얀 (98-117년)	· 스데반이 산헤드린 공회원들과 유대교도들의 돌에 맞아 순교함(7:54-60)	황제 숭배 거부 및 사회 혼란죄
하드리안 (117-138년)	· 혐의가 드러났을 경우에만 처벌함 · 박해가 점차 로마 제국 전역으로 확대되어감	황제 숭배 거부 및 그리스도인에 대한 증오
아우렐리우스 (161-180년)	· 스토아주의자인 황제는 기독교를 사상적으로 배격함	질병, 흉년을 가져온 자들로 규정됨
세베루스 (202-211년)	· 기독교로의 개종을 금지함 · 황제의 포학 무도함으로 많은 그리스도인이 처형됨	그리스도인에 대한 무조건적인 증오
막시미누스 (235-236년)	· 기독교 성직자들에 대한 대대적인 박해	기독교에 우호적인 전임 황제 지지자들 및 지진 사고를 가져온 자들로 규정됨
데키우스 (249-251년)	· 그리스도인들을 황제 숭배의 제물이 되게 하고 기독교 신앙 포기 강요 · 제국 전역에서 실시함	국력 쇠퇴를 가져온 자들로 규정됨
발레리아누스 (257-260년)	· 재산 몰수 및 공민권(公民權) 박탈	질병, 흉년을 각져온 자들로 규정됨
갈레리우스 (303-311년)	· 교회 파괴, 성경을 불태움, 로마신들에 대한 숭배 강요	모든 국가 재난의 원인자들로 규정됨

✚ 대 박해를 이겨낸 초대 교회의 교훈

세계의 대부분 이방 종교는 이를 창시한 집단의 정치 문화적 번영과 비호 속에서 급속히 성장하였다가 그런 여러 가지 여건들이 사라지고 박해를 받을 때면 곧 쇠퇴해 버리는 것이 일반적이었다. 이는 한마디로 그 이방 종교가 역사와 인생에 대한 참 진리가 없기 때문이었다. 그러나 지금까지 우리가 살펴본 대로 기독교(Christianity)는 태동 초기부터 유대교와 로마 제국의 숱한 정치적, 종교적 박해에 직면해야만 하였다. 심지어 물론 기독교 신앙은 근본적으로 태초 아담의 때로부터 있어 온 구약 정통신앙까지 계승한 신·구약 모두를 믿는 신앙이지만 이 당시의 관점에서는 직접적으로는 예수에게서 기인하였는바 결국 기독교는 유대 정치 종교 지도자들의 획책에 따라 로마 정부로부터 정치범으로 몰려 처형당한 바로 그 분^{마 27장}을 하나님의 아들이요 구주로 믿는 참 신앙 때문에 박해를 당한 것이다. 그러나 기독교는 조금도 위축되지 않고 오히려 놀랍게도 가루 서 말 속에 든 누룩처럼^{마 13:33} 급속히 로마 제국 전체로 확산하였고, A.D. 313년에는 로마 제국의 국교(國敎)가 되어 결국 로마 제국을 정복하였다. 그리고 현재에는 세계만방에 전해져 곳곳에 교회가 세워지게 되었다.

실로 불신자들에게도 로마 식민지 치하의 유대 땅에서 비천한 계층의 소수 무리가 나사렛 출신의 젊은 정치범을 믿던 기독교가 전제국 차원의 그토록 처절하던 박해를 이겨내고 오늘날 세계 최대의 신앙이 된 것은 역사의 경이로 인정된다. 그러나 성도에게는 이는 결국 기독교 신앙이 생명력을 가진 산 신앙임을 입증해 준다. 그리하여 궁극적으로는 기독교가 믿는바 역사상 실제 이 땅에 사셨던 나사렛 예수는 하나님의 아들이시고 십자가 구속 사역을 통해 우리에게 사죄된 구원(救援)을 주시는 구주이심을 믿는 복음이 산 진리임을 입증하는 한 증거가 된다.

 **77**일차 범위 **생각해야 할 성경적 세계관의 이슈들**
☑ 읽을 책 : "기독교 세계관 핸드북" 도서 출판 에스라 2023

❖ **행 8장** "기적과 과학은 양립 가능한가?"(p4488)

78일 핵심 학습 자료

행 15:36~
18:22 ·
살전 1~5 ·
살후 1~3 ·
행 18:23~
19:22 ·
고전 1~6

학습 자료 78-1 시간 흐름으로 본 서신서의 분류

90일 성경일독 도표 ⓒ 2009 주해홍

	무슨 일이 있었는가?	사도행전의 시간 흐름	바울서신	공동서신	예언서
AD 30	■ 예수님의 승천 성령강림	교회의 형성기 (예루살렘) (행1장-7장)			
32	■ 스데반의 순교	교회의 변형기 (유대와 사마리아) (행8장-12장)			
34	■ 바울의 회심				
				야고보서	
47	■ 바울의 1차 전도여행 (49년까지)	교회의 확장기 (땅끝까지) (행13장-28장)	갈라디아서		
49	■ 예루살렘 공의회 바울의 2차 전도여행 (52년까지)		데살로니가 전서 데살로니가 후서		
52	■ 바울의 3차 전도여행 (58년까지)		고린도 전서 고린도 후서 로마서		
54	■ 네로황제 즉위 (68년까지 통치)				
58	■ 바울의 체포, 로마 압송			히브리서	
60	■ 바울의 옥중생활		옥중서신 빌립보서 골로새서 에베소서 빌레몬서		
64	■ 로마의 대화재		목회서신 디모데 전후서 디도서	베드로전서 베드로후서	
67	■ 바울, 베드로 순교			유다서	
68	■ 네로의 죽음			요한 1,2,3서	
70	■ 예루살렘 파괴				
95	■ 사도요한의 밧모섬 유배				요한계시록

학습 자료 78-2 서신서 개요

서신서는 성령 하나님의 권능을 받아 그의 사역에 이끌림을 받아 나타난 부산물이다. 마치 구약의 선지자들이 하나님의 말씀을 받아 전파한 것처럼 말이다. 그래서 신약에 나오는 서신서는 구약의 선지서 같은 성격을 띠고 있다고 볼 수 있다. 구약에 선지서의 핵심 내용은 바로 시내 산 언약으로 맺어졌던 그 율법을 지켜 행하라는 것이 핵심 메시지이다. 지켜 행하지 않는 이스라엘 백성들을 향하여 그것을 지켜 행하도록 강조하는 것이 바로 선지서의 핵심 내용이었다. 신약의 서신서를 구약적인 의미로 접근해 보면 신약의 서신서는 구약의 선지서와 지혜서의 내용들을 다 포함하고 있다고 볼 수 있다. 역사서는 과거를 언급하고 예언서는 미래를 알게 해 주는 그런 책이지만 지혜서는 모든 세대와 시대에 통하는 진리와 지혜를 언급하고 있는 그런 측면에서 서신서는 지혜서에 해당한다고도 볼 수도 있다. 그러나 서신서는 바로 하나님의 백성으로서의 구별되는 삶, 즉 우리 성경통독의 관점인 거룩한 삶, 구별되는 삶을 살아야 한다는 것을 중심으로 볼 때 서신서는 구별된 삶에 관한 책이다. 성화를 이루는 삶의 지침서(Basic Information)이다

구약의 선지서 예언서들도 단순히 미래의 될 일에 초점이 맞춰져 있기보다는 지켜 행하는 삶에 초점이 맞춰져 있다. 지켜 행하는 삶을 독려하고 권면하는 것이 핵심 내용이고 부수적으로 만약에 지켜 행하지 아니하면 너희들이 미래에 가서 이런 결과를 받는다는 것을 보여 주는 것이 선지서의 목적이다. 그런 면에서 선지서가 예언적인 성격을 띠는 것이지만, 핵심 메시지는 지켜 행하는 데 있다는 사실을 기억해야 한다. 이렇듯 서신서도 그와 같이 지켜 행해야 하는 내용들을 중심으로 성화적 삶을 독려하며 하나님 백성으로서의 구별되는 삶을 교훈하는 내용들로 되어 있는 책이다.

신약 27권을 역사서, 서신서, 예언서로 나눌 수 있다. 역사서는 사 복음서와 사도행전(5권)을 말하고 예언서는 마지막 책인 요한 계시록(1권)을 말한다. 서신서는 편지 형식으로 된 글로서 모두 21권으로 이루어져 있다.

사 복음서는 성자 하나님 예수님의 사역을 중심으로 해서 쓴 책이다. 그리고 사도행전부터 시작해서 모든 서신서들은 성령 하나님의 역사하심이 주가 되는 것을 볼 수 있다. 이 서신서에는 바로 기독론, 구원론, 교회론, 종말론 등 조직 신학에서 얘기하는 모든 핵심적인 내용들이 다 나온다. 마지막에 나오는 요한 계시록은 성부 하나님의 최종 사역을 중심으로 해서 쓴 책이다. 그렇게 해서 신약 27권은 성자 하나님, 성령 하나님, 성부 하나님의 모든 사역이 총동원되어서 이루어지는 책임을 알 수 있다.

이런 성자, 성령, 성부 하나님의 사역을 구원론적인 의미로 분석해 볼 수 있다. 구원론의 3 과정은 칭의적 구원이 있고, 성화적 구원이 있고, 그리고 영화적 구원이 있다. 여기서 이 구원의 세 가지 과정을 중심으로 해서 분석해 보면 복음서는 칭의적 구원의 해당될 수 있는 내용들이고, 그리고 복음으로 인하여 이제 칭의적 구원에을 받은 사람들은 성화적 삶을 살아가게 된다. 이것을 구약의 맥락으로 설명하

면, 시내 산에서 언약을 맺은 이스라엘 백성들이 하나님의 백성이 된다. 소유가 바로의 소속(사탄의 소속으로도 볼 수 있다)에서 하나님 소유의 소속으로 바뀌어 하나님 백성이 되는 과정까지는 신약의 구원론으로 말하면 칭의적 구원에 해당한다고 볼 수 있다. 그런 후에 하나님께서 그 하나님의 백성이 되어 제사장 나라가 된 이스라엘 백성들에게 하나님을 백성으로서 살아가야 할 규례들을 주셨는데 그것이 십계명이고 그래서 레위기에 나오는 규례들을 통해서 하나님께서 백성들에게 살아갈 지침을 주는 것이다. '너희는 이것을 지켜 행하라 그리하면 하나님과 백성의 관계가 축복의 관계가 되고 하나님 나라가 이루어진다.'고 하셨다. 그런 약속이 바로 시내 산 언약이다. 그래서 지켜 행하는 것을 레위기와 신명기에서 강조된다. 이것은 신약 구원론에서 성화적 구원에 해당한다. 하나님 백성다운 삶을 사는 것이다.

서신서는 그와 같이 하나님의 백성으로서 관계를 다시 맺었던 하나님의 백성들에게 '이제 너희들이 하나님의 백성으로서 이렇게 지켜 행하는 삶을 살아라.'라는 부분에 해당하는 얘기이다. 그래서 성화적 삶의 기준을 제공하는 내용들을 주로 다루는 것이 서신서이다. 서신서는 예수를 믿지 않는 자에게 준 것이 아니라, 하나님의 백성이 된 자들이 살아가야 할 지침으로 주어진 것이다.

서신서가 주어진 시기를 보면 바울이 전도 여행을 통해서 교회를 먼저 개척한다. 바울이 교회를 개척할 때는 복음서 내용을 중심으로 가르쳤다. 그래서 교회가 세워지고 하나의 신앙 공동체가 형성되고 난 뒤에 그들을 양육할 목적으로 편지를 보냈는데 그것이 서신서이고, 하나님의 백성이 된 그들에게 성화적 삶을 살아가는 지침으로써 보내는 것이 서신서이다. 서신서는 한마디로 얘기하면 오늘날 구원 받은 하나님의 백성이 성화적 삶을 살아가는 데 필요한 모든 양육적 자료를 제공하는 책이다. 다시 말하면 서신서는 성화적 구원을 이루기 위한 책이다.

마지막으로 계시록은 그와 같은 모든 성화의 열매를 맺어 영생을 이루는 하나님 나라에 이르게 되는 내용들을 중심으로 썼는데 그것이 영화적 구원이다. 영화적 구원은 구원의 완성이다. 영화적 구원은 구원의 최종적인 완성으로써 하나님 나라에 이르게 되는, 천국에 임하게 되는, 하나님 나라가 완성되는 내용들을 보여 주는 것이다. 이제 하나님이 우리를 창조하신 처음의 모습으로 회복하는 것이다.

서신서의 구조

바울 서신	13권
일반 서신	6권
옥중 서신	4권
목회 서신	3권
공동 서신	8권
총	21권

바울의 전도여행

#1	#2	#3	#4	#5	후기사도	역사의 끝
1차	2차	3차	로마 연금	잠시 석방	후기사도	역사의 끝
사도행전 13-15	사도행전 16-18	사도행전 19-21	사도행전 22-28			
야고보서	데살로니가 전서	고린도전서	에베소서	디모데전서	요한1서	요한계시록
갈라디아서	데살로니가 후서	고린도후서	골로새서	디모데후서	요한2서	
		로마서	빌레몬서	디도서	요한3서	
			빌립보서	베드로전서	유다서	
바울서신				베드로후서	히브리서	

사도행전과 서신서
- 사도행전은 구속사의 실현
- 서신서는 구약의 선지서와 같이 성경의 핵심 메시지라인을 제공하며, 그것은 구별된 삶의 영성과 성화적 삶에 대한 지침서(Basic Information)이다.

✝ 서신서 핵심 사항 일람

1. 바울 서신

	로마서	고린도 전서	고린도 후서	갈라디아서	에베소서	빌립보서	골로새서	데살로니가 전서	데살로니가 후서	디모데 전서	디모데 후서	디도서	빌레몬서
기록 연대	A.D. 57	A.D. 55	A.D. 55	A.D. 56	A.D. 61-62	A.D. 62-63	A.D. 62-63	A.D. 51	A.D. 51	A.D. 63-65	A.D. 66-67	A.D. 66	A.D. 62
기록 장소	고린도	에베소	마게도냐	마게도냐	로마	로마	로마	고린도	고린도	마게도냐	로마	마게도냐	로마
기록 대상	로마 교회	고린도 교회	고린도 교회	갈라디아 교회	에베소 교회	빌립보 교회	골로새 교회	데살로니가 교회	데살로니가 교회	디모데	디모데	디도	빌레몬
주제	믿음으로 의롭다 함을 얻는 구원의 도리	성도로서의 순결과 믿음의 성숙	믿음의 성숙과 교회의 질서 유지	믿음으로만 얻는 의로움과 율법에서의 자유	그리스도 안에서의 교회의 연합과 일치	그리스도를 따르는 자가 누리는 기쁨	그리스도의 신성과 충족성	그리스도의 재림과 성도의 마땅한 삶	재림을 대망하는 성도의 인내	목회자의 경건과 교회 질서 유지	목회자의 고난과 인내	목회자의 책임	성도 간의 사랑과 겸손

기록동기	구원의 교리를 가르쳐 바른 믿음 위에 서게 하기 위함	고린도 교회의 문제를 해결하기 위한 가르침을 제공하려함	바울 자신에 대한 오해를 불식시키고 복음의 바른 진리를 일깨워 주려 함	율법주의자들의 가르침에 맞서 오직 믿음으로 구원에 이름을 강조하기 위함	교회의 분열 방지, 교회의 통일성을 강조하기 위함	율법주의를 경계하고 교회 분열을 막기 위함	이단을 배격하고 올바른 기독론을 확립하기 위함	시련 중에 있는 성도들을 격려하고 경건한 삶을 살도록 권면하기 위함	재림에 대한 오해를 시정해 주기 위함	이단을 경계하고 올바른 목회 지침을 제시하기 위함	복음 사역을 끝까지 감당할 수 있게끔 디모데를 격려하기 위함	그레데 교회에 대한 디도의 역할 및 책임을 강조하기 위함	빌레몬에게 오네시모를 용서하라고 부탁하기 위함
특징 및 문체	논리적인 교리 해설과 실천적인 권고를 조화시킨 서간체	간결하며 논리적이나 강하고 직선적 어휘가 사용된 서간체	비논리적이지만 개인의 경험에서 우러난 감동적인 서간체	기독교의 진리를 강경하며 논리적으로 서술한 변증적 서간체	어려운 신학 내용을 비유적 표현으로 쉽게 전달하는 서간체	그리스도 안에서 경험한 기쁨을 고백 투로 기술하는 서간체	투쟁적 어투를 보이는 간결체의 서간체	묵시 문학적 기법이 가미된 서간체	구약을 배경으로 쓰여 진 단호한 훈계조의 서간체	목회자의 실제 생활 지침을 기록한 목회 지침을 위한 서간체	교리적 내용보다 고난받는 자를 위로 하는 내용의 서간체	거짓 교리를 반박하여 참 진리를 세우는 이론적 실천적 내용의 서간체	기독교의 사랑을 실생활에 적용시키고 있는 개인적 내용의 서간체
핵심 성구	롬 3:23, 24	고전 1:24	고후 4:5	갈 3:11	엡 1:22, 23	빌 1:21	골 3:11	살전 5:23	살후 2:15	딤전 4:16	딤후 4:5	딛 3:14	몬 1:10
핵심 단어	하나님의 의	참된 신앙의 능력	화해의 복음	성도의 자유	교회의 통일성	그리스도를 중심한 삶	신성의 충만	재림과 성결	주의 날	성도의 경건	신앙의 인내	장로의 자격	용서

2. 공동서신

	히브리서	야고보서	베드로전서	베드로후서	요한일서	요한이서	요한삼서	유다서
기록 연대	A.D. 60년대 후반	A.D. 62	A.D.6 4년 전후	A.D. 64년 전후	A.D. 90	A.D. 90	A.D. 90	A.D. 70-80
기록 장소	?	예루살렘(?)	로마	로마	에베소	에베소	에베소	예루살렘(?)
기록 대상	유대인 성도들	유대인 성도들	유대인 성도들	유대인 성도들	세계 각지의 성도들	세계 각지의 성도들	가이오	유대인 성도들
주제	그리스도의 품성과 사역의 우월성	행함이 있는 믿음	환난을 이기는 성도의 소망	그리스도 안에서의 성도의 소망	사랑에 근거한 성도의 교제	진리 수호와 거짓 교사 경계	성도의 마땅한 삶	믿음을 위한 선한 싸움
기록 동기	박해를 피하여 유대교로 되돌아 가려는 유대인 성도들에게 예수 신앙의 우월성을 증거, 배교를 방지하기 위함	환난 가운데 처한 성도들을 격려하고 성도간의 사랑을 강조하기 위함	그리스도를 믿는 신앙 때문에 겪는 박해를 인내로써 이겨내도록 권고, 격려하기 위함	거짓 교사들의 가르침을 경계하고 그리스도 재림을 확신하게 하기 위함	영지주의를 경계하고 그리스도에 관한 바른 지식을 가르치기 위함	적그리스도를 경계하고 사랑의 실천을 강조하기 위함	가이오를 칭찬하고 디오드레베의 악행을 지적하는 가운데 복음의 일꾼들을 사랑으로 접대하라고 가르치기 위함	영지주의의 폐단에 맞서 기독교의 진리를 변증하기 위함
특징 및 문체	체계적인 논문과 감동적인 설교의 중간 형태를 띤 변증적 서간체	대화체와 명령형이 많이 등장하는 잠언적 서간체	구약적 표현과 회화적 묘사가 자주 등장하는 교리적 서간체	하나님의 최후 심판과 성결한 삶을 강조하는 교리적 서간체	간결체와 대조법이 많이 사용된 서간문 형식을 탈피한 서간체	요한 서신에 충실한 전형적인 서간체	서간문 형식 중에서 가장 완전한 편지 형태를 갖춘 개인적 서간체	이단으로부터 진리를 수호하기 위한 변증적 서간체

핵심 성구	히 11:12	약 2:26	벧전 4:13	벧후 3:17, 18	요일 1:3	요이 1:6	요삼 1:3	유 1:3
핵심 단어	그리스도의 우월성	믿음과 행함	성도의 고난	가짓 교사 경계	교제와 사랑	복음의 진리 수호	신리 안에서 행함	믿음의 도

학습 자료 78-3 야고보서의 저자는 누구?

신약 성경에는 야고보란 이름을 가진 사람이 네 명이나 있었다. 사도 유다의 아버지 야고보눅 6:16, 행 1:13, 알패오의 아들 야고보마 10:3, 막 3:18, 행 1:13. 세베대의 아들로 요한의 형제 야고보(마 4:21, 10:2 주후 45년에 순교 – 행 12:2) 그리고 예수님의 형제 야고보마 13:55, 막 6:3, 갈 1:19이다. 이 중에서 야고보서의 저자는 예수님의 형제 야고보라고 본다. 야고보서의 저자가 예수님의 형제 야고보라는 증거로 사도행전 15:23-29에 언급되는데, 이 글은 야고보의 지도로 쓰인 편지글로 야고보서의 문체와 많은 유사점이 있다. 특히 '문안'의 뜻을 가진 헬라어 '카이레인'이란 단어는 신약 성경에서 사도행전 15:23, 23:26, 야고보서 1:1 에서만 발견된다. 야고보서가 예수님의 가르침에서 받은 깊은 영향은 특히 산상수훈과 같은 예수님의 가르침에 대한 많은 암시를 통해 명백하다고 본다.

그는 예수님이 공생애 초기에 갈릴리에서 사역하실 때 예수님을 비웃던 사람이었다막 3:21, 요 7:5. 예수님의 동생 야고보가 불신자에서 예수님의 부활하심을 보고 예수님을 영접한 사실은 놀라운 사실이고, 그는 예루살렘 교회를 세우는데 가장 큰 일을 한 사람이다. 그는 AD 62년경에 순교했다. 그는 실천하는 믿음을 무엇보다 강조했다. 예수님의 동생 야고보는 예수님의 부활을 목격한 후에 예수님의 제자가 되었고고전 15:7, 베드로가 예루살렘을 떠난 후에는행 12:17 예루살렘 교회를 지도하게 되었으며갈 1:19, 예루살렘에서 열린 총회를 주관하기도 했다행 15:13, 21:18. 바울로부터 '교회의 기둥'이라는 말을 들었다갈 2:9.

✝ 바울과 야고보의 비교

야고보와 바울을 신중히 비교해 보면, 믿음과 행위의 모순은 단지 표면상의 문제일 뿐이다. 바울도 야고보만큼이나 살아 있는 믿음은 사랑과 순종의 행위로만 드러난다고 확신했다갈5:6. 바울은 율법주의자들을 공격한 반면, 야고보는 그리스도인의 행위에서 질적인 면은 상관없다고 생각하는 자유주의자들을 반대했다는 점이 바울과의 차이점이다.

바울의 믿음은 칭의적인 믿음을 말하고, 야고보의 믿음은 성화적인 믿음을 가리킨다고 본다.

	바울	야고보
관심	율법주의자들	자유사상가들
강조점	믿음으로 하나님 앞에서 의롭게 됨 (칭의)	행위로써 사람들 앞에서 의롭게 됨 (성화)
관점	선물로 받은 믿음 (칭의적 믿음)	믿음을 드러낸 행위 (성화적 믿음)
결과	그리스도 안에서 믿음을 통해 영원히 의롭게 됨	그리스도처럼 행함으로 매일의 증거로 의롭게 됨

학습 자료 78-4 하나님은 아무도 시험하지 않으시는가? ^{약 1:13}

✝ 문제의 제기

본문의 '하나님은 ... 친히 아무도 시험하지 아니하시느니라'는 말씀에서 우리는 크게 두 가지 문제점을 제기할 수 있다. 그것은 첫째, 구약 성경에서는 하나님께서 직접 사람들을 시험하신 경우를 소개하고 있는데 그것과 본문을 어떻게 조화시킬 수 있는지다. 예를 들면 아브라함을 시험하신 경우^{창 22:12}를 들 수 있다. 둘째, 하나님이 친히 시험하지 않으신다면 시험이란 우주 역사를 주관하시는 하나님의 주권(主權)에서 벗어나는 것인가 하는 것이다.

✝ 문제의 해결

먼저 첫 번째 문제에 대해, 하나님은 백성들의 신앙을 연단하기 위한, 또는 당신께 대한 순종의 여부를 확인해 보시기 위한 시험(test)은 하시지만 성도들을 죄에 빠뜨리는 유혹(temptation)은 하시지 않는다는 것이다. 이는 하나님은 결코 악에 대해서는 책임이 없으시다는 사실을 보여 준다. 본문에서 야고보는 하나님은 본성적으로 절대 거룩하신 분이시기 때문에 악에게 시험을 받지도 아니하시고 친히 아무도 시험하지 않으신다고 말하고 있다.

둘째 문제에 대해, 먼저 결론부터 말하자면 하나님은 사람을 죄에 빠뜨리는 시험(temptation)을 결코 하시지 않으시기 때문에 시험으로 인해 범죄에 빠진 자들은 결코 하나님께 핑계해서는 안 된다고 말할 수 있다. 물론 넓은 의미에서 보면 사탄이 사람들을 유혹하여 죄에 빠뜨리는 것도 결국 우주와 역사를 주관하시는 하나님의 주권하에 있다고 볼 수 있다. 예를 들어 사탄이 욥을 시험한 것^{욥 1장}, 또 다윗을 시험하여 인구 조사 범죄에 빠지게 한 것^{대상 21:1}, 히스기야로 범죄케 한 것^{대하 32:31}은 모두 하나님의 주권 밖의 일이 아니다.

그러나 여기서 오해하지 말아야 할 것은 이는 하나님이 직접 그 배후에서 사탄을 조종하신다는 말이 결코 아니라는 것이다. 이는 다만 비록 악의 세력의 근원인 사탄(Satan)이라 할지라도 어차피 그는 피조물이기 때문에 하나님의 주권을 넘어서서 활동할 수 없을 뿐임을 가리키는 것이다. 이처럼 하나님이 사탄의 활동을 당신의 주권으로 제재하시지 않고 허용해 두시는 것을 가리켜 우리는 묵허(黙許)라고 말한다.

그런데 하나님이 믿는 성도들에게 대한 이런 사탄의 활동을 묵허 하시는 이유는 무엇인가? 그것은 그들을 사탄의 권세하에 아주 버려두시기 위함이 아니라 그들이 자의로 죄에 굴복하는지 아니면 하나님께 순종하는지 지켜보시기 위해서이다삿 2:22. 아담과 하와가 선악과를 따먹은 것은 자신의 자유의시로 사탄의 유혹에 굴복한 결과이다창 3장. 그리고 탕자가 아비 집을 떠나 세상으로 나아간 것도 동일한 경우이다눅 15:11-32. 이렇게 자유의지로 범죄한 것에 대한 책임은 인간 자신에게 있는 것이다. 따라서 성도가 사탄의 유혹에 빠져 범죄했을 때 자신의 도덕적 실패의 책임을 하나님께 돌려서는 절대 안 되는 것이다. 우리는 오직 속히 그 죄에서 돌이켜야 할 책임이 있을 뿐이며 또 돌아온 탕자를 영접한 아버지처럼 우리가 하나님께로 돌아갔을 때 언제라도 우리 죄를 용서하시고 받아주시는 그분의 무한한 은혜에 감사와 영광을 돌릴 수 있을 뿐이다.

학습 자료 78-5 성도의 구원에 있어서 행함과 믿음 약 2:14-16

롬 3:19-31 말씀을 보면 분명 성도가 구원을 얻는 것은 오직 믿음으로만 가능하다고 말한다. 이는 바울의 이신득의(以信得義) 교리의 핵심이다. 그런데 본문에서 야고보는 '행함이 없으면…. 그 믿음이 능히 자기를 구원하겠느냐'14절고 말함으로써 표면상으로 볼 때는 바울의 이신득의 교리와 상반된 주장을 하고 있는 듯하다. 그러나 실상 이 둘은 동전의 양면처럼 성도의 구원의 전체적 측면 중 각각 다른 한 측면을 강조한 것이며 긴밀히 조화를 이룬다.

✝ 구원의 절대 조건으로서의 믿음의 유일성

완전한 의인은 이 세상에 단 한 명도 없다롬 3:10. 따라서 이 세상에는 행위의 공적으로 구원을 받을 자가 한 명도 없다. 이런 상황에서 사랑의 하나님은 죄인이 자기 행위로서가 아니라 오직 자기 죄를 고백하고 주님을 믿을 때 이를 절대 유일의 조건으로 주께서 십자가 대속 수난을 통하여 성취하신 구속의 효과를 적용받아 구원을 얻도록 하는 구원의 원리 곧 이신 득의의 원리를 세우셨다. 따라서 죄인이 구원 얻는 유일한 길인 동시에 조건은 그 언제나 오직 구속의 복음을 주신 예수 그리스도를 믿는 길뿐이다. 그리고 분명 만인이 전적 타락하여 전적 부패와 무능력의 상태에 있는 현실에서는 행위는 하나님이 주신 구원의 조건에 포함되지 않은 것이기에 성도가 회개하기 전 또는 회개한 후라도 그의 행위는 구원 자체에 있어서는 아무런 영향도 끼치지 않는다.

✝ 믿음의 결과 및 증거로서의 행위의 필연성

일단 주님을 믿고 구원 얻은 자는 그 심령까지 변화되어서 자연스럽게 주님의 뜻을 따르고자 하는바 반드시 그 행위에 있어 구원받기 이전과 다른 변화를 불러온다. 따라서 행위는 구원받은 자의 자연스러운 결과이며 또 그의 변화된 행위는 자기 믿음의 참됨에 대한 증거일 수 있다. 이런 측면에서 행함이 없는 믿음은 죽은 믿음이며 구원 얻는 참믿음이 될 수 없는 것이다. 동시에 일단 회개하면 누구나 절대적 구원 자체는 영구히 확장 받으나 그 이후의 행위 여하에 따라 천국에서의 상대적 상급의 차이는 있을 수 있다. 따라서 물론 주님을 믿고 구원 얻은 자의 자연스러운 변화 때문이기도 하지만 구원받은 자로서 의무와 함께 천국 상급을 위해서라도 선한 행위의 공로는 요청된다.

한편 우리는 성도의 행위는 구원받은 후 엄밀히 말하자면 회개 중생하여 칭의된 후의 성화의 정도에 따라 서서히 변해가는 것이지 당장 바뀌는 것이 아님을 명심해야 한다. 그러므로 어느 한 시점에서만의 행위로 그 성도를 판단해서는 결코 안 된다롬 2:1.

✝ 결론과 교훈

앞에서 살핀바 구원은 오직 믿음으로 얻는 것인 동시에 구원의 결과로써 선한 행위도 필연적인바 양자는 상호 조화되는 진리이다. 행위 때문에 구원 얻는 것은 아니지만 구원을 얻는 자이기 때문에 선한 행위에 힘쓰게 되는 것이며 선한 행위의 열매가 없는 자는 그 믿음의 진실성이 의심될 수밖에 없다.

실로 전적 타락으로 전적 무능력의 상태에 있는 우리에게 성경이 제시하는바 오직 믿음으로 구원을 주시는 이신득의의 원리는 하나님의 구원의 법의 신실성과 아울러 그 원리에 담긴 하나님의 무조건적 은혜의 크고 깊음에 새삼 감격하게 한다. 아울러 구원받은 자로서 마땅히, 또 천국 상급을 위해서도 끝없는 성화의 도정에서 선한 행위의 공로에 도전할 의욕을 갖게 된다.

학습 자료 78-6 신앙과 인내 약 5:7-11

본문은 야고보가 당시 불의한 부자들로부터 당하는 고난(苦難), 또는 신앙생활 중 직면하게 되는 여러 종류의 고난을 받는 유대인 성도들에게 인내함으로 그 고난을 극복하도록 권면한 사실을 기록하고 있다. 이는 성도가 신앙생활 중에 반드시 가져야 할 인내(忍耐)의 중요성을 잘 보여주는 것인바 여기서 신앙과 인내의 관계에 대해 살펴보도록 하겠다.

✝ 성도에게 요구되는 두 종류의 인내

하나님께 대해 신앙을 가진 성도에게는 두 가지 종류의 인내가 반드시 요청된다.

그것은 첫째 소극적인 측면에서의 인내이다. 이는 신앙을 가졌다는 이유로 외부적으로 받게 되는 여러 종류의 고난을 인내하는 것을 가리킨다. 신앙을 가진 성도는 작게는 불신자들과 가치관의 면에서나 생활양식의 면에서 서로 다를 수밖에 없어서 그런 이유로 인하여 사소한 불편과 소외 등의 고통을 겪게 된다. 그리고 보다 크게는 세상 끝날 대 박해를 포함하여 악한 세상으로부터 여러 가지 핍박과 고난을 받게 되는 바 이를 신앙으로 인내하는 자세가 절대 요청된다.

둘째 적극적인 측면에서의 인내이다. 하나님께 구속함을 받은 성도라면 누구에게나 하나님 나라 확장을 위한 사명이 있다. 이를 위해 성도들은 믿는 형제는 물론 세상 사람들에 대하여 선한 행실로 빛과 소금의 역할을 다하여야 하며[마 5:13-16] 땅 끝까지 복음을 전파하라는 주의 지상 대명(the Great Commission)을 수행해야 하는 것이다[행 1:8]. 그런데 이러한 사명을 수행코자 할 때 공중 권세 잡은 자 사탄[엡 2:2]의 지배하에 있는 세상의 냉담함 때문에 이웃 전도에 대한 당장의 가시적 효과가 없으므로 인하여 실망하게 되는 심적 고통을 받을 수 있다. 이러한 고통에 대해서도 성도는 반드시 인내해야 하는 것이다.

✝ 의의

신앙생활을 함에 있어서 성도에게 인내는 필수적이다. 소극적인 면에서나 적극적인 면에서의 성도의 인내는 모두 성도 자신의 신앙 연단을 이루는 것으로[롬 5:4] 신앙 성숙의 밑거름이 되는 것이다. 그러므로 여러 가지 환난을 겪을 때 성도는 하나님이 나를 얼마나 사랑하시고 믿음 안에서 양육하심에 있어서도 나의 실수를 얼마나 참으시고 크신 사랑으로 계속하셨는지를 생각하면서 큰 인내로 믿음의 열매를 맺도록 힘써야 하겠다.

학습 자료 78-7 구속사적 관점에서 연결되는 율법과 복음의 이해

✝ 율법과 복음의 실체

율법(律法, the Law) 이란 문자 그대로 선과 악의 기준은 무엇인지 그리고 범죄의 대가는 무엇인지를 객관적으로 규정한 것이며, 복음(福音, the Gospel)이란 예수께서 죄인된 우리의 구원을 위해 죄인인 우리가 받아야 할 형벌을 대신 치러 주셨다는 좋은 소식이다.

많은 사람이 율법 하면 구약의 모세 율법만 생각한다. 반대로 복음 하면 신약의 복음만 생각한다. 그러나 신학적으로 엄밀하게는 율법이란 하나님께서 자연 만물과 우리의 양심에 새기신 법에서부터 구약 율법 곧 모세 율법 그리고 신약의 산상수훈의 교훈 등 하나님께서 인간의 행위 규범으로, 그리고 선·악의 기준으로 주신 모든 법을 다 포함한다. 또한 복음이라 할 때는 신약의 복음뿐 아니라 예수의 구원 사역과 관련된 구약의 모든 계시, 즉 에덴동산에서의 여자의 후손 언약(창 3:15) 이후 각종 언약의 내용들, 나아가 예수와 관련된 선지자들의 모든 예언 선포도 다 복음일 수 있다.

그런데 하나님은 인간 구속의 역사 전개를 위한 경륜(Dispensation)의 방법상 예수께서 오시기 이전의 시대에는 예수께서 일단 세상에 오셔서 구속 사역을 하실 것에 대한 옛 언약(구약, Old testament)과 구원의 객관적 조건을 제시하는 율법을 주로 강조하셨고, 예수께서 오셔서 일단 구속 사역을 성취하신 이후에는 예수께서 다시금 당신이 성취하실 구속 사역의 최종 실현으로서 천국에서의 최종 구원을 내용으로 새로 맺어주신 새 언약(신약, New testament)과 이미 예수께서 구원의 조건에 필요한 죗값을 우리를 위해 치르셨음을 선포하는 복음을 주로 강조하셨다. 그리하여 앞에서 말한 대로 율법하면 일반적으로 모세 율법과 그와 관련된 구약 법만을 가리키는 것으로 생각하게 되었다. 또 구약 시대는 율법의 시대요 신약시대는 복음의 시대라는 통념(通念)이 있게 되었다. 또한 논리적으로도 구원 사역에 대한 선포인 복음이 있기 전에 왜 구원이 필요한지에 대한 규명이 요구되는 바 율법이 복음보다 먼저 제시될 필요도 있었다. 그리하여 구약 시대에는 율법이 보다 강조되고 신약시대에는 복음이 강조된 이유로 이상의 통념이 통용되어 성경에서도 이런 통념이 더러 반영되게 되었다.

따라서 예를 들어 성경에서 율법이라 할 때는 대부분의 경우 앞에서의 통념대로 이해해도 큰 무리가 없으나 때로는 모세 율법이나 여타 관련 구약 율법들만을 지칭하는 것인지 아니면 이들 율법 전체를 다 의미하는 것인지를 각 문맥에서 명확히 구분할 필요도 있다^{신 27:8, 요 1:17, 갈 3:10, 약 2:12}.

✝ 율법과 복음의 관계

구약과 신약은 예수를 중심으로 전후로 나눠지고 그 강조점도 다르나 결국 예수 안에서 예수의 구속 사역을 통한 죄인의 구원이라는 하나의 주제로 통일된다. 따라서 그 두 언약과 관련되어, 즉 그 두 언약의 내용인 동시에 조건으로서 각각 따로 강조되며 계시된 율법과 복음도 그 역할은 다를지라도 인간 구원이란 대 목적하에서 서로 연결된 계시들이다. 먼저 율법은 인간에게 선과 악의 기준을 제시하여 인간이 왜 죄인인지를 보여 준다. 그리고 죄의 대가인 형벌을 규정한다. 그리하여 궁극적으로는 모든 인간은 전적으로 타락한 존재인바 자신의 행위로는 하나님의 절대 기준에 미치지 못하여 구원받을 수 없음을, 그리고 형벌 받아 마땅한 존재임을 있는 그대로 제시한다. 그러나 율법은 이것으로만 자기의 역할을 다하는 제한적 속성이 있다. 반면 복음은 죄인에 대한 정죄에만 머무는 율법에서 더 나아가 예수께서 인간의 죄값을 대신 치르시어 죄인을 구원했음까지 선포한다.

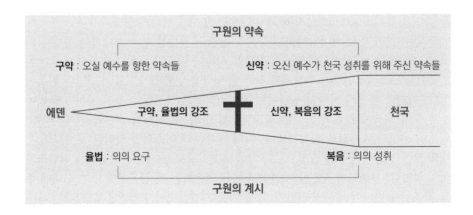

위의 그림은 바로 구약과 신약이 예수를 전후로 나뉘었으나 기실은 서로 단절된 관계가 아니라 나아가 한 분 하나님의 구원 약속이란 동일성을 가진 것으로써 다만 그 질과 양 면에서 점진적 발전 관계에 있있듯이, 구약과 신약의 조건 또는 내용의 형식으로 계시된 율법과 복음도 그 역할은 서로 다르나 한 분 하나님(주체)이 죄인 된 인간의 구원(목적)을 위하여 예수 그리스도의 구원 사역(주체)을 중심으로 하신 계시(권위)라는 동일성이 있으며 또한 각각에 담긴 계시 내용과 그 논리적 순서에 있어서 상호 점진적 발전 관계에 있음을 잘 보여 준다. 이처럼 전항에서 고찰하였듯이 하나님의 경륜상 구약과 신약시대에 각각 율법과 복음이 따로 강조되었으나 여기서 보듯이 양자는 본질적으로 공히 동일한 하나님의 계시로서 상호 점진적 발전 관계에 있는 것이다.

그러므로 신·구약 시대를 불문하고 택한 자는 율법과 복음을 둘 다 주신 하나님을 믿음으로써 예수 복음 사역의 결과인 구속 은총의 적용을 받아 구원받는다. 또한 택함 받지 못한 자는 율법과 복음을 둘 다 주신 하나님을 믿지 않음으로 그 역시 시대를 불문하고 율법의 적용을 받아 심판받게 된다합 2:4, 마 5:17, 롬 2:12-16, 4:11.

✝ 율법에 대한 오해의 시정

이상에서 우리는 율법과 복음의 실체 및 그 관계에 관하여 알아보았다. 그런데 이상에서 논한 대로 율법은, 그 목적은 인간 구원을 위해 주어진 하나님의 계시이면서도 그 역할은 죄의 기준을 제시하여 인간의 죄를 지적하며 정죄하는 것이다. 따라서 목적론적인 측면에서 보면 율법은 매우 긍정적이나, 역할론적인 측면에서 보면 매우 부정적으로 보이는 이중성이 있다. 물론 이런 이중성은 표면적으로만 그렇다는 것이고 궁극적으로는 율법은 복음과 연결되어, 인간 구원을 위해 주어진 하나님의 일관된 계시이다.

그러므로 성경에서 어떤 경우에는 율법에 대하여 절대적, 긍정적 측면마 5:17, 롬 3:31을 이야기하고, 또 때로는 부정적 측면롬 3:28, 갈 3:21, 5:1, 히 7:19을 이야기하는데 이는 상호 모순되는 것이 아니라, 율법 자체가 목적에 있어서는 인간 구원으로 긍정적이나 역할에 있어서는 죄의 정죄만 담당하여 부정적인바 각각 다른 측면에서 율법을 이야기하기 때문이다. 그러므로 특히 율법에 관해서는 율법이 갖고 있는 모든 측면을 통시적(通視的)으로 이해하지 않으면 오해가 생기기 쉽다.

즉 앞서 밝힌 대로 하나님께서는 구속사 전개의 경륜상 구약 시대에는 율법을 더욱 강조하였었다. 그런데 이스라엘은 구약 시대에 예수가 태어나기 위해서 준비된 민족이요, 또한 새 언약이 주어지기 전에 옛 언약을 인류의 대표로서 받았던 민족이었다. 이처럼 특별히 선택된 선민이었던 이스라엘은 자신들의 선민 지위나 율법이 모두 구약 구속사 경륜의 한 부분일 뿐이, 점진적으로 계시된 신구약 전체 계시의 일부알 뿐이라는 사실을 망각하였다. 아니 대부분의 이스라엘 사람은 구속사의 시대와 모든 경륜이 예수를 중심으로 구약에서 신약으로 발전 변화하였음을 시인조차 하지 않았다. 그리하여 자신들의 선민 지위를 고수하는 데 집착하여 구약 시대에 주로 강조된 율법만이 계시의 전부이며, 또 이를 지킴으로써 구원받을 수 있다는 유대교적 오류를 고집하기에 이르렀다. 이는 현대 크리스천에게는 별반 중요한 문제가 아니지만 구약과 신약이 교차하던 초대 교회 시대에는 매우 심각한 문제였었다.

어쨌든 이처럼 율법에 대한 통시적 이해를 갖지 않을 때에는 여러 가지로 율법에 대한 오해에 빠지기 쉽다. 이제 이를 두 유형으로 요약하고, 율법 자체의 실체 및 구속사적 관점에서 복음과 연결시켜 볼 때의 이에 대한 해답을 제시하면 다음과 같다.

	오해	해답
1	율법만이 하나님의 계시이며 인간은 이를 지켜서 구원 얻을 수 있다.	율법도 하나님의 계시인 것은 분명하나 그것은 오직 복음과 함께 연합해야만 온전할 수 있다. 또한 율법은 그 자체를 지켜서 인간으로 하여금 구원을 얻게 하려는 것이 아니라 율법을 다 지킬 수 있는 자는 하나도 없음을 보여 주려는 것이다(롬 5: 13-20; 갈 2:16-21; 히 7:19-28).
2	율법은 악한 것이며 더욱이 신약 시대의 구원받은 성도에게는 더 이상 필요 없다.	율법의 역할이 인간의 정죄인 것은 분명하나 그것은 인간에게 구원의 필요성을 자각하게 하기 위한 것으로 결국 구원의 목적에 기여하는 것이다. 또한 율법이 악한 것이 아니라 율법을 범하는 인간이 악한 것이다(롬 7:6-16). 그리고 신약 시대에 이르러 복음이 최종 개시되었다 하여도 율법은 여전히 선한 행위의 기준으로 요청된다(롬 7:7). 즉 구원받은 성도가 율법을 힘써 지키는 것은 무조건적 은혜로 구원받은 것을 더욱 감사하여 그 율법의 규정을 스스로 지키는 것이다(마 22:40; 약 2:12). 한편 복음이 온전히 주어지지 않았던 구약 시대에도 택한 자는 율법을 지켜서가 아니라 오직 믿음으로만 구원되었듯이 율법 자체도 신약시대가 되었다고 해서 결코 폐지된 것이 아니라 세상 끝 날까지 악인들에 대한 심판의 정당한 근거로서 존속된다(롬 4:11). 다만 성도에게는 성도들이 율법을 다 지켜서가 아니라 예수님이 대신 율법의 요구를 다 채워주셨으므로 율법의 형벌이 적용되지 않을 뿐이다(마 5:17).

학습 자료 78-8 갈라디아서의 이신칭의(以信稱義)의 의미

갈라디아서가 말하는 이신칭의(以信稱義)의 믿음은 행함을 무시하는 측면이 있는 개념일 수가 없다. 왜냐하면 믿음은 곧 행함(실천)으로 직결되어 있기 때문이다. 야고보서에서 행함을 강조하는 것도 믿음의 근거를 무시한 것이 아니다. 이 '믿음으로 구원'을 받는다는 것은 우리의 구원이 우리의 행함 즉 당시 분위기로 말하면 외향적 율법 지킴이 우리를 구원하지 못한다는 것을 분명히 하기 위함이다. 종교개혁의 말미를 제공한 가톨릭의 공적 주의적 구원관도 이 부분을 잘못 해석한 것이다.

행위 구원이 아니고 믿음에 의한 구원은 구원의 주체는 하나님이시고 그 구원은 그분의 고유한 권한이며 그 구원은 그분의 지극하신 사랑에 의해 거저 주어지는 것임을 분명히 하는 것이다. 이것은 우리가 말하는 신위(神爲)의 개념과도 같은 것이고, 이 이신칭의(以信稱義)는 기독교만의 독특한 교리이다. 불교에서도 선행과 자비를 베풀어야 극락에 간다고 가르친다. 이것은 행위에 의한 자력구원(自力救援)을 말하는 것이다. 그러나 기독교, 특히 개신교는 절대타자(絶對他者)에 의한 타력구원(他力救援)을 주장한다. 바로 그 사실을 믿으면 구원을 받는다는 것이다. 그것은 그 믿는 바를 실천에 옮기는 것으로 직결되어 있다. 믿음과 행위를 두 개의 별개의 개념으로 생각하면 안 된다. 그것은 결국 하나이다. 칭의와 성화는 같은 구원의 과정이다.

학습 자료 78-9 초대 교회의 할례 논쟁 _{갈 2:1-14}

✝ 논쟁의 배경

초대 교회 시대는 구속사(救贖史)의 시대가 예수 초림의 약속을 직·간접적으로 보여 주는 율법과 예언을 중심으로, 선민 이스라엘을 통하여 진행된 구약 시대에서 이제 그러한 옛 약속 곧 구약(舊約)의 성취로 초림하여 구속 사역을 일단 성취하신 예수께서 새로이 주신 새 약속 곧 자신이 지금 성취하신 구속 사역의 최종 실현으로서의 재림과 천국 구원을 핵심으로 새로이 주신 신약(新約)을 중심으로 전 세계 만민 중에 택한 성도 모두를 통해서 진행되는 신약시대로 갓 이전된 일종의 과도기였다. 이에 이러한 구속사의 변화에 대한 전반적인 인식이 미비된 결과 일반 성도들은 물론이고 심지어 사도들조차도 구약 율법과 신약의 복음, 구약 선민인 유대인과 이방인의 바른 관계에 대하여 명확한 신학적 이해를 하고 있지 못하였다.

한편 할례(circumcision)란 구약 시대에 이스라엘 백성 각자가 하나님과 언약을 맺은 선민임을 상징적으로 나타내기 위한 가시적 증표였다. 또한 이는 하나님이 직접 제정하신 법으로서 구약 율법 중에서도 선민의 자격을 갖추기 위한 가장 기초적인 율법이었다_{창 17:10-14, 출 12:48, 49}. 이러한 할례는 혈통상 이방인이 여호와 신앙을 고백할 때 그가 법적으로라도 선민이 되기 위하여 필수적으로 요구되는 가장 절대적 법이기도 하였다.

따라서 할례란 이제 구약 시대가 끝나 구속사도 구약 선민에서 세계 만민으로 확장된 신약 시대에는 시효 종료된 구약 의식법의 일부에 불과하였으나, 과도기인 초대 교회 시대에는 구약과 신약이 혼동되는 중에, 그것이 구약 율법 중에서도 가장 원초적이고도 가시적인 율법이었기에 다른 어떤 사안보다 가장 빈번한 논쟁의 대상이 되었다. 이러한 사실은 신약 성경 곳곳에도 잘 반영되어 있다_{행 10:45, 롬 3:30, 고전 7:19, 갈 2:12}. 역으로 표현하자면 초대 교회 시대의 할례 논쟁이란 결국 상호 동일성과 연속성 하에서 구약이 신약으로 확장 전개된 사실이 아직 정립되지 못했던 초대 교회 시대에 신·구약의 본질 문제의 이해와 직결된 여러 논쟁의 대표적 논쟁이었다.

✝ 논쟁의 해결

이처럼 결국 신·구약의 본질에 대한 이해와 직결된 문제로서 초대 교회 시대 내내 빈발하였던 할례 논쟁은 마침내 사도들의 예루살렘 공의회라는 미증유의 공식 회의를 통하여 신학적으로 그리고 교회법적으로 공식 해결되었다.

✝ 할례에서 세례에로의 전환

구약 시대에 신체 일부를 끊어 버림으로써 과거의 죄를 청산하고 구약 선민의 일원으로 참가함을 상징하던 할례는 신약시대에 그 역시 과거의 죄를 씻고 교회의 일원으로 새로운 연합함을 상징하는 의식인 세례(Baptism)와 상호 연속성이 있는바 할례는 세례로 전환되었다고 볼 수 있다.

한편 할례나 세례나 상징적 의식인 점에서는 같으나 할례가 그 개인의 직접적 구원이 아니라 다만 민족 전체의 차원에서 구약 선민의 일원이 되는 것을 상징하는 것에 그치지만 세례는 그 역시 비록 상징에 그친다 해도 그 상징의 내용이 각 개인 성도의 직접적 구원이라는 점에서 세례 의식이 할례 의식보다 더 우월하다고 할 수 있다. 결국 할례에서의 세례로의 전환도 상호 동일성과 연속성이 있으면서도 예표와 예언에 불과하던 구약과 실제적 성취인 신약으로서, 상호 점진적인 질적 차이도 갖고 있는 신·구약의 관계를 반영한다.

학습 자료 78-10 율법과 복음의 본질 비교 ^{갈 3:1-14, 24}

예수 그리스도는 율법이 요구하는 모든 의와 또 그것이 죄인에게 부과하고 있는 형벌을 모두 다 치르시고 인간을 구원해 주시고자 이 땅에 오셨고, 또한 이 사역을 십자가 위에서 결정적으로 성취하셨다. 이처럼 예수 그리스도께서 율법의 요구와 형벌을 다 치르셨다는 것이 바로 복음이다.

이때 혹자는 생각하기를 율법은 우리를 저주하기 위한 것이고 오직 복음만이 우리를 구원하고 축복하기 위한 것이라고 생각한다. 그러나 이는 피상적 관찰에서 나온 심각한 오해이다. 구약과 신약은 서로 반대되거나 상호 단절된 것이 아니라 서로 연결, 발전되어 인간 구원을 위한 하나님의 섭리를 보여 주는 것이다. 아울러 바로 이 율법과 복음은 그 구약과 신약의 구체적 조건 또는 내용으로서 이것들이 결국 구약과 신약의 실체이므로 양자 또한 그 근본 목적에 있어서는 동일한 인간 구원을 위한 것이고, 또한 한 분 하나님이 둘 다 주신 것이다. 이에 대해서는 본서 특별자료 '구속사적 관점에 연결되는 복음과 율법의 이해'에서 보다 자세한 내용을 참조토록 하고, 여기서는 율법과 복음의 본질만을 비교하여 보고자 한다.

	율법	복음
1	모세를 통해 주어짐(요 1:17)	예수께서 주심(요 1:17)
2	옛 언약임(히 8:7, 13)	새 언약임(히 8:7, 13)
3	죄를 깨닫게 함(롬 3:20)	의롭게 함(롬 1:16, 17)
4	속박함(갈 4:22, 24)	자유케 함(갈 4:23)
5	기록된 글로 전달됨(고후 3:6)	영으로 전달됨(고후 3:6)
6	복음으로 인도하는 역할을 함(갈 3:24)	모든 율법의 완성으로 주어짐(마 5:17)
7	행위를 요구함(갈 3:12)	믿음을 요구함(갈 3:8)
8	돌에 새김(고후 3:3)	마음판에 새김(고후 3:3)
9	그림자(히 10:1)	참 형상(히 10:1)
10	흠(부족함)이 있음(히 8:7)	영원함(히 13:20)

학습 자료 78-11   성령의 열매 3종류

✝ 성령의 열매 1 - 갈라디아서 5: 22-23의 9가지 열매

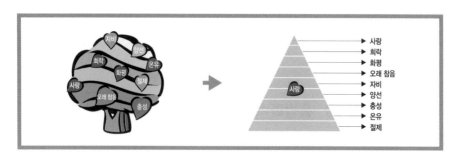

1) 하나님과의 관계

① **사랑** : 우리의 가슴(hearts)에 하나님의 사랑을 심어주신다.
　　　　하나님은 사랑이시다. 요일 4:8 - 사랑의 방향성은?
② **희락** : 우리의 심령 (souls) 속에 하나님의 기쁨을 심어주신다.
　　　　이 기쁨은 근심과 걱정이 없는 기쁨이 아니고, 그런 와중에서도 하나님을
　　　　의지함으로서 누릴 수 있는 기쁨이다.
③ **화평** : 우리의 마음(minds)에 하나님의 화평을 심으신다.
　　　　하나님과의 관계에서 화평한 자는 이웃과의 관계에서도 화평하다.
　　　　화평을 누리는 자의 모습은 마치 엄마의 품속에 안겨 주위가 아무리 시끄러
　　　　워도 잠을 잘 수 있는 아이와 같다.
　　　　성령께서 하시는 일은 모두 다 사랑 안에서 계획되고 희락으로 착수되며. 화
　　　　평 속에서 완성된다.

2) 이웃과의 관계

④ **오래 참음(인내)** : 남의 무례함과 불친절을 참고 보복을 거부하는 것
　　　　　　　　"빨리빨리" 문화를 만드는 한국인에게 필요하다.
⑤ **자비** : 남에게 해를 끼치지 않겠다는 부정적 관대함을 넘어 모든 사람이 잘되기를
　　　　바라는 긍정적인 인자함이다.
⑥ **양선** : 호의를 행동으로 옮겨 구체적이고 건설적인 방향으로 옮겨 솔선하며 사람
　　　　들에게 봉사하는 것
　　　　오른뺨도 내어주는 마음. 마태 25장의 양과 같은 사람들

3) 자신과의 관계

   ⑦ **충성** : 믿음으로 번역되는 말인데 하나님이나 남에 대한 믿음이 아니라 남이 자신을 믿게 하는 믿음, 즉 신뢰감을 주는 것을 말한다.

   ⑧ **온유** : 온유는 부드럽고 연약한 자들의 특징이 아니다. 강하고 힘이 있지만 그 강함과 힘을 규제하고 있는 사람의 특징이다.
        내유외강의 기질. 우유부단의 모습이 아님.

   ⑨ **절제** : 우리의 말과 생각과 욕망과 감정을 다스리는 것을 말한다.

   성령의 아홉 가지 열매는 모두 '성품'에 관한 것이다. 다시 말하면 성령의 열매는 인간의 인격, 즉 사람의 됨됨이를 보여주는 것들이다. 어떤 업적을 이루었는가를 중요하게 여기는 것이 아니라 어떤 관계성을 가지고 살아가는 사람인가를 중요하게 여긴다는 것이다. 어떻게 사람이 하나님 앞에서 바른 삶, 영적인 삶을 사는가 이것이 열매의 기준이다.

   은사는 하나님이 주시는 선물로 그냥 받는 것이지만, 열매는 그 대가를 치러야 맺어지는 것이다. 인간은 이 세상에 태어날 때 빈손으로 왔다가 빈손으로 간다고 흔히 생각하지만, 성경적 발상은 인간은 이 세상에 하나님이 주시는 은사를 가지고 왔다가 그 은사의 열매를 맺어 그것을 가지고 본향으로 돌아간다는 사실을 기억하라.

✝ 성령의 열매 2 – 에베소서 5:18-21의 열매

18 술 취하지 말라 이는 방탕한 것이니 오직 성령으로 충만함을 받으라 19 시와 찬송과 신령한 노래들로 서로 화답하며 너희의 마음으로 주께 노래하며 찬송하며 20 범사에 우리 주 예수 그리스도의 이름으로 항상 아버지 하나님께 감사하며 21 그리스도를 경외함으로 피차 복종하라

✝ 성령의 열매 3 – 요한복음 14:17, 16:13의 열매

14:17 그는 진리의 영이라 세상은 능히 그를 받지 못하나니 이는 그를 보지도 못하고 알지도 못함이라 그러나 너희는 그를 아나니 그는 너희와 함께 거하심이요 또 너희 속에 계시겠음이라
16:13 그러나 진리의 성령이 오시면 그가 너희를 모든 진리 가운데로 인도하시리니 그가 스스로 말하지 않고 오직 들은 것을 말하며 장래 일을 너희에게 알리시리라

• 성령이 주는 은사
고전 12:4-11　4 은사는 여러 가지나 성령은 같고 5 직분은 여러 가지나 주는 같으며 6 또 사역은 여러 가지나 모든 것을 모든 사람 가운데서 이루시는 하나님은 같으니 7 각 사람에게 성령을 나타내심은 유익하게 하려 하심이라 8 어떤 사람에게는 성

령으로 말미암아 지혜의 말씀을, 어떤 사람에게는 같은 성령을 따라 지식의 말씀을, 9 다른 사람에게는 같은 성령으로 믿음을, 어떤 사람에게는 한 성령으로 병 고치는 은사를, 10 어떤 사람에게는 능력 행함을, 어떤 사람에게는 예언함을, 어떤 사람에게는 영들 분별함을, 다른 사람에게는 각종 방언 말함을, 어떤 사람에게는 방언들 통역함을 주시나니 11 이 모든 일은 같은 한 성령이 행하사 그의 뜻대로 각 사람에게 나누어 주시는 것이니라

➡ 로마서 8장을 깊이 묵상하라.(성령을 이해하는 데 대단히 중요한 장)

78일차 범위 생각해야 할 성경적 세계관의 이슈들
☑ 읽을 책 : "기독교 세계관 핸드북" 도서 출판 에스라 2023

❖ 약 1장 "복음과 사회 사역"(p582)
❖ 약 4~5장 "기도와 질병 회복"(p373)

79일 핵심 학습 자료

행 15:36~
18:22·
살전 1~5·
살후 1~3·
행 18:23~
19:22·
고전 1~6

A. D. 1세기 경의 기독교 주요 도시

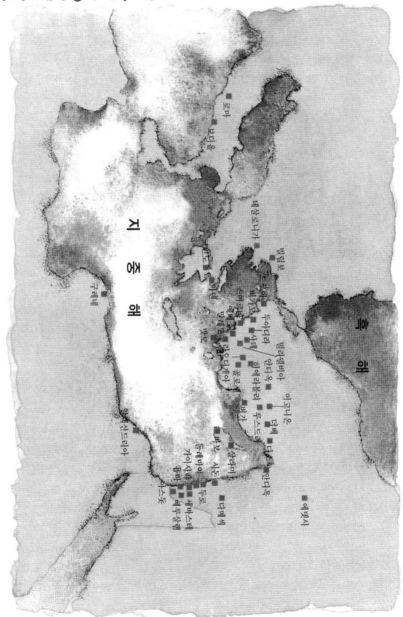

학습 자료 79-1 성화의 방편 살전 3:7-13

성도는 그리스도를 믿음으로 일단 천국에 들어가는 구원을 얻었다. 그러나 신앙 인격에 있어서 성도는 중생(重生)의 순간 갓 태어난 어린아이와 같은 상태에 있다가 신앙생활을 계속해 나감에 따라 주 앞에 갈 때까지 점진적이면서 끊임없이 새롭게 변화되고 자라가게 되는 데, 이것이 바로 성화(sanctification)이다. 그러므로 우리는 성도가 되었다고 해서 금방 완성된 신앙 인격을 갖게 되는 것이 아니기 때문에 교만해서는 안 된다. 또한 지금 당장 신앙 인격이 부족하다고 해서 그런 사람들을 정죄해서도 안 된다. 따라서 우리는 먼저 자신의 신앙 인격이 성숙하도록, 그리고 다른 형제들도 그렇게 되게 하도록 다 함께 힘써 노력할 필요가 있는바 성경에서 말하는 성화의 방편에는 어떤 것이 있는지 살펴보도록 하겠다.

1	성령의 세례(롬 6:3, 고전 12:13, 딛 3:5)
2	성령의 인도(롬 8:12-14, 엡 2:18)
3	성령 충만(엡 1:17-19, 5:18)
4	예배(시 24:3, 4, 요 4:24)
5	기도(요 14:13, 14)
6	하나님의 말씀대로 행함(요 15:3, 딤후 3:16, 17)
7	신령한 것을 사모하는 열정(골 3:1, 벧전 1:2)
8	새로운 심령(엡 4:23)
9	성화를 위한 끊임없는 노력(빌 3:14, 딤전 6:12)
10	환난과 시험을 통한 연단(살전 3:7-13, 히 12:10)

학습 자료 79-2 휴거(Rapture) 살전 4:14-17

✝ 용어의 정의

'휴거' 17절에 해당하는 헬라어는 '하로파게소메다'(ἀρπαγησόμεθα)로서 문자적으로는 어떤 강력한 힘으로 한 곳에서 다른 곳으로 옮겨지는 것을 가리킨다행 8:39, 고후 12:2, 4. 이 헬라어가 한글 개역 성경에서는 '끌어올려'로, 영역 성경들에서는 'caught up'으로, 라틴어 성경에서는 동일한 뜻의 '랍투레'(rapture)로 번역되어 있다. 이처럼 이 단어는 주의 재림 때에 살아있는 성도들이 공중으로 들림을 받아 주님을 영접하는 것을 가리키는 데 사용되었고 이를 한자어로 '끌어 데리고 간다'는 뜻의 '휴거'(携擧)로 표현한 것이다.

✝ 휴거의 시기 논쟁

휴거의 시기에 관한 직접적이며 정확한 언급은 성경 어느 곳에도 없다. 이에 학자들 간에는 그리스도께서 재림하시기 직전에 있을 7년 대 환난을 기점으로 하여 휴거 시기에 관한 다음 세 가지 견해가 주장되고 있다.

① **환난 전 휴거설(Pre-tribulation View)** : 이는 성도가 지상에 임하는 7년 대 환난을 겪지 않고 데려간다는 견해로서 주로 세대 주의적 전천년설 주의자들의 견해 중 하나다.

② **환난 중 휴거설(Mid-tribulation View)** : 이것도 세대 주의적 전천년설 주의자들의 견해 중 하나로서 7년 대 환난을 전 3년 반, 후 3년 반으로 나누어 그 중간 시기에 휴거가 있다는 견해이다. 이들은 실제적인 대 환난은 후 3년 반 기간에 있다고 보기 때문에 성도가 환난을 겪지 않고 휴거한다는 사실을 주장한다는 점에서 1의 견해와 일치한다.

③ **환난 후 휴거설(Post-tribulation View)** : 이는 대 환난 기간에 성도들은 하나님의 보호 아래 있다가 환난이 끝나면 그리스도의 재림이 있으며 이때 성도의 휴거가 있다는 견해이다. 이는 비록 천년왕국에 대한 견해는 서로 다르지만 무천년설 주의자들이나 역사적 전천년설 주의자들이 공통적으로 주장하는 견해이다.

✝ 의의

사실 휴거가 어떠한 것이며 어떤 방법으로 어느 시기에 이루어지느냐 하는 것은 성경에 나와 있지도 않으므로 규명하기 어려울 뿐 아니라 별로 중요하지도 않다. 더 중요한 것은 주께서 반드시 재림하신다는 사실과 주를 믿는 성도들만이 재림하시는 주를 기쁘게 영접하게 될 것이며 불신자들에게는 영원한 심판이 있다는 사실이다. 따라서 휴거와 관련된 성경 구절을 볼 때 우리 성도들은 과연 주의 재림을 맞이할 신앙의 준비가 올바로 갖추어져 있는지 돌아보는데 더 관심을 기울여야 한다.

학습 자료 79-3 재림의 시기에 대한 성도의 인식 ^{살전 5:4}

✝ 문제의 제기

본문을 보면 믿는 성도들에게는 주의 재림(再臨)의 날이 도적같이 임하지 못한다고 말한다. 즉 이는 성도들은 재림의 시기를 인식할 수 있다는 뜻이다. 이러한 본문의 언급은 5:2은 물론 '그날과 그때는 아무도 모르나니 하늘의 천사들도 아들도 모르고 오직 아버지만 아시느니라'^{마 24:36}라는 말씀과 명백하게 배치가 되는 것처럼 보인다.

✝ 문제 해결

본문을 올바로 이해하기 위해서는 예수께서 재림의 시기에 대해 말씀하신 무화과 나무의 비유를 기억할 필요가 있다^{마 24:32}. 즉 본문은 우리가 무화과나무까지가 연하여지고 잎사귀를 내면 여름이 가까운 줄을 아는 것처럼 성도들도 주께서 말씀하신 여러 가지 재림의 징조들을 보고^{마 24:3-31} 그 시기가 가까운 줄을 안다는 것이지 주께서 재림하시는 그날과 때를 징확히 알 수 있다는 말은 결코 아니다.

그런데 여기서 중요한 것은 항상 깨어 근신(謹愼)하는 성도들만이 무엇이 주의 재림의 징조인지를 인식하고 주의 재림의 때가 가까운 줄을 알고 대비할 수 있다는 것이다. 즉 깨어있지 못하고 이 세상에서의 안일만을 추구하는 자들은 도무지 주의 재림을 생각조차 하지 않기 때문에 재림의 강조와 시기를 인식할 리가 만무하다. 따라서 그러한 자들은 자신들의 처지에서 볼 때 주의 재림이 밤에 도적같이 갑작스럽게 임하는 것 같이 임하는 것으로 여겨질 수밖에 없는 것이다^{2절}. 그러나 슬기로운 다섯 처녀와 같이^{마 25:1-13} 깨어있는 성도들은 여러 가지 정황을 보고 재림(再臨)의 시기를 알고 또 주를 영접할 준비를 하고 있기 때문에 주께서 어느 날 어느 때에 오시든지 간에 갑작스럽게 도적을 맞는 것처럼 당황하지 않고 기쁘고 반갑게 주를 영접할 수 있는 것이다.

✝ 의의
이상의 사실에서 우리는 다시 한번 주의 재림이 임박한 말세지말을 당하여 항상 깨어있어 주님을 맞이할 준비를 하는 신앙 무장의 필요성을 절감하게 된다. 그뿐만 아니라 이처럼 우리 성도들이 갑작스럽게 주의 재림을 맞으므로 당황치 않도록 여러 징조를 주심으로써 깨어있는 성도들은 누구라도 그 시기를 알고 준비케 하시는 하나님의 섬세한 배려와 사랑에 진한 감동을 하게 된다.

학습 자료 79-4 고린도는 어떤 도시인가?

그리스 본토와 펠로폰네소스를 연결하는 고린도는 에게 해와 아드리아 해 사이의 좁은 항구 도시로 부유한 상업의 중심지였다. 선박들은 헬라의 남단을 돌아가는 위험스러운 항로를 피하려고 이 지역을 가로질러 갔다. 따라서 여러 민족이 모이는 이 도시는 선교 전략 면에서 볼 때 매우 중요한 요충지였으며 바울도 각별한 정열을 기울였다. 이 도시는 이만 명을 수용할 수 있는 야외극장을 가지고 있었는데 여기서 운동 경기가 수시로 열렸다.

또한 사랑의 여신으로 불리는 아프로디테의 신전이 이곳에 있었고, 천 명 정도의 신전 매춘부들이 있어 도시 전체를 도덕적으로 타락시키는 역할을 했다. 신전 창기들은 공공연하게 몸을 팔았으며, 식육 시장은 신전에 바쳤던 제물들을 팔면서 번창했다. 고린도 사람들은 잘 먹었으며 아무런 죄책감 없이 그들의 강한 성적 욕구를 만족시켰고, 인간의 지혜를 즐겼으며, 헬라의 신들처럼 아름답게 되고자 하여 할 수 있는 한 자기들의 몸을 아름답게 가꾸었다. 그들은 또한 위대한 변사들의 웅변을 즐겨 들었다. 250,000명의 시민에게는 한 사람 당 거의 두 명의 노예가 있었다. 그런 고린도에 더 필요한 것이 무엇이었을까? 그것은 자유, 죄와 사망으로부터의 자유였다. 하나님께서 그들의 필요를 채워 주신 것은 바울의 2차 선교 여행 중에 성령께서 바울을 여러 모로 막으시고 바울은 환상 중에 '와서 우리를 도우라.'는 마케도니아 사람의 부름을 받고 나섰다.

79일차 범위 **생각해야 할 성경적 세계관의 이슈들**
☑ 읽을 책 : "기독교 세계관 핸드북" 도서 출판 에스라 2023

❖ **행 19장** "일원론, 범신론 및 만유내재신론"(p211)
❖ **살전 2장** "뉴에이지 운동"(p245)
❖ **살전 3장** "동양과 뉴에이지 역사관에 대항 반응"(p447)

80일 핵심 학습 자료

학습 자료 80-1 교회의 권징(고린도 전서)

우리 주 예수 그리스도께서는 구약의 여러 예언과 약속의 성취로 일단 성육신 초림하사 십자가 수난을 통하여 구속 사역을 완수하셨다. 그리고 옛 언약 곧 구약(舊約)의 모든 내용을 온전히 승계하시면서도 이를 더욱 확장하여 당신의 구속 사역의 복음을 믿고 회개하는 자에게는 훗날 그 구속 사역의 최종 실현으로서 영원한 천국 구원을 주시겠다는 새 약속 곧 신약(新約)을 세우시고 승천하셨다. 그리고 그 어간에 곧 당신의 초림과 재림 사이에 당신의 구속 사역의 복음을 보존할 기관이요 또한 그 복음을 믿고 회개할 성도들의 지상 공동체로서의 교회(敎會, the Church)를 이미 당신의 공생애 때부터 세우시고 훈련하심은 물론 교회 창립의 대명을 직접 맡기신 사도를 통하여 건립하셨다.

그리하여 그 교회를 중심으로 믿음의 선진들이 후진에게 신앙을 전수함으로써 세상 끝날 때까지 주의 복음이 이 땅에서 보존되며 확장되게 하셨다. 그리하여 결국 교회 안에서 신·구약의 모든 말씀이 함께 보존되며 신·구약 구속사가 연속성을 가지고 진행되게 된 것이다. 따라서 교회는 예수의 복음에 근거하여 그리스도 예수에 의하여 직접 건립된 성도들의 공동체요 복음을 보존 전파하는 기관으로서 세상 끝날 곧 구속사가 종결되는 그 때까지 이 지상에서 유지될 거룩한 제도이다.

예수께서는 이러한 교회를 향하여 교리권(敎理權)과 치리권(治理權), 사역권(事役權)이라는 3대 권세를 주셨다. 이러한 교회의 권세는 세속 권세와는 달리 교회를 든든히 세우며 효과적인 복음 전파를 위해 필수적인 것이다. 그러나 이 권세는 해당하는 대상들 위에 군림하게 하려는 것이 아니라 도리어 그 대상들을 하나님의 말씀으로 잘 양육하며 섬기게 하기 위한 것이다.

여기서 이러한 교회의 삼대 권세 중 치리권, 그 가운데서도 교회의 교리적, 도덕적 순결 유지를 위해 이단자와 범죄자를 징계 또는 교회에서 축출하는 권세인 권징(勸懲)에 관하여 살펴보려 한다. 그리하여 비록 하나님 앞에서 의롭다 칭함을 받고 이미 천국 시민권을 얻은 자들이긴 하나 아직 그 인격 자체가 온전한 성화의 단계에 이르지 못한 탓에 육신적으로는 여전히 죄의 성향을 지닌 성도들롬 7:15-25의 지상 신앙 공동체인 교회가 그 순결 유지를 위해 어떻게 노력해야 하는가 하는 문제에 대한 교훈을 얻고자 한다. 즉 우리는 할 수만 있으면 하나님의 택한 백성까지도 미혹하려 드는 마귀의 활동이 더욱 격렬해지고 있는 이 시대마 24:24, 벧전 5:8에 살고 있는 우리 모든 성도가 서로 합력하여 자신의 개인적 신앙은 물론 교회 전체의 순결을 유지해야 한다는 사실에 대한 엄숙한 각성 및 이의 신중한 실행을 위한 기본 원리의 확립을 시도하고자 한다.

✝ 정의

교회에서 말하는 '권징'이란 교회의 교리적, 도덕적 순결을 유지하기 위한 한 방법으로서 복음의 바른 진리에서 떠나 이단 사상으로 교회를 어지럽히거나 심각한 윤리적 죄를 범하고서도 회개하지 않는 교인에게 응분의 징계를 가하는 것을 의미한다.

이러한 교회의 권징은 사회 전 영역에서의 기강 확립을 시도하는 일반 사회 공동체에서의 징벌과는 달리 오직 교회의 영적, 신앙적 순결 유지를 위한 것이므로 그 방법 또는 종류에 있어서 육체적인 제재를 가하거나 벌금 등을 부과하지 않고 경고나 권면, 성찬 예식 참여 금지 및 정직(停職), 출교(黜敎) 조처 등을 취하게 된다.

✝ 권징의 성경적 근거

권징에 관한 성경적 근거는 신·구약 성경 모두에서 발견된다. 그 구성원 전원이 곧 선민으로서 민족 국가를 이루고 있던 구약 이스라엘의 경우, 고의적으로 범죄한 자들은 백성 중에서 끊어지는 형벌에 처하도록 규정하고 있었다출 30:33, 38, 레 17:4, 9. 이때 '백성 중에서 끊어진다'는 것은 선민이었던 이스라엘 민족 사회에서 선민으로서의 율법적 지위를 박탈당하고 추방당하는 것은 물론 심지어 사형에 처하는 것까지도 의미했다. 그러다가 이스라엘이 국가적 독립성을 상실한 후기에 이르러서 독자적으로는 사형을 집행할 수 없게 된 때에는 사형대신 출교(黜敎) 조처를 했다스 10:8, 눅 6:22, 요 9:22, 12:42, 16:2.

그러나 교회가 권징을 시행하는 더욱 분명한 근거는 그리스도에게서 찾을 수 있다. 예수께선 사도들에게 "내가 천국 열쇠를 네게 주리니 네가 땅에서 무엇이든지 매면 하늘에서도 매일 것이요 네가 땅에서 무엇이든지 풀면 하늘에서도 풀리리라"마 16:19 하셨으며, 또한 "너희가 누구의 죄든지 사하면 사하여질 것이요 누구의 죄든지 그대로 두면 그대로 있으리라"요 20:23고 말씀하셨다. 이처럼 그리스도께서 교회에 이 권세를 주셨기 때문에 오늘날에도 교회는 권징을 성령 계시의 원리에 준하여 행사하고 있다. 이러한 권세의 정당한 행사에 관해서는 신약 성경의 여러 구절에서도 자주 언급하고 있으니 바울 사도는 고린도 교인들에게 죄인을 출교시키라고 명하였으며고전 5:2, 13 이단에 속한 자들과 교제하지 말라고도 명했다딛 3:10-11. 이 밖에도 에베소 교회는 악한 자를 용납하지 않았으므로 칭찬받았으며계 2:2 반대로 두아디라 교회는 이단 사상에 물든 자를 용납한 탓에 책망받았었다.계 2:20

✝ 권징의 목적

교회에서 권징을 시행하는 목적은 여러 가지로 언급할 수 있으나 가장 중요한 목적은 크게 다음 두 가지로 요약될 수 있다. 첫째, 교회 전체의 순결을 유지하기 위함이다. 둘째, 영적으로 병든 상태에 처한 자를 치유하여 마침내 그 개인도 구원하기 위함이다.

이와 관련해서 칼뱅(John Calvin)은 다음과 같은 권징의 삼중 목적을 말하기도 하였다. 첫째, 악인들이 하나님의 이름을 망령되이 일컫게 하지 못하도록 하기 위함이다. 둘째, 악인들의 악영향으로부터 교회를 보호하기 위함이다. 셋째, 마침내는 악인들도 회개토록 하기 위함이다. 이처럼 권징은 교회 전체의 교리적, 도덕적 순결을 유지하고 나아가 그 권징의 대상이 된 죄인까지도 회개시켜 구원하려는 데 궁극적 목적이 있지 단순히 징벌 자체나 교회법의 엄격한 시행을 통한 교회의 기강 확립에 그 목적이 있는 것이 아니다.

한편 권징은 교회의 안녕을 위해 이단자나 범죄자들을 교회 밖으로 축출하는 것일 경우에는 '정화적(淨化的) 성격'을 지닌다. 그러나 그들에 대한 권징이 그 영적 치유를 추구하는 것이라는 점에서는 '의료적(醫療的) 성격'도 지닌다. 그러므로 교회는 권징을 시행하는 데 항상 이 두 가지 성격을 염두에 두고 있어야 한다. 그리하여 때로 부득이한 경우에는 교회에서의 축출도 감내해야 하는데 그러한 경우에라도 죄인의 영혼을 긍휼히 여기는 마음만은 잃지 말아야 할 것이다^{고전 5:5}.

✝ 권징의 바른 시행

교회에서의 권징의 대상은 교회 공동체의 모든 구성원 중 징계받아 마땅한 죄 곧 교리적으로 복음의 바른 진리를 거스르는 자^{행 20:28-30, 고전 6:12-19, 딤전 1:18, 19, 딤후 2:16-18}와 각종 불의를 범한 모든 자^{행 5:1-11, 고전 6:9, 10, 갈 5:19-21}이다. 그러나 교회 직분 자를 권징할 때는 보다 특히 주의해야 한다^{딤전 5:19, 20}.

그리고 교회에서의 모든 권징은 개인적 권면으로부터 시작하되 범죄자가 그 권면을 받아들이지 않을 때 비로소 전 공회의 차원에서 징계를 시행해야 한다^{마 18:15-17}.

한편 교회는 권징을 엄격히 시행하는 동시에 또한 사랑과 용서의 정신도 잊지 말아야 한다. 왜냐하면 권징의 목적이 그리스도의 이름이 훼방 받지 않게 하며 나아가 다른 성도들이 동일한 죄악에 물들지 않게 하려는 동시에 나아가서는 그 죄인도 회개시켜 결국 하나님의 구원을 온전히 이루려는 것인 이상 그 목적이 달성되었으면 비록 출교(黜敎) 처분을 받은 자라 할지라도 그가 회개할 때 다시 교회 회원으로 받아들이는 것이 마땅하기 때문이다^{고후 2:5-11}.

학습 자료 80-2 바울의 권면에 대한 영감성 논쟁 고전 7:6, 12

본문을 보면 바울은 결혼에 관한 여러 교훈을 주는 중에 자신의 이러한 교훈은 주께서 직접 주신 명령(commandment)이 아니라 바울 자신의 권면(concession)라고 6절과 12절 등 두 번에 걸쳐서 분명히 밝히고 있다. 이는 성경 영감론과 관련하여 논쟁을 일으키는 구절인 바 이를 살펴보면 다음과 같다.

✝ 문제의 제기

혹자들은 본문에서 바울이 직접 자신의 교훈을 가리켜 권도요 주의 명령이 아니라고 했기 때문에 적어도 본문에서 기록하고 있는 결혼에 관한 바울의 교훈은 영감된 하나님의 말씀이 아니라 인간의 말이며 따라서 이는 결국 성경 전체가 영감된 것이 아니다라는 즉 성경은 전체가 영감된 것이 아니라 다만 부분적으로만 영감된 것이라는 소위 부분 영감설의 결정적 증거이다라고 주장한다. 이는 분명 표면적으로만 보면 성경 66권 전체가 다 영감된 하나님의 말씀^{딤후 3:16}이라는 정통 기독교의 기본 신조와 정면으로 위배되는 주장인 듯하다. 그렇다면 본문과 성경 완전 영감론은 어떻게 조화될 수 있는 것인가 하는 문제가 발생할 수도 있다.

✝ 문제의 해결

바울의 권도의 내용 그 자체는 바울이 초대 교회 시대의 고린도 교우들의 결론이라는 특수하고도 개별적인 상황의 문제에 대하여 그와 관련된 하나님 계시의 원리들을 응용하여 사도요 그 교회의 설립자로서 교훈을 준 것이다. 따라서 물론 바울의 권도 내용 자체는 분명 모든 시대의 성도들에게 그대로 적용될 수 있는 영구불변의 절대적 진리로서의 하나님의 직접적 계시는 아니다. 즉 바울 교훈의 내용 자체는 당시 고린도 교회와 전혀 다른 시대 상황에 있는 현대 교회의 성도들에게 문자적으로 적용될 수 있는 절대적인 하나님의 계시가 아니라 상대적인 교훈이다.

그러나 그러한 바울의 권도의 내용이 성경으로 기록되도록 하신 것은 분명 성령(聖靈)의 영감(靈感)으로 된 것이다. 왜냐하면 성경은 인간 구원이라는 궁극적 그리고 절대적 진리에 대해서는 충분한 계시를 주지만 그렇다고 해서 인간 만사 심지어는 인간 구원의 전 영역에 대해서도 모든 것을 계시하는 책이 아니다. 따라서 성령은 그 자체가 절대적으로 선·악과 관련되지 않은 문제로서 성경에 직접적으로 계시되지 않은 구체적인 사안의 처리에 있어서는 먼저 그와 관련된 성경 계시의 원리를 종합 요약하고 이를 그 시대와 지역의 상황에 맞추어 최대한 선한 결론을 끌어내는 것이 필요하며 또한 그럴 수 있음을 보여주기 위한 실례의 하나로서 이처럼 바울이 그 자체가 절대적 선악과 직접적 관련이 없으며 또한 초대 교회 시대 성도의 특수한 문제인 초대 교회 성도의 결혼 문제에 대하여 권도를 준 사실을 성경으로 기록하게 하신 것이다.

그러므로 이제 결론을 내리자면 바울의 권면 내용 자체는 하나님의 직접적 계시라거나 성령의 절대적 감화로 된 절대 계시가 아니지만 바울이 권면한 사건 전체를 있는 그대로 보도한 성경 기록은 성도의 지상 생활의 여러 사안에 있어서는 관련된 하나님 계시의 원리를 추출 응용하는 것이 필연적이며 또한 선한 것임을 보여 주기 위한 것으로서 그 전체가 성령에 의해 영감된 것이다.

사실 우리가 엄밀히 고찰할 때 비단 바울의 권도뿐만 아니라 성경의 모든 내용 자체가 모두다 하나님의 직접적 계시를 기록한 것은 전혀 아니다. 오히려 성부 하나님이나 그리스도 예수, 그리고 성령님의 직접적인 선언이나 사역을 기록한 것은 성경 일부에 불과하다. 성경은 더 많은 부분에서 표면적으로만 보면 분명 하나님을 향한 인간의 고백, 인간의 지혜, 또는 인간 역사의 기록과 그에 대한 인간의 평가를 있는 그대로 기록하고 있다. 그러나 그 모든 것에 있어서 성령은 이를 기록케 하여 그것들이 직·간접으로 때로는 역설적으로 하나님의 구원에 대한 절대 의지를 깨닫게 하는 객관적 기준이 되게 하신 것이다. 따라서 성경은 이처럼 그 내용 자체가 모두 다 직접적으로 하나님에게 기인해서가 아니라 성령께서 그 목적, 과정, 그 기록 내용 전체가 다 인간 구원의 절대적이고도 객관적인 신앙의 기준이 되도록 인간 저자를 유기적으로 감화하셨다는 점에서 영감된 것이고, 그 결과 그 기록된 내용은 모두 다 계시인 것이다. 그러므로 이제 주의 직접적 명령이 아니라 바울이 권도 한다고 해서 이것이 성경 완전 영감론의 반박 근거라고 생각하는 논쟁은 성경 계시와 영감의 본질을 제대로 파악하지 못한 어리석음의 소치이다.

학습 자료 80-3 귀신과 이방 종교 고전 10:20

✝ 귀신의 존재

성경은 영과 육을 가진 인간과 달리 오직 영혼만을 가진 존재들인 천사와 귀신의 존재들을 분명히 인정한다삼상 16:14, 막 5:8, 9, 계 18:2. 또한 통상적 자연계 곧 물질계와 단절된 것이 아니면서도 뚜렷이 구분되는 영계도 분명 인정하고 있다요일 4:2.

한편 이런 영적 존재들은 모두 본래는 여타 피조물들과 같이 하나님으로부터 선하게 창조되었으나 그 일부가 영적 존재들만이 공유한 자유의지를 남용하여 하나님을 거부하고 그분의 영광과 주권에 도전하는 범죄를 자행하였다. 그 결과 그들은 하나님께 순순히 복종한 천사들과 그렇지 않은 귀신들로 나뉘게 되었다. 그중에서도 가장 먼저 그리고 주도적으로 타락하여 여타 영적 존재들을 범죄에 가담시킨 자가 바로 사탄(Satan)이고 그의 휘하에 들어가 타락한 악령들이 바로 귀신(demon)들이다.

✝ 귀신과 이방 종교

주지하다시피 사탄과 귀신들은 스스로 타락하여 하나님께 반역하였을 뿐만 아니라 태초 에덴동산에서 첫 사람인 아담과 하와까지 유혹함으로써 타락시켜 자신들의 범죄에 동참시켰다. 그 결과 비록 하나님이 구속사의 섭리에 따라 허용하신 세상 끝 날까지 한시적 기간이나마 현 세상과 인간에 대하여 공중 권세 잡은 자로 군림하며 막대한 영향력을 행사하게 되었다엡 2:2. 이런 사탄이 궁극적으로 지향하는 바는 하나님의 형상인 인간과 하나님을 이간시켜 인간을 자기에게 복속시킴으로써 하나님의 주권과 영광을 도적질하고 나아가 하나님께 도전하는 것이다사 14:14.

한편 종교(宗教)란 인간에게 전 우주의 궁극적 존재 양식과 질서 그리고 삶의 가치와 자세에 대하여 통시적 이해를 제시하는 가장 원초적인 신념 세계이다. 그런데 오직 절대 초월자이신 하나님만이 전 우주와 역사의 창조자요 주권자이므로 참종교란 결국 하나님을 인정하고 믿고 순복하는 것일 수밖에 없으며 존재의 기원과 주권자로 인정하고 그분에 대한 순복을 전제하지 않는 모든 종교는 그것이 표면적으로는 아무리 고상한 도덕과 철학을 논한다고 하더라도 결국은 하나님과 인간을 괴리시키는 결과만을 초래하게 될 것이다. 따라서 사탄에게 있어서 무신론을 포함한 각종 거짓 종교의 창시와 유지는 자신의 목적을 달성하기 위한 가장 결정적 매체였다. 그리하여 실제로 사탄은 태초 이래 숱한 거짓 종교를 창출하여 인간을 미혹시켜 왔다. 이것이 모든 거짓 종교의 실상이다.

이에 우리는 절대 초월자요 창조자로 전 우주의 주관자이신 하나님을 온전히 섬기는 유일한 종교인 기독교만이 유일하게 참 종교인 이유와 함께 그토록 많은 이방 종교의 이면에는 궁극적으로는 사탄과 악령이 필연적으로 존재함을 깨닫고 전율하게 된다.

✝ 성도의 바람직한 자세

성도는 먼저 성경이 분명히 인정하는 영계와 그 영계에 속한 천사는 물론 특히 악령들의 존재를 미신으로 일축하는 경박함을 버리고 이들의 존재를 특히 이방 종교들과 관련하여 첨예히 인식해야 할 것이다. 그러나 동시에 그들의 사악성과 그 한계도 분명히 인지하여야 할 것이다. 즉 그들은 당장은 인간을 초월하는 놀랄 만한 능력을 갖추고 각 경우에 따라 다양한 방식으로 사람을 미혹하며 때로 신비스러운 현상을 일으킴으로써 각종 거짓 신을 숭배하게 하는 현실을 인정하고 직시하여야 한다. 그러나 그들은 인간에게 구원이 아니라 하나님에의 반역에 동참시켜 결국 파멸에 이르게 할 뿐이며 또한 그들의 힘이 비록 강대하다 해도 그리스도 예수의 이름으로 성도도 능히 그들을 제압할 수 있음도 잊지 않아 그들을 두려워하거나 심지어 섬기는 데 동참하는 어리석음을 피해야 할 것이다.

학습 자료 80-4 남·여의 상호 관계에 대한 성경적 이해 고전 11:2-16

인류는 남성과 여성 두 성으로 구성되어 있다. 실로 이 구분은 단순하지만, 인류 역사 전체에서 시대와 지역의 문화 수준에 따라 그 정도와 양상만 달리할 뿐 양성 간에 억압과 갈등이 해소되어 진정한 질서와 평화가 확립된 적은 없었다.

인류가 남성과 여성으로 있게 된 것은 오직 하나님의 창조 원리에 기인한다. 또한 현재 그토록 양성 간에 갈등과 긴장이 있는 근본 원인도 전 인류의 아비와 어미인 아담과 하와가 죄를 범한 결과 그 각자의 존재 자체가 훼손된 것은 물론 그 각자가 여타의 존재와 맺은 모든 원형적 관계가 파괴된 결과의 하나이다. 따라서 남·여의 상호 관계의 본질에 대한 바른 이해도 그리고 그 문제 해결을 위한 바른 기준도 오직 하나님의 창조 원리에 근거하여야만 한다.

이에 바울이 초대 교회 시대 교회의 바른 질서 확립의 하나로 여성의 원만한 사회참여가 익숙지 않던 시대에 주변 사회의 오해를 피하고자 남녀 성도 간의 바람직한 질서를 설명하고 특히 교회 내에서의 여성의 자제를 요청한 본문에 즈음하여 성경 전체가 제시하는 남·여의 바른 관계 또는 그 문제 해결의 방법을 간략히 고찰하고자 한다

✚ 성경적 남·여관의 핵심

전체적으로 고찰할 때 성경은 다음 두 가지 측면의 사실들을 한 치의 기울어짐이 없이 동시에 제시한다.

첫째 측면은 남·여가 모두 한 분 하나님으로부터, 그분의 형상을 따라 창조되었다는 사실, 더욱이 양자는 궁극적으로 한 몸을 나눈 사실 또한 각자가 하나님으로 나누어 받은 성 역할에 충실하며 서로 합할 때만이 온전한 생활을 할 수 있다는 사실 등이 입증하듯이 남·여의 본질적 인격 자체는 상호 동등하다는 사실 등이다창 1:27.

둘째 측면은 남·여 사이에는 창조의 순서에 있어서 분명한 선후의 차이가 있다는 점창 2:21, 또한 에덴동산에서의 최초의 선악과 범죄 당시 여자가 먼저 죄를 범하였고 그녀를 통해서 남자가 죄를 범하였으므로 그가 범죄의 책임에 있어서 그 죄책의 내용과 정도는 동일하지만, 여성이 남성보다 더 우선되어야 한다는 점창 3:6등이다.

이상을 종합할 때 결국 남·여 관계는 근본적으로는 동일하지만 동시에 질서상의 순서에 있어서는 남성이 여성보다 앞서는 관계에 있다는 결론에 도달할 수 있다. 즉 남성과 여성은 수직적 상·하의 차이는 결코 없는 수평적 관계에 있으나 동시에 그 수평 관계 안에서 분명 선·후의 차이가 있는 관계에 있다.

✚ 성경적 남·여관의 의의

이상의 성경적 남·여관은 먼저 인류 역사를 두고 거의 전 지역에서 자행되어 온바 하나님의 창조 원리의 진의를 왜곡하여 여성을 무고히 그리고 근거 없이 억압하는, 빗나간 남성 본위의 가부장 문화의 폐단에 대하여 반성을 촉구한다. 동시에 20세기 말의 일부 지역에서 과거 역사에 대한 반발로 일어난 소위 여성해방론도 그 진의가 하나님의 창조 원리의 회복이 아닌 한 그 역시 근거 없는 무분별한 방종에 불과함도 경고한다. 그리고 특히 무엇보다도 남성과 여성의 영역을 무시하고 훼손하는 각종 변태 행위는 각자에게 그 고유의 성역 함을 부여한 하나님의 섭리를 거스르는 사악한 행위임을 지적해 준다.

결국 성경적 남·여관은 시대와 지역의 문화에 따라 상호 갈등의 여지를 안고 있는 남성과 여성의 관계에 대하여 절대 객관적 그리고 절대 권위를 가지고 그 바람직한 관계의 기준을 제시하는 역할을 해준다. 그리고 남성과 여성이 각자의 성에 자족하며 또한 이를 성실히 구현하면서 상호 존중하며 또한 상호 간의 질서를 유지하는 것이 남성과 여성으로서의 기쁨의 근원이며 동시에 의무인 필연적 이유를 제시해 주는 역할도 하고 있다.

학습 자료 80-5 '지체 의식'의 이해 고전 12:12-26

✚ 지체 의식의 정의

이는 예수에 의하여, 예수의 복음을 중심으로 설립 존속되는 교회, 그리고 모두 다한 구주 예수의 구속 사역으로 구원된 성도들을 그 구성원으로 하는 교회 안에서, 예수와 성도 그리고 성도 상호 간의 관계를 사도 바울이 예수 그리스도를 유일한 머리로 그리고 성도 모두를 다양한 각 지체로 하는 몸에 비유하여 설명한 사실^{고전} ^{12:12-26, 엡 2:22, 3:6, 4:15, 16}에 근거하여 나온 용어이다. 고린도전서가 교회 안에서 예수와 성도 모두가 한 몸으로서 연합체를 이룬다는 전반적 사실 자체를 보여 주지만, 에베소에서는 그처럼 일단 한 몸인 교회 안에서 그리스도는 머리요 성도는 거기에 속한 각 지체로서 연합한다는 사실 곧 그리스도와 성도와의 연합의 양상에 대하여 보다 더 강조하고 있으나 어쨌든 모든 성도가 교회 안에서 유기적 연합을 하고 있음은 거듭 강조되고 있다.

✝ 지체 의식의 필연성

성도 상호 간에 지체 의식을 가져야 하는 가장 원초적인 근거는 모든 성도가 삼위일체로 계시는 한 분 하나님에 의해 택함 받았으며 한 분 구주에 의해 구속되고 또한 한 분 성령에 의해 인도함을 받는다는 사실이다^{고전 1:2,}

또한 그리스도의 구속 사역은 이미 성취되었으나 이를 믿는 택한 자의 충만한 수가 회개하고 구원 얻기까지 구속 사역의 최종 실현인 최후 심판과 천국 구원은 연장되었는바 이 신약 중간 시기에 예수께서는 이미 천국 구원을 획득하였으나 아직은 지상에서 더 살아야 하는 모든 성도를 위한 유일한 지상 신앙생활 공동체로서 교회를 직접 태동시키셨다. 즉 교회란 사회적 존재일 수밖에 없는 인간인 성도의 신앙 공동체로 그리스도께서 세우신 유일한 지상 제도로서 오직 이를 통해서만 그리스도의 복음이 이 땅에 존속되며 또한 성도 각자가 이를 근거로 해서만 신앙 공동체 생활을 영위해 갈 수가 있는 것이다. 이 사실 곧 성도의 지상 신앙생활 공동체로서의 교회의 절대 유일성과 그 교회 안에서 자신의 성품을 본받아 서로 사랑하고 도움으로써 신앙생활을 유지하라는 주의 명령은 교회 안에서 성도의 지체 의식의 직접적 근거이다.

✝ 지체 의식의 세부 교훈

지체 의식이 자연적으로 반영하는 교훈들은 다양하지만, 근본적으로는 예수와 교회 안에서 성도 각자가 자신의 다양성을 유지하며 자신에게 독특한 직무를 다하면서도 교회 전체의 통일성과 일치단결도 동시에 잊지 말아야 한다는 양대 교훈으로 축약할 수 있다.

① **책임 의식과 상호 존중** : 그리스도께서는 성도 각자에게 그 개성이 다양하듯이 그들의 근본 성정과 재능(talent)에 맞는 각각의 직분을 성도 모두에게 주셨다. 따라서 성도 각자는 먼저 자신에게 맡겨진 직무에 대하여 맡은 바 책임을 다하여야 한다. 이는 비단 자기실현을 위해서가 아니라 자신의 불성실이 곧 동료 성도에게 필연적으로 영향을 끼칠 수밖에 없기 때문이다. 또한 나의 개성과 직분뿐 아니라 타인의 개성과 직분에 대해서도 존중하여야 한다. 따라서 성도 간에는 상호의 다양

성을 인지하여 먼저는 자족하며 나아가서는 서로 간에 교만이나 열등감이 아니라 다만 겸손과 상호 존중이 있어야 한다.

② **화합과 일치** : 실로 교회란 그 어떤 동기보다도 더 근원적인 신앙을 동기로 뭉친 신앙 공동체이다. 더욱이 이런 기독교 신앙 공동체인 교회는 여타 이방 종교의 공동체와도 또 다르다. 앞서 고찰한 대로 그 근본 교리상 상호 일치를 필연적으로 요청하고 있다. 따라서 성도는 교회 안에서 성도 간에 서로 상조하는 자로서의 단순한 화합을 넘어 근본적으로 교회를 있게 하신 주 안에서 일치를 이루어야 한다.

학습 자료 80-6 은사의 이해 고전 12장

✝ 정의

신약 성경 원전에서 찾아볼 수 있는 '은사'에 해당하는 헬라어로는 다음 세 가지 '도시스'와 '도레아'($\delta\omega\rho\varepsilon\acute{\alpha}$), '카리스마'($\chi\acute{\alpha}\rho\iota\sigma\mu\alpha$)등이 있다. 이 중 '도시스'는 약 1:17에 단 한 번 나오며 '도레아'는 고후 9:15과 히 6:4에 나오는 정도이다. 그러나 '카리스마'는 '은사'를 가리키는 가장 대표적인 단어로 롬 1:11, 5:15, 16, 6:23, 고전 1:7, 7:7, 12:4, 9, 31, 고후 1:11, 딤전 4:14, 딤후 1:6 등에 나온다. 이 세 단어의 원뜻은 모두 '선물'이다. 이들은 신약 성경에서는 특히 인간의 공로에 의해서가 아니라 오직 하나님의 은총으로 말미암아 성령을 통해 그리스도 예수 안에 있는 자들에게 주어진 각종 재능과 사명, 직무 등을 총괄적으로 나타내는 말로 사용되었다.

한편 이 '은사'란 말은 '은혜'($\chi\acute{\alpha}\rho\iota\varsigma$, 카리스)란 말과 뜻이 비슷하긴 하나, '은혜'에 비해서는 보다 한정된 개념을 지닌다. 즉 은혜 역시 모두 인간의 공로에 의해서가 아니라 오직 하나님의 자의에 의해 조건 없이 주어지고 있는 '하나님의 선물'이란 점에서는 '은사'와 같다. 그러나 '은혜'는 일반 은혜이든 특별 은혜이든 하나님의 사랑에서 비롯된 모든 요소와 그 사랑이 실현되는 전 과정의 속성을 포괄하는 광의의 개념이다. 반면에 '은사'는 그보다는 한정적으로, 그러한 은혜의 하나로서 성도 각자가 이를 통하여 먼저는 신앙의 확증을 얻고 나아가서는 신앙 생활상의 각종 유익을 얻음으로써 하나님의 구속사에 역동적으로 참여할 수 있게 하려고 주어진 각종 직무와 그에 따른 재능이나 능력 등을 가리키는 보다 좁은 의미의 말이다.

✝ 은사의 종류

신약 성경에서 은사의 여러 종류에 대하여 가장 구체적으로 언급하고 있는 곳은 롬 12:6-8과 고전 12:4-11, 28, 그리고 엡 4:7-12이다.

여기에 언급된 은사의 종류들은 일단 크게 두 가지로 구분할 수 있다. 그 첫째는 '이적적 은사'이며 두 번째는 '비이적적 은사'이다. 즉 병 고치는 은사와 예언과 방언, 통역, 영 분별의 은사 등은 이적적 은사에 해당하는 것들이다. 이에 반해 사도와 선지자, 교사와 목사 등과 같은 직분 그리고 섬기는 일, 가르치는 일, 권위하는 일, 구제하는 일 등은 비이적적 은사에 해당하는 은사들이다.

이제 성경에 언급된 주요 은사들을 앞서 말한 관점에서 두 가지로 나누어 정리해 나타내 보면 다음과 같다.

한편 이하 제시된 은사들의 구분은 모든 은사를 동일한 하나의 기준에 의하여 엄밀히 구분한 것이 아니라 각 은사가 가진 특징의 한 면씩을 그때그때의 기준으로 삼은 대략적인 구분으로서, 서로 중복될 수도 있으며 한 성도가 여기 제시된 여러 개의 은사를 동시에 가질 수도 있는 것은 물론이다.

1) 이적적 은사

	관련성구	내용	비고
지혜의 말씀	고전 12:8	하나님의 뜻을 직관적으로 분별하며, 이의 실천을 촉구하는 능력있는 말씀을 전할 수 있는 은사	오늘날에도 나타남
지식의 말씀	고전 12:8	성경 말씀을 논리적으로 연구하여 그 이치를 깨닫도록 가르칠 수 있는 능력	오늘날에도 나타남
믿음	고전 12:9	성도 모두가 갖고 있는 구원을 믿는 믿음을 넘어서 특별한 능력과 이적을 일으킬 수 있는 믿음	오늘날에도 나타남
병 고침	고전 12:9, 28	각종 병든 자를 이적적으로 치유시킬 수 있는 능력, 이 은사를 행하는 자와 받는 자 모두에게는 강한 믿음이 요청된다.	효과적인 복음 전파를 위해 성령께서 교회에 주신 영구적인 은사이긴 하나 특히 초대 교회 당시에 강력하게 행사되었다.
능력 행함	고전 12:10, 28 행 5:12-16	귀신을 쫓아내며 병든 자를 치유하고 심지어 죽은 자를 살리는 등의 이적을 행하는 능력. 치유의 은사 보다 더 강력하고 또한 광범위한 이적적 현상을 동원하는 은사	오늘날에도 나타나는 것이긴 하나 초대교회 당시처럼 강력하지는 못함
예언	롬 12:6 고전 12:10	(1) 하나님의 계시를 받아 장차 되어질 일을 미리 알리는 것 (2) 성령의 인도하심에 따라 미래에 대한 하나님의 뜻을 가르치며 강론하는 것	신구약 성경 66권으로 하나님의 특별 계시가 종결된 현재 순수한 제1항과 같은 예언의 은사는 종결되었다.
영분별	고전 12:10 행 5:1-11	(1) 특이한 영적 현상이 실로 성령에 의한 것인지 아니면 사탄이나 귀신에 의한 것인지 구별하는 능력 (2) 사람의 속마음이나 감추인 죄악까지 꿰뚫어 볼 수 있는 직관력	(2) 항과 같은 은사는 오늘날 거의 나타나지 않는다.
방언	고전 12:10, 28 행 2:5-13	(1) 초대 교회의 오순절 성령 강림 사건시 나타났듯이 성령의 능력을 입은 자들이 자신이 알지 못하는 이방 나라의 실제 방언을 구사할 수 있는 능력 (2) 황홀경의 상태에 든 자가 하나님과의 개인 기도 내지는 교제의 차원에서 신비한 언어를 구사하는 것	(2)항과 같은 은사는 오늘에도 나타나지만 (1)항과 같은 은사는 초대 교회 당시에만 나타났던 한시적인 것으로 추정됨

	관련성구	내용	비고
통역	고전 12:10	개인의 유익만이 아닌 교회 전체의 유익을 위해 앞서 제2항의 방언을 해석, 통역해 줄 수 있는 능력	오늘날 이러한 은사는 잘 찾아볼 수 없다.

2) 비이적적 은사

	관련성구	내용	비고
사도	고전 12:28 엡 4:11	예수의 열두 제자와 바울 사도 등이 받았던 소명. 곧 초대 교회의 창립을 위한 직무	초대 교회 창립을 위한 비상 직무로 현재는 시효 종료되었다.
선지자	고전 12:28 엡 4:11	초대 교회 당시의 일종의 순회 설교자들의 직무. 예언을 통해 하나님의 뜻을 선포하기도 했으나 주로 복음의 참 뜻을 선포하는 일에 힘썼다.	오늘날에는 구약 시대는 물론 초대 교회 당시의 선지자직과 같은 은사는 존속하지 않는다.
교사	고전 12:28 엡 4:11	하나님의 뜻을 체계적으로 가르치며 성도 개개인이 처한 상황에 맞게 적용시켜 주는 직무	오늘날 교회의 목사나 주일 학교 교사들도 직무상 이러한 은사를 부여받은 자들이다.
복음 전하는 자	엡 4:11	초대 교회 당시 선교 여행을 다니면서 각지에 복음을 전하던 자들의 소명과 직무	오늘날 교회의 선교사들이 이러한 은사를 부여받은 자들이다.
목사	엡 4:11	각 지교회에서 하나님의 말씀으로 교인들을 양육하며 교회를 중심으로 한 성도의 신앙 생활 전반을 지도하는 직무	근본적으로는 장로직에 포함되나 특히 가르치는 일에 전념하고자 다스리는 장로로부터 다시 구별된 직무이다. 이 목사직은 교회사의 전개에 따라 교회의 조직이 보다 확장되고 전문화 되면서 본래의 말씀을 중심으로 성도를 체계적으로 양육시키는 직무 이외에도 교회 각종 직무와 직제의 통합 조정자. 그 대표자로서의 역할이 더욱 강조되게 되었다.
섬기는 것	롬 12:7	특히 집사의 직분을 받은 자가 행하던 직무. 그러나 비단 집사 외에도 하나님의 교회를 위해 섬기며 교인들을 위하여 봉사의 직무를 감당하는 모든 직분자들의 소명이 이에 해당한다.	이는 특히 이제 교회의 체제가 일단 정비되고 안정된 현대에 이르러 더욱 중요성이 부각되는 은사이다.
가르치는 것	롬 12:7	믿음의 선진으로서 후진을 교육하는 자질과 소명	이를 위해선 기록된 하나님의 말씀을 바로 파악하고 깨닫는 지식과 지혜가 요구된다.
구제 하는 것	롬 12:8	섬기는 일 중 하나로서 교회 공동체 내에서 뿐 아니라 대사회적으로도 가난한 자, 사회 소외 계층에 있는 자들에게 관심을 기울이며 물질적으로 돕는 능력과 소명	구제는 하나님의 사람으로 구원을 얻고 나아가 전우주의 주인이신 하나님으로부터 천국 축복을 허락받은 성도가 그 역시 나와 함께 하나님의 피조물인 이웃을 향하여 하나님의 사랑을 증거하는 결정적인 방법이다. 나아가 궁극적으로는 하나님을 향하여서 그분의 구원과 축복에 실천적으로 감사하기 위한 가장 효과적인 방법이다.
다스리는 것	롬 12:28 고전 12:28	특히 교회의 치리와 운영의 책임을 맡아보는 장로의 직무와 소명	교회의 삼대 권세인 교리권, 치리권, 사역권 중 치리권을 옳게 행사하기 위한 은사이다.

위로 하는 것	롬 12:8	하나님의 말씀을 성도 개개인에게 적 용시켜 그 가르침에 합당한 삶을 살 도록 장려하며 권고하는 자질과 직무	이는 성도 각자가 받은 구체적 직분 에 관계 없이 믿음이 앞선 자가 뒷선 자에게, 또는 실의와 오류에 빠진 자 에게 성도 모두가 행해야 할 의무인 권면을 위한 은사이다.
긍휼을 베푸는 것	롬 12:8	단순한 물질적 구제뿐 아니라 각종 어려움에 처한 자를 돌아보며 그들과 함께 고통을 나누는 소명과 직무	환난을 당하여 곤고한 처지에 빠진 자 를 돌아보는 것은 초대 교회 당시부터 교회가 힘써 온 미덕 중 하나이다.
서로 돕는 것	고전 12:28	성도가 서로 사랑으로 도우며 살아갈 수 있도록 모두에게 주신 원초적 소 명과 직무	이 은사는 만인이 이웃 성도에게 그 어떤 형편에서도 할 수 있고 또 행해 야 하는 은사이다.

✚ 은사의 다양성과 통일성

'은사의 종류'에서 살펴보았듯이 하나님께서 성도들에게 주시는 은사는 참으로 다양하다. 즉 성도 각자마다 개성이 다 다르며 또한 출신 성분이 각양각색이듯 하나님께서 각자에게 주시는 은사도 다양한 것이다. 그러므로 우리는 일종의 황홀경 상태에서 신비한 언어를 토해내는 방언의 은사에서부터 평범한 일상생활 가운데서 날마다 하나님의 뜻을 실천하는 섬김의 은사에 이르기까지 성격상 판이한 여러 은사를 볼수 있다. 또한 그러한 여러 은사는 공중 예배 때에 소용이 닿는 것으로부터 교회 공동체의 한 사람에게만 도움을 끼치는 것에 이르기까지 그 효용성도 실로 다양하다.

그러나 이토록 다양한 은사도 다음과 같은 두 가지 사실에서는 모두 통일성을 갖고있다. 첫째, 성도가 개별적으로 받는 은사는 다양할지라도 모두가 성령을 보내신 그리스도 안에서 성령을 통하여 받는다는 사실이다히 2:4. 둘째, 같은 주를 믿는 교회 공동체의 모든 성도는 그리스도의 몸에 속한 여러 지체이므로 여러 지체가 한 몸 안에서 유기적 통일을 이루듯 각자 받은바 은사를 가지고서 오직 개인과 교회의 신앙의 확신과 유익을 위하여, 그리고 나아가서는 교회의 일치를 위하여서만 사용해야 한다는 사실이다엡 4:12, 13. 즉 은사는 그 기원과 목적에 있어서는 통일성을 가지고 있다.

✚ 은사의 바른 활용

먼저 모든 은사는 결국 인간의 공로와 아무 관계 없이 하나님의 무조건적 은혜의 선물로서 그 개인과 교회의 신앙의 확증과 교회의 발전 등 신앙생활의 유익을 위하여 주어진 것이다, 따라서 그것 자체가 무슨 상급이거나 아니면 특별한 권위의 표지가 되는 것이 아니다. 즉 은사는 수단이지 그것 자체가 목적인 것이 아니다. 따라서 은사는 일차적으로는 선물이지만 그것을 받은 자에게는 그것을 선하게 활용하여야 할 의무까지 함께 주어지는 것이다. 그러므로 은사를 받은 자는 그것을 자랑하거나 남이 받은 은사를 시기해서는 안 되며 또 그럴 필요도 없다. 또한 자신의 세속적 유익을 위하여 남용하지 말고 오직 자신과 교회의 신앙의 유익을 위하여 이를 선용하여야 한다. 실로 '맡은 자들에게 구할 것은 충성'고전 4:2이다.

한편 궁극적으로 모든 은사는 오직 사랑으로 발휘되어야 한다. 왜냐하면 사랑이란 은사 중에서 최고 절대의 은사인 동시에 모든 개별적 은사의 근본정신이기도 하기 때문이다. 그리하여 바울은 그 유명한 '사랑장'인 고전 제13장에서 그리스도의 몸된 교회와 그 교회에 속한 여러 지체로서의 성도를 위하는 사랑의 마음에서 은사를 사용하지 않는 한 예언도 방언도, 산을 옮길만한 믿음도 심지어 자기 몸을 불사르기까지 하는 희생의 공적도 그저 무의미한 쇳소리에 불과한 것이라고 밝히고 있다고전 13:1-3. 그러므로 각 은사의 활용 가치를 평가하는 기준으로서, 그리고 다양한 여러 은사를 조화 통제시키는 기준으로서 사랑의 원칙이 무엇보다 먼저 확립되어 있어야 한다.

이외에도 절제, 상호 협동, 현실 상황에의 유연한 적용 등의 세부적인 원칙이 있으나 역시 이상의 큰 두 원칙이 무엇보다도 선행되어야 할 것이다.

학습 자료 80-7 방언(Tongues)의 이해 고전 14:1-40

초대 교회 당시에 나타난 성령의 은사 중 하나인 방언은 오늘날에도 존재하는가? 이에 대하여 답하기 위해서는 먼저 방언(方言)에 대한 선(先) 이해가 있어야 할 것이다. 성경에 언급된 여러 기록을 살펴본다.

✝ 방언의 정의

신약 성경에서 '방언'을 가리키는 헬라어는 '글롯사'(γλῶσσα)이다행 2:4, 11, 고전 12:10. 이 단어는 본래 '혀'를 가리키는 말이었으나 뜻이 보다 확대되어 '언어' 또는 '방언'을 가리키게 되었다. 영어로는 방언을 '골랏소랄리아'(glossolalia)라고도 하는데 이는 헬라어 '혀'(γλῶσσα, 글롯사)와 '말하다'(λαλεῖν, 랄레인)의 합성어에서 따온 단어이다. 본래 방언이라 함은 표준어와는 달리 어떤 지역이나 지방에서만 제한적으로 쓰이는 특수한 언어 사투리를 의미한다. 그러나 성경에서는 이것이 성령의 은사 중 하나로서 성도들이 성령에 충만하여 말하게 되는 신비한 언어를 가리키고 있다.

✝ 방언의 종류

신약 성경에서 언급되고 있는 방언(tongues)은 그 성격에 따라 크게 두 종류로 분류된다. 첫째는 오순절 성령 강림 사건시 열두 사도들을 비롯한 마가 다락방에 모인 120문도들이 행한 방언으로서 당시 예루살렘을 방문하였던 각국의 순례자들이 알아들을 수 있었던 지역 방언이다행 2:1-13. 둘째는 이와 달리 지상의 어떤 나라나 지역에서 사용되지 않는 방언으로서 통역의 은사를 받은 자의 통역 없이는 알아들을 수 없는 신비 방언이다고전 14:2, 5. 이에 대해 좀 더 구체적으로 살펴보면 다음과 같다.

① **지역 방언** : 신약 성경에서 '지역 방언'에 대해 분명하게 언급된 곳은 오순절 성령 강림 사건에 대해 기록한 행 2:1-13분이다. 이때 열두 사도들은 이전에 배운 바 없는 여러 지역의 고유한 방언으로 예루살렘을 방문한 세계 각국의 순례자들에게 복음을 전파하였다. 이외에 성령 세례를 받은 자들이 집단으로 방언을 말한 경우가 사도행전

에 두 번 언급되어 있는데^{행 10:46, 19:6} 이때의 방언이 오순절 성령 강림 때의 방언과 동일한 지역 방언인지는 분명치 않다. 이에 따라 많은 신학자는 '지역 방언'은 오순절 성령 강림 사건이 단회적이듯이 역사상 단 한 번 주어졌던 하나님의 초자연적인 역사였다고 말한다. 그러나 오순절파 계통의 교회들에서는 성령 강림 사건은 단회적이 아니라 오늘날에도 일어날 수 있고 또 일어나는 사건으로 보고 있는 것과 그 맥을 같이 하여 지역 방언의 은사 역시 오늘날에도 존속하고 있다고 주장한다.

② **신비 방언** : 사도 바울이 고전 12:2-14장에서 성령의 은사 중 하나로서 언급하고 있는 방언이 바로 신비 방언이다. 이는 지상의 어떤 나라나 지역의 말이 아니기 때문에 인간이 통상적으로 알아들을 수 없는 오직 하나님께만 상달되는 방언이다^{고전 14:28}. 따라서 바울은 이러한 방언을 될 수 있는 대로 공적인 자리에서는 사용하지 말며, 오직 통역의 은사를 받은 자에 의해 사람들에게 통역될 수 있을 때, 또 교회 전체의 건덕을 위하는 조건에서만 사용할 것을 명하였다^{고전 14:26-28}.

한편 오늘날 대부분의 신학자는 비록 초대 교회 당시처럼 강력하지는 않으나 이 같은 신비 방언이 계속해서 현존하는 것으로 이해한다. 그리고 이러한 견해는 현대에 이르기까지의 약 2000년 교회 역사를 살펴볼 때 영적인 각성 운동이나 부흥 운동이 일어난 시대에는 그에 수반해서 놀라운 방언의 은사가 따랐던 사실들에 의해서도 분명히 뒷받침된다.

✝ 의의

오순절 성령 강림 사건시에 열두 사도와 120 문도에 주어졌던 세계 각국의 언어로 된 지역 방언은 구속사적으로 볼 때 바벨탑 사건 이래 인류의 언어가 혼잡해졌음에도 불구하고^{창 11:1-9} 그 난관을 극복하고서 복음이 세상 만민들에게 전파될 것이라는 사실을 예표하는 실로 의미 깊은 사건이다. 그리고 고전 12-14장에 언급된 바이고 또 오늘날에도 현존하는 신비 방언은 다른 여러 은사와 마찬가지로 첫째는 하나님이 성도와 함께하시고 보호 인도하신다는 증거로서, 또 개인의 유익은 물론^{고전 14:4} 교회의 유익을 위하여 주어진 것으로서^{고전 14:22} 하나님과 깊은 영적 교제의 통로가 된다는 점에서 그 중요한 의의를 발견할 수 있다. 그러나 그렇다고 해서 그리스도인이면 누구나 다 이러한 신비 방언의 체험이 있어야 하는 것은 전혀 아니다. 오히려 바울이 지적한 바와 같이 이러한 신비 방언이 교회의 유익을 위해서는 여러 가지 제약 조건이 있는 만큼^{고전 14:19, 39} 우리 성도들은 자신의 신앙에 더욱 유익한 사랑의 은사를 추구함이 마땅하다^{고전 13장}.

학습 자료 80-8 죽은 자의 부활에 관한 성경의 주요 증거들 ^{고전 15:35-49}

죽은 자들이 과연 다시 살아날 수 있는가? 이러한 의문은 동서고금을 막론하고 거의 모든 사람이 제기하고 있다. 그런데도 인간의 제한적인 경험과 지식으로 이에 대한 확실한 증거 제시가 불가능하다. 오직 인간을 창조하셨을 그뿐만 아니라 죽음에서 다시 살리실 수 있는 창조주 전능자 하나님만이 이에 대해 분명한 해답을 주실 수 있을 뿐이다. 이에 우리는 어떤 인간의 증거가 아니라 창조주 하나님께서 성도들에게 특별 계시로 주신 진리의 말씀인 성경(Holy Bible)을 통하여 죽은 자의 부활에 관한 확실한 단서들을 발견하고자 한다.

✝ 구약의 10대 증거들

구약 시대 이스라엘 백성들이 죽은 자의 부활(Resurrection)에 관한 사상을 보편적으로 가지고 있었는가에 대해서는 의문의 여지가 있다. 그러나 우리가 구약 성경을 통해 분명히 알 수 있는 것은 신앙이 투철한 믿음의 조성은 하나님의 계시로 말미암아 분명히 부활 신앙을 가지고 있었다는 것이다. 물론 계시가 아직 완전히 주어지지 않은 때이기 때문에 신약시대의 성도들이 가진 것 같이 구체적이지는 않았으나 부활에 대한 신앙을 가진 것만큼은 분명했다. 이에 구약 성경에 나타나는 부활에 관한 증거들을 도표화하면 다음과 같다.

	내용	관련성구
1	아브라함이 이삭을 제물로 바칠 때에 부활을 믿음	창 22:1-14, 히 11:19
2	'열조와 함께 잔다'는 표현은 부활 신앙을 반영함	창 47:30, 신 31:16
3	여호와는 죽은 자가 아닌 산자의 하나님으로 묘사됨	출 3:6, 마 22:29-32
4	엘리야와 엘리사가 죽은 자 살리는 이적을 행함	왕상 17:22, 왕하 4:35
5	엘리사의 무덤에 던져진 시체가 살아남	왕하 13:21
6	욥은 자신이 구속자에 의해 부활할 것을 믿음	욥 19:25-27
7	시편 기자들은 자주 음부의 권세 곧 사망에서의 구원을 노래함	시 49:15, 73:24, 25
8	이사야가 새 왕국 곧 천국의 도래와 함께 부활을 예언함	사 26:19
9	해골 골짜기에 대한 에스겔의 환상은 그의 부활 신앙의 증거임	겔 37:1-14
10	다니엘은 마지막 때에 죽은 자들의 부활이 있음을 예언함	단 12:2

✝ 신약의 10대 증거들

죽은 자의 부활에 관하여 신약은 구약보다 훨씬 더 명료하고도 풍부한 증거들을 제시하고 있다. 이것은 혹자들이 주장하고 있는 것처럼 신약 성경 기자들이 당시 이방 종교들이 가지고 있는 부활 사상에 영향을 많이 받았기 때문에 생긴 결과가 아니다. 오히려 계시의 점진성에 의해 하나님께서 신약 시대에 구약 시대보다 훨씬 명료하고 풍부한 계시를 주셨기 때문이다. 이에 신약 성경에 나타나는 죽은 자의 부활에 관한 증거들을 도표로 모아보면 다음과 같다.

	내용	관련성구
1	예수께서 죽은 자를 살리시는 이적을 여러 차례 행하심	마 9:25, 눅 7:14 등
2	예수께서 부활을 부정하는 사두개인들에게 부활을 증거하심	마 22:23-33
3	예수께서 자기를 믿는 자의 부활을 가르치심	요 6:39, 40, 11:25
4	예수께서 믿는 자뿐만 아니라 불신자의 부활도 가르치심	요 5:29

5	예수께서 운명하실 때 죽은 성도들이 살아남	마 27:52
6	베드로와 바울이 죽은 자를 살리는 이적을 행함	행 9:40, 41, 20:7-12
7	바울은 주의 재림 때의 죽은 성도들의 부활을 말함	살전 4:13-17
8	사도 요한은 마지막 심판 때의 전인류의 부활을 예언함	계 20:4-6, 13
9	바울은 기독교 구원론이 부활의 진리에 근거함을 설파함	롬 8:11, 34, 고전 6:13-20
10	예수 그리스도의 부활은 모든 성도 부활의 보증이 됨	고전 15:13, 20, 45

학습 자료 80-9 안식일과 주일의 관계 고전 16:2

구약 시대의 이스라엘 백성들은 안식일(Sabbath)을 지켰으나 신약시대의 성도들은 주일(the Lord's day)을 지킨다. 이처럼 안식일이 주일로 전환된 것은 하나님의 구속사(救贖史)가 그리스도를 중심으로 구약에서 신약으로 발전된 것과 필연적인 연관성을 갖고 있다.

신·구약은 서로 단절 없이 이어지는 동일한 하나님의 구원 약속이지만 예수를 중심으로 전·후로 나누어지며 신약이 구약을 성취 확장하는 관계에 있다. 즉 구약이 예수의 초림과 구속 사역의 성취만을 약속하며 이를 예언·예표하는 것에 그쳤다면 신약은 구약의 성취로 오신 예수께서 구속 사역을 실제로 성취하시고 나아가 이제 구속 사역의 최종 실현인 천국 구원의 새 약속까지 주신 것을 보여 주고 있다.

그런데 바로 이러한 전반적 신·구약의 관계를 반영하는 또 하나가 바로 구약의 안식일 법이 신약의 주일로 전환되었다는 사실이다. 이제 이를 보다 상세히 고찰하면 다음과 같다.

구약의 안식일과 신약의 주일은 천지창조의 기간인 7일을 한 주기로, 하루씩 구별하여 세상 일을 중단하고 쉬면서 그 하루를 온전히 영원한 하나님을 경배하고 구원 사역을 기념하며 이를 후대에 전수하는 등의 하나님과의 교제와 신앙 갱신에만 전념하는 날로 삼는다는 점에서 그날들의 제정과 준수의 기본 목적은 같다.

한편 구약의 안식일은 하나님께서 창조 사역을 마치시고 제7일을 쉬신 사실창 2:1-3과 구약 모세의 선민 이스라엘 출애굽 사건을 기념하는 날이었다신 5:15. 이에 반해 신약의 주일은 예수께서 구속의 법의 성취를 위해 십자가 수난을 당하신 후 마침내 부활하심으로 구속 사역을 일단 성취하심을 기념하는 날인 동시에 이제 그 구속 사역의 최종 성취인 천국 구원을 대망하며 교회 공동체를 통한 예배와 친교 속에서 신앙을 갱신하는 날이다. 즉 그리스도의 구속 사역으로 완전한 죄용서함을 받은 성도들이 비록 천국에서 나누게 될 하나님과의 교제와는 비교가 안 될지라도 영적으로 직접 하나님과 교제를 나누며 세상 끝 날에 부활하여 천국에서 나누게 될 하나님과의 완전한 교제를 소망하며 이 일을 가능케 한 그리스도의 부활을 기념하는 날이다. 이처럼 근본 취지는 같으나 그 제정의 기원과 기념의 내용에 있어서는 점진적 발전 관계에 있는 양자의 주요 차이를 정리하면 다음과 같다.

안식일	
· 성부의 원창조 성취 및 출애굽 구원 기념일	· 6일간 일한 후의 안식 강조
· 한 주간의 마지막 날	· 구약 선민 이스라엘만 지킴

주일	
· 주의 부활과 구속 성취의 기념일	· 종말론적 신앙 갱신 강조
· 한 주간의 첫날	· 세계 만민 성도들이 지킴

80일차 범위 생각해야 할 성경적 세계관의 이슈들

☑ 읽을 책 : "기독교 세계관 핸드북" 도서 출판 에스라 2023

❖ **고전 1장** "믿음과 이성"(p156)
❖ **고전 7장** "성 관계의 목적과 한도"(p359)
❖ **고전 8~9장** "기술과 기독교 세계관"(p523)
❖ **고전 15장** "힌두교"(p205), "부활과 기독교 세계관"(p139)

81일 핵심 학습 자료

학습 자료 81-1 에베소의 연극장 ^{행 19:23-41}

에베소(Ephesus)는 본문에서 보듯이 사도 바울의 제3차 전도 여행 당시 아데미 여신 숭배의 본거지로서 유명했던 곳이다. 그 에베소에서 복음을 힘 있게 전하고 여러 권능의 이적을 행하던 바울은 급기야는 아데미 전각(殿閣)의 은장색 데메드리오의 소요로 인해 바울과 그 일행은 곤욕을 치르게 된다. 그리고 이렇듯 바울의 설교로 야기된 엄청난 폭동의 장소로 본문 29절에 '연극장'이 제시되고 있다. 이에 많은 유적을 지닌 에베소 중에서 본문의 배경이 되는 에베소의 연극장 유적을 살펴보고자 한다.

✝ 연극장의 위치 및 유적

에베소의 연극장에 대한 발굴은 1869년 대영박물관의 후원으로 우드(J.T. Wood)에 의해 대대적인 에베소 발굴 작업이 진행되던 중에 이루어졌다.

이 연극장은 에베소의 중앙에 위치한 피온 산(Mt. Pion) 서쪽 경사면에 있는 우묵한 지역에 자리 잡고 있으며, 서쪽으로 1㎞ 정도 떨어져 있는 항구를 정면으로 향하고 있다. 또한 이는 역시 에베소의 주요한 유적인 경기장으로부터 남쪽으로 1㎞도 안 되는 곳에 위치해 있었다.

연극장의 크기는 직경이 대략 50m이며, 약 25,000명 정도의 관객을 수용할 수 있었다. 그 청중들을 위해 마련된 좌석은 반원이 좀 넘는 둥근 대리석으로 된 것으로서, 22열(列)로 된 층이 세 부분으로 나뉘어 있었다.

한편 중앙에 높이 만들어진 무대의 뒤편에는 조각된 기둥이나 장식된 조각품들이 서 있어 헬레니즘(Hellenism) 문화의 특징을 뚜렷이 보여주고 있다.

✝ 의의

이상 간략히 에베소의 연극장에 대한 고고학적 발굴 결과를 살펴보았다. 이러한 사실을 통해 우리는 눈앞의 물질적인 이익과 헛된 우상에 눈이 멀어 데메드리오의 선동으로 인해 맹목적으로 전도자들을 해하기 위해 25,000명이나 수용할 수 있는 거대한 연극장에 우루루 몰려 들어간 무리들과 그 속에서 힘없이 휩쓸리고 있는 전도자들의 모습을 연상해 볼 수 있겠다. 이처럼 성경 기사는 그 자체적으로도 또 이처럼 엄연한 사실로 드러나는 성경 이외의 자료들을 통해서도 그 사실성이 정확히 입증된다.

학습 자료 81-2 중보(仲保)기도 고후 1:11

본문에서 바울은 고린도 교회 성도들에게 자기와 자기 동역자들을 위한 중보기도를 부탁하면서 많은 사람의 중보기도가 사역자들에게 많은 은사(恩賜)를 공급해 준다는 중보기도의 유익에 대해 언급하고 있다. 이뿐만 아니라 성경에는 성도 간의 중보기도에 관하여 언급하고 있는 부분들이 많으며 또 이러한 중보기도가 성도의 신앙생활에 큰 도움이 됨을 기록하고 있다창 18:23-33, 출 32:32, 요 17:1-26, 엡 6:18, 약 5:14. 이에 중보기도에 관한 전반적인 사실들에 대해 살펴보도록 하겠다.

✝ 중보 기도의 정의

'중보'(仲保)란 둘 사이에서 어떤 일을 주선하는 행위 또는 주선하는 사람을 가리킨다. 따라서 중보기도란 어떤 사람이 다른 사람들을 대신하여 하나님께 기도하는 것을 가리킨다.

✝ 중보기도의 근거

근본적으로 인간이 초월자이신 하나님께 기도할 수 있는 것은 먼저 그분이 인간에 대해 관심과 사랑을 가지고 찾아 주셨기 때문에 가능하다. 만일 그렇지 않았다면 인간의 기도는 지금까지도 불신자들이 하는 것과 같이 듣지도 보지도 말하지도 못하는 우상 앞에서 중얼거리는 것에 불과할 것이다시 115:4-7. 그러나 기도(prayer)는 본래 하나님과 기도자 사이의 은밀한 개인적 교제의 통로이다. 모든 성도의 이러한 개인적인 기도를 통해서만 실제적인 기도의 응답을 받게 되는 것이다. 그런데도 성경은 모든 성도에게 중보(仲保)기도를 명령하고 있다엡 6:18, 약 5:14. 그런데 이와 같은 성도 간의 중보기도가 가능하게 된 것도 근본적으로 하나님의 찾아 오심과 중보기도의 허용에 의한 것이다. 즉 하나님께서 당신을 통하여 모든 성도가 영적으로 서로 교통하며 연합하여 하나가 될 수 있도록 하기 위한 방편으로써 또 당신의 구속 사역을 이루시려는 방편으로써 중보기도를 허락하신 것이다. 이처럼 중보기도의 근거가 불변하시는 신실성을 가지신 하나님이라는 사실은 성도의 중보 기도의 효과가 확실함을 보증하는 것이다.

✝ 중보기도의 실례

성경에는 중보기도에 관한 실례들이 많이 언급되고 있는데 이에 관해서는 렘 14장 참조하라.

✝ 중보기도의 의의

앞에서도 언급한 바와 같이 중보기도는 하나님으로 말미암아, 또 하나님을 통하여 성도 간에 영적 교제를 나누는 통로가 된다. 즉 중보기도는 믿음이 약하여, 또는 고난으로 인하여 지쳐 있는 형제들에게 하나님의 은혜와 축복이 임하게 함으로써 믿음에 있어 강건케 하며 위로와 힘을 얻을 수 있게 하는 방편이 되며 동시에 믿음이 강한 자는 더욱 열심으로 주의 일을 하게 하는 방편이 되는 것이다.

학습 자료 81-3 바울의 사도권 변호 고후 11:4-5

우리는 바울이 예수의 열두 사도(Apostle)와 동등한 지위를 갖는 사도임을 의심치 않는다. 그러나 우리의 이런 태도와는 달리 바울 당시에는 그의 사도권을 의심하며 도전하는 자들이 있었다. 이 때문에 바울은 여러 차례 자신의 사도권을 강조하거나 변호하지 않으면 안 되었다^{롬 1:1, 고전 9:1, 2, 고후 11:4, 5, 갈 1:1}. 이제 이와 관련하여 바울의 사도권 변호에 대해 살펴보겠다. 한편 '사도'에 대해서는 이미 행 1장 자료노트에서 다루었으니 참조하라.

✝ 바울의 사도권 변호의 배경

바울의 대적자들은 다음과 같은 이유로 그의 사도권을 공격하였다. 첫 번째 이유는 바울이 예수로부터 직접 선택받은 열두 제자 중 한 명이 아니며 또한 사도됨의 요건인 예수와 그의 제자들과 더불어 다니며 그분의 부활을 직접 목격한 자가 아니라는 것이다^{행 1:21, 22}. 두 번째로는 바울이 당시의 다른 사람들과는 달리 구약 선민(選民) 유대인들에게 복음을 증거하는 데 집중하기보다는 도리어 이방인들에게 복음을 전하는 데 더 집중한 자라는 것이다. 세 번째로는 그가 당시 초대 교회의 중심인 예루살렘 교회로부터 어떤 신임장도 받지 못했다는 것이다^{3:1}. 그러나 이것은 표면적인 이유이고 대부분 유대주의적 이단인 율법주의자들로 구성된 바울의 대적자들은^{3:14, 11:22} 보다 근본적인 이유로 그의 사도권을 집중 공격하였다. 즉 그들은 자신들의 율법주의적 이단 교리를 고린도 교회를 비롯한 여러 초대 교회들에 심고 자신들의 입지를 공고히 하고자 이를 반대하고 믿음으로만 구원에 이른다는 사상을 전하는 바울의 주장을 약화시키기 위해 그의 사도권을 공격한 것이다. 이에 바울은 일차적으로는 당시 성도들이 이단에게 미혹되지 않고 자신이 전한 기독교의 정통 교리 위에 바로 서게 하려고, 더 나아가서는 이러한 이단들을 교회에서 영원히 축출해 내기 위해 자신의 사도권을 변호하지 않으면 안 되었던 것이다.

✝ 바울의 사도권의 증거들

① **기원** : 바울은 다메섹 도상에서 부활하신 주님을 뵙고 그분으로부터 직접 '이방인과 임금들과 이스라엘 자손'을 위한 사도로 세움 받은 자^{행 9:1-22}이다. 이는 바울 자신도 증거하고 있는 바와 같이^{갈 1:1} 그의 사도권(Apostleship)은 다른 12사도와는 달리 주님의 공생애 기간에 주어진 것은 아니나 주로부터 받았다는 측면에서 볼 때 동일한 신적 기원과 권위를 갖는다.

② **사도로서의 확신** : 바울은 자신이 전하는 복음은 주로부터 직접 받은 신적 기원을

갖는 것이며 사사로이 전하는 것이 아니라 주로부터 위탁받아 전하는 것임을 누차 강조했다롬 1:1, 5; 11:13, 고전 1:1, 갈 1:1, 17 등. 그뿐만 아니라 바울은 교회들에 편지를 보낼 때마다 자신의 사도적 권위에 순복할 것을 요구했으며고전 4:9, 9:2, 서신서의 머리말에는 자신의 사도권을 천명하였다. 그리고 자신의 사도권을 공격하는 자들을 향하여 주저함 없이 '거짓 사도들'고후 11:13, 12:11로 규정하였다. 이러한 바울의 담대한 태도들은 그가 자신의 사도권을 절대 확신하고 있었다는 증거가 된다.

③ **타인의 증거들** : 바울의 사도권은 일찍이 예루살렘 교회에서 인정되었음이 분명하다행 9:26-30. 또 12사도들도 그의 사도권을 인정하였다는 간접적인 증거를 성경에서 분명히 발견할 수 있다갈 2:8, 11-14.

④ **바울의 사역에 나타난 증거들** : 바울은 자신의 이방인 전도 사역과 교회 설립 등의 역사에서 하나님이 이적과 기사를 베푸신 것으로 그의 사도됨을 입증하는 가장 강력한 증거로 제시하였다롬 15:14-21, 고후 12:11-13, 딤후 4:8, 17.

✝ 바울의 사도권 확립의 의의

바울의 사도권 확립은 우리에게 다음과 같은 실로 중대한 의의를 준다. 첫째 전 27권의 신약 성경 중 약 절반에 해당하는 13권의 바울 서신이 사도적 권위를 갖는 하나님의 말씀임을 확증해 준다. 둘째 사도인 바울의 이방 선교 사역을 통하여 유대인이나 이방인을 불문하고 택한 모든 백성을 부르시는 하나님의 구속사적 경륜을 알게 된다. 셋째 사도로서의 자신의 사명을 수행하기 위하여 분골쇄신하였던 하나님의 일꾼으로서, 또 사도로서 남들 위에 군림하기보다 수고와 봉사로 누구보다 앞서서 다른 성도들을 섬겼던 교회 지도자로서의 그의 자세는 오고 오는 모든 세대의 교회 지도자들과 성도들에게 귀감이 되는바 이는 그의 사도권의 확립을 통하여 보다 진실된 교훈으로 받아들여지게 되는 것이다

학습 자료 81-4 신앙 간증(信仰 干證) 고후 12:1-10

일반적으로 신앙 체험을 다른 사람에게 증거하는 행위를 신앙 간증이라 한다. 본문에서 바울은 자신이 환상 중에 셋째 하늘에 올라갔었던 신비로운 체험에 대해 언급한 후 자신의 연약함을 인하여 하나님의 은혜를 크게 체험한 사실에 대해 간증하고 있다. 이처럼 우리 성도들은 신앙생활 중에 종종 직접 자기 신앙을 간증하기도 하고 또 다른 성도의 신앙을 간접적으로 간증하기도 하고 또 다른 성도들의 간증을 듣기도 한다. 이처럼 자신의 신앙 체험을 타인 앞에서 다시 한번 말함으로써 스스로 하나님의 은혜를 확인하고 또한 타인에게도 신앙 성장의 계기를 주는 간증(干證)의 목적과 요소 및 자세에 대해 살펴보도록 하겠다.

✝ 간증의 목적

① 자기 자신이 과거 죄악된 생활에서 떠나 그리스도 안에 들어온 사실을 성도들 앞에 알림으로써 자기 신앙을 더욱 견고히 하는 것이다.

② 자신의 신앙 체험을 고백함으로써 과거에 자신과 동일한 체험을 했던 성도가 신앙의 재 각성을 얻도록 함과 동시에 그러한 체험을 겪지 않았던 성도들에게도 간접적인 경험을 하게 함으로써 신앙의 교훈을 얻도록 하기 위한 것이다.

③ 간증을 통하여 그리스도 안에서 한 지체로 부름을 받은 다른 성도들과 신앙의 교류를 원만하게 하고 서로 위로와 용기를 나누는 계기로 삼기 위한 것이다.

④ 무엇보다 가장 중요한 목적은 하나님이 자신에게 어떠한 큰 은혜를 베푸셨는지를 고백함으로써 다른 성도가 더욱 하나님의 은혜와 사랑에 대해서 알게 하고 영광을 돌리도록 하기 위한 것이다.

✝ 간증의 요소

1	자기 죄에 대한 고백과 하나님께 대한 믿음의 시인이 있어야 함(마 10:32, 눅 15:18, 19)
2	하나님께서 자기에게 베푸신 은혜에 대한 구체적인 소개가 있어야 함(행 15:4, 고후 12:7)
3	현재 가진 자신의 신앙 각오에 대한 고백이 있어야 함(빌 1:19-30)
4	과거와 현재를 비교하여 자기 믿음의 진보에 대한 고백이 있어야 함(딤전 1:15, 16)
5	하나님께 대한 감사와 찬양이 있어야 함(롬 14:11, 히 13:15)

✝ 간증의 자세

1	간증의 목적에 대한 분명한 인식을 가져야 함 (고후 12:5, 6)
2	담대하여 사람을 두려워하거나 부끄러워해서는 안 됨 (요 7:12, 13)
3	솔직하고 위선적이어서는 안 됨 (마 7:21-23, 요일 1:6)
4	자기 자랑이 되어서는 안 됨 (고후 11: 30, 12:9)
5	듣는 성도들이 이해하지 못하거나 오해할 것은 피해야 함(고후 12:6)

81 일차 범위 생각해야 할 성경적 세계관의 이슈들

☑ 읽을 책 : "기독교 세계관 핸드북" 도서 출판 에스라 2023

❖ **고후 10장** "경쟁하는 세계관에 대해 생각하는 방법"(p41)
❖ **고후 12장** "삼위일체"(p82)

82일 핵심 학습 자료

학습 자료 82-1 로마서 개요 보충

로마서는 사도 바울이 쓴 13개의 서신서 중 논리적으로 제일 앞에 나온다. 왜냐하면 로마서는 우리에게 복음을 잘 설명해 주는 것으로, 이는 하나님에 대한 의(義)를 밝혀주고 있기 때문이다.

모든 사람은 하나님이 존재하신다는 증거와 창조의 의로움과 양심을 가지고 있다. 그리고 성경은 대부분 사람이 볼 수 있다. 그러나 모든 사람이 하나님의 의(義)의 기준에 미치지 못하며, 그러므로 오직 하나님이 은혜의 선물로 주시는 구원을 받아야 한다. 하나님의 의는 하나님의 완전한 어린 양이 십자가 위에서 죽음으로써 충족되었다. 우리 죄인들이 하나님 편에 있는 하나님의 선물인 의를 한 번 받아들이면 칭의(의롭다 함)라 부름을 받는다. 하나님께서는 우리가 성화라고 부르는 과정에서 자라게 하신다. 한편 우리들은 하나님께 주어진 생활 속에서 하나님의 의가 무엇을 만들어 낼 수 있는지를 나타내는 생활을 살아야 할 것이다.

바울의 모든 서신서와 같이 로마서는 교회의 의무를 균형 있게 말해 주고 있다. 진실한 믿음은 매일 매일의 행동에 있어 차이가 있게 해 준다. 하나님의 구원에는 그 목적과 방향성이 있다. 우리를 천국에 데리고 가기 위한 칭의적(稱義的) 구원이 구원의 목적은 아니다. 성화의 삶을 통해 이 땅에 하나님의 나라를 이루며 천국을 맛보게 하는 삶을 살기 위해 우리를 구원하신 것이라는 사실을 알아야 한다. 그래서 바울은 복음이 성화의 과정까지 포함한다는 사실을 12장 이하에서 보여 준다. 성화는 섬김과 나눔의 삶을 통하여 하나님을 영화롭게 하는 것이다. **우리는 섬기기 위해 구원을 받았다!**

바울은 구원은 믿음으로 받는다는 것을 하박국 2:4을 인용해서 설명한다.

1:17 "복음에는 하나님의 의가 나타나서 믿음으로 믿음에 이르게 하나니 기록된 바 오직 의인은 믿음으로 말미암아 살리라 함과 같으니라"

구약 성경 하박국 2:4에 의인은 그 믿음으로 산다고 했다. 바로 로마서의 이 구절이 행위에 의한 구원을 강조하는 로마 가톨릭으로부터 믿음에 의한 구원을 강조하면서 Martin Luther1483-1546가 종교를 개혁을 하였다. 루터의 종교 개혁 Reformation의 중심 사상은 1) 믿음으로 구원을 받으며, 2) 성경 말씀이 신앙의 최고 기준이며, 3) 거듭난 사람이면 누구나 제사장(만인 제사장설) 이라는 것이다.

우리는 모두 하나님의 형상으로 지음을 받은 존재이기 때문에 이 세상 이치에서 하나님의 존재를 알 수 있는 능력이 모두에게 주어졌다. 그러나 사탄의 속임수에 놀아나 우리가 하나님의 존재를 인정하지 못하는 불행 속에 살아가는 자가 되었다. 이 문제를 율법이 해결할 수 없다. 율법은 죄를 알게 해주는 역할 뿐 결코 우리를 구원하지 못한다. 율법을 지키는 것은 하나님 나라 백성으로서 반드시 해야 할 일이지만, 구원은 예수님을 구주로 영접하는 믿음으로 이루어진다. 이스라엘 백성이 출애굽하고 시내산에서 십계명(율법)을 받을 때 "시내산 언약"이 먼저 이루어진 후에 받았다는 사실이 의미하는 바를 기억하라.

성경에서의 위치: 로마서는 "의인은 믿음으로 말미암아 살리라"는 하박국 2장 4절 말씀에 근거하여 기록된 세 편의 서신들 중 첫번째 서신이다.(이 구절은 로마서 1:17의 "의"를 주제로 삼음), 갈라디아서 3:11("살리라") + 히브리서 10:38("믿음으로")에서 찾아볼 수 있다.

로마서는 신약 성경 서신서 편집 순서에서 가장 먼저 나오는 서신서이다. 신약 서신서의 순서는 디모데후서 3:16에 나오는 순서에 맞춘 것임을 주목할 수 있을 것이다. 디모데후서 3:16-17 모든 성경은 하나님의 감동으로 된 것으로 **교훈과 책망과 바르게 함과 의로 교육**하기에 유익하니 **이는 하나님의 사람으로 온전하게 하며 모든 선한 일을 행할 능력**을 갖추게 하려 함이라

- **교훈(교리)** – 로마서(신약의 교리 대전)
- **책망** – 고린도전 • 후서(죄를 책망함) .
- **바르게 함** – 갈라디아서(거짓 가르침을 교정함)
- **의로 교육하기** – 에베소서 등(그리스도인의 교리에 입각한 거룩한 삶을 가르침)

학습 자료 82-2   하나님의 관점에서 본 진노의 정의(definition) 롬 1장

사람들은 사회에서 성냄과 분노를 계속해서 보기 때문에, 자연스럽게 하나님의 분노와 진노도 그들이 주변에서 본 것과 같을 것으로 생각한다. 인간적인 차원에서 진노를 터뜨릴 수 있는 잠재성이 높아서 그리고 그러한 분출이 대부분 여러 형태의 '불의한 것'(이기적이거나 육신적인 동기에 근거한)이기 때문에 사람들은 사랑의 하나님께서 하시는 진노라는 개념 자체에 대해서 불편함과 불안함을 느낀다.

이 문제와 관련한 핵심 구절은 야고보서 1:20이다. "사람의 성내는 것이 하나님의 의를 이루지 못함이라." 로마서 1:18에 나오는 하나님의 진노에 쓰인 것과 같은 단어가 여기서도 쓰이고 있다. 그러나 야고보는 그 둘을 명확히 구분한다. 인간 진노는 의를 이루지 못한다. 그러므로 그것은 불의한 것이다. 그러나 하나님께 적용된 같은 단어는 그분의 의와 함께 간다. "하나님은 의로우신 재판장이심여 매일 분노하시는 하나님이시로다" 시 7:11. 진노는 우리 불의의 증거가 되지만, 하나님의

의가 드러나는 한 모습이기도 하다.

하나님의 진노를 이해하고 그것을 감정, 충동, 임의성의 영역에서 건져 내는 열쇠는 심판이다. 바울은 로마서 2:5에서 "다만 네 고집과 회개치 아니한 마음을 따라 진노의 날 곧 하나님의 의로우신 판단이 나타나는 그날에 임할 진노를 네게 쌓는도다"라고 말한다. 진노는 심판의 결과로 오며, 심판은 표준과 비교의 결과로 온다. 그러므로 하나님의 진노는 항상 그분의 의 또는 그분의 확립된 질서의 표준에 비추어 심판하셨음을 보여 주는 기능이다.

하나님께서 심판하시고 진노를 발하시는 세 가지 방식이 있다. 첫째, 로마서 1장에 묘사된 것처럼 지속적이고 현재형으로 나타내시는 진노가 있다. 둘째 지상적인 매개나 천상적인 수행인 또는 수단을 통해 간헐적으로 나타내시는 진노가 있다. 그러한 매개체들의 예는 천사들^{삼하 24:17}, 이스라엘젤 32:9-31, 이방 민족들^{사 10:5-6}, 자연의 힘^{삿 5:20}, 뱀^{민 21:6}, 정부의 통치자들^{롬 13:4} 그리고 그분의 아들^{시 2:5-12} 등이 있다. 셋째, 역사의 중국에 그분의 진노는 모든 인간과 천사들의 불의에 대해 영속적이고 최종적으로 나타날 것이다^{롬 2:5, 살전 1:10, 계 6:16-17}. 하나님께서 진노를 발하시는 이유는 일반적으로 두 가지다. 하나는 질서(자연적이거나 영적인 질서)를 유지 또는 회복하기 위함이고, 다른 하나는 하나님의 질서를 완고하게 거역하도 회개하지 않는 자들에 대한 처벌을 내리기 위함이다.

하나님의 진노(그분의 표준을 어긴 것에 대한 심판)는 성급히 나타나지 않는다. 성경은 분명히 이렇게 밝힌다. "여호와는 자비로우시며 은혜로우시며 노하기를 더디 하시며 인자하심이 풍부하시도다 아주 경책하지 아니하시며 노를 영원히 품지 아니하시리로다"^{시 103:8-9, 참고- 출 34:6, 민 14:18, 느9:17, 시 86:15, 145:8, 욜 2:13, 욘 4:2, 나 1:3}. 하나님의 진노는 신중하고, 언제나 의로운 표준에 비추어 측정된다. 이것이야말로 하나님의 진노를 인간의 진노와 구별 짓는 우선적인 특징이다. 하나님의 진노는 하나님의 의로부터 흘러나오고, 언제나 그 의를 성취하기 위해 행해진다.("Idea로 푸는 로마서" p 94-95 도서출판 디모데)

학습 자료 82-3 일반 계시와 특별 계시

일반 계시와 특별 계시의 차이점을 이해하고, 바울이 로마서 1:18-20에서 말하는 내용이 어떤 범주에 들어가는지를 이해하는 것은 모든 그리스도인에게 유익하다. 일반 계시는 모든 인류에게 '일반적으로' 유효한 하나님의 자기 계시를 가리킨다. 반면에 특별 계시는 역사 속에서 하나님께서 자연의 질서 속에 개입하셔서 당신 자신을 특별히, 그리고 내용, 수단, 청중에 있어서 특정하게 계시하신 사건들을 가리킨다. 요약하면, 특별 계시는 구원에 있어서 효과적이지만 자연 계시는 대체로 그렇지 못하다.

바울은 로마서 1장에서 온 인류가 소유한 하나님에 대한 지식을 가리킨다. 그러므로 그가 말하고 있는 하나님에 대한 지식은 일반 계시의 범주에 속한다. 그가 말하고 있는 특정한 종류의 일반 계시, 즉 우리가 창조 세계로부터 하나님에 대해 배울 수 있는 것을 밀라드 에릭슨(Millard J. Erickson)이 요약한 일반 계시의 몇 가지 종류 가운데 하나다(Christian Theology, Vol. 1, pp. 154-155).

1. **자연** : 이것은 바울이 지적한 일반 계시의 중심점으로서, 인간은 하나님의 존재를 창조 세계로부터 식별할 수 있다(시 19편 비교). 꽃의 복잡함이나 일몰의 장엄함, 출생의 기적 또는 천체의 질서 등 자연은 하나님의 영광을 파노라마처럼 보여 준다.

2. **역사** : 일반 계시의 중심점은 인류가 과거를 돌아봄으로써 얻는 지식이 쌓여갈수록 나아진다. 그러나 이미 우리가 살펴볼 수 있는 5천 년이 넘는 기록된 역사가 있어서 역사의 관점은 종합 계획에 대한 증거를 제시하기 시작한다. 종종 이스라엘 국가의 현존이야말로, 특히 다른 고대의 국가들과 비교해 볼 때 신성한 계획의 한 증거로 제시되고 있다.

3. **인간 자신** : 바울이 로마서 1:32에서 언급한 도덕적 충동("그들이 이 같은 일을 행하는 자는 사형에 해당한다고 하나님께서 정하심을 알고도")은 다른 피조물에게는 저 흔적이 인간 안에 있음을 보여 준다. 인간이 도덕 법전들을 만드는 것은, 그것들이 아무리 서로 다르고 이질적이라 해도 우주 안에 도덕적 요청이 있음을 보여주는 증거다. 왜냐하면 인간은 창조 질서에서 가장 수위를 차지하고 있기 때문이다.

4. **인간의 종교적 본성** : 인간이 계속해서 경배한다는 사실은 "인간은 본능적으로 누구를 경배하도록 되어 있는가"라는 질문을 초래한다. 인간의 깊은 내면에는 자신의 창조주를 향한 갈망과 추구가 있다고 볼 수 있다.

하나님의 존재에 대한 이러한 일반적인 증거들과 대조되는 다양한 범주의 특별 계시가 있는데, 이것들은 모든 사람에게 주어진 것이 아니고 특별한 목적을 위해 어떤 그룹이나 개인에게 주어진 것이다('계시'가 기록되어서 다른 사람들에게 공유되는 것은 사실이지 만), 특별 계시는 어떤 말, 글, 꿈, 환상 또는 다른 형태 등으로 전달되고 수용되든지 본질적으로 언어적인 커뮤니케이션이다. 그 핵심은 하나님으로부터 수용자에게 전달되는 특별한 어떤 것이다. 다음에 소개하는 내용은 그루뎀(Grudem)의 조직신학(Systematic Theology, pp. 47-50)의 내용을 요약한 것이다.

1. **인격으로서의 하나님의 말씀** : 예수 그리스도, 요한복음 1장 1절, 14절은 인간이신 예수 그리스도께서 하나님의 말씀이라고 말한다. 따라서 그분은 하나님에게서 오는 특별 계시의 가장 온전하고 가장 분명한 형태가 되셨다빌 2:5-11, 골 2:9.

2. **하나님의 말(speech)로서의 하나님의 말씀** : 특별 계시의 이 범주의 예는 하나님의 작정들(decrees, 이것들에 의해 만물이 발생한다. 창 1:3, 시 33:6, 히 1:3), 하나님께서 개인적으로 하신 말들(이것들에 의해 하나님께서 개인들에게 말씀하신다. 창 2:16-17, 출 20:1-3, 마 3:17), 인간들을 통한 하나님의 말씀(이것들에 의해 다른 사람이 그분을 위해 말한다. 신 18:18-20, 렘 1:9) 그리고 기록된 하나님의 말씀(성경. 이 범주는 위에 나오는 특별 계시의 모든 범주를 다 포함하고 그 위에

성경을 읽고 순종하는 자들의 유익을 위해 '하나님의 감동으로 된 다른 계시들이 포함된다)이다.

예수 그리스도께서 사도 바울에게 설명하시고 맡기신 비밀은 특별 계시의 한 예(개인적으로 하신 말씀)로서 바울은 그것을 다른 이들에게 전했고, 또 그것은 하나님의 영감 아래 성경에 포함되었다. 일반 계시와 특별 계시는 모두 인류에게 주신 하나님의 자기 계시로서, 전자는 하나님에 대한 인간의 경외를 앙양하기 위해서, 그리고 후자는 하나님에 대한 인간의 경배를 앙양하기 위해서 주신 것이다.

학습 자료 82-4   양심(良心) 롬 2:15

본문을 보면 하나님의 율법을 알지 못하는 이방인에 대한 하나님의 심판은 그들의 '양심'의 증거를 통하여 이루어질 것이라고 말한다. 이에 성경에서 말하고 있는 '양심'이란 구체적으로 어떤 것인지에 대해 살펴보도록 하겠다.

✝ 용어의 정의

신약 성경에 '양심'이라는 말은 모두 32회나 사용된다. '양심'에 해당하는 '쉬네이데시스'는 '어떤 사실에 관하여 누구나 다 인정하는 지식을 가지다', '어떤 사실에 대해 자기 혼자 비밀히 관여하다'라는 뜻의 동사 '쉬노이다'에서 파생된 명사로서 '자기 행위의 원리나 규범에 대한 자기 내면의 도덕적인 의식(consciousness)'을 뜻한다. 즉 양심이란 인간의 마음 내부에서 자신의 행위를 살펴서 선·악에 대해 판단케 하는 내면의 도덕적 규범일 것이다.

한편 구약 성경에는 '양심'을 가리키는 별도의 용어는 없으며 다만 '마음'에 해당하는 단어가 '양심'이라는 의미도 포함하고 있다 삼상 24:5.

✝ 양심의 기능

헬라인들은 '양심'을 인간 내부의 깊숙한 곳에 자리하고 있는 본성(本性)의 일부로서 선악에 대한 심판의 자리이며 악한 행위에 대해 더욱 왕성하게 활동하여 심적 고통을 주는 것으로 이해하였다. 사도 바울이 사용한 신약의 양심이라는 용어도 주로 이러한 헬라 사상의 영향을 많이 받아 사용되었다.

그러나 성경은 아담의 타락 이후 그 후손인 모든 인간의 양심은 부패하게 되어렘 17:9 온전한 기능을 발휘할 수 없다고 말한다. 다만 하나님의 심판대 앞에서 그 자신의 죄를 범하였다는 사실을 증거하며, 악한 행위에 대해서 마음의 고통을 주어 어느 정도 악행을 절제케 하는 제한적 기능만 할 뿐임을 보여 준다. 그리고 '양심에 화인 맞은 자', 즉 양심의 기능이 전적으로 마비된 자는 하나님을 고의적으로 대항하는 완악한 행위를 저지르게 된다딤전 4:2.

그러나 성도들은 그 속에 내주하시는 성령으로 말미암아 양심의 기능을 어느 정도 회복하여 진리를 추구하게 된다^{히 9:14, 10:22}. 그리고 성화의 정도가 점점 커가면서 양심의 기능도 더욱 활발하게 된다^{고전 8:1-13, 10:25}.

한편 본문에서 보듯 율법(律法)이 외적으로 명시된 행위의 규범이라면 양심(良心)은 내면에 감추어진 행위의 규범이다. 따라서 비록 이방인들이 하나님으로부터 행위의 외적 규범인 율법을 직접 받지 못했다 할지라도 내면의 양심의 법은 받았기 때문에 하나님의 그 양심을 증거로 하여 심판하신다고 하더라도 그들은 전혀 핑계할 수 없다.

학습 자료 82-5 죄의 보편성 롬 3:9-19

본문은 무조건적인 하나님의 구원 은총이 없으면 아담이 타락한 이후 그 후손인 모든 인간은 영벌의 심판을 받을 수밖에 죄인이라는 사실을 보여 주기 위해 '죄의 보편성'에 대해 기록하고 있다. 즉 모든 인간은 심령 전체가 전적으로 부패하여 본성적으로 선을 행함에 있어 전적으로 무능하며(whole impossibility), 하나님 앞에서 의롭다고 함을 얻을 선에 대해 전적으로 무지하다(whole ignorance)는 것이다. 이러한 죄의 보편성에 관해 성경 전체는 구체적으로 어떻게 진술하고 있는지, 그리고 그 객관적인 증거는 무엇인지에 대해 살펴보도록 하겠다.

✝ 일반적 증거

죄의 보편성(普遍性)에 관한 일반적 증거들은 여러 측면에서 발견할 수 있다. 먼저 인류 역사상 존재했던, 그리고 현재에도 존속 중인 모든 종교는 인간의 죄와 죄의 해결 방법에 대해 언급하였다. 또 역사상 실존했던 철학자들 가운데 인간의 도덕적인 죄와 악(惡)의 존재 문제에 대해 언급하지 않은 철학자는 한 사람도 없었다. 뿐만 아니라 우리 인간들의 일반적인 경험으로 볼 때도 모든 사람이 근본적으로 다 이기적(利己的)이며, 갓난 어린아이가 배우지도 않은 분노, 시기, 이기심 등의 악한 성향을 가진 사실, 그리고 모든 사람이 스스로, 혹은 타인에 대해 도덕적, 인격적 결함을 조금씩이라도 다 발견한다는 사실 등을 들 수 있다.

✝ 성경적 증거

죄의 보편성에 관한 증거에 대해 성경은 보다 구체저으로 다음과 같이 언급한다.

1	인간은 죄악 중에 출생함 (시 51:5)
2	출생시에 이미 죄성이 보임 (욥 11:12)
3	악인은 나면서부터 곁길로 나감 (시 58:3)
4	아이 심중에 미련함이 있음 (잠 22:15)
5	어려서부터 악함 (창 8:21)
6	모든 사람이 아담의 원죄를 전가 받음 (롬 5:15-19)
7	아담의 후손은 본질상 진노의 자녀임 (엡 2:3, 14)

8	인간은 본성적으로 죄를 저지름(롬 7:15, 18, 24)
9	인간은 스스로 자신의 죄를 결코 해결할 수 없음(롬 7:21-25)
10	모든 인간은 죄의 형벌인 사망을 경험함(롬 5:12-14)

✝ 의의

이처럼 모든 인간은 전적으로 타락하였다. 따라서 스스로 영적 선을 행하거나 영적 진리를 알 수 있는 능력이 전무(全無)하며 결과적으로 하나님의 심판을 면키 어렵게 되었다. 그러나 이렇게 인간의 전적 타락성을 인식하는 것은 인간에게 절망을 가져 오기보다는 오히려 타자(他者)에 의한 구원의 필요성을 강렬하게 의식하게 하고 따라서 하나님의 구원 초청에 기쁜 마음으로 나아가게 한다. 실로 모든 사람이 죄인이며 자신은 전적 타락하여 스스로는 도무지 구원을 얻을 수 없음을 올바로 인식하는 사람만이 그리스도께 나아가 그의 구속의 공로를 힘입어 구원을 얻게 되는 것이다.

학습 자료 82-6 화목(Reconciliation) 롬 5:1-11

본문은 우리가 본래 하나님과 원수 관계에 있었으나 그리스도의 피 흘리심으로 하나님과 화목하게 된 사실에 대해 기록하고 있다. 여기서 '화목'에 대해 구체적으로 살펴보도록 하겠다.

✝ 용어의 정의

'화목' 혹은 '화해'에 해당하는 헬라어는 두 개가 있다. 하나는 '카달라게'(καταλλαγή)로서 이는 양자 간에 불편했던 관계가 어떤 대가를 치름으로 말미암아 조정되고 회복되는 것을 의미한다. 영어로는 'Reconciliation'이다. 또 다른 하나는 '힐라스테리오스'로서 이는 주로 제물을 드림으로 신(神)의 마음을 위무(慰撫)하고 진노를 돌이키게 하는 것을 가리킨다. 영어로는 'Propitiation'이다. '속죄'라는 뜻의 구약 히브리어 '카파르'(כָּפַר)는 이 두 가지 의미를 모두 가진다.

따라서 '화목'이란 일차적으로 어떤 대가를 치름으로써 말미암는 양자 간의 관계 회복을 뜻하며, 이는 성경에서 그리스도의 십자가 대속의 죽음을 통하여 하나님께서 죄인에 대한 진노를 돌이키신 사실을 가리켜 사용된다.

✝ 그리스도에 의한 죄인과 하나님과의 화목

본문에서 보는 바와 같이 그리스도께서 죽으심으로 우리가 하나님과 화목하게 되었다는 것은 다음과 같은 두 가지 의미가 있다. 첫째, 아담의 범죄로 말미암아 깨어졌던 하나님과 인간의 언약 관계가 그리스도께서 둘째 아담으로서 언약 파기로 인한 형벌을 다 받으심으로 인하여 다시 회복되었음을 의미한다. 둘째, 아담의 원죄(原罪)를 물려받은 전인류가 계속해서 하나님을 대적하고 그 뜻을 거슬러 죄를 범했으나, 일단 예수께서 그 모든 죄의 대가를 대신 치르심으로 죄인들을 향한 하나님의 진노를 멈추게 하시고 나아가 성령을 보내주시어 그를 통하여 하나님과 친밀한 교제를 갖는 가운데 화평을 누리도록 했다는 의미이다. 실로 그리스도께서는 흠 없고 점 없는 거룩하신 분으로서[벧전 1:19] 죄인들을 대신하여 피 흘려 죽으심으로써 하나님과의 원수된 관계를 소멸하시고[엡 2:16], 새로운 언약 관계의 회복과 계속된 교제로 하나님과 우리가 화평을 누리도록 하신 것이다.

✝ 화목의 결과

그리스도로 말미암아 하나님과 화목하게 된 성도는 일차적으로는 수직적인 차원에서의 하나님과의 화평(和平)을[5:1], 이차적으로는 수평적인 차원에서의 인간과의 화평을[엡 2:13] 누리게 된다. 그리고 이러한 화평은 신앙의 성숙 정도에 따라 더욱 발전되며 점점 더 커진다. 그러므로 성도는 하나님과의 화평을 위하여 경건의 훈련과 하나님의 거룩성을 닮는 성화에 힘쓰며, 인간과의 화평을 위해 용서하고, 사랑을 베푸는데 더욱 힘써야 할 것이다.

학습 자료 82-7 구원론 보충강의

✝ 죄란 무엇인가?

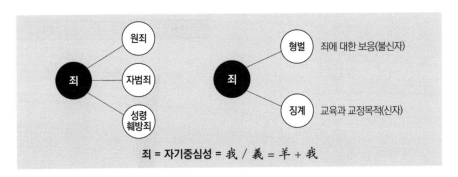

✝ 구원이란 무엇인가?

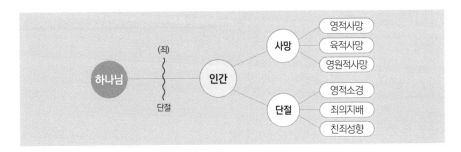

◆ 원죄의 전가

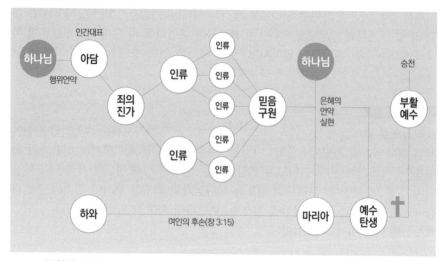

- **구원의 범위** - 구원은 단순한 죄 사함만을 의미하는 것은 아니고, 단순히 천국 가
  는 ticket을 얻는 것은 더더구나 아니다.
  구원은 죄인된 인간의 현재의 비참한 신분과 상태를 극복하고 하나
  님과 이웃 간의 바른 관계를 이루는 과정 전체를 말한다.

◆ 예수님의 대속 사역

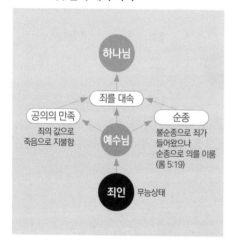

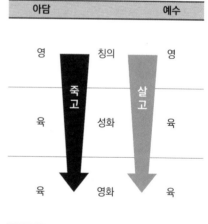

✝ 왜 구원해야 하는가?

◆ 인간의 사중상태(四重狀態)

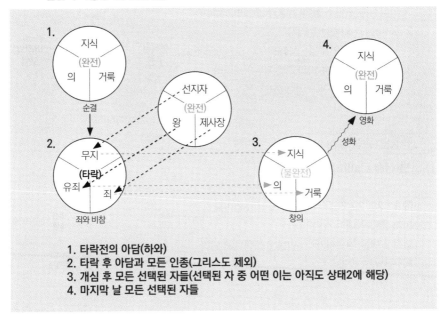

1. 타락전의 아담(하와)
2. 타락 후 아담과 모든 인종(그리스도 제외)
3. 개심 후 모든 선택된 자들(선택된 자 중 어떤 이는 아직도 상태2에 해당)
4. 마지막 날 모든 선택된 자들

✝ 구원의 총체적 과정

◆ 구원의 9가지 서정(序程)

서정 = 序程 순서와 과정. 이것은 시간적 순서가 아니고, 논리적 순서이다.

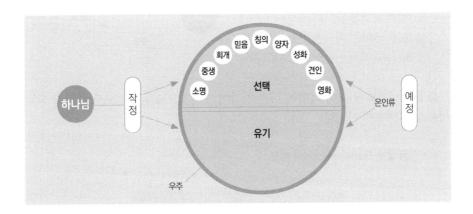

로마서 5:1-2 "[1] 그러므로 우리가 믿음으로 의롭다 하심을 받았으니 우리 주 예수 그리스도로 말미암아 하나님과 화평을 누리자 [2] 또한 그로 말미암아 우리가 믿음으

로 서 있는 이 은혜에 들어감을 얻었으며 하나님의 영광을 바라고 즐거워하느니라."

1. "믿음으로 의롭다 하심을 받았으니"
   - 성취된 구원 - 칭의(稱義) - Justification
2. "하나님과 화평을 누리자"
   - 현재 진행 중인 구원 - 성화(聖化) - Sanctification
3. "하나님의 영광을 바라고 즐거워하느니라"
   - 미래에 이룰 구원 - 영화(榮化) - Glorification

(A. 성취된 구원(과거에 이룬 구원))

1) 소명(召命 Calling)

마 11:28, 22:2-14 : 청함은 오직 소명이요.
이에 응답은 내적 소명이다.
외적 소명은 필요한가? - 믿음은 들음에서 난다
롬 10:14, 17, 마 28:19.

2) 중생(重生 Regeneration)

중생은 영적 거듭남을 말한다. 이 영적 거듭남은 처음에는 성령에 의해 거듭남이요 다음은 말씀에 의해 거듭남이다.

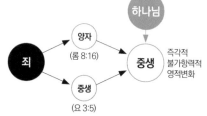

① 중생은 영적 거듭남을 말한다. 벧전 1:23
② 영적 출생을 말한다. 요 3:5
③ 영적으로 재 창조를 받음을 말한다. 고후 5:15
④ 죽었던 영이 다시 사는 것을 말한다. 엡 2:5
⑤ 하나님과 다시 만남을 말한다. 엡 1:11-12

중생은 성격과 인격이 바뀌어 나쁜 사람이 도덕적으로 윤리적으로 새사람 되는 것을 말하는 것이 아니다.

• 중생 重生 Regeneration의 본질

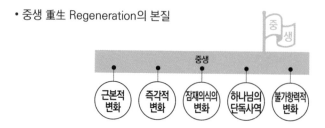

3) 회심(回心 Conversion)

몸의 목욕과 발 씻김

진정한 회개란?

- 회심의 제 2요소 – 믿음 – Lordship – 主
  믿음은 삶과 가치의 변화로 성화의 과정을 통해서
  열매를 맺어야 한다. – 회개의 합당한 열매.

◆ **회개란 무엇일까 ?**

μετανοέω(metanoeo)= μετα(meta) 달리 + νοέω(noeo) 생각하다 = 생각을
달리 하다.

회개란 단순한 감상적 회심이 아니라 생각의 근본을 바꾸어 생각 자체를 이전과 다르
게 하는데 까지 나아가는 것이다.

이를 테면 우리는 "하나님은 왕"이라는 찬송을 부를 때 하나님을 왕으로 여기면서 부른
다. 그런데 입술로는 그렇게 부르는데 내 생각과 가치관과 행동은 그분의 백성다운 모습
으로 되어 있지 않다는 데 우리의 갈등이 있지 않을까? "왕이신 하나님"을 찬송할 때 동
시에 나는 "하나님의 백성이 된 나의 모습"을 돌아보면서 찬양을 불러야 한다는 것이다.

- שׁוּב(shub) : 가는 길을 돌아간다는 뜻이다.

4) 믿음

5) 칭의(稱義 Justification)

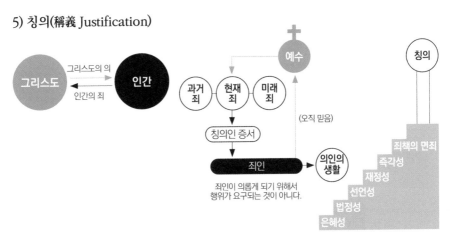

죄가 전가되고 또 동시에 그리스도의 의(義)가 전가됨 갈 2:16, 롬 3:23-24, 엡 2:8-9

6) 양자 養子 Adoption

- 하나님 백성 되기.
- 하나님을 아버지로 부르기.

요 1:12 "영접하는 자 곧 그 이름을 믿는
자들에게는 하나님의 자녀가 되는 권세를 주셨으니"

요 3:5 "예수께서 대답하시되 진실로 진실로 네게 이르노니
사람이 물과 성령으로 나지 아니하면 하나님의 나라에 들어갈 수 없느니라."

하나님

(요 3:5) **출생** 거듭남   **입양** (요 1:12) 법적 행위

죄인

(**B. 현재 진행 중인 구원**)

7) 성화 聖化 Sanctification

성화는 중생한 영이 자라가는 것이고, 회개한 삶에서 "발 씻기"식 회개가 계속 이루어지며 칭의에서 얻은 의인의 삶을 살아가는 것이고, 양자를 통해 입적된 하나님의 백성으로서 죄악된 세상에서 승리하는 삶을 살아가는 것이다.

- ◆ **성화를 이루는 방편**
  ① 하나님 말씀 – 성경 공부 묵상   ② 성례전
  ③ 섭리적 지도   ④ 기도

- ◆ **성화의 기준** : 십계명적 삶과 산상수훈적 삶, 주기도문적 삶.

칭의	성화
법적인 위치	내적인 상태
단회적인 일	지속적인 일
전적 하나님의 일	우리가 협력한다
이 세상에서 완전	이 세상에서 완전하지 못함
모든 사람에게 동일	사람마다 정도의 차이

- ◆ **성화의 3 단계**

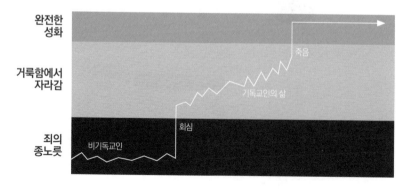

완전한 성화

거룩함에서 자라감

죄의 종노릇

죽음

기독교인의 삶

회심

비기독교인

① 성화는 중생 때부터 시작^{딛 3:5} – 도덕적 변화의 시작
② 성화는 삶을 통해서 계속 자라 간다.
③ 성화는 우리가 죽을 때(우리의 영혼), 그리스도가 재림할 때(우리의 육체)완성된다.
   성화는 이 땅에서 완성되지 않는다.

◆ **칭의의 과정과 성화적 삶의 대조**
• **중생** : 영적 생명의 살림
   성화 : 태어난 영적 생명의 자람
• **회심** : 대 회개, 근본적 회개
   성화 : 지속적, 발 씻기 식의 회개
• **칭의** : 죄인의 신분에서 의인의 신분으로 전환
   성화 : 의인의 신분에 합당한 삶
• **양자** : 하나님의 자녀가 되는 입적 수속
   성화 : 그러나 이 양자는 세상에서 계속 죄악된 삶을 살 가능성이 있기 때문에 성화의
   삶이 절대로 요구됨.

◆ **성화를 방해하는 것들**
① 불화 (Disunity) : 주안에서 하나가 되지 못할 때^{엡 4:1-13}
② 미성숙 (Immaturity) : 영적 거듭남이 없거나 예수를 닮는 것이 이루어지지 않을 때
   ^{엡 4:14-16} 사랑과 진리로 성숙하고 충만하라. 사탄은 거짓말쟁이기 때문에 진리
   앞에 맥을 못 춘다.^{벧전 1:22-2:3}
③ 불결 (Impurity) : 구습을 청소해야 한다^{엡 4:17-32}

◆ **하나님의 전신갑주 입기**
엡 6:10-20 끝으로 너희가 주 안에서와 그 힘의 능력으로 강건하여지고 마귀의 간
계를 능히 대적하기 위하여 하나님의 전신 갑주를 입으라 우리의 씨름은 혈과 육을
상대하는 것이 아니요 통치자들과 권세들과 이 어둠의 세상 주관자들과 하늘에 있는
악의 영들을 상대함이라
그러므로 하나님의 전신 갑주를 취하라 이는 악한 날에 너희가 능히 대적하고 모든
일을 행한 후에 서기 위함이라 그런즉 서서 진리로 너희 허리띠를 띠고 의의 호심경
을 붙이고 평안의 복음이 준비한 것으로 신을 신고 모든 것 위에 믿음의 방패를 가지
고 이로써 능히 악한 자의 모든 불화살을 소멸하고 구원의 투구와 성령의 검 곧 하나
님의 말씀을 가지라 모든 기도와 간구를 하되 항상 성령 안에서 기도하고 이를 위하
여 깨어 구하기를 항상 힘쓰며 여러 성도를 위하여 구하라 또 나를 위하여 구할 것은
내게 말씀을 주사 나로 입을 열어 복음의 비밀을 담대히 알리게 하옵소서 할 것이니
이 일을 위하여 내가 쇠사슬에 매인 사신이 된 것은 나로 이 일에 당연히 할 말을 담
대히 하게 하려 하심이라
롬 8:30 "또 미리 정하신 그들을 또한 부르시고 부르신 그들을 또한 의롭다 하시고

의롭다하신 그들을 또한 영화롭게 하셨느니라"

갈 2:16-20 "[16] 사람이 의롭게 되는 것은 율법의 행위로 말미암음이 아니요 오직 예수 그리스도를 믿음으로 말미암는 줄 알므로 우리도 그리스도 예수를 믿나니 이는 우리가 율법의 행위로써가 아니고 그리스도를 믿음으로써 의롭다 함을 얻으려 함이라 율법의 행위로써는 의롭다 함을 얻을 육체가 없느니라 [17] 만일 우리가 그리스도 안에서 의롭게 되려 하다가 죄인으로 드러나면 그리스도께서 죄를 짓게 하는 자냐 결코 그럴 수 없느니라 [18] 만일 내가 헐었던 것을 다시 세우면 내가 나를 범법한 자로 만드는 것이라 [19] 내가 율법으로 말미암아 율법에 대하여 죽었나니 이는 하나님에 대하여 살려 함이라 [20] 내가 그리스도와 함께 십자가에 못 박혔나니 그런즉 이제는 내가 사는 것이 아니요 오직 내 안에 그리스도께서 사시는 것이라 이제 내가 육체 가운데 사는 것은 나를 사랑하사 나를 위하여 자기 자신을 버리신 하나님의 아들을믿는 믿음 안에서 사는 것이라

8) 견인(堅忍 Perseverances)

(C. 미래에 완성될 구원)

죽음이란 무엇인가?

◆ **영혼의 기원**
① 선재론
② 유전론
③ 창조론

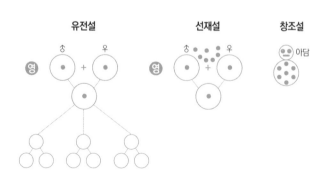

◆ 사후 영혼에 대한 설

① 영혼 수면설
② 영혼 멸절설
③ 영혼 불멸설
④ 영혼 윤회설

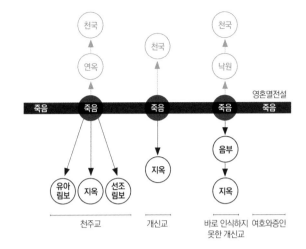

9) 영화(榮化 Glorification)

총체적 구원론 보충 설명 – 신약 전체의 통전적 이해를 위해

▶ 이 부분 이해를 위해 저자의 동영상 강의 82강을 꼭 시청하시기를 바랍니다.

◈ 서신서 전체를 이해하기 위해서는 구원론을 이해해야 합니다. 서신서는 구원, 특히 삶으로 이루어 가는 구원, 즉 성화적 구원을 매우 강조하는 책들입니다. 마치 구약의 십계명적 영성의 삶을 살아 "지켜 행하라"라는 명령에 순종해야 하는 것과 같은 맥락입니다. 선지서들은 시내 산 언약(관계 회복의 언약)에 근거한 구별되고 순종하는 삶을 강조한 것과 같은 맥락입니다. 이것이 우리 통독의 관점 3, 즉 구별하는 삶, 섞이면 안 되는 삶, 순종하는 삶을 말하는 것입니다.

이제 구원론을 한번 살펴보겠습니다. 이것은 성경 신학적 관점에서 매우 중요한데 구원에 대한 분명한 이해 위에 확신이 있어야하기 때문입니다. 본 성경 읽기는 세 가지 관점으로 읽는다고 말할 때 첫째 관점이 성경은 하나님의 종말론적 구속의 역사를 보여 주는 책이라고 했습니다. 종말론적 구속의 역사는 하나님께서 잃어버린 에덴을 계시록에 나오는 새 하늘과 새 땅에서 최종적으로 회복하신다는 것입니다. 그래서 잃어버린 에덴을 새 하늘과 새 땅에서 최종적으로 회복하는 그 과정의 역사가 바로 구속의 역사입니다. 구속한다는 것은 구원한다는 것이고 이것은 단순히 죄에서 인간을 해방시킨다는 차원을 넘어 하나님과 에덴에서 죄가 없이 창조의 원래의 복된 관계를 회복한다는 말입니다. 그것이 진정한 구속입니다.

인간의 사중상태(四重狀態)

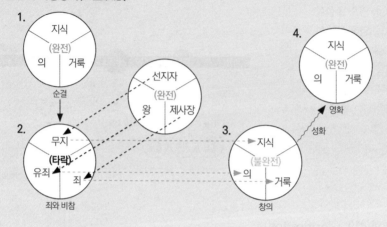

1. 타락전의 아담(하와)
2. 타락 후 아담과 모든 인종(그리스도 제외)
3. 개심 후 모든 선택된 자들(선택된 자 중 어떤 이는 아직도 상태2에 해당)
4. 마지막 날 모든 선택된 자들

인간이 창조될 때는 하나님과의 관계가 완벽했습니다(그림의 원 1)._{인간의 사중 상태}의 교리는 Westminster 교리 문답에 나오는 것을 여기에 설명한다.

그런데 왜 하나님께서 구속의 역사를 시작해야 하느냐 하면 인간이 에덴에서 하나님의 명령을 불순종함으로써 따먹지 말라는 선악과를 따먹고 죄를 범함으로 하나님과의 관계가 파괴되어 버렸습니다(그림의 원 2). 선악과를 따먹었다는 것은 육체적인 행위를 놓고 얘기하기 보다는 그 선악과를 따먹지 말라는 하나님의 명령을 어기는 결과가 되었고 그 어김의 결과는 결국 하나님에 대한 불순종에 초점을 맞추어야 합니다. 죄는 바로 불순종입니다. 이 불순종은 자기중심성의 부정적 발동에 기인하는 것입니다.

관계의 끊어짐은 죄 때문이고, 그 죄를 해결하기 위해서 그리스도의 공로가 절대적으로 필요합니다. 그림에서 보는 것처럼 예수님의 3 중직의 공로가 인간의 각 상태에 역사해서 인간의 죄의 문제를 해결해 줍니다. 그래서 죄 사함의 상태인 그림의 원 3의 상태에 이르게 됩니다. 이 3은 1과 같은 모습인데 차이는 완전과 불완전의 차이입니다. 이제부터 완전의 상태인 그림 원 4로 나아가야 합니다. 그림 원 4는 영화의 상태이고 거기까지 가는 과정이 곧 성화의 과정입니다.

여기서 중요한 것은 하나님과 인간의 관계를 단절시키는 가장 결정적인 요인은 바로 죄라는 것입니다. 죄가 있는 한 하나님과의 관계가 결코 회복될 수 없습니다. 그래서 하나님께서는 이 죄를 먼저 해결한 후에 인간으로 하여금 하나님의 명령과 규례를 지켜 행하는 순종의 삶을 살게 함으로 하나님께서는 최종적으로 인간을 낙원으로 다시 회복하는 구속의 역사를 완성하게 된다는 것이 성경 전체 이야기입니다. 이 가운데는 자기중심성이라는 것이 무섭게 도사리고 있음을 우리는 알아야 합니다.

이 종말론적 구속의 역사와 관련해서 구원론적 얘기를 나눌 때 우리는 구원을 크게 세 가지 논리적 순서로 생각해 보아야 합니다. 그것이 완전한 구원론인데 첫째는 칭의적 구원입니다. 과거에 성취된 구원입니다. 그다음에 현재 이루어 가는 구원, 즉 성화적 구원입니다. 그다음에 미래의 완성할 구원, 즉 영화적 구원입니다.

우리는 흔히 구원은 과거에 받았던 그 칭의적 구원으로 구원이 완성됐거나 완료됐다고 오해합니다. 완료된 게 아니고 지금 이 시간에 과거의 얻었던 구원을 근거로 해서 이 시간 현재에 또 다른 구원을 이루어나가는 데 그것을 성화적 구원이라고 합니다. 그런 후에 최종적으로 영화적 구원에 이르게 되는 것입니다.

이 세 가지의 구원을 이해하기 위해 다음과 같은 논리적 과정을 이해해야 합니다. 아담과 하와가 어떻게 죄를 범하게 되었는가를 창세기 3장을 통해서 읽었습니다. 하나님께서 선악과를 따먹지 말라 말씀하시고 선악과를 네가 따먹으면 정녕 죽으리라 그렇게 말씀하셨거든요. 그런데 사탄의 꼬임에 넘어가서 자기중심성이 발동하여 스스로 하나님의 위치에서 자기 삶의 주도권을 자신이 쥐고 싶어서 아담과 하와는 그 선악과를 따 먹었습니다. 그런데 하나님은 정녕 죽는다고 했는데 죽지 않았습니다. 그러면 하나님이 거짓말을 했습니까? 하나님이 거짓말 할 리가 없지요. 하나님께서 정녕 죽으리라고 한 것은 하나님과 인간의 관계를 놓고 말하는 것입니다.

인간은 영, 혼, 육으로 되어 있다는 삼분설과 영과 육으로 되어 있다는 이분설이 있습니다. 둘 다 성경적이지만 팽팽히 맞서는 이론입니다. 우리는 삼분설을 따릅니다. 현대에 와서는 삼분설을 더 선호합니다. 왜냐하면 치유신학이나 회복신학에 있어서는 삼분설이 인간의 상태를 더 설득력 있게 설명할 수 있기 때문입니다.

아담과 하와가 선악과를 따 먹고 죄를 범함으로써 하나님께서 말씀하신 정녕 죽는다는 그 죽음은 영의 죽음을 얘기하는 겁니다. 영, 혼, 육 중에 영의

아담			예수
영	죽고	칭의	영
육		성화	육
육		영화	육

죽음은 바로 하나님과의 관계 단절을 말합니다. 인간은 하나님의 형상을 가진 존재라고 성경을 말하고 있습니다. 그래서 우리가 죄를 범하게 될 때에 하나님과의 관계가 단절됐다는 것은 바로 하나님의 형상이 파괴되었다는 것입니다. 우리 속에 영이 죽었다는 것은 그 즉시 하나님과의 관계가 단절되었다는 겁니다. 그러면 혼은 이 하나님과 관계가 단절된 영의 지배를 받게 되는데 하나님의 지배를 받는 영이 죽었기 때문에 혼도 하나님의 지배로부터 벗어나서 혼도 서서히 죽어서 하나님께 순종하며 살아가야 될 그 영적 삶이 혼적 삶으로 바뀌면서 자기중심성, 인간 중심적으로, 인본주의적 삶으로 바뀌게 됩니다. 그것이 창세기 4장 이하에서 나타나는 문명이 증거입니다. 그게 성경이 진행되어 가는 과정이기도 합니다. 창세기 4장 이후부터 하나님께서 바벨탑 사건을 통해서 인간을 다시 흩으시기까지 그 사이에 일어났던 노아의 홍수를 포함한 모든 사건은 바로 인간의 영이 죽고 하나님과의 관계가 단절되므로 인간이 자기중심화하면서 인간중심, 즉 인위의 역사를 만들어 가는 모습을 보게 되고 그 결과는

또 다른 파멸을 일으키게 됨을 성경에서 보게 됩니다. 그래서 인간의 혼이 서서히 죽어가게 된다는 겁니다. 그리고 마지막으로 육체가 죽습니다.

죄를 범하므로 영이 즉각 죽고, 서서히 혼이 인간 중심으로 변해서 혼이 타락하기 시작하고, 그 결과로 육체가 죽습니다. 그래서 하나님께서 인간을 구원하시는 순서도 인간이 영, 혼, 육이 죽어간 그 순서 그대로 구원의 역사를 이루어 주신다는 겁니다. 우리가 예수 그리스도의 십자가 보혈로 구원을 받습니다. 예수를 입으로 시인하고, 믿고, 영접하므로 우리는 구원 받습니다. 우리가 구원의 반열에 들어가는 제일 첫 단계는 영이 사는 것입니다. 영이 제일 먼저 죽었기 때문에 영을 먼저 살아야 되요. 영이 살아야 그 다음에, 하나님과의 관계성을 회복한 그 영이 바로 인간의 혼을 지배하기 시작해서 그 혼이 하나님의 영향 아래로 들어가게 됩니다. 그 다음에 살아나는 것이 혼이고 그러고 난 뒤에 우리의 육체가 살아나는데 그것은 나중에 부활에 이르는 것입니다.

정리하면 **아담과 하와가 선악과를 따먹고 죄를 범함으로 즉시 죽었다는 것은 실제로 하나님과의 관계 속에서 영이 죽었고 그 다음에 서서히 혼이 죽어 갑니다. 그리고 마지막으로 육이 죽습니다. 예수 그리스도의 십자가의 보혈은 같은 순서대로 인간을 살려냅니다. 이것이 구원의 과정입니다. 영이 사는 과정을 칭의(稱義)라고 합니다. 그리고 혼이 살아가는 과정을 성화(聖化)라고 합니다. 그러고 육신이 원래 에덴에서 창조된 모습으로 되살아나는 것을 영화(榮化)라고 합니다. 그래서 칭의는 과거에 받았던 구원입니다. 우리의 영이 살아났던 구원입니다. 우리의 영이 하나님과의 관계를 회복하면서 살아났던 그 구원 그것은 칭의적 구원입니다. 그리고 지금 나와 여러분이 살아가면서 이루어가는 구원은 혼이 새롭게 되는 성화적 과정의 삶을 사는 것을 의미합니다. 우리가 이 세상을 떠나거나, 예수님이 재림하면서 예수님의 부활과 더불어 예수님의 부활에 동참함으로써 우리의 이 몸이 다시 살아날 때, 다시 살아난 몸이 새 하늘과 새 땅에 들어갈 때, 그때 우리는 영화의 구원을 얻게 되고 그래서 총체적인 구원이 그래서 완성이 된다는 겁니다.**

이 성경통독에 참여하는 모든 성도 여러분들은 성화의 구원 과정에 있다는 사실을 명심하시기 바랍니다. 그래서 바울 사도는 빌립보 교인들에게 너희는 두렵고 떨리는 마음으로 너희의 구원을 이루라고 강조해서 권면합니다. 현재 구원을 이루어가라는 것입니다. 그것이 관점 3의 순종의 삶입니다.

① 구원의 9가지 서정

이 세 가지 구원의 완성 순서, 즉 과거에 이루었던 구원, 또 현재에 이루어가는 구원, 미래에 완성할 구원 등 이 3가지의 구원의 완성 과정을 세분화해 보도록 합니다. 이 과정은 모두 9가지의 논리적 순서를 거친다는 것입니다. 이 9가지의 서정은 소명, 중생, 회심, 믿음, 칭의, 양자 그리고 성화, 견인, 그리고 영화 등 이렇게 9가지의 단계를 지나간다는 겁니다. 물론 이것은 시간적 단계나 순서를 얘기하는 것이 아니고, 논리적으로 이렇게 이루어져 간다는 설명을 하기 위한 순서를 말합니다.

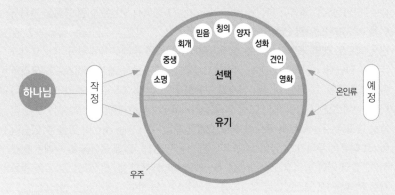

로마서 5:1-2을 보면 이렇습니다.

그러므로 우리가 믿음으로 의롭다 하심을 받았으니 우리 주 예수 그리스도로 말미암아 하나님과 화평을 누리자 또한 그로 말미암아 우리가 믿음으로 서 있는 이 은혜에 들어감을 얻었으며 하나님의 영광을 바라고 즐거워하느니라.

이 구절은 구원의 3가지 논리적 과정을 보여주는 문구가 3군데 정확히 나타납니다. 볼까요? "믿음으로 의롭다 하심을 받았으니" 이것은 과거 시제입니다. 믿음으로 의롭다 함을 받은 것이 무엇입니까? 믿음으로 의롭다 하는 것은 칭의를 말합니다. 칭의는 죄가 있는데도 죄가 없는 걸로 간주한다는 것이지요. 죄가 완전히 없어졌다는 것이 아니고 죄없는 것으로 인정해 준다는 겁니다. 그래서 칭의는 의롭지 않지만은 의롭다고 불러준다는 것입니다. 예수님께서 영단번의 제물이 되어 주셨기 때문입니다.

5:1 마지막 부분에 "우리 주 예수 그리스도로 말미암아 하나님과 화평을 누리자" '누리자'라는 것은 지금 현재진행형입니다. 누구와 화평을 누립니까? 하나님과 화평을 누린다는 것이지요. 하나님과 화평을 누리는 삶, 이 삶은 바로 현재에 이루어 가는 구원을 말하는 겁니다. 성화적 삶을 얘기하는 것이지요. 하나님과 화평을 누리는 삶은 하나님께 순종해야만 이루어지는 삶입니다. 우리가 하나님께 순종하지 않으면 우리는 하나님과 화평의 삶을 누릴 수가 없습니다. 따라서 현재 하나님과 화평을 누리는 삶은 바로 하나님께 순종하는 삶입니다. 구약에서 우리가 얘기할 때 '지켜 행하라' 그것은 우리 성경 읽기 관점 3인 '구별되는 삶, 거룩한 삶, 이 세상과 섞이지 아니하는 삶, 하나님의 백성으로써 하나님의 뜻에 순종하면서 그 윤리와 교리를 지키면서 사는 삶' 그것이 바로 하나님과 화평을 누리는 삶입니다. 이것이 성화를 이루어 가는 삶입니다. 그것을 우리는 성화라고 합니다.

그리고 "하나님의 영광을 바라고 즐거워하느니라" 이 구절은 미래에 이루어질 구원에 대한 소망을 품고 있다는 것입니다. 하나님의 영광을 바라고 즐거워한다. 하나님의 영광에 우리가 참여하게 된다. 영화를 누리게 된다는 것은 미래의 구원을 말합니다. 그것은 영화적 구원을 말합니다.

이 3가지 구원의 단계 안에 9가지의 서정이 있는데 그 순서를 말씀드려 보면 이렇습니다. 믿음으로 의롭다 하심을 받았으니 하는 그 칭의적 구원은 어떤 과정을 거쳐서 이게 이루어지느냐면 먼저 소명입니다, 하나님께서 우리를 부르신다는 것입니다. 칼빈 신학으로 설명하면 이 칭의는 불가항력적 하나님의 은혜로 이루어집니다. 우리가 무언가 잘났거나 공적이 있어서 이루어지는 게 아니고 오직 예수 그리스도가 우리의 구주라고 믿는 그 믿음 하나만 가지고 구원을 얻는 것입니다. 그게 칭의의 구원입니다. 그런데 모든 사람들이 다 그런 믿음을 가지지 않는다는 것입니다. 누구는 그런 믿음을 갖고 누구는 아무리 전도를 해도 그런 믿음을 갖지 않는 사람이 있을 수 있습니다. 그 이유는 우리가 알 길이 없습니다. 천국에 가면 하나님께 물어볼 길 밖에는 없겠지요? 그러나 이 칭의적 구원 과정을 설명하면 하나님께서 불가항력적으로 구원 받을 자를 선택하셔서 부르신다는 것입니다. 그게 하나님의 선택, 예정이라고 합니다.

하나님이 구원의 대상들을 부르시는 그 소명이 있다는 것입니다. 이제 그 소명에 응하면 그 소명이 유효하고 소명에 응하지 않으면 그 소명은 유효하지 않습니다. 그래서 유효적 소명과 무효적 소명이 있습니다. 그리고 난 뒤에 유효적 소명이 일어나면 다음에 하나님께서는 우리의 영을 중생시킵니다. 이 중생, 영어로 regeneration, 또는 born again은 성화적 삶에 나오는 중생의 개념과는 약간 다릅니다. 이 중생은 바로 예수님께서 니고데모에게 얘기했듯이 언제 일어날지는 아는 사람이 아무도 없습니다. 바람이 어느 방향으로 부는지 몰라요. 다만 나뭇가지가 흔들리는 것을 보고 알 수 있듯이 우리가 구원을 받았다는 그 확증과 확신을 보고 우리가 중생을 받았다는 걸 알지 중생이 언제 어떻게 일어나는지에 대해서는 우리가 알 수 없습니다. 그러나 이 논리적 순서를 설명하기 위해서 이런 과정을 설명하는 것입니다. 이 중생은 위로부터 급격하게 일어납니다. 이 칭의적 구원은 우리 영이 사는 것을 말합니다. 꼭 명심해야 할 것은 우리의 영이 사는 것은 우리가 어떻게 분명히 설명할 수 없는 상황 속에서 진행된다는 겁니다. 중생이 일어났다는 것은 우리 마음속에 하나님의 형상이 새롭게 살아나게 된다는 것입니다. 사실 하나님의 형상이 살아나지 아니하면 우리의 마음속에 회심과 믿음이 생기지 않습니다. 우리가 회개하고 싶은 마음이나 그 믿음이 생겨나지 않는다는 것입니다. 중생이 먼저 일어나야만 그 다음에 회심과 믿음의 그 과정이 따라서 일어납니다. 그런데 이것은 거듭 말씀드리지만, 논리적으로 그렇게 일어난다는 설명을 위한 순서지, 이것이 실제로 이런 순서로 일어난다는 것은 아닙니다.

중생이 일어나고 회심을 하고 그 다음에 믿음을 갖는다는 것은 예수 그리스도가 우리 구주라는 고백을 하는 것입니다. 그러므로 하나님께서 우리에게 의롭다함을 칭해 주는 것입니다. 그렇게 **칭의**를 받으므로 우리는 하나님의 아들이 되는 것입니다. 이제 양자가 된다는 것입니다. 그래서 이 칭의적 구원에는 **첫째 소명, 둘째 중생, 셋째 회심, 넷째 믿음, 다섯째 칭의, 여섯 번째 양자** 이렇게 여섯 개의 논리적 서정을 거쳐 간다는 것입니다. 그래서 우리는 하나님의 양자가 되는 것입니다. 하나님의 양자가 되기까지는 전혀 우리는 아무런 공적이 없다는 사실을 인정하고, 감사하게 생각하시기를 바랍니다. 하나님께서 우리가 잘나서 부르신 것이 아닙니다. 하나님께서 우리를 택하시고 우리를 그의 양자로 삼으시려고 하시는 하나님의 불가항력적 은혜로 인해 이루어지는 칭의적 구원에 이르게 된다는 것입니다.

그렇게 우리는 의롭게 됐습니다. 의롭게 된 우리는 이제 이 세상에서 남은 삶을 살아갈 동안에 성화적 삶을 살아가야 합니다. 그 성화적 삶은 구약에서 배웠듯이 하나님의 율례와 율법을 지키면서 하나님에 대해서 순종하면서 이 땅에 우리의 삶 가운데 하나님 나라를 이루어 나가는 그런 삶을 말하는 것입니다. 그 삶은 대단히 중요한 구원의 과정을 이루어 가는 거예요. 우리는 지금 바로 이 구원의 삶을 살아가는 성화의 구원을 이루어 가는 삶을 살아가는 과정에 있다는 사실을 명심하시기 바랍니다.

칭의적 구원을 받았다고 해서 우리의 모든 구원의 과정이 끝났다고 생각하면 안 됩니다. 성화적 구원의 과정을 살아가고 이제 마지막으로 영화적 구원을 이루어야 하는데 이 마지막 영화의 구원을 이루는 것은 하나님의 영광

칭의	성화
법적인 위치	내적인 상태
단회적인 일	지속적인 일
전적 하나님의 일	우리가 협력한다
이 세상에서 완전	이 세상에서 완전하지 못함
모든 사람에게 동일	사람마다 정도의 차이

을 바라고 즐거워하며 예수님의 부활에 동참하는 것입니다. 그 영화적 구원에 이르는 길을 견인(perseverance)이라는 과정이 이끌어 줍니다. 견인이라는 것은 성화의 삶 속에 우리는 계속해서 사탄의 유혹 앞에 노출되고 우리는 실족할 수 있는 가능성이 많고 다시 하나님을 등지고 범죄에서 하나님과의 관계가 파괴되는 그런 상황에 갈 수도 있다는 것입니다. 그때 성령 하나님께서 우리 속에 내주하시면서 우리를 붙들고 영화에 이르는 구원까지 인내하도록 격려하며 이끌어 가신다는 것을 말합니다. 그것이 견인입니다. 그래서 우리는 성령 하나님의 탄식하는 기도와 그런 것들을 통해서 이 성화의 오르락내리락하는 힘들고 어려운 삶을 잘 견딜 갈 수 있게 된다는 것입니다. 그래서 우리는 구원의 최종적인 영화의 구원에 이르게 된다는 겁니다.

구원은 단순히 죄 사함을 받는 칭의적 의미로써 국한된 것이 아님을 여러분들에게 이해시키려고 지금 이렇게 구원론에 대한 총체적 설명을 해드렸습니다. 참으로 많은 성도들이 구원을 단순히 죄 용서받고 천국행 편도 티켓을 받는 정도로 생각합니다. 그래서 칭의 다음의 단계인 성화의 과정을 우리는 무시할 때가 많습니다. 심지어 어떤 사람은 이 성화의 과정을 완전히 무시하고 칭의의 과정의 구원을 받고 죄를 계속 범하는 삶을 계속 살아도 천국은 보장되어 있다고 이렇게 얘기하는 사람들이 있는데 이들은 이단입니다. 이것은 구원파가 가르치는 잘못된 교리이다.

성화의 구원이 반드시 있다는 사실을 명심하고 성화의 구원은 형벌의 구원이 아니고 상벌의 구원이라는 사실 또한 함께 알아야 합니다. 칭의의 구원은 형벌로부터 구원입니다. 지옥에 가느냐, 천당에 가느냐 하는 문제이고, 성화의 구원은 우리의 상급과 관계되어 있다는 사실을 함께 명심해 두면 좋겠습니다.

성화의 과정은 바로 행함의 믿음이 강조되는 능력입니다. 그런 행함이 없는 믿음,

즉 삶으로 나타내지 못하는 믿음은 세상에서 바로 암적인 존재가 되지요. 이런 행함
이 없는 믿음은 신비주의 신앙이 될 수 있습니다. 이런 신앙이 극단적으로 가면 이제
공산주의자들이 얘기하는 종교가 아편이 될 수 있다는 경지에 까지 갑니다. 종교가
아편이 되면 그 종교는 그 사회의 암적인 존재가 되어버린다는 것입니다. 종교가 부
패하면 그 사회가 함께 부패해 버립니다. 많은 인간 역사 속에 종교가 미친 긍정적인
영향과 부정적이 영향이 항상 있습니다. 그 종교가 그 시대정신을 이끌어 갈 때는 그
시대가 행복했고 그러나 종교가 그 시대정신을 부정적으로 이끌어 갈 때는 종교가 그
사회를 망치는 것을 실제 역사에서 봅니다. 흔히 기독교가 사회지탄을 받는 경우는,
바로 성도들의 성화적 과정이 잘못되었기 때문에 그렇지 않을까요?

　이것 또한 회개의 범위 안에 있다는 사실을 기억하시고 우리의 성화적 구원에 더
많은 기도로 이와 같은 성화적 삶을 이루어 나가시는 여러분이 되시기를 주님의 이름
으로 진심으로 축원합니다. 성화적 구원, 이것이 바로 우리가 오늘날 우리가 이루어
가는 구원의 과정이라는 사실 꼭 기억하시길 바랍니다. 이 땅에서 이루어야 하나님
나라는 바로 거기에서 이루어진다는 사실을 여러분 결코 간과해서는 안 됩니다.

– 주해홍 저 "성경 그리고 삶" 도서출판 에스라 2018년 p485–495

학습 자료 82-8 이신칭의(以信稱義)의 이해(롬)

단 한 사람의 예외도 없이 죄와 질고에 휩싸인 인류에게 있어서 하나님이 세우신
공의의 율법의 정죄(定罪)와 심판(審判)에서 벗어나는 것, 곧 죄로 인한 죽음과 영벌에
서 벗어나 구원에 이르는 문제보다 더 중요한 문제는 없을 것이다. 로마서는 바로
이와 같은 인류의 가장 심각한 문제인 구원에 관한 전반적인 원리, 곧 인간 구원의
근거, 그 과정 및 결과 등과 관련된 원리들을 소개하고 있다. 이와 같은 로마서에서
가장 강조하는 것이 바로 '이신 칭의'(以信稱義)의 원리이다.

　'이신 득의'는 믿음을 통해 의인의 신분을 얻음으로써 하나님의 정죄와 심판을
벗어날 수 있게 되었다는 뜻으로서 죄인의 입장에서 사용된 용어이다. 반면 '이신
칭의'는 인간을 심판하시는 재판장되시는 하나님이 성도의 믿음만을 보시고 그를
법적으로 의롭다고 선언하셨다는 뜻으로서 하나님의 입장에서 사용된 용어이다.
결국 이신 득의와 이신 칭의는 동일 사실의 서로 다른 측면을 보여 주는 용어이다.

　한편 '칭의'(稱義)와 관련된 신약 성경 헬라어 동사는 '디카이오오'인데(이것의 기본
적인 의미는 '사람을 의롭다고 선언하다'이다.) 이는 윤리적인 의미에서 의롭다는 뜻이 아니
라 재판 결과 법적 요구에 적합하다는 의미에서 정당함을 뜻한다. 또한 이에 해당
하는 영어 'justify'도 어떤 사람의 행위나 진술이 법적 요구에 만족된다는 의미에
서 재판관이 피고에게 '정당하다고 선언하다'는 뜻을 갖는다.

　이런 용례적 배경을 가진 '이신칭의'(Justification by faith) 역시 성도가 그 스스로

의인이어서가 아니라 하나님의 심판대 앞에서 정죄함을 면할 수 있는 법적 의를 믿음을 통하여 얻게 되는 것을 가리킨다. 그러면 이신칭의 원리에 관한 제반 사항을 요약하면 다음과 같다.

✝ 이신칭의의 기본 내용

이신칭의의 원리를 한마디로 말하면 '스스로는 전적으로 타락하여 아무 구원의 희망이 없는 죄인 중 일부인 성도가 하나님이 택하신 자의 죗값을 대신 치러 줌으로 그 죄인을 구하여 주시는 구속 사역을 이루신 그리스도를 믿음으로써 그와 예수가 법적 연합을 하게 되어 예수께서 성취하신 구속의 법적 공로가 그에게 적용됨으로써 그가 법적으로 의인의 지위를 획득하여 결과적으로 구원을 얻을 수 있게 하신 하나님의 구원 섭리'라고 할 수 있다.

이를 좀 더 상술하면 다음과 같다. 하나님은 전 인류의 조상인 아담을 전 인류의 법적 대표로 하여 아담과 선악과 언약을 체결하시고 인류가 그 언약의 준수 여부에 따라 영생의 축복이나 혹은 영벌의 저주를 받는 법을 세우셨다^{창 2:16-17}. 그런데 아담이 이 법을 어김으로 말미암아 전 인류는 먼저는 아담의 원죄(原罪)에 의해서, 또한 각 인간 자신의 자범죄(自犯罪)로 말미암아 하나님의 저주 심판을 받지 않을 수 없게 되었다^{창 3:16-19}. 절대자로서 절대 공의로우신 하나님께서 당신이 한번 세우신 법을 폐할 수는 없었기 때문에 범죄한 인간에게 결정된 심판은 결코 폐지될 수가 없었다. 그러나 공의이시기도 하지만 근본 사랑이시기도 하신 하나님께서는 비록 당신을 반역하여 스스로 죄인이 되었으나 당신이 지으신 피조물인 인간을 극히 사랑하셨다. 그리하여 사람을 대신하여 다른 존재가 죗값을 치르게 하심으로써 당신이 세우신 법을 지키시면서도 죄인 자체는 살리시는 구속(救贖)의 법을 새로 제정하시고 이를 그 구속의 법 자체의 필연적 요청에 따라 오직 성자 예수 그리스도의 십자가 대속의 죽음으로 말미암아 성취되게 하셨다.(막 10장 학습 자료 73-1 '예수의 성육신과 대속 수난을 통한 인간 구원의 필연성' 참조.) 그리고 누구든지 구속의 법을 성취하신 예수 그리스도를 주로 믿는 사람은 그의 구속의 공로를 적용받아 그의 죗값이 이미 치러졌으므로 그는 다시금 의롭다 인정함을 받게 되어 결과적으로 구원을 얻을 수 있게 하셨다. 따라서 이신칭의의 원리는 하나님이 세우시고 그리스도가 성취하신 구속의 법이 성도 각인에게 적용되어 구원의 효력이 발생 되는 조건 또는 과정에 관한 원리요 법이다.

✝ 이신칭의 원리의 필연성

그렇다면 죄인이 하나님 앞에서 의롭다고 함을 얻음에 있어서 오직 '그리스도를 믿음으로만'(sola Fide) 가능한 이유는 무엇인가? 인간 스스로 선한 행위나 공적에 의해서 의롭다고 함을 얻을 수는 없는가?

인간은 만인의 육신적 조상으로서 선악과 언약의 인간 측 대표였던 아담의 범죄로 말미암아 물려받은 원죄(原罪)와 스스로 범한 자범죄(自犯罪)로 인해 전적 부패하여 하나님 보시기에 의(義)를 행할 수 있는 능력을 완전히 상실하였다. '의인은 없나니 하나도 없으며'롬 3:10, '모든 사람이 죄를 범하였으매 하나님의 영광에 이르지 못하더니'롬 3:23 등의 말씀은 바로 이러한 사실을 잘 보여 주고 있다. 또한 부패한 죄성을 가진 인간은 의를 행할 수 있는 능력의 상실뿐만 아니라 하나님을 찾지도 심지어는 두려워하지도 않기 때문에 하나님 앞에서 구원을 받을 기회조차 스스로 만들지 못한다롬 3:18. 실로 전적으로 타락한 인간은 구원에 관한 한 전적 무능력의 상태에 있는 것이다.

이렇게 전적으로 부패하여 타락한 인간은 스스로의 힘으로는 도무지 하나님 앞에서 의롭다고 함을 얻고 구원받을 길이 없어서 타의에 의해, 외부의 힘과 공로에 의해 구원의 손길이 뻗쳐지지 않으면 안 되는 것이다. 또한 구원의 절대성과 확실성을 보장하기 위해서는 그 구원의 의지와 구원의 법적 요구를 채우는 공로는 모두 유일한 지존자로서 유일한 절대자이시며 인간의 생사를 주장하실 심판자이시기도 하신 삼위일체 하나님에게서 기인되고 또 하나님에 의해서 진행되어야 한다. 이러한 사실들이 일단 본래 죄인이었으나 구원을 얻은 성도들이 성부 하나님의 무조건적인 은혜(unconditional grace)와 사랑에서 비롯된 구속의 법을 삼위일체 하나님 중 한 분이신 성자 예수가 성취하셨음을 성령을 통하여 믿음으로써 그리고 믿음에 의해서만 주와 법적으로 연합하므로 의인이 되고 나아가 구원도 얻는 이신칭의 원리를 절대 필요로 하게 되는 근본 까닭이다.

한편 궁극적 관점에서 이신 득의의 원리를 표면적으로만 이해하면 물론 이신칭의의 원리를 세워주신 것만도 엄청난 은혜지만 그래도 믿음이라는 조건을 인간이 충족시킨 공로로 의인의 신분을 얻는 것으로 오해될 수도 있다. 그렇다면 엄밀한 의미에서는 역시 인간이 자기의 공로로 구원을 얻는 것이 된다.

그러나 성경은 분명히 인간이 예수의 구속 복음을 믿음으로 받아들이는 것 자체가 죄에 오염된 인간의 자의적 결단으로 가능한 것이 아니라 오직 그 자신도 삼위일체 하나님 중 한 분이신 성령 하나님의 감동으로만 가능하다고 말한다고전 12:3. 즉 믿음조차도 성도 개인의 공로가 아니라 하나님의 구원 선물이다. 따라서 이신칭의의 원리를 표면적으로만 보면 인간의 믿음이 분명 구원의 조건인 것처럼 보이나 그것은 형식상의 조건일 뿐 기실 믿음을 실제 갖게 하는 것도 모두 다 하나님의 은혜인데 결국 구원은 전적으로 인간의 아무런 공로를 조건으로 하지 않고 무조건 주어진 것이다. 실로 전적 무능력에 휩싸인 인간을 구원할 수 있게 하되 그것을 절대적으로 보장할 수 있는 것은 바로 이런 절대자 하나님의 절대적 은혜뿐인 바 이 모든 필연적 요청이 이신 칭의의 원리의 표면과 이면에 제시된 은혜로써 이루어지게 된 것이다.

그러므로 인간 구원의 유일한 필연적 방법인 이러한 이신 칭의 원리 앞에서는 인간의 선행이나 공적, 깨달음 등에 의해 구원을 얻을 수 있다고 대부분 가르치는 인본주의적 이방 종교 사상이나 특히 율법의 문자적 준수로 구원을 얻을 수 있다고 믿었던 그릇된 유대교의 율법주의는 그 주장의 타당성을 완전히 잃게 된다. 왜냐하면 이러한 주장들은 모두 인간의 전적 타락(total depravity)과 하나님 앞에서 의롭다 함을 얻음에 있어서의 인간의 전적 무능(total inability)을 깨닫지 못한 데서 비롯된 것이기 때문이다.

✝ 이신칭의의 결과

예수를 믿음으로써, 죄인에게 당연히 부과되는 율법의 형벌을 대신 치른 예수의 구속 공로가 적용되어 법적으로 의인이 됨으로써, 성도가 얻는 결과는 크게 사죄와 영생 두 가지로 축약할 수 있다.

1) 사죄의 획득

본래 제2위 성자 하나님으로서 성육신하사 성도의 구속을 성취하신 예수를 믿음으로써 의인으로서의 법적 지위를 획득한 성도는 자연히 예수가 그의 죗값을 절대적이고도 완전하게 치르신 공로가 적용됨으로써 과거의 죄 뿐만 아니라 현재와 미래의 모든 죄에 대해서까지도 일시에 그 죄에 당연히 해당하는 형벌을 완전히 면제받는다롬 5:21, 8:1, 32-34, 히 10:14. 즉 성도는 실질적으로는 분명 죄인이나 죄에 해당하는 형벌로 율법에 규정된 저주와 죽음을 예수가 대신 감당하사 모든 율법을 온전히 충족시키신 절대적 구속 사역의 공로가 믿음을 통해 성령에 의하여 예수와 연합한 그에게 적용된 결과 그는 율법의 적용 대상에서 아예 근본적으로 제외되어 사죄를 얻는 것이다.

따라서 신자는 근본적으로 율법의 적용 대상에서 영원히 면제되었기 때문에 다시 죄에 대한 율법의 형벌로 인해 멸망에 이를 염려는 없다. 다만 이는 법적 차원에서의 일로서 실질적으로 아직 죄인인바 성도가 된 후에도 여전히 남아있는 죄의 영향력 때문에 그 죄에 대해 회개하고 또 그렇게 함으로써 죄를 경계하며 의의 길로 점점 나아가 실질적으로 자신을 의인으로 변모시켜 가는 성화(sanctification)의 과정을 겪게 되는 것이다.

2) 영생 복락 및 천국 상급 획득

믿음으로 의롭다고 함을 얻은 신자는 소극적인 의미에서의 죄를 사할 뿐 아니라 장차 천국에서 영생을 누릴 권한까지 갖게 된다. 혹자는 이신 득의의 결과 신자는 단지 범죄 이전의 아담과 같은 무죄의 상태에 있게 되고 그 후로부터 자기의 영생을 위하여 공적을 쌓아야 한다고 주장한다. 그러나 성도는 의인의 법적 신분을 얻는 순간 동시에 태초 범죄 이전의 아담에게 주어졌던 영생과 복락의 축복까지 획득하게 된다. 다만 이제 그런 영생과 복락이 태초 인간의 죄로 오염되기 이전 현재의 세상이 단순히 회복됨으로 주어지는 것이 아닌 현재의 세상이 완전히 갱신된 새 하늘과 새 땅에서의 천국에서 실현될 것이란 점이 다르다.

한편 근본적으로는 이신 칭의의 원리로 의인이 된 성도 모두에게 천국에서의 절대적 영생과 복락이 주어지나 천국에서의 상급은 각자의 공적과 업적에 따라 상대적 차이가 있다고전 3:10-15.

✝ 대표와 연합의 원리와의 관계

이신칭의의 원리가 예수 구속의 법이 성도 각자에게 적용되기 위한 과정 또는 조건에 관련된 원리라면 대표와 연합의 원리는 예수 구속의 원리 및 이신 득의의 원리 모두가 필연적으로 성립되는 근거를 보여 주는 원리이다. 즉 아담의 범죄로 그의 후손된 전 인류가 모두 죄인이 되는 것도 아담이 인류의 시조(始祖)로서 하나님과 선악과 언약을 체결한 대표자였고 그와 혈통적 관계에 있는 인류는 자연스럽게 그와 법적 연합 관계에 있기 때문이다. 또한 하나님이 성도에게 의롭다는 법적인 선언을 하시는 이유는 성도와 믿음을 전제로 성령에 의하여 연합한 법적인 대표자인 그리스도가 성도의 죗값을 모두 다 해결함으로써 그와 법적 연합 관계에 있는 모든 성도도 동시에 의롭다고 인정되었기 때문이다. 이처럼 대표와 연합의 원리는 이신칭의 원리가 성립되는 기초가 된다.

✝ 의의

이신칭의(Justification by faith)는 전적 부패와 전적 무능으로 말미암아 이미 확정된 하나님의 정죄와 심판으로 전혀 구원의 소망이 없던 인류 중 택한 성도에게 구원을 주시기 위하여 하나님이 세우신 구원의 원리이다. 즉 스스로는 전혀 구원의 가능성을 가질 수 없는 모든 인간과 같은 위치에 있었던 성도에게 그리스도의 구속 공로를 믿음의 조건으로 하여 전달됨으로써 그가 의인이 되어 마침내 구원을 얻게 하신 은혜의 법이다. 심지어 형식상 조건인 믿음마저도 기실은 성령의 은혜와 선물로 주어지는 것인바 궁극적으로는 이신 칭의 원리를 세우신 것도 또 이를 이루시는 것도 모두 다 하나님의 무조건적 은혜이다. 여기서 우리는 인간을 창조하셨을 뿐만 아니라 당신께 대해 날마다 반역하는 인류 중 택한 성도를 궁극적으로 아무 조건 없는 은혜로 구원에 이를 수 있는 길을 허락하시기까지 하신 하나님의 절대적 은혜와 사랑을 발견하게 된다.

그러나 우리 성도는 이제 이신 득의의 원리에 의해 죄에서의 해방과 영생이 확정되었다고 해서 방종해서는 안 된다. 오히려 그리스도의 구속 공로로 말미암아 죄와 사망의 법에서 해방되었으며 사탄이 감히 신자들을 주관하지 못하게 되었으므로롬 6:6-14 이제는 사탄이 아니라 주를 좇아 적극적으로 선을 행하며 실생활 속에서 하나님의 의를 나타내는 성화(sancification)의 삶을 살지 않으면 안 된다롬 8:1-17. 이것이 값없이 의롭다함을 얻은 신자에게 마땅히 요청되는 그리고 참된 성도라면 누구나 필연적으로 갖게 되는 삶의 태도인 것이다.

학습 자료 82-9 율법 폐기론(Antinomianism) 롬7:7-13

성도는 율법의 행위에 의해서가 아니라 그리스도의 복음에 대한 믿음으로 구원받았다. 그런데 혹자들은 이를 오해하여 믿음으로 의롭다 함을 받은 성도에게는 어떤 종류의 율법이든지 더 이상 필요치 않으며, 또한 율법 자체가 그리스도의 복음과 상반되는 악한 것이므로 성도는 어떠한 율법이든지 지킬 필요가 없고 오직 성령의 인도함을 따라서만 살면 된다고 주장한다. 이를 가리켜 '율법 폐기론', 혹은 '도덕 폐기론'이라고 말한다. 이러한 주장은 인간의 육체와 육체 안에 속한 인간의 삶을 경시하고 지식에 근거한 영적인 삶만을 우월시하는 영지주의(Gnosticism)의 영향을 받아 초대 교회 당시에도 널리 퍼져 있었으며 오늘날에도 소수의 사람이 이 주장을 따르고 있다.

✝ 율법 폐기론의 부당성

많은 사람이 율법이라고 하면 구약의 모세 율법만을 생각한다. 그러나 엄밀하게 말하면 '율법'(律法)이란 하나님께서 자연 만물과 우리의 양심에 새기신 법에서부터 구약 율법, 신약의 산상수훈에 이르기까지 하나님께서 인간의 행위 규범으로, 그리고 선·악의 기준을 주신 모든 법을 다 포함한다.

그런데 성도가 율법의 행위가 아니라 믿음으로 구원 얻는다고 하는 말은 이러한 율법을 이제는 더 이상 안 지켜도 된다는 말이 아니다. 다만 그리스도께서 죄인들의 구원을 위하여 율법의 모든 요구를 만족시키셨기 때문에 율법이 죄인의 구원을 위해서는 더 이상 필요가 없다는 말일뿐이다. 따라서 비록 성도가 되었다고 하더라도 구원받기 위해서는 아니지만 구원받은 자로서의 바른 도리(道理)로서 율법이 교훈하는 선을 행해야 하는 것이 마땅하다. 또한 율법은 예수께서 복음을 주셨음에도 여전히 믿지 않는 자들을 처벌할 정당한 근거로도 계속 유효하다.

한편 구약 율법 가운데서 의식법은 그 자체가 궁극적으로 의도하는 바가 예수의 구속(救贖) 사역으로 성취되었기 때문에 신약의 성도는 더 이상 지킬 필요가 없다. 그리고 시민법의 대부분과 도덕법도 그 근본정신은 신약시대까지 계승되나 그 규정 자체는 계시의 점진성에 따라 그리스도의 율법^{고전 9:21, 갈 6:2}으로 성화되었기 때문에 신약의 성도는 실제적으로 구약의 율법은 지키지 않으며 그것보다 월등한 신약의 법을 지킨다고 말할 수 있다.

따라서 성도가 구원을 위하여 율법의 요구를 만족시켜야 할 의무에 있어서는 예수를 통하여 해방되었지만^{롬 8:1-2}, 율법 자체는 선하며 또 성도가 된 후에 더욱 거룩한 삶을 살아야 하는 성도의 바른 행위의 규범으로 율법은 여전히 유용한 것이기 때문에 율법 폐기론은 전혀 타당치 않다.

✝ 의의

이상의 사실들을 통하여 우리는 율법과 복음의 관계에 대한 정확한 이해의 필요성을 깨닫게 된다. 이에 대해서는 갈라디아서 학습 자료 78-7 '구속사적 관점에서 연결되는 율법과 복음의 이해'를 참조하라. 그리고 그리스도의 복음으로 말미암아 우리가 율법의 모든 요구를 지키지 않아도 율법이 정하고 있는 형벌에서 벗어날 수 있게 된 사실을 깨닫는다면 율법을 대할 때마다 더욱 하나님의 무한한 은총에 감사를 드리지 않을 수 없을 것이다. 그리고 비록 구원을 얻기 위해서는 아니라 할지라도 구원받은 자로서 마땅히 감사하는 마음으로 율법을 행함으로써 우리의 삶 전체가 하나님을 기쁘시게 하는 거룩한 산 제사가 되어야 하겠다.

학습 자료 82-10 구원 확신의 근거들(롬)

성경은 우리에게 예수의 이름을 부르는 자, 곧 그리스도를 믿고 회개한 자는 누구든지 분명히 그의 구속의 공로를 힘입어 천국 구원을 얻게 된다고 가르치고 있다. 그런데 이러한 성경의 가르침을 실제로 구원받아 천국(天國)에 들어가지 않은 현재 상황에서 어떻게 확신할 수 있는가? 만일 이를 확신할 수 있는 증거들을 확보할 수 있다면 우리의 신앙생활은 참으로 벅찬 희망으로 가득 찰 것이다.

현실을 볼 때 절대 무오의 계시인 성경이 거듭하여 진정한 마음으로라면 예수의 이름을 부르기만 하여도 구원을 반드시 얻을 것을 거듭 밝히고 있음에도[행 2:21] 자기 영육의 상태에 스스로 양심에 찔려서 혹은 구원은 현재로서는 사람이 확인할 수 있는 그 어떤 외적 기준이 아니라 완전한 검증이 불가능한 하나님의 예정(豫定)에 의한 것이라는 교리에만 집착한 나머지 '나는 혹시 구원받지 못하는 게 아닌가?' 하고 불안해하는 성도들이 의외로 많다.

이에 우리가 비록 당장은 자타(自他)의 구원을 만인이 서로 검증할 수 있는 가시적인 증거는 없다고 하여도 분명 절대무오의 계시인 성경이 보여주는 구원에 대한 원칙과 약속을 자기 자신의 신앙에 적용하면 적어도 분명히 자신의 구원에 대한 확신은 가질 수 있는바 이제 이를 고찰하면 다음과 같다.

✝ 예수의 구속 사역에 나타난 하나님의 절대 사랑

성경은 우리의 창조자 하나님은 그 분 자체가 사랑으로서 당신 자신이 직접 지으신 피조물에 대하여 절대 사랑을 갖고 계심을 거듭 증거하고 있다[요일 4:16]. 성경은 그 사랑은 인간이 경험할 수 있는 가장 조건 없고 절대적인 사랑인 부모가 자식에게 주는 사랑과도 비교할 수 없는 절대적인 사랑임도 거듭 강조한다[엡 3:17-19].

이런 하나님의 사랑은 당신이 최고의 피조물로서 당신과 교제하도록 창조하신 인간이 당신께 반역하여 당신과 세운 선악과 언약(言約)을 어김으로써 영원한 멸망에 처하게 되었을 때 즉각 이를 시행하시지 않고 인간이 지은 죄의 대가를 궁극적으로 당신의 아들이신 예수로 대신 치르게 하시는 반면, 그 대가로 인간 자체는 구원을 얻게 하는 구속(救贖)의 법(法)을 세우시고 또 이를 당신의 독생자요 우리의 구속주이신 예수로 하여금 십자가상에서 성취하게 하신 사실에서 결정적으로 드러난다.

그럼에도 인간이 이처럼 절대 사랑이신 하나님의 절대적인 구원의 의지를 못 믿고 전전긍긍하는 것은 인간이 죄에 오염되어 스스로 순진무구한 신뢰성을 상실한 애처로운 결과이다. 어쨌든 우리는 하나님은 우리의 창조자로서 당신의 아들을 바로 나를 위해서 대신 죽게 내어 주실 정도로 나를 사랑하시니[롬 8:31, 32] 근본적으로 그분은 나를 구원하시기 원하신다는 사실 자체는 우선 확신할 수 있다.

✝ 이신 득의의 원리 하에서의 나의 신앙 고백 자체

성경은 또한 절대 사랑이신 하나님이 죄인이 된 인간의 구원을 위한 방법으로 직접 제정하시고 그리스도가 이루신 구속의 법이 인간에게 적용되어 인간이 구원받기 위한 유일한 조건은 인간이 무슨 특별한 기준 이상의 공적을 쌓거나 아니면 자신이 스스로 의인의 상태에 도달해야 하는 것이 아니라 다만 자신이 죄인임을 깨닫고 회개하여 예수가 나의 구주(救主)임을 인정하고 고백하는 믿음(Faith)뿐이라고 밝힌다롬 3:21-27. 따라서 누구나 자신이 죄인임을 깨닫고 가슴에 찔림을 받으며 예수가 나를 위해 죽으신 구주임이 참으로 믿어지고 또 그것을 고백한다면 비록 당장은 천하제일의 악인이라 할지라도 절대자 하나님의 약속으로 구원을 분명히 얻은 것이다. 즉 믿기만 하면 오직 믿음을 통해 그 자신이 실제는 의인이 아니지만 그의 죗값을 대신 치르신 예수의 구속 사역으로 의인으로 인정되어 구원을 얻는 이 이신칭의(以信稱義)의 원리에 의해 모든 믿는 성도는 분명 구원을 얻은 것이다롬 10:9-11.

이미 신앙 고백을 한 성도에게는 이것이 너무나 당연한 일 같으나 돌이켜 생각하면 죄로 오염된 완악한 인간이 예수의 복음을 믿고 신앙을 고백하기란 결코 쉬운 일이 아니다. 더욱 깊이 묵상할 때 성경은 내가 하나님을 고백하는 것은 내가 이성과 양심으로만 그렇게 하는 것이 아니라 오직 하나님이 택하시기로 예정된 자를 성령(聖靈)이 감동하게 하셨기 때문에 그 감화로 믿어진 것이라 분명히 말한다요 3:5. 이렇게 볼 때 구원의 유일한 조건인 신앙 고백조차도 형식적으로 분명 인간인 내가 수행해야 할 조건이지만 실질적으로는 내가 행하는 것이 아니라 성령을 통하여 절대 주권자이신 하나님이 직접 행하게 해주시는 것이니, 내가 이 시간 진심으로 주님이 나의 구주로 믿어지고 그것이 고백 된다면 이미 그것이 내가 선택되기로 예정된 자이고 또한 구원을 분명히 얻은 것임을 증거해 주고 있는 것이다엡 1:3-14.

그럼에도 자신이 분명 주님께 대한 신앙 고백을 하면서도 구원의 확실성에 대하여 불안해하는 것은 이상의 관련 사실 전체를 전반적으로 파악하지 못한 데에서 나온 이율배반적 기우(杞憂)일 뿐이다.

✝ 불변하시는 하나님에 의한 성도의 견인

성도의 견인(堅忍)이란 한번 하나님이 성령의 감화로 진정 중생시켜 성도로 부르신 자는 일시적 방종이나 퇴보는 있을지언정 끝내 구원받을 자로서 지위를 인간 스스로가 아니라 하나님이 지켜주심으로 끝까지 유지하게 되는 것을 말한다고후 4:16, 빌 1:6, 19. 앞서 예수 구속의 법을 세우시고 또 이루신 하나님의 절대 사랑이 우리의 구원이 확실한 근본 원인을 보여 주고, 이신칭의(以信稱義)의 원리 아래에서 성령의 감화로 인한 신앙고백이 구원의 방법과 조건상 우리의 구원이 확실함을 보여 주었다면, 이 성도의 견인은 일단 진정으로 주를 고백한 성도의 지위는 그 어떤 경우에도 절대자이신 하나님의 보존(保存)으로 인해 불변성(不變性)을 갖는다는 측면에서 우리 구원의 확실성을 보여 준다엡 1:20, 요일 3:14. 즉 이는 지금은 내가 주를 믿으니 지금 당장으로는 구원 얻겠지만 혹시 나중에 불완전한 인간인 내가 변하면 따라서 그 구원도 취소될 위험이 있지 않겠는가 하는 우려를 불식시켜 준다.

✝ 적용과 의의

한마디로 종합하자면 성도의 구원(救援)은 그 근본 동기가 하나님의 절대 사랑에서 기인되었고 또 그 방법상 제시된 구속(救贖)의 원리와 이신 득의(以信得義)의 원리가 형식적으로는 인간의 믿음을 조건으로 요구하지만 기실 이것도 하나님의 예정에 의해 성령의 감화를 통해 이루어 진다는 측면에서 궁극적으로는 하나님에 의해서만 실현되며, 또 그 전 과정 곧 중생에서 최종 심판 이후의 천국 구원까지의 전 과정도 오직 하나님에 의해서만 진행된다는 점에서 확실성과 완전성을 갖는다롬 8: 29, 30. 즉 구원은 그 모든 측면에서 불완전한 인간이 개입된 것이 아니라 온전히 불변하시는 하나님에 의해, 그분의 무조건적인 은혜로, 그리고 절대자 하나님이 세우신 구속의 법에 의해 오직 믿음을 통해서만 이루어지므로 온전히 확실하다.

그러나 이상의 사실을 어느 정도는 알면서도 예수를 믿는다고 하면서 자기 양심의 가책으로 종종 구원의 확신까지 흔들리게 되는 경우가 있다. 심지어는 오랜 신앙 경륜을 가진 타인의 생활 상태를 보고 크게 실망하는 경우도 있다.

이는 다음 두 가지 사실로 해결될 수 있다.

먼저는 앞서 밝힌 대로 이신칭의의 원리로 구원받은 성도는 그 자신이 실제 의인(義人)이어서 구원받거나 구원받는 즉각 그 자신이 실제로 의인으로 변화되는 것이 아니라 그 실체는 분명 죄인임에도 다만 하나님이 그의 믿음을 보고 그의 죄의 대가가 예수의 구속 사역으로 대속 받아서 법적(法的)으로만 의인으로 인정하여 구원을 얻게 하신 것뿐이라는 사실 곧 믿음을 통해 득의(得義) 또는 칭의(稱義)되어 구원을 얻는 사실의 본질을 이해해야 한다. 우리는 분명 스스로는 의인이 아닌 죄인이지만 하나님이 우리를 믿는 그 순간 단번에 그리고 영원히 의인으로 인정하시어 천국 구원을 주신 것일 뿐이다. 따라서 어떤 면에서는 성도(聖徒)라도 그 인격이 부족한 것은 오히려 자연스러운 일이다.

한편 우리가 성도가 된 이후에는 자연스럽고도 필연적인 결과로 죄의 오염에서 벗어나 의를 추구하는 생활 곧 성화(聖化)의 생활도 하게 된다. 그러나 이때 잊지 말아야 할 것은 이런 성화는 각 개인 안에서도 발전과 후퇴가 있을 수 있고 또한 타인과 비교하여 그 정도에 고저의 차이가 있을 수 있는 것이다고후 4:16. 한마디로 성화는 필연적이긴 하지만 상대적인 것이다. 이러한 성화는 모든 성도에게 필히 있어야 하지만 각 개인 성도가 죽기까지 계속되며 또한 그 누구도 이 땅에 사는 동안에는 완전한 의인의 상태에 결코 이를 수 없는 것이다. 따라서 특정 시기의 자신과 각 개인이 성도가 된 후에도 자신의 생활에 대하여 계속 가책(呵責)을 느끼고 반성하는 것은 필연적인 일이며 또한 그가 주안에서 가책받고 있다는 사실 자체가 역으로, 먼저는 그가 그리스도인이라는 사실을 확인시켜 주고 나아가 그가 이제 새로운 성화의 길로 들어서 있음을 입증하는 것이기도 하다. 심지어 바울 자신조차도 사도로서 그토록 위대한 사역을 행하면서도 자신 안에 남은 죄의 성향에 대하여 번뇌하지 않았는가롬 7:15-25. 그러나 동시에 지나치게 곧 자신과 타인의 생활에 대한 가책으로 구원 자체까지 불신한다면 이는 율법주의(律法主義) 곧 인간이 율법을 지킨 공로로 스스로 의인이 되므로 구원을 획득할 수 있다는, 또 그렇게 하려고 시도하는 비성경적 오류에 빠질 위험이 있는 것이다. 또한 성경을 볼 때 사도 바울도 그토록 자신의 죄의 성향에 대하여 고민하다가도 끝내 절망한 것이 아니라 오히려 그렇기에 믿음을 통한 하나님의 무조건적 은혜의 필연성과 또 실제로 그렇게 구원을 주시는 하나님의 구원 은혜를 확신하고 더욱 더 환희와 감사의 송가를 부르지 않았던가!롬 8:1-39

실로 모든 인간은 타락 이후 특정 조건에 의해서 주고받는 식의 상호 관계에만 익숙한 나머지 절대 사랑과 절대 은혜에 대한 순진무구한 신뢰를 상실하였다. 그리하여 성경이 이처럼 분명하고도 일관된 원리에 따라 무조건적 은혜에 의한 믿는 자 만인(萬人)의 분명한 구원을 밝히고 있음에도 때로 구원의 확신을 상실하는 어리석음을 범하기도 한다. 그러나 이제 우리는 앞서 밝힌 성경의 진리 위에 굳게 서서 우리의 전인격이 영원히 천국 구원을 얻을 것을 확신하면서 매 순간 역동적인 삶을 살아가자살후 3:13, 히 12:2.

학습 자료 82-11 예정과 예지의 순서 논쟁

롬 8:29에는 '하나님이 미리 아신 자들을 또한 그 아들의 형상을 본받게 하게 위해서 미리 정하셨으니'란 표현이 나온다. 이는 하나님께서 구원하실 자를 '미리 아셨음'과 '미리 정하셨음'을 보여 준다. 이를 신학적으로는 '예지'(豫知)와 '예정'(豫定)이란 용어를 사용하여 설명한다. 롬 8:29 외에도 성경에는 하나님의 예지와 예정에 대하여 설명한 구절들이 많이 있다. 예지에 대해서는 삼상 22:10, 왕하 13:19, 사 46:10, 마 11:21, 엡 3:4 등이 그리고 예정에 대해서는 고전 2:7, 엡 2:8, 10, 딤후 2:21 등이 다루고 있다.

그리하여 예지와 예정의 범위, 그리고 예지와 예정이 언제 이루어졌느냐의 문제와 더불어 예지와 예정 가운데 무엇이 먼저 이루어졌느냐 등에 대해서는 다소 이견이 있다. 여기에서는 인간의 구원에 관한 절대적 주권을 갖고 계시는 하나님의 사역 중 인간의 구원을 인간 존재 이전에 설정하신 사역과 관련된 예정과 예지의 상관관계에 대한 논쟁을 집중적으로 고찰하고자 한다.

✝ 용어의 이해

인간이 유한(有限)하며 상대적이지만, 하나님께서는 무한하며 완전하시다. 이런 하나님의 절대적 완전성(absolute perfection)이 하나님의 지성적 속성과 더불어 나타날 때 하나님이 모든 것을 완전히 아신다는 '전지'(全知)가 성립된다. 전지(omniscience)에 대한 보다 자세한 설명은 신 2장 학습 자료 12-8을 참조하라. 한편 이러한 '전지'가 특별히 미래에 대한 앎과 연결될 때 이를 '예지'(foreknowledge)라 한다. 즉 하나님께서는 아직 오지 않은 영원한 미래에 대하여 모든 문제를 포괄하여 세세한 부분에 이르기까지 완전히 알고 계시는 것이다. 이러한 예지 가운데는 물론 이성적 피조물의 구원에 대한 지식까지 포함된다. 예지에 대한 보다 자세한 설명은 창 49장 학습 자료 4-5를 참조하라.

한편 하나님은 창조주로서 전 피조물에 대한 절대 주권을 갖고 계시는 중 특히 인간과 천사와 마귀 등 모든 영적 피조물에 대해서 그들의 자유의지를 허용하시면서도 궁극적으로 그들의 구원과 유기에 대한 원인이 된 특별한 계획을 이미 창세전에 당신의 절대 주권으로 세우셨다. 즉 하나님께서는 누구를 언제 어떠한 방법을 통하여 구원하실 것이라는 적극적 선택(選擇)과 더불어 이러한 선택에서 제외되어 구원에 이르지 못하는 유기(遺棄)까지 미리 정하셨다롬 9:1-29. 이러한 두 가지 측면을 모두 포함하여 '예정'(predestination)이라 부른다.

✝ 문제의 제기

그런데 이처럼 절대주권을 가지신 전능하신 하나님이 오고 오는 세대의 인간 구원의 문제와 관련하여 필연적으로 미리 가지신 예지와 예정의 순서에 있어서 무엇이 앞서느냐는 문제가 제기될 수 있다. 특히 롬 8:29을 보면 하나님의 미리 아심, 즉 예지가 미리 정하심, 즉 예정보다 앞서 언급됨으로 예지가 예정의 근거가 되는 것처럼 묘사되어 있다. 그 경우 하나님께서는 무한하신 지식으로 미리 모든 정황을 완전히 파악하신 후 하나님의 영광을 도모하시기 위해 예정하셨다는 의미로 해석될 수 있는 것이다. 이는 단순한 신학적 사변이 아니라 인간 구원의 근본적 주체와 과정, 그리고 우리의 신앙의 대상이 되시는 하나님의 절대성의 확립이라는 근본적인 문제와 직결된 중요한 사안이다.

✝ 예지 예정론의 모순과 예정 예지론의 합리성

① 예지 예정론의 모순

만약 롬 8:29을 자구적으로 해석한 것만을 근거로 예정보다 예지를 앞세운다면 다음의 두 가지 심각한 모순이 발생한다. 첫째로 이는 하나님께서 미래에 특정 개인이 예수를 믿고 죄를 회개함은 물론 그 믿음을 끝까지 유지할 것을 먼저 아셨기 때문에 그를 구원으로 이끄시기로 비로소 작정했다는 결과가 된다. 그렇다면 하나님은 당신 자신이 의지적으로 결정하지 않은 미래의 상황을 아셨기 때문에 미리 예견된 인간의 회개와 신앙을 단순히 추인한 것이 된다. 그리하여 이 논리대로라면 하나님도 결국 자신이 결정하지 않은 미래의 숙명에 예속된 존재가 되는 것이므로 이는 절대자로서 전능성을 가지신 하나님의 속성과 정면으로 어긋난다. 둘째로 더욱 더 심각한 문제는 이 논리대로 예지가 예정보다 앞선다면 인간은 스스로 결정한 회개와 믿음이란 방편으로써 구원에 이르게 되므로 궁극적으로 인간이 스스로 자기 구원의 주체가 된다는 점이다. 이는 인간의 자긍심을 높여 주는 데는 효과가 있을지 모르나 불완전하고 타락하여 영적 능력을 상실한 인간이 스스로 구원을 주도하고 전지전능하신 하나님의 예정은 이를 추인하는, 즉 구원에 있어 보조적인 역할밖에 하지 못한다는 전체 성경의 사상과는 어긋나는 결론에 이른다.

성경을 종합적으로 고찰할 때 분명 성경은 구원의 과정에 있어서 자기 죄를 깨닫고 죄악된 옛 생활에서 떠나는 회개(悔改)와, 그리스도 안에 있는 하나님의 자비를 힘입기 위해 예수를 인격적으로 영접하며 그리스도만을 의지하고 살려는 의지적 결단인 신앙(信仰)이 필수적임을 누차 강조한다^{갈 2:20, 골 3:9, 10}. 그러나 이러한 회개와 신앙이 발생하는 것에 앞서 성경은 죄로 죽었던^{엡 2:1} 인간의 영적 생명을 본인의 의사와는 무관하게 '성령의 역사하심'으로 새로운 피조물이 되게 하는 중생(重生)의 과정이 있음을 밝힌다. 그뿐만 아니라 이에 앞서 성령이 주체가 되어 스스로는 하나님을 찾을 수 없는 죄인인 인간을 하나님의 주권적 의지에 따라 부르시는 소명(召命)의 과정도 있다. 이로 보아 우리는 인간의 구원에 있어 회개와 신앙은 하나의 과정과 방편에 불과하고 보다 근본적인 것으로는 하나님의 역사하심이 있음을 알 수 있다. 따라서 예지를 앞세움으로 인간 구원의 궁극적 동인(動因)을 인간이 행하는 회개와 신앙에서 찾는 것은 합당하다고 볼 수 없다.

끝으로 예지 예정론의 근거 구절로 지명되는 롬 8:29도 깊이 고찰해 보면 결코 예지 예정론을 주장하지 않음을 발견하게 된다. 이미 해당 부분 주석에서 밝힌 바 같이 여기서 '미리 아신 자'는 롬 8:28에 언급된 '하나님을 사랑하는 자 곧 그 뜻대로 부르심을 입은 자들'에 대한 보완적 설명으로 보아야 한다. 즉 29절의 '미리 아신 자'는 28절에서 '그 뜻대로 부르심을 입은 자'에 종속된 것이다. 따라서 이 부분은 문맥에 따라 하나님은^{28절에서} 먼저 부르셨고^{29절에서} 그 부르신 자들을 아셨다는 의미로 해석되는 것이다. 그리고 29절 하반절에 이어 나오는 '그 아들의 형상을 본받게 하기 위하여 미리 정하셨으니'란 표현은 예지에 뒤이어 예정이 이루어진다는 의미가 아니라 이미 앞에서 밝힌 예정의 신적 동기가 '그 아들의 형상을 본받게' 하는 데 있음을 밝힌 것이다. 따라서 롬 8:29을 예지가 예정보다 먼저 이루어졌음을 주장하는 근거 구절로 삼기는 어려운 것이다.

② 예정 예지론의 합리성과 의의

자존자(自存者)요 전능자이신 하나님은 모든 피조물의 창조자로서 필연적으로 그들의 전 존재의 궁극적 원인이며 또한 그들에 대하여 절대 주권을 갖고 계시다. 역사상 발생하는 모든 일은 궁극적으로 하나님의 결정 없이는 절대로 생겨날 수조차 없다^{마 10:29}. 따라서 자유의지를 가진 모든 영적 피조물의 존재와 활동의 전 영역도 하나님의 절대 주권하에 귀속된 것이며 다만 영적 피조물에게 자유의지를 주신 하나님은 당신의 뜻을 제1 원인으로 그리고 영적 피조물들의 자유의지를 제2 원인으로 삼으시고 영적 피조물의 의사결정은 이런 제2 원인으로서의 그들의 자유의지를 필히 경유하신다. 결론적으로 역사상 발생하는 모든 일은 영적 존재들의 의사결정까지 포함하여 필연적으로 그들에 대하여 절대주권을 가지신 제1 원인이신 하나님의 결정 곧 예정 없이 존재할 수 없다. 역으로 자존자로서 만물의 제1 원인이신 하나님의 결정이 없는 것은 곧 없는 것이다. 따라서 하나님이 예지하시는 것은 하나님이 결정하는 것이 아니면 안 되는 것이다. 그러므로 하나님은 이처럼 만물의 제1 원인으로서 예정하신 일을 동시에 전능성으로 인하여 예지하시는 것이다. 따라서 예지는 예정에 귀속된 것이다.

이제 이를 인간의 구원에 적용하면 구원이 궁극적으로 미리 예지된 인간의 회개와 신앙 때문인가 아니면 택한 자를 구원하시려는 하나님의 기쁘신 예정 때문인가라는 문제에 있어 전자는 단지 구원의 모든 과정과 방편이며 후자만이 그 궁극적 원인임을 알게 된다. 이는 구원이 궁극적으로 즉 구원의 제1 원인도 불완전한 인간의 의지에서 출발한 것이 아니라 불변하시는 하나님의 예정으로 인간 구원이 확정되었다는 사실을 보여 주는 것으로써 인간 구원의 확실성을 절대 보장해 준다는 점에서 깊은 영적 위안을 준다. 실로 성경이 제시하는 인간의 구원에 대한 진리는 그 어떤 측면에서도 절대적이고 온전한 근거를 확보하고 있다.

학습 자료 82-12 하나님의 주권적 선택의 정당성과 죄에 대한 인간의 책임 여부 롬 9:6-29

본문에서는 아브라함의 혈통으로 난 자녀라 하여 다 구원받는 것이 아니라 오직 하나님의 주권적인 선택을 받은 자들만이 구원받는다는 사실에 대해 과거 이스라엘의 역사와 토기장이의 비유를 통해 증거하고 있다. 이러한 성경의 가르침에 대해 혹자들은 다음과 같은 두 가지 의문을 제기한다. 첫째, 하나님이 어떠한 사람은 택하시고 어떤 사람은 버리셨다면 그것은 불의하지 않은가? 둘째, 구원이 전적으로 하나님이 선택하신 자에게만 주어진다면 멸망 받는 자는 자기 죄 때문이 아니라 하나님의 버리심 때문에 멸망 받는 것이므로 본래부터 인간에게는 죄의 책임이 없었던 것이 아닌가? 그리고 본래부터 죄의 책임이 없었던 자들을 위하여 그리스도께서 십자가에 달리실 필요는 없는 것이 아닌가? 이제 이러한 의문에 대해 한번 생각해 보자.

✝ 하나님의 주권적 선택은 불의한가?

이에 대하여 바로 말하면 하나님이 어떤 사람을 선택하여 구원하시든지 아니면 유기(遺棄)하여 멸망케 하시든지 하실지라도 그것은 전혀 불의하지 않다고 말할 수 있다. 그것은 본문에서 바울이 말하고 있는 바와 같이 하나님은 천지 만물을 지으신 창조주이시기 때문에 당신의 피조물들에 대해 어떻게 하시든지 결코 불의할 수 없기 때문이다. 하나님은 창조주로서 모든 피조물을 당신의 기쁘신 뜻에 따라 통치하시는 완전한 절대 주권(主權)을 가지고 계신다. 하나님께 대하여 불의를 말하는 것은 바로 이러한 하나님의 절대 주권에 대한 도전이 된다.

반대로 만일 이러한 하나님의 절대 주권이 보장되지 못한다면 하나님이 죄인을 사랑하신다고 하더라도 실제로 아무런 사랑의 표현도 할 수 없다. 또 온 우주 가운데 정의(正義)를 세우려 하실지라도 그것은 전혀 불가능할지도 모른다. 그리고 무엇보다 하나님의 성도들을 구원하실 것이라는 약속을 믿을 수가 없게 된다. 따라서 하나님은 성도의 확실한 구원의 보증을 위해서라도 절대 주권자이셔야 하며, 또 그분이 절대 주권자이시라면 그분이 당신의 피조물에 대해 어떤 대우를 하시든지 결코 불의할 수 없다.

✝ 과연 죄의 책임이 인간에게 없는가?

하나님이 인간을 창조하실 때 자유의지를 주셨기 때문에 죄의 책임은 전적으로 인간에게 있는 것이다. 최초의 인간 아담은 분명 하나님과 맺은 선악과 언약을 지킬 자유와 지키지 않을 자유가 있었다. 그런데 아담은 사탄의 유혹을 받아 그의 자유의지를 그릇되게 사용하여 선악과 언약을 범했고 그 범죄로 인하여 그 본성(本性)이 부패하게 되었으며, 그의 의지는 사탄에게 종속되고 말았다. 그리고 아담의 후손인 인류도 그의 원죄를 이어받아 죄와 사망의 법에 얽매인 상태로 태어났다. 때문에 비록 타락 후에도 인간에게는 자유의지가 있기는 하지만 본성이 부패하였으므로, 또 사탄의 끊임없는 유혹 때문에 선을 행하기보다는 악한 것을 행하기가 쉽다. 즉 의지의 자유는 있다고 하더라도 그 의지는 항상 그 마음의 원하는 바에 따라 작용하기 때문에 악한 일을 쉽게 도모하게 되는 것이다. 이에 사도 바울은 '의인은 없나니 하나도 없으며 깨닫는 자도 없고 하나님을 찾는 자도 없고'롬 3:10, 11라고 말하고 있다. 즉 아담의 타락 후 그 부패한 본성을 물려받은 모든 인간은 도무지 선을 행할 능력도 없으며 자신의 구원을 위해 하나님께 나아가 긍휼을 구하지도 않는다는 것이다. 따라서 자기 죄에 대한 책임은 절대적으로 인간 자신에게 있는 것이며 하나님이 그 죄에 대해 징벌하실지라도 결코 변명할 수 없는 것이다. 또 달리 이와 같이 멸망 받을 자 중 일부를 구원하신다고 할지라도 그것으로 인해 하나님의 불의를 말할 수 없고, 구원받은 자들만이 그 은혜에 감사해야 한다.

✝ 의의

이상의 사실들에서 혹자는 이런 의문을 제기할 수도 있을 것이다. 즉 구원받을 자와 받지 못할 자가 하나님의 주권적 선택으로 결정되어 있다면 굳이 복음을 전파해야 할 이유가 무엇이냐는 것이다. 즉 복음을 전파하든 하지 않든 구원받기로 선택된 자는 다 구원받을 것이 아니냐는 것이다.

그러나 그런데도 먼저 복음을 받은 성도가 반드시 복음 전파 사역을 충실히 이행해야 할 것은 ① 그것이 그리스도의 지상 명령이기 때문이다마 28:19, 20, 행 1:8. ②구원은 전적으로 하나님의 무조건적 선택에 따라 베푸시지만 구원받을 자를 모으고 또 하나님 나라를 확장해 나가는 사역에 있어서는 하나님은 인간을 통하여 하시기 때문이다. ③ 우리 인간은 누가 선택받았으며 또 받지 못했는가에 대해 알 수 없기 때문에 모든 사람에게 복음을 전파할 수밖에 없다행 16:31. ④복음이 전파되어야만 이후 최종 심판 날에 불신자들이 복음을 듣고도 믿지 않은 자신들의 완악한 불신 때문에 심판을 받는다고 할지라도 핑계치 못할 것이기 때문이다.

학습 자료 82-13 신앙 고백(信仰告白) 롬 10:10

본문은 성도의 신앙 고백이 자신의 구원과 밀접한 연관성이 있음을 보여 주고 있다. 이에 신앙 고백의 바른 의미와 성도의 신앙생활에 있어서 신앙 고백의 중요성에 대해 살펴보도록 하겠다.

✝ 용어의 이해

본문에서 '입으로 시인하다'에 해당하는 헬라어는 '호몰로게오'(ὁμολογέω)이다. 이는 문자적으로는 과거 자신이 지은 죄에 대해 고백(confess)하는 것요일 1:9은 물론 어떤 사실에 대해 자초지종을 소상히 말하는 것행 24:14을 말한다. 이에서 더 나아가 이 단어는 자신의 믿음에 대해 공개적으로 밝히 말하고 시인하며, 또 자기 믿음의 대상을 향하여 찬양을 드리는 것까지를 의미한다마 10:32, 눅 12:8, 히 13:15.

따라서 성도의 '신앙 고백'(信仰告白)이란 자신의 믿는 바 신앙의 대상이 되시는 하나님과 구원에 관한 그분의 약속에 대한 믿음의 고백 및 자신의 과거 죄에 대한 회개와 구원을 주신 하나님께 대한 찬양을 모두 포함하는 것이다.

✝ 신앙고백의 중요성

성도에게 있어서 신앙 고백이 중요한 까닭은 일차적으로 신앙 고백을 통하여 하나님과 더 깊은 인격적인 교제를 나눌 수 있기 때문이다. 신앙 고백은 하나님의 구원의 부르심에 대한 인간의 응답이다. 그런데 응답도 없는 인간을 하나님이 구원하신다면 그것은 하나님이 일방적으로, 또 기계적으로 인간을 구원하시는 셈이 되며 그 가운데 인격적 교제는 불가능하게 된다. 따라서 신앙 고백은 하나님과의 원만한 교제를 위하여 필요한 것이다.

둘째, 신앙 고백을 통하여 자기 신앙의 본질을 올바로 정립할 수 있으며 또 자기와 같은 신앙을 고백하는 자들과 원활한 교제를 나눌 수 있기 때문이다. 이렇게 하여 같은 신앙을 고백하는 교회가 이루어지게 되는 것이다.

셋째, 신앙 고백을 통하여 이 세상 가운데서 하나님의 영광을 나타내며, 또 더 많은 사람에게 복음을 전파할 수 있기 때문이다.

넷째, 신앙 고백을 통하여 자신이 신앙고백의 내용대로의 삶을 살 것을 다짐하게 되고, 또 자신의 신앙생활을 점검할 수도 있기 때문이다.

✝ 의의

역사적으로 교회는 그 중요한 시가마다 신앙 고백서(confessions)를 작성하였다. 그리고 오늘날 현대 교회도 예배 때마다 '사도신경'을 고백한다. 이러한 신앙 고백의 중요성은 평상시에는 그렇게 뚜렷이 부각되지 않으나, 핍박이나 환난을 겪게 될 때 그것은 참 신앙인과 거짓 신앙인을 구분 짓게 하는 중요한 척도가 되기도 한다. 그러므로 모든 성도가 신앙 고백을 통하여 자기 신앙의 본질을 항상 정립하고, 또 그것으로 자신의 신앙을 점검해 두는 일은 매우 중요하다 하겠다.

학습 자료 82-14 이스라엘에서 세계 만민에로의 구속사의 확장(롬)

태초 인간의 타락 직후 하나님은 예수 그리스도를 통합 구속(救贖)의 법(法)을 세우셨다. 그러나 하나님은 이를 즉각 성취하신 것이 아니라 일단은 예수의 초림과 구속

사역의 성취를 주 내용으로 하는 옛 약속 즉 구약(舊約)을 주셨다. 그리고 이를 중심으로 하여 예수께서 성육신(Incarnation) 초림하실 때까지의 구약 시대의 역사가 진행되게 하셨다. 그리고 이제 예수께서 성육신 초림하셔서 구속 사역을 일단 성취하신 후에는 새로이 이러한 예수의 구속 사역을 믿는 자에게 세상 끝날 예수가 다시 재림하셔서 그 구속 사역의 최종 실현으로서 영원한 천국을 주실 것에 대한 새 약속 곧 신약(新約)을 성자 예수께서 새로이 주시게 하셨다. 그리고 예수의 초림 이후 재림 때까지의 신약시대의 역사가 새로이 진행되게 하셨다. 이것이 바로 천국을 향하여 태초부터 종말까지 이 땅 위의 전 역사(全歷史)를 통하여 진행되는 구속사(救贖史)를 상호 연속성과 점진성을 가진 신·구약 두 시대로 나누신 하나님의 구속사적 시대 경륜의 기본 이해이다.

이런 하나님의 구속사의 경륜상 구약 시대에는 구속사의 전개 통로가 선민 이스라엘에 국한되었다가^{신 32:9, 사 43:1, 45:4, 48:1} 이제 신약시대에는 세계 만민에게로 확장된^{호 2:23, 암9:11, 12, 롬 11:11} 사실이 찾는 의의에 대해서 고찰해 보고자 한다.

이를 통해 우리는 먼저 이스라엘뿐 아니라 이방 세계 만민(萬民)의 구원이 이미 태초부터 계획되었고 역사 전체를 통하여 일관되게 추진되어 온 사실을 확인할 수 있다. 그리고 그 확장 과정을 살펴보면서 오늘날 이방인으로서 구원받은 우리 자신의 구속사적 자세를 가다듬게 된다. 그리고 궁극적으로는 역사 전체의 주인은 하나님이시며 또한 하나님은 당신의 택한 백성을 구하시기 위하여 태초부터 종말까지의 역사를 일관되게 섭리하고 계심을 확신하게 된다.

✝ 점진적 확장의 필연성

하나님은 신약시대에 예수의 구속 사역이 성취되기 전에 우선 그 시대를 두시고 구약 시대에 신약 시대를 직·간접으로 약속하는 여러 예언과 예표, 그리고 특히 구원의 온전한 계시인 복음이 있기 전에 먼저 그 복음이 반드시 요청됨을 보여 주는 율법을 먼저 주시고자 하셨다. 이는 훗날 마침내 예수가 이 모든 것을 성취하고 또 복음(福音)을 온전히 계시하셨을 때 우리 완악한 인간들이 주님이 구속 사역의 최종 실현에 대한 약속으로 새로이 주신 천국 구원의 새 약속도 필히 성취될 것을 보다 더욱 쉽게 확신하고 또한 복음도 더욱 온전히 깨닫게 하기 위해서였다. 그리하여 전 민족을 대표하여 이런 구약의 약속과 율법들을 먼저 받아 보존할 자들로서 이스라엘을 예비하셨다^{롬 9:4, 5.}

또한 예수님은 사람의 구속을 위하여 사람의 몸을 입으실 필요가 있으셨는바 자신이 이처럼 성육신할 혈통을 오래전부터 특별히 직접 구분하시고 예비하심으로써 우리에게 예수의 성육신 구속은 우연이 아니라 당신이 직접 세우시고 내내 섭리하신 구속 사역을 성취하기 위한 것이라는 사실을 더욱 잘 확신시키고자 하셨다. 나아가 하나님은 당신의 택한 자들 모두가 당신이 온 세상으로부터 한 백성을 특별히 구분하여 선민(選民)으로 예비하셨듯이 당신의 택한 백성 모두는 당신이 직접 세상으로부터 구분하여 따로 부르신 것임을 깨닫게 하시기 위해서이기도 하셨다.

결국 하나님은 예수를 중심으로 연결된 구속사(救贖史) 중 구약 시대 구속사를 일단 예수에까지 연결시키기 위한 과정상의 통로로서 이스라엘을 선민으로 특별히 선택한 것이었다. 따라서 하나님의 최종 목적은 예수 그리스도 안에서 세계 만민 중에 택한 모든 성도의 구원이었던 바 일단 구약 시대에는 이스라엘 중심으로 구속 사를 전개하였고 이제 때가 이르러 주께서 구속 사역을 성취하시고 신약 시대를 개 시하신 후에는 필히 구속사가 세계 만민에게로 확장되어야 했다.

한편 구속사의 전개 통로가 선민 이스라엘에 국한되었던 구약 시대에도 혈통적 으로 이스라엘 사람이라고 해서 무조건 다 구원 얻은 것도 아니며 반면, 혈통으로 비이스라엘인도 율법을 통하여 법적으로 이스라엘 선민이 되고 궁극적으로는 구 원을 얻을 수 있었다^{신 21:10-13, 수 6:22-25}. 즉 구원(救援)은 신·구약을 막론하고 하나님 앞에서 각 개인의 말씀에 따라 개인별로 주어지는 것이며 이스라엘의 선민 지위는 다만 전민족의 차원에서 구속사 전개 과정상의 방편으로만 주어진 것이었다.

✝ 확장 과정의 2대 특징

① 구약 예언의 성취

선민 이스라엘의 혈통으로 메시아(Messiah) 곧 그리스도께서 세상에 오신 이후에는 구속사의 지평이 전 세계 만민에게 확장되리라는 사실은 직·간접으로 구속사가 선민 이스라엘만을 중심으로 전개되던 구약 시대에도 이미 거듭 예언되어 왔었다^{창 12:3, 사 2:2-4, 60:1-3, 슥 8:20-23}.

한편 어느 한 사건이 있기 오래전에 그에 대한 예언이 주어지고 그것이 훗날 반드시 성취되었다면 우리는 그 예언을 주신 분의 신적(神的) 권위와 예언되고 성취된 그 사 건은 우연한 사건이 아니라 특별한 섭리(Providence)에 의한 사건임을 깨닫게 된다. 따라서 이제 구속사의 지평이 구약의 예언대로 세계 만민에게 확장된 시대에 사는 우 리는 그런 예언을 주시고 또 성취하신 하나님의 절대성과 아울러 역사에 대한 주권 (主權)을 새삼 깨닫게 된다. 그리고 이제 구속사가 확장된 것은 그야말로 구원을 위 하여 일관되게 추진되어 온 하나님 섭리의 결과임을 깨닫게 된다. 그리하여 이제 예 수님이 새로 주신 천국 구원의 약속도 필히 성취될 것에 대한 확신도 얻을 수 있다.

② 선민의 복음 거부로 인한 이방인에로의 확장

이미 예언된 구속사의 지평 확장이 선민 이스라엘의 예수 복음(福音) 거부로 이제 그 복음이 이방인에게 전달되게 되므로 성취된 과정은 실로 심오한 의미를 내포하고 있 다^{롬 11:11-12}.

좀더 구체적으로 말하자면 유대인들은 구약 시대 구속사의 주역인 선민 이스라엘의 후손이었으나 그들은 B.C. 5세기 이후부터 서서히 하나님의 구약 계시 곧 구약 성경 전체를 신본주의적(神本主義的) 자세로 온전히 수용하지 않고 구약의 일부 내용만을 인본주의적(人本主義的) 입장에서 민족주의적이고도 현세주의적으로 왜곡하고 거기 에 자신들 민족의 인간적 전승(Tradition)까지 가미하여 소위 유대교(Judaism)를 만 들었다. 그리하여 이런 잘못된 계시관에 근거한 그릇된 여러 교리를 갖던 중 특히 잘 못된 메시아관을 갖게 되어서 한 인간적 메시아가 와서 자기들 민족만을 이 지상의 지배자로 만들어 줄 것을 고대했다. 또 그것이 하나님이 선민인 자신을 통해 이 땅에 주시려는 구원이라고 생각했다.

그러므로 그들은 하나님의 아들 예수께서 오셔서 당신의 구속 사역을 통하여 세계 만민 중 모든 택한 자를 구원하시고 그 구원은 이 땅이 아니라 하늘 천국에서 온전히 실현될 것을 말씀하시자 그의 복음을 거부하고 그의 복음을 전하는 초대 교회를 핍박하였다.

그러나 하나님은 이 때문에 예수의 복음이 소멸하거나 위축되게 하시지 않고 오히려 바로 이것을 과거 당신이 약속하신 대로 구속사(救贖史)의 지평이 이방인에게로 확장되게 하는 동기로 삼으셨다. 여기에서 우리는 하나님의 구속사는 불완전한 인간의 그 어떤 변화에도 불구하고 절대 불변하시는 하나님에 의하여 추호도 흔들림 없이 진행되고 성취된다는 사실과 아울러 나에게 주어진 복음을 거부하면 그것은 남에게로 옮겨갈 뿐 소멸하는 것은 아니며 나 자신만 그 복음이 줄 구원(救援)에서 소외되게 됨을 경고받게 된다.

✝ 신약시대에서의 선민 이스라엘의 지위와 그 미래

그러면 끝으로 신약시대에 복음을 거부한 이스라엘의 선민으로서 지위는 어떻게 되며 또 그 민족의 미래는 어떻게 되는가 하는 문제가 남는다.

앞서도 밝혔듯이 선민(選民)이란 결국 이스라엘이 각 개인으로서가 아니라 전민족적으로 하나님이 이 땅에 구속사를 전개해 나가는 통로로써 선택되어 갖는 과정적(過程的) 지위이다. 그러므로 선민이란 전민족적, 과정적 지위가 곧 이스라엘 각 개인의 최종적 구원을 보장하는 것이 결코 아니라는 제한성도 충분히 고려되어야 하지만 동시에 선민으로서 만민을 대표하여 성경의 계시와 약속을 먼저 받고 특히 예수 그리스도의 육적 혈통을 보존한 지위의 중요성은 실로 중대한 것으로 존중되어야 한다.

이런 이스라엘의 선민으로 해야 할 역할은 물론 구약 시대에 있어서보다는 이미 구속사가 만민에게로 확장된 신약 시대에 이르러 그 중요성이 감소하였으나 구약 시대 없는 신약시대는 없으므로 결국 그들의 선민 지위는 오늘날에도 반드시 연속된 것이다. 또한 불변하시는 하나님의 선택과 축복 약속은 그 어떤 경우에도 변개되지 않는바 이스라엘에 주어진 선민(選民)의 지위도 절대 다르게 고쳐짐이 없다^롬 11:29, 엡 1:18. 특히 성경은 하나님은 선민 이스라엘에 대하여 특별한 계획을 세우시고 세상 말일에 현재 전민족적으로 복음을 거부하는 그들을 반드시 회개시켜서 복음화시키실 계획을 갖고 계심을 분명히 밝힌다^롬 11:25, 26. 따라서 영적(靈的)으로 볼 때 이스라엘의 현재는 그 옛날 하나님께 불순종한 출애굽 제1세대가 광야에서 유랑하다 다 죽었으나 하나님이 이스라엘 민족 자체는 사랑하셔서 출애굽 제2세대에게 가나안 땅을 허락하신 사실에 비견된다. 이런 사실들은 한번 택하신 자들은 끝까지 보존해 주시는 하나님의 불변하는 은혜의 실례로서 이제 영적 선민 곧 성도로 부름을 받은 우리의 구원도 불변함을 확증 받게 된다^롬 3:26-30, 빌 1:6, 히 12:2, 벧전 1:9.

학습 자료 82-15 국가 권력에 대한 성도 및 교회의 자세(롬)

각 개인 성도(聖徒)는 이미 천국의 시민권을 소유한 자이나 현재는 이 땅에 속해 이 땅의 시민권을 갖고 있기도 한 존재이다. 또한 그런 개인 성도의 공동체로서의 교회(教會)도 궁극적으로는 각자 천국에 속하고 또 천국을 지향하는 자들의 모임이지만 그 자체는 이 지상에 세워진 여러 제도의 하나라는 이중적 특성이 있다.

그리하여 개인으로서의 성도및 성도의 공동체로서의 교회가 현재 이 땅의 세상에 대하여 어떠한 자세를 취할 것인가 하는 문제가 야기된다. 이에 성도의 현재 세속 생활에 대한 기본격인 자세는 이미 눅 제17장 연구자료에서 다루었고 여기에서는 이와 관련된 문제 일부로서 역사상 가장 크게 문제가 되어 온 문제인 물리적 강제력을 전제로 하여 통치권을 행사함을 본질로 하는 세속 국가(國家)에 대한 성도와 교회의 자세 문제에 대하여 고찰해 보고자 한다.

단적으로 이 문제에 대해서는 비록 사탄에 의하여 죄로 오염된 현재의 세상이 영원한 천국이 도래하는 그날까지만 존속되는 것이긴 하지만 현재의 세상도 하나님에 의하여 창조되고 섭리하는 것이라는 사실에서 해답이 시작된다. 즉 현재의 세상이 비록 제한성을 갖고 있기는 하지만 천국과 이원론적으로 구분된 것이 아니라는 사실에서 성도의 기본자세가 결정되는 것이다.

한편 이런 세속 국가에 대한 대응 자세는 물론 그 근본 원리는 같지만, 표면적인 양상에 있어서는 공동체로서의 교회와 개인으로서의 각 성도에 따라 약간의 차이가 있는바 이제 이를 약술하면 다음과 같다.

✝ 교회의 국가에 대한 자세

교회가 세속 국가를 대함에 있어서는 한마디로 교회가 성도의 공동체이듯이 국가도 일반 시민의 공동체이므로 둘 다 공히 일개의 독립된 제도(Institution)로서 상호 고유 관할 영역을 존중한다는 영역 주권론(領域主權論)의 원리가 적용되어야 한다.

창조주 하나님은 당신의 창조 원리에 따라 인생의 생활을 위한 여러 가지 기본 사회 제도도 창설하셨다. 대표적으로 가정과 국가와 교회가 그것이다. 각 제도는 공히 하나님이 인생의 필요를 위하여 창설한 것으로서 각자 고유한 관할 영역과 고유한 질서 체계를 갖는다. 이러한 각 제도는 각자 자기의 영역 내에서 스스로 배타적 절대 주권을 갖는다. 따라서 한 영역이 타 영역을 간섭 내지 침해한다면 궁극적으로는 하나님의 창조 질서를 무너뜨리는 것이다. 반면 각 제도는 서로 다른 시·공간에 존재하는 것이 아니라 전체 사회 내에 공존(共存)하는 것이기도 하므로 앞서 말한 대로 자기 고유 영역에서의 배타적 독립성(獨立性)이 인정되어야 하는 동시에 상호 보충·견제하는 유기성(有機性)도 가져야 한다. 이것이 바로 영역 주권론의 골자이다.

이제 이를 교회와 현실적으로 강력한 힘을 가지고 가장 광범위한 관할 영역을 점유하고 있는 국가와의 관계에 적용하여 정리하면 다음과 같다. 먼저 교회나 국가는 각각의 직제와 인사와 행정에 절대 관여하지 말아야 한다. 특히 교회는 국가 사회의 이념이 근본적으로 성경의 원리에 위배되지 않는 한 이에 직접적으로 관여치 않아야 한다. 또한 그 어떤 명분으로도 성도의 공동체로서의 교회가 국가 권력의 장악을 시도해서는 안 된다. 동시에 국가도 교회의 행사가 명백히 정당한 사회 실정법에 어긋나지 않는 한 절대 개입할 수 없다.

한편 부당한 집권자에 의하여 국가가 권력을 불의하게 사용하는 경우가 사실상 번번이 심각한 문제가 되어왔다. 이때에도 교회는 순교자적 자세와 평화적인 방법으로 그리고 무엇보다도 하나님의 사랑과 정의에 근거한 예언자적 자세로서 그 부당성을 지적하며 그 불의한 명령에 순복하지 않을 수는 있지만 그 어떤 경우에도 교회 자체가 혁명이나 폭력적 저항을 시도할 수는 없다. 왜냐하면 이는 제도로서의 교회의 영역을 넘는 문제에 개입하는 것으로서 궁극적으로 교회의 변질을 초래할 것이기 때문이다.

교회사 2000년을 돌아볼 때 이상의 성경적 원리를 무시하여 교회가 국가를 때로는 반대로 국가가 교회를 침범하여 상호 불행과 변질을 가져온 전례가 많음을 기억하면서 우리는 이런 불행이 절대 되풀이되지 않도록 노력해야 할 것이다.

✝ 각 개인 성도의 국가에 대한 자세

각 개인 성도는 공동체로서의 교회와는 다른 양식으로 국가와 관련을 맺고 있다. 즉 한 인간은 가정, 직장, 지역 및 기타 단체 등 여러 사회 제도에 복합적으로 동시에 속하는 존재 양식을 갖고 있다. 따라서 교회가 상호 독립된 존재로서 서로 병존하는 양식으로 국가와 관련을 맺고 있다면 각 개인 성도는 교회에도 속하는 동시에 국가 사회에도 속하는 존재로서 국가 사회와 관련을 맺고 있다. 따라서 개인별 성도의 국가 권력에 대한 대응 자세는 그 양상에 있어서 공동체로서의 교회의 그것과 서로 다를 수밖에 없다.

성도의 국가 권력에 대한 자세는 일차적으로 국가 시민(市民)으로서의 자신의 존재보다 하나님의 성도로서의 자신의 존재를 더 앞세워야 한다는 우선권(Priority)의 원칙과 그리고 동시에 국가도 하나님의 주권 아래 있는 제도이므로 국가 권력 자체가 하나님의 정의와 사랑의 정신에 어긋나지 않는다는 전제하에서 국가 권력에 순복하고 또한 전적으로 한 시민으로서 국가 사회에 참여한다는 조건적 순복(條件的 順服)의 원칙으로 요약할 수 있다.

개인 성도는 어차피 이 지상에서는 천국 시민이요 교회의 일원인 동시에 한 시민이기도 한 복합적 정체성(Identity)을 갖고 있는바 필연적으로 양자의 신분을 동시에 가져야 한다. 이런 상황에서 영원한 하늘 나라가 일시적 세속 나라에 당연히 우선해야 하므로 먼저 시민이기 전에 성도로서의 자기 신분에 우선권을 주어야 한다는 것이다. 그럴 때만이 하나님의 사람으로서 국가 사회에서는 물론 각급 사회에서 빛을 발할 수 있으며 어차피 여러 사회에 동시에 속해야 하는 한 개인 성도에게 각 사회가 한꺼번에 수용할 수 없는 다른 요청을 해올 때 혼란을 일으키지 않고 자기 행동을 결정할 수 있을 것이다.

한편 교회 및 기타 제도는 물론 국가도 궁극적으로는 하나님이 제정하신 제도이다. 따라서 제도로서의 교회가 유기적 관련성을 버리지 않는 범위에서 국가와 독립성을 유지할 권리가 있고 또 반드시 그렇게 해야 할 필연성이 있는 것과 달리 개인으로서의 성도는 국가 사회에 포함된 일원이기도 하므로 국가 권력에 순복하여야 한다. 그렇게 함으로써 다른 시민과 더불어 국가 사회의 질서를 세우게 되는 동시에 궁극적으로 이런 제도를 주신 하나님의 뜻에 순복하는 것이기 때문이다. 그러나 역으로 교회의 지도자들이 하나님의 말씀을 벗어나지 않는 범위에서만 교회에 속한 성도에게 지도권을 행사할 수 있듯이 이런 국가 사회의 권력을 장악한 자들도 국가라는 제도를 세우신 하나님의 대행자로서만 그 권력의 정당성을 인정받는바 그들의 통치 행위가 명백히 하나님 섭리의 권리와 어긋날 때 성도는 이에 불복종할 권리와 의무도 갖고 있다. 단 이는 일반 정치학에서 논하는 시민권 일부로서 부당한 국가 권력 행사에 대한 불복종의 권리와는 다른 관점에서 성도로서의 불복종의 권리와 의무이다.

이제 요약하자면 제도로서의 교회가 국가를 향하여 근본적으로는 상호 독립성을 고수해야 하는 것과 달리 각 개인 성도는 성도로서 교회의 일원인 동시에 필연적으로 한 시민으로서 국가 사회에도 귀속될 수밖에 없는 바 성도는 이상의 두 원칙을 가지고 국가 안에서 국가 권력을 대하여야 한다. 또한 이미 성도가 국가 사회의 일원인 이상 성도로서의 자신의 존재에 우선권을 부여한 상태에서 국가 사회의 모든 분야에 일원으로 당당히 참여할 수 있다.

단 그 어느 때에도 하나님의 백성으로서 사랑과 희생 그리고 평화의 정신을 늘 유지해야 한다.

학습 자료 82-16 비판하지 말라 롬 14:1-23

본문은 그리스도 안에서 하나가 된 믿음의 형제간에 서로 비판하지 말 것에 대해 교훈하고 있다. 그런데 여기서 '비판하지 말라'는 말은 단지 서로 참견하지 말고 무관심해지라는 뜻인가? 그 참뜻을 살펴보도록 하지.

✝ '비판'의 의미

이에 해당하는 신약 헬라어 '디아크리시스'(διάκρισις)는 어떤 사물이나 사람을 분석적으로 판단한 후 어떤 기준에 의해 다른 사물이나 사람과 구별하는 것을 뜻한다. 그런데 이 단어는 비판의 주체자가 어떤 의도와 자세로 비판하느냐에 따라 나쁜 의미인 '비방하고 비난하는 것'을 뜻할 수도 있고, 좋은 의미인 '판단하고 적절하게 책망하는 것'을 뜻할 수도 있다. 이에 이 단어는 성경에서는 두 가지 의미로 다 사용이 되어 때로는 '비판하지 말라'마 7:1-5, 약 4:11는 교훈을, 때로는 '공의의 판단으로 판단하라'요 7:24는 교훈을 나타낸다.

✝ '비판하지 말라'의 의미

위에서 살펴본바 '비판'은 비판자의 의도나 자세에 따라 그 의미가 긍정적일 수도 부정적일 수도 있다. 이에 근거해서 볼 때 '비판하지 말라'는 성경의 교훈은 일차적으로 우리 인간들은 본질적으로 부패하였기 때문에 비판자로서 자질을 제대로 갖추고 있지 못함을 암시해 준다. 모든 인간은 하나님 앞에서 스스로 의롭다 함을 얻지 못하는 전적 타락한 죄인으로 세상 끝 날에 하나님의 심판을 받게 된다[10-12절]. 이러한 죄인들이 서로 비판할 때 그 비판은 역시 자기 자신에게도 해당한다[롬 2:11]. 그러므로 비판자로서 온전한 자격을 갖춘 자는 하나님뿐이며[약 4:11, 12], 의로우신 하나님만이 이 세상을 가장 공평하게 판단하실 수가 있어서 하나님은 인간들에게는 근본적으로 서로 비판하지 못하게 하신 것이다.

또한 동일한 잘못을 범하는 자들 간의 비판은 오히려 서로에 대해 나쁜 감정만 불러일으킬 뿐 결코 건설적이지 못하다. 그리고 비판이 자신의 주관적인 편견에서 비롯될 가능성이 크기 때문에 상대의 마음을 상하게 하기가 쉽다. 이런 이유로 인하여 성경은 비판을 금하고 있다.

그러나 '비판하지 말라'는 교훈은 결코 서로에 대해 무관심하여 심지어 믿음의 형제 곁길로 갈 때도 그냥 방관만 하고 있으라는 의미는 아니다. 이는 '비판하지 말라'는 교훈과 상대적인 '권면하라'[고전 14:3], '덕을 세우라'[19절] 등의 교훈을 통해서 볼 때 분명히 알 수 있다. 즉 상대의 잘못이나 흠을 책잡는 식의 비판은 결코 해서는 안 되지만 형제가 성경에서 교훈하고 있는 가르침에서 어긋나 있는지를 올바로 판단하고 그를 권면하는 일은 권장되어야 한다는 것이다. 그러나 본문에서처럼 어떤 행위가 선·악과 전혀 관련이 없는 당시의 인습이나 사고방식 때문에 마찰을 일으키는 '아디아포라'(adiaphora, 롬 15장 학습 자료 자료 82-17 참조) 문제에 대해서는 상대를 비판하는 일이 결코 건설적일 수 없고 오히려 분란과 다툼만 일으킬 뿐이므로 절대 비판해서는 안 된다고 교훈하고 있다. 결론적으로 성경은 인간이 마치 스스로 심판자인 양 함부로 남을 판단하고 정죄하는 것, 그리고 전혀 건설적이지 못한 경우에 대해 비판함으로 형제의 마음을 상하게 하는 일은 엄중히 금하고 있으나 도리어 사랑과 덕을 세우기 위한 건설적인 일을 위하여 겸손하게 비판하고 권면하는 일은 적극 권장하고 있다 하겠다.

학습 자료 82-17 '아디아포라'(Adiaphora)의 이해 롬 15:1-7

본문에는 14장과 함께 절기를 지키는 문제와 우상에게 바쳐졌던 음식을 먹는 문제 등의 아디아포라 문제로 인하여 로마 교회 성도 간에 일어난 갈등과 분쟁을 해결하기 위한 바울의 견해가 소개되고 있다. 이에 '아디아포라'(adiaphora)에 대한 전반적인 사실들을 살펴보고자 한다.

✝ 아디아포라의 정의

'아디아포라'라는 말은 헬라어 '아디아포로스'에서 유래한 것으로서 '아무래도 좋은', '무관심한', '어느 한쪽으로 치우치지 않은'이란 뜻이 있다. 이는 보통 윤리학에서 사용되는 개념으로서 어떤 사실 그 자체가 선하거나 악한 것이 아니고 상황과 목적에 따라 다르게 설명될 수 있는 문제를 지칭하여 사용된다.

신학에서 '아디아포라'라 할 때 그것은 성경에서 직접 '하라' 혹은 '하지 말라'는 규정이 없고 또 성경에 계시된 객관적 진리들에 비추어 볼 때 선악과 직접적으로 관련되지 않는 문제들을 가리킨다. 즉 예를 들면 그 자체가 목적이나 윤리적 원칙이 될 수 없는 의식(儀式)의 준행 문제, 또는 그 행위 자체가 선악과 관련이 없는 주초(酒草) 문제 등 어떤 사회에서는 반드시 지켜야 하는 관습이었으나 상황이 달라진 다른 사회에서는 지키지 않아도 되는 사회 관습과 관련된 모든 문제는 바로 '아디아포라'이다. 이러한 문제들은 시대와 사회 문화적 환경의 차이에 따라 언제나 있을 수 있고 또 그 문제의 성격도 각기 다를 것이다. 특히 전통적인 문화와 새로운 문화와의 충돌이 있는 곳에는 언제나 이러한 아디아포라 문제가 발생할 수 있다.

✝ 문제 해결의 원칙

아디아포라 문제는 그것이 윤리적인 선악과 직접적으로 관련된 것도, 성경의 기본 진리들과 위배되는 것도 아니기 때문에 기본적으로 그 문제에 대한 어느 한편의 독선이나 독단에 치우칠 것이 아니라 각 개인의 책임감 있는 판단과 양심의 자유에 맡겨야 한다. 그리고 어떤 사람이 그 문제 자체에 대하여 어떤 자세를 취하든지 간에 그것에 대해 자신의 신앙 양심에 따라 거리낄 것이 없다고 생각하고 행하는 것이라면 편견과 자기 독선으로 그를 판단하거나 비난해서는 안 된다.

한편 성경은 분명 이 같은 사실을 인정하면서 아디아포라 문제 해결을 위한 두 가지 해결 원칙을 제시한다.

① **관련 성경 계시의 원칙에 비추어 볼 것** : 바울은 아디아포라 문제에 대하여 설명할 때 '내가 이 말을 함은 허락이요 명령은 아니니라'고전 7:6, 또는 '...에 대하여서는 내가 주께 받은 계명이 없으되 주의 자비하심을 받아서 충성스러운 자가 낸 내가 의견을 말하노니'고전 7:25 등의 말을 했다. 이는 인간 구원과 관련된 구속의 진리들을 중심으로 기록하고 있는 성경에서는 인간사(人間事)에서 일어나는 어떤 구체적인 아디아포라 문제들에 대해 직접 계시된 바가 없지만 성경 전반에 나타난 관련 계시의 원리에 비추어 볼 때 해결책을 발견할 수 있음을 보여 준다.

② **건덕과 화평을 도모할 것** : 아디아포라 문제에 대해 믿음이 강한 자는 자신의 신앙 양심과 판단에 따라 행할 수 있으나 믿음이 연약한 자들이 시험에 빠지지 않도록, 또는 교회 내에 분쟁이나 분열이 일어나지 않도록 자기 행동을 절제할 필요가 있다. 마치 주께서 우리 각 사람을 기쁘게 하기 위해 성자 하나님의 영광을 버리고 비천한 인간의 모습으로 낮아지셨던 것같이 우리도 우리의 이웃을 기쁘게 하기 위해 자기 겸손과 절제의 미덕이 요청되는 것이다. '모든 것이 내게 가하나 다 유익한 것이 아니요'고전 6:12라고 했던 사도 바울의 말을 명심해야 할 것이다.

☑ 읽을 책 : "기독교 세계관 핸드북" 도서 출판 에스라 2023

❖ **롬 1장** "신적 섭리와 자연주의"(p87)
❖ **롬 3장** "복음과 기독교 세계관의 형성"(p145)
❖ **롬 11장** "윤리 출처의 근원"(p170)
❖ **롬 12장** "국가와 교회"(p399)
❖ **롬 14장** "북미 복음주의와 남반구"(p624)

편집자 당부

포스트모더니즘을 더욱 부추기며 성도들의 세계관을 혼란스럽게 하는 각종 ~ ism(~ 주의)들에 대한 성경적 관점에 대해 "기독교 세계관 핸드북"(도서출판 에스라 2023) p 251~289을 반드시 읽고 공부하면 도움이 될 것이다.

83일 핵심 학습 자료

학습 자료 83-1 바울의 전도 지역

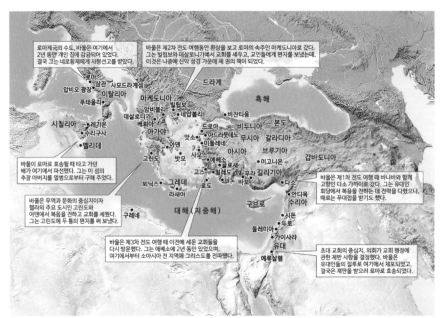

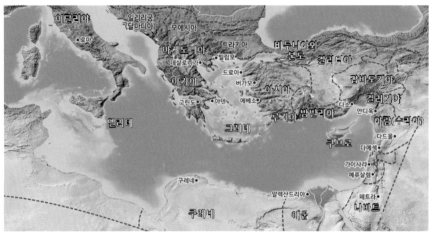

바울의 주요 행적과 서신서 기록

연대(A. D.)	주요 행적	서신서 기록	기록 장소	성구
34년	회심			행 9:1-9
34-37년	아라비아 체류			갈 1:17
44-46년	안디옥 사역			행 11:25-30
47-49년	제1차 선교 여행			행 13~14장
49년	예루살렘 공의회 참석			행 15:1-35
49-52년	제2차 선교 여행			행 15:36-18:22
51년		데살로니가전·후서	고린도	살전 3:1-10
53-58년	제3차 선교 여행			행 18:23-20:38
55년		고린도전서	에베소	고전 4:17, 16:8
55년		고린도후서	빌립보	고후 7:5
56년		갈라디아서	마게도냐	
57년		로마서	고린도	롬 16:1, 23, 고전 1:14
58년	체포			행 21:27
59년	가이사랴 호송			행 23:23-33
59년	가이사 앞 항소 청구			행 25:6-13
61년	로마 도착과 투옥			행 28:16
61-63년		에베소서	로마	엡 3:1, 4:1
62년		빌레몬서	로마	몬 1:1, 23
62-63년		빌립보서	로마	빌 1:12, 13, 4:22
62-63년		골로새서	로마	골 4:10, 14
64년	석방			
63-66년		디모데전서	마게도냐	딤전 1:3
66년		디도서	마게도냐	
66년		디모데후서	로마	딤후 1:8, 17, 2:9
67년	2차 투옥			
68년	순교			

학습 자료 83-2 바울의 예루살렘 귀환 경위 행 21:4

본문을 보면 바울이 제3차 전도 여행(A.D. 53~58년)을 마치고 예루살렘으로 귀환하는 도중 잠시 두로에서 휴식할 때 그곳 성도들이 성령의 감동으로 바울의 예루살렘 귀환을 만류하는 장면이 소개되고 있다. 그러나 바울은 이들의 극구 만류에도 불구하고 결국 가이사랴를 통해 예루살렘으로 귀환하게 된다 7, 8, 17절.

이에 대해 혹자는 바울은 성령께서 예루살렘 귀환을 분명히 금했음에도 불구하고 겐그레아에서 했던 자신의 서원 행 18:18을 지키기 위해 성령의 명령을 어기고 무리하게 감행했다고 주장한다. 그러면 과연 바울이 성령의 명령을 어기고 예루살렘 귀환을 강행했는가? 이에 대해 살펴보도록 하겠다.

✝ 성령에 의한 예루살렘 귀환

바울의 예루살렘 귀환은 위에서 문제 제기한 것과는 달리 오히려 성령에 의해 이루어졌다고 말할 수 있다. 그 이유는 첫째, 성령께서는 바울의 예루살렘 귀환에 대하여 바울 자신신20:23에게는 물론 다른 사람들을 통해서도 여러 번 예언해 주셨다 21:11. 둘째, 바울이 예루살렘으로 들어가는 동안, 또 예루살렘에서 유대인들의 고소로 로마 군병들에게 체포되어 여러 차례 재판을 받는 동안 여러 차례 죽음의 위기를 맞이하기도 했으나 그때마다 성령의 도움으로 그 위기들을 피할 수 있었다 31-36절, 23:21-30, 25:3-5 등. 이로 볼 때 바울의 예루살렘 귀환은 오히려 성령에 의한 것이었다고 분명히 말할 수 있다.

✝ 바울의 고난에 대한 성령의 계시

예루살렘 귀환이 바울의 고집에 따라 된 것이라고 주장하는 자들은 성령께서 바울이 예루살렘에서 받을 고난에 대해 여러 차례 계시하신 것20:23, 21:11은 바울이 예루살렘으로 가지 못하게 하기 위한 것이었다고 말한다. 그러나 그것은 오히려 성령께서 바울이 예루살렘으로 가게 될 것임을 예시한 가장 분명한 증거이다. 즉 성령께서는 바울에게 예루살렘에서 받을 고난을 미리 계시해 주심으로써 그 고난에 대비한 신앙의 무장을 할 수 있도록 하신 것이다. 이는 바울이 고난에 대한 성령의 계시를 받은 뒤 비록 마음의 번민은 있었지만 '나의 달려갈 길과 주 예수께 받은 사명 곧 하나님 은혜의 복음 증거하는 일을 마치려 함에는 나의 생명조차 조금도 귀한 것으로 여기지 아니하노라'20:23는 굳은 결심을 한 사실을 통해 분명히 밝혀진다.

한편 성령께서 바울이 고난받으실 것을 다 알고 계시면서도 그를 예루살렘으로 가게 하신 것은 인간적인 측면에서 생각하면 이해되지 않는 점이 없는 것은 아니지만 실상 그것은 하나님이 최초 바울을 이방인의 사도로 부르실 때 말씀하셨던바, '이 사람은 내 이름을 이방인과 임금들과 이스라엘 자손들에게 전하기 위하여 택한 나의 그릇이라 그가 내 이름을 위하여 얼마나 고난을 받아야 할 것을 내가 그에게 보이리라' 행 9:15, 16하신 말씀을 성취하기 위해서였다. 즉 하나님이 그에게 유대 지역의 로마 총독뿐만 아니라 로마 황제에게까지 복음을 전파하게 하려고 그렇게 섭리하신 것이다.

✝ 결론

이와 같은 성경 전후 문맥을 살펴볼 때 본문의 말씀은 이렇게 해석되어야 한다. 즉 두로의 제자들이 성령을 통해 받은 계시의 내용은 바울의 예루살렘 귀환을 만류하라는 내용이 아니라 10, 11절에서 선지자 아가보가 예언한 내용과 유사하게 바울이 예루살렘에서 받을 고난에 관한 것이었음이 분명하다. 따라서 그 제자들이 성령의 감동으로 바울을 만류했다는 것은 바울의 고난에 관한 성령의 계시를 받고 인간적인 연민과 동정으로 만류했다는 의미이지 성령으로부터 바울의 예루살렘 귀환을 만류하라는 지시를 받고 그렇게 했다는 의미는 아닌 것이다. 따라서 바울의 예루살렘 귀환은 성령의 명령을 거스른 것이 아니라 성령의 인도하심과 보호하심 가운데 이루어진 것이라 볼 수 있다.

한편 자신이 고난받을 것을 대해 미리 알고 있으면서도, 또 심지어 인간적인 번민과 심적 고통을 느끼면서도20:22 오직 하나님의 뜻에 순종하기 위하여 고난의 자리에 기꺼이 나아가는 바울의 모습은 우리에게 진한 감동을 준다. 하나님 나라와 그의 의를 위하여 기꺼이 고난받겠다는 마음 자세를 갖는 것 자체도 어렵지만 실상 평소에 그런 자세가 되어 있었다 하더라도 막상 고난을 눈앞에 직면하게 되면 쉽게 좌절해 버리는 우리들의 모습을 돌이켜 볼 때 바울의 이러한 모습은 새삼 위대하게 느껴진다. 이처럼 우리 자신도 하나님이 기뻐하시고 온전하신 뜻이라면 자기 생명까지도 아끼지 아니하고 순종하는 삶을 배워가기 위하여 더욱 경건의 훈련이 요청된다 하겠다.

학습 자료 83-3 로마 시민권 행 22:25-29

사도 바울은 분명히 길리기아 다소에서 태어난 유대인이었다. 그런데 그런 그가, 본문에서 보듯이, 자신을 채찍질한 로마 군병들 앞에서 자신이 로마 시민권을 가진 로마 사람임을 말하고 있다. 또한 나면서부터 로마 사람이었다는 그의 말에 천부장도 놀라며 바울을 결박한 것으로 인해 두려워하였다고 한다. 이 짧은 본문 속에서 우리는 몇 가지 의문점들 즉, 유대인인 바울이 어떻게 로마 시민권을 지닐 수 있었는지 그리고 로마 시민권의 혜택이 무엇이길래 '로마 사람'이라는 말 한마디에 천부장조차 그렇게 두려워하는지 등을 발견하게 된다. 이에 '로마 시민권'에 대한 전반적인 사실들에 대해 살펴보고자 한다.

✝ 로마 시민권의 역사적 배경

초대 교회시대의 로마는 지중해 세계 전체를 지배하는 대제국이었다. 그 통치 영역은 북으로는 고을(프랑스)와 독일, 남쪽으로는 북아프리카 및 이집트까지 이르렀다. 그리고 로마는 어느 지역을 정복하든지 간에 그 지역에 좋은 도로들을 건설하고, 공공사업을 벌였으며, 행정 관리들을 임명했다. 그리고 때때로 정복 지역의 유지들에게 로마 시민권을 주었다. 그 이유는 일차적으로는 피정복인들의 반발심을 무마시켜서 로마의 지배에 순순히 복종하도록 하기 위해서이고 나아가서는 로마 제국 전체 시민들의 화합을 도모하기 위해서였다.

✝ 로마 시민권 취득 방법 및 특권

로마 시민권은 로마인은 물론이고 로마인이 아니더라도 국가 유공자에게 주어졌으며, 금전으로 살 수도 있었고 또한 세습되기도 하였다. 본문에서 천부장은 돈을 주고 산 경우이고 바울은 세습받은 경우이다. 바울이 나면서부터 로마 사람이었다는 말은 곧 바울의 아버지가 로마 시민권을 가지고 있었다는 말이다. 바울의 가문이 어떻게 로마 시민권을 취득하게 되었는지 정확히 알 수는 없으나, 대강 세 가지의 추측이 가능하다.

① 다소가 B.C. 171년경에 로마의 시(市)로 편입되면서 일부 지식인들이 로마 시민으로 인정되었는데, 이때 바울의 가문도 포함되었을 것이다.
② 바울의 선조가 돈으로 시민권을 취득했으리라는 것이다.
③ 바울의 선조 중 누군가가 로마 행정관이나 장군에게 큰 공헌을 한 대가로 로마 시민권을 얻게 되었으리라는 것이다.

한편 로마 시민권을 지닌 사람들은 투표권을 가질 뿐만 아니라 시민권이 부여한 모든 보호를 받을 수 있었다. 로마 시민은 재판 없이는 구금이나 투옥될 수 없으며, 죄수의 고백을 압박하는 일반적인 고문 방법인 채찍질도 당하지 않았다. 만약 어떤 시민권자가 지방 통치자에게서 정당한 대우를 받지 못하였다고 생각되면 그는 로마 황제에게 상소할 수도 있었다.

따라서 당시 세계 패권을 장악하고 있던 로마 제국의 시민권을 갖는다는 것은 그 막강한 혜택 때문으로도 큰 영광으로 여겼다.

✝ 바울과 로마 시민권

바울은 자신이 로마 시민임이 분명하지만 아무 때나 그것을 내세우지 않았다. 그는 다만 복음 전도 때 위기에 몰렸을 때 자신의 안전만이 아닌, 복음의 확장을 위해 자신의 로마 시민권을 내세워 그 위기를 모면하곤 했다. 바울이 로마 시민권을 내보임으로써 채찍질을 면하고 안전하게 그 위기에서 벗어난 경우는 빌립보에서와 지금 본문의 예루살렘에서, 두 번이다. 또한 그는 로마 시민이었기 때문에 로마에 있는 2년 동안 자유롭게 복음을 전파할 수 있었다. 그리고 전승에 따르면, 그는 참수당해 죽었다고 하는데 이 역시 지독한 고통이 따른 십자가에 달려 죽는 것을 모면하는 로마 시민권의 최후 특권을 누린 것으로 볼 수 있다.

한편, 바울은 이러한 로마 시민권자의 막강한 특권을 염두에 두고 당시의 사람들에게 회개하여 천국에 들어갈 수 있게 된 성도의 권리를 천국 시민권으로 비유하여 설득력 있게 가르친 적도 있다[빌 3:20].

학습 자료 83-4 신약에 반영된 로마법 [행 27:1]

신약 성경 시대의 이스라엘은 로마 제국(Roman Empire)의 식민 통치 아래 있었다. 따라서 문화 관습, 법, 정치 등 모든 분야에 있어서 로마 제국은 신약 성경의 중요한 배경이 된다. 그가 로마의 문물에 익숙했었기 때문에 특히 신약 성경의 1/3가량을 그가 기록한 서신서에는 그런 영향을 더 많이 받았을 것이다. 본 장에서도 바울이 로마의 법을 잘 알고 있었기 때문에 자신이 로마 시민권을 가진 점을 잘 이용하여 로마 황제 가이사에게 항소하기 위해 로마로 가는 과정을 기록하고 있다.

이에 지면 관계상, 또 본서의 특성상 로마법 전반에 관해서는 다룰 수가 없고 신약 성경에 반영되어 나타나는 것에 관해서만 간단하게 살펴보도록 하겠다.

✝ 재판에 관한 법

원칙적으로 죄수에 대한 판결권은 로마시의 경우는 황제와 원로원이, 속주에는 총독이 가지고 있었다. 그리고 속주의 경우에 총독의 특별 소환이 없을 경우에는 그 속주의 지방행정기관이 단독으로 판결할 수도 있었다.

다만 로마 시민권을 가진 사람은 자기 거주지 총독의 판결에 불복하면 로마 황제에 항소할 수 있는 항소권(抗訴權)이 있었다^{행 25:11, 21, 25}. 유대인인 예수님은 유대 총독 빌라도에게^{마 27장}, 유대인이면서도 로마 시민권을 가진 바울은 로마 황제에게서 재판받았다^{행 28:19}.

한편 형벌(刑罰)에 있어서는 대부분 벌금형이며 감옥에 가두어 두는 경우는 거의 없었다. 바울과 실라가 감옥에 갇힌 것은 재판받기 위해 잠시 구류되어 있었던 것뿐이다. 중차대한 죄를 저지른 경우, 즉 내란죄나 반역죄의 경우에는 로마 시민권을 가진 자는 사형은 면하고 국외 추방령을 내렸으며 그 외는 고된 뱃일이나 광산의 일을 위한 노예로 보내거나 사형을 집행했다. 그러나 사형은 될 수 있는 대로 집행하지 않게 했다.

✝ 양자 입양법

로마는 후사(後嗣) 없이 죽게 된 시민이 친척의 아들이나 혹은 자기가 원하는 어떤 사람을 양자로 삼아 대(代)를 잇게 하였다. 이는 가문의 보존을 중히 여기는 고대 사회에서는 흔히 볼 수 있는 것이며 로마의 경우는 조상 숭배 사상과 관련하여 오래된 옛날부터 이런 관습을 가지고 있었다.

입양된 양자는 친아들과 같은 대우를 받았으며 재산의 상속은 물론이고 죽은 자의 실제적인 대리인(代理人)으로서 그 가정에 대한 모든 권리를 행사할 수 있게 했다. 그리고 남·녀 두 사람이 상속인인 경우 여자도 재산의 절반가량에 대한 권리는 가질 수 있었으나 실제적으로는 남자 상속자가 재산 전부를 관리하였다. 바울은 그러한 사실을 염두에 두고 성도는 '하나님의 양자, 곧 상속자'라고 말했다^{롬 8:15, 17}.

✝ 노예법

당시 로마 사회에서 노예는 마치 물건처럼 취급되어 언제든지 매매할 수 있었다. 그러나 어떤 노예에게 후견인이 나타나서 그를 노예에서 해방시키고자 할 때는 일정한 절차를 밟아 해방될 수도 있었다. 해방의 절차는 노예가 후견인의 겉옷을 입고 후견인으로부터 관장(官杖)으로 매를 맞고 나면 그 노예는 이전의 극심한 고역(苦役)에서 해방되고 대신 그 후견인의 가정일을 돌보며 그를 섬기게 된다. 빌레몬서에 나오는 오네시모는 바로 이러한 방법으로 빌레몬을 후견인으로 만나 해방된 노예 출신이었다^{몬 1:10}. 그러나 그는 그 후견인을 배반하고 로마로 도망갔다가 바울을 만나 회심하게 되었고 다시 빌레몬의 충성된 종이 되었다^{10-20절}.

✝ 의의

이상의 사실들에서 우리는 성경을 올바로 이해하기 위해서는 성경의 배경이 되고 있는 그 당시의 역사나 사회 문화에 대한 이해가 매우 중요하다는 사실을 발견하게 된다. 물론 성경에서 말하고 있는 핵심 진리들은 아무리 시대가 바뀌어도 그 뜻이 변하지는 않으나 그러한 진리들을 어떻게 오늘의 우리들 삶 속에서 올바로 적용할 것인가를 알기 위해서는 성경이 기록된 당시에 그 진리들이 어떤 방식으로 이해되고 또 적용되었는가를 살피는 일이 필요한 것이다. 실로 성경은 허공 속에 주어진 진리를 기록한 것이 아니라 실제적 인간의 역사와 문화를 배경으로 하여 주어진 하나님의 말씀을 기록한 것이다.

83일차 범위　생각해야 할 성경적 세계관의 이슈들
☑ 읽을 책 : "기독교 세계관 핸드북" 도서 출판 에스라 2023

❖ **행 28장** "복음주의 센터의 출현"(p614)

84일 핵심 학습 자료

학습 자료 84-1 두렵고 떨림으로 너희 구원을 이루라 빌 2:12-13

많은 사람이 본문을 대할 때 의아스럽게 생각하는 경우가 많다. 그 이유는 인간의 구원을 행위에 의해서가 아니라 그리스도에 대한 믿음에 의해, 또 인간의 공로에 의해서가 아니라 하나님의 무조건적인 은혜에 의해 주어지는 것롬 3:19-31, 엡 2:8, 9이라는 성경 전반의 가르침과 달리 본문은 마치 인간의 진지한 노력이나 의로운 공로에 의해 구원이 주어지는 것처럼 말하고 있기 때문이다. 그러나 이는 본문에서 바울이 말하려 하는 의도나 '구원'(Salvation)에 관한 정확한 개념만 파악하면 금방 쉽게 해결될 수 있는 문제인 바 이를 살펴보면 다음과 같다.

✝ 의미 : 성화(聖化)에 대한 촉구

'구원'(Salvation)이란 문자적으로는 '스스로 힘으로는 도저히 빠져나올 수 없는 극심한 괴로움이나 위험에서부터 제삼자에 의해 구출 받는 것'을 가리킨다. 신약 성경에서 '구원'이란 용어는 '죄로 인하여 받을 하나님의 최후 심판에서 벗어나는 것'이란 뜻으로 주로 쓰였다마 1:21, 눅 1:77, 행 2:40, 롬 5:9. 즉 구원은 타락한 인간에게 주어진 죽음의 형벌에서 그리스도 보혈의 공로를 힘입어 벗어나는 것을 가리킨다. 그런데 조직신학적으로 볼 때 '구원'이란 넓은 의미에서는 소명(calling), 중생(regeneration), 회심(conversion), 믿음(faith), 칭의(justification), 양자, 성화(sanctification), 견인, 영화(glorification) 등 인간 구원의 전 과정을 가리키는 말로 쓰일 수도 있고, 좁은 의미에서는 단지 칭의나 성화 중 하나만을 가리키는 말로 사용될 수도 있다.

이 가운데 '칭의'(稱義)는 그리스도의 대속 사역을 믿는 믿음으로만 얻는 의롭다고 함을 가리킨다. 그리고 이렇게 믿음으로 의롭다고 함을 얻은 자는 그 의로 말미암아 하나님의 주권적인 구원 사역으로 천국 구원을 확실히 보장받게 된다. 이런 점에서 '칭의'가 곧 '구원'이라고 말할 수 있는 것이다.

그리고 삼위일체 하나님 중 제3위이신 성령의 주도하에 이루어지는 '성화'(聖化) 자체만을 가리켜서도 '구원'이라고 표현될 수 있다. 왜냐하면 성령께서는 성도의 성화를 주도해 나가시되 결코 실패함이 없이 성도를 견인(堅忍)해서 반드시 천국 구원에 이르게 하시기 때문이다. 그런데 이러한 성화, 곧 성도 개개인을 거룩하게 하심에 성령 하나님은 반드시 인간 본인의 결단과 노력을 요구하신다. 그렇게 함으로써 인간 개개인이 내면적인 성향에 있어서뿐만 아니라 외면적인 삶에 있어서까지 죄의 부패에서 떠나 그리스도의 형상을 닮아가는 과정에서 죄인으로서 가졌던 마음속의 공포와 근심을 버리고 기쁨과 평안을 누리게 하며 또 자발적으로 자신의 삶을 통하여 하나님께 영광 돌리게 하는 것이다.

이런 점에서 볼 때 본 절에서 '두렵고 떨림으로 너희 구원을 이루라'는 말은 인간 구원의 전 과정 중 하나로서 성화(聖化)를 위한 더 열심 있는 노력을 촉구하는 말로 볼 수 있다. 이미 믿음으로 의롭다고 함을 받은, 즉 '칭의'(稱義)를 얻은 성도에게 있어서 천국 구원은 확실히 보장되어 있으나요 5:24 성화의 노력을 게을리할 때 하나님의 책망을 받을 수 있다는 점에서 성도는 두렵고 떨리는 심정으로 성화를 이루기 위해 노력해야 하는 것이다. 또 성도가 성화의 노력을 게을리하는 것은 하나님의 값없는 은혜로 천국 구원의 확정을 받은 성도로서 마땅히 그 은혜에 보답하며 성화의 삶으로 하나님께 영광을 돌려야 할 사명을 유기(遺棄)하는 것임으로 그 책임이 크다.

✝ 의의

이처럼 우리는 성경을 읽을 때 어느 한 구절만을 단편적으로 이해할 것이 아니라 성경 전체의 맥락 속에서 폭넓게 이해해야 한다. 그리고 성경에 사용된 어떤 단어가 한 가지 의미만을 가지는 것이 아니라 문맥에 따라 여러 가지 의미도 가질 수 있음을 이해할 때 성경 말씀을 보다 정확히 이해할 수 있다.

학습 자료 84-2 능력 주시는 자 안에서 모든 것을 행함 빌 4:13

✝ 문제의 제기

혹자들은 이 구절을 근거로 하여 성도들은 하나님께서 주시는 능력으로 무슨 일이든, 즉 신앙적인 일이든 세상적인 일이든 다 성공할 수 있다고 주장하기도 한다. 이러한 주장을 하는 자들은 자기 생각을 '기독교적 적극적 사고방식'이라 부른다. 그런데 본문은 과연 이런 의미에서 적극적 사고방식에 대해 지지하고 있는가?

✝ 문제의 해결

전체 문맥을 살펴보면 본문이 전혀 이 같은 적극적 사고방식을 지지하고 있지 않음을 알 수 있다. 본문에서 바울이 '내게 능력 주시는 자 안에서 내가 모든 것을 할 수 있다''고 한 것은 바울 자신이 어떠한 환경에 처하든지 간에 능력 주시는 자 곧 하나님 안에서 자신에게 주어진 사도로서의 직분을 감당할 수 있음을 말한 것이다.

성도(聖徒)가 이 세상에서 어떤 상황에서도 성공할 수 있다고 생각하는 것 자체가 잘못이다. 오히려 성도는 이 세상에서 불신자들보다 더 많은 실패와 좌절을 맛볼 수 있다. 왜냐하면 공중 권세자 사탄(Satan, 엡 2:2)의 지배하에 있는 이 세상 사람들이 성도들을 시기하고 핍박할 것이기 때문이다.

따라서 본문은 적극적 사고방식의 소유자들이 생각하는 것처럼 성도들이 이 세상에서의 부귀영화를 얻는 세속적인 일에 있어서조차도 항상 성공할 수 있음을 말하는 것이 아니라 성도로서 그 사명을 온전히 감당코자 하며 또 경건하게 살려는 성화(聖化)의 노력을 다할 때 하나님의 능력 안에서 그 모든 일을 감당할 수 있음을 말하는 것이다. 즉 본문은 이 세상이 아무리 핍박한다고 할지라도, 또 그 처한 상황이 아무리 험난하고 고되다 할지라도 성도 자신이 하나님의 뜻대로 살고자 하는 결심만 있다면 성도 안에 내주(內住)해 계시는 성령께서 얼마든지 능력을 공급해 주셔서 능히 감당하게 하신다는 확신에 찬 바울의 고백이다.

✚ 의의
우리가 성경을 대할 때는 항상 선입견을 가지고 우리 자신의 관점에서 보아서는 안 되며 성경 자체가 말하고 있는 바 참 의미를 이해하려는 자세로 보아야 한다. 그럴 때만이 자신이 편한 데로 성경을 해석하는 오류를 피할 수 있다.

학습 자료 84-3 만인 구원설(Universalism) 비판 골 1:19-20

본문을 보면 성부 하나님께서는 그리스도로 말미암아 만물이 자기와 화목케 되기를 기뻐하신다고 하셨다. 이 구절은 만인 구원설주의자(萬人 救援說主義者)들이 자신들의 주장을 뒷받침하기 위하여 자주 언급하는 유명한 구절이다. 이에 만인 구원설에 대해 살펴보고 이것이 성경의 전반적인 교리에 어긋나는 부당성에 대해 비판해 보고자 한다.

✚ 만인 구원설의 정의
교회사에서 이 주장은 오리겐(Origen, A.D. 185~254년)이 최초로 제기하였으나 A.D. 533년 제2차 콘스탄티노플 회의에서 정죄하였다. 그러나 오늘날에도 일부 자유주의 신학자들에 의해 주장되고 있는 바 이 설(說)의 요지는 성자 하나님이신 그리스도의 십자가 구속 사역으로 말미암아 전 인류가 다 구원받게 되었을 뿐만 아니라 인간의 죄로 오염된 천지 만물조차 다 회복되게 되었으며 이것이 하나님의 창조 목적의 최종 성취라는 것이다. 그러나 어떠한 과정에 의해 만인이 다 구원받으며 만물이 회복되는가에 대해서는 이들 간에도 견해가 다양하다. 이에 그리스도의 속죄 범위가 과연 보편 속죄(普遍贖罪)인가 부분 속죄(部分贖罪)인가 하는 문제에 대해서는 히 2장 학습 자료 88-4 '보편 속죄설 비판'을 참조토록 하고 여기서는 그 과정이 어떠하든지 결과에 있어서는 만인이 구원받는다는 주장 자체에 대해 비판해 보고자 한다.

✚ 만인 구원설 비판
만인 구원설은 성경의 전체적인 내용과 관련하여서 다음과 같은 몇 가지 심각한 문제들을 야기한다.

① 하나님을 믿든 믿지 않든 다 구원받을 것이기 때문에 결과적으로 신앙 자체가 불필요하다.
② 악인이라도 구원받을 것이기 때문에 지옥은 불필요하며 이에 대한 성경의 언급은 잘못된 것이다^{마 25:46, 요 5:29, 롬 2:7}.
③ 회개하지 않고 죽은 자가 구원받기 위해서는 사후에도 제2의 구원의 기회가 다시 주어져야 되는데 성경에는 이에 대한 언급이 없을 뿐 아니라 그렇게 될 때 그리스도의 속죄는 불완전한 것이라는 결론이 나온다.
④ 만인 구원은 궁극적으로 선과 악의 구별이 무의미하며 또 이와 관련하여 하나님의 용서와 은혜도 무의미한 것으로 만들고 만다.

이러한 사실들에 근거해서 볼 때 만인 구원설은 그 자체가 심각한 모순을 안고 있을 뿐만 아니라 또 성경 전체의 가르침과도 전혀 맞지 않는다. 즉 성경은 그리스도의 속죄(贖罪)는 무한하나 그것의 적용이 그리스도를 주로 고백하고 믿는 자에게만 국한됨을 말하고 있다^{마 1:21, 요 6:37}. 그렇다면 본문에서 언급하고 있는 바에 대해 우리는 어떻게 이해할 수 있는가?

이는 인간의 타락으로 말미암아 깨어져 버린 하나님-인간-만물의 관계(relationship)가 예수 그리스도의 구속 사역으로 말미암아 회복됨을 하나님이 기뻐하신다는 뜻이다. 즉 여기서 강조하고 있는 것은 하나님-인간-만물의 관계 회복이지 결코 만인의 구원이 아니다. 그리고 이러한 온전한 관계 회복은 그리스도 안에서 구속받은 성도들을 중심으로 이루어지는 것이며 멸망 받을 악인은 이에서 완전히 제외되는 것이다. 또한 본문은 관계 회복의 범위 면에서 그리스도로 말미암아 인간뿐만 아니라 천상, 지상, 지하의 모든 피조물까지도 하나님께 경배하며 그 앞에 무릎 꿇게 되는 우주적인 회복을 보여주는 것이다.

✝ 의의

이상의 사실들에서 우리는 만인 구원설주의자들이 성경의 어떤 구절들을 성경 전체의 맥락 속에서 보지 않고 단편적으로 파악함으로 말미암아 죄인을 형벌하시는 하나님의 공의로우심을 부인하는 이런 터무니없는 주장을 하게 되었음을 발견하게 된다. 이처럼 우리는 성경을 읽을 때 항상 어떤 구절을 단편적이 아니라 성경 전체의 가르침에 비추어 이해해야 한다.

학습 자료 84-4 하나님의 형상으로서의 인간 ^{골 3:10}

본문에서 바울은 성도(Saint)를 가리켜 법적으로는 새 사람을 입었으나 그 전인격의 실체는 여전히 자기를 창조하신 자 곧 하나님의 형상(Imago Dei)을 좇아 지식에까지 새롭게 자라가는 자로 규정하고 있다. 즉 성도가 이미 칭의된 자로서 이제 성화(聖化)의 길을 가야 할 필연적 근거는 그가 본래 하나님의 형상대로 창조되었다는 사실에 그리고 그 성화의 기준도 인간의 원형으로서의 하나님의 품성에 있음을 제시하고 있다.

✝ 하나님의 형상대로 창조된 인간

성경은 분명 인간이 하나님의 형상대로 창조되었다고 말한다창 1:26, 27, 5:1, 3, 9:6, 고전 11:3, 약 3:9. 이는 인간의 전인격(全人格)이 하나님과 교제하는 자로서의 자질과 위엄을 갖추기 위하여 하나님의 존재와 품성을 반영하여 창조되었음을 분명히 밝히는 것이다. 이처럼 인간이 하나님의 형상으로 창조되었다는 사실은 뚜렷한 근거도 없이 인간의 상대적 존엄만 말하는 인본주의적 인간론과 달리 인간의 절대적 존엄을 말하는 신본주의적 인간론의 분명한 근거가 된다.

✝ 하나님의 형상의 상실

그러나 에덴동산에서 첫 사람인 아담의 타락 이후 전 인간은 죄책과 죄성에 오염되어 영육 간에 걸쳐 그 창조 당시의 영광과 권위와 완전성을 크게 훼손당하였을 뿐 아니라 스스로 힘으로는 하나님 앞에 나아갈 수도, 스스로도 하나님을 찾지도 않게 되었다롬 1:23, 3:9-18. 하지만 하나님의 형상을 완전히 상실한 것은 아니라 그 본성은 유지하고 있어서 하나님께서 직접 찾아오셔서 구원에 관한 계시를 주실 때에 그 계시를 수용할 수가 있었다. 또한 현재도 다른 피조물에 비해 비교할 수 없는 문화를 갖고 있다.

✝ 하나님 형상의 회복

예수의 구속을 통한 인간의 구원은 인간이 창조 당시 가진 하나님의 형상을 회복시켰다롬 8:29, 빌 2:7, 8. 이에 그리스도를 믿음으로 성도는 일차적으로는 법적으로 하나님의 형상을 회복하여 하나님과 교제가 원칙적으로 가능하게 되었으며, 궁극적으로는 성도 안에 내주하시는 제3위 성령 하나님의 능력을 힘입어 점차 하나님의 형상을 실질적으로 회복해 가게 된 것이다.

한편 하나님은 인간이 궁극적으로 회복해야 할 그 완전한 형상의 기준을 성육신하신 성자이신 예수 그리스도를 통해 보여 주셨다고후 4:4, 히 1:3. 성도들은 궁극적으로 그리스도와 같은 형상을 회복하기 위해 성화의 노력을 다해야 하는 것이다고후 3:18, 갈 4:9.

✝ 의의

이상의 사실들에서 우리는 하나님께서 자기의 형상을 따라 인간을 창조하셨음에도 불구하고 인간이 죄로 오염된 결과 하나님의 형상으로서의 권위와 기쁨을 모두 상실하고 죽음의 공포에 떨며 심지어 다른 피조물을 섬기며 두려워하기까지 함은 물론 갖은 분열과 부패에 휩싸여 있는 사실의 심각성을 새삼 깨닫게 된다. 동시에 우리 성도들은 이같이 부끄러운 우리 옛사람의 상태를 속히 벗어버리고 하나님의 본체이신 그리스도의 형상을 법적으로만이 아니라 실질적으로 온전히 덧입기 위한 성화의 노력을 결코 게을리해서는 안 되겠다는 각오를 새로이 하게 된다.

84일차 범위 생각해야 할 성경적 세계관의 이슈들

☑ 읽을 책 : "기독교 세계관 핸드북" 도서 출판 에스라 2023

❖ 빌 3장 "인류의 주요 목적"(p113)
❖ 골 1장 "기독교 고등 교육"(p424)
❖ 골 1장 "그리스 철학과 그것이 기독교 신학에 미친 영향"(p163)
❖ 골 3장 "일에 대한 성경적 견해"(p368)
❖ 몬 1장 "성경과 노예제도"(p325)

85일 핵심 학습 자료

학습 자료 85-1 에베소서의 신학적 독특성

매우 완성도가 높은 다양한 신학적 주제를 다룬 교회론, 신론. 기독론, 성령론, 구원론, 마귀론, 종말론, 윤리론, 우주론 등을 결정화(結晶化)된 형태로 서술하고 있다.

① **교회론** : 에베소서의 핵심 테마라고 할 수 있다. 바울에 따르면, 교회는 하나님이 창세 전에 예수 그리스도 안에서 선택한 사람들로 구성된 공동체이다. 하나님은 만물을 회복시키고자 하는 원대한 계획을 성취하기 위해 교회를 그 중심에 두신다. 교회는 예수님이 재림하실 때 하나님 나라를 상속하게 될 공동체다. 또한 교회는 만물의 머리가 되시는 그리스도의 몸이다. 교회는 유대인과 이방인이 그리스도 안에서 연합하여 '한 새 사람'^{엡2:15}이 된 것과 같은 연합체적 공동체다. 또한 교회는 남편과 아내의 결합과 같이 그리스도와 신비적으로 연합된 실체다. 교회는 다양한 은사들의 유기적 결합을 통해 성숙한 인격으로 성장해 가는 통일체다. 교회는 세상에서 마귀를 대적하며 미래를 향해 전진하는 영적 전사공동체다.

 ◆ **교회의 3대 사역 또는 기능**^{행 2:42-47}

 교회의 기능은 예전적(Liturgical), 교리적(Kerygmatic), 친교적(Koinoniac) 기능을 갖는 것을 알 수 있다.

② **성령론** : 에베소서에서 성령은 '약속의 성령'^{엡 1:13}, '계시의 성령'^{엡 1:17}, '하나님의 성령'^{엡 4:30}으로 불린다. 약속된 성령은 더 이상 약속의 대상이 아니라 이미 오셔서 신자 안에 계시며, 신자들을 더욱 강건하게 하시고 그리스도에 대한 믿음을 더 풍성하게 하신다^{엡 3:16-17}. 성령은 신자들을 그리스도의 몸인 교회의 구성원이 되게 하시며, 그 몸을 계속 유지하고 보존하게 하신다^{엡 4:3-4}.

③ **구원론** : 에베소서에 따르면 구원은 처음부터 끝까지 신적 작정과 계획을 통해 이루어졌다^{엡 1:9}. 유대인과 마찬가지로 이방인의 구원 역시 이 신적 작정 속에 들어 있었다. 예수님의 죽음은 이 구원을 이루는 데 결정적인 역할을 했다^{엡 1:7, 2:13}. 그리스도는 속죄자인 동시에 어둠과 악한 세력을 정복한 승리자다. 에베소서는 이루어질 구원보다도 이미 이루어진 구원을 강조한다. 신자는 이미 구원을 받았고^{엡 2:8}, 이미 용서를 받았고^{엡 1:7}, 이미 하나님께 나아가게 되었다^{엡 2:18}. 심지어 신자는 이미 그리스도와 함께 부활하였고, 그리스도와 함께 하늘에 올려졌다^{엡 2:6}.

④ **기독론** : 다른 어떤 서신서보다도 예수 그리스도의 승귀(昇貴)를 강조한다. 에베소서 1:20-2:10은 승귀하신 그리스도의 우주적 주되심과 그의 교회와의 연합,

신자들이 그리스도의 승귀의 위치에 참여함을 강조한다. 그의 관점에 따르면, 신자들은 지금 하늘에서 그리스도와 함께 앉아 있다는 것이다.

⑤ 화목론 : 수직적인 동시에 수평적인 이중 화목론이다. 다시 말해 하나님과 인간의 화목은 물론, 인간과 인간의 화목, 즉 유대인과 이방인의 화목도 가리킨다엡 2:16.

에베소서에는 바울 신학의 핵심인 "그리스도 안에서"(in Christ, en Christos)가 35번이나 나옴.

학습 자료 85-2 '그리스도 안에서' 엡 1:7

이 용어는 전 27권의 신약 서신서에서 많이 사용된 표현 중 하나로서 바울 서신서에서만도 무려 164회나 사용되었다. 이는 특히 엡·빌·골·몬 등의 옥중서신 가운데 많이 등장하며 가장 많게는 에베소서에 35회나 사용된다. 이처럼 이 용어는 신약성경의 주요 단어로서 바울의 사상을 가장 잘 보여 줄뿐 아니라 기독교 구원론의 근본을 함축적으로 암시하는 용어이다.

✝ 용어의 정의

'그리스도 안에서'(in christ)라는 용어는 신약 서신서에서 매우 다양한 의미로 사용되었으나 이를 대략적으로 분류해 보면 크게 두 가지 의미로 압축 요약할 수 있다. 첫째, 이는 사죄(赦罪)의 근거로서의 그리스도와 성도와의 법적 연합을 나타낸다. 즉 이는 성도가 죄 없으신 몸으로 성도의 죄를 대속하여 십자가에 달려 죽으신 그리스도를 믿음으로 그와 법적 연합을 가짐으로 사죄를 얻는 사실을 보여 주는 것이다. 둘째, 이는 성화(聖化)의 근거로서의 그리스도와 성도와의 영적 연합을 나타낸다. 즉 이는 성도가 하나님의 백성으로서 마땅히 가져야 할 성화의 삶은 오직 성령을 통한 그리스도와의 영적 연합을 근거로롬 8:1-11, 또 그것을 통해서만 가능함을 보여 주는 것이다. 특히 이 영적 연합은 그리스도와 성도 양자가 하나님 앞에서 법적 공동체를 이루는 것으로 그치는 법적 연합 이상으로 성도가 유기적으로 그리스도와 결합하여 함께 십자가에 못 박히고 그리스도와 함께 부활하여 그리스도와 더불어 호흡하며 생활하는 그리스도와의 실존적·신비적 연합을 말한다. 한편 그리스도와 성도의 연합은 물론 이와 관련된 주요 신학 주제와의 관계에 대해서는 롬 5장 연구자료(학습 자료 82-2)를 보라.

✝ 그리스도 안에 있는 자의 복

1	천국의 신령한 복을 받음(엡 1:3)	5	사죄함을 얻음(엡 4:32)
2	창세 전에 택함 받음(엡 1:4)	6	율법의 정죄에서 자유케 됨(롬 8:1, 2)
3	하나님의 부르심을 받음(딤후 1:9)	7	하나님께 대해 산 자가 됨(롬 6:11)

4	구속을 얻음(롬 3:24)	8	영적 생명을 얻음(엡 1:20)
9	새로운 피조물이 됨(고후 5:17)	15	그리스도 안에서만 자랑함(빌 1:26)
10	하나님의 아들이 됨(갈 3:26)	16	경건하게 삶(딤후 3:12)
11	담대함을 가짐(몬 1:8)	17	선한 일을 행함(엡 2:10)
12	평안함을 얻음(몬 1:20)	18	고난받음(살전 2:14)
13	정욕을 십자가에 못박음(갈 5:24)	19	그리스도 안에서 완전케 됨(골 1:28)
14	다른 성도들의 잘못을 용서함(엡 4:32)	20	천국 구원을 얻음(딤후 2:10)

✝ 의의

기독교 구원 신학의 핵심을 함축적으로 나타내는 '그리스도 안에서'(in Christ)라는 말을 통하여 먼저는 모든 성도는 우리 존재의 근거가 되시며, 또 칭의와 성화 곧 우리 전 구원의 원동력이 되시는 그리스도에 대한 인식을 새롭게 하여야겠다. 동시에 육신의 정욕과 안목의 정욕과 이생의 자랑을 좇으며 그리스도를 떠나 살려고 했던 요일 2:15, 16 과거 우리의 그릇된 삶의 태도를 버리고 그리스도 안에 거하는 삶을 살아야 하다는 사실을 재확인하여 현재 나 자신의 위치를 돌이켜 보게 된다.

학습 자료 85-3 에베소서 6장에 나오는 영적 전쟁

먼저 사탄의 기원에 대해서는 성경은 언제 나타났는지 전혀 언급이 없다. 그래서 많은 학자들은 중요한 관련 구절을 가지고 사탄의 기원을 추정하고 있다. 사탄의 기원에 대한 추정은 성경적 통전적 이해 속에서 상당히 근거 있는 통설이나 전설로 받아들여지고 있다. 사탄은 원래 천사의 존재로 지어졌다고 여겨진다. 우선 사탄의 기원을 보여 주는 성경 두 군데가 있는데,

> **사 14:12-17** 너 아침의 아들 계명성이여 어찌 그리 하늘에서 떨어졌으며 너 열국을 엎은 자여 어찌 그리 땅에 찍혔는고 네가 네 마음에 이르기를 내가 하늘에 올라 하나님의 뭇 별 위에 내 자리를 높이리라 내가 북극 집회의 산 위에 앉으리라 가장 높은 구름에 올라가 지극히 높은 이와 같아지리라 하는도다 그러나 이제 네가 스올 곧 구덩이 맨 밑에 떨어짐을 당하리로다 너를 보는 이가 주목하여 너를 자세히 살펴 보며 말하기를 이 사람이 땅을 진동시키며 열국을 놀라게 하며 세계를 황무하게 하며 성읍을 파괴하며 그에게 사로잡힌 자들을 집으로 놓아 보내지 아니하던 자가 아니냐 하리로다

이 구절은 실제로 느브갓네살 왕을 빗대어서 한 이야기인데 이 비유를 통해서 사탄의 기원을 나타낸다. 비유에는 2가지 방법이 있는데 직유법과 은유법이 있다, 직유법은 "~와 같다"와 같이 표현하고 은유법은 "~이다"라고 표현한다. 비유라는 것은 헬라말로 바라볼레인데 이것은 "~곁에 놓다"라는 단어이며 이는 이야기하고자 하는 대상 옆에 놓고 말한다는 것이다. 따라서 타락하는 계명성 이야기

가 느브갓네살과 같은 꼴을 가지고 있었다고 비유해 보는 것이다. 에스겔 28장에 두로 왕의 이야기가 나오는데, 두로 왕의 꼴을 빗대어서 사탄의 모습을 그리고 있다.

> **겔 28:12-15** 인자야 두로 왕을 위하여 슬픈 노래를 지어 그에게 이르기를 주 여호와의 말씀에 너는 완전한 도장이었고 지혜가 충족하며 온전히 아름다웠도다 네가 옛적에 하나님의 동산 에덴에 있어서 각종 보석 곧 홍보석과 황보석과 금강석과 황옥과 홍마노와 창옥과 청보석과 남보석과 홍옥과 황금으로 단장하였음이여 네가 지음을 받던 날에 너를 위하여 소고와 비파가 준비되었도다 너는 기름 부음을 받고 지키는 그룹임이여 내가 너를 세우매 네가 하나님의 성산에 있어서 불타는 돌들 사이에 왕래하였도다 네가 지음을 받던 날로부터 네 모든 길에 완전하더니 마침내 네게서 불의가 드러났도다

어떤 불의가 드러났는가 하면 이사야 14장에 나오는 '네가 네 마음에 이르기를 내가 하늘에 올라 하나님의 뭇별 위에 내 자리를 높이리라. 내가 북극 집회의 산 위에 앉으리라.'라는 사탄의 본심이 들어 있다는 것이다. 이것은 바로 사탄이 하나님이 되겠다는 쿠데타의 내용을 보여 주는 것이다. 이 두 구절을 가지고 사탄의 기원을 추정하는데, 사탄은 처음에는 하나님께서 천사의 한 존재로 지었다고 추정한다. 천사들에게도 계급이 있는데, 천사장급에 해당되는 천사가 3이 있는데 가브리엘, 미가엘, 세 번째 천사장이 루시엘이라고 추정한다. 루시엘이란 말은 사탄을 가리켜서 루시퍼라고 통칭하는데, 그 이름의 기원을 정확히 알 수 없지만 초대 교회 시대 교부 오리겐이 라틴어 성경인 Vulgate판을 번역할 때 이사야 14장에 나오는 "계명성"을 "루시퍼"로 번역했고 영국의 King James 판에서 그대로 루시퍼로 사용했고, 쟌 밀턴(John Milton)이 쓴 '실락원'이란 문학작품에서 아담과 이브를 유혹했던 사탄을 "루시퍼"라고 부른 데서 시작되었다고 생각된다.

에스겔서 28:14에 보면 '너는 기름 부음을 받고 지키는 그룹임이여,' 두로 왕으로 묘사되었던 그 사탄은 원래 그룹이란 천사로 지음 받았다고 했다. 세 천사장이 있고, 천사의 기능에 따라 2부류로 나뉘게 되는데, 그룹이라는 천사가 있고, 스랍이란 천사가 있다. 그룹이란 천사는 영어로 체로빔(Cherobim)이고 스랍이란 천사는 쉐라핌(Sheraphim)이라고 한다. 끝에 im으로 끝나고 있다. im으로 끝나는 것은 복수나 어떤 큰 것을 의미하게 된다. 즉, 천사장으로 나타내는 의미를 하기도 하다. 그룹이란 천사는 하나님이 이동 중에 수행하며 보필하는 천사장을 말하며, 스랍은 하나님이 좌정하고 계신 상태에서 하나님을 호위하는 천사들을 말한다. 하나님이 보좌에 있을 때 그 보좌를 지키는 천사를 스랍이라고 하며, 성막의 지성소, 시온좌 하나님이 임재하시고 좌정하시고 하는 시온좌를 둘러싸고 보호하는 법궤 위의 천사를 스랍이라고 한다. 지금 에스겔 28:14에 나오는 "그룹"이라는 그 말을 가지고 이때 타락하기 전에 천사가 그룹으로 지음을 받았던 천사장이였을 것이라고 추정한다. 그러나 13절 끝에 네가 지음을 받던 날에 소고와 비파가 준비했다는 얘기

를 가지고 세 명의 천사장급들의 임무를 추정하면서 가브리엘을 하나님의 메신저 역할을 하는 것으로 마리아의 수태고지를 했던 천사장이고, 그 다음에 미가엘은 하나님의 군대 장관으로서 여호수아가 가나안 정복할 때 요단강을 건너 만난 군대 장관이 바로 미가엘이라고 볼 수 있으며, 계시록에서 용에 쫓기는 여인을 지키기 위해 용과 대결하는 장면에서 미가엘이 하나님의 군대장관 역할을 하는 것을 보게 된다. 그렇다면 루시엘이라는 상상의 천사장은 무엇을 맡았겠느냐 하면, 에스겔 28장에서 네가 지음을 받던 날에 너를 위해 소고와 비파가 준비되었다는 말로 추정해서 음악을 담당했던 천사장이라고 추정하며, 하나님께 찬양을 올려드리는 그런 일들을 감당했던 천사장이였을 것이라고 추정한다. 하나님은 찬송받기 원하시고 찬송을 좋아하시는데, 특별히 이 천사장을 편애했을 것이라고 추정하는데, 에스겔서 28:14에 보면 '내가 너를 세우매 네가 하나님의 성산에 있어서 불타는 돌들 사이에 왕래하였도다. 네가 지음을 받던 날로부터 네 모든 길에 완전하더니..' 그래서 하나님의 귀여움을 독차지하는 편애를 받았다는 것이다. 마치 할아버지가 손자를 귀여워하면 손자가 수염을 잡아 당기며 놀던 모습과 비슷해 너무 지나치게 사랑을 받아 교만한 마음이 드러나게 되는 것이다. 그래서 이사야 14:13에 가면 '네가 네 마음에 이르기를 내가 하늘에 올라 하나님의 뭇 별 위에 내 자리를 높이리라.' 하나님의 자리에 올라가겠다는 교만의 극치에 이르게 된 것이다. 그래서 천국의 반란을 일으키지만 성공하지 못했다. 그래서 루시엘이라는 천사장은 타락해서 사탄으로 변했다는 것이다. 모든 교만한 마음은 사탄의 마음과 직결되며 하나님의 모든 영광을 가로채어 자기가 하나님이 되는 것이 사탄의 본심이다. 사탄의 마음은 교만 그 자체이다.

그래서 하나님께서 인간을 지으시고 에덴을 창설하셔서 거기에다 인간이 최고의 행복을 누릴 수 있도록 하신 후 걱정거리가 생겼는데, 이미 영계에서 반란을 일으키고 타락했던 사탄이 하나님과 인간과의 관계를 시기해서 인간이 올려드리는 영광을 반드시 사탄이 방해할 것이라는 것을 알고 계신 것이다. 인간이 사탄의 유혹을 이겨내도록 하기 위해 동산 중앙에 선악과를 두셨다. 중앙에 둔 이유는 동산 어디서든지 잘 볼 수 있도록 한 것으로 사탄을 어디서 보든지 중앙의 선악과를 보고 그 유혹을 이길 수 있도록 하신 것이다. 선악과를 본다는 것 자체로 아담과 이브의 창조주는 바로 하나님이시라는 것을 기억하고 우리의 삶의 주인은 바로 하나님이라는 것을 마음속에 인정하고 믿고 의지하고 살아가라는 의미이다.

그런데 인간이 사탄이 가졌던 자기 욕심, 교만, 자기가 자기 삶을 이끌어가고 싶은 자기중심성, 자유의지, 잘못된 자유의지의 발동이 사탄과 맞아서 떨어져 타락하게 되었다는 것이다. 이것이 인간의 비극의 시작이다. 인간의 비극의 시작과 끝은 자기중심성에 기인한다는 사실을 극명하게 보여 준다. 이 인간의 비극에는 사탄이 반드시 끼어 있다는 것이다. 여기에 바로 영적 전쟁이 시작되는 것이다. 왜 영적 전쟁이 시작되는가 하면, 하나님께서 이와 같이 사탄의 유혹에 넘어가 타락한 인간을 구원하기 위해 하나님께서 처음 선포하신 것이 바로 창세기 3:15이다.

"내가 너로 여자와 원수가 되게 하고 네 후손도 여자의 후손과 원수가 되게 하리니 여자의 후손은 네 머리를 상하게 할 것이요 너는 그의 발꿈치를 상하게 할 것이니라 하시고"

본문에서 여자의 후손이 뱀의 머리를 밟는다는 이야기는 하나님과 사탄의 영적 전쟁을 선전포고하신 것이다. 인간 타락의 결정적인 역할을 한 것이 사탄이기 때문에, 하나님은 인간을 구원하기 위해 반드시 사탄과 싸울 수밖에 없고, 그 사탄을 잡고 무저갱에 집어넣은 후에야 하나님의 구원 역사는 완성된다는 것으로 이것이 계시록의 이야기이다.

사탄이란 말은 욥기에서 처음 나타난다. 율법서에서 사탄이란 말은 없고 뱀으로 표현되며, 구약에서 처음으로 사탄이란 말이 나타나는 것은 욥기에 나오고 그 다음에 역대상 21장에 나온다. 그리고 스가랴서에 가면 2번 나온다. 이 시기는 포로 시대이다. 사탄의 개념이 발전되는 것은 이스라엘의 백성이 포로로 잡혀가서 사탄의 개념이 서서히 나타나게 된다.

사탄이란 말은 성경에 48번 나오는데 사탄과 마귀라는 두 단어를 쓰는데, 하나님의 영과 대립하는 것은 사탄이라고 쓰이며, 인간을 괴롭히는 영일 때는 마귀라는 말로 바뀐다. 디아볼로라는 말로 중상 모략하는 자라는 뜻이다. 사탄은 계시록에 가면 하나님의 삼위 흉내를 내는데, 사탄, 짐승, 거짓 영의 형태로 삼위의 하나님을 흉내 내며 인간을 유혹한다. 마귀의 업적은 하나님과 인간과의 관계를 혼란스럽게 하고 계속해서 파괴하여 많은 혼란을 일으켰다. 많은 잘못된 종교를 만들어 냈다. 그래서 하나님께서는 반드시 사탄을 멸하고 나서야 최종적인 구원이 완성된다는 것을 알고 계시기에 창세기에서 구원역사를 시작하시며, 사탄을 반드시 없애야 한다는 계획으로 사탄과의 선전포고를 창세기 3:15에서 하셨다.

성경에 보면 사탄은 자기의 머리를 밟을 여자의 후손이 오는 것을 막으려고 굉장한 노력을 하는 것이 나타난다. 가인의 살인 사건, 사라가 강간을 당할 뻔한 사건들도 아브라함 후손 중에서 뱀의 머리를 밟을 후손이 올 것인 것을 사탄이 알고 있었다는 것이다. 그 다음에 애굽에서 남아 살인 사건에서 모세도 휘말릴 뻔했다. 그리고 사무엘상 18:10-11에서 다윗을 향한 사울왕의 살인 음모도 사탄의 간계와 연관되어 있다는 것이다. 분열 왕국 시대에서도 여왕 아달랴가 왕족의 씨앗을 말리는 사건이 생긴다. 에스더에서 하만이 유대인 전체를 멸절하려는 사건, 헤롯의 유아 말살 사건, 예수님의 고난과 죽임을 막아서는 항변[마 16:21, 22]은 여자의 후손을 차단하려는 사탄의 최후 발악하는 모습을 볼 수 있다. 결과적으로 예수님은 십자가상에서 사탄의 머리를 사실상 밟으셨다. 그렇지만, 최종적인 승리를 장악하기까지는 시간이 필요하기에 사탄은 공중의 권세를 잡고 하나님과 인간의 관계를 파괴하려는 역할을 감당하고 있다.

지금도 이와 같은 맥락에서 우리는 지금도 영적 전쟁에 있다는 사실을 잊어서는 안 된다. 사탄이 없다고 이야기하는 지도자와 영적 세계가 없다고 하는 지도자가 있다는 사실은 잘못되고 어지러운 상태를 잘 나타내고 있다. 굉장히 혼란스러운 사람들을 보게 된다. 사탄은 분명히 존재하고 하나님과 인간의 관계를 깨는 것을 목적으로 삼고 공중의 권세를 잡고 지금도 활동하고 있다는 사실, 그래서 베드로는 베드로 전서 5:8에서 '근신하라 깨어라 너희 대적 마귀가 우는 사자같이 두루 다니며 삼킬 자를 찾고 있나니.' 그리고 그 마귀를 대적하라고 권면한다. 마귀는 대적해야 한다. 마귀에 겁먹고 쫄면 안 된다. 절대로 마귀는 보혈의 능력으로 맞서야 하는데, 문제는 마귀는 영적인 존재이고 우리는 육적인 존재이다. 그래서 마귀와의 전쟁에서 이기신 예수님을 믿고 우리 안에 내주하시는 성령에게 의지함으로 영적 전쟁의 승리를 누릴 수 있게 된다. 그래서 마귀와 대적하기 위해서는 하나님께 순복하고 순종해야 한다는 것이 영적 전쟁의 기본적인 전투 자세이다. 구약 백성이 실패한 이유는 끊임없는 우상숭배 때문이었다. 바울이 에베소서에서 특히 영적 전쟁을 강조하는 이유는 에베소가 영적 우상 숭배의 본고장이기 때문이다.

에베소의 풍요와 다산의 신인 아데미는 곧 구약의 바알이 아니겠는가? 신약에 와서는 아데미의 모습으로 나타난 것이다. 다이애나라고도 하는데, 이 아데미 신전이 에베소에 있었고 이것은 세계 7대 불가사의이기도 하다. 구약에서 다산과 풍요의 신은 바알이었다. 바알은 사탄의 영적 전쟁의 도구였다. 바울은 이 아데미 신의 본거지인 에베소에서 복음을 전할 때 혹독한 핍박을 받았다. 이런 우상숭배가 왕성한 도시에 복음의 씨앗이 뿌려졌는데, 바울은 에베소 교인들에게 단호하게 영적 전쟁을 수행하고 복음을 수호하고 더욱 왕성하게 자라나게 해야 했기에 영적 전쟁의 중요성을 강조하고 있다. 이 이야기는 오늘의 우리에게 똑같이 적용된다. 눈에 보이지 않는 사탄과 싸워야 하기에 세상의 무기가 아닌 하나님의 무기를 가지고 싸워야 한다. 곧 "신위", 하나님을 의지하는 것이다.

에베소서 6:10-11에는 이렇게 이야기 하고 있다.

> 끝으로 너희가 주 안에서와 그 힘의 능력으로 강건하여지고 마귀의 간계를 능히 대적
> 하기 위하여 하나님의 전신갑주를 입으라.

우리는 하나님의 전신 갑주를 입지 않으면 결코 이기지 못하고 우리 삶속에 하나님의 나라가 이루어지지 않는다는 것이다.

바울이 가르치는 전신 갑주의 허리 띠는 진리, 호심경은 의, 복음의 신은 평화의 복음, 방패는 믿음, 투구는 구원, 성령의 검은 하나님의 말씀으로 상징되는 것들로 이뤄져 있다. 진리와 의와 복음과 믿음과 구원의 확신과 하나님의 말씀으로 무장해야 한다는 것이다. 성령의 검을 빼고는 다 방어하는 무기이다. 이와 같이 우리는 방어하고 하나님의 말씀으로 공격하는데 이것이 하나님의 능력이다.

에베소서 4장에서 마귀가 우리에게 틈타 혼란스럽게 할 가능성이 있는 3가지가 있는데, 그것은 ① 불화이다. 예수 안에서 하나 되지 못할 때 사탄에게 우리를 노출되는 꼴이 된다. ② 미성숙함이다. 영적 거듭남이 없고 예수님을 닮는 것이 없을 때, 사랑과 진리로 성숙하고 충만해야 하는데 사탄은 진리 앞에서 맥을 못 춘다. 우리는 반드시 영적 성숙을 추구해야 한다. 그리고 ③ 불결, 구습을 벗어나지 못하면

우린 사탄의 밥이 될 수 있다는 사실을 기억해야 한다. 우리 모두가 전신 갑주를 입고 하나님이 이미 이룬 승리를 누리는 삶을 살아가기를 축원한다. 전신 갑주는 앞만 보고 있다는 것이다. 뒤를 방어하는 무기가 아니라는 것이다. 이 말은 담대히 푯대를 향해 전진해야 하는 그리스도인들의 삶을 보여주는 것이다. 앞으로 끊임없이 전진해야지 과거로 돌아가는 삶을 살아가서는 안 된다는 것이다.

85일차 범위 생각해야 할 성경적 세계관의 이슈들

☑ 읽을 책 : "기독교 세계관 핸드북" 도서 출판 에스라 2023

86일 핵심 학습 자료

학습 자료 86-1 간결한 성경론

> **디모데후서 3:15-17** 또 어려서부터 성경을 알았나니 성경은 능히 너로 하여금 그리스도 예수 안에 있는 믿음으로 말미암아 구원에 이르는 지혜가 있게 하느니라 모든 성경은 하나님의 감동으로 된 것으로 교훈과 책망과 바르게 함과 의로 교육하기에 유익하니 이는 하나님의 사람으로 온전하게 하며 모든 선한 일을 행할 능력을 갖추게 하려 함이라

성경이 무엇이냐고 한 마디로 대답할 수 없다. **성경의 힘은 모든 것을 깨우쳐 주는 교훈의 기능, 잘못된 것을 바르게 하는 책망의 기능, 잘못된 세상을 바르게 잡는 바르게 함의 기능, 성경의 진리로 그 시대의 백성을 가르치는 의로 교육하기에 유익한 기능을 하고 있다는 사실을 잊어버리면 안 된다.** 성경이 우리에게 역사하는 이런 중요한 기능을 감당해 낼 수 있을 때 우리는 말씀 위에 서고, 말씀으로 인해 우리가 변할 수 있다. 15절은 개인 구원과 연관되어 있다. 16절은 사회 구원과, 17절은 총체적인 구원과 연관 되어 있다고 볼 수 있다. 먼저 한 사람이 성경의 진리를 깨달으면, 온 사회로 확대 적용하고 또 온 세상을 만드는 것이 바로 하나님 나라를 이루는 것이다. 성경은 이와 같은 큰 역할을 한다. 세상에서 가장 많이 출판되고, 가장 많이 보급되는 책이 성경 이다. 그러나 아이러니 하게도 가장 읽히지 않는 책이 또한 성경이다.

성경의 4가지 특성을 보면, 첫째, 성경의 명확성. 성경은 그리스도인이 되고 그리스도인으로 살고 그리스도인으로 성장하는 데 필요한 모든 것을 명확하게 이해할 수 있도록 쓰여 있다. 성경은 애매모호한 게 아니다. **둘째, 성경의 필요성**은 우리가 하나님을 인격적으로 알고, 우리의 죄를 용서받으며 하나님이 우리에게 무엇을 행하시기를 원하는지를 확실히 알려면 성경을 읽거나 다른 사람에게 성경을 꼭 들어야 한다. 성경을 통해서 하나님을 알아야지 성경이 아닌 다른 것들로 하나님을 알면 하나님을 잘못 이해할 수 있다. 그래서 '성경은 능히 너로 하여금 그리스도 예수 안에 있는 믿음으로 말미암아 구원에 이르는 지혜가 있게 하느니라'고 말한다. 성경을 통해서 하나님을 이해하고 구원을 이해해야 한다. 따라서 우리가 규칙적으로 성경을 읽기를 소홀히 하면 우리의 영혼 건강에 해롭다. 세계 보건기구 WHO에서 건강을 정의하기를 육신의 건강뿐 아니라 정신의 건강도 건강해야 한다고 정의

한 적이 있다. 하지만 요즘은 한 가지를 더 추가해서 영적 건강까지 언급하고 있다. 한 인간이 건강하다는 것은 육체적으로도 건강하고, 정신적으로도 건전해야 하고, 영적으로도 강건해야 한다. 이 세 가지 건강이 합쳐질 때 한 인간이 건강한 상태라고 WHO가 규정한 건강의 정의이다. 영적 생활을 등한시하면 영적건강이 안 좋다. 영적 건강을 위해서는 규칙적인 성경 읽기를 해야 한다. 성경은 하나님의 뜻에 대한 분명하고도 확실한 진술을 담은 유일한 원천이기 때문에 그렇다.

세 번째로, 성경의 충분성에 대해 이야기한다. 성경에서는 하나님은 우리가 행하시기를 원하는 모든 선한 일에 필요한 것들을 가르쳐 주고 있다. 그것이 디모데후서 3:16-17에 나오는 내용이다. 성경이 충분하다는 말은 바로 이런 뜻이다. 우리는 성경을 무시하고 다른 곳에서 지혜를 찾으려는 경향이 있는데, 우리는 제일 먼저 성경에서 지혜를 찾아야 한다. 그 성경의 지혜를 우리의 삶 속에서 적용해 가는 과정에서, 보충적인 지혜를 얻기 위해서 다른 책들도 읽어야 한다. 이 말을 잘못 이해하면 성경 외에 다른 책들은 다 무시하라고 생각할 수도 있다. 그렇지 않다. 우리는 이 세상에 많은 지혜들이 나와 있는데, 하나님께서 일반 계시로 주시는 지혜도 습득해야 한다. 그러나 그 모든 것들이 성경을 토대로 이해되어야 하고, 습득 되어져야 한다. 성경 속에서 필요한 모든 지혜를 모두 이해해야 하고 충분히 얻어야 한다는 것이 성경의 충분성이다.

네 번째로 성경은 하나님의 말씀으로 오류가 없다는 **무오성**이다.

정리하면 성경의 명확성, 성경의 필요성, 성경의 충분성, 성경의 무오성 등 이 네 가지를 가지고 성경이 갖는 절대적 권위를 바로 하나님의 말씀에 근거했다고 한다. 절대적 권위를 인정하고 성경을 읽으면서 많은 유익을 얻기를 바란다. 그래서 디모데후서 3:17은 그런 의미에서 굉장히 중요한 구절이다.

> 딤후 4:3-4 때가 이르리니 사람이 바른 교훈을 받지 아니하며 귀가 가려워서 자기의 사욕을 따를 스승을 많이 두고 또 그 귀를 진리에서 돌이켜 허탄한 이야기를 따르리라

자기중심성 내려놓기와 함께 이 구절을 깊이 묵상하고 깨우침이 있기를 바란다. 이것은 오늘 날 교회의 교인들의 문제이다. 제자가 아닌 무리로서의 교인, 종교행위로서 신앙생활을 하는 교인들의 모습이다. 자기가 듣기를 원하는 것만 듣고, 자기가 마음대로 조종할 수 있는 하나님을 만들어 섬기기를 원하는 명목상의 교인들, 성경을 언제나 자기의 합리화를 위해 취사선택하며 읽는 교인들의 전형적인 모습이다. 이런 교인들이 교회를 오히려 무력하게 만들어 세상의 지탄이 되게 하는 사람들이다. 이런 자들이 회개하고 성경의 참 원리로 돌아오지 않는 한 과연 우리 교회가 이 세상에 빛과 소금, 소망의 등대가 될 수 있을까?

나는 내 귀를 즐겁게 해 주는 설교를, 그런 성경 공부를 찾아다니며 내 만족을 추구하는 자는 아닌가? 성경 본문을 읽고 성경을 통전적으로 이해하고 하나님이 주시는 참된 나의 삶이 무엇인가를 찾아 볼 생각을 해야 한다. 성경 분문을 직접 읽어야 한다. 그러면 성령 하나님의 인도하심을 분명히, 그리고 확실히 받을 것이다. 통

전적 이해를 위한 도움이 필요하면 『통큰통독』 "말씀이 삶이 되어"(도서출판 에스라)를 활용해 보라.

학습 자료 86-2 만인 제사장론(萬人 祭司長論) 벧전 2:4-5

✝ 정의

'만인 제사장론'(Priesthood of all believers)이란 구약 시대에 이스라엘 백성들이 하나님 앞에 나아갈 때 반드시 인간 중보자(人間 仲保者)인 제사장과 희생 제물을 요구하였던 것과는 달리 신약시대에는 죄인과 하나님 사이의 절대 완전한 유일한 중보자이자 절대 완전한 제물로서 구약 중보자들과 구약 희생 제물이 예표하는 궁극적 실체였던 예수 그리스도와 속죄 사역이 최종 성취됨에 따라히 7:27, 28 신약 성도들은 더 이상 인간 중보자나 제물이 필요 없이 모든 성도가 직접 하나님을 섬길 수 있게 되었다는 주장이다. 이 주장은 새로운 어떤 사실을 천명한 것이 아니라 이미 성경에서 가르치고 있는 진리를 재확인한 것이다. 즉 성경은 예수 그리스도께서 택한 성도의 구속 사역을 성취하시기 위하여 십자가 위에서 운명하실 때 성소의 휘장이 위에서 아래로 찢어짐으로 말미암아마 27:51 모든 성도가 예수 그리스도의 대속의 피를 의지하면 누구나 하나님 앞에 담대히 나아갈 수 있게 되었다고 증거한다히 10:19-20. 그러므로 이제 복음을 믿고 그리스도 안에 거하는 신약시대의 모든 성도는 누구나 할 것 없이 하나님께 직접 나아가 섬길 수 있는 제사장 직분을 가지고 있다고 말할 수 있는 것이다.

✝ 만인 제사장 논쟁의 역사적 배경

만인 제사장론을 처음으로 제기한 사람은 1517년 로마 가톨릭교회에 대항하여 종교개혁을 일으킨 마틴 루터(M. Luther)였다. 당시 로마 가톨릭교회는 예수 그리스도의 궁극적 중보 사역의 성취로 말미암아 신약시대 성도들에게는 더 이상 인간 중보자가 필요 없게 되었음에도 시대착오적인 발상으로 구약 시대와 동일하게 소위 가톨릭 사제들을 하나님과 인간 사이의 중보로 내세우고 있었다. 그리고 사제들에게 고해성사에 의한 사죄권, 축성권, 독점적 성경 해석권 등이 있다고 주장함으로써 그들을 통하지 않고는 평신도에게는 회개도, 성경을 읽고 깨닫는 것도, 심지어는 온전한 예배도 허용치 않았다.

　이에 루터를 필두로 한 종교 개혁자들은 이러한 로마 가톨릭교회의 주장은 성경의 가르침에서 완전히 벗어났을 뿐만 아니라 그리스도의 속죄 사역의 유일성과 완전성 및 최종성을 부인하는 행위임을 지적하고 모든 성도 개개인이 다 유일하고 완전한 중보자이신 예수 그리스도와 연합되어 제사장 직분을 가진다는 만인 제사장론을 주창하였다. 그리고 그 당시까지 사제들에게만 허용하였던 성경 해석권 역시 모든 성도에게도 있음을 주장하였다. 또한 물론 신약 성경이 분명 제시하고 있는 바와 같이 교회의 감독과 치리를 위하여 성직자들은 반드시 요청되지만 그들은 결코 평신도와 하나님 사이의 중보자로서 근본적으로 평신도보다 우월한 지위와 신분을 가진 자들이 아니라 다만 일반 평신도를 지도 교훈하는 직분과 직무를 가진 것뿐임도 분명히 하였다.

✝ 의의

루터를 비롯한 종교 개혁자들의 만인 제사장론은 하나님과 사람 사이의 유일하고 완전한, 그리고 궁극적인 중보자는 예수 그리스도 한 분뿐이며 더 이상 어떠한 인간 중보자도 요구치 않는다는 성경의 진리^{딤전 2:5}를 재천명한 것에 지나지 않는다. 그런데도 이는 1천 년이 넘는 기간에 지속된 후에 암흑시대 동안 가톨릭교회의 비성경적 교권주의(教權主義)에 의하여 왜곡되고 감추어졌던 성경의 진리를 새롭게 조명해 준 것으로 교회 사상 그 의의가 실로 큰 것이라 할 수 있다. 그뿐만 아니라 오늘날 성도들이 이 사실을 분명히 주지함으로써 보다 담대하게, 또한 보다 능동적이고 적극적으로 하나님 앞에 나아가 하나님과 인격적 교제를 나눔에 큰 유익을 주었다. 실로 모든 성도는 예수 그리스도 안에서 하나님과 사람 앞에서 제사장 신분을 갖고 있다는 사실을 명심하여 한편으로는 신앙생활에 더욱 열심을 가지며 다른 한편으로는 하나님의 제사장으로서 의롭고 거룩한 행위로 하나님께 영광 돌리는 일을 힘써야 할 것이다^{벧전 2:9, 계 1:6}.

학습 자료 86-3   예수의 지옥 강하설? ^{벧전 3:19}

✝ 문제의 제기

본 절은 로마 가톨릭교회가 예수의 '지옥 강하설'(地獄降下說)을 주장하기 위해 제시하는 근거 구절로서 매우 잘 알려져 있다. 로마 가톨릭교회에서는 본문이 예수께서 돌아가시고 장사한 지 3일 동안에 영으로 죽은 자들이 거주하는 중간기 처소인 음부(陰府)에 내려가셔서 구약 시대에 불의를 행하여 그곳에 온 영들에게 복음을 전파하신 것을 가리킨다고 주장한다.

✝ 문제의 해결

위의 가톨릭교회의 주장은 직접적으로는 예수의 지옥 강하설을 내세우기 위한 것이지만 궁극적으로는 인간이 사후(死後)에도 구원 얻을 기회가 주어진다는 성경의 가르침과 완전히 어긋나는 자신들의 교리를 세우기 위한 것이다. 이에 위의 문제에 대하여 우리는 두 측면에서 대답하고자 한다.

　① 예수께서 지옥에 있는 영들에게 복음을 전파하실 이유가 없다. 복음 전파는 복음을 믿는 자들의 구원(救援)을 전제로 하는 것이다. 그러나 성경은 이처럼 한 번 죽

은 영들에게도 제2의 구원의 기회가 주어진다는 사실을 절대 말하지 않는다. '한 번 죽는 것은 사람에게 정해진 것이요 그 후에는 심판이 있으리니'^{히 9:27}라고 했다. 만일 제2의 구원의 기회가 있다면 예수께서 '땅끝까지 내 증인이 되리라'^{행 1:8}와 같은 지상 명령을 주신 것이 무슨 의미가 있겠는가? 또 벧전 4:4-6을 보면 '죽은 자들에게도 복음이 전파되었다'라는 표현이 나오는데 그것은 죽은 후에 그들에게 복음이 전파된 것을 가리키는 것이 아니라 살았을 때 복음이 전파되었으나 현재는 그들이 죽었음을 뜻하는 것이다. 한편 본문에서 '선포하시니라'에 해당하는 헬라어는 '케루소'로서 이는 공적으로 어떤 사실을 선포하는 것을 뜻하며 복음을 전파하는 것(헬, 유앙겔리조)과는 다른 의미이다. 따라서 지옥에 있는 영들에게 복음을 전파하기 위해 예수께서 그곳으로 내려가셨다는 가톨릭교회의 주장은 잘못된 것이다.

② 예수께서 영으로 직접 지옥에 내려가신 적이 없다. 성경에서 예수께서 마치 지옥으로 내려가신 것처럼 언급하고 있는 곳이 본절 이외에 엡 4:9이 있다. 그러나 그곳에서 '땅 아래 내려가심'은 천상에 계시던 성자 하나님께서 사람의 몸을 입고 이 세상에 내려오신 것을 가리키는 것이다. 그리고 한글 개역 성경에서는 번역되어 있지 않으나 본절에 해당하는 헬라어 원문을 보면 '가서'(헬, 포류데이스)라는 말이 나오는데 이는 22절에서 그리스도의 승천(昇天)을 가리켜 사용된 단어이다. 따라서 본문도 예수께서 영으로 직접 지옥에 내려가신 것을 말하지 않는다. 그렇다면 본문을 어떻게 해석할 것인가? 이에 대해서는 여러 가지 해석이 있으나 가장 적합한 두 가지 해석은 그리스도께서 노아 시대에 영으로 복음을 전파했다는 해석과, 또 그리스도의 부활 승천 자체가 지옥에 있는 영들에게 예수께서 그리스도이심을 선포하는 결과를 가져왔다는 해석이다. 이에 대해서는 해당 본문 주석을 참조하라.

✝ 의의

본 절을 근거로 한 가톨릭교회의 예수 지옥 강하설은 분명히 잘못된 것이다. 이는 결국 우리에게 성경을 볼 때 자신의 편견에 의해서가 아니라 성경이 말씀하고 있는 바를 그대로 받아들이되 성경 전체의 가르침과의 통일성 속에서 살피는 것이 얼마나 중요한가를 다시 한번 일깨워 준다.

학습 자료 86-4 하나님의 집에서 먼저 시작된 심판? ^{벧전 4:17}

✝ 문제의 제기

성도(聖徒)도 하나님의 심판을 받는가? 이에 대해 본문은 복음을 믿지 아니하는 불신자들보다 성도가 먼저 심판받는다고 말한다. 어떻게 이런 일이 있을 수 있는가? 이는 그리스도의 복음을 믿는 성도는 결코 심판에 이르지 아니한다는 성경의 다른 구절들요 3:16, 5:24과 명백히 모순되는 것처럼 보인다.

✝ 문제의 해결

위의 문제에 대해 우리는 두 가지 대답이 가능하다.

그것은 첫째, 본문에서 말한 '심판'(헬, 크리마)은 세상 끝 날에 있을 최후 심판을 말하는 것이 아니라 성도들이 이 세상에서 받는 핍박과 고난을 가리킨다는 것이다. 즉 일반적으로 성경의 다른 곳에서는 성도에게 임하는 고난을 가리켜 성도의 믿음을 연단하기 위한 하나님의 시험으로 표현하고 있는 것약 1:2, 12, 롬 5:3과는 달리 베드로는 이를 하나님의 심판으로 이해한 것이다. 이것은 히브리서 기자가 언급하고 있는바 잘못을 범한 자녀에 대한 아버지의 징계히 12:5-9와 같은 것이다. 이처럼 잘못을 범한 성도들에 대한 하나님의 징계는 성경이 분명히 가르치는 바이다. 그리고 이 징계는 최후 심판 날 영원한 멸망에 떨어지는 불신자들에 대한 심판과는 전혀 성격이 다른 것으로서 하나님께서 사랑으로 성도들을 죄 가운데서 돌이키며 더욱 연단된 신앙으로 하나님 앞에 나아오게 하려고 주시는 것이다. 이 같은 하나님의 징계가 불신자들에 대한 최후 심판보다 앞서 주어질 것이라는 예언은 성경 여러 곳에서 언급되고 있다겔 9:6, 말 3:1-5.

둘째, 여기서 하나님의 집 곧 성도에 대한 '심판'은 선·악 간에 판단하는 것만을 가리키며 죄에 대한 형벌은 포함하지 않는다는 것이다. 성도이건 불신자이건 각 사람이 자기 행위대로 심판받는다는 것은 성경의 분명한 가르침이다롬 2:6, 고후 5:10, 계 20:13. 그러나 복음을 믿는 성도들의 죄에 대해서는 이미 예수 그리스도께서 십자가 죽음으로 대속해 주셨기 때문에 성도들은 결코 자기 죄에 대한 형벌은 받지 않는 것이다롬 5:8, 요일 1:7. 대신 성도들의 선행이 많고 적음에 따라 상급이 주어질 것이다벧전 5:4. 그러나 복음을 믿지 아니한 자들에게는 그들의 죄가 많고 적음에 상관없이 영원한 형벌이 주어질 것이다. 이상의 사실은 우리 성도들에게 현 세상에서 아무리 극심한 고난을 받을지라도 그것은 세상 끝날 불신자들이 받을 영원 심판에 전혀 비할 바 못 되는 것이며 오히려 성도 자신의 신앙 연단을 위해 매우 유익한 것이라는 교훈과 위로를 준다.

학습 자료 86-5 시드는 면류관 벧전 5:4

본문에서 베드로는 교회의 지도자인 장로에게 고난 중에 자신의 직무에 더욱 충실할 것을 권면하면서 충성된 자는 그리스도께서 재림하시는 세상 끝 날에 시들지 아니하는 영광의 면류관을 얻으리라고 말하고 있다. 여기서 '시들지 아니하는 면류관'이란 당시에 운동 경기의 우승자에게 주어지던 일반적인 면류관, 곧 시드는 면류관에 대조한 표현인바 이에 대해 살펴보고자 한다.

✝ 시드는 면류관

운동 경기의 우승자에게 면류관을 주는 풍습은 B.C 776년 제1회 올림픽 경기가 개최되면서 생겨난 것으로 추측된다. 올림픽 경기는 아테네인들이 그들이 섬기는 제우스(Zeus) 신 앞에서 행하는 하나의 제전(祭典)으로서 매 4년 제우스 신전이 있는 올림푸스(Olympus) 산에서 개최되었다. 이런 올림픽 경기는 로마인들에게도 그대로 계승되어 초대 교회 당시에는 전 세계의 관심사로서 매우 중요하게 여겨졌으며 또 이 올림픽 경기를 위한 연습장도 로마 제국 곳곳에 세워지게 되었다.

이 올림픽 경기에서 우승한 사람에게는 그가 신의 아들이라는 뜻으로 제우스 신전이 위치한 성역(聖域) 안에 있는 올리브 나무(Olive tree) 잎사귀로 만든 올리브 관을 씌워주었다. 이 올리브 관을 받은 사람은 자기 나라의 영웅으로 칭송을 받는 큰 영광을 누렸다.

한편 로마 제국 전역을 대상으로 하는 올림픽 경기 이외에도 각 지역별로 경기가 치러지기도 하였는데 이런 경기들에서는 우승자에게 올리브 관이 아닌 소나무잎, 파슬리(Parsley), 담쟁이덩굴 잎 등으로 만든 관을 주기도 하였다.

✝ 의의

운동 경기 우승자에게 주어진 면류관이 비록 큰 영광의 상징이 되었으나 그것은 나뭇잎으로 만든 것이기에 곧 시들어 버리듯 그의 영광도 금방 사라지고 만다. 이는 충성된 성도에게 주어지는 면류관 곧 영원히 썩지 않고 시들지 않는 영광의 면류관과 전혀 비교할 수 없을 만큼 초라한 것에 불과한 것이다. 그러므로 바울이 고백하고 있는 것처럼 세상 사람들은 썩을 면류관을 얻고자 애쓰나 우리 성도들은 영원히 썩지 아니하는 영광의 면류관을 얻기 위해 오늘도 신앙생활에 더욱 정진하여야 할 것이다고전 9:25.

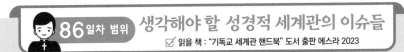

86일차 범위 생각해야 할 성경적 세계관의 이슈들
☑ 읽을 책 : "기독교 세계관 핸드북" 도서 출판 에스라 2023

❖ **딤후 2장** "성경과 지적 추구"(p416)
❖ **딛 2장** "종교적 자유"(p404)

87일 핵심 학습 자료

학습 자료 87-1 성도의 신성한 성품에의 참여 벧후 1:4

✝ 문제의 제기

성경에서 인간이 "신성한 성품에 참여"라는 표현은 본문에서 단 한 번 사용되었다. 여기서 문제가 되는 것은 인간이 어떻게 절대 거룩하신 초월자이신 하나님의 성품에 참여할 수 있는지다. 이는 인간이 신(神)과 같은 존재로 바뀜을 가리키는 것인가?

신비주의적이거나 범신론적인 이방 종교, 예를 들면 인도의 힌두교나 불교 등에서는 인간의 내면에는 본래부터 신과 같은 거룩한 성품이 있으며 이를 잘 개발하면 신적인 존재로 변하게 된다고 가르친다. 또 중세 시대에 크게 융성한 기독교 신비주의자들로 어떤 신비체험을 통해 신과 합일된 상태에 이를 수 있다고 말했다. 헬라 철학자들 가운데서도 인간의 영혼을 신적인 것으로 보고 육체의 감옥에서 영혼이 빠져나오면 본질상 신과 합일(合一)된다고 말하는 자들이 있었다. 이외에도 인간이 신과 같이 될 수 있다고 가르치는 경우를 이방 종교나 기독교 이단들 가운데서 얼마든지 발견할 수 있다. 그렇다면 베드로가 본문에서 이 같은 이방 종교 사상들과 같이 성도가 하나님과 같은 존재로 변화될 수 있음을 말한 것인가?

✝ 문제의 해결

먼저 결론부터 말하면 본문에서 '신성한 성품에 참여한다'는 표현은 결코 이방 종교에서 말하고 있는 것과 같이 인간이 신과 같은 존재로 되는 것, 또는 신인합일(神人合一) 상태에 이르게 되는 것을 말하는 것이 아니다. 이는 다음과 같은 두 가지 의미로 해석되어야 한다.

그것은 첫째, 중생한 성도가 성화의 진척에 따라 점차 하나님의 성품 곧 의롭고 거룩한 성품을 닮아가게 되는 것을 가리킨다엡 4:24, 골 3:10. 성도가 성화되었다는 것과 신과 같은 존재가 되었다는 것은 전혀 다른 것이다. 성도의 성화는 도덕적으로 하나님의 성품을 닮게 된 것을 가리키는 것이지 하나님과 같은 능력까지도 소유하게 된 것을 가리키는 것은 아니다. 우리 성도들은 예수 그리스도께서 공생애를 통해 보여 주신 성품을 보고 우리가 닮아가야 할 하나님의 성품이 어떤 것인지를 알게 되며 또 성령을 통하여 하나님의 거룩한 성품을 점차 닮아가는 성화를 이룰 수 있다갈 2:20, 빌 1:21.

둘째 중생한 성도가 예수 그리스도의 재림 때에 부활하여 썩지 않을 몸을 입고 영생하게 됨을 가리킨다. 성도의 성화는 그리스도의 재림 때에 최종 완성된다. 그리고 그리스도와 함께 영화(glorification)의 상태에 들어가게 된다. 이때에도 성도가 결코 신성(神性)을 소유하게 되는 것은 아니다. 다만 하나님이 영존(永存)하시듯 성도도 영원히 썩지 않을 부활체를 입고 영생을 소유하게 되는 것을 가리키는 것이다.

✝ 의의

우리는 성경 말씀을 읽고 이해할 때 인간의 이성이나 세속적 사고방식을 가지고 억지로 그 뜻을 풀이하려고 해서는 안 된다[20절]. 성경은 반드시 성경으로 해석해야 하며 성경 자체가 뜻하는 바가 무엇인지에 대해 주의를 기울여야 한다. 그렇지 않을 때 본문과 같은 난제를 접할 경우에 성경 본문의 참뜻을 왜곡시키게 되는 것이다. 이 시간 우리 자신은 과연 어떠한 자세로 성경을 대하고 있는지 재점검해 볼 일이다.

학습 자료 87-2 재림과 종말 벧후 3:1-13

예수의 재림과 종말은 태초부터 진행되어 온 구속사의 절정 사건들이며 또한 이는 그리스도의 교회에 속한 자들의 신앙에 역동성을 부여하는 가장 궁극적인 원천이기도 하다.

구약 7대 기사	구속자의 도래와 죽은 자의 부활 (욥 19:25, 26, 사 26:19, 단 12:2)
	메시야의 공평과 정의 실현 (렘 23:5, 6; 33:15, 16, 단 7:7, 13, 14)
	심판날의 도래의 확실성 (욜 2:2, 암 5:18, 습 1:15, 16)
	땅이 진동하고 극렬한 풀무불같은 심판날 (사 2:12-21, 말 4:1)
	곡 연합군의 침입으로 인한 최후 대전쟁 (겔 38, 39장)
	종말의 도래 과정에 대한 70이레 예언 (단 9:20-27)
	신천 신지의 도래 (사 65:17-25)
신약 7대 기사	주의 재림과 죽은 자의 부활 (롬 8:11, 살전 4:16, 고전 15:51, 52)
	말세의 징조와 재림의 시기 (마 24:1-51, 막 13:1-33, 눅 21:5-36)
	의인과 악인을 구분하는 최후 심판 (마 25:45, 46, 계 20:12)
	성도의 휴거 (살전 4:14-17)
	주의 재림의 확실성 (살전 5:2, 3, 벧후 1:14-19, 3:9)
	하늘과 땅이 불타고 그 체질이 풀어짐 (벧후 3:7, 10)
	이 세상의 멸망과 신천 신지의 도래 (계 20:11, 21:1, 2)

그 '때'에 대한 오류들

재림과 종말과 관련하여 가장 크고도 빈번한 오류가 야기되는 문제는 그 '때'에 대한 문제이다. 이 '때'에 대하여 발생하는 오류는 첫째는 재림과 종말은 실제 이루어지지 않을 것이라는 소위 자유주의 신학자들의 오류이다. 둘째는 주의 재림과 종말의 징조 및 전조로 예시된 몇몇 사건을 성경 전체 계시와의 상관성을 무시한 채 자신들 시대에 꿰맞추고 또 이를 비논리적 방식으로 해석하여 재림과 종말의 때가 바로 언제일 것이라고 못박는 소위 광신주의적인 시한부 종말론의 오류이다.

성경은 그 어떤 관점에서도 정확 무오한 계시의 책이다. 이런 성경이 거듭하여 직설적으로 천명하고 있는바 예수의 구속 사역의 최종 실현을 위한 재림의 확실성을 인본주의적 이성에 따라 그저 고대인의 신화라고 못 박는 것은 용납되지 않는다. 한편 물론 말세에 임할 성도에게 확신과 소망을 주기 위하여 종말의 임박성을 성도 각자가 감지할 징조들이 제시되고 또한 그 영성(靈性)이 깨어있는 자에게 하나님께서 성령을 통한 교제를 통하여 그 '때'에 대한 각성을 주셔서 결과적으로 재림과 종말이 그 성도에게는 도적처럼 임하지 않게 해주신다는 약속을 주시기도 하셨다^{살전 5:1-11}. 그러나 분명 심지어 성자이신 우리 주 예수께서도 그 정확한 '때'는 오직 성부의 섭리에 위임된바 모르신다고 하셨으므로 누구도 성경 계시와 같은 절대적 권위를 가지고 그 '때'를 지적할 수 없다. 따라서 그 '때'를 못 박으려고 하는 것조차 오류이며 그때를 안다는 자는 모두 다 이단이다.

학습 자료 87-3 히브리서는 유대교에 대한 기독교의 변증서

구분	유대교	기독교
신 론	일원론적 신관(단일신론)	삼위일체 신관
인간론	인간의 타락은 극히 부분적인 것으로 행위로 의롭게 할 수 있다.	인간의 타락은 치명적이며 믿음으로 그리스도의 은혜를 입어야 함
성경관	하나님의 계시는 구약 성경에만 국한 되는 것이 아니라 후시대의 유대 문학에도 나타나며, 구약은 하나님의 영감 아래 기록되었으나 구절마다 영감된 것은 아님	하나님의 계시는 신·구약 성경으로 완결되었으며 더 이상의 특별한 계시는 없음
속죄관	인본주의 속죄관으로 중보자가 필요 없으며 자력(自力)과 선행에 의해 의롭게 됨	중보자이신 예수 그리스도를 믿음으로 구원을 얻을 수 있음
메시아관	메시아는 아직 오지 않았으며 그가 오시면 이 땅 위에 이상향을 건설하고 이스라엘 민족은 종교적, 정치적으로 인류를 지도하는 위치에 서게 됨	메시아는 예수 그리스도로, 그분은 성육신과 부활로 인간들을 죄 중에서 구원하셨을 뿐 아니라 장차 재림하셔서 세상을 심판하심
내세관	악을 행하는 자는 게헨나에서 고난을 당하고 선을 행하는 자는 천국에서 복된 생활을 누리게 된다. 특히 이스라엘 민족은 선민이기 때문에 사후에 아브라함의 품에 안기는 축복을 누림	그리스도에 대한 신앙의 여부로 결정되며 주님 만이 모든 것을 판단하고 심판하실 권한이 있음

학습 자료 87-4 히브리서에서의 구속사 시대 구분의 의의

히브리서는 구약과의 관련성 안에서 즉 신·구약의 동일성 및 점진성 안에서 그리스도 예수에 대한 신앙의 당위성 및 절대성을 논증하는 책이다. 그럼으로써 일차적으로는 구약의 일부 내용만 인본주의적 관점에서 왜곡하여 구약 전체의 성취자요, 이를 신약으로 확장하신 그리스도 예수를 믿는 기독교를 박해하는 유대교의 부당성 및 각종 불합리한 근거로 그리스도의 교회를 인정치 않는 로마 사회 전반의 부당성을 논증하여 교회에 속한 성도의 인내를 촉구하는 책이다. 그리하여 히브리서에는 신·구 약 전시대에 걸친 그리스도의 구속 사역의 연속성 및 그러한 그리스도에 대한 신앙의 절대성에 대한 강조가 특히 더 두드러지고 있다. 이에 이러한 히브리서를 계기로 하여 예수의 구속 사역을 중심으로 전개되는 구속사의 시대 구분과 각 시대에 있어서 삼위의 사역을 이래 도표와 같이 파악한다.

주지하다시피 어느 한 대상을 구분하는 데는 그 구분 기준에 따라 매우 다양한 방법이 있을 수 있다. 이는 구속사의 경우에도 마찬가지다. 그러나 이미 구속사(救贖史)라는 개념 자체가 역사를 예수 그리스도의 구속 사역을 통한 성도의 구원의 장 즉 예수의 구속 사역을 통한 성도의 구원의 전 과정으로 이해하는 것인 바 이를 나누는 가장 근본적인 기준도 당연히 예수의 구속 사역의 각 단계일 수밖에 없다. 따라서 이에 의하면 예수의 구속 사역이 아직 온전한 미래의 일로만 약속되던 약속 곧 구약을 중심으로 구속사가 전개되던 구약 시대와 예수의 성육신 초림을 통하여 구속 사역이 일단 성취되었으나 그 온전한 영육간의 실현은 예수의 재림과 천국의 개시로서 이루어질 것이라는 새 약속 곧 신약을 중심으로 전개되는 신약시대로 양분되게 된다.

한편 물론 전 구속사가 절대적으로는 삼위일체 공동 사역으로 진행되는 것이지만 단계마다 상대적 주도성의 차이는 있는바 삼위 중 어느 한 위께서 주도적으로 사역하시는가 하는 사실을 기준으로 구속사를 나누어 보는 것도 매우 유용하다.

이 두 기준은 각각 예수 구속 사역에 관한 약속의 내용과 예수 구속 사역의 주도적 집행자를 시대 구분의 기준으로 한 차이는 있으나 다 같이 예수 구속 사역을 기준으로 한 것으로 상호 잘 조화된다.

이러한 두 관점에서의 구속사의 시대 구분은 전 역사가 예수 구속의 법 중심으로 성도의 구원을 위해 삼위 하나님의 놀라운 은혜로 일관되게 연속되는 구원의 역사임을 각성케 해준다.

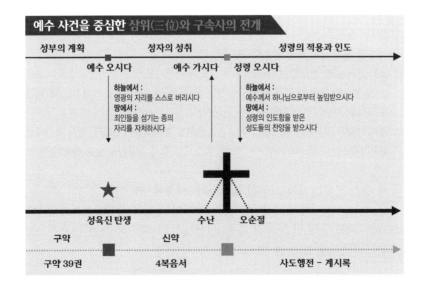

학습 자료 87-5 한 번 빛을 받고 타락한 자? 히 6:4-6

본문에서 히브리서 기자는 하늘의 신령한 은사들을 맛본 후에 타락한 자들은 다시 새롭게 하여 회개케 할 수 없으며 결국 멸망에 이르게 된다는 사실을 말하고 있다. 이는 성도의 견인(堅忍) 교리와 관련된 난제로 잘 알려진 구절인바 이에 대해 살펴보도록 하겠다.

✝ 문제의 제기

성도의 '견인 교리'란 곧 한 번 구원받은 성도는 성화의 과정에서 일시적 방황은 있을 수 있으나 완전히 타락하여 멸망에 이르지 않는다는 것이다. 그런데 본문에서는 '한 번 빛을 받고', '하늘의 은사를 맛보고', '성령에 참여한 바' 된 자가 타락할 수 있음을 말하고 있다. 그렇다면 이는 성도의 견인 교리와 명백히 어긋나는 것이 아닌가?

✝ 문제의 해결

위의 문제에 대해 답하기 전에 우리가 먼저 명심해야 할 것은 성경의 어떤 본문을 해석할 때는 해당 본문만 볼 것이 아니라 성경 전체의 관점에서 보아야 하며, 해당 본문을 전후로 한 문맥을 분명히 파악한 상태에서 이해해야 한다는 것이다. 왜냐하면 성경 66권은 표면적으로 볼 때 각각 다른 인간 저자들에 의해 기록된 것이긴 하지만 궁극적으로는 그 인간 저자들 배후에 계시는 한 분 성령님에 따라 기록된 것으로 연속성과 연관성을 가지고 있기 때문이다.

이런 관점에서 우리는 본문을 성경의 다른 곳에서 명백하게 가르치고 있는 성도의 견인 교리요 3:36, 5:24, 히 3:14, 벧후 1:10와 조화시키려고 힘쓰는 것이다. 이를 조화시킨 학자들의 대표적인 세 견해는 다음과 같다.

> ① 본문은 실제로 성도가 타락할 수 있음을 말한 것이 아니라 성도가 타락의 길로 가서는 안 됨을 경고하기 위해 주어진 것이다.
> ② 교회 안에는 참 성도뿐만 아니라 거짓 성도인 가라지도 있는데 이들은 표면적으로는 참 성도와 동일한 영적 체험을 하기도 하나 결국은 타락에도 가게 되는데 본문은 이러한 자들에게 심판의 경고를 한 것이다.
> ③ 아직 신앙이 미성숙한 성도들이 위의 2의 경우를 현실적으로 교회 안에서 목격하고 실족하게 되는 것을 막기 위하여 그러한 자들의 최후가 어떠함을 보여 준 것이다.

위의 세 가지 견해는 모두 가능한 해석이다. 그중에서도 특히 2, 3의 경우는 현실적으로 우리가 교회 안에서 종종 직면하는 것이며 심지어 성경에서도 발견된다. 예를 들면 열두 사도 중의 한 사람인 가룟 유다행 1:16-20, 마술사 시몬행 8:21-23, 구리 장색 알렉산더딤후 4:14 등을 들 수 있다.

학습 자료 87-6 멜기세덱의 정체 ^{히 7:1-3}

멜기세덱(Melchizedek)은 역사적 인물인가 아니면 천사이거나 신화적 인물인가? 그가 만일 역사적 인물이라면 왜 히브리서 기자는 그를 가리켜 '아비도, 어미도, 족보도, 시작한 날도 생명의 끝도 없는'^{3절} 인물로 소개하고 있는가? 이에 대해 규명해 보자.

✝ 역사적 인물로서의 멜기세덱

창 14장에 기록된 데로 아브라함이 조카 롯을 구출하기 위하여 318명의 가신(家臣)들로 엘람 왕 그돌라오멜과 그 동맹군을 격파한 사건은 분명 역사적 사건이다. 따라서 아브라함이 승전하고 돌아오는 그를 영접하였던 멜기세덱이 역사적 인물임도 분명한 사실이다.

'멜기세덱'(말키-체데크)이란 이름의 뜻은 '의의 왕'이다. 그리고 그는 당시 예루살렘의 옛 지명인 살렘의 왕이며 또 제사장이었다. 이처럼 한 사람이 왕과 제사장직을 겸하는 것은 고대 제정일치 사회에서는 흔히 있던 일이었다. 이외에 그에 대해서는 전혀 알려진 바가 없다. 다만 대다수의 유대인 학자들은 그가 노아의 장자인 셈의 후손일 것으로 추측한다.

✝ 그리스도의 예표로서의 멜기세덱

멜기세덱을 그리스도를 예표하는 인물로 본 사람은 히브리서 기자만이 아니다. 일찍이 메시아의 통치와 심판에 대해 노래한 시 110편 기자는 영원한 제사장 직분을 가진 메시아가 멜기세덱의 반차로 올 것이라고 예언하였다^{4절}. 여기서 멜기세덱은 창 14:18에 언급된 데로 '지극히 높으신 하나님의 제사장'으로 대제사장직을 가지신 그리스도를 예표한다.

한편 1965년 쿰란 동굴에서 발견된 사해 두루마리 사본에서는 사 61:1-2의 주석에서 멜기세덱이 왕으로서 종말에 하나님의 복수의 심판을 대행하여 벨리알과 그의 부하 악령들의 권세에서 모든 빛의 자녀들을 구원하여 주실 것이라고 했다. 그리고 후기 유대 전승에는 멜기세덱이 천사장 미가엘과 같은 존재로 등장한다. 그리고 유대의 사두개파 제사장들은 멜기세덱을 그들의 조상으로 보았다.

이처럼 이방인이며 고대 가나안 땅의 한 부족 국가인 살렘의 왕에 불과했던 역사적 인물이 구약 시대로부터 히브리서 기자에게 이르기까지 그리스도를 예표하는 인물로 언급된 데에는 다음과 같은 이유가 있었을 것이라고 추측된다. 그것은 ① 그가 동시대의 타락했던 가나안 족속들과는 달리 여호와께 대한 순전한 믿음을 소유한 '의의 왕'이었고, ② 그가 하나님의 특별한 인도 하심에 의해 아브라함을 영접하였으며, ③ 히브리서 기자가 언급하고 있는 바와 같이 그의 출생이나 기원이 전혀 신비에 싸여 있어 신성을 소유하신 그리스도를 예표하기에 적절한 인물이었으며, ④ 그가 살렘의 왕이면서 제사장이었기 때문에 그리스도의 왕직과 제사장직을 동시에 예표할 수 있었으며, ⑤ 끝으로 그가 승전하고 돌아오는 아브라함을 영접한 당시의 상황이 택한 성도들에게 구원의 복음을 주시는 그리스도를 연상케 하기 때문이다. 이 때문에 멜기세덱은 진정한 의와 평화의 왕국을 구연할 만왕의 왕이요 영원한 대제사장이신 그리스도를 예표하는 인물로 언급된 것이다.

✝ 의의

멜리세덱이 성경에서 그리스도를 예표하는 인물로 언급된 것은 결코 우연이 아니다. 그것은 먼저 전(全) 역사를 걸쳐 구속사를 진행하시는 한 분 하나님께서 구속사의 핵심인 예수 그리스도의 신분과 사역의 특징들을 성도들이 더 쉽게 이해하도록 할 뿐만 아니라 일찌감치 아브라함 시대에 살았던 멜기세덱을 그리스도를 예표하는 인물로 택하심으로써 아브라함 시대 훨씬 이전부터 신약시대에 이르기까지 당신의 구속사가 한 치의 빈틈도 없이 주도면밀하게 진행되었음을 보여 주시기 위한 하나님의 분명한 목적에 따른 것이다. 이에서 우리는 다시 한번 하나님의 주도면밀하심과 신실하심을 발견하게 된다.

87 일차 범위 생각해야 할 성경적 세계관의 이슈들

☑ 읽을 책 : "기독교 세계관 핸드북" 도서 출판 에스라 2023

❖ 히 2장 "천사에 대한 성경적 견해"(p93)
❖ 벧후 2장 "묵시와 환경"(p297)
❖ 유 1장 "세계관적 사고, 기독교의 지적전통, 기도교 진리의 본"(p126)

88일 핵심 학습 자료

학습 자료 88-1 중보자(仲保者) 그리스도 히 9:11-28

본문은 구약 시대에 그 역시 죄가 있는 불완전한 인간 제사장에 의해 드려진 불완전한 동물 희생 제사와는 달리 이에 신약시대에 영원하고 완전한 희생 제사를 하신 예수만이 절대 유일의 궁극적 중보자이심을 증거하고 있는 부분이다. 이에 중보자가 요청되는 필연적인 이유, 그리고 특별히 예수 그리스도와 같은 완전한 중보자가 요청되는 그 필연성과 의의를 살펴보고자 한다.

✝ 중보자의 요청

태초 범죄 이전에는 창조주이신 하나님과 피조물인 인간은 본래 중보자가 없이 서로 교통할 수 있었다. 그때 하나님과 자유 의지를 가진 전체 피조물의 대표인 인간은 에덴동산에서 선악과 언약을 맺으면서 이를 어길 때 반드시 죽을 것이고 이를 지킬 때만 생명이 보장되기로 약속하였다. 그런데 인간은 이를 어겼다. 때문에 인간의 죽음은 필연적이었다. 그러나 공의의 주이실 뿐 아니라 사랑의 주이신 하나님은 인간이 자신의 죄에 대해서는 언약의 법대로 책임을 지게 하시되 범죄한 인간 자신은 회개를 조건으로 새 생명을 얻을 수 있는 길을 열어주셨다. 다시 말해 다른 존재 곧 중보자가 인간을 대신하여 죗값을 치르면 그 인간은 구원 얻는 구속의 법을 인간의 범죄 이후 세우신 것이다. 이렇게 하여 죄 가운데 영원히 죽을 수밖에 없었던 인간에게 하나님이 세우신 구속(救贖)의 법에 따라 중보자를 통한 구원을 길이 열리게 된 것이다.

✝ 그리스도 중보직의 필연성

하나님을 향하여 인간의 죄를 대속할 중보자에게는 다음과 같은 조건이 필연적으로 만족하여야 했다. 그것은 첫째 하나님을 향해서 인간의 죄를 감당하기 위해서는 그 자신 인간이면서도 절대 무흠하여서 타인을 위한 완전한 희생 제물이 될 수 있어야 했다. 둘째 인간을 향하여서는 완전한 죄 용서를 보증할 수 있는 자이여야 하므로 오직 홀로 사죄권(赦罪權)을 가지고 계신 하나님과 동등한 자격을 가지신 자여야 했다.

종합해서 말하면 하나님과 인간 사이의 중보자는 곧 양자 모두의 요구에 만족할 수 있는 자이여야 하므로 완전한 인간인 동시에 하나님이어야 했다. 그런데 먼저 피조물인 인간이 하나님이 될 수는 없으므로 먼저 하나님이신 분이 완전한 인간이 되사 중보자로서 태초에 세워진 구속의 법을 성취할 수밖에 없었다. 그리하여 이러한 구속의 원리에 따라 삼위 하나님 중 제2위인 성자께서 성육신하사 하나님이신 동시에 완전한 인간이 되어 대속 희생을 치르게 된 것이다. 이에 대해서는 막 10장 학습 자료 73-1를 보다 참조하라.

한편 제2위 성자께서 성육신하시기 이전 구약 시대의 모든 인간 대제사장은 그들 자신이 죄를 가지고 있었을 뿐만 아니라 인간의 죄 용서를 보증해 줄 수 있는 아무런 권한이 없는 불완전한 중보자들로서 단지 완전한 중보자 그리스도를 예표하는 그림자에 불과했다. 마찬가지로 구약 시대의 동물 희생 제사도 그 자체가 구속의 효력이 있었던 것이 아니라 오로지 신약의 예수 그리스도 대속 희생을 예표하기 위한 것이었다. 즉 구약의 동물 희생 제사는 미래 예수의 구속 사역과의 관련성 안에서만 구속의 효력을 소급 적용받을 수 있었다.

✝ 의의

제2위 성자 예수께서 우리의 중보자가 되셔서 구속의 법을 충족시킴으로써 인간을 구원해 주시는 사실에서 우리는 태초에 당신께서 세우신 언약의 법을 철저히 준수하시는 하나님의 공의와 죄인들을 영원한 멸망 가운데서 구원하여 새 생명을 주시는 사랑의 오묘한 조화를 발견하게 된다. 또한 예수 그리스도께서 태초에 세워진 구속의 법에 따라 십자가 대속 희생을 치르심으로써 당신의 대속을 믿는 모든 성도가 과거에 지은 모든 죄뿐만 아니라 장차 짓게 될 미래의 모든 죄까지도 영구히 해결해 주신 사실에서 우리는 하나님 구원의 은혜의 절대성에 큰 감사와 영광을 돌리지 않을 수 없다.

학습 자료 88-2 하나님의 징계(懲戒) 히 12:4-13

✝ 정의(定義)

징계에 해당하는 구약 히브리어에는 '무사르', '토카하트'가 있는데 이 둘은 모두 '징책', '훈련', '가르침', '정정', '교정'이라는 뜻을 가진 것으로써 주로 아비가 자식을 교육하는 것과 관련되어 사용된 원어이다신 21:18, 잠 22:15.

한편 징계에 해당하는 신약 헬라어에는 '파이데이아'(παιδεία)가 있는데 이는 위에서 언급한 두 히브리어와 거의 같은 의미가 있으나 보다 넓은 의미에서 가정 교육뿐만 아니라 학교 교육까지도 내포한다. 예를 들면 행 7:22에서는 모세가 애굽 사람의 학술을 배운 사실을 가리켜서, 또 행 22:3에서는 바울이 가말리엘 문하에서 수학한 사실을 가리켜 이 용어가 사용되었다. 따라서 '하나님의 징계'란 하나님이 성도들에 대해 아비와 같은 깊은 사랑의 심정으로 성도의 실수를 교정하시기 위한 목적으로 주시는 각종 견책을 의미한다신 8:5, 왕상 12:11, 14, 히 12:5, 6.

✝ 하나님의 징계 이유

하나님께서 사랑하시는 당신의 성도들을 징계하시는 이유는 크게 두 가지로 볼 수 있다.

첫째 성도들의 범죄 때문이다. 하나님의 백성 된 성도들은 마땅히 하나님의 거룩하심을 본받아 거룩한 삶을 살아야 한다. 그러나 성도가 때로 범죄함으로 하나님의 거룩을 훼손하며 그 영광을 가리기 때문에 그러한 범죄에 대하여 그 대가를 치르게 하려고 당신의 거룩과 영광을 보존하시기 위하여 징계하시는 것이다.

둘째 성도들이 징계의 과정을 통하여 죄를 깨닫고 회개하여 더욱 성화되게 하기 위해서이다. 즉 징계는 교정의 목적도 갖고 있다. 실로 성도는 예수님을 믿는 순간 의인의 영적 지위는 완전히 그리고 영구히 획득하였지만, 그 인격 자체가 완전한 의인이 된 것은 아니다. 그리하여 실수할 수도 있다. 이에 하나님은 아비가 자식을 교정시키듯이 성도를 교정시키시고자 징계를 주시는 것이다. 이런 점에서 징계(Discipline or chastise)와 징벌(Punishment)은 다르다. 즉 징벌은 죄인에 대한 단순한 공의의 형벌로서 결국 완전한 멸망에 이르게 하지만 징계는 우리 성도를 향한 공의와 사랑의 조화로서 결국 구원에 이르게 하는 것이기 때문이다. 따라서 심판이란 용어가 일단 한 인간의 공과에 대한 하나님의 공의의 선언과 그 공의의 시행을 나타내는 포괄적이고 객관적인 용어라면 징벌과 징계는 성도와 자연인 각자에게 다르게 시행되는 심판의 목적과 대상까지를 나타낸 용어라 하겠다. 실로 성도에게도 심판은 있으나 그것은 징벌이 아니라 징계의 심판이다.

✝ 하나님의 징계에 대한 성도의 자세

이상에서 살펴본 대로 하나님 징계의 실체를 충분히 숙지한 성도라면 그 징계가 어떠한 형태로 온다고 하더라도 절망하거나 좌절하기보다는 오히려 한편으로는 자신의 연약함과 죄성을 깨닫는 각성의 계기로, 다른 한편으로는 더욱 깊은 하나님의 사랑을 깨닫고 감사함으로 징계를 받을 수 있을 것이다.

학습 자료 88-3 영지주의(Gnosticism) 이해

초대 교회 시대의 세계는 곧 로마 제국이었다. 그리고 로마 제국의 문화는 그리스 전통문화를 중심으로 하여 소아시아, 페르시아, 이집트, 심지어는 인도 등의 문화를 혼합시킨 소위 헬레니즘(Hellenism) 문화였다. 초대 교회는 그 신앙을 순수하게 유지하기 위하여 초기부터 이러한 세속 이방 문화를 배경으로 한 이단 사상(異端思想)의 거센 도전에 직면하여야 하였다. 그중 대표적인 것이 소위 헬레니즘 사상이 근간으로 하는 이원론적, 범신론적 우주관과 기독교 순수 신앙을 혼합시켜 만든 영지주의(靈知主義, Gnosticism)였다. 물론 이 영지주의가 본격화된 것은 A.D. 2세기경이었으나 이미 A.D. 1세기 중엽의 초대 교회 시대부터 소위 '전영지주의자들'(Pre-Gnosticism)이 발흥하여 초대 교회의 순수 신앙을 위협하였다. 신약 성경 중에서 제

4복음인 요한복음, 바울의 목회 서신들, 그리고 특히 요한 1, 2, 3서와 베드로후서, 유다서 등은 이런 영지주의의 도전을 직·간접적인 배경으로 하여 쓰여졌다.

이에 사도 시대, 속사도 시대 그리고 교부 시대에 걸친 초대 교회사(初代 敎會史) 주요 배경의 하나였던 영지주의를 요약하면 다음과 같다.

✝ 정의

'영지주의'(靈知主義, Gnosticism)는 '지식'을 의미하는 헬라어 '그노시스'(γνῶσις)에서 유래한 것이다.

그노시스는 물론 일반적 지식을 가리키기도 하였지만 영지주의에 있어서는 특별히 신적 비의(祕義)에 해당하는 영적 지식 곧 허망한 세상일 뿐인 이 육신적 세상이 아닌 참 세상인 영적 세계에 대하여 비의적 계몽에 의하여 얻게 된 지식을 가리켰다. 즉 세상은 저급하고 무가치한 물질세계와 영원하고 완전한 영의 세계로 이분되어 있으며 인생은 그 영혼이 육체에 갇힌 불완전한 존재인바 이제 영혼이 육체로부터 해방되어 영적 세계로 복귀함으로 소위 구원을 얻기 위해서는 영적 세계에 속한 신적 의지로부터 계시된 지식이 필요한데 이것이 곧 영지이며 이런 영지를 중심으로 한 이원론적 우주관과 구원관을 가진 사상이 곧 영지주의인 것이다.

그러나 위의 서두에서 밝힌 바와 같이 '영지주의'는 헬라 사상과 동방 종교들의 신비 사상, 그리고 소위 중간기 시대를 무대로 하여 생겨난 유대교(Judaism)와 기독교의 사상이 혼합된 일종의 혼합 사상으로 각 시대와 지방에 따라 심지어 각 인물에 따라 그 사상과 체계가 달랐다. 때문에 영지주의가 어떤 것이라고 단정지어 말하기는 매우 어렵다. 다만 스스로 '영지주의자'라고 칭하면서 이원론 사상에 근거하여 물질은 무조건 악하고 영혼만이 선하며 인간이 이 악한 물질세계에서 구원받기 위해서는 이 세상을 초월하여 존재하는 초월자로부터 계시되는 지식 곧 영지(靈知)를 소유해야만 한다는 공통된 사상에 근거를 두는 일련의 무리들을 총칭하여 '영지주의'라고 부르는 것이다.

✝ 영지주의의 역사

기독교 이단으로서의 영지주의가 본격적으로 그 모습을 드러낸 것은 사실 신약 성경 기록이 모두 끝난 뒤인 A.D. 2세기 초반경이다. 그런데 신약 성경은 이미 1세기 중반경부터 영지주의적 이단이 기독교 내부에 존재하였음을 증거한다. 이에 성경에서 언급하고 있는 영지주의는 아직 그 교리나 체계에 있어서 완전한 형태를 가지지 못한 것이긴 하지만 2세기경의 영지주의의 뿌리가 되는 것이기 때문에 '전영지주의'(pre-Gnosticisn)라고 봄이 타당하다.

한편 이러한 기독교 이단으로서의 영지주의가 생겨나기 이전부터도 '영지'를 중심으로 한 신화적 사상 체계가 존재했었다. 즉 물질은 악하고 영은 선하다는 이원론(二元論) 사상에 근거하여 물질로 구성된 우주와 이 우주와 정반대되는 초월자가 존재하는 초월적 세계를 구분하고 특이하게도 영육이 합한 존재로서 이 물질 세계에 존재하는 인간은 오직 초월자에게서 주어지는 계시에 의해서만 초월자를 알 수 있고 또 그러한 '영지'를 가져야만 물질의 세계를 벗어나 신과 합일하여 구원을 얻는다는 일련의 신화적인 사상 체계가 존재했었다. 이를 가리켜 우리는 '원영지주의'(proto-Gnosticism)라 부른다. 이 원영지주의가 기독교 사상과 접목되면서 기독교 영지주의 곧 '전영지주의'가 생겨난 것이다.

초대 교회의 전통(tradition)에 따르면 기독교 영지주의가 처음으로 시작된 곳은 사마리아이며 그 창시자는 베드로와 요한이 사마리아에서 만났던 마술사 시몬^행^{8:9-24}이다. 그리고 1세기 말경 초대 교회에서 가장 활약했던 영지주의자는 케린투스(Cerinthus)였으며 그의 가현설(Docetism)은 널리 알려져 있다. 3세기 초경 영지주의는 로마 제국 전역으로 확대되었으며 당시의 모든 교회가 영지주의에 오염되어 있었다고 해도 과언이 아닐 정도였다. 이 영지주의 이단은 2세기 초반경 비교적 안정된 사상 체제를 가집 이단으로 등장한 후 약 150년간 전성기를 누리다가 3세기 후반경부터 급속히 쇠퇴하였으며 4세기경에는 그 사상이 마니교(Manicheism)에 흡수되면서 한 시대를 풍미하던 사상으로서의 영지주의는 사실상 사라지고 말았다.

✝ 영지주의 이단의 핵심 사상

앞에서 간략히 언급한 대로 영지주의(Gnosticism)는 철저하게 영육 이원론(靈肉 二元論)에 근거하여 그 모든 사상을 전개한다. 한편 영지주의는 물론 기독교와 접목하여 기독교 이단화한 것이 그 주축 세력이긴 하였지만 어쨌든 그 자체는 기독교 이단으로서 등장하기 이전에도 존재하였고 그 이후에도 기독교와 별다른 관련 없이도 존재하였는바 그에 대해서는 생략하고 이제 그러한 영지주의가 기독교 사상과 접목되면서 형성된 기독교 이단으로서의 영지주의의 기본 사상을 기독교 신학 체계와 대조시켜 요약하면 다음과 같다.

① 신론(神論)

신의 세계는 최고신으로부터 우열의 등급에 따라 파생된 30개의 아이온(αιών, 派生神)으로 구성되어 있다. 최고 신은 물질세계와 가장 멀리 떨어진 초월적인 영적 세계에 거하며 제30위인 최하위의 신이 물질세계를 창조하였다. 그 신이 바로 유대교(Judaism)에서 말하는 창조주 하나님이다. 이 하나님을 가리켜 영지주의자들은 악한 물질세계와 가장 인접해 있다는 이유로 최고 열등한 신으로 보았으며 그 이름을 '데미우르고스'(Demiurgos)라 하였다. 이러한 신관에 근거하여 영지주의자들은 구약의 하나님 곧 유대교의 하나님은 '데미우르고스'로서 낮고 유한하며 쉽게 노하고 복수하는 존재라고 하였으며 이와 대조적으로 신약의 하나님 곧 기독교의 하나님은 선과 진리의 근원 자체로서 그리스도 안에서 자신을 계시하신 최고의 절대자 바로 그분이라 하였다.

② 인간론(人間論)

이 물질세계에 존재하는 인류는 모두 세 계급으로 분류된다. 그것은 곧 영적 계급(ξ(πνευματικοί, 프뉴마티코이), 정신적 계급(ψυχικοί, 프쉬키코이), 물질적 계급(υλικοι, 휠리코이)이다. 여기서 가장 우위에 있는 영적 계급은 세계의 시작과 발생의 비의 및 인간의 구원에 관한 비의(祕儀)인 곧 '영지'를 소유한 영지주의자들 자신들로서 초월적 세계에 들어가는 구원을 맛본다. 두 번째 지위를 차지하는 정신적 계급은 영지는 소유하지 못한 채 신앙과 실천을 통해서 구원에 이르긴 하나 저급한 축복만을 받는다. 그리고 최하위의 자리에 있는 물질적 계급은 끊임없이 사탄과 그들 자신의 욕망에 얽매여 있어서 구원의 소망이 전혀 없으며 영원히 멸망하게 된다.

③ 기독론(基督論)

영지주의의 기독론은 크게 셋으로 나뉜다.

그 첫째는 '성령 그리스도론'으로서 그리스도는 30위로 구분된 신 중에서도 제1위 신인 최고 절대 신에게서 직접 나온, 즉 본래 동일한 존재이셨던 성령이시며 육체를 입고 예수로 동정녀 마리아에게 나셨다가 십자가에서 육체를 제거한 후 다시 그리스도로 승천하셨다는 것이다.

둘째는 '가현설'(Docetism)로서 그리스도와 역사적 예수는 완전히 구별되는 별개의 존재이며 예수는 세례를 받는 때로부터 시작하여 십자가에서 죽기까지 그리스도에 의해 사용된 도구에 불과하다는 것이다. 또 완전한 신이신 그리스도에게는 결코 죽음이 있을 수 없으므로 십자가에서 죽은 것은 인간 예수일 뿐이라고 한다.

셋째는 '원인'(原人) 그리스도론으로서 예수와 그리스도를 분리하지 않으며 예수 그리스도는 30개의 아이온으로 구성된 신들 중에 하나로서 최고신으로부터 모든 권세를 부여받고 마리아에게서 탄생한 가장 원형적인 인간으로서 인간에게 구원을 위해 필요한 영지를 준 후 승천하였다는 것이다.

이 같은 영지주의 기독론은 본래 제2위 성자 하나님이셨던 그리스도가 성육신하시어 취하였던 인성(人性)을 부인하거나 아니면 지상에서 구속 사역을 하시면서 주님께서 가지셨던 신성(神性)을 부인하는 것으로 결국 성경에서 가르치는 예수 그리스도의 신인 양성(神人兩性)을 다 부인하는 결과를 낳는다. 이러한 영지주의 기독론을 집중 반박한 것이 요한일서이다 요일 2:18-24, 4:1-6.

④ 구원론(救援論)

영지주의에서 구원은 인간이 육체라는 감옥에 갇혀 이 물질세계에 속박된 상태에서 해방되어 인간의 영혼이 기원한 곳인 빛의 세계 곧 초월적 세계로 되돌아가는 것을 가리킨다. 그러기 위해서는 인간 자신의 기원과 존재에 대해서 뿐만 아니라 인간에게 영혼을 주신 초세계적인 최고신을 알아야 한다. 이를 위해 신의 계시가 필요하다. 그리스도는 최고신으로부터 보냄을 받은 계시자이며 그를 통하여 인간은 구원에 필요한 영지를 얻을 수 있다. 그리고 영지를 충만하게 소유하여 '플레로마'(πλήρωμα) 상태에 이르렀을 때 인간은 이 물질 세계를 초월하여 신에게 도달하게 되며 본질상 신과 합일(合一) 상태에 이르게 되는데 그것이 참 구원이다. 따라서 영지주의에는 종말론이 따로 없으며 이러한 구원이 곧 종말이 되는 셈이다. 따라서 그들에게 있어서 부활이나 그리스도의 재림과 같은 것은 아무 소용이 없는 것이다. 베드로가 영지주의 이단을 공격하면서 그리스도의 재림을 거듭 확증하지 않으면 안 되었던 이유도 여기에 있다 벧후 1:16-21, 3:3-13.

⑤ 윤리관(倫理觀)

영지주의 윤리관의 출발점은 영육 이원론에 근거하여 오직 영과 영의 세상만을 중시하고 악한 물질로 구성된 이 세상과 인간의 육체를 경시하는 데서 비롯한다. 그러나 이처럼 동일한 근거에서 출발한 영지주의자들의 윤리관은 서로 완전히 상반된 윤리 강령을 제시하는 두 극단적 형태의 윤리관으로 귀결된다.

첫째는 극단적인 '금욕주의' 또는 '고행 주의'로서 영지를 소유한 자신의 순수하고 절대 선한 영(靈)이 악한 세상으로 인하여 오염되는 것을 방지하기 위하여 이 세상과의 접촉을 회피하고 육체를 학대하는 것을 윤리와 도덕의 기본 강령이라고 주장한다. 둘째는 '자유방임주의', '쾌락주의'로서 영혼은 본질상 선하기 때문에 육체의 그 어떤 상태로부터도 오염될 수 없기 때문에 육체를 가지고 어떤 행위를 하더라도 상관없다고 말한다. 오히려 육체의 각종 소욕들을 맘껏 충족시켜 주는 것이 현실적으로도 그리고 영적으로도 좋으니 육체의 소욕을 맘껏 누릴 것을 추천한다. 여기서 도덕 폐기론(Antinomianism)이 나왔다.

표면적으로만 보면 전혀 상반되는 것 같은 이 두 윤리관이 궁극적으로는 하나의 영지주의에서 나왔다는 사실을 특히 주의하여 기억할 필요가 있다. 서신서에는 양자 모두 다 근거 없는 모순에 불과한 영지주의적 금욕주의^{골 2:23, 딤전 4:3}와 영지주의적 쾌락주의^{벧후 2:2, 3, 14, 유 1:16}에 대해 강력히 비판하고 있는 말씀이 여러 군데 나타난다.

✝ 주요 영지주의자들

영지주의자	전성기	활동지역	핵심주장
마술사 시몬(Simon)	1세기 후반	사마리아	자신을 신이라 주장함
케린투스(Cerinthus)	1세기 말엽	소아시아	가현설을 주장함
사투르니우스(Saturnius)	125년경	수리아	금욕주의를 주장함
바실리데스(Basilides)	130년경	알렉산드리아	30개의 아이온으로 된 신의 세계 주장
발렌티누스(Valentinus)	150년경	로마, 구브로	〃
말시온(Marcion)	150년경	로마 외 기타 지역	구약의 창조주와 신약의 하나님 구분
타티안(Tatian)	170년경	소아시아, 수리아	모든 영지주의 사상을 다 받아들임

✝ 의의

영지주의(Gnosticism)는 표면적으로만 볼 때는 일면 기독교의 신앙 체계와 유사한 사상 체계로 이루어져 있다. 그러나 깊이 들어가 보면 그 사상은 이원론적 헬라 철학을 근간으로 하여 이집트, 페르시아. 심지어 인도 등의 동방의 신비 종교 사상을 혼합한 소위 '혼합주의'(Syncretism)에서 비롯된 것으로서 성경의 진리와 완전히 배치되는 허구적인 신화(神話)에 불과한 것이다. 이에 사도 바울은 이 영지주의자들을 가리켜 신화와 족보에 착념케 하는 거짓된 지식을 가르치는 자들이라고 했다^{딤전 1:4, 6:20, 딛 1:14}. 그리고 사도 요한은 그들을 가리켜 '예수 그리스도의 성육신을 부인하는 자들', 또 '예수를 주로 시인하지 않는 자들'이라고 했다^{요일 2:22, 4:2, 3}.

이러한 영지주의가 초대 교회 최대의 이단으로써 사도 시대를 거쳐 교부 시대에 이르기까지 기독교에 끼친바 영향은 실로 크다.

첫째 영지주의는 성경이 가르치고 있는 모든 교리(Dogma, 教理)들에 대해 의문을 제기하고 나름대로 해답을 찾고자 했던 사실을 들 수 있다. 비록 그들이 찾은 해답은 성경의 진리와는 완전히 동떨어진 인본주의적 허구로서 초대 교회 신앙에 크게 해악을 끼쳤음에도 불구하고 이는 그 반대급부로 교회로 하여금 체계적인 신학 연구 작업을 통하여 사도들의 가르침에 근거한 기독교 정통 교리(正統教理)의 체계화와 성경의 정경화(正經化)에 박차를 가하게 했다.

둘째 영지주의와 같은 이단의 심각한 도전에 직면한 초대 교회는 이에 적극적으로 대처하기 위하여 교회 조직화 작업에 더욱 박차를 가하게 되었으며 이에 따라 교회 지도자의 권위가 크게 강화되었다.

셋째 신약 서신서에서 자주 암시되고 있는바 비록 당시의 영지주의자들은 사상적인 체계를 완전히 갖추지 못했던 전영지주의자들(pre-Gnosticists)이었음에도 불구하고 극단적인 금욕주의적 행위와 도덕 방임주의 또는 도덕 폐기론으로 인하여 교회의 윤리 생활을 크게 혼란케 하였던바 이는 기독교로 하여금 기독교 윤리 철학의 정립과 이의 실천의 중요성을 절감하게 하였으며 또 이에 따라 교회는 이교 사회에서 존경과 인정을 받을 수 있었다.

그리하여 이제 전 구속사적 관점에서 조망할 때 우리 성도는 이처럼 교묘한 이단들의 공격에도 불구하고 교회가 위축되기는커녕 도리어 하나님의 진리 위에 더욱 공고히 서가며 크게 성장해 나간 사실에서 우리는 기독교만이 유일한 절대 진리의 종교라는 사실을 새삼 확신하며 하나님께 큰 영광을 돌리게 되는 것이다. 또한 실로 지금도 그 옛날 헬레니즘 문화를 도구로 영지주의라는 이단을 만든 사탄(the Satan)은 지금도 고도의 물질문명을 매개로 인본주의, 물질주의 등의 이단을 만들고 있는바 믿음 안에서 늘 깨어있으므로 우리 시대의 이단에 맞서서 기독교 정통 교리와 기독교 윤리를 우리 믿음의 후진들에게 전승해 주어야 할 구속사적 소명을 재 각성한다. 우리 믿음의 선진들이 피와 고통을 요구하는 대박해에 물론 이처럼 첨예한 각성과 고귀한 순결을 요구하는 이단의 유혹에 맞서서도 그 신앙을 보존하여 우리에게 물려주었듯이 ....

영지주의

◆ 초대 교회의 많은 성도들은 오늘날의 교회와 마찬가지로 당시의 지배적인 철학으로부터 현저하게 영향을 받았다. 신약 성경 중 몇 권이 기록되는 동안에 영지주의가 아시아의 교회를 위협했는데 영지주의는 사도시대 초대교회에서 복음의 주요한 대적이 되었던 철학이다. 영지주의의 가르침을 잘 알게 되면 서신서에 나타난 경고와 가

르침을 더 깊이 이해할 수 있다.

영지주의(靈知主義 gnosticism)이란 용어는 '지식'을 뜻하는 헬라어 그노시스(gnosis)에서 유래했다.

영지주의자들은 이 지식이 지성적인 지식이 아니고, 보통의 그리스도인은 얻을 수 없는 지식이라고 가르쳤다. 영지주의자들은 일단 신자가 이런 특별한 지식을 갖게 되면 그는 이미 "구원"을 얻은 것이라고 생각했다.

영지주의 철학은 이상하고 다양한 방식들로 여러 차례 변화되어 갔지만 그 가르침에는 기본적인 두 가지 원칙이 있었다.

◆ 영지주의의 첫 번째 주요 교리는 지식의 우월성이다. 특정한 '영적인 자들(pneumatikon)'은 진리에 관한 특별한 지식을 가지고 있다고 주장했다. 보통 그리스도인은 비 고등 지식의 비밀을 알지 못했고 알 수 없다.

◆ 영지주의의 두 번째 주요 교리는 영과 의 육(물질)의 분리이다. 모든 물질은 악한 것이며 악의 원인이라고 여겼다. 영은 선하며 육체(물질)로 인하여 생긴 어떤 것에도 오염되지 않는다고 생각했다.

◆ 가현설적 (Docetic) 영지주의자들은 예수의 인성을 부인했다. 도케틱(docetic)이란 말은 '...처럼 보이다"는 뜻의 헬라어 도케오 (dokeo)에서 나왔다. 가현설주의자들(Docetists)에 의하면 영이시고 선하신 하나님이 예수 그리스도라는 인간이 되는 것., 물질이요 악한 육체가 되는 것은 불가능하다. 예수는 환영(phantom)으로. 진짜 살과 피를 가진 몸이 아니며 단지 몸이 있는 것처럼 보였을 따름이라고 그들은 믿었다.

학습 자료 88-4　보편 속죄설(普遍贖罪說) 비판　요일 2:2

본 절은 그리스도가 세상 모든 사람을 위해서가 아니라 창세 전에 특별히 택하신 자들만을 위해 죽으셨다는 그리스도의 제한 속죄(制限贖罪)를 반대하여 보편 속죄설을 주장하는 학자들이 자신들의 주장에 대한 강력한 증거로 제시하는 유명한 구절이다. 이에 보편 속죄설이 과연 성경의 주장과 일치하고 있는지, 또 본 절이 과연 그들의 주장을 뒷받침하고 있는지를 살펴보도록 하겠다.

✝ 보편 속죄설의 논지

먼저 여기서 주의할 것은 보편 속죄설은 그리스도의 구속 사역으로 전 인류가, 즉 복음을 믿지 않는 자들까지도 결과적으로 다 구원받게 된다는 완전한 이단 사상인 만인 구원설(Universalism)과는 전혀 다른 것이다.

보편 속죄설은 그리스도의 속죄의 대상은 전 인류이며, 또 그리스도께서 애초에 그들 전부를 위해 죽으셨다는 주장이다. 그리고 현실적으로 구원받지 못하는 자들이 생겨나는 것은 그리스도의 속죄가 신앙을 조건으로 하고 있는데 사람들이 신앙으로 복음을 받아들이지 않고 그릇 행하여 각기 제 길로 갔기 때문이라고^{사 53:6}주장한다. 그리고 자신들의 주장을 뒷받침하는 성경 구절로서 그리스도가 '세상'을 위하여 죽으셨다고 가르치는 구절들^{요 1:29, 3:16, 요일 2:2, 4:14}, 그리고 그리스도가 모든 사람을 위하여 죽으셨다고 가르치는 구절들^{롬 5:18, 고전 15:22, 고후 5:14, 딤전 2:4, 6, 히 2:9, 벧후 3:9}을 제시한다.

✝ 보편 속죄설 비판

보편 속죄설이 가지는 결정적인 오류는 다음과 같은 몇 가지 사실에 있다.

① 이는 모든 사람을 구원하시려는 하나님의 계획이 인간의 불신앙 때문에 좌절된 것으로 만든다. 이것은 곧 하나님의 주권과 전능하심에 절대 배치된다^{사 62:11, 계 4:8}.

② 이는 하나님이 예지(豫知)의 능력에 의해 어떤 부류의 사람들이 복음을 받아들이지 않으실 줄 미리 알고 계시면서도 그들을 위해 그리스도를 보내어 죽게 하신 모순을 가져온다^{시 139:1-6, 히 4:13 등}.

③ 이는 그리스도의 구속 사역이 부분적으로 실패한 것으로 만든다. 또한 보편 속죄를 주장하는 학자들의 견해대로 그리스도의 속죄는 다만 구원을 가능케 하는 것이고 인간의 신앙에 의해서만 구원이 확실시 되도록 한 것이라고 할 때 그것은 그리스도의 속죄 사역 자체를 불완전한 것으로 만들고 만다.

한편 보편 속죄설을 주장하는 학자들의 주장처럼 성경에서 그리스도께서 세상을 위하여 죽으셨다고 말할 때 '세상'은 모든 사람을 가리키지 않는다. 그것은 택함 받고 구원받을 성도가 특정한 한 지역이나 민족에 국한되어 있지 아니하고 세계 만민 가운데 편만해 있음을 의미하는 것이다. 그리고 그리스도께서 모든 사람을 위하여 죽으셨다고 할 때에 '모든'(all)도 개개인 전부 다가 아니라 택함 받은 자들 전체를 가리키는 것이다.

이상의 사실에서 우리는 보편 속죄설은 많은 자체 모순을 가질 뿐만 아니라 성경의 지지도 받지 못함을 알 수 있다.

✝ 의의

보편 속죄설을 주장하는 이유는 실상 성경에 있다기보다는 현실적인 측면에 있다. 즉 본질상 사랑이신 하나님께서 어떻게 어느 한 부류의 사람들을 영원히 유기하여 멸망케 하실 수 있는가? 또 만일 유기된 자와 피택자가 정해져 있다면 복음을 전파해야 할 이유가 어디에 있는가? 하는 것이다. 그러나 하나님께 사랑만 있고 공의가 없다면 이는 심각한 인간의 방종을 초래하게 될 것이다. 그리고 복음 전파는 주님의 명령이니 그 이유를 캐묻지 말고 그 명령에 절대복종해야 한다. 그 까닭은 복음 전파를 명령하시는 하나님의 원대한 계획과 섭리를 우리 인간이 다 이해할 수 없기 때문이다.

학습 자료 88-5 이단(Heresy)의 이해 요일 4:1-6

✝ 이단의 정의

'이단'에 해당하는 헬라어 '하이레시스'($\alpha\H{i}\rho\varepsilon\sigma\iota\varsigma$)의 문자적인 뜻은 '선택', '선택된 독자적 견해'이다. 이 말은 본래 철학의 어떤 학파나 문학의 새로운 어떤 경향을 나타내는 데 쓰였다. 신약 성경에서도 이 단어는 종종 '분파'라는 뜻으로 사두개파, 바리새파 등에 적용되었다^{행 5:17, 15:5, 26:5}. 그리고 나쁜 의미에서 '파당', '편당'을 가리키기도 했다^{갈 5:20}.

그런데 교회사적으로 이단(異端, Heresy)이라고 말할 때는 어떤 쟁점에 대해 사소한 견해차이나 역사적 상황 속에서의 어떤 특수한 입장의 차이로 인해 기독교 내에서 분파를 달리하고 있는 것을 가리키지 않으며 오직 다음의 경우만을 가리킨다.

> ① 기독교의 정통 교리를 거부하거나 왜곡시키는 무리, ② 성경의 명백 자명한 가르침을 교리적으로나 행위로 부정하는 무리, ③ 성경의 내용을 감하거나 더하는 무리 등이다. 그러나 무지 때문에 위와 같은 실수를 저지른 자들도 무조건 이단으로 규정하지는 않는다. '오직 그와 같은 그릇된 주장에 대하여 재삼 경고를 받았음에도 불구하고 끝내 돌아서지 않고 그것을 고집하는 자들'^{딛 3:10}만을 가리켜 이단으로 규정한다.

✝ 이단의 특성

각 시대마다 이단은 각각 다른 모습으로 나타나며 또 그 특성들도 다르다. 그러나 약 2000년간의 교회사(敎會史)에서 등장한 각종 이단들의 공통된 특징들과 성경에서 이단을 가리켜 언급하고 있는 부분을 종합해서 살펴볼 때 이단의 특성은 대략 다음과 같다.

> ① 이단은 상황에 따라 수시로 자신들의 태도를 바꾸어 버리기 때문에 그들의 주장은 처음과 끝이 다르다.
> ② 성경을 성경으로 해석하지 않고 교주의 주장이나 다른 인간들의 사상을 기준으로 해석한다. 이 때문에 당연히 교주의 말은 성경보다 더 권위를 가진다.
> ③ 교주는 절대적 권위를 갖는 카리스마적 존재로 신격화된다.
> ④ 성경 전체에서 명백 자명하게 드러나는 교리, 예를 들면 예수 그리스도의 성육신, 삼위일체론, 이신득의 교리 등을 부정하고 새로운 교리를 내세운다.
> ⑤ 자신들의 교리를 따르는 자에게만 구원이 있다는 배타적인 구원론을 주장한다.
> ⑥ 도덕적으로 부패한 행위들을 일삼으며 또 그것을 교리적으로 합리화한다.
> ⑦ 시한부 종말론을 내세우며 신도들로 하여금 일상생활에서 떠나게 한다.

우리가 이단을 올바로 분별하여 잘 대처하는 일은 매우 중요하다. 이를 위하여 우리는 이단의 특성에 대해서도 숙지하고 있어야 하겠지만 나아가 이단이 공격해 올 때 하나님의 말씀으로 잘 무장하여 이를 물리치는 적극적인 자세가 요청된다. 그러나 이단은 근본적으로 하나님을 대적하는 사탄의 배후 조종을 받으며 성도들을 성경의 정통 진리에서 떠나게 하는 것을 그 본령으로 하는 자들이기 때문에 이단이 직접적으로 공격해 오지 않는 한 그들을 피하는 것도 이단의 미혹에 빠지지 않는 중요한 방법의 하나이다롬 16:17.

학습 자료 88-6   영적 사망에 이르는 죄 요일 5:16-17

✝ 문제의 제기

사도 요한은 다른 곳에서 누구든지 예수 그리스도의 복음을 믿으면 멸망치 않고 구원을 얻는다고 말했다4:9, 요 3:16. 이는 죄인의 구원이 예수 그리스도의 복음(福音)에 대한 믿음의 여부에 의해 절대적으로 좌우되는 것이며 인간의 행위가 구원을 좌우하는 것은 아님을 보여 주는 것이다. 그런데 돌연 본문에서 사도 요한은 영적 사망에 이르는 죄가 있음을 말하고 있다. 이 말은 복음을 통해서도 구원 얻지 못할 죄가 있다는 뜻인가? 이 때문에 그러한 죄를 범하는 자를 위해서는 기도도 하지 말라고 한 것인가? 이에 대해 살펴보도록 하겠다.

✝ 문제의 해결

먼저 결론부터 말하자면 본문에서 사도 요한이 말하는 '영적 사망에 이르는 죄'란 그리스도의 복음으로도 능히 구원을 얻을 수 없는 죄를 가리키는 것이 아니라 본질상 완악한 마음으로 인하여 그리스도의 복음을 거부하고 복음으로 나아오지 않는 죄를 가리키는 것이다. 이를 가리켜, 성경의 다른 곳에서는 '성령 훼방죄'막 3:29, 마 12:28-32, '고범죄'(故犯罪)시 19:12, 13, 히 10:26, 27라고 하였다.

여기서 '성령 훼방죄'는 그리스도 복음의 진리를 증거하는 성령의 사역요 15:26을 스스로 완강하게 거부하는 것을 가리키는 말이다. 그리고 '고범죄'(故犯罪)는 그리스도의 복음을 통하여 무엇이 죄인지를 일러주었음에도 그러한 충고를 거부하고 고의적으로 같은 죄를 반복해서 범하는 것을 가리킨다.

한편 배교(背敎) 행위는 위와 같은 성령 훼방죄나 고범죄를 범하는 자들이 처음에는 마치 밭의 가라지처럼 교회 안에 있다가 결국은 자신의 정체를 드러내면서 복음을 저버리고 교회를 떠나는 행위라고 볼 수 있다히 6:4-6, 10:26, 12:16, 17. 따라서 교회 안에서 함께 신앙 생활하다가 배교하는 자들에 대해 이상하게 여길 것은 전혀 없다. 그것은 그가 스스로 참 성도가 아니었음을 드러내는 행위에 불과한 것이기 때문이다.

한편 성도라 할지라도 일시적으로 이단의 유혹에 빠져 죄를 범하는 때도 있으므로 성도 중에 잠시 미혹에 빠진 자들에 대해 쉽게 단정 지어 방관해 버려서는 안 될 것이며 권면하여 미혹된 길에서 돌이키기에 힘써야 할 것이다^{약 5:20.} 본문에서 사도 요한이 기도조차 하지 말라고 한 사람 중에는 이렇게 일시적으로 미혹된 자들은 포함되지 않는다. 오히려 이런 믿음의 형제들을 위해서는 더욱 간절한 중보기도가 요청된다.

한눈에 보는 성경의 핵심 줄거리와 메시지

신약

...... **십자가의 대속사역**
- 체포와 재판
- 십자가 처형
- 부활

 승천

A.D. 30~

교회시대 ▶ **사도행전**

① 베드로의 고백 ⟩ 교회의 근거
② 마 28:19-20

→ **교회의 시작**

...... ① **형성기**
- 성령강림
- 베드로의 설교
- 스데반의 죽음
- 아나니아와 삽비라 사건
- 일곱 집사의 선출

...... ② **변형기**
- 사울의 회심
- 고넬료의 회심
- 안디옥 교회의 설립

...... ③ **확장기**
- 바울 1차 전도여행(A.D. 47~49)
- 바울 2차 전도여행(A.D. 49~52)
- 바울 3차 전도여행(A.D. 53~58)
- 바울의 로마행(A.D. 60~63)
- 바울의 옥중생활
- 바울의 2차 투옥(A.D. 67)
- 바울·베드로의 순교

바울서신
- 갈라디아서
- 데살로니가 전·후서 ⟩ (일반서신)
- 고린도 전·후서, 로마서
- 빌레몬서, 골로새서, 에베소서, 빌립보서(옥중서신)
- 디모데 전·후서, 디도서(목회서신)

공동서신
- 야고보서
- 히브리서
- 베드로 전·후서
- 유다서
- 요한 1·2·3서

종말 ▶ **요한계시록**

89일 핵심 학습 자료

학습 자료 89-1 요한 계시록 입문

마지막으로 읽게 되는 계시록은 성부 하나님의 마지막 사역을 기록하는 책이다. 구원론적으로 영화의 구원에 이르러 구원이 최종적으로 완성되는 것을 보여 주는 책이다. 계시록은 이상한 신비를 보여 주는 책이 아니며, 또한 예수님이 언제 재림하는가를 보여 주는 책은 더더구나 아니다.

성경에 '때'를 의미하는 말이 'Kairos'와 'Kronos'가 있다. Kairos는 하나님의 때, 신위의 의미를 갖는 말이다. 한편 Kronos는 인간의 때, 인위의 의미가 있다. 계시록을 읽을 때 꼭 명심해야 할 것은 계시록의 시간은 하나님의 시간을 말하는 것이기 때문에 그것을 인간의 시간의 개념으로 해석하려고 하면 반드시 오류를 범한다는 사실을 기억하고 읽어야 한다. 그 분의 때는 곧 그분의 신비에 맡겨두어야 한다. 그것은 그분의 신비이다.

따라서 계시록은 심판 시리즈가 언제 이루어지고, 예수님은 언제 재림하는가를 알아맞히는 When(때-재림의 때)에 관한 책이 아니고, Who(어린 양 예수)에 관한 책이다. 이 책은 요한의 계시록이 아니고 '예수의 계시록'이다. 사실 예수님은 성경의 중심이다. 따라서 이 계시록의 핵심은 세상 끝(말세), 선과 악의 우주적 전쟁, 천년왕국, 대환난, 적그리스도 등에 관한 책이기보다는 예수님이 그것들을 어떻게 다루시는가를 보여 주는 예수님에 관한 책이다. 복음서와 다른 점은 복음서는 예수님의 초림에 대한 책이고, 계시록은 예수님의 재림에 대한 책이라는 것이다. 초림의 예수님은 겸손의 모습으로 오셨고, 재림의 예수님은 영광 가운데 오심을 보여준다. 초림의 예수님은 유대인으로 오셨으나 재림의 예수님은 우주를 대표하는 자로 오신다. 사도행전 1:11에서 우리의 신앙 고백 중 3번째가 계시록에서 이루어졌다.

① 예수의 죽음 ② 부활 승천 ③ 다시 오심.

행 1:11 이르되 갈릴리 사람들아 어찌하여 서서 하늘을 쳐다보느냐 너희 가운데서 하늘로 올려지신 이 예수는 하늘로 가심을 본 그대로 오시리라 하였느니라

또한 계시록은 창세기에서 시작한 하나님의 구속 역사가 어떻게 완성되는가를 보여 주는 책이라는 관점에서 읽어야 한다. 즉 계시록은 창세기의 결론이며 성경 전체의 결론이다. 다시 말하면 에덴에서 잃어버린 하나님의 나라가 어떻게 회복되는가를 보여주는 책이지 문자적으로 설명하는 책이 아니다. 따라서 계시록은 특히

4장 이하 환상 부분은 문자적으로 풀어 설명을 구하기보다는 그림으로, 감성적으로 받아들이면서 하나님의 구속 역사가 미래의 어느 한 시점에서 이렇게 마무리 되는구나 라고 읽으면 은혜가 될 것이다.

✝ 요한 계시록의 네 가지 해석 방식

요한 계시록을 바르게 이해하는 관점은 무엇인가? 요한 계시록 6장에서 18장에 나오는 환상이 가리키는 역사적 대상이 무엇인가? 그리고 천년왕국에 대한 대답이 요한 계시록을 해석하는 방법을 달리하게 한다. 그러나 안타깝게도 2000년 교회역사 속에서는 하나의 일치된 견해가 정립되지 못했다. 한 가지 방식만으로 요한 계시록을 해석할 수 없었기 때문일 것이다. 요한 계시록에 대한 해석의 역사가 남긴 네 가지 해석 방식은 나름대로 장·단점을 가지고 있다.

1) 과거주의 관점

과거 주의적 해석은 요한 계시록의 내용을 1세기 역사적인 배경 아래에서 해석하려는 관점과 이것과는 달리 로마 제국의 멸망의 예언으로 해석하려는 관점으로 나누어진다.

> ① 예루살렘 멸망을 위한 예언으로 보는 관점.
> ② 로마의 멸망을 위한 예언으로 보는 관점.

2) 역사주의 관점

이 역사주의 관점은 한국교회에서 많이 설교하는 방식인데, 이는 요한 계시록을 실제로 이 세상에 일어난 일에 대한 예언으로 보는 것이다. 그래서 요한 계시록에 일어난 일들을 역사적으로 중요한 사건들과 일치시키려는 입장으로. 이런 의미에서 본다면. 짐승을 교황으로 해석할 수도 있고. 666이 상품마다 찍히는 바코드로 해석할 수도 있다.

　이 관점의 단점은 역사적인 사건들을 너무 일일이 예언에 꿰어 맞추려는 것과 서방교회의 역사에만 요한 계시록을 적용하려는 경향이 있다는 것이다. 또한 해석자들이 각자의 시대의 정황에 맞게 역사적인 사건들을 맞추다 보니 해석자마다 각자의 시대에 따라 다르게 적용해 버리는 불합리한 결과가 나오게 된다. 또 다른 약점은 이렇게 요한 계시록의 예언을 미래의 사건에 적용하다 보니 1세기 당시의 요한 계시록의 독자들에게는 적용되지 않는 결점이 있다.

3) 미래주의 관점

미래주의적 해석은 한국교회에서 주종을 이루어왔던 관점이다. 미래주의 관점은 ① 세대 주의적 미래주의와 ② 수정 미래주의가 있다. 이들은 전천년설을 주장한다.

① 세대 주의적 미래주의

가장 보편적인 형태는 요한 계시록에 나오는 환상의 순서를 문자 그대로 미래의 역사에서 나타날 것으로 해석하는 것이 세대 주의적 미래주의이다. 그 순서를 나열하면 다음과 같다.

이들은 2장~3장의 일곱 교회를 예수님 재림하실 때까지의 일곱 교회 시대를 상징하는 것으로 본다. 민족적 이스라엘이 국토를 회복하는 일(이것은 4장 1절-22장 5절의 사건이 일어나기 바로 전에 일어날 일). 교회의 휴거. 7년 대 환란. 적그리스도의 통치, 악한 나라들이 예루살렘과 싸우기 위해 모임, 예수께서 악한 나라들을 멸망시키실 때 재림하심, 그리스도의 천년왕국, 천년왕국의 마지막에 사탄의 마지막 반역이 있고. 그리고 새 하늘과 새 땅에서 성도들과 함께 그리스도께서 영원히 통치하신다는 순서로 설명한다. 이들은 1장 19절의 말씀이 요한 계시록의 outline이라고 생각한다.

이 관점을 주장하는 대표자들은 다비(J. N. Darby), 스코필드(C. I. Scofield). 라르킨(Clarence Larkin). 라이리(Charles Ryrie). 왈부드(John Walvoord). 린세이(Hal Lindsey) 등이며 한국의 모든 부흥사들 많은 목사들이 세대주의적인 견해를 가지고 있다.

② 수정 미래주의

두 번째의 미래주의 관점은'수정 미래주의'라고 말할 수 있다. 수정 미래주의는 위의 세대주의적 미래주의보다는 문자적 해석에 있어서 온건한 편이며, 요한 계시록의 비전들이 미래의 역사에 시간적 순서를 가지고 일어난다고 강하게 주장하지는 않는다. 수정 미래주의는 교회가 진정한 이스라엘이라고 말하며, '전환란기 휴거'가 없다고 말한다. 그보다는 크리스천들이 마지막 환란기를 지나갈 것이라고 말한다.

세대 주의적 미래주의나 수정 미래주의는 공히 요한 계시록이 I 세기 독자들에게는 아무런 적용점을 주지 못한다는 큰 약점을 가지고 있다. 요한이 1세기에 로마로부터 고난을 겪고 있는 크리스천들에게 편지를 쓰면서 그들과는 상관없는 사실을 기록했다고 보기에는 무리가 있을 것이다. 이 점으로 볼 때 세대 주의적 해석이나 수정 미래주의는 큰 취약점을 가지고 있다.

4) 상징주의(Idealist View) 또는 관념적 해석

상징주의는 요한 계시록이 선과 악의 세력 간의 투쟁을 그리고 있으며, 하나님의 세력과 사탄의 세력 간의 투쟁을 상징적으로 묘사하고 있다고 말한다. 그러므로 요한 계시록의 내용을 역사적인 사건과 일치시키려고 해서는 안 되고 하나님께서 일하시는 방식으로 보아야 한다는 것이다. 요한 계시록에 나오는 전쟁들은 영적인 전쟁으로 보아야 하며, 크리스천들을 박해하는 것으로 보아야 한다는 것이다.

바다로부터 나온 짐승은 각 시대마다 교회를 핍박하는 사탄적인 정치 세력들로 규정된다. 그러므로 사탄의 결박은 실제적으로 사탄을 무저갱에 가두어 두는 것이 아니라 진리로 사탄의 세력을 결박하는 것이며, 천년왕국도 실제로 의인들이 통치하는 문자적인 천년이 있는 것이 아니라 교회 시대를 상징하는 것으로 보는 것이다(무천년설).

이러한 상징주의 관점은 요한 계시록을 마지막 역사의 종말이라는 관점에서 본다는 점에서 부족한 점이 있으며, 하나님의 마지막 승리와 사탄 세력의 마지막 심판이라는 영역이 축소되어 보이는 경향이 있다. 그러므로 상징주의는 과거주의나 역사주의 관점이 직면하는 문제와는 반대의 문제를 가지게 되는 것이다. 왜냐하면 상징주의가 특별한 역사적 사건들과 요한 계시록의 상징들을 굳이 일치시키지 않기 때문이다.

✝ 본 강의의 관점 – 절충주의(Eclecticism) 관점

요한 계시록에 대한 해석의 역사가 남긴 네 가지 해석 방식은 나름대로 장·단점을 가지고 있다.

본 강의의 관점은 상징주의를 근간으로 하여 상징주의를 보완하는 방법을 따른다. 즉, 상징주의 관점은 마지막 심판과 하나님의 승리의 절정 역시 상징적으로 해석을 하는 반면에, 절충주의 관점은 구원과 심판에 있어서 마지막 절정을 포함하는 것이다. 따라서 예수 그리스도께서 재림하셔서 새로운 피조물 속에 하나님의 나라를 형성하기 위하여 행하는 마지막 심판과 구원을 제외하고는 특별히 역사 속에서 특정한 사건을 예언한 것이 없다는 것이다.

절충주의 해석의 최고 권위자인 영국 계시록 신학자인 리처드 보캄 Richard Bauckham 은 그의 저서 "계시록 신학(The Theology of the Book of Revelation)" (Cambridge University Press, 1993)에서 이 문제를 다음과 같이 설명한다.

요한 계시록은 미래에 대한 단순한 정보를 제공하기 위해 쓰여진 책이 아니고 그리스도인들이 세상을 향하신 하나님의 최종적인 목적이 요구하는 방식대로 살아갈 수 있게 하려고 쓰여진 책이라고 했다. 다시 말하면 본 강의의 관점 2에서 밝힌 것처럼, 하나님 나라의 회복을 위한 하나님의 역사를 쓴 성경이 그 최종적인 순간에 어떻게 이루어지게 되는가를 보여 주심으로 하나님 나라 회복을 위한 하나님의 마음을 이해하고 그래서 그분의 뜻에 따라 살도록 하려고 써진 책이다.

따라서 보캄은 무엇보다 이 책이 초대 교회에 회람 서신으로 주어졌다는 점을 강조한다. 그것은 핍박받고 있는 당시의 첫 독자들이 하나님의 나라가 최종적으로 그리고 반드시 회복된다는 것을 보여 주심으로 그들이 소망을 가지고 핍박을 견디며 승리할 수 있도록 하기 위함이다. 가장 인기 있는 해석법인 세대 주의적 해석법은 이 책이 초대 교회의 독자들에게 주어진 역사적 사실을 무시하는 오류를 범한다. 세대 주의자들은 이 책(편지)이 주어진 소아시아의 일곱 교회를 실제 상황으로 생각하지 않고 대 환난이 오기까지의 세대를 커버한 일곱 교회 시대로 보는 오류를 범한다.

보캄은 계속해서, 이 책이 상징을 많이 사용한 것은 이 책의 내용을 애매모호하게 하기 위함이 아니라 상상력과 통찰력을 고무시키기 위함이라고 했다. 그것은 당시에 지배적인 이데올로기의 관점과는 정반대되는 관점으로 묘사함으로 로마의 제국주의적인 이데올로기를 반박하고, 그 우상 숭배적인 속임수를 노출시킴과 아울러 참된 실상을 드러내기 위함이라는 것이다. 이를테면, 그 상징적 이미지의 외향과는 달리 지존자는 '짐승'과는 완전히 다른 하나님이시며, 궁극적인 승리는 폭력을 통해서가 아니라 고난 속에서 진리를 증거하는 가운데 얻는다는 것이다.

요한 계시록의 원래 목적은 1세기 말 일곱 교회로 대표되는 초대 교회 교인들이 극악한 박해에 직면해 있을 때 그들에게 새 하늘과 새 땅의 소망을 품어 박해를 견디도록 격려함에 있었다. 극심한 시험을 이기는 자에게는 새 하늘과 새 땅에서 축복을 누리게 된다는 비전을 보여 주어 그들이 인내하게 한다. 이런 극심한 시련은 말세에 하나님의 악에 대한 심판이 진행되며 하나님은 반드시 승리하여 악의 세력은 무저갱으로 영원히 멸망하며 하나님 나라가 최종적으로, 그리고 온전히 회복되는 것을 보여 주는 것이 계시록이 쓰인 이유이다.

요한계시록은 인간의 역사에 대한 하나님의 계획을 요약하고 있다. 오래전에 첫 창조에서 시작된 일들이 궁극적으로는 새 창조에서 완성됨을 보여 주는 것이다. 그 것은 하나님 나라인 최초의 에덴이 망하게 된 배후 세력인 사탄을 박멸하고 그 에 덴을 다시 회복하는 새 하늘 새 땅은 바로 하나님 나라의 완전한 회복을 말하는 것이다. 이것은 영적 전쟁이다. 사실 이 영적 전쟁은 창 3:15에서 이미 선전포고가 된 것이고, 예수님이 오셔서 십자가를 지심으로 이미 승리를 쟁취한 전쟁이고, 말 세는 그 최종 승리를 향한 마지막 정리 단계의 싸움이 진행되고 있음을 보여 주는 것이 계시록의 목적이다. 사탄은 그 마지막 때의 발악을 하고 있는 것일 뿐이다.

이런 맥락에서 요한 계시록은 "축복을 담고 있는 책"이다. 1:3, 14:13, 16:15, 19:9, 20:6, 22:7, 14 등에서 여섯 개의 다른 "복"들을 찾아보라.

또한 이 책은 "역사(history)가 주님의 이야기(His Story)"인 것, 곧 인간사는 승리자이신 그리스도의 손 안에 있음을 보여 준다. 이 책을 잘 공부함으로써 우리는 예수님이 다시 오시는 때를 예비하기 위해 격려를 받아야 하며, 섬기도록 영감을 받으며, 정결한 생활을 할 수 있도록 능력을 받아야 한다.

요한 계시록을 의미하는 Revelation은 원래 '벗기다' 또는 '폭로하다'라는 의미를 갖고 있다. 그런데도 사람들은 요한 계시록에 사용된 많은 상징들로 인해 그 내용이 가려지고 닫혀 있다고 여긴다. 이 때문에 어떤 사람들은 이 책을 공부해서는 안 된다고 주장하기도 한다. 종교 개혁자 칼뱅이 대표적인데, 그는 요한 계시록 주석을 의도적으로 집필하지 않았다. 반면에 지나친 확신을 하고 요한 계시록에 상징적으로 쓰인 모든 것을 이해할 수 있다고 주장하는 사람들도 있다. 이것은 수많은 이단이 요한 계시록으로 인해 나타나는 이유이기도 하다. 사실 요한 계시록에는 신비하고 알기 어려운 것들이 많이 있다. 이 때문에 한낱 미래에 대한 호기심을 충족하기 위해 접근하면 위험하다. 그렇다면 우리가 취할 바른 태도는 무엇인가? 이 두 극단 사이에서 중간적 입장을 취하는 것이다. 즉 우리의 이해에는 한계가 있음을 겸허히 인식하면서, 가능한 많이 이해하려고 노력하는 것이다.

✝ 요한계시록은 성경의 종말론적 구속역사의 완성(결론)편

창세기 1-3장	요한계시록 20-22장
"태초에 하나님이 천지를 창조하시니라" (1:1)	"내가 새 하늘과 새 땅을 보니" (21:1)
"어둠을 밤이라 부르시니라" (1:5)	"거기는 밤이 없음이라" (21:25)
"네가 먹는 날에는 반드시 죽으리라" (2:17)	"다시는 사망이 없고" (21:4)
사탄이 인간을 속이는 자로 나타난다 (3:1).	사탄이 불과 유황 못에 던져진다 (20:10).
뱀의 최초의 승리 (3:13)	어린 양의 최후의 승리 (20:10, 22:3).
"내가 네게 임신하는 고통을 크게 더하리니" (3:16)	"다시는 사망이 없고 애통하는 것이나...다시 있지 아니하리니" (21:4)
"땅은 너로 말미암아 저주를 받고" (3:17)	"다시 저주가 없으며" (22:3)
그들에게 생명나무로 나아가는 길이 닫힘 (3:24).	그리스도 안에서 생명나무로 나아가는 길이 회복된다 (22:14).
그들은 하나님의 임재로부터 추방된다 (3:24).	"그의 얼굴을 볼 터이요" (22:4)

창세기와 요한계시록 비교

A) 유사 (Similarities)

- 새 시작, 새 질서
- 생명나무, 강, 신부, 하나님과 동행
- 도덕적, 영적 이상을 갖고 있는 낙원
- 하나님은 이 에덴동산에서 품었던 인간을 위한 이상을 결코 포기하지 않으심

창세기 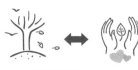 요한계시록

B) 대조 (Contrasts)

첫 동산은 폐쇄 (3:23) ■	■ 새 낙원은 OPEN (21:25)
죄로 인한 추방 (3:24) ■	■ 은혜로 인한 회복 (21:24)
저주가 임했고 (3:17) ■	■ 저주가 없어짐 (22:3)
아담으로 인해 생명나무 접근이 금지함 (3:24) ■	■ 예수님으로 인해 다시 허용됨 (22:14)
슬픔과 죽음이 시작됨 (3:16-19) ■	■ 더 이상 없음 (21:4)
죄로 오염된 낙원 (3:6-7) ■	■ 오염된 것은 들어올 수 없음 (21:7)
인간의 지배(Domain)이 깨어짐 (3:19) ■	■ 그 지배가 그리스도로 인해 새 인간으로 회복됨 (22:5)
사탄의 승리 (3:11) ■	■ 어린양의 최종적 승리 (20:10)
하나님과 사람과의 동행이 방해받음-단절 (3:8-10) ■	■ 하나님과 사람의 동행(Walk)이 다시 시작됨 (21:3)

C) 성취 (Completions)

- 동산이 도성으로 발전하여 성취
- 한 사람이 민족으로 발전 성취
- 창세기에서 시작된 죄가 요한계시록에서 그 절정에 이르러 죄가 사그러짐
- 그 죄의 절정은 음녀(Harlot), 거짓 선지자(False Prophet), 짐승(the Beast), 용(the Dragon)에서 이루어짐
- 육체적 죽음이 요한계시록에서 두 번째 죽음으로 전개
- 사탄에 내려진 저주가 요한계시록에서 실천됨
- 창세기에서 약속된 구속자가 요한계시록에서 최종적으로 구속 사역을 완성함
- 창세기에서 생긴 기대감은 요한계시록에서 성취
- 창세기는 기초 돌(cornerstone)을 놓고 요한계시록의 관석(Capstone)을 놓음으로 하나님 나라가 완성됨

✝ 계시록의 특징

① 계시록은 시적(詩的), 직관적(直觀的), 무의식적(無意識的, unconscious) 상상적 (想像的 imaginative) 부분의 뇌(腦), 즉 우뇌(右腦 right brain)를 활용해야 이해할 수 있는 책이다. 이것을 논리적, 이성적 작용을 하는 부분인 좌뇌(左腦)만을 활용하면 이해가 안 된다는 말이다. 계시록은 추상화 전시장이다. 구상화는 하나도 없다.

② 일곱 교회는 문자적으로, 4장 이하 나머지 부분은 상징적으로 풀어야 한다. 상징적으로 푼다고 해서 역사성을 무시해서는 안 된다.

③ 계시록은 예수님의 재림을 기록하고 있지만 그 시기(When)를 예시하는 책이 아니고, 예수님이 마지막 때에 무엇을 하시는가를 보여 주는 책이다. 복음서보다 예수님의 이름이 더 많이 나온다.

④ 상징이 많다.

무슨 말을 전할 때 직접 하지 않고 상징적으로 말하는 것이 아주 많다. 예를 들면 '두루마리 책, 나팔, 금 대접, 인으로 봉한다, 인 친다, 용, 여인'등의 상징적 표현이 있다.

◈ **숫자적인 상징이 많이 등장한다.**

'1'은 하나님을 상징하고(1:8),

'2'는 인간의 수를 나타낸다.

'3'은 삼위일체를 의미하는 하늘의 수이고,

'4'는 동서남북을 가리키는 땅의 숫자다 4:6, 5:8.

'6'은 사탄의 수이고 13:18,

'7'은 하나님의 수이자 완전수이며,

'10'은 세속적 완전수이다 12:3, 13:1, 17:3 등.

◆ **'7'** 요한 계시록에는 7과 관련된 여러 형태의 내용이 나오는데, 이는 요한계시록의 문학적인 구성이 유대교적인 배경을 갖고 있기 때문이다. 일곱 교회 2~3장, 일곱 가지 인 재앙5~7장, 일곱 가지 나팔 재앙8~11장, 일곱 가지 대접 재앙15-16장을 비롯해 일곱 금 촛대1:12, 20, 2:1, 일곱 천사8:2, 15:1, 6, 일곱 별 1:16, 20, 2:1, 일곱 뿔과 일곱 눈을 가진 어린양5:6, 일곱 머리와 일곱 왕관을 쓴 용12:3, 일곱 머리를 가진 짐승13:1 등이 있다. 또한 요한 계시록에는 일곱 가지 복 있는 자들이 언급되고 있다. '전능하신 하나님', '그리스도', "합당하다", 흰옷'과 같은 단어는 7번씩 사용되었으며, 그 밖에도 촛대, 예언, 무저갱, 음행, 지진, 큰 도시 바벨론등도 일곱 번씩 사용되었다.

◆ **666** 1세기에는 아라비아 숫자가 통용되지 않았다. 대신 알파벳 각 글자가 수치를 갖고 있었다. 히브리어로'시이저 네로'를 이루고 있는 수치들을 취하면 666이 된다. '시이저 네로의 히브리어 표현은 'Qsr Nrwn', 인데 각 철자의 수는 다음과 같습니다. Q=100, S=60, R=200, N=50, R=200, W=6, N=50. 이 수치를 다 더하면 666이 된다. 요한 계시록은 헬라어로 기록되었는데, 왜 히브리어로 그의 이름이 쓰였는지에 대해서는 알 수가 없다. 다만 암호의 형태

로 주어진 것이라 추측할 뿐이다. 결국 666은 부활한 네로가 다시 한 번 세상에 나타나리라는 것이다. 그간에 있어 왔던 바코드, 수표 등의 비인격체는 요한 계시록이 말하는 666이 아니다. 이는 정확히 누구를 언급하는지에 대해서는 알 수 없다. 그가 나타날 때까지는.

또 헨드릭슨은 단지 실패의 숫자인 6이 3겹으로 합쳐진 것으로 짐승(사탄)의 실패를 암시하기도 한다고 했다.

◆ 144,000 144,000은 땅에서 구속함을 받은 14만 4천 성도를 말한다. 따라서 '144,000'[7:4, 14:1, 3]이란 문자 그대로 14만4천 명만을 뜻하거나 유대인들 가운데서 구속받은 자들만을 가리키는 것이 아니다. 이들은 이 세상에서 어린 양의 피로 구속받은 자들로서, 하나님과 어린양에게 속한 자들이다.

◆ **색의 상징적인 의미가 나온다.** 흰색은 정결과 무죄 또는 승리를 말하고, 붉은색은 죽음과 악, 전쟁과 사탄을 의미합니다. 또한 청황색은 죽음을 의미하고, 검은색은 재앙과 땅의 기근을 의미한다.

◆ **동물의 상징적인 의미가 나온다.**
양은 예수님을 가리키고, 용은 사탄, 독수리는 심판자, 짐승은 불신의 왕들, 개구리와 메뚜기는 재앙을 말한다.

◆ **자연환경이 상징하는 것도 있다.**
바람은 생명을, 지진은 재앙을, 구름은 하나님의 영광을 나타낸다고 본다.

✝ 계시록 공부의 7가지 원리 (Dennis E. Johnson "Triumphant of the Lamb"

1. 계시록은 나타내 주는 책이다.
2. 계시록은 보이는 책이다.
3. 구약의 통전적 이해를 가져야 한다.
4. 계시록의 숫자는 상징적으로 이해해야 한다.
5. 1차 독자는 초대 교인들이고 따라서 서신서의 성격을 갖는다. 고난 받는 교회를 위한 책.
6. 계시록은 반드시 속히 될 일에 관한 책이다.
7. 최후의 승리는 하나님의 것이다. 구속사의 종말적 완성.

✝ 본 강의는 요한 계시록을 바르게 이해하기 위해 다음 사항들을 염두에 두아야 함을 강조한다.

① 원근 통시(telescoping of time)
요한 계시록에 나타나는 예언의 성취 시기에 대해서는 묵시 문학의 특정인 원근 통시로 이해할 필요가 있다. 요한 계시록을 바로 이해하려면 무엇보다도 현재와 미래의 일치성에 주목해야 한다. 이는 성경 묵시 문학 전체에 나타나는 특징이다. 하나님의 구원 역사에는 '이미'와 아직' 사이의 긴장이 있다. '이미 '이루어진 역사가 있고, 그것에 기초해 앞으로 이루어질 '아직'에 해당하는 예언들이 함께 있다. 이 두 가지 영역의 사건들이 밀접하게 연결되어 두 시대가 통시적인 것으로 보이는 것이다. 이것은 "하나님 나라"의 개념이다.

이 원근 통시의 개념을 이해하기 위해서는 하나님은 시간과 공간을 초월하시는 분이시라는 사실을 염두에 두어야 한다. 아래 그림을 보면 하나님은 태초부터 새 하늘과 새 땅까지의 모든 사건을 동시적(同時的)으로 볼 수 있다. 시간과 공간은 그분에 의해 피조된 것이고 그분 안에 있는 것이기 때문이다. 아래 그림을 참조하라.

이를테면 "여호와의 날"이 앗수르에 의한 이스라엘의 심판과 동시에 종말적 구원의 날을 의미하고^{암 5:18, 20}, 예루살렘의 멸망이 종말적 멸망과 연결된 것^{마 24:15, 눅 21:20이하} 등이 원근 통시의 예라고 본다. 요한계시록의 예언 중에서도 13장과 17장에 묘사되는 일곱 머리와 열 뿔을 가진 짐승은 로마 혹은 로마의 황제들을 가리키면서 동시에 종말적인 적그리스도를 가리키는 것으로 볼 수 있다는 것이다. 따라서 계시록에서 진행되는 일곱 재앙의 세 심판 시리즈는 반드시 우리의 시간적 흐름에서 순서적으로 일어나는 것이라고 볼 수 없다.

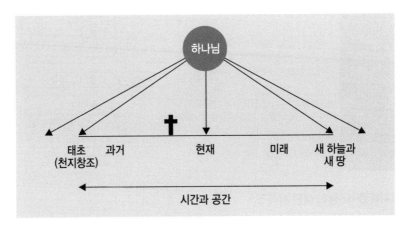

② 계시록의 시간은 하나님의 시간(Kairos)이다.

그것을 인간의 시간(Kronos)의 개념으로 풀려고 하기 때문에 잘못을 저지르는 것이다. 이를 테면 종말의 때가 언제인가가 제일 큰 관심사인데 그 종말의 때를 인간의 때의 개념으로 이해해서 몇 날 몇 시에 온다고 하는 것은 잘못된 것이다. 재림의 때를 비롯해서 계시록에서 전개되는 모든 때는 하나님의 섭리적인 때임으로 우리는 그 사실에 순종하는 마음을 가지고 계시록을 읽어야 한다. 우리의 호기심을 발동해서는 안 된다.

③ 계시록은 핍박받는 초대 교회 교인들에게 새 하늘과 새 땅에서 하나님 나라가 완성된다는 사실을 알게 함으로 소망을 가지고 그들의 신앙을 지키게 하기 위함이다.

이것은 오늘을 살아가는 우리에게도 동등하게 유효하다. 계시록 1:5-6의 말씀에서 이 점을 볼 수 있다. 이 구절은 하나님이 우리를 ① "사랑하시려고" 창조했으나 우리가 죄를 범해 그 나라를 잃어버렸고, 그러나 여전히 우리를 사랑하시기 때문에 ② 그 나라를 회복시켜 주기 위해 우리를 "죄에서 해방하게 하시어" ③ 그 나라를 온전히 회복하시는 것을 보여 주기 위함이라는 관점이다.

우리는 이런 관점, 즉 하나님 나라의 완성이라는 관점으로 계시록을 이해하고자 한다.

✝ 심판 시리즈의 배열에 대한 견해

① 축적 배열은 인 심판 시리즈가 있은 후에 더 강화된 나팔 심판이, 그다음 더 강화된 대접 심판 시리즈가 이어진다고 보는 견해이다.

② 연속 배열은 각 시리즈의 심판이 인, 나팔, 대접 심판 시리즈 순서대로 진행된다는 견해이다.

③ 끼어 넣기 배열은 인 심판의 일곱 번째 재앙은 그 다음 시리즈인 나팔 심판을 품고 있고, 나팔 심판 일곱 번째 재앙은 그다음 시리즈인 대접 심판을 예고한다고 보는 견해이다. 성경을 자세히 보면 이 끼워 넣기 배열이 옳지 않음을 알 수 있다. 각각의 일곱 번째 재앙은 그 자체가 하나의 재앙임을 알 수 있다.

축적 배열	심판이 반복되면서 심판이 강화된다.	대접 / 나팔 / 인
연속 배열	21개의 심판이 연속적으로 일어난다.	인 나팔 대접
끼워 넣기 배열	일곱번째 인이 나팔 심판을 소개해주고, 다시 일곱째 나팔이 대접 심판을 소개해준다. (일곱째 인 = 일곱 나팔 심판, 일곱째 나팔 = 일곱 대접 심판)	일곱째 인 / 일곱째 나팔 / 123456 / 123456 / 1234567 / 인 / 나팔 / 대접

✝ 계시록 6~16장의 심판 시리즈

논리적순번	1	2	3	4	5	6	삽입	7
인심판	흰 말: 전쟁	붉은 말: 전쟁	검은 말: 기근	청황색 말: 죽음	순교자의 탄원	천체의 변화	7장: 인치심 (144,000)	지진, 뇌성, 음성, 번개
나팔심판	우박, 불: 땅	불 붙은 큰 산: 바다	횃불같이 타는 큰 산: 강	해, 달, 별, 천체	황충	네 천사의 전쟁	10장: 천사의 작은 책 11장: 두 증인	번개, 음성, 우레,지진, 큰 우박
삽입	12장:여자와 용의 싸움 / 13장:두 짐승 이야기 / 14장:144,000의 찬양 / 15장:대접심판 시작의 징조							
대접심판	땅: 종기	바다: 피	강, 바다: 피	해: 불로 사람을 태움	짐승의 왕좌	큰 강 유브라데	없음	번개음성, 우레소리

✝ 천년 왕국설

초대 교회는 예수님의 재림을 확실히 믿고 갈망하며 기다렸다. 그런데 오늘날은 왜 이것이 약화되었을까? 그 이유는 지나친 천년왕국 논쟁 때문일 것이다. 재림에 관한 관심이 천, 후, 무 천년설의 논쟁 속에 묻혀 버렸다.

천년 왕국설은 예수님이 왕 노릇 하신다는 것을 두고 언제 오셔서 왕 노릇하시는 가에 대해 3가지 견해로 나누어진다. 그것을 천년설이라고 하는데 ① 전천년설, 즉 예수님이 재림하신 후에 천년왕국이 시작된다는 견해 ② 후천년설, 천년왕국이 먼저 있고 예수님이 그 천년왕국 끝에 재림하신다는 견해, 그리고 ③ 무천년설, 즉 천년왕국이 따로 없고 예수님의 초림과 재림 사이가 천년왕국이라는 견해이다. 그 견해들을 다음의 도표로 설명한다.

① 전천년설

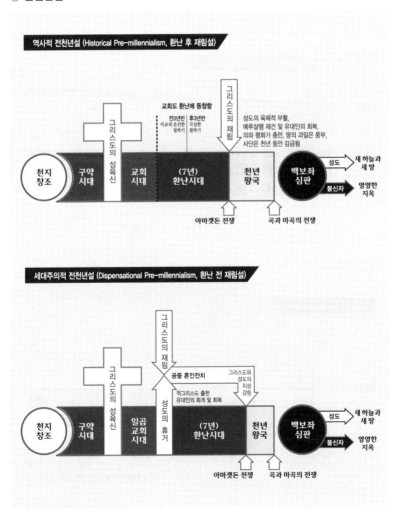

② 후천년설

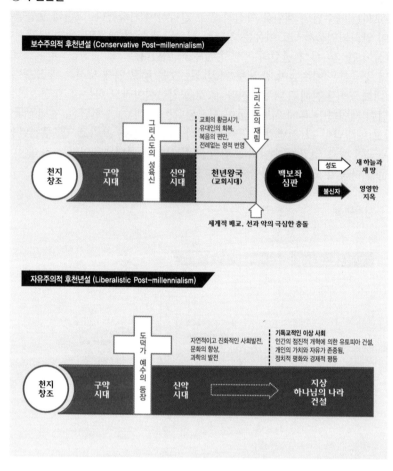

보수주의적 후천년설 (Conservative Post-millennialism)

그리스도의 성육신

천지 창조

구약 시대

신약 시대

교회의 황금시기,
유대인의 회복,
복음의 편만,
전례없는 영적 번영

천년왕국
(교회시대)

그리스도의 재림

세계적 배교, 선과 악의 극심한 충돌

백보좌 심판

성도 → 새 하늘과 새 땅

불신자 → 영영한 지옥

자유주의적 후천년설 (Liberalistic Post-millennialism)

도덕가 예수의 등장

천지 창조

구약 시대

신약 시대

자연적이고 진화적인 사회발전,
문화의 향상,
과학의 발전

기독교적인 이상 사회
인간의 점진적 개혁에 의한 유토피아 건설,
개인의 가치와 자유가 존중됨,
정치적 평화와 경제적 평등

지상 하나님의 나라 건설

③ 무천년설

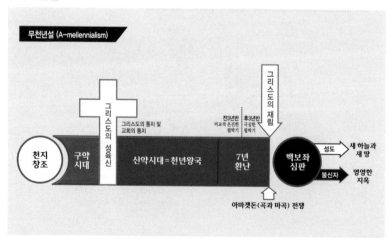

무천년설 (A-millennialism)

그리스도의 성육신

천지 창조

구약 시대

그리스도의 통치 및 교회의 통치

신약시대=천년왕국

전3년반
비교적 온건한 핍박기

후3년반
극심한 핍박기

7년 환난

그리스도의 재림

아마겟돈(곡과 마곡) 전쟁

백보좌 심판

성도 → 새 하늘과 새 땅

불신자 → 영영한 지옥

✝ 천년왕국과 예수님 재림에 관한 견해 비교

	후천년설	세대주의적 전천년설	역사주의적 전천년설	무천년설
천년왕국	그리스도의 지상 통치가 아니라 성령의 사역과 복음의 확장을 통해 교회가 황금기를 맞이하고 영적 번영을 이루어 의와 평화를 이루는 시기	일반적으로 천년기는 문자적으로 일천년을 의미하거나 혹은 정해진 일정기간을 가리키는 것으로 이때 성도들은 그리스도와 더불어 지상에서 왕노릇 한다.		다른 일천년의 기간이 존재하는 것이 아니라 그리스도의 초림부터 재림 때까지이며, 즉 교회시대의 전 기간을 말한다.
재림시기	천년왕국 지난 후 재림	천년왕국 이전 재림		교회시대 지난 후 재림
재림회수	1회	2회. 즉 공중 재림과 지상 재림이 있다. 환난 전에 공중 재림이 있으며 이때 성도들은 휴거되고, 환난이 지난 후 그리스도와 함께 성도들이 지상에 재림하여 천년왕국을 이룬다.	1회	1회
부활	그리스도의 재림 때 모두 부활한다.	첫째 부활은 환난 전 그리스도께서 재림하실 때 성도들의 부활이며, 둘째 부활은 환난 때에 죽은 순교자의 부활이며, 셋째 부활은 천년왕국의 마지막 때에 모든 자의 부활이다.	첫째 부활은 그리스도께서 재림 하실 때 성도의 부활이며 둘째 부활은 천년왕국 마지막 때의 전체 부활이다.	첫째 부활은 성도들의 부활로 그리스도를 영접할 때 이루어지며, 둘째 부활은 그리스도의 재림 때 전체가 육체로 부활하는 것을 의미한다.
과정	대환난(악 감소, 선 증가) – 천년왕국 – 그리스도의 재림 – 최후의 심판 – 새 하늘과 새 땅	그리스도의 공중재림 – 성도의 휴거 – 대환난 – 그리스도의 지상 재림 –천년왕국 – 최후의 심판 – 새 하늘과 새 땅	대환난 – 그리스도의 재림 – 성도의 부활, 휴거 – 천년왕국 – 최후의 심판 – 새 하늘과 새 땅	그리스도의 초림과 재림 – 최후의 심판 – 새 하늘과 새 땅
지지하는 신학자	A. H. Strong L. Boettner R. Campell R.L. Dabney	J.N. Darby W.B. Riley J.M. Gray R.A.Torey	H. Alford G.E. Ladd R. Mounce L. Morris J.A. Bemgel A.C. Gaebelein	M. Wilcock A. Kuyper H. Bavink W. Hendriksen G. Vos. J. Murry L. Berkhof

학습 자료 89-2 성경에 나타난 주요 숫자의 상징적 의미와 용례

세계 모든 문화권의 공통된 현상 중 하나가 특정 사실에 근거하여 각 숫자에 독특한 상징적 의미를 부여하는 것이다. 이는 성경에서도 마찬가지였다. 그리하여 각 숫자는 물론 대부분은 직설적으로 해당 수치를 표현하는 기호로 쓰였지만 때로 각각의 숫자와 관련된 특정 사실에 근거하여 독특한 상징적 의미를 나타내기 위하여 사용된 경우도 있다. 특히 묵시 문학으로 상징과 암시로 가득 찬 계시록의 경우 이런 용례가 두드러진다.

그러면 이제 계시록은 물론 직·간접으로 각 숫자의 상징적 의미를 반영하고 있는 성경 구절의 심도 깊은 해석을 위하여 각 숫자의 상징적 의미와 용례를 개략적으로 도표화하면 다음과 같다. 여기서 우리는 성경이 각 숫자를 직·간접의 차이는 있겠으나 분명히 상징적으로 사용한 경우에 한해서 그것도 각 문맥에서의 정확한 의도를 파악한 상태에 한해서 그 상징적 의미에 의한 해석을 할 수 있는 것임을 미리 인지해야 할 것이다. 왜냐하면 각 숫자가 모든 문맥에서 언제나 상징적 의미를 갖는 것인 양 간주하여 매양 상징적 해석을 가하려고 한다면 소위 우의적 해석(Allegorical Interpretation)의 오류를 범할 위험이 있기 때문이다.

1. 기본수

	관련사실	상징적 의미	성구
1	하나님의 유일성. 모든 수의 첫 숫자.	유일, 절대, 통일, 개시	창 1:5, 마 23:9, 요 8:41
2	인간이 남·여 둘로 나뉘어 창조됨. 증언에 필요한 최소 숫자	나눔, 조화, 증거	창 2:24, 신 17:6, 엡 5:31
3	하나님은 삼위이심. 예수의 왕, 제사장, 선지자의 삼대 직분.	하늘, 완전	사 6:3, 마 28:19, 고후 13:13
4	땅의 기본 범위. 땅의 네 계절.	땅, 세상 만물, 피조물, 원창조, 세상에 속한 자연인	창 2:10, 사 11:12, 계 7:1
5	피조물의 수인 4에 하나님의 수인 1을 더한 수	은혜, 축복	창 45:22, 삼상 17:40
6	완성 완전을 상징하는 7에 가장 근접했으나 완전이 못된 수	불완전, 불안, 긴장, 반역	창 1: 31, 신 15:12, 수 6:3
7	천지 창조의 완성 기간	완전, 종결, 안식, 전체, 성취	창 2:2, 3, 레 23:3, 25:8
8	원창조 곧 처음 창조를 두 배로 한 수	재창조, 새출발, 구원받은 자	창 17:12, 마 28:1, 벧전 3:20
9	완전수에서 하나 부족한 수	미완성, 부족	마 18:12, 13, 눅 15:8
10	기본수의 종결, 만수(滿數)	완전, 전체, 편만, 전존재	창 18:32, 슥 8:23, 눅 19:13
11	선민지파의 총수에서 하나 부족한 수	선택의 반대인 유기, 심판과 징벌	행 1:26
12	선민의 지파 총수	구원받은 성도의 공동체	창 35:22-26, 계 21:12-14

2. 복합수

	관련사실	상징적 의미	성구
24	12의 배수	신·구약 전성도	대상 24:7-19, 계 4:4, 10
40	한 세대의 기본연수, 노아 대홍수의 강우 시간, 출애굽 광야 생활 기간.	한 인간의 성숙(40), 노화(80), 최대 수명(120), 회개 단식, 대각성	창 7:17, 민 14:34, 마 4:2
50	5×10으로 완전수로서 오순절 및 희년의 기간	추수, 축복, 은혜, 자유, 환희	레 23:15, 16, 25:8-10, 행 2:1-4

490	이스라엘의 포수 기간이 종결된 기간인 70에 천지창조의 7을 곱한 기간	택한 자가 최종적으로 죄로부터 놓이는 기간	단 9:24-27, 마 18:21, 22
666	반역의 수인 6을 삼위일체의 수인 3과 대비시켜 세 번 반복한 수	사탄, 적그리스도	계 13:18
1000	만수인 10을 3번 곱한 것	무한, 충만	출 20:6, 대하 1:6
12000	충만수인 1000에 선택된 자의 수를 가리키는 12를 곱한 것	하나님의 은혜의 통치가 임하는 전 영역	계 7:5-8, 21:16
144000	충만수인 1000에 선택된 자의 수인 12를 두 번 곱한 것. 즉 1000×12×12	선택된 백성의 총계	계 7:4, 14:1

학습 자료 89-3 요한 계시록 해석 논쟁

원대하고도 신묘한 환상들로 가득한 계시록의 해석에는 모든 측면에서 고도로 신중한 해석학적 방법론의 정립이 요청된다. 그중에서도 특히 계시록의 핵심부인 4:1-22:5의 묵시들이 어떤 시점(時點)의 사건들에 대한 묵시인가 하는 문제는 결국 각 묵시의 본질에 관련된 문제로서 이에 대하여 어떤 견해를 취하는가에 따라 완전히 상이한 해석이 도출되게 된다. 따라서 계시록에 대한 해석학적 논쟁의 핵심 문제라 할 수 있는 이 4:1-22:5의 묵시의 시점에 대한 주요 4대 해석학적 견해를 비교 평가해 보면 다음과 같다.

① 전 역사 해석법(The Continuous-Historical Method)
계시록 본론부의 내용이 요한의 때로부터 대종말에 이르기까지의 역사 전개 전체에 대한 파노라마식 묵시라는 견해이다. A.D.1202년 플로리스의 요아킴(Joachim of Floris)이 이를 주장한 이래 루터, 칼빈 등도 이 견해를 수용하였고 비교적 근대의 학자로는 유명한 주석가 헨리 알포드(Henry Alford, 1810-71)가 채택한 견해이다.

② 과거 해석법(The Preterist Method)
문자 그대로 계시록 본론의 묵시들은 과거 즉 저자 사도 요한 당시의 초대 교회와 로마 정권과의 투쟁을 묘사한 것으로 이미 본서 기록 이전에 발생한 내용이거나 아니면 동시대에 대한 저자의 희망 사항을 기록하였다고 보는 견해이다. 이는 주로 성경의 영감성 및 예수의 재림은 물론 예수의 성자로서의 신성 자체를 기부하는 자유주의 신학자들이 취하는 견해이다.

③ 미래 해석법(The Futurist Method)
계시록 본론의 묵시를 미래, 더욱 정확히는 주의 재림과 직결된 대종말 전후 사건에 대한 묵시로 파악하는 해석학적 견해이다. 이는 초대 교회 시대의 순교자 저스틴(Justin, the Martyr), 이레네우스(Irenaeus), 터툴리안(Tertullian) 등은 물론 대다수의 정통 복음주의 신학자들의 견해이다.

④ 관념론적 해석법(The Idealist Method)

이는 계시록의 묵시들이 어느 한 특정 시대에 대한 묵시가 아니라 전 역사의 전개 원리를 보여 주는 것이라고 보는 견해이다. 즉 계시록의 묵시들은 역사는 하나님과 사탄의 세력 간의 투쟁의 역사로서 권선징악(勸善懲惡)의 원리에 따라 끝없이 연속되는 것임을 보여준다고 보는 해석학적 입장이다. 이는 알레고리적 해석법 또는 영적 해석법(the Allegorical Method or the Spiritual Method)이라고도 불린다. 이 견해는 주로 교부 시대의 오리겐(Origen), 어거스틴(Augustine) 등이 제시한 견해이나 그 후 별다른 지지가 없다.

이상의 네 견해 중 과거 해석법은 근본적으로 비성경적이다. 그리고 관념론석 해석법은 계시록의 묵시들이 분명히 갖고 있는 객관적 예언으로서의 성격에 대하여 애매한 자세를 갖고 있으며 특히 주의 재림의 사실성 여부에 대하여 명확한 인식을 제공하지 못한다. 또한 성경 해석학 일반의 처지에서 볼 때는 논리적 기반이 취약하다. 다음 전 역사 해석법은 다양한 방식으로 입체적으로 주어진 계시록의 전 묵시를 그 자체의 구성과 내용에 따라 해석하는 것이 아니라 일단 자신들이 세워둔 가설적 전제에 억지로 끼워 맞추려는 무리를 범하고 있다. 즉 이는 각 묵시의 본문 말씀 자체가 일관되게 역사의 궁극적 미래에 대하여 집중하고 있는 사실과 부합되지 않는다. 따라서 성경 전체에 공히 적용되는 해석학적 원리인 역사·문학 비평과 조화되는 동시에 묵시들이 묵시인 동시에 주의 재림을 중심한 대 종말 사건에 대하여 갖고 있는 객관적 예언으로서의 성격과도 부합되는 미래 해석법이 가장 타당하다.

한편 우리는 계시록의 해석을 논함에 있어서 계시록이 묵시서(Apocalypse)로서 더욱이 세상 종말이라는 원대한 미래에 대한 묵시서로서 갖고 있는 근본적인 특성 때문에 그 해석에는 언제나 제한성(制限性)이 있을 수밖에 없다는 사실을 잊지 말아야 할 것이다.

한마디로 묵시란 열려진 동시에 감추어진 계시라는 이중적 특성이 있다. 즉 묵시는 그 묵시가 나타내고자 하는 바를 화려하고도 난해한 표현과 양식으로 제시함으로써 그것이 말하고자 하는 핵심 사실 자체는 신선하고도 강력한 인상을 남기며 제시하는 동시에 그 세부 내용에 대해서는 사의적(私意的)이고도 모호한 암시로 그치는 속성이 있다.

한편 계시록은 물론 주술 및 복술 또는 비의적인 예언이나 신탁들을 기록한 기벽(奇癖)스럽고도 단편적인 일반 세속 묵시 문학서들과 달리 원대한 대종말의 도래 과정에 대한 하나님의 계시를 기록한 책이지만 거기에 기록한 본문의 내용과 형식에 있어서 분명히 묵시 문학적 특성을 전적으로 반영하고 있다. 이러한 계시록은 주 예수의 재림을 전·후로 한 현 역사의 종결과 전 인류의 대심판 및 신천신지의 도래라는 대종말 그 자체와 그에 대한 하나님의 근본 섭리 자체는 강력히 확신시키면서도 그 구성과 체제 자체가 매우 이채롭고도 의도적으로 주입된 비밀한 뜻을 반영하고 있을 뿐만 아니라 그 세부 내용에 있어서는 실로 휘황하면서도 극히 난해한 상징과 암시로만 시종한다. 이는 성도들이 그처럼 신선하고도 충격적인 묵시들을 이해하려고 노력하는 과정에서 대종말의 존재와 거기에 담긴 하나님의 근본 섭리에 대해서는 지울 수 없는 강력한 인상을 주어 이에 대해 더욱 명료히 확신하게 하면서도 그 대종말의 도래 및 결과에 대한 세부 양상에 대해서는 유한자(有限者)인 인간으로서는 그 모든 것을 알 수도 없고 또한 인간으로서는 피하거나 변경할 수도 없다는 사실을 새삼 엄숙히 각성하여 오히려 더욱더 하나님께 의지하며 순복하게 하기 위해서였다.

따라서 우리는 계시록의 묵시를 해석함에 있어서 이와 같은 제한성에 담긴 깊은 뜻을 깨달아서 그 해석에 전력을 경주하면서도 동시에 겸손과 경외의 자세도 견지하여야 한다. 그리고 이러한 제한성을 인지하여 어느 한 방법론 또는 견해에 의한 자신의 해석을 절대화한다거나 아니면 계시록의 일부 내용만을 극대화하여 자신의 시대와 삶의 현장에 구체적으로 꿰맞추려는 식의 자세는 지양되어야 할 것이다. 더욱이 계시록에 대해서는 근본적으로는 동일한 정통 복음주의 신학 진영 내에서도 다양한 이견이 있을 수 있고 또한 실제로 있는 상황에서 타인의 해석학적 방법이나 해석을 정죄시 하는 것은 금물이다.

주께서도 재림과 종말이 그 언제인지는 심지어 당신 자신도 모른다고 말씀하셨으나 우리는 결코 재림의 확실성 자체를 의심하지 않는다. 그리고 오히려 재림의 시기를 단정하려고 하는 자를 의심하게 된다. 마찬가지로 근본 피조물에 불과한 유한자이며 더욱이 죄성으로 오염되어 영육이 어두워진 인간이 궁극적인 전 역사의 대종말에 대하여 하나님이 주시 묵시를 하나님이 허락하시는 한도 내에서 최대한 이해하려고 시도해야 하지만 동시에 자신의 잣대로 그 전반을 단정하려고 하는 것도 분명 비성경적 태도이다.

학습 자료 89-4 요한 계시록의 배경 연대표

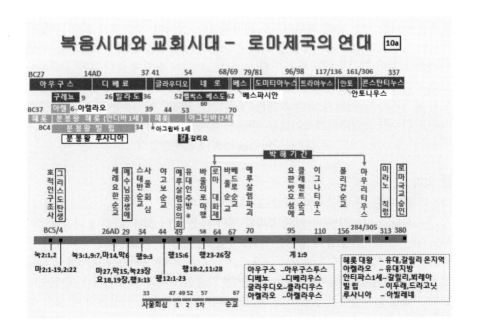

학습 자료 89-5   니골라당(Nicolaitans) 계 2:6, 15

✝ 니골라와 니골라당의 정체

'니골라'(Nicolas)가 누구인지에 대해서는 정확히 알려진 바가 없다. 초대 교부 중에
한 사람인 이레니우스(Irenaeus of Lyons, 140~200년?)는 니골라가 예루렘렉 초대 교회
에서 임명되었던 초대 일곱 집사 중의 한 사람으로서행 6:5 후에 배교한 자라고 주
장하였다. 그리고 초대 교부 몇 사람도 이 주장을 따랐다. 그러나 오늘날에 와서 이
주장은 근거가 없는 것으로 거의 받아들여지지 않는다.

한편 니골라당의 정체에 대해서도 본서에 소개되고 있는 이상으로 알려진 바
가 없다. 혹자는 헬라어 '니콜라이테스'(Νικολαίτης)가 '정복하다'라는 뜻의 '니
코'(νίκω)와 '백성'이라는 뜻의 '라오스'(λαός)의 합성어라는 데서 착안하여 평신도
를 억압하는 일련의 성직자 그룹일 것으로 추정한다. 그리고 A.D. 2세기경 시리아
지역에서 활동하였던 영지주의 이단 종파 중의 한 그룹이 니골라당이었는데 본서
의 니골라당이 그것의 원조일 것이라고 본다. 그리고 본서에서 에베소, 버가모 교
회뿐만 아니라 두아디라 교회 안에도 니골라당이 있었던 것으로 암시하고 있는 것
20-25절으로 보아 당시 니골라당은 소아시아 전역에서 매우 활발하게 활동했을 것으
로 추측된다. 초대 교회의 기독교 역사가였던 유세비우스(Eusebius)에 의하면 니골
라당은 잠시 존재하다가 2세기 말경에 사라졌다고 한다.

✝ 니골라당의 주장

본서에서 소개하고 있는 바에 따르면 니골라당은 발람의 교훈을 지키는 자들14절, 민
25:1, 2, 벧후 2:15, 이세벨의 추종자들20-25절로서 우상에게 제물로 바쳐진 음식을 먹는
것뿐만 아니라 우상 숭배 행위까지도 허용하였다. 심지어 이방 제사 절차 중에 행
해지는 성행위까지도 허용하였다. 그리고 그들의 일상생활 전체가 매우 부도덕했
던 것으로 보아 그들은 영지주의 이단 중에서도 어차피 물질에 속한 육체는 악하며
또한 무의미한 것이므로 육체의 생활과 관련된 도덕은 아무 가치가 없다고 보았던
도덕 폐기론자 및 어차피 악한 육체는 그 욕망을 최대한 채워주는 것이 가장 상책
이라고 간주한 쾌락주의자들이었을 것이다. 혹자는 이들이 로마 황제 숭배(Roman
Emperor's Worship)에도 참여한 자들이었을 것이라고 주장한다.

✝ 의의

니골라당이라는 한 이단 종파는 약 2000년간의 장구한 기독교 역사에 비할 때 잠
시 존재하다가 사라진 여타 이단 종파와 별반 다를 것이 없다. 그러나 니골라당의
부도덕한 행위와 우상 숭배 행위는 기독교 역사상 등장한 수많은 이단 종파에서 공
통으로 볼 수 있는 것이며 오늘날 세계 도처의 신흥 이단 종파들 안에서도 발견되
고 있다. 이와 같은 주님께서 책망하시는14절 가증한 니골라당의 행위가 이미 초대
교회 시대인 소아시아의 일곱 교회 중 세 교회에나 있었다는 사실은 현대 교회 성
도들에게 이단을 통한 사탄의 교회 침투에 대하여 큰 경종을 울리는 것이라 하겠

다. 바로 지금 이 시간 우리 교회 안에 있는 20세기의 니골라당은 무엇일까?

학습 자료 89-6 무저갱 계 9:1-2

'무저갱'이란 용어는 계시록 이외에 눅 8:31에서 단 한 번 사용되었을 뿐 모두 계시록에서만 7번 사용되었다[9:1, 2, 11, 11:7, 17:8, 20:1, 3]. 그러나 '무저갱'의 개념 신·구 성경 여러 곳에서 나타나고 있다.

✝ 용어의 정의(定義)

'무저갱'에 해당하는 헬라어 '아뷔쏘스'(Αβυσσος)는 '영원히 깊은', '한없이 깊은'이란 뜻의 형용사이나 이것이 명사적으로 사용되어 '밑없는 깊은 구렁'이란 뜻을 갖는다. 구약 성경의 헬라어 역본 70인역(LXX)에는 현재와 같은 체제의 우주로 조성되기 이전의 모든 피조물 덩어리인 '깊음'[창 1:2]을 가리키는 히브리어 '테흠'을 헬라어 '아뷔쏘스'로 번역하고 있다. 또 '테흠'은 땅 아래의 거대한 지하수역(地下水域) 또는 밑 모르는 깊은 바다를 가리키는 단어였다[출 20:4]. 그리고 욥 41:31에는 이곳이 거대한 바다 짐승(leviathan)의 거주지로 소개되어 있다.

그러나 여기서 '무저갱'은 히브리어 '테흠'이 보여주는 것과 같이 지하의 특정한 한 곳을 가리키는 것이 아니라 세상 끝날 하나님의 최후 심판으로 악한 영(靈)들이 영원히 꺼지지 않는 유황 불못으로 떨어지기 전에 잠시 머물러 있을 어떤 장소를 가리킨다. 그곳이 어디인지는 아무도 모른다.

✝ 무저갱에 대한 성경의 언급

구약에서 신약의 무저갱의 개념을 반영하면서 개역 성경에서의 경우 바다 물밑으로 번역된 '테흠'은 단순히 악한 세력들의 도피처로만 언급되어 있다[시 74:13, 사 51:10, 암 9:3]. 그런데 신약에 와서 무저갱은 구약에서 보다 구체적으로 타락한 천사들과 세상에 속한 군왕들을 가두는 '어두운 구덩이' 또는 '흑암'[벧후 2:4, 유 1:6]으로 표현되어 있으며 롬 10:7에는 악한 세력들이 최후의 심판을 받기 전에 머무는 중간기 처소인 무저갱으로 표현되어 있다. 그리고 계시록에서는 악한 영들이 최후 심판을 받아 최종적으로 들어갈 유황 불못이 있는 지옥과는 구별된 중간기 처소로서의 무저갱에 대해 언급하고 있다[계 19:20, 20:10].

이에서 우리는 성경의 무저갱의 개념에 대한 계시가 시대의 흐름에 따라 더 상세하고 분명하게 발전되었음을 알 수 있다. 이것은 태초부터 종말까지 이어지는 구속사(救贖史)의 흐름에 따라 구속사와 관련된 모든 사실과 진리에 대해 보다 구체적으로, 또 분명하게 주시는 하나님 계시의 점진성에 따른 것이다.

✝ 의의

무저갱에 대한 성경의 분명한 언급은 우리 성도에게 이 세상의 모든 악한 세력이 그 배후에 있는 사탄과 악령들에 의하여 현 세상에서는 비록 그 권세를 부리고 있으나 사탄및 그의 수하들은 지금도 하나님 능력의 장중에서 제어 당하고 있으며 마침내 최후 심판 날에는 반드시 멸망하게 되리라는 사실에 대해 확신을 갖게 해 준다.

학습 자료 89-7 '7년 대 환난'의 이해 계 11:1-13

✝ 정의

'7년 대 환난'이란 표현은 다니엘의 70이레 예언^{단 9:20-27} 중 마지막 한 이레에 관한 예언^{27절}이 본장에 기록된 말세의 대 환난 및 제12, 13장에 사건의 전개에 대한 묵시와 깊은 연관이 있는 데서 나온 것이다. 한편 계시록은 말세에 있을 일련의 재앙들 곧 일곱 인^{6:1-7}·나팔^{8:1-9:21}·대접^{16:2-21} 재앙들에 대해 기록하고 있는 이것이 곧 7년 대 환난 기간에 있을 사건이다. 즉 7년 대 환난의 묵시와 소위 '삼대 7중 재앙'의 묵시들은 전자가 대 환난의 원흉인 사탄의 이면적 사역을 중심으로 대 환난의 기본 전개 구조와 단계별 특징을 개괄적으로 묘사하지만, 후자는 그 표면적인 세부 전개 양상에 치중한 차이는 있으나 둘 다 공히 말세의 대화난을 서로 다른 측면에서 입체적으로 보여 준다.

✝ 7년 대 환난의 전개 구조

7년 대 환난의 전개 구조는 크게 전(前) 3년 반과 후(後) 3년 반으로 나뉜다. 본서에서 '마흔 두 달'^{2절, 13:5}, '1,260일'^{3절, 12:6}, '한 때와 두 때와 반 때'^{12:14, 단 7:25}로 표현한 말들이 모두 3년 반에 해당하는 기간을 가리킨다. 본문을 보면 먼저 전 3년 반 동안에는 복음의 두 증인이 예언하는 기간^{1절}으로서 거룩한 성이 이방인에 의해 짓밟힌다고 말한다. 이는 복음이 전파되는 중에 비교적 약하게 사탄의 세력들이 성도들을 미혹하여 배교케 하고 복음 전파를 훼방하며 우상 등으로 성전을 모독하는 일들이 전개될 것임을 보여 준다. B.C. 167년경에 있었던 안티오쿠스 4세 에피파네스의 유대인 학살과 예루살렘 성전 모독 사건과 A.D. 70년 로마 장군 디도의 예루살렘 성전 훼파 사건은 모두 다니엘 예언^{단 8:10, 13}의 성취임과 동시에 본장의 전 3년 반 사건의 예표이기도 하다. 다음으로 후 3년 반은 적그리스도가 이 세상의 최고 통치자로 전면에 등장하여 자신을 노골적으로 신격화하면서 교회와 성도들을 더욱 혹독히 핍박하는 시기로서 이때는 복음 전파 사역의 단절은 물론 많은 순교자들이 속출케 된다.

✝ 관련 신학 논쟁

이와 관련된 신학 논쟁은 매우 많고 또 복잡하다. 그중 대표적인 두 가지 논쟁만 언급하면, 먼저 7년이란 기간을 문자적으로 보느냐 상징적으로 보느냐 하는 것이다.

둘째로는 교회가 또는 성도들이 과연 이 환난을 겪느냐 그렇지 않으냐 하는 것이다. 이에 대한 자세는 7년 대 환난보다 더욱 더 포괄적 개념으로서 소위 천년 왕국론에 대하여 어떤 견해를 취하느냐에 따라 달라진다.

✝ 의의

다니엘서는 B.C. 530년경에 기록되었다. 반면 본서는 A.D. 95-96년경에 기록되었다. 이처럼 무려 630년여 년간의 차이를 두고 기록된 이 두 책의 예언이 7년 대 환난 예언에서 보여주듯 이렇게 정확하게 일치하고 있다는 사실은 모든 성경은 궁극적으로 한 분 하나님에 의해 기록된 것으로 신적 연속성과 통일성을 가지고 있음을 보여 주는 것이다. 또한 이렇게 우리 성도들에게 미리 7년 대 환난에 대해 예언하고 있는 것은 말세지말을 당하여 실로 감당키 어려운 환난에 직면케 될 우리 성도들이 철저히 경성하여 그 환난의 겉모습이 아니라 그 실체와 결말까지 꿰뚫고 소망 중에 인내할 힘과 용기를 주기 위해서이다.

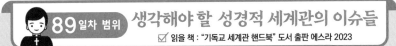

89일차 범위 생각해야 할 성경적 세계관의 이슈들

☑ 읽을 책 : "기독교 세계관 핸드북" 도서 출판 에스라 2023

❖ **계 7장** "세계화란 무엇인가?"(p608)

90일 핵심 학습 자료

학습 자료 90-1 적그리스도(The Antichrist) 계 12:17

성경에서 적그리스도라는 용어가 직접적으로 사용된 곳은 요한 서신 뿐이다요일 2:18, 22, 4:3, 요이 1:7. 그러나 적그리스도에 대한 언급은 성경의 여러 곳에 나타나며 본 장과 13장 역시 큰 붉은 용으로 등장하는 사탄(Satan)이 자신의 수하들 중 괴수인 짐 승을 적그리스도로 내보내어 교회와 성도들을 핍박하게 한 사실을 언급하고 있다.

✝ 적그리스도의 정의(定義)

'적그리스도'에 해당하는 헬라어는 '반대'를 뜻하는 '안티'와 그리스도를 뜻하는 '크리스토스'의 합성어로서 문자적으로는 그리스도에게 적대적인 모든 사탄의 세 력을 가리킨다. 여기에는 인성 곧 성육신을 부인하며 또 자칭 그리스도라 하며 성 도들을 미혹, 핍박하는 거짓 그리스도, 거짓 선지라. 각종 이단 및 악한 이 세상의 각종 권세들이 모두 포함된다마 24:23, 24, 요일 4:1, 3, 계 7-10장.

한편 적그리스도는 일반 보통 명사가 아닌 고유 명사로 특별히 사용되기도 한다. 이때에는 사탄의 부하들 중 고수로서 말세에 등장하여 세상 끝 날에 있을 대 환난 을 주도할 한 특이한 자 곧 교회와 성도를 핍박할 한 강하고 능한 한 특이한 인격적 인 존재를 따로 특별히 가리킨다.

✝ 말세의 적그리스도에 대한 기록

말세의 적그리스도의 예표는 이미 구약 성경에서부터 나타난다. 단 7:8에는 '작은 뿔'로, 11:26-29에서는 북방의 왕으로서 성전 안에 멸망의 가증한 것을 두며 스스 로 가장 높은 자라 칭할 자로 등장한다. 그리고 다니엘서의 이 예언은 예수님의 예 언 속에서도 그대로 인용되고 있다마 24:15. 그리고 바울은 적그리스도를 '벨리알'고 후 6:15, '불법의 사람', '멸망의 아들'살후 2:3, 8, 9로 표현하였다. 한편 사도 요한은 자 기 서신서에서는 한 특별한 존재로서의 적그리스도가 등장하기 직전에 많은 적그 리스도 곧 예수 그리스도의 성육신을 부인하는 이단들에 대해요일 2:18, 요이 1:7 주로 언급한 반면, 계시록에서는 전적으로 666의 숫자를 가진 짐승 곧 특별한 존재로서 의 적그리스도13:11-18에 대해 언급하였다.

결론적으로 말세에 나타날 적그리스도는 도중에 등장하여 교회와 성도들을 크게 박해할 뿐만 아니라 가공할만한 이적까지 동원하여 정치 종교적으로 온 세계에 대 한 패권을 장악할 것이 성경에 분명히 예시되어 있다. 따라서 우리 성도들은 이러한 사실을 명심하여 적그리스도가 등장할 때 이에 미혹되거나 그의 박해에 굴복하지 않도록 늘 경성하자.

학습 자료 90-2 짐승의 수 666 _{계 13:16-18}

본문에 따르면 짐승에게 경배하는 자들에게는 짐승의 수 666이 그 표로 주어지게 된다. 이 표는 그가 짐승, 곧 적그리스도(the Antichrist)에게, 보다 궁극적으로는 사탄에게 속하였음을 나타내는 것이다. 이제 과연 666이 무엇을 뜻하는 것인지 그 견해를 살펴보도록 하자.

✝ '666'에 대한 두 해석

① **문자적 해석** : 각 숫자는 어떤 문자를 나타낸다는 것이다. 즉 헬라어 알파벳은 각각 고유의 수를 지니고 있는데 저자는 짐승의 정체를 구체적으로 나타내지 않기 위해 그의 이름의 알파벳들에 해당하는 수치의 합인 666을 제시했다는 견해이다. 이런 견해에 따라 666에 해당하는 자로서 '네로 황제'가 가장 유력한 인물로 지목되기도 했고 현대에 이르러서는 '히틀러'나 '로마 가톨릭 교황' 등이 지목되기도 한다. 그러나 이 견해는 계시록 저자가 다른 모든 수는 상징적으로 사용하면서 유독 666만 문자적인 의미로 사용했을 리가 없다는 점에서 약점을 가진다.

② **상징적 해석** : 성경에서 '6'이란 숫자는 '7'이 '완성'과 '거룩'을 의미하는 데 반해, 그에 가장 근접했으면서도 그 역시 불완전한 '미완성'과 '부정' 나아가 완전에 도전하는 세력을 상징하는 수이다.
더욱이 이런 '6'이 세 번 반복된 것은 사탄이 하나님의 삼위일체를 모방하여 결국 자신을 하나님과 같은 존재로 나타낸 것을 암시한다고 이해한다. 따라서 '짐승의 수 666'은 그가 불완전한 자로서 완전자인 하나님의 지위를 노리고 도전하는 세력임을 상징적으로 나타낸 표현이라고 볼 수 있다. 이 견해가 더욱더 광범위하게 수용되는 견해이다.

✝ 교훈

'666'의 수를 지닌 짐승 곧 적그리스도의 출현에 대한 계시록의 분명한 예언은 말세의 마지막 때를 살고 있는 현대의 성도에게 더욱더 철저하게 신앙으로 무장하여 적그리스도를 대비하지 않으면 안 된다는 엄숙한 신앙의 각성을 촉구하고 있다.

또한 이는 적그리스도가 극심하게 성도들을 핍박할지라도 '777'에 비해 항시 부족하고 불완전함을 나타내는 짐승의 수 '666'이 보여 주듯 그는 반드시 하나님의 심판을 받아 멸망할 것임도 강력히 암시해 준다. 그리하여 결국 성도들은 적그리스도가 출현하였을 때도 그 잠시의 외양에 현혹되지 말고 하나님의 궁극적 심판과 교회의 최후 승리를 확신하며 소망 중에 인내하여야 할 것이다.

학습 자료 90-3 천년왕국 논쟁 계 20:1-6

'천년왕국'에 대한 묵시는 그 천년왕국의 성격과 그 기간에 대한 해석학적 입장에 따라 이 천년왕국이 전 종말 사건에서 특별히 대종말의 결정적 분기점인 예수 재림과 관련하여 차지하는 위치가 결정되게 되고 나아가서 전 종말 사건의 전개 구조가 결정되게 된다. 이와 같은 천년왕국 및 이를 중심한 역사 종말의 도래 과정에 대한 논쟁은 결국 다음 세 학설의 논쟁으로 축약된다.

① **무천년설** : 천년의 기간은 초림에서 재림 사이를 상징하는 것으로 그리고 천년왕국은 이 기간에 죽은 성도의 영혼이 천국 더욱 정확히는 중간기 상태의 낙원에서 그리스도와 왕노릇 하는 상태의 묘사로 이해하는 학설이다.

② **전천년설** : 일명 천년기전 재림설이라고도 한다. 문자 그대로 천 년간의 왕국이 그리스도의 재림 전에 이 지상에 세워질 것이라고 보는 견해이다. 한편 이는 다시 교회도 말세의 소위 7년 대 환난을 경험한 후에야 그리스도가 재림하시고 또 이어서 천년왕국이 개설될 것이라고 보는 역사적 전천년설과 교회는 7년 대 환난을 겪지 않고 일단 공중 재림한 예수와 함께 휴거한 상태에서 7년 동안 소위 공중 혼인 잔치를 누린 다음 다시금 지상 재림을 하시는 그리스도와 함께 지상에 강림하여 천년왕국을 세우고 또한 누릴 것이라고 보는 세대 주의적 전천년설로 나뉜다.

③ **후천년설** : 일명 천년기 후 재림설이라고도 한다. 천년왕국 뒤에 그리스도가 재림하고 그에 이어서 대종말 사건이 진행된다는 학설이다. 이 학설도 다시 둘로 나뉜다. 먼저 보수주의적 후천년설은 신약시대의 먼 미래 그리고 7년 대환난 및 대종말 사건 직전에 복음 전도와 인류 문화의 발달로 천년 기간의 태평 시대가 있을 것이라고 본다. 한편 자유주의적 무천년설은 어차피 주의 신성과 초월적 세계를 인정치 않는 그들의 기본 입장에 따라 천년왕국이란 그리스도 복음의 정신으로 인류 문화가 완전히 개화하여 인간 스스로 낙원을 꾸미게 될 것이라고 본다. 이것은 천년왕국이라는 용어만 쓸 뿐이지 말세의 대 환난 및 예수의 신성과 재림 백보좌 심판 및 신천신지의 도래 등은 전혀 신화로만 생각한다는 점에서 근본적으로 비성경적 견해이다.

학습 자료 90-4 새 하늘과 새 땅 및 예루살렘 계 21:1-27

✝ 용어의 이해

① **새 하늘과 새 땅** : 종말에 현재의 지구를 포함한 전 우주의 구조와 그러한 그 구조를 유지하기 위해서 요구되는 모든 법칙이 전면 붕괴되고 그 구성 요소들이 모두 다 태초의 상태 곧 무에서 유로 창조되었으나 아직 현 우주처럼 조성되지 않았던

상태(창 1:2)와 유사한 상태로 복귀될 것이다^{벧후 3:10, 계 20:11}. 왜냐하면 태초의 전 피조물의 대표인 인간의 타락으로 전 우주도 오염된바 이는 영원한 구원과 심판의 처소로서 불완전하기 때문이다^{롬 8:20, 23}. 그 후 이제 새로운 영생과 영벌의 장소인 천국과 지옥을 그 안에 가진 새 땅이 현우주를 전면 갱신하여 새로이 조성되는 방식으로 도래할 것이다. 흔히 새 하늘과 새 땅을 그대로 공간으로서의 천국과 동일시 내지 혼동하는 경향이 많으나 천국과 함께 공간으로서의 지옥도 대종말 이후에 영속할 것이 분명히 언급도 있는바 지옥과 그에 대조되는 천국을 포함한 전 우주적 개념으로 신천 신지를 정의하고 이를 천국과 구분해야 할 것이다.

② **천국** : 이는 예수의 구속 사역으로 본격적으로 도래하기 시작한 넓은 의미에서 하나님의 나라 또는 하늘 나라와는 구분되는 성도를 위한 종말론적 영복의 장소 곧 공간으로서의 천국이다. 이 같은 예수의 재림과 백보좌 심판 이후에 현 우주를 전면 갱신하여 조성된 새 하늘과 새 땅 안에 비로소 개시될 영복의 공간으로서 천국에 대한 언급은 신약 성경 곳곳에서 발견된다^{마 8:11, 18:3, 25:1, 눅 6:23, 히 12:22, 딤후 4:18, 계 22:1-5}

③ **새 예루살렘** : 이는 광의적으로 쓰이면 공간으로서의 천국은 물론 그러한 천국 공간 및 그 안에서 살 전성도를 포함한 천국 공동체를 총칭할 수 있다. 그러나 이는 엄밀히는 예루살렘이 이 땅에서 구약 선민 이스라엘 나라의 수도였던 사실에 기인하여 성도들의 영복의 공간으로서의 천국의 중심지를 가리킨다고 보는 것이 더 타당하다.

✝ 신천 신지의 도래 과정

천국과 지옥을 망라한 신천 신지의 도래 과정에 대해서도 그것이 단순히 예수 재림 직전이나 직후 아니면 백보좌 심판 이후 일시에 도래한다고 생각되고 있다. 그러나 기실 신천 신지 자체가 직접적으로 최종 조성되어 개시되는 것은 백보좌 심판 직후이나 현 우주의 붕괴와의 연속으로서의 신천 신지의 도래 전 과정은 그 사이 사이의 일련의 소위 대 종말 사건들과 관련하여 다음 삼 단계를 거친다.

① **현 세속 문명의 붕괴** : 말세의 삼대 7중 재앙중 최종 재앙인 일곱째 대접 재앙의 결과^{계 16:17-18:24}
- 예수의 재림^{계 19:6-16}
- 사탄과 악령들의 멸망 – 아마겟돈, 곧 곡과 마곡의 전쟁^{계 19:16-21, 20:7-10}

② **현 우주의 붕괴**^{벧후 3:10, 계 20:11}
- 전 인류의 대 부활^{계 20:12-15}
- 흰 보좌 심판^{계 20:12-15}

③ **신천 신지의 조성으로 인한 천국 및 지옥의 계시**^{계 21:27}

✝ 의의

말세에 이르러 표면적으로는 사탄의 최후 반역으로 인하여 그리고 이면적으로는 사탄과 그의 죄성으로 오염된 세상에 대한 하나님의 점진적 심판으로 인하여 상당 기간의 범우주적 대 환난이 필연적이다. 그리고 마침내 현세상과 우주는 전면 붕괴될 것이다. 그러나 이는 다만 그 과정일 뿐 궁극적으로는 대종말은 신천 신지와 그 안에서의 새 역사의 도래로 귀결될 것이다.

이 사실은 우리 기독교 성도에게 현 역사와 세상에 대하여 무조건적 낙관이나 염세를 넘어 엄정한 종말론적 비전하에서 궁극적 희망을 품게 해준다. 그리하여 우리는 이러한 대종말을 포함한 전 구속사의 지평에 대한 비전 위에서 이 땅에 살면서도 늘 천국을 지향하는 역동적 삶을 살 수 있고 또 살아가야 하는 것이다.

학습 자료 90-5 이사야의 새 하늘과 새 땅

사 65:17-25 보라 내가 새 하늘과 새 땅을 창조하나니 이전 것은 기억되거나 마음에 생각나지 아니할 것이라 너희는 내가 창조하는 것으로 말미암아 영원히 기뻐하며 즐거워할지니라 보라 내가 예루살렘을 즐거운 성으로 창조하며 그 백성을 기쁨으로 삼고 내가 예루살렘을 즐거워하며 나의 백성을 기뻐하리니 우는 소리와 부르짖는 소리가 그 가운데에서 다시는 들리지 아니할 것이며 거기는 날 수가 많지 못하여 죽는 어린이와 수한이 차지 못한 노인이 다시는 없을 것이라 곧 백 세에 죽는 자를 젊은 이라 하겠고 백 세가 못되어 죽는 자는 저주 받은 자이리라 그들이 가옥을 건축하고 그 안에 살겠고 포도나무를 심고 열매를 먹을 것이며 그들이 건축한 데에 타인이 살지 아니할 것이며 그들이 심은 것을 타인이 먹지 아니하리니 이는 내 백성의 수한이 나무의 수한과 같겠고 내가 택한 자가 그 손으로 일한 것을 길이 누릴 것이며 그들의 수고가 헛되지 않겠고 그들이 생산한 것이 재난을 당하지 아니하리니 그들은 여호와의 복된 자의 자손이요 그들의 후손도 그들과 같을 것임이라 그들이 부르기 전에 내가 응답하겠고 그들이 말을 마치기 전에 내가 들을 것이며 이리와 어린 양이 함께 먹을 것이며 사자가 소처럼 짚을 먹을 것이며 뱀은 흙을 양식으로 삼을 것이니 나의 성산에서는 해함도 없겠고 상함도 없으리라 여호와께서 말씀하시니라

90일차 범위 생각해야 할 성경적 세계관의 이슈들
☑ 읽을 책 : "기독교 세계관 핸드북" 도서 출판 에스라 2023

❖ 계 12장 "사탄과 악마"(p416)
❖ 계 21장 "영원한 상태"(p150)

통큰통독 연대기 해설 성경

학습 자료를 위한 주요 참고 서적들

1. 성경

H. L. Wilmington ed	"The Visual Bible" *Tyndale_1984*
	"The Holman Ⅲ ustrated Study Bible" *Holman_2006*
Orville E. Daniel	"A Harmony of the Four Gospels" *Baker Books_1996*
	"Time & Life Historical Reference Bible" *Thomas Nelson_1997*
	"Thompson Ⅱ 주석 성경" *기독 지혜사_1988*
	"Archeological Study Bible" *Zondervan_2005*
	"Worldview Study BIble" *Holman_2018*
	"NIV faithlife Study Bible" *Zondervan_2017*
Kent Dobson	"NIV First-century Study Bible" *Zoncervan_2014*
주해홍	"통큰통독 연대기 해설 성경" *도서출판 에스라_2024*

2. 성경 해설서

J. Sidlow Baxter	"Explore the Book" *Zondervan_1960*
Warren W. Wiersbe	"Chapter by chapter Bible commentary" *Nelson Pub_1991*
Lawrence O. Richards	"Illustrated Bible Handbook" *Nelson_1997*
시닐 부리지랜드	"성경 연구 가이드" *VIP_1990*
부르스 윌킨스	"한눈에 보는 성경" *디모데_1997*
테리 홀	"성경 종합 개관" *나침반사_1993*
짐 타운센드	"신약 세계여행" *죠이선교회_1996*
Vaughan Roberts	"God's Big Picture" *IVP_2003*
Peter Kreeft	"You can understand the Bible" *Igtanius_2005*
Arnold B. Rhodes	"The Mighty Act of God" *John Knox Press_1964*
R. C. Foster	"Studies in the Life of Christ" *College Press_1995*
마크 스트롬	"성경 교향곡" *IVP_1993*
더글라스 스튜어트	"책별로 성경을 어떻게 읽을 것인가?" *성서유니온선교회_2006*
마이틀 윌킨스	"그 분의 형상대로" *IVP_2000*
고무송	"나의 사랑하는 책 1, 2" *두란노_1997*
	"눈물로 쓴 성경이야기" *두란노_1999*
톰 라이트	"기독교 여행" *IVP_2007*
최인호	"날카로운 첫 키스의 추억" *여백_2000*
정성욱	"티타임에 나누는 기독교 변증" *홍성사_2004*
정현구	"주기도문과 21세기 영성" *한들출판사_2003*
김세윤	"주기도문 강해" *두란노_2000*
오덕호	"산상설교를 읽읍시다" *한국신학연구원_1999*

송인규   "평신도 신학 1, 2." 홍성사_2001
안효선   "이야기로 엮은 선지서" 에스라사원_1995
C. Marvin Pate   "The Story of Israel" IVP_2004
박담희 외   "기독교 지성으로 이해하라" 누가_2006
콜린 스미스   "손에 잡히는 성경 이야기 1, 2, 3, 4" 국제 제자 훈련원_2004
G. K. Beale   "The Temple and the Church Mission" IVP_2004
G. K. Beale and Kim   "God Dwell Among Us" IVP_2014
주해홍   "통큰통독 말씀이 삶이 되어" 도서출판 에스라_2012
                        "성경 그리고 삶" 도서출판 에스라_2018

3. 신학 서적들

John H. Walton   "Old Testament Today" Zondervan_2004
James S. Bell   "Guide to the Bible" Tyndale_2001
D.A. Carson   "Introduction to New Testament" Zondervan_2005
George E. Ladd   "A Theology of the New Testament" Eerdmans_1993
Wayne Grudem   "Systematic Theology" Zondervan_1994
Wayne Grudem   "Bible Doctrine" 2nd Ed. Zondervan_2022
Donald Guthrie   "New Testament Theology" IVP_1981
T. Desmond Alexander. ed "New Dictionary of Biblical Theology" IVP_2000
G. E. 래드   "신약 신학" 대한기독교 서회_2001
리챠드 니버   "그리스도와 문화" 대한 기독교 서회_2001
John Bright   "하나님의 나라" 컨콜디아사_1994
그레엄 골즈워디   "복음과 하나님 나라" 성서 유니온_2001
그레엄 골즈워디   "성경신학적 설교를 어떻게 할 것인가?" 성서 유니온_2002
유진 H. 메릴   "구약 탐험" 디모데_2003
박창환   "신약 성경 해설" 한국장로교출판사_2002
게할데스 보스   "성경 신학" 크리스챤 다이제스트_2005
하와드 마샬   "신약성서 신학" 크리스챤 디이제스트_2006
토마스 슈라이너   "성경 신학" 부흥과 개혁사_2016
Edward W. Klink 외   "Understanding Biblical Theology" Zondervsn_2012
Peter J. Gentry   "Kingdom through Covenant" Crossway_2012
죤 스토트   "죤 스토트의 기독교 강요" 비전북_2023
알리스터 맥그래스, 죤 스토트, 마크 놀 "한 권으로 배우는 신학교" 규장_2012

4. 성경 역사 참고 서적

John Bright   "History of Israel" WJK_2000
Leon J. Wood   "A Survey of Israel's History" Zondervan_1986
Charles F. Pffiffer   "Old Testament History" Baker_1990
Edwin M. Yamauchi   "Persia and the Bible" Baker_1990
레이몬드 설버그   "신구약 중간사" 기독교문서선교회_2016
존 빔슨   "구약 배경" 성서 유니온 선교회_2000
Alfred Edersheim   "Bible History Old Testament 4th ed" Hendrickson_2011

5. 성경 사전 및 주석

R. Kent Hughes ed.	"Preaching the Word" *Commentary Crossway_2004*
Tremper Longman III ed.	"The Story of God Bible Commenrty" *Zondervan_2016*
Terry Muck, ed.	"The NIV Application Commentary" *Zondervan_2000*
Henry H. Halley	"Halley's Bible Handbook" *Zondervan_2007*
D. A. Carson & Graemw Goldworthy ed	"New Dictionary of Biblical Theology" *IVP_2013*
Green, Brown & Perrin	"Dictionary of Jesus and Gospel" *IVP_2013*
Mark J. Boda, ed	"Dictionary of Old Testament" *IVP_2012*
다니엘 헤이즈 외	"베이커 성경 핸드북" *부흥과개혁사_2014*
Henry H. Halley	"Halley's Bible Handbook" *Holman_2018*
데이비드 S. 도커리 편집	"성경적 세계관 핸드북" *도서출판 에스라_2022*
	"그랜드 주석" *성서 교재 간행사_1992*
	"원어 성경 주석" *바이블네트_2006*
	"Reformation Commentary on Scripture" *Crossway_2012*
	"Holman's Bible Commentary" *Holman_2005*
William Barclay	"The Daily Study Bible Series" *Westerminster_1976*
John R. Stott 외	"The Bible Speaks Today" *IVP_1985*
마크 데버	"구약 성경의 핵심 메시지 1, 2" *부흥과개혁사_2009*
	"신약 성경의 핵심 메시지" *부흥과 개혁사_2009*

도표, 지도 자료를 도움 받은 책들

"넬슨 성경개관" *죠이선교부 출판사_2003*
이원희 "스펙트럼 지도" *지계석_1999*
"비전 성경사전" *두란노서원_2002*
"생명의 말씀"

외 다수

학습자료

초판 1쇄 인쇄 2024년 8월 10일
초판 1쇄 발행 2024년 8월 20일

해설편집 주해홍
펴 낸 이 주해홍
펴 낸 곳 도서출판 에스라
디 자 인 조윤정

주   소 경기도 성남시 분당구 황새울로 200번길
전   화 한국 010-4652-5057 / 미국 714-713-8833
이 메 일 haejoo518@gmail.com
홈페이지 http://www.90daysbible.com

공 급 처 (주)비전북
전   화 031-907-3927

등록번호 제2018-000009호
I S B N 979-11-976757-5-1 03230

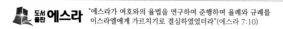

도서출판 에스라 "에스라가 여호와의 율법을 연구하여 준행하며 율례와 규례를
이스라엘에게 가르치기로 결심하였더라"(에스라 7:10)